Thomas Pakenham
Der kauernde Löwe

Aus dem Englischen von
Katharina Förs, Gabriele Gockel, Bernhard Jendricke,
Sonja Schuhmacher, Rita Seuß,
Barbara Steckhan, Heinz Tophinke

Thomas Pakenham

DER KAUERNDE LÖWE

Die Kolonialisierung Afrikas
1876–1912

ECON Verlag
Düsseldorf · Wien · New York · Moskau

Titel der englischen Originalausgabe:
Scramble for Africa. 1876–1912
Originalverlag: Weidenfeld & Nicolson, London
Übersetzt von Katharina Förs, Gabriele Gockel, Bernhard Jendricke, Sonja Schuhmacher,
Rita Seuß, Barbara Steckhan, Heinz Tophinke; Kollektiv Druck-Reif, München
Copyright © 1991 by Thomas Pakenham

Die Deutsche Bibliothek – CIP-Einheitsaufnahme

Pakenham, Thomas:
Der kauernde Löwe: Die Kolonialisierung Afrikas; 1867–1912/
Thomas Pakenham. [Übers. von Katharina Förs...]. –
2. Aufl. – Düsseldorf; Wien; New York; Moskau: ECON Verl., 1994
Einheitssacht.: Scramble for Afrika ⟨dt.⟩
ISBN 3-430-17416-3

2. Auflage 1994
Copyright © 1993 der deutschen Ausgabe by ECON Verlag GmbH, Düsseldorf, Wien,
New York und Moskau.
Alle Rechte der Verbreitung, auch durch Film, Funk und Fernsehen, fotomechanische
Wiedergabe, Tonträger jeder Art, auszugsweisen Nachdruck oder Einspeicherung und
Rückgewinnung in Datenverarbeitungsanlagen aller Art, sind vorbehalten.
Lektorat: Boris Heczko, Kollektiv Druck-Reif
Gesetzt aus der Sabon, Berthold
Satz: Dörlemann-Satz, Lemförde
Papier: Papierfabrik Schleipen GmbH, Bad Dürkheim
Druck und Bindearbeiten: Bercker, Graph. Betrieb, Kevelaer
Printed in Germany
ISBN 3-430-17416-3

Für Val

und in dankbarer Erinnerung
an Gervase Mathew und Asserate Kassa,
die mir den Weg nach Afrika wiesen.

»All I can add in my solitude, is, may heaven's rich
blessing come down on every one, American,
English or Turk, who will help to heal this open
sore of the world.«

David Livingstones letzte Worte,
eingraviert in die Bronzeplatte seiner Grabstätte
in der Westminster Abbey

INHALT

EINLEITUNG

Der Wettlauf um Afrika war für alle Beteiligten ein höchst dramatisches Ereignis – für den einfachsten afrikanischen Bauern ebenso wie für die einflußreichsten Staatsmänner der Epoche, Lord Salisbury und Fürst Bismarck.

Europa hatte schon seit der Zeit der Römer immer wieder mit dem Gedanken geliebäugelt, sich Gebiete des geheimnisvollen Erdteils im Süden einzuverleiben. Aber noch Mitte der siebziger Jahre des 19. Jahrhunderts war Afrika voller Rätsel und praktisch unbekannt. Man wußte zwar, daß der Äquator fast genau durch die Mitte des Kontinents verlief, doch war noch kein Forscher dieser Linie folgend allzuweit ins Innere des »Schwarzen Erdteils« vorgedrungen. Auch vermochte niemand zu sagen, welches der größte Fluß Afrikas war oder wie er verlief. Europäischen Vorstellungen zufolge galt Afrika zum größten Teil als eine rechtliche *res nullius*, ein Niemandsland. Aber abgesehen von Handelsposten an der Küste und strategisch wichtigen Kolonien in Algerien und Südafrika sah Europa keinen Grund, in Afrika zu intervenieren.

Plötzlich aber, im Zeitraum von nur einer halben Generation, riß Europa in einem beispiellosen Wettlauf praktisch den ganzen Kontinent an sich: Dreißig neue Kolonien und Protektorate, fast 26 Millionen Quadratkilometer neues Territorium und 110 Millionen verwirrte Untertanen eignete man sich auf diese oder jene Weise an. Man teilte Afrika auf wie einen Kuchen, dessen Stücke sich die rivalisierenden europäischen Nationen einverleibten – wobei sich Frankreich und Großbritannien auch noch gegenseitig an die Kehle sprangen. Im Mittelpunkt des Geschehens jedoch stand eine undurchschaubare Persönlichkeit, ein Mann, der alle Rivalitäten um sich herum geschickt auszunutzen wußte, der sich als großer Philanthrop gab und sich gleichzeitig den Zugriff auf das Herz des afrikanischen Kontinents sicherte: Leopold II., der König der Belgier. Am Ende des Jahrhunderts hatte in den europäischen Staaten das durch den Wettlauf um Afrika erhitzte Nationalgefühl mit zur Vergiftung des politischen Klimas beigetragen, Großbritannien und Frankreich an den Rand eines Krieges getrieben und den Burenkrieg heraufbeschworen – den teuersten, längsten und blutigsten Krieg Großbritanniens seit 1815. Die Stücke des einstigen kolonialen Kuchens sind heute, neunzig Jahre später, die siebenundvierzig unabhängigen Staaten Afrikas.

Weshalb stürzten sich die europäischen Großmächte plötzlich in einer höchst unwürdigen Art und Weise auf Afrika, um dort Kolonien zu errichten? Ein Grund hierfür war sicherlich die Rivalität zwischen England und Frankreich, doch dies allein bietet keine hinreichende Erklärung. Die Historiker von heute stehen ebenso vor einem Rätsel wie die Politiker von damals. Scott Keltie schrieb sein Werk *The Partition of Africa* bereits 1893, noch bevor diese Aufteilung ihren Höhepunkt erreicht hatte. Er war überzeugt, daß es sich »um eine der bemerkenswertesten Episoden der Weltgeschichte« handelte, mußte jedoch einräumen, daß die sich »überstürzenden« Ereignisse ihn überwältigten.

Diesen sich überstürzenden Ereignissen hat die Geschichtsschreibung noch eine Menge widersprüchlicher Theorien hinzugefügt. Sie reichen von den eurozentrischen Erklärungsversuchen John Hobsons – und später Lenins –, denen zufolge der Kapitalüberschuß in Europa die Triebkraft bei der Expansion in Afrika gewesen sei – bis zu afrozentrischen Modellen, bei denen Subimperialismen innerhalb Afrikas im Vordergrund stehen. Auch die Synthese aus diesen beiden Positionen wird gezogen, beispielsweise in der brillanten Analyse *Africa and the Victorians* von Robinson und Gallagher. Ferner gibt es mehrbändige Werke zur Geschichte Afrikas wie *The Cambridge History of Africa*, Regionalstudien wie jene von John Hargreaves zur Aufteilung Westafrikas und zahlreiche Monographien, die sich mit dem jeweiligen Imperialismus der einzelnen europäischen Mächte befassen. Doch es gibt keine *allgemeine* Erklärung, die für die Historiker akzeptabel wäre – ja noch nicht einmal ein Einvernehmen darüber, ob eine solche überhaupt erstrebenswert wäre.

Interessanterweise hat seit Scott Keltie auch niemand mehr versucht, den »Scramble« (Wettlauf) in einem Band darzustellen, der ganz Afrika und den Wettlauf aller beteiligten europäischen Nationen – und König Leopolds – beschreibt.

Mit dem vorliegenden Buch habe ich versucht, diese Lücke zu schließen.

Zwei Dinge möchte ich in meiner Darstellung besonders hervorheben: die Motive und die Methoden der Invasoren.

Im Mai 1873 starb David Livingstone, der gefeierte Forscher und Missionar, in Ilala, im unbekannten Herzland Afrikas. Sein von der Sonne getrockneter Leichnam wurde nach London überführt und in der Westminster Abbey beigesetzt. Von Livingstones Grab im Hauptschiff der Kathedrale erging ein Aufruf in die Welt: Durch einen Kreuzzug der christlichen Nationen sollte Afrika erschlossen werden. Denn ein neuer Sklavenhandel, organisiert von Suahelis und Arabern in Ostafrika, zerfleischte das Herz des Kontinents, und Livingstones Antwort auf diese Barbarei waren die »drei C«: *Commerce, Christianity, Civilization* – Handel, Christentum und Zivilisation – mit anderen Worten: Geld, Gott und sozialer Fortschritt. Nicht mit Gewehren, sondern durch den Handel sollte Afrika befreit werden.

Jene Männer, die Livingstone nach Afrika folgten, um dann gierig ihre Anteile einzustreichen, sind heute fast in Vergessenheit geraten. Doch zu ihren Lebzeiten waren sie berühmt – oder berüchtigt – und wurden als Helden gefeiert oder als Scheusale und Betrüger verurteilt.

Jeder von ihnen folgte Livingstones Appell in der ihm eigenen Art und Weise, aber alle sahen den Aufruf zum Kreuzzug im Lichte eines romantischen Nationalismus: Journalisten wie Henry Stanley, Seeleute wie Pierre de Brazza, Soldaten wie Frederick Lugard, Pädagogen wie Carl Peters oder Gold- und Diamantenmagnaten wie Cecil Rhodes. Die meisten von ihnen waren mehr oder weniger gesellschaftliche Außenseiter, aber dennoch auch leidenschaftliche Nationalisten. Dem Imperialismus – einer Art rassistischem Patriotismus – fühlten sie sich mit geradezu missionarischem Eifer verpflichtet.

Die europäischen Regierungen zögerten zunächst zu intervenieren. Doch die meisten ihrer Wähler glaubten, es gäbe tatsächlich etwas zu verlieren. Afrika wurde wie ein Lotteriespiel betrachtet, bei dem ein Gewinnlos vielleicht verlockende Preise einbringen würde.

Es existierten phantastische Vorstellungen von einem neuen Eldorado – von Diamantminen und Goldfeldern in der Sahara und dergleichen mehr. Das Leben in Europa dagegen war von den tristen Jahren der großen Depression mit ihren immer mehr anschwellenden unverkäuflichen Vorräten an Baumwolle aus Manchester, Seide aus Lyon oder Gin aus Hamburg geprägt. Vielleicht würde ja Afrika die bangen Hoffnungen des Handels erfüllen. Vielleicht gab es in diesem afrikanischen Garten Eden ja neue Märkte oder tropische Haine, in denen goldene Früchte von willigen braunen Händen geerntet wurden!

Möglicherweise war der Hauptgewinn bei dieser Lotterie auch Prestige. Ein Kolonialreich in Übersee konnte die Ehre der französischen Armee wiederherstellen, die im Krieg von 1870/71 so gedemütigt worden war. Und zweifellos würden afrikanische Kolonien den Stolz der neuen politischen Emporkömmlinge unter den europäischen Staaten nähren, nämlich des zweiten Deutschen Reiches und des soeben vereinten Italien. Aber auch diplomatische Vorteile winkten: Die Karten, die im Dschungel gezogen wurden, konnte man später bei Verhandlungen in Europa ausspielen. Bismarck konnte unbehelligt zwischen Frankreich und England Zwietracht säen, um so die Position des Deutschen Reiches zu festigen. Und warum sollte er nicht einen Platz an der Sonne für die Emigranten schaffen – und damit eine Möglichkeit, dem Reich all jene seiner jungen Söhne als Bürger zu erhalten, die sich andernfalls nach Amerika absetzen und dort spurlos verschwinden würden? Also mußte man eben einen »Kolonialtaumel« erzeugen, wie Bismarck sich sardonisch auszudrücken pflegte.

In Großbritannien begegnete man dem kolonialen Wettlauf um Afrika zunächst mit Gelassenheit. Allmählich aber wuchs der Unmut gegen die Eindringlinge dort. Es waren schließlich die Briten gewesen, die mit der Erforschung und Missionierung Zentralafrikas begonnen hatten, und deshalb glaubten sie, ein Anrecht auf den größten Teil des Kontinents zu haben. Abgesehen davon standen für Großbritannien vitale Interessen auf dem Spiel: Als einzige große Seemacht wollte man dafür sorgen, daß die großen Schiffahrtslinien in den Fernen Osten, durch den Suezkanal und um das Kap der Guten Hoffnung nicht von Rivalen blockiert wurden. Und so beschloß man sowohl von Norden als auch von Süden her in den afrikanischen Kontinent einzudringen.

Und im protestantischen Großbritannien – dem Land, in dem Gott und der Mammon wie füreinander geschaffen schienen – fand Livingstones Aufruf den größten Widerhall. Die »drei C« würden Afrika befreien!

Aus der Sicht der Afrikaner stellte sich der Wettlauf allerdings vollkommen anders dar. Für sie gab es ein viertes »C« – »conquest«, Eroberung –, das mehr und mehr an Bedeutung gewann. Anfangs waren die europäi-

16

schen Expeditionen noch zu schwach, um für die afrikanischen Herrscher eine Bedrohung darzustellen. Es war sicherer, mit Vertragsformularen zu arbeiten (für die ein imperialistisch gesinnter Missionar immer ein paar erklärende Worte fand), als mit Waffen zu drohen.

Doch solcher Papierimperialismus erwies sich bald als unzureichend. Zur Durchsetzung von Ansprüchen mußte das Land faktisch besetzt werden, und damit waren Konflikte unausweichlich. Die afrikanischen Herrscher, die den Eroberern den meisten Widerstand entgegensetzen konnten, waren verständlicherweise jene, deren Macht sich ebenfalls auf Gewalt gründete: afrikanische »Imperialisten« wie der Zulu-König Cetshwayo, König Lobengula von den Ndebele, Kaiser Menelik von Äthiopien, der Mahdi im Sudan und Afrikas »weiße Stämme«, die Buren im Transvaal und im Oranjefreistaat.

Bald wurde in Afrika das Maxim-Maschinengewehr – und nicht etwa das Kreuz oder der Handel – zum Symbol der Zeit (obwohl es in der Praxis versagte und das Mehrladegewehr sich als wirksamer erwies). In den meisten Schlachten herrschte ein krasses und grausames Ungleichgewicht zwischen den Kontrahenten (ausgenommen die Auseinandersetzungen der Briten mit den Buren und der Italiener mit den Abessiniern). So zählten britische Offiziere bei Omdurman 10 000 tote oder sterbende Sudanesen und unternahmen nichts, um den 15 000 Verwundeten zu helfen.

Greueltaten von seiten der europäischen Großmächte waren in der ersten Phase der Besetzung an der Tagesordnung. Als das brutale Regime der Deutschen in Südwestafrika zu einem Aufstand der Herero führte, befahl der deutsche General Lothar von Trotha, den ganzen Stamm, einschließlich Frauen und Kinder, zu vernichten: Etwa 20 000 Menschen wurden in die Omaheka-Wüste getrieben, wo sie jämmerlich verdursteten.

Europa hatte Afrika mit vorgehaltenem Gewehr seinen Willen aufgezwungen – eine Tatsache, die fünfzig Jahre später, als die afrikanischen Staaten ihre Unabhängigkeit erlangten, noch nicht vergessen war.

* * *

Es ist mir eine Freude, für die Hilfe zu danken, die ich von zahlreichen Menschen in Großbritannien, Europa und Afrika während meiner zehnjährigen Arbeit an diesem Buch erhalten habe.

Großen Dank schulde ich Robin Denniston, Mark Girouard, Victoria Glendinning, John Hargreaves, Jeff Guy, Neil Parsons, Kenneth Rose, Anthony Sampson, Donald Simpson und meiner Mutter Elizabeth Longford. Sie alle haben das Manuskript ganz oder teilweise durchgesehen und mir mit Rat und Ermutigung zur Seite gestanden.

Andrew Roberts erwies sich für mich als eine wahre Fundgrube wertvoller Informationen.

Barbara Emerson möchte ich danken für die Leihgabe einiger seltener Fotokopien, Bryan Maggs für die Erlaubnis, Fotografien aus seiner Sammlung zu kopieren.

Dank der Großzügigkeit des Rektors und der Dozenten von St. Anthony's durfte ich die Einrichtungen dieses College benutzen.

Dank schulde ich ferner den Mitarbeitern folgender Institutionen, die mir in vielerlei Hinsicht weiterhalfen. In Großbritannien und Irland: dem Trinity College, Dublin, der Irischen Nationalbibliothek, der Schottischen Nationalbibliothek, Rhodes House, der British Library, der London Library, dem National Army Museum; dem Public Record Office (Öffentliches Archiv, London), der Royal Commonwealth Society und der School of Oriental and African Studies. In Belgien: dem Kongomuseum in Tervueren und den Königlichen Archiven in Brüssel. In Frankreich: den Archives Nationales, Section d'Outremer. In Afrika: den Bibliotheken der Universitäten in Kapstadt, Daressalam, Ibadan, Nairobi und Kampala.

Meine Forschungsarbeiten führten mich in zweiundzwanzig der siebenundvierzig unabhängigen Staaten Afrikas. Folgenden Personen, bei denen ich in Afrika gastfreundliche Aufnahme fand, möchte ich hierfür besonders danken: Jim und Barbara Bailey, Aelda und John Callinikos, Alexander und Sheila Camerer, Ewan und Sara Fergusson, John und Jean Johnson, John Laband, John und Elizabeth Leahy, April und Iran Percy, Mary-Anne und Tim Sheehy, Dick und Marina Viets, Frank und Christine Wisner.

Timothy und Patricia Daunt ließen mir in Europa und der Türkei unermüdlich ihre Gastfreundschaft angedeihen. Sie waren eine Quelle der Inspiration für meine Arbeit.

Antonia und Harold Pinter gewährten mir in Korfu Asyl, Jennie und Christopher Bland in der Dordogne und Linda und Lawrence Kelly in Cumbria.

Meinen langmütigen Freundinnen Heather Laughton und Janet Barton muß ich danken für ihre erstaunlichen Fähigkeiten im Umgang mit Textverarbeitungsgeräten und Schreibmaschinen; Dorothy Girouard für die Wunder, die sie bei der Erstellung des Layouts vollbrachte. Kevin MacDonnell verdanke ich einige hervorragende Fotografien, und bei Richard Natkiel möchte ich mich für seine unerschöpfliche Geduld beim Zeichnen der Karten bedanken.

Großen Dank schulde ich natürlich auch meinen Verlegern in London und New York, vor allem Christopher und Gila Falkus, Amanda Harting und George Weidenfeld von *Weidenfeld & Nicolson* und Joe Fox von *Random House*.

Und schließlich danke ich auch meiner Frau Valerie, die mich bei meiner zehnjährigen Reise durch sämtliche Stromschnellen begleitete wie Katherine Hepburn auf der *African Queen*.

Noch eine Anmerkung: Der Begriff »Scramble for Africa« – Wettlauf um Afrika – wurde offenbar 1884 geprägt. In der heutigen Geschichtsschreibung herrscht kein völliges Einverständnis darüber, welchen Zeitraum dieser Begriff abdecken sollte. Ich benutze ihn für den ganzen letzten, von fieberhafter Aktivität geprägten Zeitraum der Aufteilung Afrikas, der 1876 mit einem Vorspiel begann und im Jahre 1912 endete.

Das Ende eines Forscherlebens

Ilala, Zentralafrika

21. April – Mai 1873 und später

»Ich bitte Sie, Ihre Aufmerksamkeit auf Afrika zu lenken: Ich weiß, daß
ich dort in ein paar Jahren von der Außenwelt abgeschnitten sein
werde – in diesem Land, das jetzt offen ist. Lassen Sie nicht zu, daß es
sich wieder schließt! Ich gehe nach Afrika zurück, um den Weg für den
Handel und den christlichen Glauben zu bereiten; vollenden Sie das
Werk, das ich begonnen habe, *ich lege es in Ihre Hände*!«

David Livingstone
Rede an der Universität von Cambridge
5. Dezember 1857

Zunächst bemerkte niemand, am wenigsten Livingstone selbst, daß
er im Sterben lag. In all den Jahren, in denen er mit Chuma, Susi
und den anderen ihm treu ergebenen Afrikanern – viele von ihnen
waren befreite Sklaven – durch das Land gereist war, hatte er schon oft
dem Tod ins Auge gesehen. Einmal war er während eines langen
Marsches westlich des Tanganjika-Sees an Lungenentzündung erkrankt
und tagelang in einer primitiven Sänfte getragen worden. Er hatte
gehustet und Blut gespuckt und war halb bewußtlos gewesen, bis sie
den See erreichten. Dort hatte er arabische Medikamente bekommen
und war von Suaheli-Händlern, die sich seiner annahmen, gesund
gepflegt worden.

Doch in dieser letzten Aprilwoche des Jahres 1873 ließ Livingstone die
Karawane weiterziehen, obwohl er kaum fähig war zu essen. Überdies
war er fast erblindet und so schwach, daß er von seinem Esel fiel. Er
befand sich in dem großen Sumpf südlich des Bangweolo-Sees und
bewegte sich westwärts in Richtung auf die Hauptläufe der Flüsse Lualaba und Luapula. Es konnte, davon war er überzeugt, gar nicht mehr
weit sein bis zu jenem letzten großen Geheimnis, das bereits seit den

21

Zeiten Herodots Geographen und »Kaiser, Könige und Philosophen«[1] beschäftigte. Wenn er dieses Rätsel löste, wäre das die Krönung seines Lebenswerks. Livingstone war auf der Suche nach den »Brunnen« des Nil[2], die Herodot erwähnte.

Livingstone, der zwanzig Jahre lang durch Afrika gezogen war, war nicht nur der bekannteste lebende Forscher. Er war Missionar und Philanthrop, ja, manche nannten ihn einen Heiligen. Doch seine geographischen Entdeckungen – der Ngami-See (1849), die Viktoria-Fälle (1855), das mittlere Sambesi-Becken, das den Kontinent durchzog (1853–1856), der Njassa-See (1859), der Lualaba (1871) –, all diese großartigen Meisterleistungen erfreuten und erschreckten ihn gleichermaßen. Denn zwischen den riesigen Seen, Wasserfällen und zahlreichen Volksstämmen, dort, wo die Geographen nur Wüste vermutet hatten, befand sich ein Eldorado, das zugleich das Herz der Finsternis beherbergte – einen neuen Sklavenhandel. Er nannte dies »die offene Wunde der Welt«, und er glaubte, diese Wunde heilen zu können, wenn es ihm gelänge, der Zivilisation einen »offenen Pfad« dorthin zu bahnen. Und dieser Pfad, der Handel und Christentum über 5000 Kilometer vom Mittelmeer bis ins Herz Afrikas bringen sollte, war der Nil – er mußte ihn nur finden.

Vielleicht war Livingstone in diesen schwierigen letzten Tagen froh, daß ihm keine Sklavenkarawanen mit der blutroten Flagge des Sultans von Sansibar begegneten. Er konnte ihren Anblick kaum ertragen, obwohl sie ihm oft auch Hilfe gebracht hatten: warmes Essen und arabische Medizin von den Suaheli-Händlern, den Besitzern der Sklaven. An einem schwülen Tag des Jahres 1871, also zwei Jahre zuvor, hatte Livingstone unter dem Schutz eines Suaheli namens Dugumbe die Marktstadt Nyangwe am großen Lualaba erreicht. Plötzlich begannen Dugumbes Leute, aus ihren Donnerbüchsen auf den Marktplatz zu schießen. Die Frauen, die am Flußufer in der Falle saßen, schrien, Kanus kippten um. Im Umkreis von gut einem Kilometer um Nyangwe wurden Hunderte von den Kugeln getötet oder ertranken in den Fluten des Flusses. Das ganze Ufer entlang setzten die Suaheli Dörfer in Brand, schrien, lachten, schlugen ihre Trommeln und fingen mit ihren Kanus Sklaven ein. Livingstone zählte siebzehn Dörfer, die in Flammen aufgingen. Entsetzt und hilflos stand er da und wagte nicht, seine Pistole auf die Mörder zu richten. Livingstone durchlebte Höllenqualen, denn er war auf diese »Bluthunde« angewiesen, darauf, daß sie ihm Stoffe und Schießpulver

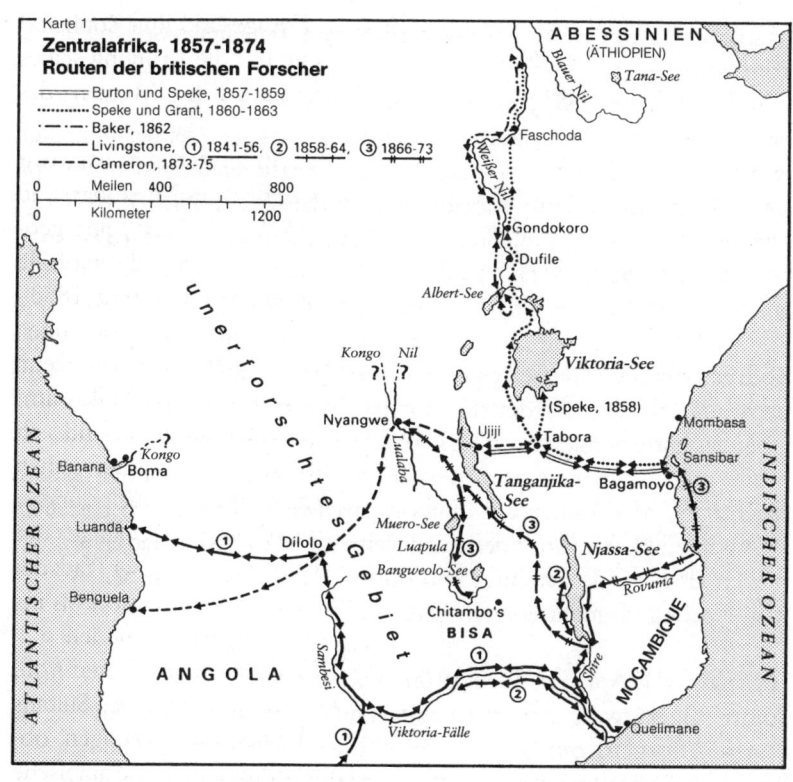

Karte 1

Zentralafrika, 1857-1874
Routen der britischen Forscher

═══ Burton und Speke, 1857-1859
········· Speke und Grant, 1860-1863
·—·—· Baker, 1862
——— Livingstone, ① 1841-56, ② 1858-64, ③ 1866-73
— — — Cameron, 1873-75

| 0 | Meilen | 400 | | 800 |
| 0 | Kilometer | | 1200 | |

ABESSINIEN
(ÄTHIOPIEN)
Tana-See

Blauer Nil
Weißer Nil

Faschoda

Gondokoro
Dufile
Albert-See

unerforschtes Gebiet

Kongo Nil
?   ?
Viktoria-See
(Speke, 1858)

Nyangwe
Lualaba
Ujiji
Tabora
Mombasa
Sansibar

Tanganjika-See
Bagamoyo ③

Kongo
Banana   Boma

Luanda ①
Dilolo
Muero-See
Luapula ③
Bangweolo-See
②
Njassa-See
Rovuma

Benguela
Chitambo's
BISA
①

ATLANTISCHER OZEAN
INDISCHER OZEAN

ANGOLA
Sambesi
②
MOCAMBIQUE
Schire
Quelimane

① Viktoria-Fälle

23

überließen, damit er seine Reise zurück zum Tanganjika-See fortsetzen konnte.

Im November 1871, einen Monat nach der Rückkehr zu seinem Stützpunkt Ujiji am See, hatte er Nachschub erhalten, oder besser gesagt, er war »gefunden« worden – durch den ungestümen jungen amerikanischen Journalisten Henry Morton Stanley, der für den *New York Herald* arbeitete. Livingstone empfand gegenüber diesem Mann tiefste Dankbarkeit, obwohl ein alter Freund ihn gewarnt hatte, daß Stanley ihn nur ausnutzen würde. Die Sensationsmeldung, die Stanley nach Europa und in die USA sandte, war die Antwort auf die Gerüchte von Livingstones Tod, verbreitet von dessen eigenen ehemaligen Gefolgsleuten, den Männern aus Johanna auf den Komoren, die ihn 1866 verlassen hatten. Überdies hatte Stanley ihm alles gebracht, was er brauchte, ja sogar mehr: Stoffe und Glasperlen zum Tausch, Zinnbadewannen, riesige Kessel, Kochtöpfe, Medikamente, Munition, zusätzliche Träger und vor allem Post von zu Hause. Vor über einem Jahr, im März 1872, hatten sich die beiden als Freunde getrennt, und nun war für Livingstone seit August kein Nachschub mehr eingetroffen.

An jenem 21. April, als Livingstone von seinem Esel fiel, warf Chuma sofort sein Gewehr hin und rannte nach vorn, um die Karawane zu stoppen. Dann trugen sie ihn zu einer Hütte und bauten ein *kitanda*, eine Trage aus Holz, die mit Gras und einer Decke ausgepolstert war und an einer Stange hing. Eine zweite Decke schützte den Doktor vor der Sonne. Sie trugen ihn mehrere Tage lang, brachen morgens auf, wenn der Tau von den langen Grashalmen verschwunden war, und errichteten allabendlich eine Hütte für ihn. Meist ergriffen die Dorfbewohner vor ihnen die Flucht, da sie sie für Sklavenjäger hielten.

Einmal jedoch konnte Livingstone einen Mann nach den Quellen des Nil fragen, nach dem bei Herodot erwähnten Hügel mit den vier »Brunnen«, aus denen vier Flüsse entsprangen, von denen zwei nach Norden und zwei nach Süden flossen.[3] Nein, erwiderte der Mann, seine Leute unternähmen keine Reisen. Und die Händler von Bisa, die sich immer in Malengas Stadt getroffen hätten, seien von den Mazitu (Ngoni), den Sklavenjägern, vertrieben worden; die Überlebenden würden jetzt in den Sümpfen wohnen.

Am nächsten Tag kam ein Häuptling namens Chitambo, gekleidet wie ein Araber, zu Livingstone und überreichte ihm Geschenke. Dann wurde die Karawane in Einbäumen über einen kleinen Fluß gebracht. Livingstone hatte bereits innere Blutungen und litt unter solchen Schmerzen im Rücken, daß er kaum sprechen konnte. Vorsichtig hob Chuma ihn in das größte Boot, und schließlich erreichten sie Chitambos Dorf.

»Nichts Irdisches wird mich dazu bringen können, meine Arbeit aus Verzweiflung aufzugeben«, hatte Livingstone noch am 25. März in sein Logbuch geschrieben, das jetzt neben all seinen Wertgegenständen – dem beschädigten Sextanten und seinem Chronometer, dem Gewehr und der Bibel – in der großen Hütte lag, die eigens für ihn gebaut worden war. »Ich schöpfe Mut im Vertrauen auf den Herrn, meinen Gott, und ich werde weitermachen.« Die letzte Eintragung stammt vom 27. April, als er kaum noch sehen konnte. »Ziemlich am Ende, und wir bleiben – erholen – jemanden geschickt, um Milchziegen zu kaufen. Wir befinden uns am Ufer des Molilamo«[4]. Doch auch jetzt dachte er nicht daran, umzukehren – oder daß er wirklich sterben könnte.

An jenem letzten Tag, dem 30. April, stattete Chitambo ihm einen Höflichkeitsbesuch ab, doch der Doktor bat ihn, am nächsten Tag wiederzukommen, da er hoffe, dann besser bei Kräften zu sein. Gegen 23 Uhr rief er Susi in die Hütte. Livingstone flüsterte mit schwacher Stimme: »Sind wir am Luapula?« Susi erwiderte, sie befänden sich bei Chitambo. »Wie viele Tage sind es bis zum Luapula?« fragte Livingstone. »Ich denke, drei Tage, Herr.« – »O mein Gott«, seufzte Livingstone.

Am nächsten Morgen, noch vor Anbruch der Dämmerung, hörte Susi Majuara, den Jungen, der am Eingang zu Livingstones Hütte schlief, rufen: »Schnell, zum *bwana*, ich habe Angst.«[5] Sofort liefen er und andere Diener, unter ihnen auch Chuma und Matthew Wellington, zur Hütte. Dr. Livingstone kniete, offensichtlich betend, neben dem Bett, den Körper nach vorn gestreckt, den Kopf in den Händen auf dem Kissen vergraben. Er bewegte sich nicht. Matthew ging leise zu ihm und berührte seine Wangen. Der Körper war fast kalt.

Sie deckten ihn zu, gingen hinaus und setzten sich ans Feuer. Es war eine mondlose Nacht.

* * *

Livingstones einsamer Tod bildete die tragische Krönung seiner unglückseligen letzten Expedition. Doch damit war diese letzte Reise noch nicht zu Ende – denn jene Ereignisse, durch die diese berühmt werden sollte, lagen noch vor den Männern. Susi und Chuma, die nun für die Karawane verantwortlich waren, riefen die etwa 50 Männer der Karawane zusammen, die nun ganz auf sich gestellt waren – 2500 Kilometer von ihrer Heimat Sansibar entfernt, im unbekannten Herzen des Kontinents, verloren in einem wilden Land kriegerischer Stämme, das von Sklavenjägern durchkämmt wurde.

Chuma drang in sie, den Leichnam nicht zu beerdigen, sondern nach Sansibar zurückzubringen. Doch müßten sie dieses Vorhaben vor Chitambo geheimhalten. Denn die Menschen hier würden auf den Tod eines Fremden mit Angst und Mißtrauen reagieren. Gewiß würde man sie auffordern, einen *hongo* (eine Art Zoll) zu bezahlen, der ihren Vorrat an Handelsgütern aufzehren würde, bevor sie die Heimat erreicht hätten. Und wie sollten sie sonst den Freunden des Doktors beweisen, daß er wirklich tot war und sie ihn nicht, wie vor sechs Jahren die Männer aus Johanna, verlassen hatten?

Alle waren mit diesem außergewöhnlichen Plan einverstanden, obwohl sie wußten, daß eine heimliche Beisetzung der sicherste Weg gewesen wäre. Doch als einer von ihnen zu Chitambo ging, um Vorräte zu kaufen, erzählte er dem Häuptling, daß der Doktor tot sei. Sofort ließ dieser Chuma zu sich kommen.

»Warum verheimlicht ihr seinen Tod? Glaubt ihr, wir wollen ihn essen? Zeigt mir den Mann.«

»Ich kann ihn nicht zeigen.«[6]

»Habt keine Angst mehr. Auch ich bin gereist und bin mehr als einmal an der Küste gewesen, bevor das Land von den Mazitu zerstört wurde. Ich weiß, daß ihr nichts Böses im Schilde führt. Reisende werden oft vom Tod überrascht.«[7]

Am nächsten Tag ging Susi zum Häuptling und gestand die Wahrheit. »Gut«, erklärte Chitambo. »Meine Leute werden nun alle trauern.«[8] Dann erschien er, gekleidet in ein weites rotes Gewand und einen Baumwollrock und begleitet von seinen Frauen und Männern, die Pfeil und Bogen und Speere trugen. Zwei Stunden lang trommelten sie und erhoben ihr Klagegeschrei, und Livingstones Leute feuerten eine Salve nach der anderen ab.

Um den Leichnam für die Reise zu präparieren, bauten Chuma und Susi eine spezielle Hütte ohne Dach. Farjala, der in Sansibar bei einem Arzt gedient hatte, hatte des öfteren gesehen, wie dieser Leichen geöffnet hatte, um die Todesursache zu finden. Nun machte er einen kleinen Schnitt in Livingstones Brust und nahm das Herz und die Eingeweide heraus. Diese wurden in einer Kiste aus Zinn beigesetzt, während Jacob Wainwright (einer der jungen afrikanischen Sklaven, die in Indien befreit und nach Nasik bei Bombay gebracht worden waren, um von den Missionaren erzogen zu werden) aus Livingstones Gebetbuch die Verse der Trauerfeier las. Dann bedeckten sie Livingstones Gesicht mit einem Tuch, rieben den Leichnam innen und außen mit Salz ein, das sie gegen Perlen eingetauscht hatten, und behandelten den Mund und die Haare mit Brandy aus dem Medizinkoffer. Vierzehn Tage lang wurde dann der arme ausgezehrte Körper der Sonne ausgesetzt; und in den Nächten zündeten sie Kerzen an und setzten sich zu ihm, um ihn vor den Hyänen zu schützen.

Als der Körper schließlich so gut wie mumifiziert war, wickelten sie ihn in Tierhaut und legten ihn in einen Zylinder aus Baumrinde, der wiederum in ein Segeltuch gewickelt wurde. Dann wurde das ganze Paket an einer Stange aufgehängt und mit dem Teer bestrichen, der ursprünglich für Livingstones Boot bestimmt gewesen war.

Bevor sie Chitambos Dorf verließen, hielten sie eine kleine Gedenkfeier, und Jacob Wainwright schnitzte das Datum »4. Mai« in einen Baum (sie hatten sich verzählt, es war in Wirklichkeit der 1. Mai). Dann überreichten sie dem Häuptling eine Keksdose und Zeitungen als Beweis für künftige Reisende, daß ein weißer Mann hier gewesen war. Chitambo erwiderte: »Wenn die Engländer kommen, sollen sie bald kommen. Denn ich habe Angst, daß die Mazitu auftauchen, und dann wird – wenn wir hier weggehen müssen – vielleicht jemand den Baum fällen, um ein Kanu daraus zu bauen.«[9]

Fünf Monate später, im September 1873, überreichte Chuma dem britischen Leutnant Verney Cameron, der den letzten Suchtrupp der Londoner *Royal Geographical Society* leitete, in Tabora im Bezirk Unyanyembe einen in englischer Sprache abgefaßten Brief. Er war mit »Jacob Wainwright, Dr. Livingstone Exped.« unterzeichnet. Chuma hatte gehört, daß ein Suchtrupp, angeführt von Livingstones Sohn, in Tabora angelangt sei.

(Tatsächlich aber war sein Sohn Oswell nach England zurückgekehrt, und sein Neffe Robert Moffat war an Fieber gestorben.) Jacob schrieb: »Ihr Vater starb jenseits von Bisa an einer Krankheit, aber wir haben seinen Leichnam mitgenommen; zehn unserer Soldaten haben sich verirrt, und einige sind gestorben. Wir leiden Hunger und sind daher gezwungen, Sie um Stoffe zu bitten, damit wir Proviant kaufen können.«[10]

Cameron, der selbst fast erblindet war, begriff zunächst nicht die Bedeutung des Briefes. Doch Chuma bekam die erbetenen Stoffe. Ein paar Tage danach wurde der Leichnam Livingstones in die Stadt gebracht. Cameron versuchte, die Afrikaner dazu zu überreden, ihren Herrn an Ort und Stelle zu beerdigen. Schließlich sei auch seine Frau an den Ufern des Sambesi beigesetzt worden. Und Livingstone selbst habe im Juni 1868 in sein Tagebuch geschrieben, daß er am liebsten im »stillen, stillen Wald, wo keine Hand meine Gebeine stören kann« beerdigt werden wolle. Aber Chuma, Susi und die anderen hatten ihr Herz daran gehängt, Livingstone in seine Heimat zurückzubringen.

Im April 1874, elf Monate nach seinem Tod, traf Livingstones Leichnam schließlich in England ein, wo er feierlich in der Westminster Abbey beigesetzt wurde. Jacob Wainwright, der die sterblichen Überreste seines Herrn von Sansibar nach London begleitet hatte, erhielt als Sargträger einen Ehrenplatz neben Stanley, Dr. John Kirk und den engsten Freunden und Verwandten Livingstones. Im Mai wurden Chuma und Susi auf Kosten der Londoner Missionsgesellschaft nach England gebracht. Mittlerweile hatte auch die britische Öffentlichkeit das Außergewöhnliche dieses Ereignisses erkannt. Nichts von alledem, was man bisher aus Afrika gehört hatte, hatte die Gemüter derartig bewegt. Die Berichte belegten nicht nur die hohe moralische Integrität Livingstones, sie zeigten auch, daß die Afrikaner durchaus Initiative und Führungsqualitäten an den Tag legen konnten.

Nur einer hatte bei den Beisetzungsfeierlichkeiten gefehlt: der achtundzwanzigjährige Leutnant Cameron. Nachdem er seinen offiziellen Auftrag – Livingstone zu retten – in die Hände von Susi und Chuma übergeben hatte, war er auf eigene Faust Hunderte von Kilometern westwärts gezogen. Er wollte Livingstones letzte Mission vollenden und den geheimnisvollen Lualaba erforschen.

Am 2. November 1875, eineinhalb Jahre nach der Beisetzung Livingstones in der Westminster Abbey, schleppte sich Cameron zu einem Sandstrand in der Nähe von Benguela an der angolanischen Küste. Es war ihm nicht gelungen, den Lualaba bis zum Meer zu verfolgen. Aber er war der erste Europäer, der das südliche Zentralafrika von Osten nach Westen durchquert hatte. Und – auch wenn er es noch nicht beweisen konnte – er glaubte, die Antwort auf das letzte große Rätsel der Geographie Afrikas zu kennen.

Seine Entdeckung wäre ein niederschmetternder Schlag für Livingstone gewesen. Denn alles deutete darauf hin, daß der Lualaba der Kongo war und nicht der Nil. Dennoch hielt Cameron diese unbekannte Quelle des Kongo für die größte Entdeckung Livingstones. Der Kongo, der bereits in über 1500 Kilometer Entfernung von der Küste viermal so groß war wie der Nil, eignete sich weitaus besser dazu, das Herz Afrikas dem Handel und dem christlichen Glauben zu erschließen.

TEIL I

Der offene Weg

THE LION AND THE FOX

British Lion. »Going to help me, are you! Thank you for nothing, Master Fox!
I began the work alone, and I mean to finish it!!!«

KAPITEL 1

Leopolds Kreuzzug

Brüssel
7. Januar – 15. September 1876

»Wir schwimmen mit dem Strom.«

Leopold II.,
König der Belgier, bei der Geographischen Konferenz,
12. September 1876

»Er [König Leopold] erklärte mir seine Pläne erstmals, als ich vor
einigen Jahren in Brüssel sein Gast war ... Er hat sehr philanthropische
Ansichten, und seine Vorhaben zählen zu den wenigen, die ... keine
selbstsüchtigen kommerziellen oder politischen Ziele verfolgen.«

Sir Bartle Frere, 1883

D ie *Times* wurde in Schloß Laeken am 7. Januar 1876 wie gewöhnlich rechtzeitig zum Frühstück Seiner Majestät zugestellt.
Leopold II. war bereits seit fünf Uhr auf. Jeden Morgen unternahm der
hochgewachsene, bärtige Monarch einen Spaziergang durch die Gärten
des Schlosses, und wenn es regnete, inspizierte er die Gewächshäuser.
Die *Times* las er täglich, und zwar die Morgenausgabe, die noch mit der
Nachtpost von England herübergeschickt wurde.

An diesem Morgen fand sich auf Seite sechs unten ein kurzer Bericht
des *Times*-Korrespondenten in Luanda, der Hauptstadt der portugiesischen Kolonie Angola, der fast sieben Wochen früher datiert war. Der
britische Forscher Leutnant Cameron hatte nach einer dreijährigen Reise
quer durch Afrika die Westküste erreicht, war aber so schwer am Skorbut
erkrankt, daß er die Heimreise nicht vor Frühjahr antreten konnte.
Zwischenzeitlich sandte er einige seiner Reiseaufzeichnungen nach Europa, die bei einer Konferenz der britischen *Royal Geographical Society*
am folgenden Montag verlesen werden sollten.

Vier Tage später widmete die *Times* der Konferenz der Geographischen Gesellschaft unter der Überschrift »Erforschung Afrikas« die ersten drei Spalten der innenpolitischen Seite. Sir Henry Rawlinson, der Präsident der Gesellschaft, bezeichnete Camerons Reise als »eine der schwierigsten und erfolgreichsten, die je ins Innere des afrikanischen Kontinents unternommen worden sind«. Natürlich war Cameron der erste, der darauf hinwies, daß es »diplomatische Probleme« geben könnte, wenngleich noch keine europäische Macht das Land als Kolonie oder Protektorat für sich beanspruchte. Denn:

> Das Innere ist zum größten Teil ein herrliches und gesundes Land mit unvorstellbaren Reichtümern. Ich habe eine kleine Probe guter Kohle mitgebracht; andere Bodenschätze wie Gold, Kupfer, Eisen und Silber sind im Überfluß vorhanden. Darüber hinaus bin ich ganz zuversichtlich, daß dort mit einem wohlüberlegten und großzügigen (nicht verschwenderischen) Aufwand an Kapital eines der hervorragendsten Binnenschiffahrtssysteme der Welt aufgebaut werden könnte. Bereits nach einem Zeitraum von 30 bis 36 Monaten würde es jedem unternehmungsfreudigen Kapitaleigner gute Rendite abwerfen ...[1]

Ein Land mit »unvorstellbaren Reichtümern«, das nur auf einen »unternehmungsfreudigen Kapitaleigner« wartete: Die Geschichte des jungen Cameron und seiner sensationellen Entdeckung erregte ganz offensichtlich die Aufmerksamkeit des Königs. Wenige Tage nach ihrem Bekanntwerden versprach er der Geographischen Gesellschaft, falls nötig, die königliche Summe von 100 000 Francs für die Kosten von Camerons Expedition bereitzustellen.

Gegenüber der Öffentlichkeit jedoch ließ sich Leopold nicht das geringste Interesse anmerken. Für ihn, einen Enkel des verarmten Herzogs von Sachsen-Coburg-Gotha, war Zurückhaltung etwas ganz Natürliches. Sein Vater, Leopold I., hatte 1831 als erster belgischer König einen Thron bestiegen, der sich bald als sehr wacklig erwies. In Belgien standen sich zwei verfeindete Volksgruppen – Flamen und Wallonen – sowie zwei verfeindete Parteien – Liberale und Katholiken – gegenüber; überdies hatte das Land seit dem Krieg von 1870/71 zwei verfeindete Nachbarn: Frankreich und Deutschland. Seit seiner Thronbesteigung im Jahre 1865 galt Leopold im Ausland als vorbildlicher, gleichwohl etwas langweiliger Regent, sofern man ihn überhaupt zur Kenntnis nahm. Bewundernswerterweise schien er völlig frei von dem Größenwahn, wie er bei gekrönten Häuptern kleiner, unbedeutender Staaten so häufig anzutreffen war.

Seinen Beratern und den wenigen Politikern, die regelmäßig mit ihm zu tun hatten, offenbarte sich allerdings eine wesentlich schillerndere Persönlichkeit. Kein Höfling konnte verbindlicher und charmanter sein als der König – wenn er wollte. Doch in manchen Dingen erschien er geradezu beängstigend halsstarrig, ja unvernünftig. So war er besessen von der Idee, einen noch unerforschten Teil der Welt als überseeisches Imperium für Belgien zu gewinnen. »*Il faut à la Belgique une colonie*«[2] hatte er schon 1861 in einen marmornen, aus einem Stein des Parthenons gefertigten Briefbeschwerer eingravieren lassen. Nur Kolonien, so glaubte er, könnten modernen Staaten zu »Macht und Wohlstand« verhelfen, wie man an den Beispielen im Fernen Osten sehe. Die Ausbeutung einer Kolonie in den Tropen – wie sie die Holländer auf Java betrieben – würde sich auch für das belgische Volk rasch bezahlt machen und ihm überdies beweisen, daß es trotz seiner geringen Größe »ein Herrschervolk mit der Fähigkeit, andere [Völker] zu regieren und zu zivilisieren sei«.

Anfangs wurden derartige pathetische Äußerungen Leopolds nicht sonderlich ernst genommen. Jules Devaux, sein *chef du cabinet*, machte sich darüber nur lustig. Schon der Vater des jetzigen Königs, Leopold I., hatte ja mit dem unsinnigen Gedanken gespielt, sich eine Kolonie zuzulegen – in Guatemala. Nachdem dieses abenteuerliche Unternehmen jedoch kläglich gescheitert war, hatte er diese Pläne begraben und fortan für den Traum seines Sohnes von einem Imperium im Fernen Osten nur mehr Spott übrig gehabt. Unter dem Vorwand, sich von einer Krankheit erholen zu wollen, bereiste der junge Leopold mehrmals fieberverseuchte Regionen Asiens. 1854/55 besuchte er Ägypten und den Nahen Osten. 1860 unternahm er eine zweite und 1862 eine dritte Ägypten-Reise – fasziniert von Ferdinand de Lesseps' Plan, einen Kanal durch den Isthmus von Suez zu bauen. 1864/65 schließlich fuhr er nach Indien und China. »Welch eine Reisewut«, murrte der belgische Botschafter in Rom und fügte hinzu, die Belgier seien durch die dauernden Ausflüge ihres Prinzen in den Nahen und Fernen Osten »verstimmt«.[3]

Auch nach dem Tod seines Vaters 1865 hielt Leopold beharrlich an seiner Idee fest, daß Belgien sich nach einer Kolonie umsehen müsse; das sei er dem Andenken seines Vaters schuldig. Vergeblich gaben ihm seine Berater zu bedenken, daß die Belgier ein Volk von Händlern seien und Kolo-

35

nien zur Exploitation und Besiedlung – vor allem in tropischen Ländern – als ein schlechtes Geschäft betrachteten. Die Antwort des Königs darauf war, er könne die erforderlichen Investitionen selbst aufbringen. In der Tat war Leopold einer der reichsten Männer Europas; er hatte 15 Millionen Francs von seinen Eltern geerbt und dieses Vermögen durch Spekulationen mit Suezkanal-Aktien noch vermehrt. Zusätzlich plante er, mit einigen Bankern ein Finanzkonsortium zu gründen. Als erstes bot er der spanischen Regierung im Namen dieses Konsortiums 10 Millionen Francs (die Hälfte der Summe bar auf die Hand) für das Recht zur Exploitation der Philippinen. Doch obwohl sich diese Kolonie zu einem »Verlustgeschäft« für die Spanier entwickelt hatte, waren sie zu stolz, um auch nur über dieses Angebot zu verhandeln. Ebensowenig war Portugal bereit, Angola, Moçambique oder die Insel Timor mit Leopold zu teilen. Im Juli 1875 trat er schließlich an Saville Lumley, den britischen Botschafter in Brüssel, heran und vertraute ihm seine Pläne für ein neues Projekt an. Lumley war, wie sein Bericht nach London zeigt, einigermaßen verblüfft.

Was mein Land braucht [begann der König], ist ein Sicherheitsventil für seine überschüssigen Energien. Der verstorbene König glaubte, es sei das Beste, eine belgische Kolonie zu gründen – nicht nur, um die wirtschaftliche Macht unseres Landes zu vergrößern, sondern auch, um die Moral seiner Armee zu heben und eine Handelsmarine aufzubauen ...

Es ist an der Zeit [fuhr der König fort], daß Belgien seinen Anteil am großen Werk der Zivilisierung übernimmt und, wenn auch mit aller Bescheidenheit, in die Fußstapfen Englands tritt ...

Ich schätze mich glücklich, meinem Land eine Kolonie anbieten zu können, die ich mit meinen privaten Mitteln finanzieren kann.

Äußerst schwierig ist es allerdings zu entscheiden, wo sich diese Kolonie befinden soll, doch nach gründlicher Überlegung bin ich zu dem Schluß gelangt, daß sich auf der zwischen Japan und Australien an einem bedeutenden zukünftigen Handelsweg gelegenen Insel Neuguinea ein Standort finden würde ...

Ich muß meine Unkenntnis eingestehen [erwiderte Lumley], aber ich fürchte, das dortige Klima wäre für belgische Kolonisten nicht unbedingt vorteilhaft.

Ah [entgegnete der König], ich weiß, meine Leute sind zwar nicht so robust und tatkräftig wie die Engländer, aber ich glaube, diese wunderbare Insel . . . [ist] mit großer Fruchtbarkeit gesegnet, und in ihrer Schönheit und der Pracht ihrer Vegetation ist sie unübertroffen.

Zum gegenwärtigen Zeitpunkt jedoch, erklärte Leopold, habe die belgische Regierung kein Interesse an diesem Plan. Dann richtete er die (durchaus ernstgemeinte) Frage an Lumley: »Hat die Regierung Ihrer Majestät im Hinblick auf diese Insel irgendwelche Absichten? Wenn ja, werde ich meine Suche nach einer Kolonie anderweitig fortsetzen.«[4]

Als Königin Viktorias Minister in London von dieser Anfrage erfuhren, tippten sie sich an die Stirn. In der *Pall Mall Gazette* hatte es erst kürzlich geheißen, Neuguinea sei »fast unerforscht . . . mit schätzungsweise fünf Millionen Einwohnern . . . die meisten davon wilde Kannibalen«. Wie in aller Welt, so fragte Außenminister Lord Derby, sollten belgische Siedler dort ihre Familien ernähren? Über Leopolds Vorstellung, eine überseeische Kolonie könne für Belgien als Ventil für den innenpolitischen Konflikt zwischen Flamen und Wallonen dienen, konnte er nur lachen. Und nicht zuletzt würden diplomatische Konsequenzen nicht ausbleiben, falls man zuließ, daß Leopold Neuguinea zu kolonisieren versuchte: »Die australischen Kolonien stehen auf dem Standpunkt, daß Neuguinea zu Australien gehört. Sie wollen es eines Tages in Besitz nehmen und wären äußerst erbost, wenn dort eine ausländische Flagge gehißt würde.«[5]

Großbritannien hatte zu diesem Zeitpunkt nicht die Absicht, bei diesen fünf Millionen »wilden Kannibalen« den *Union Jack* zu hissen. Doch Leopold mußte »einen Dämpfer bekommen«, wie Derby sich Lumley gegenüber ausdrückte, als er ihn mit entsprechenden Anweisungen nach Laeken zurückschickte.

Leopold reagierte auf die britische Abfuhr erstaunlich gelassen. »Die Marktlage ist nicht sehr ermutigend, und ich glaube nicht, daß es von Nutzen wäre, weiter zu insistieren«, bemerkte er im August 1875 gegenüber seinem Außenminister Lambermont. »Weder die Spanier noch die Portugiesen oder Holländer« – er hätte hinzufügen können: auch die Briten nicht – »sind bereit, [eine Kolonie] zu verkaufen. Ich werde also diskrete Erkundigungen darüber einziehen, ob sich in Afrika etwas machen läßt.«[6]

Und nun, am Morgen des 7. Januar 1876, las Leopold in der *Times* von Leutnant Camerons Entdeckungen im Inneren Afrikas, jenem Land mit

»unvorstellbaren Reichtümern«, das nur auf einen »unternehmungsfreudigen Kapitaleigner« wartete.

Konnte nicht er mit seinen 15 Millionen Francs die Rolle dieses Kapitaleigners übernehmen? Aber noch eine Abfuhr von einem dieser europäischen Neider (Disraeli und Konsorten) wollte er nicht riskieren. Das Problem bei Zentralafrika war, daß es in den Augen mancher Engländer bereits mit Beschlag belegt war – durch Livingstone nämlich. Ein Jahr zuvor, 1875, war die *Ilala* auf dem Njassa-See erschienen. Dieses Dampfboot war die erste ständige Missionsstation der anglikanischen Kirche und die Antwort auf den feierlichen Appell zur Missionierung, der – bildlich gesprochen – aus dem Grab des 1873 verstorbenen David Livingstone ertönte. Obendrein wurden in Großbritannien zunehmend Eigentumsansprüche auf jene Gebiete Ost- und Zentralafrikas laut, in welche britische Forscher und Missionare als erste Europäer vorgedrungen waren. Gleichzeitig hatte Frankreichs Regierung ihre Forscher ermutigt, von der französischen Kolonie Gabun aus nach Osten, in Richtung auf das unbekannte Becken des Kongo, vorzustoßen. Offiziell zögerte zwar sowohl die britische als auch die französische Regierung, die weitere Ausdehnung ihrer Kolonien mit Steuergeldern zu finanzieren; doch unter Berufung auf Livingstones frommen Appell konnte hier durchaus ein Sinneswandel ins Auge gefaßt werden.

In Leopolds Hirn begann eine Idee Gestalt anzunehmen, die es an Brillanz und Verschlagenheit mit jedem Gedanken eines europäischen Meisterdiplomaten aufnehmen konnte. Ihm schwebte vor, die Schwäche Belgiens in Stärke zu verkehren und den glaubenskämpferischen Geist der britischen Öffentlichkeit für seine eigenen Ziele zu nutzen.

Sechs Monate später, im September 1876, traf sich etwa ein Dutzend der renommiertesten Forscher in seinem Schloß zur ersten Geographischen Konferenz über Zentralafrika. Niemand vermutete damals, daß diese bescheidene Zusammenkunft die Geschichte des riesigen Kontinents ebensosehr verändern sollte wie der sieben Jahre zuvor eröffnete Suezkanal.

* * *

Warum wollte Leopold unbedingt sein Privatvermögen für ein afrikanisches Kolonialimperium aufs Spiel setzen? Gemessen an den gewaltigen Hindernissen, die es bei diesem Unterfangen zu überwinden galt, und dem zu erwartenden lächerlich kleinen Gewinn mußte dies geradezu widersinnig erscheinen.

Kein Kontinent wirkte für europäische Forscher weniger einladend. Es war fast vierhundert Jahre her, daß die geschwungenen Konturen Afrikas erstmals auf den Karten der portugiesischen Seefahrer erschienen. Doch von einigen Ausnahmen im Norden und Süden abgesehen, war das Innere des Kontinents noch bis vor kurzem ebenso unerforscht gewesen wie ein fremder Planet. Südlich des Mittelmeers wurde die afrikanische Küste immer unzugänglicher. Es gab kaum Häfen; sogar geschützte Ankerplätze waren hinter den Mangrovensümpfen und der starken, von Korallenriffen durchsetzten Brandung nur schwer zu finden. Zwar gab es schon seit den Tagen der griechischen Seefahrer Geschichten über große Flüsse, die angeblich den Weg ins Innere des Kontinents eröffneten, doch abgesehen vom Nil schienen diese großen Flüsse weiter nichts zu sein als Trugbilder. Die Mündungen des Niger und des Sambesi waren Irrgärten aus Sümpfen und Sandbänken. Der Kongo war durch Stromschnellen verschlossen. Auch der Nil verlor sich irgendwann in einem Labyrinth aus Papyrus. Und die großen Flußtäler, in denen fast das ganze Jahr über ein heißes und feuchtes Klima herrschte, waren verseucht von Fieber, Malaria und der Schlafkrankheit – gefährlich für die Eingeborenen, meist tödlich aber für Eindringlinge von außen.

So hatte sich Zentralafrika jahrhundertelang den zaghaftesten Versuchen zu seiner Erforschung verschlossen. Noch im Zeitalter der Aufklärung konnte kein Europäer auch nur die einfachsten Fragen über das Herz des Kontinents beantworten. Gab es wirklich sagenhafte Schätze dort, oder war Afrika der ödeste aller Kontinente?

Im Mittelalter galt Afrika als ein Eldorado. Dem Reichtum des Kontinents verdankten die großen europäischen Stadtstaaten, allen voran Genua und Venedig, einen Großteil ihres eigenen Wohlstands. Zwei Drittel der Goldvorräte der Welt kamen im ausgehenden Mittelalter aus Westafrika. Im vierzehnten Jahrhundert traf ein afrikanischer Krösus auf seinem Weg nach Mekka in Kairo ein. Es war Mansa Musa, der König von Mali – ein Mann, mit dem man rechnen mußte. Er hatte mit einem Gefolge von 500 Sklaven die Wüste durchquert, von denen jeder einen vier Pfund schweren Gehstock aus purem Gold bei sich trug – eine Demonstration des Reichtums, die in Europa Begierden weckte. Könige und Päpste benötigten das Gold schließlich nicht nur für Kronen und

Meßkelche, sondern vor allem als Zahlungsmittel. Zwei Monate benötigten die Kamelkarawanen für die Reise, die sie von Timbuktu und Djenne in Mali durch die Sahara zur Küste des Mittelmeers führte. Das Gold aus ihren Satteltaschen wanderte ein oder zwei Jahre später, in Europa zu Münzen geprägt, weiter quer durch Innerasien und wurde in China gegen Seide oder auf den Molukken gegen Gewürze eingetauscht. Diese »goldenen Fäden« waren es, die das unbekannte Herz Afrikas mehr und mehr mit Europa verbanden – und Europa wiederum mit dem ebenso unbekannten Herzland Asiens.

Die westafrikanischen Goldquellen anzuzapfen war auch eines der wichtigsten Ziele der portugiesischen Seefahrer des fünfzehnten Jahrhunderts. Niemand wußte, wo jenseits der Sahara die Königreiche lagen, aus denen das Gold nach Europa floß. Aber die Portugiesen erkannten, daß sie diesen Handel von Italien nach Portugal umlenken konnten, sofern sie einen direkten Seeweg von und nach Westafrika fanden. Zudem würden sie den indischen Gewürz- und den chinesischen Seidenhandel an sich reißen können, falls es ihnen gelang, auf diesem Seeweg bis nach Indien vorzustoßen. Nach 1480 nahmen portugiesische Schiffe erstmalig an der Senegalmündung und in El Mina am Golf von Guinea Gold an Bord; Gold, das offenbar aus den unbekannten Quellen stammte und nach Westen und Süden exportiert worden war. Und jedes Jahr drangen die portugiesischen Schiffe weiter nach Süden vor, bis zu den Regenwäldern am Äquator und den südlich davon gelegenen Savannen. Auf ihrem ungewissen Weg entlang der Küste stellten Diego Cao und Bartholomeo Diaz als Marksteine ihres Vordringens große Steinkreuze – *padrones* – auf. 1497 schließlich hatte Vasco da Gama das Kap umschifft und damit den Seeweg nach Indien gefunden. Der Seeweg ersetzte die Landroute quer durch Asien; die wichtigste Verbindungslinie des Welthandels verlief nun entlang der afrikanischen Küste.

Kein Forscher hat je solch rasche und atemberaubende Erfolge erzielt wie die todesmutigen portugiesischen Seefahrer des ausgehenden fünfzehnten und beginnenden sechzehnten Jahrhunderts. In der Tat waren sie zu erfolgreich; ihre Entdeckungsfahrten führten zu weit. Sie gründeten zwei Kolonien – in Angola und Moçambique – und zahlreiche Handelsniederlassungen in Westafrika. Doch das spärlich fließende Gold Afrikas, die Stoßzähne aus Elfenbein und die Straußenfedern waren nicht vergleichbar mit der Flut von Schätzen aus Ost und West. Fünf Jahre vor da

Gamas Entdeckung des Seewegs nach Indien hatte Kolumbus durch einen unverhofften Glücksfall die Inseln der Neuen Welt entdeckt, und bald brachten die spanischen Schiffe ganze Ladungen Gold und Silber aus den tropischen Wäldern Chiles und Mexikos nach Europa. Afrika aber trat wieder in den Schatten zurück – eine dampfende Küste, gefährliche Korallenriffe im Hitzedunst, eine Landspitze, auf der ein ominöses Steinkreuz den Weg ins Innere des Kontinents zu bewachen schien.

Doch nun tauchte plötzlich eine neue »Handelsware« aus Afrika auf dem Weltmarkt auf, die im Verlauf der nächsten dreihundert Jahre noch weit wichtiger werden sollte als das afrikanische Gold im Mittelalter. In der Neuen Welt begannen europäische Investoren, auf riesigen Plantagen Baumwolle und Zuckerrohr anzubauen. Und diese Plantagen konnten nicht bewirtschaftet werden ohne die Arbeitskraft afrikanischer Sklaven.

Der westafrikanische Sklavenhandel war zwar nicht gerade ein Geschäft für zarte Gemüter, doch er warf für Europa von Anfang an hohe Gewinne ab. Wie der Goldhandel konnte er betrieben werden, ohne daß man in das mysteriöse Innere des Schwarzen Kontinents vorstoßen mußte. Schier endlose Reihen schwarzer Sklaven wurden in die Küstenstädte westlich des Niger-Flusses getrieben, wo sie gemessen, gewogen und verkauft wurden, um dann von neuem aneinandergekettet, auf Schiffe verladen und mit »geringen Verlusten« (etwa ein Drittel der Menschen kam um) zu den Sklavenplantagen Brasiliens, der Vereinigten Staaten oder der Karibik transportiert zu werden. Und die afrikanischen Stammesfürsten mußten nicht erst dazu überredet werden, ihre Mitmenschen zu versklaven. Schätzungsweise zehn Millionen Schwarzafrikaner wurden während der drei auf die portugiesischen »Entdeckungen« folgenden Jahrhunderte verschickt wie Schlachtvieh. Dann endlich regte sich doch das schlechte Gewissen in Europa. 1804 wurde der Sklavenhandel, 1834 die Sklaverei selbst verboten, zunächst in Großbritannien, später auch in anderen Ländern. Auch Amerika zog widerwillig nach. Während die Bewegung gegen die Sklaverei an Einfluß gewann, setzte sich in der Neuen Welt gleichzeitig die Erkenntnis durch, daß der Anbau von Baumwolle und Zuckerrohr auch ohne den ständigen »Import« neuer Sklaven profitabel betrieben werden konnte.

In den fünfziger Jahren des letzten Jahrhunderts taten sich an Afrikas Westküste Alternativen zum verbotenen Sklavenhandel auf. Dies war einer genialen Erfindung zu verdanken: Die Dampfmaschine revolutio-

41

nierte nicht nur Europas industrielle Produktion, sondern auch den Gütertransport zu Land und zu Wasser. In der Ära der Segelschiffe hatte sich nur der Transport wertvoller, nicht zu großer und haltbarer Güter rentiert. Doch nun blühten reiche Häfen wie Liverpool, die durch den Tauschhandel von Manufakturwaren gegen Sklaven groß geworden waren, noch mehr auf, denn jetzt begann man diese Waren gegen tropische Produkte wie Erdnüsse und Palmöl einzutauschen. Das probate Rezept gegen die Sklaverei war gefunden: »rechtmäßiger Handel«, das Heilmittel für Afrikas »offene Wunde«, das wunderbarerweise durch die Erfindung der Dampfmaschine möglich wurde.

Die Dampfschiffe, die im Austausch für Öl und Nüsse Knöpfe aus Birmingham und Stoffe aus Manchester nach Afrika lieferten, hatten auch eine neue Generation von Forschern an Bord, die – mit Gottes Hilfe – versuchen wollten, das Innere des Kontinents zu erschließen. Als berühmtester von ihnen galt David Livingstone, und das aus gutem Grund: Der Arzt und Wissenschaftler hatte in dem Arzneimittel Chinin den Schlüssel zur Erschließung des inneren Afrikas gefunden. Vor dieser Entdeckung hatten sich die Versuche zur Erkundung des Kongo und Niger als Selbstmordunternehmen erwiesen: Die Malaria hatte die Kongo-Expedition Captain James Tuckeys im Jahre 1816 ebenso zunichte gemacht wie Richard Landers Vorstoß auf dem Niger (1832–1834). Livingstone hingegen reiste dreißig Jahre lang durch Süd- und Zentralafrika; er erlitt dabei zwar zahlreiche Fieberanfälle, konnte sich aber jedesmal wieder erholen.

1858 entdeckte Livingstone den 560 Kilometer langen Njassa-See, eine Wasserstraße, von der aus die Dampfschiffe in den Shire und Sambesi und damit ins Herz des tropischen Afrika einfahren konnten. Vier Jahre zuvor war William Baikie mit dem Dampfschiff *Pleiad* fast 500 Kilometer den Niger flußaufwärts gefahren und verbrachte anschließend fünf Jahre in Lukoja am Zusammenfluß von Niger und Benue.

Doch die aufregendsten Funde konnten vier weitere britische Forscher aus Ost- und Zentralafrika vermelden. 1857 »entdeckten« Richard Burton und John Speke den Tanganjika-See, und im darauffolgenden Jahr drang Speke bis zu dem später nach Königin Viktoria benannten See vor, den er als die wichtigste Quelle des Weißen Nil erkannte. In den Jahren 1860 bis 1863 kehrte Speke in Begleitung von James Grant zurück, um den Viktoria-See und sein Umland näher zu erforschen. Sie fuhren nilabwärts bis zum Mittelmeer und trafen unterwegs auf Samuel Baker, der gerade flußaufwärts reiste und wenig später den (zukünftigen) Albert-See »entdecken« sollte. Damit galt das Flußsystem des Nil als mehr oder weniger erforscht. 1876 gab es nur noch eine Unbekannte in diesem System: den Lualaba, diesen riesigen, nach Norden strömenden Fluß, den Livingstone westlich des Tanganjika-Sees entdeckt hatte. Cameron behauptete, der Lualaba würde sich nach Westen wenden und in den Kongo übergehen. Bald sollte die Welt erfahren, ob er damit recht hatte.

Denn 1875 war Stanley vom Viktoria-See nach Westen aufgebrochen, um sich erneut an der Aufgabe zu versuchen, an der Cameron gescheitert war: einen direkten Wasserweg vom Lualaba bis zum fernen Atlantik zu finden.

Eines war klar – vor allem für Leopold: Chinin und das Dampfschiff hatten alles verändert. Die weißen Flecken auf der Afrika-Karte schrumpften rasch zusammen; bald würden alle wesentlichen Fragen beantwortet sein. Barg das Innere Afrikas wirklich unermeßliche Reichtümer – oder gab es dort am Ende überhaupt nichts zu holen?

Nichts und wieder nichts, murrten Jules Devaux und die anderen Berater des Königs. Und die Mehrzahl der Afrika-Experten aller Länder teilte ihre Meinung, ebenso wie das halbe Dutzend berühmter Forscher, das im September des Jahres 1876 nach Brüssel eingeladen wurde; nur Verney Cameron war anderer Ansicht. Grant, der berühmteste unter Leopolds Gästen, mittlerweile ein weißhaariger, aber immer noch sehr agiler Veteran in den Fünfzigern, war bei seinen Reisen mit Speke den gesamten Nil entlanggefahren und lediglich auf Elfenbeinhandel gestoßen; Anzeichen für große, ungenützte Reichtümer hatte er nicht gefunden. Wenn man jedoch die großen Elefantenherden systematisch jagte, würden sie bald verschwinden sein. Zur selben enttäuschenden Erkenntnis waren auch die deutschen Forscher gelangt. Gustav Nachtigal hatte von 1869 bis 1874 die Sahara und die sudanesische, westlich des Nil gelegene Provinz Kordofan erforscht, zwei der kargsten und trockensten Gebiete der Erde. Und Gerhard Rohlfs war 1865–1867 quer durch die Sahara gereist und bis über Bornu hinaus vorgedrungen. Doch auch er hatte keine Hinweise auf Reichtümer finden können – außer in der Region am Unterlauf des Niger, dem Zentrum eines florierenden Handels mit Palmöl.

Nur der junge Verney Cameron sprach unbeirrt von »unvorstellbaren Reichtümern« des Kongo, obwohl er lediglich den südlichen Rand dieses

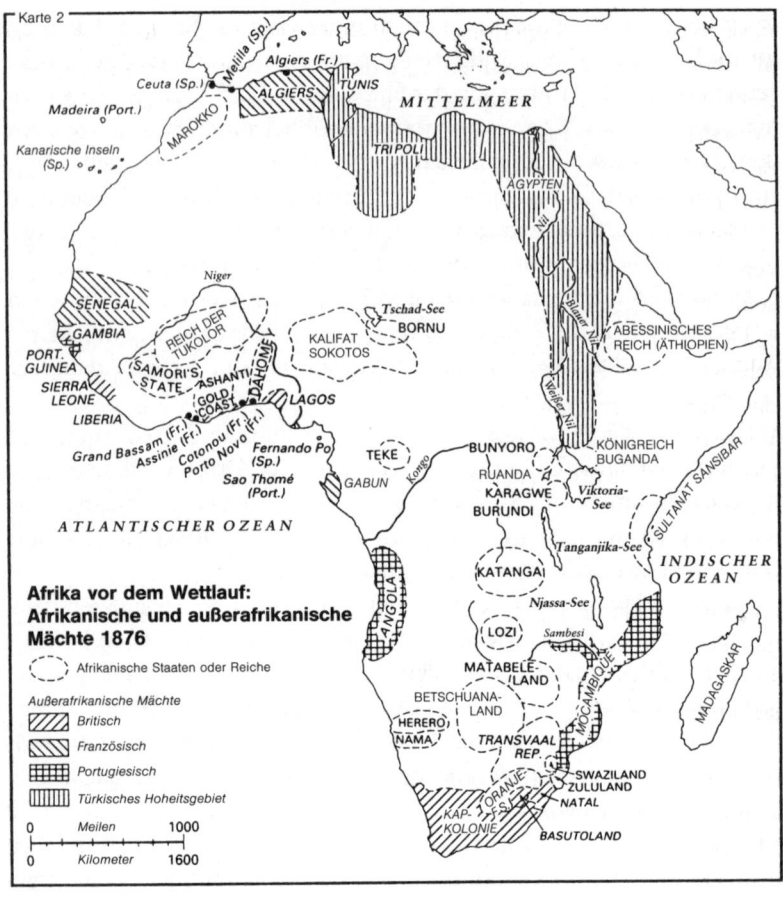

Karte 2

Madeira (Port.)

Kanarische Inseln
(Sp.)

Ceuta (Sp.)
Melilla (Sp.)
Algiers (Fr.)
ALGIERS
TUNIS
MAROKKO
TRIPOLI
MITTELMEER
ÄGYPTEN

SENEGAL
GAMBIA
PORT.
GUINEA
SIERRA
LEONE
LIBERIA
Niger
REICH DER
TUKOLOR
SAMORI'S
STATE
ASHANTI
GOLD
COAST
DAHOME
LAGOS
KALIFAT
SOKOTOS
Tschad-See
BORNU
ABESSINISCHES
REICH (ÄTHIOPIEN)
Weißer Nil
Blauer Nil

Grand Bassam (Fr.)
Assinie (Fr.)
Cotonou (Fr.)
Porto Novo (Fr.)
Sao Thomé
(Port.)
Fernando Po
(Sp.)
TEKE
GABUN
Kongo
BUNYORO
RUANDA
KARAGWE
BURUNDI
Viktoria-
See
KÖNIGREICH
BUGANDA
SULTANAT SANSIBAR

ATLANTISCHER OZEAN

Tanganjika-See
INDISCHER
OZEAN

ANGOLA
KATANGA
LOZI
Njassa-See
Sambesi
MATABELE-
LAND

**Afrika vor dem Wettlauf:
Afrikanische und außerafrikanische
Mächte 1876**

Afrikanische Staaten oder Reiche

Außerafrikanische Mächte

BETSCHUANA-
LAND
HERERO
NAMA
TRANSVAAL
REP.
SWAZILAND
ZULULAND
NATAL
MOÇAMBIQUE

MADAGASKAR

	Britisch
	Französisch
	Portugiesisch
	Türkisches Hoheitsgebiet

0   Meilen   1000

0   Kilometer   1600

KAP-
KOLONIE
ORANJE-
FREIST.
BASUTOLAND

riesigen, weitgehend unerforschten Beckens bereist hatte. In einem Punkt allerdings waren alle Reisenden der gleichen Meinung, und ihre grausigen Berichte bestätigten Livingstones Entdeckungen: Der Sklavenhandel, in Westafrika bereits ausgemerzt, blühte und gedieh im Osten des Kontinents, wo er mittlerweile von Arabern und Suahelis organisiert wurde. Von dort breitete er sich wie ein Krebsgeschwür über ganz Zentralafrika aus.

Livingstones letzte Tagebücher, die 1874, ein Jahr nach seinem Tod, veröffentlicht wurden, hatten diese schrecklichen Zustände ins Bewußtsein der britischen Öffentlichkeit gerufen.

Devaux hätte sich ja gerne dem Gedankengang Livingstones angeschlossen, daß eine dringende Notwendigkeit bestand, Innerafrika für das Christentum und den Handel zu erschließen, um auf diese Art und Weise den neuen Sklavenhandel im Herzen des Kontinents zu beseitigen. Doch die Aussichten für den Handel erschienen ihm mehr als trübe und für jeden vernünftig denkenden Investor schlichtweg uninteressant. Nur ein leichtsinniger Enthusiast – oder ein Philanthrop – würde sein Geld dort aufs Spiel setzen. Und die Vorstellung, daß der König sich auf einmal zu einem Philanthropen geläutert haben könnte – Leopold, der den ganzen Globus nach gewinnbringenden Investitionsmöglichkeiten abgesucht hatte! –, über diese Vorstellung hätte Jules Devaux nur herzlich lachen können.

Am Abend des 11. September 1876 gegen halb sieben schritt die Versammlung der Afrikaforscher und Geographieexperten die aus weißem Marmor erbaute, neobarocke Freitreppe des königlichen Schlosses zu Brüssel hinauf. Sie wirkte wie ein Hauch von Versailles und bildete einen Kontrast zu den schmucklosen Schloßgebäuden, die der holländische Gouverneur dreißig Jahre zuvor auf dem größten Platz Brüssels hatte errichten lassen. Nachdem der Hof oben am Ende der Treppe die Gäste empfangen hatte, begab man sich in den von 7000 Kerzen erhellten Thronsaal und verneigte sich vor dem Gastgeber, Seiner Majestät König Leopold II.

Die britischen Delegierten, praktische, nüchtern denkende Weltreisende, waren hingerissen von der Gastfreundschaft des Königs. Sir Henry Rawlinson von der *Royal Geographic Society*, der Mann, der die Hieroglyphen von Persepolis entziffert hatte, schrieb an jenem Abend an seine Gemahlin:

Ich bewohne allein eine ganze Flucht von Räumen – alles ist in rotem Damast und Gold gehalten. Wirklich alles ist rot, sogar das Toiletten-papier![7]

Ende Mai hatte sich Leopold zu einem kurzen Besuch in London aufgehalten. Dabei war er mit Cameron, Grant und anderen Forschern zusammengetroffen, hatte diplomatische Gespräche geführt und seiner Cousine, Königin Viktoria, einen Höflichkeitsbesuch abgestattet. Dabei erfuhr er, daß Cameron versucht hatte, die britische Regierung zur Errichtung eines Schutzgebietes in dem von ihm entdeckten Teil des Kongogebiets zu überreden und dort auch bereits mit einigen Häuptlin-gen Verträge abgeschlossen hatte. Doch die Regierung Disraeli hatte dieses Ansinnen abgelehnt, was Leopold mit Erleichterung zur Kenntnis nahm.

Am 12. September wurde die Konferenz in der prachtvollen Großen Galerie eröffnet. Die Willkommensansprache des Königs war ein rhetori-sches Meisterstück; sie enthielt nicht den geringsten Hinweis auf seine wahren Motive, sondern handelte ausschließlich von Wissenschaft und Menschenliebe:

Der Zivilisation den letzten Teil der Erde zu erschließen, zu dem sie noch nicht vorgedrungen ist, das Dunkel zu erhellen, welches ganze Völkerschaften umnachtet – dies ist, ich wage es so zu nennen, ein Kreuzzug, der unseres fortschrittlichen Jahrhunderts würdig ist.

Mir scheint, daß Belgien, ein zentral gelegener und neutraler Staat, ein gut gewählter Ort für unsere Zusammenkunft ist, und dieser Umstand hat mich ermutigt, Sie heute in meinem Heim zu unserer kleinen Konferenz zusammenzurufen, die zu eröffnen ich hiermit die Ehre habe. Es erübrigt sich zu sagen, daß ich Sie mit meiner Einladung nach Brüssel mit keinerlei selbstsüchtigen Absichten konfrontieren will. Nein, meine Herren, Belgien ist zwar klein, doch es ist glücklich und zufrieden mit seinem Schicksal. Ihm zu dienen ist mein einziges Bestreben.[8]

Anschließend legte der König eine Tagesordnung für die Konferenz vor, welche nicht zuletzt Pläne enthielt, um den Kreuzzug der Öffentlichkeit vorzustellen und Geldgeber zu finden.

Nun teilten sich die Delegierten in Arbeitsgruppen auf – wobei die deutschen und französischen Teilnehmer sorgfältig getrennt wurden –, um über die bestmögliche Vorgehensweise bei dem Forschungsunternehmen zu entscheiden. Am nächsten Tag diskutierte die Konferenz die Projekte der Unterausschüsse: die Standorte der »Stationen« (Depots), die in ganz Zentralafrika zwischen Luanda und Sansibar gebaut werden sollten. Am dritten Konferenztag schließlich wurde man sich einig über Mittel, Wege und Finanzen. Die zu schaffende internationale Institution sollte den Namen »Internationale Afrikanische Gesellschaft« erhalten. Ihre Leitung wurde einem Gremium mit der Bezeichnung »Internationale Kommission« übertragen. Außerdem sollte es eine internationale Exekutive sowie nationale Komitees für jedes beteiligte Land geben.

Alles war »reibungslos« abgelaufen, wie Rawlinson feststellte.[9] »Die Art und Weise, wie der König unsere Beratungen leitete, war hervorragend«, kommentierte Baron von Richthofen, der Leiter der deutschen Delegation. »Noch nie hat ein Land auf so königliche Weise Gastfreundschaft geübt.«[10]

Aber würden all die langen Reden über einen internationalen Kreuzzug zur Erschließung Afrikas irgendwelche praktischen Ergebnisse zeitigen? Rawlinson, der sich besorgt gefragt hatte, ob sein Magen die vier aufeinanderfolgenden Tage mit großen Banketten heil überstehen würde, bemerkte nicht ohne einen gewissen Zynismus: »Ich erwarte mir nicht viel davon, aber auf dem Papier macht sich die Sache nicht schlecht.«[11] Auf jeden Fall war er sehr erfreut darüber, so viele Kollegen aus anderen Ländern zu treffen.

Tatsächlich wußte niemand, welche Auswirkungen die Konferenz haben würde. Doch überall in Europa erblickten idealistisch gesinnte Menschen aufgrund der Presseberichte darin einen Triumph des belgischen Königs. Leopold, der immer als langweilig, ja ungehobelt gegolten hatte, erschien plötzlich als strahlende Lichtgestalt; man sprach über ihn, den Führer des Kreuzzuges gegen den Sklavenhandel, wie über Godfroid de Bouillon, den ritterlichen Helden, dessen Statue den größten Platz in Brüssel zierte. Vor allem in England glaubte man, daß nunmehr große Ereignisse bevorstanden. Hier war eine Antwort auf Livingstones Ruf, Afrika zu erschließen. Und der König war bereit, »das größte humanitäre Werk unserer Zeit«[12], wie Lesseps Leopolds vermeintliches Vorhaben bezeichnete, aus eigener Tasche zu finanzieren.

Leopolds Minister und Berater sahen die Dinge nüchterner. Wahrscheinlich durchschauten sie die Pläne des Königs. Sein Ruf nach internationaler Zusammenarbeit zur Erforschung Zentralafrikas war gewiß ernst gemeint; die Kosten für die Erschließung des dunklen Kontinents würden schließlich enorm hoch sein. Um so besser also, wenn sich die internationale Öffentlichkeit für eine Mitarbeit begeistern ließ. Noch war die Internationale Afrikanische Gesellschaft kein Schwindel. Aber Leopold würde dafür sorgen, daß sie unter seiner Kontrolle blieb. Ihr Generalsekretär würde sein Angestellter und er selbst ihr Präsident sein – und dies keineswegs nur für ein Jahr, wie er bescheiden erklärt hatte. Innerhalb dieses Jahres würden seine wahren Absichten zutage treten. Wie weit diese von einem internationalen Kreuzzug gegen den Sklavenhandel entfernt waren, wurde einige Monate später aus einem Schreiben an den belgischen Botschafter in London ersichtlich:

> Ich möchte keine Gelegenheit versäumen, uns ein Stück von diesem wunderbaren afrikanischen Kuchen abzuschneiden.[13]

Der Mann jedoch, den Leopold für die Erschließung des Kongo brauchte, war Stanley. Zu diesem Zeitpunkt leitete er eine englisch-amerikanische Expedition, die vor drei Jahren in Sansibar aufgebrochen war. Die letzte Nachricht von ihm war 1875 eingetroffen, nachdem er den Viktoria-See umschifft hatte. Offenbar plante er, quer über den Kontinent nach Westen zu ziehen und auf diesem Wege nach Europa zurückzukehren. Stanley hatte sich der Aufgabe verschrieben, an der Cameron gescheitert war: Er wollte dem Lualaba bis zum Meer folgen und damit beweisen, daß dieser Fluß der Kongo und nicht der Nil war.

Ohne Stanley konnte Leopold nichts unternehmen. Aber wo in der Weite dieses dunklen Kontinents mochte er sich in diesem Augenblick befinden?

KAPITEL 2

Drei Flaggen über Afrika

Zentralafrika und Europa
14. September 1876 – Juni 1878

»Kehrt um, Wasambywe (Suaheli), ihr seid schlecht!
Wasambywe sind schlecht, schlecht, schlecht!
Der Fluß ist tief, Wasambywe . . . Ihr habt keine Flügel,
Wasambywe. Kehrt um, Wasambywe.«

Worte eines Angehörigen der Wenya,
gerichtet an Stanleys Expedition auf dem Kongo
am 19. November 1876

Am 14. September 1876, an dem die Konferenz in Brüssel zu Ende ging, begann die letzte Phase von Stanleys Zug quer durch Afrika. Er verließ Ruanda, ein kleines, aus kegelförmigen Hütten bestehendes Dorf am westlichen Ufer des Tanganjika-Sees, und bewegte sich auf den Lualaba zu – den »Großen Fluß« Livingstones. Stanley und seine Leute legten am Tag mehr als fünfzehn Kilometer auf den gewundenen Pfaden zurück, die durch hohes Gras und an struppigen, dornigen Sträuchern vorbei führten. Beim Anblick der Expedition mit ihren unzähligen Trägern und Soldaten und den drei Flaggen an der Spitze ergriffen die Bewohner der Dörfer meist sofort die Flucht.

Die erste Flagge war bekannt in diesem Gebiet, und sie verhieß nichts Gutes: Es war die blutrote Fahne des Sultans von Sansibar. Sein Anspruch auf die Vorherrschaft war durch Sklavenkarawanen der Suaheli in den letzten Jahren bis ins Herz Afrikas vorgedrungen. Die zweite Flagge hingegen, die amerikanische, war den Bewohnern dieser Region bislang unbekannt. Stanley war ein amerikanischer Journalist; er unternahm diese Expedition im Auftrag des *New York Herald*.

Die dritte Flagge war ein Symbol für das zukünftige Schicksal Afrikas. Der in Großbritannien geborene Stanley ersehnte immer noch die Anerkennung durch die britische Öffentlichkeit und hatte eine Londoner

49

Zeitung, *The Daily Telegraph*, als zusätzlichen Unterstützer für seine Expedition gewonnen. Stanley war von kleiner, untersetzter Gestalt und trug einen weißen Tropenhelm mit Nackenschutz, eine graue Tropenuniform, auf Hochglanz polierte braune Stiefel und Gamaschen. Anders als Livingstone, der sogar einmal monatelang auf die Barmherzigkeit der Afrikaner angewiesen war, reiste er mit einer gut ausgerüsteten Privatarmee. Nach zwei Jahren Forschungstätigkeit verfügte er immer noch über 132 Träger und Soldaten (hinzu kamen noch die Frauen und andere Begleitpersonen). Zu seiner Ausrüstung gehörten ein zerlegbares Boot, die *Lady Alice*, deren Einzelteile von zwölf der stärksten Männer getragen wurden, und etwa zehn Ladungen Munition. Die mutigeren unter den Dorfbewohnern verkauften ihm Nahrungsmittel: Ziegen, Maniok, Hirse und so weiter. Und er bezahlte sie großzügig – mit Kleidung, Glasperlen oder Kaurimuscheln, der ortsüblichen Währung. Stanley hatte etwas Magisches an sich, wie ein Stammesangehöriger der Waguhha in jenen Tagen zu Stanleys offensichtlicher Befriedigung gesagt haben soll. Da war nicht nur die Tatsache, daß er »im Gegensatz zu allen anderen immer Kleidung trägt« und seine Füße unsichtbar in diesen gewichsten braunen Stiefeln steckten. Was suchte er? »Er hat etwas sehr Geheimnisvolles an sich, vielleicht etwas Böses; vielleicht ist er ein Zauberer. Auf jeden Fall ist es besser, ihn in Ruhe zu lassen.«[1]

Zweieinhalb Jahre zuvor hatte Stanley, wie er sagte, Feuer gefangen, als er bei Livingstones Beisetzung in der Westminster Abbey gemeinsam mit sieben anderen den Sarg getragen hatte. Als die erste Handvoll Erde darauf niederprasselte, schwor er sich insgeheim, Livingstones Werk zu vollenden. Mehr noch: »Wenn es Gottes Wille ist«, schrieb er später, werde er »der nächste Märtyrer der geographischen Wissenschaft sein; doch wenn ich am Leben bleibe, werde ich nicht nur die Geheimnisse des Großen Flusses und seines Verlaufs aufklären, sondern auch all das, was bei den Entdeckungen von Burton und Speke, von Speke und Grant unabgeschlossen und offen geblieben ist.«

Dieses Vorhaben aber kam einer geographischen Herkulesarbeit gleich. Burton, Speke, Grant und Baker war es nicht gelungen, die drei großen Seen am Äquator, die sie selbst entdeckt hatten, zu erkunden: den Tanganjika-, den Viktoria- und den Albert-See. Größe und Form aller drei Seen waren den Geographen immer noch unbekannt. Die größte Verwirrung aber stiftete Livingstones »Großer Fluß«, der Lualaba. Handelte es sich dabei um den oberen Kongo, wie Cameron inzwischen behauptete (eine Vermutung, die die meisten Salongeographen teilten)? Oder war es der Anfang des Nil und somit der »offene Zugang« vom Mittelmeer nach Zentralafrika, wie Livingstone selbst verzweifelt gehofft hatte? Stanley, der amerikanische Forscher und Journalist, hatte den Auftrag, die Antwort auf diese Fragen zu finden.

Aber Stanley wollte auch Livingstones Auftrag erfüllen, »Afrika dem Christentum zu erschließen«. Die vier Monate, die er zwischen 1871 und 1872 in Afrika an Livingstones Seite verbracht hatte, waren eine Offenbarung für ihn gewesen. Bis dahin war er erst einmal in seinem Leben einem Menschen begegnet, dem er sein Herz ausschütten konnte. Als unehelicher Sohn mittelloser, walisisch sprechender Eltern mußte er viele Jahre in einem von einem sadistischen Schulmeister à la Dickens geleiteten Arbeitshaus verbringen. Doch er riß aus und fuhr mit siebzehn Jahren als gemeiner Matrose nach Amerika. In New Orleans hatte er das Glück, die Freundschaft eines reichen englischen Baumwollhändlers namens Henry Hope Stanley zu gewinnen, der ihn später adoptierte. Dieser Stanley gab dem Jungen nicht nur zwei seiner Namen, er ließ ihm auch Bildung zuteil werden und die Liebe, nach der er sich so lange gesehnt hatte. Dennoch endete die Idylle aus ungeklärten Gründen in gegenseitiger Entfremdung.[2] Stanley kam schließlich zum *New York Herald* und wurde dort zum Prototypen des amerikanischen Auslandskorrespondenten: Er besaß das typisch amerikanische selbstbewußte Auftreten – eine Maske, hinter der sich ein verwundetes walisisches Herz verbarg.

Die Monate, in denen er an der Seite Livingstones den Tanganjika-See erforschte, hinterließen bei Stanley einen tiefen Eindruck. Als sie sich trennten, so erzählte er, habe er wie ein kleiner Junge geweint. Statt des eingefleischten Misanthropen, den er erwartet hatte, traf er einen freundlichen, großherzigen Mann, der mit seiner heiteren Gelassenheit jede Enttäuschung überwand. Livingstone erklärte Stanley, er betrachte es nicht so sehr als seine Aufgabe, den Afrikanern das Evangelium zu bringen; denn was konnten ein oder zwei Männer in dieser Hinsicht schon erreichen? Nein, als ersten Schritt müsse man vielmehr den Europäern klarmachen, daß sie alles Erdenkliche unternehmen müßten, um die Schrecken des Sklavenhandels ein für allemal zu beenden. Später würden dann gut organisierte Missionare kommen und das Evangelium lehren. Stanley verstand sich als Livingstones Schüler und Sprachrohr. Dieser Tenor prägt seine Artikel und sein Buch *How I found Livingstone*. Bei Millionen von Lesern auf beiden Seiten des Atlantik, die nie auch nur ein einziges Wort von Livingstone selbst gelesen hatten, lösten Stanleys Schriften über den Forscher große Bewegung aus.

In Stanleys Tagebuch heißt es jedoch:

> [. . .] Meine Methoden aber werden andere sein als die Livingstones. Jeder Mensch geht seinen eigenen Weg. Der seinige hatte Mängel, obwohl der alte Mann persönlich beinahe Christus glich, betrachtet man seine Güte, seine Geduld. . ., seine Selbstaufopferung. Die selbstsüchtige und hartherzige Welt aber bedarf neben der Nächstenliebe auch einer herrschenden Hand.[3]

Die »herrschende Hand«, die für Stanley einen so großen Stellenwert besaß, hatte ihren Ursprung eher im Alten als im Neuen Testament: Er sprach von »Züchtigung« seiner Feinde, und diese sollte fortan auch seinen Ruf prägen.

Allerdings gab es 1872 viele Leute, die nicht gerade entzückt davon waren, daß Stanley als Livingstones Schüler auftrat. Seine Bekenntnisse in *How I found Livingstone* hatten bei ihnen nur Spott und Argwohn geweckt. Nicht nur, daß Stanleys angebliche Motive in Zweifel gezogen wurden: viele hegten die Überzeugung, daß er Livingstone niemals begegnet und die Geschichte seiner Reise nach Afrika eine einzige Lüge war. Die Angriffe auf seine Person kamen aus drei Richtungen: von den konkurrierenden Zeitungen, die dem *New York Herald* seinen Knüller neideten; von den Protagonisten der *Royal Geographical Society* (der Königlichen Geographischen Gesellschaft), die sich wegen ihrer vergeblichen Versuche, einen Ersatz für Livingstone zu finden, gedemütigt fühlten; und schließlich von Freunden Dr. Kirks, des britischen Vertreters in Sansibar, den Stanley öffentlich angeprangert hatte, weil er ihn nicht angemessen unterstützt habe.

Die Vorwürfe, er sei ein Fälscher und Hochstapler, versetzten Stanley einen Schlag, von dem er sich nie ganz erholte. Noch Jahre später schrieb er: »Alles, was ich seit 1872 getan – und ich möchte auch sagen – gedacht habe, war von [jenen] wüsten Beschimpfungen begleitet.«[4] Doch seine eigene Empfindlichkeit, die in dem doppelten Stigma der Armut und der

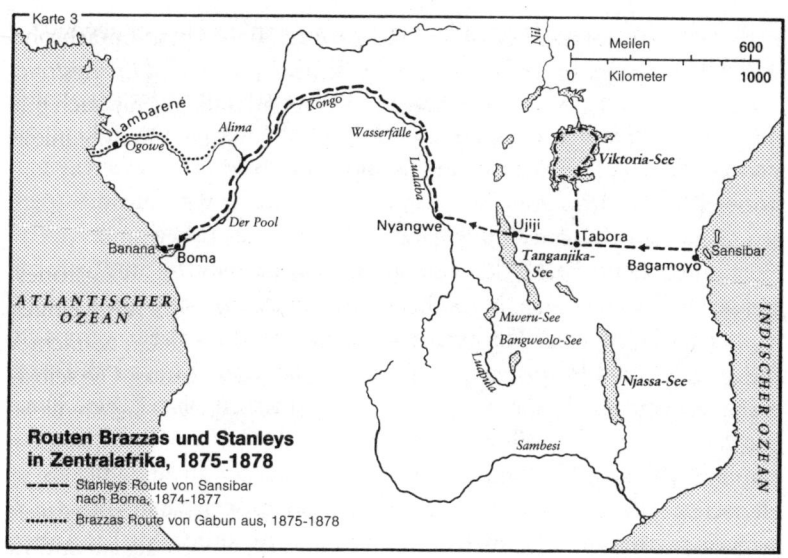

Karte 3

Meilen 0 — 600
Kilometer 0 — 1000

Ogowe
Lambarené
Alima
Kongo
Wasserfälle
Lualaba
Nil
Viktoria-See

Der Pool
Nyangwe
Ujiji
Tabora
Sansibar

Banana
Boma
Tanganjika-See
Bagamoyo

ATLANTISCHER OZEAN

Mweru-See
Bangweolo-See
Luapula
Njassa-See

INDISCHER OZEAN

Sambesi

**Routen Brazzas und Stanleys
in Zentralafrika, 1875-1878**

– – – Stanleys Route von Sansibar
nach Boma, 1874-1877
········· Brazzas Route von Gabun aus, 1875-1878

unehelichen Herkunft begründet lag, machte ihn unsensibel gegenüber anderen.

Einen Anlaß für weitere Attacken bot die erste Phase der genannten anglo-amerikanischen Expedition nach Zentralafrika: die Erkundung des Viktoria-Sees und die Erforschung Ugandas. Nach den Maßstäben Livingstones war die Reise zum Hof Mtesas, des Kabaka von Buganda (dem bedeutendsten Königreich in Uganda), durchaus als Erfolg zu bewerten. Noch 1862 hatte Speke den barbarischen König besucht und war mit gräßlichen Berichten über Menschenopfer zurückgekehrt: Dreißig Bürger wurden anläßlich seiner Thronbesteigung bei lebendigem Leibe verbrannt, andere gefoltert oder wegen geringster Vergehen, zum Beispiel weil sie in der Gegenwart des Königs zu laut gesprochen hatten, hingerichtet. Doch mit der Zeit schien der Tyrann milder geworden zu sein. Auf jeden Fall empfing Mtesa Stanley weitaus zivilisierter als jeder andere afrikanische Herrscher. Obwohl sich Mtesa vom Islam angezogen fühlte, brachte er auch ein starkes Interesse am Christentum zum Ausdruck. Mtesas Aufforderung, ihm Missionare zu schicken, leitete Stanley in Briefen an den *Daily Telegraph* und den *New York Herald* weiter, die im November 1875 veröffentlicht wurden. Hier, so Stanley, sei das vielversprechendste Gebiet für eine Mission in der gesamten heidnischen Welt. Sein Appell zeitigte Wirkung. Damit war der erste Schritt zur Erschließung Ugandas getan, das neunzehn Jahre später britisches Protektorat werden sollte.

Während Stanleys Rückreise von Mtesas Hof kam es auf einer kleinen Insel namens Bumbireh zu einem Zusammenstoß mit Eingeborenen. Sie hatten ihm Nahrungsmittel verweigert und ihn mit Speeren und Pfeilen bedroht, die *Lady Alice* mit Gewalt an Land gezerrt und die Ruder gestohlen. Stanley konnte sich nur unter Schwierigkeiten aus dieser Situation befreien und tötete vierzehn Männer. Er selbst erlitt aber keine Verluste, nicht ein einziger seiner Männer wurde verwundet. Das einzige, was er einbüßte, war seine Würde. Die Ruder dagegen fanden sich bald wieder, und vier Monate später nahm Stanley den armen Häuptling gefangen, legte ihn in Ketten und forderte von seinem Stammesoberhaupt ein entsprechendes Lösegeld. Als dieses Ansinnen zurückgewiesen wurde, beschloß Stanley, an den Menschen auf Bumbireh ein Exempel zu statuieren.

Sein Bericht über den Vorfall war sehr impulsiv geschrieben – so impulsiv, daß er sich damit ins eigene Fleisch schnitt. Sein Ziel sei es gewesen, »Bumbireh mit derselben Härte zu strafen wie ein Vater seinen widerspenstigen und ungehorsamen Sohn«. Also kehrte er nach Bumbi-reh zurück und feuerte eine Schachtel Patronen nach der anderen auf die Eingeborenen ab, während er selbst so weit Abstand hielt, daß ihre Speere und Pfeile ihn nicht erreichen konnten. Er brüstete sich damit, dreiunddreißig Männer erschossen und hundert verwundet zu haben, darunter viele schwer. »Wir hatten allen Grund, Dankbarkeit zu empfin-den«, berichtete er später. Der »Sieg« habe alle in blendende Stimmung versetzt. »Wir boten einen heroischen Anblick, als wir an der Küste entlangfuhren; die 500 Männer [einschließlich eingeborener Verbünde-ter] in den Kanus ruderten zum Klang der tiefen Trommeln und des hell schmetternden Signalhorns, die englische, die amerikanische und die Flagge Sansibars flatterten fröhlich im Wind.«.[5]

Ein feinsinnigerer Mensch als Stanley hätte zumindest vorgegeben, daß ihm die ganze Angelegenheit zuwider war. Er hingegen hatte offen-bar daran Gefallen gefunden, und – was noch schlimmer war – sie mit sichtbarer Genugtuung schriftlich festgehalten.

Bei der *Royal Geographical Society* und im Außenministerium hagelte es Proteste: Derartige Vorfälle, so hieß es, würden die britische Flagge in Mißkredit bringen, die Stanley so stolz neben der amerikanischen vor sich her tragen ließ. Und für Stanleys Kollegen Baker war es »etwas völlig Neues«, daß ein einfacher Forscher »Dörfer plündert« und »Eingeborene erschießt«. »Weder Speke noch Sie selbst«, schrieb Baker an Grant, noch »Livingstone oder ich haben sich jemals eine derartige Handlungsweise angemaßt.«[6] Wenn Stanley jemals nach England zurückkehren sollte, würde er dringend Freunde benötigen.

Am 17. Oktober erreichte Stanley den majestätischen Lualaba, dessen Anblick ihn mit »stiller Begeisterung« erfüllte. Zehn Tage später traf er in Nyangwe ein, einem Labyrinth aus arabischen Häusern, afrikanischen Hütten und Gemüsegärten, das den Suaheli-Händlern als Hauptstütz-punkt am Fluß diente. So weit nach Westen war die Flagge Sansibars noch niemals vorgedrungen.

Nyangwe war auch der südlichste Punkt am Lualaba, den jemals ein Europäer erreicht hatte. Auf dem großen Markt dieser Stadt hatte Livingstone im Juli 1871 mit Bestürzung zusehen müssen, wie Sklaven-händler, angeführt von Livingstones eigenen Gastgebern Dugumbe und Tagamoio, Hunderte wehrloser Afrikanerinnen einfingen. Diese »Blut-hunde«, wie Livingstone sie nannte, setzten sich gegen sein Eingreifen zur Wehr, zwangen ihn zur Rückkehr nach Ujiji und sorgten dafür, daß er keine Kanus kaufen oder mieten konnte, um den Lualaba hinunterzufahren.

Schon 1874 hatten die »Bluthunde« Camerons Weiterreise in Nyangwe verhindert. Wie der Forscher erfahren hatte, gab es allerdings noch einen anderen Grund, weshalb die Afrikaner sich weigerten, ihm Kanus zu verkaufen: Sie befürchteten, er würde den Fluß für den Sklavenhandel öffnen.

So war Cameron gezwungen gewesen, einen riesigen Umweg in Richtung Südwesten zu machen, so daß er schließlich wieder nach Angola gelangte.

Obwohl Stanley über ein Schiff und weitaus bessere Waffen verfügte als Cameron und Livingstone, erkannte er rasch, daß sein Erfolg davon abhing, ob er die Sklavenhändler auf seine Seite bringen konnte. Daher traf er sich mit deren Anführer Hamed ben Muhammad, bekannt als Tippu Tip, auf der Straße nach Nyangwe. Stanley war überrascht von dem Charme des als Krieger und Sklavenhändler berüchtigten Mannes, der zunächst zögerte, den fetten Köder zu schlucken, den Stanley ihm anbot: Tippu Tip sollte ihn für die enorme Summe von 5000 Dollar mit 140 bewaffneten Männern begleiten.

Auch wenn ihr Wasungu [weiße Männer] begierig darauf seid, euer Leben zu riskieren, so gibt es doch keinen Grund, warum wir Araber dies tun sollten. Wir reisen in kleinen Etappen, um Elfenbein und Sklaven zu bekommen, und sind jahrelang unterwegs – es ist jetzt neun Jahre her, daß ich von Sansibar fort bin. Ihr weißen Männer aber haltet nur nach Flüssen, Seen und Bergen Ausschau, und ihr vergeudet euer Leben ohne Grund und Zweck. So wie der alte Mann, der in Bisa [Ilala] starb! Was hat er eigentlich Jahr um Jahr gesucht, bis er so alt wurde, daß er schließlich nicht mehr reisen konnte? Er hatte kein Geld, denn er gab uns nie etwas, er kaufte weder Elfenbein noch Sklaven, und doch reiste er weiter als jeder von uns. Aber wozu?[7]

Schließlich wurde man doch handelseinig, unter der Bedingung, daß Tippu Tip nach sechzig Tagesmärschen zurückkehren konnte.

Bald nachdem die 700köpfige Karawane aus Nyangwe abgereist und im großen und ganzen dem Flußlauf des Lualaba gefolgt war, veränderte sich die Landschaft grundlegend. Seitdem die Männer die Küste verlassen hatten, waren sie hauptsächlich durch Buschgebiete gekommen, doch jetzt tauchte vor ihnen eine schwarze Wand dichten Dschungels auf, die Fluß und Ebene verschlang. Bald war um sie herum alles dunkel, als ob sie einen Tunnel betreten hätten. Riesige Mvulabäume, so hoch wie Schiffsmasten, schraubten sich aus einem Dickicht von Bananenstauden, Palmen und wilden Datteln zum Himmel empor. Die Männer mußten gleich wilden Tieren durch ein Gestrüpp aus Farnen, Schilfrohr und Speergras kriechen – auf allen vieren. Der braune Boden, bedeckt mit verfaulten Blättern und herabgefallenen Zweigen, dampfte wie eine Sauna; und von jedem Ast ergossen sich wahre Ströme von Kondenswasser. Bald verwandelte sich der verschlungene Pfad in eine lehmartige Masse.

Schon nach dem ersten Tag waren die zwölf Bootsmänner, die die Teile der *Lady Alice* trugen, am Ende ihrer Kräfte angelangt. Obwohl sie fortan durch zwölf weitere Männer unterstützt wurden, blieben sie Stunden hinter der Karawane zurück und kämpften sich noch durch den Dschungel, als die anderen schon aßen und sich ausruhten. Nach zehn Tagen trat Tippu Tip in Stanleys Zelt und erklärte ihm, die Lebensmittel seien knapp und die übelriechende Luft bringe seine Leute um. Sie könnten nicht mehr weiter. Diese Gegend sei nur etwas für »schmutzige Heiden, Affen und wilde Tiere«.[8]

Doch Stanley war weder bereit umzukehren noch die *Lady Alice* – das Schiff, das den Namen seiner siebzehnjährigen Verlobten Alice Pike trug – im Dschungel zurückzulassen.

Trotz seiner Furcht vor den Kannibalen, die angeblich in diesem Wald zu Hause waren, ließ sich Tippu Tip schließlich zu einem neuen Handel überreden. Für 2600 Dollar erklärte er sich zu zwanzig weiteren Tagesmärschen bereit. Die Karawane sollte sich teilen: Tippu Tip würde mit dem größeren Teil der Expedition am Westufer des Flusses entlangziehen, wo der Dschungel nicht so dicht und reicher an Nahrungsmitteln schien. Stanleys Begleiter würden die *Lady Alice* zusammenbauen und dann auf dem Schiff und den Kanus, die sie auftreiben konnten, den Fluß hinunterfahren.

Die Fahrt erwies sich als nicht sonderlich schwierig – ganz im Gegensatz zu den Menschen, die am Fluß wohnten. Nirgendwo konnten Stanleys Männer Nahrungsmittel kaufen. Die Wenya in diesem Gebiet waren von Panik ergriffen, weil sie glaubten, Stanley sei gekommen, um Sklaven zu jagen. Einmal faßten sich jedoch zwei von ihnen ein Herz, paddelten über den Fluß und fragten Stanleys Dolmetscher, wer die Fremden seien:

»Wir sind Warungwana.«

»Woher?«

»Von Nyangwe.«

»Ah, ihr seid Wasambywe [Unbeschnittene, d. h. Suaheli].«

»Nein, wir haben einen Weißen bei uns.«

»Wir wollen nicht, daß ihr den Fluß überquert. Kehrt um, Wasambywe; ihr seid schlecht! Wasambywe sind schlecht, schlecht, schlecht! Der Fluß ist tief, Wasambywe . . . ihr habt keine Flügel, Wasambywe. Kehrt um, Wasambywe.«

Schließlich überredete Stanley aber doch einige Wenya, ihn und seine Begleiter zum Westufer überzusetzen. Dort, in der Nähe des Dorfes, schlug er das Lager auf und bezahlte die Leute mit Perlen. Am nächsten Morgen war das Dorf verlassen. Die Kanus waren an der Landungsstelle zurückgelassen worden, die Menschen in den Dschungel geflohen. Dies wiederholte sich in jedem Dorf, in das sie kamen. Einmal hörten sie, wie ein kleines Kind beim Anblick der *Lady Alice* ausrief: »Mama, die Wasambywe! Die Wasambywe kommen!«[9] Die Leute schrien auf; die Bananenstauden schwankten heftig, als ob eine Büffelherde hindurchstampfen würde. Dann, als das Boot am Landungssteg vorbeiglitt – Stille.

Ein anderes Mal kam es zu einem kurzen Gefecht, bei dem Stanleys Leute einige Eingeborene töteten. In der Zwischenzeit hatten Tippu Tip und seine Männer sich im Dschungel verirrt; drei waren von Pfeilen getroffen worden. Als Stanley und seine Begleiter wieder zu ihnen stießen, war die Moral der Truppe bereits gefährlich ins Wanken geraten. In der Stadt Ikondu gab es zwar reichlich Nahrung, doch auch hier trafen sie keine Menschenseele. Man hörte nur die Kriegsrufe der Wenya, das unheimliche »Uh-hju-hju-hju-hju«, das durch den Dschungel hallte, und das Schlagen der Trommeln, die die Nachricht von einem Dorf zum anderen trugen: »Die Wasambywe kommen!«

Mitte Dezember zeichnete sich eine schwere Krise ab. Typhus, Ruhr und Pocken hatten ihre Wirkung getan. Tippu Tip hatte bereits viele seiner Leute verloren, darunter drei Lieblingsfrauen aus seinem Harem. Am 19. Dezember versuchten über 1000 Eingeborene, Stanleys Lager zu stürmen. Der Angriff konnte abgewehrt werden. Auf Stanleys Seite gab es vier Tote und dreizehn Verwundete, dreiundzwanzig Kanus waren erbeutet worden. Dieses Gefecht im Dezember 1876 war für Tippu Tip der Tropfen, der das Faß zum Überlaufen brachte: Er beschloß umzukehren. Obwohl er damit die Abmachung mit Stanley brach, erhielt er von ihm einen in Sansibar einlösbaren Wechsel über 2600 Dollar und zahlreiche Geschenke: einen Esel, eine goldene Kette, einen Revolver, Kleidung, Perlen, Draht.

Nur wenige, vielleicht nicht einmal Stanley selbst, hätten die Reise fortgesetzt, wenn sie geahnt hätten, was ihnen bevorstand.

Monatelang hatten sie gegen Kannibalen, Krankheiten, Hunger und die Tücken des Flusses zu kämpfen. Am Aruwimi-Fluß wurden sie von 2000 Eingeborenen angegriffen. Tag für Tag vermischten sich die Kriegsschreie und die Klänge von Trommeln und Hörnern mit dem Krachen der Schüsse aus Stanleys Gewehren. Doch weitaus furchterregender war das Rauschen der gefährlichen Katarakte. Als Stanley dann nacheinander auf sieben riesige Wasserfälle stieß, die später nach ihm benannt wurden, waren er und seine Leute gezwungen, sich einen Weg durch den Dschungel zu bahnen und die *Lady Alice* und die Kanus an Land weiterzutransportieren. 150 Kilometer weiter westlich jedoch folgten zweiunddreißig riesige Katarakte (die Stanley nach Livingstone benannte). Viele seiner Männer ertranken. Bei den Isangila-Fällen schließlich mußten sie die *Lady Alice* zurücklassen. Die überlebenden Mitglieder der Expedition setzten ihren Weg zum Meer fort, das immer noch hundert Kilometer entfernt war.

* * *

Etwa 1500 Kilometer westlich von Stanley kämpfte sich Anfang 1877 ein französischer Forscher namens Pierre Savorgnan de Brazza durch den Regenwald, und zwar fast genau entlang des Äquators. Dieser unbekannte junge Mann sollte für den Amerikaner bald zum größten Rivalen werden.

Brazza befand sich zu dieser Zeit östlich von Lambarene auf den unerforschten oberen Seitenarmen des Ogowe. Fast täglich hörte er das Tom-tom unbekannter Stämme, und aus den schwarzen Mangrovesümpfen tauchten immer wieder Männer mit Trommeln und Speeren auf. Einige dieser Stämme, wie beispielsweise die kriegerischen Ossieba, waren Kannibalen. Im August des Vorjahres hatte Brazza zwei Männer erschossen, die versuchten, sein Kanu zu stehlen. Doch in der Regel bevorzugte er »Palaver« – langwierige Verhandlungen – mit dem schwarzen Häuptling. Geschenke und Hühner wurden gegen Muschelgeld ausgetauscht. Oft verbrachte Brazza ganze Tage mit Debatten über seine Weiterfahrt auf dem Ogowe.

Wie Stanley war Brazza ein Bewunderer Livingstones, und obwohl seine Leute relativ gut bewaffnet waren, glich sein Vorgehen eher dem seines Vorbildes. Selbstverständlich wollte er als erster Weißer die Quelle des Ogowe erreichen. Auch ihn trieb der Ehrgeiz, einen weißen Fleck auf der Landkarte auszufüllen und unbekannten Flüssen und Tieren seinen Namen zu geben. Beharrlich verfolgte er sein Ziel, die französische Flagge tiefer ins Innere Afrikas hineinzutragen und dort französische Handelsniederlassungen zu errichten – vielleicht würde es ihm ja sogar gelingen, bis zu den großen Seen am Äquator vorzustoßen. Andererseits wollte Brazza das Vertrauen, ja sogar die Liebe der Eingeborenen gewinnen – was für einen europäischen Forscher ganz ungewöhnlich war. Wie Livingstone empfand er echte Sympathien für Afrika.

Brazza war als siebter Sohn eines italienischen Adligen aus Udine in Rom aufgewachsen. Sein Vater, Graf Ascanio Savorgnan di Brazza, hatte einflußreiche Verbindungen in Frankreich und war ein äußerst kultivierter Mann, der Gefallen an romantischen Erzählern wie Sir Walter Scott fand. Schon als Junge begeisterte sich Pietro (wie er damals noch hieß) für alles, was mit der Erforschung fremder Länder zu tun hatte. Ermutigt durch seinen Vater, seine jesuitischen Lehrer und einen Freund der Familie, der zufällig französischer Admiral war, besuchte er die französische Navigationsschule in Brest. Nach seiner Ausbildung wurde er nach Afrika versetzt. 1871 brachte die *Jeanne d'Arc*, ein Schiff der Südatlantikflotte, Truppen zur Verstärkung nach Algerien, wo der Stamm der Kabylen gegen die französische Herrschaft rebelliert hatte. Voller Grauen erlebte Brazza, wie französische Truppen die Aufständischen niedermetzelten.

Als er auf die *Venus* überwechselte, bekam er einen ersten Vorgeschmack vom Forscherdasein, denn das Schiff legte mehrmals an der Küste der kleinen, von Armut gezeichneten Kolonie Gabun nördlich der Kongomündung an. 1874 unternahm Brazza zwei Reisen landeinwärts: Er fuhr den Gabun- und den Ogowe-Fluß hinauf und begann, die Sprachen der Eingeborenen zu lernen. Es gelang ihm, die Unterstützung der französischen Regierung für seinen Plan zu gewinnen, den Ogowe bis zu den Quellen zu erforschen. Eine entscheidende Rolle spielten seine guten Beziehungen zum Marineminister: Es war derselbe französische Admiral und Freund der Familie, auf dessen Rat er die Navigationsschule besucht hatte.

Dank der tatkräftigen Hilfe von Freunden in der Regierung, unter denen sich Jules Ferry und Léon Gambetta befanden, wurden ihm für sein Vorhaben 10 000 Francs aus der Kolonialkasse zugesichert. Der Rest sollte von Gabun und aus seiner eigenen Tasche kommen. Der »Hilfsleutnant zur See« bekam drei weiße Begleiter zugeteilt: einen Matrosen namens Hamon, den Wissenschaftler Alfred Marche und den stämmigen jungen Doktor Noel Ballay. Der Rest seiner Truppe bestand aus Afrikanern – zehn *laptots*, hartgesottenen Matrosen, die er in Senegal rekrutiert hatte, ein paar Führern und Dolmetschern aus Gabun und 120 Bootsführern mit neun Kanus, die in Lambarene gemietet wurden, weil von dort an der Fluß wegen der Stromschnellen für Dampfschiffe nicht mehr befahrbar war. Außerdem hatte Brazza die übliche afrikanische Handelsware bei sich: billige Schmuckstücke und künstliche Perlen. Doch er packte auch Feuerwerkskörper ein, mit denen er die Eingeborenen unterhalten wollte.

Die Findigkeit des erst dreiundzwanzigjährigen Brazza und sein – wenngleich oft naiver – Idealismus weckten Vertrauen. So wurde er in Lope einmal von den Schreien eines Sklaven aufgeschreckt, der darum bettelte, von seinem grausamen Herrn befreit zu werden. Brazza kaufte den Sklaven für 400 Francs frei – der übliche Preis war allerdings nur eine zehn Zentimeter lange Perlenschnur. Natürlich hatte dies zur Folge, daß immer mehr Sklaven ihn baten, sie auszulösen – ohne Zweifel waren sie von ihren Herren dazu gedrängt worden. Daraufhin hißte er die Trikolore in seinem Lager und erzählte den staunenden Afrikanern, sie wären frei, sobald sie die Flagge berührten, da Frankreich die Sklaverei nicht anerkenne. Der Zauber funktionierte. Doch enttäuscht mußte Brazza feststellen, daß die meisten Sklaven zu den Leuten zurückkehren wollten, die sie ursprünglich verkauft hatten.

Weitere Rückschläge ließen nicht auf sich warten. Fieberanfälle zermürbten die Männer. Der Wissenschaftler Alfred Marche verließ Brazza und kehrte zur Küste zurück. Brazza hatte gehofft, er könnte dem Ogowe bis tief hinein nach Zentralafrika folgen, doch der Fluß endete bereits nach gut 300 Kilometern oberhalb von Lambarene. So marschierte Brazza über zerklüftete Hügel, die eine Wasserscheide bildeten, kaufte ein paar neue Kanus und folgte dann einem Fluß namens Alima in Richtung des »großen Wassers«, von dem ihm die Eingeborenen berichtet hatten. Und hier erlebte Brazza zum ersten und einzigen Mal auf seinen sämtlichen Reisen durch Afrika einen Angriff von Eingeborenen, der ihn und seine Gefährten in Lebensgefahr brachte.

Er befand sich im Gebiet der Apfouru und ging davon aus, daß diese niemals zuvor Weiße gesehen hatten. Brazza traf sich mit einigen von ihnen und versicherte sie mit Hilfe eines Dolmetschers seiner friedfertigen Absichten. Das erste Apfouru-Dorf ließ die Kanus unbehelligt passieren. Doch am Abend flogen zischend Pfeile vom Flußufer zu ihnen herüber, und die ganze Nacht über hörten sie die Kriegstrommeln. In der Morgendämmerung schließlich mußten sie einen Angriff von dreißig Kanus abwehren. Dennoch konnte Brazza nicht umhin, Bewunderung für die Verwegenheit und den Mut dieser Krieger zu empfinden.

Als die Munition zur Neige ging, entschloß sich Brazza zum Rückzug. Die Männer trennten sich von den Kanus und einem Großteil ihrer Ausrüstung und wateten durch den Morast am Ostufer des Flusses. Als der Trupp die Hügel erreichte, hatten die meisten Geschwüre an den Beinen und Fieber. Und Brazza fragte sich niedergeschlagen und erschrocken, warum die Apfouru so erbittert gekämpft hatten, um ihm den Weg zu versperren.

Einer der Gründe war zweifellos, daß Brazza zu ungeduldig gewesen war und es versäumt hatte, das Vertrauen der Apfouru durch »Palaver« zu gewinnen. Doch erst nach seiner Rückkehr nach Europa im Dezember 1878 erfuhr Brazza einen weiteren Grund für den Rückschlag. Der Alima war einer der nördlichen Zuflüsse des »großen Wassers«, des Kongo nämlich. Und dort waren einige Monate vor Brazzas kläglich gescheiterter Expedition Stanley und seine Leute aufgetaucht und hatten jeden massakriert, der sich ihnen in den Weg stellte. Die Apfouru, so behauptete Brazza später, hätten ihn angegriffen, um sich für Stanleys brutale Methoden zu rächen.

Man schrieb den 5. August 1877. Fast ein Jahr war vergangen, seitdem Stanley seine letzten Berichte nach Europa und Amerika geschickt hatte und dann am Lualaba verschwunden war. Etwa eine halbe Stunde nach

Sonnenuntergang händigten vier halbverhungerte, mit Lumpen beklei-
dete Suaheli zwei europäischen Kaufleuten in der englischen Handelsniederlassung von Boma an der Kongomündung einen Brief aus. Der ältere
von beiden, ein Portugiese namens da Motta Veiga, traute seinen Augen
nicht, als er das Schreiben las, doch die Suaheli bestätigten die unglaubli-
che Geschichte. Der Brief stammte aus Nsanda (einem armen Dorf, das
zwei Tagesreisen landeinwärts lag) und war in englischer Sprache abgefaßt:

An jedweden Gentleman in Embomma [Boma], *der Englisch spricht.*
Sehr geehrter Herr,
ich bin mit 115 Seelen – Männern, Frauen und Kindern – auf meiner
Reise von Sansibar hier eingetroffen. Mittlerweile sind wir am Verhungern. Von den Eingeborenen können wir nichts kaufen, denn sie machen
sich nur lustig über unsere Kleider, Perlen und den Draht. Es gibt in dieser
Gegend keinen Proviant zu kaufen, außer an Markttagen, und Hungernde können nicht warten.

Ich kenne Sie nicht; aber ich habe gehört, daß es einen Engländer in
Embomma gibt, und wenn Sie ein Christ und Gentleman sind, flehe ich
Sie an, meine Bitte zu erfüllen ... Der Proviant muß in zwei Tagen hier
sein, sonst werde ich unter all den Sterbenden eine furchtbare Zeit
verbringen müssen ...

> Hochachtungsvoll,
> H. M. Stanley,
> Leiter der angloamerikanischen
> Expedition zur Erkundung Afrikas

PS: Vielleicht können Sie mit meinem Namen nichts anfangen. Deshalb
möchte ich noch hinzufügen, daß ich der Mann bin, der 1871 Livingstone entdeckt hat ...[10]

Sobald es hell war, entsandte da Motta Veiga eine Reihe von Trägern mit
der Antwort auf Stanleys Hilferuf: Säcke mit Reis, Süßkartoffeln, Bündel
von Fischen, Tabak, ein Faß Rum und Ballen von weißem und bedruck-
tem Baumwolltuch für die Suaheli; Weißbrot, zwei Butterfässer, ein Paket
Tee, Sardinen, Lachs, einen Plumpudding und Flaschen mit hellem Bier,
Sherry, Portwein und Sekt für Stanley.

Zwei Tage später, am 9. August, machten sich der gute Samariter und vier weitere Europäer auf, um Stanley willkommen zu heißen. Man hatte erfahren, daß er mittlerweile nicht mehr weit von Boma entfernt war.

Die Begegnung in der Wildnis war ähnlich dramatisch und bizarr wie das Treffen zwischen Stanley und Livingstone in Ujiji sechs Jahre zuvor. Doch diesmal war es Stanley, der verständnislos in die Gesichter seiner Retter starrte. Wie blaß sie erschienen! Später schilderte er stolz und gleichzeitig demütig seine Gefühle, als ob er selbst ein halber Afrikaner sei.

Die Wörter, die sie ohne jedes Gestikulieren hervorbrachten – sie waren ohne jede Schwierigkeiten verständlich. Wie merkwürdig! . . . Sie waren vollständig bekleidet . . . und makellos rein . . . Ich wagte es nicht, mich mit ihnen gleichzusetzen; eher schüchterten mich die ruhigen blauen und grauen Augen ein, und die makellose Reinheit ihrer Kleidung verwirrte mich.[11]

Natürlich war Stanley zu diesem Zeitpunkt dem Zusammenbruch nahe. Auf einer Hängematte wurde er im Triumph nach Boma getragen. Stanley hatte seit seiner Abreise von Sansibar 11 406 Kilometer in 999 Tagen zurückgelegt. Er hatte die Großen Seen umrundet und bewiesen, daß der Lualaba tatsächlich der Kongo war. Er hatte Livingstones Werk vollendet, wie er versprochen hatte – doch zu welchem Preis!

Stanley blickte auf den majestätischen braunen Fluß, der ihm so viele seiner besten Männer geraubt hatte, darunter auch Frank Pocock, den letzten seiner drei weißen Begleiter, der am 3. Juni in einem der gigantischen unteren Wasserfälle ertrunken war. Von den über 250 Männern, Frauen und Kindern, mit denen er von Sansibar aufgebrochen war, waren nur noch 108 (darunter 13 Frauen und 6 Kinder) übrig. Die anderen hatten ihn verlassen oder waren gestorben: 14 waren ertrunken, 38 bei Kämpfen getötet worden, 62 waren verhungert oder an Krankheiten zugrundegegangen.

Er beschloß, seine Rückkehr nach Europa hinauszuschieben und die erschöpften Überlebenden zurück nach Sansibar zu begleiten. Dort wartete ein Brief auf ihn: Seine Braut Alice Pike hatte ihn sitzengelassen und zehn Monate vor seinem Aufbruch mit der *Lady Alice* auf dem Lualabe einen Eisenbahnmillionär aus Ohio geheiratet.

* * *

Im Juni 1877 hatte König Leopold II. die letzte Depesche aus Ujiji erhalten, die im August des Vorjahres abgeschickt worden war. Im September wurde bekannt, daß Stanley sich bis Boma durchgeschlagen hatte. Und dann, Mitte November, erfuhr man die ganze abenteuerliche Geschichte dieser Expedition, die Leopolds hervorragenden Spürsinn bestätigte. Stanley war dem Kongo bis zum Meer gefolgt; und wie Cameron wußte er zu berichten, daß Zentralafrika eine Schatzkammer war, eine Quelle des Reichtums, die nur darauf wartete, erschlossen zu werden.

Am 17. November wies der König Solvyns, den belgischen Botschafter in London, an, er möge ihn »*au courant*« halten. Sobald Stanley in London als Held empfangen würde, müsse man die Gelegenheit beim Schopfe packen und ihn nach Brüssel bringen. Stanley könne zu gegebener Zeit der geeignete Mann sein, im Namen des Königs am Kongo die Macht zu übernehmen. Auf diese Weise würde man ihn den Engländern vor der Nase wegschnappen. Leopold sprach in diesem Schreiben bereits von seinem »Traum«, den großen Reisenden zum »belgischen Gordon Pascha« zu machen. Natürlich durfte Solvyns in England niemandem gegenüber auch nur ein Wort über diese Pläne verlauten lassen.

Ich bin sicher, daß die Engländer intervenieren würden, falls ich Stanley ganz offen mit der Aufgabe betrauen würde, in meinem Namen Teile Afrikas in Besitz zu nehmen ... Ich glaube, ich werde Stanley einfach den Auftrag erteilen, irgendeine Expedition durchzuführen, an der niemand Anstoß nimmt und die uns die Stützpunkte verschafft, die wir dann später übernehmen können ...[12]

Zum gegenwärtigen Zeitpunkt, so der König weiter, müsse er die Internationale Afrikanische Gesellschaft vorschieben, um seinen Appetit auf ein Stück von »diesem wunderbaren afrikanischen Kuchen« zu verbergen. Die IAA konnte ihm in vielerlei Hinsicht nützlich sein. Die nationalen Komitees hatten, angeregt durch den König, Spendengelder gesammelt, und es gab Pläne für einige Expeditionen nach Ostafrika. Hervorragend. Das würde die Aufmerksamkeit der Öffentlichkeit von jenem Teil Afrikas ablenken, der tatsächlich den königlichen Appetit anregte: das riesige Kongobecken. Gleichzeitig wollte er bei der IAA durchsetzen, daß die ausführende Gewalt einem Komitee übertragen würde, welches unter seiner persönlichen Kontrolle stand.

Wie vorauszusehen war, kam der größte Widerstand gegen die neuen Ideen des Königs aus seinen eigenen Reihen. Baron Greindl, der belgische Generalsekretär der IAA, drohte mit seinem Rücktritt, falls der König so überstürzt handle. Außenminister Lambermont gab Leopold zu bedenken, wie sehr Stanleys brutale Übergriffe gegen die afrikanische Bevölkerung seinem Ansehen in England geschadet hatten. Die Zusammenarbeit mit einem solchen Mann wäre nicht gerade förderlich für den Ruf der IAA, die doch eine internationale Gesellschaft sei und sich zudem der Wissenschaft und Philanthropie verschrieben habe. Zumindest sollte man Stanleys angekündigtes Buch abwarten, in dem er zu den Vorwürfen Stellung nehmen wollte.

Aber Leopold wollte nicht warten. Vielmehr kam er zu dem Schluß, daß er Stanley auf seinem Weg nach London abfangen mußte. So wurden Greindl und ein weiterer geheimer Emissär nach Marseille geschickt, um den großen Forscher geradewegs nach Brüssel zu bringen. Am 8. Januar 1878 trafen die Gesandten mit Stanley am Bahnhof von Marseille zusammen. Sein Haar war grau, und er schien seit seinem letzten Aufenthalt in Europa um zehn Jahre gealtert. Mit höflichen Worten lehnte er das Angebot der Belgier ab und erklärte, er sei zu krank und erschöpft, um sie nach Brüssel zu begleiten.

Bald darauf bestätigten Berichte der *Times* Leopolds schlimmste Befürchtungen. In London war Stanley ein schwindelerregender Empfang bereitet worden. Und nun reiste er durchs ganze Land und war bei Geschäftsleuten und Menschenrechtlern gleichermaßen gefragt. Er gab dem Großen Fluß den Namen Livingstones und interpretierte den Appell seines großen Lehrers auf seine eigene Weise: Zentralafrika sei reich, und Großbritannien müsse dieses Land dem Handel und dem Christentum erschließen. Anstelle der blutroten Flagge der arabischen Sklavenhändler müsse der Union Jack über Kongo wehen.

Doch im Juni 1878 konnte Leopold aufatmen. Stanley hatte die Einladung nach Brüssel angenommen.

Warum war Stanleys Appell an Großbritannien auf taube Ohren gestoßen? Im Jahre 1878 hatte die britische Öffentlichkeit kaum Appetit auf neue Kolonien im tropischen Afrika. Ein Jahr zuvor, am 12. April 1877, hatte die Regierung Disraeli 3000 Kilometer südlich des Kongo einen unerwartet kühnen Vorstoß unternommen und mit einem Schlag die südafrikanische Burenrepublik Transvaal annektiert. Das Hauptmotiv dabei war strategischer Natur gewesen: Es ging um den Schutz des britischen Stützpunktes am Kap. Doch schon jetzt mehrten sich die Anzeichen, daß Großbritannien damit ein größeres Stück des Kuchens verschlungen hatte, als es verdauen konnte.

KAPITEL 3

Zwei Schritte vorwärts

Transvaal, Kapstadt, Natal
12. April 1877 – 22. Januar 1879

»Ich bin froh zu wissen, daß der Transvaal englischer Boden ist;
vielleicht kehrt nun Ruhe ein.«

Cetshwayo, König der Zulu,
zur Annektierung des Transvaal durch die Briten

Die britische Annexion der Burenrepublik Transvaal verlief so be-
schaulich wie eine Hochzeit auf dem Lande. Zu Anfang sah es so
aus, als würde sie auch nicht viel mehr kosten.

Man schrieb den 12. April 1877; vor vier Monaten hatte Stanley sich
bis Boma durchgekämpft. In Pretoria, der Hauptstadt des Transvaal,
brannte die Wintersonne auf das Blechdach der holländischen Kirche und
versengte das staubige Gras auf dem Vorplatz, wo die Ochsen angebun-
den waren. Gegen elf Uhr fand sich eine kleine britische Delegation auf
dem Kirchhof ein, um im Auftrag von Sir Theophilus Shepstone, dem
englischen Sonderbeauftragten, eine Zeremonie durchzuführen. Die sieben britischen Gentlemen, die in ihrer Jagdkleidung aus Tweed zwischen
den Ochsen und Ochsenkarren ziemlich deplaziert wirkten, waren in
Hochstimmung, aber auch etwas nervös. Schließlich hatten sie sich ohne
bewaffnete Eskorte in eine Stadt gewagt, die hauptsächlich von bewaffneten Buren und rauhbeinigen Siedlern bewohnt wurde.

»Und da die Verwüstung eines benachbarten befreundeten Staates
durch kriegerische wilde Stämme der Regierung Ihrer Majestät Anlaß zu
ernster, schmerzlicher Sorge geben muß . . .«

Melmoth Osborn, der Missionssekretär, hatte mit der Verlesung der
Proklamation begonnen. Doch seine Hände zitterten heftig, und seine
Stimme brach und erstarb. Daher mußte Rider Haggard, Shepstones
zwanzigjähriger Sekretär, an seiner statt mit der Verlesung fortfahren:

»Aufgrund zahlreicher Bittschriften, förmlicher Gesuche und Briefe bin ich zu der Überzeugung gelangt . . ., daß ein großer Teil der Einwohner des Transvaal erkennt, . . . in welch verheerendem Zustand sich das Land befindet, und deshalb ernstlich die Errichtung der Schutzherrschaft und Regierung Ihrer Majestät im Lande und über das Land wünscht . . .«[1]

Die kleine Menge der Zuhörer, die hauptsächlich aus britischen Geschäftsleuten bestand, bekundete respektvoll ihre Zustimmung. Die sieben britischen Beamten atmeten erleichtert auf und begaben sich zurück in das kleine Haus mit Garten, wo sie mit ihren Pferden Quartier bezogen hatten. Man hatte auf Fahnenschmuck verzichtet, nicht ein einziger Union Jack war zu sehen, und niemand war auf die Idee gekommen, »God Save the Queen« anzustimmen. All das sollte einen Monat später nachgeholt werden, wenn das erste britische Bataillon aus Natal eintraf.

Der Transvaal war damit formell in das britische Empire eingegliedert. Und zur Freude des Londoner Finanzministeriums hatte die in aller Stille begangene Hochzeit fast nichts gekostet. Unterdessen wurde neben dem Kirchhof gegenüber den Regierungsgebäuden eine zweite Zeremonie abgehalten.

Dort versammelte sich eine kleine Gruppe von Buren – Stadtbewohner und bärtige *takhars* aus dem Hinterland, die teilweise mit Gewehren bewaffnet waren. Sie lauschten der Verlesung eines feierlichen Widerspruchs, den Thomas Burgers, der Präsident des kurzlebigen Transvaalstaats, unterzeichnet hatte. Im Jahre 1852 hatte sich die britische Regierung durch die Sand River Convention verpflichtet, die Unabhängigkeit des Transvaal zu respektieren. Warum wurde sie nun wortbrüchig? Allein aus dem Grund, um gewalttätige Auseinandersetzungen zu vermeiden, hatte sich die Regierung des Transvaal unter Protest den Briten gebeugt und den *burghers* geraten, Ruhe zu bewahren. Unter Leitung von Paul Kruger, dem Vizepräsidenten, sollte eine Delegation nach London reisen und versuchen, die Annexion rückgängig zu machen. In der Zwischenzeit hatten sich seltsamerweise alle Mitglieder der Exekutive bis auf Kruger bereit erklärt, für die Briten zu arbeiten – und sich von ihnen bezahlen zu lassen.

Angesichts ihrer schwachen Position war die zweifache Zeremonie, Proklamation und Widerspruch, der beste Kompromiß, auf den sich Shepstone und Burgers einigen konnten. Zwar hatte Shepstone von seiner Regierung den Auftrag erhalten, den Transvaal wie ein erobertes Land zu regieren, doch für einen Eroberer trat er recht bescheiden auf. Als er die Grenze von Natal her überschritt, begleiteten ihn nur zwölf Zivilpersonen (unter ihnen ein Vertreter der Standard Bank) sowie fünfundzwanzig berittene Polizisten aus Natal. Im Vorjahr war er als Sonderbeauftragter mit der Aufgabe betraut worden, die politische und finanzielle Krise im Transvaal zu untersuchen, die die Sicherheit der angrenzenden britischen Kolonien, Natal und Kap, zu gefährden schien. Shepstone war ein Einzelgänger, der die Zulu und andere Eingeborenenstämme kannte – er hatte 32 Jahre lang bei der Regierung von Natal Erfahrungen gesammelt –, doch über die Buren wußte er wenig. Dann war in London jene ungewohnt wagemutige Entscheidung gefallen, die Shepstone ermächtigte, den Transvaal zu annektieren, falls er dies für möglich hielt, und ihn bis auf weiteres selbst zu verwalten. Man stellte nur eine Bedingung: Die Annektierung mußte unblutig verlaufen. Shepstone sollte die Zustimmung des Volksraad (des Parlaments von Transvaal) oder der Mehrheit der weißen Bevölkerung einholen – notfalls würde auch die Unterstützung durch »eine ausreichende Zahl« von Weißen ausreichen. Im Gesamtplan der britischen Regierung für Südafrika war vorgesehen, daß der Transvaal und der Oranje-Freistaat, die zweite Burenrepublik, durch Verhandlungen dazu gebracht werden sollten, sich dem britischen Empire anzuschließen und mit den beiden britischen Kolonien Kap und Natal eine Föderation zu bilden.

Shepstone kam, sah und siegte – was angesichts der politischen und finanziellen Krise des Transvaal kein Wunder war. Die weiße Minderheit war in drei Gruppen gespalten: Buren, die hinter Präsident Thomas Burgers standen; Buren, die Vizepräsident Paul Kruger unterstützten, sowie neu zugereiste Briten, die eine Intervention des Empire verlangten. Die Folge war, daß kaum noch Steuern bezahlt wurden; außerdem hatten sich Krugers Anhänger geweigert, Burghers im Krieg gegen den Pedihäuptling Sekhukhene beizustehen, der Teile des vom Transvaal beanspruchten Gebiets im Norden beherrschte. Burghers und seine Truppen wurden von Sekhukhene zurückgeschlagen. Die Staatskasse war praktisch leer. Neben dem Krieg gegen die Pedi mußte ein riesiger Auslandskredit finanziert werden, der für eine geplante Bahnverbindung zwischen der Delagoa-Bucht in Mozambique und Pretoria verwendet werden sollte. Doch dieses Projekt war gescheitert, womit die Kreditwürdigkeit des Transvaal auf Null sank.

Diese bedauernswerten Fakten hatte Shepstone natürlich in seiner

70

Proklamation erwähnt. Außerdem behauptete der Zulu-Experte, daß Cetshwayo, der König der Zulu und Erbfeind des Transvaal, seine Impis sammle und eine Invasion vorbereite. Nur die Intervention Großbritanniens könne den Transvaal vor einem Blutbad bewahren, das ganz Südafrika gefährde.

Mit diesem kühnen, vielleicht zu kühnen imperialistischen Handstreich sicherte sich Großbritannien den Transvaal. Doch um zu überleben, benötigte Shepstone nicht nur die Duldung der Transvaalburen, sondern auch das Einverständnis ihrer Brüder im Oranje-Freistaat und in der Kapkolonie.

Eine entscheidende Bedingung war natürlich auch, daß die Zulu stillhielten. Doch in dieser Hinsicht hatte Shepstone keine Bedenken. Seit er im Jahre 1873 Cetshwayos Krönung beigewohnt hatte, nannte ihn der Zulu-König »Somsteu, Vater der Weißen«. Seine Macht über die Zulu war das As, das er noch im Ärmel hatte und mit dem er, wenn alles nach Plan lief, auch das nächste Spiel gewinnen wollte.

Am 31. März 1877, zwölf Tage vor der Annexion, ging die *Balmoral Castle* im Hafen von Kapstadt vor Anker. Sie war das modernste und schnellste Postschiff der *Currie Line* – der Hauptverbindung mit England, bevor Telegrafenleitungen gelegt wurden. Unter den englischen Passagieren befand sich Sir Bartle Frere, der neue Gouverneur und Hochkommissar am Kap, der im Begriff stand, sein Reich in Besitz zu nehmen.

Von seiner neuen Umgebung war Frere zunächst nicht begeistert. Im Vergleich zu dem Palast, den er als Gouverneur in Bombay bewohnt hatte, wirkte das Regierungsgebäude mit der scheunenartigen Fassade und dem holländischen Giebel nicht gerade sonderlich imposant. In seinem ersten Bericht nach London bezeichnete er die Stadt als »verschlafen und verkommen«; und es schien ihm kaum vorstellbar, daß es auf der Welt noch einen so »schmutzigen und ungesunden«[2] Ort wie Kapstadt gab.

Am 16. April erfuhr Frere schließlich durch ein Telegramm aus Kimberley, daß Shepstone den Transvaal annektiert hatte. »Großer Gott«, war Freres erster Gedanke, »was werden sie in London dazu sagen?«[3] Doch er beschloß, nicht einzugreifen. Einem Mann, der auf seinem Boot einen reißenden Fluß hinunterschoß, konnte man nicht mehr erklären, wie man ein Paddel benutzt.

Vielleicht hatte Shepstone voreilig gehandelt. Doch war nicht Kolo-

71

nialminister Lord Carnarvon im vergangenen Sommer ebenso überstürzt vorgegangen? Am 20. September 1876 erreichte das Kolonialministerium in London eine Botschaft: Die Transvaalburen seien *in extremis*, und die Briten würden gebeten zu intervenieren. Darauf wurde Shepstone, den man als Zuluexperten zu einer gescheiterten Konferenz über die Konföderation nach London geholt hatte, mit dem nächsten Postschiff wieder nach Südafrika zurückgeschickt. In der Tasche trug er ein Geheimdokument, das ihn zum ersten britischen Gouverneur des Transvaal erklärte. Um den Plan dem Kabinett vorzulegen, blieb keine Zeit mehr. Carnarvon holte nur Disraelis Zustimmung ein, der ihn mit einer charakteristischen Wendung beschied: »Tun Sie, was Sie für richtig halten.« Wie die meisten Engländer hatte Disraeli wichtigere Sorgen als Afrika.

Einen Monat später hatte sich Frere von Carnarvon überreden lassen, als Gouverneur und Hochkommissar ans Kap zu gehen. Zunächst hatte Frere gezögert. Er hatte sich als Prokonsul und Menschenrechtler einen Namen gemacht, war ein Protégé der Königsfamilie und hatte 41 Jahre lang in Indien Erfahrungen gesammelt (dennoch hatte er nicht das Amt des Vizekönigs erhalten). Über Afrika wußte er allerdings kaum Bescheid. Gewiß hatte er im Jahre 1873 eine erfolgreiche Mission in Sansibar geleitet; damals gelang es ihm, den Sultan zu bewegen, in seinem Herrschaftsgebiet den Sklavenhandel zu verbieten. Doch er traute sich nicht ohne weiteres zu, hitzigen weißen Kolonisten seinen Willen aufzuzwingen. Wenn alles gut ging, so versprach ihm Carnarvon, sollte Frere Generalgouverneur des neuen Dominions Südafrika werden, eine Art afrikanischer Vizekönig. Als Köder bot ihm der Kolonialminister das erstaunliche Gehalt von 10 000 Pfund im Jahr an.

Carnarvon stellte ihm die Aufgabe in einem so günstigen Licht dar, daß Frere seine bösen Vorahnungen vergaß. Er bewunderte den Kolonialminister nicht nur, weil es ihm gelungen war, die kanadischen Staaten zu einem einzigen Dominion zu vereinen, sondern billigte auch seine Expansionspolitik. Damals war der Begriff »Imperialismus« erst gerade geprägt worden, und weder Frere noch Carnarvon hätten ihn als negativ empfunden. Eine Südafrikanische Konföderation schien Frere wünschenswert, denn sie würde britische Einwanderer und britisches Kapital nach Südafrika locken. Zollschranken würden fallen wie die Mauern von Jericho.

Schließlich vertraute Carnarvon Frere seine atemberaubende Zukunftsvision an – die eines neuen Empire jenseits der Grenzen Südafrikas. »Wir

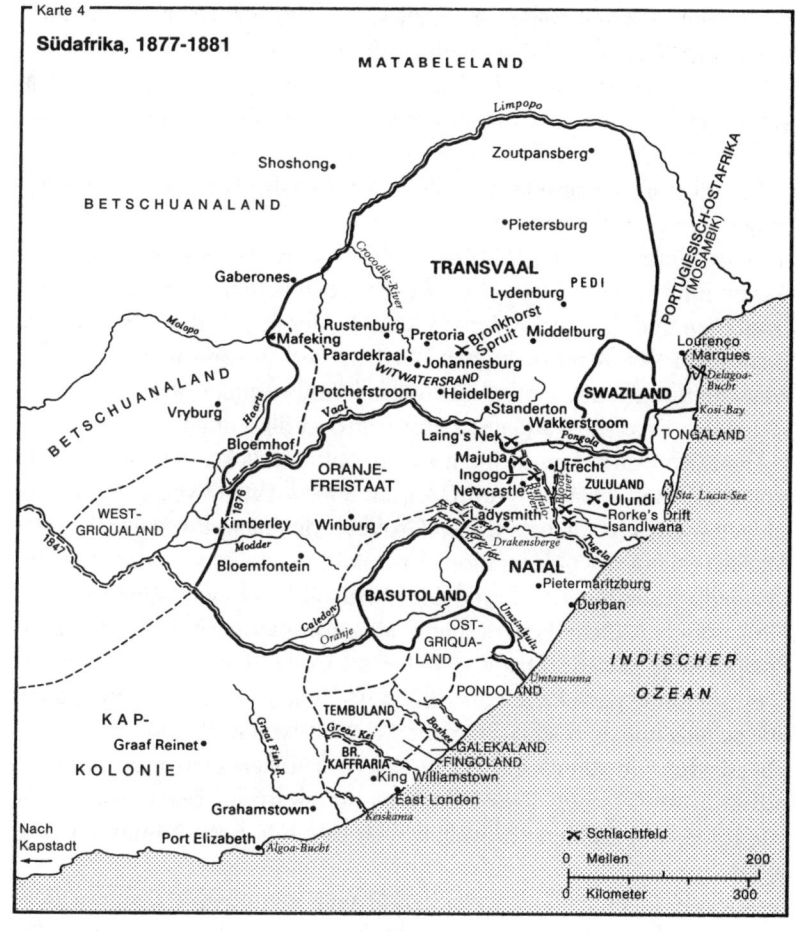

Karte 4

Südafrika, 1877–1881

MATABELELAND

Limpopo

Shoshong•

Zoutpansberg•

BETSCHUANALAND

•Pietersburg

TRANSVAAL

Gaberones•

Crocodile-River

Lydenburg PEDI

Rustenburg
•Mafeking

Pretoria Bronkhorst
•Spruit Middelburg
Paardekraal• •Johannesburg

Molopo

WITWATERSRAND

Potchefstroom •Heidelberg

BETSCHUANALAND

Vryburg

Haarts

Vaal

Bloemhof

Laing's Nek

Majuba
Ingogo•
Newcastle•

Standerton
•Wakkerstroom

SWAZILAND

Loureço
•Marques
•Delagoa-
Bucht

Kosi-Bay

TONGALAND

PORTUGIESISCH-OSTAFRIKA
(MOSAMBIK)

WEST-
GRIQUALAND

Kimberley

ORANJE-
FREISTAAT

Winburg

Modder

Bloemfontein

1878

1847

Utrecht
×Ulundi
•Rorke's Drift
Isandlwana

Pongolo

Blood River

ZULULAND

Ladysmith•

Tugela

Drakensberge

Sta. Lucia-See

NATAL

•Pietermaritzburg

•Durban

BASUTOLAND

OST-
GRIQUA-
LAND

Caledon

Oranje

Umzimkulu

Umtamuuma

PONDOLAND

INDISCHER

OZEAN

KAP-
Graaf Reinet•

KOLONIE

Graaf Fish R.

TEMBULAND

Great Kei

BR.
KAFFRARIA

Buffalo

GALEKALAND

•FINGOLAND

•King Williamstown

•East London

Keiskama

Grahamstown•

Nach
Kapstadt
←

Port Elizabeth

Algoa-Bucht

× Schlachtfeld

0   Meilen   200

0   Kilometer   300

73

dürfen keine Rivalen dulden, weder in Ost- noch in Zentralafrika, und ich wüßte nicht . . ., warum der Sambesi für unsere Kolonialisierung nicht in Betracht kommen sollte.«[5] Frere war sprachlos. In Afrika würde ein zweites Indien entstehen; und er selbst würde in Afrika das verwirklichen, was Robert Clive in Indien geleistet hatte!

Ein Blick ins südafrikanische Blaubuch brachte Frere wieder auf den Boden der Tatsachen zurück.

Ganz gleich, welches Problem des britischen Empires man sich vor Augen führte: Fehden zwischen weißen Bevölkerungsgruppen, wie den Franzosen und den Engländern in Kanada; der Bankrott des Bergbaus in Australien; der Krieg zwischen Weißen und Maoris in Neuseeland; Ausschreitungen und Unterdrückung in Irland – vergleichbare Schwierigkeiten gab es auch in Südafrika, nur war dort alles noch schlimmer.

Dennoch waren dort die Interessen des britischen Mutterlandes scheinbar so klar und einfach zu umreißen. In Simonstown, wenige Kilometer südlich von Kapstadt, befand sich Großbritanniens weltweit »wichtigste« Marinebasis und Kohlenstation. Um die Basis zu errichten, hatten die Briten die Kapkolonie während der Französischen Revolutionskriege der Holländischen Ostindienkompanie abgenommen; seit 1806 waren sie dort ständig präsent. Das Kap beherrschte die damals einzige direkte Seeverbindung nach Indien und Asien. 1877 liefen trotz der Öffnung des Suezkanals immer noch zwei Drittel des britischen Handels mit Indien über die Kaproute, und um den Seeweg zu schützen, brauchten die Briten nicht nur eine Festung – wie Gibraltar –, sondern eine Festungskolonie – wie Kanada –, auf deren Loyalität man bauen konnte, komme, was da wolle.

Seit den Tagen der Holländischen Ostindienkompanie war es am Kap immer wieder zu Aufständen gekommen. Abgesehen von den fruchtbaren Tälern rund um Kapstadt mit ihren Weizenfeldern und Weinbergen bestand das Land zu großen Teilen aus Wüste. Im Herzen der Kolonie lag die Große Karru, wo aufgrund der Trockenheit nur Schafhaltung und Viehzucht möglich waren.

Trotz der Machtübernahme Großbritanniens blieben viele holländische Bauern arm und ließen sich nicht assimilieren. Sie bezeichneten sich selbst als Afrikaander und ihren niederländischen Dialekt als Afrikaans. Viele von ihnen zogen als Treckburen mit ihren Herden durch das Land. Ihre Stärke beruhte auf drei Faktoren: einem leidenschaftlichen Unabhängigkeitsstreben, einer eisernen kalvinistischen Ethik und einem (zeitweise unbeständigen) kollektiven Sendungsbewußtsein. Sie erwiesen sich für Schwarze und Weiße gleichermaßen als ernstzunehmende Gegner.

In ihren Auseinandersetzungen mit der schwarzen Bevölkerung kannten sie kein Erbarmen. An der Siedlungsgrenze herrschten sie mit Gewehr und Peitsche. In Kapstadt waren zwar freigeborene Afrikaner den Weißen – auf dem Papier – gleichgestellt, doch die Buren an der Siedlungsgrenze billigten den Schwarzen in Kirche und Staat keine Gleichberechtigung zu. Sie rissen das Land der Afrikaner an sich, die immer noch ärmer, schwächer und zerstrittener waren als die Buren. Bearbeiten ließen sie es von schwarzen Sklaven.

Im Jahre 1834 beschloß das britische Parlament, im gesamten Empire die Sklaverei abzuschaffen. Die Sklavenhalter sollten eine Entschädigung erhalten, die jedoch nur zögernd ausbezahlt wurde. Aufgrund dieser Regelung verließen zwischen 1853 und 1856 etwa 6000 Buren die Kapkolonie und überschritten die Flüsse Oranje und Vaal. Mit sich führten sie ihre Herden sowie 6000 afrikanische Leibeigene und andere, die von ihnen abhängig waren. Einige Trecker wurden von den Zulu getötet, andere von den Ndebele. Die meisten überlebten jedoch und gründeten kleine Burenrepubliken, aus denen der Oranje-Freistaat, Natal und der Transvaal hervorgingen. Die Briten erklärten diesen »Großen Treck« für illegal, unternahmen jedoch nichts dagegen. Dann setzte Großbritannien seine Expansionspolitik fort. 1842 besetzten die Briten Natal, um die Stabilität in der Region wiederherzustellen. Zehn Jahre später kam es zu einer politischen Kehrtwendung: 1852 beziehungsweise 1854 garantierte Großbritannien den verarmten Republiken Transvaal und Oranje-Freistaat die Unabhängigkeit.

In den sechziger Jahren des 19. Jahrhunderts schien sich das Verhältnis zwischen Briten und Buren zu bessern. Doch eines Tages im Jahre 1867 entdeckte ein afrikanischer Hirte einen seltsam glitzernden Stein im Buschland. Kurze Zeit später erklärte der Kolonialminister in Kapstadt: »Gentlemen, auf diesen Stein gründet sich die zukünftige Bedeutung Südafrikas.«[6] Er sollte recht behalten. Die ersten Diamanten entdeckte man bei Flußschürfungen in Westgriqualand unweit des Vaal, dann wurde man etwa 30 Kilometer entfernt in dem großen, puddingförmigen Hügel namens Colesberg fündig. Dort entstand eine Ansiedlung, die bald den Namen Kimberley erhielt. Aus dem großen Hügel wurde das Big

Hole, das größte von Menschen geschaffene Loch auf der Welt. Innerhalb von fünf Jahren verfünffachten sich die Einnahmen der Kapkolonie, und der Reichtum hielt Einzug. Zu Zehntausenden strömten Schürfer herbei; es handelte sich hauptsächlich um weiße Engländer (wie den jungen Cecil Rhodes) und Schwarzafrikaner aus ganz Südafrika. Der neuentdeckte Schatz bedeutete eine willkommene Entlastung der britischen Staatskasse, und 1872 gewährte man der Kapkolonie, ähnlich wie Kanada und Neuseeland, die Selbstverwaltung.

Doch das Big Hole enthielt nicht nur Diamanten, sondern auch politischen Zündstoff. Jahrelang tobte die Auseinandersetzung um die Frage, wem Westgriqualand, wo man die Diamanten entdeckt hatte, gehörte. Der Oranje-Freistaat erhob Anspruch auf das Gebiet, hatte aber keine Möglichkeiten, ihn durchzusetzen – und auf die Interessen von Afrikanern nahm ohnehin niemand Rücksicht. Die Schürfer forderten Großbritannien auf, Westgriqualand zu annektieren. Dieser Schritt erfolgte 1871, und das Gebiet wurde schließlich der Kapkolonie angegliedert. Die protestierenden Buren aus dem Freistaat erhielten als Abfindung eine Pauschale von 90 000 Pfund und gaben sich vorerst damit zufrieden.

Eine weitere Folge des Diamantenbooms war, daß die Weißen den knapp gewordenen afrikanischen Arbeitskräften höhere Löhne bezahlen mußten. In den Bergwerken von Kimberley wurden fast ebenso viele Menschen beschäftigt wie im britischen Black Country oder im deutschen Ruhrgebiet. Die afrikanischen Bergleute verdienten zwar wesentlich weniger als die weißen, doch der Schilling, den sie pro Tag erhielten, kam ihnen wie ein Vermögen vor. Manch einer, der in die Krals zurückkehrte, trug Hosen und Schuhe wie ein Weißer und hatte – zum Selbstschutz – einen Hinterlader geschultert.

So fand Frere bei seiner Ankunft in Südafrika eine problematische Situation vor. Obwohl viele verdrossene Buren der Kapkolonie den Rücken gekehrt hatten, stellten die Afrikaander immer noch zwei Drittel der weißen Bevölkerung. Auch in Natal und den beiden Burenrepubliken lebten mehr Buren als Briten. Die Ausgangslage in Südafrika war also nicht mit der Situation in Kanada zu vergleichen, wo auf zwei Briten nur ein Franzose kam. Außerdem bildeten die Schwarzen, vor allem in Natal und im Transvaal, die große Bevölkerungsmehrheit, einem Weißen standen hier zehn Afrikaner gegenüber. Und gerade in diesen beiden Staaten griff die Angst vor der »schwarzen Gefahr« um sich.

Zudem grenzten Natal und der Transvaal an das afrikanische Reich der Zulu, einen straff organisierten Militärstaat mit 30 000 disziplinierten Kriegern. Die Bewohner Natals sahen in dieser Streitmacht eine Speerspitze, die auf ihre eigene Kehle zielte. Der Zulu-König Cetshwayo hatte dagegen Shepstone versichert, er werde die Grenzen nicht verletzen – und er hatte die Annexion des Transvaal durch Großbritannien begrüßt, da sie Schutz vor den Buren bot. Während seiner zwanzigjährigen Regierungszeit hatte er die Briten sogar mit viel diplomatischem Geschick als Verbündete gegen die Buren umworben.

Was Frere noch mehr Sorgen bereitete, war der Zank unter den weißen Minderheiten in den britischen Kolonien, die er verwalten sollte. Das einzige, was die Briten und Buren verband, war offenbar die Dummheit und Roheit, mit der sie den Eingeborenen begegneten.

Ein erschreckendes Beispiel dieser Roheit war die Affäre um Langalibalele, den Häuptling der Hlubi. Sein Volk bestand aus siebentausend Flüchtlingen aus Zululand, die Shepstone vor zwanzig Jahren in einem Reservat in Natal angesiedelt hatte – gut 36 000 Hektar in den grünenden Ausläufern der Drakensberge. Mit Hilfe moderner Pflüge bauten die Hlubi dort Mais an, verkauften ihre Überschüsse und gelangten zu einem gewissen Wohlstand. Sie hatten es nicht nötig, gegen wenig Geld für weiße Farmer zu arbeiten. Eher zog es sie in die Bergwerke von Kimberley; und eine wachsende Zahl kehrte mit Gewehren bewaffnet von dort zurück.

1873 wurde Langalibalele ebenso wie andere Häuptlinge aufgefordert, die Feuerwaffen seines Stammes registrieren zu lassen. Er sollte zu Theophilus Shepstone in die Hauptstadt der Kolonie Pietermaritzburg kommen. Langalibalele wußte, daß Theophilus' Bruder, John Shepstone, dreißig Afrikaner hatte ermorden lassen, die unbewaffnet zu einer Unterredung erschienen waren. Daher wagte er nicht, seinen Stamm zu verlassen und Shepstone aufzusuchen. Im folgenden Oktober wurde das Hlubi-Reservat von einer gemischten Einheit eingekreist – 200 Freiwillige aus Natal, 200 britische und 5000 afrikanische Soldaten. Shepstone schickte einen Boten mit einer letzten Warnung. Dieser berichtete anschließend, der Häuptling habe ihn ausgepeitscht und gedemütig – was eine Lüge war. Langalibalele selbst zog sich mit den Männern seines Stammes zu den Drakensberg-Pässen zurück, die nach Basutoland führten. Die Frauen, Kinder und Alten blieben in den Höhlen der Vorgebirge zurück.

Was nun folgte, löste unter den Liberalen Großbritanniens einen Sturm des Protests aus. Zunächst erlebten die Verfolger eine schwere Schlappe. Die britischen Soldaten und die Freiwilligen irrten im Nebel der Drakensberg-Pässe umher. Major Anthony Durnford, der Kommandant der Briten, wurde bei einem Sturz schwer verletzt; später wurde sein linker Arm von einem *assegai* durchbohrt. Bei einem Scharmützel mit versprengten Hlubi kamen drei Kolonisten und zwei ihrer afrikanischen Gefolgsleute ums Leben. Der Großteil der Freiwilligen ergriff die Flucht.

Die gedemütigten Kolonisten rächten sich schließlich an den Zivilisten. Frauen und Kinder wurden mit Rauch aus den Höhlen getrieben. Die Kolonisten plünderten, raubten alles Getreide und Vieh und brannten die Krals nieder. Mehrere Hlubi wurden erschossen. Später rühmten sich die Siedler noch, sie hätten »die Rebellion« mit »starker Hand«[7] niedergeschlagen. Sie erhoben nun nicht nur Anspruch auf das gesamte Hlubi-Reservat, sondern griffen auch noch den Nachbarstamm, die Putini, an, metzelten mehrere hundert Eingeborene nieder und raubten auch ihnen ihr Land. Frauen und Kinder wurden zu Tausenden nach Pietermaritzburg verschleppt und den dortigen Siedlern faktisch als Sklaven überlassen. Anschließend erließ der Vizegouverneur von Natal, Sir Benjamin Pine, eine Generalamnestie für alle Greueltaten, die von den Kolonisten verübt worden waren.

Langalibalele und seine Männer wurden von den Basuto umzingelt und mußten sich ergeben. Man beschuldigte ihn des Hochverrats und verurteilte ihn in einem »Prozeß« zu lebenslänglicher Verbannung. Seine Männer wurden ebenso wie die Frauen gezwungen, für die Farmer in Natal zu arbeiten.

Daß dieses schreiende Unrecht ans Licht kam, ist fast ausschließlich dem Mut eines Engländers zu verdanken, dem unbeugsamen John Colenso, der als »häretischer« Bischof von Natal bekannt war. Colenso hatte seine englischen Mitbürger in den sechziger Jahren durch seine Behauptung schockiert, die Bibel (und insbesondere die Genesis) sei nicht wörtlich zu verstehen: Gespräche mit seinen Zulu-Gemeindemitgliedern hatten ihn angeregt, sich mit diesen Fragen etwas genauer auseinanderzusetzen. So versuchte er, zwischen den Erkenntnissen Darwins und den christlichen Glaubenssätzen eine Brücke zu schlagen. Die anglikanischen Christen, ja sogar Disraeli und der Erzbischof von Canterbury, fielen über ihn her. Doch dank der Intervention des Geheimen Kronrats konnte er Bischof von Natal bleiben.

Ein Jahrzehnt später riskierte Colenso Kopf und Kragen, indem er die an den Hlubi und Putini verübten Greueltaten anprangerte. Er reiste nach London und legte dem Kolonialminister seine Beweismittel vor, deren Stichhaltigkeit Carnarvon widerstrebend anerkennen mußte. Pine verlor seinen Posten, und die Putini sollten entschädigt werden. Langalibalele und sein Volk erhielten die Freiheit wieder. Colenso triumphierte, doch der Preis für seinen Sieg war hoch.

Colenso war eng mit Theophilus Shepstone, dem Sekretär für Eingeborenenfragen in Natal, befreundet. Die beiden Männer hatten Seite an Seite gekämpft, um die Reservate der Afrikaner in Natal vor den landgierigen Siedlern zu schützen. Durch die Aussagen afrikanischer Zeugen wurde Colenso nun allerdings klar, daß ihn sein Freund »betrogen« hatte.[8] In der Langalibalele-Affäre hatte er die Greueltaten gebilligt und mit den Kolonisten gemeinsame Sache gemacht. Angesichts dieser Enthüllung war Colenso zutiefst erschüttert und beschloß einen »Kampf bis aufs Messer«[9] zu führen. Die Familie Shepstone schien Zululand mittlerweile als ihre heimliche Privatkolonie zu betrachten. Hatte Shepstone vor, Cetshwayo ebenso wie Langalibalele zu verraten und ihn unter dem Vorwand, der Herrscher widersetze sich den Weißen, aus seinem Königreich zu jagen?

In dieser schwierigen Situation kam Colenso ein weiterer Engländer zu Hilfe: der inzwischen zum Oberst beförderte Anthony Durnford. Gemeinsam bemühten sie sich, den Putini wieder zu ihrem Recht zu verhelfen. Allen Anfeindungen zum Trotz versorgte Durnford die Männer mit öffentlichen Arbeiten, so daß sie mit dem verdienten Geld neues Land für den Stamm kaufen konnten.

Unterdessen beschloß Sir Bartle Frere, auf seinem Weg zu Shepstone im Transvaal einen Abstecher nach Natal zu machen, um sich selbst ein Bild von der Lage zu machen. Statt dessen wurde er selbst im Osten der Kapkolonie in Ereignisse verwickelt, die noch verworrener und bedrohlicher waren als die Langalibalele-Affäre.

Damals bildeten die steinigen Schluchten des Keiflusses die Ostgrenze der Kapkolonie. Am diesseitigen Ufer, in der Ciskei, siedelten relativ wohlhabende afrikanische Stämme, die Ngquika-Xhosa und die Fingo (Mfengu). Jenseits des Kei, in der Transkei, lebten die verarmten Gcaleka-Xhosa unter Häuptling Kreli Sarhili; ihr Gebiet stand zwar unter britischer

Kontrolle, war aber nicht offiziell annektiert. Die Gcaleka-Xhosa waren ehemals die Herren der Fingo gewesen und hatten das Land besessen, das die Briten später den Fingo schenkten, weil sie ihnen bei Kämpfen an der Grenze beistanden. Im August 1877 brach wieder ein Krieg aus. Zunächst griffen die Gcaleka die verhaßten Fingo an. Dann marschierten sie, mit modernen Gewehren bewaffnet, zum nächstgelegenen britischen Polizeiposten auf dem Gebiet der Kapkolonie. Allerdings konnten sie mit ihren neuen Waffen noch nicht richtig umgehen, und so wurde der Angriff von der Polizei und den Freiwilligen zurückgeschlagen. Man trieb die Gcaleka zurück in die Transkei bis an den Basheefluß. Innerhalb weniger Monate kamen siebenhundert Stammesangehörige und zwanzig Häuptlinge ums Leben; außerdem raubten die Kolonialtruppen 13 000 Stück Vieh, den wertvollsten Besitz des Stammes.

Einigen Gcaleka gelang es jedoch, über unbewachte Furten den Kei wieder zu überqueren und die Unterstützung der in der Kapkolonie ansässigen Ngquika unter Häuptling Sandile zu gewinnen. Frere saß sieben Monate lang in der britischen Kaserne von King Williamstown mitten im Krisengebiet fest und versuchte, seine eigenen Kolonialbeamten und ihre Leute zur Raison zu bringen. Seiner Meinung nach waren sie für den Aufstand in der Transkei verantwortlich, denn sie hätten dieses Gebiet schon längst annektieren sollen. Die Experimente mit Kreli als »nahezu unabhängigem Häuptling« erschienen ihm als »heller Wahnsinn«.[10] Auch gegenüber den Ngquika hatten sie seiner Ansicht nach eine zu weiche Linie verfolgt.

Nachdem nun die Rebellion ausgebrochen war, griff die Regierung der Kapkolonie mit rücksichtsloser Gewalt durch. Über den bewaldeten Hügel am Kei stiegen Rauchsäulen auf. Freiwillige brannten die Krals nieder und raubten den gesamten Viehbestand der Eingeborenen. Viele unglückliche Ngquika wurden zu Freres Entsetzen ohne Prozeß als »Rebellen« hingerichtet.

Doch die Kolonisten wollten sich jedoch vom Gouverneur nicht vorschreiben lassen, wie sie die »Kaffern« zu behandeln hatten. Molteno, der von den Afrikaandern unterstützte Premierminister der Kapkolonie, beharrte darauf, daß die Kolonialstreitkräfte das Recht hätten, die Rebellen zu verfolgen – das Empire habe sich in dieser Frage nicht einzumischen. So unternahm Frere einen mutigen Schritt: Er setzte die Regierung der Kapkolonie ab und ernannte Gordon Sprigg zum neuen Premierminister.

Nach der Ankunft von zwei neuen britischen Bataillonen übernahm Generalleutnant Frederick Thesiger das Kommando und brachte sowohl die rebellierenden Afrikaner als auch die aufsässigen Kolonisten zur Raison. Die brutalen Übergriffe der Kolonisten – Viehdiebstahl, Brandstiftung und Ermordung der »Kaffern« – fanden bald ein Ende; an ihre Stelle trat ein regelrechter militärischer Feldzug. Die Afrikaner, die immer noch auf Massenangriffe auf freiem Feld eingestellt waren, konnten gegen die Armstrong-12-Pfünder und Martini-Henry-Gewehre wenig ausrichten. Sandile wurde getötet, Kreli ins Exil getrieben. Im April 1878 war die Rebellion niedergeschlagen, und Frere hielt es nach siebenmonatigem Aufenthalt in King Williamstown für sicherer, nach Kapstadt zurückzukehren.

Kurz darauf wurden die Transkei und Pondoland annektiert. Großbritannien beherrschte nun die gesamte Meeresküste von Natal bis zum Kap. Frere war mit diesem Ergebnis natürlich zufrieden, doch die Spannungen zwischen den weißen Bevölkerungsgruppen bereiteten ihm nach wie vor Kopfzerbrechen. Und in Kapstadt erwartete ihn die deprimierende Nachricht, daß die Entwicklung in Richtung Konföderation vorerst wieder zum Stillstand gekommen war.

Ein weiterer unerwarteter Schlag war der Rücktritt des Kolonialministers Lord Carnarvon, der Freres Politik im Kabinett Disraeli hätte durchsetzen sollen. Er hatte sein Amt am 25. Januar wegen Meinungsverschiedenheiten über die Asienpolitik niedergelegt. Sein Nachfolger war der junge, unerfahrene Sir Michael Hicks Beach, den Frere kaum kannte. Allerdings konnte er damit rechnen, daß ihm der neue Minister freie Hand geben würde.

Frere stand immer noch vor der Aufgabe, die Konföderation in die Wege zu leiten. In England hatte das Kolonialministerium bereits eine South Africa Bill ausgearbeitet, die dem neu geeinten Dominion eine konstitutionelle Grundlage geben sollte. Doch in Südafrika entstand vorerst ein ganz anderes Bündnis: die Afrikaander in der Kapkolonie schlossen sich mit den Buren im Transvaal und im Oranje-Freistaat zusammen – und zwar gegen die *rooineks*, die Engländer. Seit Shepstone den Transvaal annektiert hatte, war der Unmut der burischen Mehrheit stetig gewachsen. Man hatte eine Petition gegen die Annexion eingereicht, und unter Leitung von Paul Kruger waren zwei Delegationen nach England gereist, um die Briten zu bewegen, dem Land die Unabhängig-

81

keit wiederzugeben. Kruger durfte die Artilleriebasis in Woolwich besichtigen, damit er wußte, was ihm blühte, wenn die Buren Schwierigkeiten machten, und erhielt eine höfliche Abfuhr. Nach seiner Heimkehr setzte er alles daran, um die Buren im Freistaat und die Afrikaander am Kap gegen die Annexion und gegen die Konföderationspläne aufzuwiegeln.

Gordon Sprigg, der Premierminister der Kapkolonie, unterstützte Freres Pläne, konnte aber angesichts der starken Opposition der Afrikaander gegen die Konföderation wenig ausrichten. Die Kolonisten in Natal waren zwar überwiegend Briten, doch sie nahmen in dieser Frage eine eher zögerliche Haltung ein, da sie befürchteten, von ihren mächtigen weißen Nachbarn einverleibt zu werden.

Eine entscheidende Rolle spielte also nach wie vor der Transvaal, der einzige Staat, der unter der direkten Kontrolle des Empire stand. Frere fragte sich, warum es Shepstone nicht gelungen war, Kruger und die Transvaal-Buren für die Annexion und damit auch für die Konföderation zu gewinnen. Schließlich hatte das Empire dem Transvaal einen Kredit von 100 000 Pfund gewährt, um den Staatsbankrott zu verhindern. Doch es gab Anzeichen dafür, daß Shepstone die Bücher frisiert hatte. Im Sommer 1878 gelangte Frere zu der Überzeugung, daß Shepstone eine Belastung darstellte und abgelöst werden mußte – eine Entscheidung, die London bedauernd billigte.

Im Juli 1878 trafen nach all diesen Rückschlägen Nachrichten aus Natal ein, die Frere wie ein Donnerschlag trafen. Es ging um Cetshwayo und die Zulu.

Shepstone galt trotz seines Versagens im Transvaal immer noch als Zulu-Experte. Und auch Frere schenkte ihm in dieser Hinsicht volles Vertrauen. Doch Shepstone, in dem Cetshwayo zwanzig Jahre lang einen Freund und »weißen Vater« gesehen hatte, war mittlerweile ohne jegliche Skrupel zur Gegenpartei übergelaufen. Vielleicht mußte er sich nach der Annexion des Transvaal zwangsläufig auf die Seite der Buren schlagen, die von jeher mit den Zulu verfeindet waren. Zumindest war das eine neue Methode, die »Zulu-Karte« auszuspielen, den Trumpf, den Shepstone im Ärmel hatte.

Im Oktober 1877 hatte sich Shepstone an den Blood River begeben, der den Transvaal von Zululand trennte, und Cetshwayo eine folgenschwere Botschaft zukommen lassen. Seit langem erhoben die Buren Anspruch auf einen weitläufigen Landstrich im Nordwesten von Zululand. Shepstone dagegen hatte bisher das Ziel verfolgt, diesen Landstrich für Natal zu erwerben, um ihn als Korridor nach Norden für afrikanische Arbeitskräfte zu nutzen. Tatsächlich hatte Cetshwayos Vater Mpande das Gebiet an Natal abtreten wollen, um sein Volk vor der Einkreisung durch die Buren zu schützen. Nun verlangte Shepstone plötzlich, Cetshwayo müsse die Ansprüche der Buren anerkennen. Cetshwayos höhnische Antwort ließ nicht lange auf sich warten: Die Zulu hatten Shepstone »Vater« genannt, und jetzt ließ er sie im Stich. Er war ein Verräter und Betrüger.

Shepstone fühlte sich in seinem Stolz verletzt. Er schickte einen wütenden Bericht nach London, den er zuvor Frere vorgelegt hatte. Cetshwayo müsse verschwinden. Solange sein anachronistisches Regime weiterbestehe, gebe es in Südafrika keine Hoffnung für den Fortschritt.

Cetewayo (sic!) ist die heimliche Hoffnung eines jeden . . . unabhängigen Häuptlings im Umkreis von mehreren hundert Meilen, der seiner Rasse die Vorherrschaft sichern will . . . Je eher die Wurzel des Übels . . ., welche meiner Meinung nach die Macht und die militärische Organisation der Zulu ist, beseitigt wird, um so leichter wird unsere Aufgabe sein.[11]

Anschließend initiierte Shepstone eine Pressekampagne gegen Cetshwayo, wobei er sich verfälschender Berichte von verärgerten Farmern aus dem Grenzland, Whisky- und Waffenhändlern sowie protestantischen Missionaren bediente. Letztere hatten nur eine Handvoll Zulu bekehren können. Ein Missionar namens Robert Robertson, ein früherer Schüler Colensos, der alle seine Ideale über Bord geworfen hatte und sich dem Whisky sowie den Reizen der hübschen Zulumädchen ergeben hatte, versorgte Shepstone mit den idealen Lügen (so behauptete er, er sei durch den Einfluß Cetshwayos und seiner satanischen Anhänger vom rechten Wege abgekommen).

Und Shepstone verbürgte sich dafür, daß alle diese Märchen der Wahrheit entsprachen. Sie fielen bei Frere auf fruchtbaren Boden. Schließlich hatte sich auch die Rebellion am Kap wie ein Buschfeuer von Stamm zu Stamm ausgebreitet. Frere gab Shepstone recht: Der blutrünstige Tyrann Cetshwayo mußte weichen, und Großbritannien mußte sich die Herrschaft über ganz Südafrika, von Küste zu Küste, sichern.

Währenddessen reagierte der König mit erstaunlichem Geschick auf die Herausforderung, die ihm Shepstone am Blood River präsentiert hatte. Der Häuptling schickte Boten an Bischof Colenso sowie den Gouverneur von Natal und bat sie um Rat. Der Gouverneur veranlaßte, daß eine Untersuchungskommission eingesetzt wurde, die die Besitzverhältnisse im umstrittenen Territorium zwischen Transvaal und Zululand klären sollte. Cetshwayo war überglücklich. Schließlich hatte er die Briten (durch Shepstone) immer wieder gebeten, in der Sache zu vermitteln.

Frere stimmte zu, obwohl er Bedenken hatte. Doch Shepstone versicherte ihm, daß er die Dokumente, die die Besitzansprüche der Buren legitimierten, inzwischen mit eigenen Augen gesehen habe. Außerdem würden zwei Shepstones dafür sorgen, daß alles glattging: sein Bruder John als »unparteiisches« Kommissionsmitglied und sein Sohn Henriques, der als Delegierter für den Transvaal fungierte. Frere ging also davon aus, daß Cetshwayo das Land verlieren und in der Folge einen Krieg anzetteln würde.

Doch Frere erlebte eine Überraschung. Die Kommission – bestehend aus einem Anwalt namens Gallwey, John Shepstone und Oberst Durnford – kampierte wochenlang an der Rorke's Drift am Buffalofluß und nahm die Aussagen und Beweise der Zulu und der Transvaal-Buren entgegen. Erstaunlicherweise konnten die Buren keinerlei Dokumente beibringen, die ihren Anspruch belegt hätten. Im Gegenteil, alle Beweise bekräftigten das Besitzrecht der Zulu. Die Buren hatten die Eingeborenen drangsaliert und beschwatzt und waren unrechtmäßig in deren Gebiet vorgedrungen – wie sie es in allen Stammesgebieten Südafrikas getan hatten. Folglich entschied die Kommission zugunsten Cetshwayos und sprach ihm das strittige Territorium zu.

Dieses Ergebnis hätte man als das Ende eines langen Streits begrüßen können, der zwanzig Jahre lang den Frieden in der Region bedroht hatte. Frere aber sah seine großen Pläne gefährdet, denn dies war gewiß nicht der Weg, um die Transvaal-Buren für die Konföderation zu erwärmen. Den Schiedsspruch der Kommission hielt er vorerst geheim, da er die verwegene Hoffnung hegte, die Kommissionsmitglieder noch umstimmen zu können.

Im September kehrte er ans Kap zurück. Ein Krieg braucht Zeit, um zu reifen – wie eine Pflanze. Da es keine telegraphische Verbindung nach London gab, glaubte Frere freie Hand zu haben. Gegenüber dem Kolonialministerium in London und den Zeitungen in Natal ließ er Andeutungen fallen, daß sich eine Krise anbahne. Die Presse brauchte keine Ermutigung:

> Unser Leben lang waren wir, wie unsere Kolonisten mit Fug und Recht behaupten, versklavt aufgrund des schwarzen Schattens [d. h. den Zulu] jenseits des Tugela ... Ein solcher Stamm muß notwendigerweise eine ständige Bedrohung für die friedliche europäische Gemeinde jenseits seiner Grenzen darstellen. Die Zivilisation kann angesichts solcher Zustände in den Randgebieten nicht fortbestehen.[12]

In dem Brief, den Frere Ende November nach London schickte, versuchte er den Anschein zu erwecken, als sei es sein sehnlichster Wunsch, eine diplomatische Lösung zu finden und den Frieden zu bewahren. Nun aber stellte er Cetshwayo ein Ultimatum, über dessen Bedingungen London nichts erfuhr. Erstens müßten die Missionare wieder die Möglichkeit erhalten, im Stammesgebiet zu arbeiten (tatsächlich waren sie nie vertrieben worden). Zweitens habe der König einen Vertreter der britischen Regierung bei sich aufzunehmen (praktisch hieß das, daß Zululand ein Protektorat werden sollte). Drittens müsse er sein Heer auflösen – die Regimenter, denen alle unverheirateten Männer angehörten – und damit die Basis seines eigenen Staates zerstören. Wenn er diese Bedingungen nicht innerhalb von dreißig Tagen erfüllte, sähen sich die Briten gezwungen, das Land zu besetzen. Natürlich bestand keine Gefahr, daß der König klein beigab. Freres Ultimatum diente nur als Ouvertüre für den Krieg. Die Zeit war reif.

Am Morgen des 11. Dezember 1878 sollten die Boten des Königs unweit der Mündung des Tugelaflusses endlich die Entscheidung der Kommission zu dem Gebietskonflikt erfahren. Am selben Nachmittag wurde ihnen das Ultimatum überreicht.

Oberst Anthony Durnford war ganz in seinem Element. Zwar konnte er den linken Arm immer noch nicht bewegen, doch er rechnete damit, daß man ihm das Kommando bei der bevorstehenden Invasion in Zululand übertragen würde. Darin sah er paradoxerweise seine langersehnte Chance, obwohl er wie Colenso den Krieg für ebenso unnötig wie ungerecht hielt.

Als Mitglied der Kommission zum Gebietskonflikt hatte er gewiß seinen Teil dazu beigetragen, um ein »faires Spiel«[13] zu gewährleisten. Wochenlang hatte er Freres Versuche vereitelt, Einfluß auf den Schiedsspruch zu nehmen. Unterstützung erhielt er dabei von Bulwer, dem humanen Gouverneur Natals, der sich Freres Kriegstreiberei so lange wie möglich widersetzte. Doch nun gewann der Soldat in Durnford die Oberhand über den Mann des Friedens.

1873 hatte er Shepstone zu Cetshwayos offizieller Krönung begleitet, so daß er die Zulu besser kannte als die meisten britischen Befehlshaber. Seine Männer warnte er jedenfalls: »Die Zulu werden euch das Fürchten lehren.« Gleichzeitig beruhigte er seine Mutter, bei der Invasion handle es sich nur um eine Art »militärischen Spaziergang«.[14] Denn schließlich griff man mit Artillerie und modernen Gewehren einen Feind an, der im wesentlichen mit Speeren bewaffnet war – ein ungleicher Kampf.

Freres Dreißig-Tage-Ultimatum lief am 11. Januar 1879 aus. Am folgenden Tag leitete der Oberbefehlshaber Generalleutnant Lord Chelmsford eine dreistufige Invasion mit 7000 britischen Soldaten ein. Durnford wurde der 3. Kolonne, der Stabskolonne, zugeteilt, die unmittelbar Chelmsfords Kommando unterstand. Am 18. Januar überschritt Chelmsford mit zwei regulären Bataillonen die Grenze. Sie setzten an der Rorke's Drift über den Buffalo River und verschwanden dann in den felsigen Hügeln von Zululand. Durnford erhielt das Kommando für das Basislager am Rorke's Drift, was ihn kränkte. Ihm unterstand ein großes Eingeborenen-Kontingent, dem auch einige der unglücklichen Hlubi und Putini angehörten, die er nach der Langalibalele-Affäre gerettet hatte.

Chelmsford selbst war gut gelaunt und höchst zuversichtlich. Er schlug sein Lager auf einem grasbewachsenen *nek* auf. Man hielt es nicht für nötig, Schützengräben auszuheben oder das Lager auf andere Weise zu befestigen. Schließlich verfügten die Engländer in dieser einen Kolonne über 2000 Rotröcke, 1000 Freiwillige aus den Kolonien und 1000 Eingeborene. Außerdem führten sie sechs Feldgeschütze mit sich. Die Warnungen des burischen Veteranen J. J. Uys schlug Chelmsford in den Wind – er hatte an das Schicksal der *vortrekkers* (der burischen Pioniere) erinnert, die von den Zulu getötet worden waren.

Die Morgensonne warf lange Schatten auf den bizarr geformten Felsen über dem Lager, der etwa sechzig Meter hoch war und aussah wie eine Sphinx oder ein zum Sprung geduckter Löwe. Die Zulu nannten ihn

Isandlwana, was »das kleine Haus« oder »Kuhmagen« bedeutet. Dieser Name würde bald um die Welt gehen.

240 Kilometer südwestlich, in Bishopstowe, harrte Bischof Colenso der Dinge, die da kommen würden. Bis Ende Dezember hatte er noch gehofft, daß Freres Kriegsdrohung nicht ernst gemeint war. Im November hatte der Hochkommissar dem Bischof in Natal einen Besuch abgestattet. Colenso, der Außenseiter, der mit den Zulu sympathisierte, hatte darin ein Hoffnungszeichen gesehen. Doch der Hochkommissar wollte lediglich erreichen, daß der kritische Kirchenmann den Mund hielt. Und das tat Colenso dann auch.

* * *

Und 240 Kilometer östlich, in Ulundi, im Kreis der Hütten, die die Hauptstadt seines Reiches bildeten, wartete König Cetshwayo mit seinen Frauen. Bis zum Ende hatte er auf Frieden gehofft. Doch das Ultimatum ließ ihm keine Wahl. Wenn er die Bedingungen angenommen hätte, hätte er ebensogut abdanken können.

Was Cetshwayo gegenüber Frere empfand, ist nicht überliefert, doch zwei Jahre zuvor hatte er dem korrupten Missionar Robertson sein Verhältnis zu Shepstone erläutert:

Ich liebe die Engländer. Ich bin nicht Mpandes Sohn. Ich bin das Kind von Königin Viktoria. Doch ich bin auch König in meinem eigenen Land und muß als solcher behandelt werden. Somsteu [Shepstone] muß freundlich mit mir sprechen. Befehlen werde ich nicht gehorchen . . ., eher will ich zugrunde gehen.[15]

Und so zogen seine Regimenter nun in den Krieg. Zum erstenmal unter Cetshwayos Herrschaft wurden »die Speere gewaschen«.

KAPITEL 4

Der sprungbereite Löwe

London, Zululand, London
November 1878 – 22. Januar 1879

»Wie amüsant! Sie greifen tatsächlich unser Lager an!
Wirklich äußerst amüsant!«

Oberstleutnant Crealock zu Major Clery, 22. Januar 1879

Die Aussicht auf einen Krieg gegen die Zulus bedrückte Disraeli. Die Schuld daran gab er Frere, Shepstone und insbesondere »Twitters« – das war Disraelis Spitzname für Lord Carnarvon, den ehemaligen Kolonialminister.

Seine Gesundheit schien ihn im Stich zu lassen; zumindest war sie jedoch zu labil für einen Premierminister. Im Juni 1878 hatte er sich in Berlin der Lage gewachsen gezeigt. »Der alte Jude, das ist der Mann«, brummte Bismarck. Im September darauf lebte Disraeli wie ein Eremit in Hughenden, seinem romantischen, aus roten Ziegeln gebauten Landhaus im Neo-Tudor-Stil. Hier, wo er jetzt im Schatten der gewaltigen Buchenwälder seine Pfauen beobachten konnte, hatte er sich dreißig Jahre zuvor niedergelassen. Von diesem Bollwerk aus hatte er zum Angriff auf die Gesellschaft geblasen.

Jetzt wurde er selbst attackiert – von Bronchitis und Gicht. Jede Veränderung in seinem durchgeplanten Tagesablauf führte einen neuerlichen Hustenanfall herbei. Im November 1878 war er wieder in Downing Street Nr. 10, wo dank des Nebels die Fenster so undurchsichtig wirkten wie die Gedanken einiger seiner Kabinettskollegen.

Obgleich Carnarvon im Januar sein Amt niedergelegt hatte, konnte ihm Disraeli nicht verzeihen, daß er die Eskalation des Konflikts mit den Zulus weiter vorangetrieben hatte. Nicht daß der Premier am Ausgang dieses Krieges irgendwelche Zweifel gehegt hätte: Man erwartete ein leichtes Spiel. Aber der Zeitpunkt war schlecht gewählt. Der Frieden in Europa war so labil wie Disraelis eigene Gesundheit, obwohl er sich auf dem Berliner Kongreß durchgesetzt und die Pläne der Russen vereitelt hatte, ihren Sieg über die Türken durch neue territoriale Zugewinne in Europa zu besiegeln. Außerdem machte dem Kabinett bereits ein anderer unpopulärer Krieg außerhalb Europas zu schaffen: die Invasion in Afghanistan. Zu diesem Schritt waren die Briten durch die eigensinnige Politik des Vizekönigs Lord Lytton gezwungen worden, der behauptete, nur so könnte Indien vor der Umarmung des russischen Bären bewahrt werden.

Nun arbeiteten Frere und Shepstone offensichtlich mit den gleichen Tricks wie Lytton – und dies unter einem noch billigeren Vorwand.

».. . unangenehmer als alles andere«, schrieb Disraeli im September an seine Vertraute Lady Bradford, »sind mir unsere Kap-Angelegenheiten, wo tagtäglich neue Fehler von Twitters offenbar werden. Er glaubte felsenfest, Sir T. Shepstone sei der richtige Mann für unsere Ziele. Wir haben ihn einzig dank Twitters nach Afrika geschickt, und er hat es fertiggebracht, sich sowohl bei den Engländern als auch bei Holländern und Zulus unbeliebt zu machen. Jetzt müssen wir ihn zurückrufen, aber ich befürchte, daß er vorher noch einen neuen Krieg vom Zaun bricht.«[1]

Disraeli war sich darüber im klaren, daß sich im Falle einer Ablösung Shepstones zwar die Buren mit der Annexion des Transvaal abfinden würden; der drohende Krieg gegen die Zulus aber würde dadurch kaum vermieden werden können. Denn es war Frere, der diesen Krieg zu provozieren versuchte. Wie sollte man den Ausreißer aufhalten? Im Oktober hatte das Kabinett ihm durch den neuen Kolonialminister Sir Michael Hicks Beach eine höfliche Mahnung zukommen lassen. Frere sollte Cetshwayo und den Zulus gegenüber »Kompromißbereitschaft« zeigen und »Nachsicht« walten lassen. Seine Bitte um Verstärkung wurde abgewiesen. Das Kabinett war zu dem Schluß gekommen, daß angesichts der Rezession in England ein Krieg in Afrika nicht nur ein Luxus gewesen wäre, den das Land sich nicht leisten konnte, sondern »ein echtes Unglück«.[2]

Wenn Disraeli »Twitters« die Schuld an den Problemen mit den Zulus gab, so mußte er auch mit sich selbst ins Gericht gehen, hatte er doch vier Jahre zuvor Carnarvon zum Kolonialminister ernannt. Möglicherweise begann er erst zu diesem Zeitpunkt zu begreifen, daß Carnarvons Bündnispolitik ein radikaler Plan zur Erweiterung des Empires zugrunde lag: Die unabhängigen afrikanischen Königreiche sollten beseitigt werden, die Grenze sollte bis zum 1600 Kilometer weiter nördlich gelegenen Sambesi vorgeschoben werden. Disraeli und seine Kollegen sahen absolut keine Notwendigkeit für eine derart aggressive Politik in Afrika, wo weder die strategischen noch die wirtschaftlichen Interessen Großbritanniens durch andere europäische Mächte bedroht schienen. In Carnarvons Amtszeit als Kolonialminister war diese Angelegenheit kein Thema gewesen; er war auch aus einem ganz anderen Grund zurückgetreten. Aber Carnarvons Politik wurde von Frere weitergeführt – und zwar im Galopptempo.

Im November erklärte Hicks Beach:

»Ich kann ihn [Frere] ohne Telegraphen nicht kontrollieren (und weiß nicht einmal, ob ich es könnte, wenn es einen gäbe). Ich habe keine Ahnung, ob er in diesem Moment nicht bereits gegen die Zulus kämpft. Falls seine Truppen sich als zu schwach erweisen oder die Buren im Transvaal die Gelegenheit zu einem Aufstand nutzen, wird er in große Schwierigkeiten geraten; und uns wird man die Schuld geben, weil wir ihn nicht unterstützt haben.«[3]

Hicks Beach überredete das Kabinett dann zu einem Kompromiß; aber niemand, der Frere kannte, glaubte ernsthaft, daß er sich daran halten würde. Der kriegerische Hochkommissar sollte seine Verstärkung bekommen, aber unter der Bedingung, daß sie nur zu Verteidigungszwecken eingesetzt wurde. Damit ließ man bei dem durchgegangenen Pferd endgültig die Zügel schießen.

Ein neues Empire in Afrika? Die Idee war einfach absurd. Natürlich gab es vor allem einen Mann, der an eine Ausdehnung des britischen Empires in Afrika glaubte: Henry Morton Stanley. Er war zehn Monate zuvor nach London heimgekehrt und überall gefeiert worden. Seine Pioniertat – die Erforschung des Kongo – galt als die wichtigste geographische Entdeckung in Afrika. Alte Afrika-Spezialisten wie Baker und Grant leisteten Abbitte, weil sie an ihm gezweifelt hatten. Er war der Salonlöwe bei jedem Dinner und Protegé des Königshauses. Als er in der St. James Hall vor der *Royal Geographic Society* einen Vortrag hielt, führte der Prince of Wales den Vorsitz.

Ganz rein war seine Weste jedoch nicht: er hatte sich den Eingeborenen gegenüber nicht gerade wie ein Gentleman verhalten. Aber dieser

Schönheitsfehler verlor angesichts seiner Leistungen und seiner augenscheinlichen Bewunderung für Großbritannien und das Empire an Bedeutung.

Dennoch war Stanley bestürzt und verärgert über den Empfang, den man ihm bot. Daß bei seinem Vortrag in der St. James Hall einige Plätze leer blieben, empfand er als Affront. Außerdem war er überzeugt, daß keiner von den Politikern, Verlegern, Philanthropen und Finanzleuten, die er jeden Abend beim Dinner traf, ihn wirklich ernst nahm.

Sein Appell, daß Großbritannien den Kongo erobern mußte, stieß auf taube Ohren. Niemanden schien der ungeheure Reichtum dieser Region zu interessieren.

Als er im Januar 1878 in Marseille gelandet war, hatte er König Leopolds Einladung nach Brüssel ausgeschlagen, alle seine Hoffnungen waren auf Großbritannien gerichtet gewesen. Aber er war zum denkbar ungünstigsten Zeitpunkt nach London gekommen. Carnarvon, der einzige Politiker, der in der Lage gewesen wäre, Stanleys Anliegen zu verstehen, war von seinem Posten als Kolonialminister zurückgetreten. Neuen Vorstößen in den Kolonien stand man in Großbritannien skeptisch gegenüber, auch unter Politikern und Geschäftsleuten. Die City hatte sich soeben in Ägypten die Finger verbrannt: Der Vizekönig, der Khedive Ismael Pascha, war bankrott, nachdem er ohne Rücksicht auf Verluste in Europa Kredite aufgenommen hatte und diese von den Banken auch gewährt worden waren. Wegen der Rezession mußte in Großbritannien jedermann den Gürtel enger schnallen. Zudem würde es Jahre dauern, bis eine neue afrikanische Kolonie Gewinne brachte. Inzwischen würde der Steuerzahler zähneknirschend draufzahlen müssen. Der Handel war zu diesem Zeitpunkt vergleichsweise frei; die meisten Exportmärkte der Welt waren britische »Austern« – wozu also brauchte Großbritannien neue Kolonien?

Den Missionaren bot sich ein weites Betätigungsfeld in Nyasaland Uganda. Der Kongo würde warten müssen.

Im Frühjahr 1878 begann Stanley, die Tagebücher seiner Kongoreise für die Veröffentlichung zu überarbeiten. Er nannte das Buch *Through the Dark Continent* (Durch den dunklen Kontinent) und verfaßte das zweibändige Werk mit einer Geschwindigkeit, die für ihn charakteristisch war: vierzehn Seiten pro Tag. Im Juni mehrten sich bei ihm die Zweifel, ob es richtig gewesen war, die Einladung des belgischen Königs auszuschlagen. Solvyns, der belgische Botschafter, wiederholte die Einladung nach Brüssel, und am 11. Juni empfing König Leopold ihn in seinem Schloß. Im August begann er mit Leopolds Vertrauten Einzelheiten zu besprechen; unter anderem teilte er ihnen mit, wie hoch er die Kosten für eine Erschließung des Kongo einschätzte. Immer noch ohne Auftrag kehrte Stanley nach London zurück und unternahm einen letzten Versuch, die öffentliche Meinung in Großbritannien für sein Vorhaben zu gewinnen. Er fuhr durch das ganze Land und hielt dreißig Vorträge. Aber man bedachte seine Kongopläne nur mit Gleichgültigkeit oder Mißtrauen.

Im Spätherbst 1878 trat Stanley schließlich offiziell in die Dienste Leopolds III., und zwar für einen Zeitraum von fünf Jahren. Zu diesem Zeitpunkt gab es nur vage Pläne, und er wurde angewiesen, möglichst lange Stillschweigen über die Angelegenheit zu bewahren. Für den Fall, daß Disraeli oder andere Mitglieder der britischen Regierung Fragen stellten, sollte er ihnen erklären, es ginge um ein »sehr einfaches und bescheidenes« Projekt. Seine »philantropische und wissenschaftliche« Mission[4] bestand vorläufig nur darin, drei Krankenhäuser und wissenschaftliche Stationen zwischen Boma und Stanley Pool zu errichten. Außerdem sollte er einen Plan zur Schaffung einer Verbindung zwischen Oberem und Unterem Kongo erstellen. Diese Schritte waren Teil von Leopolds Plan zur Öffnung Afrikas unter Schirmherrschaft der Internationalen Afrikanischen Gesellschaft. Soweit durfte Stanley Disraeli informieren.

Anfangs war Stanley selbst unsicher, was er glauben sollte. Der Versuch, seine Mission geheimzuhalten, schien ihm etwas absurd. Im Büro des *Comité des Etudes du Haut Congo* in Brüssel hing eine große Karte des Kongo, auf der die vorgesehenen Stationen rot markiert waren. Die »geheimen Pläne« waren der Öffentlichkeit zugänglich. »Die Belgier«, schrieb er, »sind ein bemerkenswert naives Volk. Naiv in der Hinsicht, daß sie nicht argwöhnen, andere Leute könnten auch Scharfsinn entwickeln.«

Am 10. Februar 1879 war die Planung für die neue Expedition abgeschlossen, und Stanley verließ Brüssel, um in den Kongo zurückzukehren. Er reiste unter dem absurden Decknamen »M. Henry«. Immerhin war er selbst nicht naiv. Im Gegenteil, er gewann langsam Klarheit über das, was da vor sich ging. »Der König ist ein kluger Staatsmann. Er ist sehr klug, aber ich habe nicht umsonst dreißigmal mit ihm gesprochen: Jetzt durchschaue ich seine Motive. Unter dem Deckmantel der Internationalen Gesellschaft hofft er, das Kongobecken als belgische Kolonie zu gewinnen.«[5]

Stanley vergaß seine Bitterkeit, als ihm die Tragweite der Aufgabe, mit der man ihn betraut hatte, bewußt wurde.

Disraeli und die britische Regierung hatten sich gar nicht die Mühe gemacht, Erkundigungen über Stanleys Machenschaften mit Leopold anzustellen. Einer der Gründe dafür war, daß das Außenministerium einen vertraulichen Bericht über Stanley erhalten hatte, der Whitehalls schlimmsten Verdacht bestätigte. Autor des Berichts, der auf Gesprächen mit afrikanischen Untergebenen Stanleys basierte, war Dr. John Kirk, der Konsul von Sansibar, dem Stanley öffentlich vorgeworfen hatte, daß er Livingstone keine Unterstützung habe zukommen lassen. Die Afrikaner warfen Stanley vor, er habe einen Mann zu Tode getreten, sich eine schwarze Geliebte gehalten, afrikanische Kriegsgefangene als Sklaven verkauft und ohne Not Dörfer angegriffen. Kirk glaubte diesen Anschuldigungen und erklärte, Stanleys Expedition sei »ein Unglück für die Menschheit« gewesen.

Das Außenministerium stimmte ihm zu: Ein solches Betragen sei »milde ausgedrückt, eine Schande«.[6] Für den höchst unwahrscheinlichen Fall, daß die britische Regierung sich doch für eine Erschließung des Kongo erwärmt hätte, wäre er also der letzte gewesen, den man mit dieser Aufgabe betraut hätte.

In dieser Woche wartete das Kabinett geduldig auf Neuigkeiten aus Zululand. Mittlerweile war die Verstärkung bei Frere eingetroffen. Sir Michael Hicks Beach erklärte gegenüber Disraeli: »Ich glaube, es besteht aller Grund zu der Hoffnung, daß auch dieser Krieg so kurz und erfolgreich sein wird wie der Afghanistan-Feldzug.« Der Unmut über Freres Anmaßung begann zu schwinden. Schließlich war er der Mann vor Ort. Selbst sein rücksichtsloses Ultimatum konnte sich unter Umständen als »rundherum gelungener Schlag«[7] entpuppen.

In der mondlosen Nacht des 22. Januar 1879 – Isandlwana zeichnete sich nur als undeutliche Silhouette gegen den Himmel ab – erschien Stabsoffizier Major Francis Clery um 1.30 Uhr in Lord Chelmsfords Zelt und überreichte dem Befehlshaber ein zerknittertes Blatt Papier.

Das Zelt des Generals befand sich im oberen Lager unterhalb des bizarr geformten Felsens Isandlwana, der die Form eines zum Sprung geduckten Löwen hatte. Die meisten Soldaten hatten sich in ihre Zelte zurückgezogen oder lagerten an den Feuern und unterhielten sich über den Einmarsch in Zululand. Offenbar würde das Unternehmen sang- und klanglos über die Bühne gehen. Fast war man enttäuscht darüber, daß diese »Nigger« so wenig Kampfgeist besaßen.

Zwei Tage zuvor hatten sie hier bei Isandlwana ihr Lager aufgebaut. Die Ebene, die 100 Meter unter ihnen lag, wirkte vollkommen verlassen. Kein Lebenszeichen war in den Krals auszumachen, die sich wie Maul- wurfshügel über die Ebene verteilten. Im Südosten war der alte Weg auszumachen, auf dem die Händler mit ihren Ochsenwagen gekommen waren und der im Westen zur dreißig Kilometer entfernten Grenze von Natal bei Rorke's Drift führte.

Clery weckte den General, legte sich bäuchlings neben das Feldbett und las ihm die Botschaft vor. Major Dartnell, der mit der berittenen Polizei von Natal, den Freiwilligen und dem Eingeborenenkontingent vorausgeschickt worden war, um das Gelände zu erkunden, berichtete, er habe in den Schluchten zur Linken feindliche Krieger ausgemacht. Um sie morgens anzugreifen, brauchte er ein paar Kompanien weißer Soldaten. Chelmsford zögerte nicht lange. Sein Plan war einfach. Mit seinen drei kleinen Einheiten würde er die Zulus zurückwerfen bis zu Cetshwayos Kral bei Ulundi. Die mittlere Kolonne, der er sich selbst angeschlossen hatte, würde auf dem alten Händlerpfad vorstoßen. Abgesehen von den Schwierigkeiten, die es bereiten würde, auf überschwemmten Wegen Ochsenwagen einzusetzen, war Chelmsfords einzige Sorge, daß die Zulus in kleinen Gruppen fliehen und ihm so entkommen könnten. Daß er seine Truppen in noch kleinere Einheiten aufsplittern mußte, war Chelmsfords geringste Sorge.

Ein Großteil der Truppen im Lager sollte zur Unterstützung Dartnells ausrücken; an ihre Stelle sollten Durnfords Reserveeinheiten treten. Gleich neben dem Zelt des Generals befanden sich die Zelte des Führungsstabs, darunter das von Oberst Crealock. Dieser schrieb den Befehl an Durn- ford, drückte sich dabei aber mißverständlich aus: Seinen verwirrenden Formulierungen ließ sich nicht eindeutig entnehmen, wer das Kom- mando über das Lager innehatte und ob Durnford zur Verstärkung des Lagers oder zur Unterstützung von Chelmsfords Vorstoß gerufen wurde.

Es wurde kein Wecksignal gegeben, da Clery nicht das ganze Lager aus dem Schlaf reißen oder den Feind warnen wollte. Leise weckte er jeden einzelnen Kommandeur und erteilte seine Instruktionen. Noch bevor es hell wurde, hatte der General sich angekleidet und verließ sein Zelt. Plötzlich fiel Clery ein, daß Colonel Pulleine, der Kommandeur des Infanteriebataillons, das zur Bewachung des Lagers zurückgelassen wurde, keine Instruktionen erhalten hatte. Also ergriff er selbst die Initiative und verfaßte Befehle, die er durch seinen Offiziersburschen überbringen ließ. Pulleine erhielt die Anweisung, während der Abwesenheit des Generals das Kommando über das Lager zu übernehmen. Er sollte jedoch »strikt defensiv«[8] agieren. Diese Instruktion zeigt, wie gering Clery die Gefahr einschätzte. Dabei mußte Clery, der in Sandhurst Professor für Taktik gewesen war, eigentlich wissen, daß er den Zulus damit eine großartige Chance eröffnet hatte.

Mit Chelmsford an der Spitze brachen der Führungsstab, Clery und der größte Teil der Lagertruppen in südöstliche Richtung auf: sechs Kompanien (die siebte Kompanie war zurückgelassen worden, um die Rorke's Drift zu bewachen), vier von sechs Kanonen und die gesamte Infanterie. Inzwischen war der junge Leutnant Horace Smith-Dorrien losgeritten, um Durnford Crealocks verwirrende Botschaft zu überbringen.

Der Weg zur Rorke's Drift verlief in nordwestlicher Richtung über sechs oder sieben Kilometer entlang der Ausläufer felsiger Hügel, um dann scharf links in Richtung Fluß abzuknicken. Leutnant Smith-Dorrien ritt am Kraal von Sihayo, einem Zulu-Häuptling, vorbei. Die Hütten waren nun niedergebrannt und verlassen. Eine Woche zuvor hatte es dort ein Gefecht gegeben, bei dem einige Zulus ums Leben gekommen waren und die Engländer 400 Kühe erbeutet hatten. Smith-Dorrien ritt zum Fluß hinunter. Er ahnte nicht, daß unter ihm der Abgrund gähnte – ein Abgrund, in dem sich die Hauptarmee der Zulus verbarg.

Versteckt in den Schluchten östlich des Pfades lagen, dicht zusammengedrängt wie ein gewaltiger Bienenschwarm, still und regungslos, ohne Licht und ohne Feuer, 20 000 ausgesuchte Cetshwayo-Krieger. Der Plan ihres Königs war ebenso einfach wie der Chelmsfords, doch er wurde besser geheimgehalten. Er hatte in Ulundi etwa 30 000 Mann angeworben und sich mit folgenden Worten an sie gewandt:

»Ich sende euch aus gegen die Weißen, die in Zululand einmarschiert sind und unser Vieh gestohlen haben. Ihr werdet gegen die
Kolonne bei Rorke's Drift vorgehen und sie nach Natal zurückwerfen ... Ihr werdet bei Tag angreifen, denn ihr seid genügend an der
Zahl, um sie auszulöschen, und ihr werdet langsam marschieren,
damit ihr nicht ermüdet.[9]«

Die Zulus hatten strikte Anweisung, die Grenze nach Natal nicht zu
überschreiten. Sie waren am 17. Januar in Ulundi aufgebrochen und
erreichten das Tal im Osten von Isandlwana am 21. Januar. Dort verbar-
gen sie sich nun. Bei den Zulus herrschte der Aberglaube, daß nicht
gekämpft werden sollte, wenn der Mond »tot« war. Daher wollten sie mit
dem Angriff bis zum Morgen des 23. Januar, dem Tag nach dem Neu-
mond, warten. Abgesehen von ihren kurzen Speeren und den langen
schwarzweißen Kuhhautschilden hatten viele auch moderne Martini-
Henry-Gewehre bei sich. Diese von den Händlern gekauften Waffen
waren ebenso unerprobt wie die Armee selbst; zuletzt war eine Zulu-
Armee im Bürgerkrieg vor zwanzig Jahren zum Einsatz gekommen, und
von den jetzt versammelten Kriegern hatte noch keiner jemals gegen
einen Weißen gekämpft.

Kurz nach 5 Uhr morgens erhielt Colonel Durnford an der Rorke's Drift
die Nachricht, die ihm Smith-Dorrien überbrachte. Er besprach sie mit
seinem politischen Berater George Shepstone, dem Sohn von Sir Theophilus, der Durnford, obwohl dieser die Politik seines Vaters ablehnte,
treu ergeben war. »Aha, genau das habe ich erwartet«, sagte Durnford.
»Wir müssen uns sofort auf den Weg machen. Der General ist losgezo-
gen, um ein Impi anzugreifen.«[10] Er selbst kommandierte lediglich ein
Artilleriebataillon und eine Truppe von 300 berittenen Eingeborenen
aus Natal und Basutoland. Aber es handelte sich um Hlubis und andere
Eingeborene, die Durnford ergeben waren. Um 10.30 Uhr traf Durnford
im Lager von Isandlwana ein und traf dort Oberst Pulleine an. Wer aber
hatte das Kommando über das Lager? Und welche Rolle war Durnford
zugedacht? Die von Crealock formulierten Anweisungen ließen diese
Fragen offen. Pulleine sagte barsch: »Ich bedaure, daß Sie gekommen
sind; Sie sind der ranghöhere Offizier und werden selbstverständlich das
Kommando übernehmen.« Durnford äußerte Bedenken. »Ich habe nicht

die Absicht, Sie zu behindern. Ich werde nicht im Lager bleiben.«[11] Natürlich wurde die Garnison durch das geteilte Kommando noch weiter geschwächt. Weder Durnford noch Pulleine oder Shepstone ahnten, daß Gefahr im Anzug war. Sie wußten lediglich, daß kleine Trupps von Zulus im Nordosten des Plateaus gesichtet worden waren – ein Gelände, das Chelmsford am Tag zuvor nicht hatte erkunden lassen. Die letzten Berichte von Pulleines Kundschaftern besagten, daß die Zulus sich in südöstlicher Richtung zurückzogen und sich damit auf Chelmsford und die Hauptkolonne zubewegten. In den folgenden Monaten wurde endlos darüber diskutiert, wie man die Katastrophe hätte vermeiden können. Man kam zu dem Schluß, daß Durnfords Ankunft der kritische Moment gewesen war. Hätten Durnford und Pulleine ihre verzweifelte Lage erkannt und sofort Maßnahmen zur Verteidigung getroffen, hätte vielleicht noch eine Chance bestanden, das Debakel abzuwenden.

Aber Durnford glaubte, daß allenfalls für Chelmsford und die Hauptkolonne Gefahr bestand. Kurz nach 11 Uhr brach er mit George Shepstone und seinem treuen Eingeborenenkorps auf, um den Zulus den Weg abzuschneiden.

Lord Chelmsford war nach einem ermüdenden Morgen schlechter Laune. Er war auf Dartnell gestoßen, der mit seinen berittenen Kolonisten sechzehn Kilometer südöstlich der Ebene biwakiert hatte. Aber er konnte die Zulus nicht finden, von denen Dartnell behauptete, daß sie in den Schluchten zur Linken versteckt seien. Die meisten hatten sich aus dem Staub gemacht.

Gegen 9.30 Uhr brachte ein Reiter Clery die Botschaft von Pulleine: »Soeben erfahren wir, daß eine große Zahl von Zulus sich von vorne links auf das Lager zubewegt. 8.05 Uhr.« Clery zeigte die Nachricht dem General. »Was sollen wir bezüglich dieser Botschaft unternehmen?« – »Gar nichts«, war die Antwort.[12] Clery biß sich auf die Lippe und ging. Chelmsford schickte dann doch ein kleines Bataillon von Eingeborenen aus Natal unter Kommandant Browne zurück zu Pulleine. Er wies auch zwei Offiziere an, einen benachbarten Hügel zu besteigen und das Lager zu beobachten. Sie blieben bis elf Uhr dort oben und hatten nichts Ungewöhnliches zu berichten. Inzwischen beschloß Chelmsford, daß die Truppen noch eine zweite Nacht draußen in der Ebene biwakieren sollten. Er wies Hauptmann Gardner an, zurückzureiten, um die Zelte und andere Ausrüstungsgegenstände aus dem Lager zu holen.

Stunde um Stunde verging, ohne daß etwas geschah. Clery, der Professor für Taktik, wurde das Gefühl nicht los, daß Chelmsford unnötige Risiken einging. Warum hatte er seine Streitkräfte geteilt? Warum zog er sich nicht ins Lager zurück, nachdem Pulleine gemeldet hatte, die Zulus rückten »in großer Zahl« vor? Aber der General schlug alle seine Ratschläge in den Wind.

Außer Sichtweite und näher am Lager als Clery befand sich Oberst Harness, der Kommandeur des Artilleriebataillons, welcher Anweisung hatte, mit vier seiner sechs Feldgeschütze Chelmsford zu folgen. Kurz vor ein Uhr hörten er und seine Artilleristen vollkommen unerwartet Geschützdonner aus Richtung des Lagers. Es mußte sich um die beiden Geschütze handeln, die bei Pulleine zurückgelassen worden waren. Bald tauchte ein Reiter auf. Er brachte eine verzweifelte Botschaft von Kommandant Browne, dem Mann, den Chelmsford einige Stunden zuvor zum Lager zurückgeschickt hatte: »Um Gottes Willen, kommt zurück. Das Lager ist umzingelt.«[13] Harness zögerte nicht lange. Mit seinen vier Feldgeschützen trat er den Rückweg an. Aber er war von Chelmsfords Adjutanten gesehen worden, der seinem Vorgesetzten Meldung machte. Harness wurde sofort zurückgerufen und angewiesen, Brownes hysterischer Botschaft keine Bedeutung beizumessen.

Chelmsford hielt verbissen an seiner Ansicht fest, das Lager könne gar nicht in Gefahr sein. Immerhin befanden sich dort 1000 Schützen und zwei Feldgeschütze, die es verteidigen konnten. Den wiederholten Meldungen über Kampfhandlungen beim Lager schenkte er keine Beachtung. Gegen 12.15 Uhr wurden einige gefangengenommene Zulus mit Hilfe eines Dolmetschers befragt. Sie berichteten, ein großes Impi, mehr als 20 000 Mann, würde an diesem Tag aus Ulundi erwartet. Auch diese Neuigkeit nahm der General gelassen auf: Je geschlossener der Feind auftrat, desto schneller konnte Chelmsford den Feldzug beenden. Aber genau in diesem Moment war im Norden Geschützdonner zu hören. »Hören Sie das?« riefen die Zulu-Gefangenen aus. »Beim Lager wird gekämpft.« Eine Stunde später kam ein Eingeborener von der Anhöhe herabgaloppiert und erklärte, er habe bei Isandlwana Rauchschwaden gesehen. Chelmsford und sein Stab ließen sich erweichen, selbst auf die Anhöhe hinaufzureiten. Sie richteten ihre Feldstecher auf den seltsam geformten Fels in sechzehn Kilometer Entfernung. Heiter schien die Sonne auf die Reihen weißer Zelte unterhalb des Gipfels. Männer bewegten sich dazwischen. Nichts Außergewöhnliches. Crealock wandte sich Clery zu. »Wie amüsant! Sie greifen tatsächlich unser Lager an! Wirklich äußerst amüsant.«[14]

Laut den Berichten Überlebender schien es den Männern zunächst, als erheitere die Gefahr Oberst Durnford. Der Anblick war ehrfurchtgebietend. Das grüne Land wurde schwarz von Menschen, als das Impi über den Rand der Hochebene vordrang.

Während Durnfords kleine berittene Truppe langsam auf den Hügel zurückgedrängt wurde, versuchte Pulleine auf der anderen Seite des Lagers mit seinen fünf Infanteriekompanien, zwei Feldgeschützen und der schlechtbewaffneten Eingeboreneninfanterie den Ansturm der Zulus aufzuhalten. Aber es waren 20 000 Zulus. Die Eingeborenen ergriffen zu Tode erschrocken die Flucht.

Disziplin und Ordnung waren nun vergessen; jetzt regierte das Entsetzen. Die Männer versuchten sich in das Lager zurückzuziehen, aber es war voller Rauch und von den Zulus überflutet. Jeder einzelne kämpfte nun um sein Leben. Viele der Eingeborenen waren bereits den steinigen Pfad hinunter zum Fluß geflohen. Bald war auch dieser Ausweg von in Panik geratenen Männern blockiert. Viele von ihnen waren verwundet und riefen um Hilfe. Die Infanterie hatte keine Chance.

Pulleine zog sich in sein Zelt zurück – wie es hieß, um eine letzte Botschaft an Chelmsford zu schreiben. Auch Durnford wies den Gedanken an Flucht verächtlich von sich. Er bezog Stellung auf dem *nek* unterhalb des Gipfels. George Shepstone, der sich mit seinem guten Pferd ebenfalls hätte retten können, kehrte um und wich nicht mehr von seiner Seite. Von den Weißen, die im Lager zurückgeblieben waren, überlebte nur eine Handvoll, unter ihnen Leutnant Horace Smith-Dorrien.

Die Katastrophe von Isandlwane verbreitete in Natal und am Kap Angst und Schrecken, bevor die Nachricht England erreichte. Erschöpft tauchten Chelmsford und sein Stab in Pietermaritzburg auf. Der General war nach Crealocks Worten »schrecklich niedergeschlagen«. Im Führungsstab befürchtete man, er könne einen Zusammenbruch erleiden. Überall in Natal, sogar im südlich gelegenen Durban, baute man *laagers* und rüstete sich für eine Invasion der Zulus. Die Impis hielten sich jedoch strikt an die Anweisung des Königs, die Grenzen nicht zu überschreiten.

In London erfuhr Hicks Beach am 12. Februar, eine Stunde nach Mitternacht, durch ein Telegramm, daß die Hälfte von Lord Chelmsfords mittlerer Kolonne an einem Ort namens Isandlwana von den Zulus massakriert worden war. Lord Chelmsford und die Überlebenden waren nach Natal zurückgeflohen. Es handelte sich um die demütigendste britische Niederlage seit Beginn des Jahrhunderts. Die Zulus hatten 858 Weiße (darunter 52 Offiziere) und 471 schwarze Truppenmitglieder (darunter einige Zivilisten) getötet. Das Kabinett war entsetzt. Disraeli wußte, daß dieses Ereignis der Todesstoß für seine Regierung war. »Alle haben mir gratuliert, angeblich war ich der erfolgreichste von allen Premiers – und nun dieses schreckliche Unglück!«[15]

Carnarvon, Frere und Shepstone hatten von einem neuen britischen Kolonialreich geträumt, das vom Kap bis zum Sambesi reichen sollte. Dieser Traum war auf dem Schlachtfeld von Isandlwana begraben worden.

Nun würde Gladstone die Verantwortung für Afrika übernehmen und einer Reihe neuer Herausforderungen ins Auge sehen müssen. Die stümperhafte Vorwärtspolitik von Carnarvon, Frere und Shepstone hatte Kräfte in Bewegung gesetzt, die nicht mehr aufzuhalten waren. Die Buren im Transvaal verfochten einen aggressiven neuen Nationalismus. Darüber hinaus hegte Frankreich Pläne für ein neues Kolonialreich in Afrika.

Dennoch schienen im Jahre 1879 weder der burische Nationalismus noch der französische Imperialismus eine echte Bedrohung für Großbritannien darzustellen.

Jetzt forderte eine Krise in Ägypten die Aufmerksamkeit der Briten. In den Straßen von Kairo war es zu einer Offiziersrevolte gekommen, die dem Khediven Ismael Pascha in die Hände zu arbeiten schien. Der türkische Vizekönig träumte davon, ein ägyptisches Großreich in Zentralafrika zu gründen, und hatte als Preis dafür sein Land verpfändet.

KAPITEL 5

Ismaels Traum vom ägyptischen Großreich

Ägypten und der Sudan
18. Februar 1879 – Juni 1880

»Es wäre sehr leicht für eine ausländische Macht, dieses Land [Sudan]
einzunehmen. Die Massen sind alles andere als fanatisch. Mit einer
guten Regierung würden sie zusammenarbeiten, ganz gleich, welcher
Religion diese anhinge . . . Die [ägyptische] Regierung hat eine
Zivilisierung viel nötiger als das Volk.«

Colonel Charles Gordon,
Gouverneur von Äquatoria, in einem Brief in seine Heimat
vom 11. April 1876

Der merkwürdige Vorfall in Kairo – er verdiente kaum die Bezeichnung Revolte, erst recht konnte man nicht von einer Meuterei
sprechen – ereignete sich ein paar Minuten nach zwölf Uhr mittags am
18. Februar 1879.

Ein breiter, von Bäumen gesäumter Boulevard im Pariser Stil verband
den weitläufigen Palast des Khediven in Abdin mit dem nüchtern wirken-
den Malieh, dem Sitz des Finanzministeriums. Auf diesem vornehmen
Boulevard bewegten sich zwei überdachte Kutschen ohne Eskorte aufeinander zu. In der ersten saß der Ministerratspräsident (eigentlich Premierminister) Nubar Pascha, ein armenischer Christ; im zweiten der Finanzminister Rivers Wilson, ein englischer Steuerexperte.

Plötzlich vernahm Wilson Schreie und sah, wie mit Pistolen und
Schwertern bewaffnete Männer heranstürmten und die Zügel der Pferde
packten, die Nubars Kutsche zogen. Mutig stürzte Wilson hinaus, um
Nubar zu Hilfe zu eilen, wurde aber sofort angegriffen, am Bart gezogen,
getreten und in Nubars Kutsche gestoßen. Währenddessen setzten an-
dere Männer Nubar zu, schlugen ihm den Fez vom Kopf, zerrissen seine
Krawatte und bewarfen seinen Mantel mit Staub. Dann brachte die
Bande die beiden Männer – politisch gesehen die mächtigsten im Lande,

den Khediven eingeschlossen – zum Malieh. Dort erzwangen sich die Anführer den Zugang zu Wilsons Büro im oberen Stockwerk, wobei sie immer wieder riefen: »Tod den Christenhunden!«[1]

Nubar und Wilson waren entsetzt, als sie feststellten, daß die Männer Offiziere der ägyptischen Armee waren. Unter ihnen befand sich auch Colonel Arabi, der aus den Reihen der Fellachen, also aus dem gemeinen Volk, stammte. Sie erklärten, sie und ihre Familien würden verhungern, ihre Revolte sei ein Protest gegen den einige Wochen zuvor gefaßten Beschluß, aufgrund dessen ihr Lohn um die Hälfte herabgesetzt und die noch nicht ausgezahlten Gehälter einbehalten werden sollten.

In der Zwischenzeit hatte Generalkonsul Vivian, der diplomatische Vertreter der Briten in Kairo, von dem Vorfall erfahren und schwang sich auf sein Pferd, um den Khediven zu warnen. Seiner Hoheit, dem Khediven Ismael Pascha, einem Absolventen der französischen Kadettenschule in St. Cyr, mangelte es nicht an Mut – und erst recht nicht an schauspielerischem Talent. Ohne auf seine Eskorte zu warten, fuhr er mit Vivian zum Ministerium, das mittlerweile von den Offizieren belagert wurde. Respektvoll machten die Aufrührer der Kutsche des Khediven Platz und ließen Seine Hoheit lautstark hochleben. Es war allgemein bekannt, daß Ismael Nubar verabscheute – ein Gefühl, das durchaus auf Gegenseitigkeit beruhte. Zunächst versicherte sich Ismael, daß Nubar nicht in Gefahr war, dann wandte er sich an die Aufständischen. Er befahl ihnen, das Gebäude zu verlassen, und versprach ihnen, er werde sich um ihre begründeten Ansprüche kümmern. »Als meine Offiziere seid ihr mir durch euren Eid zu Gehorsam verpflichtet; wenn ihr euch weigert, werde ich euch beseitigen lassen.«[2] Seine Strafpredigt vom Fenster des Ministeriums aus hielt er auf türkisch, der Sprache, der er den Vorzug vor dem Arabischen gab.

Währenddessen war seine Leibwache herangaloppiert und hatte sich vor den Aufrührern postiert. Als die Offiziere sich weigerten, das Feld zu räumen, befahl Ismael den Leibwächtern, in die Luft zu feuern. In dem daraufhin entstehenden Tumult wurden mehrere Männer verletzt, doch bald schon legte sich der Aufruhr wie ein kleiner Sandsturm. Er hatte kaum eine halbe Stunde gedauert.

Am nächsten Tag machte in Kairo das Gerücht die Runde, der Khedive selbst habe die ganze Sache angezettelt. Auf jeden Fall aber war er über den Ausgang äußerst zufrieden. Die ausländischen Konsuln – der britische, französische, deutsche und italienische – pilgerten zum Abdin-Palast, um ihm zu der beherzten Haltung zu gratulieren, die er in dieser schwierigen Situation an den Tag gelegt habe. Er bedankte sich auf französisch mit der für ihn typischen Höflichkeit, doch hinter seinen freundlichen Worten war deutlich seine Verzweiflung spürbar. Er konnte die erniedrigende Rolle eines konstitutionellen Monarchen, die ihm durch ein internationales Abkommen im Jahre 1878 aufgezwungen worden war, nicht länger ertragen. Als Khedive, das heißt nomineller Vizekönig des türkischen Sultans, war er zwar für die Sicherheit des Staates verantwortlich, doch jeglicher politischen Macht beraubt. Seine Minister zogen ihn nicht einmal bei ihren Entscheidungen zu Rate. Die »Meuterei« der Offiziere – »*une grande effervescence*«[3], wie er sich in einem Bericht an den Sultan ausdrückte – habe deutlich gemacht, wie die Dinge standen. Die Offiziere mußten ihren vollen Lohn erhalten. Doch zunächst löste er den verhaßten Nubar Pascha als Ministerratspräsidenten ab und ersetzte ihn durch seinen leichtlebigen Sohn Tewfik.

Am 8. April ging Ismael noch einen Schritt weiter und warf den Großmächten endgültig den Fehdehandschuh hin.

Sein größter Traum war es, das reichste Land Afrikas wie ein Pharao zu regieren, ein Reich, das sich entlang des gesamten Nillaufs über 6000 Kilometer vom Mittelmeer bis zum Äquator erstreckte. Doch er sah sich von allen Seiten bedrängt: unter Druck gesetzt durch den altersschwachen türkischen Sultan, der nominell sein Souverän war; drangsaliert von den Großmächten, die durch den Erfolg des Suezkanals immer unverschämter wurden; bis zum Weißbluten ausgepreßt von den Geldgebern in Europa, denen er sein Land verpfändet hatte, um eben diesen Traum von einem Großreich finanzieren zu können.

Doch es gab eine Chance. Ismael beschloß, das informelle Abkommen von 1878 aufzulösen, nach dem zwei europäische Minister – ein französischer und ein englischer – im Kabinett das Sagen hatten. An jenem 8. April entließ er Rivers Wilson und seinen französischen Gegenspieler. Er wollte die Posten in der ägyptischen Regierung allein Ägyptern vorbehalten, vorausgesetzt, es gab Männer, denen er vertrauen konnte und die genau das taten, was er von ihnen verlangte.

Dieser Coup gegen die Großmächte war im Grunde ein verzweifeltes Aufbäumen, doch es entsprach ganz dem piratenhaften Vorgehen der beiden Männer, die er am meisten bewunderte und in denen er die Helden des modernen Ägypten sah: seinen Großvater Muhammad Ali Pascha und Kaiser Napoleon Bonaparte.

Wer den Khediven persönlich kennengelernt hätte, hätte ihm nicht unbedingt einen Akt der Piraterie zugetraut. Die Privaträume, die sich hinter der großzügigen Fassade des Abdin-Palastes befanden, waren bescheiden, eingerichtet mit langweiligen Möbeln wie die Zimmer eines französischen Provinzhotels. Hier verbrachte Ismael täglich acht, zehn oder auch zwölf Stunden am Schreibtisch wie ein gewöhnlicher Bürokrat, wobei die Monotonie seines Arbeitstages nur durch gelegentliche Besucher und Fragesteller unterbrochen wurde.

Die ausländischen Besucher waren meist überrascht von dem Anblick, der sich ihnen bot: Da saß er, Seine Hoheit Ismael Pascha, klein, rundlich und freundlich, und empfing jeden mit einem strahlenden Lächeln und ohne jede Überheblichkeit. Es war kaum zu glauben, daß dieser Mann davon träumte, halb Afrika zu regieren, und nun die gegenwärtigen Verbündeten Großbritannien und Frankreich – die jedoch traditionell Rivalen waren – herausforderte.

Die Rivalität zwischen den beiden in Ägypten herrschenden Großmächten hatte in der Zeit Napoleons begonnen. Am 1. Juli 1798 war der Kaiser der Franzosen bei Alexandria gelandet, den Nil hinaufmarschiert und hatte die Armee der in Ägypten regierenden militärischen Elite – die mameluckischen Beys – in der Schlacht bei den Pyramiden geschlagen. Napoleon war mit dem Anspruch aufgetreten, Ägypten zu befreien und die Macht des türkischen Sultans wiederherzustellen, die von den mameluckischen Beys usurpiert worden war. Doch die kurze französische Besatzungszeit endete im Oktober 1801 mit einem Fiasko. Die Briten übergaben Ägypten unverzüglich seinem Oberherrn, dem Sultan von Konstantinopel.

Dennoch verstärkte sich im Laufe der Jahre der französische Einfluß. Die Herrscher über das moderne Ägypten gierten nach den Ideen der Franzosen, ein Hang, der mit der Zeit immer stärker wurde. Mit den blau uniformierten *cuirassiers* Napoleons war eine Armee von *savants* ins Land gekommen: 165 Forscher, Wissenschaftler und Literaten. Und deren Arbeit schlug Wurzeln, obwohl die Franzosen sich militärisch zurückgezogen hatten. Mohammed Ali, ein albanischer Abenteurer, ergriff die Macht und zwang den Sultan, ihn als Pascha anzuerkennen. Fast ein halbes Jahrhundert lang – von 1805 bis 1848 – herrschte er über Ägypten, und das Land, das er vor allen anderen bewunderte, war Frankreich. Allerdings blieb sein Regierungsstil ausgesprochen orientalisch. Er erhob keine Steuern, sondern preßte den Fellachen die Staatseinkünfte mit Hilfe der *courbash*, einer Peitsche aus Büffelhaut, ab. Ali betrog und unterdrückte die *ulama*, die Weisen des Islam, die ihm auf den Thron geholfen hatten. Als die Führer der Mamelucken sich ihm auch weiterhin widersetzten, lud er sie im März 1811 zu einem großen Bankett in der Zitadelle von Kairo, um sie dort niedermetzeln zu lassen. Später beschlagnahmte Ali Grund und Boden der *ulama* und steckte die gesamten Erträge in die eigene Tasche.

Doch Mohammed Ali war nicht nur ein großer Tyrann, sondern auch ein großer Reformer. Mit Hilfe französischer Instruktoren wurden innerhalb kurzer Zeit seine aus Fellachen und Sklaven bestehenden Heere in disziplinierte, moderne Armeen umgewandelt. Seine Günstlinge ließ er in Paris ausbilden. Andere erhielten Unterricht in den neuen französischen *lycées*, die überall im Land aus dem Boden schossen. Zahllose Kanäle wurden angelegt und teilten das Delta wie Millimeterpapier. Die staatlichen Einnahmen stiegen wie der Nil im August. Ägypten schien bereit zu sein für eine industrielle Revolution, bereit, neben dem Sphinx ein Manchester erstehen zu lassen, obwohl die Muskelkraft der Sklaven kaum mit der Kohle- und Dampfkraft Westeuropas mithalten konnte.

Im Ausland waren Mohammed Alis Erfolge gleichermaßen »napoleonisch«, jedoch von kürzerer Dauer. Um schwarze Sklaven für seine Armee zu fangen, schickte er eine Expedition gen Süden und eroberte den Sudan bis zum Zusammenfluß des Blauen und des Weißen Nil. Hier gründete er im Jahre 1823 Khartum. Zuvor hatte er eine Revolte der Wahabiten in den Hedschas niedergeschlagen und im Namen seines Oberherrn, des Sultans, Zentralarabien annektiert. Von 1831 bis 1833 forderte er mit Erfolg den Sultan heraus und nahm sich die reiche Provinz Syrien. Zu Ende jenes Jahrzehnts erzitterte der Sultan bei dem Gedanken an seinen Vasallen.

Schließlich erkannten Großbritannien, Frankreich und die anderen Großmächte, daß Mohammed Ali ihre politischen Pläne in Gefahr brachte. Sie benötigten das schwache Konstantinopel als Bollwerk gegen Rußland. Mohammed Ali wurde in seine Schranken verwiesen – und die befanden sich in Afrika. Als er 1849, ein Jahr nach seiner Abdankung, altersschwach und ohne Freunde starb, war von seinen Eroberungen nichts geblieben – abgesehen von dem Sklavenreich in den leeren Wüsten des Sudan. Sein Sohn und Nachfolger Abbas, der von 1848 bis 1854 regierte, hielt Ausschau nach europäischen Investoren und umwarb besonders die Briten, die er für den Bau der Eisenbahn gewinnen wollte. Sein Bruder Said, der ihm 1854 auf den Thron folgte, hielt sich eher an die Franzosen und erteilte Ferdinand des Lesseps in einer folgenschweren Entscheidung die Genehmigung für den Suezkanal. Doch als er 1863 starb, hatten die Franzosen den Kanal erst zur Hälfte fertiggestellt.

Es war Ismael, der den Sultan geschickt ausschaltete und den 1869 vollendeten Kanal zum strahlenden Symbol Ägyptens machte. Der Suezkanal war mehr als nur ein Schnitt durch den Isthmus, er war eine Verbindung zwischen zwei Kontinenten. »Jetzt sind wir nicht mehr ein Land Afrikas«, meinte Ismael stolz, »sondern ein Land Europas.«[4] Allem, was Ismael tat, lag die Idee einer Partnerschaft mit Europa zugrunde.

Mohammed Ali war gescheitert, weil er letztlich nicht begriff, welche Rolle ihm von den Großmächten zugeschrieben wurde. Er war ein großer Reformer und Krieger, aber kein Diplomat. Sein Enkel Ismael hingegen hatte die Diplomatie mit der Begeisterung eines Wissenschaftlers studiert. Außerdem zeigte er geniale Fähigkeiten, wenn es darum ging, für seine Sache zu werben.

Natürlich sei es schwierig, erklärte Ismael gern jedem Gast, das Land der Pharaonen innerhalb einer Generation in einen fortschrittlichen modernen Staat zu verwandeln. Dann aber verwies er voller Stolz auf die neuen Zuckermühlen in Rhoda, die neuen Docks in Alexandria oder das Mustergut in Heliopolis. Gewiß, alle diese Projekte kosteten Geld, das hieß Millionen Devisen. Zum Glück aber sei die Wirtschaft des Landes so stark wie der breite Rücken der Fellachen. Während seiner Herrschaft hätten sich die Baumwollexporte um das Dreieinhalbfache erhöht und die Einnahmen der Regierung verdoppelt. Im Vergleich zu den meisten anderen orientalischen Herrschern schien Ismael geradezu ein Vorbild zu sein und sich bestens für eine Zusammenarbeit mit den in Afrika herrschenden Großmächten zu eignen.

In einer Hinsicht stellte der Khedive jedoch alle Großmächte in den Schatten. Er dehnte sein Reich bis ins Herz Zentralafrikas aus. Weder Großbritannien noch Frankreich hatten es besonders eilig, dem Ruf Livingstones zu folgen und das Land einem legalen Markt zu öffnen, um damit dem Sklavenhandel ein Ende zu setzen. 1876 hatte König Leopold von Belgien unter der Ägide der von ihm ins Leben gerufenen Internatio-

Ägypten und das ägyptische Reich, 1880

MITTELMEER

Alexandria

Port Said

Suezkanal

Kairo

Suez

0 Meilen 300

0 Kilometer 500

ÄGYPTEN

Nil

Assuan

1. Katarakt

ROTES

MEER

2. Katarakt — Wadi Halfa

3. Katarakt

4. Katarakt

Dongola

5. Katarakt
Berber

Atbara

Atbara

Insel Dahlak

6. Katarakt

Omdurman

Khartoum

Kassala

Massawa

Asmara

TIGRE

Adowa

El Fasher

Weißer Nil

Sennar

Gondar

DARFUR

El Obeid

KORDOFAN

Gallabat

Tana-See

AMHARA

S U D A N

Blauer Nil

Debra Tabor

GOJJAM

Magdala

Faschoda

ABESSINIEN
(ÄTHIOPIEN)

Sobat

Bahr el Ghazal

Baro

KAFFA

SHOA

Gore

Addis Abeba

BAHR EL GHAZAL

Sudd

Weißer Nil

GALLA

ÄQUATORIA

Lado

Juba

Gondokoro

Rejaf

Rudolf-See

Murchison-Fälle

Kongo

Albert-See

Kioga-See

Stanley-Fälle

Owen-Fälle

BUGANDA

Viktoria-See

nach Harar

107

nalen Afrikanischen Gesellschaft seinen »Kreuzzug« begonnen. Doch der Khedive war bereits zehn Jahre zuvor nach Süden in Richtung Äquator vorgestoßen, zum Viktoria-See in Uganda und zum Tana-See, zu den Quellen des Weißen und Blauen Nil. 1869 beauftragte er Samuel Baker, den britischen Forscher, der den Albert-See entdeckt hatte, im äußersten Süden eine Provinz namens Äquatoria zu errichten. Gleichzeitig entsandte er Expeditionen, die das östliche und nördliche Grenzland Abessiniens erobern sollten. Und er pachtete vom Sultan zwei strategisch wichtige Häfen am Roten Meer – Suakin und Massaua – mit der Begründung, er wolle damit den Sklavenhandel zwischen dem Sudan und Arabien stoppen.

Hatte Ismael, der selbst Tausende von Sklaven besaß und Herrscher eines großen moslemischen Reiches war, in dem Sklavenhaltung eine Selbstverständlichkeit darstellte, wirklich vor, den Sklavenhandel zu beenden? – Doch für Ismael waren Sklaverei und Sklavenhandel zwei vollkommen verschiedene Dinge. Er verwies gern auf den Briten, den er zum Prokonsul seines neuen afrikanischen Reiches ernannt hatte. Zweifelte etwa irgend jemand an Bakers Absicht, Afrika von dieser Geißel zu befreien?

Als Baker sich 1873 aus den Diensten des Khediven zurückzog, ernannte Ismael Colonel Charles Gordon zum neuen Gouverneur Äquatorias und erteilte ihm den Auftrag, das ägyptische Reich bis zu den großen Seen und in das Herz Zentralafrikas auszudehnen und den Sklavenhandel zu unterbinden. Und es gab wohl niemanden, der bezweifelte, daß sich Gordon dieser ehrenhaften Aufgabe tatsächlich annehmen würde. Gordon war ein *beau sabreur*, der Liebling der britischen Öffentlichkeit, ja, er sollte zum Mythos werden, zum Stoff für Legenden.

Was jedoch die Europäer betraf, die den Khediven in finanziellen Fragen berieten, bewies Ismael eine weniger glückliche Hand. Ismael, der sich in vielen Dingen so gut auskannte, war ein Einfaltspinsel, wenn es um Geld ging. Als er den Thron des Vizekönigs bestieg, hatte der wirtschaftliche Niedergang bereits begonnen. Die ersten Schritte auf diesem abschüssigen Pfad hatte sein leichtlebiger Vorgänger Said getan, denn die Bedingungen für den Bau des Suezkanals, die Lesseps und die anderen Geldgeber Said auferlegt hatten, waren als geradezu ausbeuterisch zu bezeichnen. Obwohl Ägypten nun den Transithandel durch den Isthmus verlor, mußte Said der Gesellschaft den Kanal und große landwirtschaftliche Gebiete im Umkreis neunundneunzig Jahre lang pachtfrei überlassen. Außerdem mußte er bei einem Großteil der Arbeiten auf die *corvée* (Zwangsarbeit) zurückgreifen. Als einzige Gegenleistung erhielt er eine Dividende auf das Kapital, das er neben den ausländischen Aktionären in die Kanalgesellschaft investiert hatte.

Verständlicherweise insistierte Ismael darauf, diese Bedingungen zu revidieren, doch sein Vertreter Nubar Pascha war ein erbärmlich schlechter Unterhändler, so daß Ismael schließlich über vier Millionen Pfund in die Gesellschaft einzahlen mußte. Dieses Geld aber konnte er nur aus internationalen Krediten zu ruinösen Zinssätzen und aus seinen bedenklich sinkenden Staatseinnahmen beziehen. Ein Kredit nach dem anderen mußte aufgenommen werden. Dies lag nicht nur in Ismaels Verschwendungssucht oder gar Größenwahn begründet. Die unter Ismael eingeleiteten großartigen Bauvorhaben – Häfen, Eisenbahnen, Bewässerungskanäle, Zuckerfabriken – waren oft überraschend gut geplant und durchgeführt. Die Wirtschaft des Landes war völlig intakt und beruhte vor allem auf einem blühenden Export; die ausgeführten Waren reichten von Baumwolle bis hin zu Knochenmehl (als Düngemittel). Doch nach einem kurzen Boom zwischen 1864 und 1865, der durch die Blockade der Südstaaten im amerikanischen Bürgerkrieg bedingt war, verfiel der Preis für Baumwolle. Während Ismaels Regierungszeit hatten sich die Einnahmen Ägyptens lediglich verdoppelt; gleichzeitig aber waren die Schulden des Landes auf 90 Millionen Pfund angewachsen, und der größte Teil seiner leichtsinnig aufgenommenen Kredite diente schlichtweg dafür, den Ausländern die exorbitanten Zinsen für frühere Anleihen auszuzahlen. Wo sollte das alles enden? Als die Klänge von Verdis *Aida* ertönten – die Oper war zur Eröffnung des Suezkanals in Auftrag gegeben worden –, befand sich das Land bereits auf dem Weg in den Bankrott.

Im Jahre 1875 konnte sich Ismael nur dadurch über Wasser halten, daß er sein letztes Kapital, einen Anteil von vier Millionen Pfund an den Suezkanalaktien, an die britische Regierung verkaufte. Aber bereits ein Jahr später war er praktisch bankrott. Da er mit den Zinsen für ausländische Kredite im Rückstand war, gründeten die europäischen Mächte die *Caisse de la Dette Publique*. Diese internationale Kommission vertrat die Interessen der ausländischen Aktieninhaber, die zu Wohlstand gekommen waren, indem sie Ismael Geld zu Wucherzinsen geliehen hatten. Frankreich und Großbritannien wiesen ihren jeweiligen Vertreter in der

Regierung des Landes an, die ägyptischen Einnahmen und Ausgaben zu prüfen, ein System, das sich »duale Kontrolle« nannte. Im Jahre 1878 schließlich mußte Ismael eine weitere Demütigung hinnehmen. Die Großmächte zwangen ihm die Rolle eines konstitutionellen Monarchen auf, und in der Ministerrunde, die sich im August 1878 konstituierte, spielten Nubar Pascha und Rivers Wilson eine dominierende Rolle.

1879 machte Ismael seine beiden gewagten Züge: Im Februar inszenierte er die Offiziersrevolte (oder zumindest nutzte er sie für sich aus) und entließ am 8. April Rivers Wilson und seinen französischen Gegenspieler. Bei seinem Versuch, das britisch-französische Joch abzuschütteln, stützte er sich auf die unzufriedenen Offiziere. Doch das Bündnis mit den Offizieren war nicht sehr erfolgversprechend, denn die neue ägyptische Mittelklasse hegte schon seit geraumer Zeit Groll gegen die türkische Elite und ihren Repräsentanten Ismael. Und dieser Unmut war nicht weniger explosiv als ihre Ressentiments gegenüber armenischen Christen wie Nubar oder Europäern wie Rivers Wilson. Andererseits haben Bettler, selbst wenn sie Khediven sind, keine Wahl.

Am Morgen des 20. Februar 1879 begab sich Oberst Charles Gordon, Ismaels Generalgouverneur im Sudan, hinunter in sein Büro im Palast von Khartum. Sein Sekretär, der Sudanese Berzati Bey, empfing ihn mit einem Grinsen auf dem glänzenden schwarzen Gesicht. Ein Telegramm von Seiner Hoheit in Kairo war eingetroffen und berichtete von der Offiziersrevolte zwei Tage zuvor. Gordons *bête noire*, Nubar Pascha, war aus seinem Amt entlassen worden.

Gordon war erstaunt. An diesem Tag hatte er eigentlich seine eigene Entlassung erwartet, weil er sich über den Befehl Seiner Hoheit, nach Kairo zurückzukehren, hinweggesetzt hatte.

Doch dann wurde die Nachricht bestätigt. Seine Hoheit, befreit von dem verderblichen Einfluß Nubar Paschas – so sah es jedenfalls Gordon –, gestattete ihm, seine Rückkehr nach Kairo zurückzustellen und sich auf den Weg in die 1600 Kilometer südwestlich gelegenen Provinzen Kordofan und Darfur zu begeben, um dort eine Revolte der Sklavenfänger niederzuschlagen. Gordon brach sofort auf, bevor es sich der Khedive anders überlegen konnte. Vor ihm lag ein viermonatiger Kamelritt durch eine schreckliche Wüste. Ihn schauderte davor, doch es war wohl Gottes Wille. »Er weiß, was das Beste ist für einen Wurm wie mich.«[5] Schließlich war dies die letzte Gelegenheit, dem Sklavenhandel einen tödlichen Schlag zu versetzen.

Während Gordon auf seinem Kamel dahinschaukelte, schweiften seine Gedanken zurück zu Ismael. »Er ist genau der Richtige für sein Volk«, bemerkte er gegenüber seiner Familie, »... ein prächtiger Leopard!« Gordon schien Ismael manchmal beinahe wie einen Helden zu verehren. Außerdem hegte er eine puritanische Abscheu gegenüber der europäischen Gesellschaft in Kairo und Alexandria (»Was die Moral betrifft, unterscheiden sie sich kaum von den Asiaten.«) und mißbilligte das Vorgehen Großbritanniens und Frankreichs gegenüber Ismael. »Wir sollten uns nicht in ihre [der Ägypter] inneren Angelegenheiten einmischen; wir sollten die Reformen ihnen und ihren Völkern überlassen.«[6]

Doch diese Meinungsäußerungen waren mit Vorsicht zu genießen. Gordon wechselte seine Ansichten häufiger als seine Kleider. An dem einen Tag sah er in Ismael einen prächtigen Leoparden, am nächsten hielt Gordon ihn für schwach und ausweichend. Doch gerade diese unberechenbaren Stimmungsumschwünge machten einen Teil der Legende aus, die sich um ihn rankte und die er weidlich auszunutzen wußte. Er prahlte, er sei ein »Feuer«, und käme über sein Volk »wie ein Blitzstrahl«.[7]

Zwei Jahre zuvor hatte er sich bereits mit einer Revolte der Sklavenhändler in Darfur konfrontiert gesehen. Damals war er mit der Geschwindigkeit eines Telegramms hingeeilt – so jedenfalls schilderte es ein arabischer Häuptling. Er selbst verglich sich mit dem biblischen Jehu.

Doch dann empfand er wieder nur Hoffnungslosigkeit angesichts seiner Mission. Angenommen, er konnte den Sklavenhandel unterbinden und den Sudan für die Zivilisation öffnen – würden der Khedive und Ägypten mit seinem Werk auch weise umgehen? Zweifel packten ihn. Wäre es nicht besser, der Sudan bliebe unerschlossen? In solchen Augenblicken schwankte Gordons Glaube an Gott wie ein Seil, an dem der Sturm zerrte. Das Seil hielt – »Gott ist der einzige Herrscher, und ich versuche, mit lauterer Gesinnung vor Ihn hinzutreten ...«[8] Manchmal jedoch erschien ihm sein Leben wie ein Martyrium.

Gordon hatte Nubar Pascha fünf Jahre zuvor zufällig in Konstantinopel kennengelernt und sich überreden lassen, die Verwaltung Äquatorias zu übernehmen. Nubar gab ihm freie Hand bei der Aufgabe, das Land zu öffnen und vom Sklavenhandel zu befreien. Bedeutete dies, auch Uganda in die Grenzen des ägyptischen Reiches mit einzubeziehen – jenes Land, zu dem auch Buganda gehörte, das eins der mächtigsten, bevölkerungsstärksten und (vor allem) wohlhabendsten Königreiche Afrikas war? Klar war jedenfalls, daß Gordon den Nil als Hauptverkehrsader zur Zivilisierung Zentralafrikas erschließen sollte. Und dies wiederum hieß, eine Reihe von befestigten Posten zu errichten, so daß zwischen Khartum und dem Viktoria-See Handelsschiffe verkehren konnten. Ein florierender Handel am unteren Flußlauf würde die mißlichen Zustände in diesem Gebiet mit einem Schlag beseitigen. Nicht nur, daß die Provinz reich würde, sondern die erbarmungswürdigen Schwarzen, die bisher noch an den Ufern des Nil im Elend lebten und den Sklavenjägern ausgeliefert waren, wären bald ebenso gut gestellt wie die Fellachen in Ägypten. Die Sklavenhändler wären gezwungen, sich dem legalen Handel zuzuwenden. Und so, erklärte Nubar, habe es bereits Gordons großartiger Landsmann Livingstone vorausgesagt.

Während Gordon Nubar zuhörte, war er erfüllt von bösen Vorahnungen. Könnte die ganze Expedition nicht vielleicht ein »Täuschungsmanöver sein, um die Aufmerksamkeit der Engländer zu erwecken«?[9] Er kam zu dem Schluß, daß Ismael wohl im guten Glauben handelte, die ägyptische Regierung ansonsten aber nur ein elender Haufen war.

Nach langer, beschwerlicher Reise erreichte Gordon Gondokoro, die Hauptstadt Äquatorias. Weiter südlich war der Nil jedoch wegen der Katarakte nicht schiffbar, und Gondokoro selbst erwies sich bald als eine schreckliche tödliche Falle. Viele seiner Männer starben an Fieber, außerdem haßten die Einwohner die Soldaten. Gordon beschloß weiterzuziehen und ließ die *Khedive* über die Katarakte schleppen. Nach weiteren 18 Monaten erreichten sie Dufile, wo der Nil in einer felsigen Schlucht verschwand. Das Schiff mußte auseinandergenommen und auf der anderen Seite wieder zusammengebaut werden. Doch auch damit waren noch nicht alle Hindernisse überwunden. Noch zweimal hatten sie große Stromschnellen zu meistern, bevor sich endlich der Viktoria-See vor ihnen ausbreitete. Wie Stanley bereits geahnt hatte, war der Nil nur eine Nebenstraße nach Zentralafrika. Und Äquatoria selbst war »einfach ein elender Morast«.

Nicht minder erfolglos war Gordons Versuch, eine Art Protektorat über Buganda zu errichten. König Mtesa nahm seine 160 Soldaten gefangen, und er konnte sie nur unter großen Schwierigkeiten befreien. Entmutigt kehrte er nach Kairo zurück. Er hatte seinen Teil des Handels mit dem Khediven erfüllt, indem er bis hinunter zum Viktoria-See Posten errichtet hatte. Die eigentliche – größere – Aufgabe aber hatte Gott ihm gestellt – das erbärmliche Leben der Schwarzen zu verbessern und dem Sklavenhandel ein Ende zu setzen. Und in diesem Punkt hatte er nahezu nichts erreicht.

Gordon wünschte sich nichts sehnlicher, als aus dem Dienst des Khediven auszuscheiden. Mehr denn je war er der Überzeugung, daß man mit den Ägyptern kein Reich aufbauen konnte. Wahrscheinlich sollte die Expedition nur dazu dienen, Eindruck auf die Großmächte (insbesondere Großbritannien) zu machen und zu demonstrieren, wie stark Kairo sich für die Abschaffung des Sklavenhandels einsetzte. Andere wiederum – unter ihnen der bekanntermaßen korrupte Finanzminister Ismael Pascha Sadyk – hatten ernsthaft die Absicht, die Reichtümer Äquatorias und Bugandas abzuschöpfen. Aber konnte man ihnen auch trauen?

Bisher hatte Gordon Ismael selbst nie für die Korruption und die Ungerechtigkeiten verantwortlich gemacht, die in seinem Namen begangen wurden. Doch dann hatte er ein Erlebnis, welches den Khediven in einem völlig anderen Licht erscheinen ließ. Im Herbst 1876 erblickte er auf dem Nil eine *diabeyah*, ein Segelboot, auf dem sich der berüchtigte Finanzminister Ismael Pascha Sadyk befand. Er erfuhr, daß der Kedhive Sadyk entlassen und ihn dann auf diesem Boot ohne Nahrung und Bedienstete nilaufwärts geschickt hatte. Möglicherweise war er bereits in Kairo ermordet worden, jedenfalls lebte er nicht mehr, als das Schiff Wadi Halfa erreichte. Sicher, man sagte Ismael Pascha Sadyk nach, daß er in die eigene Tasche wirtschaftete, aber ein solches Schicksal hatte er wohl kaum verdient. Gordon war schockiert und wütend: »Eine schreckliche Geschichte! Alle sind sprachlos. Ich habe . . . mich entschlossen, Seiner Hoheit nicht länger zu dienen.«[10]

Natürlich änderte Gordon seine Meinung und diente Ismael weitere zwei Jahre bis zum März 1879. Denn Seine Hoheit, Gott segne ihn, hatte über Gordons Feinde in Kairo – Männer wie Nubar Pascha – die Oberhand gewonnen und ihn selbst zum Generalgouverneur für den gesamten Sudan ernannt. Darauf hatte Gordon bestanden, weil er darin die einzige

Möglichkeit sah, den Sklavenhandel von Grund auf zu beseitigen. Wie sich herausstellte, durchquerten nur wenige Sklavenkarawanen Äquatoria. Das bevorzugte »Jagdgebiet« der Sklavenhändler befand sich im südwestlichen Bahr al-Ghazal. Von dort wurden die bemitleidenswerten Menschen durch die Wüsten von Darfur und Kordofan nach Osten gebracht, bevor sie per Schiff über das Rote Meer geschickt wurden und in den Harems von Arabien oder in noch weiter entfernten Regionen landeten.

Gordon war sich darüber im klaren, daß der entscheidende Schlag gegen die Sklavenhändler durch Ismaels zwiespältige Politik immer wieder hinausgezögert wurde. Der unbestrittene König des Sklavenhandels, Zebehr Pascha, hatte eine Revolte unter den Sklavenhändlern in Bahr al-Ghazal angezettelt, die von seinem zwanzigjährigen Sohn Suleiman angeführt wurde. Der Aufstand griff auf Darfur und Kordofan über, denn die dort lebenden Sudanesen hatten guten Grund, sich gegen die ägyptische Vorherrschaft aufzulehnen. Zebehr selbst bot sich mit scheinheiliger Unverfrorenheit an, diese Regionen zu befrieden, und unmittelbar vor seiner Entlassung hatte Nubar sich dafür ausgesprochen, dieses Angebot anzunehmen – ein Ansinnen, das Gordon schärfstens zurückwies.

So schaukelte also Gordon im März 1879 auf seinem Kamel durch jene schreckliche Wüste mit dürrem gelben Gras und verkrüppelten Bäumen, um den Sklavenhändlern das Handwerk zu legen.

Mit dem entscheidenden Feldzug gegen Suleiman betraute Gordon Romolo Gessi, einen jungen italienischen Dolmetscher, den er auf der Krim kennengelernt hatte. Gessis Charakter entsprach der piratenhaften Seite Gordons, der ihn als »kühlen, sehr entschlossenen Mann« beschrieb und mit Sir Francis Drake verglich.[11] Und Gessi nahm sich ein Beispiel an Gordons Methoden, indem er einen unorthodoxen, aber erfolgreichen Krieg führte. Er hatte weniger als tausend Ägypter und Sudanesen zur Verfügung, von denen auch noch einige desertierten. Seinen Truppen stand eine um das Zehnfache überlegene Streitmacht gegenüber, und er verfügte über so wenig Munition, daß seine Soldaten nach einer Schlacht die verschossenen Kugeln auflesen mußten. Doch nach heftigen Kämpfen hatten sie Suleimans Truppen aufgerieben und retteten 10 000 Sklaven, die Zebehrs Sohn aus den Dörfern im Sumpfland verschleppt hatte – vorwiegend Frauen und Kinder. Soweit möglich, wurden sie zu ihren

Familien zurückgeschickt. »*Quant à la population*«, schrieb Gessi an Gordon, »*elle est au paroxisme du contentement.*«[12] Gessis Truppen hatten Hunderte von Sklavenhändlern getötet, andere wurden den Dorfbewohnern ausgeliefert, damit diese ihnen mit ihren Speeren ein Ende bereiteten. Selbst ihre Frauen wurden getötet, da man befürchtete, daß ihre Nachkommen in die Fußstapfen der Väter treten könnten.

Gordon reagierte auf Gessis begeisterte Berichte mit gemischten Gefühlen. Nicht daß er Gewissensbisse empfand: Gessi hatte im Juli mit seinem Einverständnis den gefangenen Suleiman getötet. Als Gordon selbst auf den Spuren der Sklavenzüge durch Kordofan und Darfur ritt, erblickte er überall Schädel – auch von Kindern –, die ihn aus dem Sand neben den Brunnen angrinsten.

Derartige Greueltaten waren jahrelang ohne Unterlaß verübt worden. Was Gordon jedoch zur Verzweiflung trieb, war die Fruchtlosigkeit seiner eigenen Bemühungen, mit den Sklavenkarawanen in diesem Gebiet fertigzuwerden. Viele Sklavenhändler ließen sich einfach nicht fassen, zwangen die Sklaven, tagelang ohne Wasser zu marschieren, und ließen die Nachzügler tot im Sand zurück. Er rettete etwa 2000 Sklaven, von denen viele zum Skelett abgemagert waren. Da er sie unmöglich nach Hause zurückschicken konnte, mußte er sie neuen Herren übergeben.

Als Gordon am 27. Mai halbtot vor Erschöpfung am Nil anlangte, beschloß er erneut, die Waffen zu strecken. Dem Sudan zu helfen, so schrieb er, sei unmöglich, solange dieser von einem abgestumpften und korrupten Land wie Ägypten regiert werde. Doch das Regime des Khediven würde sich gewiß kaum noch lange halten können. Und, fügte Gordon prophetisch hinzu, »man zweifelt sogar schon, ob er überhaupt noch Khedive ist.«[13]

Mitte Juni wurde Ismael im weit entfernten Kairo von seinen Gläubigern zur Strecke gebracht. Doch er spielte seine letzte Szene mit Würde, ja sogar mit Pathos. Die Großmächte hatten zwei Monate gebraucht, um ihre Kräfte zu sammeln und mit seinem verzweifelten Coup vom 8. April fertigzuwerden. Angeführt wurde die Meute von den französischen Kreditgebern und ihrer gleichgesinnten Regierung. Die Briten waren sehr darauf bedacht, mit ihnen Schritt zu halten, obwohl Disraeli sehr empfindlich darauf reagierte, daß die Liberalen sie als »Geldsäcke« verhöhnten. Bismarck (dem, so lauteten jedenfalls die Gerüchte, sein Bankier

Bleichröder im Nacken saß) stieß in das gleiche Horn wie die Briten und Franzosen. Auch der Sultan war einverstanden, obwohl er es nur Allahs Gnade verdankte, daß er nicht in denselben Schwierigkeiten steckte wie der Khedive: Auch er schuldete den Obligationsinhabern über 100 Millionen Pfund. Die Großmächte kamen zu dem Schluß, daß Tewfik, Ismaels leichtlebiger Sohn, einen hervorragenden Khediven abgeben würde.

So traf am Morgen des 26. Juni beim Zeremonienmeister im Abdin-Palast ein merkwürdiges Telegramm ein. Es war in türkischer Sprache abgefaßt und an »Ismael Pascha, den Ex-Khediven von Ägypten« adressiert. Im Orient ergeht es aber dem Überbringer böser Nachrichten in der Regel schlecht, so daß niemand das Telegramm Seiner Hoheit überreichen wollte. Schließlich ermannte sich Sherif Pascha, Nubars Nachfolger als Premierminister, die Aufgabe zu übernehmen.

Ohne mit der Wimper zu zucken las Ismael das Telegramm, das sein politisches Todesurteil enthielt. Dann ließ er Tewfik rufen, den Sohn, den er nie sonderlich gemocht hatte.

An jenem Nachmittag vernahmen die Bewohner Kairos mit Erstaunen die Salutschüsse von der Zitadelle. Die Großmächte sandten ihre Vertreter, um dem neuen Khediven ihre Aufwartung zu machen. Vier Tage später verließ ein langer Güterzug, beladen mit Schätzen, den Kairoer Bahnhof. Ismael und seine Familie folgten in einem Sonderzug. Am nächsten Tag segelte seine Jacht, die *Mahroussa*, um die Hafenmole von Alexandria in Richtung Neapel. Für einen Spieler, der jede Runde verloren hatte, hatte er nicht schlecht abgeschnitten. Die Großmächte hatten ihm nicht nur seine Schätze belassen, sondern kümmerten sich auch ansonsten um sein »Auskommen«: Laut späteren Schätzungen erhielt er zwei Millionen Pfund.

Als Gordon am 23. August in Kairo eintraf, erfuhr er voller Entsetzen, daß sein Freund Ismael vom Thron gejagt worden war. Doch Tewfik behandelte ihn freundlich, besonders nachdem Gordon ihm erzählt hatte, er habe resigniert. Bevor er nach England zurückkehrte, erklärte er sich einverstanden, im Auftrag des Khediven diplomatische Beziehungen zu Abessinien, dem schwierigen Nachbarn Ägyptens, zu knüpfen. Im folgenden Monat brach er auf einem Maulesel auf, um diese heikle Mission zu erfüllen.

Mit Beginn des Jahres 1880 erwachte in Kairo ein neues Nationalbe-

wußtsein, das in Europa mehr Unruhe hervorrief als Ismaels Verschwendungssucht. Oberst Arabi und die anderen ägyptischen Offiziere, die im
Februar gemeutert hatten, waren sich mittlerweile ihrer Stärke bewußt
geworden. Bei der nächsten Gelegenheit würden sie sich nicht darauf
beschränken, einen Nubar oder Rivers Wilson am Bart zu ziehen. Ägypten, von Ismael ausgeplündert und von den Großmächten gedemütigt,
wollte auf eigenen Füßen stehen.

Doch in London hatte noch niemand von Arabi gehört, und Ägypten
verschwand aus dem Blickfeld der Öffentlichkeit. Im Dezember 1880
konzentrierte sich Großbritannien auf eine Krise in der jüngsten Kolonie
des Landes: dem Transvaal.

KAPITEL 6

Ein Schritt zurück

Südafrika und London
16. Dezember 1880 – 3. August 1881

»[Die Buren] . . . verfügen über die Schlauheit und die Grausamkeit der
Kaffern, aber nicht über ihren Mut oder ihre Aufrichtigkeit . . . Gegen
unsere Truppen könnten sie sich keine Stunde halten.«

Der britische Hochkommissar
Sir Garnet Wolseley an Sir Michael Hicks Beach
im Oktober 1879

E s war der 16. Dezember 1880, der Jahrestag des Siegs der Buren über
Dingane und die Zulu im Jahre 1838.

Vor dreieinhalb Jahren war auf dem Kirchplatz von Pretoria Shepstones
Proklamation verlesen worden, in der er die Annexion durch die Briten
bekanntgab. Noch immer wirkte die Hauptstadt wie ein *dorp*, ein Buren-
dorf, obwohl die Engländer mittlerweile die Mehrheit in der Bevölkerung
bildeten. Auf den kargen braunen Grasflecken unter den zerfallenen Gie-
beln der niederländisch-reformierten Kirche grasten Ochsen. Dies war
der Platz, auf dem die Buren ihre Planwagen abstellten, wenn sie sich zum
nachmaal (der Kommunion) versammelten. Doch heute wirkte der Kirchplatz fast verlassen.

Abgesehen von dem mit Kokosmatten ausgelegten Feld, wo manchmal Kricket gespielt wurde, dem Union Jack, der an einem Pfahl über dem
Blechdach des Regierungsgebäudes wehte, und einem einzigen Bataillon
von Rotröcken in den strohgedeckten Baracken neben dem Konvent war
von der britischen Herrschaft bisher wenig zu spüren. Die einzige wichtige Neuerung war die Telegraphenstation, die die Verbindung ins ferne
Natal herstellte. Auf diese Weise konnte Englands jüngste Kronkolonie
(via Durban und eine unterirdische Leitung bei Aden) mit London kom-
munizieren. Die Leitung war in aller Eile errichtet worden; die Kosten
beliefen sich auf 30 000 Pfund, ein Fünftel des Jahreshaushalts der Kron-

kolonie. Aber falls es zu einem »Krach«, also zu einem Krieg mit den Buren kam, da waren sich alle Verwaltungsbeamten einig, würden sich die Kosten bezahlt machen.

Doch in den Wochen vor Weihnachten, dem Hochsommer im Transvaal, gab es keinerlei Anzeichen für eine derartige Entwicklung. Das Land wurde von Oberst Sir Owen Lanyon verwaltet, einem großen, braungebrannten Iren, der von den Buren »Long John« genannt wurde und bei der britischen Bevölkerung, den Geschäftsleuten, Händlern, Landvermessern und deren Familien allgemein nur »Billy« hieß. Lanyon hatte die Verwaltung des Transvaal 1879 von Shepstone übernommen und regierte das Land unter der Aufsicht des neuen Hochkommissars für Südostafrika, Generalmajor George Colley, der in Natal residierte. Beide Männer waren sich in ihrer Ansicht über die Buren einig: Ihr Gerede über den Kampf für die Wiedererrichtung ihrer geliebten Republik war gewiß nichts als Prahlerei.

Für den 8. Dezember hatten die Buren in Paardekraal (Pferdekral) in der Nähe von Rustenburg eine Massenversammlung geplant. Bevor Lanyon im Oktober bei Colley seinen Urlaub beantragte, schätzte er das geplante Treffen folgendermaßen ein:

> Einige unserer ehrbaren Bürger malen den Teufel an die Wand und fürchten die bevorstehende Massenversammlung. Doch das haben sie bei anderen Anlässen dieser Art auch schon getan. Ich habe keine Angst davor, und wenn unsere Leute sie in Ruhe lassen, tun sie [die Buren] uns auch nichts . . . Nichts würde ihnen mehr entgegenkommen, als wenn wir sie zu Märtyrern machen würden . . .[1]

Auch Sir Garnet Wolseley, Colleys Vorgesetztem und Vorgänger im Amt des Hochkommissars von Transvaal, dem fähigsten General der gesamten Armee und führenden Afrika-Experten, entgingen die verräterischen Symptome, die ein gewaltiges Erdbeben ankündigten.

Vielleicht lag es daran, daß Wolseley zu selbstzufrieden war, um überhaupt zu registrieren, was um ihn herum vor sich ging. Seine Berufung nach Südafrika im Jahre 1878 hatte er nur mit Widerwillen angenommen, denn sie hinderte ihn daran, sein Lebenswerk zu vollenden – die Modernisierung der britischen Armee. Von dem Tag an, als der schmächtige, beinahe mädchenhaft wirkende junge Mann in die Armee eintrat, hatte ihn ein, wie er es nannte, »wahnsinniger und mannhafter Eifer« gepackt: Er wollte die britische Armee zur schlagkräftigsten der Welt machen. Wie sonst hätte das Empire sich verteidigen oder – noch besser – sein ohnehin schon riesiges Herrschaftsgebiet ausdehnen können? In dieser Sache hatte er weder sich selbst geschont noch die Leser seiner zahlreichen Veröffentlichungen. Jeder britische Schuljunge wußte, daß er während des burmesischen Krieges halb erblindet war und im Krimkrieg beinahe durch eine Bombe in Stücke gerissen worden wäre. Doch unbekümmerter Wagemut war bei jungen Offizieren keine Seltenheit. Im Gegensatz zu anderen wies Wolsey allerdings auch intellektuelle Fähigkeiten auf.

Mit seiner Ernennung wurden Wolseley zwei Hüte übergestülpt: der schwarze Zylinder des Prokonsuls und der weiße Generalshelm. Beide Hüte verdankte er der Schlacht von Isandlwana. Disraeli und sein Kabinett hatten damals der Versuchung widerstanden, Sir Bartle Frere in die Wüste zu schicken; doch sie übertrugen das Amt des Hochkommissars für Zululand und den Transvaal an Wolseley, ließen Frere lediglich das Hochkommissariat für die Kapkolonie. Zur gleichen Zeit löste Wolseley Lord Chelmsford als Oberkommandierenden der Truppen in Südafrika ab. Doch er kam 14 Tage zu spät.

Zu Wolseleys Kummer hatte ihm der »Esel« Chelmsford einen Triumph gestohlen. Im Prinzip befürwortete Wolseley Freres Plan, das Zululand dem britischen Empire einzuverleiben. Doch dieser Plan hatte für ihn einen großen Haken: General Chelmsford. Wolseleys Ansicht nach waren in der Schlacht von Isandlwana alle Mängel der veralteten englischen Armee zutage getreten. Wie hatte Lord Chelmsford nur seine Truppen teilen und das Lager dem Angriff der Zulu ausliefern können? Trotzdem hatte dieser unfähige General am 4. Juli 1879 unter gewaltigen Anstrengungen (die Kriegskosten beliefen sich inzwischen auf mehr als 1,3 Millionen Pfund) in der Schlacht von Ulundi Cetshwayos Krieger geschlagen. Wolseley blieb lediglich die undankbare Aufgabe, den »dicken König«, wie er ihn nannte, zur Strecke zu bringen.

Wolseley verschwendete keine Zeit. Cetshwayo wurde auf einen von Mulis gezogenen Wagen verfrachtet und nach Kapstadt ins Gefängnis gebracht. Am liebsten hätte Wolseley Zululand einfach annektiert, doch Disraelis Kabinett, in dem imperialismusfeindliches Gedankengut zeitweise hoch im Kurs stand, hatte aus den Erfahrungen mit Frere Lehren gezogen und untersagte Wolseley, das Kolonialreich und damit die Ausgaben zu vergrößern. So blieb Zululand nominell frei – und wurde in dreizehn Miniaturstaaten aufgeteilt, die jeweils von einem Häuptling regiert wurden, der mit seinen Nachbarn im Streit lag: ein »Teile und Herrsche« auf dem Prinzip der Blutrache. Wie vorauszusehen, war diese Regelung dank Wolseleys überhastetem Vorgehen zum Scheitern verurteilt. (Zululand wurde schließlich offiziell von den Briten annektiert.)

Nachdem er Zululand zerstückelt hatte, brach Wolseley, der zu jener Zeit noch als Prokonsul fungierte, nach Pretoria auf, um die Situation im Transvaal zu klären. Schon vor seiner Ankunft in der Hauptstadt stellte er klar, daß er gegenüber den Buren hart durchgreifen würde. Drei Kilometer vor Pretoria stieß er auf eine Delegation von Buren, die ihn willkommen heißen wollte. »Solange die Sonne über Südafrika scheint«, prophezeite er, »wird über Pretoria die britische Flagge wehen.«[2] Dieser Affront war für die Buren um so beleidigender, als sie mittlerweile wußten, daß die britische Flagge auf absehbare Zeit nicht über Zululand wehen würde.

Daß Wolseley sich die Sympathie der Buren verscherzen würde, war zu erwarten gewesen, denn mit seinem beißenden Witz stieß er nicht nur seine britischen Landsleute vor den Kopf. Über die Buren urteilte er gehässig, sie seien »die einzige weiße Rasse, die sich beständig zur Barbarei zurückentwickelt ... [und] in bereits vielerlei Hinsicht unter dem schwarzen Mann [steht] ... Ich glaube, der Bure des Transvaal ist schlicht und einfach ein Feigling, der sich brüstet und schwatzt, solange er weiß, er bleibt ungestraft, doch sobald man ihn beim Kragen packt, klappt er zusammen.«[3]

Einen Monat nach seiner Ankunft in Pretoria brach Wolseley erneut nach Osten auf. Sein nächster Gegner war Sekhukhene, der »Räuberhäuptling« der Pedi, den er in seinem Versteck in den Bergen bei Lydenburg aufspüren wollte; eben jener Sekhukhene, gegen den Präsident Burgers 1876/77 nichts hatte ausrichten können. Letzten Endes hatte Sekhukhenes Widerstand zu Burgers Sturz geführt – und Shepstone den Vorwand geliefert, um einzugreifen. Denn in seiner Erklärung von 1877 hatte Shepstone behauptet, einzig eine Intervention der Briten könne den Transvaal vor seinen Feinden retten. Wolseley fieberte danach, dieses Versprechen einzulösen. Die Buren konnten froh sein, wenn er ihren Erzfeind in die Knie zwang, und seine eigenen Truppen würden weitere Erfahrungen sammeln. Zwar würde das Schatzamt über die Mehrausgaben murren, doch die Truppen, die zur Verteidigung gegen Sekhukhene stationiert worden waren, kosteten schließlich auch Geld. Man müßte diesen Geizhälsen eben klarmachen, daß die Eingeborenen an die Briten, wie zuvor schon an die Buren, so lange keine Steuern zahlen würden, bis man Sekhukhene das Handwerk gelegt hatte.

Die Rechnung Wolseleys sollte aufgehen. Sein Feldzug gegen Sekhukhene verlief – im Gegensatz zu Chelmsfords verlustreichen und kostspieligen Schlachten – kurz und schmerzlos, zumindest für die Briten. Sekhukhenes Pedi-Krieger sammelten sich zum letzten Widerstand auf einem kleinen Hügel oberhalb von ihrer »Stadt«, einer Ansammlung erbärmlicher Hütten. Am Morgen des 28. November wurde der Hügel von einigen wenigen Kompanien von Rotröcken erstürmt, die mit Krupp-Feldgeschützen ausgerüstet waren. Die Hauptlast bei den Kämpfen trugen die eingeborenen Verbündeten der Buren, etwa 8000 Swazi (laut Wolseley ein »schrecklicher Haufen«)[4], die zum größten Teil nur mit *assegai* ausgerüstet waren.

Nach wenigen Stunden war alles vorüber: Die Stadt lag in Schutt und Asche, das Vieh wurde von den Swazi fortgetrieben, während die umliegenden Höhlen, der Zufluchtsort der Überlebenden, systematisch mit Schießbaumwolle in die Luft gejagt wurden. Sekhukhene wurde gefangengenommen und wie Cetshwayo in das Gefängnis von Kapstadt geworfen.

Wolseley hatte für seinen kleinen Krieg nur ungefähr 100 000 Pfund benötigt – ein Zehntel der Kosten für den Feldzug gegen die Zulu. Sein entschiedenes Vorgehen gegen die Pedi wirkte einschüchternd auf die Eingeborenen des ganzen Landes, wie Wolseley voller Befriedigung feststellte. Überall zahlten sie bereitwillig ihre Hüttensteuern, und so erwartete man für das Jahr 1880 allein aus diesem Bereich Einnahmen von 30 000 Pfund – das war mehr als das Steueraufkommen der Buren.

Wenn die Buren ihre Lektion doch auch so rasch gelernt hätten! Wolseley mußte bald erkennen, daß sie ihm den Sieg über ihren Erzfeind nicht dankten. Als er im Dezember 1879 nach Pretoria zurückkehrte, zeigten sich die Buren so unversöhnlich wie eh und je. Lanyon hatte im Kräftemessen mit den Buren-Führern keinen Erfolg erzielen können. Eine von Paul Krüger angeführte Delegation war nach London unterwegs, um Disraeli zu bewegen, die Annexion rückgängig zu machen. Eine Petition für die Wiederherstellung der Burenrepublik war bereits von 6591 Bürgern unterschrieben worden. Für eine Gegenpetition hatten die Briten ganze 587 Unterschriften auftreiben können. Die radikaleren unter den Buren verweigerten die Steuerzahlungen und drohten, britische Geschäfte zu boykottieren. Und selbst die gemäßigteren Kräfte forderten die Selbstverwaltung unter britischer Oberherrschaft, die Shepstone bei der Annexion versprochen hatte. Abgesehen von den Siegen über Sekhukhene und Cetshwayo gab es für sie keine positiven Veränderungen seit der britischen Machtübernahme. Der Staatshaushalt des Transvaal verbuchte noch immer ein Defizit, und die mageren 100 000 Pfund, die England zur Verfügung stellte, reichte gerade für die Gehälter der Verwaltungsbeamten und den Bau der Telegraphenleitung. Dagegen fehlte es noch immer an Krankenhäusern für die Zivilbevölkerung, Brücken und befestigten Straßen.

Wolseleys Antwort auf diese Beschwerden ließ keine Zweifel aufkommen: Bezahlt eure Steuern, erweist euch als loyale Bürger, und eines Tages bekommt ihr volles Selbstverwaltungsrecht wie die Afrikaander der Kapkolonie. Bis dahin erfordere die Sicherheit, daß der Transvaal eine Kronkolonie – und somit unter direkter britischer Herrschaft – verbliebe. Am 10. Mai 1880 richtete er in Pretoria eine Kammer mit legislativen Funktionen ein, in der die britische Gemeinde durch ausgewählte Mitglieder vertreten wurde. Kruger und die Buren blieben außen vor.

Am 10. Dezember 1879 versammelten sich mehrere tausend bewaffnete Buren in einem *laager* bei Wonderfontein in der Nähe von Potchestroom. Sie bekräftigten ihre Forderung nach Unabhängigkeit und drohten, sie notfalls mit ihren Gewehren einzuklagen. Darauf ließ Wolseley Bok und Pretorius, zwei der Anführer der Buren, wegen Hochverrats verhaften, ohne sie allerdings unter Anklage zu stellen. Er hatte sie lächerlich gemacht – oder so glaubte er zumindest. »Arme dumme Geschöpfe, die noch immer gern Soldat spielen und Drohungen ausstoßen, doch im Grunde ihres Herzens wissen sie genau, daß sie sich beim ersten Anblick unserer Dragoner aus dem Staub machen würden.«[5]

Und so empfahl Wolseley seiner Regierung in London, die britische Garnison im Transvaal und in Natal könne ohne Bedenken von sechs auf vier Bataillone reduziert werden. Kurz darauf traf Generalmajor Colley aus Indien ein, um Wolseley abzulösen. Dieser verließ Pretoria im April 1880, um nach England zurückzukehren. Als er auf den zerfurchten Wegen Richtung Natal galoppierte, bewegte ihn nur ein Gedanke: Niemals wollte er in dieses Land zurückkehren. Nur eines bedauerte er: Hätten die Buren ihren starken Worten Taten folgen lassen, so hätte er diesem ganzen Unsinn ein für allemal ein Ende setzen können.

Im November 1880 trat das Kräftemessen mit den Buren in ein neues Stadium, denn die Briten erklärten, wenn die Bürger nun nicht endlich ihre Steuern bezahlten, müßte die Gerechtigkeit ihren Lauf nehmen. Die Steuerschulden eines Farmers namens Bezuidenhout beliefen sich auf 27 Pfund 10 Schilling. Aus diesem Grunde beschlagnahmten die Verwaltungsbeamten Bezuidenhouts Bauernkarren. Diese Aktion endete mit einem Fiasko, denn bewaffnete Buren, angeführt von dem Unruhestifter Piet Cronje, sorgten dafür, daß der Farmer seine Karren zurückerhielt.

Dies war der Stand der Dinge, als Lanyon im Dezember 1880 von der geplanten Massenversammlung der Buren in Paardekraal bei Rustenburg erfuhr. Er entschloß sich lediglich zu einer einzigen Vorsichtsmaßnahme und schickte einen Spion zu dem Treffen. Colley, der im 300 Kilometer entfernten Natal per Telegraph von den Vorgängen unterrichtet worden war, hatte immerhin beschlossen, einige verstreute Garnisonen zusammenzuziehen. Nach Lydenburg erging der Befehl, die beiden dort stationierten Kompanien zurück nach Pretoria zu verlegen. Doch Lanyon behauptete nach wie vor, er fürchte die Versammlung nicht, und schenkte denen, die »den Teufel an die Wand malten«[6], kein Gehör.

Dem Spion, der die verbotene Versammlung in Paardekraal besuchte, bot sich ein erstaunlicher Anblick. Im Transvaal lebten damals knapp 8000 burische Einwohner. Mehr als die Hälfte davon – wahrscheinlich über 5000 Mann – hatten sich mit ihren Waffen in der steinigen Hügellandschaft eingefunden. Einige hatten trotz der Tage dauernden, anstrengenden Reise im Planwagen ihre Familien mitgebracht. Andere waren hoch zu Roß erschienen, als ginge es zu einem Jagdausflug; sie hatten Decke und Gewehr am Sattel festgeschnallt und Streifen von Biltongue (Dörrfleisch) am Geschirr ihres Tieres befestigt. Sie ließen die Pferde steigen und warteten darauf, daß ihre Anführer zur Jagd bliesen.

Als Edward Jorissen, ehemals Generalstaatsanwalt der Burenrepublik, am 9. Dezember zu den Versammelten stieß, wurde er von Kruger mit den Worten »*Het ist klaar*« (Es ist alles bereit) begrüßt.[7] Jorissen war ein Vertreter der neuen Generation, den Präsident Burger aus Holland in den Transvaal gerufen hatte. Bald war der ehemalige Geistliche, der später Rechtswissenschaften studiert hatte, einer von Krugers engsten politischen Beratern. Er hatte den Burenführer auch auf seiner erfolglosen Mission nach London begleitet. Dabei waren die beiden Männer denkbar gegensätzlich: Jorissen war groß und mager, ein intellektueller Städter, zurückhaltend und humorlos; Kruger hingegen wirkte wie eine Verkörperung des *veld*, halb Mensch, halb Löwe, mit einer schwarzen Mähne und Schultern, die so breit waren, daß er damit einen beladenen Karren hätte hochstemmen können.

Die Würfel waren gefallen, darin waren sie sich einig. Dafür hatte Piet Cronje gesorgt, als er Bezuidenhouts Wagen vor der Beschlagnahmung bewahrt und sich der Festnahme durch die Briten widersetzt hatte. Dies war der Wendepunkt. Jetzt war das *volk* endlich geeint. Wenn sie jetzt nicht zur Tat schritten, konnten sie ihr Ziel, die Wiederherstellung der Republik, genausogut aufgeben.

Warum hatte es nahezu vier Jahre gedauert, um die Buren in ihrem Widerstand gegen die Briten zu einen? Niemand konnte diese Frage besser beantworten als Kruger, denn schließlich hatte er fast vierzig Jahre lang, also während seiner gesamten politischen Laufbahn, für dieses Ziel gekämpft. Den nomadenhaften Buren aus den Grenzgebieten schienen Chaos und Anarchie ebenso in Fleisch und Blut übergegangen zu sein wie Recht und Ordnung den Buren des Freistaats oder ihren Brüdern, den Afrikaandern am Kap. Letztendlich hatten die daraus erwachsenen Meinungsverschiedenheiten zu dem Sturz von Präsident Burgers Regierung und der Annexion des Landes durch die Briten geführt. Doch nun hatten die Briten in ihrer Dummheit selbst der langersehnten Einigung seiner Landsleute Vorschub geleistet.

Kruger war ein *vortrekker*, ein Pionier und aus ebenso grobem Holz wie der neue Staat, den die Buren in der Wildnis aus dem Boden gestampft hatten. Im Alter von zehn Jahren war er mit seinen Eltern im Großen Treck von der Kapkolonie aufgebrochen, um jenseits des Oranje und Vaal das Gelobte Land zu suchen. Gern betonte er, daß er die Geburtsstunde der Republik mit eigenen Augen miterlebt hatte. Seine Erziehung, so brüstete er sich, basierte auf der Heiligen Schrift und dem Gewehr, und dies waren seine unverzichtbaren Waffen geblieben. So zählten auch seine Anhänger größtenteils zu den ärmsten und konservativsten Buren aus dem Hinterland. Er selbst trug die schwarze Jacke der Doppers, einer ultrakalvinistischen Sekte, die sich von der niederländisch-reformierten Kirche abgespalten hatte.

Als geborener Jäger verfügte Kruger über Geduld und konnte sich deshalb aus taktischen Gründen zurückziehen, wenn er einen gefährlichen Feind im Visier hatte. Er hatte sich mit Präsident Burgers arrangiert und ihn unterstützt, obwohl er sah, daß dieser ehemalige Geistliche derart abstrakte Theorien über das Christentum vertrat, daß er in Krugers Augen kaum noch als Christ durchgehen konnte. Auch seine Reformpläne für den Transvaal gingen nach Krugers Ansicht zu weit und entsprachen nicht dem Bewußtseinsstand seines Volkes. Mit einer Mischung aus Glück und Geschick hatte er Burger bremsen können, wobei ihm die Krisen – das Fiasko mit der Eisenbahn von Delagoa und der Aufstand der Pedi – sehr gelegen kamen. Was Kruger nicht vorausgesehen hatte, war die Intervention Shepstones mit ihren verheerenden Folgen.

Um die Buren im Widerstand gegen die Briten zu einigen, war mehr als Glück und Geschick vonnöten. Kruger mußte seinen ganzen Einfluß geltend machen, um einen vorzeitigen Ausbruch der Revolte zu verhindern. Er war darauf bedacht, gleichzeitig die Hitzköpfe zu beruhigen und die Zauderer auf seine Seite zu ziehen. Doch es gelang ihm, zu jeder der Massenversammlungen mehr Leute zusammenzutrommeln. Bis zum Jahre 1880 hatte er noch gehofft, die Briten würden einsehen, daß Frere und Shepstone den falschen Weg eingeschlagen hatten. Doch im Juni 1880 folgte ein Schlag, der in ihm die Überzeugung reifen ließ, daß der Krieg nicht zu vermeiden war.

Das Nationalkomitee der Buren hatte Kruger nach Kapstadt entsandt, um gegen Freres Pläne zu protestieren, der die Konföderation per Parlamentsbeschluß durchsetzen wollte. Dies erwies sich als problemlos, denn in der Kapkolonie stellten die Afrikaander die Mehrheit der weißen Wähler. »Wascht eure Hände nicht im Blut eurer Brüder«,[8] mahnte Kruger. Das war auch gar nicht die Absicht der Afrikaander: Nachdem ihnen klargeworden war, daß die Buren die Republik wiederherstellen wollten, lagen ihre Sympathien auf der Seite ihrer Brüder. Außerdem waren sie für eine Föderation mit Natal ohnehin nicht zu erwärmen – was auf Gegenseitigkeit beruhte. Im Juli 1880 mußte Frere eine demütigende Niederlage hinnehmen: Seine Föderationspläne wurden im Parlament von Kapstadt ohne Abstimmung vom Tisch gewischt. Im August des gleichen Jahres wurde er dann endlich nach London zurückgerufen.

In der Zwischenzeit war der Schlag erfolgt, der Kruger und andere dazu veranlaßte, die Gewehre zu ölen und Munition zu sammeln. Im April 1880 löste Gladstone Disraeli als Premierminister ab. Gladstone hatte im Wahlkampf durchblicken lassen, er beabsichtige, die Republik Transvaal wiederherzustellen. Zumindest hatte er die Annexion in seinen Reden in Midlothian als »unvernünftig« und »despotisch«[9] verurteilt und darauf hingewiesen, daß diese neue Kolonie nur mit Waffengewalt gehalten werden könne. Gladstones rechte Hand, Lord Hartingdon, der Führer der Whigs, war sogar noch weitergegangen und hatte im Unterhaus erklärt, ein falsch verstandenes Ehrgefühl dürfe die Engländer nicht davon abhalten, den Transvaal wieder in die Unabhängigkeit zu entlassen. Diese Worte und Gladstones Rede fanden in Südafrika weite Verbreitung.

Im Text der Thronrede, die die Königin anläßlich des Amtsantritts der neuen liberalen Regierung hielt, fand Kruger jedoch kein Wort über Unabhängigkeit, sondern nur einen vagen Hinweis auf Selbstverwaltung. Bereits am 10. Mai hatte Kruger an Gladstone geschrieben und gefragt, ob er beabsichtige, die Annexion rückgängig zu machen. Die Antwort, die im Juni in Kapstadt eintraf, war so unverblümt und kompromißlos, daß sie genausogut aus Disraelis Feder hätte stammen können: Gladstone könne Ihrer Majestät nicht die Empfehlung geben, ihre Oberherrschaft über den Transvaal aufzugeben.

Am Samstag, dem 10. Dezember 1880, faßten die in Paardekraal versammelten Buren den feierlichen Entschluß, die *Vierkleur*, die Nationalflagge, zu hissen und die Republik auszurufen. Einmütig wurde beschlossen, die alte Regierung und den Volksraad von 1877 wieder einzusetzen. Die Regierungsverantwortung sollte auf ein Triumvirat übertragen werden: den Vizepräsidenten Paul Kruger, den ehemaligen Präsidenten Marthinus Pretorius (er war der Sohn des Staatsgründers, nach dem die Hauptstadt benannt war) und den unerfahrenen neuen Generalkommandanten Piet Joubert. Natürlich spielte Kruger in diesem Rat die führende Rolle.

Um der wiedereingesetzten Regierung Legitimität zu verleihen, verfaßte man eine Proklamation, die die Unabhängigkeitserklärung sowie ein Ultimatum an die Briten enthielt. Die neue Regierung der Buren würde in Heidelberg, 90 Kilometer südlich von Pretoria, residieren, einem Ort, der sowohl zentral gelegen als auch weit genug von der nächsten britischen Garnison entfernt war. Der Plan der Burenführer war ebenso einfach wie überzeugend: Die Bürger sollten in kleinen Gruppen Pretoria und andere Städte belagern, in denen britische Truppen stationiert waren.

Ein Großteil der Armee unter General Joubert würde sich in Natal sammeln und General Colley daran hindern, mit Verstärkung nach Norden zu ziehen.

Den Burenführern des Transvaal standen weder eine reguläre Armee noch ausgebildete Soldaten zur Verfügung. Zwar waren ihre Waffen – einschüssige Martini-Henrys und Westley-Richards – mindestens ebenso gut wie die der Briten, doch sie besaßen mit ungefähr fünfzehn Schuß pro Mann nicht ausreichend Munition und verfügten über keine Artillerie.

Dafür hatten sie zwei Vorteile auf ihrer Seite. Erstens waren sie mit ihrem gesamten Aufgebot von etwa 7000 Männern den britischen Truppen in Transvaal und Natal im Verhältnis von ungefähr drei zu eins überlegen. (Da jedes englische Schiff Verstärkung nach Südafrika bringen würde, mußten sie schnell handeln.) Zweitens war den Buren zwar die europäische Kriegskunst unbekannt, doch den Krieg im *veld* beherrschten sie. Mit ihren Gewehren hatten sie in der Wildnis einen Staat geschaffen und dabei die Eingeborenen niedergeschossen wie Tiere. Und jetzt würden sie *rooineks* (Engländer) jagen – mit Hilfe Gottes und der Martini-Henrys.

Am 15. Dezember löste sich die große Versammlung auf.

Zwei staubbedeckte Kompanien von Rotröcken, bestehend aus 248 Soldaten und neun Offizieren, schleppten sich den von Bauernkarren ausgefahrenen Weg entlang, der von Lydenburg nach Pretoria führte. Die häufigen Gewitter erschwerten ihren Vormarsch ebenso wie ihre 34 Gepäckwagen. Am 5. Dezember waren sie aufgebrochen, und bis zum 20. Dezember hatten sie lediglich knapp 190 Kilometer zurückgelegt. Immerhin würden sie in zwei Tagen in Pretoria eintreffen. Allmählich veränderte sich die Landschaft: aus dem harten, flachen *veld* des Osttransvaal, trocken und fade wie ein Armeezwieback, gelangten sie in freundlicheres Gelände mit grünen Tälern und Dornbüschen. Um die Männer bei Laune zu halten, spielte die Regimentskapelle an der Spitze des Zuges »God Save the Queen«.

Oberst Anstruther, der Kommandant der beiden Kompanien, der vorausgeritten war, um in der Nähe von Bronkhorst Spruit (Brunnenkressegraben) einen Rastplatz zu suchen, bemerkte plötzlich, daß die Musik abbrach. Als er sein Pferd umwandte, sah er etwa 150 bewaffnete Buren, die zwischen den Dornbüschen links des Weges hervorstürzten. Einer von ihnen ritt mit einer weißen Flagge auf Anstruther zu und überreichte ihm eine Botschaft in englischer Sprache. Darin informierte ihn der Kommandant der Buren, daß vor vier Tagen in Heidelberg die Republik ausgerufen und den Briten ein Ultimatum gestellt worden sei. Seine Truppen müßten auf der Stelle anhalten, andernfalls könnten die Buren für die Folgen nicht garantieren.

Anstruther entgegnete, er habe den Befehl, nach Pretoria zu marschieren, und genau das werde er auch tun. Dann galoppierte er zu seinen Männern zurück und ließ sie Gefechtsaufstellung nehmen.

Das, was folgte, brach über die Briten herein wie ein Alptraum.

Ein Kugelregen ging auf die Musiker nieder, als sie Hörner und Trommeln hinwarfen und zu den Wagen eilten, um ihre Waffen zu holen. Gewehrkugeln durchbohrten die Soldaten, die sich gerade in einer Linie aufstellten, zerfetzten die Wagen hinter ihnen und ließen die angeschossenen Ochsen durchgehen. Die Soldaten wollten das Feuer in Salven erwidern, so wie sie es gelernt hatten. Doch die Buren hatten sich im Schutz des Pulverdampfes zurückgezogen und hinter Felsen und Bäumen versteckt. Andere schwärmten aus, um die Kolonne zu umzingeln. Sie spannten die Leitochsen der Fuhrwerke aus und töteten die eingeborenen Kutscher.

Der Alptraum dauerte nur wenige Minuten. Die lediglich mit Schwert und Revolver bewaffneten Offiziere standen in vorderster Linie, um ihre Männer zu ermutigen. Das war tapfer, aber selbstmörderisch. Nach kurzer Zeit schon gab Anstruther den Befehl, zum Einstellen des Feuers zu blasen. Das Gelände glich einem Schlachthof. Fünf der neun Offiziere waren tot oder hatten tödliche Verletzungen erlitten. Zu ihnen gehörte Anstruther, den fünf Kugeln ins Bein getroffen hatten. Die weiße Flagge wurde gehißt. Ein Drittel der Soldaten war gefallen und ein Drittel zumeist schwer verletzt. Verwundete Ochsen rannten kopflos mit den zerstörten Karren im Schlepptau zwischen den Toten und Sterbenden umher.

Als sie die weiße Flagge erblickten, strömten die Buren von allen Seiten heran. Sie nahmen den Soldaten die Gewehre ab, schlugen ihnen die weißen Helme vom Kopf und wiesen sie an, sich hinzuhocken wie Eingeborene. Ihr Anführer, Frans Joubert, schüttelte Anstruther die Hand und erklärte, es täte ihm leid, daß er verwundet sei. Man ließ einen Arzt und ein Arbeitskommando da und schickte sogar einen Boten nach Pretoria, der zusätzliche Hilfe holen sollte. Dann trieben die Buren die unverletzten Gefangenen zusammen und machten sich auf den Weg nach Heidelberg. Mit sich nahmen sie heißbegehrte Beutestücke: Karren, Pferde und Wagen, vor allem aber drei Wagenladungen Martini-Henrys und Munition.

Ihr Unabhängigkeitskrieg hatte, dem Himmel sei Dank, einen guten Anfang genommen. Keine Viertelstunde hatten die Buren gebraucht, um ein Achtel der britischen Truppen im Transvaal außer Gefecht zu setzen.

In London ließ sich niemand übermäßig aus der Ruhe bringen, als die Nachricht von der Unabhängigkeitserklärung der Buren eintraf. Es war Vorweihnachtszeit, und nichts auf der Welt hätte die Festtagsstimmung stören können – vor allem keine Erklärung, die 9000 Kilometer entfernt auf dem *veld* verlesen worden war.

Weder die Experten im Kolonialministerium noch der Verfasser der Leitartikel der *Times* wußten so recht, was sie von den Vorgängen im Transvaal halten sollten. Aus Durban wurde berichtet, daß die Buren westlich von Standerton die Telegraphenleitungen durchgeschnitten hätten; deshalb waren die eintreffenden Meldungen kurz und verwirrend. In dem offiziellen Telegramm, das Generalmajor Sir George Colley am 19. Dezember aus seinem Hauptquartier in Natal abschickte und das am 20. Dezember in London eintraf, hieß es noch: »Keinerlei Gewalttaten oder Zusammenstöße«.[10] In London hatte man auch nichts dergleichen erwartet. Schließlich war von Colley und Lanyon seit Monaten zu hören gewesen, die Dinge seien auf dem Wege der Besserung.

So verließen Gladstone und sein Kabinett am Tage vor Weihnachten London, um die Feiertage auf dem Land zu verbringen. Die meisten Regierungsmitglieder gehörten zu den Whigs, den Adligen unter den Liberalen, die entsprechend große Landhäuser besaßen.

Am ersten Weihnachtstag traf beim diensthabenden Beamten im Kolonialministerium die Nachricht von der Katastrophe bei Bronkhorst Spruit ein und wurde an die Königin, Lord Kimberley sowie Gladstone und sein Kabinett weitergeleitet. Niemand nahm die Meldung mit größerer Fassungslosigkeit auf als Lord Kimberley, der Kolonialminister. Er warnte seinen Vorgesetzten, die Nachricht »ernst« zu nehmen, denn »ein Anfangserfolg kann der Rebellion neuen Auftrieb geben«.[11] Dennoch

130

wagte er kaum, um Verstärkung zu bitten, denn er kannte Gladstones notorischen Widerwillen gegen Militärausgaben. Schließlich forderte er schweren Herzens ein zusätzliches Regiment (warum nur eines, sollte man ihn bald fragen).

Die Königin nahm die Nachricht so gelassen auf, wie man es unter den gegebenen Umständen erwarten konnte. Diese Ereignisse bestätigten nur ihre Meinung über Gladstone. Sie hatte den Premier von jeher verabscheut; seine unbeherrschten Angriffe gegen Disraeli und sein salbungsvolles Auftreten ihr gegenüber bewiesen nur, daß er seinem Amt nicht gewachsen war. Jetzt schrieb sie, möglicherweise mit einem Anflug von Schadenfreude: »Die Buren sind ein gefährlicher Feind, und wir müssen Sir G. Colley jede Unterstützung zuteil werden lassen.«[12]

Zähneknirschend gab Gladstone seine Zustimmung. Als er noch auf der Oppositionsbank saß, hatte er die Buren in dem Glauben bestätigt, sie seien mit ihrer Forderung nach Unabhängigkeit im Recht. Bei seinem Regierungsantritt versetzte er ihnen jedoch einen Schlag ins Gesicht: Unabhängigkeit stünde nicht zur Debatte.

Warum hielt sich Gladstone, der mit wahren Argusaugen über die moralischen Verfehlungen anderer wachte, nicht an sein Versprechen? Warum steckte dieser Anwalt unterdrückter Nationen rund um die Welt den Kopf in den Sand und ließ den Transvaal ins Verderben laufen? Man muß ihm zugute halten, daß er von London aus erkannte, was die Männer vor Ort – Wolseley, Colley und Lanyon – nicht einsehen wollten: daß der Widerwillen der Buren, sich von den Engländern regieren zu lassen, ein leidenschaftliches Aufbegehren gegen die Mißachtung eines Grundrechts war. Man konnte die Probleme im Transvaal nicht unter den Teppich kehren, indem man Kruger und die anderen Burenführer als eine Handvoll Streithähne abtat. Doch genau diese Politik hatte das Kolonialministerium einschließlich des neuen liberalen Kolonialministers Lord Kimberley bislang verfolgt. Frere hatte zwar den Laufpaß erhalten, doch die Beamten des Ministeriums suchten nach wie vor händeringend nach einer Möglichkeit, die Kapkolonie und den Transvaal in einer Konföderation zusammenzuschließen. Und Gladstone hüllte sich in Schweigen, vielleicht sogar wider besseres Wissen. Im Mai schwor er seine Regierung zwar auf die offizielle Linie ein, die Briten müßten den Transvaal halten, doch in Wahrheit verschwendete er keinen Gedanken an diese Kolonie. Er steckte bis zum Hals in der irischen »Suppe«, wie er es nannte. Das

Gebräu wurde allmählich »dick« und vergiftete die gesamte Atmosphäre. Ein Bürgerkrieg drohte nicht nur in Irland, sondern auch in seinem eigenen Kabinett.

Wie konnte Gladstone verhindern, daß sich seine eigene Partei über der Frage des »Home Rule«, des Selbstverwaltungsrechts der Iren, zerfleischte? Die Whigs, die liberalen Großgrundbesitzer, traten ebenso uneingeschränkt für die Rechte der irischen Landbesitzer ein wie die Radikalen für die Rechte der Pächter. Hamilton, Gladstones einunddreißigjähriger Protegé und Sekretär, hielt in seinem Tagebuch fest: »Er [Gladstone] trägt die ganze Last Irlands auf den Schultern, und das Kabinett steht im Kreuzfeuer des rechten und des linken Flügels.«[13]

Auf der ersten Kabinettssitzung nach Weihnachten zog der »Grand Old Man« einen neuen Trick aus seinem berühmten Zauberhut. Um die Landbesitzer zu beruhigen, setzte er die Habeascorpusakte außer Kraft. Dadurch wurde die Regierung ermächtigt, Unruhestifter festzunehmen, auch wenn keine Beweise gegen sie vorlagen. Die Radikalen versuchte er zu besänftigen, indem er sich für eine Landreform stark machte. Ein weiteres Zugeständnis an die Radikalen war der Beschluß, sich aus Afghanistan zurückzuziehen. Obwohl dies eine Abkehr von Disraelis Expansionspolitik der vergangenen Jahre bedeutete, waren die Whigs mit diesem Schritt einverstanden. Sie konnten den teuren imperialistischen Abenteuern mittlerweile auch nicht mehr Geschmack abgewinnen als der Rest der liberalen Partei.

Es fiel niemandem weiter auf, daß Gladstone angesichts all dieser Schwierigkeiten ein Thema unter den Tisch fallen ließ. Das Kabinett tagte. Das Parlament trat zusammen. Die Ansprache der Königin wurde verlesen und debattiert. Doch mit keinem Wort erwähnte man den Transvaal.

Ende Februar wirkte dieses Schweigen um so erstaunlicher, als die Hiobsbotschaften aus dem Transvaal allmählich den Unglücksmeldungen aus Irland den Rang abliefen. General Colley, dessen Truppen lediglich durch das eine Regiment verstärkt worden waren, hatte mittlerweile zwei weitere Gefechte gegen die Buren bestehen müssen. Sowohl in Laing's Nek am 28. Januar als auch in Ingogo am 7. Februar wurde er von kleinen Kampftrupps mit schweren Verlusten zurückgeschlagen.

Zur gleichen Zeit berichtete Sir Hercules Robinson, der neue Gouverneur der Kapkolonie, von einer bedenklichen Zuspitzung der Krise. Die

Buren aus dem Oranje-Freistaat sammelten sich und wollten sich ihren Brüdern im Transvaal anschließen, und die Afrikaander aus der Kapkolonie, zahlenmäßig stärker denn je, spielten mit dem Gedanken, es ihnen gleichzutun. Zwar konnte er die Experten aus dem Kolonialministerium auch mit diesem Notruf nicht überzeugen, doch immerhin brachte er damit den Kolonialminister zum Nachdenken. Lord Kimberley revidierte seine Politik und schlug Gladstone vor, Friedensverhandlungen mit den Buren anzusteuern. Er habe schon immer die Meinung vertreten, die Annexion des Transvaal durch Disraeli sei ein bedauerlicher Fehler gewesen. Besser man schlüge jetzt – trotz der drei Niederlagen – den Verhandlungsweg ein, anstatt sich in Südafrika ein neues Irland einzuhandeln. Man hätte bereits im April, direkt nach Regierungsantritt der Liberalen, Unterhändler in den Transvaal schicken sollen. In diesem Fall hätte man allerdings zuvor Frere entlassen und die Annexion rückgängig machen müssen, wodurch Gladstone den äußersten Unwillen der Königin auf sich gezogen hätte.

Gladstone war nicht der Mann, den eine solche Gewissensentscheidung geschreckt hätte – und die Liberalen hätten seinen Beschluß geschluckt. Die Radikalen der Partei würden die Rückgabe des Transvaal an die Buren ohnehin als staatsmännischen und ehrenhaften Schritt begrüßen. Und die Adligen würden schweigen. Laßt die Königin doch toben und die Imperialisten heulen!

Am 16. Februar erteilte er Colley die Anweisung, Kruger einen Waffenstillstand und Friedensverhandlungen anzubieten. Unter der Voraussetzung, daß sie die britische Oberhoheit anerkannten (im Endeffekt die Kontrolle ihrer Außenpolitik), sollten die Buren ihre Unabhängigkeit ohne weiteres Blutvergießen haben.

Die Königin war verstimmt, und die Torys zeigten sich mißtrauisch. Doch sie hatten keine Handhabe, Gladstone von diesem erniedrigenden Friedensvertrag (Friedenschluß nach Niederlage) mit den burischen Rebellen abzuhalten. Sir George Colley, der mit seinen Truppen in den Bergen von Natal vor der befestigten Stellung der Buren bei Laing's Nek lag, hatte da größere Freiheiten. Von Frieden wollte er nichts wissen, vielmehr suchte er nach einer Möglichkeit, sich von der Schande reinzuwaschen. Das verlangte nicht nur sein eigenes Ehrgefühl, sondern auch die Ehre der Armee. Und dafür sollte ihm kein Opfer zu groß sein.

Nicht daß Colley den Kabinettsentschluß mißachtet hätte, der ihm den Waffenstillstand gebot. Ihm kam es gelegen, daß Kimberleys Anweisungen in dem Telegramm vom 16. Februar so vage formuliert waren, daß man sie falsch auslegen konnte: »Teilen Sie Kruger mit, daß wir bereit sind, eine Kommission mit entsprechenden Befugnissen auszustatten, wenn die Buren ihren bewaffneten Widerstand aufgeben ... Fügen Sie hinzu, daß Sie bevollmächtigt sind, die Feindseligkeiten einzustellen, wenn unser Vorschlag angenommen wird.«[14] In seinem Antwortkabel bat Colley um genauere Instruktionen. Wollte Kimberley damit tatsächlich sagen, er solle die Buren im Besitz von Laing's Nek lassen, jenseits der Grenze nach Natal, während die britischen Garnisonen im Transvaal noch immer belagert wurden? »Ja«, antwortete Kimberley. »Wenn eine Übereinkunft zustande kommt«, solle er weder versuchen, Laing's Nek zurückzuerobern noch die britischen Garnisonen im Transvaal zu entsetzen. Es sei lediglich sicherzustellen, daß sie nicht von der Versorgung abgeschnitten würden. Alles hinge davon ab, ob »eine Übereinkunft zustande kommt«, indem Kruger den Waffenstillstand akzeptiere. Um dies herauszufinden, solle Colley Kruger »eine angemessene Frist« setzen, innerhalb derer er die Antwort erwarte.[15]

Was war mit einer »angemessenen Frist« gemeint? Achtundvierzig Stunden, befand Colley – ohne Rückendeckung aus London. Zwar war ihm von seiten der Buren ausdrücklich erklärt worden, es würde mindestens sechs Tage dauern, bis Krugers Antwort aus Heidelberg eintreffen könne (tatsächlich hielt Kruger sich in Rustenberg auf, und seine Antwort kam nach zwölf Tagen). Doch Colley bestand auf seinen achtundvierzig Stunden – wahrhaft eine angemessene Frist, wenn man bedenkt, daß er den Waffenstillstand verhindern wollte!

In seinem Wahn hatte Colley plötzlich die Eingebung zu einem, wie er glaubte, großartigen strategischen Meisterstück. Im äußersten Westen der feindlichen Schützengräben bei Laing's Nek überragte ein 600 Meter hoher Tafelberg die ansonsten über Meilen hinweg flache Landschaft. Wenn er ihn im Handstreich erobern könnte, müßten die Buren ihre Stellung aufgeben und sich wieder über die Grenze in den Transvaal zurückziehen. Das Gelingen dieser Aktion, die möglicherweise sogar ohne Blutvergießen ablaufen würde, hinge ganz davon ab, daß sie im Verborgenen und schnell durchgeführt wurde. Da die Eingeborenen berichteten, die Buren hätten auf dem Berg keine Befestigungen errichtet, konnte er davon ausgehen, daß sie einem Angriff nicht standhalten würden.

In aller Eile stellte Colley eine 600 Mann starke Truppe zusammen. Zwei Wochen zuvor waren drei Kompanien der 92. Highlander in Durban eingetroffen. Diese bekamen nun eine Ration für drei Tage und eine komplette Ausrüstung einschließlich Schaufeln und Spaten zugeteilt. Am 26. Februar bezogen sie ihre Stellung. Zuvor hatten nur einige Stabsoffiziere gewußt, wohin ihr Dreitagemarsch sie führen würde, und erst als sie den Berg erklommen, erfuhren die Soldaten, daß sie am Ziel waren.

Für den nächtlichen Aufstieg benötigten sie gute Führer, starke Nerven und eine gehörige Portion Glück. Für Colley erfüllten sich die drei Voraussetzungen. Nach kurzer Suche fanden die afrikanischen Führer den Pfad, der auf die Hochebene führte. Die Soldaten tasteten sich stolpernd über die Felsen und ächzten unter der Last ihrer Gewehre und Mäntel, der Dosen mit gepökeltem Rindfleisch und Munitionssäcke. Alle paar hundert Meter mußten sie rasten. Die steilsten Abschnitte in der Nähe des Gipfels legten sie auf allen vieren zurück. Trotzdem verlief der Aufstieg ungehindert. (Der Vorposten der Buren, der an jenem Abend den Berg beobachten sollte, hatte sich in der Dunkelheit verirrt.) Um vier Uhr nachts führte Colley selbst die lange Reihe der Soldaten auf den flachen Gipfel. Erschöpft ließen sich die Männer ins Gras fallen. Colley blickte über den Rand des Plateaus. In kaum zwei Kilometern Entfernung und sechshundert Meter unter ihnen flackerten die Laternen der Buren zwischen den Karren. Der ahnungslose Feind schlief.

Als das Tageslicht über die Ebene flutete und Colley die Schützengräben der Buren wie im Sandkasten unter sich erblickte, wurde er von einer ungeheuren Erleichterung erfüllt. Die Anstrengung der letzten Wochen, das bittere Gefühl seiner Niederlagen lösten sich plötzlich in Luft auf. »Hier könnten wir für immer und ewig bleiben«[16], sagte er zu Stewart, seinem Oberstabschef. Hier auf dem Gipfel sei es nicht nötig, Gräben zu ziehen, erklärte er Major Fraser, seinem Stellvertreter. Die Männer seien erschöpft, und man brauche sie nicht noch zusätzlich zu strapazieren. Ihre Stellung sei ohnehin uneinnehmbar.

Er ließ die Hälfte der Soldaten als Reserve in der Mitte der Hochebene und wies die anderen an, entlang des Rands Stellung zu beziehen. Der Feind befand sich offenbar bereits auf dem Rückzug – wie sollte man sich sonst erklären, daß die Buren umherliefen wie die Ameisen, ihre Pferde sattelten und ihre Karren in Bewegung setzten? Colley schickte ein optimistisches Telegramm in das Lager, das nach London weitergeleitet werden sollte. Seine Soldaten standen ihm an Unbekümmertheit nicht nach. Sie unternahmen keine Anstrengungen, ihre Anwesenheit geheimzuhalten, und einige schwangen drohend die Fäuste in Richtung auf die Buren.

Die Highlander auf dem Berg waren kaum zu übersehen, und zunächst breitete sich im Lager der Buren Panik aus. Der junge Offizier Stephanus Roos beschrieb die Situation folgendermaßen: »Alles und jeder befand sich im Zustand der Verwirrung. In meinem Herzen wußte ich, daß wir verloren wären, wenn wir die Engländer nicht sofort vom Gipfel vertreiben würden und ihnen Zeit ließen, sich zu verschanzen und Kanonen zu holen. Wir hatten weder die Zeit noch die Möglichkeit, einen Kriegsrat abzuhalten. Ich fing mein Pferd ein und ritt zum Fuß des Berges. Hier und da sah ich vereinzelte Männer . . . die auch herangeritten kamen . . . Ich rief und winkte mit dem Hut, damit wir uns unter den Felsen versammelten.«[17]

Der Kommandeur, General Piet Joubert, hatte wie immer Posten aufgestellt. Er saß allein in seinem Zelt und schrieb einen Brief an den Präsidenten des Oranje-Freistaats, Brand, in dem er über das Friedensangebot berichtete. Aufgeschreckt durch die Schreie: »Aufsitzen! Aufsitzen!« erfuhr er, daß die Briten den Gipfel besetzt hatten. Er übergab einem seiner besten Männer, dem General Nicolas Smit, das Kommando für den Einsatz, als handele es sich um ein Scharmützel in einem der endlosen Kriege mit den Eingeborenen. Smit hielt eine kurze leidenschaftliche Rede, in der er seine Zuhörer aufforderte, sich freiwillig zu melden. »Diejenigen, die keine Feiglinge sind, müssen sich uns anschließen.«[18]

Zu diesem Zeitpunkt waren Roos und seine Männer unter einem Felsvorsprung im Schatten des Berges bereits abgestiegen und hatten ihren Ponys in einem ausgetrockneten Flußlauf Fußfesseln angelegt. Hier stieß ein anderer Offizier, Kommandant Joachim Ferreira, zu ihnen. Die beiden beschlossen, sich in zwei Gruppen aufzuteilen. Ferreira wollte den kleinen Hügel stürmen, der das Hochplateau im Nordwesten abschloß, während Roos den Rand der Hochebene angreifen wollte, indem er sich mit seinen Soldaten von Vorsprung zu Vorsprung hocharbeitete.

Gegen die Briten gingen sie mit der gleichen improvisierten Taktik vor, wie sie sie auch gegen die Eingeborenen angewandt hätten. Ein Teil der Soldaten würde ihre Kameraden von unten mit Feuerschutz unterstützen, während diese schubweise nach oben kletterten. Die nach oben stürmenden Gruppen würden sich gegenseitig Flankenschutz geben. Diese Taktik funktionierte bestens. Die Buren kamen zwar nur langsam voran, indem sie bäuchlings über Grasbüschel und lose Felssteine krochen, während ihnen die Kugeln der Engländer um die Ohren pfiffen. Doch das wütende Feuer von unten schützte sie und zwang die Briten, in Deckung zu gehen. Gegen Mittag, drei bis vier Stunden nach Ausbruch der Kämpfe, hatten Roos und seine Männer den Gipfel beinahe erreicht; und vom Feind trennten sie nun nur noch wenige Meter, nicht mehr als ein dicker Felsbrocken. Roos hob den Kopf, zog ihn jedoch entsetzt gleich wieder ein. Das Plateau wimmelte nur so von *rooibatje*, von Rotröcken!

Während die Buren auf allen vieren den Berg emporkletterten, lagen die Briten faul auf dem Rücken. So verbrachten die meisten der Soldaten den Vormittag. Die Sonne brannte heiß vom Himmel, sie waren erschöpft, und der General hatte keine Befehle gegeben. Durch das Sperrfeuer aus den Gewehren, ja selbst von den Querschlägern, die nach einer gewissen Zeit über ihren Köpfen durch die Luft zischten, ließen sie sich zunächst nicht stören. Im Gegenteil, sie nahmen das Sperrfeuer als Beweis für die hilflose Wut der Buren.

Am Rand des Plateaus gewann man von den Vorgängen einen anderen Eindruck. Leutnant Ian Hamilton hatte den Plan der Buren schon längst erkannt. Er hatte durch den Feldstecher beobachtet, wie große Teile der Buren (Roos' und Ferreiras Männer) durch ein Maisfeld zu einem Flußlauf galoppierten und dort ihre Pferde zurückließen. Dann sah er, wie sie unter Feuerschutz in Gruppen von zehn bis fünfzehn Mann zwanzig, dreißig Meter durchs offene Gelände stürmten, bis sie aus seinem Gesichtsfeld entschwanden. Er beschloß, seine Beobachtung dem General zu melden, und eilte gebückt zur Mitte der Hochebene. Colley dankte Hamilton, und dieser kehrte auf seinen Posten zurück. Währenddessen setzte der Feind seine Aktion fort: 100, 200, 300, 400 Buren eilten zum Fuß des Berges und begannen den Aufstieg. Viermal erstattet Hamilton Colley Meldung. Er bat um Verstärkung, doch mehr als fünf Soldaten und ein Offizier wurden ihm nicht bewilligt. Schließlich hörte er, der General sei eingeschlafen.

Ungefähr hundert Meter links von Hamiltons Standort ragte ein kleiner Hügel in der Hochebene auf, den Colley mit seinen wenigen Männern nicht sichern konnte. Links von dem Hügel hatte die Kompanie B der Gordon Highlander unter Befehl von Leutnant Hector MacDonald Stellung bezogen. Kurz nach Mittag hörte Hamilton unvermutet eine krachende Gewehrsalve, und ungefähr sechzig Meter zu seiner Linken rissen Kugeln den Boden auf. Die Buren – es waren Ferreiras Männer – hatten den Hügel gestürmt. Zwei oder drei Soldaten fielen, die anderen nahmen Reißaus. Die Offiziere zogen die Reserve heran, Highlander mit starren Bajonetten und Blauröcke mit Macheten. Sie wirkten eingeschüchtert und verängstigt. Eine neue schreckliche Salve kam vom Hügel. Ungefähr sechzehn Mann der Reserve fielen, der Rest machte sich aus dem Staub. Bevor Hamilton sich von seiner Überraschung erholt hatte, tauchte eine Reihe von Buren mit dem Gewehr im Anschlag aus dem Pulverdampf auf und gab gezielte Fangschüsse ab. Hamilton rannte zu der Mulde in der Mitte der Hochebene. Die meisten Soldaten der beiden Kompanien blieben tot oder verwundet zurück. Einige wenige Glückliche wurden gefangengenommen.

In panikartiger Flucht fluteten die Reservisten hinter die Verteidigungslinie zurück. Colley befand sich noch immer in der Mulde und sah nicht, was draußen vor sich ging. Trotz des Durcheinanders gelang es, an der Reihe kleiner Felsen in Colleys Nähe eine neue Frontlinie zu errichten. In knapp dreißig Metern Entfernung, in Kernschußweite, aber verdeckt vom Pulverdampf, lagen die Buren, sichtbar waren nur ihre Gewehrmündungen. Man mußte brüllen, um sich in dem infernalischen Getöse überhaupt Gehör zu verschaffen, berichtete Thomas Carter von der *Natal Times* später. Die Offiziere bellten: »Also, Kameraden, wartet, bis sie sich zeigen, und dann zielt tief, zielt tief!« Anschließend kam der Befehl: »Ausschwärmen!«[19] Aber niemand hatte so rechte Lust, den Schutz der Felsen zu verlassen. Ganz allmählich umrundeten die Buren das Plateau, und Colleys Männer an den Flanken verließen mit der Ausrede, sie müßten Munition holen, Hals über Kopf ihre Posten. Ungefähr zehn Minuten lang konnten die Männer in der Mitte ihre Feuerlinie halten. Ian Hamilton, der sich vom ersten Schrecken wieder erholt hatte, fragte Colley, ob sie nicht einen Bajonettangriff wagen sollten. Colley finde die Frage hoffentlich nicht anmaßend, fügte er hinzu. »Keineswegs anmaßend, Mr. Hamilton«, gab Colley kühl zurück, »aber wir warten, bis die Buren näherkommen, bevor wir eine Salve abgeben und stürmen.«[20]

Dies sind die letzten Worte, die von Colley überliefert sind. Seine Soldaten wollten nicht länger warten. Die Highlander, 58iger und Blauröcke, die die dünne Verteidigungslinie hielten, hatten genug. Carter hörte hinter sich einen »plötzlichen markerschütternden Entsetzensschrei«. Die Linie schwankte. Vergeblich schrien die Offiziere: »Was zum Teufel macht ihr da? Kommt zurück! Kommt zurück!«[21] Bevor Carter aufstehen konnte, stürmte die Welle von Fahnenflüchtigen über ihn hinweg. Die verschreckten Männer drängten zurück zu dem Pfad, auf dem sie am frühen Morgen aufgestiegen waren. Auf den Fersen folgten ihnen die Offiziere, einschließlich des verwundeten Hamilton.

Die britischen Soldaten wurden abgeschossen wie die Hasen. Nur ein Mann hielt seinen Posten, um zu sterben wie ein Römer: General Colley. Er hatte schließlich auch für einiges geradezustehen. Nach eigenem Gutdünken hatte er einen Waffenstillstand abgelehnt, dann den abenteuerlichen Coup bei Majuba gewagt und schließlich versäumt, auf der Hochebene Schützengräben ziehen zu lassen. Nun war er bereit, mit seinem Leben zu büßen. Aufrecht ging er auf den Feind zu, den Revolver in der Hand. Roos, der den Angriff der Buren befehligte, erblickte zwar die einsame Gestalt, erkannte den Mann aber nicht. Im nächsten Augenblick sank Colley zu Boden, niedergestreckt von einer burischen Kugel.

Als die Nachrichten von Majuba am folgenden Tag, dem 28. Februar, in London eintrafen, war die Erschütterung über die Demütigung sogar noch größer als nach der Niederlage bei Isandlwana. Gladstone, der von den Neuigkeiten im Bett erfuhr, glaubte im ersten Moment, dies sei das Ende seiner Amtszeit als Premier. Jetzt würden sie von drei Seiten über ihn herfallen – die Radikalen, die Whigs und die Torys.

Chamberlain, Bright und andere Radikale warfen Kimberley vor, die Friedensverhandlungen torpediert zu haben, und drohten für den Fall, daß er im Amt bliebe, mit ihrem Rücktritt.

Die Königin und die Torys verurteilten unisono die Politik der Schwäche, die zu diesem Fiasko geführt hatte. Die Niederlage von Majuba schien weitaus schmachvoller als das Debakel bei Isandlwana, denn die Buren hatten Gefangene gemacht (56, hinzu kamen die 132 Verwundeten; 96 waren gefallen), während die Zulus die britischen Soldaten als tote Helden auf dem Schlachtfeld zurückgelassen hatten. Die Torys forderten, man müsse nun beweisen, wer der Herr im Hause sei. Die

Times schrieb: »Solange wir nicht bereit sind, uns sofort und bedingungslos aus Südafrika zurückzuziehen« – was natürlich nicht zur Debatte stand – »müssen wir unsere angeschlagene Autorität wiederherstellen.«[22]

Niemand litt mehr unter der Demütigung als Wolseley. Colley war sein Protegé gewesen, der erste Offizier seines Kreises. Die Wurzel des Übels lag in Wolseleys Überzeugung, daß die Buren nicht kämpfen würden. Zu allem Überfluß ernannte die Regierung Wolseleys verhaßten Rivalen, Sir Frederic Roberts, zum Befehlshaber der 10 000 Mann Verstärkung, die die Buren niederschlagen sollten, falls sich die Hoffnungen auf eine friedliche Lösung zerschlugen.

Wolseley war jedoch nicht lange gekränkt, denn Gladstone verblüffte Freund und Feind mit einem neuen Zaubertrick: Er legte dem Kabinett die Telegramme vor, die aus der Korrespondenz mit Afrika stammten. Auf diese Weise erfuhren seine Minister von Colleys 48-Stunden-Ultimatum. Mehr noch: Kruger hatte am 4. März den Waffenstillstand akzeptiert, weshalb die Schlacht von Majuba völlig überflüssig gewesen war. Majuba würde die Friedensverhandlungen erschweren. Dennoch war ein Friedensschluß jetzt nötiger denn je, denn andernfalls mußte man mit einem Bürgerkrieg in der Kapkolonie rechnen, und die Briten würden ganz Südafrika verlieren.

Am 23. März wurde zwischen Unterhändlern der Briten und der Buren auf O'Neill's Farm ein vorläufiger Friedensvertrag unterzeichnet. Der Krieg war beendet. Die britischen Soldaten, die in Pretoria und anderen Garnisonsstädten eingeschlossen waren, erhielten freien Abzug. Am 3. August wurden die Beziehungen zwischen dem Transvaal und Großbritannien in der Konvention von Pretoria offiziell geregelt. Der Transvaal erhielt den Status einer Republik, wurde jedoch nicht vollständig in die Unabhängigkeit entlassen. In einer Reihe von Klauseln wurde die »Oberhoheit« Großbritanniens festgeschrieben, die England das Recht gab, vor allem in Fragen der Außenpolitik einzugreifen.

Vielleicht war dies die wichtigste Konsequenz von Gladstones Zaubertrick – die niemanden mehr in Erstaunen versetzte als Gladstone selbst. So hastig und demütigend dieser taktische Rückzug war, so machte er doch den Weg frei für einen strategischen Vorstoß in Gebiete nördlich des Transvaal.

KAPITEL 7

Die Rettung des Bey

Paris und Tunis
23. März – November 1881

>»Wir stehen mit dem Rücken an der Wand, und deshalb müssen wir
>Europa beweisen, daß wir noch wer sind . . .«
>
>*Marquis de Noailles,*
>der französische Botschafter in Berlin, zu seinem Außenminister
>Saint-Hilaire am 26. Januar 1881

D er Staatssekretär für Auswärtige Angelegenheiten am Quai d'Orsay
war der großgewachsene, sechsundvierzigjährige Baron Alphonse
de Courcel. Er, der Bewunderer des gegenwärtigen Ministerpräsidenten
Jules Ferry, hatte es sich als dienstältester Diplomat zur Aufgabe gemacht,
wieder Schwung in die französische Außenpolitik zu bringen. Allerdings
hegte er keine großen Hoffnungen, daß ihm dies auch gelingen würde.
Denn die öffentliche Meinung war ebenso schwankend wie ein Blatt im
Wind, und die Politiker aller Parteien zitterten gleichermaßen beim Gedanken an die bevorstehenden Wahlen.

An einem klaren, kühlen Morgen machte Courcel sich auf den Weg zu
Jules Ferrys Rivalen Léon Gambetta, dem mächtigen Vorsitzenden der
Union Républicaine, der das Amt des Parlamentspräsidenten innehatte.
Falls er Gambettas Unterstützung gewinnen konnte, würde es vielleicht
gelingen, Jules Ferrys Regierung zu einer Änderung ihrer Tunesienpolitik
zu bewegen[1].

Courcel war überzeugt, daß Frankreich keine weitere Chance mehr
erhalten würde. Tunesien war das strategische Tor zu Algerien, Frankreichs wichtigster Kolonie. Doch seiner Meinung nach war es auch der
Ausgangspunkt für die Auferstehung Frankreichs. Entweder sie ergriffen
diese Gelegenheit beim Schopfe, konzentrierten sich bei ihrer Außenpolitik auf Expansion, betrieben eine Ausdehnung ihrer Kolonien und sicherten sich durch die Besetzung Tunesiens eine heimliche Option auf Alge-

rien. Oder sie mußten mit ansehen, wie sie sich als Nation ohne Biß und Kraft zum Gespött von ganz Europa machten, während Italien ihnen Tunesien vor der Nase wegschnappte.

Es war jetzt drei Jahre her, daß Bismarck und Salisbury auf dem Berliner Kongreß Frankreich Tunesien angeboten hatten – als ausgleichendes Gegengewicht in dem neuen Kräfteverhältnis, das sie selbst im Mittelmeerraum und im Nahen Osten geschaffen hatten. »Macht damit [mit Tunesien], was ihr wollt«, hatte Lord Salisbury, der britische Außenminister, großzügig seinem französischen Amtskollegen Waddington erklärt. »Ihr seid verpflichtet, es zu nehmen. Ihr könnt Karthago doch nicht in den Händen der Barbaren lassen!«[2] Tunesien stand damals, zumindest auf dem Papier, unter türkischer Oberherrschaft. In Berlin änderte Salisbury – und Disraeli – die traditionelle britische Politik, die bis jetzt darauf abgezielt hatte, das auseinanderfallende Osmanische Reich nach außen hin abzuschirmen. Sie zwangen die Türkei, den Engländern auf Zypern einen Stützpunkt einzuräumen, von dem aus sie den Suezkanal kontrollieren konnten. Um die Franzosen zu beschwichtigen, wurde in einem geheimen Abkommen beschlossen, daß die Türkei ihnen Tunesien überlassen sollte. Allerdings wurden auf diese Weise gleich zwei Nationen gedemütigt: die Türkei, weil die eigenen Freunde ihr Reich unter sich aufteilten, und Frankreich, weil es, wie Courcel beklagte, nicht den Mut bewies, Tunesien in sein Machtgefüge einzuverleiben.

Die Franzosen hatten die Besetzung Algiers und die darauffolgenden Probleme sowie das Debakel in Mexiko noch nicht vergessen. Hinzu kam, daß die Idee vom Abtritt Tunesiens von Bismarck stammte und nicht von Salisbury. Die »tunesische Birne« warte nur darauf, daß »man sie pflückt«[3], hatte der alte Mann gesagt und sich dabei die Lippen geleckt. Doch die französischen Politiker der Dritten Republik hatten Angst. Ihnen erschien der Fall von Paris im Jahre 1871 noch immer ebenso ungeheuerlich wie der Fall von Troja. Auch zehn Jahre nach ihrer Niederlage bei Sedan, die zum Verlust Elsaß-Lothringens geführt hatte, leckten die Franzosen noch ihre Wunden. Und viele patriotische Bürger Frankreichs, von den Monarchisten auf der rechten bis hin zu den Republikanern auf der linken Seite, hatten den Verdacht, Bismarck wolle sie listig von ihrem eigentlichen Ansinnen ablenken: von der Revanche gegen Deutschland.

Bismarcks Antwort auf diese Bestrebungen war entwaffnend. Frankreich, so meinte er, sollte sich einen Ruck geben und Sedan, Metz und Straßburg vergessen. Eine Aussöhnung zwischen Franzosen und Deutschen entspräche den vitalen Interessen beider Nationen – vor allem aber diene es dem Frieden in Europa. Was die Franzosen jetzt brauchten, sei ein gesundes Ventil für ihre Energien – und damit meinte Bismarck eines, das sie nicht in Konflikt mit den Deutschen bringen würde. Deutschland hatte nie besonderes Interesse an Kolonien gezeigt, warum also wollten sich die Franzosen nicht Tunesien einverleiben?

Bei hochrangigen und weitblickenden Staatsdienern wie Courcel stießen Bismarcks Worte auf offene Ohren. Bereits 1881 hatte man in den Korridoren des Quai d'Orsay und des Marineministeriums in Paris (das die Kolonien verwaltete) begeistert die Idee eines französischen Weltreichs jenseits der Sahara beschworen. Zu jener Zeit war England die größte See- und Kolonialmacht der Welt und damit auch der bedeutendste Exporteur von Industriegütern. Nach dem Sieg über die Franzosen im Jahre 1815 hatte sich jenseits des Mittelmeerraumes nahezu sechzig Jahre lang niemand den Briten in den Weg gestellt. Doch 1881 bereiteten sich zwei Rivalen in aller Stille auf den Angriff vor. Der eine war Leopold, der sich der Öffentlichkeit noch immer als internationaler Philanthrop präsentierte. Der zweite war Frankreich, nach außen hin Englands engster Verbündeter, über dessen Motive sich noch heute viele Historiker im Unklaren sind.

Warum wählte der Quai d'Orsay gerade diesen Zeitpunkt, um die Briten in Afrika herauszufordern? Diese Frage führt uns geradewegs zum Kernpunkt eines Rätsels, das den Verlauf der Geschichte Afrikas in den kommenden zwei Jahrzehnten beherrschte. Das »informal Empire« – das man auch das unsichtbare Empire nennen kann, angesichts der Mühelosigkeit, mit der die Briten es ausbeuteten, ohne sich mit Regierungsgeschäften zu belasten – schien noch auf Jahre hinaus weiterbestehen zu können. England war auf dem Höhepunkt seiner Macht angelangt: der imperialistische Leithund mit Exklusivrechten in großen Teilen Afrikas. Und dann kam plötzlich aus heiterem Himmel ein Angriff aus der Meute.

Über Leopolds Motive braucht man nicht zu rätseln. Er trachtete danach, seinen Reichtum zu vergrößern, und war, inspiriert durch Camerons Geschichten vom Eldorado, eher zufällig auf Afrika gestoßen. Im Falle Frankreichs hingegen waren die Motive komplizierter. Immerhin lassen sich zwei in sich widersprüchliche Strömungen ausmachen, die letzten Endes beide den Nationalismus der Franzosen stärkten und das Land in die

Expansionspolitik trieben. Zum einen schwelgte in Frankreich nach wie vor Haß auf Deutschland, den die Niederlage von 1870/71 geweckt hatte, und zum anderen empfand man seit den Napoleonischen Kriegen (besonders bei der Marine) Neid und Mißgunst gegenüber den Briten.

Das Zentrum der französischen Kolonialmacht auf dem afrikanischen Kontinent waren die im siebzehnten Jahrhundert gegründeten Handelsposten in Westafrika. Sie bestanden aus zwei Kolonialhäfen – St. Louis und Dakar – und einer dünnen Kette von Handelsposten entlang des Senegal-Flusses bis zu 450 Kilometer ins Landesinnere. Mit Unterstützung des Marineministers Admiral Jauréguiberry, der auch für die Kolonien zuständig war, stieß der Gouverneur des Senegal, Brière de l'Isle, im Jahre 1879 weiter nach Osten vor. Einige französische Außenposten lagen südlich des Senegal am Golf von Guinea, unter ihnen ein Vertragshafen in Cotono an der Küste von Dahomey und mehrere Handelsniederlassungen an der Elfenbeinküste. Sowohl hier als auch in Sierra Leone, an der Goldküste und an den sogenannten Ölflüssen (dem Gebiet des späteren Nigeria) begegneten die französischen Verwaltungsbeamten und Kaufleute und ihre englischen Nachbarn einander mit großem Mißtrauen.

Für den Umschwung in der französischen Haltung gegenüber den Briten gab es zwei Motive, die beide gleichermaßen unlogisch waren. Schon vor der britischen Annexion des Transvaal 1887 und der Invasion in Zululand 1879 hatte Frankreich den Eindruck gewonnen, daß die Engländer immer unternehmungslustiger und aggressiver wurden. Offenbar träumten Lord Carnarvon, Frere und ihre Berater im englischen Kolonialministerium von einem Afrika, das bis auf Algerien und den Senegal ganz und gar unter britischer Herrschaft stand. Nach Ansicht der Franzosen bestimmte dieser Traum mittlerweile die offizielle britische Politik, und trotz der zahlreichen Beteuerungen von Salisbury oder Hicks Beach, Carnarvons Nachfolger, hielten sie an dieser Ansicht unbeirrbar fest. »Wir haben Rivalen, unversöhnliche Rivalen, die sich dem Einfluß, den wir bereits ausüben, unentwegt entgegenstellen«, schrieb Jauréguiberry. »Sie setzen alles daran, uns auf nur jede erdenkliche Art im Wege zu stehen.«[4] Paradoxerweise gelangte man am Quai d'Orsay zu dieser mißtrauischen Einschätzung, als Salisbury gerade zu dem Ergebnis kam, er habe den Geist der Expansionspolitik zur Ruhe gebettet.

Indem aber Gladstone sich im April 1880 den Anschein gab, imperialistische Abenteuer zu verabscheuen, spielte er indirekt Jauréguiberry und seinen Gesinnungsgenossen in die Hände. Weitaus eher als die britischen Torys waren nämlich die Anglophoben unter den Franzosen zum Ergebnis gelangt, Gladstone sei ein Heuchler. Außerdem war Lord Granville, Gladstones Außenminister, den Politikern im Quai d'Orsay sehr viel unsympathischer als Salisbury. Vor allem jedoch glaubte man nach Isandlwana und Majuba, der Niedergang der britischen Armee sei gekommen. Hätte Gladstone eine schlagkräftige Armee entsandt, um den Buren eine Lektion zu erteilen, hätte er sich auf dem europäischen Kontinent Respekt verschafft. Doch so glaubten die Franzosen, die Gelegenheit sei gekommen, um – wie ein Freund Jauréguiberrys es formulierte – »unsere Rechte zu sichern . . ., während die Engländer in viele verheerende Kriege überall in der Welt verwickelt sind.«[5]

So unverblümt drückte sich Alphonse de Courcel nicht aus. Er wußte genau, in welchen Schwierigkeiten Gladstone steckte. Immerhin brauchte er zumindest in Tunesien keine unliebsamen Probleme mit den Engländern befürchten. Eine französische Marinebasis in Tunesien würde als Gegengewicht zu der Macht der Italiener im Norden dienen. Gladstone wären durch die Übereinkunft in Berlin die Hände gebunden; die französischen Botschafter in Deutschland und in Italien hatten keinerlei Bedenken. Nach einer Dekade des Rückzugs würde Frankreich endlich wieder nach vorn drängen.

Nun galt es nur noch, Jules Ferry und sein Kabinett zu überzeugen. Barthélemy Saint-Hilaire, der Außenminister, legte dem Kabinett den Plan vor, doch außer ihm stimmten nur zwei Minister den Vorschlägen zu. Die außenpolitischen Bedingungen für ein derartiges Vorgehen schienen zwar günstig, doch innenpolitische Erwägungen sprachen gegen diesen Zeitpunkt. Nach der Kabinettssitzung fragte Jules Ferry Saint-Hilaire: »Im Wahljahr sollen wir eine Expedition nach Tunis schicken? Lieber Freund, Sie haben nicht nachgedacht!«[6]

Von Théodore Roustan, dem französischen Konsul in Tunis, trafen mittlerweile beunruhigende Nachrichten ein. Bis jetzt war es Roustan ohne große Mühe gelungen, Mohammed es-Sadok, den Bey von Tunis, in seinem Sinne zu beeinflussen. Der Herrscher interessierte sich mehr für einen hübschen siebenundzwanzigjährigen Jungen als für die Intrigen der europäischen Großmächte. In Mustapha ben Ismael, einen Adonis jüdischer Abstammung, der vom Bey zum Premierminister ernannt worden war, hatte Roustan viel Zeit und Geld investiert. Doch gegen Ende des

Jahres 1880 büßte Roustan Mustaphas Gunst ein: Ein riesiger Landsitz an der Küste, die sogenannte »Enfida«, auf den er ein Auge geworfen hatte, wurde dem Favoriten des Bey von einer französischen Bank vor der Nase weggeschnappt. Von diesem Zeitpunkt an begegnete der Bey den französischen Annäherungsversuchen äußerst reserviert und schenkte seine Gunst den Italienern.

Licurgo Maccio, der italienische Konsul in Tunis, war mindestens ebenso tatkräftig wie sein französischer Gegenspieler. Da die Italiener die nur fünfzig Kilometer von Sizilien entfernte Küste von jeher als naturgegebenen Ausgangspunkt für ihre Ambitionen ansahen, waren sie in Tunesien zahlenmäßig stark vertreten. Sie hatten nur ein Problem: Was sie finanziell zu bieten hatten, stand in keinem Verhältnis zu ihrer zahlenmäßigen Präsenz. Die Rivalität zwischen Italienern und Franzosen hatte die europäische Gemeinde in Tunis und ihre levantinischen Mitläufer in zwei Lager gespalten. Schließlich ging es um die Frage: Wer würde die Wirtschaft lenken und damit *de facto* den politischen Kurs der tunesischen Regierung bestimmen – Italien oder Frankreich?

Solange Roustan Mustapha als seinen Verbündeten ansehen konnte, war Frankreich im Vorteil. Und so errichteten die Franzosen als erste eine Telegraphenleitung nach Algerien. Dann erhielten sie vom Bey einen lukrativen Vertrag, der sie zum Bau der Eisenbahnlinie nach Algerien ermächtigte – ein Projekt, das noch nicht abgeschlossen war. Währenddessen mußten sich die Italiener damit begnügen, den Engländern für teures Geld eine kleine, schuldenbelastete Eisenbahnlinie abzukaufen, die von Tunis lediglich bis in die Vororte führte. Schließlich erhielten die Franzosen noch zwei weitere bedeutende Aufträge: Sie sollten den Bau eines Hafens übernehmen, eine Eisenbahnlinie nach Biserta und in den Süden errichten. Allerdings waren diese Verträge plötzlich Makulatur, als Mustapha den Franzosen die kalte Schulter zeigte. Nun war das Glück den Italienern hold.

Dies war der Stand der Dinge, als Courcel Ende Januar den Außenminister Saint-Hilaire überredete, Jules Ferry und das Kabinett für eine französische Intervention in Tunesien zu gewinnen. Wie bereits erwähnt, lehnte das Kabinett den Vorschlag ab. Es rang sich lediglich zu einem faulen Kompromiß durch: Um sich die verschnupften tunesischen Machthaber wieder gefügig zu machen, entsandte man ein französisches Schlachtschiff, die *Friedland*, in die tunesischen Gewässer. Dies war selbst für Gladstone und sein Kabinett zu viel. Sie kommandierten das englische Kriegsschiff *Thunderer* ins Mittelmeer, wo es im Fahrwasser der Franzosen ankerte. Zwar zogen beide Schiffe wie begossene Pudel wieder ab, doch die immer noch schwelende Enfida-Affäre hinterließ allgemein einen bitteren Nachgeschmack. Zudem entstand allmählich der Eindruck, die Briten favorisierten die Italiener. Roustan fühlte sich gedemütigt und drohte mit seinem Rücktritt. Selbst die Tunesier hegten für die Franzosen nur noch Verachtung; in ihren Augen waren sie *»jusqu'au fond du fossé«* (bis auf den Grund des Grabens) gefallen. Rouston blieb einzig die Hoffnung, daß diese Demütigung die Franzosen dazu bewegen würde, sich zu einer »männlichen Lösung« durchzuringen.[7]

Verstärkt wurde sein Unmut durch die Tatsache, daß den Italienern zum augenblicklichen Zeitpunkt die Hände gebunden waren, so daß sie gezwungen gewesen wären, einer französischen Intervention tatenlos zuzusehen. Dies hatte einen einfachen Grund: Die italienische Regierung unter Cairoli war bankrott, hatte jedoch mittlerweile an der französischen Börse um einen Kredit von 650 Millionen Francs nachgesucht. Die Zeit drängte also, denn wenn die Italiener das Geld erst einmal in ihren Händen hielten, konnten sie sich auch wieder eine aggressivere Vorgehensweise leisten.

Auch Bismarck war allmählich mit seiner Geduld am Ende. Seinem Botschafter in Frankreich erklärte er im Januar, die Franzosen hätten sich zunächst durch Waddingtons »Puritanismus« und dann durch Freycinets »Trägheit« eine einmalige Gelegenheit entgehen lassen. Eines Morgens würden sie aufwachen und an der algerischen Grenze eine Kette italienischer Wachtposten vorfinden.[8]

Um genau diese Katastrophe zu verhindern, bezwang Courcel seinen Stolz und machte sich am 23. März 1881 auf den Weg zu Gambetta, obwohl er diesen mächtigen Politiker und Meister der Intrigen – wie viele andere ehrbare Republikaner – im Grunde seines Herzens verachtete.

Was sie im einzelnen besprachen, ist nicht überliefert. Als Courcel Gambetta einige Stunden später verließ, wußte er jedoch, daß der Appell an Gambettas Patriotismus seine Wirkung nicht verfehlt hatte. Allerdings darf man nicht übersehen, daß es Gambetta dabei nicht nur um das Vaterland, sondern auch um seinen Geldbeutel ging. Bei einem erfolgreichen Einmarsch in Tunesien würden seine Geschäftsfreunde – internationale Bankiers wie Erlanger und Rothschild – durch den Wertzuwachs tunesischer Regierungsaktien an der Börse Millionen verdienen.

Angesichts dieser gewichtigen ideellen und materiellen Faktoren schmolz Ferrys Widerstand gegen Courcels Plan schnell dahin. Gemeinsam mit Roustan arbeitete man am Quai d'Orsay einen genialen Plan aus, dessen Gelingen von der raschen Vorgehensweise und der Stärke der französischen Feuerkraft abhängen würde: ein Vorstoß von zwei Kompanien – etwa 30 000 Soldaten – über die algerische Grenze, dem eine Landung von Marinesoldaten in Bizerta folgen sollte. Um sowohl Blutvergießen als auch Komplikationen mit dem französischen Parlament zu vermeiden, sollte die Militäraktion als Maßnahme zur Rettung des Bey deklariert werden – als »Strafexpedition« gegen die Kroumir, die Berberstämme in den Bergen an der Ostgrenze Algeriens, von denen man wußte, daß sie dem Bey regelmäßig zu schaffen machten.

Die Kroumir trugen ihren Teil zum Gelingen des Plans bei. Am 4. April, nur zehn Tage nach Courcels Besuch bei Gambetta, erfuhr Ferry von einem schweren Grenzzwischenfall mit den Kroumir. Drei Tage später bewilligte die Abgeordnetenkammer fünf Millionen Francs für Vergeltungsmaßnahmen. Tausende Wehrpflichtiger wurden von Toulon aus nach Algerien eingeschifft, und am 25. April, weniger als fünf Wochen nach jenem Morgen, an dem Courcel die Stufen zu Gambettas Büro hochgestiegen war, überschritten zwei französische Kompanien unter Führung der Generäle Bréart und Forgemol mit wehenden Trikoloren die hügelige Grenze nach Tunesien. Den Kroumir, die sich ohnehin kaum blicken ließen, schenkten sie weiter keine Beachtung. Statt dessen marschierten die Kompanien geradewegs auf Tunis zu.

In Paris erklärte unterdessen Saint-Hilaire scheinheilig: »Wir befinden uns mit dem Bey nicht im Krieg und wünschen auch nicht, gegen ihn Krieg zu führen ... Wir betreten das tunesische Territorium als seine Verbündeten, um von dort aus die Unruhen zu beenden.«[9]

* * *

Als Alexander Broadley, der Tunesienkorrespondent der *Times*, am Morgen des 23. April unter Palmen und Pfefferbäumen auf den Kasr-es-Said zuritt, war in der Umgebung des Palasts von der Krise noch nichts zu spüren. In der Residenz des Bey, die neben dem Bardo, dem alten halbverfallenen Regierungsgebäude lag, fand Broadley allerdings eine bunt zusammengewürfelte Gruppe von Regierungsbeamten vor, die sich im Flüsterton über die Intervention der Großmacht unterhielten. »Gibt es Neuigkeiten von der Grenze? Was sagen die letzten Zeitungen zu dem Vorfall? Sind englische Flottenverbände unterwegs? Und sind die italienischen Truppen bereits in Palermo eingetroffen?«[10]

Mohammed es-Sadok empfing Broadley persönlich. Der alte Mann wirkte keineswegs wie der verweichlichte, korrupte Orientale, als den die französische Presse ihn gern hinstellte. Vielmehr wahrte er mit seiner sorgfältigen Kleidung, dem Paschaschwert und den türkischen Insignien zumindest äußerlich seine Würde, wenn ihm auch die Sorge ins Gesicht geschrieben stand.

»Sie waren doch erst kürzlich in England; glauben die Engländer die Geschichte mit den Khamir[Kroumir]?«
»Sie wissen leider nur sehr wenig über sie. Aber die englische Presse hat die Expedition einstimmig verurteilt.«[11]

Wenngleich ihm dies bereits bekannt war, nahm Mohammed es-Sadok Broadleys Worte doch mit Genugtuung auf. Dann überreichte er dem Briten eine gewichtige Botschaft, die an England und den Rest Europas adressiert war. Seit 200 Jahren hätten die Beys von Tunis alles getan, was die Engländer von ihnen verlangt hatten. Sein Vetter Ahmed sei der erste Muselmane gewesen, der die Sklaverei abgeschafft habe. Er selbst sei den englischen Wirtschaftsinteressen bei jeder erdenklichen Gelegenheit entgegengekommen. Mit den Franzosen habe es keinen Streit gegeben, was sich schon daraus erkennen ließe, daß er ihnen nur zu gern die Erlaubnis erteilt hatte, die Eisenbahnlinie und die Telegraphenleitung zu errichten. Doch seit dreizehn Monaten versuche nun der französische Konsul Roustan, ihn zu demütigen und ihm ein französisches Protektorat aufzuzwingen. Einen Oberherrn könne er auf keinen Fall akzeptieren. Bei diesen Worten deutete der Bey auf sein juwelenbesetztes türkisches Schwert und das aus Diamanten geformte Siegel der Osmaniten. Er sei ein türkischer Pascha, ein Vasall der Hohen Pforte, und sowohl an den Ferman (den Erlaß des Sultans) als auch durch die Verträge mit den Großmächten gebunden. Was die Kroumir und ihre angeblichen Übergriffe betraf, solle sich ein jeder rechtlich denkende Mensch selbst ein Urteil bilden. Er und sein Volk wären zu schwach, um den Franzosen bewaffneten Widerstand zu leisten, und so bliebe ihm nur der Protest. Er wollte das Schicksal seines Landes der »Gerechtigkeit Europas« überlassen.[12]

Zwei Tage später brachte ein berittener Bote bestürzende Nachrichten ins Bardo, und eine Stunde später wußte ganz Tunis, daß die französischen Soldaten die Grenze überschritten hatten. Mit der Unterstützung von Alexander Broadley und dem italienischen Konsul Maccio formulierte der Bey seine an die Großmächte adressierten Protestnoten. In dem Kabel an die britische Regierung standen die folgenden verzweifelten Sätze: »Wir rufen unseren erhabenen Verbündeten an, Ihre Königliche Majestät, Königin von England, sowie alle Regierungen, die den Berliner Vertrag unterzeichnet haben ... In der Stunde der höchsten Not bitten wir die Großmächte, ihre gewogenen Ministerien zum Eingreifen zu bewegen.«[13]

Doch die Tage vergingen, und die Großmächte schwiegen. Es war ein höhnisches Schweigen, von Lippen, die – was der Bey nicht wußte – drei Jahre zuvor in Berlin versiegelt worden waren.

Auf Vorschlag des Bey machte sich inzwischen der englische Geschäftsmann Perkins, ein Freund von Broadley, auf den Weg zur Grenze. Dort sollte er mit dem Bruder des Bey, Ali Bey, zusammentreffen und als unabhängiger Zeuge den Krieg der Franzosen mit den Kroumir beobachten.

Nach einer anstrengenden Reise von zwei Tagen ritt Perkins am 24. April in Ali Beys Lager bei Sidi Salah ein. Als sich Alis Armee am kommenden Morgen in Bewegung setzte, bot sich ihm ein gleichermaßen groteskes wie auch malerisches Bild. Ali Bey, der in der Thronfolge an erster Stelle stand, hatte eine »reguläre« Truppe von mehreren tausend Wehrpflichtigen zusammengezogen, die europäische Uniformjacken trugen. Auf ihren Köpfen prangte allerdings der unvermeidliche rote tunesische Fez. Die meisten Soldaten fanden die europäischen Uniformhosen und Stiefel überflüssig und trotteten mit nackten Beinen barfuß dahin. An der Spitze des Zuges saß Ali in einer goldenen Kutsche, die von vier Mulis gezogen wurde. Ihm folgte ein ganzes Heer von Dienern, die lederüberzogene hölzerne Truhen mit seiner persönlichen Habe trugen. Ihnen schloß sich ein eigenartiges Gefolge an: der *imam* (Priester), der Kaffeekocher, der Gewehrträger, der Schwertträger, der Wasserträger und der Schelm.

Ali Bey empfing Perkins ausgesprochen höflich, bekannte jedoch, daß er über die neuesten Entwicklungen am Hofe nicht im Bilde sei. Er befürchte allerdings, daß man im Bardo ein »doppeltes Spiel« triebe. Seine Aufgabe sehe er darin, die aufgewühlten Gemüter an der Grenze zu beruhigen. Aus diesem Grunde machte er von Zeit zu Zeit halt, ließ sein großes Zelt aufschlagen und empfing dort Gesandtschaften der Kroumir. Diese bestanden gewöhnlich aus Hunderten von bis an die Zähne bewaffneten Männern. Perkins war angenehm überrascht über ihre Disziplin, und nach kurzer Zeit erklärte ihm Ali, der Streit mit den Franzosen, der sich an einer Kuh entzündet habe, die zur Hälfte einem Tunesier und zur anderen Hälfte einem Algerier gehört hatte, könne nun beigelegt werden. Doch am nächsten Tag traf eine Botschaft des französischen Generals ein, die das ganze Lager in sichtliche Verwirrung stürzte. General Forgemol informierte Seine Exzellenz, er sei an Einzelheiten nicht interessiert. Er habe den Befehl, den Stamm zu bestrafen, und werde dies auch ausführen.

Noch am gleichen Tag überschritten die Franzosen die Grenze und überrannten die Kroumir, die ihre Felder und Lager verteidigten. Sie verwundeten und töteten mehr als 200 Stammesangehörige. Die übrigen zogen sich in das Felsgebirge oder in die Korkeichenwälder zurück. Ali Bey, der die Anweisung erhalten hatte, die Franzosen nicht zu brüskieren, sandte lediglich eine gemäßigte Protestnote ins gegnerische Lager. Allerdings betonte er darin auch, er glaube nicht mehr an die Behauptung, die Franzosen wollten lediglich Grenzstreitigkeiten schlichten. Tatsächlich wußte Ali nicht mehr, was er noch glauben sollte. Einerseits hatten die Franzosen ihm versichert, sie handelten im Einverständnis mit seinem Bruder Mohammed es-Sadok. Andererseits hatte er gehört, sie hätten den Grenzhafen Tabarca bombardiert, über dem die Flagge des Bey wehte, und würden sich rasch der Küste nähern. Zudem stand Ali unter Beschuß von seinen eigenen Leuten, die ihm vorwarfen, er hätte sie an die Franzosen verkauft. Perkins erkannte bald, daß Ali Bey seine Soldaten und die Kroumir mindestens ebensosehr fürchtete wie die Franzosen. Und so blieb Ali nur noch der Rückzug.

Am 28. April ließ Ali Bey um zwei Uhr nachts die Zelte abbrechen. Im Schutz der Dunkelheit machte sich der prunkvolle Zug, der einer Opera buffa würdig gewesen wäre, auf den langen, mühevollen Rückweg zum Bardo.

151

Die Rolle, die dem Bey zugedacht worden war, war weniger theatralisch, aber ebenso unangenehm. Mit jedem Tag drangen die Franzosen weiter ins Landesinnere. Zuerst nahmen sie Bizerta ein. Dann töteten sie Stammesoberhäupter und deren Familien in Shelkia. Bald versuchten sie nicht einmal mehr, den Anschein zu erwecken, sie wollten die Kroumir bestrafen. Broadley und andere Berater des Bey sandten verzweifelte Appelle an die Briten und die übrigen Großmächte. Doch die europäischen Regierungen stellten sich taub. Der Oberherr des Bey, der Sultan des Osmanischen Reiches, sicherte ihm Hilfe zu, doch das waren nichts als elegant formulierte, leere Worte. Und so fühlte sich Mohammed es-Sadok verständlicherweise betrogen. Er hatte sich den Franzosen widersetzt, weil ihn der italienische Konsul Maccio dazu gedrängt hatte. Und nun ließen ihn neben den anderen Großmächten auch die Italiener im Stich!

Das Ende kam am 12. Mai um fünf Uhr abends, in der dritten Woche nach Beginn der französischen Invasion.

Am frühen Morgen überschritt eine Vorhut von General Bréarts Kompanie die Hügelkette, die die Ebene von Manouba begrenzte. Gegen Mittag setzte ein Platzregen ein. Die Soldaten schlugen die Zelte auf und besetzten die Kavalleriebaracken neben dem Kasr-es-Din. Standhaft verweigerte der Bey den Soldaten eine Unterredung, wobei er sich auf ein Kabel des Sultans stützte: »Unterzeichnen Sie auf keinen Fall ein Abkommen mit den Franzosen . . . Sagen Sie einfach, dies sei unsere Aufgabe.«[14] Doch gegen vier Uhr kamen Roustan, der General und sein Gefolge herangeritten, naß bis auf die Knochen, doch bewaffnet mit Revolvern und Schwertern. Die Gruppe wurde in den mit verblichenem gelben Damast ausgeschlagenen Salon im ersten Stock geführt. General Bréart hielt sich nicht lange mit orientalischen Komplimenten und Bemerkungen über das Wetter auf, sondern kam gleich zur Sache. Er zog den Entwurf eines Zehnpunktevertrags aus der Tasche, der noch am Morgen im französischen Konsulat in Tunis angefertigt worden war, und überreichte ihn dem Bey. Der Vertrag war auf französisch geschrieben, weshalb der Bey kein Wort des Texts verstand. Aus diesem Grunde bat er um eine ins Arabische übersetzte schriftliche Version, doch man war lediglich bereit, ihm die Hauptpunkte zu erläutern. Ein ständiger Gesandter Frankreichs und die französische Armee würden »die alten, von Freundschaft und guter Nachbarschaft getragenen Beziehungen« zwischen den beiden Ländern festigen. Tunesien sollte französisches Protektorat werden.

152

»Werden Sie mir wenigstens vierundzwanzig Stunden Bedenkzeit gewähren?« erkundigte sich der Bey.

»Natürlich nicht. Ich erwarte Ihre Antwort bis acht Uhr abends und werde solange hierbleiben, bis ich sie erhalten habe«, entgegnete Bréart.

Nachdem Bréart den Salon verlassen hatte, erklärte Roustan dem alten Mann, er habe immer nur sein Bestes im Sinne gehabt und ihn schon früher gewarnt, daß es einmal so weit kommen würde. »Ihre Hoheit brauchen nichts weiter zu tun, als den Vertrag zu unterzeichnen, und wenn Sie es nicht tun, wird es ein anderer machen.« Mohammed es-Sadok schien unschlüssig. »Unterzeichnen Sie«, rieten ihm seine Minister (nach einer freundlichen Warnung an die Adresse Mustaphas, des Premierministers, er werde nötigenfalls vor ein Kriegsgericht gestellt und als Bürger der französischen Republik erschossen). »Unterzeichnen Sie«, drängte der oberste Eunuch, aufgescheucht durch die verständlichen Ängste der Haremsdamen, die den französischen Artilleriesoldaten durch ihre Gitterfenster beim Exerzieren zugesehen hatten. Um fünf Uhr gab der alte Mann seinen Widerstand auf. Mit zitternder Hand setzte er seinen Namen in arabischen Zeichen unter ein Dokument, das er nicht lesen konnte.

Das Gerücht von der Unterzeichnung des Vertrags verbreitete sich wie ein Lauffeuer unter der verängstigten Bevölkerung. Daraufhin wurde eine Abordnung unter Führung eines Gewürzhändlers zu Mustapha gesandt. Der Premierminister erklärte ihnen geistesgegenwärtig: »Die Khamir [sic!] haben die Franzosen geschlagen, und deshalb haben deren Soldaten im Schatten der Palastmauern Unterschlupf gesucht. Wir geben ihnen Brot, bis sie wieder in ihr Heimatland zurückkehren.«[15]

Doch für Mohammed es-Sadok war das Komödienspiel zu Ende, und die Demütigung war mehr, als er ertragen konnte. Sobald er allein war, brach er weinend zusammen.

Zu Anfang sah es so aus, als hätte Ferry mit seinem *fait accompli* ohne großen Aufwand viel erreicht. Der Feldzug war nichts weiter gewesen als ein Spaziergang, eine Militärpromenade. Die Siegesfeiern am Quai d'Orsay waren allerdings nur von kurzer Dauer, denn die Komplikationen mit den europäischen Großmächten erwiesen sich als schwerwiegender und ihre negativen Auswirkungen dauerhafter, als Courcel vorausgesehen hatte.

Nur die Anglophoben unter den Franzosen reagierten schadenfroh auf den Ärger, mit dem Gladstone die Nachricht vom französischen Triumph aufnahm. Unverhohlen ließ er durchblicken, daß er die Invasion nicht billige. Gleichermaßen ablehnend verhielt sich die britische Öffentlichkeit. Sie kannte lediglich Broadleys eindringliche Artikel aus der *Times* und dem *Telegraph* und wußte zunächst nichts vom Berliner Abkommen. In ihren Augen hatten die Franzosen ihr Bündnis mit dem Bey ausgenutzt, um ihn zu entmachten. Das Parteiblatt der Torys, die *Times*, vertrat hochmütig die Ansicht, nur zwei Gründe könnten derartige imperialistische Unternehmungen rechtfertigen: strategische Notwendigkeit oder der ausdrückliche Wunsch der Bevölkerung eines Landes. Auf diese Aktion träfe beides nicht zu.

In Italien erregte die Machtlosigkeit der Regierung so viel Erbitterung, daß Cairoli und sein Kabinett gestürzt wurden. Im ganzen Land Italien kam es zu Übergriffen gegen Franzosen. Aber auch in Frankreich schlugen die Wogen der Empörung hoch.

All diese Reaktionen im Ausland hätten leidenschaftliche Patrioten und Verfechter der Expansionspolitik wie Courcel nicht weiter gestört, wäre seine patriotische Genugtuung von der französischen Öffentlichkeit geteilt worden. Und bald zeigte sich, daß Ferry mit seinen ursprünglichen Bedenken recht gehabt hatte. Auf den Abschluß des sogenannten Vertrags von Bardo (»Kapitulation im Kasr-es-Said« wäre die passendere Bezeichnung) folgten kurze, freudlose Flitterwochen. Mohammed es-Sadok gab sich einen Ruck und zeichnete General Bréart und Théodore Roustan mit einem Orden aus. Mustapha ben Ismael bemühte sich, die Enfida zu vergessen, und segelte nach Frankreich, wo er mit fünfzehn Schuß Salut und allen Ehrungen für einen Staatsgast, einschließlich des Kreuzes der Ehrenlegion, empfangen wurde. Abgesehen vom Vorsitzenden der Stadtverwaltung von Tunis wurden alle erfahrenen tunesischen Regierungsbeamten in ihren Ämtern bestätigt. Und Roustan, der neu ernannte französische Gesandte und jetzige Oberherr des Bey, ging davon aus, daß der alte Mann ihm keinen Ärger mehr machen werde.

Mit dieser Einschätzung hatte Roustan recht. Der Ärger, der sich gegen Ende Juni einstellte, ging von den Arabern im Zentrum und im Süden des Landes aus, die nicht tatenlos hinnehmen wollten, daß ein türkischer Bey ihre Unabhängigkeit verkauft hatte. In den im Süden gelegenen Städten Sfax und Gabes kam es zu einem Aufstand, dem sich Zehntausende von Nomaden anschlossen. Ferry versuchte, den politischen Schaden gering zu halten, indem er die Bedeutung der Revolte vor der Abgeordnetenkammer herunterspielte. Sfax wurde von einer Schwadron der Kriegsmarine bombardiert und am 26. Juli von Marinesoldaten gestürmt.

Doch die Tage der Militärpromenaden waren vorüber. Bald mußten die Franzosen Verstärkung aus Frankreich und Algerien nach Tunesien schicken. Tausende ihrer Soldaten starben an Typhus und anderen vermeidbaren Krankheiten. Der Krieg brachte Elend über den Süden Tunesiens. Tausende von Nomaden flohen mit ihren Familien über die Grenze nach Tripolis und baten die ottomanischen Herrscher um Schutz. Als sich die Abgeordnetenkammer im November wieder versammelte, war aus Bismarcks »tunesischer Birne« ein wurmstichiger Apfel geworden.

Als Ferry vor den Abgeordneten erklärte, dies sei die Stunde der Wahrheit für die Franzosen, brach ein Sturm der Entrüstung los. Er vertrat die Ansicht, entweder würde Frankreich sein Herrschaftsgebiet jenseits des Meeres ausdehnen und die Möglichkeiten nutzen, die sich daraus für Handel und Gewerbe ergäben, oder der Niedergang des Landes sei unaufhaltsam. Doch davon wollten die Abgeordneten nichts wissen. Ferry mußte seinen Hut nehmen. Seinen Platz als Premierminister nahm der Mann ein, dem zu vertrauen das Außenministerium am wenigsten Grund hatte: das »Monster« Léon Gambetta.

Zu diesem Zeitpunkt hatte es den Anschein, als würde die vom Quai d'Orsay verfochtene Expansionspolitik, die von den Politikern nur zögernd mitgetragen worden war, in der Entrüstung über Ferry untergehen. Noch im Frühling hatte man über die Franzosen gespottet, doch jetzt, im Herbst, standen sie da wie Diebe und Erpresser. Die Oppositionspresse wiederholte den Vorwurf, die ganze Kampagne sei nur deshalb initiiert worden, damit sich Gambetta und seine Hintermänner bereichern konnten.

Dennoch hatte sich mit Bismarcks »Birne« alles verändert. Mit der Ouvertüre zu einer Opera buffa war eine neue koloniale Ära eingeleitet worden. Auf dieses Vorspiel sollte bald die Phase der Aufteilung folgen, denn in einem Jahr würde der Wettlauf um Afrika beginnen. Verzögernd wirkte hier lediglich die vierzig Jahre alte *entente* zwischen England und Frankreich. Ausgerechnet Gladstone, der führende Gegner des Imperialismus seiner Zeit, sollte unabsichtlich den Startschuß für den Beginn des Wettlaufs geben.

KAPITEL 8

Die Rettung des Khediven

London und Ägypten
31. Dezember 1881 – Oktober 1882

»Mit großer Gewißheit wird unser erstes Ziel in Ägypten –
sei es durch Diebstahl oder durch Vorkaufsrecht –
die Keimzelle eines nordafrikanischen Imperiums sein,
welches von Tag zu Tag wächst . . . bis wir schließlich den Äquator
überschreiten und Natal und Kapstadt die Hand reichen.«

W. E. *Gladstone* in *The Nineteenth Century,* August 1877

D as schwarze Jahr 1881 war endlich – und Gott sei Dank – vorüber, dachte Eddy Hamilton, Gladstones treu ergebener Privatsekretär. »Innere Angelegenheiten« (gemeint sind Großbritanniens aussichtslose Versuche, Irland zu beherrschen) hätten dem großen Mann »ein Meer von Schwierigkeiten«[1] beschert, schrieb Hamilton am letzten Tag des Jahres in sein Tagebuch. Zwischen dem 1. Januar und dem 31. Dezember hatte sich an der Situation in Irland nichts geändert. Wie würde es weitergehen? Gladstone habe es sowohl mit Repressionen als auch mit Zugeständnissen versucht. Doch weder durch Hartnäckigkeit noch durch Fairneß schien man dem Frieden auch nur einen Schritt näherzukommen.

Ein Glück nur, daß »in Übersee« (wie Gladstone die Außenpolitik zu bezeichnen pflegte) die Dinge besser standen. Großbritanniens Beziehungen zu den europäischen Mächten – Frankreich nicht ausgenommen – hatten keinerlei Schaden genommen. Sicher, jene irritierenden Vorgänge in Tunesien hatten das diplomatische Klima im April und Mai für ein paar Wochen vergiftet. Außenminister Granville hatte sogar in Europa einiges in Bewegung gesetzt, um das ungebührliche Verhalten der Franzosen in Tunesien zu unterbinden. Und Gladstone mißbilligte die französische Invasion noch mehr als Granville. Doch Granvilles Interventionsplan war nicht durchführbar, soviel hatten ihm Gladstone und das restliche Kabinett klargemacht. Um Frankreich Einhalt zu gebieten, benötigte man die Hilfe Bismarcks. Mehr noch, Gladstone konnte die geheime Übereinkunft von Berlin nicht für unverbindlich erklären, da er Zypern – das *quid pro quo* für Tunesien – halten wollte.

Inzwischen hatte sich der Wirbel um Tunesien wieder gelegt. Gladstone sah die Angelegenheit nun im Rückblick als eine absurde Verirrung der Franzosen an. Warum waren sie auf Bismarcks heimtückisches Spiel hereingefallen? Kam dies doch einer Bedrohung der internationalen Ordnung, einer Störung des Gleichgewichts der Kräfte gleich. Außerdem hielt er die Invasion für einen anachronistischen Schritt, einen Rückfall in die unselige Zeit des Säbelrasselns und der Raffgier. Dem Himmel sei Dank, daß es ihm gelungen war, die Briten von derartigen Abenteuern abzuhalten. Der Gedanke an die »Blutschuld«[2] des Imperialismus ließ den Premierminister schaudern.

Doch Gladstone wäre entsetzt gewesen, hätte er nur ein paar Monate in die Zukunft vorausblicken können. Das Jahr 1882 sollte für ihn noch düsterer werden als das schwarze Jahr 1881.

Zunächst erwartete ihn eine Katastrophe in Irland. Und sieben Monate später sollten britische Truppen unter einer liberalen Regierung in Ägypten einmarschieren. Das erbärmliche Schauspiel, das die Franzosen in Tunesien geboten hatten, würden die Briten wiederholen, ja, sie sollten sogar noch mehr Unheil anrichten. Das schlimmste bei alledem aber war, daß genau das eintrat, was er bereits 1877 vorausgesagt hatte: Das ägyptische Abenteuer legte den Keim für ein neues britisches Kolonialreich in Afrika. Es war eine neue Spielart des aggressiven Imperialismus, die eine entscheidende Wende in der Geschichte markieren sollte.

Ende des Jahres 1881 erschien die Lage in Ägypten besser als seit langem, und in England hätte sich niemand träumen lassen, daß sich dort ein Konflikt anbahnte. Dank der »dualen Kontrolle«, dem System, durch welches Großbritannien und Frankreich im Verein mit den anderen Mächten die ägyptische Politik bestimmten, konnte allmählich, wenn auch unter Schwierigkeiten, die Zahlungsfähigkeit des Landes wiederhergestellt werden. Die ausländischen Obligationsinhaber frohlockten – doch ihre Ansprüche waren ein wenig zu hoch geschraubt. Als Ismael noch von einem großen afrikanischen Reich träumte, hatten sie ihm umfangreiche Kredite bewilligt – mit Wucherzinsen, wie sie immer dann gefordert werden, wenn ein Spekulant auf den Zusammenbruch zusteuert. Dann hatten die Großmächte eingegriffen, Ismael abgesetzt und Ägypten »gerettet« – und außerdem die Obligationsinhaber vor Schaden bewahrt. Doch der Zinssatz blieb nach wie vor überhöht. Die eigentlichen Leidtragenden waren die Fellachen, die ägyptischen Bauern, die die Zinsen – mit oder ohne »Hilfe« der *courbash* – bezahlten. Dies war ein Element der dualen Kontrolle, das nicht nur bei den englischen Liberalen Unmut auslöste, sondern auch bei den Torys. Doch die Franzosen blieben stur. Sie wechselten zwar erstaunlich häufig ihre Regierung, doch was die Interessen ihrer Obligationsinhaber anging, blieben sie ihrer Politik treu.

Im Dezember 1881 erschien am Horizont der ägyptischen Innenpolitik eine kleine Wolke, und Beobachter fragten sich, ob ihre Form eher an die Hand eines Fellachen oder nur an den *tarboosh* irgendeines unzufriedenen Obersten erinnerte. Eddy Hamilton war mit dem schneidigen jungen Forscher-Diplomaten Wilfred Blunt befreundet, der die Antwort zu kennen glaubte. Am 9. September hatten Arabi Pascha und andere Obristen der ägyptischen Armee eine Revolte durchgeführt. Zwei Monate später, während der Weihnachtstage, verfaßte Blunt einen Bericht über diesen Putsch, den Hamilton an seinen Chef weiterleitete. Dieser Bericht war um so gewichtiger, als Blunt von dem britischen Vertreter Sir Edward Malet den Auftrag erhalten hatte, die öffentliche Meinung in Ägypten zu sondieren. Blunt erklärte, daß Arabis Militärrevolte nicht nur von ein paar aufgebrachten Offizieren ausging – wie die »Meuterei« in Kairo im Jahre 1879 –, sondern weit größere Bedeutung habe. Es handle sich um eine Bewegung der »nationalen Wiedergeburt«, die durch eine unblutige Revolution »Ägypten den Ägyptern«[3] zurückgeben wollte. Hamilton war beeindruckt. Seinem Chef hingegen schauderte, als er den Bericht las.

Im Grunde stand Gladstone auf der Seite jener kleinen Nationen, die um ihre Freiheit kämpften. Doch in Ägypten gab es auch ohne diese patriotische Bewegung bereits genügend Schwierigkeiten: das wacklige System der »dualen Kontrolle«, bei dem die Franzosen Druck auf die Briten ausübten und die Obligationsinhaber ständig nach Zinsen schrien; die nominelle Oberhoheit des türkischen Sultans Abdul Hamid, der nicht weniger launisch war als seine Vorgänger; und die verwirrende Politik des neuen Khediven Tewfik, welcher scheinbar nur den eigenen Vorteil im Auge hatte.

Aber Blunts Bericht brachte Gladstones Entschluß, sich einer Intervention zu enthalten, keineswegs ins Wanken. Er und Granville sahen keine

159

andere Möglichkeit, als den *status quo* aufrechtzuerhalten – und das hieß im Augenblick noch, sich den Forderungen der Franzosen zu fügen. Natürlich würden sich die Briten sobald wie möglich aus der dualen Kontrolle zurückziehen. Der richtige Zeitpunkt hierfür war allerdings erst dann gekommen, wenn der Kanal – dem ihr einzig ernsthaftes Interesse galt – einer breiteren internationalen Kontrolle unterstellt würde.

Doch der neue französische Ministerpräsident Gambetta hatte Gladstone, ohne daß dieser es bemerkte, bereits zu einem leichtsinnigen Schritt nach vorn verleitet. Am 30. Dezember 1881 hatte Gambetta eine Note an den Khediven verfaßt, die sowohl von Frankreich als auch von Großbritannien unterzeichnet wurde. Sie traf am 8. Januar 1882 im Kasr-el-Nil-Palast ein und sollte die Situation entschärfen helfen, indem sie die Position des Khediven – den Großbritannien und Frankreich als ihre Marionette betrachteten – stärkte. Erreicht wurde damit jedoch genau das Gegenteil.

Wilfred Blunt, der junge englische Forscher, der eine diplomatische Laufbahn aufgegeben hatte, um sich mit dem Islam und den Arabern zu beschäftigen, hatte im Herbst 1881, einige Wochen nach Arabis Revolte vom 9. September, seine Zelte außerhalb von Kairo aufgeschlagen.

Zunächst hatte er skeptisch reagiert. Ein Offiziersputsch konnte kaum die Grundlage für eine parlamentarische Demokratie nach englischem Muster abgeben. Doch als er Arabi Mitte Dezember kennenlernte, änderte er seine Ansicht. Arabi empfing ihn in seinem bescheidenen gemieteten Haus in der Nähe der Abdin-Kasernen. Am Eingang drängten sich die Bittsteller. Er war das Idol Ägyptens, »El Wahid«, der Einzige. Im ersten Augenblick fragte sich Blunt, warum er eine derartige Anziehungskraft ausübte, sah er doch fast aus wie ein Fellache: groß, grobschlächtig, schwerfällig, mit trübem Blick und verträumtem Gesichtsausdruck. Er repräsentierte genau den Menschenschlag, den Türken und Tscherkessen jahrhundertelang ausgebeutet hatten – ein Mann, der ohne Entlohnung und klaglos die ihm aufgetragene Arbeit verrichtete. Doch wenn Arabi lächelte, hatte man den Eindruck, die Sonne hätte ganz plötzlich eine trübe Landschaft in Licht getaucht. Dann kam »seine freundliche und ungewöhnliche Klugheit« zum Vorschein. Selbst sein bäuerisches Äußeres trug zu seinem geheimnisvollen Charisma bei. Es ermöglichte dem Volk, sich mit ihm zu identifizieren: El Wahid war der einzige von

160

ihnen, der jemals zur Macht gelangt war und sich gegen Türken und Europäer durchgesetzt hatte.

Arabi seinerseits war erfreut, in Blunt einem reichen, kultivierten und begeisterungsfähigen Engländer zu begegnen, der mit dem klassischen Arabisch der Wüste und dem bäuerischen Patois des Nil gleichermaßen vertraut war. Besonders beeindruckt war Arabi, als er erfuhr, daß Lord Byron der Großvater von Blunts Frau gewesen war. Zwar behauptete er nicht, auch nur jemals eine Zeile aus Byrons Werken gelesen zu haben, doch schätzte er ihn wegen seines Engagements für die Befreiung der Griechen vom türkischen Joch. Und Blunt erbot sich, das Werk des freiheitsliebenden Dichters in Ägypten fortzusetzen, falls es zum Krieg käme. Er erklärte, Mr. Gladstone, der Freund der Freiheit, habe ein offenes Ohr für ihn.

Arabi erläuterte ihm die Hintergründe der Militärrevolte, die viel komplizierter waren, als man in London ahnte. In gewisser Hinsicht war der Putsch durchaus mit dem Angriff auf Nubar Pascha und Rivers Wilson vergleichbar: Auch diesmal hatte sich der Unmut daran entzündet, daß die ägyptischen Offiziere im Vergleich zu den Türken und Tscherkessen unterbezahlt und unterprivilegiert waren. Daher hatten sich Arabi und seine Gefährten entschlossen, die Kontrolle über die Armee zu übernehmen. Am 9. September hatte sich die Situation zugespitzt, da der Premierminister, ein Türke namens Riaz Pascha, sie angeblich ins Exil schicken wollte.

Aber Arabi war nicht nur das Sprachrohr der unzufriedenen Offiziere. Hinter ihm stand eine Bewegung mit dem Motto »Ägypten den Ägyptern«, zu der das gesamte Spektrum der ägyptischen Verfassungsreformer gehörte: von ein paar aufgeklärten Türken wie dem ehemaligen Premierminister Sherif Pascha und dem früheren Kriegsminister Mahmud Bey Sami bis hin zu den meisten Intellektuellen und Journalisten des Landes, die zum größten Teil aus Fellachenfamilien stammten. Was sie miteinander verband, war der Wille, die Macht der türkischen Oligarchie zu brechen. Hingegen waren sie – zumindest am Anfang – keineswegs antiwestlich eingestellt. Im Gegenteil, sie hegten Bewunderung für die Institutionen des Westens und strebten eine Staatsform nach westlichem Vorbild an – mit einem gewählten Parlament und einem Khediven, der die Rolle eines konstitutionellen Monarchen übernehmen sollte. Doch seit der Invasion in Tunesien waren sie gegenüber den Franzosen und

Briten zunehmend mißtrauisch geworden. Jener aggressive Vorstoß der Christenheit hatte die moslemische Welt erschaudern lassen.

Es gab wohl alarmierende Parallelen zwischen der Situation in Tunesien und der Lage in Ägypten. Der Niedergang des Osmanischen Reiches lieferte die Vasallenstaaten der Raubgier der beiden Großmächte aus. Aber natürlich braucht selbst eine Pythonschlange Zeit, um ihre Opfer zu verschlingen. Zuerst kamen die ausländischen Bankiers, begierig, Kredite zu horrenden Zinssätzen zu vergeben; dann erschienen die Inspekteure, die darauf achteten, daß die Zinsen auch bezahlt wurden; und danach strömten Tausende von ausländischen Beratern ins Land, um ihren Schnitt zu machen. Und als dann schließlich das Land bankrott war und hilflos dastand, wurde es Zeit, daß ausländische Truppen den Herrscher von seinem »rebellischen« Volk befreiten. Noch ein letzter Bissen, dann hatte man das Land »geschluckt«.

Welche Haltung aber nahm der ägyptische Herrscher, der Khedive, zu alledem ein? Weder Arabi noch die Reformer waren sich darüber im klaren. Träumte er davon, Ismaels Rolle zu übernehmen? Einiges deutete darauf hin. Auf jeden Fall hatte es den Anschein, daß er insgeheim mit den Rebellen vom 9. September sympathisierte. Der Putsch richtete sich also weniger gegen Tewfik, wie man in London und Paris glaubte, als vielmehr gegen die korrupte türkische Oligarchie, die von den ausländischen Mächten benutzt wurde. Auch hatte sich Tewfik am 9. September keineswegs so feige verhalten, wie seine britischen Berater behaupteten.

Deren Version der Ereignisse hörte sich nämlich wie folgt an: An jenem Morgen sei Arabi mit gezücktem Schwert vor den Abdin-Palast geritten und habe den Haupteingang mit seiner Infanterie abgeriegelt, während die Artillerie sich vor dem westlichen Tor postierte. Aber anstatt Arabi zu erschießen, wie sein Urgroßvater es getan hätte, habe Tewfik mit ihm verhandelt, und Arabi habe ihm seine Bedingungen diktieren können. Der reaktionäre Riaz Pascha sollte als Premierminister abgelöst und durch den Reformer Sherif Pascha ersetzt werden; Arabi sollte zum Kriegsminister ernannt und die Armee auf 18 000 Mann verstärkt werden. Außerdem habe der Rebell eine neue Verfassung und ein neues Parlament gefordert. Daraufhin habe der feige Khedive klein beigegeben. Sieg der Putschisten.

In Wirklichkeit aber, so Arabi, habe der Khedive den unerwarteten

Putsch begrüßt. Weder Tewfik noch Arabi hatten jedoch die verheerenden Auswirkungen der Revolte auf die Beziehungen zu den Großmächten vorhergesehen. Auckland Colvin, der die Finanzen kontrollierte, stand den Rebellen feindselig gegenüber. Malet hingegen, der britische Konsul, war zwar irritiert, hegte aber dennoch Sympathien für die neue Bewegung, da er wußte, daß Gladstone darauf bedacht war, die Reformer nicht vor den Kopf zu stoßen. So kam es, daß der junge Wilfred Blunt plötzlich den Vermittler spielen sollte, von dem sich beide, Malet und Arabi, erhofften, daß er eine ausländische Intervention verhindern konnte.

Am 8. Januar traf die von Gambetta entworfene Note der beiden Großmächte in Kairo ein. Malet zeigte sie Blunt, der entsetzt war: »Sie werden das als Kriegserklärung auffassen.« Die Note versicherte dem Khediven, Großbritannien und Frankreich würden Vorkehrungen gegen jede Einmischung, ob von innen oder von außen, treffen, die den *status quo* in Frage stellte. Vor der Invasion der Franzosen in Tunis hätte diese Formulierung wohl eher harmlos geklungen. Jetzt aber hatte sie die Wirkung eines Dammbruchs.

Malet schickte Blunt zu Arabi, um ihm zu versichern, eine Intervention sei das letzte, was London wolle. (Dies traf sicherlich zu, doch Colvin räumte unter vier Augen ein, daß er auf die entscheidende Kraftprobe hinarbeitete.)

Als Blunt Arabi fragte, wie er die gemeinsame Note auffasse, erwiderte dieser: »Sagen Sie mir lieber, wie Sie sie verstehen.« Als Antwort hielt Blunt eine Botschaft von Malet bereit, die nicht der Wahrheit entsprach. Darin versicherte man den Nationalisten, daß niemand an der neuen Rolle des Khediven als konstitutionellem Monarchen rütteln werde.

»Sir Edward muß tatsächlich glauben, wir seien Kinder, die die Bedeutung von Worten nicht verstehen«, lautete Arabis Antwort. »Erstens«, fuhr er fort, »ist dies die Sprache der Drohung. Es gibt keinen einzigen Beamten hier, der solche Worte gebrauchen würde, wenn er etwas in dieser Richtung zum Ausdruck bringen wollte.« Was die vielbeschworene politische Einigkeit Frankreichs und Englands angehe, so bedeute sie in seinen Augen lediglich, daß England genauso in Ägypten einmarschieren würde, wie Frankreich es in Tunesien bereits getan habe. »Sie sollen nur kommen«, meinte er, »alle, auch die Kinder, werden gegen sie kämpfen. Ein Erstschlag widerspricht unseren Prinzipien, aber wir werden wissen, wie wir zu reagieren haben.«[4]

163

Niedergeschlagen zog Blunt sich zurück. Ihm war klar, daß sein Gang vergeblich gewesen war.

Die politische Krise entwickelte sich mit erschreckender Geschwindigkeit. Eine Welle nationaler Gefühle erfaßte Kairo und festigte das Bündnis zwischen Arabi und den zivilen Nationalisten, während sich der Khedive, die Marionette der beiden Großmächte, immer mehr isoliert sah. Anfang Februar schließlich forderten die Nationalisten die Großmächte direkt heraus. Mittlerweile sollte bereits die Hälfte des Staatshaushalts als Zinsendienst an die ausländischen Obligationsinhaber gehen. Obwohl die Nationalisten darüber sehr verärgert waren, hatten sie sich damit abgefunden. Sie bestanden jedoch darauf, daß der Rat der Honoratioren – das kürzlich zusammengetretene Parlament – die Möglichkeit erhielt, über die Verwendung der verbliebenen Haushaltsmittel abzustimmen. Als erste Reformmaßnahme empfahlen sie eine Erhöhung der Militärausgaben, die den Fellachenoffizieren zugute kommen sollte, sowie eine Aufstockung des Heeres auf 18 000 Mann. Die Finanzinspekteure – Colvin und sein französischer Kollege – wiesen diese Vorschläge zurück. Eine derartige Anhebung der Militärausgaben stelle eine Bedrohung für die Interessen der Obligationsinhaber dar. Die beiden Großmächte teilten dem Khediven mit, er müsse seinen Ministern klarmachen, daß sie einer Gesetzesänderung nicht zustimmen dürften. Doch der Khedive war machtlos. Sherif Pascha trat als Premierminister zurück und wurde durch einen Sympathisanten Arabis ersetzt. Arabi selbst rückte als Kriegsminister und als eigentlicher Herrscher über Ägypten ins Zentrum des Geschehens. Der Zusammenstoß schien unausweichlich: auf der einen Seite die Großmächte, die das alte System einer informellen Herrschaft und die jüngeren Interessen der Obligationsinhaber stützten; auf der anderen Seite Arabi und seine Bewegung, die die politische Eigenständigkeit für das einst mächtigste Land Afrikas wiedergewinnen wollten und auch vor einer Konfrontation nicht zurückschreckten, um ihre Ziele zu erreichen.

* * *

Inzwischen sah sich die neue französische Regierung unter Léon Gambetta einem Dilemma gegenüber: Man wollte sowohl das französische Parlament als auch die britische Regierung auffordern, wenn nicht sogar drängen, in Ägypten hart durchzugreifen. Gambetta war die *bête noire* der äußersten Linken und Rechten gleichermaßen, alle waren sich einig, daß er ein Monstrum war, ein Mensch, der sämtliche Spielregeln außer acht ließ. Als Sohn eines bescheidenen italienischen Lebensmittelhändlers und einer Gascognerin hatte er erst mit über zwanzig Jahren die französische Staatsangehörigkeit erhalten. Dennoch sollte dieser Mann bald zur Verkörperung des militanten französischen Patriotismus werden.

Mit zweiunddreißig war er in der »Stunde des Unglücks«[5] (ein Euphemismus, den er für die schlimmste Zeit des Deutsch-französischen Krieges benutzte) buchstäblich über Nacht berühmt geworden. Er war zum Innenminister ernannt worden und mit einem Ballon aus dem belagerten Paris geflohen. Im September hatte er sich zum Diktator gemausert und lenkte die französischen Kriegsanstrengungen von der Provinz aus. Er stellte neue Armeen auf, plante die Befreiung der Hauptstadt und forderte schließlich einen Krieg bis aufs Messer, als Paris bereits kapituliert hatte.

Sein Verbündeter bei diesem leichtsinnigen Unterfangen war Freycinet, ein Ingenieur und Bürokrat, der charakterlich so unbedeutend wirkte, daß man ihn »weiße Maus« taufte. Gambetta hingegen war impulsiv, ein Meister der Improvisation und Opportunist, nur dem Land seiner Wahl und seinem eigenen Stern ergeben. Doch auch in dem stürmischen Jahrzehnt nach dem Krieg blieben die beiden Freunde und Verbündete. Freycinet wurde Ministerpräsident und im Jahre 1879 Außenminister. Somit war er nun der Hauptarchitekt der Politik der kolonialen Expansion.

Zunächst wandte Gambetta sich leidenschaftlich gegen die Expansionspolitik. Als Wortführer der lautesten republikanischen Gruppe in der Abgeordnetenkammer verkörperte er den Geist der *revanche*: Man dürfe nichts zulassen, was den Willen der Franzosen schwächen könne, den Deutschen Elsaß und Lothringen wieder zu entreißen. Doch als Ferry 1881 Freycinet im Amt des Ministerpräsidenten nachfolgte, änderte Gambetta seine Meinung und verfocht nun den Gedanken des Kolonialismus mit dem typischen Eifer eines Bekehrten. Die koloniale Expansion, so glaubte er, würde Frankreich wieder zu neuer Größe verhelfen. Dagegen sei die Zeit der Abrechnung mit Deutschland noch nicht gekommen. In den Jahren 1879 bis 1881 war er Präsident der Abgeordnetenkammer und erwies sich als Meister der »*pouvoir occulte*«, der

Hintertreppenpolitik. Als graue Eminenz hatte er sich 1881 einverstanden erklärt, Courcel, den ehrgeizigen Leiter der politischen Abteilung am Quai d'Orsay, zu unterstützen, als dieser die Annexion Tunesiens vorschlug. Und nun, im Jahre 1882, beschloß er, sich als Ministerpräsident mit einer Politik der »Stärke« einen Namen zu machen: In Ägypten müßten die Franzosen auf der absoluten Gleichstellung mit England insistieren. Sie müßten darauf bestehen, daß beide Regierungen die Zügel in der Hand behielten, und verhindern, daß die Briten irgendwelche Zugeständnisse an Arabi und seine Freunde machten.

Für einen glühenden Nationalisten wie Gambetta war diese »Politik der Stärke«, die die Konfrontation mit den Briten nicht scheute, längst überfällig. »*Duale* Kontrolle« klang ja schön und gut, in der Praxis aber hatten die Briten inzwischen sowohl politisch als auch wirtschaftlich die Oberhand gewonnen. Infolge der Krise des Jahres 1878 hatte Rivers Wilson sich den einträglichen Posten als Finanzminister in Nubar Paschas Regierung sichern können, während sein französischer Gegenspieler Blignières sich mit dem Bauministerium begnügen mußte. Natürlich besetzte Rivers Wilson die besten Posten mit seinen Landsleuten. Im Juli 1879 unterstand den Briten das Post- und Telegraphen-, Hafen-, und Zollwesen, ja selbst das Sekretariat des Khediven. Für die Franzosen blieben nur Brosamen wie das Bulgah-Museum und die Bibliothek des Khediven.

Und genauso jämmerlich sah es auf dem Gebiet des Handels und der Finanzen aus. Die französischen Obligationsinhaber hörten nicht auf zu lamentieren, während die britischen Investoren sich die Lippen leckten und immer noch mehr ägyptische Obligationspapiere kauften. 1881 hatten sich die Briten bereits 70 Prozent des Handels unter den Nagel gerissen, während der französische Handel brachlag. Die Importe waren sprunghaft gestiegen, dennoch liefen die Geschäfte für die Franzosen so schlecht, daß die französische Kolonie in Kairo und Alexandria immer mehr zusammenschrumpfte. Nur in einer Hinsicht konnten die Franzosen weiterhin ihre Vormachtstellung behaupten, und das war im Bereich der Kultur und in der »zivilisatorischen Mission«; Französisch war immer noch die erste Sprache nach Arabisch, und das französische Bildungssystem war an den Schulen und Gymnasien weiterhin vorherrschend. Doch selbst auf dem Gebiet der Kultur gewannen die Angelsachsen an Boden. Seit 1881 war Englisch als Amtssprache an den Gerichtshöfen und in der

Verwaltung anerkannt, womit ein lukratives französisches Monopol gebrochen war.

Selbst Gambettas eigene Ratgeber in Paris und Kairo glaubten bereits
nicht mehr daran, daß es möglich sein würde, diese Entwicklung umzukehren und wieder mit den Briten gleichzuziehen. Dennoch bestand der
Ministerpräsident darauf, den Versuch zu unternehmen. Der erste Schritt
in diese Richtung war die gemeinsame Note, die dem Khediven am
8. Januar 1882 ausgehändigt wurde.

Doch der Einschüchterungsversuch mißlang: Die Folge war lediglich,
daß sich die Ägypter mit noch größerer Geschlossenheit hinter Arabi
stellten. Gambetta aber fühlte sich durch diese Entwicklung nur in seiner
Entschlossenheit bestätigt. Er wandte sich dagegen, daß Gladstone und
Granville die Nationalisten in irgendeiner Weise zu besänftigen suchten.
Im Gegenteil, er schien gewillt, eine Krise zu forcieren, und zollte Gladstones Empfindlichkeit nicht mehr Aufmerksamkeit als der Arabis. Der
französische Generalkonsul in Kairo sollte mit der Entsendung französischer Kriegsschiffe zu einer Demonstration der Stärke vor Alexandria
drohen. Ferner ordnete Gambetta die Vorbereitung einer Expedition von
6000 französischen Marinesoldaten in Toulon an. Falls auch dieser Bluff
fehlschlagen sollte, würde er höchstwahrscheinlich französische Truppen
ins Land schicken. Doch würden Gladstone und die Briten einer gemeinsamen Landung zustimmen? Und war es, wie Bismarck andeutete, wirklich sein Ziel, Frankreich und nicht Großbritannien die Vorherrschaft zu
verschaffen? Nichts war eindeutig, außer daß Gambetta scheinbar wild
entschlossen war, eine zweifache Konfrontation zu riskieren: den Frieden
in Ägypten zu stören und die *entente* mit Großbritannien zu zerschlagen.
Darüber hinaus legte er sich auch noch mit dem französischen Parlament
an.

Dabei ging es um ein neues Wahlsystem. Gambetta wollte durch
weniger, dafür aber um so größere Wahlkreise das Parlament in den Griff
bekommen. Doch als er im Januar beschloß, alles auf eine Karte zu setzen
und ein entsprechendes Gesetz durchzubringen, wurde er mit einer
Mehrheit von 268 zu 218 überstimmt. Er trat sofort zurück, und sein
ehemaliger Verbündeter Freycinet, die »weiße Maus«, bildete eine neue
Regierung. Die Pläne des neuen Ministerpräsidenten waren so farblos
wie seine Persönlichkeit. Er beschloß, kein Risiko einzugehen und eine
harte Linie gegenüber den ägyptischen Nationalisten zu vermeiden, da

sie im französischen Parlament nicht die entsprechende Unterstützung fand. So lag die Initiative erneut bei London – zur großen Erleichterung des besorgten Gladstone-Kabinetts.

* * *

Eine der Ideen Gambettas hatte jedoch seinen Sturz überlebt: der Vorschlag, Stärke zu demonstrieren, und zwar zur See. Dies schien ein vertretbarer Kompromiß. Gladstone fühlte sich von allen Seiten eingekreist; und das Chaos in Irland drohte auf sein Kabinett überzugreifen. Doch was Ägypten betraf, schien man einen gemeinsamen Nenner zu haben: die traditionelle Absage der Liberalen an eine aggressive Außenpolitik und die Politik gutnachbarlicher Beziehungen gegenüber Frankreich, durch die eine Konfrontation vermieden werden sollte. So legte Gladstone jetzt den Plan einer Demonstration der Stärke zur See seitens der beiden Großmächte vor. Sollte auch dies die Nationalisten nicht von den Gefahren überzeugen können, die eine Einmischung in die duale Kontrolle mit sich brächte, müßte das Ägyptenproblem mit Hilfe anderer Länder gelöst werden.

Beispielsweise konnte man die Türken veranlassen, Truppen zu entsenden, um den Khediven gegen die Nationalisten zu unterstützen. Wie Granville zugab, war dies ein abscheulicher Gedanke, wenn man bedachte, mit welcher Grausamkeit die Türken gegen die Bulgaren vorgegangen waren. Doch schließlich war Sultan Abdul Hamid der rechtmäßige Oberherr des Khediven. Die Sache hatte nur einen Haken: Die Franzosen wollten nichts davon wissen. Sie litten noch immer unter der Flut der Stammesaufstände, die 1881 Südtunesien und Algerien selbst erfaßt hatten. Ihren Machtverlust schrieben sie einer panislamischen Bewegung zu, die angeblich vom Sultan in Konstantinopel angeführt wurde. Arabis Revolte war ihrer Ansicht nach nur ein weiteres Symptom dieser moslemischen Plage des Nationalismus. Wenn jemand Ägypten besetzen sollte, dann Großbritannien und Frankreich, und zwar Schulter an Schulter. Also wurde erst einmal nichts unternommen, während in Ägypten die Macht Arabis und der Nationalisten unmerklich weiter anschwoll wie das Wasser hinter den Mauern eines großen Staudamms.

Währenddessen stellte der Irlandkonflikt Gladstones Kabinett vor eine Zerreißprobe. Lord Frederick Cavendish, der dort Reformen durchführen sollte, war im Phoenix-Park von Feniern erstochen worden, wodurch

Gladstones Stellung noch mehr ins Wanken geriet und die Spaltung im Kabinett sich weiter vertiefte.

Doch die Franzosen waren inzwischen zu einem Kompromiß bereit: Die türkischen Truppen sollten unter englisch-französischer Kontrolle stehen. So wurden also Deutschland und die anderen Mächte offiziell darüber unterrichtet, daß eine englisch-französische Flotte Richtung Alexandria unterwegs sei, um die Autorität des Khediven zu stärken und Recht und Ordnung zu sichern.

Wie die gemeinsame Note hatte auch die gemeinsame Flotte die gegenteilige Wirkung. Der Anblick der gepanzerten Schiffe – zwei französische und zwei britische – brachten das Blut der Nationalisten zum Kochen: In Tunesien hatte die Ankunft der französischen Flotte die Invasion eingeläutet. Arabi ließ sich durch diese Demonstration der Stärke nicht einschüchtern, und ganz Ägypten stand hinter ihm. Aus der Sicht der englischen Liberalen hing nun alles von der türkischen Invasion ab.

Am 25. Mai hieß es, Tewfik habe sich dazu aufgerafft, Arabi und seine Minister abzusetzen. Doch Granville hatte am Tag zuvor alarmierende Nachrichten erhalten. Freycinet hatte kalte Füße bekommen: Entsetzt über die antitürkische Stimmung im französischen Parlament, weigerte er sich, den Sultan um Hilfe zu bitten. Tewfik stand wieder einmal allein da. Am 30. Mai zwangen ihn Arabi und seine Minister, Farbe zu bekennen. Sie saßen wieder fest im Sattel, und Kairo glich einem Pulverfaß.

Zur ersten Explosion kam es am 10. Juni. Im Angesicht der alliierten Flotte gerieten die Massen in Aufruhr. Fünfzig Europäer oder unter dem Schutz der Europäer stehende Personen wurden getötet, eine noch größere Anzahl, unter ihnen der britische Konsul, verwundet. Schließlich entfachte die aufgebrachte Menge ein Freudenfeuer, das einen Sachschaden von mehreren Millionen Pfund verursachte.

Die »Massaker« von Alexandria lösten in London – wo man ohnehin schon ständig mit schlechten Nachrichten aus Irland konfrontiert wurde – einen Schock aus. Fortan war das Kabinett auch in der Ägyptenfrage gespalten. Die Whigs waren – wie Salisbury und die Torys – gegen eine Intervention, solange sich diese vermeiden ließ; nicht jedoch, wenn – wie in Ägypten – vitale strategische Interessen bedroht waren. Ihrer Meinung nach hatten Gladstone und Granville mit ihrer Beschwichtigungspolitik vor den gerissenen Franzosen, den verabscheuungswürdigen Türken und den mordlustigen Fellachen den Kotau gemacht. Nun müsse man sich wappnen, um das Empire zu verteidigen. Am 18. Juni forderten die Whigs entschieden, Großbritannien müsse Truppen entsenden, wenn alle anderen Maßnahmen erfolglos blieben. Für den Fall aber, daß nichts unternommen würde, drohten sie mit dem Rücktritt.

Die harte Linie, die die Whigs in der Irlandpolitik vertraten, stieß bei den Radikalen auf erbitterten Widerstand; was jedoch die Frage einer Intervention in Ägypten betraf, waren sich die beiden Flügel einig. Allerdings vertraten sie unterschiedliche Ansichten darüber, was als nächstes zu tun sei. Die Whigs wollten es mit dem Einsatz von ein oder zwei Kanonenbooten, der Landung einiger Rotröcke und der Wiederherstellung der Autorität des befreundeten Herrschers bewenden lassen. Die Radikalen unter Joe Chamberlain hingegen forderten, daß Arabi entmachtet werden müsse. Sie nahmen, völlig zu Unrecht, an, er sei der Drahtzieher bei den Massakern gewesen. Damit habe er die Maske fallen lassen, und niemand könne sich mehr auf seine Versicherung verlassen, daß er die Rechte der Obligationsinhaber und somit die duale Kontrolle respektiere. Er sei kein nationaler Führer, sondern ein »militärischer Abenteurer«. Der eigentliche Geist des ägyptischen Nationalismus, der Kern einer wirklichen nationalen und patriotischen Partei sei in der ägyptischen Abgeordnetenkammer (die in Wirklichkeit aus einer Gruppe konservativer Landbesitzer bestand) zu finden. Eine Intervention in Ägypten diene daher nicht nur dem Schutz des Kanals, sondern verhindere auch die Errichtung einer Militärdiktatur durch die nationale Bewegung.

Doch auch in Ägypten selbst herrschte Verwirrung. Es war völlig unklar, ob Arabi noch die Kontrolle über die Massen besaß und welche Absichten er verfolgte. Würde er den Zugriff der Europäer auf den Suezkanal in Frage stellen? Anfang Juli bat Admiral Seymour, der Kommandeur der britischen Flotte in Alexandria, um die Erlaubnis, in dieser Frage eine Entscheidung herbeizuführen. Er behauptete, Arabis Leute seien dabei, Artilleriebataillone am Ufer aufzustellen, die die Schiffe bedrohten. Er wollte ihnen ein Ultimatum stellen: Falls sie sich nicht zurückzögen, würde er die Kanonen seiner Schiffe sprechen lassen. Der Vorschlag wurde Freycinet unterbreitet, doch die Antwort des französischen Ministerpräsidenten bestand darin, daß er seine Schiffe nach Port Said verlagerte. Großbritannien stand allein da – und Gladstone in seinem Kabinett ebenfalls.

170

Die Ägyptenkrise näherte sich – ebenso wie die Irlandkrise – dem Höhepunkt. Äußerlich blieb Gladstone gelassen, doch in jener ersten Juliwoche erlebte er die quälendsten Augenblicke seiner langen politischen Laufbahn. Und in dieser Situation mußte das Kabinett über Admiral Seymours Vorschlag entscheiden. Whigs und Radikale waren sich einig: Seymour sollte seine Kanonen zum Einsatz bringen. Außerdem sollten Rotröcke in Ägypten einmarschieren, um Arabi durch einen entgegenkommenderen Mann zu ersetzen. Granville und die Gemäßigten stimmten zwar auch für Seymours Ultimatum, hofften jedoch immer noch, daß ein Krieg vermieden werden könne.

Nur Gladstone – und John Bright – waren gegen das Ultimatum des Admirals. Großbritanniens einziges Interesse, so Bright, sei die Verteidigung des Kanals: »Wenn der Angriff auf den Hafen den Kanal gefährdet, sollte er besser unterbleiben.«[6] Doch Gladstone stand wegen der ungelösten Irlandfrage unter so starkem Druck, daß er nachgab. Er sehe zwar keinen Bedarf für ein Ultimatum, teilte er Granville mit, doch »ich bin bereit, mich Ihrer Entscheidung und Ihrem Urteil zu unterwerfen.«[7] Damit hatte er Ägypten ans Messer geliefert und seine eigenen liberalen Prinzipien geopfert, um die endgültige Spaltung des Kabinetts zu verhindern.

Zwei Tage später lief Seymours Ultimatum aus. Die Artillerie im Hafen von Alexandria wurde unter Beschuß genommen und unschädlich gemacht; eine große Anzahl schöner öffentlicher Gebäude versank in einem Meer von Rauch und Flammen. Als Arabi sich mit seinen Truppen in das Nildelta zurückzog, war die Stadt vollkommen zerstört.

Das britische Kabinett unternahm nun den entscheidenden Schritt. Berichten zufolge beabsichtigte Arabi, als Racheakt den Kanal zu zerstören. Man behauptete, er habe den Heiligen Krieg ausgerufen. (In Wirklichkeit hatte Arabi sich abwartend verhalten – was ihm zum Verhängnis werden sollte.) Am 27. Juli stimmte das Parlament mit überwältigender Mehrheit für eine Kreditaufnahme, um die Intervention zu finanzieren. Das Unternehmen sollte 2,3 Millionen Pfund kosten, was die Einkommensteuer um fast zehn Prozent in die Höhe treiben würde. Sir Garnet Wolseley sollte 15 000 britische Soldaten aus Malta und Zypern sowie 10 000 britische Soldaten aus Indien befehligen.

Nur zwei Unsicherheitsfaktoren beunruhigten die Planer: der Sultan und die »weiße Maus«. Von beiden erwartete man keinerlei Unterstützung für das britische Unternehmen. Der Sultan, der immer noch mit Arabi verhandelte, zeigte sich glücklicherweise unfähig, rechtzeitig eine Entscheidung zu treffen. Und Freycinet erlitt bei dem Versuch, das französische Parlament für die Bewilligung finanzieller Mittel zum Schutz des Kanals zu gewinnen, eine vernichtende Niederlage. Gambetta, der noch eine Rechnung mit seinem einstigen Verbündeten zu begleichen hatte, trug seinen Teil dazu bei.

Nun hing alles von General Wolseley ab. Am 16. August traf er in Alexandria ein. Konnte seine Armee, die von den Zulu und Buren gedemütigt worden war, diesmal eine Schlacht in Afrika gewinnen?

* * *

Am 12. September war Wolseley bereit, von Ismailia loszumarschieren. Seinem Hauptquartier gehörte ein Großteil des »Ashanti Ring« (alias »Wolseleys Bande«) an, darunter Oberst Redvers Buller, Oberst William Butler und Major J. F. Maurice. Jeder von ihnen sollte in den folgenden Jahren berühmt – oder berüchtigt – werden. Doch merkwürdigerweise würden sich nur wenige von diesen Männern als »Imperialisten« bezeichnen.

Anders ihr Vorgesetzter – und er war stolz darauf. Wolseley, Sohn irischer Protestanten, bekannte sich offen als *jingo* (Nationalist) und war leidenschaftlicher Parteigänger einer Expansionspolitik in Afrika wie auch in Afghanistan. Er verachtete Gladstone und die Radikalen wegen ihrer ängstlichen Kolonialpolitik, aber auch die Torys, die eine Armeereform blockierten. Buller hingegen, der Grundbesitzer aus dem Westen, war ein Whig der alten Schule. Zwar bewunderte er Wolseleys Fähigkeiten, doch der aggressive Patriotismus des Generals dürfte ihm schwer zu schaffen gemacht haben. Den Buren die Unabhängigkeit zurückzugeben erschien ihm genauso vernünftig wie einem Gladstone oder Granville. Butler schließlich ging sogar noch weiter. Er war irischer Katholik und ein Verfechter der irischen Autonomiebestrebungen. Ein wenig kleinlaut gab er zu, daß die Intervention in Ägypten nicht gerade einer ehrenhaften Sache diente. Hier handelte es sich um einen Krieg für die Interessen der Obligationsinhaber. Doch, so schrieb er später, der moderne Soldat müsse sich mit den Aufgaben zufriedengeben, die sich ihm böten. Es sei besser, dem geschenkten Gaul – eben diesem Krieg – nicht zu tief ins Maul zu schauen.

Um das Risiko so gering wie möglich zu halten, hatte Wolseley darauf bestanden, insgesamt 25 000 Soldaten mitzunehmen – praktisch also ein ganzes Armeekorps, das hauptsächlich aus Veteranen bestand, über eine gute Führung verfügte und mit der modernsten Artillerie ausgestattet war. Das ägyptische Heer war hingegen offiziell nur 18 000 Mann stark. Und selbst diese Zahl vermittelte noch eine übertriebene Vorstellung von ihrer tatsächlichen Schlagkraft. Obwohl Arabi in den vergangenen Monaten zusätzlich Tausende von Soldaten eingezogen hatte, bestand der Großteil seiner Armee aus alten Männern und unerfahrenen Rekruten. Nur die Regimenter, die im Sudan und in Abessinien gekämpft hatten, verstanden etwas vom Krieg.

Auch was die Marschroute betraf, war Wolseley vorsichtig. Ohne zu zögern hatte er sich für den längsten und sichersten Weg entschieden – den Kanal. Und hier kam ihm noch das Glück zu Hilfe. Denn Lesseps, der Vorsitzende der Suezkanalgesellschaft, war sehr darauf bedacht, sein Werk vor jeglicher Gewalteinwirkung zu schützen. Er hatte Arabi versichert, die Großmächte wollten im Falle eines Krieges die Neutralität des Kanals respektieren. Natürlich hatte Wolseley nicht vor, sich an dieses Versprechen zu halten; ganz im Gegenteil. Der General plante, durch die östliche Wüste nach Kairo zu marschieren. Und dies war am ehesten möglich, wenn er die beiden Enden des Kanals besetzte: Port Said und Suez. Dann wollte er auf dem Kanal bis nach Ismailia fahren, das sich etwa in der Mitte befand. Von hier aus mußte man nur noch hundertfünfzig Kilometer durch die Wüste zurücklegen, um nach Kairo zu gelangen, wobei Lesseps ausgezeichnete Ismailia-Eisenbahn die Versorgung gewährleisten und das wunderbare Süßwasser des Kanals den Durst der Truppen und Pferde löschen würde.

Kein britischer Feldzug ging jemals reibungsloser vonstatten. Der von Lesseps getäuschte Arabi hatte den Kanal und die Städte an seinen Ufern ohne Verteidigung zurückgelassen. So gab es lediglich ein paar Scharmützel entlang der Eisenbahnlinie, bevor die eigentlich harte Nuß zu knacken war: Arabis befestigtes Lager bei dem etwa einhundert Kilometer vor Kairo gelegenen Tel el-Kebir. Hier hatte Arabi mittlerweile den größten Teil seiner Truppen zusammengezogen. Um so besser: Wolseley wollte alles daransetzen, Arabi und seine Armee mit einem einzigen Schlag zu vernichten, bevor er nach Kairo vorstieß. Damit wäre der Feldzug beendet – und England hätte sich als Großmacht behauptet.

173

Wie aber sollte die »harte Nuß« geknackt werden? Wolseley hatte am Vortage seinen achtzehn Generälen einen Geheimplan dargelegt, der einen Angriff vor dem Morgengrauen vorsah. Damit ging man ein Risiko ein, gewann aber auch große Vorteile. Da war zunächst einmal der Überraschungseffekt. Zweitens würden die Angreifer im Schutz der Dunkelheit vorrücken können. Drittens blieb man um diese Zeit vor der lähmenden Hitze der Wüste verschont. Und schließlich würde der Vormarsch auf die Hauptstadt unmittelbar nach der Schlacht bei Tageslicht erfolgen können. Der sofortige Vorstoß der Kavallerie auf Kairo war möglicherweise die einzige Möglichkeit, um die Hauptstadt zu retten, denn Berichten zufolge hatte Arabi geschworen, er werde Kairo niederbrennen, falls Tel el-Kebir verlorenging.

Der Zeitpunkt des Angriffs wurde auf 5 Uhr morgens festgelegt. Der Schlachtplan wurde bis zum letzten Augenblick vor den Soldaten geheimgehalten.

Die Schlacht von Tel el-Kebir wird bisweilen »Soldatenschlacht« genannt, da bei diesem Gemetzel taktische Überlegungen keine nennenswerte Rolle spielten. Die Überlebenden aus den Reihen Arabis sollten sie niemals vergessen. Die Schutzwälle waren die ganze Nacht über besetzt gewesen. Tausende von disziplinierten Fellachen in weißer Uniform, auf dem Kopf den roten *tarboosh*, lagen dort mit schußbereiten Gewehren. Doch niemand hatte mit einem Angriff aus der Dunkelheit gerechnet: uniformierte Gestalten, die urplötzlich über die Brüstungen stürmten und mit ihren Bajonetten blindlings drauflos stachen, als wären sie Wilde; Granaten, die wie Fontänen zwischen den Reihen hochgingen, Körper, die aufgeschlitzt und durch Granatsplitter zerfetzt wurden; eine Kavallerie, deren Pferde die Flüchtenden zertrampelten und deren Männer mit schweren Stahlsäbeln auf sie einhieben wie Schnitter in einem Kornfeld. Die Schlacht dauerte nur eine gute halbe Stunde, und erst als sie vorüber war, begann das eigentliche Massaker.

Wolseley und sein Stab bewegten sich vorwärts, kaum daß die ägyptische Linie zusammengebrochen war und Arabis Soldaten die Flucht ergriffen hatten. Der bleiche Wüstensand vor den Wällen war übersät mit verwundeten Engländern, die die erste wilde Salve der Ägypter niedergestreckt hatte. Die britischen Feldgeschütze hatten ein Loch in die Wälle geschossen und waren der Infanterie in das Lager nachgefolgt. Dort war der Wüstenboden bedeckt mit toten Ägyptern, toten Pferden und Kamelen. Unterhalb des Lagers wurden die Überreste von Arabis Armee in alle Windrichtungen zerstreut.

Gegen 6.20 Uhr erreichte Wolseley die Brücke über den Kanal und erteilte der Kavallerie den Befehl, nach Kairo aufzubrechen. Arabi, der als einer der ersten aus dem Lager geflohen war, hatte eine Stunde Vorsprung. Wolseley verfaßte ein triumphierendes Telegramm an das Kriegsministerium. Wie sein großes Vorbild Caesar kam, sah und siegte er – innerhalb von nur fünfunddreißig Minuten.

Inzwischen versuchten Butler und andere Offiziere, dem Massaker an den verwundeten Ägyptern Einhalt zu gebieten. »Die Schattenseite einer Schlacht wurde hier schmerzlich deutlich: Alles schien als Zielscheibe geeignet. Überall Tote und Verwundete, Kadaver von Pferden und Kamelen.« Einige britische Offiziere reichten den ägyptischen Verwundeten Wasser, doch die Soldaten brachten dem Feind nicht gerade ritterliche Gefühle entgegen. »Ich hörte, wie ein Offizier einen Soldaten, der seine Flasche am Kanal füllte, bat, einem stöhnenden ägyptischen Kavalleriesoldaten, der an einem Stützpfeiler der Brücke lehnte, Wasser zu geben. ›Ich würde nicht mal seine Lippen befeuchten‹, lautete die entrüstete Antwort.«[8] Andere britische Soldaten begannen zu plündern, wie es nach einer Schlacht üblich ist, und schlugen dabei die Bewohner des Wadi zusammen, wenn sie sich ihnen entgegenstellten.

Butler wechselte das Pferd und ritt unter der brennenden Sonne langsam zurück, um das Schlachtfeld zu inspizieren. *Vae victis*: Wehe den Besiegten. Er stieß kaum auf Verwundete. »Zu viele bewaffnete Männer hatten wie aufeinanderfolgende Wellen diesen Teil des Schlachtfeldes überquert.« Butler empfand Mitgefühl, ja sogar Bewunderung für die Geschlagenen:

Sie hatten nicht einen einzigen Augenblick Zeit, aufzuwachen, sich zu formieren, sich vorzubereiten oder sich in Position zu begeben. Der Angriff kam über sie wie ein Gewitter über den Schlafenden. Die Anführer, denen sie vertrauen konnten, waren Fellachen wie sie selbst; nur wenige von ihnen verstanden etwas vom Krieg, von der Kriegskunst, von Kriegslisten oder von den Notwendigkeiten des Krieges; sie waren in jeder Hinsicht verraten, und dennoch kämpften sie standhaft, wo immer zehn, zwanzig oder fünfzig von ihnen sich auf den Wällen sammeln konnten . . . Die Berge von Toten, die neben und über ihren

Gewehren mit dem Gesicht zur aufgehenden Sonne dalagen, lieferten ein beredtes Zeugnis für die Entschlossenheit, die jene armen Kerle bis zum Ende an den Tag legten.[9]

Zwei Tage später fuhr der Zug mit Wolseley und seinen Leuten in Kairo ein – als handle es sich um einen ganz gewöhnlichen Besuch. Ohne daß auch nur ein einziger Schuß fiel, hatte sich Kairo am Tag zuvor einer kleinen Kavallerieeinheit ergeben. Auch Arabi und die anderen Revolutionsführer hatten kapituliert. Einen klareren Sieg hätte Wolseley sich wohl kaum träumen lassen. Er hatte nicht nur die ägyptische Armee geschlagen; auch die Koalition der Nationalen Partei war wie ein Kartenhaus zusammengefallen.

In den folgenden Tagen führten sich Wolseley und seine Leute im Abdin-Palast wie Paschas auf. »Was für ein Wechselbad«, schrieb er an seine Frau, »gestern noch im Dreck gelegen, und heute trinken wir eisgekühlten Champagner.«[10] Er wurde mit Telegrammen überhäuft, in denen man ihm zu seinem triumphalen Sieg gratulierte. Gladstone bot ihm den Rang eines Barons an. »Warum nicht der Rang eines Vicomte?« murrte Wolseley, als er hörte, daß Admiral Seymour ebenfalls Baron werden sollte. »Seymour hat Alexandria zerstört. Ich habe Kairo gerettet.« Aber das konnte seine Hochstimmung nicht beeinträchtigen. Er fühlte sich »quietschfidel.«[11] Am 25. September feierte Kairo die Rückkehr des Khediven. Begleitet von unterwürfigen Hochrufen, fuhr Tewfik durch die Stadt. Sherif Pascha wurde erneut zum Premierminister ernannt. Sämtliche Spuren von Arabis Revolution schienen sich wie eine Fata Morgana in Nichts aufgelöst zu haben. An den Umsturzversuch erinnerten nur die Toten, die in großen Gruben in der Wüste oberhalb des Kanals bei Tel el-Kebir verscharrt wurden, und Arabi selbst, der mit ein paar Gefährten als Staatsgefangener in der Zitadelle saß.

Einen Monat nach der Wiedereinsetzung Tewfiks, die den britischen Steuerzahler 2,3 Millionen Pfund gekostet hatte, wurde Sir Garnet Wolseley in London von einer jubelnden Menschenmenge begrüßt, unter die sich auch der Premierminister gemischt hatte. Und nur wenige Tage später empfing ihn die Königin in Balmoral. Die beiden ehemaligen Gegner stellten fest, daß sie gemeinsame Feinde hatten: Gladstone und die verhaßten Radikalen.

Gladstones Erleichterung nach Wolseleys Sieg war von kurzer Dauer.

Er hatte ein wenig Zeit gewonnen, das war alles. Die inneren Spannungen in seinem Kabinett waren nicht beseitigt. Immer noch drohte die Partei an der ungelösten Irlandfrage auseinanderzubrechen. Und in Ägypten lauerten genügend Probleme, die das Vertrauen des Landes in die Partei bald zerstören sollten.

Das ägyptische Abenteuer war Gladstone von einer unheiligen Allianz aus Whigs und Radikalen aufgezwungen worden. Wider besseres Wissen hatte er sich gefügt. Nun plante er den Rückzug aus Ägypten, genauso wie er sich im Augenblick der größten Sicherheit aus dem Transvaal zurückgezogen hatte. Dieser Schritt würde bei den Radikalen gewiß Unterstützung finden, aber es war nicht auszuschließen, daß die Whigs sich dagegen sträubten. Gladstone erklärte, es sei sein sehnlichster Wunsch, den Parteivorsitz abzugeben. Aber auch das mußte warten, bis er die Whigs beschwichtigt und den Rückzug Großbritanniens aus Ägypten abgesichert hatte. Zunächst wollte er den *status quo* wiederherstellen, wie er vor Arabi geherrscht hatte – doch ohne den Franzosen auch nur den geringsten Einfluß zuzubilligen.

War aber Großbritannien überhaupt in der Lage, sich aus Ägypten zurückzuziehen – und aus dem ägyptischen Reich im Sudan, das nun von einem selbsternannten Retter, dem Mahdi, bedroht wurde? Dreißig Jahre später, als der Wettlauf um Afrika abgeschlossen war, sollten die Historiker in der britischen Invasion in Ägypten einen Wendepunkt sehen.

Das Vorspiel war vorbei. Die Briten waren in Südafrika zunächst in die Offensive gegangen, dann aber zum Rückzug gezwungen worden. Doch die Rivalen des Empire hatten die Gelegenheit ergriffen und befanden sich nun ihrerseits in der Offensive. Frankreich hatte Italien Tunesien vor der Nase weggeschnappt. Und im Kongo hatte bereits ein Wettlauf begonnen: zwischen Pierre de Brazza, der die Trikolore vor sich hertragen ließ, und Henry Stanley, der im Dienste König Leopolds von Belgien stand.

Nicht zuletzt sollte die britische Intervention zu einer Vergiftung der Beziehungen zwischen Frankreich und Großbritannien führen, den beiden Großmächten, die durch eine vierzig Jahre währende *entente* verbunden gewesen waren.

In den unruhigen Jahren, die nun bevorstanden, sollte sich zeigen, daß diese Entwicklung der Aufteilung Afrikas eine gefährliche neue Dynamik verlieh, welche sich sowohl König Leopold als auch der deutsche Kanzler Bismarck zunutze machten.

TEIL II

Der Wettlauf beginnt

THE »IRREPRESSIBLE« TOURIST

B-SM-RCK. »H'M! – HA! – Where shall I go next!«

KAPITEL 9

Der Wettlauf zum Stanley Pool

Europa und Zentralafrika
30. Mai 1882 – April 1883 und vorher

Brazza: Die Weißen haben zwei Hände. Die stärkere Hand
ist die Hand des Krieges. Die andere Hand ist die Hand des Handels.
Welche Hand wollen die Abanho?
Abanho (alle zusammen): Den Handel.

Aus Brazzas Tagebuch, September 1881

Viereinhalb Monate zuvor, Ende Mai 1882, als Arabi noch wie ein Wirbelsturm durch Ägypten fegte, lief ein kleines britisches Frachtschiff in Liverpool ein. Die *Corisco* gehörte zu den 36 Schiffen, die regelmäßig zwischen Großbritannien und der afrikanischen Westküste verkehrten. Sie war vor Monaten nach Gabun aufgebrochen, mit der üblichen Fracht an Bord: Kochkessel aus Birmingham, veraltete Gewehre, Schwarzpulver und Baumwollballen aus Manchester. Mit tropischen Erzeugnissen beladen kehrte sie nun zurück: Palmöl, Kautschuk, Gummi, Elfenbein.

Unter den Passagieren des Schiffes befanden sich zwei französische Forscher; der ältere der beiden, ein dreißigjähriger Mann, sprach mit starkem italienischem Akzent. Er war groß und sah aus wie ein romantischer Held, litt jedoch an Malaria und wirkte vorzeitig gealtert.

Die hohlwangige Gestalt mit dem wilden Blick war niemand anders als Brazza, der zweieinhalb Jahre lang den Busch von Gabun und den nördlichen Kongo durchstreift hatte und nun nach Europa zurückkehrte. Vielleicht erzählte er den mitleidig und ungläubig lauschenden Passagieren, daß er als französischer Marineleutnant eine offizielle Expedition geleitet habe, um den Kongofluß und insbesondere den Pool zu erforschen, der das Tor zu den schiffbaren oberen Flußstrecken darstellte. Er habe einen Vertrag mit einem afrikanischen König namens Makoko

181

geschlossen, der über das Gebiet am Pool herrschte. Und mit diesem Vertrag habe er das Herz Afrikas für Frankreich erschlossen – Tausende von Quadratmeilen fruchtbaren Bodens, die nur auf eine friedliche Nutzung warteten. Nun sei er auf dem Heimweg nach Paris, um den Vertrag ratifizieren zu lassen.

Doch Brazzas blaue Marineuniform bestand nur noch aus Lumpen. Da er kein Geld mehr hatte, wandte er sich an den französischen Konsul. »Brazza und Maschinist Michaud völlig mittellos aus Gabun zurückgekehrt«, kabelte der Konsul an den Marineminister in Paris. »Soll ich ihre Heimfahrt bezahlen?« Die Antwort lautete: »Dringend. Überfahrt bezahlen. Brazza auf dem billigsten Transportweg repatriieren.«[1]

Etwas anderes hatte Brazza von Admiral Jean Jauréguiberry, dem französischen Marineminister, auch gar nicht erwartet. Jauréguiberry trieb mit aller Macht den Aufbau französischer Kolonien in Westafrika und im Senegal voran. Wie die meisten Marineoffiziere war er von einem glühenden Haß gegen England und einem kriegslüsternen Patriotismus beseelt. Brazza war ihm naturgemäß verdächtig. Regierungsgelder, die nach Gabun und in den Kongo flossen, würden in Westafrika und im Senegal fehlen. Außerdem war ihm der junge italienische Aristokrat unsympathisch; seinen raschen Aufstieg in der Marine hatte Brazza schließlich nur einflußreichen Freunden zu verdanken – zum Beispiel Ferdinand de Lesseps, Jules Ferry und Admiral Montaignac, Jauréguiberrys Vorgänger im Marineministerium. So hatte Montaignac 1875 Brazzas erste große Expedition zur Erforschung des oberen Ogowe in Gabun offiziell unterstützt. 1879 hingegen hatte ihm Jauréguiberry zwar die Erlaubnis für eine weitere Forschungsreise erteilt, ihm jedoch außer dem Geld für die Überfahrt nur sechzehn senegalesische Laptoten (Seeleute) zugestanden, die ihn auf der neuen Expedition in den Kongo begleiteten.

Damals hatte sich Brazzas alter Gönner, Admiral Montaignac, als rettender Engel erwiesen. Der Admiral gehörte der Société Géographique de Paris (SGP) an, die inzwischen als französisches Nationalkomitee der International African Association (IAA) König Leopolds beigetreten war. Leopolds Aufruf zu einem internationalen Kreuzzug, der Afrika für die Zivilisation öffnen sollte, blieb in Frankreich nicht ungehört. So stellte Informationsminister Jules Ferry 100 000 Francs für Projekte des neuen französischen Komitees zur Verfügung. Montaignac erreichte, daß

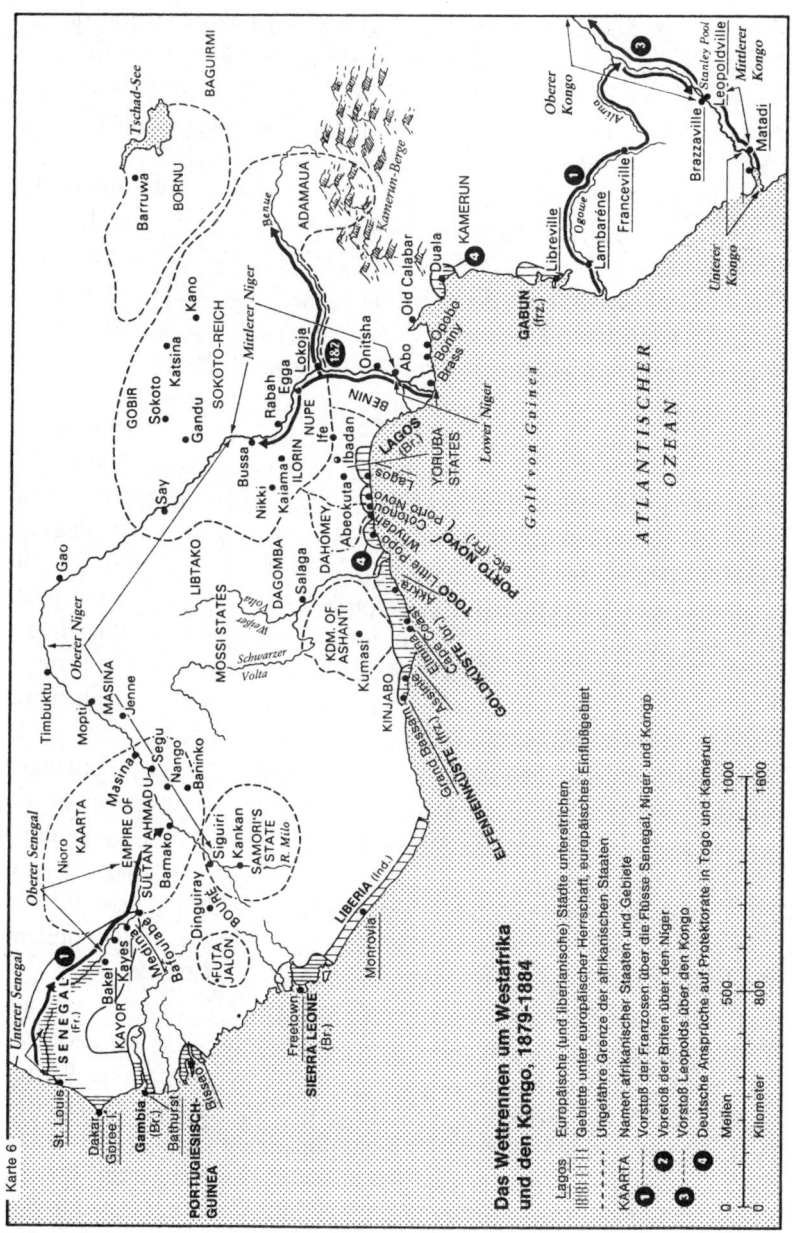

Karte 6

Das Wettrennen um Westafrika und den Kongo, 1879–1884

Lagos Europäische (und liberianische) Städte unterstrichen.

▦ Gebiete unter europäischer Herrschaft; europäisches Einflußgebiet

– – – – Ungefähre Grenze der afrikanischen Staaten

KAARTA Namen afrikanischer Staaten und Gebiete

❶ Vorstoß der Franzosen über die Flüsse Senegal, Niger und Kongo

❷ Vorstoß der Briten über den Niger

❸ Vorstoß Leopolds über den Kongo

❹ Deutsche Ansprüche auf Protektorate in Togo und Kamerun

Meilen 0   500   800   1000

Kilometer 0   800   1600

183

Brazzas Expedition die Hälfte dieser kleinen Subvention erhielt. Brazza würde für das französische Komitee einen der beiden Stützpunkte einrichten, die eine Verbindung zwischen dem oberen Ogowe in Gabun und dem oberen Kongo herstellten. Am unteren Kongo hatte im selben Jahr (1879) bereits Stanley im Auftrag Leopolds und der Zentrale der IAA in Brüssel seine Arbeit aufgenommen.

Man möchte meinen, daß eine Zusammenarbeit zwischen beiden Expeditionen sinnvoll gewesen wäre. Schließlich erforschten beide denselben Fluß und operierten unter der Schirmherrschaft derselben Organisation, der IAA. Doch ganz im Gegenteil, es herrschte eine große Geheimnistuerei. Je mehr Brazza, Montaignac und die übrigen Mitglieder des französischen IAA-Komitees über Leopold und die Zentrale der Gesellschaft in Erfahrung brachten, um so mehr mußten sie sich wundern. Stanley hatte im Februar 1879 unter dem Pseudonym »M. Henri« Europa verlassen. Dann stellte sich heraus, daß die philanthropische IAA durch eine mysteriöse neue Organisation ersetzt wurde, das sogenannte Comitée d'Etudes du Haut Congo (CEHC). Dieser rein kommerzielle Zusammenschluß sollte offenbar dazu dienen, den Kongo für internationale Investoren zu erschließen; zu ihnen gehörten unter anderem französische, holländische und englische Geschäftsleute. Noch merkwürdiger war, daß all diese Investoren – mit Ausnahme der Belgier – im November 1879 ihr Geld zurückerhielten. All das deutete darauf hin, daß Stanley nicht mehr für einen internationalen Kreuzzug tätig war; vielmehr wollte er eine Kolonie gründen, die der König mit seinen Kumpanen auszubeuten gedachte. Brazza durchschaute das falsche Spiel. Wenn die Haupt-IAA nur ein Aushängeschild für König Leopold und die Belgier war, warum sollte das französische IAA-Komitee nicht dieselbe Funktion für Frankreich übernehmen?

Der Vorsitzende des französischen Komitees, Ferdinand de Lesseps, stand vor einem Dilemma. Wie sollte er vier Herren gleichzeitig dienen – Leopold, Frankreich, Gott und dem Mammon? Brazza hingegen empfand keinen Loyalitätskonflikt. Er stand mit Herz und Seele hinter seiner Wahlheimat. Daher machte er Jauréguiberry ein Angebot: Er würde Stanley ein Schnippchen schlagen und »die französische Flagge am Stanley Pool hissen«, bevor die Belgier dort einträfen.[2] (Über den Pool ließ sich der obere Kongo wirtschaftlich erschließen, da hier die Katarakte endeten und das schiffbare Flußsystem begann.) Stanley selbst bahnte sich mit Hacke und Sprengstoff mühsam einen Weg von der Kongomündung zum Pool, wobei er die Katarakte umging, die den Zugang zum letz-ten 300 Kilometer langen Abschnitt des Kongounterlaufs versperrten. Brazza wollte Stanley zuvorkommen, indem er auf dem kürzeren Weg über Gabun und den oberen Ogowe zum Pool vordrang, und dann das Gebiet für Frankreich beanspruchen. Dieser Auftrag sollte geheimgehal-ten werden und nur gelten, wenn Brazza als Erster ankam. Falls ihm das nicht gelang, konnte man die Expedition immer noch als geographische Forschungsreise ausgeben.

Admiral Jauréguiberry wies diese abenteuerlichen Ideen mit unver-kennbarem Widerwillen von sich. Doch bei Léon Gambetta und Jules Ferry fand der hartnäckige junge Leutnant mehr Gehör. Im August bewilligten beide Abgeordnetenhäuser ohne Murren einen Kredit von 100 000 Francs. Über die politischen Ziele Brazzas ließ Ferry allerdings nichts verlauten; vor dem Parlament war nur von der zivilisatorischen Mission des französischen IAA-Komitees die Rede. Ferry wußte sehr wohl, daß für kolonialpolitische Ziele im Jahre 1879 kein Franc bewilligt würde. Nun hing alles von Brazza ab. Noch konnte er das Rennen zum Pool gegen Stanley gewinnen.

Im August 1880 erreichte Brazza den oberen Kongo, nachdem er seinen ersten Stützpunkt am Ogowe (das spätere Franceville) passiert hatte. Wer das Rennen gewinnen würde, war noch völlig offen. Tatsäch-lich steckte Stanleys Expedition immer noch am unteren Flußlauf fest und kämpfte sich zwischen den Katarakten hindurch. Am 15. August war er erst etwa 40 Kilometer über Vivi hinausgelangt und immer noch 300 Kilometer vom Ziel entfernt.

In derselben Nacht erblickte Brazza zum erstenmal einen unbekannten Fluß, den »Olumo«. Er war tagelang durch ein ausgedörrtes Waldgebiet marschiert, und seine Männer starben fast vor Durst. Ein Häuptling versuchte ihnen den Weg zu versperren. Aber Brazza, halb wahnsinnig vor Fieber und Durst, schlug ihn in die Flucht, indem er mit irrem Gelächter auf ihn losging und schrie: »Narr, Narr! Der versucht, mit dem weißen Mann zu kämpfen«[3]. Nach Mitternacht sahen sie einen gewalti-gen Flußlauf vor sich, der sich wie ein Laken im Mondlicht ausbreitete. Brazza warf sich ans Flußufer und trank und trank, bevor er in einen totenähnlichen Schlaf fiel. Der »Olumo« war tatsächlich der Kongo, doch Brazza begriff erst einige Tage später, daß er das Wettrennen gegen Stanley gewonnen hatte.

185

Kaum vierzehn Tage später eröffnete Brazza die entscheidenden Verhandlungen mit Makoko, dem Herrscher der Teke, die im Gebiet oberhalb des Pool siedelten. Makokos Ahnen hatten einst die gesamte Region beherrscht, und auch er übte großen Einfluß auf die lokalen Häuptlinge aus. Dem Herrscher zu Ehren vertauschte Brazza seinen schmutzigen Khakianzug mit der ramponierten goldbetreßten Marineuniform, und auch seine senegalesischen Laptoten kleideten sich in das Blau der Marine. Brazza schildert die feierliche Szene in seinem Tagebuch:

Hinter einem Hornisten und der französischen Flagge traf ich im Dorf ein ... Wir blieben vor dem Eingang zum Lager des Häuptlings stehen ... An einem Pfosten innerhalb des Tores hängt eine Eisenglocke. Sie wird geläutet, um Ankömmlinge anzukündigen ...
Schließlich erscheint, mit seinen Frauen vorneweg, Makoko. Er und seine Hauptfrau tragen auffällige Kupferhalsketten ... Er selbst trägt ein weites Gewand, auffälligen Schmuck an Armen und Beinen, einen wollenen Hut, der nach Art eines Gobelins gewebt ist und mit einer Eisennadel am Kopf gehalten wird, an welcher zwei lange Federn befestigt sind ...
Häuptling Makoko sitzt auf einem großen, vier Meter breiten Teppich mit blauen und roten Karos, darüber ist eine Reisedecke ausgebreitet, die ein Löwe ziert ... Dann gehen die Männer, die mich hergebracht haben, und knien vor ihm nieder ...
Der Medizinmann steht auf und kniet vor mir nieder, wobei er seinen Speer und sein Schwert in den Händen hält ... danach legt er als Zeichen der Ehrerbietung seine Hände auf die meinen.
Dann lasse ich den Häuptling wissen, daß ich in meinem Land ebenfalls ein Häuptling bin und daß zwei Häuptlinge, wenn sie sich begegnen, einander die Hände schütteln ... Dann gehe ich zu ihm, schüttle ihm die Hand und lasse mich neben ihm auf einem Ballen nieder.[4]

Während der folgenden 25 Tage wurden Brazzas ausgehungerte Männer von König Makoko fürstlich bewirtet. Es gab Mais und Pistazien, Maniokbier und Palmwein in Hülle und Fülle. Makoko hatte wie die meisten Häuptlinge im Landesinneren gute Gründe, mit den Europäern ins Geschäft zu kommen. Im Gebiet um den Pool wurde kaum etwas erzeugt; hier beruhten Wohlstand und Macht auf dem Handel. Frankreich konnte für Makoko neue Handelsverbindungen zur Küste erschließen. Deshalb überließ er Brazza ein Gelände für einen französischen Stützpunkt bei Ncuna (dem künftigen Brazzaville) am Nordufer des Pool. Das Land gehörte eigentlich einigen kleineren Häuptlingen der Abanho, die Makokos Herrschaft unterstanden. Vor ihnen gab Brazza wie üblich eine kleine Theatervorführung zum besten: Er sprang auf, Patronen in der rechten Hand, einen Ballen Stoff in der linken und sagte zu den Häuptlingen: »Die Weißen haben zwei Hände. Die stärkere Hand ist die Hand des Krieges. Die andere Hand ist die Hand des Handels. Welche Hand wollen die Abanho?«

»Den Handel«, riefen sie alle. Daraufhin warf Brazza die Patronen in ein Erdloch, pflanzte einen Baum darauf und erklärte: »Möge niemals Krieg ausbrechen, bis dieser Baum Patronen als Früchte hervorbringt.«[5]

Am 10. September unterzeichnete Makoko einen politischen Vertrag von höchster Wichtigkeit. Er sicherte Brazza alles zu – das heißt alles, was der Franzose brauchte, um Stanley einen Strich durch die Rechnung zu machen. Makoko trat seine Erbrechte als Oberherr an Frankreich ab und stellte sich unter den Schutz der französischen Flagge. Brazza kostete der Vertrag praktisch nichts, abgesehen von ein paar unbedeutenden Handelsgütern (zwei Ballen Stoff und ein paar Perlen, wie Stanley später behauptete). Brazza steckte den kostbaren Vertrag ein sowie eine Proklamation, die die Zustimmung der lokalen Häuptlinge bestätigte – also de facto die Eigentumsurkunden für ein Französisch-Kongo, sofern die französische Regierung den Vertrag ratifizierte. Dann bereitete er in aller Eile seine Rückkehr an die Küste vor. Die Verteidigung des neuen Protektorats gegen Stanley mußte er seinen senegalesischen Laptoten überlassen. Er beförderte einen Karama namens Malamine zum Feldwebel und übertrug ihm bis zu seiner Rückkehr die Verantwortung für den Stützpunkt. »Ich kann dir weder Geld noch Proviant geben«, erklärte er Malamine. »Du hast deine Männer, deine Hände und deine Waffen. Du mußt einfach improvisieren, aber verlasse deinen Posten nicht.«[6]

Zuletzt gab er Malamine eine Kopie des Makoko-Vertrages, den er allen Weißen zeigen sollte, die Zweifel an der französischen Oberherrschaft anmeldeten. Makoko und seinen Unterhäuptlingen schärfte Brazza ein, in Zukunft nur noch die Falla, die Franzosen, auf ihr Territorium vorzulassen. Brazzas Freunde seien leicht zu erkennen: sie trügen eine Hahnenfeder auf dem Hut.

Nachdem er Malamine nochmals ermahnt hatte, keinesfalls seinen

Posten zu verlassen, zog Brazza am felsigen Nordufer des Kongo flußabwärts, Richtung Boma, zur Küste. Bald war sein kleiner Trupp im Sprühnebel der ersten von 32 Stromschnellen verschwunden.

Am Sonntag, dem 7. November 1880, stürzte ein aufgeregter junger Diener namens Lutete Kuna in Stanleys Lager bei Ngoma Point unterhalb der Wasserfälle von Isangila und überbrachte ihm einen zerknitterten Papierfetzen. Stanley entzifferte nur die Worte »Le Comte Savorgnan de Brazza, *Enseigne de Vaisseau*«. »Es war ein Franzose«, erklärte Lutete. »Er schoß mit einem Gewehr, das viele Male schießt, auf Bäume. Bula Matari, sag mir, warum die Weißen auf Bäume schießen? Wollen sie den bösen Geist töten?«[7]

»Bula Matari«, »Brecher der Felsen«, war der Spitzname, den die Eingeborenen Stanley gegeben hatten. Ihrer Ansicht nach besaß er magische Kräfte, denn er konnte alle Hindernisse, die ihm den Weg versperrten, zerschmettern.

Seit seiner Ankunft in Boma vor fünfzehn Monaten hatte Stanley jedoch einige vernichtende Rückschläge erlitten. König Leopold hatte ihn beauftragt, drei Stützpunkte zu errichten und eine Straße vom untersten Katarakt bis zum Pool zu bauen – kein Problem, wenn man ein paar tausend erfahrene Arbeiter zur Verfügung hatte. Stanley hatte jedoch nur 215 Männer, Schwarze und Weiße. Zu ihnen zählten 68 zuverlässige Leute aus Sansibar, unter denen sich auch Livingstones Häuptling Susi befand. Doch es dauerte Monate, bis der erste Stützpunkt in Vivi stand – unterhalb der untersten Stromschnelle. Dann mußten die zwei kleinen Dampfschiffe, die *Royal* und die *En Avant*, zerlegt, auf Wagen verladen und die neue Straße flußaufwärts Richtung Pool gezogen werden. Zum Teil mußten die Arbeiter die Straße aus den Felsen hauen und sprengen. Auf diese Weise schafften sie keine hundert Meter pro Tag.

Währenddessen überhäufte ihn der König mit unnützen Ratschlägen. »Es ist unverzichtbar«, schrieb Leopold, »daß unsere Stützpunkte mustergültige Niederlassungen darstellen ... Und wenn [sie] die Sache der Zivilisation würdig repräsentieren sollen, müssen sie von erstklassigen Leuten geleitet werden.«[8] Der König hatte leicht reden. Stanley hatte niemanden, dem er Vivi anvertrauen konnte, und niemanden, der den Straßenbau hätte leiten können, während er seinen Weg zum Pool fortsetzte. Seine besten Männer starben am Fieber. Die Belgier vom kartographischen Dienst der Armee, die Leopold ihm schickte, starben zwar nicht, aber wahrscheinlich wünschte ihnen Stanley den Tod. Mit ihrer Unzuverlässigkeit und Disziplinlosigkeit trieben sie ihn jedenfalls zur Weißglut.

Weiterhin plagte Leopold Stanley mit Vorhaltungen, Brazza werde ihm ein Schnippchen schlagen, wenn er sich nicht beeile. Denn die Geheimagenten des Königs hatten ihm Brazzas Brief an Jauréguiberry zugespielt, in dem er versprochen hatte, Stanley zuvorzukommen. Doch Stanley ließ sich nicht aus der Ruhe bringen: »Zu einem Wettrennen zum Stanley Pool bin ich nicht angetreten.«

Wenn der König wollte, daß er schneller vorankäme, dann sollte er mehr Männer und Ausrüstung schicken. »Verdoppeln Sie unsere Kraft . . ., und wir werden unsere Geschwindigkeit verdoppeln; verdreifachen Sie die Arbeitskräfte, und wir werden dreimal so schnell vorankommen. Wenn wir genügend Männer hätten, könnten wir den Stanley Pool in einem Monat erreichen.«[9]

Als Brazza am 7. November in Stanleys Lager eintraf, hatte Stanley erst den Stützpunkt Vivi fertiggestellt und etwa sechzig Kilometer Straße gebaut. Vor ihm türmten sich noch größere Hindernisse auf: ein riesiges Felsendreieck im Cañon unterhalb der Insangila-Fälle und der Ngoma-Berg, eine 500 Meter hohe Wand aus Quarz und Sandstein, die senkrecht zum Fluß hin abfiel.

Brazza war bei seiner Ankunft vollkommen erschöpft, aber dennoch auf der Hut. Er berichtete von seinem Stützpunkt bei Ncuna, an dem er drei Schwarze zurückgelassen habe, verlor jedoch kein Wort über den Makoko-Vertrag, den er in der Tasche hatte. Stanley werde mit seinen Wagen ein halbes Jahr brauchen, um den Ngoma-Berg zu überwinden, stichelte Brazza. Doch Stanley ließ sich nicht aus der Ruhe bringen. Weshalb der König soviel Aufhebens um Brazza machte, war ihm unverständlich.

Den Ngoma bezwang Stanley schließlich in nur einem Monat, indem er Tausende Tonnen Fels mit Dynamit wegsprengte. Seinen zweiten Stützpunkt bei Isangila errichtete er im Februar 1881. Obwohl noch mehr Leute dem Fieber zum Opfer fielen, besserte sich die Moral. Der kleinere Dampfer, die *Royal*, wurde zusammengebaut und beförderte die Teile der *En Avant* und andere Ausrüstungsgegenstände über die nächsten 150 Kilometer, die sich als schiffbar erwiesen.

Ende Februar, vier Monate nachdem Brazza flußabwärts weitergereist war, machte Stanley eine unangenehme Entdeckung. Zwei englische Baptistenmissionare namens Crudington und Bentley berichteten, daß sie von Angola aus einen Vorstoß unternommen und versucht hatten, am Pool eine Missionsniederlassung zu errichten. Doch mit Ausnahme Ngaliemas, eines Häuptlings vom Südufer, hatten die Stammesfürsten die Missionare mit Gewehren bedroht und zum Rückzug gezwungen.

Im Mai erlitt Stanley einen Malariaanfall und glaubte sich dem Tode nahe. Er versammelte seine Männer um sich, um von ihnen Abschied zu nehmen: »Sagt dem König, daß ich mich über meine Stärke getäuscht habe und wie sehr ich es bedaure, daß ich die Mission, mit der er mich betraut hat, nicht zu Ende führen kann.«[10] Doch er erholte sich wieder. Der dritte Stützpunkt, Manyanga, wurde fertiggestellt, und man nahm den letzten Abschnitt in Angriff. Stanley wußte ebensogut wie Brazza, daß sich der Kongo über den Pool erschließen ließ, jenen riesigen See, an den sich achttausend Kilometer schiffbare Wasserwege anschlossen. Aber wer kontrollierte den Pool? Stanley ließ die Straßenbauer und seine Wagenkarawane zurück und machte sich auf den Weg, um zunächst mit den Häuptlingen am Nordufer zu verhandeln. Bei Ncuna wehte, wie von Brazza angekündigt, die Trikolore über dem französischen Stützpunkt.

Zu Anfang ging alles glatt. Flankiert von zwei Senegalesen trat Malamine Stanley entgegen, zeigte ihm den Makoko-Vertrag und lud ihn in ihren »Stützpunkt« ein. Dieser bestand nur aus einer elenden Hütte. Beeindruckt war Stanley hingegen von der Intelligenz und der kultivierten Ausstrahlung Malamines. Der dreißigjährige senegalesische Feldwebel mit der bronzefarbenen Haut betrug sich wie ein echter Franzose. Wie Stanley bemerkte, hatte ihn Brazza so gut geschult, daß er die »Anweisungen seines Herrn mit Takt und Feingefühl«[11] ausführte.

Es dauerte ein paar Tage, bis Stanley bemerkte, daß diese Anweisungen darauf hinausliefen, ihn vom Stanley Pool fernzuhalten. Malamine versicherte ihm zwar, er wolle ihn nach besten Kräften bewirten, doch gleichzeitig sorgte er dafür, daß der weiße Mann keinerlei Proviant erhielt. Für Stanley und seine Männer gab es plötzlich nichts mehr zu kaufen. Die Botschaft war eindeutig: Entweder ihr verschwindet von hier oder ihr verhungert. Gedemütigt zog er sich nach Ntamo am Südufer zurück, wo der einzige Häuptling lebte, der reich und mächtig genug war, um Malamines Bann zu trotzen.

Dieser Häuptling war Ngaliema, der im Jahre 1877, als Stanley den Pool entdeckte, dessen Blutsbruder geworden war. Als sich die beiden am 2. August 1881 wiederbegegneten, funkelten Ngaliemas Augen vor Gier. Er war ein reicher Elfenbeinhändler und hatte innerhalb weniger Jahre eine hundertfünfzigköpfige Sklavenarmee und ein Warenlager im Wert von 3000 Pfund aufgebaut. Daß er Stanley in der Hand hatte, mußte ihm niemand sagen. Entsprechend fürstlich waren die Gaben, die er einforderte: eine schwarze Neufundländerhündin namens Flora, zwei Esel, einen großen Spiegel, einen goldbestickten Mantel, Juwelen, Glasspangen, lange Bronzeketten, ein gemustertes Tischtuch, fünfzehn Stoffballen und eine mit Japanlack überzogene Blechschachtel.

Als Stanley sich vier Jahre zuvor seinen Weg flußabwärts freigeschossen hatte, wäre er nicht auf die Idee gekommen, solch ausufernden Forderungen nachzukommen. Vermutlich hätte er dem Häuptling eher »eine Ladung Blei« verpaßt. Doch wer ein Imperium errichten will, muß sich subtilerer Mittel bedienen. Diesmal war die friedliche Eroberung oberstes Gebot, und deshalb überreichte Stanley in aller Demut die Geschenke. Doch sie reichten noch nicht aus, um von einem so reichen und ehrgeizigen Häuptling eine Konzession zu erwerben. Stanley blieb nichts anderes übrig, als Valke, einen seiner belgischen Offiziere, nach Luanda zu schicken, um für weitere 500 Pfund Samt und Seide zu kaufen. Mittlerweile blieben elf Sansibarer unter Führung von Susi bei Ngaliema in Ntamo, um ihn bei der Stange zu halten, während Stanley zum Straßenbautrupp zurückkehrte, der sich langsam Richtung Pool vorankämpfte.

Als im November 1881 die Straße fast fertiggestellt und der Pool schon in Sichtweite war, kehrte Susi mit seinen Leuten und zwei bepackten Eseln ins Lager zurück. Ngaliema hatte sie fortgejagt, alle Geschenke zurückgegeben und sich dem Boykott gegenüber den Weißen angeschlossen. Wie sich herausstellte, war dies das Werk von Malamine: Er hatte die Ängste der ansässigen Händler geschürt, die Elfenbein zur Küste beförderten und zu Recht um ihr lukratives Monopol bangten.

Daraufhin inszenierte Stanley eine Posse, die eines Brazza würdig gewesen wäre. Als er erfuhr, daß Ngaliema sich mit zweihundert Kämpfern in voller Kriegsbemalung auf dem Kriegspfad befand, befahl er seinen Männern, sich in den Hütten und Wagen zu verstecken, bis er sie mit Gongschlägen herbeirufen würde.

Ngaliema fand ein nahezu menschenleeres Lager vor. Mitten darin saß Stanley und las unbekümmert in einem Buch. Nun wollte Ngaliema die neuesten Geschenke sehen und ließ seine Hand liebevoll über roten Boi, leuchtende Tücher, Blechbüchsen und Eisentruhen gleiten. Dann erblickte er Stanleys chinesischen Gong.

»Was ist das?«

»Das ist ein Fetisch«, erwiderte Stanley feierlich.

»Bula Matari, schlag ihn an; ich möchte ihn hören.«

»Oh, Ngalyema, das wage ich nicht; es ist ein Kriegsfetisch.«

»Nein, nein. Schlag ihn an, Bula Matari, damit ich seinen Klang hören kann.«

»Das wage ich nicht, Ngalyema. Es handelt sich um ein Kriegssignal. Dieser Fetisch ruft bewaffnete Männer herbei; es wäre zu schrecklich.«

»Nein, nein, nein! Ich sage dir, du sollst ihn schlagen. Schlag ihn, Bula Matari.«

Mit aller Kraft ließ Stanley nun den Gong ertönen. Und sogleich strömten dämonische Krieger herbei, die – so schien es den tapferen Gefolgsleuten Ngaliemas – aus dem Erdboden wuchsen und vom Himmel fielen. Entsetzt ließen Ngaliemas Männer ihre Musketen fallen und suchten das Weite. Ngaliema selbst klammerte sich angstvoll an Stanley, während die Sansibarer ihre Gewehre schwangen und schreiend auf ihn einstürmten.

»Rette mich, Bula Matari; laß nicht zu, daß sie mich verletzen. Ich habe nichts Böses im Schilde geführt.«

»Halt dich fest, Ngalyema, halt dich an mir fest, ich verteidige dich, keine Angst.«[12]

Das Schauspiel endete mit der völligen Aussöhnung zwischen Stanley und Ngaliema. Innerhalb weniger Monate entstand am Südufer des Pool der vierte und größte Stützpunkt: Holzhütten, Villen, Lagerhäuser, Gärten und ein Hafen. Er sollte sich zur Hauptstadt der neuen Kolonie entwickeln und den Namen Leopoldville tragen. Während Ngaliema ein unberechenbarer Verbündeter blieb, begrüßten die übrigen Häuptlinge die Möglichkeit, mit den Weißen Handel zu treiben. Die *En Avant* machte sich auf ihren Weg stromaufwärts, wo es Elfenbein in Hülle und Fülle gab. Doch die beste Nachricht kam im Sommer 1882, als die Eingeborenen berichteten, Feldwebel Malamine sei nach Gabun zurückbeordert worden und habe seinen einsamen Wachposten am Nordufer geräumt. Scheinbar hatte der geduldige Stanley letztlich doch das Spiel für sich entschieden.

Als Brazza Ende Mai 1882 in Liverpool eintraf, hatte er eine Reihe von Rückschlägen hinter sich. Sein Plan, den oberen Ogowe mit Dampfschiffen zu befahren, war gescheitert, weil sich die Boote als unzulänglich erwiesen. Brazzas Freund Leutnant Ballay mußte nach Europa zurückkehren und Ersatz besorgen. Mit seinem zweiten Gefährten, Leutnant Mizon, geriet Brazza in Streit. Als im April 1882 die finanziellen Mittel erschöpft waren, gab Mizon Malamine den Befehl, nach Gabun zurückzukehren – eine Order, der sich Malamine so lange wie möglich widersetzte.

Im Vorjahr, im April 1881, hatte Brazza einen *cri de coeur* an das französische Komitee gerichtet. Aufopferungsvoll habe er die mit ihnen abgesprochenen Pläne durchgeführt, doch sie hätten es versäumt, sich bei der französischen Regierung für ihn einzusetzen. Und er zählte alle seine Leistungen auf: Er hatte eine Schatzkammer voller Elfenbein und Kautschuk entdeckt, ein unvorstellbar reiches Land, das nur auf die Exploitation wartete; er hatte die französische Flagge über zwei neuen Stützpunkten gehißt, über Franceville im Oberen Gabun und bei Ncuna am Kongo; er hatte das Monopol der einheimischen Händler gebrochen und den oberen Ogowe für den französischen Handel erschlossen; er hatte die kriegerischen Eingeborenen befriedet und die Erinnerungen an den kriegslüsternen Stanley getilgt; seine Fahne des Friedens hatte er dort »aufgepflanzt, wo Stanley einst kämpfte«. Die Ruhr und schreckliche Geschwüre an den Beinen hatten ihn fast das Leben gekostet, doch er wollte sich nicht geschlagen geben. »Ich werde weitermarschieren, solange ich noch die Kraft dazu habe. Wenn ich falle, dann nur, um nie wieder aufzustehen.«[13]

Am 2. Juni 1882 wurde Brazza, der sich wie ein Geächteter fühlte, doch noch ein glänzender Empfang bereitet. Eine Delegation der SGP – der Männer, die gleichzeitig dem französischen Komitee der IAA vorstanden – empfing ihn am Gare du Nord in Paris mit Flaggen. Darunter befand sich sein Gönner Montaignac wie auch Lesseps, der sogar eine Rede hielt. Der junge Forscher war der Held des Tages. Auf schnellstem

Wege brachte man ihn zu einer öffentlichen Sitzung der SGP, wo sich die Mitglieder erhoben, um ihn zu begrüßen, als wäre er der wiederauferstandene Livingstone.

Der Stimmungsumschwung zu Brazzas Gunsten hatte nicht nur die Geographische Gesellschaft, sondern die gesamte französische Öffentlichkeit erfaßt. Die Regierung Ferry war im November 1881 nach der militärischen Katastrophe in Südtunesien zurückgetreten. Gambetta hatte sich für eine Expansionspolitik in Ägypten eingesetzt, nur um im Januar 1882 die Wahlen zu verlieren. Und Freycinet schreckte vor einer Intervention gegen Arabi zurück. Im Vergleich zu diesen gefährlichen, kostspieligen Abenteuern im Mittelmeerraum erschien ein französisches Engagement in Zentralafrika erfreulich billig. Hier gab es praktisch nichts zu verlieren – abgesehen vom Leben eines Helden wie Brazza.

Journalisten und Politiker waren mit derartigen Argumenten bereits zur Genüge geimpft worden, und so fielen Brazzas Ausführungen, die er mit seinem üblichen Hang zur Theatralik vortrug, auf fruchtbaren Boden. Für die koloniale Expansion und die Ratifizierung des Makoko-Vertrags brachte er die üblichen humanitären, wirtschaftlichen und politischen Gründe vor.

Zum ersten malte Brazza den friedlichen Charakter seiner Mission in den leuchtendsten Farben aus. Wie Livingstone war er gekommen, um Zentralafrika vom Joch der Sklaverei zu befreien, indem er den rechtmäßigen Handel einführte. Hier bot sich die Möglichkeit, ein Äquivalent für Livingstones drei »C« zu finden: französischen Katholizismus, französische Zivilisation und französischen Handel (natürlich keinen Freihandel, sondern Handel nur mit Frankreich). Im Gegensatz dazu stellte er Stanley als unverbesserlichen Gewaltmenschen dar. Stanley prahlte, er sei während seiner Reise von 1876 bis 1877 wie ein Hurrikan den Kongo hinabgefegt und habe die zu Tode erschrockenen Eingeborenen in Scharen niedergemetzelt. Kein Wunder, daß sie sich bei seiner zweiten Reise an den Pool gegen ihn stellten.

Auch die wirtschaftlichen Möglichkeiten und die Schätze des Kongo schilderte Brazza in überschwenglichen Worten. »Ohne jede Gewaltanwendung« konnte sich Frankreich ein riesiges Territorium sichern, wo es tropische Reichtümer im Überfluß gab: Kokosnüsse, Elfenbein, Kautschuk, Mais, Kupfer und Blei. Und die Bewohner waren die geborenen Händler: freundlich, fleißig und intelligent. Zudem hatte er eine Abkürzung gefunden, die den Kongo mit Gabun verband. (Auf der Rückreise vom Kongo hatte er die Kwilu-Niari-Route in Gabun entdeckt, die zwar nicht kürzer, aber weniger mühsam war als der Weg über den oberen Ogowe.) Stanley hingegen verschleuderte die Millionen von Leopolds obskurer internationaler Gesellschaft, indem er versuchte, auf dem unwirtlichen Gelände am unteren Kongo eine Straße zu bauen.

Das dritte Thema, die Politik, erregte natürlich besondere Aufmerksamkeit. Im August 1882 schickte Brazza einen ausführlichen Bericht an seinen alten Feind, Marineminister Jauréguiberry. Darin schilderte Brazza, welchen Einfluß sein Vertragspartner König Makoko am Nordufer des Pools ausübte.[14] Doch am anderen Ufer wehte die Flagge der IAA über Leopoldville, Stanleys viertem Stützpunkt. Wenn die französische Regierung den Vertrag nicht auf schnellstem Wege ratifizierte, würde Frankreich den Zugang zu den Reichtümern des Kongo verlieren. Leopold behauptete zwar, seine Arbeit in Afrika sei international ausgerichtet und philanthropisch motiviert, doch seine Agenten hatten mit den Eingeborenen am unteren Kongo bei Vivi bereits Verträge geschlossen, die ihnen exklusive Handelsrechte für das Gebiet zusicherten. Schon bald würden die Agenten des Königs das Monopol für den gesamten Pool an sich reißen.

Zuletzt warnte Brazza den anglophoben Admiral vor Großbritannien, das bereits baptistische Missionare an den Kongo entsandte und auf diese Weise Ansprüche auf das Gebiet anmeldete. Im Augenblick hätten die Briten noch keine Handelsinteressen zu verteidigen – eine merkwürdige Behauptung angesichts der britischen Handelsniederlassungen am unteren Kongo. Doch das werde sich ändern, sobald man erkannte, welche Reichtümer der Kongo barg. Deshalb müsse man jetzt oder nie den Makoko-Vertrag ratifizieren.

Admiral Jauréguiberrys Antwort war überraschend positiv. Er räumte ein, die Ratifizierung des Vertrags könne »günstige Ergebnisse«[15] bringen, verwies Brazza jedoch an das Außenministerium. Wie vorherzusehen war, zeigte sich Courcel noch aufgeschlossener; er vermerkte, daß die französische Presse auf Brazzas Kampagne enthusiastisch reagierte. Stanleys Bemühungen und die Ambitionen Großbritanniens im Kongo seien ein sicheres Anzeichen dafür, daß es dort etwas zu holen gab. Als nächstes sollte sich das Kabinett mit der Angelegenheit befassen.

195

Im Jahr 1882 hatte auch Leopold den Eindruck, daß sich in Afrika alles wunschgemäß entwickelte. Die *En Avant* war auf dem oberen Kongo unterwegs, und der endlose Zank mit Stanley hatte ein Ende gefunden. Drei Jahre lang hatte der König Mittel aus seinem Privatvermögen – vermutlich schon an die drei Millionen Francs – investiert, und nun wollte er endlich Ergebnisse sehen. Die 300 Kilometer lange Straße war inzwischen endlich fertig; außerdem gab es bereits einen Seehafen in Vivi, einen Hafen für Dampfschiffe am Stanley Pool sowie die beiden Stützpunkte am mittleren Kongo. Im April 1882 machte sich Stanley schließlich daran, auf den nun erschlossenen 8000 Kilometern schiffbarer Wasserwege den Grundstein für das eigentliche Handelsimperium zu legen. Im April tauschte Stanley am Pool das erste Paar Stoßzähne gegen Seide und Bronzestäbe ein. Er rechnete sich einen Nettoertrag von 28 Pfund pro Paar aus: das entsprach einer fast fünfzigprozentigen Gewinnspanne nach Abzug des exorbitanten Trägerlohns für den Transport vom Pool zur Küste. Bald sollte dort eine Eisenbahnlinie entstehen, und dann würden die Gewinne noch einmal dramatisch steigen. Und der Preis für das Elfenbein würde sinken, je tiefer man in die Elefantenregion vordrang. Schon versprach Stanley, die Investitionen im Kongo würden sich auszahlen, wenn er nur genug Träger, Seidenballen und Bronzestäbe für den Tausch gegen Elfenbein erhielt.

Auch von der politischen Front meldete Stanley Erfreuliches. Im Mai konnte er nicht nur von Malamines Rückzug berichten, sondern auch von dem Vertrag mit einem Häuptling namens Gobila, der Leopolds CEHC die Exklusivrechte am Südufer des Pools und 150 Kilometer ostwärts bis zum Kwango-Fluß zusicherte. Der Abschluß kam gerade zur rechten Zeit zustande, denn der französische Marinesoldat, der Malamine zurückholen sollte, versuchte, den Häuptling umzustimmen. Doch er erhielt von Gobila eine Abfuhr: »Nein, ich habe mit Bula Matari Bruderschaft geschlossen und ihm alles gegeben, was ich habe.«[16]

Stanley war nun flußaufwärts unterwegs, um mit den Häuptlingen am Kongoufer Exklusivverträge abzuschließen. Sein Ziel, die 1600 Kilometer vom Pool entfernten Stanley-Fälle, wollte er bis Dezember erreichen.

Doch im Spätsommer wurde dem König allmählich klar, daß Brazza in Paris eine noch größere Gefahr darstellte als am Kongo. Die französische Öffentlichkeit begeisterte sich für den Mann mit dem Image des sanften romanischen Helden, der die angelsächsische Bestie Henry Stanley in die

Knie gezwungen hatte. So beschloß Leopold, diesen Rivalen auszuschalten, indem er ihn kaufte.

Wie hoch mochte der Preis sein? »Wir werden gut daran tun«, erklärte der König gegenüber dem IAA-Vorsitzenden Oberst Strauch, »Brazza zu der Frage zu konsultieren, wie wir am besten französisches Kapital für eine Beteiligung an unserem Projekt gewinnen; die Franzosen könnten dabei jedwede Rolle übernehmen, die ihnen genehm ist. Auf diese Weise könnten wir dazu übergehen, Brazza für unsere Unternehmungen zu interessieren und ihn einladen, einige von ihnen zu leiten.«[17]

Dies war nun ein denkbar schlechter Köder, um einen glühenden jungen Patrioten zu gewinnen. Brazza wurde am 12. September im Schloß zu Brüssel empfangen, doch die vergoldeten Möbel und die roten Teppiche machten auf ihn ebensowenig Eindruck wie die Schmeicheleien des Königs. Das Gerede von den fetten Gewinnen, die im Kongo winkten, bekräftigten nur Brazzas Überzeugung, daß der internationale Kreuzzug der IAA ein großangelegtes Täuschungsmanöver war. Später schrieb Brazza voller Sarkasmus:

Ohne Zweifel handelte der König völlig uneigennützig. Als er seine Millionen gab, verfolgte er einzig und allein das Ziel, die wilden Stämme zu zivilisieren. Dennoch glaube ich, daß sich hinter den humanitären Gefühlen des Königs der Belgier eine politische Idee verbirgt. Ich war weit davon entfernt, ihm dies zum Vorwurf zu machen, was mich jedoch nicht hinderte, eigene politische Ideen zu verfolgen. Und diese waren sehr schlicht. Wenn es im Kongo etwas zu holen gab, dann war es mir lieber, daß die französische Fahne und nicht die belgische »internationale Flagge« über diesem herrlichen afrikanischen Territorium wehte.[18]

Nach Brazzas Abreise richtete Leopold einen verzweifelten Appell an Lesseps, seinen alten Verbündeten in Paris. Er fühle sich vom französischen IAA-Komitee hintergangen (obwohl er, entgegen seinen späteren Behauptungen, niemals auch nur einen Sou in dessen Kasse eingezahlt hatte). Lesseps möge doch einsehen, daß die Ratifizierung des Makoko-Vertrags zu einem allgemeinen Wettlauf um Territorien führen würde; jedes Land würde versuchen, ein Monopol auf den »Handel, der jetzt für alle offen ist«, zu ergattern. Wie gerne würde er dem jungen M. de Brazza, dessen Arbeit *comme explorateur* er sosehr bewundere, seine helfende Hand reichen. Doch dies sei nur unter einer Bedingung möglich: Brazza müsse sich darauf beschränken, für »Handel, Zivilisation und Fortschritt« zu arbeiten.[19]

Auf wessen Seite stand Ferdinand de Lesseps? Es dauerte einige Wochen, bis Leopold die unerfreuliche Antwort erhielt, daß das französische Komitee seine Stützpunkte Frankreich übergebe, da das französische Kabinett voraussichtlich die Ratifizierung des Makoko-Vertrags empfehlen werde. Was Lesseps verschwieg, war, daß er und sein Komitee sich energisch für die Ratifizierung eingesetzt hatten.

Anfang Oktober wandelte sich Leopolds Furcht in Panik. »Ich bin auch sicher, daß das Pariser Kabinett am Ende die Ratifizierung billigt ... Brazza hat die nationalen Kräfte sehr geschickt für sich gewonnen, die Presse steht voll und ganz hinter ihm.« Bei der Begegnung mit dem jungen Forscher muß Leopold wohl erkannt haben, daß dieser Mann ihm ebenbürtig war. Brazzas Traum, so schrieb der König, »besteht nicht nur darin, den Vertrag ratifizieren zu lassen, er möchte anschließend auch noch das gesamte Kongobecken für Frankreich gewinnen«[20].

Schließlich wandte sich Leopold direkt an die französische Regierung. Im Oktober war die Regierung Freycinet nicht zuletzt über die Ägyptenkrise gestürzt. Der Nachfolger der »weißen Maus« war Duclerc, welcher bekanntermaßen darauf bedacht war, außenpolitische Komplikationen zu vermeiden. Der König entsandte den belgischen Bankier Léon Lambert, um Duclerc in seinem Sinne zu beeinflussen. Der Kongo müsse weiterhin allen Handelsnationen offenstehen, andernfalls werde es einen häßlichen Wettlauf um das Land geben. Duclerc war ein gerissener Geschäftsmann; er leitete ein französisches Unternehmen, das mit den Briten um die Vorherrschaft in Nigeria rang. Gewiß würde er ähnliche Verwicklungen im Kongo vermeiden wollen. Doch Lambert kehrte mit leeren Händen aus Paris zurück.

An diesem Punkt traf den König ein weiterer unerwarteter Schlag. Stanley hatte, geschwächt durch einen weiteren Malariaanfall, den Kongo verlassen, um sich in Europa zu erholen. Dafür hatte er einen denkbar ungünstigen Zeitpunkt gewählt. »Was können wir tun, damit Stanley den Mund hält?« fragte Leopold verzweifelt. Aber vielleicht war die schreckliche Krankheit ja nur ein »Vorwand«, und Stanley kehrte in Wahrheit zurück, um die Annexion des Kongo durch Frankreich zu verhindern?[21]

Doch Bula Matari, der »Brecher der Felsen«, der Elefant im Porzellanladen, war nicht mehr zu bremsen.

In den Berichten der Presse konnte der König verfolgen, welche abstoßende Szene sich am 19. Oktober 1882 in Paris abspielte, als Stanley wie ein Preisboxer mit Brazza um den Kongo kämpfte. Dabei ging leider die noble Fassade der IAA zu Bruch, die Leopold in langer, mühevoller Arbeit aufgebaut hatte.

Dieser Kampf stellte den passenden Höhepunkt für Brazzas theatralische Kampagne zugunsten einer französischen Vorherrschaft im Kongo dar. Es handelte sich um einen Glückstreffer, den er mit feinem Gespür zu nutzen wußte. Doch eine Woche zuvor erzielte er einen noch wichtigeren Erfolg.

Am 14. September berichteten die Pariser Zeitungen von Wolseleys Sieg über Oberst Arabi bei Tel el-Kebir. Die Nachricht löste einen Schock aus, weil jedem klar war, daß in dieser Schlacht auch Frankreich eine Demütigung erlitten hatte. Gladstone hatte Freycinet einen gemeinsamen Feldzug gegen Arabi vorgeschlagen. Doch Freycinet zögerte und regte schließlich an, sich in einer Art passiver Intervention auf die Verteidigung des Suezkanals zu beschränken. Doch selbst dieser hasenherzige Vorschlag fand bei den Abgeordneten keine Gnade: Die nötigen Finanzmittel wurden Freycinet nicht bewilligt, und bald darauf ersetzte man ihn durch Duclerc, der es allen recht machen wollte. Nachdem sich der Rauch über Tel el-Kebir verflüchtigt hatte, konnten und wollten die Briten ihre Vorherrschaft in Ägypten nicht mehr mit Frankreich teilen, was in der französischen Öffentlichkeit ein Gefühl der Demütigung und Verbitterung auslöste.

Frankreich war geschlagen worden: Darüber waren sich die französischen Zeitungen im Oktober einig. Noch schlimmer, die Franzosen hatten sich zum Narren gemacht. Hier lag ein neues psychologisches Motiv für die Expansion in Übersee. Im Kongo konnte sich Frankreich bei geringem finanziellen Einsatz selbst beweisen, daß es noch eine Großmacht war. Diese Überlegungen heizten Brazzas Kampagne an. Stanley, obgleich in Leopolds Diensten, verkörperte das Feindbild des arroganten Angelsachsen, während Brazza trotz seines holprigen Französisch die ritterlichen Tugenden Frankreichs symbolisierte.

Zu einer offenen Konfrontation zwischen den beiden kam es am

19. Oktober im Hotel Continental, wo Stanley vor der Pariser Sektion des Stanley-Clubs sprach. Die Rivalen sollen sich am Morgen des selben Tages zufällig auf dem Boulevard begegnet sein. »Heute abend bring ich dich um, Brazza«,[22] drohte Stanley. Daraufhin beschloß Brazza, die Herausforderung anzunehmen, und verbrachte den Nachmittag damit, schwarzen Kaffee zu trinken, eine Zigarette nach der anderen zu rauchen und eine Rede auswendig zu lernen, die jemand für ihn ins Englische übersetzt hatte.

Am Abend hielt Stanley eine Ansprache, die so ungestüm und taktlos war, daß ihn die Zuhörer für betrunken hielten. Dabei bemühte er sich vor allem, die »Ambitionen des italienischen Gentlemen« als Forscher ins Lächerliche zu ziehen.

Als ich M. de Brazza im Jahre 1880 am Kongo traf, etwa vierzig Meilen [68 Kilometer] von unserem untersten Stützpunkt entfernt, hatte ich nicht die geringste Ahnung, daß ich einen Mann bewirtete, der in Bälde solche Macht über uns ausüben würde. Ein unbeschuhter, ärmlich gekleideter Mensch, dessen Erscheinung sich nur durch eine ausgeblichene Uniform, einen Gehrock und Tropenhelm auszeichnete, war nicht gerade das, was man sich unter einer imposanten Gestalt vorstellt . . .

Alles, was dieser »unbeschuhte« Forscher zustande gebracht hatte, war die Erforschung von 270 Kilometern unbekanntem Gelände zwischen Gabun und dem Kongo.

Dann mokierte sich Stanley über Brazzas humanitären Anspruch. Die französische Presse feierte ihn als »Apostel der Freiheit«, der »der Sklaverei in Westafrika den Todesstoß versetzt« habe. Angeblich seien die Schwarzen in Scharen zu ihm gekommen, um ihn als großen Befreier willkommen zu heißen. »Sie werden zugeben, daß diese Nachrichten höchst erstaunlich klangen, und ich habe mir seither die schwersten Vorwürfe gemacht, daß ich so blind war und bei dem merkwürdigen Gast, den ich in meinem Zelt bewirtete, diese erhabenen Tugenden nicht erkannte.«

In Wahrheit, höhnte Stanley, sei Brazza nicht nur ein Scharlatan, sondern ein Lügner und Betrüger – und außerdem habe er an seinem Arbeitgeber, der IAA, Verrat geübt. Er habe versucht, Makoko um sein Land zu betrügen, und als Gegenleistung die französische Fahne, zwei

Ballen Stoff und ein paar Perlen geboten. Natürlich habe ihm der Häuptling für diesen Preis keine politischen Rechte eingeräumt; es handele sich lediglich um eine Handelsvereinbarung für das Nordufer, wie Stanley selbst sie für das Südufer abgeschlossen habe. Wie könne Brazza dieses Gebiet für Frankreich beanspruchen und französische Flaggen an die Eingeborenen verteilen wie Süßigkeiten an Kinder? Schließlich sei Brazza für das französische Komitee der International African Association tätig, das zur Hälfte vom König der Belgier finanziert würde. Er hätte keine moralische Berechtigung, seine Stützpunkte Frankreich zu übertragen. Seine Behauptung, er sei Patriot, sei ebenso verlogen wie alles andere an ihm. »Die französische Flagge diente offensichtlich als Deckmantel, der eine skandalöse Mißachtung moralischer Verpflichtungen verbergen sollte.«[23] Kurz gesagt, dieser unverschämte junge Italiener habe es nur darauf abgesehen, Unheil zu stiften – oder an den unglücklichen Eingeborenen des Kongo Geld für die eigene Tasche zu verdienen.

Seine eigenen Verdienste in diesem internationalen Kreuzzug stellte Stanley hingegen ohne falsche Bescheidenheit dar. Seine Rede gipfelte in einer bombastischen Verfluchung des Mannes, der das große Werk zu ruinieren drohe.

Bis heute ist das Kongobecken eine Einöde, eine unfruchtbare Wüste, ein unbewohntes und unproduktives Gebiet ... Unser Ziel war es, diese Einöde mit Leben zu erfüllen, diese Wüste zu erlösen; zu pflanzen und zu säen, auf daß der schwarze Mann ernten könne; das weite, wilde Land zu beleben, das von Europa so lange vergessen worden war. Verflucht sei, wer, getrieben durch grundlosen Neid und Mutwillen, uns zwingt, unsere Kolonie aufzugeben, unsere Arbeit nach vielversprechenden Anfängen zu zerstören und Afrika in seine ursprüngliche Hilflosigkeit und Wildheit zurückfallen zu lassen.

In diesem Augenblick stürzte Brazza in den Raum und bat um das Wort. Seine gute Laune und sein jungenhafter Charme bildeten einen erfrischenden Kontrast zu Stanleys plumper Schmährede.

Zunächst hielt Brazza die englische Ansprache, die er auswendig gelernt hatte. Stanley sollte heute geehrt werden, und Brazza wollte die Zuhörer wissen lassen, daß er Stanley nicht als Widersacher betrachtete, sondern als Kollegen auf demselben Gebiet. Sie vertraten zwar unterschiedliche Interessen, doch in ihrem gemeinschaftlichen Bemühen verfolgten beide dasselbe Ziel: den Fortschritt in Afrika. Er hob sein Glas. »Gentlemen, ich bin Franzose und Marineoffizier. Ich trinke auf die Zivilisierung Afrikas durch die gleichzeitigen Anstrengungen aller Nationen, *eine jede unter eigener Fahne.*«[24] Der laute Applaus wandelte sich in Ausrufe des Erstaunens, als Brazza auf Stanley zuging und sagte, er habe gehört, daß er an diesem Abend angegriffen worden sei. Als Erwiderung habe er nur eines anzubieten: Er ergriff Stanleys Hand und schüttelte sie theatralisch.

Am nächsten Tag dürften die Brazza-Anhänger in Verzückung geraten sein: Die Pariser Presse zog mit noch größerer Gehässigkeit als zuvor über Stanley her. Er hatte ihren Helden einen »*va nu-pieds*« genannt, einen barfüßigen Landstreicher. Er hatte sich über die französische Fahne lustig gemacht. Doch Brazza, der glanzvolle Held, hatte die andere Wange hingehalten.

Damit war die Ratifizierung des Makoko-Vertrags beschlossene Sache.

Mit Bestürzung las Leopold die französischen Zeitungen vom 20. Oktober. Nun galt es rasch zu handeln, denn er mußte befürchten, daß ihm die Franzosen das gesamte Kongobecken vor der Nase wegschnappten. Ihm wurde plötzlich klar, daß er die Trikolore nur mit einer eigenen Flagge bekämpfen konnte. Aus dem Kongo mußte eine echte Kolonie, ein regelrechter Staat werden.

Dennoch ging es dem König nicht um politische Erwägungen, sondern ums Geldverdienen. Leopold plante, aus einem Handelsmonopol im afrikanischen Niemandsland, einem weißen Fleck auf der Landkarte, ein ansehnliches Vermögen für sich herauszuholen.

Seine glänzende neue Idee verriet er nur einigen skeptischen Eingeweihten – wie Solvyns, Strauch und Jules Devaux. Der arme Tölpel Stanley brauchte davon nichts zu wissen; der glaubte immer noch, er sei für das fiktive Comité d'Etudes tätig, das bereits seit über einem Jahr nicht mehr existierte. An seine Stelle sollte eine neugegründete Internationale Kongogesellschaft treten. Sie würde das diplomatische Mäntelchen für die Gründung des Kongo-Freistaats abgeben.

Sein neuer Plan ermöglichte es ihm, sich als absoluter Herrscher eines souveränen Staates zu etablieren, der das selbstlose Ziel verfolgte, die Zivilisation nach Afrika zu bringen. Damit würde er sich vom Makel der

Geldgier und dem Odium des Handelsmonopols reinwaschen. Der Freistaat würde Unternehmen ermutigen, aber selbst keine Geschäfte tätigen. Dieser Köder für Privatinvestoren – Freihandel, zumindest auf dem Papier – würde sich als Trumpfkarte erweisen, mit der er die Briten gewinnen und die Franzosen ausschalten konnte.

Aber wie sollte er diese 180-Grad-Wende unauffällig bewerkstelligen? Im Vorjahr hatte Stanley mit allen Häuptlingen von Vivi bis zu den Stanley-Fällen Verträge geschlossen, um den Franzosen zuvorzukommen. Man hatte Abkommen unterzeichnet in Isangila (8. Mai), Manyanga (13. August), Ngombi (24. September), Leopoldville (12. Oktober) und so weiter. Bei diesen Verträgen war es einzig und allein um exklusive Handelsrechte gegangen. Nun würde Stanley die erdrückenden Hinweise auf Handelsmonopole tilgen und die Abkommen umschreiben müssen. Fortan mußten sie sich auf exklusive *politische* Rechte beziehen.

Ende Oktober traf Stanley im königlichen Schloß zu Brüssel ein; die Demütigung von Paris saß ihm noch in den Knochen, und vom Kongo hatte er mehr als genug. Doch zu seiner Verwunderung teilte ihm Strauch mit, er müsse auf jeden Fall seinen Fünfjahresvertrag erfüllen, der noch zwei Jahre lief. Unmöglich, erklärte Stanley. Seine Ärzte hatten ihn gewarnt, daß ein weiterer Aufenthalt in dieser Klimazone Selbstmord bedeuten würde.

»Mr. Stanley, gewiß können Sie jetzt, da ich Sie am dringendsten brauche, nicht daran denken, mich zu verlassen«,[25] waren die ersten Worte des Königs. Dies war der einzige Tadel, den Stanley zu hören bekam; auch die entsetzlichen Taktlosigkeiten im Hotel Continental ließ Leopold unerwähnt. Statt dessen umgarnte er Stanley, zeigte sich väterlich und schlug einen vertraulichen, ja freundschaftlichen Ton an. Stanleys Entschluß geriet ins Wanken. Wie konnte er seinen Wohltäter enttäuschen? Und schließlich wollte der König Stanleys Traum, das Herz Afrikas zu zivilisieren, mit einer stattlichen Summe subventionieren: 60 000 Pfund jährlich.

Leopold stellte seinem Forscher mehr Sansibarer in Aussicht, mehr Samt und Seide als Handelsgüter, mehr von allem, was er brauchte, um Elfenbein zu kaufen. Stanley sollte sofort nach Afrika zurückkehren und Brazza ein Schnippchen schlagen. Er würde am oberen Kongo neue Stützpunkte gründen. Überall sollte er neue Verträge mit den Häuptlingen schließen (für den Text würde Brüssel sorgen). Und selbstverständ-

lich würde er seinen Rivalen mit großem Taktgefühl begegnen. Vergessen
Sie nicht, meinte der König, daß »die französische Regierung unserer
Gesellschaft sehr wohlwollend gegenübersteht«.[26]

Ob wohlwollend oder nicht, Stanley bekam die Anweisung, seine
Pläne vor den Franzosen geheimzuhalten, wenn er nach Afrika zurückkehrte. Er reiste unter einem neuen Decknamen, und am 14. Dezember,
noch bevor bekannt wurde, daß er Europa verlassen hatte, war er wieder
an der Kongomündung – vier Monate eher als Brazza.

In Paris wurde am 18. November der Makoko-Vertrag ohne Gegen-
stimme ratifiziert. Das Ansehen von Duclercs Regierung wuchs. Brazza
avancierte zum berühmtesten Franzosen seiner Generation und zum
Liebling der Pariser Gesellschaft.

Im April 1883 kehrte er schließlich nach Gabun zurück, um im Auftrag
der Regierung die französische Schutzherrschaft im Kongo auszuweiten.
Das Parlament hatte ihm 1 275 000 Francs bewilligt, zehnmal soviel wie
bei seiner vorhergehenden Reise. Nun konnte er sich nicht nur von den
Ambitionen, sondern auch von der Ausstattung her mit Stanley messen.
Er hatte 88 Weiße bei sich und außerdem 291 senegalesische *laptots*, 400
bis 500 Bootsführer und 350 Tonnen Ausrüstungsgüter. Nun konnte ihn
niemand mehr einen *va nu-pied*, einen barfüßigen Landstreicher, nennen.
Mit nur einunddreißig Jahren hatte er den Rang eines Kolonialgouver-
neurs inne.

Stanley hatte den Kongo entdeckt. Leopold hatte Stanley finanziert.
Brazza hatte ihn zu einem Wettlauf herausgefordert. Die Rivalität der
beiden beflügelte die Phantasie der französischen Öffentlichkeit, die immer noch von dem Fiasko in Ägypten benommen war.

Doch damals ahnte in Europa noch niemand, daß ein Wettrennen um
einen ganzen Kontinent eingesetzt hatte. In Gladstones England hatte
die Expansionspolitik seit den Rückschlägen in Südafrika keinen sonderlich guten Ruf mehr, ungeachtet der zeitweiligen Besetzung Ägyptens. In
Bismarcks Deutschland blieb das rege Treiben der Parteigänger der Kolo-
nialismusbewegung noch weitgehend unbemerkt. Nur in Frankreich ging
der Kolonialismus Hand in Hand mit dem Patriotismus, und selbst dort
hatte die Bewegung etwas abenteuerlich Leichtfertiges. Wer wußte schon,
wo der Kongo überhaupt lag?

Für Admiral Jauréguiberry, der zähneknirschend die 350 Tonnen Ausrüstung für diesen Grünschnabel Brazza bereitstellen mußte, war die Kongo-Erschließung ein völlig nebensächliches, absurdes Projekt. Zwar setzte er sich leidenschaftlich dafür ein, die Machtstellung Frankreichs auf dem Schwarzen Kontinent auszubauen, doch Vorrang hatte für ihn die Herrschaft über den westafrikanischen Sudan. Dort, in den kargen Landstrichen 3000 Kilometer nordwestlich des Kongo hatte der Vorstoß der französischen Armee bereits begonnen – ungeachtet des wenig ermutigenden Echos in der Öffentlichkeit.

Nach Jauréguiberrys Ansicht lag das wirkliche Eldorado an den Ufern des zweieinhalbtausend Kilometer langen Niger, die alsbald entweder Frankreich oder sein alter Rivale Großbritannien in Besitz nehmen würde.

KAPITEL 10

Den Kopf in den Wolken

Frankreich und der obere Niger
1. Februar – Juli 1883

»Ich bin überzeugt, mit einer gehörigen Portion Klugheit und dem
gleichen Ausmaß an Kühnheit sollte es uns möglich sein, das
verabscheuungswürdige Reich der Tukolor zu zerschlagen . . . Jede
andere Vorgehensweise würde meiner Meinung nach als schwächlich
und töricht gelten und nur den britischen Interessen dienen.«

Oberstleutnant *Borgnis-Desbordes*
am 9. April 1881 an die französische Regierung

Während Brazza in Paris noch Champagner schlürfte, marschierte
eine kampferprobte französische Einheit 3000 Kilometer vom
Kongo entfernt durch das ausgedörrte, felsige Hinterland des oberen Senegal. Die weißen Offiziere hoch zu Roß, ihre Soldaten auf Maultieren sowie
die berittenen schwarzen Spahis, eingeborene Krieger und die barfüßigen
schwarzen Scharfschützen, die *tirailleurs*, boten ein farbenfrohes Bild.

Seit drei Trockenzeiten kämpfte sich die Kolonne durch das trostlose
und öde Land zum Niger vor. Von Dezember bis April hüllte der Ha-
mattan, der rauhe trockene Ostwind aus der Sahara, die Männer in eine
graubraune Wolke aus Staub und Sand. Nachdem sie am 1. Februar 1883
eine letzte Bergkette überwunden hatten, wurden sie bei Bamako endlich
für ihre Mühen belohnt: Vor ihnen lag ein großer Fluß, und diesmal war
es keine Fata Morgana, sondern tatsächlich der schimmernde Wasserlauf
des Niger. Nur wenige hundert Meilen hinter seiner Quelle war er bereits
800 Meter breit, eine riesige braune Wasserschlange, die sich von den
bewaldeten Bergen in die brütend heiße Ebene wand.

Der Anführer der Einheit war Gustave Borgnis-Desbordes, ein Oberstleutnant der französischen kolonialen Artillerie, der *Artillerie de Marine*.
In den Augen seiner Untergebenen galt er als zäher Bursche. Er redete
nicht viel, doch wenn er sprach, hinterließen seine Worte einen bleiben-

den Eindruck. Am 7. Februar, eine Woche nachdem sie bei Bamako zum erstenmal ihr Lager aufgeschlagen hatten, entschloß sich Borgnis-Desbordes ganz gegen seine Gewohnheit, eine Ansprache zu halten. Ein Salut sollte abgefeuert, die Trikolore gehißt und der Grundstein für das erste französische Fort am oberen Niger bei Bamako – und damit für ein neues riesiges Kolonialreich der Franzosen im Sudan – gelegt werden. Nach drei Jahren des Kampfes gegen Widersacher zu Haus und im Ausland war es jetzt Zeit für ein Fest.

Nachdem Desbordes unter den erstaunten Blicken von zwei- bis dreihundert halbnackten Eingeborenen vom Stamm der Bambara seine zivilisatorische Mission erläutert und auf die Überlegenheit der Franzosen hingewiesen hatte, ging er auf einen Vorwurf ein, den er in den letzten drei Jahren häufig zu hören bekommen hatte: die Behauptung, sie steckten mit den Füßen im Schlamm und mit dem Kopf in den Wolken. Ohne Zweifel war mit dem Schlamm der Senegal gemeint und mit den Wolken Bamako.

Und ich dachte bei mir. . ., daß diese Person, die so groß war und deren Füße und Hände so weit voneinander entfernt waren – daß diese Person die französische Republik sein könnte, und mir fiel ein, daß sie eigentlich ohne Probleme wissen müßte, wie sie aus dem Schlamm, der ihren Weg behindert, und aus den Wolken, die ihre Sicht verdunkeln, herauskommen kann.[1]

Dann legte Desbordes den Grundstein zu dem neuen Fort. Die kleine Trikolore flatterte im Wind, und die Artillerie gab elf Salutschüsse ab. »Der Klang reicht nicht weiter als bis zu den Bergen zu unseren Füßen«, erklärte Desbordes seinen Männern, »doch der Widerhall wird noch weit jenseits des Senegal zu hören sein.«[2]

Desbordes hatte im November 1880 von Colonel Brière de L'Isle, dem Gouverneur des Senegal, die Aufgabe erhalten, eine Verbindung zwischen den Oberläufen von Senegal und Niger zu schaffen. Eine Reihe von Forts, eine Telegraphenleitung und eine Eisenbahnlinie sollten errichtet werden. Damit wollte man die Ausbeutung der legendären Reichtümer von Segu, Timbuktu und der unbekannten Gebiete im weiteren Verlauf des Niger in die Wege leiten – einer Region, die viele für ein »neues Indien« hielten.

Der Traum von einem neuen Indien an den Ufern des Niger war ein

Vermächtnis aus den Tagen Louis Faidherbes, der von 1854 bis 1861 und von 1863 bis 1865 Gouverneur des Senegal gewesen war. Dieser tatkräftige Mann war in den vierziger Jahren durch die harte Schule der Algerienfeldzüge gegangen, als man 200 000 französische Soldaten aufbieten mußte, um die islamische Revolte des Abd el Kader niederzuschlagen. Seine Vorstellungen von Imperialismus waren nicht die eines Diplomaten oder Geschäftsmanns, sondern die eines Soldaten. Militärische Sicherheit hielt er für wichtiger als florierenden Handel, und die beste Art der Verteidigung war seiner Meinung nach der Angriff. Doch er war auch ein leidenschaftlicher Bewunderer Afrikas und frei von den damals herrschenden Vorurteilen gegenüber den Moslems.

Sein Plan klang überzeugend: In dem Stromgebiet zwischen den Oberläufen des Senegal und des Niger sollte eine Kette französischer Forts errichtet und bei Bamako am Niger ein Hafen gebaut werden. Dann konnte man den Niger bis nach Segu, Timbuktu hinuntersegeln und hatte das Eldorado am mittleren und unteren Niger direkt vor sich.

Das größte Hindernis für den Vormarsch der Franzosen war in den fünfziger und sechziger (und auch noch in den achtziger) Jahren des neunzehnten Jahrhunderts das islamische Reich der Tukolor, das von dem moslemischen Heiligen Al Haj Umar gegründet worden war. Umar hatte mit seinem Volk, den Tukolor von Fouta Toro, ihr angestammtes Land am Südufer des Senegalflusses verlassen und einen zehnjährigen *dschihad*, den Heiligen Krieg der Moslems, gegen die Heiden im Osten geführt. Der 1797 geborene Umar war nach Mekka gepilgert und zum *Kalifen* (Führer) einer religiösen Bruderschaft ernannt worden. Seinen *dschihad* gegen die Heiden im Osten begann er 1852. Tausende von Koranschülern, die *talibés*, versammelten sich, um seinem Ruf zu folgen. Umar stattete sie mit primitiven Musketen aus, die mit Schwarzpulver abgefeuert wurden, aber auch mit modernen Gewehren, die er von europäischen Händlern erworben hatte. Schon bald kontrollierte er die mächtigste Armee der gesamten Region. Angestachelt von ihrer Begeisterung für die moslemische *Scharia* oder der Aussicht auf reiche Kriegsbeute drängten sie weit in die Kaarta nach Osten vor. Umar teilte das besetzte Land unter seine Schüler auf. Fluch den Unbeschnittenen! Er ließ Moscheen bauen und die Rechtsprechung gemäß dem Koran einführen. Die gesamte Bevölkerung der Kaarta mußte zum Islam übertreten, und wer sich nicht fügte, wurde versklavt oder getötet.

Doch auch Faidherbe drängte nach Osten vor – und ließ sich durch Umar nicht im geringsten einschüchtern. Schließlich gestattete ihm einer der Gegner Umars, bei Médine, einem 450 Kilometer im Landesinneren gelegenen strategischen Außenposten am Lauf des Senegal, ein französisches Fort errichten zu lassen. Es sollte als Bastion gegen den Kalifen wie auch als erste Basisstation für das Vordringen der Franzosen zum Niger dienen. Umar belagerte das Fort im Jahre 1857 mit einer Armee von 20 000 *talibés*, die mit Schwertern und Musketen bewaffnet waren und vom Einzug ins Paradies träumten. Es gelang ihnen jedoch nicht, das Fort einzunehmen, und die schweren Verluste, die sie erlitten, versetzten Umars Ansehen einen schweren Schlag. Er zog sich nach Osten zurück und überließ den ganzen Senegal den Franzosen.

Mit seinem *dschihad* gegen das Volk der Bambara in Beledegu und Segu hatte er mehr Erfolg. 1861 zog er mit 30 000 Soldaten in das Hunderte von Kilometern weiter östlich gelegene Massina ein, ein moslemisches Sultanat der Fulbe. Zunächst schien Allah diesen unerwarteten Überfall auf seine moslemischen Brüder, deren Gastfreundschaft Umar in früheren Tagen genossen hatte, zu segnen – oder zumindest zu verzeihen. Umar unterstellte Massina der Herrschaft eines seiner Neffen und verlangte nun Tribut von Timbuktu. Doch er hatte sich übernommen. 1863 rebellierte erst Massina, und dann schloß sich Segu dem Aufstand an. Umar kam während der Belagerung von Hamdallahi, der Hauptstadt von Massina, ums Leben.

Zu Beginn jenes Jahres, in seiner zweiten Amtszeit als Gouverneur, schickte Faidherbe einen Unterhändler aus, der mit Umar und seinen Tukolor einen Friedensvertrag aushandeln sollte. Seiner Meinung nach lagen gute Beziehungen und Frieden im Interesse der Franzosen, jedenfalls bis zu dem Zeitpunkt, da man zum entscheidenden Schlag gegen die Tukolor ausholen konnte. Sein Abgesandter war ein unerschrockener sechsundzwanzigjähriger Marineleutnant namens Eugène Mage. Er übermittelte Umar Faidherbes großzügiges Angebot: Wenn Umar dem Gouverneur Land überlassen würde, um auf der Wasserscheide zwischen Senegal und Niger eine Reihe von Forts und Handelsposten zu errichten, wollten die Franzosen seine Eroberungen im Osten anerkennen und ihm Kanonen und Gewehre liefern.

Als Leutnant Mage in Segu eintraf, war Umar jedoch gerade von den Aufständischen in Hamdallahi getötet worden. Massina und Timbuktu waren verloren, und das ganze Reich drohte auseinanderzubrechen. Trotz der Revolte der Bambara erwies sich Umars Sohn Ahmadu als zäher Verhandlungspartner: Falls die Franzosen ihm Artilleriewaffen liefern würden, sei er bereit, einen Friedensvertrag zu unterzeichnen und die französischen Handelsinteressen anzuerkennen; doch er weigere sich strikt, ihnen Land für Forts und Handelsposten zu überlassen.

Faidherbe war mittlerweile nach Paris zurückgekehrt, wo man in der Zwischenzeit jegliches Interesse am vermeintlichen Eldorado am Niger verloren hatte. Die katastrophalen Auswirkungen des Krieges gegen die Deutschen hatten die Situation grundlegend verändert. In der Staatskasse war kein Geld mehr für Abenteuer in den afrikanischen Kolonien. 1874 war der Preis der wichtigsten Exportartikel – Erdnüsse und Gummi – wegen Übersättigung des Weltmarkts um 30 Prozent gefallen. Erst gegen Ende der siebziger Jahre zeigte die französische Regierung neues Interesse für den Niger.

Das erste Projekt schien einem Roman von Jules Verne zu entstammen: Transsahara – eine Bahnlinie vom Mittelmeer durch mehr als 2000 Kilometer brennenden Wüstensands bis zum Niger. In der Abgeordnetenkammer diskutierte man über diesen verwegenen Plan, als ginge es um einen Schienenstrang in die Pariser Vororte. Neben Charles de Freycinet, dem Arbeitsminister, stimmten auch Gambettas engste Vertraute Paul Bert und Maurice Rouvier für das Projekt. Einer der Sponsoren behauptete allen Ernstes, mit dieser Bahnlinie würde man »ein riesiges Kolonialreich . . ., ein französisches Indien« erschließen, »das es mit seinem englischen Gegenstück an Wohlstand und Reichtum aufnehmen kann; Handel und Industrie unbegrenzte Märkte eröffnen [und] unseren zivilisatorischen Maßnahmen die Bahn frei machen wird.«[3] Rouvier schwärmte von den Reichtümern des westlichen Sudan: »Dort gibt es weite Gebiete, die von mächtigen Flüssen und großen Seen bewässert werden, Regionen von unvorstellbarer Fruchtbarkeit, bewohnt von 200 Millionen Menschen. Würden sich unserem Handel in diesen Gebieten nicht unbegrenzte Möglichkeiten bieten?«[4] Gegen Ende des Jahres 1879 bewilligte die Abgeordnetenkammer 800 000 Francs für eine vorläufige Vermessung der Route. Doch zwei Jahre später wurde das ganze Projekt eingestellt, weil das Erschließungsteam unter Leitung von Colonel Flatters von einer Gruppe Tuaregs getötet worden war.

Faidherbes Vorschlag, den Niger von Westen, vom Senegal her, zu erschließen, schien also weitaus vernünftiger, wenngleich auch weniger heroisch. 1880 wurde dieser Plan von dem Marineminister Admiral Jauréguiberry wieder aufgegriffen. Dieser hatte zwischen Faidherbes beiden Amtsperioden den Posten des Gouverneurs des Senegal innegehabt. Dabei hatte er sich als ebenso energisch erwiesen wie sein Kollege, wenn auch als weitaus unsensibler. Selbst Faidherbe war über die Grobheit entsetzt, mit der er weiße Händler vor den Kopf stieß und Dörfer der Eingeborenen in Fouta Toro niederbrannte. Und die Zeit hatte seinen politischen Stil nicht geschliffen. Sein Auftreten in der Abgeordnetenkammer wirkte nach wie vor plump und ungeschlacht – doch wenigstens wußte er, was er wollte: politische Kontrolle über den westlichen Sudan, um die Reichtümer des »neuen Indien« ausbeuten zu können.

Die Beamten im Marineministerium in der Rue Royale arbeiteten daraufhin Schätzungen aus, was die Eisenbahnverbindung zwischen dem Senegal und dem Niger kosten würde: 45 Millionen Francs wurden für die Bahnlinie zwischen den beiden Flüssen veranschlagt und 82 Millionen für die Forts, die sie schützen sollten. Insgesamt würde man also 120 Millionen Francs benötigen, falls die Verbindung bis zum Atlantik führen würde. Obwohl sich dieser Voranschlag bald als viel zu niedrig erweisen sollte, waren die Abgeordneten von der Summe entsetzt. Jauréguiberry forderte im Februar 1880 eine erste Rate von 9 Millionen, doch erst im Juli des folgenden Jahres bewilligte ihm das Parlament jämmerliche 1,3 Millionen Francs. Folglich mußte Jauréguiberry an den Gouverneur des Senegal die Warnung richten, daß der Bau der Bahnlinie mit friedlichen Mitteln durchgeführt werden müsse, damit das Budget nicht überzogen wurde. Dann trat er – zumindest vorübergehend – vom Amt des Marineministers zurück.

In der Residenz des Gouverneurs in St. Louis, der damaligen Hauptstadt des Senegal, stieß die Warnung des Admirals auf taube Ohren. Brière de L'Isle, der weitaus intoleranter und aufsässiger war als Jauréguiberry und Faidherbe, galt als Hitzkopf und sorgte gern für vollendete Tatsachen. Seine Antwort auf die Klagen aus Paris war immer die gleiche: Nur durch den Kurs, den er eingeschlagen habe, könne die Sicherheit der Kolonie gewährleistet werden. 1877 hatte er eine französische Einheit nach Fouta Toro geschickt und den Einwohnern ein französisches Protektorat aufgezwungen. Im darauffolgenden Jahr hatte er die Festung Sabouciré im Nordsenegal angegriffen. In Paris fügte man sich trotz der steigenden Kosten zähneknirschend in den neuen Expansionskurs des Gouverneurs.

Doch Jauréguiberrys Nachfolger im Marineministerium, Admiral Cloué, kam 1881 zu dem Ergebnis, Brière de L'Isle nehme sich zuviel heraus. Trotz der Anweisung, den Eisenbahnbau mit friedlichen Mitteln voranzutreiben, hatte er eine Strafexpedition unter der Leitung von Oberst Borgnis-Desbordes zum Niger geschickt und auch den Bamako ein Protektorat aufgezwungen. Aufgrund dieser eindeutigen Mißachtung der Befehle seines Vorgesetzten wurde der Gouverneur nach Paris zurückbeordert.

Oberst Desbordes ließ sich vom Sturz seines Kommandeurs nicht aus der Ruhe bringen. Im Gegenteil, dies gab ihm freie Hand, denn Brière war der einzige, der sein Vorgehen hätte bremsen können. Brières Nachfolger bemühten sich zwar, Marineminister Cloué zu gefallen, aber dafür waren sie nicht in der Lage, ihren Aufgaben gerecht zu werden. Der erste erlag bereits nach vier Monaten einer Typhus- und Gelbfieberepidemie, der zweite erwies sich als völlig überfordert und wurde bald wieder abberufen.

Das Eisenbahnprojekt war inzwischen zur Farce verkommen. Bevor auch nur ein Meter Gleis verlegt worden war, hatte man bereits Millionen dafür ausgegeben. 1882 wurde allmählich deutlich, daß die Schätzungen vollkommen unrealistisch gewesen waren. Doch mittlerweile hatte das Marineministerium zu viele öffentliche Gelder dafür aufgewandt, um den Plan noch zu den Akten legen zu können, und beantragte deshalb bei der französischen Abgeordnetenkammer einen weiteren Kredit in Höhe von 7,5 Millionen Francs. Überdies kehrte Jauréguiberry im Frühling 1882 auf den Posten des Marineministers zurück, fester entschlossen denn je, bis zum Niger vorzustoßen.

Oberst Desbordes verbrachte im Jahr 1882 seinen Sommerurlaub in Paris und nahm diese Gelegenheit wahr, um Jauréguiberry in der Rue Royale einen Besuch abzustatten.

Die beiden Männer waren sich schnell einig. Die Feldzüge im oberen Senegal waren in den letzten Jahren ausgesprochen unbefriedigend verlaufen. Jedes Jahr war eine französische Einheit gegen Ende der Regenzeit den Senegal hinaufgesegelt und hatte sich in Richtung auf den Niger vorgearbeitet. Doch jedesmal war sie durch die verschiedensten Gründe – Typhus- und Gelbfieberepedemien, Nachschubschwierigkeiten und die

Unentschlossenheit der Beamten in Paris – zur Aufgabe gezwungen worden. Das einzige greifbare Ergebnis der Unternehmungen in dieser Region, die so viele Menschenleben und so viel Geld gekostet hatten, waren zwei Forts aus Stein und Lehm bei Badumbe und Kita – zwei Stützpunkte auf der Verbindungslinie zwischen den beiden Strömen.

Die Rivalen der Franzosen waren in der Zwischenzeit nicht untätig gewesen: Sultan Ahmadu kämpfte für den Erhalt des Reichs der Tukolor, das er von seinem Vater, dem Kalifen Umar, geerbt hatte; Samori, ein Bauernsohn aus den Bergen von Guinea, schuf mit Hilfe der Gewinne aus dem Verkauf von Gold und Sklaven südlich des Niger ein eigenes neues Reich; und auch die Briten stießen von ihren strategischen Stützpunkten in Gambia und Sierra Leone weiter ins Landesinnere vor. Wenn die Franzosen jetzt rasch handelten, konnten Auseinandersetzungen mit Samori und den Briten vielleicht noch vermieden werden. Mit Ahmadu, dem Sultan der Tukolor, mußte es hingegen zwangsläufig zum Konflikt kommen, denn auf sein Reich hatten die Franzosen jetzt ein Auge geworfen.

Zwei Jahre zuvor hatte Desbordes mißbilligend mit ansehen müssen, wie seine Vorgesetzten einen Unterhändler nach Segu, der Hauptstadt der Tukolor, geschickt hatten, um sich mit ihnen auf ein friedliches Nebeneinander zu verständigen. Zu allem Überfluß war diese Delegation auch noch von einem seiner Rivalen, dem einunddreißigjährigen Hauptmann Joseph Simon Gallieni, angeführt worden. Jahre später sollte diesem Mann hohe Anerkennung für seine diplomatischen Leistungen in Übersee zuteil werden, doch zu dieser Zeit war er noch fast ebenso kriegslüstern wie Desbordes selbst. Er ermutigte das Volk der Bambara ganz offen zum Aufstand gegen ihre Unterdrücker, die Tukolor, während er gleichzeitig Ahmadu seine Friedensbereitschaft und Freundschaft versicherte. Ahmadu hatte allerdings durch seine Spione von dem Doppelspiel der Franzosen erfahren. Zehn Monate lang mußte Gallieni in einer Lehmhütte in Nango, einem ungefähr vierzig Kilometer von Segu entfernten Ort, um sein Leben bangen. In dieser Zeit gelangte er zu der Überzeugung, daß auch die Engländer einen Vertrag mit Ahmadu anstrebten. Entschlossen, ihnen zuvorzukommen, überredete er Ahmadu zu einem Abkommen, das im November 1880 unterzeichnet wurde. Ahmadu erklärte sich darin bereit, ein Protektorat der Franzosen zu akzeptieren und ihnen exklusive Handels- und Schiffahrtsrechte am Niger einzuräumen. Im Gegenzug versprachen die Franzosen, im Gebiet des Sultans auf befestigte Stützpunkte zu verzichten und das Reich der Tukolor niemals anzugreifen. Überdies verpflichteten sie sich zu beträchtlichen materiellen Gegenleistungen: 4 Gebirgskanonen mit sämtlichem Zubehör, 1000 Gewehre, 4000 Artilleriekartuschen, 200 Steinschloßgewehre, 200 Kanonenkugeln, 200 Tonnen Schießpulver sowie eine jährliche Pacht von 10 000 Francs.

Gallieni hatte natürlich nicht die Absicht, das Abkommen einzuhalten – Ahmadu jedoch ebensowenig, wie sich herausstellte. Der gerissene Sultan hatte den wichtigsten Vertragspunkt, nämlich den Absatz, in dem er sich mit einem französischen Protektorat einverstanden erklärte, einfach nicht in den arabischen Vertragstext aufgenommen. Doch nach Ansicht der Regierung in Paris hatte Gallieni ohnehin schon zu viele Zugeständnisse gemacht; sie lehnte die Ratifizierung des Vertrags von Nango ab. Statt dessen schloß Frankreich mit dem Sultan zähneknirschend einen Waffenstillstand.

Desbordes war über Gallienis Scheitern ebenso erfreut wie über den Waffenstillstand. Aber würde Paris ihm auch die Freiheit einräumen, die er brauchte? Als er an jenem Sommertag des Jahres 1882 Jauréguiberrys Büro verließ, trug er sich mit einem neuen verwegenen Plan. Die Erlaubnis, bei seinem nächsten Feldzug bis nach Bamako vorzustoßen, hatte er bereits in der Tasche. Und wenn er erst einmal am Ufer des Niger angelangt war, würde er mit seiner kleinen Truppe in den Kanonenbooten, die er vom Oberlauf des Senegal auf dem Landweg transportieren wollte, bis zur Hauptstadt des Sultans vordringen – und von dort aus eventuell noch weiter bis nach Timbuktu.

Bei diesem Plan gab es nur einen bedenklichen Unsicherheitsfaktor: Wie sahen die Absichten seines Gegenspielers aus? Wenn Ahmadu wollte, konnte er die Franzosen mit der gewaltigen Armee der Tukolor, so unzulänglich ausgerüstet sie auch war, zerquetschen wie eine Kolanuß.

* * *

Ahmed ibn Umar, Amir Al-Muminin (der Befehlshaber der Gläubigen), bei den Franzosen bekannt als Sultan Ahmadu, bewohnte in Segu lediglich einen bescheidenen zweistöckigen Palast aus Ziegeln und Lehm. Im Gegensatz zu anderen islamischen Herrschern in Afrika, dem Bey von Tunis und dem Khediven von Ägypten, hatte er sein Königreich nicht an

214

ausländische Bankiers verpfändet. Es war auch so schon verwundbar genug. Seine Metropole Segu wirkte allerdings beeindruckend: Eine fünf Kilometer lange Mauer umgab die 220 Kilometer östlich von Bamako gelegene Stadt am Südufer des Niger. Doch bei einem Angriff europäischer Artillerie würde die mehr als drei Meter hohe Stadtmauer zusammenfallen wie ein Kartenhaus.

Ursprünglich war die Stadt eine Festung des Königs der Bambara gewesen, bis sie im Jahre 1861 von Umar erobert wurde. Ahmadu hatte sie dann im typischen Stil der Tukolor-Festungen wiederaufgebaut. Der Tempel der heidnischen Bambara wurde niedergerissen und durch eine Moschee ersetzt; anstelle der mit Fetischen behängten Bäume erhob sich jetzt ein Minarett über der Stadt. Gegenüber der Moschee, wo die Gläubigen sich zum Gebet versammelten, errichtete Ahmadu das Arsenal und die Schatzkammer seines Reiches – groß genug, um die Beute aus den zwanzig Jahre währenden Kriegszügen der Tukolor aufzunehmen: 800 Frauen und ungefähr ebenso viele Pferde, geschmückt im überreichen Stil des marokkanischen oder türkischen Hofes, mit Kostbarkeiten, die von Karawanen aus dem Sudan im Austausch gegen Gold oder Sklaven in seine Stadt gebracht worden waren.

In den letzten zwanzig Jahren hatte Ahmadu sich bemüht, das vom Zerfall bedrohte Reich seines Vaters zusammenzuhalten. Manchmal hatte er sich dazu der klassischen afrikanischen Methode der Kriegsführung bedient: Die Einwohner ganzer Städte wurden niedergemetzelt oder in die Sklaverei geführt. Doch seine Armee war nicht mehr so mächtig wie die seines Vaters. Daher bediente er sich lieber diplomatischer Mittel, und darin erwies er sich als wahrer Meister. Trotz der gewaltsamen Erhebungen, die von einigen seiner Halbbrüder angezettelt worden waren, hatte er die beiden wichtigsten Provinzen, Kaarta und Segu, fest unter Kontrolle. Massina hingegen gehörte nicht mehr zu seinem Machtbereich, sondern war ein unabhängiger Staat, über den ein Neffe Umars herrschte. Auch die südlich gelegene Provinz Dinguiray war so gut wie unabhängig, dort regierte einer seiner Brüder. Die Bambara von Beledegu schließlich waren nur zum Teil unterworfen. Der überwiegende Teil von Ahmadus Herrschaftsgebiet bestand also lediglich aus einer lockeren Föderation, die er jedoch, gemessen an den Maßstäben jener Tage, vorzüglich regierte.

Nur ein Problem bereitete ihm Kopfzerbrechen: Wie sollte er mit den

215

Franzosen fertig werden? Zwanzig Jahre lang hatte zwischen dem französischen Kolonialimperium und seinem Reich ein unsicherer Waffenstillstand geherrscht. Dann war Desbordes zu seinem Vormarsch zum Niger aufgebrochen und hatte die Tukolor aus den westlichen Gebieten von Ahmadus Reich vertrieben. Konnte der Frieden trotz dieser neuerlichen Provokation, dem Überfall auf Bamako, gewahrt werden?

Auch im Jahre 1883 schreckte Ahmadu der Gedanke an einen Krieg gegen Frankreich. Sein zerfallendes Reich war zu verwundbar, sein Volk zerstritten und gespalten. Seine vordringliche Aufgabe sah er darin, die rebellierenden Bambara zurückzuschlagen, die die südlichen und westlichen Provinzen bedrohten. Gleichzeitig wollte er mit den Franzosen über Waffenkäufe verhandeln. Falls er keine Kanonen bekommen konnte, dann würde er wenigstens Zeit gewinnen. Möglicherweise ließe sich eine militärische Konfrontation mit Frankreich noch um Jahre hinauszögern, und später würden sich die Franzosen vielleicht mit anderen Gegnern auseinandersetzen müssen.

Die Franzosen hatten seine Bedingungen für einen Friedensvertrag zurückgewiesen. Weshalb eigentlich sollte er sich dann nicht mit anderen einheimischen Gegnern der Europäer zusammentun – etwa mit Samori, dem aufsteigenden Stern aus dem Süden? Ihre vereinigten Armeen konnten die Franzosen gewiß besiegen. Auch wenn Ahmadu 1883 noch vor der Schmach dieses Bündnisses zurückscheute, sollte er sich in den schweren Jahren, die vor ihm lagen, dieser Notwenigkeit widerstrebend beugen. Zum gegenwärtigen Zeitpunkt bestand seine einzige Strategie in einem höflichen Boykott des Handels mit den Franzosen. Und Samori ignorierte er einfach. Immerhin war er der Sohn Al Hadschi Umars, der nach Mekka gepilgert war! Wer war schon Samoris Vater? Ein Geisterbeschwörer, ein biertrinkender, unbeschnittener Bösewicht, der keinen Deut besser war als die Franzosen!

Einige Kilometer südlich von Bamako, an dem baumgesäumten Ufer des Niger, wo ein kleiner Nebenfluß in den breiten Strom mündete, lag das Dörfchen Weyanko. Es wirkte so armselig wie jedes andere Dorf der Bambara auch: Eine Ansammlung rechteckiger Lehmhütten, die zum Schutz vor Angriffen der Nachbarn von einer zerbröckelnden *tata*, einer Lehmmauer, umgeben war. Davor erstreckten sich vereinzelte Hirsefelder und Gärten, in denen Obst und Gemüse angebaut wurde. An diesem

Ort tauchten am letzten Märztag des Jahres 1883 wie aus dem Nichts mehrere tausend Musketiere von Samoris nördlicher Armee auf, die dem Kommando seines Bruders Fabou unterstand.

Die Dorfbewohner ließen Fabous Männern erst gar nicht die Möglichkeit, ihre freundliche Gesinnung unter Beweis zu stellen – sie machten sich Hals über Kopf aus dem Staub. Desbordes erfuhr durch seine Kundschafter von diesen Ereignissen. Bald überschlugen sich die Gerüchte. Es hieß, ein Teil von Fabous Soldaten würde am Südufer des Flusses weiter vordringen. Mit der Hauptmacht seines Heeres bedrohte er Bamako, während sich eine andere Gruppe offenbar in die Berge aufgemacht hatte, um den Nachschubweg der Franzosen zu unterbrechen, der entlang einer Kamelroute von Bamako nach Kita verlief. Das Land um Bamako war so arm, daß die Garnison nahezu täglich mit Schlachtvieh sowie mit neuen Pferden versorgt werden mußte, die die Ausfälle ersetzten. Die neue Telegraphenlinie war bereits unterbrochen, und Desbordes vermutete, daß dies Fabous Werk sei.

Am 31. März ging Desbordes das Wagnis ein, eine kleine Einheit zu entsenden, die den Versorgungsweg wieder freikämpfen sollte. Unter dem Kommando von Hauptmann Pietri machten sich eine halbe Kompanie *tirailleurs* – weiße Schützen auf Maultieren – und zwölf eingeborene Reitersoldaten auf den Weg. Desbordes verblieben damit weniger als 300 Soldaten, die noch in der Lage waren, eine Waffe zu führen. Die ständigen Krankheitsfälle schwächten die Kampfkraft der Franzosen; gerade an diesem Tag hatten sie wieder vier Männer begraben müssen, die an einem heimtückischen Fieber gestorben waren.

Kurz nach Mitternacht meldete ein aufgeregter Wächter, er habe feindliche Truppen vor einem der Außenposten erspäht. Im nächsten Moment wurde Alarm geblasen, und die gesamte Garnison ging in Kampfposition. Irgendwo in der Dunkelheit krachten ein paar Gewehrschüsse – mehr geschah nicht. Nach einigen Stunden trotteten die Soldaten wie die Schafe zu ihren Schlafstellen zurück.

Am nächsten Morgen stellte sich allerdings heraus, daß die Beobachtungen des Wächters richtig gewesen waren. Nach einem Gewaltmarsch war Fabous Heer bei Weyanko eingetroffen. Seine Infanterie weigerte sich jedoch anzugreifen. Ein Teil seiner Kavallerie dagegen galoppierte im Schutz der Dunkelheit bis nach Bamako. Einer von Desbordes Hirten wurde getötet. Beim Versuch, das Schlachtvieh und einige der Sklavinnen zu rauben, die den *tirailleurs* gehörten, wurden sie dann durch die Gewehrschüsse vertrieben, die in der Nacht zu hören gewesen waren.

Desbordes entschloß sich anzugreifen, bevor Fabous Männer ihre Stellung befestigen konnten. Einer längeren Belagerung konnte er nicht standhalten, da das Fort erst zur Hälfte fertiggestellt war und die Hälfte seiner Männer durch Krankheit ausfiel. Außerdem stand die Regenzeit bevor.

In den frühen Morgenstunden des 2. April marschierte der kleine Trupp aus 242 Soldaten mit einem Maschinengewehr und zwei Kanonen auf Fabous Lager zu. Stunden später schleppten sich die Überlebenden des Gefechts in der brütenden Mittagshitze zurück ins Fort.

Die weißen Soldaten waren so erschöpft, daß sie sich zum Aufstehen an den Schwänzen ihrer Maultiere hochziehen mußten. Viele Verwundete wurden auf Bahren ins Lager zurückgetragen.

Fabous Männer hatten den Frontalangriff der Franzosen auf ihr Lager mit geradezu fanatischem Kampfesmut zurückgeschlagen. Sie waren gut ausgebildet und ausgesprochen intelligent vorgegangen. Einmal hatte es ganz den Anschein, als ob sie die Franzosen völlig aufreiben würden. Die Munition wurde knapp, die Gewehre waren so heiß, daß man sie nicht mehr halten konnte. Es gab keinen Arzt; um die Verwundeten kümmerte sich der Veterinär. Bei der Ausgabe der letzten Patronenschachteln erteilte man (wie ein Augenzeuge später berichtete) den Europäern den Rat, die letzte Kugel für sich selbst aufzusparen. Dann formierte man sich zum Quadrat, und die Überlebenden traten demoralisiert und zu Tode erschöpft den Rückzug an.

In den folgenden Tagen sank die Moral von Desbordes' Soldaten auf den Nullpunkt. Von Hauptmann Pietri kam kein Lebenszeichen. Die Telegraphenleitung war nach wie vor tot, und jeden Tag starben Männer am Fieber. In den letzten drei Jahren war Desbordes zu der Überzeugung gekommen, er sei unbesiegbar, und deshalb reagierte er fassungslos auf diese bedrohliche Niederlage. Wer waren diese kaum bewaffneten schwarzen Soldaten, die sich den französischen Kanonen und Gewehren entgegenstellten, ohne mit der Wimper zu zucken? Und wer war dieser Samori, der große Feldherr aus Milo, der es geschafft hatte, seine Heiden zu so verzweifelter Kampfmoral anzustacheln, die sogar den Todesmut der islamischen Krieger in den Schatten stellte.

* * *

Die Quellen des Niger und seiner Nebenflüsse, des Dion, des Sankarani und des Milo, befinden sich oberhalb des bewaldeten Hochlands von Guinea, in einer Region mit eisigen Wildbächen und Gebirgsalmen. Südlich davon, jenseits der steinigen Wasserscheide, haben sich die Flüsse ihren Weg durch die Felsen gegraben, um sich in den ausgedehnten Regenwäldern zu verlieren, die das Hochland vom Golf von Guinea trennen. Auf der Nordostseite jedoch hat sich jeder diescr Flüsse ein eigenes zauberhaftes Tal geschaffen, und das schönste dieser Täler ist das des Milo, ein afrikanischer Garten Eden.

Hier, im Gebiet von Konya, blühte seit dem Mittelalter der Handel mit der Kolanuß, der den Einheimischen einen wahren Goldregen bescherte. Die Kolanuß wurde in Waldrodungen in den Bergen angebaut, im Tal verkauft und dann mühsam durch wildes Land über Hunderte von Meilen in die Dörfer und Städte des Sudan und weiter transportiert. Als eine der wenigen Stimulanzien, deren Genuß der Koran erlaubt, galt sie im islamischen Afrika und im Nahen Osten von jeher als Kostbarkeit. Organisiert wurde der mühselige Handel durch die Dyula, islamischen Einwanderern von der Küste, und ihre Metropole war Kankan, eine pulsierende Stadt an den Ufern des Milo.

Im Laufe der Zeit nahm der Handel an Umfang zu und wurde immer besser organisiert. Die bedeutendsten Handelswege boten nicht nur alle Voraussetzungen für das blühende Geschäft mit der wohlschmeckenden und leicht verderblichen Kolanuß – also lukrative Märkte, trockene Lagerhäuser, vertrauenswürdige Wächter und kräftige Träger –, sondern wurden auch genutzt, um hübsche, junge Sklavinnen aus den Regenwäldern in die Städte zu bringen. Im Gegenzug lieferten die Karawanen Salzblöcke aus der Sahara und die Kostbarkeiten des fernen Nordafrika: feine Stoffe aus Marokko, Töpferwaren aus Tunesien, Pferde aus Arabien.

Das achtzehnte Jahrhundert brachte tiefgreifende Umwälzungen für die Dyula. Die Route der Sklavenkarawanen führte nun durch die Regenwälder zu den im Süden gelegenen Häfen Guineas und Sierra Leones. Von dort aus gelangte die »Ware« auf dem Seeweg zu einem neuen Zielort: den Plantagen der Neuen Welt. Und die Warenträger, die in das Tal des Milo zurückkehrten, transportierten jetzt die Güter der Alten Welt auf dem Kopf: spanische Messer, englische Teekessel, französisches Tuch und vor allem Feuerwaffen aller Art, die anderswo ausgedient hatten. Bald sollten Gewehre und Schießpulver die gleiche Bedeutung erlangen wie eine reich ausgestattete Vorratskammer. Wenn ein Stamm keine Waffen besaß, konnte es rasch passieren, daß seine Mitglieder von den Dyula zu einem der Sklavenhäfen verschleppt wurden.

Die größere Revolution der Dyula sollte allerdings erst noch kommen, und es war Samori, der Feldherr aus Milo, der die Ernte einbrachte. Sie begann in den dreißiger Jahren des neunzehnten Jahrhunderts, als ein frommer Mann namens Mori-Ule Sise aus Kankan den Heiden, die im Gebiet zwischen Konya und Toro lebten, den Heiligen Krieg erklärte. Er folgte damit dem Beispiel der moslemischen Fulbe von Massina, wo die Fulbe einen *dschihad* ausgerufen hatten. Die Dyula-Händler aus Kankan verhielten sich zunächst abwartend, denn sie trieben mit den Fulbe zwar einen regen Handel, doch im Grunde genommen verachteten sie diese Rinderzüchter. Deren Konzept von einem zentralisierten Königreich paßte allerdings gut zu Mori-Ule Sises Absichten. Er benötigte nicht nur ein Heer, um seinen Krieg führen zu können, sondern auch eine Hauptstadt, von der aus er dieses Heer befehligen konnte. Beides fand er in Moriuledugu, und dort entstand das erste, wenn auch bescheidene Königreich in diesem Gebiet. Mori-Ule Sise wurde nach kurzer Zeit von Rivalen erschlagen, doch seine Söhne setzten den Heiligen Krieg fort. 1860 herrschten sie über einen Teil von Konya und das gesamte Tal des Milo. Doch dann trat ihnen Samori entgegen. In einem Bündnis mit den einheimischen Heiden eroberte er in den sechziger Jahren das Milotal zurück, und bald reichte sein Herrschaftsgebiet von der Region Fouta Djalon bis zu den Goldfeldern von Bure. 1880 hatte er die Sise geschlagen und Kankan, das Handelszentrum der Dyula, erobert.

Im Gegensatz zu anderen Begründern großer Reiche stammte Samori aus einer einfachen Bauernfamilie. Er gehörte zum Stamm der Ture, ehemals moslemischen Händlern, die zum Heidentum zurückgekehrt und Bauern geworden waren. Samori konnte den Gesetzen des Islam und dem Handel mehr abgewinnen als der Geisterbeschwörung und dem Kühehüten; er wollte leben wie die Dyula. Seine Mutter war 1853, als er ungefähr dreiundzwanzig Jahre alt war, von räuberischen Sise geraubt worden. Samori verbrachte fünf Jahre in Moriuledugu; dort lernte er nicht nur, wie man einen Staat zu Kriegs- und Friedenszeiten regiert, sondern er lernte auch aus den Fehlern der Sise.

Zwei Neuerungen, die unter allen Herrschern zwischen dem Niger und den Bergen beispiellos sind, erklären seinen Erfolg. An beiden läßt sich aufzeigen, wie gut Samori es verstand, die Revolution der Dyula zu übernehmen und für seine Zwecke zu nutzen. Erstens bewies er in seinem Herrschaftsgebiet eine erstaunliche Toleranz in religiösen Fragen. Der klassische *dschihad*, der den Heiden lediglich die Wahl zwischen Übertritt und Tod ließ, kostete nicht nur einen hohen Preis an Menschenleben, sondern erwies sich in Gebieten, wo die Heiden die Mehrheit bildeten, auch als gefährlich und unwirksam. Sowohl Mori-Ule als auch die Tukolor hatten diese Situation falsch eingeschätzt. Hartnäckig hielt sich bei den von schwarzen islamischen Herrschern Unterworfenen der Geist des Widerstands, wie das Verhalten der Bambara bewies. Wenn sie auch offiziell dem Islam angehörten, so gaben sie sich doch kaum Mühe, ihre Verachtung gegenüber ihren kahlrasierten Herren zu verbergen. Samori hingegen, dem jeglicher Fanatismus fremd war, nutzte die Religion lediglich für seine politischen Ziele aus. Für seine heidnischen Untertanen besaß er den Zauber des »Faama«, ihres obersten Gottes. Und für die Moslems unter seinen Untergebenen verfügte er über die Anziehungskraft eines »Alami«, des Vorbeters in der Moschee. Und allen, Moslems wie Heiden, verkündete er die gleiche Botschaft, die Imperialisten von jeher im Munde geführt haben: Seine Herrschaft bringe Frieden, und Frieden würde Wohlstand nach sich ziehen.

Die zweite Neuerung betraf das Militär, und hier erwies sich Samori als geniales Organisationstalent. Er hatte eine völlig neue Art von Infanterie geschaffen, die bald mehr als 30 000 Soldaten umfaßte und mit deren Hilfe er sein Reich zunächst eroberte und dann regierte. Neben dem Modell eines zentralistischen Königreiches hatte er auch die Idee einer zentralistisch organisierten Armee von den Sise übernommen. Allerdings führte er hier Veränderungen ein. Üblicherweise rekrutierten afrikanische Feldherren ihre Soldaten aus Gefangenen oder Wehrpflichtigen, die sie dann nach Alter und geographischer Herkunft auf die verschiedenen Regimenter verteilten. Auf diese Weise hatte jede Gruppe von vornherein einen eigenen inneren Zusammenhalt. Samori hingegen setzte seine Regimenter aus wahllos rekrutierten Soldaten zusammen und sorgte dafür, daß in jeder dieser Einheiten ein neuer Korpsgeist entstand und die Männer ausschließlich ihm gegenüber Loyalität entwickelten. Jedes dieser Regimenter wurde dann Teil einer Armee, die von den vertrauenswürdigsten seiner Krieger befehligt wurde. Diese Armeen verteilte Samori auf die fünf Provinzen, aus denen sein Reich bestand. Das Zentrum, wo

Samori selbst die Befehlsgewalt behielt, bildete die Forobah (das große Feld). Von hier aus lenkte er ein Netz von Geheimagenten, das ihm die Kontrolle über das ganze Reich sichern sollte. Außerdem dirigierte er von hier aus den Nachschub an modernen Gewehren, die sein ganzer Stolz waren. Weil er wußte, daß alles von der Überlegenheit der Feuerwaffen abhing, brachte er seinen Schmieden bei, die neuesten französischen Gewehre zu kopieren. Auf diese Weise hatte sich Samori, das Organisationstalent und strategische Genie, zwar eine hervorragend bewaffnete und auch äußerst disziplinierte Armee geschaffen, doch die Technik der modernen Kriegsführung war ihm fremd. Was ihm fehlte, war eine überlegene Taktik, mit der er die Europäer hätte schlagen können.

Bald mußte sich Samori mit der Frage auseinandersetzen, wie er angesichts des unaufhaltsamen Vordringens der Franzosen sein neugeschaffenes Reich erhalten konnte. Er war mit dem gleichen Problem konfrontiert wie Ahmadu, und er wußte ebensowenig eine Antwort wie dieser. Auch ihn drängte es nicht nach einem Bündnis mit den Tukolor. Zum gegenwärtigen Zeitpunkt konnte er nicht mehr tun, als seine Macht zu festigen und vor allem einer Konfrontation mit den Franzosen aus dem Weg zu gehen – wenngleich sich dieses längerfristig nicht vermeiden lassen würde. Was Bamako betraf, hatte er seinem nördlichen Befehlshaber Fabou die Order erteilt, den Bambara die Stadt abzunehmen und dort ein strategisches Basislager einzurichten. Von einem Angriff auf Desbordes war keine Rede gewesen. Im Gegenteil, Samori wußte schon jetzt, daß eine militärische Auseinandersetzung mit den Franzosen am Niger nur Unheil mit sich bringen würde.

Zehn Tage später sah Samori seine Befürchtungen bestätigt. Desbordes wußte, daß er rasch handeln mußte, um seine geschwächte Garnison zu retten. Am 12. April entdeckte er eine Lücke in Fabous Verteidigungslinie – ein unbewachtes Schlupfloch in der Stadtmauer – und schlug sofort zu. 200 *tirailleurs* und eingeborene Infanteristen fielen durch die Maueröffnung in Fabous Basislager ein. Dessen Soldaten flüchteten ans andere Ufer des Niger und ließen Tonnen von Getreide und mehrere hundert Pfund selbstgemachtes Schießpulver zurück. Im Triumph schleppten Desbordes Männer ihre Kriegsbeute davon, nachdem sie die Strohhütten ihrer Feinde in Brand gesteckt hatten.

Desbordes konnte jetzt aufatmen. Bald erfuhr er, daß es auch Pietri gelungen war, den Feind zu überwältigen und den Nachschubweg wieder zu öffnen. Er hatte nicht nur das verlorene Schlachtvieh zurückerobert, sondern auch Fabous Rinder und Schafe in seinen Besitz gebracht. Gegen Ende April war sich Desbordes seiner Position so sicher, daß er abermals in den Senegal aufbrach. Zum Schutz des Forts ließ er lediglich 155 Soldaten zurück.

* * *

Als diese Nachrichten in Paris eintrafen, wurden Desbordes und die Soldaten seiner kleinen Truppe als Helden gefeiert. Jules Ferry war im Jahre 1883 erneut zum Ministerpräsidenten gewählt worden. Trotz des Debakels von Tunis im Jahre 1881 verfocht er die Idee eines französischen Kolonialreichs mit noch größerem Eifer als zuvor. Die Einnahme von Bamako pries er als einen Triumph »dieser heldenhaften Söhne Frankreichs . . ., die uns mit ihrem Mut, ihrer Kühnheit und ihren vielseitigen Talenten in Erstaunen versetzen.«[5]

Innenpolitisch ging Ferry kein Risiko ein, als er Desbordes' aggressive Vorstöße im westlichen Sudan unterstützte. Die Abgeordnetenkammer lehnte kolonialistisches Vorgehen gemeinhin aus zwei Gründen ab: Erstens schwächten derartige Abenteuer die Kampfkraft der Armee und zögerten somit den glorreichen Tag hinaus, an dem man den Deutschen Elsaß-Lothringen wieder abnehmen würde. Zweitens wollte man sich die Hände nicht durch Geschäftemacherei und jene unseriösen finanziellen Spekulationen schmutzig machen, wie man sie Gambetta zur Last legte. Das Vorgehen im Sudan jedoch war in beiderlei Hinsicht unbedenklich. Die Zahl der dort stationierten Soldaten ging nie über 4000 hinaus. Und bis jetzt hatte dort niemand so viel Geld verdient, daß man von *affairisme* sprechen konnte.

Auch was die Vorgehensweise der französischen Eroberer im Sudan betraf, hatte Ferry diesmal die öffentliche Meinung auf seiner Seite. Zweifellos hatte der ehrgeizige Desbordes im Dienste der französischen Interessen Befehle mißachtet. Doch er hatte im Sudan Tatsachen geschaffen, an denen – wie zuvor in Algerien – nicht mehr zu rütteln war. Die erste Etappe von Faidherbes berauschendem Plan war bewältigt: Desbordes hatte zwischen dem Senegal und dem Niger eine Reihe von Forts aufgezogen und am Niger selbst eine Basis errichtet. Keiner der linken Abgeordneten würde jetzt noch wagen, den Abzug der französischen

Armee aus dem neuen Kolonialreich zu fordern. Abgesehen von der nationalen Schande, die ein Rückzug bedeutet hätte, mußte man schließlich auch die Sicherheit des Senegal gewährleisten. Und so blieb selbst Ferrys erbittertsten Feinden nichts anderes übrig, als diesen Triumph des neuen Kolonialismus schweigend hinzunehmen.

Desbordes war mit seinem Werk zufrieden. Als er im Mai auf dem Senegalfluß nach St. Louis zurückkehrte, mußte er jedoch feststellen, daß der neue Gouverneur Le Boucher nicht in der Stimmung war, die Helden von Bamako zu feiern. In St. Louis grassierte wieder einmal eine Epidemie, und Desbordes und seine Leute mußten in einer Quarantänestation auf einer nahegelegenen Insel Quartier beziehen. Desbordes beschwerte sich bei Jauréguiberry und drohte, sein Kommando niederzulegen. Wie erhofft, lehnte Jauréguiberry seine Entlassung ab, erteilte Le Boucher einen Rüffel und beorderte Desbordes nach Paris zurück, wo er als Experte für den Sudan im Marineministerium tätig werden sollte.

Desbordes Rückkehr fiel mit einer neuerlichen Kehrtwende in der Außenpolitik Frankreichs zusammen. Der hitzköpfige Expansionist Jauréguiberry wurde abgelöst, weil sich in der Abgeordnetenkammer zunehmend die Überzeugung durchgesetzt hatte, daß ihm die Kontrolle entglitten sei. Besonders die schwindelerregenden Kosten der Projekte im Sudan erregten die Gemüter. Die Trans-Sudan-Eisenbahn war zur Zielscheibe des Spotts geworden, denn mittlerweile hatten sich die ursprünglich veranschlagten Kosten verdoppelt. Obwohl für das Projekt bereits 60 Millionen Francs aufgewendet worden waren, hatte man bisher nur wenige Kilometer fertiggestellt. Zwar bewilligten die Abgeordneten zähneknirschend weitere 4 Millionen Francs, doch die Zukunft der Bahnlinie war nun ernstlich gefährdet – und ohne ihre Fertigstellung war an ein weiteres Vordringen in die Region jenseits von Bamako nicht zu denken.

Als Desbordes sein neues Amt im Marineministerium antrat, muß ihm bereits bewußt gewesen sein, daß auf seinen Vorstoß zum Niger zunächst keine weiteren Unternehmungen folgen würden. Und damit war für die Gegner Frankreichs, für Ahmadu und Samori, ein günstiger Moment zum Losschlagen gekommen. Desbordes konnte nur hoffen, sie wären zu schwach, um ihre Chance zu nutzen. Einst hatte sich die französische Öffentlichkeit an der Vorstellung begeistert, die Trans-Sudan-Eisenbahn würde ihrem Land eine Freikarte in das verheißene Eldorado bieten. Doch nun war die Stimmung umgeschlagen. Nichts von dem, was

»Von zuverlässigen Händen über Land und Wasser transportiert.« Am 16. April 1874 trifft Jacob Wainright auf dem Weg zu Livingstones Beisetzung in der Westminster Abbey in Southampton ein. Er hat Livingstones Sarg und sein Gepäck mitgebracht

Um seinen afrikanischen Kreuzzug in Gang zu setzen, schenkte König Leopold
seinen Gästen, die sich vom 12. bis 14. September 1876 in Brüssel aufhielten, sein
goldgerahmtes Porträt

Cetshwayo, König der Zulu, im Exil nach der Schlacht von Ulundi im Jahre 1879

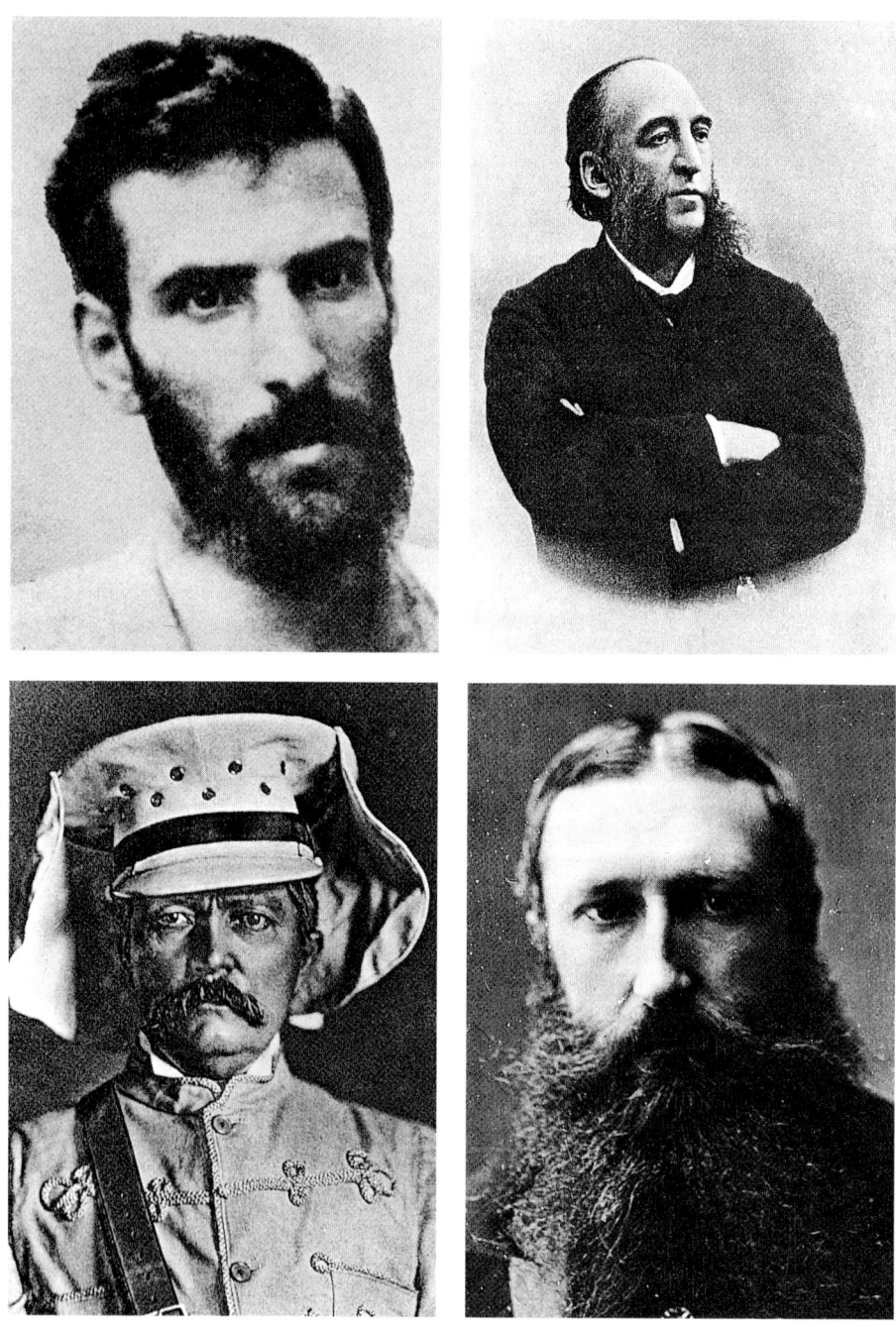

Rivalen in Kongo, 1882: Brazza (*oben links*) und Jules Ferry (*oben rechts*) gegen
Stanley (*unten links*) und König Leopold (*unten rechts*)

Elfenbeinhändler in Sansibar um 1880. Der Sklavenhandel folgte auf den Elfenbeinhandel, von beiden profitierte Tippu Tip (*Medaillon*)

Die Rivalen am Niger, 1883: Sultan Ahmadu (*rechts*) und Oberst Borgnis-Desbordes (*unten*)

Pioniere des Empire in den achtziger Jahren des 19. Jahrhunderts: George Goldie (*oben links*), Charles Gordon (*Mitte links*) und Carl Peters (*unten links*). Imperialisten wider Willen: Lord Granville (*oben rechts*), Gladstone (*Mitte rechts*) und Fürst Bismarck (*unten rechts*)

Ein Geschenk für Slatin (*links*), 26. Januar 1885

Die Pioniere nach dem Aufstand der Schona, Juli 1896

Desbordes vorgefunden hatte – die schäbigen Lehmhütten in Bamako, das hungernde Vieh, der steinige Boden, die »primitive« Bevölkerung – war dazu angetan, das Interesse der Geschäftsleute zu wecken. Sollten sich im Sudan doch die Männer betätigen, die ihn so hoch schätzten, die Helden des Marinekorps! Zu Hause war man nicht mehr bereit, für diese unselige Region auch nur einen einzigen Franc lockerzumachen.

Selbst im Marineministerium betrachtete man die Aussichten am oberen Niger mit wachsender Skepsis. Und so wandten sich Jauréguiberrys Nachfolger einem anderen Eldorado zu, das mehr als 2000 Kilometer entfernt am Unterlauf des gleichen Flusses lag. Hier, in seinem Mündungsgebiet, in den Ölpalmenhainen der Sümpfe und Seitenarme, die ein dankbareres Terrain für den Handel zu bieten schienen, sollte der wahre Wettkampf zwischen den beiden Hauptbewerbern um die Vorherrschaft in Afrika entbrennen. Während die Franzosen ihre Zeit mit dem Kopf in den Wolken im westlichen Sudan verschwendeten, hatten die Briten, das Volk der Krämer, einen großen Vorsprung errungen. War es schon zu spät, um noch aufzuholen?

KAPITEL 11

Hewett setzt sich durch

London und Westafrika
Januar 1883 – 19. Juli 1884 und die Zeit davor

»Wir eure Diener haben uns versammeln und gedenkt ist besser wenn
wir schreiben einen freundlichen Liebesbrief . . . Wir wünschen
eure Gesetze in unseren Städten. Wir möchten alle Sitten geändert
haben und wollen den Anweisungen eures Konsuls Folge leisten.«

Antrag auf ein britisches Protektorat, welchen König Acqua, Prinz Dido und weitere
vom Kamerunfluß 1880 an Königin Viktoria sandten

Brazza, der Liebling der Franzosen, hatte neue Pläne für den Kongo.
Desbordes und seine Helden brachen zum oberen Niger auf, um dort
die Trikolore zu hissen. Doch diesen Nachrichten, die im Januar 1883
kleingedruckt in britischen Zeitungen erschienen, schenkte das britische
Kabinett weiter keine große Beachtung. Zu Hause mußten sie sich mit
ganz anderen Sorgen auseinandersetzen.

Mit Gladstones Gesundheit stand es nicht zum besten, wie aus Kreisen der Liberalen Partei verlautete. Der Premier war mittlerweile vier-
undsiebzig Jahre alt und litt unter Gereiztheit, Depressionen und Schlaf-
losigkeit. Seine Freunde befürchteten, er könnte seine oft wiederholte
Drohung wahrmachen und zurücktreten.

War Gladstones Erschöpfung möglicherweise auf eine Ernüchterung,
vielleicht sogar auf einen Gewissenskonflikt wegen der Eroberung Ägyptens zurückzuführen? Die Bedeutung dieses Schritts drang erst jetzt
allmählich ins Bewußtsein der Liberalen wie der Konservativen, der
Engländer wie der Franzosen. Lord Duffin, der britische Botschafter beim
Sultan, hatte gerade einen Bericht über Ägypten verfaßt, der alles andere
als erquicklich war. Die duale Kontrolle müsse abgeschafft werden; die
Partnerschaft mit Frankreich sei ineffektiv. Um Ägypten wieder in einen
gesunden Staat zu verwandeln, müsse man im Lande das Unterste zu-
oberst kehren. Sowohl das Steuersystem als auch die Rechtssprechung

und die Landwirtschaft seien in einem verheerenden Zustand. Während der fünf Jahre, die das Ausmisten des ägyptischen Augiasstalls wahrscheinlich in Anspruch nehmen würde, müßten britische Besatzungstruppen im Lande bleiben. Seit der Intervention in Ägypten war das »informelle« Empire nicht länger unsichtbar; ganz offensichtlich würden die Engländer das Land, das sie besetzt hatten, auch beherrschen.

Gladstone war der Gedanke an die Verpflichtungen, die er in Ägypten übernommen hatte, verhaßt, und der Vorwurf, er sei ein Heuchler, machte ihm schwer zu schaffen. Die Invasion in Ägypten verursachte ihm kein schlechtes Gewissen, denn er war kein Imperialist und hatte dem britischen Empire keinen Zentimeter ägyptischen Bodens hinzugefügt. Die Intervention war England seiner Ansicht nach aufgezwungen worden, und zwar aufgrund des Versagens der anderen Großmächte, insbesondere Frankreichs, die ihre Aufgaben nicht ernst nahmen. Irgend jemand mußte schließlich die Ägypter (und ihre europäischen Geldgeber) aus ihrer verworrenen Lage befreien. Wenn man sie jetzt im Stich ließe, würden sich die Zustände dort nur noch verschlimmern.

Eine bedenkliche Folge der britischen Invasion in Ägypten war allerdings der Unmut, den sie in der französischen Öffentlichkeit hervorgerufen hatte, und die allmähliche Verschlechterung der diplomatischen Beziehungen zwischen den beiden Großmächten. Was dagegen die Deutschen betraf, konnte Gladstone sich darauf verlassen, daß sich Bismarck über die Anglophobie seiner Landsleute hinwegsetzte und den Briten weiterhin auf seine zynische Art die Stange hielt. Schließlich war es der deutsche Reichskanzler gewesen, der 1878 großzügig vorgeschlagen hatte, die Engländer sollten sich Ägypten wie eine reife Pflaume in den Mund fallen lassen, während sich Frankreich die »tunesische Birne« pflückte.

Anfang Januar trat Gladstone seinen Winterurlaub in Südfrankreich an. In der Zwischenzeit sollte Außenminister Granville die Regierungsgeschäfte führen. Leider war Granville mehr Diplomat als Politiker. Er verkörperte alle Eigenschaften des typischen Whig: Er war charmant, stattlich, gebildet und – mit gutem Grund – von seinen kreativen Fähigkeiten nicht besonders überzeugt. Gewöhnlich ließ er sich von Gladstones Ideenreichtum inspirieren. War diese Quelle jedoch versiegt, wie im Falle Ägyptens und Südafrikas, so lag das in erster Linie daran, daß sie von der Irlandfrage ausgepumpt war. Hinzu kam, daß Gladstone Afrika nie auch nur den geringsten Reiz abgewinnen konnte. Für ihn war es ein unwirtlicher Kontinent, ein Pestsumpf mit Bewohnern ohne jegliche edle Gesinnung, ein Ort moralischer Verirrung, wo jeder Weiße bald auf die Stufe eines Wilden zurückfiel. Dort gedieh eigentlich nur ein Gewerbe: jenes verwerfliche Geschäft, durch das Gladstones Vorfahren, allesamt Kaufleute, einst das Familienvermögen erwirtschaftet hatten – der Sklavenhandel.

Granville hingegen genoß den sauberen Leumund eines Mannes, der von Generationen hochherziger Landbesitzer abstammte. Doch auch er zeigte wenig Interesse an Afrika und am allerwenigsten an der Westküste von Gambia bis zum Kongo, die er für den scheußlichsten Winkel dieses Kontinents hielt. Dieses Gebiet hatte keinerlei strategische Bedeutung, und wenn es dort ein Interesse zu wahren galt, dann lediglich das der Händler. Im vergangenen Jahr war allerdings ein absurdes Schreiben des britischen Konsuls Edward Hewett eingetroffen, in dem dieser forderte, England solle die gesamte Region der Ölflüsse zum formellen Protektorat erklären. Dabei handelte es sich um einen zirka 450 Kilometer langen Küstenstreifen, der von Lagos über die Nigermündung und Kalabar bis nach Kamerun reichte und seinen Namen dem dort produzierten Palmöl verdankte. (Neben Lagos umfaßte er die gesamte Küste des heutigen Nigeria.) Granville verstand nicht, wozu dieser Schritt gut sein sollte. Hatte England die Ölflüsse nicht so weit unter Kontrolle, wie es in der gegebenen Situation geboten war? Reichte es nicht aus, dort ein »informelles Empire« zu regieren?

In jenen Tagen war man sich einig, daß die britische Flagge dem britischen Handel nur schaden konnte. Wenn überhaupt, dann sollte sie erst gehißt werden, wenn Händler den Politikern bereits einige Generationen lang den Weg geebnet hatten. Dann nämlich würden sich die Verhältnisse so kompliziert gestalten, daß eine formelle Oberherrschaft nötig wurde, und der Handel würde genug abwerfen, um sie finanziell abzusichern. Doch zunächst sollten die Geschäfte in dem politischen Vakuum gedeihen. Das Geheimnis des unsichtbaren Empire bestand also in einem Netz aus Handelsposten, gestützt auf das Netz informeller Macht, das die britischen Konsuln mit Hilfe ihrer Kriegsschiffe vor der afrikanischen Küste geschaffen hatten.

Begonnen hatte die Debatte um die Ölflüsse mit dem »Liebesbrief«, in dem einige Häuptlinge (»Könige« und »Prinzen«) Königin Viktoria die Oberherrschaft über Kamerun angeboten hatten. Dieser Brief war mittlerweile drei Jahre alt, und das Außenministerium hatte ihn mit der für diese Behörde typischen Gleichgültigkeit unbeantwortet gelassen. Darauf folgte ein ähnlicher Antrag von »König« Acqua und »König« Bell an Gladstone, der das gleiche Schicksal erlitt.

Am 18. Januar 1883, einen Tag, nachdem Gladstone London verlassen hatte, traf im Außenministerium in Whitehall eine Delegation von Geschäftsleuten ein. Es handelte sich um die Direktoren der *National Africa Company*, und angeführt wurden sie von dem betagten Lord Aberdare, der lange Jahre Granvilles Busenfreund und politischer Verbündeter bei den Liberalen gewesen war. Sie alle waren als Kaufleute im Außenhandel tätig und wollten Außenminister Granville einen Plan vorlegen, der sich zwar harmlos anhörte, doch im Grunde viel weiter ging als Hewetts Vorschlag. Wenn er verwirklicht werden sollte, würden die Briten die Kontrolle über einen Großteil des Nigergebiets und das Zentrum des Sudan gewinnen, dessen Einwohnerzahl auf ein Sechstel der Bevölkerung des gesamten Kontinents geschätzt wurde.

Der eigentliche Leiter der Delegation war der aggressive und exzentrische geschäftsführende Direktor der Handelsgesellschaft, der dreiundvierzigjährige George Goldie Taubman. Goldie stammte aus einer Familie, deren Mitglieder sich nach hundert Jahren Schmugglertätigkeit auf der Isle of Man als Grafen oder Großgrundbesitzer zur Ruhe gesetzt hatten. Goldie, der vierte Sohn, galt zunächst als schwarzes Schaf der Familie. Als er nach einer Militärzeit von zwei Jahren von einer Verwandten ein Vermögen erbte, setzte er sich kurzerhand nach Kairo ab, lernte eine schöne Ägypterin kennen und verschwand mit ihr in der sudanesischen Wüste. Drei Jahre lang genoß er seine Freiheit. Trotz seines ausschweifenden Lebensstils blieb er nicht untätig. Seine schöne Geliebte brachte ihm Arabisch bei, weitere Sprachpraxis gewann er in Gesprächen mit den Pilgern, die sich auf dem Weg vom Niger nach Mekka befanden.

Allmählich reifte eine außergewöhnliche Idee in seinem Hirn. Der Sudan, das Herz von Afrika, jenes Gebiet zwischen dem Niger und dem Nil, stellte eine Einheit dar – und nicht nur, was die ungeheure Leere dieser Region betraf. Nigeria, das Gebiet südlich der Sahara, hatte eine ganze Reihe von Hochkulturen hervorgebracht, die später durch Islam noch bereichert worden waren. Und hier, zwischen der Sahara und dem Meer, zwischen Nil und Niger, sah Goldie sein Eldorado, in dem er ein Handelsimperium errichten wollte – und zwar unter britischer Flagge.

Dieses Vorhaben hatte dieselbe größenwahnsinnige Dimension wie König Leopolds nach wie vor geheime Pläne zur Ausbeutung des Kongo. Im Grunde genommen war es sogar noch unrealistischer, denn im Gegensatz zum König der Belgier gehörte Goldie nicht zu den reichsten Männern Europas, sondern war ein Außenseiter, der von Geschäften so gut wie keine Ahnung hatte. Außerdem erlebten in jenen Jahren der freie Handel und das unsichtbare Empire der Briten ihre Blütezeit. Wie konnte er da allen Ernstes glauben, britische Händler wären jetzt plötzlich darauf erpicht, den Union Jack zu hissen?

Doch Goldie schenkte dem allgemeinen Konsens keine Beachtung, und er unternahm auch nichts, um seinen Ruf als Tunichtgut aus der Welt zu schaffen. Als er Allahs Garten und seiner schönen Geliebten überdrüssig wurde, verließ er sie. Kaum war er auf die Isle of Man zurückgekehrt, verliebte er sich in die Gouvernante der Familie, die er bald darauf heiratete. Ein einschneidendes Ereignis gab seinem Leben eine neue Wendung. Der Schwiegervater seines Bruders war Sekretär der kleinen Londoner Handelsgesellschaft *Holland and Jacques*, die seit 1861 Palmöl aus Nigeria einführte. Im Jahre 1875 stand die Firma kurz vor dem Bankrott. Die Taubmans taten sich zusammen und erwarben die Vermögenswerte von *Holland and Jacques* zu einem relativ günstigen Preis. Jetzt sollte George, das schwarze Schaf der Familie, seine Fähigkeiten unter Beweis stellen. Schließlich hatte er sich selbst immer als Experten für den Sudan bezeichnet. Er bekam den Auftrag, an den Niger zu fahren und festzustellen, wo die Ursache des Übels lag.

Goldie hatte genug gesehen und erlebt, um auf den ersten Blick zu erkennen, worin das Problem des Nigerhandels bestand: Es gab zu viele Händler und zu wenig Palmöl. Nur durch ein Monopol konnte das Geschäft wieder in Schwung gebracht werden. Nach seiner Rückkehr drückte er ein drastisches Konzept durch, nach dem die vier konkurrierenden Handelsgesellschaften sich zusammenschließen sollten. Die Familie Taubman erweckte *Holland and Jacques* unter dem Namen *Central African Trading Company* zu neuem Leben, und 1879 hatte diese Firma mit den drei Konkurrenzunternehmen (darunter die weitaus größeren *Miller Brothers* aus Glasgow und die *West Africa Company* aus Manchester) fusioniert. Nun vertraten die ehemaligen Rivalen ihre Interessen gemeinsam in der neugegründeten *United Africa Company*, die bald in *National Africa Company* umbenannt wurde.

Natürlich stellt sich die Frage, wie Goldie, einem Neuling im Geschäft, der nicht die Mittel besaß, seine Rivalen aufzukaufen, ein derartiger Coup gelingen konnte. Zum Teil lag dies an seiner außergewöhnlichen Überzeugungskraft. Andererseits folgte er schlichtweg der Logik des Marktes. Die Tatsache, daß die Firmen nun untereinander Absprache treffen und den Einkaufspreis für das Palmöl niedrig halten konnten, verschaffte ihnen eine weitaus stabilere Position als vorher. Bisher waren ihre Profite nämlich dadurch geschmälert worden, daß sie den afrikanischen Produzenten und Zwischenhändlern einen zu hohen Preis zahlen mußten. Durch die industrielle Revolution war die Nachfrage nach Pflanzenöl in Europa aus zweierlei Gründen erheblich gestiegen: Man brauchte es zur Produktion von Schmieröl für die neuen Maschinen und zur Herstellung von Seife für die neue Generation von Fabrikarbeitern. Europa war allerdings nicht bereit, für dieses Produkt Phantasiepreise zu zahlen, denn schließlich gab es auch noch andere Bezugsquellen als Westafrika. Und während die Liefermengen wuchsen, fiel der Preis auf dem Weltmarkt. Indem Goldie dem Konkurrenzkampf zwischen den englischen und schottischen Unternehmen ein Ende setzte, sorgte er dafür, daß der Niger mit dem Preisniveau auf dem Weltmarkt mithalten konnte.

Somit blieb nur noch die Konkurrenz der Afrikaner. Einst hatte ein kompliziertes Geflecht afrikanischer Zwischenhändler den gesamten Handel der Westküste kontrolliert. Ihre Aufgabe hatte darin bestanden, das Öl von all den kleinen Buchten und Wasserwegen des Ölgürtels im Mündungsgebiet des Niger in Kanus zu den britischen Händlern zu bringen, die sich zumeist in der Nähe der Küste niedergelassen hatten. Diese Mittelsmänner hatten in großen Teilen des Deltas und den sumpfigen Nebenflüssen des Niger im Osten ein eigenes Monopol für den Zwischenhandel errichtet, das durch Verträge mit den britischen Händlern gesichert wurde.

Doch am Hauptlauf des Niger hatten die vier konkurrierenden Firmen die von ihnen als afrikanische Mafia bezeichneten Mittelsmänner verdrängt. In der Regenzeit war der Niger annähernd 500 Kilometer bis zu den Stromschnellen von Bussa schiffbar. Die Dampfschiffe der Gesellschaften fuhren entlang der dunklen, schlammigen Mangrovensümpfe, bis sie die Ölpalmenhaine erreichten. Hier waren die Eingeborenenhäuptlinge bereits genügend eingeschüchtert, um den Engländern bereitwillig ihre Zusammenarbeit zu erklären. Als sich die afrikanischen Zwischenhändler wehrten und eines der Dampfschiffe von *Holland and Jacques* versenkten, riefen die Händler britische Kriegsschiffe zu Hilfe, um die Eingeborenen zu bestrafen. Doch die Politik der verbrannten Dörfer und versenkten Kanus war brutal und nicht besonders wirksam, und Goldie erkannte bald die Zeichen der Zeit: Die Tage des unsichtbaren Empire waren vorüber. Ohne Gesetz und Ordnung, die nur durch eine direkte politische Kontrolle gesichert werden konnten, war ein gewinnbringender Handel nicht möglich.

Noch besorgniserregender war in Goldies Augen die drohende Konkurrenz von zwei großen französischen Handelsgesellschaften, vor allem, nachdem bekannt geworden war, daß sich die französische Regierung hinter diese Händler gestellt hatte. Hatte Frankreich etwa die Absicht, auch den mittleren und unteren Niger zu annektieren und dem französischen Handel ein Monopol zu verschaffen, wie es bereits im Senegal und am Oberlauf dieses Flusses geschehen war? Es war die erklärte Absicht der Delegation, die sich am 18. Januar 1883 im britischen Außenministerium einfand, ein derartiges Disaster zu verhindern und das englische Monopol zu sichern.

Während der Unterredung, deren Verlauf nicht protokolliert wurde, sich jedoch aus Briefen und Notizen der Beteiligten rekonstruieren läßt, erklärten die Abgesandten Granville, es ginge ihnen nicht darum, sich »Exklusivrechte« zu sichern. Denn die *National Africa Company* erwartete, daß sie sich unter den Bedingungen des freien Handels ein »faires« Monopol würde sichern können, indem sie nach Möglichkeit alle Konkurrenten unterbot. Die protektionistisch orientierten Franzosen hingegen würden durch Schutzzölle ein »unfaires« Monopol errichten, bei dem jeglicher Wettbewerb von vornherein ausgeschlossen wurde. Die Beziehungen zu den Afrikanern – mit Ausnahme einiger »barbarischer Eingeborener im Mündungsgebiet« – seien »höchst freundschaftlich«. Lediglich die neuen Pläne der Franzosen stellten eine Gefahr für die britischen Interessen in der Nigerregion dar. Der Baumwollhändler James Hutton, einer der erfahrensten Geschäftsleute der *National Africa Company*, war erst kürzlich in Paris mit Brazza zusammengetroffen. Dabei hatte ihm der junge Entdecker erzählt, die französische Regierung habe ihn ursprünglich zum Niger entsenden wollen, um Verträge abzuschließen und ein französisches Schutzgebiet zu errichten. Doch dann habe er von Stanleys

Plänen erfahren und sei statt dessen an den Kongo geschickt worden. Die Engländer begriffen. Brazza war der neue Held Frankreichs, der seinem Vaterland ein Stück vom afrikanischen Kuchen abgeschnitten hatte. Andere, die ebenfalls als Helden gefeiert werden wollten, würden in seine Fußstapfen treten und Verträge mit den Häuptlingen am Niger abschließen – Verträge, die möglicherweise auch ratifiziert werden würden. England konnte nur verhindern, daß Frankreich sich den unteren Niger einverleibte, indem es dieses Gebiet entweder zur Kolonie oder zum Schutzgebiet erklärte. Nur so konnte man den Franzosen den Weg versperren. Aber wie sollte man das Kabinett und Gladstone von der Notwendigkeit dieser Schritte überzeugen, da in ihren Augen der Freihandel offenbar ein Naturgesetz und Annexionen ein Werk des Teufels waren?

Goldie hatte einen eigenen phantastischen Plan entwickelt, den er jedoch vor der Regierung geheim hielt. Seiner Meinung nach sollte die *National Africa Company* das gesamte Gebiet am mittleren und unteren Niger beanspruchen und im Auftrag der Königin als Privatkolonie regieren. Was Aberdare, der Leiter der Delegation, dem Außenminister vorschlug, klang jedoch weitaus harmloser. Gerüchteweise hatte Goldie erfahren, daß Whitehall beabsichtigte, Westafrika mit den Franzosen in Macht- und Einflußsphären aufzuteilen. Aberdale machte nun den Vorschlag, daß bei diesem Abkommen auch der Niger mit einbezogen werden sollte. Granville sollte die Franzosen dazu überreden, das Nigergebiet südlich eines beliebigen Punktes, beispielsweise Timbuktu, den Engländern zu überlassen, die dann im Gegenzug den Franzosen am oberen Niger freie Hand geben würden. Vielleicht konnte man auch die verstreut an der Westküste liegenden französischen Siedlungen gegen die britische Kolonie Gambia eintauschen. Selbst wenn die Franzosen auf diesen Handel nicht eingingen, sei es sinnvoll, für klare Verhältnisse zu sorgen: Westlich einer zu vereinbarenden Grenze sollte der Niger den Franzosen gehören und östlich davon den Briten.

Während der folgenden Tage prüften Granvilles Berater Goldies Vorschlag in allen Einzelheiten. Beeindruckt mußten sie zugeben, daß mit Hilfe dieses Plans der britische Handel vor der Konkurrenz durch die Franzosen geschützt werden konnte. Also wies man Lord Lyons, den britischen Botschafter in Frankreich, an, mit dem Quai d'Orsay Fühlung aufzunehmen, und schickte die Akten ins Kolonialministerium. Zwar zeigte man dort in der Regel wenig Neigung, den eigenen Verantwortungsbereich auszudehnen, aber vielleicht würde ja der Vorschlag, Gambia den Franzosen zu überlassen, zur Folge haben, daß sich die Beamten für Goldies Plan erwärmten.

In jenen Tagen wurde das britische Weltreich von drei Ministerien regiert. Für Indien war ein eigenes Ministerium eingerichtet worden; alle Kolonien, ganz gleich ob weiß, braun oder schwarz, wurden vom Kolonialministerium verwaltet; die offiziellen und inoffiziellen Protektorate schließlich (zu letzteren gehörte beispielsweise Ägypten) und das gesamte »unsichtbare Empire« des Handels fielen in den Verantwortungsbereich des Außenministeriums.

Die Staatsdiener im Kolonialministerium zeigten sich beeindruckt von Goldies Plan. Schon seit längerer Zeit fürchteten sie ein weiteres Vordringen der Franzosen am Niger, wußten jedoch nicht, was sie dagegen unternehmen sollten. Also erklärten sie sich mit Goldies Vorschlägen einverstanden – und dies um so lieber, als man von ihnen keinerlei Aktivitäten verlangte.

Wenn man nämlich die Grenzen bereits bestehender Kolonien ausdehnte, würde der Preis für diese Vergrößerung des Empires nicht allzu hoch sein. Die französischen Siedlungen an der Westküste Afrikas zogen gefährliche Schneisen durch das Einflußgebiet der Briten. Keine einzige britische Siedlung war hundertprozentig sicher (es sei denn, das Kolonialministerium griff im Ernstfall ein). Von ihnen aus hatte man weder das Hinterland noch die Küsten ausreichend unter Kontrolle. Dies wiederum bedeutete, daß die Siedlungen nicht genügend Steuern aufbrachten, um die laufenden Kosten, die sie verursachten, zu decken. Durch die Abtretung Gambias (einer Kolonie, die angesichts der Epidemien, der Armut der Bevölkerung und der Tatsache, daß sie vom Senegal eingeschlossen wurde, ohnehin schon immer als Belastung galt) würde sich die Situation jedoch ändern. Dann konnten die Briten die gesamte Westküste nach Gutdünken ausbeuten, also die Elfenbeinküste, die Goldküste, Togoland, Dahomey, Lagos, den Niger und Kamerun (die Gebiete der Könige Acqua und Bell eingeschlossen).

Zwar war den Verantwortlichen klar, daß sich das Parlament gegen eine Abtretung Gambias sträuben würde, aber sie waren entschlossen, Goldies Plan durchzufechten. Doch Anfang März traf eine beunruhigende Meldung von Botschafter Lyons aus Frankreich ein. Gladstone hatte gerade die duale Kontrolle in Ägypten aufgekündigt. Die französische Öffentlichkeit war darüber derartig aufgebracht, daß es unmöglich schien, mit Paris ein neues Abkommen auszuhandeln. Außerdem hieß der Ministerpräsident Frankreichs seit März wieder Jules Ferry – und der war ein Mann, der der nationalistischen Stimmung der Öffentlichkeit mit Sicherheit Rechnung tragen würde.

Zu allem Überfluß kamen auch aus dem Kongo beunruhigende Nachrichten. Diese betrafen nicht etwa König Leopold, dessen gewagte Pläne vom Außenministerium ohnehin nicht ernst genommen wurden, sondern wiederum Brazza. Der junge Forscher hatte den Briten bereits im November 1882 einen Schock versetzt, als es ihm gelungen war, die französische Regierung zur Ratifizierung des Vertrags mit König Makoko zu überreden. Wollten die Franzosen jetzt etwa auch das riesige Kongobekken an sich reißen? In diesem Fall würden ihre Zollgebühren den Handel der Briten erheblich einschränken und ihrer Vorherrschaft ein Ende setzen, wie es bereits kürzlich in Gabun, Brazzas Ausgangsbasis, geschehen war.

Um die Interessen der britischen Händler zu wahren, verfiel das Außenministerium auf den verwegenen Gedanken, mit Portugal ein Abkommen zu schließen. Natürlich brachte dieser Schritt die Franzosen nur noch mehr gegen England auf. Kaum zwei Wochen nach der Ratifizierung des Vertrags mit Makoko durch die französische Regierung begannen die Briten, die Portugiesen zu umwerben, und boten ihnen an, ihre Ansprüche auf beide Ufer des unteren Kongo anzuerkennen.

Es war ein absurder Einfall, Portugals Ansprüche anzuerkennen, nachdem man sie fünfzig Jahre lang hartnäckig bestritten hatte. Seit 1810 herrschte zwischen Portugal und England ein böser Streit über den Sklavenhandel. Bis Mitte des Jahrhunderts hatte Portugal auf seinem Recht bestanden, von der Westküste Afrikas, einem Gebiet, das beide Ufer des Kongo umfaßte und im Norden bis nach Cabinda reichte, Sklaven zu exportieren. Und Großbritannien hatte den Portugiesen sowohl das moralische Recht auf den Sklavenhandel als auch auf die territoriale Vorherrschaft abgesprochen.

Außerdem war es fraglich, ob Portugal einen freien Handel respektieren würde. Ganz zu Recht befürchteten die britischen Regierungsbeamten, daß französische Schutzzölle im Kongobecken den britischen Handel beeinträchtigen würden. Doch nun befürworteten sie plötzlich den Vertrag mit einem Land, das für weitaus rigorosere Zölle bekannt war. Hastig baute man Garantieklauseln in den Vertragsentwurf ein. Portugal müsse drei Auflagen zustimmen: daß eine Obergrenze für die Zölle festgelegt wurde, die britischen Händler einen bevorzugten Status erhielten und daß eine anglo-portugiesische Kommission die Abwicklung der Zollfragen im Kongo kontrollierte.

Mit dem geplanten Vertrag stachen die englischen Politiker in ein Wespennest. Einflußreiche Liberale kritisierten den Entwurf ebenso wie jene Geschäftsleute, deren Interessen durch den Vertrag gewahrt werden sollten. Außerdem kam scharfe Kritik von seiten der *Anti-Slavery Society* und der baptistischen Missionare, die nach dem grausamen Vorgehen der Portugiesen in Angola keinerlei Vertrauen mehr in deren politische Führung hegten. (Beide Kampagnen – die der freien Händler und die der Humanisten – wurden insgeheim von König Leopold gesteuert.) Noch bedenklicher war die Tatsache, daß das schmutzige Geschäft der Briten die Franzosen veranlaßte, nach neuen Verbündeten zu suchen. (Dies war der Moment, in dem Bismarck auf dem Plan erschien.)

Im April wurde das Außenministerium durch zwei neue Initiativen der Franzosen aufgeschreckt. Nun kam man auch hier zu der Überzeugung, daß die französische Besetzung der gesamten Westküste »unmittelbar bevorstand«.

Erstens schloß die Französische Republik mit König Tofa von Porto Novo einen Vertrag und errichtete dort nach zwanzigjähriger Unterbrechung wieder ein Schutzgebiet. Durch diesen und andere Verträge mit einzelnen Königen gewannen die Franzosen die Kontrolle über einen Küstenstreifen von Dahomey bis lediglich siebzig Kilometer vor Lagos. Zweitens schickten die Franzosen ein Kriegsschiff, die *Voltigeur*, zur Nigermündung und zu den Ölflüssen. Anfang April versuchte dessen Kapitän, mit König Pepple in Bonny ein Handelsabkommen zu schließen, und erschien kurz darauf in Kamerun. Zu diesem Zeitpunkt wurden die französischen Vorschläge noch zurückgewiesen, doch im Marineministerium hielt man es durchaus für denkbar, daß König Acqua und König Bell mit Frankreich einen Vertrag abschließen würden. Nachdem ihr Antrag bei Königin Viktoria nun schon drei Jahre ohne Antwort geblieben war, mußten sie mit ihrer Geduld am Ende sein.

Im englischen Kolonialministerium sah man in der Wiedererrichtung des französischen Protektorats in Porto Novo einen Akt der französischen »Aggression«[1]. Und während zwischen den einzelnen Ministerien in Whitehall bestürzte Memoranden ausgetauscht wurden, erkannte man schließlich auch hier, daß ein Wettlauf um Westafrika begonnen hatte, vergleichbar dem Wettlauf um den Kongo. Wieder sah es so aus, als seien die Briten im Besitz aller Vorteile. Sie hatten als erste die Geheimnisse der Nigerregion erforscht, seinen verborgenen Schatz – das Öl – erschlossen und das Gebiet »inoffiziell« regiert. Dennoch schreckte die große Mehrheit der Mitarbeiter Gladstones vor einem formalen Anschluß an das Empire zurück.

* * *

Zu diesem Zeitpunkt hing alles von Edward Hewett ab, dem energischen britischen Konsul und »inoffiziellen« Machthaber am Niger. Einer seiner Stützpunkte war Bonny, wo er sich des malerischen Titels »Konsul Ihrer Majestät für die Bucht von Benin und die Bucht von Biafra« erfreute. Ansonsten gab es an der Westküste nicht viel, was Anlaß zur Freude gab, doch Hewett beklagte sich nicht über sein Los. Außer in Zeiten, wenn ihn das Fieber packte (was recht häufig geschah), war der frühere Milizoffizier ein umgänglicher Mann.

Bonny war Zielhafen der Postschiffe, der Ort in den dunklen Mangrovenwäldern, wo die Baumwollballen aus Manchester und die Kisten mit den unvermeidlichen Gewehren zwischen den Lehmhütten und weißgetünchten Lagerhallen der Händler abgeladen wurden. Bonny, so sagten die Leute, sei ein angenehmer Ort, an den man sich gewöhnen könne – vorausgesetzt, man überlebte dort lange genug. Im Grunde genommen gab es dort nichts weiter als verrottende Mangroven, stinkenden Schlamm und die halbzerfallenen Ruinen ehemaliger Hütten, die einst als Handelsposten gedient hatten. Und während der Regenzeit – jenen trostlosen Monaten von Mai bis September – hörte man hier lediglich die Schreie der Brachvögel und das dumpfe Trommeln des ohne Unterlaß herabprasselnden Regens.

Auch der Rest des Küstenstreifens von Lagos bis nach Rio del Rey, der zu Konsul Hewetts »Reich« gehörte, bestand lediglich aus einer dunkelgrünen Kette von Mangrovensümpfen. Damals galt dieses Gebiet als größtes Küstenmoor der Welt. Diese Landschaft hatte durchaus einen besonderen Reiz, doch die Eintönigkeit war für viele unerträglich. Über

Hunderte von Meilen hinweg glich eine Bucht der anderen, und wenn man den Niger flußaufwärts fuhr, hatte man das Gefühl, sich im Innern eines grünen Schwammes zu befinden. Wie sich später herausstellte, gab es im Nigerdelta dreiundzwanzig echte Mündungen und zahllose »falsche«, ein Umstand, der die Erforschung der Nigermündung erschwert hatte, den flüchtenden Sklaven jedoch sehr zugute gekommen war.

Trotz der Warnungen seines Arztes war Hewett in der Regenzeit des Jahres 1882 nach Bonny zurückgekehrt. Er wollte die endlosen Auseinandersetzungen mit den afrikanischen Zwischenhändlern beenden und Ruhe und Ordnung wiederherstellen. Aber noch wichtiger erschien es Hewett, dem Außenministerium in aller Eindringlichkeit begreiflich zu machen, warum es nötig geworden war, daß Großbritannien den gesamten Küstenstreifen von Lagos bis Kamerun unter seine offizielle Kontrolle stellte.

Während seiner Abwesenheit hatte sich in einzelnen Gebieten die Situation verschärft. Als Hauptstörenfried an der Küste galt ihm König Ja-Ja aus Opobo. In der Regel fügten sich die meisten afrikanischen Mittelsmänner freiwillig Hewetts Autorität, manche begrüßten sie sogar. Ja-Ja jedoch lehnte sich aus Prinzip dagegen auf. Und seit Hewetts Amtsantritt im Jahre 1880 hatte dieser Häuptling den Konsul mit der gleichen Raffinesse ausmanövriert wie all seine anderen Gegenspieler auch, mochten sie schwarz oder weiß sein.

Ja-Ja war vor vielen Jahren als einfacher Ibo-Sklave nach Bonny gebracht worden. Nachdem ein Großteil der Sklaven freigelassen worden war, wurde er zum Führer einer Gruppe von Leidensgenossen, die gegen George Pepple, den König von Bonny, rebellierte. Eine rivalisierende Gruppe ehemaliger Sklaven schlug ihn und seine Leute in die Flucht, und so zog er sich in die nahegelegene Bucht Opobo zurück. Alles deutete darauf hin, daß er am Ende war. Nach wenigen Jahren tauchte er jedoch wieder aus der Versenkung auf, und zwar als Herrscher eines der größten schwarzen Handelsimperien an der Küste. Er verkaufte den weißen Händlern in Opobo mehr als 8000 Tonnen Palmöl im Jahr und verteidigte sein Monopol über die schwarzen Hersteller in den Ölpalmenwäldern des Hinterlands mit gnadenloser Härte. Jeder, ganz gleich ob schwarz oder weiß, der seine Vormachtstellung angriff, mußte um sein Leben fürchten.

Außerhalb des Einflußgebiets der Zwischenhändler vom Schlag Ja-Jas, weiter landeinwärts, stand der Handel auf soliderer Basis. Hewett hatte rasch begriffen, daß ein Monopol, wie es von Goldies *National Africa Company* ausgeübt wurde, ein wirksames Instrument der britischen Politik darstellte. In den schlimmen Jahren, bevor Goldie das Gebiet übernahm, waren die britischen Kriegsschiffe jedes Jahr in der Regenzeit, wenn der Wasserstand des Niger stieg, zu Strafexpeditionen ins Hinterland aufgebrochen und hatten dort eine breite Spur der Zerstörung hinterlassen. Gewöhnlich wurden die Dörfer, die den britischen Händlern Widerstand geleistet hatten, (selbstverständlich erst, nachdem die Handelsgüter in Sicherheit gebracht worden waren) niedergebrannt und die Leichen der Kinder und Frauen in den verkohlten Ruinen zurückgelassen. Derartig unerfreuliche Aktionen hielt man jetzt nur noch selten für nötig. Dennoch – die *National Africa Company* verfügte weder über eine Polizei oder Armee noch über die offizielle Legitimation, Recht und Ordnung zu wahren. Nach seiner Rückkehr nach Bonny im Sommer 1882 erreichte Hewett ein Hilferuf vom Geschäftsführer der NAC: Die Patani, die etwa 180 Kilometer von der Mündung entfernt lebten, widersetzten sich unbotmäßigerweise den Auflagen der Gesellschaft. Sie hatten eine Ölmühle geplündert und den Geschäftsführer und vier Arbeiter umgebracht.

Am 14. November 1882 fuhr er mit der HMS *Flirt* flußaufwärts und erreichte nach einer Tagesreise Asaba. Dort wurden er und seine Leute mit einer Gewehrsalve begrüßt. Hewett gab den Befehl, den Ort mit Granaten und Kanonenkugeln zu beschießen und zu zerstören. Am darauffolgenden Tag wurde einem weiteren Ort namens Abari das gleiche Los zuteil, da die Einwohner sich geweigert hatten, die Aufständischen auszuliefern. Einige Blauröcke gingen sogar an Land und brannten zusätzlich alle Hütten der Nachbardörfer nieder. Noch ein dritter Ort, das Dorf Torifani, wurde in Schutt und Asche gelegt und die Einwohner entweder getötet oder vertrieben. Keiner der Männer, die die Produktionsstätte in Asaba überfallen hatten, wurde der Justiz übergeben. Hewett aber segelte in der Genugtuung zurück, den Patani eine wirksame Lektion erteilt zu haben. Und der Preis für die Wahrung des Rechts der Briten, »in Frieden Handel zu treiben«[2], war nicht hoch ausgefallen: lediglich zwei Matrosen waren durch Streifschüsse verletzt worden. Doch Strafexpeditionen waren kein Ersatz für wirkliche Souveränität. Dies war einer der Gründe, weshalb Hewett so darauf drängte, daß die Briten im Gebiet der Ölflüsse offiziell die Macht übernahmen.

Zweitens war er der Ansicht, daß ein weiteres Vordringen der Franzosen auf jeden Fall verhindert werden mußte. Immer häufiger tauchte die Trikolore am Niger und seinen Nebenflüssen auf. 1880 hatte es noch keinen einzigen französischen Handelsposten zwischen Brass und Nupe gegeben, doch im Jahre 1882 war die französische Flagge entlang des Benue weiter vorgedrungen als der Union Jack. Die erste Firma, die sich erdreistete, den Briten die Vorherrschaft am Niger streitig zu machen, war die Tochtergesellschaft eines großen Pariser Unternehmens namens *Compagnie Francaise de l'Afrique Equatoriale*, gegründet von einem ehemaligen Offizier der Infanterie des französischen Kolonialheeres. Zwar war dieser bereits 1880 an Gelbfieber gestorben, doch die Direktoren konnten mit Oberst Mattei einen weiteren Offizier der Kolonialtruppen für diesen gefährlichen Posten gewinnen. Um ihn zur Annahme dieser Stellung zu ermutigen, ernannte die französische Regierung Mattei zu ihrem Konsul für die Region. Des weiteren wurden die Interessen Frankreichs durch die *Senegal-Gesellschaft* vertreten, ein Tochterunternehmen der Marseiller Firma Werminck, die über beste Verbindungen zur Politik verfügte. Innerhalb kürzester Zeit entstanden am Niger dreiunddreißig Ölmühlen, und es sah ganz so aus, als würden die Briten hier bald ins Hintertreffen geraten. Auch ohne die französischen Schutzzölle würde der Wettbewerb zwischen den Händlern beider Nationen die Gewinne der *National Africa Company* schmälern, und wenn die Franzosen den unteren Niger tatsächlich besetzten – worauf alles hinzudeuten schien – würde der Stern der NAC bald sinken. Sowohl wirtschaftlich als auch politisch wäre der Niger von seiner Mündung bis zum Golf von Guinea dann gänzlich in der Hand der Franzosen.

Ausgerüstet mit diesen Argumenten trat Hewett im April 1883 seine Heimreise nach England an. Außerdem war er nach wie vor davon überzeugt, daß sich die Häuptlinge am Niger nur zu gern in ein britisches Protektorat fügen würden. Er führte ein Schreiben von drei Häuptlingen aus Akassa, dem Hauptsitz der NAC, mit sich, in dem diese um britischen Beistand baten. Darüber hinaus war er noch kurz vor seiner Abreise zu einer Stippvisite in Kamerun gewesen und hatte sich von König Acqua und König Bell versichern lassen, daß sie einer Eingliederung ins britische Empire weiterhin mit Freuden zustimmen würden – und das, obwohl ihr »Liebesbrief« an Königin Viktoria ohne Antwort geblieben war.

* * *

Gladstone und sein Kabinett konnten die Augen vor den unangenehmen Problemen an der afrikanischen Westküste nicht länger verschließen. Eineinhalb Jahre lang war Hewett mit seiner Forderung nach einem britischen Protektorat an den Ölflüssen in Whitehall auf taube Ohren gestoßen. Doch im Juni 1883 fand er in Percy Anderson, dem Leiter der neugeschaffenen Abteilung für Afrika im Außenministerium, einen Verbündeten. Nachdem Hewett ihm Anfang Juni Bericht erstattet hatte, erklärte Anderson eine Woche später, durch die Unterredung mit Hewett sei er zu der Überzeugung gelangt, daß ein Protektorat an den Ölflüssen – unter welcher Flagge auch immer – unvermeidbar sei. Wenn man den dortigen Häuptlingen nicht britischen Schutz angedeihen ließe, würden sie »ihr Schicksal ohne Frage in die Hände der Franzosen legen«.

Nur wenn England mit beiden Händen zugreife, könne es einem »unziemlichen und gefährlichen Wettlauf mit den Franzosen«[3] aus dem Weg gehen. In diesem Falle wären die Franzosen gezwungen, ihre Intrigen aufzugeben und sich an den Verhandlungstisch zu setzen. Erst dann hätte es Sinn, Gambia den Franzosen zum Tausch anzubieten. Dann wären sie auch bereit, teuer dafür zu zahlen: mit Gabun, dem unteren Niger, der Gold- und der Elfenbeinküste. Für die Engländer hingegen wäre der Preis gering.

Im Kolonialministerium wurde Andersons Fanfarenstoß mit dem üblichen Naserümpfen aufgenommen. Zwar liege es im Ermessen des Außenministers, Gebiete zu Protektoraten zu erklären, doch das Kolonialministerium lehne jede Verantwortung ab. Und wieder vergingen Monate. Letztlich wurde deutlich, daß das ganze Hin und Her nur durch ein Machtwort Gladstones und des Kabinetts geklärt werden konnte.

Das Kabinett stimmte natürlich für die billigste Lösung, und das hieß, daß man auf Hewetts und Andersons Pläne zurückgriff. Auf dem Papier waren die Kosten für ein Protektorat – zumindest zu Beginn – weitaus geringer als für eine Kolonie. Doch selbst die unbedeutende Summe von etwa 5000 Pfund pro Jahr, dem Lohn von zwei oder drei Vizekonsuln, war mehr, als man dem britischen Steuerzahler noch zumuten konnte. Das Kabinett blieb unerbittlich bei seiner Forderung, daß für diese Kosten Geldgeber gefunden werden müßten, überließ jedoch dem Außenministerium die Entscheidung darüber, an wen die Rechnung geschickt werden sollte.

Eine Steuer auf die Exporte kam nicht in Frage, da das Protektorat im Gegensatz zu einer Kolonie, zumindest auf dem Papier, ausländisches Hoheitsgebiet war. Steuern konnten nur auf die Ausfuhren aus Kolonien erhoben werden. Die betreffenden Händler durfte man nicht ins Vertrauen ziehen und um Zuschüsse bitten, denn wenn die britischen Pläne durch eine Indiskretion den Franzosen bekannt würden, bestand die Gefahr, daß sie den Briten zuvorkamen. Schließlich einigte man sich darauf, Granvilles alten Freund Lord Aberdarė zu Rate zu ziehen. Bei ihm konnte man auf Verschwiegenheit rechnen, und außerdem galt seine Stimme unter den Händlern viel. Immerhin erbrachte der Handel am Niger 300 000 Pfund im Jahr. Da konnte man von den Geschäftsleuten eigentlich erwarten, daß sie die fehlenden 5000 Pfund beisteuern würden.

Inzwischen war Zeit kostbarer geworden als Geld. Und Goldie hatte jetzt Gelegenheit zu beweisen, ob er tatsächlich der einfältige britische Patriot war, dem es ausschließlich darum ging, die Landkarte rot zu färben. Wie zuvor schon geschildert, hatte dieser jedoch ganz andere Pläne, Pläne, die dem Außenministerium immer noch unbekannt waren. Nach wie vor verfolgte er die Absicht, den Niger im Auftrag der Königin unter die Verwaltung der *National Africa Company* zu stellen. Mit anderen Worten, er wollte allein regieren. Und so torpedierte er die Schritte der Regierung, die zur Errichtung eines regulären Schutzgebiets führen sollten. Entsprechend fiel Aberdares Antwort aus: Die NAC würde sich an den Kosten für die Vizekonsuln nicht beteiligen, sei aber bereit, in Person ihres Generalvertreters David MacIntosh einen eigenen ehrenamtlichen Vizekonsul zu stellen. Daß dieser Vorschlag von Goldie und der *National Africa Company* stammte und die anderen Händler gar nicht erst gefragt worden waren, ließ Aberdare dabei unerwähnt.

Erneut in die Enge getrieben, machte man sich im Außenministerium an die undankbare Aufgabe, das Geld für das neue Protektorat zusammenzukratzen. Um wenigstens ungefähr 1500 Pfund im Jahr zu sparen, war man gezwungen, MacIntosh als Vizekonsul zu akzeptieren. Die restlichen Kosten sollten durch die Schließung anderer Konsulate auf der ganzen Welt gedeckt werden. Valparaiso, Honolulu – überall wurde eingespart. Schließlich, am 16. Mai 1884, wurde Konsul Hewett, ausgestattet mit Vertragsformularen und Rumfäßchen für König Acqua und König Bell, wieder zu den Ölflüssen geschickt.

Schon längst interessierte sich im Kabinett kaum noch jemand für den Niger. Im Mai 1884 richteten sich in der Downing Street alle Augen auf den Kongo. Nach mehr als einem Jahr der Hinhaltetaktik unterzeichneten die Portugiesen mit den Engländern den Kongo-Vertrag. Darin wurden ihnen die Hoheitsrechte für das Gebiet des unteren Kongo (bis nach Matadi und zu den ersten Stromschnellen) bestätigt. Die Briten wiederum hofften, auf diese Weise Brazzas Vormarsch bis ans Meer verhindert und die Rechte der britischen Händler geschützt zu haben.

Doch die Franzosen drohten entrüstet mit Sanktionen gegen Ägypten, das trotz der britischen Besetzung noch immer bankrott war. Um Staatsanleihen für Ägypten aufnehmen zu können, brauchten die Engländer die Zustimmung der übrigen Großmächte Europas, und wenn ihnen diese verweigert würden, stünden sie ganz allein vor der Aufgabe, das Land zu sanieren. Jules Ferry gelang es außerdem, Bismarck zu einer Allianz mit den Franzosen gegen die Briten zu bewegen. Damit wurde der anglo-portugiesische Vertrag zu einem Schuß, der nach hinten losging.

Nachdem Hewett abgesegelt war, durfte sich sein wichtigster Fürsprecher, Percy Anderson, mit Fug und Recht beglückwünschen. Immerhin hatte es genau zweieinhalb Jahre gedauert, die britische Regierung zur Anerkennung der simplen Tatsache zu bewegen, daß die Tage des »informellen Empire« gezählt waren. Mit Hewetts Mission würde die Ära eines neuen, eines formellen Empire eingeläutet werden. Anschließend sollte das Tauschgeschäft um Gambia ausgehandelt werden, durch das die Briten die Herrschaft über die gesamte Westküste vom Senegal bis zum Kongo gewinnen würden. Und schließlich würde durch ihr entschlossenes Handeln jener »unziemliche und gefährliche Wettlauf mit den Franzosen« vermieden.

Armer Anderson! Wenn es doch nur so einfach gewesen wäre!

* * *

Hewett traf erst am 18. Juni 1884 in Benin ein, doch dann begann er unverzüglich, die unvermeidlichen »Palaver« zu organisieren, um einen Vertrag nach dem anderen abzuschließen. Vom Opobo im Westen arbeitete er sich langsam nach Kamerun im Osten vor und sparte sich den erfreulichsten Teil seiner Mission bis zum Schluß auf. Ohne Zweifel hatten König Acqua und König Bell schon die Tage bis zu seiner Rückkehr gezählt. In Kamerun wehte immer eine frische Brise von den grünen

Bergen am Fluß und dem mehr als 4000 Meter hohen Gebirge. Hewett hatte die Absicht, dort ein Santorium zu errichten und vielleicht sogar sein Hauptquartier aufzuschlagen.

Die Vertragspapiere, die er bei sich führte, bestanden alle aus den gleichen acht Absätzen. In Absatz I und II wurde das politische Recht der Briten formuliert, ein Protektorat zu errichten. Absatz VI gab England das Recht zum Freihandel, durch den das Monopol der afrikanischen Zwischenhändler aufgehoben wurde. Die ersten beiden Absätze wurden im allgemeinen anstandslos akzeptiert, doch in keinem der Häfen des Deltas erklärte man sich mit Absatz VI einverstanden. Ungeachtet dieser Tatsache hißte Hewett an zahlreichen Orten den Union Jack, verteilte seine Geschenke und kam auf diese Weise zu einer Reihe unterzeichneter Verträge. Diese Verträge, deren Inhalt die Häuptlinge oft gar nicht verstanden hatten, sollten bald ungeheure Bedeutung erlangen. Denn sie dienten als Rechtsgrundlage für die Errichtung der späteren britischen Kolonie Nigeria.

Am 15. Juli, als Hewett noch immer damit beschäftigt war, mit den Häuptlingen in Benin zu verhandeln, erreichte ihn eine alarmierende Nachricht. In Kamerun war ein fremdes Kriegsschiff gesichtet worden. Es hieß, die Besatzung habe Verhandlungen mit den Königen Acqua und Bell aufgenommen. Diese seien jedoch bereit, Hewett noch eine Frist von einer Woche einzuräumen, in der er sein Gegenangebot abgeben könne. Hewett ließ alles liegen und stehen und traf am 19. Juli im Hafen von Bell Town ein.

Verwundert rieb er sich die Augen. Durch den Hitzedunst erblickte er in den Mangrovensümpfen drei fremde Fahnen. Doch sie trugen nicht das Blau-Weiß-Rot der Trikolore, sondern das schwarze Kreuz des deutschen Kaisers.

Fünf Tage zuvor hatte sich der berühmte deutsche Entdecker Dr. Gustav Nachtigal, inzwischen Kaiserlicher Generalkonsul für die Westküste Afrikas, vom Kriegsschiff *Möwe* an Land übersetzen lassen. Den verdutzten britischen Kaufleuten hatte er erklärt, er nehme Kamerun im Namen des deutschen Kaisers in Besitz.

Damit war Bismarck allen anderen zuvorgekommen. Der »unziemliche und gefährliche Wettlauf« um Afrika war durch nichts mehr aufzuhalten und trat in seine heißeste Phase.

KAPITEL 12

Bismarcks Sinneswandel

Deutschland, Afrika und London
19. Mai 1884 – November 1884

»[Ich sehe] es sehr gern und mit großer Genugtuung, wie sich
Deutschland in den Wüstengebieten dieser Erde ausdehnt.«
Der britische Premierminister *W. E. Gladstone* am 1. September 1884

Nicht nur Hewett war erstaunt; Bismarcks eigenen Beratern erging es
nicht anders.
Zwei Monate zuvor, am 19. Mai 1884, hatte Reichskanzler Bismarck
telegraphisch geheime Anweisungen an Nachtigal in Lissabon durchge-
geben, die sogar seine engsten Vertrauten im deutschen Außenministerium aufschreckten. Nachtigal sollte die deutsche Flagge in Kamerun
hissen – und nicht nur dort; er hatte den Auftrag, noch zwei weitere
Protektorate für Deutschland zu sichern: in Klein-Popo (Togoland) und in
Angra Pequena (Südwestafrika). Zusammengerechnet würden diese
deutsch-afrikanischen Kolonien ein Gebiet von der fünffachen Größe des
Deutschen Reiches umfassen. Der Kanzler hatte sich immer gegen koloniale Bestrebungen ausgesprochen. Was bewog ihn nun plötzlich zu
einem solch gravierenden Sinneswandel?
   Das überraschende chiffrierte Telegramm an Nachtigal kam aus der
Wilhelmstraße 76, dem Sitz des Außenministeriums in Berlin. Direkt
daneben befand sich Bismarcks Wohnsitz, ein bescheidenes, eingeschos-
siges Haus mit einem kleinen Garten – was bei einem Mann seines
Ranges eigentlich erstaunlich erscheinen mußte. Aber Bismarck wollte in
Berlin nicht residieren wie ein Fürst. Er verachtete die Hauptstadt wegen
ihrer Kleinlichkeit und ihres Snobismus. Sein Herz hing an den herrlichen
Landsitzen, die er besaß: Friedrichsruh in dem fruchtbaren Weizenanbau-
gebiet bei Hamburg und Varzin in den Buchen- und Eichenwäldern Pom-
merns. Beide Anwesen hatte er nach gewonnenen Kriegen erhalten –

Varzin für den Sieg über Österreich im Jahre 1866, Friedrichsruh nach dem Krieg von 1870/71 gegen Frankreich.

Bismarck war jetzt neunundsechzig Jahre alt. In seiner Jugend schien er geradezu darauf besessen, sich mit Trinken und seiner Narretei für Pferde selbst ein baldiges Grab zu schaufeln. Ein schlanker, hochgewachsener Hüne mit schwarzem Haar und blassem Teint – so romantisch schilderte ihn Disraeli noch nach ihrer Begegnung im Jahre 1862. Doch als Bismarck 1878 beim Berliner Kongreß als »ehrlicher Makler« fungierte, sah er – so Disraelis Worte gegenüber Königin Viktoria – aus wie ein »Ungeheuer«: ein rotgesichtiger, kahlköpfiger, vollbärtiger Riese von über zwei Zentnern, dessen Machthunger ebenso abstoßend wirkte wie seine Gewohnheit, beim Sprechen ununterbrochen Garnelen und Kirschen zu verspeisen.

Jetzt, im Mai 1884, trug Bismarck keinen Vollbart mehr, außerdem hatte er sehr abgenommen und sah zehn Jahre jünger aus. Seine leidgeprüfte Frau und sein Leibarzt Dr. Schweninger hatten ihm eine Diät aufgezwungen, die ihm nicht einmal eine einzige Flasche Wein pro Tag erlaubte, und der Kanzler, dessen Gesundheitszustand von jahrelangem Asthma, Neuralgien und seinem maßlosen Lebenswandel angegriffen war, hatte sich gefügt.

Dr. Schweningers Diät half allerdings weder gegen die schlechte Laune noch die Grobheit seines Patienten. Wenn es ihm gelegen kam, konnte Bismarck mit Engelszungen reden, doch bei anderer Gelegenheit sprach er mit schneidender Schärfe. Niemand war vor seinen Anwürfen sicher, nicht einmal Kaiser Wilhelm I., die Kaiserin, der Kronprinz oder seine Gemahlin – und schon gar nicht, wenn ein als indiskret bekannter Journalist zugegen war.

Wenn Bismarck nervlich angeschlagen war, sprach er oft davon, sich auf sein geliebtes Varzin mit den herrlichen Buchenwäldern zurückzuziehen, ganz wie Gladstone, der von den Buchenwäldern seines Alterssitzes in Hawarden zu schwärmen pflegte. Doch wenn sich seine Laune besserte, glaubte er wieder, für das junge Deutsche Reich so unentbehrlich zu sein, wie er es für das alte Preußen gewesen war.

Dieses Reich war im Grunde das Werk eines einzigen, gewaltigen Egos. Die Vereinigung Deutschlands, der Aufstieg des preußischen Königs zum Kaiser, die Verfassung des neuen Reiches – all das war darauf angelegt, den Einfluß des Reichskanzlers zu fördern. Der Reichstag war kein souveränes Parlament; Souverän war der Kaiser. Nur ihm hatte der Kanzler Rede und Antwort zu stehen, und nur er konnte ihn entlassen. So war es zumindest in der Verfassung vorgesehen. Tatsächlich aber spielte sich Bismarck auch dem vierundachtzigjährigen Kaiser gegenüber als Herr auf, und dabei war ihm von der Schmeichelei bis zur Einschüchterung jedes Mittel recht. Er machte keinen Hehl aus seiner Verachtung für die Demokratie. Manchmal trat er zwar vor den Reichstag und sprach mit dünner, quäkender Stimme zu den ehrfurchtsvollen Abgeordneten, doch es schien fast, als wollte er mit seinen Reden eher seine Gegner verhöhnen, als sich wirklich an das Volk wenden. In Ausschüssen mitzuarbeiten weigerte er sich, da er dergleichen ermüdend fand. Seine Ankündigung Mitte Juni 1884, daß er vor dem Haushaltsausschuß des Reichstags erscheinen wolle, um seine Kehrtwendung in der Kolonialfrage zu begründen, stieß deshalb auf allgemeines Erstaunen.

Das berühmte Bismarcksche Bündnissystem erstreckte sich nur auf Europa. »Hier ist Rußland, und da ist Frankreich«, erklärte er einmal, »und Deutschland liegt dazwischen. Das ist meine Karte von Afrika.«[1] Mit seiner Lage zwischen zwei Großmächten war Deutschland der verwundbarste Staat in Europa; ein Blick auf die Karte erklärte alles. Daher hatte Bismarck ein kompliziertes Netz ineinandergreifender (und häufig auch miteinander kollidierender) Verträge gesponnen, das Deutschland vor den anderen Großmächten und diese jeweils voreinander schützen sollte.

1879 hatte er den Zweibund mit Österreich-Ungarn abgeschlossen, in dem Deutschland der Doppelmonarchie für den Fall eines russischen Angriffs Unterstützung zusicherte. Es handelte sich also um ein Bündnis gegen Rußland. Zwei Jahre später erneuerte er das 1873 geschlossene Dreikaiserabkommen zwischen Deutschland, Österreich-Ungarn und Rußland. Dieses Bündnis richtete sich gegen Großbritannien, den traditionellen Feind Rußlands im Mittelmeerraum und in Asien. Und 1882 schuf er den geheimen Dreibund zwischen dem Deutschen Reich, Österreich-Ungarn und Italien. Nun konnte er sich dem Ziel widmen, das am meisten politisches Geschick von ihm erforderte, nämlich der Aussöhnung mit Frankreich. Nach der Demütigung der Franzosen durch Großbritannien in Ägypten, die die Beziehungen zwischen beiden Ländern vergiftet hatte, schien Bismarck das Jahr 1884 der richtige Zeitpunkt für einen Annäherungsversuch gegenüber dem westlichen Nachbarn. Daher ermutigte er Frankreich, sich Tunis, die »reife Birne«, in Afrika, einzuverleiben, und hoffte, dieser Gebietszuwachs würde die Franzosen über den Verlust von Elsaß-Lothringen hinwegtrösten.

Aber was sollte für Deutschland mit diesem Entgegenkommen erreicht werden? Diese Frage stellten sich Bismarcks altgediente Mitstreiter wie etwa der Außenminister Graf Hatzfeld oder Baron Holstein, die »Graue Eminenz« im Auswärtigen Amt, ein Protégé und persönlicher Freund des Kanzlers.

Holstein erfuhr am 5. Mai von der politischen Kehrtwendung des Kanzlers, also nur zwei Wochen vor dem chiffrierten Telegramm an Nachtigal. In seinen Tagebuchaufzeichnungen finden sich seine Überlegungen dazu. Niemand wußte besser als Holstein, daß Bismarck den Gedanken, deutsche Kolonien zu gründen, stets weit von sich gewiesen hatte. Noch kürzlich hatte er ihm versprochen: »Solange ich Kanzler bin, werden wir keine koloniale Politik verfolgen.«[2] Dieses Versprechen hatte er in aller Feierlichkeit auch anderen Regierungsbeamten gegeben, und vor dem Reichstag hatte er wiederholt verkündet, daß Kolonien für das Reich aus vier verschiedenen Gründen eine unsinnige Belastung bedeuten würden.

Erstens: Wären neue Kolonien finanziell rentabel? Es würde nicht angehen, den Steuerzahler für die Kosten aufkommen zu lassen. Zweitens: War die öffentliche Meinung reif dafür? Und selbst wenn dies der Fall war – wie würde die rigide deutsche Bürokratie mit den so ganz anders gearteten Lebensbedingungen in den Tropen zurechtkommen? Drittens: Wie sollte die deutsche Marine Kolonien schützen? Sie war schließlich noch kleiner als die italienische. Kolonien würden das Reich strategisch verwundbar machen. Und viertens: Was würde dann aus seiner eigenen Diplomatie werden? Ganz gleich, ob die Kolonien aus Gründen des Profits oder des Prestiges errichtet würden – sie würden gewiß Komplikationen mit den anderen Großmächten heraufbeschwören.

So weit die alten Gegenargumente. Doch Holstein hatte erkannt, daß die meisten dieser Behauptungen mittlerweile von den Ereignissen überholt waren. Der Berliner Kongreß und Bismarcks Bündnissystem hatten einen Krieg unwahrscheinlich, wenn nicht sogar unmöglich gemacht. In der entspannten Atmosphäre des Jahres 1884 würde niemand etwas dagegen haben, wenn Deutschland Klein-Popo oder Angra Pequena annektierte – »ein oder zwei Inselchen«, wie Holstein sich ausdrückte. Frankreich würde derlei Aktionen sicher begrüßen, wenn sie nur auf

Kosten Großbritanniens gingen und die eigenen Interessen in Afrika nicht tangiert wurden.

Wenn man England ein Schnippchen schlug, würde dies nicht nur einer Entente mit Großbritanniens neuem Gegner Frankreich Vorschub leisten, sondern auch dem einzigen Deutschen einen Strich durch die Rechnung machen, der Bismarck gefährlich werden konnte: dem Kronprinzen. Kaiser Wilhelm I. war siebenundachtzig Jahre alt, und der zweiundfünfzigjährige Kronprinz Friedrich konnte jeden Augenblick sein Nachfolger werden. Als Bewunderer liberaler englischer Ideen war er auch den Liberalen im Deutschen Reichstag gewogen. Bismarck betrachtete ihn als einen armen Trottel, der völlig unter der Fuchtel seiner Frau stand, welche wiederum den Kanzler ebenso leidenschaftlich haßte wie ihre Mutter, die englische Königin Viktoria. Die neuen Kolonien würden Bismarck also einen Trumpf in die Hand geben, denn eine überseeische Auseinandersetzung mit England würde antibritische Ressentiments in der deutschen Öffentlichkeit schüren. Damit würde er die zukünftige Kaiserin und mithin auch den zukünftigen Kaiser in der Hand haben. (Diese zynische Erklärung für seine Kolonialpolitik – »einen Keil zwischen den Kronprinzen und England treiben« – gab Bismarck im Herbst desselben Jahres persönlich dem russischen Zaren. »*Voilà qui est intelligent*«[3] war die Antwort des beeindruckten Monarchen, der aus seiner antibritischen Haltung keinen Hehl machte.)

Zweifellos kam dieser Trumpf Bismarck sehr gelegen. Aber konnte das seine völlige Kehrtwendung zur Genüge erklären? Holstein verneinte das. Seiner Meinung nach ging es vor allem um den zweiten von Bismarcks ursprünglichen Einwänden gegen Kolonien: daß nämlich die deutsche Öffentlichkeit noch nicht bereit sei. Doch genau das Gegenteil war mittlerweile der Fall. Im Reichstag wurde lautstark deutscher Kolonialbesitz gefordert. Nur wenige Jahre zuvor hatte eine Gruppe von Enthusiasten den »Deutschen Colonialverein« gegründet. Die Mitgliederzahl lag zwar erst bei einigen Tausend, doch seine Ideen verbreiteten sich epidemieartig. Es gab nur wenige ernstzunehmende Analysen zu den ökonomischen Vorteilen überseeischer Besitzungen, obwohl während der letzten zehn Jahre eine weltweite Depression dem Ruhrgebiet schwer zugesetzt und Bismarck veranlaßt hatte, den Freihandel nach englischem Vorbild aufzugeben und Schutzzölle einzuführen. Sollte in dieser Hinsicht weiterer Bedarf bestehen, so würden Kolonien durchaus gelegen kommen. Der lautstarke Ruf nach Kolonialbesitz kam jedoch vom Herzen, nicht vom Verstand. Viele Menschen in Deutschland hatten die unglaublichsten Berichte englischer und französischer Forscher gelesen – und geglaubt. Zentralafrika erschien ihnen als ein Eldorado, das nur »auf unternehmerische Kapitalisten wartet«. Ein Wettlauf um Kolonien war im Gange, und wenn Deutschland, die mächtigste Nation Europas, jetzt nicht zugriff, war die Chance für immer vertan. Das war die »Torschlußpanik«, die die deutschen Wähler im Frühjahr 1884 erfaßte.

Nach Holsteins Meinung nutzte der Kanzler diese Panik in der deutschen Bevölkerung auf zynische Weise als »Wahltrick«. In der Tat hatte Bismarck gegenüber einem preußischen Minister geäußert: »Die ganze Sache mit den Kolonien ist ein Schwindel, aber wir brauchen das für die Wahlen.«[4] Er meinte damit die Reichstagswahlen, die im Herbst stattfinden sollten.

War Holsteins Erklärung zu simpel – und zu zynisch? Sein Anspruch, Bismarcks Denkweise genau zu kennen, erschiene jedem Historiker von heute als leichtfertig, doch haben neuere Forschungen ergeben, daß Bismarck auch seinen ersten Einwand revidiert hatte: daß nämlich Kolonien finanziell unrentabel seien. Die Kolonialpolitik war nicht nur ein »Schwindel«. Bismarck scheint mehr von ihr überzeugt gewesen zu sein, als Holstein annahm oder der Kanzler selbst später zuzugeben bereit war.

Die Vorgeschichte des erstaunlichen Telegramms an Nachtigal vom 19. Mai läßt sich anhand der deutschen Archivdokumente rekonstruieren. Sie beginnt mit einem Brief an Bismarck, den dreizehn Monate früher, am 8. April 1883, der leidenschaftlichste Verfechter deutschen Kolonialbesitzes im Außenministerium verfaßt hatte. Heinrich von Kusserow, Geheimer Staatsrat im Ressort Handelsrecht, berichtete, Frankreich und Großbritannien planten, die ganze westafrikanische Küste unter sich aufzuteilen, und seien übereingekommen, auf Waren der jeweils anderen Nation keine Zölle zu erheben. Wehe also den deutschen Händlern! Doch Kusserow hatte den französischen Text eines britisch-französischen Abkommens über Sierra Leone, das einen Monat zuvor, im März 1883, veröffentlicht worden war, mißverstanden: Es war kein Handelsabkommen, wie Kusserow glaubte, sondern eine Regelung zum Schutz von Leben und Eigentum. Das Ganze war somit ein falscher Alarm. Aber bereits vor Kusserows Brief erreichte den Kanzler eine Hiobsbotschaft von Adolph Woermann aus Hamburg, dem Chef einer der größten deutschen Firmen, die in Afrika Handel trieben. Dieser warnte den Kanzler, daß der Wettlauf bereits begonnen habe: Die Portugiesen würden den Kongo abriegeln, die Franzosen von Gabun aus vorstoßen, und ein britischer Konsul (Hewett) plane Berichten zufolge, Kamerun zu annektieren – jenen Teil der Küste, an dem deutsche Firmen ihre wichtigsten Niederlassungen hatten. Diese Entwicklungen konnten für den deutschen Afrikahandel den Ruin bedeuten. Dagegen gebe es nur ein einziges Mittel: Das Reich müsse ein Gebiet annektieren und einen Marinestützpunkt zum Schutz seiner Handelsinteressen errichten.

Bismarck ließ sich nicht so ohne weiteres von einem Hamburger Kaufmann in Zugzwang bringen. Doch immerhin war er beeindruckt genug, um ausführliche Berichte von den Häfen anzufordern, über die der Handel mit Afrika im wesentlichen abgewickelt wurde, nämlich Hamburg, Bremen und Lübeck. Das Ergebnis war überraschend: Jahrelang hatten diese reichen Seehäfen die Segnungen des freien Handels gepriesen, nun aber plötzlich schwenkten Hamburg und Bremen auf Woermanns Linie ein. Die Hamburger Handelskammer (deren Vizepräsident Adolph Woermann war) ersuchte Bismarck, ein Flottengeschwader in Kamerun zu stationieren und das Gebiet im Namen des Kaisers in Besitz zu nehmen. Es dürfe keine Zeit verloren werden; falls Deutschland zögere, würden andere Großmächte einschreiten und die »unerschöpflichen« Märkte im Landesinneren an sich reißen. Nur Lübeck zeigte sich unbesorgt; von dort hieß es, der Afrikahandel spiele für die Stadt keine herausragende Rolle.

Auch der Kanzler verhielt sich zunächst abwartend. Bis zum August 1883 gewannen jedoch Kusserow und Woermann immer mehr Einfluß auf seine Politik. In der ersten Jahreshälfte hatte Bismarck noch das Gesuch eines unbekannten Bremer Tabakhändlers namens Adolf Lüderitz abgewiesen. Dieser hatte um »Protektion« durch die deutsche Flagge für seinen kleinen Handelsposten in Angra Pequena gebeten, einem kleinen, unbedeutenden Hafen an der namibischen Küste zwischen der Kapkolonie und Angola. Alles, was er wollte, war die übliche konsularische Unterstützung, die Deutsche im Ausland erhielten, und den gelegentlichen Besuch eines deutschen Kriegsschiffs. Aber im Februar 1883 war Bismarck selbst dazu noch nicht bereit. Statt dessen hatte er am 4. Februar eine Eilbotschaft nach London geschickt, in der er die britische Regierung bat, den Schutz deutscher Siedler in diesem Gebiet zu übernehmen. Das Deutsche Reich habe kein Interesse an überseeischen Projekten[5].

Jetzt aber, im August, wies Bismarck den deutschen Konsul in Kapstadt an, Lüderitz die übliche konsularische Unterstützung zukommen zu lassen, und sorgte zugleich dafür, daß diese großzügige Maßnahme publik gemacht wurde. Die Öffentlichkeit begrüßte sein Vorgehen, und solchermaßen bestärkt, beschloß er, noch einen Schritt weiterzugehen. Ganz offensichtlich hatte er zu diesem Zeitpunkt noch nicht die Absicht, Angra Pequena zu annektieren. Lüderitz würde sicher sein, wenn die Unabhängigkeit seines Handelspostens von Deutschland garantiert wurde und er keine Übergriffe der Engländer zu befürchten hatte. Im Herbst sandte Bismarck mehrere Depeschen nach London, in denen er mit wachsendem Nachdruck forderte, Großbritannien möge klarstellen, daß es keine Ansprüche auf Angra Pequena und die angrenzenden Gebiete geltend machte. Sein Bestreben, Lüderitz zu schützen, bedeutete jedoch nicht, daß er auch bereit war, dasselbe für Woermann und die Hamburger Lobby zu tun. In Berlin nahm man an, Konsul Hewett sei nach London zurückgekehrt, um die Annexion Kameruns und eventuell weiterer Teile der Westküste durch Großbritannien zu arrangieren. Bismarck unternahm nichts, um Hewett zuvorzukommen. Im Gegenteil, im Dezember 1883 teilte er Hamburg mit, es werde ein Regierungsbeauftragter entsandt, um mit unabhängigen Häuptlingen Handelsverträge abzuschließen. Das Deutsche Reich könne jedoch keine Kolonien erwerben; das sei nicht im Interesse der deutschen Politik.

Im März 1884 hatte London immer noch nicht auf Bismarcks Depeschen zu Angra Pequena reagiert. Die Geduld des Reichskanzlers war erschöpft. Er glaubte zu wissen, warum noch immer keine Antwort vorlag: Nachdem er den Appetit der Briten angeregt hatte, versuchten sie jetzt, sich Angra Pequena einzuverleiben. Seine Entrüstung wuchs – wie auch der Druck von seiten der beiden Hansestädte. Sie machten die britischen Pläne zur Annexion Togos, wo es bedeutende deutsche Handelsniederlassungen gab, publik. Im Februar hatten Nachrichten über das Kongo-Abkommen zwischen England und Portugal eine Welle des Protests ausgelöst. Und im März kam Lüderitz aus Südafrika zurück und berichtete von einem grotesken neuen Anspruch der Briten: Sie hätten ein lange vergessenes Dokument wiederentdeckt, mit dem sie ihre Rechte auf Angra Pequena *beweisen* könnten.

Bismarck war außer sich. Vielleicht mußte man sich doch Kolonien zulegen, um die Handelsinteressen vor den habgierigen Engländern und

Franzosen zu schützen. Aber wie sollte das funktionieren? Konnte das Reich sie wirklich verwalten? Genau an diesem kritischen Punkt schaltete sich Heinrich von Kusserow mit seiner unsinnigen Interpretation des britisch-französischen Vertrags über Sierra Leone ein und zerstreute Bismarcks letzte Bedenken.

Warum sollte das Reich neue deutsche Kolonien verwalten und dafür bezahlen? Die Engländer hatten ihr riesiges Imperium in Indien mit Hilfe eines Systems privater Handelskolonien geschaffen, ein Verfahren, das sie erst vor kurzem auch in Nordborneo angewandt hatten. (Goldies einschlägige Pläne waren ihm natürlich nicht bekannt.) Das Positive an diesem System sei, daß es dem Reich so wenig abverlange. Es würde Lüderitz' Aufgabe sein, das Territorium mit Hilfe eines kaiserlichen Schutzbriefs zu verwalten. Alle diese Vorschläge unterbreitete Kusserow in seinem denkwürdigen Memorandum vom 8. April. Jahre später sollte Bismarck eingestehen, daß von Kusserow ihn in den Kolonialtaumel hineingezogen habe.[6] Am selben Tag traf auch noch ein alarmierendes Telegramm von Lüderitz' Stellvertretern in Südafrika ein. Die Regierung der Kapkolonie war offenbar willens, Angra Pequena zu annektieren. Nun war Bismarck entschlossen einzuschreiten.[7]

Befreit von Ängsten wegen der Kosten und der Schwierigkeiten, Angra Pequena – einen der unwirtlichsten Flecken auf der ganzen Erde – zu verwalten, dachte Bismarck jetzt fieberhaft nach. Was er für Lüderitz getan hatte, wollte er nun auch für Woermann und die anderen Kaufleute an der Westküste tun. Ein Telegramm ging nach Madeira, um Nachtigal dort auf seinem Weg nach Süden aufzuhalten, bis neue Instruktionen für ihn erarbeitet waren. Am 19. Mai wurde das geheime Telegramm verfaßt, in dem Nachtigal die Anweisung erhielt, die deutsche Flagge über Togo und Kamerun zu hissen und Angra Pequena als deutsches Schutzgebiet zu deklarieren. Doch diese Aufgaben würden ihn mindestens bis Anfang Juli in Anspruch nehmen. Wie aber sollte man bis dahin Großbritannien davon abhalten, diese Territorien für sich zu beanspruchen? Bismarck hatte zwei Alternativen: die Karten auf den Tisch zu legen und darauf zu vertrauen, daß die Briten Deutschlands Ansprüche auf ein afrikanisches Kolonialreich respektierten – oder sie über seine Intentionen zu täuschen.

Der diplomatische Trick, den er anwandte, war sehr einfach. Am 24. April wies er den deutschen Konsul in London an, der Regierung Ihrer Majestät mitzuteilen, daß Angra Pequena »unter dem Schutz des

Reiches«[8] stehe. Das war zwar nur für die Akten bestimmt, doch die Formulierung war zweideutig genug, um die Briten im unklaren über seine neue Politik zu lassen. London sollte weiterhin glauben, Nachtigal habe lediglich die Aufgabe erhalten, sich über die Lage des deutschen Handels kundig zu machen.[9] Graf Münster, der deutsche Botschafter in London, den man ebenfalls nicht einweihte, sollte den Engländern versichern, daß sie auf Angra Pequena kein besonderes Augenmerk zu richten hätten; Bismarck habe nicht die Absicht, ein Kolonialreich zu gründen. In der Zwischenzeit sollte das Kanonenboot *Möwe* Dr. Nachtigal und sein wertvolles Reisegepäck, bestehend aus Flaggen und Proklamationen, nach Süden an die westafrikanische Küste bringen.

Bismarck baute darauf, daß Deutschland in Westafrika und Angra Pequena den Briten zuvorkommen würde. Um so mehr war er verärgert, als er Ende Mai erfuhr, der britische Kolonialminister Lord Derby habe einer Delegation der Kapkolonie mitgeteilt, Großbritannien beanspruche für sich »so etwas wie ein allgemeines Recht, ausländische Nationen« vom Gebietserwerb an der südwestafrikanischen Küste »auszuschließen«.[10] Derby zufolge hatte Großbritannien die Kapregierung zweimal aufgefordert, dieses Gebiet zu annektieren. Anfang Juni hörte Bismarck vom deutschen Konsul in Kapstadt, die dortige Regierung habe nun beschlossen, das Territorium bis an die Außenposten an der Walfischbay, weit im Norden von Angra Pequena, zu annektieren. Der Kanzler tobte. Nun war er gezwungen, seine Karten vorzeitig auf den Tisch zu legen. Die *Möwe* mit Dr. Nachtigal an Bord brauchte noch einen ganzen Monat bis zur Westküste. Das einzige, was er jetzt noch tun konnte, war, die diplomatischen Schritte in die Länge zu ziehen, um Nachtigal die bestmögliche Position bei dem Wettlauf zu verschaffen. Graf Münster mußte nach wie vor im Dunkeln gelassen werden. Mitte Juni sandte Bismarck seinen Sohn Herbert nach London, um Gladstone mitzuteilen, daß England sich von Angra Pequena fernzuhalten habe, das damit eindeutig als deutscher Besitz gekennzeichnet war.

Nun hielt Bismarck die Stunde für gekommen, um vor den Reichstag zu treten und seine politische Kehrtwendung offenzulegen. Die Abgeordneten waren verblüfft und hocherfreut. Über Nachtigals tatsächliche Mission ließ der Kanzler immer noch nichts verlauten; er sagte nur, Deutschland habe die Pflicht, ein Kolonialreich in Afrika zu gründen. Dann kam er auf seine Vorbehalte zu sprechen und begründete, warum sie nicht mehr stichhaltig seien. Das Imperium in Übersee werde nicht aus offiziellen Kolonien bestehen, vielmehr werde man nach britischem Vorbild Territorien wie Angra Pequena, in denen bereits deutsche Unternehmer ansässig seien, zu Schutzgebieten erklären. Der Kanzler beendete seine Ausführungen mit einer kleinen, aber wohl berechneten Drohgebärde, mit der er die Abgeordneten vollends für sich einnahm: Man dürfe Großbritannien oder den britischen Kolonialregierungen wie jener am Kap nicht das Recht zubilligen, deutsche Ansprüche in Abrede zu stellen, es sei denn, sie könnten beweisen, daß ihnen die fraglichen Territorien bereits gehörten. Sollte die Frage nach den Mitteln gestellt werden, die Deutschland habe, um deutschen Unternehmungen in fernen Ländern wirksamen Schutz zu gewährleisten, so würde man als erstes den Einfluß des Deutschen Reichs anführen sowie den Wunsch und das Interesse anderer Großmächte, freundschaftliche Beziehungen zu bewahren.[11]

Im Klartext bedeutete das: Sollte England Ärger machen, so würde Deutschland nicht zögern, mit Frankreich gemeinsame Sache zu machen, um Großbritannien unter der Gürtellinie zu treffen – in Ägypten.

Graf Herbert von Bismarck kam am 13. Juni 1884 in London an. Am folgenden Tag traf er im Außenministerium mit Lord Granville zusammen. Die Verhandlungen gaben ihm mehr als genug Gelegenheit, sein Talent für kalkulierte Grobheiten unter Beweis zu stellen, doch seinen Berichten nach Berlin zufolge verliefen die Gespräche in sehr angenehmer Atmosphäre.

Herbert dürfte erstaunt darüber gewesen sein, wie zahm die Engländer auf seine Vorhaltungen reagierten. Es gab keinerlei Grund, Granville mit Maßnahmen in Ägypten zu drohen; vielmehr bat der Außenminister um Nachsicht: »Das Ganze ist mir sehr unangenehm, da ich so viel zu tun habe, daß ich mich mit diesen Kolonialfragen gar nicht im Detail befassen kann.« Er bedauerte die Verwicklungen um Angra Pequena, bezeichnete sie als »Schlamassel«[12] und versicherte, die Briten hätten nicht im Traum daran gedacht, hinter dem Rücken des Kanzlers zu handeln; aber es sei ihnen einfach nicht in den Sinn gekommen, daß Bismarck an Kolonien ein Interesse haben könne. Im Gegenteil, bis zum letzten Augenblick hätten sie geglaubt, die Deutschen wünschten einzig und allein, daß Großbritannien die Verantwortung für den Schutz deutscher Bürger übernehme.

Dieses kriecherische Eingeständnis war ehrlich. Es war Bismarck gelungen, das britische Außenmisisterium vollständig hinters Licht zu führen. Seine Kehrtwendung war bis zu dieser Woche unbemerkt geblieben.

Zwei Tage später bestätigten Gladstone und das britische Kabinett Granvilles Haltung. Dilke schrieb später, Bismarck sei »wegen Angra Pequena sehr grob gegenüber Lord Granville gewesen, was im Kabinett zur Sprache kam, ohne daß man dort etwas unternahm«[13]. Tatsächlich war Großbritannien in Ägypten viel zu verwundbar, als daß es sich mit Bismarck wegen eines so wertlosen Gebietes wie Angra Pequena angelegt hätte. Es wurde also ein warnendes Telegramm nach Kapstadt geschickt, und gleichzeitig zog Granville die Aufforderung an die Kapregierung, ihren Verantwortungsbereich bis nach Angola auszudehnen, zurück. Aber so leicht war der Verzicht doch nicht zu bewerkstelligen. Mitte Juli wurde klar, daß Lord Derby, der britische Kolonialminister, tiefer im »Schlamassel« steckte als je zuvor.

Im Gegensatz zum Außenministerium schätzte das Kolonialministerium das Gebiet um Angra Pequena nicht als wertlos ein; schließlich lag es in unmittelbarer Nachbarschaft der Kapkolonie. Auch konnte es leicht zu Komplikationen mit den Eingeborenen kommen, falls es in falsche Hände geriete. Und nicht zuletzt gab es in Kapstadt eine mächtige Handelslobby unter Führung der Firma *De Pass, Spence & Company*, welche geltend machte, dort 300 000 Pfund investiert zu haben. Die öffentliche Meinung am Kap sprach sich schon seit langem für eine Annexion aus. Überdies hatte das Kapparlament schon 1877, als es der Annexion der Siedlung an der Walfischbay zustimmte, die britische Regierung ersucht, die gesamte Küste vom Oranje-Fluß nordwärts ebenfalls in Besitz zu nehmen. Damals hatte sich jedoch London geweigert. Anfang 1884 aber, alarmiert von Bismarcks Depeschen, war Derby zu dem Schluß gekommen, daß die Zeit reif sei. Am 3. Februar telegraphierte er nach Kapstadt, die Küste bis zur Walfischbay sei frei zur Annexion.

Unglaublicherweise war die einzige Reaktion auf das Telegramm ein rätselhaftes »Die Minister bitten, Angelegenheit offen zu lassen, Kabinettssitzung steht bevor. Premier nicht anwesend«[14]. Zwar hatten die Minister das Kolonialministerium bereits wieder einmal ersucht, Großbritannien möge die Küste in Besitz nehmen, doch da sie selbst keinen finanziellen Beitrag dazu beisteuern wollten, ließen sie die Angelegenheit schleifen. (Einer Anekdote zufolge war das wichtige Telegramm in der Tasche des Premierministers vergessen worden.) Lord Derby wartete bis Mai, dann schickte er ein zweites Telegramm. Aber wieder kam keine Antwort – diesmal, weil die Regierung der Kapkolonie gestürzt worden war. So trieben die Dinge dahin, bis Herbert von Bismarcks Erscheinen in London das britische Kabinett zum Verzicht bewog.

Zu seiner Bestürzung mußte Derby jedoch feststellen, daß am Kap ein neuer Premier ans Ruder gekommen war, den er als »Chauvinisten« bezeichnete, nämlich John X. Merriman. Tatsächlich war Merriman ein kolonialer Nationalist; er war sehr erzürnt und fühlte sich gedemütigt durch die Art und Weise, wie die britische Regierung mit seinem Land umsprang. Am 9. Juli erhielt Derby ein alarmierendes Telegramm von Merriman: Welche Schritte würden unternommen, fragte er an, um die Interessen der Kapkolonie zu schützen? Der Kolonialminister sah sich plötzlich zwischen zwei Stühlen sitzen und versuchte es mit einem Kompromiß. Am 14. Juli telegraphierte er Merriman: Falls es den Interessen der Kapkolonie entgegenkäme, habe sie die Genehmigung, die ganze Küste *nördlich* von Lüderitz' Handelskolonie – also von der Walfischbay bis zur Grenze Angolas – zu annektieren. Aber nun ging man am Kap noch einen Schritt weiter: Am 17. Juli telegraphierte die Regierung nach London, man habe die ganze Küste nördlich vom Oranje-Fluß anektiert, einschließlich Angra Pequena.

Das war Derbys letzter fehlgeschlagener Versuch, trotz monatelanger Versäumnisse und Verwirrungen noch etwas zu retten. Doch er hatte nur erreicht, daß Bismarck nun wirklich Grund hatte, sich zu beschweren und sich genötigt sah, seine ägyptische Trumpfkarte auszuspielen.

Entzückt über den brüskierenden Auftritt seines Sohnes bei Granville reiste Bismarck Anfang Juli zurück nach Varzin. »Richtig«, schrieb er an den Rand von Herberts Bericht nach Berlin, wo dessen unverblümte Worte gegenüber dem Außenminister zitiert waren: Seine Regierung, hatte der junge Bismarck erklärt, würde es ablehnen, in einer Angelegenheit Rede und Antwort zu stehen, die für die Briten nicht von Belang sei.[15] Die Briten hatten kein Recht, ihn, den deutschen Reichskanzler, nach seinen Plänen in Südwestafrika zu befragen. Er würde sich nehmen, soviel er wollte und wann er es wollte, ohne irgend jemanden um

Erlaubnis zu bitten. Der Bericht über Nachtigals erfolgreiche Mission würde sehr bald eintreffen.

In der dritten Juliwoche schlug Bismarcks Laune jedoch schlagartig um, als er das Telegramm aus Südafrika las. Die Kapregierung behauptete, die ganze Küste nördlich des Oranje-Flusses annektiert zu haben, *einschließlich* Angra Pequena. Sie wollten es also wohl nicht anders.

Er wies das Außenministerium telegraphisch an, dafür Sorge zu tragen, daß Deutschland und Frankreich gemeinsam den Engländern in Ägypten einen Denkzettel verpassen konnten. Gelegenheit dazu bot die Londoner Konferenz der Großmächte, die von Großbritannien einberufen worden war. In London hoffte man auf finanzielle Zugeständnisse, um einen neuerlichen Bankrott Ägyptens abzuwenden. Die Briten rechneten damit, daß Ägypten ein Darlehen von 8 Millionen Pfund benötigte. Davon sollte etwa die Hälfte zur Kompensation der Verluste dienen, die Ausländern 1882 bei der Bombardierung Alexandrias durch die Engländer und die darauffolgenden verheerenden Aufstände entstanden waren. Die Briten sagten zu, das Geld aufzubringen, sofern man ihnen hinsichtlich Zinsen und Rückzahlung entgegenkäme. Dies bedeutete eine Änderung des Liquidationsgesetzes, einer internationalen Übereinkunft aus dem Jahr 1880 – ein Schritt, der auf Kosten der – überwiegend französischen – Obligationsinhaber ging. Doch als die Konferenz am 22. Juli zum zweiten Mal zusammentrat, wurde offensichtlich, daß die Franzosen keinen Grund sahen, für das britische Darlehen Sonderkonditionen einzuräumen. So hoffte Großbritannien Ende Juli verzweifelt auf eine Unterstützung durch Deutschland; andernfalls müßten die britischen Steuerzahler direkt für Ägypten zur Kasse gebeten werden. Und das war der Augenblick, in dem Bismarck beschloß, seine ägyptische Karte auszuspielen.

Der deutsche Delegierte auf der Konferenz war Graf Münster, der Botschafter in London, der Granville bezüglich Bismarcks Politik unwissentlich getäuscht hatte. Nun mußte er den Briten noch einmal arg zusetzen, indem er die Konferenz sabotierte und als Ablenkungsmanöver die Gesundheitspflege in Ägypten in den Mittelpunkt rückte. Am 2. August wurde die Konferenz denn auch unter gegenseitigen Beschuldigungen Großbritanniens und Frankreichs abgebrochen.

Gegenüber Bismarck verhielt sich Granville allerdings wie die Demut in Person. Er müsse sich noch einmal entschuldigen, meinte er; selbstverständlich werde man der Kapregierung mitteilen, daß London ihre Annexionswünsche nicht genehmige. Erst Mitte August wurde Granville aus seiner peinlichen Lage erlöst, als nämlich die Neuigkeiten, auf die Bismarck schon so lange gewartet hatte , endlich in Europa eintrafen.

Im Juli hatte Dr. Nachtigal Togo und Kamerun offiziell zu deutschen Schutzgebieten erklärt. Am 7. August annektierte der Kapitän der *Elisabeth* Angra Pequena. Nun mußte nur noch die Annexion der südwestafrikanischen Küste im Namen des Kaisers vollzogen werden, und das geschah Ende August durch den Kapitän des deutschen Kanonenboots *Wolf.*

Bismarck, dessen gute Laune nunmehr wiederhergestellt war, schickte sich jetzt an, die ersten Früchte seiner Kolonialpolitik zu ernten, und zwar in Form einer Annäherung an Frankreich. Der damalige französische Botschafter in Berlin war Baron de Courcel, der Mann, der drei Jahre zuvor Gambetta überredet hatte, die Intervention in Tunis zu unterstützen. Ihn lud Bismarck im August nach Varzin ein, um die Afrikapolitik ihrer Länder in zwei Punkten aufeinander abzustimmen: nämlich Niger und Kongo für den internationalen Handel offenzuhalten und die Rechte der Obligationsinhaber in Ägypten zu wahren.

Als Courcel am 27. August in Varzin eintraf, versuchte der Kanzler, sein Herz im Sturm zu erobern. Im Sommer hatte er einem jungen deutschen Diplomaten gegenüber bemerkt, der Engländer sei wie der Hund in der Fabel, der vollgefressen vor einem vollen Freßnapf säße und es nicht ertragen könne, daß ein anderer Hund auch ein paar Knochen haben wolle.[6] Möglicherweise wiederholte er diese Äußerung jetzt gegenüber Courcel. Zusammen, so Bismarck, könnten Deutschland und Frankreich diesem egoistischen Untier ein paar Brocken abnehmen. Bei Ägypten habe er sich ausweichend verhalten, doch was Westafrika – Kongo und Niger – anbetreffe, schlage er vor, eine internationale Konferenz in Berlin zu organisieren. Er gab dem Botschafter eine feste Zusage, französische Ansprüche gegen britische zu unterstützen. Wie fest? wollte Courcel noch wissen, bevor er nach Berlin zurückkehrte, um Holstein gleich zu bekennen, daß er von Bismarck völlig gebannt[7] gewesen sei. Holstein fragte sich, wann Courcels Vorgesetzter, Jules Ferry, endlich erkennen würde, daß der Kanzler sie zum Narren gehalten hatte.

Bevor Bismarck bei der Westafrika-Konferenz in Berlin den Gastgeber spielen konnte, mußte er sich erst wieder einmal mit dem ermüdenden Reichstag abgeben. Für den 28. Oktober waren Wahlen angesetzt, und bei dieser Gelegenheit sollte er zum zweitenmal eine Dividende für seine neue Kolonialpolitik einstreichen. Die Wähler machten kurzen Prozeß mit der neuen Liberalen Partei, die hoch in der Gunst des Kronprinzen und seiner Gemahlin stand. Zusammen mit anderen Liberalen hatte sie im alten Reichstag 117 Sitze gehabt; jetzt war diese Zahl auf 67 geschrumpft. Die Parteien, die den Kanzler unterstützten – Konservative, Imperialisten und Nationalliberale – waren bisher mit 119 Sitzen vertreten gewesen; jetzt hatten sie 157 errungen. So weit – so gut. Jedoch hatten unglücklicherweise auch die Sozialdemokraten einen drastischen Zuwachs zu verzeichnen, nämlich von 10 auf 24 Mandate. Ebenso konnten sich andere dem Kanzler nicht gewogene Gruppierungen gut behaupten, so daß auch der neue Reichstag für Bismarck ein Ärgernis war und finanzielle Mittel für seine Vorhaben jederzeit beschneiden konnte. Die neue Welle des deutschen Imperialismus hatte offensichtlich nicht die Arbeiterklasse in den Städten erfaßt. Dort forderte man vielmehr eine wirksame Bekämpfung der großen Depression, das heißt mehr Arbeitsplätze sowie bessere Bezahlung und Arbeitsbedingungen. Die Arbeiter standen dem vermeintlichen Eldorado in Afrika, den »lukrativen neuen Märkten« an der Sklavenküste und in den malariaverseuchten Sümpfen Togos und Kameruns sehr skeptisch gegenüber.

Schlimmer noch, als Bismarck auf die Kosten der drei neuen Protektorate für die Regierung zu sprechen kam, wurde die Lobby der kolonialen Unternehmer sehr schweigsam. Im Herbst hielt er in Friedrichsruh bei Hamburg eine Konferenz ab, an der auch Adolph Woermann teilnahm. Natürlich sah der Kanzler in ihm den richtigen Mann für den Posten des konsularischen Vertreters in Kamerun. Woermann hatte eine ganze Flotte von Schiffen zur Verfügung, dazu Warenhäuser und viele Angestellte. Und diese Leute waren es gewesen, die – mit großzügig bemessenen Bestechungen in Form von Krediten und Rum – für das Hissen der deutschen Flagge dort den Weg geebnet hatten. Im Sommer 1884 hatte Woermanns Beauftragter in Duala die vorläufigen Verträge mit König Acqua und König Bell ausgehandelt, die am 14. Juli von Dr. Nachtigal bestätigt worden waren. Und jetzt erwartete Bismarck von Woermann den nächsten Schritt: die Verwaltung des Schutzgebietes. Doch dieser lehnte höflich ab, ebenso wie die Vertreter der anderen beteiligten Firmen. Sie seien Geschäftsleute, keine Kolonialpolitiker, und die Verwaltungskosten seien für eine deutsche Firma, so patriotisch sie auch sein möge, viel zu hoch. Es handle sich schließlich nicht um Indien oder den Orient, sondern um das arme Afrika.

Jetzt begann Bismarck zu begreifen. Der Standpunkt, den er selbst noch im Juni vor dem Reichstag vertreten hatte – daß die Kosten für Kolonien nicht vom Staat getragen werden müßten – war nichts als eine aus der Luft gegriffene Behauptung Kusserows. Togo, Kamerun und Südwestafrika würden nur dem Namen nach Schutzgebiete sein. Doch das Reich, nicht die Händler, würde die finanziellen Lasten zu tragen haben. Und deshalb würde der Reichstag die entsprechenden Finanzen verwalten, so wie er für den Staatshaushalt insgesamt zuständig war. Kolonien würden Bismarcks Stand im Reichstag somit nicht wie erwartet erleichtern, sondern sogar noch erschweren. Das waren also die erfreulichen Aussichten für seine letzten Jahre als Reichskanzler.

Kusserow hatte ihm diese Geschichte eingebrockt. Da er sich unerträglich überheblich gebärdete, war er aus seiner leitenden Position in der Kolonialpolitik bereits entfernt worden; nun aber fiel er vollends in Ungnade und wurde auf einen kleinen Posten in Den Haag abgeschoben. Schließlich hatte er etwas geschafft, was kaum jemandem je gelungen war: Er hatte Bismarck zum Narren gehalten.

»Ich neige zu der Annahme«, so schrieb Gladstone am 5. September 1884, »daß [Bismarcks] Verhalten in der [Ägypten-]Konferenz eine Reaktion auf Angra Pequena war.«[8] Um diese offensichtliche Tatsache zu erkennen, hatte er einen ganzen Monat gebraucht, doch nun gingen ihm die Augen auf. Er hatte Bismarck immer mißtraut, und er wußte, daß das auf Gegenseitigkeit beruhte. Aber er hatte sich darauf verlassen, daß Deutschland ihn weiterhin gegen Frankreich unterstützen würde, nachdem Großbritannien in Ägypten von einer Krise in die nächste stolperte.

Und gleichzeitig überflutete 1600 Kilometer nilaufwärts von Kairo ein neuer Heiliger Krieg des Islam die Wüste.

Im Jahre 1881 hatte Muhammad Ahmad (Mohammed Achmed), Sohn eines unbekannten Bootsbauers aus Dongola im Norden des Sudan, zum erstenmal die schwarze Fahne der Revolte gegen den Khediven erhoben. Schon im November 1883 lag ihm, der sich selbst der Mahdi (der Erwartete oder Erlöser; der Geführte) nannte, der ganze Sudan zu Füßen. Die letzte Kampftruppe der Armee des Khediven – sie bestand aus 10 000 ägyptischen Soldaten, unter denen sich viele Überlebende

261

von Tel el-Kebir befanden – wurde am 5. November mit ihrem britischen Kommandeur Hicks in der Schlacht von El Obeid in Kordofan niedergemäht. Die britische Regierung baute auf Sir Evelyn Baring, ihren Vertreter in Kairo, der die Autorität – und Zahlungsfähigkeit – des Khediven wiederherstellen sollte. Baring legte dem Vizekönig nun nahe, sich aus dem Sudan zurück- und die überlebenden ägyptischen Garnisonen abzuziehen. Doch anstatt diesem Rat Folge zu leisten, löste sich das Kabinett des Khediven auf. Dadurch geriet der immer noch bankrotte Vizekönig in völlige Abhängigkeit von den Briten.

Die britische Regierung betraute den unberechenbaren, nach Gladstones Worten »glänzenden und verrückten«[19] General Charles Gordon mit der Aufgabe, den Abzug der ägyptischen Garnisonen zu organisieren.

Bald darauf aber erfuhr man, daß der legendenumwobene Held offenbar in Khartum festsaß. Im August 1884 ordnete Gladstone widerstrebend eine Expedition zur Unterstützung Gordons an, die von Wolseley geleitet werden sollte.

Dann trafen die überraschenden Nachrichten von den Ölflüssen in Europa ein. »Too Late Hewett« wurde zum Spitznamen für den unglücklichen Konsul. Das Kabinett war nicht gerade erfreut darüber, daß Dr. Nachtigal – und Bismarck – den Wettlauf um die Annexion Kameruns mit fünf Tagen Vorsprung gewonnen hatten.

Und sogar einige Whigs der alten Schule fühlten sich durch Großbritanniens Kapitulation vor Bismarcks Anspruch auf Angra Pequena gedemütigt. In der Hoffnung, einen Bruch mit Deutschland zu vermeiden, »der die Chancen für eine ehrenhafte Lösung der Probleme in Ägypten noch verringern würde«, habe man keinen Finger gerührt, bemerkte Lord Selbourne traurig. Granville schob die Schuld auf Derby, und dieser bezichtigte Bismarck der »Gaunerei« und vorsätzlichen Irreführung.[20]

Gladstone hingegen empfand es nicht als Schande, Bismarck entgegenzukommen. Für ihn stand England vielmehr wegen des Gerangels um Angra Pequena in der Schuld des Kanzlers. Und was konnte es schon schaden, einem guten Nachbarn wie Deutschland ein Stückchen von Afrika abzutreten?

Anders als die draufgängerischen Radikalen und ihre rechten Verbündeten war er den alten liberalen Grundsätzen treu geblieben. Und diesen zufolge war der Imperialismus verwerflich, ein Verbrechen. Wenn keine strategische Notwendigkeit vorlag und der größte Teil der Welt ohnehin für den englischen Handel offen war, warum sollte man das britische Weltreich dann noch weiter vergrößern?

Widerwillig hatte Gladstone dem Schutz britischer Handelsinteressen gegen französische Zollschranken zugestimmt und die Ölflüsse, das Nigerdelta, zum britischen Protektorat erklärt. So konnte er am 1. September in Midlothian mit Fug und Recht sagen, er sehe »es sehr gern und mit großer Genugtuung, wie sich Deutschland in den Wüstengebieten dieser Erde ausdehnt«.[21]

Das war keine Heuchelei, obwohl Gladstone Bismarcks verspäteter Einsicht in den Nutzen dieser Wüstengebiete etwas skeptisch gegenüberstand. Seiner Meinung nach betrieb der Kanzler »widerwillig und nur aus wahltaktischen Gründen« deutsche Kolonialpolitik.

Bismarck zu beschwichtigen – mit der Voraussetzung, daß es dagegen keine strategischen Einwände gab – war jedenfalls bis zu einem gewissen Grad erklärte Politik des englischen Kabinetts. Aber war die Grenze jetzt erreicht? In den quälenden Wochen, in denen die Zukunft Ägyptens und Gordons die Schlagzeilen bestimmte, befaßte sich der Planungsstab des Kabinetts heimlich mit Maßnahmen zur Unterbindung einer weiteren Expansion Deutschlands in Südwest- und Südostafrika.

Anfang dieses Jahres war Präsident Kruger nach London gereist, um die Konvention von Pretoria neu auszuhandeln, die nach dem Burenaufstand von 1880–81 unterzeichnet worden war. In dieser Konvention war dem Transvaal (der Südafrikanischen Republik) eine bedingte Unabhängigkeit zugestanden worden. Eine britische »Oberhoheit« und verschiedene Einschränkungen – etwa Garantien zum Schutz der Rechte der Eingeborenen und ein Verbot für die Buren, mit fremden Mächten Verträge abzuschließen – hatte die Transvaal-Republik jedoch anerkennen müssen.

1884 handelte Kruger mit dem britischen Kolonialminister Derby eine neue Konvention aus, die als das Abkommen von London bekannt wurde. Beide Seiten waren damit zufrieden. Kruger erreichte mehr Unabhängigkeit, die britische Oberhoheit verschwand aus dem Text und mit ihr die problematische Klausel über die Rechte der Eingeborenen. Lediglich das Verbot, Verträge mit fremden Mächten abzuschließen, wurde beibehalten.

Der Gewinn für Großbritannien war ein Übereinkommen, das die Grenze des Transvaal mit Betschuanaland festlegte. Sie verlief durch ein Wüstengebiet nordwestlich der Kapkolonie, in dem mehrere verarmte Seswana-Stämme lebten. In den vergangenen Jahren waren Buren in Scharen aus dem Transvaal in diese Region eingewandert. Die Regierung der Kapkolonie wollte diesen Zustrom unterbinden; sie wurde dabei vom Kolonialministerium unterstützt. Das Motiv dafür war weniger die Sorge um den Schutz der Eingeborenen (obgleich dieser Gedanke natürlich die Missionare sehr ansprach) als vielmehr der Wunsch, das Vordringen der Buren nach Norden zu verhindern – zu dem Land des Königs Lobengula jenseits des Limpolo-Flusses, das man für das sagenhafte Eldorado hielt.

In diesen Gebietsstreit zwischen Buren, den Eingeborenen und der Kapregierung griff nun auch noch ein vierter Konkurrent ein, nämlich die deutsche Kolonie in Südwestafrika. Wie war dies zu erklären? Lüderitz' Handelskolonie in Angra Pequena reichte nur etwa dreißig Kilometer weit ins Landesinnere. Dennoch kamen die Regierungen am Kap und in London überein, daß es ein zu großes strategisches Risiko sei, den Deutschen zu gestatten, sich von hier aus in die Angelegenheiten von Betschuanaland einzumischen.

Bismarck hatte Kruger im Frühjahr 1884 in Berlin wie einen Helden empfangen. Was konnte die Deutschen davon abhalten, Betschuanaland als Brücke zu der Burenrepublik im Transvaal zu benützen? Großbritannien mußte Betschuanaland entweder zum Protektorat erklären oder der Kapkolonie einverleiben. Im November gab Gladstone widerwillig seinen Segen dazu. 4000 Freischärler aus der Kapkolonie unter dem Kommando des englischen Obersten Charles Warren wurden in Marsch gesetzt. Das Unternehmen gelang, ohne daß ein Schuß fiel. In England nahm man es kaum zur Kenntnis, obwohl es sich dabei um den ersten Versuch handelte, sich gegen Bismarcks Ellbogenpolitik zur Wehr zu setzen.

Ein zweiter, ebenso unbeachteter Schritt folgte: die Besetzung des Hafens St. Lucia an der Ostküste. Die strategischen Argumente für eine Intervention wogen in diesem Fall noch schwerer, denn Deutschland hätte St. Lucia selbst einnehmen können und damit einen guten Zugang zum Transvaal gehabt, was Großbritannien nicht zulassen wollte. Doch im Dezember gestand selbst Derby ein, daß er diesen neuerlichen Wettlauf um die entlegensten Winkel der Erde ziemlich unsinnig fand:

Ich bin mit Ihnen der Meinung, daß dieser plötzliche Wettlauf um Kolonien nicht der Absurdität entbehrt, und bin ebensowenig wie Sie geneigt, mich daran zu beteiligen, doch es besteht ein Unterschied zwischen dem Wunsch nach Neuerwerbungen und dem zu behalten, was wir bereits besitzen; und sowohl Natal als auch die Kapkolonie wären bedroht, falls eine fremde Macht Gebietsansprüche über die zwischen beiden Ländern liegende Küste erheben würde, die nun praktisch uns gehört, und dies nicht aufgrund irgendwelcher formaler Abmachungen, welche von anderen Nationen anerkannt werden müßten . . .[22]

Der »plötzliche Wettlauf«: Das war der ironische, neue Begriff für die würdelose Jagd nach Kolonien. Überrascht und zu spät erkannte das Kabinett, daß die Tage des »unsichtbaren Empire« gezählt waren. Auch der britischen Öffentlichkeit blieb die Absurdität des Ganzen nicht verborgen. Sogar die konservative Presse hieß die Deutschen in Angra Pequena willkommen – sofern sie nur wußten, wo es überhaupt lag! Anders als in Deutschland oder Frankreich war in England zu diesem Zeitpunkt der Ruf nach neuen Kolonien verstummt. Großbritannien hatte seinen Anteil an den Gebieten mit weißer Vorherrschaft in aller Welt; es hatte sich ein wahrhaft gewaltiges Imperium aufgebaut. Wie sonderbar diese Ironie in wenigen Jahren anmuten würde!

In der Zwischenzeit reiften zwei Ereignisse heran, die dem Wettlauf ihren Stempel aufdrücken sollten. Bismarck würde eine internationale Konferenz in Berlin einberufen, und man erwartete, daß er mit französischer Hilfe versuchen würde, Großbritannien die palmölreiche Nigerregion zu entreißen. Zur selben Zeit kämpfte Wolseley sich die Stromschnellen des Nil hinauf nach Khartum, um den Mahdi in die Schranken zu weisen und Gordon – und die britische Ehre – zu retten.

KAPITEL 13

Zu spät?

Der Sudan
26. September 1884 – 26. Januar 1885

»Im Namen Gottes, des Gütigen und Barmherzigen . . . Jenen, die an
uns, den Mahdi, glaubten und sich ergaben, wurde Gnade gewährt,
und jene, die es nicht taten, wurden vernichtet . . .«

Muhammad Ahmad, der Mahdi, an Gordon Pascha von Khartum,
am 22. Oktober 1884

V om Dach des Serail«, notierte Gordon am 26. September 1884 in
sein Tagebuch – und es klingt so naiv und unbefangen wie der Brief
eines kleinen Jungen nach Hause an seine Mutter –, »kann man meilen-
weit in alle Himmelsrichtungen blicken.« Vermutlich stand Gordon auf
dem Flachdach des Palastes zu Khartum, in Sichtweite der Schützen des
Mahdi, ein kleiner, einsamer Mensch mit einem Teleskop, und spähte
nach allen Seiten durch die flimmernde Hitze, auf der Suche nach der
Rauchfahne eines Dampfbootes. Die britischen Entsatztruppen – falls es
sie gab – würden nilaufwärts vordringen, Berber rückerobern und sich
dann Richtung Metemma wenden, um die vorgeschobenen Linien des
Mahdi bei Halfaya zu durchbrechen. Aus dem Südosten würden Gordons Dampfboote den Blauen Nil herabkommen und aus Sennar das so
dringend benötigte Getreide bringen. Dieser Nahrungsmittelkonvoi
mußte das Sperrfeuer der Derwische (wie die Europäer die Anhänger des
Mahdi nannten) passieren, welche das Flußufer besetzt hielten – es war
zwar nur die Vorhut der Armee des Mahdi, aber allein diese zählte schon
an die zehntausend Mann.

Gegen vier Uhr nachmittags war über der Wüste im Südosten eine
Rauchfahne zu erkennen. »Dampfboote aus Senaar in Sicht . . . Dem
Himmel sei Dank.« Das Herz schlug ihm bis zum Hals, als er mit dem
Teleskop die drei kleinen Raddampfer beobachtete. »Die Araber feuerten
wie wild mit Kanonen und Gewehren – wir konnten es vom Dach aus

beobachten. Von den Einschüssen sehen die Boote wie pockennarbig aus.«[1] Alle drei legten sicher an, obwohl einige Mannschaftsmitglieder (darunter ein Junge) getötet worden waren und die stählerne Armierung sieben riesige Einschußlöcher aufwies, durch die ein Mann hätte hindurchschlüpfen können. Die *Bordein* war von einem Geschoß dreißig Zentimeter unter der Wasserlinie getroffen worden und wäre wohl gesunken, hätte nicht ein Matrose alte Zeltplanen bereitgehalten, um das Leck zu stopfen. Für Gordon war das Durchkommen der Schiffe ein Zeichen der Vorsehung und der Beweis, daß Gott schützend die Hand über sie hielt. »Wenn wir nur daran glauben, sind wir in der erbittertsten Schlacht ebenso sicher wie in einem Salon in London.«[2] Auch das Getreide war ein Zeichen göttlicher Vorsehung. Im Juli hatte Gordon ausgerechnet, daß ihr Vorrat noch vier Monate, das heißt bis Mitte November, reichen würde. Nun hatten sie zusätzliche 2000 *ardebs* (etwa 10 000 Scheffel) – genug, um die Stellung bis Mitte Dezember zu halten, bevor der Hunger sie zwingen würde, »das Handtuch zu werfen«.[5]

Heute war der 198. Tag der Belagerung. Am 18. Januar 1884 hatte Gordon guter Laune in Charing Cross den Acht-Uhr-Zug Richtung Festland bestiegen, nachdem Lord Granville ihm auf dem Bahnsteig Gottes Segen für die Reise gewünscht und Lord Wolseley ihm noch etwas Handgeld für die Fahrt zugesteckt hatte. Am 18. Februar war die Jacht des Generalgouverneurs, die *Tewfikieh*, in Khartum eingelaufen, wo man ihm einen begeisterten Empfang bereitete. Gordon Pascha war heimgekehrt, Gordon, ihr eigener Mahdi, der Befreier des Sudan! Drei Wochen später, am 12. März, noch bevor er irgendeine Möglichkeit gefunden hatte, die Garnison zu evakuieren, hatte die Belagerung begonnen. Eine Streitmacht von 4000 Derwischen war fünfzehn Kilometer flußabwärts in Halfaya eingefallen und hatte die Telegraphenleitung gekappt. Die Verbindung nach Norden – nach Metemma, Berber und Kairo, 1600 Kilometer jenseits der Katarakte – war unterbrochen. Von diesem Tag an war Gordon völlig von der Welt abgeschnitten. Die spärlichen Nachrichten, die von der Außenwelt hereindrangen, waren genauso verwirrend wie die Botschaften, die er selbst nach Kairo und London schickte: Telegramme und kurze Briefe, abgefaßt auf Papierfetzen, die von Boten unter Lebensgefahr durch die Linien geschmuggelt wurden, oft zusammenhanglose und manchmal nicht entzifferbare Mitteilungen.

Schon vor der Belagerung hatte es große Verständigungsschwierigkeiten gegeben. Ende Januar hatte Gordon in Kairo von Baring, dem Vertreter der Briten am Hof des Khediven, offizielle Instruktionen erhalten. Und obgleich sich die beiden Männer nicht ausstehen konnten, nahm Gordon diese Anweisungen so wörtlich, als stammten sie von Gott persönlich. Gordon war mit der Aufgabe betraut worden, die ägyptischen Soldaten, Beamten sowie deren Angehörige in Khartum und den restlichen Garnisonen aus dem Sudan abzuziehen.

Aber *wie* sollte Gordon dies bewerkstelligen? Er hatte nur einen britischen Offizier zur Verfügung, Oberstleutnant J. D. Stewart. Baring bot ihm keinerlei Unterstützung an. Erwartete man vielleicht, daß er die Garnisonen wie durch Zauberhand aus dem Sudan verschwinden ließe? Gordon hatte zwar oft seltsame Einfälle, aber für einen Magier hielt er sich nicht. In den drei Wochen, bevor die Telegraphenleitung gekappt worden war, hatte er immer verzweifeltere Hilferufe an Baring geschickt. Khartum und die übrigen Garnisonen zu evakuieren konnte doch nicht bedeuten – darin waren sich Gladstone und Baring mit ihm einig –, daß man alles mir nichts dir nichts im Stich ließ und Fersengeld gab! Gordon mußte einen Nachfolger ernennen und ihm das Kommando übertragen. Somit hatte er zwei Aufgaben zu bewältigen: Er mußte den Abzug durchführen *und* im Sudan eine Art autonome Regierung einsetzen, die stark genug war, um dem Mahdi etwas entgegenzusetzen.

Gordons erste Wahl für seinen Nachfolger in Khartum stieß auf völliges Unverständnis. Er schlug nämlich Zebehr Pascha vor, den mächtigen sudanesischen Sklavenhändler, der einst den Bahr al-Ghazal als sein privates Sklavenreich regiert hatte. Dessen Sohn und Erbe Suleiman hatte den Aufstand der Sklavenhändler angeführt und war im Juli 1879 von Gessi gefangengenommen und – mit Gordons Zustimmung – hingerichtet worden. Zebehr selbst war von Gordon zum Tode verurteilt worden, allerdings hatten die Behörden in Kairo das Urteil aufgehoben. Inzwischen war Zebehr zwar zahm geworden und hatte sich auf sein Altenteil zurückgezogen, jedoch nicht ohne Blutrache für Suleiman zu schwören. Und ausgerechnet diesen Mann wollte Gordon als seinen Nachfolger einsetzen!

Baring zeigte sich zunächst ebenfalls überrascht, billigte die Entscheidung aber, nachdem er begriffen hatte, welche Überlegung dahintersteckte. Kein anderer kannte die Verhältnisse im Sudan so gut wie Zebehr, und keiner genoß dort größeres Ansehen als er; außerdem hatte

Zebehr in den vielen Jahren in Kairo einigermaßen akzeptable Umgangs-
formen gelernt. Und auf diese würde es ankommen, wenn ihm die
ägyptische Regierung die notwendige stattliche Summe gewähren sollte.
(Zebehr würde im Jahr 300 000 Pfund aus der konkursträchtigen Kasse
des Khediven benötigen, um den Mahdi zu besiegen.) Doch die britische
Regierung verwarf diesen genialen Plan des Generals. Daß Gordon, der
Held des Kreuzzugs gegen die Sklaverei, einen berüchtigten Sklavenhändler zu seinem Nachfolger ernannte, war einfach zu kühn. Das Parlament würde dem niemals zustimmen.

Doch *welche* Alternative gab es denn zu Zebehr – abgesehen vom
Mahdi? Gordons Vorschläge wurden immer verzweifelter. Konnte der
türkische Sultan vielleicht die Aufgabe übernehmen? Oder konnten nicht
die Briten moslemische Einheiten aus Indien schicken? Oder zumindest ein
Ablenkungsmanöver durchführen, indem sie über das Rote Meer Truppen
nach Berber sandten? Alle diese Überlegungen wurden von London abgelehnt. Also wiederholte Gordon noch einmal seinen ersten Vorschlag.
»Wenn Sie mir Zebehr nicht schicken, besteht keine Möglichkeit, die Garnisonen aufzulösen.«[4] So lautete Gordons bittere Vorhersage am 8. März –
vier Tage, bevor die Telegraphenleitung verstummte. Doch ein weiteres
Mal wurde der Vorschlag vom Kabinett in London abgelehnt. Lediglich
Gladstone teilte Gordons Ansicht, es sei das kleinere Übel, Zebehr einzusetzen. Doch als das Kabinett zusammentrat, lag er krank im Bett.

Die Telegraphenleitung wurde unterbrochen, noch bevor Gordon von
der endgültigen Ablehnung durch das Kabinett erfuhr. Die Belagerung
begann, und er mußte das Schlimmste befürchten. »Wir sind immer zu spät
dran«[5], schrieb er an Lord Dufferein. Und an seine Schwester Augusta, die
zu ihm ein mütterliches Verhältnis hatte, sandte er folgende Zeilen:

Dies ist vielleicht der letzte Brief, den ich Dir schicke, denn im ganzen
Gebiet von hier bis Berber haben sich die Stämme erhoben und werden
versuchen, uns den Weg abzuschneiden.
Sie werden uns nicht direkt angreifen, sondern uns aushungern . . .
Alles, was ich tun kann, ist, mich in den Willen des Herrn zu fügen, so
bitter es auch sein mag, was mit mir geschehen wird.[6]

Zu Beginn der Belagerung zählte Khartum 34 000 Einwohner, darunter
etwa 8000 Soldaten verschiedener Art. Den Berechnungen nach mußten

die Nahrungsmittel für sechs Monate, bis September, reichen. Von Anfang an war Gordon entschlossen, sich offensiv zu verteidigen. Und die Voraussetzung dafür war die Mobilität und Feuerkraft seiner seltsam anmutenden Flotte von Raddampfern.

Bis Juni sank der Wasserpegel kontinuierlich. Dank des Zusammenflusses von Blauem und Weißem Nil blieb Khartum aber im Norden und im Westen durch einen unüberwindlichen Graben geschützt, so daß die Dampfboote weiterhin die Flüsse beherrschten. Ein zehn Kilometer langer Schützengraben, unter großen Mühen in der Wüste im Süden ausgehoben, verband die beiden Nilströme und vervollständigte das Verteidigungsdreieck. An den jenseitigen Flußufern ließ Gordon zwei Außenposten errichten: Fort Omdurman am Westufer des Weißen Nil mit einer Befestigungsanlage, die bis zum Fluß reichte, und ein Fort am Nordufer des Blauen Nil, das Khartum unmittelbar gegenüberlag. Bei Niedrigwasser allerdings traten unterhalb von Fort Orduman Sandbänke zutage, die einen gefährlichen Schwachpunkt in der Verteidigungslinie der kleinen Garnison darstellten. Der Blaue Nil war für Dampfboote ohnehin zu seicht, so daß sich Gordon mit kurzen Vorstößen in das umgebende Land begnügen mußte. Dabei gelang es manchmal, ein paar hundert zusätzliche Scheffel Getreide zu erbeuten. Einmal jedoch wurden sie unter heftigen Verlusten zurückgeschlagen. Gordons sudanesische Soldaten behaupteten, daß zwei Paschas vor Ort sie verraten hätten. Trotz seiner Zweifel ließ Gordon die beiden hinrichten.

Im Juli stieg das Wasser der beiden Nilströme erneut und überflutete die Sandbänke, wodurch die Verteidigungslinie Khartums wieder intakt war. Gordon war froh, seine imposante Flotte jetzt offensiv einsetzen zu können. Sie bestand aus einem merkwürdigen Sammelsurium. Alle acht Boote waren aufgrund ihrer Bauweise so langsam und träge wie Esel. Neben der Jacht des Khediven, der *Tewfikieh*, gab es sieben tonnenförmige, mit Holz befeuerte Raddampfer. Einige davon waren zu Zeiten von Ismaels Vater, Said Pascha, über die Katarakte geschleppt worden; bei manchen handelte es sich um rostige Kolosse aus der Zeit von Sir Samuel Baker, andere wiederum hatte Gordon 1877 zerlegen und mit Kamelen durch die Nubische Wüste hierherbringen lassen. Aus diesem zusammengewürfelten Material zimmerte Gordon seine behelfsmäßige mobile Artillerie zusammen. Am Bug und mittschiffs wurden hölzerne Geschütztürme errichtet, die Decks sicherte man mit Stahlplatten von

Dampfkesseln, welche an hölzernen Stützen befestigt und mit Schieß-
scharten versehen wurden. Kommandant war Muhammad Ali Pascha.
Am 12. August griffen vier Dampfboote mit 600 Mann Gereif an, eines
der Forts der Belagerer am Blauen Nil, während gleichzeitig ein Reiter-
trupp entlang des Ufers vorstieß. Sie brachten 3000 Scheffel Getreide und
1000 Gewehre nach Khartum. Das Ziel des nächsten Stoßtruppunter-
nehmens war Abu Haraz; und zwei Boote fuhren weiter nach Sennar,
250 Kilometer den Blauen Nil flußaufwärts. Bei dieser Expedition wurden 9000 Scheffel Getreide erbeutet. Ende des Monats schien die Belagerung überstanden. Nirgendwo mehr waren Derwische zu sehen, und die
Zivilbevölkerung schien unschlüssig, auf wessen Seite sie sich schlagen
sollte. Gordon wähnte sich stark genug, Berber zurückzuerobern, wodurch er wieder eine Verbindung mit Ägypten hätte herstellen können.
Aber zuvor schickte er seine siegreiche Armee und vier Dampfboote zum
Angriff auf El Ilafun, erneut unter dem Kommando von Muhammad Ali
Pascha. Die Gegend war bewaldet und reich an Getreide, Öl und Kaffee.
Der dort ansässige Stammesführer Scheich Obeid hatte wie seine Nach-
barn mit den Derwischen paktiert und genoß fast das Ansehen eines
Heiligen.

Der Angriff auf El Ilafun, ein Dorf am Flußufer, verlief wie geplant, und
eines der Boote kehrte vollbeladen mit Beutegut nach Khartum zurück.
Dann aber stieg Muhammad Ali der Sieg zu Kopf: Er wollte von Bord
gehen und dem Feind zu einem 25 Kilometer landeinwärts gelegenen
Dorf, dem Geburtsort des Scheichs, nachsetzen. Gordon hatte Bedenken. Das Dorf lag tief in den Wäldern, was ideale Voraussetzungen für
einen Hinterhalt bot. Viele ägyptische Soldaten waren dort während der
Eroberung des Sudan abgeschnitten worden. Dann aber willigte Gordon
doch ein und schickte zur Unterstützung Muhammads seine Boote los.

Doch Muhammad war nicht aufzufinden, und am nächsten Tag kehrten die Boote mit Nachrichten zurück, die die Garnison in Bestürzung
versetzten. Muhammad Alis Truppe – 1000 der besten Soldaten von
Gordon und sein bester General – war im Wald eingekesselt und vernichtet worden, nachdem ein Führer sie verraten hatte. Das Pendel schwang
zurück. Nun hatte der Mahdi wieder die Oberhand.

Kein Soldat des Mahdi fügte sich mit größerer Ergebenheit in das
Schicksal, das Gott ihm auferlegt hatte, als Gordon. »Ich danke dem
Herrn für alles«, erklärte er einer Abordnung ägyptischer Offiziere. »Ich

bin sicher, daß die Tage dieser Männer gezählt waren.«[7] Wie aber sollte es nun weitergehen? Der Nil hatte beinahe seinen Höchststand erreicht; bald würde der Pegel wieder sinken. Das aber bedeutete, daß sich Wolseleys Entsatzexpedition weiter verzögerte, da die schweren Boote dann über die Katarakte geschleppt werden mußten. Und wenn der fallende Wasserstand die verwundbare Linie der Schützengräben bloßlegte, drohte Khartum erneut Gefahr. Gordon beschloß, seine beiden britischen Gefährten, Oberst Stewart und den jungen Frank Power, der Korrespondent der *Times* und britischer Konsul war, dazu zu bewegen, auf eigene Faust die Flucht nilabwärts zu wagen.

Stewart wandte ein, es sei schäbig, seinen Kommandanten im Stich zu lassen. Doch Gordon erklärte ihm, daß er ihn mit einer Mission von äußerster Wichtigkeit betrauen wolle. Schließlich wußte Stewart über die Lage hier bestens Bescheid, und man würde ihm sicher mehr Glauben schenken als Gordon selbst. Nur so könne der britischen Regierung vor Augen geführt werden, wie es um die Garnison wirklich bestellt war, so daß sie sich zum Handeln entschließen müsse. Gordon wußte ja nicht, welche seiner kurzen Mitteilungen, die von Boten befördert wurden, ihr Ziel erreicht hatten.

Klar war nur, daß sowohl Baring in Kairo als auch Gladstones Kabinett in London seine Lage völlig falsch einschätzten. Sie sandten ihm idiotische Anfragen, ob »in Khartum irgendeine Gefahr bestehe«. Ihrer Überzeugung nach versuchte Gordon nichts anderes, als Großbritannien leichtsinnig in einen Krieg mit dem Mahdi zu verwickeln.

In der Nacht des 9. September, wenige Tage nach dem Untergang Muhammad Alis und seiner Männer, legte der kleine Raddampfer *Abbas* von Khartum ab. An Bord befanden sich Stewart und Power, einige griechische Flüchtlinge und der französische Konsul. Gordon ließ das Boot von zwei größeren Dampfschiffen, der *Safia* und der *Mansura*, eskortieren, um es vor dem Sperrfeuer der Araber bei Berber zu schützen. Für den Notfall führte Stewart zwei Segelboote im Schlepptau mit sich. Gordon hatte dem Oberst einen Stapel vertraulicher Papiere, deren Inhalt die mißliche Lage der Garnison verdeutlichen sollte sowie den Dechiffrierschlüssel des Außenministeriums übergeben. Stewart diente ihm gleichsam als menschliches SOS-Signal, um Hilfe zu erbitten in Worten, die der stolze Gordon selbst niemals ausgesprochen hätte: Die Garnison befinde sich in einer verzweifelten Lage. Bis Mitte November seien sämtliche Vorräte an Lebensmitteln aufgebraucht. Die Entsatztruppen müßten in Windeseile kommen, andernfalls sei – wie Gordon in militärisch tadelloser Haltung erklärte –»das Spiel gelaufen – Rule Britannia«.[8]

Am 26. September kehrten die drei anderen Dampfboote, einschließlich der *Bordein*, vollbeladen mit Getreide aus Sennar zurück. Nun hatten sie Vorräte bis Mitte Dezember. Wieder zeigte sich ein Hoffnungsschimmer. Gordon war überzeugt, daß Stewart und Power am 28. unbehelligt im 400 Kilometer nördlich von Khartum gelegenen Debba ankommen würden. Gewiß hatten sie unbeschadet Berber passiert. Weitere ermutigende Nachrichten drangen zu ihm durch: Nach einem gefährlichen Kamelritt quer durch die Wüste war eine kleine Truppe in Debba eingetroffen, angeführt von Herbert Kitchener, einem jungen Major, der arabische Kleidung trug. Aus einer kurzen Mitteilung von Kitchener erfuhr er erstmals Genaueres über Wolseleys Entsatzexpedition. Mitte Oktober rechnete Gordon, daß die Verstärkung innerhalb eines Monats eintreffen müßte. Er war überzeugt, daß nur ein paar hundert britische Rotröcke ausreichen würden, um die Belagerung zu durchbrechen. Drei Boote – die *Safia*, die *Mansura* und die *Tel el-Houreen* – waren nach Metemma geschickt worden, um die Truppen aufzunehmen. Gordon ging davon aus, daß sein Freund Stewart sie anführen würde.

Aber wo befand sich der Mahdi? Am 9. Oktober schließlich erschien ein Junge im Lager, der behauptete, er habe vor vier Tagen das Lager des Mahdi verlassen. Der Mahdi habe etwa 160 Kilometer südlich von Khartum den Weißen Nil erreicht und rücke mit ungefähr 4000 Männern am Westufer auf die Stadt vor. Er prahle damit, daß er den Fluß trockenen Fußes durchqueren werde. Diese Neuigkeiten brachten Gordons Lebensgeister wieder in Schwung. Er hatte sich von Anfang an gewünscht, dem Feind von Angesicht zu Angesicht gegenüberzustehen.

Vom Dach des Palastes starrte Gordon zum Westufer des Weißen Nil hinüber, wo die Truppen des Mahdi bald ihr Lager aufschlagen würden. Nichts rührte sich dort. Der Wasserpegel begann wieder zu sinken. Auch seine Entschlossenheit ließ wieder nach. Gordon konnte sich der Bewunderung für seine Feinde nicht erwehren. Zwar hielt er den Mahdi für einen falschen Propheten, und seine Grausamkeit war ihm zuwider, doch sein eigener Gott hatte ein ähnlich puritanisches Wesen wie der des Mahdi. Und beide Männer liebten den reinen Wind der Wüste. »Lieber würde ich als Derwisch beim Mahdi leben, als jeden Abend in London zum Dinner zu gehen«, schrieb er in sein Tagebuch. »Falls je ein General nach Khartum kommt, so hoffe ich, daß er nicht mit mir dinieren will.«[9] Doch diese Bemerkung war nicht nur scherzhaft gemeint. Die zerlumpten Anhänger des Mahdi waren genau die Art von Armee, die Gordon gerne angeführt hätte. »Ich wünschte, ich könnte die Araber befehligen (als Fachmann gesprochen)«[10] – heißt es in seinem Tagebuch. Instinktiv identifizierte er sich eher mit den unterdrückten Schwarzen, den sudanesischen Habenichtsen, als mit den verweichlichten Paschas und wohlhabenden Männern in Khartum. Auch fürchtete er, daß sich die Habenichtse in seiner eigenen Garnison lieber dem Mahdi anschließen wollten. »Oh, unsere Regierung, unsere Regierung! Welche Lösungen hat sie parat? Nicht für *mich*, sondern für diese armen Menschen. Ich erklärte hiermit: Wenn ich zur Überzeugung gelange, daß die Stadt den Mahdi will, so werde ich sie übergeben; das gebietet mir der Respekt vor dem freien Willen.«[11]

Am 22. Oktober, eine Woche nachdem Gordon diese Zeilen geschrieben hatte, wurde ihm ein Brief überbracht, versehen mit einem großen roten Siegel und unterzeichnet vom Mahdi. Er war in Arabisch abgefaßt, doch auch nach der Übersetzung konnte sich Gordon kaum einen Reim darauf machen:

An Gordon Pascha in Khartum: Gott möge Ihn auf den Pfad der Tugend leiten, Amen!
Wisse, daß Dein kleines Dampfboot namens *Abbas* – welches Du mit der Absicht losschicktest, über Dongola Nachricht nach Kairo zu bringen, und die darauf reisenden Personen, Dein Stellvertreter Stewart Pascha, der englische und der französische Konsul und alle übrigen Personen durch den Willen Gottes gefangengenommen wurden.
Diejenigen, die an Uns als den Mahdi glaubten und sich ergaben, wurden begnadigt; und die, die es nicht taten, wurden vernichtet – wie Dein zuvor genannter Stellvertreter, die Konsuln und die übrigen, deren Seelen Gott zu Fegefeuer und ewiger Qual verdammt hat.[12]

Stewart und Power waren tot, die chiffrierten Botschaften abgefangen. – Das war Gordons erster schrecklicher Gedanke. Dann aber begriff er. Es mußte eine Falschmeldung sein.

Im Brief war von vertraulichen Papieren die Rede, die auf der *Abbas* gefunden worden seien. Auf der *Abbas* waren jedoch nie solche Papiere gewesen. Überdies bestätigten die Nachrichten der Besatzungsmitglieder der beiden anderen Boote, daß die *Abbas* sicher angekommen war. Gordon atmete tief durch, verscheuchte die düsteren Gedanken und ließ in seinem Tagebuch wieder Dampf ab. »Ich muß sagen, ich hasse unsere Diplomaten«, schrieb er vergnügt an diesem Tag. »Ich glaube, von wenigen Ausnahmen abgesehen sind sie komplette Hochstapler, und ich glaube, sie wissen das auch.« Dann zeichnete er eine Karikatur von Baring. Es war typisch für Gordon, daß er später Auszüge aus diesem ungewöhnlichen Tagebuch mit der *Bordein* flußabwärts schickte – als Lektüre für Wolseley und Baring.

Vielleicht würde er nie erfahren, wie Baring seine Scherze auffaßte, vielleicht würde statt dessen der Mahdi sein Tagebuch lesen. Und würde es *ihm* gefallen? Doch auch das würde er nie erfahren, denn seit der Mahdi im Sudan die Macht ergriffen hatte, war noch kein Europäer von einer Begegnung mit ihm zurückgekehrt, um Bericht zu erstatten.

Außer einem. Er hieß Rudolf Slatin und war ein schneidiger einunddreißigjähriger Söldner aus Österreich. Gordon hatte ihn zum Gouverneur der westlichsten Provinz Darfur ernannt. Als diese Provinz ein Jahr zuvor überrannt worden war, hatte sich Slatin ergeben. Viele Gefangene wurden gefoltert und getötet, doch an Slatin fand der Mahdi Gefallen. Der junge Mann behauptete, er sei ein Gläubiger. Seine Soldaten waren der Überzeugung gewesen, sie hätten nur deshalb Niederlagen erlitten, weil ein Christ sie anführte. Daher war Slatin zum Islam übergetreten. Die weiße Uniform und den scharlachroten *tarboosh* eines Bey vertauschte Slatin nun mit dem geflickten *jibbah* (Kittel) eines Derwisch. Nach außen hin war er von jetzt an ein frommer Moslem namens Abdul Kadir, einer der treuesten Diener des Mahdi. Doch das war alles nur Verstellung. Slatin wartete nur auf eine Chance zu fliehen. Als die Armee des Mahdi unaufhaltsam gleich »einer riesigen Schildkröte«[13] (wie Slatin es ausdrückte) Richtung Khartum marschierte, beschloß er, die Gelegenheit beim Schopf zu packen.

Sechs Tage bevor der Mahdi den Brief mit den bestürzenden Nachrichten an Gordon geschrieben hatte, wurde Slatin zum Mahdi gerufen. Es war am Abend des 14. Oktober, und die Armee war nur noch einen Tagesmarsch von Khartum entfernt. Der Mahdi saß auf einem Schaffellteppich und empfing Slatin mit einem Lächeln. Muhammad Ahmad, der Erlöser und Erwartete, war ein außergewöhnlich schöner Mann: großgewachsen, breitschultrig, von hellbrauner Hautfarbe, mit einem schwarzen Bart und funkelnden Augen. Seine Gesichtszüge waren sanft und regelmäßig, abgesehen von drei Stammesnarben auf jeder Backe.

In dem Jahr seit seiner Gefangennahme hatte Slatin am Hof des Kalifen, der als Stellvertreter des Mahdi fungierte, gelebt und dabei viel über die außerordentliche Macht erfahren, die der Mahdi über seine Anhänger ausübte. Er war gleichsam aus dem Nichts aufgetaucht. Der Sohn eines kleinen Schiffsbauers aus Dongola war als junger Mann mit seiner Familie in die Umgebung von Khartum gezogen, die dann, auf der Suche nach gutem Holz für den Bootsbau, auf die Insel Abba im Weißen Nil übergesiedelt war. Muhammad Ahmad wurde ergebener Anhänger von Muhammad Sharif, einem Sufischeich, der eine berühmte Sekte anführte. Bald stand er im Ruf, ein streng asketisches Leben zu führen. Schließlich brach er mit seinem Meister, weil dieser Musik und Tanz bei Familienfeiern erlaubte – in Muhammad Ahmads Augen ein abscheuliches Vergehen. Von da an lebte er ganz für sich nach seinem Glauben, und die Stammesführer aus der Umgebung strömten zu dem Einsiedler auf der Insel Abba. Selbst Gordons Raddampfer verlangsamten auf ihrem Weg in das 800 Kilometer weiter südlich gelegene Äquatoria vor der Insel ihre Fahrt, um ihm Respekt zu zollen. Den Europäern erschien er als harmlos, allenfalls als ein wenig verrückt. Er sprach von nichts anderem als von der Nichtigkeit der Welt und der Größe Allahs. Niemand konnte ahnen, wie bald er seinen Worten Taten folgen lassen würde.

Muhammad Ahmads Chance kam 1881, als die Heraufkunft eines neuen Mahdi geradezu in der Luft lag. Die Bevölkerung des Sudan war der ägyptischen Herrschaft überdrüssig. Die »Türken« aus dem Norden scheuten vor nichts zurück, wenn es darum ging, sich zu bereichern. Von Ägypten regiert zu werden bedeutete, unter die Räuber gefallen zu sein – ein Schicksal, unter dem der Sudan litt, seit Muhammad Ali in den zwanziger Jahren des 19. Jahrhunderts aus der in Stammesgebiete zerstückelten riesigen Wüste einen Staat geschaffen hatte. Und auch Ismael Paschas Reformversuche in den siebziger Jahren hatten die Unzufriedenheit nur noch verschärft. Die meisten Sudanesen waren empört, als Ägypten versuchte, den Sklavenhandel aus dem Süden zu unterbinden. Sklaven waren die natürliche Basis des sudanesischen Wohlstandes, der

Grundpfeiler des Handels und der Arbeit im Haus wie auf dem Feld. Mit welchem Recht brandmarkte Ismael eine Einrichtung, die der Koran billigte?

In Wahrheit waren es Ismaels idealistische europäische Berater gewesen, die ihn zum Kreuzzug gegen die Sklaverei drängten, ohne sich darum zu kümmern, wie dies bewerkstelligt werden sollte oder welchen Preis diese große Reform fordern würde. Ismael hatte sich an zwei Christen gewandt, denen er vertraute, weil er sie für unbestechlich hielt: Baker und Gordon. Und diese wiederum hatten, um eine Verwaltung auf die Beine zu stellen, Abenteurer wie Romolo Gessi und Rudolf Slatin ins Land geholt. Gordon brüstete sich, den Krieg gegen Suleiman und die Sklavenhändler gewonnen zu haben. Aber war das nicht eher nur eine Schlacht gewesen? Und wie hoch war der Preis dafür, daß man das Volk von Fremden regieren ließ?

Kurz nachdem Gordon 1879 den Sudan verlassen hatte, erhob sich ein Großteil des Landes und begrüßte den Mahdi, den erwarteten Erlöser, der Gordons Reformen rückgängig machen sollte. Wie die Führer des islamischen *dschihad* konnte der Mahdi all die Unzufriedenen unter einem gemeinsamen revolutionären Banner vereinigen. Seine Heilsbotschaft lautete, er werde das Goldene Zeitalter des Propheten Muhammad wiederherstellen. Er werde die »Türken« und Christen aus dem Land werfen, die verhaßte, von Kairo auferlegte Wahlsteuer abschaffen, den Großen wieder Achtung verschaffen und den Erniedrigten Barmherzigkeit zukommen lassen. Das waren die flammenden Worte, die er predigte, die Botschaft seines *dschihad*, die er im ganzen Sudan verbreitete. Und die Menschen glaubten, Engel würden ihm zum Sieg verhelfen. Im November 1883 nahm er El Obeid (Shaykan), die Hauptstadt von Kordofan, ein, nachdem er fast ohne eigene Verluste eine von Hicks Pascha angeführte Armee von 10 000 Ägyptern vernichtet hatte. Von diesem Zeitpunkt an schien er unbesiegbar. Der bedürfnislose Einsiedler von der Insel Abba war zum Helden einer nationalen Revolution geworden, die die Mißstände im Sudan beseitigen wollte. Der Mahdi kündigte sogar an, er werde seine flammende Botschaft bald auch in andere korrupte islamische Staaten tragen – nach Kairo, Mekka und noch weiter.

Genau solche mit glühendem Eifer vorgetragene Verheißungen mußte sich Slatin in dem großen Lager vor den Toren Khartums anhören. Slatin sann darüber nach, wie er sich selbst und Gordon, seinem ehemaligen

Chef, helfen konnte. Gewiß, Gordon hatte seinen Gegner unterschätzt, weil er den religiösen Eifer des *dschihad* nicht ernst genug genommen hatte. Doch Slatin hielt den Mahdi nicht für unbesiegbar.

Zum einen war dies nicht mehr der alte Mahdi, er wirkte nachgiebiger und von der Macht verdorben. Zwar gab er sich nach außen noch immer als Asket und weinte wie ein Kind, wenn er auf dem Fest von Bairan den Gläubigen die Gebete las. Aber seine engen Vertrauten wußten, daß das meiste davon Verstellung war. Wenn nach einer Schlacht die gefangenen Sklavenmädchen verteilt wurden, hatte der Mahdi die erste Wahl, und er suchte sich immer das hübscheste aus. Zum anderen waren die großen Emire untereinander zerstritten und schienen des Kampfes müde zu sein. Keiner von ihnen war versessen darauf, Khartum einzunehmen, obwohl dort reiche Kriegsbeute winkte. Einige unzufriedene Scheichs hätten sich sogar Gordon angeschlossen, wenn sie dafür nicht ihre Frauen und Familien hätten aufgeben müssen.

Das waren die beruhigenden Nachrichten, die Slatin gerne Gordon hätte zukommen lassen. Mit Energie und Durchhaltewillen konnte Khartum noch monatelang der Belagerung standhalten. Da Slatin die Absichten des Mahdi kannte, wäre er für Gordon und seine Männer ein Geschenk des Himmels gewesen. Aber erst einmal mußte ihm seine Flucht nach Khartum gelingen. Der Mahdi selbst schien ihm hierfür die passende Gelegenheit zu verschaffen.

Als der Mahdi am 14. Oktober Slatin zu sich rief, teilte er dem Österreicher mit, er müsse Gordon zur Übergabe überreden. »Sag ihm, daß ich der wahre Mahdi bin und daß er mit seiner Garnison kapitulieren soll, um sich und seine Seele zu retten. Sag ihm, daß im Falle seiner Weigerung jeder von uns bis zum Letzten gegen ihn kämpfen wird. Sag ihm, daß du selbst gegen ihn kämpfen wirst.«[13] Slatin erwiderte, solche Worte seien nutzlos; Gordon würde ihnen nicht glauben. Es sei besser, wenn er, Slatin, Gordon einen Brief sende und sich als Mittelsmann für die Abwicklung der Kapitulation anbiete. Der Mahdi war einverstanden.

Noch am selben Abend schrieb Slatin – unter dem Vorwand, er wolle die Übergabe arrangieren – auf Deutsch an Gordon und erläuterte ihm seinen Fluchtplan. Er bat Gordon, ihm bei seiner List zu helfen. Ein Junge überbrachte den Brief, kehrte jedoch mit der bedrückenden Nachricht zurück, der Pascha habe nichts darauf geantwortet. In seiner Verzweiflung schrieb Slatin erneut. Daraufhin erhielt er vom österreichischen

Konsul (der vermutlich Gordon den Brief übersetzt hatte) eine unverbindliche Antwort, aber Gordon selbst würdigte ihn abermals keiner Antwort.

Fatalerweise geriet Slatin dennoch unter Fluchtverdacht. Noch in derselben Nacht wurde er von den Männern des Kalifen entwaffnet und in schwere Ketten gelegt. Zwei Tage später ertönte die Kriegstrommel; die Zelte wurden abgebaut, die Kamele beladen, und die Armee des Mahdi setzte, eingehüllt in eine riesige Staubwolke, ihren Vormarsch fort. Und mitten darin ritt auf einem Esel Slatin, flankiert von Kriegern, die dafür sorgen sollten, daß er wegen der schweren Ketten nicht das Gleichgewicht verlor. Am Nachmittag hielten sie auf einer Anhöhe, und Slatin konnte die Palmen von Khartum erkennen, der Stadt, nach der er sich so sehr gesehnt hatte. Warum nur war Gordon nicht auf seine Briefe eingegangen?

Vom Dach des Palastes starrte Gordon immer noch durch die flirrende Hitze auf den Fluß hinüber und überlegte, wie lange es noch dauern könnte, bis Wolseley eintraf. Er erwartete die Ankunft der *Bordein* und der anderen Boote mit der Vorhut – bei der sicherlich auch Stewart sein würde – für ungefähr den 10. November.

Der arme Slatin! Sicher, es wäre ein Geschenk des Himmels gewesen, ihn in Khartum zu haben. »Was man hier ganz deutlich spürt«, schrieb Gordon in sein Tagebuch, »ist der Mangel an Männern wie Gessi . . . oder Slatin.«[14] Aber er hatte keine andere Wahl gehabt, als Slatins Plan zurückzuweisen. Denn sonst hätte er gegen den ehernen Ehrenkodex verstoßen, der Gordons eigenem launenhaften Charakter eine gewisse Festigkeit verlieh. Wenn er Slatin erlaubt hätte zu fliehen, hätte dieser seinen Treueschwur brechen müssen, der einem Menschen »immer heilig sein sollte, ob er nun dem Mahdi oder irgend jemandem anderen geleistet wurde«. Vielleicht hatte Gordon im Innersten seines Herzens Slatin auch den Übertritt zum Islam nicht verziehen. Der Junge war eben kein »Spartaner«, nicht der Stoff, aus dem Märtyrer gemacht waren.[16]

Dann, am 3. Dezember gegen vier Uhr nachmittags, wurde am Horizont ein schmaler Rauchstreifen gesichtet. Es war die *Bordein*, die aus Metemma zurückkehrte. Ein Ehrensalut wurde abgefeuert, und ägyptische Flaggen wurden an den Forts und Booten aufgezogen. Die Leute strömten zum Kai hinab, um ihren Rettern als erste die Hand schütteln zu können.

Doch kein Engländer ging von der *Bordein* an Land. Auch wurde kein Getreide ausgeladen. Statt dessen gab es zwei offizielle Mitteilungen: ein chiffriertes Telegramm von Lord Wolseley und einen kurzen Brief von Major Kitchener. Das Telegramm konnte Gordon nicht lesen, da Stewart ja den Dechiffrierschlüssel mitgenommen hatte. Der Brief informierte ihn darüber, daß die *Abbas* abgefangen worden war und ihre Passagiere für tot gehalten wurden. Also hatte der Mahdi in seinem Brief doch die Wahrheit gesagt! Stewart und Power waren tot, und sein SOS-Signal hatte den Empfänger nicht erreicht.

Hätte Gordon die Möglichkeit gehabt, Wolseleys Telegramm zu dechiffrieren, welches dieser am 20. September aus Kairo abgeschickt hatte, wäre er vor Wut explodiert. Wolseley hatte nämlich noch immer nicht begriffen, in welcher verzweifelten Lage sich die Garnison befand. Er hatte gekabelt: »Wir hören von einer Belagerung; stimmt das? Falls ja, hätte es Sinn, britische Truppen nach Khartum zu schicken?«[15] Tatsächlich hatte Wolseley einen Monat lang im 480 Kilometer weiter nördlich gelegenen Dongola Halt gemacht, und er gedachte nicht, vor Dezember weiterzumarschieren.

Eine Woche danach unternahmen die Gardetruppen des Mahdi mit einem Kampfesmut, den Gordon nur bewundern konnte, einen Sturmangriff auf den kleinen Außenposten jenseits des Flusses. Es war bereits dunkel, als der Angriff begann. Nur mit Mühe konnte er zurückgeschlagen werden.

Gegen drei Uhr morgens taumelt man in einen unruhigen Schlaf; eine Trommel schlägt – tap! tap! tap! Man träumt, aber nach wenigen Augenblicken ist man um so wacher, und schlagartig wird man sich bewußt, daß *man in Khartum ist.* Die nächste Frage lautet, woher dieses Tap-tap-tap kommt, das nicht enden will. Man hofft, es möge einfach aufhören. Aber nein, es geht weiter und wird immer lauter... Schließlich hat es keinen Zweck mehr, man muß aufstehen und auf das Dach des Palastes steigen; dann geht es bis neun Uhr morgens weiter mit Telegrammen, Befehlen, Verwünschungen und Flüchen.[16]

Inzwischen hatte Gordon in seiner Verzweiflung an Wolseley geschrieben, ihm erklärt, daß die Belagerer ihren Druck auf die Stadt verstärkt hatten, und noch einmal wiederholt, daß sie nur noch für vierzig Tage

Lebensmittel hatten – »danach wird es schwierig werden«. Aber diese Formulierung, welche dem soldatischen Geist des Schreibers geschuldet war, hätte Wolseley vielleicht mißverstehen können. Also legte Gordon auch die letzten Seiten seines Tagebuches bei – die freimütigen Bekenntnisse eines Menschen, der zwischen Hoffen und Verzweifeln geschwankt hatte, ergänzt durch spöttische Zeilen über die Diplomaten und die Karikatur von Baring – und schickte alles mit der *Bordein* zu Wolseley. »Noch für sechs Wochen Verpflegung! Dann müssen wir das Handtuch werfen.« Nun konnte Wolseley nicht mehr sagen, er sei nicht gewarnt worden. Und noch etwas sollte er sich vor Augen führen: »Es ist natürlich durchaus möglich, daß Khartum vor den Augen des Expeditionskorps fallen wird, das *um eine Nasenlänge zu spät* kommt.«[17]

Wolseleys Entsatzexpedition von 10 000 Mann wurde von einem fliegenden Einsatzkommando angeführt, einer ausgewählten Truppe von 1600 Offizieren und Mannschaften mit 2500 Kamelen, die bereit war, falls nötig, als Vorhut der Bootstruppen quer durch die Wüste vorzustoßen. Hier war die Creme der britischen Armee versammelt, unter der Führung der Creme der Londoner Gesellschaft – darunter elf Peers und Söhne von Peers –, welche unsicher auf ihren schwankenden Kamelen hockten. Bis Mitte November legten sie die 380 Kilometer von Assuan bis nach Wadi Halfa am Ufer des Nil zurück, aufgeteilt in Gruppen von 150 Mann.

Die seltsamen Uniformen des neuen Kamel-Korps, eine Mischung aus siebzehntem Jahrhundert und Zirkus, vermittelten den Eindruck eines Karnevalsumzugs: rote Röcke, Breeches und Patronengurte, Sonnenbrillen und weiße Helme. »Man stelle sich einen Leibgardisten vor, gekleidet wie eine Vogelscheuche und mit blauer Sonnenbrille, auf dem Rücken eines Kamels, das er kaum zu bändigen weiß. Was für ein Bild!«[18] lautete Wolseleys Kommentar. Bei den Kamelen handelte es sich um Tiere aller Größen und Farben – von riesigen braunen Lastenträgern, jedes so massig wie ein Nashorn, bis zu eleganten, rehfarbenen Rennkamelen aus Arabien.

Wolseley war in übler Stimmung. Gordon war sein Held, der einzige Held, den er je persönlich kennengelernt hatte, wie er sagte. Ihn zu retten war ein heiliger Auftrag. Sonst hätte er sich nie auf dieses Wüstenabenteuer eingelassen. Ihm ging es gegen den Strich, daß die Politiker den

Sudan dem Feind überlassen wollten. Das widersprach all seinen Prinzipien als Vorkämpfer der Expansionspolitik. Wie er Gladstone und sein Kabinett – diese »Betbrüder« – verachtete, die England zum Narren machten und die Zukunft des Landes – und seine eigene – verspielten!

Er war drei Monate zu spät aufgebrochen. Im April hatte er erstmals Lord Hartington, dem Kriegsminister, seinen Plan vorgelegt, wie man Gordon und die Garnison retten könnte. Vier Monate vergingen mit Debatten über die günstigste Route für die Expedition. Während alle Entscheidungsträger in England und Ägypten für den Weg über Suakin und Berber plädierten, beharrten Wolseley und seine Mitstreiter darauf, daß »der Nil die einfachste, sicherste und bei weitem billigste Route für den Vormarsch« bilde.[19] Schließlich ließ sich Hartington überzeugen. Im August wurde Wolseley beauftragt, über diesen Weg nach Karthum vorzurücken, falls Gordon sich nicht selbst freikämpfen könne. Wolseley seinerseits glaubte, es gebe »gute Hoffnung«, daß die Männer des Mahdi der Mut verlassen würde, noch bevor die Armee in Khartum eintreffe.

Der einfachste, sicherste, billigste Weg? Vielleicht. Aber war er auch der schnellste? Wolseleys überaus optimistischer Einschätzung nach würden die ersten Boote vier Monate *nachdem* die Nahrungsvorräte der Stadt aufgezehrt waren, in Khartum eintreffen. Zu diesem Zeitpunkt würde sich die Garnison in einer verzweifelten Lage befinden.

Eben dies aber wollte Wolseley nicht wahrhaben, da er in dem Mahdi, für den er fast ebensolche Geringschätzung wie für Gladstone empfand, keinen ernstzunehmenden Feind sah. Die Rebellen, so glaubte er, würden von selbst aufgeben, lange bevor seine Armee Khartum erreicht hätte.

Nun schrieb man den 17. November, und Wolseleys optimistische Prognosen über die Geschwindigkeit seines Vormarsches hatten sich als äußerst fahrlässig erwiesen. Er war erst in Wadi Halfa, 1400 Kilometer Wasserweg von Khartum entfernt. Er rechnete sich aus, daß die Armee sich frühestens ab dem 7. Januar in Debba sammeln konnte. Das aber hieß, daß seine Bootstruppen erst Monate nach diesem Datum in Khartum eintreffen könnten. Deshalb war er froh über das Kamel-Korps, das für einen eventuellen Notfall im September aufgestellt worden war.

Warum lag die Fluß-Expedition um Wochen hinter dem Zeitplan zurück? Um dies herauszufinden, war Wolseley sogar nach Dongola zurückgeritten, um jeden anderen – nur nicht sich selbst – für das Debakel verantwortlich zu machen.

Die Wahrheit, die Wolseley sich nicht eingestehen wollte, war, daß er nicht nur den falschen Weg, sondern auch die falschen Transportmittel gewählt hatte. Die kleinen Boote für seine Flottille waren zwar in Rekordzeit entworfen und gebaut worden, aber sie mußten erst von England aus zum Nil transportiert werden. Dann gab es noch weitere unvorhersehbare Verzögerungen. Das Zubehör der Boote war verlorengegangen oder beschädigt; und die Boote selbst mußten ausgebessert werden und waren zu klein für ihre Lasten.

Als Wolseley Mitte November nach Wadi Halfa zurückkehrte, war gerade das erste Boot seiner riesigen Flottille in den Stromschnellen oberhalb der Stadt erprobt worden. Und anstatt spätestens jetzt in großem Umfang Kamele zu kaufen, womit er bereits im August hätte beginnen können, gab Wolseley Befehl, nur 4000 Tiere zu besorgen – was nicht einmal für das Kamel-Korps reichte. Das war sein dritter entscheidender Fehler.

Wolseleys vierter Fehler war jedoch der schwerwiegendste. Am 17. November wurde ihm in Wadi Halfa ein von Kitchener unterzeichnetes Feldtelegramm aus Debba, dem Vorposten der Armee, überbracht. Es handelte sich um einen weiteren verzweifelten Hilferuf von Gordon:»Wir können noch vierzig Tage bequem durchhalten; danach wird es schwierig.«[20]

Wolseley hatte den Mahdi offensichtlich auf der ganzen Linie unterschätzt. Also wäre es jetzt an der Zeit gewesen, dem raschen Vormarsch des Kamel-Korps absolute Priorität einzuräumen. Doch Wolseley unternahm nichts in dieser Richtung. Die Kameltruppe zockelte weiterhin gemächlich den Nil entlang. Wolseley sandte den Text von Gordons Hilferuf an Hartington und beharrte auf seinem Plan für den Vormarsch. Das Kamel-Korps werde sich nicht vor Anfang Januar bei Korti vom Fluß entfernen und die Wüste durchqueren. Verständlicherweise wurde Wolseley von zahlreichen Ängsten geplagt – die Befürchtung aber, er könnte zu spät nach Karthum kommen, scheint ihn nicht berührt zu haben. Seine Verachtung gegenüber dem Mahdi und der blinde Glaube an den legendenumwobenen Helden Gordon hatten sämtliche rationalen Überlegungen verdrängt.

Ein Mitglied seines Stabes formulierte es einem Journalisten gegenüber so:»Wenn Gordon sagt, er könne noch sechs Wochen durchhalten, schafft er es noch sechs Monate.«

Die Kameltruppe vertat drei Wochen bei Korti, in der Nähe von Debba, nachdem dort die Hauptarmee begonnen hatte, sich zum Vormarsch auf dem Fluß zu sammeln. Wolseley schien es überhaupt nicht eilig zu haben. Am 2. Januar erhielt er zum letztenmal eine verzweifelte Nachricht von Gordon, ein durch die Linien geschmuggeltes Stück Papier von der Größe einer Briefmarke, auf dem stand: »Khartum in Ordnung, 14. 12. 84, C. G. Gordon.«[21] Der mündliche Bericht des Boten hingegen klang verwirrend. Tag und Nacht hielten die Kämpfe an. Für die meisten sei klar, daß der Fall Khartums unmittelbar bevorstehe. Doch Wolseley sah die Sache anders. Er telegraphierte nach London, daß er seine Landstreitmacht wie vorgesehen nach Metemma schicken werde, wo sie »per Boot mit Gordon Verbindung aufnehmen und die Lage genau erkunden kann, und – falls er *in extremis* ist, bevor die Infanterie auf dem Fluß eintrifft – das Kamel-Korps aussenden kann, um ihm unter allen Umständen zu helfen«.[22]

Sir Herbert Stewart sollte die fliegende Kolonne nach Metemma führen und dort warten. Sir Charles Wilson, Chef der Aufklärung, würde in einem von Gordons Booten nach Khartum weiterfahren – jedoch keineswegs, um Gordon zu *retten*. Er sollte dem eingeschlossenen General lediglich einen Brief überbringen, eine britische Eskorte in roten Uniformen durch die Stadt paradieren lassen, »um den Leuten zu zeigen, daß britische Truppen bereitstanden«[23], und dann nach Metemma zurückkehren, während Gordon in Khartum blieb. Wolseley fügte hinzu, es sei »immer noch möglich«, daß der Mahdi beim bloßen Anblick der furchteinflößenden Rotröcke die Belagerung abbreche.

Beflügelt durch derart erfreuliche Aussichten brachen Stewart und Wilson am 8. Januar 1885 Richtung Wüste auf. Sie führten eine Division der Seebrigade, eine Schwadron Husaren, berittene Infanterie, eine halbe Batterie Artillerie und die 1600 Mann und 2500 Kamele des Kamel-Korps mit sich. Anfangs waren die Männer voller Elan, da nun endlich der eigentliche Feldzug beginnen sollte. Nachdem sie zwei Monate den Nil entlang marschiert waren, sahen ihre Uniformen allerdings noch seltsamer aus als zuvor: Die meisten trugen nur noch Fetzen am Leibe. Aber sie waren abgehärtete Kamelreiter. Der Vormarsch erschien wie ein Spaziergang. An den heißen Tagen wehte stets eine frische Brise; die Nächte waren angenehm kühl; die Wüste war flach und steinig, so daß selbst jene, die kein Kamel hatten, gut vorankamen.

Nach vier Tagen erreichte die Kolonne Jakdul, die Oase, wo Stewart vierzehn Tage zuvor eine Versorgungsstation eingerichtet hatte. Als sie sich am 18. Abu Klea, der letzten Oase vor Metemma, näherten, erfuhren sie, daß sie der Feind mit einer großen Streitmacht erwartete – man sprach von mehr als 10 000 Mann. In jener Nacht hörten sie den Klang der Kriegstrommeln, Schüssel gellten über sie hinweg und prallten mit unheimlichem Getöse an den Felsen ab. Doch die meisten Männer waren zu erschöpft, um wach zu bleiben. Am nächsten Tag brach der Sturm mit schrecklicher Gewalt los.

Stewart hatte seine kleine Truppe zweigeteilt: die einen sollten das Lager verteidigen; dafür wurde ein mit Dornengebüsch und Steinen gesicherter Graben ausgehoben. Der andere Teil sollte in quadratischer Formation vorstoßen. Diese Art mobile Festung bestand aus abgesessener Kavallerie, Pferden, Kamelen und Matrosen. Um die Kampfformation effektiv einsetzen zu können, hätte es Übung und Erfahrung bedurft, die der Kavallerie und den Matrosen fehlten. Außerdem war keiner von ihnen auf die wilde Entschlossenheit des Feindes vorbereitet.

Gegen zehn Uhr rückte die Formation trotz Beschuß durch Scharfschützen des Feindes langsam vor. In der Mitte des Quadrats wurden Munitionskamele geführt, die Flanken sicherten Plänkler und Vorreiter (Husaren und berittene Infanterie). Auf einem steinigen Hügel, einige hundert Meter vom Karawanenpfad entfernt, mußten die Briten haltmachen. Denn dort, halb verborgen in einer Schlucht, wurden sie von mehreren tausend Arabern erwartet.

Unglücklicherweise veränderten die Briten gerade jetzt ihre Schlachtordnung. Der stellvertretende Kommandeur, Oberst Fred Burnaby, ein Londoner Salonlöwe, meinte nämlich, es sei an der Zeit, das Gardner-Geschütz, das Lord Charles Beresford und den Matrosen unterstand, in Stellung zu bringen. So befahl er den Blauröcken, das Geschütz von der Rückseite der Formation nach links vorne zu bringen, in Schußrichtung auf den Feind. Die Kamele mit der Munition lagen aber ein Stück zurück, so daß die Treiber hastig versuchten aufzuschließen. Dadurch kam es zu einem heillosen Durcheinander von brüllenden Kamelen und fluchenden Matrosen, von denen einige von ihrem Geschütz abgedrängt wurden. Inmitten des Getöses befahl Burnaby der Kavallerie, aus der Formation auszuschwenken, damit sich die Matrosen neu formieren konnten. Auch er selbst ritt aus dem Quadrat heraus.

Für sich genommen wäre Burnabys Fehler nicht allzu schlimm gewesen, aber auch Stewart hatte den Feind unterschätzt. Seine Plänkler befanden sich ebenfalls Hunderte von Metern außerhalb der Schlachtordnung. Die Araber ergriffen die günstige Gelegenheit und rückten in fünf Marschsäulen rasch und geordnet vor.

Alle trugen die Uniform des Mahdi, den flickenbesetzten *jibbah*. Stewarts Plänkler rannten um ihr Leben, obgleich ihre Kameraden ihnen zubrüllten, sie sollten sich auf den Boden werfen, damit sie über sie hinwegfeuern könnten.

Bis auf einen erreichten alle Plänkler sicher die Formation. Doch die Männer innerhalb des Quadrats hatten nicht feuern können; zudem hatten viele Gewehre Ladehemmung. Dieses Chaos und die rückwärtige Lücke – das Durcheinander zwischen der schweren Brigade, den Matrosen und dem Gardner-Geschütz – nutzten die Araber und stürzten mit ihren fast zwei Meter langen Speeren durch die Bresche im Rücken von Stewarts Truppen.

Kurze Zeit herrschte völlige Verwirrung. Die vorderen Reihen der Gardisten drehten sich um und feuerten in die Formation hinein, wobei sie nicht nur Derwische, sondern auch einige britische Offiziere töteten. Stewarts Pferd wurde unter ihm weggeschossen; drei Araber, die hinter Kamelen Deckung gesucht hatten, stürmten auf ihn zu, um ihn aufzuspießen. Einen erschoß Oberst Sir Charles Wilson, die beiden anderen wurden von Offizieren der berittenen Infanterie getötet. Im rückwärtigen Teil der Formation, hinter einem wogenden Wall von Kamelen, kämpften die Gardisten und die Seebrigade um ihr Leben.

Es war wieder eine »Soldatenschlacht«: Mann gegen Mann, Speer gegen Bajonett, alle schlugen wild um sich und hackten drauflos wie die Metzger. Fünf Minuten lang tobte ein Hexenkessel. Doch die äußeren Reihen der zerbrochenen Formation hatten sich wieder geschlossen, wodurch die Angreifer eingekesselt wurden, und die Mauer aus toten Kamelen verhinderte, daß sie durch die Mitte hindurchstoßen konnten. Das Gemetzel war bald vorüber. Danach blieb nichts anderes mehr zu tun, als die britischen Verwundeten zu versorgen und den arabischen Verwundeten den Todesstoß zu versetzen.

In den fünf Minuten der Schlacht waren 65 Briten gefallen und 61 verwundet worden; bei den meisten handelte es sich um Angehörige des Kamel-Korps. Abseits der Formation lag der hünenhafte Körper Fred

Burnabys, durchbohrt von einem Speer. Neben dem Gardner-Geschütz, das beim zehnten Abfeuern Ladehemmung hatte, waren zwei Offiziere der Seebrigade gefallen. Charlie Beresford hatte sich auf erstaunliche Weise retten können. Beim Angriff der Derwische war er niedergeschlagen worden. So lag er bewußtlos unter einem Berg von Leichen, bis es ihm gelang, sich in Sicherheit zu bringen.

Die meisten der britischen Gefallenen wurden am Fuß des Hügels begraben. Etwa 800 Derwische lagen neben zerfetzten schwarzen und grünen Standarten.

Stewart ließ die Formation drei Kilometer vorrücken, besetzte die Brunnen von Abu Klea und schickte den Verwundeten und der in der *zeriba* zurückgelassenen Reserve Wasser. Aber der Zugang zum Nil bei Metemma war ihm immer noch versperrt. Trotz eines Nachtmarsches durch ein Gewirr von Felsen und Gestrüpp, wo die Führer sich verirrten und hundert beladene Kamele wie durch Geisterhand verschwanden, schaffte es die Kolonne nicht, vor Tagesanbruch am Fluß zu sein.

Bei Abu Kru, einige Kilometer von Metemma entfernt, fand eine zweite Schlacht statt. Stewart wurde tödlich verwundet, als er leichtsinnig aus der Deckung trat. Vielleicht hätten die Derwische die gesamte Kolonne auslöschen können, wenn sie sie durch Sperrfeuer auf der Ebene festgenagelt hätten, bis die Männer vor Durst zusammengebrochen wären. Doch gerade der Mut der Derwische führte sie ins Verderben. Sie griffen die Briten mit der gleichen disziplinierten Kampfbereitschaft an, die schon ihre Kameraden bei Abu Klea bewiesen hatten. Aber die Formation hielt stand. Die Plänkler hatten sich rechtzeitig zurückgezogen, und die Kavallerie hatte gelernt, sich wie die Infanterie zu postieren und zu feuern. So drangen die Derwische nie weit genug zu ihnen vor, um ihre Speere einsetzen zu können. Auf dem Schlachtfeld blieb erneut ein Leichenberg zurück.

Wilson, nunmehr Führer der Expedition, ordnete die Kolonne neu, nachdem die erschöpften Männer am Nilufer bei Metemma zusammengebrochen waren. Auch die Moral der Truppe war bedenklich gesunken. Wolseley hatte ihnen gesagt, sie sollten die kleine Stadt Metemma einnehmen und eine Abteilung auf Gordons Booten weiter nach Khartum schicken. Niemand hatte sie darauf vorbereitet, daß sie in der Wüste auf 10 000 fanatische Krieger treffen würden. Sie hatten ein Zehntel ihrer Kameraden verloren, die tot oder verwundet waren. Und auch der

Angriff auf Metemma erwies sich als Fehlschlag, da die Geschützgranaten einfach die Lehmhütten durchschlugen, ohne sie zu zerstören. Wilson, der den Stellungskrieg, nicht die offene Schlacht bevorzugte, überlegte, wie er Verstärkung herbeirufen lassen konnte. Aber weder gab es einen Feldtelegraphen noch eine andere Art, mit Wolseley, der in Korti zurückgeblieben war, rasch Kontakt aufzunehmen.

Während des fruchtlosen Angriffes auf Metemma erfuhr Wilson, daß mehrere Raddampfer mit der großen roten Flagge des Khediven den Fluß herunterfuhren. Wie sich herausstellte, handelte es sich um die erwarteten Boote. Drei davon hatte Gordon im letzten Herbst geschickt, um die Rettungsexpedition aufzunehmen. Das vierte, die *Bordein*, hatte Khartum erst am 14. Dezember verlassen. Auf ihm befanden sich Gordons letzte Briefe und der sechste Band seiner Tagebücher. Wilson las sie sehr sorgfältig.

Das Tagebuch endete mit den prophetischen Worten: »DENKEN SIE DARAN – falls das Expeditionskorps – und ich bitte um nicht mehr als 200 Männer – nicht innerhalb von zehn Tagen eintrifft, *wird die Stadt vermutlich fallen*; und ich habe für die Ehre unseres Landes mein Bestes getan. Leben Sie wohl.«[24] Aus seinen Privatbriefen ging hervor, daß Gordon das Schlimmste befürchtete. Die Stadt würde fallen, sobald Mitte Dezember die Vorräte zu Ende gingen. Nun schrieb man den 19. Januar. Es hätte vielleicht immer noch eine Chance bestanden, Gordon zu retten, wenn Wilson das schnellste Boot mit Nahrungsmitteln beladen hätte und mit seinen tapfersten Männern zu ihm geeilt wäre.

Aber daran dachte Wilson gar nicht. Er hielt sich an Wolseleys Befehle. Seine Hauptsorge galt der Sicherheit der eigenen Truppe. Natürlich würde Gordon ohnehin durchhalten, und ein paar Tage mehr machten da keinen Unterschied. Um sich zu versichern, daß keine Derwische das Lager bedrohten, patrouillierte Wilson auf dem Fluß und ließ die Maschinen der Boote sorgfältig überholen. Nach drei Tagen Aufenthalt dampften die *Bordein* und die *Talahawiyeh* majestätisch Richtung Khartum. An Bord befanden sich zwanzig Rotröcke.

Die dunkelhäutige Mannschaft der beiden Boote war guten Mutes. Wilson fand in dieser Nacht keinen Schlaf. Ihm graute bei dem Gedanken, Gordon die schlechte Nachricht überbringen zu müssen, daß vor dem Eintreffen von Wolseleys Flottille im März kein Entsatz möglich sei. Ja, laut Befehl durfte er Gordon nicht einmal die zwanzig Rotröcke überlassen, die dem Mahdi Furcht einflößen sollten.

Vier Nächte nachdem Wilson aufgebrochen war, zwei Stunden vor Anbruch der Dämmerung am 26. Januar, gab der Mahdi den Befehl zum Angriff. Seine Armee durchbrach Gordons Verteidigungslinie und drang in Khartum ein.

KAPITEL 14

Willkommensgruß für einen Philanthropen

Berlin, Brüssel und London
15. November 1884 – 27. Februar 1885

»Leopold II. . . . . hat Abenteurer, Händler und Missionare
verschiedenster Hautfarbe unter Führung des berühmtesten aller
modernen Reisenden [H. M. Stanley] zu einer Gruppe vereint,
um neue Vorstellungen von Recht und Gesetz, Menschlichkeit und
Schutz der Eingeborenen ins Innere Afrikas zu tragen.«

Der *Daily Telegraph* am 22. Oktober 1884

De Westafrika-Konferenz begann am Samstag, dem 15. November
1884. Der Winter hatte früh Einzug gehalten in Berlin; jede Nacht
schneite es in dieser Woche, doch wenn die Delegierten morgens vor
Bismarcks Haus in der Wilhelmstraße 77 vorfuhren, war die weiße Pracht
bereits zu Matsch geworden.

Am Samstag nachmittag kurz vor zwei Uhr fanden sich die neunzehn
Generalbevollmächtigten und fünfzehn Berater, die zusammen vierzehn
Nationen einschließlich der Großmächte repräsentierten, im großen Mu-
sikzimmer zur ersten Sitzung ein. Der Hausherr, Fürst Bismarck, saß wieder
in der Mitte des hufeisenförmigen Tisches und hieß seine Gäste willkommen wie schon sechs Jahre zuvor beim berühmten Berliner Kongreß.

Diesmal jedoch handelte es sich lediglich um eine Konferenz. Beim
Kongreß im Jahre 1878 hatte Berlin die wichtigsten Staatsmänner der
damaligen Zeit begrüßen dürfen. Disraeli und der britische Außenminister Lord Salisbury saßen zur Rechten Bismarcks; zu seiner Linken hatten
die russischen Repräsentanten Gortschakow und Schuwalow Platz genommen. Alle sechs Großmächte – drei Kaiserreiche, zwei Königreiche
und eine Republik – waren durch ihre führenden Staatsmänner vertreten
gewesen. Dieses Mal waren die Großmächte jedoch nur um die Entsendung ihrer Botschafter gebeten worden, die ohnehin in Berlin residierten.

Beim Kongreß von 1878 war hoch gepokert worden. Als Rußland sich damals Teile des Osmanischen Reiches einverleibte, nutzte Bismarck dies als Chance, um Großbritannien und Frankreich Tunis und Zypern als Leckerbissen anzubieten. Gemeinsam hatten die Großmächte auf diese Weise ein neues Kräftegleichgewicht im Nahen Osten geschaffen. In diesem Jahr aber deutete nichts darauf hin, daß derartig hoch gepokert wurde; es ging nur darum, das diplomatische Durcheinander zu bereinigen, das durch den fehlgeschlagenen Versuch der Briten entstanden war, Portugal die Kongomündung zu überlassen. Der Grund hierfür wiederum war in der unseligen Jagd auf afrikanische Kolonien zu suchen, die zwischen den Großmächten immer noch ernste Probleme heraufbeschwören konnte. Kein Wunder, daß viele sich über den Wettlauf um Afrika lustig machten und sich fragten, was Bismarck wohl mit dieser Konferenz zu erreichen hoffte. Wollte er einfach nur ein Freihandelsabkommen, um die Interessen deutscher Händler im Kongo und Niger zu schützen? Oder ging es am Ende doch um mehr – etwa um eine Aufteilung des ganzen afrikanischen Kontinents? Was waren Bismarcks Motive zur Einberufung dieser Konferenz?

Es war ein Ränkespiel, das jedoch die meisten der vierzehn Delegationen nicht weiter beunruhigte. Für sie, die lediglich Zuschauer waren, würde es ohnehin keine Leckerbissen geben. Ihre Länder hatten kein Interesse an Kolonien, meldeten keinerlei Ansprüche in Afrika an und hegten auch nur wenig Hoffnung auf eine Erweiterung des Handels, was bei der gegenwärtigen wirtschaftlichen Lage sicher wünschenswert gewesen wäre. Zu diesen Zuschauern zählten drei große Nationen – Rußland, Österreich-Ungarn und die Vereinigten Staaten – sowie mehrere kleine Länder wie Dänemark, Schweden, Norwegen, Holland, Belgien und andere. Die beiden Großmächte England und Frankreich hingegen hatten allen Grund zur Sorge. Den Briten mit ihrem riesigen formellen und seinem noch größeren informellen Empire konnten Bismarcks Pläne sehr leicht Schaden zufügen. Würden sie jetzt noch mehr von ihren informellen Besitzungen – nämlich den Niger und Ostafrika – verlieren, so wie sie bereits Kamerun, Togo und Angra Pequena verloren hatten? Und auch die Franzosen sahen trotz Bismarcks Annäherungsversuchen in seinem erklärten Ziel einer gesetzlichen Regelung des freien Handels eine Gefahr heraufziehen – waren sie doch weltweit die entschiedensten Vertreter des Protektionismus. Ferner war da noch das sieche, fast bankrotte und ebenso protektionistische Portugal, das seine alten afrikanischen Kolonien Angola und Moçambique behalten wollte – mehr aus Gründen des Stolzes, als weil es sich sonderliche Profite erhoffte. Wollte der deutsche Kanzler das portugiesische Handelsmonopol brechen? Und schließlich, leichter zu treffen als alle Staaten, gab es noch Leopolds Internationale Kongogesellschaft – sein neuer Name für das CEHC (*Comité d'Etudes du Haut Congo*). Dieser Staat im Werden war nicht einmal eingeladen worden. Wollte Bismarck also Leopold den Kongo abnehmen?

Henri Blowitz, der Korrespondent der *Times* in Paris, mutmaßte, Großbritannien werde als der große Verlierer aus dieser Konferenz hervorgehen. Bismarcks Ziel sei es, in den durch die Affäre in Ägypten ohnehin schon angeschlagenen britisch-französischen Beziehungen den endgültigen Bruch herbeizuführen und England hilflos dem vereinten Willen der neuen Verbündeten Deutschland und Frankreich auszuliefern. Blowitz' Theorien über Bismarck mußten zwar mit Vorbehalt bedacht werden, doch in diesem Fall schienen seine Überlegungen auch mit denen der französischen Regierung übereinzustimmen. Deren Botschafter in Berlin, Baron de Courcel, war im letzten August in Varzin gewesen und voll Vertrauen auf das Wohlwollen des Kanzlers zurückgekehrt. Nun rechnete er damit, daß Bismarck Großbritanniens Überlegenheit zur See ebenso brechen werde, wie er fünfzehn Jahre zuvor Frankreichs militärische und politische Überlegenheit zerstört hatte. »Es scheinen Anzeichen darauf hinzudeuten«, berichtete er nach Paris, »daß [Bismarck] einen schweren Schlag gegen die Vormacht Großbritanniens vorbereitet, der seinen Lebensnerv trifft und es zum Vorteil der industriellen und wirtschaftlichen Interessen des Deutschen Reiches vernichtet.«[1]

Offenbar spielte Courcel mit seiner Bemerkung vom Lebensnerv auf den Niger und die anderen informellen Teile des riesigen britischen Reiches an der Ost- und Westküste Afrikas an. Wie sollte Großbritannien mit dieser Bedrohung fertig werden, wenn Bismarck auch noch von Jules Ferry, dem französischen Ministerpräsidenten, Unterstützung erhielt?

Offiziell wurde die britische Delegation in Berlin von Botschafter Sir Edward Malet geleitet, doch ihr eigentlicher Chef war Percy Anderson, der für das Afrikaressort im Außenministerium verantwortlich war. Sein Memorandum über Frankreichs entschiedenen Konfrontationskurs gegenüber Großbritannien hatte Gladstone zur Unterstützung von Konsul Hewetts Plan bewogen, den Niger und die Ölflüsse (das Nigerdelta) zu annektieren. Und nun war er Malet behilflich gewesen, die offiziellen Anweisungen des Außenministeriums für die Berliner Konferenz zu formulieren: nämlich Frankreich, dem wirklichen Gegner, keine Zugeständnisse zu machen, Bismarck aber alles zu geben, was er verlangte – mit Ausnahme des Niger, wo Großbritannien selbst vitale wirtschaftliche Interessen verfolgte. Doch im Außenministerium war man auf das Schlimmste gefaßt. Die aggressive Haltung Bismarcks und Ferrys konnte leicht dazu führen, daß die Berliner Westafrika-Konferenz mit einem ähnlichen Fiasko endete wie die demütigende Konferenz über die Finanzlage in Ägypten, die letzten August in London geplatzt war.

Am 15. November um zwei Uhr nachmittags hieß Bismarck die Delegierten mit einer kurzen Rede in französischer Sprache willkommen. Er begann mit einer von Edelmut strotzenden Erklärung, in der er an die »drei C« – *Commerce*, *Christianity* und *Civilization* – und die Ideale Livingstones erinnerte. Zweck der Konferenz sei es, durch die Erschließung des afrikanischen Kontinents für den Handel die Kultur der Eingeborenen zu fördern. Dann nannte er drei Ziele: freien Handel für den Kongo, freie Schiffahrt auf dem Niger und ein Abkommen, welches das Procedere bei zukünftigen Gebietsannexionen regelte – also eine für alle Länder akzeptable gesetzliche Vorgabe. Am meisten Wert legte er jedoch darauf, daß die Konferenz sich nicht mit Souveränitätsfragen beschäftigen sollte. Sie könne also wohl Regeln für den kolonialen Wettlauf erarbeiten, doch würde sie sich nicht mit Grenzfragen befassen. Mit einigen Bemerkungen zum Thema Frieden und Menschlichkeit schloß der »Eiserne Kanzler« seine Eröffnungsrede.

In sämtlichen Zentren der Macht in Europa wurden Bismarcks Worte mit Staunen aufgenommen. Ein Beamter des britischen Außenministeriums notierte, die Konferenz scheine nichts anderes zu bezwecken, als »einige Platitüden über Handelsfreiheit und Schiffahrt festzuhalten«[2].

Am Montag, dem 17. November, wurde die *Times* wie üblich in Schloß Laeken um sechs Uhr morgens Seiner Majestät zugestellt. An diesem Morgen beherrschte Henri Blowitz' Artikel über die Westafrika-Konferenz die Auslandsseite der *Times*. König Leopold und seine Pläne, den Kongo auszubeuten, wurden darin ebensowenig erwähnt wie die verdächtige Abwesenheit eines Vertreters der Internationalen Kongogesellschaft in Berlin. Zweifellos ließ diese Tatsache Leopold erleichtert aufatmen. In diesem entscheidenden Augenblick, da sein sechsjähriger Kampf um den Kongo den Höhepunkt erreicht hatte, konnte jeder Verdacht gegen ihn alles zunichte machen. Dies war auch der Grund, warum Stanley als Partner bei dem gewagten Unternehmen so gefährlich war. Publicity, für Stanley das ein und alles, konnte ihn, Leopold, nur allzu leicht in große Schwierigkeiten bringen. Aber Leopold wies Stanley dennoch einen wichtigen Part in seinem Spiel zu, genauso wie übrigens auch den Großmächten, vor allem den Vereinigten Staaten, Frankreich, Deutschland und Großbritannien. In seiner grenzenlosen Selbstüberschätzung glaubte er, nicht Bismarck, sondern er selbst würde in Berlin die Fäden ziehen.

Dazu bedurfte Leopold nicht nur der Selbstsicherheit eines Herrschers aus dem Hause Coburg, sondern auch eines feinen Gespürs für Intrigen. Mit Hilfe seiner ihm treu ergebenen Mitarbeiter im Palast, den für die Internationale Kongogesellschaft tätigen Angestellten und den Diplomaten der belgischen Regierung wollte er die regulären Wege der Diplomatie beschreiten. Einige der schwierigsten Missionen jedoch hatte er einem Netz von hervorragenden politischen Amateuren anvertraut. Schmeichelei war die Münze, mit der er diese Leute bezahlte; in manchen Fällen verhieß er für den Fall des Erfolges einer Unternehmung auch profitable Geschäfte. Drei Männer waren es vor allen anderen, die ihm als Vermittler bei ausländischen Regierungen und ähnlichen maßgeblichen Kreisen dienten: ein Amerikaner, ein Schotte und ein Engländer. Sie waren alle nüchtern denkende Geschäftsleute, doch die Ehre, Seiner Majestät bei einem großen philanthropischen Unternehmen dienen zu dürfen, ließ sie jegliches nüchterne Denken schnell vergessen. Schenkten sie ihrem königlichen Schutzherrn, der stets seine Selbstlosigkeit beteuerte, wirklich Glauben? Nur wenige Menschen kannten zu diesem Zeitpunkt Leopolds wahre Motive, und niemand wäre darüber mehr schockiert gewesen als seine engsten Mitarbeiter.

Der Amerikaner war ein einundsechzigjähriger Exdiplomat aus Connecticut, den Abraham Lincoln als Botschafter der Vereinigten Staaten nach Belgien geschickt hatte. Er wurde »General« Henry S. Sanford genannt, obwohl er nie Soldat gewesen war. Der militärische Titel war eine Belohnung für seine Großzügigkeit im amerikanischen Bürgerkrieg – er hatte ein Regiment aus Minnesota auf eigene Kosten mit Feldgeschützen ausgerüstet. Wichtiger jedoch war, daß er während die-

294

ses Krieges für die Unionisten in Brüssel einen Geheimdienst aufgebaut, belgische Waffen gekauft und Geld aufgetrieben hatte. In diesem Zusammenhang hatte er zahlreiche Kontakte am belgischen Hof knüpfen können, und aus dieser Zeit stammte auch seine große Verehrung für Leopold.

Der Schotte, ein Mann namens Mackinnon, hatte als Angestellter in einem Lebensmittelladen angefangen.[3] Vierzig Jahre später war er ein reicher Unternehmer und Chef der britischen *India Steamship Navigation Company*, einer der weltgrößten Schiffahrtslinien. Mit Sanford war er seit den siebziger Jahren bekannt, und wie dieser bewunderte auch er Leopold schon seit langem. Dessen Aufruf zum Kreuzzug in Zentralafrika im Geiste Livingstones entsprach genau Mackinnons eigenen Vorstellungen, und es war möglicherweise Sir John Kirk, der britische Vertreter in Sansibar und einer von Livingstones alten Mitstreitern gewesen, der die beiden zusammenbrachte. Kirk betrachtete Mackinnon als einen der edel gesinnten Kaufleute, die den Sklavenhandel beenden würden, indem sie Afrika dem legalen Handel erschlossen, und beide sahen in Leopold einen der großen Philanthropen ihrer Zeit. Mackinnon rechnete übrigens nicht damit, Geld zu verlieren, wenn er mit dem König zusammenarbeitete. Er hatte bereits in das *Comité d'Etudes* investiert, und nachdem Leopold die Anteile ausländischer Investoren aufgekauft hatte, erwartete er, an dem lukrativen Eisenbahnkonsortium im mittleren Kongo beteiligt zu werden, das in Kürze errichtet werden sollte.

James Hutton, der Engländer, hatte ein kleines Familienunternehmen geerbt, das mit Westafrika Handel trieb, und sich in Manchester mit Baumwolle ein Vermögen aufgebaut. Er war Präsident der Handelskammer von Manchester und einer von Goldies Partnern in der *National Africa Company*. Leopold verehrte er aus denselben hehren Gründen wie Mackinnon, aber auch er erwartete sich aus einer Zusammenarbeit materiellen Gewinn.

Für das Jahr 1884 hatte Leopold sich und seinen Mitarbeitern, den offiziellen wie den »Amateurdiplomaten«, zwei schwierige Aufgaben gestellt. Als erstes galt es, den Portugiesen, deren Vertrag mit Großbritannien die Kongomündung zu blockieren drohte, sachte den Boden unter den Füßen wegzuziehen. Zweitens mußten die Großmächte überredet werden, die Fahne der Internationalen Kongogesellschaft – eine blaue Standarte mit einem goldenen Stern – als Flagge eines souveränen

Staates anzuerkennen. Schon im November des Vorjahres hatte Leopold General Sanford mit einem honigsüßen Brief an Präsident Arthur und die US-Regierung nach Amerika geschickt. Darin hieß es, die blaue Flagge mit dem Goldstern wehe jetzt bereits »über siebzehn Stationen, zahlreichen Gebieten, sieben Dampfschiffen, die die Arbeit der Gesellschaft unterstützen und die Zivilisation voranbringen, und über einer Bevölkerung, die in die Millionen geht«. Würden die Vereinigten Staaten sie als Flagge eines befreundeten Staates begrüßen? Außerdem versprach der König absolute Zollfreiheit für Waren, die aus den Vereinigten Staaten in den Kongo exportiert würden. Er versicherte dem Präsidenten, daß die Verfassung des unabhängigen Staates – oder der Staaten – nach dem Vorbild der Verfassung der USA und anderer zivilisierter Länder geschaffen werden würde. Gegenwärtig gewähre die Gesellschaft – mit anderen Worten er, der König – dem Kongo Zuschüsse und habe als Leiter des gesamten Projekts den großen amerikanischen Forscher Stanley bestellt. Bald jedoch solle der unabhängige Staat ein Teil der zivilisierten Welt sein:

> Sobald die Mittel der unabhängigen Staaten [der Vereinigten Staaten des Kongo] es zulassen, wird die Gesellschaft . . . sich auflösen. Ihr Ziel wird erreicht und ihre Mission beendet sein, wenn sie im Kongobekken eine unabhängige politische Organisation etabliert hat, welche ohne Subventionen arbeitsfähig ist, und die Abschaffung des Sklavenhandels sowie die ungehinderte Ausbreitung von Handel und Zivilisation sichergestellt hat . . .
> Sollte jedoch die Frage gestellt werden, wie die unabhängigen Staaten, ohne Zölle zu erheben, ihre laufenden Kosten bestreiten können, so lautet die Antwort: Die philanthropische Internationale Kongogesellschaft kommt dafür auf.[4]

Sechs Tage nach Sanfords Zusammentreffen mit Präsident Arthur, am 4. Dezember 1883, richtete dieser eine Botschaft an den Kongreß, in der ein Absatz auffällige Ähnlichkeiten mit Leopolds Schreiben aufwies: »Die Ziele der Gesellschaft sind philanthropischer Natur. Sie erstrebt keine fortdauernde politische Kontrolle, sondern die Neutralität des Kongobeckens. Gegenüber diesem Vorhaben können die Vereinigten Staaten nicht gleichgültig bleiben, ebensowenig wie gegenüber den US-Bürgern, die daran beteiligt sind.« Der Absatz endete mit einer versteckten Drohung an protektionistische Staaten wie Portugal oder Frankreich: »Wir könnten es als ratsam betrachten, mit anderen Handelsnationen zu kooperieren und Handel sowie Aufenthaltsrechte im Kongobecken vor der Einmischung oder politischen Kontrolle anderer Nationen zu schützen.«

Leopold konnte also getrost davon ausgehen, daß der nächste Schritt die formelle Anerkennung des unabhängigen Kongostaats durch die USA sein würde. In der Zwischenzeit hatte er bereits seine geheimen Kanäle benutzt, um die Blockierung der Kongomündung durch Portugal zu verhindern. Als am 26. Februar 1884 der britisch-portugiesische Vertrag unterzeichnet wurde, war Leopold zunächst entsetzt. Doch als die anderen Großmächte lautstark protestierten, fühlte er sich erleichtert. Und nun erkannte er, wie er diesen Vertrag für seine eigenen Ziele nutzen konnte. Denn plötzlich wurde er hofiert von dem Mann, der eine viel größere Gefahr für seinen Plan darstellte als jeder Portugiese: von Jules Ferry, dem französischen Ministerpräsidenten, der mittlerweile auch das Außenressort leitete.

Typischerweise zog es Leopold vor, an Ferry nicht über das belgische Außenministerium heranzutreten. Sein geheimer Vermittler war ein englischer Kunsthändler namens Arthur Stevens, der in der Pariser Gesellschaft großes Ansehen genoß. Stevens hatte im November 1883 Gespräche mit Ferry begonnen und als erstes berichtet, daß die Franzosen nicht vorhätten, die Souveränität der Internationalen Kongogesellschaft anzuerkennen. Allerdings sei Frankreich – gegen einen entsprechenden Preis – bereit, ihre Besitzungen zu »respektieren«. Auch Ferry glaubte, Leopolds Motive seien philanthropischer und selbstloser Natur – und genau darin sah er das große Problem. Denn wenn die Gesellschaft von solch einem unbedarften und weltfremden Mann geleitet wurde, dann war sie, und mit ihr der König, offensichtlich zum Scheitern verurteilt. Und natürlich war klar, wer davon profitieren würde: die heimtückischen Engländer. Schon jetzt wimmelte es dort unten von Briten. Auch Stanley war natürlich Engländer, er gab sich nur als Amerikaner aus. Das Ganze war nach Ansicht von Leuten wie Brazza und Ferry ein Teil des englischen Generalplans für Afrika. Die Engländer wollten den Kongo für sich, und die Belgier waren für sie nur ein Werkzeug.

Der Preis, den Ferry verlangte, bestand deshalb lediglich in einem formellen Versprechen Leopolds, daß die Kongogesellschaft »ihre Besitzungen an keine fremde Macht« – das heißt an Großbritannien – veräußern würde.[5] Eine zusätzliche Bedingung gab es allerdings noch: Leopold mußte sich bereiterklären, Stanley von seinem Posten zu entlassen. Die Franzosen konnten dem Amerikaner seine Äußerungen über ihren Helden Brazza nicht verzeihen.

Im Herbst 1883 war ein Brief Stanleys in der *Times* abgedruckt worden, in dem der Forscher auf seinen alten Traum vom Kongo als britischem Protektorat zurückgekommen war. Dafür hatte er von Leopold natürlich einen Rüffel erhalten. Seinen engsten Vertrauten Strauch ließ der König allerdings wissen, daß ihm Stanleys Taktlosigkeit gar nicht unangenehm sei: »Wir sollten gar nicht versuchen, das richtigzustellen. Es schadet nicht, wenn Paris befürchtet, im Kongo könnte ein britisches Protektorat entstehen.«[6]

Und nun, im Jahre 1884, kam ihm eine glänzende Idee: Warum sollte er nicht den Franzosen ein *Vorkaufsrecht* auf den Kongo einräumen, falls er einmal doch an Verkauf denken sollte?

Wie ein ausgehungertes Tier ließ Ferry sich ködern, in dem sicheren Glauben, er habe damit England, Portugal *und* Belgien überlistet. In der Tat entsetzte dieser Handel sogar Leopolds eigene außenpolitische Berater, die es für selbstverständlich hielten, daß Belgien der natürliche Erbe des unabhängigen Kongostaats war. Am 23. April 1884 gab die Internationale Kongogesellschaft dann das verlangte formelle Versprechen, wobei sie gleichzeitig Frankreich das genannte Vorkaufsrecht einräumte. Als Gegenleistung erklärte sich die französische Regierung einverstanden, die Souveränität des Kongostaats zu respektieren. Damit hatte Leopold seinen härtesten Rivalen übertölpelt. Allerdings hatte er noch weitaus größere Hindernisse zu bewältigen: Bald würde man Frankreich zur Anerkennung von Grenzen bewegen müssen, die ein Zehntel der Landmasse des tropischen Afrika umfaßten, auf das der gierige neue Staat Anspruch erhob.

Zwischenzeitlich trafen über Sanford auch aus den Vereinigten Staaten positive Nachrichten in Schloß Laeken ein. Am 10. April 1884 erkannte der US-Senat »die Flagge der Internationalen Afrikanischen Gesellschaft [gemeint war die Kongogesellschaft] als die Flagge einer freundschaftlichen Regierung«[7] an, was in einem offiziellen Schreiben des Außenministers vom 22. April des Jahres bestätigt wurde.

Durch seine ahnungslosen Verbündeten gestärkt, versuchte der König nun erneut, auch Großbritannien und Deutschland eine Anerkennung seines Staates abzuringen und den anglo-portugiesischen Vertrag zunichte zu machen. Hierbei sollte sich das Abkommen mit Frankreich als Geschenk des Himmels erweisen. Frankreich hatte es unterzeichnet aus Angst, der Kongo könne an England verkauft werden. Doch plötzlich wurde den anderen Großmächten bewußt, welche Gefahr hier drohte: Wenn Leopold im Kongo scheitern würde – und niemand zweifelte zu diesem Zeitpunkt daran – dann würde das protektionistische Frankreich nahezu vier Millionen Quadratkilometer Land in Zentralafrika in Besitz nehmen. Das war geradezu unvorstellbar. Mit einem Schlag hatte Leopold Frankreichs Rivalen zu neuen Verbündeten gemacht, die ihm gerne alles glaubten und bereit waren, ihm zum Erfolg zu verhelfen.

Zunächst brachte dieser Schachzug dem König jedoch keinen Beifall von Großbritannien ein. Das Außenministerium bezeichnete den Vorverkaufsvertrag als »schäbigen Trick«[8], und die *Times* murrte, mit seinem Angebot an Frankreich führe Leopold seinen Anspruch, Afrika im Interesse aller Länder zu öffnen, ad absurdum.

Doch es gelang Leopolds britischen Anhängern, die öffentliche Meinung und das Außenministerium zu beschwichtigen. Mackinnon und James Hutton, der die Handelsinteressen Manchesters vertrat, traten unermüdlich für die guten Absichten der Internationalen Kongogesellschaft ein, ebenso wie die baptistischen Missionare, beispielsweise Howard Bentley, der einer der ersten Geistlichen im Kongo gewesen war. Allmählich wurde deutlich, daß sie alle, was den anglo-portugiesischen Vertrag betraf, offene Türen einrannten. Das Außenministerium erkannte nämlich zusehends dessen Wertlosigkeit, da Frankreich und Deutschland ihr Veto dagegen einlegen würden. Vom britischen Parlament nicht ratifiziert, verschwand er im Juni von der Bildfläche.

Nun intensivierte Leopold seine Bemühungen um die Anerkennung des Kongostaats durch Großbritannien. Im Mittelpunkt seiner Argumentation standen der freie Handel und die »drei C«. Im Juli traf Strauch in London dank Mackinnons Vermittlung mit den Führern der Abolitionisten und anderen Menschenrechtlern zusammen; im August besuchte Stanley Lord Granville. Er betonte, die Kongogesellschaft arbeite »nicht kommerziell«, und der neue Staat erhalte jährlich Zuschüsse in Höhe von 50 000 Pfund aus Leopolds eigener Tasche. Im September und Oktober sprach er vor begeisterten Mitgliedern der Handelskammern von London und Manchester. Er erklärte, wie gut Christentum, Zivilisation und Handel im Kongo Hand in Hand gingen. Wenn jeder Bewohner des Kongo einen Sonntags- und vier Werktagsanzüge kaufen würde, käme das auf nahezu vier Millionen Meter Manchester-Baumwolle im Wert von 16 Millionen Pfund – das Material für Leichentücher nicht mitgerechnet. Mackinnon organisierte eine Pressekampagne und bombardierte die Öffentlichkeit mit optimistischen Artikeln über den Kongo; die Handelskammer von Manchester reichte eine Petition zur Anerkennung des neuen Staates beim Außenministerium ein. Doch das Außenministerium ließ sich nicht erweichen, und bis zur Konferenz in Berlin waren es nur noch vier Wochen. Woran drohten Leopolds wohldurchdachte Pläne zu scheitern?

Wahrscheinlich war der König selbst von Mackinnon gewarnt worden. Der stellvertretende Außenminister Thomas Villiers Lister hatte auf den geheimen Text der von den kongolesischen Häuptlingen unterzeichneten Verträge – von denen Kopien ins britische Außenministerium gelangt waren – verwiesen, in denen der Kongogesellschaft das alleinige Handelsrecht eingeräumt wurde. Dieses Vorgehen, so Lister, widerspreche »in himmelschreiender Weise allen Regeln«. Das ganze Gerede über freien Handel und die »drei C« sei nichts als Unsinn, Leopolds einziges Ziel nur Profit – unter dem Deckmantel von Philanthropie und Altruismus wolle er sich ein riesiges Handelsmonopol schaffen. Der König sei ein Schwindler und die Internationale Kongogesellschaft ein einziger Betrug. Den neuen Staat anzuerkennen würde bedeuten, sich einen Feind des freien Handels im Kongo heranzuzüchten, der weit gefährlicher sei als Portugal – vielleicht sogar noch schlimmer als Frankreich. Lister riet Granville deshalb, nicht zuzulassen, daß Großbritannien oder irgendein anderes Land, das Wert auf freien Handel legte, diesen seltsamen Staat anerkannte.

König Leopold zeigte sich von solch offensichtlichem Mißtrauen tief verletzt. Aber schon tastete er sich in eine andere Richtung vor; und noch ehe die Konferenz in Berlin eröffnet wurde, hatte er eine neue Tür aufgestoßen – dank Bismarck.

Sobald der Kanzler den Vorverkaufsvertrag gelesen hatte, beschloß er trotz des neuen Einvernehmens mit dem westlichen Nachbarn, Frankreich einen Strich durch die Rechnung zu machen. Im Juni 1884 bot er

Leopold unter zwei Bedingungen die Anerkennung der Kongogesellschaft an. Erstens müsse allen Deutschen im gesamten Kongobecken freier Handel zugestanden werden, und zweitens solle bei Verkauf des Territoriums der Käufer wieder ein Vorkaufsrecht gewähren. Leopold akzeptierte und machte auf diese Weise Bismarck zum wohlgesonnenen Paten seines Vorhabens. Im August bekannte der Kanzler allerdings gegenüber Baron de Courcel bei dessen Besuch in Varzin, er erwarte nicht, daß der neue Staat »sich tatsächlich ernsthaft etablieren wird«. Er könne jedoch »nützlich [sein], um unangenehme Rivalitäten abzuwenden«.[9]

Am 8. November 1884, eine Woche vor Beginn der Konferenz in Berlin, gewährte Bismarck dem neuen Staat heimlich die formelle Anerkennung. Leopold rechnete nun damit, daß der Kanzler das Werk für ihn vollenden werde. Irgendwie mußten die Briten noch zur Anerkennung überredet werden. Außerdem mußte man Großbritannien, Frankreich und Portugal dazu bringen, die Grenzen des neuen Staates zu akzeptieren, durch den ihm, Leopold, der Löwenanteil an Zentralafrika zufallen würde.

In der dritten Woche der Konferenz stellte die britische Delegation erleichtert fest, daß Blowitz' Vorhersage ganz und gar nicht zutraf. Bismarck war die Höflichkeit selbst. Er schien keine Pläne zu haben, von Großbritanniens informellem Reich noch mehr abzuzwacken – zumindest nicht im Rahmen dieser Konferenz. Würde er aber Frankreich helfen, den Briten den unteren Niger abzunehmen? Auf diese Frage gab es noch keine Antwort.

Für Bismarck ging es bei dieser Westafrika-Konferenz um den freien Handel, so viel schien klar zu sein. Im Prinzip wollte er nur deutschen Unternehmern im Kongobecken freie Hand zusichern. Praktisch bedeutete das, daß alle Großmächte, vor allem Großbritannien, die Souveränität der Internationalen Kongogesellschaft als dem besten Garanten für den freien Handel anerkennen sollten. Am 19. November ersuchte er den britischen Botschafter Sir Edward Malet, die Gesellschaft »bei ihrem Bemühen, ein Staat zu werden«,[10] zu unterstützen. Damit waren die Karten auf dem Tisch: Der Preis der deutschen Unterstützung für Großbritannien war die Anerkennung des Kongostaats; sollte England sich aber weigern, so konnte Frankreich am unteren Niger leicht freie Hand erhalten.

Die Briten waren aber gerade mit dem Anliegen nach Berlin gekommen, die französische Gefahr am Niger abzuwenden. Anderson war bereit, Bismarck den geforderten Preis zu zahlen, erklärte aber unverblümt, daß der Kanzler auf Leopold hereingefallen sei. Und in London befürchtete man nun eine »bedingungslose Kapitulation« vor Bismarck. Lister, der stellvertretende Außenminister und Andersons unmittelbarer Vorgesetzter, ging deshalb zum Gegenangriff über. Er erklärte, Leopold sei der letzte, der verläßlich für einen internationalen freien Handel garantieren könne. Die Briten wüßten aus den Kopien der mit den Häuptlingen geschlossenen Verträge, daß der König nur ein Handelsmonopol im Auge habe. Doch dann berichtete Malet aus Berlin, Bismarck habe ihn gewarnt: Falls Großbritannien die Kongogesellschaft nicht anerkenne, würde Deutschland »in Angelegenheiten von größter Bedeutung eine harte Haltung einnehmen«.[11] Dies traf Granville wie ein Peitschenhieb. Es ging nicht nur um den Niger; der Kanzler drohte, auf seiten Frankreichs erneut in der Ägypten-Frage zu intervenieren. Gegen Listers Proteste empfahl er Gladstones Kabinett, den Kongostaat anzuerkennen. Am nächsten Tag, es war der 2. Dezember, erreichte Malet das entscheidende Telegramm in Berlin. Die Anerkennung des neuen Staates wurde in einen förmlichen Vertrag zwischen Großbritannien und der Internationalen Kongogesellschaft aufgenommen, der am 16. Dezember unterzeichnet wurde. In den nächsten Tagen folgten fast gleichlautende Vertragswerke mit den anderen Mächten: am 19. mit Italien, am 24. mit Österreich-Ungarn und am 27. mit den Niederlanden.

Leopold ruhte sich jedoch nicht auf seinen Siegerlorbeeren aus. Der Kampf um die Anerkennung der Großmächte war nur eine Schlacht; jetzt mußte er sie noch mit seiner bemerkenswerten Landgier vertraut machen. Die größte Gefahr bestand darin, daß Frankreich und Portugal die ganze afrikanische Westküste unter sich aufteilten und den Kongo damit vom Meer abschnitten.

Der König wußte, daß nur einer dies verhindern konnte: Bismarck. Zwar sollten Souveränitätsfragen in Berlin nicht verhandelt werden, doch parallel zu den offiziellen Gesprächen kam dieses Thema auf Bismarcks Initiative hin trotzdem zur Sprache. Der Kanzler empfahl Frankreich, Leopold das riesige Stück vom afrikanischen Kuchen zu überlassen, auf das er so scharf war.

Das aber ging den Franzosen unter Leitung von Baron de Courcel nun endgültig zu weit; sie fühlten sich verraten und verkauft. Courcel und Ferry war es bei der Konferenz um zwei Ziele gegangen: Sie wollten sich einen Zugang zum unteren Niger erzwingen, indem sie die Briten demütigten und die Internationalisierung des Flusses durchsetzten; ferner erhoben sie Anspruch auf das Nordufer des Kongo, das ihnen ihrer Ansicht nach aufgrund der großartigen Entdeckungen Brazzas zustand. Statt dessen aber sahen sie sich vom ersten Tag an in die Defensive gedrängt. Abgesehen von Portugal, dem protektionistischen Verbündeten Frankreichs, tanzten sämtliche Regierungen nach der Pfeife Bismarcks, der offenbar ganz versessen darauf war, Leopold zu unterstützen. Mitte Dezember lagen die unerhörten territorialen Forderungen des Königs auf dem Tisch, und die Franzosen sahen keine Möglichkeit mehr, ihre Ansprüche oder die ihres Verbündeten Portugal durchzusetzen.

Courcel unterrichtete Ferry brieflich von den alarmierenden Entwicklungen. Die Antwort des Ministerpräsidenten war eine ernsthafte Warnung an Bismarck: Falls Deutschland nicht bereit sei, auf seine Interventionen zugunsten Leopolds zu verzichten, würde Frankreich nicht nur die Konferenz platzen lassen, sondern auch das einvernehmliche Verhältnis. Das wirkte: Bismarck scheute davor zurück, die Franzosen auf die Probe zu stellen. In einer Unterredung mit dem britischen Botschafter Sir Edward Malet am 17. Dezember bekannte er schließlich verlegen, nichts mehr für Leopold tun zu können. Es sei wohl besser, wenn der König seinen Disput mit Ferry allein austrage.

Und Bismarck hielt Wort. Die Gebietsverhandlungen wurden nach Paris verlegt, und die Berliner Konferenz vertagte sich, bis Ferry und Leopold zu einer Übereinkunft gelangt sein würden.

Bismarcks Geduld war zu Ende. Den ganzen Januar 1885 über hatten völlig fruchtlose Verhandlungen zwischen Frankreich, Belgien und Portugal die Wiederaufnahme der Konferenz verhindert. Jetzt ergriff der Kanzler die Initiative und überredete die Franzosen, mit der Kongogesellschaft einen Vertrag auf der Basis der Vereinbarungen des Vormonats zu unterzeichnen. Das geschah am 5. Februar.

Nun mußte er noch die Portugiesen so weit einschüchtern, daß sie sich in einen Kompromiß fügten, was ihm durch Leopolds geschickte Vorarbeit etwas erleichtert wurde. In Paris waren die Belgier gegenüber den portugiesischen Unterhändlern zwar unbeugsam geblieben, doch inzwischen machte der König einige kleine Zugeständnisse – er überließ ihnen den Hafen Nokki (Noqui) am Südufer und eine Enklave bei Cabinda nördlich des Flusses.

Die portugiesische Regierung gab sich mit diesem Ergebnis jedoch nicht zufrieden: Sie verlangte zusätzlich noch den Hafen Banana am Nordufer und Vivi am Südufer des Kongo – was für Leopolds neuen Staat praktisch schon bei der Geburt das Todesurteil bedeutet hätte. Und plötzlich gingen häßliche Gerüchte um, welche besagten, die portugiesische Flagge sei bereits von einem Kanonenboot in Banana aufgepflanzt worden, so daß Portugal nun die Kongomündung unter Kontrolle habe. (Ein derartiger Versuch war tatsächlich unternommen worden, doch ein geistesgegenwärtiger britischer Marineoffizier hatte die Flagge rasch wieder entfernt.)

Am 15. Februar war es endlich soweit: Nach zwei Monaten harter Arbeit wurde Leopolds Staat in Berlin aus der Taufe gehoben – mit den beiden lebenswichtigen Häfen Banana und Vivi an der Mündung des Kongo.

Nun kam man endlich zum dritten Verhandlungsgegenstand der Konferenz, nämlich zur Frage der »effektiven Besitznahme« – der rechtlichen Anerkennung zukünftiger Gebietsansprüche. Wie bei den beiden ersten Punkten – freie Schiffahrt auf den Flüssen Niger und Kongo sowie freier Handel im Kongogebiet – war es auch bei diesem Thema ursprünglich Frankreichs und Deutschlands Anliegen gewesen, England in die Schranken zu verweisen. Das britische Empire bestand nicht nur aus offiziell annektierten Kolonien, es umfaßte auch Protektorate und Gebiete, die durch ein System informeller Herrschaft ausgebeutet wurden. Konnte man den Briten nicht wenigstens das entreißen, was sie faktisch gar nicht verwalten wollten oder konnten?

Mit dieser unangenehmen Frage sahen sich die britischen Delegierten bei der Wiederaufnahme der Gespräche konfrontiert. Doch in diesem Fall deckten sich die Interessen der Franzosen viel eher mit denen der Engländer als mit den Anliegen der Deutschen. Beide Länder wollten in den riesigen Gebieten, auf die sie Anspruch erhoben, freie Hand haben – und damit war Deutschland isoliert.

Die Konferenz faßte den Beschluß, daß die effektive Besitznahme neuer Territorien auf die Küstengebiete beschränkt bleiben sollte, die aber fast alle bereits im Besitz einer europäischen Macht waren. Dann setzten die Briten durch, daß die Bestimmungen über effektive Besitznahme nicht für Protektorate gelten sollten, also für das Modell, das Großbritannien am häufigsten anwandte. Doch Protektorate waren in der Praxis meist nicht von Kolonien zu unterscheiden.

Man darf annehmen, daß nach der Unterzeichnung der Kongoakte am 26. Februar 1885 alle Beteiligten erleichtert aufatmeten. Bismarck hielt die Abschlußrede. In allen Punkten des Programms, erklärte er, sei eine vollständige Übereinstimmung erzielt worden. Der ungehinderte Zugang ins Innere Afrikas für alle Nationen sei ebenso gesichert wie der freie Handel im gesamten Kongobecken. Auch sei eine große Anteilnahme an dem physischen und sittlichen Wohlergehen der Eingeborenen deutlich geworden, und er hege die Hoffnung, daß dieser Grundsatz Früchte tragen und dazu beitragen werde, den Völkern die Vorzüge der Zivilisation nahezubringen.[12]

Wenigstens war die Konferenz in freundschaftlicher Atmosphäre zu Ende gegangen. Aber was war eigentlich genau erreicht worden? Die Kongoakte umfaßte achtunddreißig Paragraphen, von denen einer hohler war als der andere. In den folgenden Jahren herrschte allgemein die Ansicht, diese Akte sei von maßgeblicher Bedeutung gewesen: Die Berliner Westafrika-Konferenz habe den Wettlauf um Afrika heraufbeschworen, und die Regeln dafür erstellt; in Berlin sei Afrika aufgeteilt worden – solche Mythen kamen später in Umlauf.

In Wirklichkeit war es genau umgekehrt: Der Wettlauf um Afrika hatte zur Berliner Konferenz geführt. Die Jagd nach den besten Stücken des afrikanischen Kuchens hatte lange vor der Berliner Konferenz begonnen, und von den achtunddreißig Paragraphen der Kongoakte ließen sich keinerlei Regeln zur Aufteilung und erst recht nicht zur Einverleibung des großen Kuchens ableiten.

In der Zwischenzeit war der Wettlauf in die nächste Runde getreten – nicht durch die offiziellen Verhandlungen auf der Berliner Konferenz, sondern durch die informellen Gespräche. Deutschland und Großbritannien hatten Leopold den größten Teil des Kongobeckens und damit den größten Teil Zentralafrikas überlassen. Damit hatten sie verhindern wollen, daß Frankreich diese enorme Landmasse in Besitz nahm. Mit dem

Land entledigten sie sich jedoch auch der Verantwortung, im Geiste Livingstones zu handeln. Und letztlich war dadurch der belgische König, der sich selbst zum großen Philanthropen gekürt hatte, für ganz Europa zum Sachwalter in Afrika gewählt worden – eine Rolle, die Leopold nur zu gerne übernahm. Die abschließende Sitzung der Berliner Konferenz war denn auch mehr von seinen idealistischen Lippenbekenntnissen geprägt als von Bismarcks Realpolitik. Mit der Unterzeichnung des Vertrages mit Portugal war das letzte Hindernis beseitigt, das ihm bei seinem Drang, sich einen Platz unter den Großmächten zu erobern, im Wege gestanden hatte. Nicht, daß der König sich dazu persönlich in die Berliner Wilhelmstraße begeben mußte. Er konnte sich voll und ganz auf sein Netz von Agenten in den verschiedenen Delegationen verlassen: auf Sanford und Stanley bei den Amerikanern, Mackinnon bei den Briten, Banning und Lambermont bei den Belgiern. Zweifellos klatschten sie am lautesten Beifall, als Bismarck ankündigte, Oberst Strauch, der Präsident der Internationalen Kongogesellschaft, habe seine offizielle Zustimmung zur Berliner Kongoakte gegeben. Und der Kanzler selbst zollte Leopold übertriebenen Tribut: Der neue Kongo sei einer der bedeutendsten Schutzgaranten für die zukünftigen Aufgaben, und er vertraue darauf, daß die »vornehmen Absichten seines erlauchten Gründers«[13] in die Tat umgesetzt würden.

Zufrieden kehrte Percy Anderson am nächsten Tag nach England zurück. Die französische Gefahr am Niger war gebannt. Bedenken wegen des hohen Preises, den Leopold dafür eingeheimst hatte, quälten ihn nicht. Wenn es um die Kongogesellschaft ging, setzte er nicht auf die vornehmen Absichten ihres erlauchten Gründers, sondern auf Bismarck, Leopolds Gönner, der den König schon in die Schranken weisen würde.

Die Londoner Presse feierte in dieser Woche die Erfolge britischer Staatskunst. Doch als Anderson ins Außenministerium kam, war seine Zufriedenheit rasch verflogen. Soeben waren aus Afrika schreckliche Nachrichten eingetroffen, die den Erfolg in Berlin überschatteten. Im Sudan hatte sich eine große Katastrophe ereignet. Khartum war am 26. Januar gefallen – durch Verrat, wie es hieß. Niemand konnte über Gordons Schicksal Auskunft geben, aber man befürchtete das Schlimmste.

Die britische Politik in Ägypten und im Sudan stand erneut zur Disposition. Lord Salisbury und die Opposition im Parlament sahen ihre Chance gekommen, Gladstone zu entmachten. Und eine Chance für sich sahen auch die Franzosen, die den Engländern nach der Demütigung in Berlin feindseliger denn je gegenüberstanden.

TEIL III

Die Eroberung als Rechtsgrundlage

THE RHODES COLOSSUS

KAPITEL 15

Gordons Kopf

England, Ägypten, Sudan und andere Schauplätze
5. Februar 1885 – 8. Juni 1885

»All das, wovon ich bereits geträumt hatte – vor *Khartum* zu
kämpfen, am Abend in die Stadt einzureiten und meinem alten Freund
Gordon zu seiner heroischen und großartigen Verteidigung
zu gratulieren ... alles, alles brach wie ein Kartenhaus zusammen.«

Lord Wolseley, Tagebuch, 17. Februar 1885

Am Donnerstag, dem 5. Februar, gegen 1.15 Uhr, polterte eine Kutsche durch die South Audley Street und bog in die Tilney Street in Mayfair ein. Kurz darauf klopfte jemand heftig an die Tür des ersten Hauses, in dem Regy Brett, der elegante junge Privatsekretär des Kriegsministers Lord Hartington, wohnte. Es war Sir Robert Thompson, der ständige Staatssekretär im Kriegsministerium. Der alte Mann war wohl noch ein wenig schlaftrunken, denn er selbst war erst eine halbe Stunde zuvor von einem Sonderkurier geweckt worden. Dieser hatte ihm einen Briefumschlag mit der Aufschrift »Geheim« überreicht, der allerdings offen war; es handelte sich um ein Schriftstück vom Dechiffreur des Kriegsministeriums – der erste Satz eines kodierten Telegramms, das Wolseley vier Stunden vorher in Korti abgeschickt hatte: »Laut Bericht ist Khartum am 26. gefallen.«[1] Nur dieser eine Satz – und kein einziges Wort über Gordon.

Brett und Thompson fuhren über die Piccadilly zu den renovierungsbedürftigen Gebäuden in der Pall Mall, in denen das Kriegsministerium untergebracht war. Dort entzifferten die beiden den Rest des Telegramms. Wolseley bat dringend um Instruktionen, ließ jedoch kein Wort über Gordons Schicksal verlauten. Entweder war er tot oder, noch schlimmer, ein Gefangener des Mahdi. Brett war wie vom Donner gerührt. Wie alle Mitarbeiter im Kriegsministerium, seinen eigenen Chef Hartington nicht ausgenommen, hatte er keinen Augenblick daran gezweifelt, daß Wolseley Gordon retten würde. Und nun war dieser gescheitert – ohne eine einzige Erklärung dazu abzugeben.

Das Parlament würde erst am 19. Februar wieder zusammentreten. Und wie nicht anders zu erwarten, waren die meisten Whigs auf ihre Güter gefahren. Der Premierminister und Hartington befanden sich als Gäste des Duke of Devonshire, Hartingtons Vater in Holker Hall, die Königin war in Osborne und Lord Granville ließ sich verleugnen.

Sir Robert Thompson, der befürchtete, das Kabinett würde als letztes von dem Desaster erfahren, verweigerte den Journalisten, die das Kriegsministerium umlagerten, jede Auskunft. Doch es war zu spät: Der Sonderkurier hatte das Schriftstück in dem offenen Umschlag gelesen und die Nachricht an eine Nachrichtenagentur verkauft. Eine Sonderausgabe des *Daily Telegraph* druckte die Sensation um 8 Uhr ab, und schon kurz darauf tickerten die Telegraphen die Nachricht über den Erdball. Gegen Mittag sah sich das Kriegsministerium gezwungen, den vollständigen Text des Telegramms zu veröffentlichen. Doch zunächst reagierte man überall nur ungläubig.

Was war mit Gordon geschehen? In der Downing Street versuchte Eddy Hamilton immer noch vergeblich, eine Stellungnahme aus Holker Hall zu erhalten. »Schon regnen Verurteilungen nach der Weise ›Zu spät!‹ auf die Regierung herab«,[2] schrieb er in sein Tagebuch.

Während aus Holker Hall immer noch keine Reaktion kam, vernahm man aus Osborne auf der Isle of Wight um so deutlichere Töne. Unter dem Datum, da das chiffrierte Telegramm eintraf, heißt es im Tagebuch der Königin: »Schreckliche Neuigkeiten nach dem Frühstück. Khartum gefallen, Gordons Schicksal ungewiß! Alle zutiefst beunruhigt. Es ist furchtbar. Allein verantwortlich ist die Regierung, die sich so lange weigerte, die Expedition hinzuschicken, bis es zu spät war. Habe *en clair* an Mr. Gladstone, Lord Granville und Lord Hartington telegraphiert und mein Entsetzen über die Nachricht zum Ausdruck gebracht . . .«[3]

Der Privatsekretär der Königin, Sir Harry Ponsonby, wurde nach London geschickt, um dem Kabinett mitzuteilen, daß Ihre Majestät auf einem harten Kurs im Sudan bestehe. Man müsse herausfinden, was Gordon zugestoßen sei, und dem Mahdi eine Lektion erteilen. »Wenn wir uns einfach abwenden, wird unser Einfluß im Osten dahinschwinden, und wir werden *niemals* wieder unser Haupt erheben können!«[4]

Nachdem Ponsonby aufs Festland zurückgekehrt war, bombardierte ihn die Königin mit weiteren Botschaften für Gladstone. Inbrünstig sehnte sie den Tag herbei, an dem der irregeleitete alte Mann endlich gehen würde.

Gladstones Reaktion auf das Telegramm setzte seine Umgebung in Erstaunen. Auf der Stelle wollte er nach London zurück und in dieser Stunde der nationalen Demütigung das Kabinett mit starker Hand führen.

Eigentlich wäre es naheliegend gewesen, daß der Premierminister nun das Handtuch warf und den Sudan räumte. Ein derartiges Vorgehen hätte im Einklang gestanden mit seiner Abneigung gegen den aggressiven Imperialismus, seinem ursprünglichen Wunsch, nicht in die inneren Angelegenheiten Ägyptens und in die Kämpfe um den Sudan hineingezogen zu werden, und seinem festen Entschluß, sich aus beiden Ländern zurückzuziehen, sobald die entsprechenden Schutzmaßnahmen ausgehandelt werden konnten. Das Kabinett trat am 7. Februar zur Mittagszeit zusammen. Und nun zeigte sich, daß Gladstone weit davon entfernt war, den Rückzug zu befürworten. Ganz im Gegenteil: Er blies zum Vormarsch.

Sein Sinneswandel war in der Tat erstaunlich. Er wischte die Schwierigkeiten einfach vom Tisch. Falls Gordon lebte und sich in den Händen des Mahdi befand, mußte Wolseley den Mahdi schlagen, um ihn zu befreien; wenn Gordon tot war, mußte er gerächt werden. In jedem Fall aber mußte Wolseley den Sudanfeldzug bis zum Herbst ausdehnen. Und das würde viel Geld und Blut kosten – und keinerlei materiellen Gewinn einbringen. Doch Gladstone erklärte, es gehe um einen hohen Einsatz – das Überleben des britischen Kolonialreichs in Indien. (Daß es auch um das Überleben seiner Regierung ging, erwähnte er allerdings nicht). Die Entscheidung des Kabinetts begründete er gegenüber seinem verblüfften Privatsekretär mit der Überlegung, »daß man die Wirkung berücksichtigen müsse, die der Triumph des Mahdi auf unsere mohammedanischen Untertanen hat«.[5] Am 9. Februar stimmte das Kabinett bereitwillig dafür, 2,75 Millionen Pfund zur Verstärkung für Wolseleys Armee zur Verfügung zu stellen.

Am 11. Februar wurde England von einer neuen schweren Schockwelle erfaßt, wenngleich sie nicht unerwartet kam. Die Zeitungskorrespondenten im Sudan berichteten, Gordon sei höchstwahrscheinlich bei dem Angriff auf Khartum vom 26. Januar gefallen. Am 13. Februar wurde diese Nachricht in London bestätigt. Und als Gladstone sich am Abend des 11. Februar nicht davon abbringen ließ, ins Theater zu gehen, erhob sich ein Sturm der Entrüstung gegen ihn. »Wie kann«, kreischte *The World*, »der Premierminister, der doch für all die Schrecken dieses Krieges verantwortlich ist, so herzlos sein?«[6] Unzählige anonyme Briefe trafen in der Downing Street ein. Das berühmte Akronym GOM (Grand Old Man) las man von jetzt an als »Gordons Old Murderer«.

Gladstone aber hielt dem Sturm mit einer erstaunlichen Ruhe stand, die, so Eddy Hamiltons Kommentar, zweifellos seinem »klaren Verstand« zu verdanken war. Dennoch quälte den langjährigen Mitstreiter des Premierministers die Sorge, daß dieses Desaster den längst überfälligen Rücktritt des alten Mannes herbeiführen würde: »Die Vorstellung, daß eine so großartige Laufbahn in derartig schwierigen Zeiten enden könnte, gleicht einem Alptraum, der kein Ende nehmen will.«[7]

Doch die Beschimpfungen, die sich über die Regierung ergossen, hatten zur Folge, daß das Kabinett aufwachte und die Partei zu ihrer Einheit zurückfand. Die Rede, die Gladstone im Parlament über das Fiasko im Sudan hielt, gehörte zu den eloquentesten seiner ganzen Laufbahn. Es ging darum, etwas zu verteidigen, was nicht zu verteidigen war. Gladstone hatte Gordons Hilferufen lange Zeit keine Beachtung geschenkt, und dies war der Hauptgrund dafür, daß die Befreiungsexpedition mindestens zwei Monate zu spät aufgebrochen war. Und Wolseley hatte alles noch schlimmer gemacht, indem er unvernünftigerweise die längere Route am Nil wählte. Ein Glück für Gladstone war nur, daß in London noch niemand vollständig über diese Fakten Bescheid wußte. So konnte er dem Parlament eine wilde Räuberpistole vorsetzen. Khartum, so behauptete er, sei durch Verrat gefallen. Dieser Verrat aber hätte jederzeit stattfinden können, so daß die zweimonatige Verzögerung völlig unerheblich sei.

Und so führte der Fall Khartums mitnichten zum Sturz der Regierung, sondern weckte vielmehr aufs neue ihren Machtinstinkt.

* * *

Im fernen Korti saß, die Nerven angespannt wie der einzige Kupferdraht, der ihn mit der Außenwelt verband, General Lord Wolseley und las die chiffrierte Botschaft Hartingtons, die ihn von Gladstones Sinneswandel

314

in Kenntnis setzte. Wolseley rang nach Luft. Nach alledem sollte er also weitermarschieren. Die Nachricht vom Fall Khartums hatte ihn in seiner Ehre getroffen. Gewiß hatte er sich alle möglichen Katastrophen ausgemalt – daß Boote im Nil versinken und ganze Einheiten wie verlorene Schafe in der Wüste umherirren könnten. Doch daß seinem Helden Gordon die Nahrungsmittel ausgehen und er dem Mahdi unterliegen könnte, hätte er sich niemals träumen lassen. Am 17. Februar schrieb er in sein Tagebuch:

> . . . und auch ich selbst fühle mich zum Rückzug gezwungen! Was für ein schreckliches Wort! . . . Rückzug vor diesem Gesindel, das der Mahdi befehligt! Für mich ist das ein schwerer Schlag, eine schwere Strafe, die über mich verhängt wurde.[8]

Aber es gab noch schlimmere Schläge, schlimmere Strafen als den Befehl, sich zurückzuziehen. Bald dämmerte es Wolseley, daß der Befehl weiterzumarschieren eine solche Strafe war. Sein Abscheu gegenüber Gladstone und dessen Regierung wuchs ins Bodenlose. Und je mehr er darüber nachdachte, desto unangenehmer erschien ihm seine Lage. Seiner Meinung nach sollte die Armee nicht nur den Sudan, sondern auch Ägypten räumen. Doch »als Soldat« sehnte er natürlich den Kampf herbei. Wie aber würde dieser Kampf aussehen?

> Ich glaube, daß der nahende Sudankrieg ein schrecklicher Fehler ist, die Folge der törichten Ägyptenpolitik Mr. Gladstones . . . jeder Soldat, der unsere Armee so gut kennt wie ich, kann nur mit Grauen an einen so gefährlichen Krieg denken, und dieser Krieg im Sudan wird wahrscheinlich der gefährlichste sein, den wir je begonnen haben, seitdem das von allen guten Geistern verlassene Kabinett von 1854 Rußland den Krieg erklärte.[9]

Wolseley persönlich glaubte, daß das Kap der Guten Hoffnung strategisch wichtiger sei als der Suezkanal. Der Kanal könne von einer Basis auf Zypern aus hinreichend kontrolliert werden. Daher sollte sich Großbritannien »aus dem Sudan und Ägypten zurückziehen, sobald uns dies möglich ist«. Statt dessen hatte er den Auftrag erhalten, einen langwierigen Krieg mit unabsehbaren Risiken zu führen.

Die ganze Wahrheit über die letzten Wochen im Leben Gordons wird man wohl nie erfahren. Die uns überlieferten Aufzeichnungen des Generals enden am 14. Dezember, sechs Wochen vor dem Fall Khartums.

Erst Jahre später berichteten Überlebende der Belagerung von Gordons Ende. Mitte Januar waren die Lebensmittel vollständig ausgegangen. Die Garnison in Omdurman hatte sich ergeben. In Khartum aß man Esel, Hunde, Ratten und Gummi. Und die Ruhr tat ein übriges. Viele Soldaten waren bereits zu schwach, um zu stehen. Aber Gordon tat alles, um die Verzweifelten zu ermutigen; er war überall präsent, inspizierte immer wieder die Befestigungen und besuchte die Kranken.

Am 20. Januar überbrachte ein Spion aus Omdurman die Nachricht von General Stewarts Sieg bei Abu Klea, die die Belagerten in Euphorie versetzte. Doch jene Oase befand sich mehr als 150 Kilometer weiter nördlich. Wieder machte sich Verzweiflung breit. Jahre später erfuhr man von den Männern, die den Mahdi begleiteten – darunter auch der österreichische Gefangene Rudolf Slatin –, welche Folgen diese Meldung damals hatte.

Der Mahdi und die überwältigende Mehrheit seiner Emire wollten nach der Niederlage in Abu Klea zunächst die Belagerung aufheben und sich nach El Obeid zurückziehen. Doch dann wurde ihnen klar, daß Stewarts kleine britische Streitmacht keine Bedrohung für ihre Armee darstellte. Die Eroberung von Khartum würde jetzt ohne größere Schwierigkeiten vonstatten gehen – mittlerweile bedurfte es nicht einmal eines Verräters. Hunger, Krankheit und der sinkende Wasserspiegel des Nil hatten das ihrige getan. Im südwestlichen Teil der zehn Kilometer langen Verteidigungslinie hatte der Weiße Nil eine große Sumpffläche hinterlassen, und die Garnison war zu schwach, um die Frontlinie auszuweiten. Der Mahdi beschloß, an dieser Stelle zum entscheidenden Schlag auszuholen. Am 25. Januar schlich er sich in der Dämmerung über den Fluß. Anschließend rief er seine Emire zu sich und versicherte ihnen, der Sieg werde ihnen gehören. Am nächsten Morgen, etwa zwei Stunden vor Sonnenaufgang, als der Mond bereits hinter dem Palast verschwunden war, stürmten die Soldaten des Mahdi durch das aufspritzende Sumpfwasser und fielen über die Garnison her.

Wie Gordon genau umkam, bleibt ungewiß. Er hatte sich geweigert, den Palast zu befestigen. Wie später ein Kaufmann namens Bordeini Bey erzählte, schritt er in seiner weißen Uniform die Treppe hinunter, die linke

Hand am Griff seines Degens, und spähte in die Dunkelheit. Sicher vernahm er überall um sich herum die gräßlichen Geräusche des Massakers. Dennoch zog er seinen Degen nicht, als der erste Derwisch die Treppe hinaufstürmte. Ein langer Speer traf ihn in der Brust, und er fiel vornüber auf das Gesicht.

Zu einer späteren Stunde brachte man ein Bündel zum Lager des Mahdi in Omdurman, während jenseits des Flusses in Khartum das Gemetzel weiterging. Der Lärm drang bis in das Zelt Slatins. Dann wickelte man das Bündel aus und stellte voller Stolz seinen Inhalt zur Schau – den Kopf eines Menschen. Die blauen Augen waren halb geöffnet, und das Haar war ganz weiß. »Ist das nicht«, riefen sie wie außer sich, »der Kopf deines Onkels, des Ungläubigen?« Entsetzt mußte Slatin feststellen, daß es Gordons Kopf war. Doch es gelang ihm zu antworten: »Was regt ihr euch auf? Das ist ein tapferer Soldat, der auf seinem Posten stand und fiel. Er kann sich glücklich schätzen. Sein Leiden hat ein Ende gefunden.«[10]

Von alledem erfuhren Oberst Wilson und sein Gefolge nichts. Sie fuhren am 28. Januar auf Gordons alten Raddampfern, der *Talahawiyeh* und der *Bordein*, flußaufwärts nach Khartum. Wilsons Auftrag lautete keineswegs, Gordon zu retten, nicht einmal, ihm Nahrungsmittel oder Munition zu bringen. Er sollte mit zwanzig Männern aus dem Sussex-Regiment lediglich Erkundigungen einholen und den Mahdi erschrecken. Seine unerfreulichste Aufgabe aber bestand darin, Gordon mitzuteilen, daß er erst in zwei Monaten Hilfe erwarten konnte.

Als sich die beiden Raddampfer Khartum näherten, tauchten ein halbes Dutzend Feldgeschütze und Tausende von Kriegern auf, die sie vom Ufer aus mit ihren Gewehren beschossen; doch sie fuhren weiter. Dann erblickte Wilson durch die Rauchschwaden hindurch den Palast, der zwischen den Palmen herausragte. Zunächst wollte er seinen Augen nicht trauen: Die Flagge des Khediven war nicht mehr zu sehen. Und es erschien kein Schiff, sie zu begrüßen. Diese Botschaft war eindeutig: Die Stadt war gefallen. Auf den Sandbänken hatten sich die Krieger versammelt und schwenkten ihre Fahnen. Das Gewehr- und Geschützfeuer wurde heftiger. Durch den Kugelhagel hindurch kämpften sich die beiden Schiffe den Weg zurück. Bei den Katarakten erlitten sie schließlich Schiffbruch, und einige Sudanesen liefen zum Mahdi über. Als Wilson mit den

Überlebenden am 4. Februar in das britische Lager bei Metemma wankte, war sein Gesicht grau vor Erschöpfung und Schrecken. Niemand war erstaunt darüber – ausgenommen Wolseley.

Wolseley wußte: Zwei Männer, zwei Dummköpfe, hatten ihn um seinen wohlverdienten Erfolg betrogen. Der erste dieser beiden war natürlich Gladstone; der zweite war Wilson. Dieser hätte Gordon befreien können, hätte er nicht jene drei entscheidenden Tage zwischen dem 21. und 24. Januar in Metemma vertan. »Großer Gott, es ist einfach schrecklich, sich vorzustellen, daß es uns nur um Haaresbreite mißglückt ist, Gordon und *Khartum* zu retten.«[11]

Nun aber, Mitte Februar, hatte Wolseley von der Regierung den Auftrag erhalten weiterzumarschieren und den Mahdi »in Stücke zu zerreißen«. Große Verstärkungstruppen unter General Graham sollten im Hafen von Suakin am Roten Meer landen und die Streitkräfte des Mahdi von der Ostseite des Nil her angreifen und besiegen. Anschließend würden sie sich in Berber mit den übrigen Truppen vereinigen.

Die Hitzeperiode stand unmittelbar bevor. Am 20. Februar ordnete Wolseley einen taktischen Rückzug der zwei Haupteinheiten nach Korti an. Beide waren nicht sehr weit gekommen und hatten erhebliche Verluste erlitten. So mußte der Vormarsch bis zum Herbst aufgeschoben werden.

Wolseley setzte den 15. September als Termin für den Beginn des Feldzugs fest. Am 11. März telegraphierte er an den »armen, alten und gelähmten« Lord Granville und ersuchte darum, sich Generalgouverneur des Sudan nennen zu dürfen.

Mitte März jedoch gab es erneut Anlaß zu Befürchtungen. Rußland hatte den Telegrammen aus London zufolge ein Auge auf Afghanistan geworfen, was die Briten im Hinblick auf Indien sehr beunruhigte. Am 13. März trafen niederschmetternde Nachrichten von Hartington in Korti ein: Wolseley sollte nicht Generalgouverneur werden; außerdem spielte man mit dem Gedanken, Grahams Truppen aus Suakin abzuziehen und nach Indien zu schicken.

Am 14. April kabelte Hartington, »vitale Interessen des Empire« könnten einen Rückzug aus dem Sudan notwendig machen. Wenig später folgte ein persönliches Schreiben, in dem es hieß, die Regierung »sei entschlossen, den Sudanfeldzug abzubrechen, und suche nach einem triftigen Vorwand dafür«.[12] Mit anderen Worten, ganz gleich ob es zum Krieg mit Rußland kam oder nicht, der Feldzug gegen den Mahdi war beendet. »Von all den elenden und törichten politischen Entscheidungen ist dies die schlimmste«, lautete Wolseleys Kommentar. Es sei »grausam und sinnlos«, daß dieser Beschluß nicht unmittelbar nach dem Fall Khartums gefällt worden sei. »Was sind das bloß für Männer, denen ich dienen muß!«[13]

* * *

Die Königin war Ende Februar nach Windsor Castle zurückgekehrt – gerade rechtzeitig, um ihre hochgeschätzten Grenadiere zu verabschieden, die in den Sudan aufbrachen. Während eines Urlaubs in Aix-les-Bains im April erfuhr sie dann, daß die Regierung den Abzug aus dem Sudan beschlossen habe. »Nach dem Verlust von soviel Blut und Geld«, schrieb sie an Gladstone, sei diese Nachricht »äußerst schmerzlich«.[14] Und am 17. Mai richtete sie einen letzten eindringlichen Appell an Gladstones designierten Nachfolger Lord Hartington und äußerte ihr Erstaunen über seinen Sinneswandel: »... ein zweites Mal zusehen zu müssen, wie unsere Truppen zurückgerufen werden und vor Wilden kapitulieren – und dies wahrscheinlich – ja höchstwahrscheinlich – nur, um sie bald wieder auszusenden –, macht uns zum Gespött der ganzen Welt«. Schließlich ließ sie sich wortreich darüber aus, daß Gladstone endlich seinen Abschied nehmen müsse.[15]

Es mag merkwürdig erscheinen, daß dieses in vielen anderen Fragen völlig zerstrittene Kabinett in der Sudanpolitik plötzlich Einigkeit zeigte. Doch selbst Hartington mußte zugeben, daß die von Wolseley verfochtene Expansionspolitik aus zweierlei Gründen nicht durchführbar war.

Zunächst einmal war die russische Bedrohung nicht nur ein Vorwand, wie Wolseley glauben wollte. Wie sollten die Briten in Zentralasien einen Krieg führen, wenn die Hälfte der Armee (und obendrein noch die bessere) im Sudan festsaß? Dann jedoch stellte sich heraus, daß die Afghanistankrise ein tragikomisches Mißverständnis war. Die Russen hatten ein paar Afghanen bei Pendjeh nahe der Grenze getötet, hegten aber keinerlei Absichten, auf Herat zu marschieren. Dennoch – das Gespenst eines drohenden Krieges hatte den Briten in Indien einen nicht geringen Schrecken eingejagt.

Der zweite und zwingendere Grund lag darin, daß die Öffentlichkeit – sowohl die Anhänger der Torys als auch der Liberalen – keine Ambitionen mehr hatte, Gordon zu rächen. Dem lähmenden Schock angesichts seines heroischen Todes war der nüchterne Blick auf die Schwierigkeiten gefolgt, die ein Gegenschlag mit sich bringen würde. Im April erklärte Gladstone, die Regierung benötige zusätzlich 11,5 Millionen Pfund für die militärischen Aktionen im Sudan und in Indien – die Kosten für den Marsch auf Khartum nicht inbegriffen. Die Einkommensteuer sollte um einen Penny pro Pfund angehoben werden. Außerdem wollte man das Bier mit hohen Steuern belegen. Pech für die Interessen der Liberalen im Brauereigewerbe! Man fragte sich, ob es Wolseley überhaupt gelingen konnte, den Mahdi in den unendlichen Weiten des Sudan zur Strecke zu bringen. Im März und April waren die Nachrichten wenig ermutigend. Wolseleys eigene zwei Einheiten hatten sich gezwungen gesehen, nach Korti zurückzukehren, und General Grahams Truppen saßen weiterhin in Suakin fest. Der General des Mahdi an der Küste des Roten Meeres wich ihnen ständig aus.

Am 22. Mai sah es für die Liberalen nicht mehr ganz so düster aus wie noch ein paar Monate zuvor. Gladstone war bereit, gegenüber Hartington zuzugeben, daß sowohl die Entsendung der Truppen nach Suakin als auch Gordons Auftrag in Khartum schwere Fehler gewesen waren, die auf das Konto der Regierung gingen. Doch nun, da der Abzug aus dem Sudan beschlossene Sache war, standen in der Außenpolitik andere Aufgaben im Vordergrund: Man mußte Frankreich und Deutschland dazu bewegen, ihre Haltung zur ägyptischen Finanzpolitik zu ändern. Innenpolitisch war Irland zwar immer noch ein harter Prüfstein für die Regierung, doch für die Torys nicht minder: Denn auch sie waren in der Irlandfrage gespalten. Es gab wenig Zweifel, daß die Liberalen die Wahlen gewinnen würden, nicht zuletzt deshalb, weil es im Herbst ein neues Wahlverfahren geben sollte. Da es nun ein Wahlrecht für alle Haushalte gab, würden die Armen die Liberalen retten.

Whigs und Radikale, die noch im Januar ein Komplott gegen Gladstone geschmiedet hatten, baten ihn nun, seine Rücktrittsdrohung nicht wahrzumachen. Und der gewiefte Taktiker, der die Sudankrise mit so viel Geschick gemeistert hatte, erklärte sich einverstanden, noch eine Weile weiterzumachen.

»Allah ist groß, und Mohammed ist sein Prophet.« Am Tage nach dem Fall Khartums setzte der Mahdi, begleitet von dem Kalifen Abdallahi, von Omdurman über den Fluß, um die Früchte des Sieges zu ernten.

Von den 30 000 Zivilisten und 6000 Soldaten der dem Untergang geweihten Garnison waren mindestens 4000 gefallen. Überall in der Stadt lagen Leichen verstreut, denen die Köpfe abgehackt worden waren. Dann gebot der Mahdi dem Morden Einhalt und befahl, die Gebäude unversehrt zu lassen, denn man brauche sie für den Gottesdienst. Die erbeuteten Schätze sollten dem Mahdi übergeben und für die Notleidenden aufgespart werden. Die Frauen und Töchter der Bewohner teilte man als Sklavinnen untereinander auf, wobei die jüngsten und schönsten natürlich dem Mahdi und dem Kalifen vorbehalten blieben.

Die erfolgreiche Abwehr von Wilsons Raddampfern zwei Tage nach dem Fall von Khartum besiegelte schließlich den Triumph des Mahdi. Die Ungläubigen waren geflohen, wie er es vorausgesagt hatte. Durch den Willen Gottes hatten die *ansar* (Helfer) – seine Soldaten – die Hauptstadt des Sudan eingenommen und fast ohne eigene Verluste ein Arsenal voller Gewehre und Schießpulver erobert. Damit kontrollierten sie fast den gesamten ägyptischen Sudan – ausgenommen die südlichste Provinz, Äquatoria, wo sich Emin Pascha (der zum Islam konvertierte deutsche Arzt Eduard Schnitzer) behaupten konnte. Der Mahdi hielt den Zeitpunkt für gekommen, den zweiten Teil seines Plans in Angriff zu nehmen: Der Heilige Krieg, der *dschihad*, sollte in die noch nicht reformierte moslemische Welt und darüber hinaus getragen werden.

Das naheliegendste Ziel war Ägypten. Als Unterdrücker des Sudan und Helfershelfer der Ungläubigen waren der Khedive und die anderen »Türken« doppelt verhaßt. So schrieb der Mahdi einen Brief an Tewfik, den Khediven, in dem er dem »Gouverneur von Ägypten« riet, sich dem *dschihad* anzuschließen und gemeinsam mit ihm gegen die Ungläubigen vorzugehen. Sonst werde er in Ägypten einmarschieren. In Wahrheit jedoch war keine der beiden nördlichen Armeen am Nil und am Roten Meer stark genug für einen derartigen Feldzug. Krankheit, Desertionen und Geldmangel hatten sie geschwächt. Im Augenblick konnte der Mahdi nichts weiter unternehmen, als Wolseleys Truppe den Nil hinunter bis an die ägyptische Grenze zu verfolgen und Grahams Streitkräfte durch die Wüste zurück nach Suakin zu treiben.

Verwundbarere Ziele waren hingegen die ägyptischen Garnisonen, die

an den Grenzen zu Abessinien und in dem riesigen kränkelnden christlichen Reich ausharrten. Bald nach dem Fall Khartums schrieb der Mahdi
einen Brief an Negus (Kaiser) Johannes von Äthiopien und bot ihm den
Frieden an. Er erinnerte ihn daran, daß vor zwölfhundert Jahren die
Äthiopier Abu Bakr, den Kalifen (Nachfolger) des Propheten, willkommen geheißen hatten; damals habe sich der Negus von Äthiopien zum
Islam bekehren lassen. Johannes, so empfahl er, solle seinem Beispiel
folgen und die *dschihab* der Gläubigen annehmen. Andernfalls werde
auch sein Land eine Invasion erleben: Die Armee des Mahdi belagere
bereits die ägyptischen Garnisonen in Sennar und Kassala. Doch Johannes würdigte den Mahdi keiner Antwort.

Im Juni erfuhr Rudolf Slatin, der inzwischen wieder auf freien Fuß
gesetzte Diener des Kalifen Abdallahi, daß der Mahdi krank sei. Zunächst
schenkte niemand dieser Nachricht besondere Aufmerksamkeit; hatte
nicht der Mahdi selbst immer wieder versichert, daß sein Leben genauso
verlaufen werde wie das des Propheten und mit der Einnahme von
Mekka, Medina und Jerusalem enden werde? Doch dann erfuhren die
Gläubigen, der Mahdi bedürfe ihrer Gebete. Er war an Typhus erkrankt.

Am 22. Juni verkündete Abdallahi, den der Mahdi zwei Monate zuvor
zum Kalifen ernannt hatte, der erstaunten Gemeinde in der Moschee
Gottes Willen:

Freunde des Mahdi! Gottes Wille ist unabänderlich. Der Mahdi hat
uns verlassen und ist ins Paradies eingegangen, wo ihn ewige Freuden
erwarten . . . Das Gute im Leben ist nicht von Dauer. Ergreift daher mit
beiden Händen das Glück, Freunde und Anhänger des Mahdi zu sein,
und weicht niemals auch nur einen Schritt von dem Pfad ab, den er
euch gewiesen hat. Ihr seid die Freunde des Mahdi, und ich bin sein
Kalif. Schwört, daß ihr mir treu sein werdet.[16]

Und Zehntausende von Männern gelobten dem Kalifen Abdallahi als
dem Nachfolger des Mahdi die Treue.

Die beiden anderen Kalifen hatten jedoch stärkeren Rückhalt bei den
Emiren. Aber ihre Truppen, die *ansar* der Roten beziehungsweise der
Grünen Flagge, waren über verschiedene Provinzen verstreut. Abdallahi
als Oberbefehlshaber hingegen hatte seine Soldaten – unter der Schwarzen Flagge – in dem strategisch bedeutenden Omdurman stationiert.

Daher konnte sich zu diesem Zeitpunkt niemand seinem Anspruch auf die Nachfolge widersetzen, obwohl er sowohl im Sudan selbst als auch im Ausland viele Feinde hatte.

* * *

Innerhalb von wenigen Monaten nach dem Fall Khartums hatten sich große Veränderungen in der ganzen Region ergeben, die sich vom oberen Nil und vom Roten Meer bis jenseits des Äquators erstreckten. Zufällig fiel der Tod des Mahdi mit einem Wettlauf um die Beute des ägyptischen Reiches im Süden zusammen. Als die Soldaten des Mahdi in östliche Richtung marschierten und die Briten sich nach Norden zurückzogen, traten zwei andere europäische Mächte – Italien und Frankreich – auf den Plan, um Äthiopien die Vorherrschaft streitig zu machen. Außerdem bahnte sich in Ostafrika, jenseits des Äquators, ein weiterer Wettlauf an: Die Deutschen drängten ins Landesinnere vor, um Sansibar – jenem ohnmächtigen orientalischen Sultanat, über das die Briten zwei Jahrzehnte lang die informelle Herrschaft ausgeübt hatten – seine Gebiete abzunehmen.

Am 8. Juni, zwei Wochen vor dem Tod des Mahdi, erlitt die liberale Regierung bei einer Abstimmung über die geplante Alkoholsteuer eine Niederlage. Der Anlaß war eigentlich nichtig, doch das geschwächte Kabinett Gladstone ergriff die Gelegenheit und trat ab. Man wollte bis zu den Wahlen neue Kräfte sammeln und dann an die Macht zurückkehren. Bis dahin jedoch sollten die Torys den bitteren Geschmack der Macht kennenlernen.

Der neue Premierminister hing ganz anderen Anschauungen an. Lord Salisbury, obwohl ein Imperialist wider Willen, sollte die Expansion des britischen Empire in Afrika weiter vorantreiben als jeder andere Engländer jener Epoche.

KAPITEL 16

Die Flagge des Sultans

England, Sansibar und Ostafrika
8. Juni – Dezember 1885

»Ich wollte kein Paria mehr sein,
sondern der Herrenrasse angehören.«

Carl Peters

Robert Cecil, der dritte Marquis von Salisbury, war im altehrwürdigen Renaissanceschloß Hatfield bei London aufgewachsen und der tyrannisch-gestrengen Bildung in Eton unterzogen worden. Dank der Protektion seines Vaters war er bereits in jungen Jahren Parlamentsmitglied geworden und sah es als Selbstverständlichkeit an, daß er ein Anrecht auf eine Führungsposition habe.

Manchmal bereitete es ihm ein sardonisches Vergnügen, den Dünkel vieler Politiker bloßzustellen, etwa die Chauvinisten wegen ihrer Arroganz und die Imperialisten wegen ihrer Großtuerei zu verspotten. Kein britischer Premierminister hätte weniger von Englands göttlicher Auserwähltheit für die Weltherrschaft überzeugt sein können. Er übernahm die Macht in jener ersten Juniwoche des Jahres 1885 nur mit Widerwillen. Im besten Falle hätte er die Bürde dieses Amtes als schmerzhaft und peinlich empfunden; doch zu diesem Zeitpunkt waren die Aussichten für eine Tory-Regierung nach seinen eigenen Worten geradezu »unerträglich«.[1]

Das Unangenehme war, daß Gladstones Regierung vor dem Rücktritt noch ein Reformgesetz erlassen hatte, das jedem männlichen Haushaltsvorstand die Wahlberechtigung erteilte. Allgemeine Wahlen aber konnten frühestens mit der Erstellung des neuen Wählerregisters im November stattfinden, und bis dahin würde sich eine konservative Minderheitsregierung bei den Versuchen, ihre Gesetzesvorlagen durchzubringen, höchstwahrscheinlich die Zähne ausbeißen. Die Liberalen hingegen würden sich derweil in der Opposition regenerieren, um bei den nächsten Wahlen

324

dann dank der zwei Millionen Neuwähler aus der Arbeiterschaft wahrscheinlich wieder an die Macht zurückzukehren.

Doch warum hatte Salisbury, der Mann ohne Illusionen, sich dennoch bereit erklärt, das Amt des Premierministers zu übernehmen?

Am 8. Juni hatte sich die Regierung Gladstone ohne Vorwarnung aufgelöst. Lord Salisbury erklärte sich bereit, anstelle des fast achtzigjährigen Gladstone Königin Viktoria in ihrer schottischen Residenz Balmoral aufzusuchen und ihr die Gründe des Regierungsrücktritts darzulegen. Nur allzugut wußte er, daß sie den Tag herbeigesehnt hatte, an dem Gladstone und die Radikalen abtraten. Doch er war erstaunt über andere Dinge, die Ihre Majestät ihm nun im Vertrauen mitteilte.

Außenpolitik war sein Fachgebiet, und wie die Königin hegte er ein tiefes Mißtrauen gegenüber Rußland und seinem unberechenbaren Zaren. Nun ließ ihn die Königin wissen (und vertrauliche Dokumente bestätigten dies später), daß der Konflikt mit Rußland wegen des Vorfalls in Pendjeh keineswegs beigelegt sei. Vielmehr werde die Türkei voraussichtlich einem prodeutschen und antibritischen Bündnis beitreten und die Straße von Konstantinopel abriegeln. Ferner sei Bismarck verärgert wegen Lord Derbys ungeschicktem Verhalten in der Angelegenheit mit Angra Pequena und scheine jetzt entschlossen, mit Frankreich gemeinsame Sache zu machen, um Großbritanniens Vormachtstellung in Ägypten zu erschüttern. Kurz, die beinahe siebzigjährige Königin drang in Salisbury mit der Verzweiflung einer Jungfrau auf der Suche nach einem fahrenden Ritter. Ihr vordem so stolzes Empire werde von allen Seiten bedrängt – wie könne er sie da im Stich lassen? So ließ Salisbury sich erweichen, doch er stellte die Bedingung, daß die liberale Mehrheit im Parlament versprechen müsse, sich ihm gegenüber fair zu verhalten.

Als Oppositionsführer im Oberhaus hatte Salisbury die Liberalen während der letzten fünf Jahre wiederholt wegen »Wankelmut und Inkonsequenz« in der Afrikapolitik kritisiert. Er verspottete sie wegen des Krieges gegen die Buren des Transvaal, denen die Briten nach einer demütigenden Niederlage die Regierungsgewalt hatten zurückgeben müssen; wegen der Intervention in Ägypten, die erst stattfand, nachdem Arabi die Macht ergriffen hatte; und am meisten wegen des »überstürzten Rückzugs«[2] aus dem Sudan. Und die Verzögerung bei der Hilfe für Gordon hatte er als die größte Torheit der Liberalen gegeißelt.

Doch wie konnte man angesichts der gefährlichen Rivalitäten zwischen den europäischen Großmächten im Jahre 1885 eine umsichtige Politik verfolgen? Salisbury verlegte sein Hauptquartier ins Außenministerium, das er schon einmal geleitet hatte, bis er es 1880 an Lord Granville abgeben mußte. Damals war Afrika kaum erwähnt worden; heute schien es nur noch darum zu gehen, den ganzen Kontinent möglichst schnell aufzuteilen wie einen Kuchen.

Im Außenministerium hatte Percy Anderson, der Leiter des Afrika-Ressorts, dafür zu sorgen, daß Großbritannien die besten Stücke von diesem Kuchen abbekam. Anderson hatte als einer der ersten erkannt, daß Großbritanniens einfaches und billiges Modell des »informal Empire«, der Machtausübung ohne Übernahme von Verantwortung, in Afrika zum Scheitern verurteilt war. Wie erwähnt hatte er 1883 Konsul Hewetts Plan unterstützt, am Niger und den Ölflüssen ein Protektorat zu errichten. In Kamerun war ihnen jedoch mittlerweile Bismarck zuvorgekommen. Aber am Niger und den anderen Ölflüssen erwies sich Andersons Strategie – nicht zuletzt dank des Engagements von George Goldie – als ein voller Erfolg. Nach Leopold war Anderson bei der Berliner Westafrika-Konferenz der zweite Sieger gewesen.

Im Juni 1885 aber galt seine ganze Aufmerksamkeit der anderen Seite des Kontinents, und zwar der ostafrikanischen Küste zwischen dem Horn und der portugiesischen Kolonie Moçambique. Dort lag die Startlinie für den Wettlauf zu einem neuen Eldorado. Die wichtigste Frage lautete nun: Wenn ein Wettstreit unvermeidbar war, welche britischen Interessen in Afrika waren von vitaler Bedeutung, und welche konnten vernachlässigt werden?

Der Ausgangspunkt von Andersons Überlegungen war natürlich Großbritanniens Position in Ägypten. Seit die Franzosen erkannt hatten, daß England nicht gewillt war, die duale Kontrolle wiederherzustellen, erwies sich Ägypten bei jeder außenpolitischen Maßnahme der Briten, mochte sie diplomatischer oder militärischer Natur sein, als Klotz am Bein. Dennoch mußten die Engländer ihre Position in dem nordafrikanischen Land unter allen Umständen halten, denn seit der Eröffnung des Suezkanals im Jahre 1869 war Ägypten der Anrainerstaat der wichtigsten Schiffahrtverbindung nach Indien und dem Fernen Osten.

Die britische Vormachtstellung in Ägypten aber stand noch immer auf wackligen Beinen, weil Frankreich nach wie vor mit kindischer Sturheit jeden Versuch blockierte, die finanzielle Situation des Landes

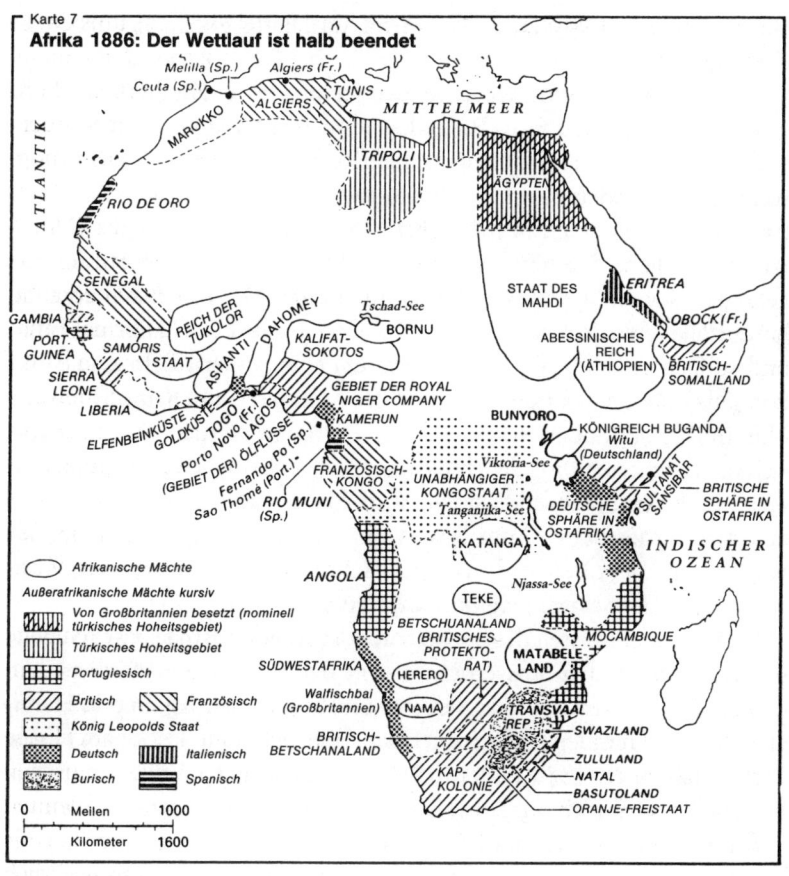

Karte 7

Afrika 1886: Der Wettlauf ist halb beendet

Melilla (Sp.)   Algiers (Fr.)
Ceuta (Sp.)
ALGIERS   TUNIS
MAROKKO   *MITTELMEER*
TRIPOLI
ATLANTIK
RIO DE ORO   ÄGYPTEN

SENEGAL   STAAT DES   ERITREA
MAHDI   OBOCK (Fr.)
GAMBIA   REICH DER   Tschad-See
PORT.   TUKOLOR   DAHOMEY   BORNU   ABESSINISCHES   BRITISCH-
GUINEA   SAMORIS   KALIFAT-   REICH   SOMALILAND
SIERRA   STAAT   ASHANTI   SOKOTOS   (ÄTHIOPIEN)
LEONE   GEBIET DER ROYAL
LIBERIA   NIGER COMPANY
ELFENBEINKÜSTE   KAMERUN   BUNYORO   KÖNIGREICH BUGANDA
GOLDKÜSTE   TOGO (Fr.)   Witu
Porto Novo (Fr.)   LAGOS   (Deutschland)
(GEBIET DER) ÖLFLÜSSE   Viktoria-See   SULTANAT   BRITISCHE
Fernando Po (Sp.)   FRANZÖSISCH-   UNABHÄNGIGER   SANSIBAR   SPHÄRE IN
Sao Thomé (Port.)   KONGO   KONGOSTAAT   OSTAFRIKA
RIO MUNI   Tanganjika-See   DEUTSCHE   *INDISCHER*
(Sp.)   SPHÄRE IN   *OZEAN*
KATANGA   OSTAFRIKA

Afrikanische Mächte   ANGOLA   Njassa-See
Außerafrikanische Mächte kursiv   TEKE
Von Großbritannien besetzt (nominell   BETSCHUANALAND   MOÇAMBIQUE
türkisches Hoheitsgebiet)   (BRITISCHES
Türkisches Hoheitsgebiet   SÜDWESTAFRIKA   PROTEKTO-   MATABELE-
Portugiesisch   RAT)   LAND
Britisch   Französisch   Walfischbai   HERERO
König Leopolds Staat   (Großbritannien)   NAMA   TRANSVAAL   SWAZILAND
Deutsch   Italienisch   BRITISCH-   REP.   ZULULAND
Burisch   Spanisch   BETSCHANALAND   NATAL
KAP-   BASUTOLAND
0   Meilen   1000   KOLONIE   ORANJE-FREISTAAT
0   Kilometer   1600

auf eine solide Basis zu stellen. Und das hatte zwei unangenehme Konsequenzen.

Erstens war Großbritannien bei den Finanzverhandlungen darauf angewiesen, daß Bismarck die Rolle des »ehrlichen Maklers« einnahm. Das bedeutete, man mußte den deutschen Reichskanzler bei Laune halten, wenn es um andere Teile der Welt ging, und seinen frisch erwachten Appetit auf Kolonien mit möglichst wenig Opfern von seiten Großbritanniens stillen. Zweitens konnte die ökonomische Stabilisierung nur gelingen, wenn Ägypten sein Imperium aufgab. Der Khedive mußte die bittere Pille schlucken und alle seine Garnisonen im Wadi Halfa, im Sudan und südlich davon abziehen. Es hätte ein ehrenvoller Rückzug werden können, wäre da nicht der Aufstand des Mahdi dazwischengekommen. Nun mußte der Sudan *trotz der Revolte* geräumt werden. Wolseley zog sich unverrichteter Dinge nach Norden zurück. Lediglich drei ägyptische Garnisonen im Sudan südlich von Wadi Halfa konnten auf dem Seeweg gerettet werden. Von Emin Pascha und seinen Truppen in Äquatoria wußte niemand, ob sie nicht vielleicht schon vor Monaten niedergemetzelt oder in die Sklaverei geführt worden waren.

Im Süden und Osten des Sudan hatte der Khedive Ismael zwei Außenposten seines Imperiums errichtet – in der Hafenstadt Massawa, die östlich der abessinischen Hochebene am Roten Meer lag, und in Harar, einer für ihre Fremdenfeindlichkeit bekannten, befestigten Stadt am Rande der Somaliwüste. 1884 und 1885 waren jedoch beide Stützpunkte aus finanziellen Gründen auf Anweisung der Briten aufgegeben worden.

Im Februar 1885 besetzte Italien nach einem geheimen Abkommen mit London den Hafen Massawa. Im britischen Außenministerium war man erfreut über diese Gelegenheit, einem Rivalen Frankreichs einen Gefallen tun zu können, denn die Franzosen hatten ihrerseits gerade in Obock (Djibouti) in Somaliland Fuß gefaßt. Für Italien wiederum war dies eine Revanche für die Demütigung in Tunesien; Massawa sollte zur Keimzelle für die zukünftige italienische Kolonie Eritrea am Roten Meer werden.

Harar war zu arm und zu entlegen, um das Interesse einer der Großmächte zu wecken. Von den Löwen verschmäht, fiel es an einen hungrigen Schakal: König Menelik von Schoa in Südäthiopien. Die Briten gaben sich mit einem kleinen Happen bei Berbera, an der Nordseite des Horns, zufrieden, während Italien sich noch ein Stück seiner späteren Kolonie Somaliland einverleibte.

Die Aufteilung Ostafrikas war ein schwieriges Unterfangen für Großbritannien. Sir Percy Anderson und seine Kollegen im Außenministerium mußten sich eingestehen, daß sie nicht wußten, welches die günstigsten Maßnahmen zum Schutz der britischen Interessen in diesem Gebiet waren. Seit neun Monaten schwankten sie in dieser Frage zwischen zwei Extremen: Man konnte *entweder* den Sultan von Sansibar unterstützen, der Anspruch auf ein riesiges Gebiet zwischen Somaliland und Moçambique erhob, *oder aber* ein neues britisches Protektorat errichten, indem man seinen Anspruch abwies und sein Reich zerstückelte.

Eines war den Experten klar, die im Ministerium über Handelsstatistiken und Karten mit Karawanenrouten brüteten: In Ostafrika standen weit bedeutendere Interessen auf dem Spiel als am Niger, im Westen des Kontinents. Sansibar hatte sich mit Im- und Exporten in Höhe von zirka zwei Millionen Pfund zum wohlhabendsten Hafen zwischen Durban und dem Suezkanal entwickelt. Der Großteil der Importe bestand aus englischen oder indischen Fabrikwaren, und der Handel befand sich überwiegend in der Hand von Indern mit britischer Staatsangehörigkeit. Die reichen Plantagen auf Sansibar und der Nachbarinsel Pemba produzierten weltweit den Löwenanteil an Gewürznelken. Doch wirklich reich war Sansibar durch den Lagerhandel mit den Häfen der Festlandsküste geworden; sie verbanden das Netz der Karawanenrouten, die ins Innere des afrikanischen Kontinents führten, mit dem zentralen Umschlagplatz auf der Insel. In endlosen Schlangen zogen Träger an die Küste herunter, beladen mit Elfenbein, Kautschukballen, Häuten und anderem Handelsgut, und kehrten mit Stoffen aus Manchester oder Bombay, Messingwaren aus Birmingham oder Messern aus Sheffield ins Landesinnere zurück.

Aber das Beste daran – und ein wahrer Grund zum Stolz für Freunde der Bibel – war das Aufblühen des legalen Handels. Noch vor zwanzig Jahren war Sansibar für seinen Sklavenhandel berüchtigt gewesen, bis die Briten den Sultan 1873 zwangen, die Sklavenmärkte auf der Insel und am Festland zu schließen. Im Sultanat selbst war die Sklaverei nach wie vor erlaubt: Sklavenarbeit bildete die Grundlage des Gewürznelkenanbaus. Andererseits aber diente Sansibar als Basis für die britischen Patrouillenboote, die Jagd auf Sklavenhändler machten.

Im Jahre 1884 war absehbar, daß das Festland bald durch eine explosive Entwicklung des Handels erschlossen würde. Seit den großen Forschungsreisen Livingstones, Spekes und Stanleys wußte man von großen

Landstrichen am Viktoria- und Tanganjika-See mit reichem Ackerland und idealem Klima. Im Herzen Afrikas, so hieß es allenthalben, liege ein zweites Indien, ein neuer Garten Eden mit einem Überfluß an tropischen Früchten aller Art. Aber wie konnte man dieses Paradies für Europa und den legalen Handel erschließen?

Für diese Aufgabe hatte Livingstone sein Leben gelassen. Stanley hatte den Kongo gefunden, aber der Kongo war weit. Im übrigen – würden sich derart tiefgelegene Regionen für eine Besiedlung durch Europäer eignen? Neben den Segnungen von Boden und Klima gab es dort leider auch äußerst unangenehme tropische Krankheiten, allen voran die Malaria.

Eine neue Generation englischer, französischer und deutscher Forscher hatte unlängst nicht weit von Sansibar zwei Gebiete entdeckt, in denen ein gemäßigtes Klima herrschte: das kleine Plateau, das den schneebedeckten Gipfel des Kilimandscharo umgab, und das weitaus größere Hochland um den Mount Kenya. Das erste der beiden Gebiete schien für eine Kolonisierung besser geeignet zu sein, denn es lag unmittelbar nördlich der wichtigen Karawanenroute nach Ujiji und zum Tanganjika-See. Auch die Eingeborenen dort hatten sich den Europäern gegenüber sehr freundlich und hilfsbereit gezeigt. Die wilden Stammeskrieger der Masai dagegen, die auf den kenianischen Hochebenen ihre riesigen Rinderherden weideten, legten nicht die geringste Achtung gegenüber den Ansprüchen von Fremden an den Tag.

Die Briten beschlossen in diesem Herbst 1884, den anderen Großmächten unbedingt zuvorzukommen und diese saftige Pflaume am Fuße des Kilimandscharo zu pflücken. Jetzt oder nie, hieß die Parole, denn schon streiften deutsche und französische Forscher in der Gegend umher. Eine deutsche Kolonie würde zweifellos Sansibar einen der besten Häfen auf dem Festland wegnehmen und darüber hinaus das Monopol der Insel für den Karawanenhandel mit den Großen Seen brechen – die wichtigste Quelle des Reichtums für Sansibar. Aber noch schlimmer würde sich die Gründung einer französischen Kolonie auswirken; sie würde nicht nur ein Desaster für das Sultanat bedeuten, sondern auch für Großbritannien selbst. Denn die Franzosen würden Zollschranken errichten und den britischen Unternehmergeist mit ihrer Kolonialbürokratie ersticken. Außerdem konnten sie eine Marinebasis errichten, um den Seeweg nach Indien und dem Fernen Osten zu kontrollieren. Im September 1884 war man sich im Außenministerium einig: Das Kilimandscharo-Gebiet mußte britisches Protektorat werden, inklusive einem Hafen auf dem Festland, der als Versorgungsstützpunkt dienen würde. Nun galt es nur noch, das Angebot eines eingebildeten sechsundzwanzigjährigen britischen Forschers namens Harry Johnson anzunehmen, der ohnehin schon in Chagga, am Fuße des Berges, campierte. Er sollte mit dem dortigen Stammeshäuptling, »König« Mandara, einen Schutzvertrag unterzeichnen. Und schon wanderte dieser ungewöhnlich wagemutige Plan zu Granvilles Schreibtisch und von dort ins Kabinett. Sir John Kirk, der britische Vertreter in Sansibar, wurde telegraphisch aufgefordert, sofort eine entsprechende Stellungnahme abzugeben, »da Deutschland und Frankreich vermutlich Annexionspläne hegen«.[3]

Seltsamerweise befürwortete die Mehrheit des liberalen Kabinetts diesen Schritt. Es war gerade der Zeitpunkt, als Bismarck Großbritannien in Angra Pequena ein Schnippchen geschlagen hatte. Also verfuhr man nach dem Prinzip »wie du mir, so ich dir«: der Kilimandscharo für Kamerun und Angra Pequena. Nur lagen auf dem Weg zur Annexion dieser Region zwei unüberwindliche Hindernisse. Sir John Kirk war entschlossen, jeden Schritt zu vereiteln, der zu einer Schwächung der Autorität des Sultans führen konnte – immerhin hatte er sich zwanzig Jahre lang bemüht, sie zu stärken! Deshalb schlug er vor, das Reich des Sultans bis zum Kilimandscharo auszudehnen.

Und am 3. März 1885, einige Tage nach dem Ende der Berliner Westafrika-Konferenz, war im Berliner Staatsanzeiger zu lesen, daß eine »Gesellschaft für deutsche Kolonisation« einen »Schutzbrief« zur Errichtung eines Protektorats in Ostafrika erhalten habe. Ohne die geringste Vorwarnung hatte Bismarck sich also ein viertes Stück vom afrikanischen Kuchen in sein Kolonialreich einverleibt. Die Grenzen waren vorerst noch nicht festgelegt; sicher war nur, daß es um die wichtigen Gebiete Usagara, Ungulu, Uzigua und Ukami ging, die eigentlich der Oberhoheit des Sultans von Sansibar unterstanden und zudem an der bedeutendsten Karawanenroute zu den Großen Seen lagen. Die Deutschen behaupteten jedoch, daß sie keineswegs zum Herrschaftsbereich des Sultans gehörten.

Wie sich herausstellte, war dieser Plan das Werk eines jungen Abenteurers namens Carl Peters, der auch die treibende Kraft der »Gesellschaft für deutsche Kolonisation« war. Es hieß, er und drei andere junge Deutsche hätten sich als Deckpassagiere nach Sansibar eingeschifft. Sie hatten lediglich einige Wochen in Ostafrika verbracht, und ihre »Verträge« mit dort ansässigen Häuptlingen seien noch suspekter als andere derartige Abkommen. Bismarck stellte sich jedoch voll und ganz hinter die vier, und deshalb fügte sich das britische Außenministerium in dieses *Fait accompli*. Es war einfach zu wichtig, den deutschen Kanzler bei Laune zu halten. Solange Bismarcks Hunger nach Kolonien nicht gestillt war, bestand für England die Gefahr, Ägypten zu verlieren.

Was das Kilimandscharo-Gebiet anbelangte, so setzte Anderson immer noch gewisse Hoffnungen in Johnsons Plan, dort eine britische Kolonie zu errichten. Eine Gruppe von Geschäftsleuten aus Manchester und Liverpool war durch die etwas weitsichtigeren Beamten des Außenministeriums auf die Bedrohung britischer Märkte in diesem Gebiet aufmerksam geworden. Der leidenschaftlichste Befürworter einer Kilimandscharo-Kolonie war Frederick Holmwood, Kirks altgedienter Mitarbeiter in Sansibar. Er hatte bereits einen kühnen Plan für eine Eisenbahnlinie ausgearbeitet, die von Mombasa an der Küste nördlich des von Deutschland beanspruchten Gebietes zum Kilimandscharo verlaufen sollte – direkt durch die Ebenen der Masai. Holmwood versicherte seinen Kollegen, daß die gefürchteten Krieger sich freundlich zeigen würden, wenn man ihnen nur einen guten Preis für ihre Tierhäute anböte.

Die britischen Kapitalisten schienen jedoch keine besondere Lust zu verspüren, ihre eigene Haut – oder auch nur ihr Geld – in dieser gefährlichen Gegend aufs Spiel zu setzen. Die Wortführer dieser Gruppe waren Sir William Mackinnon und James Hutton, König Leopolds treueste Parteigänger in Großbritannien, und der Kongo nahm ihre Aufmerksamkeit vollständig in Anspruch. Genauer gesagt, sie wollten ein Konsortium gründen, um Leopold beim Bau der lebenswichtigen Eisenbahn zur Umgehung der Kongo-Wasserfälle zu unterstützen. Das Projekt am Kilimandscharo erschien im Vergleich dazu wenig attraktiv. Bevor sie bereit waren, dort einen Penny für eine Bahnlinie zu investieren, verlangten sie erst weitgehende Zugeständnisse des Sultans sowie eine Garantie der britischen Regierung – beides Forderungen, die wohl kaum erfüllt werden würden.

Das Phlegma der Kapitalisten aus Manchester überraschte Anderson nicht sonderlich. Doch wenn sie sich über die Bedrohung ihrer überseeischen Märkte beklagten, dann mußten sie sich auch für ihren mangelnden Unternehmergeist tadeln. »Manchester ist zu keinerlei mit Risiken verbundenen Investitionen bereit«, schrieb er im April 1885. Und schon im Juni erkannte er, daß Carl Peters mit seinen betrügerischen Verträgen leichtes Spiel haben würde – es sei denn, die britische Regierung erklärte sich bereit, die Bahnlinie zum Kilimandscharo zu subventionieren. Doch eine derart kühne Hoffnung hegte niemand im Außenministerium.

Als Salisbury im Juni 1885 Granvilles Posten übernahm, war man daher im Außenministerium wenig zuversichtlich, daß man Deutschland durch die Unterstützung des Sultans oder die Errichtung einer neuen Kolonie zuvorkommen könne. Bismarck schien entschlossen, den größten Teil Ostafrikas an sich zu reißen, solange sich Salisbury nicht energisch widersetzte – oder der Sultan ihm Einhalt gebieten konnte.

* * *

Im britischen Konsulatsgebäude in Sansibar, das am Hafen und direkt neben dem Sultanspalast lag, studierte Sir John Kirk die neuesten Telegramme aus London. Er war entsetzt darüber, daß man sein Lebenswerk zerstören wollte, nur um Bismarck zu beschwichtigen. Seit neunzehn Jahren war er nun britischer Agent und Generalkonsul auf diesem von paradiesischer Schönheit gesegneten Eiland, und er hatte sich an den märchenhaft anmutenden Anblick, den die Stadt von der Lagune aus bot, ebenso gewöhnt wie an die dahinterliegende afrikanische *Shantytown,* wo Zehntausende von Sklaven und Freigelassenen in unvorstellbarem Elend und totaler Verwahrlosung dahinvegetierten.

Aus der Nähe betrachtet wirkte die Stadt denn auch nicht mehr wie ein Märchen aus Tausendundeiner Nacht; vielmehr glich sie eher dem häßlich-betriebsamen Liverpool als etwa dem herrlichen Venedig. Der Palast des Sultans war ein relativ bescheidenes Gebäude aus weißem Stuck, und neben ihm befanden sich neben der britischen Botschaft auch noch die Vertretungen dreier anderer Mächte – Frankreichs, Deutschlands und der USA. Auch ein großes, eindrucksvolles Gebäude der »Universitätsmission für Zentralafrika« fehlte nicht. Ansonsten bestand die Stadt lediglich aus einer Handvoll schmuckloser Moscheen sowie den Wohnhäusern und Warenlagern der Araber und Suahelis, an denen als einziger Schmuck die geschnitzten Eingangstüren auffielen. Vielleicht hatte das mit dem heißen, schwülen Klima zu tun, mit dem sanften Wind, der von den Palmenhainen herüberwehte und den Duft von Gewürzen mit sich führte – und die Erreger tödlicher Fieberkrankheiten. Jedenfalls – die meisten Weißen kamen nur nach Sansibar, um dort möglichst rasch ihr

Glück zu machen, und wenn das Schicksal ihnen gnädig war, gelang ihnen das auch, bevor sie die Malaria außer Gefecht setzte.

In diesem Klima, das die meisten seiner Vorgänger entweder schnell dahingerafft oder zumindest gezwungen hatte, ihren Posten rasch wieder aufzugeben, hatte Sir John Kirk ein herrliches Leben geführt. Und er hatte sich dieses Glück zweifellos verdient. Denn wenn es jemanden gab, der behaupten konnte, in Livingstones Fußstapfen getreten zu sein, dann war es nicht Stanley (der das gerne für sich in Anspruch nahm), sondern dieser hochgewachsene, schweigsame Schotte. 1858 hatte er als sechsund-zwanzigjähriger Arzt und Botaniker den großen Forscher bei der von der britischen Regierung finanzierten Sambesi-Expedition begleitet. In den folgenden sechs Jahren hatte er zu Fuß und mit Kanus den ganzen Ostteil Zentralafrikas bereist, geduldig und unermüdlich gearbeitet und sich für Livingstone als ein wahres Geschenk des Himmels erwiesen. Es waren gefährliche und entmutigende Jahre, denn nachdem sie die Shire High-lands und den Njassa-See gefunden hatten, konnten sie keine großen Entdeckungen mehr verzeichnen, die sie für ihre Mühen entschädigt hätten. Wenn die Dinge nicht planmäßig verliefen, konnte der berühmte Livingstone sehr schwierig und taktlos werden. Und es ging vieles schief auf dieser Expedition – von Anfang an.

Als Kirk 1863 krank und erschöpft nach England zurückkehrte, hätte man meinen können, daß er nun für immer von Afrika genug haben würde. Doch die Idee, von der Livingstone besessen war, hatte auch Kirk ergriffen. Aber Philanthropie allein, die Liebe zum Mitmenschen, würde dem Sklavenhandel nicht den Garaus machen können. Das würde nur durch ein Zusammenwirken der »drei C« zu bewerkstelligen sein – *Commerce*, *Christianity* und *Civilization* (Handel, Christentum und Zivi-lisation). Und für diese Idee konnte er nun in Sansibar dienen: zunächst als Arzt und britischer Vizekonsul, später als britischer Agent und Kon-sul.

Offiziell war Kirk ein Diplomat mit zweifacher Funktion: als Agent Berater des Sultans und als Konsul Vertreter der Interessen britischer Staatsangehöriger. In der Praxis war der Einfluß des britischen Agenten so weitreichend, daß er eine Art indirekter Herrschaft darstellte. Die Besitzungen Sultan Sayid Barghashs und seiner Nachfolger, arabischer Prinzen aus Maskat und Oman, die sich in Sansibar niedergelassen hatten, schon seit achtzig Jahren ein inoffizielles britisches Protektorat.

Die Engländer schützten die Sultane vor Feinden, europäischen ebenso wie arabischen. Kam jedoch einer auf den Gedanken, sich britischen Interessen zu widersetzen, dann konnte ihm nur noch die Gnade Gottes helfen. Intervention war in jenen Tagen der informellen Herrschaft das letzte Mittel. Kirk selbst hatte noch nie zu derartigen Maßnahmen gegriffen, wenngleich er Sultan Barghash ein- oder zweimal deutlich hatte klarmachen müssen, wo dieser zu stehen habe und wer seine »wirklichen Freunde« seien.

Bereits seit 1845, noch während der Regierungszeit von Barghashs Vater, hatte Großbritannien versucht, auf eine Einschränkung des Sklavenhandels hinzuwirken, aber noch in den Jahren 1867 bis 1869 wurden 2645 geschmuggelte Sklaven durch die britische Marine von arabischen Daus gerettet, während schätzungsweise 37 000 nach Arabien und weiter verschleppt wurden. Im Jahre 1873 schließlich verlor das britische Parlament die Geduld und sandte Sir Bartle Frere nach Sansibar, um mit dem Sultan ein ernstes Wort zu reden. Dieser widersetzte sich jedoch Freres Anweisungen in dem Glauben, er könne auf französische Unterstützung gegen die Briten hoffen. Erst Kirk brachte im Juni, nach Freres Abreise, Barghash zum Einlenken, indem er erklärte, der Sultan habe keine Wahl: Paris sei 1870 belagert und zur Kapitulation gezwungen worden, eine Hoffnung auf Hilfe aus Frankreich entbehre somit jeglicher Grundlage. Zur Bekräftigung las er dem Sultan und seinen Beratern ein Telegramm vor, das er soeben von der britischen Regierung erhalten hatte. Es besagte, daß die britische Marine eine Blockade über Sansibar verhängen würde, falls Barghash sich weigere, den ihm von Frere präsentierten Vertrag zu unterzeichnen. Abschließend bemerkte Kirk, er sei nicht gekommen, um zu diskutieren, sondern um zu diktieren, und eine Ablehnung Barghashs bedeute Krieg. Zwei Tage später konnte er nach London berichten, der Sultan habe Freres Vertrag akzeptiert und den großen Sklavenmarkt noch am gleichen Tag geschlossen.

Sultan Barghash trug diese Niederlage mit Würde. Kirk sah sich im Laufe der darauffolgenden Jahre allmählich nicht mehr nur als Berater des Herrschers über Sansibar, sondern zunehmend als dessen Freund. Dieser wußte Kirks Rolle in der Auseinandersetzung von 1873 wohl zu würdigen; er schloß alle Sklavenmärkte an der Festlandsküste und ließ jeden einkerkern, der sich seinen Erlassen widersetzte.

Zunächst schien der neue Vertrag allerdings das genaue Gegenteil dessen zu bewirken, was damit beabsichtigt war. Denn entlang der Routen vom südlichen Hafen Kilwa zu den somalischen Häfen im Norden entwickelte sich nun ein grauenvoller Menschenhandel zu Lande. Im Jahre 1875 wurden schätzungsweise 12 000 Sklaven diese Küste entlanggetrieben; unzählige Tote und Sterbende säumten den Weg. Doch Barghash wartete nicht erst auf einen Wink Kirks – mit einem weiteren Erlaß schaffte er auch dieses neue Übel ab.

Mit dem Schwinden des Sklavenhandels blühte zusehends der legale Handel auf. Zehn Jahre nach Livingstones Tod konnte Kirk berichten, daß Kilwa, einst der schlimmste Sklavereihafen an der gesamten Küste, durch Kautschuk zu Wohlstand gekommen war. Der Appetit Europas auf afrikanische Exporte wie Kautschuk und Kopalharz (zur Herstellung von Lack) übertraf wahrscheinlich Kirks optimistischste Erwartungen. Barghashs Steuereinnahmen waren seit dem Amtsantritt des Konsuls auf 300 000 britische Pfund pro Jahr angewachsen; er war also zweifellos ein reicher Mann. Doch außer einer Straßenverbindung und einer Telefonleitung zwischen zweien seiner Paläste leistete er sich keinen großen Luxus – im Gegensatz etwa zum ägyptischen Khediven oder dem Bei von Tunis, die sich von Kreditgebern abhängig gemacht hatten.

Im Jahre 1885 blieb für Kirk nur noch eine letzte Aufgabe: die Sklaverei aus dem Reich des Sultans selbst zu verbannen, nachdem sie 1834 im gesamten britischen Empire verboten worden war. Dies hätte sich zum Beispiel dadurch erreichen lassen, daß London das ganze Reich des Sultans zum offiziellen britischen Protektorat erklärte. Doch Kirk wußte, daß die britische Regierung für einen solchen Schritt noch nicht bereit war. Die Vorstöße französischer und deutscher Forscher im Verlauf des Jahres 1884 waren für ihn alarmierend, doch im September des Jahres bekam er dann Nachrichten, die ihn sehr wunderten: Das britische Außenministerium hatte beschlossen, Frankreich und Deutschland zuvorzukommen. Nichts konnte ihm lieber sein. Aber warum mußte man dazu das Reich des Sultans zerstören? Johnstons Vorschlag, eine Kolonie am Kilimandscharo zu gründen, konnte nur die wachsende Macht Barghashs auf dem ostafrikanischen Festland unterminieren, für die er, Kirk, sich so lange stark gemacht hatte.

Den Plan, das Reich des Sultans zum britischen Protektorat zu erklären, begründete das Außenministerium mit dem Argument, daß Barghashs Macht auf diese Art und Weise am schnellsten und sichersten von

Sansibar bis zu den großen Seen ausgedehnt werden konnte. Zum gegenwärtigen Zeitpunkt existierte ein solches Reich jenseits der Häfen Daressalam, Mombasa und Lamu lediglich in Ansätzen. Kirk hatte den Sultan ermutigt, einen bunten Haufen von Söldnern aus Indien und Sansibar anzuheuern, der von dem englischen General Lloyd Matthews befehligt wurde. Diese Truppe hatte zwei Forts zum Schutz der Karawanenroute für den Elfenbeinhandel gebaut. Jenseits davon wehte die blutrote Flagge des Sultans nur noch über den Karawanenstädten Tabora und Ujiji. Doch abgesehen von saftigen Steuereinnahmen schien Barghash kein großes Interesse an seinen Besitzungen auf dem Festland zu haben. Statt dessen hatte er sich von einigen Franzosen dazu überreden lassen, viel Geld in eine eigene Schiffahrtslinie zu investieren. Es war also wieder einmal offensichtlich: Großbritannien mußte einschreiten. Kirk schrieb an einen Freund:

Ich würde mir sehr wünschen, daß er seine Schiffe wieder aufgibt. Sie runieren ihn, und sie halten ihn von seiner eigentlichen Arbeit, der Verwaltung seines Reiches, ab. Die Küste ist in einem üblen Zustand, aber er investiert auch nicht einen Dollar für die notwendigsten Verbesserungen. Es wäre so leicht, dieses Land zu regieren und reich zu machen, aber es ist Schwerstarbeit, Einfluß auf einen einheimischen Regenten auszuüben, der sich von allen Konsuln und sämtlichen interessierten Unternehmern gängeln läßt. Dieses Land sollte britisches Protektorat werden, dann können die Franzosen in Madagaskar unsrethalben ebenso vorgehen . . .[4]

Die Franzosen gingen ebenso vor in Madagaskar. Und nun schien es, als hätten die Deutschen ein Auge auf Sansibar geworfen. Der Gedanke, daß der neue Außenminister Lord Salisbury tatenlos zusehen könnte, während Deutschland sich das ganze Reich des Sultans einverleibte – nämlich die Inseln und das Festland – ließ Kirks Hoffnung auf den Nullpunkt sinken. Im Juni 1885 erfuhr er aus einem Telegramm, der deutsche Kaiser habe einen Teil des Festlandes zum deutschen Schutzgebiet erklärt, und zwar das Gebiet an der Karawanenroute zu den Seen. Der Sultan sandte sogleich ein förmliches Protestschreiben an den Kaiser und zwei Expeditionen auf das Festland, die beide von General Matthews befehligt wurden. Die erste sollte den aufrührerischen Gouverneur von Witu

337

unterwerfen, der mit den Deutschen kollaborierte, die zweite war dazu bestimmt, die Autorität des Sultans am Kilimandscharo zu stärken.

Kirk, vom Sultan um Rat befragt, zuckte mit den Achseln. Der neue Außenminister hatte ihm keinerlei Anweisungen zukommen lassen. Hilflos mußte der Konsul zusehen, wie Barghash sich an Ratgeber aus anderen europäischen Ländern wandte. Vielleicht konnte der Sultan ja mit Deutschland einig werden; möglicherweise war das sogar sein größtes Interesse und der einzige Weg, sein Reich zu erhalten. Kirk schickte ein Telegramm an Salisbury, um wenigstens klarzustellen, wie er selbst die Vorgänge einschätzte: »Gemessen an den Grundsätzen von Recht und Wahrheit können die deutschen Ansprüche keiner Überprüfung standhalten.«[5] Als Antwort erhielt er lediglich eine Ermahnung, in allen Punkten mit Deutschland zu kooperieren und »keinerlei feindselige Bemerkungen von seiten der Würdenträger Sansibars gegenüber deutschen Handlungsbevollmächtigten . . . zu dulden«.[6]

Das war eine schwere Demütigung für Kirk.

Würde Salisbury von ihm verlangen, alles zu verraten, wofür er neunzehn Jahre lang gearbeitet hatte? Sollte er Sansibar, sein Lebenswerk, einem Pack »skrupelloser deutscher Schurken«[7] überantworten?

* * *

Kirks Einschätzung konnte dem komplizierten Charakter Carl Peters' kaum gerecht werden. Peters, der in seiner Eigenschaft als Vorsitzender der »Gesellschaft für deutsche Kolonisation« in Afrika ein neues Imperium für Deutschland errichten wollte, war auch sicherlich ein etwas sonderbarer Kauz. Auf den ersten Blick wirkte er wie ein Schuljunge oder ein junger Gelehrter – schmächtig und kurzsichtig, mit Kneifer, eingewachsstem Schnurrbart und geradem Mittelscheitel. Ein Foto aus dem Jahre 1884, aufgenommen kurz vor der Abreise nach Afrika, zeigt ihn mit seinen beiden Reisegefährten – in ihren Gehröcken sehen sie aus wie die drei Musketiere einer Schüleraufführung: Dr. Carl Peters (den Titel hatte er für seine metaphysische Dissertation »Willenswelt und Weltwille« erhalten), sein Schulfreund, der gutaussehende, blonde Carl Jühlke und der schneidig-elegante Aristokrat Graf Joachim von Pfeil.

Keiner der drei konnte bisher auf Erfahrungen bei der Erforschung Afrikas zurückblicken. Peters war in einem Dorfpfarrhaus, weitab von den Zentren der Macht, großgeworden, und alles, was er von der Welt wußte, verdankte er lediglich seiner unersättlichen Lesewut. Ein Besuch in England im Jahre 1882 erweckte in ihm heftige Gefühle von Neid und Mißgunst: »Ich wollte kein Paria mehr sein, sondern der Herrenrasse angehören«,[8] schrieb er danach. Seine erste große Heldentat endete jedoch als Farce: Zweimal versuchte er, den Ärmelkanal zu durchschwimmen, doch beide Male mußte er halb erfroren und weinend aus dem eiskalten Wasser gezogen werden. Nach Deutschland zurückgekehrt, gründete Peters die »Gesellschaft für deutsche Kolonisation« (GDK), die ihre Mitglieder aus derselben gesellschaftlichen Schicht rekrutierte, der auch er entstammte: Landärzte, unbedeutende Professoren und Gelehrte, die zwar patriotisch gesinnt waren, im neuen Deutschen Reich jedoch Außenseiter blieben; Männer, die von einem »Platz an der Sonne« träumten.

Peters' Pläne, Ostafrika zu erobern, schienen so unausgegoren zu sein wie seine Versuche, den Kanal zu durchschwimmen. Die GDK verstand es zwar, Hoffnungen zu schüren, nicht aber, Gelder aufzutreiben, und deshalb begann er sein Vorhaben ohne eine entsprechende finanzielle Absicherung. Aus diesem Grunde (und nicht, wie Kirk angenommen hatte, weil er die Briten täuschen wollte) reisten er und seine Begleiter Jühlke und Pfeil als Deckpassagiere nach Sansibar. Dies erklärt auch, warum die Expedition bald nach ihrer Ankunft in Ostafrika beinahe gescheitert wäre: Peters und seine Gefährten hatten lediglich sechsunddreißig Träger und ein halbes Dutzend Diener angeheuert, die Dolmetscher eingeschlossen. Das war ein weitaus kleinerer Troß als bei den meisten von Livingstones Reisen und nur ein Bruchteil der Größe von Stanleys Expeditionen. Schon nach fünf Wochen wurden die Nahrungsmittel knapp, was bedeutete, daß sie sich beeilen mußten. Vor jeder Häuptlingshütte wurde eine kurze Begrüßungsrede gehalten, dann wurden Zelte aufgeschlagen, Vertragsformulare zur Unterzeichnung übergeben, Flaggen gehißt, Hände geschüttelt und Trommeln geschlagen, und innerhalb weniger Stunden war eine neue Provinz geboren. Gleich darauf hasteten die erschöpften Eroberer weiter zur Hütte des nächsten verarmten afrikanischen Häuptlings.

Peters' stürmischer »Feldzug« hätte sicherlich ein ausgezeichnetes Theaterstück abgegeben. Unausgefüllte Vertragsformulare und Nationalitätenflaggen waren in diesen ungestümen Jahren des kolonialen Wettlaufs in Afrika ebenso zum Rüstzeug der Forscher geworden wie die Glasperlen und die amerikanischen Baumwollstoffe für den Tauschhandel. Stanley und seine Nachfolger im Kongo hatten reihenweise Häuptlinge unterschreiben lassen. Am Niger und den Ölflüssen hatte Konsul Hewett Hunderte von »Verträgen« vorzuweisen; und zu demselben Zweck war Dr. Nachtigal durch Togo und Kamerun geeilt.

Hinter all diesen unglaublichen Vertragsabschlüssen standen einige der mächtigsten Regierungen der damaligen Welt. Was allerdings Carl Peters – wie auch Brazza – auszeichnete, war seine erstaunliche Dreistigkeit. Als er in Sansibar eintraf, wurde er telegrafisch aus Berlin davon in Kenntnis gesetzt, daß seine Verträge nicht anerkannt würden. Doch Peters ignorierte diese Nachricht einfach, nahm eine Dau zum Festland und machte sich unbekümmert daran, ein neues deutsches Kolonialreich zu begründen.

Später erzählte er gerne die atemberaubende Schauergeschichte, wie knapp er dem Tode entronnen war. Nachdem er einen Vertrag mit dem »Sultan« von Usabara (der tatsächlich nur ein Stammeshäuptling war) unterzeichnet und die Flagge mit dem schwarzen Kreuz des Deutschen Reiches gehißt hatte, stellte er fest, daß die Vorräte mittlerweile äußerst knapp geworden waren, und er deshalb in einem Gewaltmarsch zurück zur Küste eilen mußte. Jühlke begleitete ihn, um noch mehr Proviant aufzunehmen, während von Pfeil und ein Teil der Träger zurückblieben und mit dem Bau eines Hauptquartiers für die neue Kolonie begannen. Peters und Jühlke waren mittlerweile jedoch beide so schwer erkrankt, daß sie in Hängematten getragen werden mußten, von Dornen zerkratzt, der sengenden Sonne und blutsaugenden Insekten ausgesetzt. Jeden Morgen bei Tagesanbruch mußten sie mit den Revolvern im Anschlag die Träger zur Arbeit antreiben, und Peters verfiel dazu noch häufig in Fieberwahn und wurde von wilden Phantasien heimgesucht. Sein arabischer Dolmetscher Ramasan, dem es gelang, in einem Dorf an der Karawanenroute etwas Kohl und Rüben zu kaufen, mußte ihn füttern. Am 14. Dezember 1884 erreichten sie einen Ort namens Ukari. Peters fühlte sich am Ende seiner Kräfte:

An diesem Abend hatte ich einen Puls von 140, und ich sah, daß ich in der kommenden Nacht vielleicht sterben würde. Ich traf für diese Möglichkeit nun die entsprechenden Vorkehrungen. Ich verbot Jühlke, der traurig und besorgt meine Hand hielt, mich in Ukari zu beerdigen.

340

Er sollte schnellstmöglich und ohne Unterbrechung zur Küste hinuntermarschieren. Falls auch er starb, sollte Ramasan die Verträge dorthin bringen.

Irgendwie schleppten sie sich weiter vorwärts, »schwermütig, niedergeschlagen, fast teilnahmslos füreinander«.[9] Am 17. Dezember, kurz nach Sonnenuntergang, wankte Peters in die Missionskirche eines Ordens deutscher Mönche in der von Palmen gesäumten Stadt Bagamoyo an der Küste gegenüber der Insel Sansibar.

Von der Terrasse grüßte das Kreuz Christi: ein Zeichen, daß wir wieder in der zivilisierten europäischen Welt waren. Und als wir das Gebäude betraten, flutete das Licht plötzlich durch die hell erleuchteten Fenster, und die Orgel hub mit gewaltigem Donner an zu spielen! Ich kann nicht beschreiben, welchen Eindruck dies auf mich machte; aber ich schäme mich nicht zu sagen, daß ich in starkes Schluchzen ausbrach, und alle Anspannungen der letzten Wochen sich in einen Strom von Tränen ergossen.[10]

Am 5. Februar 1885, kurz vor Abschluß der Westafrika-Konferenz, war Peters wieder zurück in Berlin. Er war gespannt, wie Bismarck seine Geschichte aufnehmen würde. Mit »starkem Schluchzen« und entsprechenden Worten vorgetragen, war sie ganz dazu angetan, die romantische Ader des Kanzlers zu treffen. Zuvor war Peters allerdings von Kusserow vorgewarnt worden, daß er sich auf eine Abfuhr gefaßt machen müsse. Denn erstens waren die Wahlen in Deutschland jetzt vorüber, und die »Flitterwochen« mit Frankreich ebenfalls. Zweitens hatte Bismarck keinen Grund mehr, mit England Streit zu suchen – seit November, als er bei der Konferenz die Anerkennung von Leopolds Ansprüchen im Kongo durch Großbritannien erzwungen hatte, gab es für ihn vielmehr Veranlassung genug, sich gegenüber den Briten entgegenkommend zu zeigen. Doch Peters, der von Kusserow gut unterrichtet worden war, wußte sich zu helfen: Er wollte Bismarck bei seiner wohlbekannten Lust am Verhandeln packen. Wenn das neue Schutzgebiet in Ostafrika von den richtigen deutschen Geldgebern unterstützt wurde, dann würde es die Reichskasse nicht eine einzige Mark kosten. Auch vom diplomatischen Standpunkt besehen war es, wie Tunis, eine der »reifen Birnen«, die es umsonst gab –

man mußte sie nur pflücken. Und dank dem Mahdi, der auf Khartum vorrückte, sowie den Russen, die ihre Hände nach Afghanistan ausstreckten, war Großbritannien nicht in der Lage, den Deutschen in Ostafrika Einhalt zu gebieten. Und falls dem Kanzler wirklich der Appetit auf weitere Kolonien vergangen war, konnte er seine neue Kolonie immer noch König Leopold anbieten!

Doch Bismarck zeigte sich von Peters' Geschichte sehr beeindruckt. Am 17. Februar 1885 wurde in Berlin der Schutzbrief für Carl Peters' ostafrikanisches Protektorat unterzeichnet und ihm im Namen des Kaisers übergeben. Allerdings hielt man dies bis zum Ende der Westafrika-Konferenz geheim. Wie schon erwähnt, bezog sich das Dokument auf vier nicht genau umgrenzte Gebiete gegenüber der Insel Sansibar. Für Peters war dies natürlich nicht mehr als ein Anfang. Er sah sehr wohl, daß jetzt das ganze Sultanat – sowohl die Inseln wie auch das Festland bis zum Tanganjika-See – in den Wettlauf miteinbezogen war. Warum sollte sich Deutschland also nicht alles einverleiben? Und warum nicht gleich ganz Ostafrika bis hinunter zum Njassa-See? Kusserow und andere Mitarbeiter des deutschen Außenministeriums, die ihm wohlgesonnen waren, drängten ihn, vernünftig zu bleiben; es gebe schließlich gewisse unangenehme Tatsachen, die zu berücksichtigen seien. Einerseits sei seine eigene Gesellschaft, die GDK, praktisch bankrott, und andererseits schienen die Briten entschlossen, die Ansprüche des Sultans zu unterstützen, um ihre eigene Position in diesem Gebiet zu festigen.

Peters wollte nun jedoch den Sultan und seine Verbündeten mittels vollendeter Tatsachen zu einer entscheidenden Kraftprobe zwingen. Er trommelte eine Handvoll wagemutiger Haudegen zusammen, mit deren Hilfe Jühlke und von Pfeil die Grenzen der neuen Kolonie so schnell wie möglich ausdehnen sollten: Armeeoffiziere, einen Architekten, einen Gartenbau-Ingenieur und andere Spezialisten. Alle Gruppen erhielten dieselbe provokative Anweisung, »schnell, kühn und rücksichtslos«[11] vorzugehen. Sie sollten in Übereinkunft mit dem Sultan von Sansibar von neuen Territorien Besitz ergreifen – wenn der Sultan zu einer Übereinkunft bereit war. Andernfalls würde man das Land einfach annektieren, die deutsche Flagge hissen und den Schutzbrief des Kaisers verlesen.

Der Erfolg schien Peters' herausfordernden Anweisungen rechtzugeben. Im Juli erhielt er telegrafische Nachrichten aus Sansibar, welche besagten, seine Leute hätten die Grenzen der ursprünglichen vier Regionen in jeder Richtung über Hunderte von Kilometern hinausgeschoben: nach Süden bis zum Rufiji-Fluß unterhalb von Daressalam, und nach Norden bis Witu, unweit von Lamu. Diese Stadt einzunehmen war sehr leicht gewesen, da Simba, der »Löwe von Witu«, schon seit einigen Jahren die Oberherrschaft des Sultans von Sansibar in Frage gestellt hatte.

Dieser reagierte wie erwartet. Er sandte ein Protestschreiben an den deutschen Kaiser, das im Mai in Berlin eintraf. Dann schickte er die beiden Expeditionen unter Leitung von General Matthews zum Kilimandscharo und nach Witu. Peters hatte zweifellos eingeplant, daß es bald zu einem unschönen Zusammenstoß der ziemlich großen Armee des Sultans mit dem heldenhaften kleinen Trupp deutscher Abenteurer kommen würde. In dem Tumult, der daraufhin in Berlin entstünde, würde Bismarck nichts anderes übrigbleiben, als handfeste Maßnahmen zu ergreifen – und »schnell, kühn und rücksichtslos« gegen die Briten vorzugehen.

Peters' Absichten wurden Ende Mai offenbar, als er zu Bismarck zitiert wurde. »Es war ein erstaunlicher Eindruck«, schrieb er danach, »die großen durchdringenden Augen des Eisernen Kanzlers auf mich gerichtet zu sehen. Sein Blick schien die Tiefen meiner Seele zu ergründen und meine innersten Gedanken zu erraten.«[12] Bismarck wies ihn an, Kusserow bei der Abfassung eines Antwortschreibens auf die Protestnote des Sultans zu helfen. Bevor Peters den Raum verließ, fragte der Kanzler ihn noch: »Und was können wir gegen Sansibar unternehmen?« Peters antwortete, der Palast des Sultans liege direkt hinter einer herrlichen Lagune, in der Kriegsschiffe der kaiserlichen Marine jederzeit vor Anker gehen könnten. Der Sultan würde wohl kaum riskieren wollen, daß man ihm sein Heim über dem Kopf zusammenschoß.

Bismarck nickte. Die Antwort auf Barghashs Protestnote war ein Ultimatum: Der Sultan sollte seinen »ungehörigen« Protest zurücknehmen und die Schutzherrschaft des deutschen Kaisers anerkennen; andernfalls hätte er die entsprechenden Konsequenzen zu tragen.

Am 7. August sahen die Bewohner von Sansibar staunend zu, wie fünf deutsche Kriegsschiffe, unter ihnen die »Stosch«, die »Gneisenau« und die »Prinz Adalbert«, in die Lagune einfuhren und ihre Kanonen auf den Sultanspalast richteten. Und das Staunen wurde noch größer, als die Identität eines der Passagiere bekannt wurde.

Zwölf Jahre zuvor hatte eine der Schwestern des Sultans eine leichtsinnige Liebesaffäre mit einem deutschen Händler namens Reute gehabt und war schwanger geworden. Nach islamischem Gesetz hätten die beiden gesteinigt werden müssen, doch sie hatten Glück. Ein ritterlicher britischer Offizier entführte die Prinzessin nach Aden, wo sie ihren Geliebten noch vor der Geburt des Kindes heiratete. Die Affäre drohte damals zu internationalen Spannungen zu führen; doch bald hatten sich die Wogen wieder geglättet. Der Sultan verbot seiner Schwester lediglich, jemals wieder sein Reich zu betreten.

Doch nun stellte sich heraus, daß die deutsche Schwadron die Prinzessin (alias Frau Emily Reute) zurückgebracht hatte, um die Autorität ihres Bruders herauszufordern. Vielleicht sollte das Ganze nicht mehr als ein plumper Versuch sein, den Sultan zu ködern. Möglicherweise wollten die Deutschen damit nur erreichen, daß sich der Herrscher vergaß und versuchte, seine Schwester festzunehmen und zu bestrafen. Von anderer Seite wurde ihnen jedoch etwas subtilere Absichten unterstellt: Der britische Vizekonsul, Kirks Mitarbeiter, war überzeugt, daß die Deutschen planten, den Sultan abzusetzen und seinen Neffen, den zwölfjährigen Sohn der Prinzessin und des deutschen Händlers, zum Herrscher von Sansibar zu machen.

* * *

Im Außenministerium in London war die Stimmung in den Augusttagen des Jahres 1885 ruhiger als in Kirks Agentur an der Lagune in Sansibar. In den zwei Monaten, seit Salisbury im Amt war, hatte sich sein berechnender, sardonischer Verstand mit Carl Peters' Treiben befaßt. Gladstone hätte diesem Abenteurer vielleicht das ganze ostafrikanische Festland überlassen. Doch dergleichen hatte Salisbury nicht im Sinn, und Sir Percy Anderson, der Afrika-Experte im Außenministerium, bestärkte ihn in seiner Haltung. Carl Peters zwang die Briten ja geradezu, eine offensive Politik zu verfolgen. Welche Erleichterung es für Anderson doch sein mußte, nach all den Jahren des Hin und Her unter Granville endlich einen Vorgesetzten zu haben, der ihm unzweideutige Unterstützung zukommen ließ!

Anderson erklärte Salisbury, daß Kirks Vorstellungen nur schwer durchführbar seien. Der Außenminister stimmte zu. Die beiden Männer einigten sich auf einen Plan, mit dem sie Carl Peters einen Strich durch die

344

Rechnung machen wollten: Sie würden das Festland zwischen Deutschland und Großbritannien aufteilen. Die Grenzen zwischen den beiden »Interessensphären« (wie man das Stadium vor der formellen Proklamation eines Schutzgebietes nannte) sollten von einer gemeinsamen Kommission festgelegt werden, wie es die Deutschen bereits vorgeschlagen hatten. Dies war die Antwort auf das diplomatische Rätselraten darüber, wie Prioritäten zu setzen und was dabei geopfert werden konnte – nämlich der Sultan. Anderson war überzeugt, daß die Briten sogar innerhalb dieser deutschen »Sphäre« südlich der neu zu ziehenden Grenze weder bei den humanitären noch bei den Handelsinteressen der Briten Kompromisse schließen müßten. Wenn sich das deutsche Protektorat gut entwickelte, konnte das Landesinnere den »drei C« erschlossen werden, wie es Livingstone erhofft hatte; die Deutschen würden den Sklavenhandel unterbinden. Und gleichzeitig würde sich das Land auf diese Weise britischen Waren öffnen, denn man konnte sich darauf verlassen, daß Deutschland die Gesetze des freien Handels respektierte, die für ganz Ostafrika in der Berlin-Akte neu festgelegt worden waren. Doch es würde auch kein Schaden entstehen, falls sich die deutsche Kolonie nicht gut entwickelte (was aufgrund von Carl Peters' unausgegorenen Vorstellungen mehr als wahrscheinlich war). Für beide Fälle aber stellte Anderson Kirks Behauptung in Zweifel, diese neue Abmachung würde den britisch-indischen Händlern schaden, die im Sultanat Sansibar den Warenverkehr zwischen dem Festland und der Insel kontrollierten. Der einzige Verlierer war nach Meinung Andersons der Sultan.

Sein gewichtigstes Argument war jedoch, daß britische und nicht indische Händler bei der Erschließung Ostafrikas führend sein sollten. Sobald die Grenzkommission nach London und Berlin Bericht erstattet hatte, würde dort eine neue britische Kolonie oder ein Protektorat entstehen. Und diese Kolonie verlangte nach den Fähigkeiten und dem Wagemut eines großen britischen Kapitalisten, nach einem Mann, den es drängte, hier dem Beispiel Sir George Goldies am Niger nachzueifern. Der etwas verhaltene Sir William Mackinnon schien jedoch der einzige zu sein, der dafür zur Verfügung stand; man würde also wohl keine andere Wahl haben. Zu gegebener Zeit konnte man dann eine neue Handelsgemeinschaft gründen, ähnlich jener, über deren Entstehung Goldie gerade verhandelte. Und diese Gesellschaft würde von einem Hafen in Mombasa aus die Fühler in das Eldorado im Inneren Afrikas ausstrecken, in

345

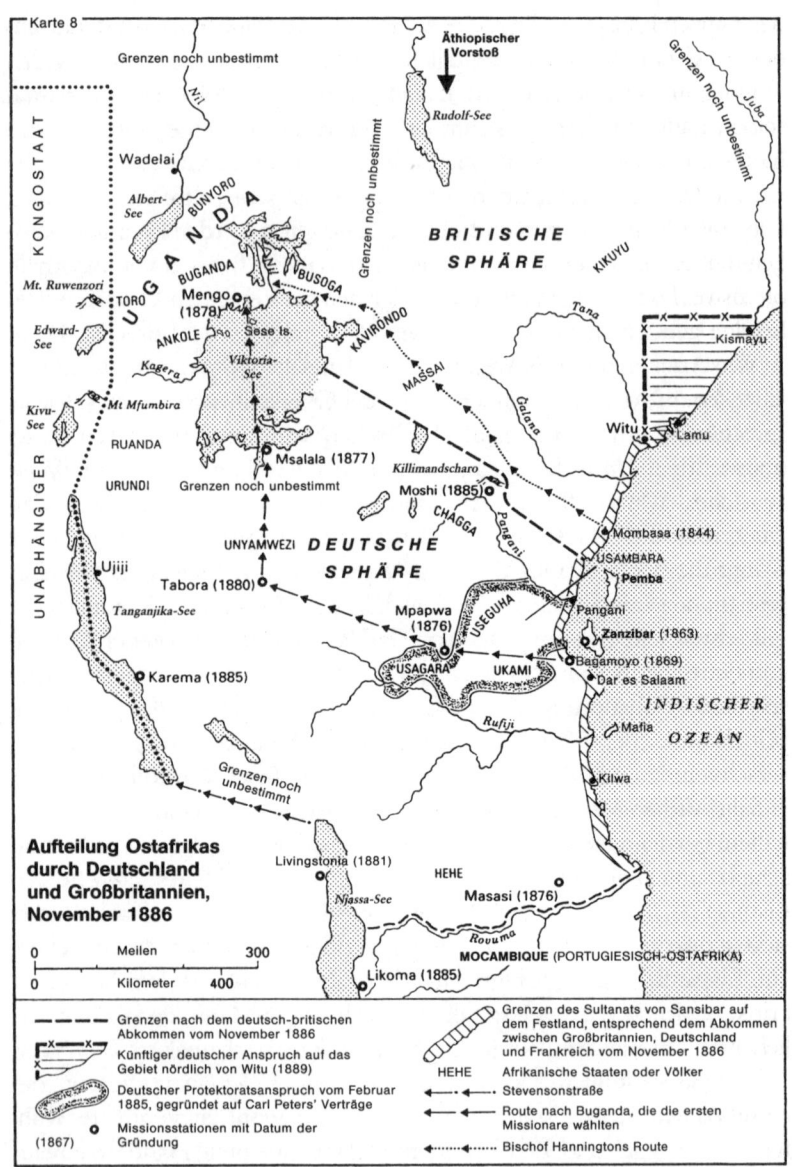

Karte 8

Grenzen noch unbestimmt

Äthiopischer Vorstoß

KONGOSTAAT

Nil

Rudolf-See

Grenzen noch unbestimmt

Juba

Wadelai

Albert-See

BUNYORO

U G A N D A

Mt. Ruwenzori

TORO

BUGANDA

Mengo (1878)

BUSOGA

BRITISCHE SPHÄRE

KIKUYU

Edward-See

ANKOLE

Sese Is.

Victoria-See

Tana

Kismayu

Kagera

KAVIRONDO

Kivu-See

Mt Mfumbira

RUANDA

MASSAI

Galana

Witu

Lamu

URUNDI

Msalala (1877)

Grenzen noch unbestimmt

Killimandscharo

Moshi (1885)

CHAGGA

Pangani

Mombasa (1844)

UNYAMWEZI

DEUTSCHE SPHÄRE

USAMBARA

Ujiji

Tabora (1880)

Mpapwa (1876)

USEGUHA

Pemba

Pangani

Zanzibar (1863)

Tanganjika-See

USAGARA

UKAMI

Bagamoyo (1869)

Dar es Salaam

Karema (1885)

Rufiji

INDISCHER OZEAN

Mafia

Grenzen noch unbestimmt

Kilwa

Aufteilung Ostafrikas durch Deutschland und Großbritannien, November 1886

Livingstonia (1881)

HEHE

Masasi (1876)

0   Meilen   300

Njassa-See

Rouuma

0   Kilometer   400

MOCAMBIQUE (PORTUGIESISCH-OSTAFRIKA)

Likoma (1885)

Grenzen nach dem deutsch-britischen Abkommen vom November 1886

Künftiger deutscher Anspruch auf das Gebiet nördlich von Witu (1889)

Deutscher Protektoratsanspruch vom Februar 1885, gegründet auf Carl Peters' Verträge

(1867)   Missionsstationen mit Datum der Gründung

Grenzen des Sultanats von Sansibar auf dem Festland, entsprechend dem Abkommen zwischen Großbritannien, Deutschland und Frankreich vom November 1886

HEHE   Afrikanische Staaten oder Völker

Stevensonstraße

Route nach Buganda, die die ersten Missionare wählten

Bischof Hanningtons Route

den Garten Eden am Viktoria-See. Das war die goldene Zukunft, die Anderson seinem Chef ausmalte.

Doch im Januar 1886 hatte sich Salisbury – zumindest vorläufig – auf seinen Landsitz in Hatfield zurückgezogen. Wie nicht anders erwartet, hatten die Wahlen im November mit dem neuen Wahlregister die Liberalen wieder ans Ruder gebracht, und Königin Viktoria mußte wieder einmal mit Gladstone Vorlieb nehmen. Immerhin aber konnte Salisbury gegenüber der Königin mit einigem Stolz darauf verweisen, daß seine offensive Politik im Gegensatz zur Unentschlossenheit der Liberalen Erfolge gezeitigt hatte.

Wie Anderson prophezeit hatte, war Kirk bereit, seinen Stolz hintanzustellen, wenn man es ihm befahl. Zwanzig Jahre lang hatte er sein Versprechen gehalten, die Unantastbarkeit des Sultanats Sansibar zu gewährleisten. Im August 1885 mußte er dem Herrscher von Sansibar jedoch auseinandersetzen, daß ein zur Hälfte erfülltes Versprechen besser sei als gar keines. Dieser unterschrieb schließlich einen Brief, in dem er unterwürfig die deutsche Oberhoheit über einen Teil seines Reiches auf dem Festland anerkannte.

Mehrere Tage konnte man beobachten, wie Emily Reute, eskortiert von deutschen Offizieren, am Strand spazierenging. Aus dem Sultanspalast kam keine Reaktion. Am 24. September lichteten die »Stosch«, die »Gneisenau« und die »Prinz Adalbert« in der Lagune die Anker und verschwanden im heißen Dunstschleier jenseits der Mangobäume.

Salisbury schien kurzfristig eine ausgewogene Lösung gefunden zu haben, bei der er weder eine Konfrontation mit Deutschland – und katastrophale Auswirkungen in Ägypten – zu befürchten hatte, noch sich Bismarcks Diktat unterwerfen mußte. Die gemeinsame Grenzkommission nahm im Herbst des Jahres 1885 in gutem Einvernehmen die Arbeit auf. Bis zum November 1886 sollte Ostafrika in eine deutsche und eine britische »Interessensphäre« aufgeteilt werden; die Grenze sollte in westlicher Richtung bis zum Viktoria-See verlaufen.

Doch es stellte sich bald heraus, daß Salisbury von Anderson in einem wesentlichen Punkt in die Irre geführt worden war: Man konnte Carl Peters nicht einfach als einen Trottel abtun. Peters' Charakter war vielmehr gekennzeichnet von großer Rücksichtslosigkeit und dem Drang, sich um jeden Preis durchzusetzen, ganz gleich, wer sich ihm in den Weg stellte. Er war wahrhaftig nicht der Mann, der Livingstones großen Kreuzzug in Ostafrika fortsetzen würde, und auch die britischen Handelsinteressen waren durch ihn keineswegs gesichert, wie Anderson vermutet hatte. Denn für Peters gab es nur ein Ziel: Beim Wettlauf um das tropische Eldorado, den Garten Eden am Viktoria-See, wollte er der erste sein.

KAPITEL 17

Hilferufe aus dem Herzen des Kontinents

Ostafrika und England
25. September 1885 – Dezember 1886

»Wenn man Wasser einsickern sieht, muß man damit rechnen,
daß noch mehr nachkommt . . . Das Beste ist, es schon an der Quelle
aufzuhalten.«

Rat an Mwanga, den König von Buganda, September 1885

Am 25. September 1885 fand sich ein sechsunddreißigjähriger schottischer Missionar an dem aus Tigergras bestehenden Tor des bugandischen Königspalasts in Mengo ein. Der kleine, schmächtige Mann, der
mit scharfen blauen Augen unter seinem österreichischen Filzhut hervor-
blickte, war Alexander Mackay, der Leiter der waghalsigsten Unternehmung der *Church Missionary Society,* nämlich der Mission in Buganda.
Deren Hauptquartier befand sich in Natete, etwa fünf Kilometer nordwestlich des Königspalastes, am Rande der bugandischen Hauptstadt
Mengo, die sich kilometerweit über die grünen Hügel im Norden des
Viktoria-Sees ausbreitete.

Einige Tage zuvor hatten Mackay und seine beiden Kollegen vom
anderen Ufer des Sees alarmierende Nachrichten erhalten, und er hatte
beschlossen, diese als erster dem jungen und unberechenbaren König
selbst mitzuteilen. Jetzt öffnete sich vor ihm ein Tor nach dem anderen,
und rotgekleidete Pagen geleiteten ihn ins Zentrum des großen Palastes
von Mengo, über zahlreiche Höfe und vorbei an Gebäuden, Versamm-
lungsräumen, Exerzier- und Exekutionsplätzen, bis zu den strohgedeckten Räumen König Mwangas, des Großen Kabaka.

Bei den besagten Nachrichten ging es nicht zuletzt um ein Telegramm
vom 17. Juni, in dem es hieß, die deutsche Flotte habe den Befehl erhalten,
Sansibar zu bedrohen. Noch schlimmere Neuigkeiten kamen von einem
Beluchi-Händler: Er berichtete, die Deutschen hätten bereits einen Teil des

Festlandes »geschluckt«[1] und würden von Sultan Sayid Barghash den Hafen Bagamoyo fordern. Dieser habe sich geweigert, woraufhin die Deutschen ihm den Krieg erklärt hätten. Mackay erkannte sofort, welche Wirkung diese Nachricht auf jene ohnehin eingeschüchterten Untertanen des Sultans haben würde, die sich in Buganda niedergelassen hatten – die Halbaraber und Suahelis, die Mwangas Königshof als Stützpunkt für ihren Karawanenhandel zwischen Buganda und ihren ursprünglichen Heimatländern an der Küste und auf Sansibar benutzten. Nun würden sie einen Grund mehr haben, die Missionstätigkeit der Europäer schlechtzumachen.

Zehn Jahre war es her, seit Mackay erstmals Stanleys Aufruf an die christliche Welt gelesen hatte, die im *Daily Telegraph* erschienen war. Damals schrieb Stanley, der König von Buganda würde eine christliche Mission an seinen Hof einladen. Und es war nunmehr sieben Jahre her, daß Mackay sich über die beschwerliche, fieberverseuchte, 1300 Kilometer lange Strecke von der Küste bis zum Großen See durchgeschlagen hatte, besessen von dem Wunsch, als erster das Wort Gottes in diese fruchtbare rote Erde zu säen.

Von Anfang an waren die Araber ihm ein Dorn im Auge gewesen. Da er eine Bedrohung für ihren höchst einträglichen Handel – sie importierten Waffen im Austausch gegen Sklaven – mit Bugandas Nachbarregionen in Uganda darstellte, versuchten sie schon seit mehreren Jahren, Mackays Ansehen beim bugandischen Königshaus herabzusetzen. Schon König Mtesa, Mwangas Vater und Vorgänger, hatten sie gewarnt, die *Basungu*, die Europäer, seien nur gekommen, um sein Land an sich zu reißen. Doch dieser hatte die Warnung mit der Bemerkung übergangen, erst wenn die Europäer anfangen würden, die Küstengebiete einzunehmen, würde er glauben, daß sie auch sein Land erobern wollten.[2] Und nun, da die Deutschen offenbar mit der Eroberung der Ostküste begannen, Belgien vom Westen ins Innere des Kontinents drängte, Emin Pascha möglicherweise im Begriff stand, vom Norden aus dem Sudan vorzudringen, und auf dem Thron von Buganda ein junger, wilder und schwacher Kabaka saß, würde nichts mehr die Araber zurückhalten können. Der Argwohn des bugandischen Volkes gegen seinen eigenen König würde in Panik umschlagen. Diese *Basungu* waren bekannt, und sie waren alle gleich. Sie waren gekommen, um sich das Reich Buganda einzuverleiben.

Als ob dies noch nicht genug wäre, erhielt Mackay auch noch einen enthusiastischen Brief von James Hannington, dem ersten Missionsbischof Ost-Äquatorialafrikas, der sein Vorgesetzter in der *Church Missionary Society* war. Dieser, selbst ein unerschrockener Forscher, schrieb, er wolle die Missionsstation in Buganda besuchen und dabei von Mombasa in nordöstliche Richtung durch das Land der Massai nach Busoga reisen. Die Entscheidung für diese Route war nach Mackays Kenntnis schon unter gewöhnlichen Umständen sehr kühn; bei der momentanen angespannten Lage aber bedeutete sie Tollkühnheit. Nicht umsonst wurde Busoga die »Hintertür« nach Buganda genannt, eine Tür, die fest verschlossen blieb, weil man durch sie das Königreich an seiner verwundbarsten Flanke betreten konnte. Keinem Weißen würde es gestattet werden, auf diesem Weg nach Buganda zu kommen, selbst wenn er es schaffen sollte, sich durch das Land der gefürchteten Masai durchzuschlagen. Mackay schickte seinem Bischof deshalb eine dringende Warnung, Busoga zu meiden und die südliche Route über Tabora zu nehmen. Andernfalls würde nicht nur er selbst, sondern die ganze Mission in Mengo in höchste Gefahr geraten.

Wie sollte Mackay die Befürchtungen des launischen Kabaka besänftigen? Mwanga war ein erst zwanzigjähriger, zu unberechenbaren Gefühlsausbrüchen neigender junger Mann, der nichts von der Klugheit und der Vornehmheit seines Vaters Mtesa geerbt hatte. Bei einer Audienz am 25. September versuchte Mackay, den König davon zu überzeugen, daß der Askopu, also der Bischof, Engländer und – anders als die Deutschen – kein Feind sei, da er nicht erobern, sondern nur missionieren wolle. Er bat um die Erlaubnis, die *Mirembe,* das Boot der Missionsstation, nach Kavirondo am Ostufer des Sees zu senden, um dort Bischof Hannington abzufangen, bevor dieser Busoga erreichen konnte. Diese Erlaubnis wurde ihm erteilt, und er erhielt sogar eine Kuh als Beweis dafür, daß der König ihn achtete.

Doch am nächsten Tag erfuhr Mackay von seinen jungen Konvertiten, daß der König seine Meinung geändert und seinen Ministerrat einberufen habe. »Alle schienen plötzlich der Meinung zu sein«, so berichtete Mackay später, »daß die Weißen alle gleich und wir und der Bischof nur Vorboten des Krieges seien. Wir würden nur auf unseren Anführer warten und dann das Land erobern.«

Einer der Häuptlinge schlug vor, gegen den Bischof zu kämpfen, ein anderer, alle weißen Männer zu töten. »Wenn man Wasser einbrechen sieht, muß man damit rechnen, daß noch mehr nachkommt ... Das

Beste ist, es schon an der Quelle aufzuhalten.«[3] Alle waren der Ansicht, daß der Bischof nicht durch die »Hintertür« nach Busoga gelangen dürfe. Schließlich entschied Mwanga, daß das Missionsboot Hannington in Kavirondo aufnehmen und zur Missionsstation in Msalala, am Südufer des Sees und außerhalb des Königreiches Buganda gelegen, bringen solle, wo er der weiteren Befehle des Kabaka zu harren habe.

Acht Jahre zuvor, 1877, hatten Mackays Kollegen von der *Church Missionary Society* bei Kagei, unweit von Msalala, einen ersten Stützpunkt errichtet, nachdem sie sich von der Küste bis hierher mit den Teilen eines zusammensetzbaren Bootes durchgekämpft hatten. Mackay selbst war an der Malaria erkrankt und hatte in Sansibar zurückbleiben müssen. Als er ein Jahr später nachkam, war einer seiner Mitstreiter gestorben, zwei weitere waren in Stammesfehden verwickelt und ermordet worden, und der Rest war krank nach Hause zurückgekehrt. Er mußte also auf dem mitgebrachten Boot ganz allein über den riesigen See mit seinen unbeständigen Witterungsverhältnissen segeln, um das »verheißene Land« Buganda zu erreichen.

Was er dort vorfand, erfüllte ihn gleichzeitig mit freudiger Erregung und Abscheu. Das Land selbst schien wirklich paradiesisch zu sein, ganz wie Speke, Grant und Stanley es beschrieben hatten. »Das Klima ist herrlich«, schrieb Mackay, »wie ein immerwährender englischer Sommer.« Alles schien wie von selbst zu wachsen, Bananen, Baumwolle, Kaffee und Tabak gediehen im Überfluß; und auch die Menschen kamen ihm wunderbar vor: »Weder Wilde noch Barbaren, sondern jeder Rasse in Zentralafrika, von der ich durch eigene Erfahrung oder durch Berichte Kenntnis erhalten habe, weit überlegen . . .«[4]

Mackay war überglücklich, daß er diesen Menschen das Christentum bringen konnte. Er beherzigte dabei Stanleys Rat, daß es nicht genug sei, nur Gottes Wort zu verkünden, sondern auch seine Taten – man müsse also auch Kranke heilen, Häuser bauen, pflügen und ernten. Und dafür war der gelernte Ingenieur Mackay, der überdies noch ein bemerkenswertes Improvisationstalent besaß, genau der richtige Mann. Er entwarf die Missionsstation in Natete, das einzige zweigeschossige Gebäude im ganzen Land; er konstruierte eine Druckerpresse, um das von ihm selbst ins Luganda übersetzte Lukas-Evangelium sowie die Bergpredigt verbreiten zu können; und er baute eine Schmiede, eine Drehbank und eine Pumpe, die

Wasser meterhoch in die Luft schleuderte – woraufhin die Zuschauer ihn sofort als den »Großen Geist« feierten und in Scharen zu seiner strohgedeckten Kapelle strömten, um sich taufen zu lassen. »Oh, die *Basungu*, diese *Basungu*«, riefen sie staunend aus, »das sind Leute! Sie können einfach alles; die Araber und die Wangwana [die Küstenbewohner] wissen überhaupt nichts ... Aber Mackay ist klug, sehr klug; der König wird sich hierher tragen lassen, um dieses wunderbare Ding zu sehen.«[5]

Mackay hatte jedoch seinen Empfang an Mtesas Hof oft genug als sehr kühl empfunden. Das hing unter anderem damit zusammen, daß er als Calvinist nicht so kompromißbereit war wie seine anglikanischen Kollegen von der *Church Missionary Society*, Robert Ashe und Philip O'Flaherty. Grausamkeiten, Sklaverei, Polygamie und Zauberei waren nur einige der von ihm öffentlich als »Teufelswerk« gegeißelten Praktiken, und mit diesem ablehnenden Verhalten schuf er sich bald mächtige Feinde. Seine Unduldsamkeit hatte schließlich zur Folge, daß diese, Heiden wie Muslims, sich gegen ihn verbündeten und sogar einige Europäer ihm befremdet ihre Unterstützung entzogen.

1879, ein Jahr nachdem Mackay die englische protestantische Mission gegründet hatte, kamen drei französische Patres nach Mengo. Ihr Führer war Père Lourdel, der von seinem Kardinal Lavigerie entsandt worden war, um hier eine katholische Mission zu gründen. Für Mackay war das eine vernichtende Ironie. Auf dem ganzen Kontinent gab es nur eine Handvoll englischer Missionsstationen, und jetzt kamen die Franzosen ausgerechnet hierher, um die gleiche fruchtbare rote Erde zu beackern!

Von den zwei Millionen bugandischen Seelen, die es zu retten galt, war natürlich die des großen Kabaka am meisten wert: Er allein konnte sich zu einem afrikanischen Konstantin mausern – denn ein christlicher Kabaka bedeutete ein christliches Königreich Buganda. Aber König Mtesa reagierte auf Mackays Bekehrungsversuche von Anfang an mit quälender Zweideutigkeit. Einerseits erlaubte er ihm, vor dem versammelten Hof die biblische Geschichte vom verlorenen Sohn zu predigen, wobei der Katikiro (Mtesas Premierminister) persönlich vom Suaheli ins Luganda dolmetschte. Und niemand hinderte die königlichen Pagen daran, Christen zu werden. Doch andererseits brachte Mtesa offenbar nicht den Mut auf – so schien es Mackay anfangs –, mit dem christlichen Bekenntnis Ernst zu machen. Er wollte am liebsten Christ, Mohammedaner und Heide zugleich sein, als sei die Bibel nichts weiter als ein neues *Jembe*, eine

Art Götzenbild, das es wohl wert war, einmal »ausprobiert« zu werden – etwa auf diese Weise redete man bei Hofe über die christliche Religion!

In Wahrheit verfolgten der König und Mackay einander entgegengesetzte Absichten, doch Mackay war der letzte, der das erkannte. Vielmehr glaubte er, er habe durch Stanleys Vermittlung von Mtesa eine Einladung erhalten, »sein Volk das Wissen über den wahren Gott zu lehren«. Doch das verneinte der König und entgegnete, Mackay sei eingeladen worden, »um uns beizubringen, wie man Gewehre und Schießpulver macht«.[6] Mackay erklärte, er habe sich nie geweigert, praktische Hilfe zu leisten; wenn es ihm jedoch nicht erlaubt sei, das Wort Gottes zu verkünden, dann müsse er nach England zurückkehren. Daraufhin wurde er in scharfen Worten daran erinnert, daß er keine Genehmigung habe, den Hof des Kabaka zu verlassen.

Er war also im Grunde ein Gefangener des Mannes, den er einst so bewundert hatte. Doch noch schlimmer war für Mackay, daß Mtesa wegen einer unheilbaren Krankheit, an der er litt, jetzt auf den Rat seiner Zauberer hin auch die Praxis des *Kiwendo,* des Menschenopfers, wieder aufleben ließ, um die Götter günstig zu stimmen. Wahllos wurden Menschen ergriffen, über Nacht eingesperrt und am nächsten Morgen öffentlich abgeschlachtet – manchmal bis zu 2000 an einem einzigen Tag. »All das nur, um dieses geisteskranke, blutdürstige Monster zu befriedigen«, schrieb Mackay in sein Tagebuch, »das von gottesfürchtigen Menschen in England . . . der *humane* König von Uganda [Buganda] genannt wird . . . Mtesa ist durch und durch ein Heide, der alles Böse dieser Welt in sich vereint . . . Alles dreht sich nur um ihn. Uganda existiert nur für ihn allein.«[7]

1884 starb Mtesa, und Mwanga folgte ihm auf den Thron. Mackay schöpfte neue Hoffnungen, die sich aber bald als trügerisch erweisen sollten. Im Januar 1885 setzte er Mackay und seine Begleiter in ihrem Hauptquartier bei Mengo unter Arrest. Drei der einheimischen Jungen, die für die Mission arbeiteten, wurden trotz Mackays verzweifelter Versuche sie zu retten, bei lebendigem Leib langsam an einer Art Bratspieß verbrannt, nachdem ihnen der Scharfrichter zuvor die Arme abgehackt hatte. Mackay legte danach beim König schärfsten Protest ein, doch dieser zuckte nur die Achseln.

Das ganze Jahr 1885 hindurch waren die Beziehungen zum Kabaka beträchtlichen Schwankungen ausgesetzt, und das Schicksal der Mission schien sehr unsicher. Zuerst konnten Freunde nur nachts zur Station gelangen, da sie bewacht wurde. Später wurden die Wachen abgezogen, und es kamen wieder Gläubige in Scharen, um sich die Blätter abzuholen, die Mackay mit seiner Presse druckte; unter ihnen sogar einige Prinzessinnen, Schwestern des Königs. Es kursierten Gerüchte von Verschwörung und Rebellion. Im Juni bemühte sich Mwanga, die Missionare zu beschwichtigen und versöhnlich zu stimmen, doch bereits zwei Monate später, im August, verfiel er wieder in rasenden Zorn gegen sie, als der Mast der königlichen Flagge umstürzte und einen Mann erschlug.

Und ausgerechnet um diese Zeit wollte Bischof Hannington vom Masai-Land kommend am Ostufer des Sees eintreffen. Der König hatte Mackay am 25. September die Erlaubnis erteilt, das Missionsboot *Mirembe* nach Kavirondo segeln zu lassen, um den Bischof dort abzufangen und nach Msalala zu bringen. Doch im Oktober gab es erneut Unstimmigkeiten darüber, was Mwanga erlaubt hatte. Und dann ereilte Mackay und die anderen Missionare plötzlich ein schreckliches Schicksal.

Es war am frühen Morgen des 25. Oktober, einem Sonntag, und Mackay feierte gerade die Messe in der neugebauten, strohgedeckten Kapelle in Natete, als einer der christlichen königlichen Pagen die Nachricht überbrachte, daß die beiden *Basungu* mit zwanzig Wangwana-Trägern von der Küste (in Wirklichkeit waren es fünfzig) in Busoga gefangengenommen worden seien. Ein anderer Page berichtete, die *Basungu* seien vom Stammeshäuptling eingesperrt worden. Der größere der beiden, hieß es, habe nur einen Daumen, woraufhin Ashe sofort bemerkte: »Das ist der Bischof.« Ihm war bekannt, daß Hannington bei einem Unfall einen Daumen verloren hatte. Der Page schloß mit der Ankündigung, der Kabaka und seine Minister hätten bereits beschlossen, die Ankömmlinge alle zu ermorden.

Mackay schickte die anwesenden Gläubigen sofort nach Hause und machte sich mit Ashe auf den Weg zum Palast, um bei Mwanga Gnade für Hannington und sein Gefolge zu erbitten. Als sie durch das große Palasttor gingen, flüsterte einer der Pagen: »Sie sind gegangen, um sie zu töten.«[8] Der Kabaka verweigerte ihnen eine Audienz. Am nächsten Tag, dem 26. Oktober, versuchten sie es noch einmal. Man teilte ihnen mit, sie könnten einen Brief hinterlassen, der von den französischen Missionaren übersetzt würde. Mackay unterdrückte seinen Stolz und bat Pater Lourdel zu intervenieren. Dieser tat alles, was in seiner Macht stand, und der Kabaka versprach daraufhin, einen Boten zu entsenden mit dem Befehl, den Bischof zu verschonen; ihm solle nur verwehrt werden, das Land zu betreten. Aber die Tage verstrichen, und die Pagen meinten, Mackay solle die Hoffnung aufgeben, daß der Bischof noch lebe. Der zweite Bote sei ausgeschickt worden, um den Befehl zur Ermordung Hanningtons zu bestätigen, nicht um ihn zurückzunehmen.

Dieser Montag, der 26. Oktober, war Hanningtons fünfter Tag als Gefangener in Busoga. Von Männern, die er anfangs für Räuber gehalten hatte, war er in eine von Ungeziefer verseuchte Hütte des Stammeshäuptlings Lubwa verschleppt worden. Nach zwei Tagen verbesserte sich seine Lage ein wenig: Er durfte im Hof sein Zelt aufschlagen und eine Nachricht an Mackay senden, in der er seine mißliche Lage schilderte; auch seine Bibel, einen Zeichenblock und sein Tagebuch bekam er wieder.

Drei Monate zuvor hatte Hannington forsch seinen Troß von 200 Wangwana-Trägern, einem Koch aus Goa und einem afrikanischen Diakon von der Küste ins Landesinnere geführt. Auf ihren Köpfen transportierten die Träger genug Handelsware für mindestens sechs Monate – vierundzwanzig Ballen Tuch, fünf Ladungen Draht und einundzwanzig Schachteln voller Perlen, dazu das Feldbett des Bischofs, sein Bad und anderes Gepäck.

Er war ein hochgewachsener, breitschultriger, bärtiger, grauäugiger Engländer, der im Namen des Herrn mit Elefantengewehr und Bibel gleichermaßen gut umzugehen wußte. E. C. Dawson, einer seiner engsten Freunde und sein Biograph, schrieb über den Bischof: »Mit wachem Blick für alles um ihn her, anfeuernden Rufen für seine Mannschaft, deren ganzes Leben und Seele er verkörpert – und immer wieder ein altbekanntes Lied auf den Lippen, auf daß die Wildnis widerhallt vom Klang einer christlichen Weise.«[9]

Unglücklicherweise hatte Hannington Mackays letzten Brief, in dem dieser ihn vor der kürzeren Nordroute nach Buganda warnte, nicht erhalten. Ebenso verhängnisvoll war, daß weder Sir John Kirk noch andere Experten in Sansibar eine Vorstellung davon hatten, wie gefährlich es war, Busoga, die »verschlossene Tür«, zu betreten. In der Tat wußte niemand dort, daß die Drohgebärden der Deutschen gegenüber dem

Sultan bis hinauf an den Großen See Panik entfacht hatten und die Missionsstationen in diesem Gebiet deshalb in großer Gefahr schwebten. Am 18. August 1885 erreichte Hannington das Land der Kikuyu, wo er nach anfänglichen Schwierigkeiten die Vorräte der Karawane aufstokken und somit weiterziehen konnte. Anfang September folgte ein erstes, gefährliches Zusammentreffen mit Masais: Junge Krieger erhoben einen hohen Wegezoll und ließen sich selbst dann nur durch Hanningtons Ruhe und Furchtlosigkeit dazu bewegen, wieder abzuziehen.[10]

Mitte Oktober hatte die Karawane ohne Verluste das Land der Masai durchquert und näherte sich dem Großen See. Selbst zu diesem Zeitpunkt wäre es noch nicht zu spät gewesen, die Katastrophe abzuwenden. Hätte Hannington in Kavirondo auf Mackays Boot, die *Mirembe*, gewartet, dann wäre ihm die Gefangennahme erspart geblieben. Aber ungeduldig wie er war, ließ er dort nur den größten Teil der Karawane zurück und machte sich mit ein paar Trägern auf den Weg nach Busoga.

An einem der letzten Oktobertage erhielt Hannington, der noch immer nicht wußte, weshalb er eigentlich gefangengenommen worden war, eine freudige Nachricht: Er sollte sein Gefängnis verlassen dürfen. Tatsächlich wurde er wenig später abgeholt, um zu seinen Trägern zurückkehren zu können.

Die Wiedersehensfreude verwandelte sich in einen schrecklichen Schock. Er fand seine Träger in der Tat an der vereinbarten Stelle, doch waren sie nackt, gefesselt und wie Schafe auf einer Lichtung zusammengetrieben worden. Männer des Königs standen mit ihren Speeren bereit. Als sie ihm die Kleider vom Leib rissen, konnte Hannington noch rufen: »Sagt dem König, daß ich für sein Volk sterbe, daß ich den Weg nach Buganda mit meinem Leben erkauft habe!«[11] Dann fiel ein Signalschuß, und die Soldaten stürzten sich mit wildem Geschrei auf die Gefangenen, bis die Lichtung mit Leichen übersät war.

In Sansibar reagierte man ungläubig auf die Nachricht von dem Massaker. Die kaltblütige Ermordung eines Bischofs auf Befehl eines afrikanischen Königs – das war eine Tragödie ohne Beispiel. Viele Missionare hatten bereits ihr Leben lassen müssen, doch die allermeisten waren von der Malaria oder der Ruhr dahingerafft worden; der gewaltsame Tod von Mackays beiden Kollegen von der *Church Missionary Society* im Jahre 1878 war eine unrühmliche Ausnahme gewesen. Jetzt aber fragte man

357

sich in Sansibar bestürzt, was in Mwanga gefahren war. Warum hatte er sich mit einem solch blutrünstigen Massaker gegen die Engländer aufgelehnt?

In der Zwischenzeit hatten auch die französischen und britischen Missionare in der Hauptstadt Mengo von den Morden erfahren und lebten nun in ständiger Angst um ihr eigenes Schicksal und das ihrer Gläubigen. Pater Lourdel, der sich gegenüber dem Kabaka wesentlich taktvoller verhielt als Mackay, erfuhr, daß auch dieser und die beiden anderen Engländer ermordet werden sollten. Nachdem er sie gewarnt hatte, ging er entschlossen zum Palast, um zu fragen, ob auch sein Leben in Gefahr sei. Mwanga verneinte und fügte traurig hinzu: »Ich bin der letzte König von Buganda. Nach meinem Tode werden die Weißen mein Land wegnehmen. Solange ich am Leben bin, kann ich sie noch davon abhalten, doch nach mir wird es keinen schwarzen König in Buganda mehr geben.«[12]

Nicht lange danach versetzte Père Lourdel die Nachricht in Schrecken, daß der oberste der königlichen Pagen, ein junger, eifriger Katholik namens Joseph Mkasa, den Scharfrichtern übergeben worden sei. Er hatte versucht, die Anbetung eines Fetischs am Hof zu unterbinden; außerdem hatte er Mackay verraten, daß der Bischof getötet werden sollte. Auch er wurde bei lebendigem Leibe aufgespießt und verbrannt. Die anderen Pagen bestürmten nun Lourdel und baten darum, getauft zu werden, bevor sie das gleiche Schicksal ereile. Heimlich taufte der Pater insgesamt 134 Personen.

Auch zu Mackays Kapelle wagten sich gläubige Baganda nur noch im Schutze der Nacht. Eines Tages ging Mackays Schüler Ashe zum Palast und unterhielt sich mit Pokino, dem ältesten Minister, der früher ein eifriger Schüler in der Mission gewesen war. Mutig hielt Ashe ihm vor, es sei falsch, sich zu Gott zu bekennen und gleichzeitig Raub und Mord zu verüben. Pokino erwiderte, die *Baduchi,* die Deutschen, seien doch auch gottesfürchtige Leute, und doch kämen sie, um Land zu annektieren, das ihnen nicht gehöre. »Und machen nicht sogar die Engländer Kanonen und Pulver? Tun sie das etwa aus Liebe zu Gott?«[13] Darauf wußte Ashe keine Antwort.

Mackay fragte sich, ob sie die Flucht mit einem Kanu versuchen sollten, doch nach Wochen der Todesangst entschloß er sich, auf Gott zu vertrauen und auf seinem Posten auszuharren. Er glaubte, Mwanga wisse selbst nicht, ob er die Missionare töten oder sie als Geiseln behalten solle, um eine europäische Intervention zu verhindern.

Langfristig gesehen erschien Mackay eine Intervention der Europäer als die einzige Lösung. Am besten, meinte er, sei eine Machtübernahme durch die Briten, die »einzige politische Macht, welche die Sache der Freiheit und eine gute Regierung respektieren kann«.[14] Er bewunderte Emin Pascha, den letzten Gefolgsmann Gordons, sehr, der offenbar immer noch seine Stellung in der Provinz Äquatoria, nördlich von Uganda, hielt. Möglicherweise würde es Emin gelingen, diese beiden Regionen zu vereinigen. Vielleicht konnten die Europäer Emin als Gouverneur eines »Unabhängigen Staates« in Ostafrika und im Südsudan etablieren, vergleichbar dem »Unabhängigen Kongostaat«. Allerdings hatte er von Emin seit Jahren nichts mehr gehört; vielleicht hatte der Mahdi ja auch ihn vernichtet.

Im Februar 1886 jedoch trafen Nachrichten aus dem Norden ein, welche Mackays Hoffnung neue Nahrung gab. Der lange vermißte russische Forscher Dr. Junker teilte vom benachbarten Bunyoro aus mit, er habe vor wenigen Monaten Emin in dessen Provinz verlassen, und dieser sei wohlauf. Mackay sorgte dafür, daß Junker sicher bis nach Buganda gelangte, was sich wegen eines eben ausgebrochenen Krieges zwischen dem Königreich und Bunyoro als schwierig erwies. Aber offenbar wollte Mwanga durch sein Entgegenkommen zeigen, »daß er den Mord an Hannington und seinen Leuten wiedergutmachen will«.[15] Vielleicht fürchtete er ihre Vergeltung.

Im März 1886 schien das Ansehen der Missionare bei Mwanga wieder zu steigen. Zumindest durfte Philip O'Flaherty, der ernsthaft erkrankt war, nach Europa zurückkehren, und Mackay erhielt 10 000 Kaurimuscheln mit der Versicherung, er sei Mwangas »Günstling«.

Im selben Monat noch brannten große Teile des Palastes ab, wobei Mwangas Vorräte an Schießpulver und ein Großteil seines Besitzes vernichtet wurden. Mwanga erklärte sofort, die Ursache der Katastrophe sei, daß die Weißen ihn verhext hätten. Ein oder zwei Wochen später kehrte seine Armee geschlagen aus Bunyoro zurück. Bis Mitte Mai mehrten sich die Anzeichen für eine neue Welle des Hasses auf die Weißen und ihren Gott, und auch Gerüchte, daß Dr. Junker ermordet worden sei, machten die Runde.

Dann, gerade als der Vulkan zum Ausbruch kam, erschien Dr. Junker in der Mission in Natete. Mackay bat ihn dringend, für Hilfe aus London zu sorgen. Bis Mitte Juli gelang es Dr. Junker, über den See zu entkommen und sich einer Karawane in Richtung Küste anzuschließen. Er war nun der Überbringer zweier dringender Hilferufe: von Emin, der in Äquatoria vom Mahdi bedroht wurde, und von Mackay und den anderen Europäern, die in Mengo von Mwanga festgehalten wurden.

* * *

Junkers Hilferufe erreichten das Londoner Außenministerium am 23. September 1886:

> Nachrichten aus Uganda vom 12. Juli . . . Missionare in Lebensgefahr; [Junker] drängt darauf, daß wir den König auffordern, sie ausreisen zu lassen. Emin hält Provinz bei Wadelai, benötigt aber dringend Munition und Vorräte. Versucht, die 4000 loyalen ägyptischen Untertanen dort nach Möglichkeit nicht im Stich zu lassen. Falls für Hilfe entschieden wird, ist keine Zeit zu verlieren.[16]

Dieses Telegramm wurde von Frederick Holmwood abgeschickt, da Sir John Kirk zu diesem Zeitpunkt nicht in Sansibar weilte. Er legte auch gleich einen Vorschlag zur Lösung beider Probleme vor: Mit Hilfe einer großangelegten militärischen Expedition sollte ein riesiges, neues Protektorat geschaffen werden, das ganz Ost- und Zentralafrika umfaßte.

Holmwoods Ideen wurden im Außenministerium mit Schrecken und Staunen aufgenommen. Die Afrika-Experten wunderten sich sowohl darüber, daß Emin immer noch am Leben war, als auch über den plötzlichen Vorschlag, das Britische Empire 1300 Kilometer weiter vom Indischen Ozean bis zum oberen Nil auszudehnen.

Auch Sir Percy Anderson stand Holmwoods Plan zunächst skeptisch gegenüber. Mitte Oktober erklärte er, es sei unmöglich, sowohl Emin als auch den Missionaren zu helfen. Statt dessen griff man im Außenministerium zu den Mitteln der Diplomatie und verfaßte einen Brief an König Mwanga, in dem er gebeten wurde, die Missionare ausreisen zu lassen. Unglücklicherweise wurde die Zustellung dieses Briefes jedoch dem Anführer der arabischen Sklavenhändler anvertraut, der für seine antibritische Haltung bekannt war. Was Emin anbetraf, beschloß Salisbury, die entsprechenden Informationen den Deutschen zukommen zu lassen:

360

»Nachdem Emin Deutscher ist, sollte seine Rettung eigentlich Sache der Deutschen sein.«[17]

Der Gedanke, Emin gleichsam den Deutschen anzubieten – und ihnen damit Zentralafrika wie auf einem Tablett zu servieren – rief Sir John Kirk auf den Plan, der sich gerade zu Konsultationen in London aufhielt. Die Lage hatte sich in den letzten Tagen wieder verändert: Erstens hatte Mackay dem Außenministerium mitgeteilt, daß Emin nicht auf Rettung wartete, sondern auf Verstärkung und Nachschub, um in Äquatoria ein britisches Protektorat errichten zu können. Zweitens war in dieser Woche, am 30. Oktober, mit den Deutschen ein Grenzabkommen für Ostafrika unterzeichnet worden, und das war nach Kirks Meinung das Beste, was die Briten sich hatten erhoffen können. Laut diesem Abkommen erhielten die Deutschen die ganze südliche Hälfte vom Reich des Sultans auf dem Festland, während die Briten sich die Nordhälfte bis Somaliland einverleiben durften. Im Landesinnern sollte die Grenze durch das Gebiet der Masai zum Ostufer des Viktoria-Sees verlaufen. Auf dem Papier sah das nach einer gerechten Teilung der Beute aus; aber tatsächlich hatten sich die Engländer damit den besseren Hafen – Mombasa statt Daressalam – und mehr fruchtbares Hochland – die Region um den Mount Kenya anstelle des Kilimandscharo-Gebiets – gesichert. Doch die interessanteste Frage wurde von diesem Abkommen gar nicht berührt: Wer sollte das schönste aller Gebiete erhalten – das herrliche Uganda? Kirk befürchtete, es könne zur nächsten Siegesprämie des »skrupellosen Abenteurers«[18] Carl Peters werden.

Am 30. Oktober, zehn Tage nachdem der Premierminister den Gedanken einer von der Regierung finanzierten Expedition zur Rettung Emins verworfen hatte, schrieb Kirk an seinen Freund, den schottischen Industriemagnaten Mackinnon, und schlug ihm vor, eine private Expedition auszurüsten. Mackinnon hatte schon länger mit dem Gedanken gespielt, eine Handelskolonie im Gebiet um den Kilimandscharo zu errichten. Nun, so Kirk, solle er doch einfach die Möglichkeiten des neuen Grenzabkommens ausnützen und Emins »gut regierte und ruhige« Provinz als das Herz eines neuen Britisch-Ostafrika betrachten.[19]

In der folgenden Woche riet Kirk Mackinnon, wen er als Führer der Expedition auswählen solle – nämlich Stanley. Der Vorschlag gefiel auch Percy Anderson, und so sagte er zu, sich bei Lord Salisbury für Mackinnons Plan einzusetzen.

Zur selben Zeit versuchte die Lobby der Menschenrechtler, der diese privaten Pläne unbekannt waren, mit allen Mitteln, die Regierung zur Rettung Emins zu bewegen. Unterstützung erhielt sie aus den Reihen der *Anti-Slavery Society* und der *Scottish Geographical Society*. Doch Emins eigene Briefe, die veröffentlicht wurden, bewiesen, daß er nur Munition und Nachschub wollte, um »einem riesigen Gebiet im Herzen Afrikas die Zivilisation zu bringen«.[20] Es hieß, er habe zu diesem Zweck bereits eine große Menge Elfenbein als Bezahlung angehäuft.

Innerhalb von drei Wochen legte Mackinnon seinen Plan der Regierung vor. Stanley erklärte sich hocherfreut dazu bereit, die Expedition zu leiten, sofern Leopold ihn entlassen würde. Doch wer sollte die erforderlichen 20 000 bis 30 000 Pfund zur Verfügung stellen? Zum Glück trat der berühmte deutsche Forscher Schweinfurth an Sir Evelyn Baring, den eigentlichen britischen Herrscher über Ägypten, mit dem Vorschlag heran, die ägyptische Regierung möge doch 10 000 Pfund für eine deutsche Expedition zur Entlastung Emins zur Verfügung stellen. Baring stimmte unter der Bedingung zu, daß seine Regierung sich in diesem Falle nicht mehr um Emins Schicksal kümmern würde. Dieses Angebot kam Mackinnon zu Ohren, der nun seinerseits erklärte, wenn er diese 10 000 Pfund Unterstützung von Ägypten für eine britische Expedition bekäme, würden er und seine Freunde die erforderliche Restsumme aufbringen. Anderson empfahl dem britischen Kabinett eindringlich, seine Zustimmung zu geben: Denn natürlich verfolge man mit diesem Projekt nicht nur das Ziel, Emin zu helfen. Mackinnon und seine Freunde wollten versuchen, mit den Eingeborenen Verträge abzuschließen und »eine große Handelskolonie« mit Sitz in Mombasa gründen, die sich bis zum oberen Nil erstrecken sollte. Zu gegebener Zeit würde sie dann mit einem königlichen Schutzbrief versehen werden. So weit, so gut. Doch was sollte mit Emin geschehen? Und wie konnten Stanleys Verpflichtungen gegenüber König Leopold in Einklang gebracht werden mit Mackinnons grandiosem Plan, das britische Weltreich noch weiter auszudehnen?

Keine dieser heiklen Fragen war gelöst, als Lord Salisbury und sein Kabinett am 3. Dezember 1886 Andersons Empfehlung folgten und Mackinnon die Zustimmung zur Ausführung seines Plans erteilten. Im großen und ganzen war man der Ansicht, dieses Vorhaben sei für die Regierung nicht von Belang; Stanley würde die Expedition »als Privatmann und für eine private Gesellschaft« unternehmen, wie Anderson es ausdrückte. Die Sache sei nicht vergleichbar mit Gordons Entsendung nach Khartum. Sollte es Stanley nicht gelingen, Emin zu helfen, so hätte nicht die britische, sondern nur die ägyptische Regierung etwas dabei verloren.

Eine wichtige Änderung wurde allerdings vorgenommen. Der ursprünglich von Mackay gefaßte, dann von Holmwood und Kirk übernommene Plan war gewesen, Zentralafrika von Mombasa ausgehend über Uganda bis zum oberen Nil zu erschließen. Emins und Mackays Schwierigkeiten waren Großbritanniens Chance. Zu den wichtigsten Zielen würde die Befreiung der britischen Missionare und die Öffnung Ugandas für die »drei C« (Commerce–Christianity–Civilization) sein.

Doch nun stellte sich heraus, daß Stanley die Expedition nicht über die übliche arabische Handelsroute von der Ostküste nach Uganda führen wollte. Zudem bestand auch König Leopold darauf, daß Stanley die längere Route von der Westküste durch das Kongogebiet nehme; vielleicht könne er ja über Ostafrika zurückkehren. Mackinnon war gezwungen, dem zuzustimmen. Natürlich hatte Leopold seine Gründe für diese Bedingung, und sie sollten bald klar werden.

Bereits drei Wochen nach der Zustimmung des Kabinetts war Stanley nach London zurückgereist und mit der Vorbereitung der Expedition beschäftigt. Nach weiteren drei Wochen hielt er sich kurz in Kairo auf, um sich mit Baring abzusprechen. Die Änderung der Route stieß auf wenig Widerspruch; nur Sir John Kirk protestierte bei Mackinnon und gab zu bedenken, daß die daraus resultierende Verzögerung den Deutschen Gelegenheit geben könnte, als erste nach Uganda zu gelangen.

Bald sollte sich herausstellen, daß die Änderung der Route lediglich Leopolds Interessen nützen würde. Noch nie hatte jemand versucht, über diesen Weg nach Uganda zu gelangen. Zudem würde es viele Monate länger dauern, sich durch die Regenwälder des Kongobeckens hindurchzukämpfen, als die offenen Ebenen Ostafrikas zu überqueren. Auch Mackinnons Vorhaben, seine Kolonie in Ostafrika zu errichten und Uganda für die britische Krone zu gewinnen, würde auf diese Weise nicht leichter werden. Und was Mackay und die anderen Missionare betraf – sollten sie für immer der Gnade des launischen Königs Mwanga ausgeliefert sein?

Im Herbst des Jahres 1886 verfaßten Mackay und Ashe eine Reihe alarmierender Briefe über die Entwicklungen in Uganda. Im Mai war der seit langem erwartete Sturm über sie hereingebrochen. Der Grund dafür war der »großartige Ungehorsam« eines jungen, zum Christentum bekehrten Pagen, der sich gegen den »schwarzen Nero« aufgelehnt und geweigert hatte, das Opfer einer »unaussprechlichen Greueltat« zu werden.[21] Der Junge wurde lediglich mit Prügeln bestraft. Doch dieser Vorfall und die nachfolgende Weigerung anderer Pagen, sich vom König schänden zu lassen, brachte Mwanga vollends zur Raserei. Am 25. Mai befahl er wutentbrannt, alle Anhänger des Christentums am Hof festzunehmen. Einige wurden kastriert, andere zerstückelt und den Geiern vorgeworfen. Am 3. Juni ließ er elf Protestanten und dreizehn Katholiken in Namgongo auf einem Scheiterhaufen verbrennen. Die Knaben starben mit Liedern zur Ehre des Gottes der Weißen auf den Lippen – was ihre Henker äußerst erstaunte. Vielen war die Freiheit versprochen worden, wenn sie dem Christentum abschwören würden, doch sie wählten den Märtyrertod.

Livingstone hatte in zwanzig Jahren kaum eine afrikanische Seele bekehrt; Mackay dagegen hunderte. Doch nun starben sie für ihren Glauben wie die ersten Christen.

Aber Mackay war immer noch nicht mehr als ein unbedeutender schottischer Missionar. Seine leidenschaftlichen Briefe – verzweifelte Hilferufe zur Rettung der von ihm bekehrten Gläubigen – gelangten nicht in die Londoner Presse. Die Augen der Öffentlichkeit waren nun auf die Sümpfe Äquatorias gerichtet, wo der heldenhafte Emin, ein gleichsam wiedererstandener Gordon, angeblich eine Zitadelle der Freiheit und Gerechtigkeit errichtet hatte.

Zwei große Sorgen bewegten England. Die britische Öffentlichkeit fragte sich, ob Stanley Äquatoria rechtzeitig erreichen würde. Oder würde auch Emin ein Opfer des Mahdi werden?

Und Kirk und seine Freunde fragten sich, wer zuerst nach Uganda gelangen würde – Stanley oder Carl Peters.

KAPITEL 18

Die Rettung Emin Paschas

Brüssel, Kongo, Äquatoria und Deutsch-Ostafrika
29. Dezember 1886 – Januar 1890

»Es war ziemlich qualvoll, tagtäglich in der britischen Presse zu lesen,
daß einer von Gordons Offizieren, der eine kleine Armee befehligte, in
Gefahr schwebte . . . das erbarmungslose Schicksal zu teilen,
das . . . ihren Anführer in Khartum ereilt hatte.«

Stanley über die Motive, die ihn im Jahre 1887 zu seiner Rettungsaktion für
Emin Pascha bewogen

Bevor Stanley Ende Januar 1887 nach Afrika aufbrach, stattete er
seinem Arbeitgeber Leopold zwei kurze Besuche in Brüssel ab.
Der Afrikaforscher war kaum noch in der Lage, seinen »heftigen Zorn«
über die »Streiche«,[1] die ihm der König gespielt hatte, zu verbergen.
Achtzehn Monate lang hatte Stanley in London auf die Aufforderung
gewartet, in den Kongo zurückzukehren. Im letzten Jahr waren seine
Beziehungen zu Brüssel merklich abgekühlt. 1884/85 verfaßte er in nur
89 Tagen ein tausendseitiges Monumentalwerk über seine Arbeit für
Leopold: *The Congo and the Founding of the Free State.*
Als er die Korrekturfahnen zurückerhielt, mußte er zu seinem Ärger
feststellen, daß die interessanteren Passagen gestrichen worden waren,
zum Beispiel einige scharfe Angriffe gegen belgische Offiziere und ge-
wisse souveräne Regierungen. Ein Sekretär erklärte ihm dazu: »Seine
Majestät wünscht, daß Ihr Buch bei allen Nationen Anklang findet.«
Allerdings fand es nicht sehr viel Anklang, sondern erwies sich als das
langweiligste Buch aus Stanleys Feder.
Im Juni 1885 endete Stanleys Urlaub, und er war bereit, sofort in den
Kongo abzureisen. Doch aus Brüssel kamen lediglich ausweichende
Briefe, und in Presseberichten konnte er nachlesen, er sei beim König in
Ungnade gefallen. Also schrieb er an Leopold und fragte an, womit er das
Mißfallen Seiner Majestät erregt habe.

Im September 1885 erfuhr Stanley endlich, daß die Regierung des Kongostaats Angebote für eine Konzession zum Bau der langerwarteten, lebenswichtigen Eisenbahnlinie entgegennahm, die unter Umgehung der Katarakte den unteren Kongo mit dem Stanley Pool verbinden sollte. Stanley ergriff die Chance, um ein Konsortium englischer Finanziers für das Projekt zu empfehlen, insbesondere seine alten Freunde William Mackinnon und James Hutton.

Weiterhin aber quälte ihn die Ungewißheit über seine Zukunft. Würde er als Generalbevollmächtigter für den Freistaat in den Kongo zurückkehren, wie es ihm bereits 1878 versprochen worden war? Oder hatte er das Vertrauen des Königs verloren?

Aus Brüssel kam eine zuckersüße Antwort auf diese Frage. Die Lektüre von Stanleys Brief habe »Seine Majestät um so schmerzlicher«[2] berührt, als der König Mr. Stanley in Kürze den Leopold-Orden zu verleihen gedenke. Sein Zehn-Jahres-Vertrag mit dem König, der 1888 auslief, sollte um weitere drei Jahre verlängert werden, mit einer Option bis zum Jahre 1895 – sofern sich Stanley verpflichtete, über den Kongo kein Wort ohne die ausdrückliche Genehmigung Leopolds zu veröffentlichen. Stanley, Mackinnon und die Konsortiumsmitglieder waren erleichtert und brachten 400 000 Pfund für das Eisenbahnprojekt auf. Doch nach achtmonatiger Arbeit wurden die Verhandlungen plötzlich ohne Vorwarnung oder Erklärung abgebrochen. Es stellte sich heraus, daß die Eisenbahnkonzession an eine belgische Firma gehen würde. Wieder einmal spürte Stanley, daß sich das »kalte, mißbilligende Schweigen«[3] des Königs wie ein Nebel auf ihn legte.

Ein weiterer Grund für Stanleys Bitterkeit waren Enttäuschungen privater Natur. In der Londoner Gesellschaft wurde er als größter Afrikaforscher seiner Zeit gefeiert. Doch in der Gegenwart von Frauen fühlte er sich schüchtern und unbeholfen. Er sehnte sich nach ehelichem Glück, doch wo war die Frau, der er sein Herz schenken konnte? Zehn Jahre war es her, seit ihm Alice Pike den Laufpaß gegeben hatte, und diese Wunde schmerzte immer noch.

Im Sommer 1885 lernte er schließlich die vierunddreißigjährige Malerin Dorothy Tennant kennen, in deren Haus die Londoner Gesellschaft aus- und einging. Diese schwärmerisch veranlagte Frau war eine hochgewachsene, präraphaelitische Schönheit mit kastanienbraunem Haar, die üppige Gewänder aus Seide und Spitze liebte und nach Nektar und Ambrosia duftete. Für Millais' bekanntes Bild eines Mädchens, das ihrem

Verehrer einen Brief schreibt, hatte sie Modell gesessen. Das Bild trug den bezeichnenden Titel »Nein«.

Dolly eroberte Stanleys Herz im Sturm, und er machte ihr den Hof wie ein Junge von zwanzig Jahren. Aus einem Urlaub in Italien schrieb er ihr lange, gestelzte Briefe. Und auf William Mackinnons herrlicher Yacht kreuzten sie gemeinsam zu den schottischen Inseln. Trotz unaufhörlichen Regens sprühte Dolly vor Lebhaftigkeit, und Stanleys Herz pochte zum Zerspringen. Vierzehn Tage später bat er sie in aller Form, seine Frau zu werden. Er warf sich ihr – brieflich – zu Füßen, »arm, hilflos, zitternd ... reich nur in der Liebe zu Ihnen, voller Bewunderung für Ihre königliche Schönheit«.[4] Millais' Modell antwortete umgehend mit einem entschiedenen »Nein!«

Dieser Korb verletzte Stanley tief. Er glaubte, daß sie ihn wegen seiner »niedrigen Herkunft« verachtete – schließlich war er ein Bastard aus dem Arbeitshaus St. Asaph. Die Frau hatte nur mit ihm gespielt – so wie Leopold mit ihm spielte!

Als Stanley im Dezember 1886 das Schloß des Königs betrat, kochte er vor Wut. Warum hatte ihn Leopold so behandelt? »Nun, Mr. Stanley«, begann der König und lächelte entschuldigend – so wohlwollend, so väterlich, daß Stanleys Zorn schon beinahe verraucht war und seine alte Verehrung wiederkehrte.

Ich gebe zu, daß es unangenehm für Sie war, doch es ging nicht anders ... *Haute politique* ... der wir uns alle beugen müssen ... Ich hätte Sie ebenso gerne in den Kongo geschickt, wie Sie gereist wären, doch die Existenz des Staates stand auf dem Spiel ...

Stanley, der große Forscher, hatte es bei der Erforschung der Gedankengänge des Königs nie besonders weit gebracht. Trotzdem kam ihm das Gerede von der *haute politique* »sehr mysteriös« vor. Dann dämmerte es ihm: der König bezog sich wahrscheinlich auf »irgendeine Drohung der französischen Regierung, die meine Anwesenheit im Kongo nicht wünschte«.[5] Bei einem zweiten Besuch im Palast, der im Januar 1887 stattfand, wurde auch deutlicher, welche Ziele der König mittlerweile verfolgte. Leopold bestand darauf, daß Stanley mit einer Expedition quer durch den Kongo reiste, um Emin beizustehen. Dieser Auftrag kam Stanley sehr gelegen, da er darauf erpicht war, einen neuen Weg durch den Nordosten des Kongogebiets auszukundschaften. Außerdem betraute der König seinen Forscher mit zwei diplomatischen Missionen, die selbst dem gerissenen Stanley allerhand abverlangen würden.

Zum einen sollte er eine Vereinbarung mit Tippu Tip aushandeln, dem Elfenbeinkaufmann und Sklavenjäger aus Sansibar, der Stanley bei seiner ersten Expedition in den Kongo im Jahre 1876 unterstützt hatte. Tippu Tip regierte inzwischen als ungekrönter König über die Araber in Zentralafrika. Stanleys Entdeckungen hatte er genutzt, um ein riesiges Handelsimperium aufzubauen; er exportierte Elfenbein und Sklaven und importierte Stoffe und Perlen in die riesige, unerforschte Region östlich der Stanley-Fälle. Die Beziehungen zwischen den Arabern und dem Kongostaat hatten im Jahre 1886 eine häßliche Wendung genommen. Rashid, Tippu Tips unbesonnener Neffe, hatte den Stützpunkt bei den Stanley-Fällen angegriffen, um ein Sklavenmädchen zu entführen, das dort Zuflucht gefunden hatte. Nachdem die zu Tode erschrockenen Bewohner die Niederlassung angezündet und (mitsamt dem Mädchen) die Flucht ergriffen hatten, schwang sich Rashid zum Herrscher über das Gebiet auf.

Leopold wußte, daß eine bewaffnete Auseinandersetzung zwischen den Arabern und dem Kongostaat auf lange Sicht nicht abzuwenden war. Beide strebten die Herrschaft über das Gebiet in Zentralafrika an, das den größten Teil des Elfenbeins für den Weltmarkt lieferte; und dieses Elfenbein stellte die Haupteinkommensquelle des Kongo dar. Da der Freistaat jedoch nicht über die Mittel verfügte, um einen regelrechten Krieg zu finanzieren, mußte jemand einen Frieden zusammenschustern. Stanley war bereit, den Versuch zu wagen, und machte den verwegenen Vorschlag, den notorischen Sklavenjäger Tippu Tip offiziell zum Gouverneur der Stanley-Fälle zu ernennen. Leopold befürchtete, das könnte dem philanthropischen Ruf des Kongostaats schaden, doch Stanley beruhigte ihn. Für ein anständiges Gehalt würde sich Tippu Tip zu benehmen wissen – und treu sein wie Gold.

Stanleys zweite diplomatische Mission war noch delikater. Er sollte Emin Pascha dazu überreden, sein Schicksal – und seine Äquatorialprovinz – in die Hände der Kongo-Regierung zu legen. Dabei war sich der König durchaus bewußt, daß Stanley nicht nur ihm, sondern auch Makkinnon und seinen englischen Freunden Loyalität schuldete, die zur Hälfte für die Kosten der neuen Expedition aufkamen. Tatsächlich verhandelte Mackinnon bereits mit der britischen Regierung über einen

Schutzbrief für ein Protektorat in der neuen britischen Einflußsphäre in Ostafrika. Die Frage war also, ob der König sich darauf verlassen konnte, daß Stanley Emin auch wirklich zu einem Abkommen mit dem Kongostaat überreden und von Mackinnon fernhalten würde?

Stanley war sich offenbar nicht darüber im klaren, daß er nahe daran gewesen war, Leopolds Kongopläne über den Haufen zu werfen. Die Franzosen würden Stanley nie verzeihen, wie er mit Brazza umgesprungen war. Und auch die belgischen Offiziere, die er in seinen Berichten lächerlich gemacht hatte, blieben unversöhnlich. Doch der König hielt sich zweifellos etwas darauf zugute, daß er Stanleys Charakter durchschaute und ihn durch Schmeicheleien bei der Stange halten konnte. Deshalb hatte er Stanley auch nicht den Laufpaß gegeben, wie jeder andere es getan hätte, sondern hatte ihn sich warm gehalten, um ihn genau zum richtigen Zeitpunkt wieder ins Spiel zu bringen. Mackinnon und die bedauernswerten ägyptischen Steuerzahler würden in Stanley investieren, und Leopold gedachte, die Dividende einzustreichen. Stanley würde sich seinen Weg über die Kongo-Nil-Wasserscheide bahnen und den Regenwald durchqueren, bis er die üppig grünenden Täler des Äquatorial-Nil erreichte.

Der Nil! Allein schon der Name beflügelte Leopolds Phantasie. Eine Kolonie am Nil wäre »eine Goldgrube«,[6] hatte er schon im Jahre 1854 geschwärmt. Nun würden Stanley und Emin seine kühnsten Träume noch überbieten und den Kongo mit dem Nil verbinden. Tatsächlich verfolgte Leopold den Plan, sein Imperium bis an die Ufer des Nils zu erweitern und womöglich gar den gesamten Sudan den Derwischen zu entreißen.

Die hochrangigen Mitarbeiter des Königs müssen über diese hochfliegenden Pläne entsetzt gewesen sein. Offenbar entwickelte Leopold einen Appetit wie ein gefräßiges Kind. Schon gelüstete es ihn nach dem Nil, obwohl ihm der Kongo noch in der Kehle steckte. Die prophezeiten Reichtümer aus dem Erlös aus Elfenbein und Palmöl waren bisher jedenfalls ausgeblieben. Das Elfenbein der Kongo-Elefanten ging an die Araber, die im Osten mit Sansibar Handel trieben. Die Eingeborenen am oberen Kongo waren nicht in der Lage, den Handel mit Palmöl aufzubauen. Die Folge war, daß die Ausgaben des Kongo-Freistaats seine Einnahmen um das Zehnfache überstiegen.

Nichts fürchtete der angeblich so philanthropische König mehr als den Bankrott. Er benötigte dringend Kredite, nicht nur um die Gehälter seiner am Fieber dahinsiechenden Beamten zu bezahlen, sondern für Straßen, Krankenhäuser, Dampfschiffe, Häfen, Lagerhäuser, kurz die Entwicklung der gesamten Infrastruktur eines neuen Staates. Doch die belgische Regierung wollte noch kein Geld herausrücken. Trotz der diplomatischen Triumphe des Königs in Berlin 1884/85 stand der Kongo-Freistaat kurz vor dem Ruin. Stanley hatte von Anfang an betont, daß der Erfolg des neugegründeten Staats vom Bau der Eisenbahn abhing, mit der man die Katarakte umgehen konnte. Damit würden die Kosten der Im- und Exporte drastisch sinken, und der Elfenbeinhandel sollte nicht länger über Sansibar laufen, sondern über die Häfen des Kongostaats an der Westküste.

Doch im Jahre 1887 schien das Glück dem König wieder hold. Im Februar meldete Stanley aus Sansibar, daß er mit Tippu Tip handelseinig geworden war. Der Araber war bereit, den Gouverneursposten an den Stanley-Fällen für ein Monatsgehalt von nur 30 Pfund zu übernehmen. Außerdem verpflichtete er sich, den Sklavenhandel (zumindest unterhalb der Fälle) aufzugeben und sich auf »legale Geschäfte« zu konzentrieren – das hieß auf den Handel mit Elfenbein, Stoffen, Gewehren und Schießpulver. Zudem versprach Tippu Tip, Stanley mit zusätzlichen Trägern zu versorgen, die die Munitionskisten zu Emin transportieren sollten. Der frischgebackene Gouverneur war sogar einverstanden, mit seinem 69-köpfigen Gefolge sofort eine Seereise von Sansibar über das Kap zum Kongo anzutreten, um Stanley bei der Organisation der großen Expedition von den Stanley-Fällen durch den Regenwald zu helfen.

Ähnlich erfreulich entwickelte sich das Projekt der Kongo-Eisenbahn. Leopold hatte den siebenunddreißigjährigen Hauptmann Albert Thys beauftragt, die vorgesehene Eisenbahnstrecke am unteren Kongo zu erkunden. Thys brach im Mai zum Kongo auf. Trotz des unwirtlichen Geländes und des ungesunden Klimas hielt der Hauptmann das Projekt für realisierbar. 1888 kehrte er nach Brüssel zurück und machte sich daran, die erforderlichen 25 Millionen Francs für den Eisenbahnbau zu beschaffen.

Von Stanleys Expedition kamen allerdings kaum noch Nachrichten. Immerhin wurde bekannt, daß seine Vorhutkolonne am 15. Juni 1887 bei den Yambuya-Stromschnellen angelangt war, nachdem sie die 1500 Kilometer vom Stanley Pool flußaufwärts mit einer bunt zusammengewürfelten Dampfschiff-Flotte zurückgelegt hatte. Mit einem zerlegten Stahl-

370

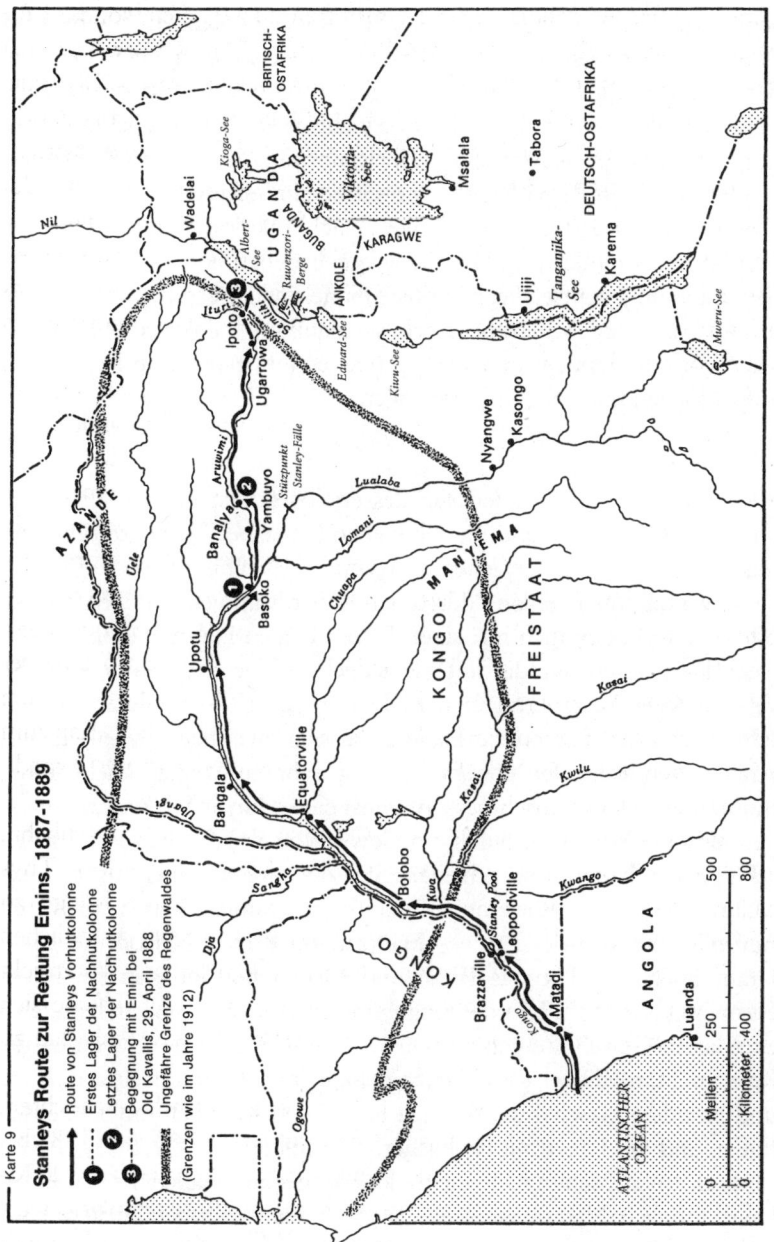

Karte 9

Stanleys Route zur Rettung Emins, 1887-1889

Route von Stanleys Vorhutkolonne
Erstes Lager der Nachhutkolonne
❶ Letztes Lager der Nachhutkolonne
❷ Begegnung mit Emin bei
  Old Kavallis, 29. April 1888
❸ Ungefähre Grenze des Regenwaldes
  (Grenzen wie im Jahre 1912)

371

schiff machten sie sich dann auf den 800 Kilometer langen Weg bis zum Albert-See in Äquatoria, während eine zweite Kolonne mit dem Großteil der Munition für Emin bei den Yambuya-Stromschnellen zurückblieb. Ein Jahr lang erfuhr man in Europa nichts mehr über das Schicksal der Expedition. Dann, im Mai 1888, erhielt Mackinnon in London als Vorsitzender des Emin Pasha Relief Committee ein Telegramm. Es kam von Major Edmund Barttelot, der Stanleys Nachhutkolonne anführte, die bei Yambuya gestrandet war. Die Zurückgebliebenen hatten durch Krankheit und Hunger entsetzliche Verluste hinnehmen müssen. Nun baten sie um Instruktionen. Schlimmer noch, sie glaubten, Stanley sei tot. Er und seine Vorhutkolonne waren im vergangenen Juni in den Ituri-Regenwald aufgebrochen und seitdem verschollen.

* * *

800 Kilometer ostwärts, jenseits des endlos scheinenden Dschungels, erholten sich Stanley und die Überlebenden seiner Vorhutkolonne allmählich von dem entsetzlichen Martyrium, das hinter ihnen lag.

Sie waren 160 Tage lang durch den Regenwald geirrt und hatten nie offenes Land oder auch nur einen Fetzen blauen Himmel erblickt. Abwechslung boten nur die unterschiedliche Höhe der Bäume und die verschiedenen Schattierungen der Düsternis, die sich über ihnen ausbreitete. Manchmal folgten sie Pfaden, die sich zwischen Dörfern dahinschlängelten, oder den von Elefanten gebahnten Wegen. Nicht selten mußten sie sich mit Buschmessern selbst eine schmale Schneise freischlagen, und die Bootsteile durch ein Gewirr von Kriechpflanzen über den schlüpfrigen Untergrund schleifen. 390 gut ausgerüstete, gut ernährte Männer hatten die Reise angetreten; neben Stanley waren noch fünf Europäer mit von der Partie – Hauptmann Robert Nelson, Leutnant Grant Stairs, Dr. Thomas Parke und Mounteney Jephson sowie ein europäischer Diener. Um die Eingeborenen zu beeindrucken, hatten sie ein Maxim-Gewehr mitgenommen. Doch mit jeder Meile schwanden die Kräfte der Expedition. Krankheiten peinigten die Männer: Malaria, Ruhr und brandige Geschwüre, die sich bis zu den Knochen durchs Fleisch fraßen und das Lager mit Fäulnisgeruch erfüllten.

Doch am ärgsten machte ihnen der Hunger zu schaffen. Es war ihnen kaum möglich, Nahrungsmittel – Maniok, Bananen oder Zuckermais – zu kaufen, denn sie hatten keine Stoffe für Tauschgeschäfte dabei, und die

Eingeborenen begegneten ihnen voller Mißtrauen. Also gingen Stanleys Männer dazu über, Nahrungsmittel zu rauben und Dörfer, die am Wege lagen, zu überfallen und niederzubrennen. Dorfbewohner, die Widerstand leisteten, wurden erschossen. Stanley und seine Leute benahmen sich nicht besser als eine Bande plündernder Sklavenjäger. Und tatsächlich waren es ausgerechnet arabische Marodeure, die Stanleys Expedition mit Lebensmitteln versorgten und die Kranken pflegten.

Am 5. Dezember 1887 erreichte die Vorhutkolonne schließlich die Grenze der Schreckensregion und gelangte, erschöpft und halb verhungert, auf eine fruchtbare Hochebene oberhalb des Albert-Sees. Doch als sie zum Südwestufer des Sees gelangten, fanden sie keine Spur von Emin.

Am 18. April 1888 kam endlich ein Brief von Emin, der ihnen bestätigte, daß er den Angriffen der Derwische des Mahdi immer noch standhielt. Für einen Mann, der so lange von der Welt abgeschnitten gewesen war, schien Emin in erstaunlich guter Verfassung; er erbot sich sogar, Stanley und seine Leute abzuholen und zu seinem Stützpunkt bei Tunguru am Nordufer des Albert-Sees zu bringen.

Daraufhin sandte Stanley den achtundzwanzigjährigen Leutnant Jephson zu Emin, um Hilfe zu holen. Die peinliche Wahrheit war, daß er Emin als Gegenleistung sehr wenig zu bieten hatte: nur dreizehn Kisten Munition und die geringe Aussicht, ihn bei der Rückkehr zur Zivilisation zu unterstützen. Die Expedition, die 8000 Kilometer zurückgelegt hatte, um Emin vor dem Mahdi zu retten, mußte nun ihrerseits von Emin gerettet werden. Wie hatte sich Stanley, der erfolgreichste Forscher seiner Generation, nur in eine solch lächerliche Situation manövrieren können?

Erstens hätte er niemals dem Plan des Königs zustimmen dürfen, die Expedition durch die unerforschten Urwälder des Kongo zu führen, statt eine der bereits erschlossenen Routen von der Ostküste her zu wählen. Leopold hatte ihm eine Dampfer-»Flottille« versprochen, die die Gruppe bis Yambuya hätte bringen sollen, wo die Stromschnellen begannen und von wo aus nur noch »ein paar hundert Meilen« zu Fuß oder per Faltboot zurückzulegen waren. Doch die Flottille existierte nur in der Phantasie des Königs. Stanley sollte bald wehmütig erkennen, welche Auswirkungen der bevorstehende Bankrott des Kongo bereits zu diesem Zeitpunkt hatte. Leopoldville, einst stolze Hauptstadt des von ihm gegründeten Staates, bestand 1887 nur noch aus einer Ansammlung baufälliger Hütten, und der große Hafen am Pool war von Wasserpflanzen überwuchert.

Zur Verfügung stand ihm nur noch ein großes Dampfschiff, die *Stanley*, ein Rettungsboot und ein kleines Schiff, die *En Avant* (allerdings ohne Schaufelrad und Dampfmaschine). Zwar gelang es Stanley, von englischen und amerikanischen Missionaren zwei weitere Dampfboote zu requirieren, die *Peace* und die *Henry Reed*, doch für den gesamten Trupp von 800 Mann mit Ausrüstung und Traglasten reichte der Platz bei weitem nicht aus. Also brachten die Dampfer zunächst die Vorhutkolonne nach Yambuya und kehrten dann nach Leopoldville zurück, um den Rest der Gruppe zu holen. In der Zwischenzeit, so hoffte man, würde Tippu Tip an den Stanley-Fällen 600 weitere Träger anheuern. Nun stand Stanley vor einer schwierigen Entscheidung. Da er und Leopold die Lage falsch eingeschätzt hatten, war die Expedition nun geteilt, und außerdem fehlten Träger. Sollte Stanley bei Yambuya auf die Nachhutkolonne warten? Oder sollte die Vorhutkolonne mit den besten Trägern und der notwendigen Ausrüstung vorauseilen und die Nachhutkolonne – sowie den Großteil von Emins Munition – in Yambuya zurücklassen?

Im Rückblick wird klar, daß Stanley zu ungeduldig war. Emin, den er nur mit Munition versorgen sollte, befand sich, soweit man wußte, keineswegs in einer Notlage. Außerdem war es gefährlich, die Sicherheit der Nachhutkolonne dem Wohlwollen Tippu Tips anheimzustellen. Er durfte nicht hoffen, daß ihm Tippu Tip tatsächlich die versprochenen 600 Träger verschaffen würde. Was war schon von einem neuen Gouverneur der Stanley-Fälle zu erwarten, dem nicht nur die Kolonialbehörden des Kongo mißtrauten, sondern auch seine arabischen Landsleute?

Schließlich hatte die Regierung ihren Teil der Vereinbarung mit Tippu Tip auch nicht erfüllt. In Sansibar hatte der Sklavenhändler versprochen, »eine Anzahl kräftiger Männer«[7] als Träger zur Verfügung zu stellen, die er im Gebiet rund um die Stanley-Fälle rekrutieren wollte. Sie sollten zwar eigene Gewehre mitbringen, doch der Kongo-Freistaat war verpflichtet, die dazugehörigen Zündkapseln und die Munition zu liefern. Ein ganzes Jahr verging, während die Nachhutkolonne bei Yambuya festsaß, aber die Kongo-Regierung dachte gar nicht daran, ihrer Verpflichtung nachzukommen – ja, sie schickte nicht einmal Verpflegung für die ausgehungerten Männern in Yambuya.

Alle diese groben Fehler hatten die Expedition an den Rand der Katastrophe getrieben. Nun mußten sie sich von Emin retten lassen, und Stanley war wieder einmal um eine Illusion ärmer.

In einer der wenigen Kisten, die die Expedition dem belagerten Gouverneur brachte, befand sich ein neuer, in London angefertigter Anzug, der einem stattlichen Mann von etwa einsachtzig gepaßt hätte. So stellte sich Stanley Emin vor: groß, gebieterisch, entschlossen, der letzte von Gordons Offizieren. Der Emin, der ihm nun entgegentrat, entsprach diesem Idealbild in keiner Hinsicht. Er maß nicht einmal einssiebzig, war stark kurzsichtig und sah mit seinem angegrauten Bart und seiner Brille wie ein italienischer Professor aus.

Im Gegensatz zu Stanleys halbnackten Gefolgsleuten waren Emin und seine Offiziere makellos gekleidet; sie trugen weiße Drillichanzüge in ägyptischem Stil und rote Fes. Und sie erweckten nicht den Eindruck, als ob sie Hilfe brauchten – abgesehen von der Munition, die Stanley zurückgelassen hatte. Zudem verfügten sie über zwei schöne Dampfschiffe, die *Khedive* und die *Nyanza,* die sich in einwandfreiem Zustand befanden. Die beiden Schiffe, die Gordon über die Stromschnellen gebracht hatte, waren für die Verwaltung der ausgedehnten Provinz unentbehrlich. Die *Khedive* machte sechs Knoten, so daß Emin in knapp einer Woche die halbe Provinz bereisen konnte – das heißt von Nsabe am Südufer des Albert-Sees bis Dufile am Ursprung der Fola-Stromschnellen. Insgesamt verfügten Emins Truppen über acht Stützpunkte. Nördlich von Dufile gestaltete sich die Lage unübersichtlicher. Die Truppen des Mahdi hatten nämlich zwei andere alte Dampfer Gordons in ihren Besitz gebracht und drangen damit stromaufwärts vor. Anscheinend konnte sich Emin nicht auf die Loyalität seiner eigenen Truppen verlassen, die zum Großteil aus Sudanesen bestanden.

Materiell stand Emin wesentlich besser dar, als man zu hoffen gewagt hatte. Doch andererseits war Stanley entsetzt über Emins Charakter. Er verhielt sich ebenso ausweichend wie ein Orientale und war unfähig, klare Entscheidungen zu treffen. Die Truppen des Mahdi drangen von Norden her vor; war es da nicht vernünftig, wenn Emin sich aus Äquatoria zurückzog? Stanleys Gespür sagte ihm, daß dies der einzig richtige Weg war – den Pascha zu retten, während ihn seine Feinde einkreisten. Derselbe Rat kam von der ägyptischen Regierung, die die Expedition zur Hälfte finanzierte. Der Khedive hatte Stanley einen Brief an Emin mitgegeben, in dem er erklärte, Emin und seine Männer dürften zwar auf eigene Gefahr in Äquatoria bleiben, doch für ihre Sicherheit könne er nicht garantieren. Wenn sie die Chance zum

Rückzug nicht ergriffen, würde die ägyptische Regierung sie fallenlassen.

Doch Stanley durfte Emin nicht um jeden Preis zu dieser Lösung drängen. Schließlich mußte auch er zwei Herren dienen – Mackinnon und Leopold – und Emin deren Vorschläge vorlegen, die, wie er selbst zugab, »etwas widersprüchlich« waren.

Stanley brachte zunächst Leopolds Anliegen vor. Der König sei interessiert, Emins Gebiet dem Kongo anzugliedern und ihn als Gouverneur der Äquatorialprovinz zu einem Jahresgehalt von 1500 Pfund zu beschäftigen. Sofern die Provinz ausreichend Elfenbein und andere Erzeugnisse lieferte, könnte der König außerdem mit zehn- bis zwölftausend Pfund für die Verwaltungskosten aufkommen. Außerdem müsse Emin sein Bestes tun, um die Verbindung zwischen Kongo und Nil »offenzuhalten«.[8] Stanley behauptete später, er habe diesen Vorschlag ganz sachlich unterbreitet. Emin stellte die Sache hingegen so dar, daß ihm Stanley geraten habe, »sofort abzulehnen«.[9] Statt dessen habe sich Stanley für die Lösung stark gemacht, die Mackinnons Interessen entsprach: Emin sollte seine Garnison an das Nordostufer des Viktoria-Sees führen und im neuen britischen Schutzgebiet Ostafrika in den Dienst der Engländer treten.

Wenn Emins Version stimmt – und er hatte keinen Grund zu lügen – hatte Stanley Leopold die Treue gebrochen, um Mackinnon einen Gefallen zu tun. Die Beweggründe für diesen Verrat lagen wohl nicht nur in Stanleys verletztem Stolz. Es gab auch praktische Gründe, zu Mackinnon überzuwechseln. Auf seiner letzten Reise kongoaufwärts hatte er mit eigenen Augen gesehen, daß der gigantische Staat, den er mitbegründet hatte, kurz vor dem Zusammenbruch stand. Und nach seinen Erfahrungen auf dem grauenhaften 160-Tage-Marsch durch den Ituri-Regenwald mußte ihm das Gerede von der »offenzuhaltenden« Verbindung zum Nil reichlich absurd erscheinen.

Letztendlich lag es in Emins eigenem Interesse, sich mit der Garnison zum Viktoria-See zurückzuziehen. Wenn sie erst einmal dort waren, konnten sie von Sansibar aus mit Nachschub versorgt werden. Doch es gab noch einen zweiten, sentimentalen Grund, warum der nach außen hin so unbarmherzige, zynische Stanley Mackinnons Partei ergriff. Insgeheim schlug sein Herz immer noch für England, und ungeachtet seiner amerikanischen Staatsbürgerschaft sehnte er sich danach, endlich die gebührende Anerkennung als Patriot zu finden. Also würde er Emin benutzen, um Mackinnon bei der Gründung einer großen neuen Kolonie in Ostafrika zu unterstützen.

Soweit Stanley es beurteilen konnte, schien Emin die Idee eines taktischen Rückzugs zu gefallen, doch er wollte sich nicht festlegen, bis er die Meinung der Männer in den nördlichen Stützpunkten eingeholt hatte. Also verließen Stanley und seine Träger im Mai 1888 Emins Lager; Mounteney Jephson blieb zurück, denn er sollte Emin auf der Reise zu den nördlichen Stützpunkten begleiten. Stanley stand vor der unerfreulichen Aufgabe, den Rückweg nach Westen anzutreten, um die Nachhutkolonne in Yambuya zu retten. Bei seiner Rückkehr – also frühestens im Dezember – wollte ihm Emin seine endgültige Entscheidung mitteilen.

Auf ihrer Fahrt nordwärts an Bord der *Khedive,* die von den blauen Wassern des Albert-Sees in die braunen, schilfigen Fluten des Nils führte, ließ sich Mounteney Jephson genüßlich die kühle Brise ins Gesicht wehen. Wie erholsam war Emins Gesellschaft im Vergleich zu der Stanleys! Während der Reise durch den Kongo hatte es einen häßlichen Streit gegeben. Stanley verlor dabei den Kopf und beschimpfte Jephson und dessen Freund Stairs vor den Augen ihrer Gefolgsleute aus Sansibar; dann befahl er den Dienern, die weißen Herren an Bäume zu binden, und drohte, sie von der Expedition auszuschließen. Der Streit wurde schließlich beigelegt, doch die Narben waren noch nicht verheilt.

Bei Stanley ging alles »nur mit roher Gewalt«[10] vonstatten. Bei Emin hingegen »ist es wunderbar zu hören, mit welcher Liebe und Zuneigung seine Leute von ihm sprechen, und wie sie alle zu ihm aufblicken und ihn verehren«.[11] Emin verhielt sich Jephson gegenüber wie ein Vater; und Jephson stürzte mit dem Schmetterlingsnetz los, um neue Exemplare für Emins berühmte Sammlung zu fangen, die dem British Museum zugedacht war.

Diese Idylle blieb eine ganze Zeitlang ungetrübt. Die *Khedive* trug den enthusiastischen jungen Engländer mit dem verbeulten Tropenhelm und den deutschen Gelehrten mit Brille und Fes nordwärts. An jedem Stützpunkt marschierten die Truppen in ihren weißen Uniformen auf und spielten die Hymne des Khediven. Jephson hielt dann stets vor der versammelten Garnison eine Rede auf Suaheli, und anschließend wurden die arabischen Briefe des Khediven laut verlesen. Dann folgte ein dreifaches Hoch auf den Khediven, und die Menge rief: »Wir folgen unserem Pascha!«[12]

Doch allmählich dämmerte es Jephson, daß diese Loyalitätsbekundungen sehr wenig zu sagen hatten. Die meisten von Emins Männern hatten Frauen aus Äquatoria geheiratet, und kaum jemand war bereit, die Provinz zu verlassen, um in Ägypten einer ungewissen Zukunft entgegenzusehen. Ob sie dem Pascha folgen würden oder nicht, hing davon ab, welche Entscheidung er traf.

Je länger die Reise dauerte, um so undurchsichtiger erschienen Jephson Emins eigentliche Absichten. Am 16. Juli ließen sie die *Khedive* in Dufile oberhalb der Fola-Stromschnellen zurück, um über Land nach Rejaf zu reisen, dem nördlichsten Stützpunkt am Fluß. Emin ritt auf einem Esel, während Jephson es vorzog, zu Fuß zu gehen. Neben ihnen schäumte und toste der nur knapp hundert Meter breite Nil durch eine enge rote Schlucht. Da tauchte plötzlich eine Herde von zwei- bis dreihundert Elefanten auf, die nur wenige hundert Meter zur Linken neben der Reisegruppe über die Ebene zog – ein für Jephson überwältigender Anblick.

An den nächsten drei Stützpunkten wurde ihnen der gewohnte herzliche Empfang zuteil, doch am vierten erfuhren sie von Gerüchten über einen Aufstand des 1. Bataillons in Rejaf. Emin hielt eine Fortsetzung der Reise für zu gefährlich. Er befahl dem 1. Bataillon, nach Süden zu marschieren und sich zu unterwerfen. Andernfalls werde er Rejaf seinem Schicksal überlassen und Stanley folgen.

Die Situation blieb weiterhin verworren. Anfang August begann Emin mit dem Abzug der loyalen Garnisonen von den nördlichen Stützpunkten Muggi und Labore. Mittlerweile hatte sich der Aufstand nach Süden ausgebreitet und auf Dufile übergegriffen. Als Emin und Jephson am 20. August dort ankamen, wurden sie nicht von Soldaten begrüßt, sondern von einer Menge Schaulustiger, die gespannt warteten, was mit dem Pascha und seinem Freund geschehen werde. Prompt wurden beide Männer unter Hausarrest gestellt. Kurz darauf marschierten die Aufständischen aus Rejaf ein und wurden begeistert empfangen. Jephson hielt eine mutige Rede, in der er die Rebellen dafür tadelte, daß sie Emin so schlecht behandelten, nachdem er sich dreizehn Jahre lang wie ein Vater um sie gekümmert hatte. Sie hingegen tadelten den Vater, weil er drohte, sie zu verlassen. Ein einfacher Soldat erklärte, sie wüßten sehr wohl, daß der Brief des Khediven eine Fälschung sei. »Wenn er vom *Effendina* [dem Khedive] stammen würde, hätte er uns *befohlen* zu kommen, und nicht gesagt, wir könnten tun, was uns gefällt.«[13] Sie wüßten außerdem, daß nur eine Route nach Ägypten führte, und zwar über den Nil und Khartum.

Anfang September überredete Jephson die Aufständischen, ihn mit der *Khedive* zum Albert-See zu bringen, damit er die Situation mit Stanley besprechen konnte. Währenddessen blieb Emin als Gefangener im Gouverneurshaus von Dufile zurück. Jephson empfand tiefes Mitleid für Emin, welcher nun mutterseelenallein »all den Halbwilden« ausgeliefert war, die nur daran dachten, welche neuen Zugeständnisse sie ihm abpressen konnten.[14] Den Sudanesen brachte er bald nur noch Verachtung entgegen. Emin hatte sich für diese Verräter aufgeopfert und »jede Chance verworfen, das Land zu verlassen und zu einem Leben zurückzukehren, das ihm angemessener gewesen wäre . . .«.

Nach zwei Wochen kehrte Jephson zu dem gefangenen Emin in Dufile zurück. Alle Versuche, Stanley ausfindig zu machen, waren gescheitert, und die Aufständischen hatten die für Emin bestimmte Munition in ihre Gewalt gebracht. Es folgte eine Beratung der Rebellen, zu der die Abgesandte aus ganz Äquatoria eingeladen waren. Trotz Jephsons beredter Fürsprache beschloß der Rat, den gefangenen Pascha nach Rejaf zu schicken – ein vernichtender Schlag für Emin und seinen Gefährten. »Wenn man ihn nach Rejaf bringt«, schrieb Jephson, »wird Stanley ihn nie aus dem Land herausholen können. Falls er nach Rejaf geht und die Rebellen es erlauben, werde ich ihn begleiten, denn ich kann ihn nicht verlassen.«[15] Er befürchtete, der arme Mann werde sich das Leben nehmen, um die Rebellen zur Freilassung seiner Tochter Farida zu bewegen, die mit ihm gefangengehalten wurde.

Hilfe kam schließlich von unerwarteter Seite. Am 15. Oktober wurde gemeldet, daß soeben drei von Gordons alten Dampfern in Lado, 25 Kilometer nördlich von Rejaf, eingetroffen waren. Die einfältigen Leute glaubten zunächst, es handle sich um das lang ersehnte Rettungsunternehmen des Khediven. Ein paar Tage später wurde Jephson Augenzeuge der Ankunft dreier merkwürdig kostümierter Abgesandter in Dufile. »Ihre weißen Mäntel sind über und über mit schwarzen, grünen und roten Flicken besetzt. Sie alle tragen große Rosenkränze und haben lange, bunte Schals um den Kopf gewunden. Jeder war mit einem langen Schwert und drei Speeren bewaffnet. Auf die Frage, was sie wollten, sagten sie, sie seien gekommen, um uns auf den wahren Weg zum Paradies zu führen und uns beten zu lehren als wahre Gläubige wie sie selbst, als wahre Muselmanen.«[16] Natürlich hatten die Dampfer aus Khartum Verstärkung für die Derwische, die Truppen des Mahdi, gebracht, und bald ergoß sich ein Strom angsterfüllter Flüchtlinge nach Dufile. Rejaf wurde von den Derwischen erobert. Wie vorhersehbar, folgte nun ein Stimmungsumschwung zugunsten von Pascha.

Eine Fraktion plädierte dafür, Emin wieder in sein Amt einzusetzen. Wäre Emin nun entschieden genug aufgetreten, hätte er die Rebellion leicht in den Griff bekommen. Doch wie üblich zauderte er und weigerte sich, das Amt des Gouverneurs wieder zu übernehmen. Andererseits wollte er seine Leute auch nicht im Stich lassen und sich an den Albert-See zurückziehen: Er war höchstens bereit, bis Wadelai zurückzuweichen. Wochenlang tobte der Krieg im Norden. Dufile fiel in die Hände der Truppen des Mahdi – und wurde anschließend von den Rebellen zurückerobert, die ihre Feinde folterten, totschlugen und den Krokodilen zum Fraß vorwarfen. Jephson war angewidert – und vollkommen verwirrt.

Angesichts der Ereignisse war seine Verehrung für Emin dahingeschwunden. Er fühlte sich betrogen. In England machte man sich ein völlig falsches Bild von Emins Situation. Er mußte nicht vor seinen Feinden gerettet werden, sondern vor sich selbst. Emin besaß einfach nicht die nötige Charakterstärke, um Afrikaner zu regieren!

Am 7. November 1888 verfaßte Jephson einen verzweifelten Hilferuf an Stanley, dem Emin einige Zeilen hinzufügte. »Wir sitzen wie Ratten in der Falle; sie lassen uns weder handeln noch den Rückzug antreten, und ich fürchte, wenn Sie nicht sehr bald kommen, wird es zu spät sein und wir werden das Schicksal der übrigen Garnisonen im Sudan teilen.«[17]

Jephson war nicht einmal sicher, ob Emin Äquatoria verlassen hätte, wenn sich die Möglichkeit dazu geboten hätte. Der Pascha war völlig unberechenbar. Zeitweise verhielt er sich völlig vernünftig; dann wieder war er in seinem verschrobenen Ehrgefühl gefangen. Seine Leute hatten ihn zwar verraten, doch es sollte niemand behaupten dürfen, er habe sie ihrem Schicksal überlassen. Er brauchte einen Mann wie Stanley, der ihn wieder zur Vernunft brachte. Aber wo *war* Stanley? Ein Mann mit zweihundert Trägern konnte doch nicht einfach vom Erdboden verschluckt werden!

Drei Monate zuvor, am 17. August, stellte sich Stanley die gleiche Frage über das Schicksal von Major Barttelot, James Jameson und der Nachhutkolonne. In Kanus näherte er sich mit seinem Trupp dem Dorf Banalya am Ituri-Fluß, 150 Kilometer oberhalb von Yambuya, als sie bemerkten, daß eine Palisade errichtet worden war und die ägyptische Fahne über dem Ort wehte. Dann erblickten sie eine große Zahl Fremder in weißen Gewändern. »Wessen Männer seid ihr?« – »Wir sind Stanleys Männer«, lautete die vertrauenerweckende Antwort auf Suaheli. Tippu Tip hatte sie geschickt.

Als sie sich dem Ufer näherten, erblickten sie einen Engländer. Es war William Bonny, der als Assistent des Doktors an der Expedition teilnahm. Stanley drückte ihm die Hand.

»Na, Bonny, wie gehts? Wo ist der Major? Krank, vermutlich?«
»Der Major ist tot, Sir.«
»Tot? Großer Gott! Woran ist er gestorben? Fieber?«
»Nein, Sir, er wurde erschossen.«
»Von wem?«
»Von den Manyema – Tippu Tips Leuten.«
»Um Gottes willen! Und wo ist Jameson?«[18]

Es stellte sich heraus, daß Jameson verschwunden war (tatsächlich starb er am selben Tag in Bangala, 150 Kilometer stromabwärts, am Fieber). Die beiden anderen Offiziere hatten den Rückzug angetreten. Die Nachhutkolonne war erledigt. Von allen Rückschlägen, die Stanley in seiner Forscherlaufbahn erlitten hatte, war dies der schlimmste.

Über das, was er sah und hörte, war er vor Entsetzen wie gelähmt. Einschließlich Barttelot, Jameson und ihren Dienern hatte er 133 Männer in Yambuya zurückgelassen, als er im vergangenen Juni zu Emin aufgebrochen war. Im August hatte das Dampfschiff *Stanley* die restlichen Männer und ihre Ausrüstung herbeigeschafft. Die Nachhutkolonne bestand damit insgesamt aus 271 Mann und dem Großteil des Nachschubs für Emin. Mittlerweile hatten nur noch 60 von ihnen Überlebenschancen. 100 Männer waren in Yambuya buchstäblich verhungert, 10 weitere starben auf dem Marsch nach Banalya, und 45 waren dem Tode nahe. Das ganze Lager stank wie ein Leichenhaus.

Eines Nachts hatten die Manyema-Träger, die Tippu Tip schließlich doch noch geschickt hatte, ein Fest gefeiert. Barttelot wurde vom Gesang einer Frau, Trommelschlägen und fröhlichen Schüssen geweckt. Der Major sprang wutentbrannt aus dem Bett, legte seinen Revolvergürtel um und wollte gerade die Frau schlagen, als ihn ein Schuß unterhalb des Herzens traf, welchen der Mann der Sängerin abgefeuert hatte (er wurde später wegen Mordes hingerichtet).

Stanley warf seinen Offizieren vor, sie hätten seinen Befehl mißachtet, ihm zu folgen, wobei er geflissentlich übersah, daß er selbst angeordnet hatte, sie sollten in Yambuya warten, bis Tippu Tip zusätzliche Träger schickte. Außerdem beschuldigte er Tippu Tip, die Vereinbarung gebrochen zu haben. In Wahrheit hatten jedoch sowohl die Offiziere als auch Tippu Tip ihr Bestes getan. Die Wurzeln allen Übels lagen in König Leopolds unsinniger Entscheidung für die Kongo-Route – und in Stanleys Ungeduld, die ihn bewogen hatte, dem Haupttroß der Expedition vorauszueilen.

Kurz darauf wurde Stanleys Ruf als »Felsenbrecher«, der jedes Hindernis aus dem Weg räumte, in den Ituri-Sümpfen ein drittes Mal auf die Probe gestellt. Die Reise zum Albert-See glich einem Alptraum. Einmal stand die gesamte Kolonne kurz vor dem Hungertod. Stanley entsandte eine Gruppe, um Nahrungsmittel zu besorgen. Sie blieb eine ganze Woche lang aus, und in der Zwischenzeit verhungerten zwanzig Männer. Stanley machte sich auf die Suche nach der Gruppe und »nahm seinen Revolver und eine Dosis Gift mit, um sich umzubringen, wenn er sie nicht fände«.[20]

Schließlich fanden sie Bananen, und die Expedition schleppte sich weiter. Am 19. Dezember erreichten sie die Bananen- und Maisplantagen von Fort Bodo; am 11. Januar 1889 ließen sie endlich die grauenhafte Dunkelheit des Regenwalds hinter sich und stießen ins Steppenland vor; und am 16. Januar gelangten sie auf die Hochebene. Nun waren sie nur noch wenige Stunden Fußmarsch vom Albert-See entfernt.

Am selben Tag, um fünf Uhr nachmittags, überbrachten ihnen zwei Wahuma-Boten Jephsons Hilferuf vom 7. November, mit Anmerkungen und Postskripta von ihm und Emin: Sie seien frei, aber dennoch Gefangene. Stanley war fassungslos; allerdings weniger über den Aufstand von Emins Leuten, den Angriff der Truppen des Mahdi und die Anarchie und Verwirrung, die daraufhin im Norden der Äquatorialprovinz entstanden waren. Was er nicht verstand, war, warum Jephson, sein tatkräftigster

Offizier, seine Entschlußfähigkeit völlig verloren hatte und von Emins fataler Faszination für den Sudan angesteckt worden war, der Krankheit, die Gordon zugrunde gerichtet hatte.

Am nächsten Tag hatte sich Stanley soweit erholt, daß er einen barschen Brief an Emin und Jephson abfassen konnte. Er hatte den Nachschub geliefert: noch einmal 63 Kisten Remington Munition sowie 27 Kisten Schießpulver. Stanley hatte Wort gehalten, und Emin mußte sich nun ein für allemal entscheiden. »Wollen Sie hierbleiben oder mich begleiten?«[21] Falls er nichts mehr hörte, würde er in 20 Tagen aufbrechen. An Jephson richtete Stanley ein beschwörendes Postskriptum, das fast wie ein Liebesbrief klang.[22]

Er konnte seine Erleichterung kaum verbergen, als Jephson am 7. Februar 1889 reumütig zur Herde zurückkehrte, die er neun Monate zuvor verlassen hatte. Jephson wurde mit einem Lächeln empfangen: Stanley hatte ihm verziehen. Eine Woche später traf Emin selbst in Begleitung seiner Tochter Farida und acht treuer Offiziere im Lager ein. Man bereitete ihm einen begeisterten, lautstarken Empfang. Auch Jephson fiel ein Stein vom Herzen. Doch Emin benötigte Zeit, um seine Männer von den verschiedenen Stützpunkten abzuziehen, und Stanley räumte ihm eine Frist bis April ein.

Die Expedition brach schließlich erst am 8. Mai in Richtung Süden auf, da Stanley an einer schweren Gastritis erkrankt war. Emin hatte nur ein kleines Häuflein überreden können, ihm zu folgen: 190 Männer (hauptsächlich Ägypter) und 380 Frauen und Kinder, von denen viele zu schwach wirkten, um die Reise zu überleben. Von Stanleys eigenen Leuten waren nur noch 350 übrig.

Um zusätzliche Träger für das Gepäck der Flüchtlinge zu beschaffen, unternahm Stanley einen drastischen Schritt: Er befahl seinen Männern, Eingeborene zu überfallen und zu versklaven. Jephson beobachtete angewidert, wie die Eingeborenen, vor allem Frauen und Kinder, aus ihrer Heimat verschleppt wurden. »Befehl ist Befehl, und wir müssen ihm gehorchen, trotz der herzzerreißenden Szenen und der schamlosen Brutalität, die sich in diesen Überfällen zeigt.«[23]

Ähnlich beunruhigend fand Jephson die plötzliche Veränderung, die mit dem guten alten Pascha vor sich ging. All sein Edelmut hatte sich scheinbar in nichts aufgelöst. Aus dem Zelt des angeblichen Vorkämpfers der Antisklavereibewegung hörte man ständig die Schreie von Frauen und Mädchen, die geschlagen wurden. Seinen Rettern begegnete Emin gereizt und gehässig – und er machte Stanleys Offiziere für die Überfälle verantwortlich, die ihnen so zuwider waren. Offenbar glaubte er die Gerüchte, die im Lager umgingen, brütete darüber und schickte dann beleidigende Botschaften an Stanley, die Jephson übermitteln mußte. Einmal kam es zu einem heftigen Streit; Emin schrie Stanley an: »Ich denke, Sie sollten mich besser hier lassen, ich wollte, Sie wären nie gekommen, um mir zu helfen.« Stanley erwiderte: »Sie sind der allerundankbarste, gleichgültigste Mensch.« Natürlich schlug sich Jephson auf die Seite seines Chefs. Er fühlte sich von Emin und den anderen »betrogen«. Sie verdienten nicht, daß man ihnen half.

Mitte Mai 1889 wanderte endlich die lange, zerlumpte Kolonne, bestehend aus Trägern, Sklaven und ägyptischen Flüchtlingen, über die grasbewachsene Hochebene südöstlich des Albert-Sees. Langsam tauchten die schneebedeckten Gipfel der Ruwenzori-Berge aus dem Nebel auf. Trotz aller Unannehmlichkeiten ließ sich Stanley durch Emins schlechte Stimmung nicht allzu sehr aus der Ruhe bringen. Vielleicht empfand er vor allem ein Gefühl der Erleichterung.

Natürlich mußte er seinen Arbeitgeber Leopold enttäuschen. Auch im Hinblick auf die Erweiterung des britischen Empire, die Mackinnon anstrebte, hatte er nichts erreicht. Man hatte ihm erklärt, Emin sei ein bedeutender Mann, der eine Oase der Zivilisation in der Wildnis geschaffen habe; und es sei lediglich erforderlich, seine 2000 disziplinierten Soldaten mit Munition zu versorgen. Dann werde Emins Äquatorialprovinz den Briten wie ein reifer Apfel in den Schoß fallen. Statt dessen hatte Stanley das Gegenteil bewirkt. Die Ankunft der Expedition hatte Emins Sturz eingeleitet und einen Aufstand verursacht, durch den die Provinz dem Ansturm der Truppen des Mahdi ausgeliefert worden war.

Als Imperialist – und auch als Philanthrop – mochte Stanley versagt haben, doch als Journalist ließ er sich nicht so leicht unterkriegen. Er kannte sein Publikum. Schließlich hatte er Emin gefunden, und er brachte ihn nach Hause. Das war noch mehr, als er für Livingstone getan hatte – und die beste Story seiner Karriere.

Sieben Monate später hatte die Expedition 1800 Kilometer zurückgelegt; vom Albert-See kämpfte sie sich durch die unerforschte Region um den Eduard-See, durchquerte das Grenzgebiet von Buganda und folgte dann dem Hauptkarawanenweg südlich des Viktoria-Sees bis zur Küste, um am 4. Dezember 1889 im Triumph in Bagamojo einzuziehen. Man hatte ihnen saubere weiße Uniformen geschickt, um die Lumpen zu ersetzen, mit denen Stanley und seine Offiziere bekleidet waren. Am Vorabend ihrer Ankunft verfielen die überlebenden Sansibarer in einen wilden Freudentaumel; in der mondhellen Nacht schrien sie wie die Verrückten, als vom 50 Kilometer entfernten Sansibar das Dröhnen der abendlichen Kanonensalve herüberdrang – Heimatklänge!

Bagamojo selbst war kaum wiederzuerkennen. Eine schmucke deutsche Kolonialstadt war zwischen Lehmhütten und Kokospalmen aus dem Boden gestampft worden. Die zweistöckigen Häuser entlang der Straße waren mit Palmzweigen geschmückt, als der deutsche Kommissar für Ostafrika, Major von Wissmann, mit Stanley und Emin durch die Stadt ritt.

Es folgte ein Bankett in der Offiziersmesse, einem langgestreckten, zweistöckigen Gebäude mit Balkon, an dem der deutsche Reichsadler prangte. Wissmanns Küchenchef hatte aus einheimischen Delikatessen ein wunderbares Essen gezaubert, und der Champagner floß in Strömen. Emin war so glänzender Laune, daß man ihn kaum wiedererkannte. Besonders bewegt zeigte er sich über ein Glückwunschtelegramm von Kaiser Wilhelm II. Mit seiner tiefen, klangvollen Stimme hielt er eine Rede, in der er sowohl dem großzügigen Volk der Engländer als auch dem deutschen Kaiser Dank zollte. Anschließend ging er plaudernd und scherzend von Tisch zu Tisch.

Stanley unterhielt sich gerade mit Wissmann über den jüngsten Konflikt, einen Araberaufstand, als ihm plötzlich ein Diener zuflüsterte, der Pascha sei »hinuntergefallen«. Es stellte sich heraus, daß der kurzsichtige Emin in der Dunkelheit vom Balkon gestürzt, durch das Dach gebrochen und vier Meter tief auf die Straße gefallen war. Man brachte den bewußtlosen Pascha ins deutsche Krankenhaus, wo er sich mehrere Wochen lang von einer Gehirnerschütterung erholen mußte.

Dieser Unfall war nur der erste Schock, den Stanley im Augenblick seines Triumphs erlebte. Während der drei Jahre seiner Abwesenheit hatte sich in Europa die Einstellung gegenüber imperialistischen Bestrebungen in Afrika grundlegend gewandelt. Ein neuer Wettlauf um Gebiete setzte ein. Teilweise hatte Stanley selbst zu dieser Entwicklung beigetragen. Doch inzwischen war er nur noch einer von zahlreichen europäischen Forschern, die um die Aufmerksamkeit der Öffentlichkeit konkurrierten, indem sie mit der Flagge ihres Landes in der Hand in die entlegensten Winkel von Zentralafrika vordrangen.

Mackinnon hatte die Hoffnung aufgegeben, daß Stanley ihm noch helfen könnte, ein neues Gebiet zwischen Mombasa und Äquatoria an sich zu reißen. Im Jahre 1889 hatte er deshalb eine neue Expedition in diese Region geschickt, die von einem Jäger namens Jackson geleitet wurde. Doch im gleichen Jahr zog auch der Gründer von Deutsch-Ostafrika, Carl Peters, mit einer Karawane von der Küste aus westwärts. Ein Wettlauf um Uganda schien unvermeidlich.

Nach ein paar ruhigen Tagen in Sansibar schiffte sich Stanley nach Kairo ein, wo er in nur 50 Tagen einen 900-Seiten-Bericht über seine Reisen verfaßte. Emin blieb im Krankenhaus von Bagamojo zurück und reagierte verschlossen auf Stanleys wiederholte Fragen nach seinen Absichten. Schließlich erhielt Stanley die Hiobsbotschaft, daß Emin sein Amt im Dienste des Khediven niedergelegt hatte. Er hatte beschlossen, sich Wissmann anzuschließen und in deutsche Dienste zu treten. Unter der Ägide des jungen deutschen Kaisers würde er sobald wie möglich in seine alte Provinz zurückkehren.

Hunderte von Menschen tot, Unsummen vertan – das war die Bilanz der drei entsetzlichsten Jahre in Stanleys Leben. Und damit hatte er nicht mehr erreicht, als den Deutschen Emin – und die Äquatorialprovinz – auf einem Tablett zu servieren.

KAPITEL 19

Salisburys Deal

England, Deutsch-Ostafrika und Deutschland
Juni 1888 – Juli 1890

»L'appétit vient en mangeant«

erläutert Lord Salisbury dem französischen Botschafter in London seine Afrikapolitik

Im Frühsommer 1888 – während Stanleys Kämpfe gegen die Eingeborenen des Ituri-Regenwalds andauerten – regte sich bei Lord Salisbury neuer Appetit auf Afrika. Bisher war er der Kolonisierung des Kontinents im großen und ganzen eher ablehnend gegenübergestanden, und er war sogar zu wohlüberlegten Zugeständnissen und geordneten Rückzügen bereit gewesen. Doch nun gab Salisbury das Signal zum Vorrücken.

Natürlich war dieses Startsignal nur für eine kleine Gruppe von Eingeweihten bestimmt. In der Öffentlichkeit zeigte sich Salisbury so nüchtern und leidenschaftslos wie eh und je. Eine gewisse Skepsis gegenüber imperialen Abenteuern lag ganz auf der Linie der Tories und ihrer schon legendären Abneigung gegen öffentliche Ausgaben und bildete das einigende Band zu den liberalen Unionisten, den Whigs und den Radikalen, die im Jahr 1886 aus der Partei der Liberalen ausgetreten waren. Wenn die Tories an der Macht bleiben wollten, waren sie auf die Unterstützung dieser Gruppen angewiesen.

Für niemanden kam die heimlich vollzogene Kehrtwendung Salisburys überraschender als für Harry Johnston, den Vizekonsul im Nigerdelta, den jüngsten und eitelsten Vertreter jener neuen Generation, die am Aufbau des Empire mitarbeitete. Während eines Urlaubs Ende Juni 1888 wurde er überraschend zu Salisbury ins Außenministerium gerufen.

Es kam nicht gerade häufig vor, daß der Außenminister einen kleinen Vizekonsul zu sich zitierte. Salisbury forderte den verblüfften Johnston auf, seine Politik im Nigerdelta zu erläutern. Weshalb hatte er König Dscha-Dscha, den afrikanischen Mittler, dessen Name in aller Munde war, abgesetzt und verbannt? Irische Abgeordnete hatten diesen Fall vor das Unterhaus gebracht. Zwar akzeptierte Salisbury widerstrebend Johnstons Erklärung, ließ aber später Dscha-Dscha wieder auf freien Fuß setzen. Dessen einziges Verbrechen hatte nämlich darin bestanden, das Monopol der *Royal Niger Company* in Frage zu stellen.

Nach dieser Unterredung wartete Salisbury mit einer noch größeren Überraschung auf: Er lud Johnston nach Hatfield zu einem Fest ein.

Johnston hatte seine eigenen Ansichten darüber, wie der Kuchen Afrika aufgeteilt werden sollte. Der frühreife junge Mann von Welt war Forscher, Diplomat, Schriftsteller, Botaniker, Ornithologe, Zoologe, Maler und Ethnologe in einem. Er entstammte unverkennbar der Mittelklasse und war Absolvent der Stockwell Grammar School. Mit seinen dreißig Jahren sah er immer noch aus wie ein Kind, ein einen Meter fünfzig großes *Enfant terrible* allerdings, das den Stimmbruch noch vor sich zu haben schien. Kein Wunder also, daß er zunächst irritiert reagierte. Denn unter den Kannibalen Westafrikas fühlte er sich wohler als in der noblen Atmosphäre des eigens für die Gäste reservierten Abteils jenes Zugs, der sie nach Hatfield bringen sollte. Die Monokel seiner Mitreisenden flößten ihm mehr Furcht ein als die Blasrohre der Urwaldbewohner. Doch als dann der Landauer in Hatfield eintraf, nahm ihn »Pooey«, Lady Salisburys ältliche Schwester, unter ihre Fittiche, und bald führte er unbefangen Scharaden vor und schlüpfte in die unterschiedlichsten Rollen. So spielte er etwa einen maurischen Sklavenhändler, der die Aufsicht über eine Gruppe unbändiger Sklavinnen hatte. Lady Gwendolen Cecil, die unverheiratete Tochter und spätere Biographin des Premierministers, trug einen riesigen Schnurrbart und spielte den Tory-Politiker Lord Randolph Churchill, der versuchte, die Damen aus Johnstons Harem zu verführen. Pooeys schrilles Kreischen fand allgemeines Entzücken. Als Johnston in jener Nacht mit einer Kerze in sein Schlafzimmer ging, konnte er sich dazu beglückwünschen, daß er sich mit einem neuen und noch dazu sehr mächtigen Stamm verbrüdert hatte.

Als Clement Hill, der Erste Sekretär in der Afrika-Abteilung des Außenministeriums, ein paar Wochen später, am 22. August 1888, die *Times* aufschlug, entdeckte er unter der Überschrift »Ein Afrika-Forscher berichtet« einen Artikel, in dem Lord Salisburys Geheimnisse ausgeplaudert wurden. »Stammt das etwa von *Ihnen*?« fragte er Johnston empört. »Ja. Und ich glaube, hinzufügen zu dürfen, daß Lord Salisbury von meinem Vorhaben wußte und es nicht mißbilligte.« – »Nun, da kann ich nur sagen: eine außergewöhnliche Strategie ist das schon.«[1]

Außergewöhnlich waren die dort wiedergegebenen Gedanken gewiß, in jeder Hinsicht. Der Artikel, die klarste Darlegung von Salisburys Vorstellungen über Afrika, die uns überliefert worden ist, enthielt zwei aufsehenerregende Vorschläge, die in engem Zusammenhang miteinander standen: Der erste sollte bald unter dem Namen »Rote Trasse vom Kap bis nach Kairo« bekannt werden, mit der die viereinhalbtausend Kilometer zwischen Britisch-Südafrika und dem von Großbritannien kontrollierten Ägypten überbrückt werden sollten. Dies bedeutete aber, daß der Sudan, Äquatoria (»Emins Territorium«, wie es Johnston nannte), ein Korridor westlich von Deutsch-Ostafrika und das gesamte »leere« Gebiet nördlich des Transvaal einschließlich »Sambesi« sowie die afrikanischen Territorien, die sich im Zangengriff zwischen Angola und Moçambique befanden, eingenommen werden sollten. Der zweite Vorschlag bezog sich auf das Gebiet zwischen »Kairo und Altkalabar« beziehungsweise zwischen »Niger und Nil«[2]. Dieser Plan sah vor, die durch den Tschad-See verursachte Lücke zwischen Nord- und Westafrika zu schließen, dann nach Westen bis an den oberen Niger nahe der Grenze zu Senegal vorzustoßen und Dahomey sowie die Elfenbeinküste gegen das französische Gambia einzutauschen.

Inwieweit war dieser kühne Plan Salisburys Werk, und wieviel hatte sein ehrgeiziger Vizekonsul dazu beigesteuert? Dem Briefwechsel, den die beiden in jenen Wochen führten, ist zu entnehmen, daß Salisbury von dem Gedanken, alle britischen Interessen in einem »neuen Indien« in Westafrika zu konzentrieren, fasziniert war. Als Politiker jedoch war er pessimistisch, was die Erfolgschancen eines Gebietstausches betraf. Im Jahr 1876 hatte Lord Carnarvon den Vorschlag gemacht, Gambia an die Franzosen abzutreten – was schon damals für das englische Parlament eine allzu schwer verdauliche Kost gewesen war. Um wieviel aber würden die Widerstände aus den Reihen der Abgeordneten jetzt noch zunehmen, da die Konservativen von der Gunst und dem Wohlwollen der liberalen Unionisten abhängig waren und die Irische Partei eine leichtsinnige Obstruktionspolitik betrieb?

Der durchaus radikalere Plan einer roten Trasse vom Kap bis nach Kairo bot hingegen im Parlament weitaus weniger Angriffsflächen – einfach deshalb, weil damit kein Gebietstausch verbunden war. Außerdem hatte dieser Plan in den Augen Lord Salisburys noch weitere Vorzüge, kam er doch seinen wichtigsten diplomatischen Zielen in Afrika entgegen. Das Empire mußte geschützt werden, indem Ägypten geschützt wurde – und dies bedeutete eine Ausweitung des Empire bis an den dreitausend Kilometer südlich des Mittelmeers gelegenen Oberlauf des Nil.

Paradoxerweise war es Salisburys Unmut über Ägypten im Jahre 1887, der seinen wachsenden Appetit auf Afrika im Jahre 1888 erklärte. Bis dahin hatte er Gladstones Annahme geteilt, die britische Besetzung Ägyptens sei nur eine vorübergehende Maßnahme. Wolseley und die britische Armee hatten das Land von den Aufständischen um Arabi »gesäubert«; die Folge davon war aber nun, daß Tewfik und die herrschende Klasse Ägyptens, bestärkt von Baring, sich verbünden und die Autonomie anstreben würden. Der britische Einfluß mußte zwar weiterhin dominieren, doch sollten die Briten so bald wie möglich ihre Truppen abziehen. Darin waren sich alle Politiker einig, bis auf die chauvinistische Minderheit des rechten Flügels der Torys.

Im Jahr 1887 aber wurde die Lage in Ägypten immer komplizierter, und Salisbury empfand die imperialistische Expansion der Briten dort »äußerst unpassend und auch demütigend«.[3] Das Recht der Franzosen, den ägyptischen Haushalt zu blockieren, stellte weiterhin eine Bedrohung für die Handlungsfähigkeit der britischen Regierung dar. Schlimmer noch, als Rache für »Ägypten« versuchten die Franzosen, den Briten überall auf der Welt die Hölle heiß zu machen. Dies wiederum gab Bismarck die Möglichkeit, die Briten zu erpressen.

Salisbury widerstrebte es zutiefst, von einem Mann wie Bismarck abhängig zu sein. Außerdem fürchtete er jene englischen Chauvinisten, die Ägypten auf Dauer dem Empire einverleiben wollten. Sein Plan, sich aus Ägypten zurückzuziehen, war daher wohldurchdacht und sollte die Engländer und die Deutschen gleichermaßen zufriedenstellen, ohne eine Konfrontation mit den englischen Chauvinisten zu riskieren.

Anfang 1887 war Sir Henry Drummond Wolff zu Verhandlungen mit Sultan Abdul Hamid, dem nominellen Souverän Ägyptens, nach Konstantinopel geschickt worden. Großbritannien wollte einem Abzug seiner Truppen aus Ägypten innerhalb von fünf Jahren zustimmen – allerdings nur unter zwei Bedingungen. Erstens sollte der Abzug in dem Fall verschoben werden, daß Ägypten von außen oder innen bedroht sei.

Zweitens sollte Großbritannien das Recht haben, bei jeglicher zukünftigen Bedrohung einzuschreiten. Diese Bedingungen waren den europäischen Mächten Deutschland, Österreich und Italien willkommen. Sultan Abdul Hamid zögerte zunächst noch, war aber schließlich bereit, seine Unterschrift unter das Abkommen zu setzen, falls die Briten versprachen, ihre Truppen innerhalb von drei statt fünf Jahren abzuziehen. Am 22. Mai 1887 wurde der Vertrag durch den Sultan unterzeichnet.

Dann aber machten die Ereignisse Salisbury einen Strich durch die Rechnung. Die französische Öffentlichkeit erlag den Phrasen des nationalistischen Kriegsministers General Boulanger. Das Fieber des »Boulangismus« führte zu einem militanten antibritischen Klima im Lande. Frankreich verbündete sich mit Rußland und feuerte ein Torpedogeschoß auf das Serail ab: Die beiden Großmächte teilten Abdul Hamid mit, er verletze den Berliner Vertrag und betreibe den Ausverkauf des Osmanischen Reichs. Falls er das Abkommen mit Großbritannien ratifiziere, seien sie gezwungen, in sein Herrschaftsgebiet einzumarschieren: die Russen in Armenien, die Franzosen in Syrien. Abdul Hamid war alles andere als eine Kämpfernatur. Und so verschwand das Abkommen im Nu wieder von der Bildfläche.

Falls dieses diplomatische Muskelspiel Frankreichs und Rußlands Salisbury so weit einschüchtern sollte, daß er auf eine erneute Besetzung Ägyptens verzichtete, so hatte es seinen Zweck verfehlt. »Frankreich ist und bleibt Englands größte Gefahr«,[4] schrieb Salisbury an die Königin. In jenem Sommer erklärte ein Kabinettsausschuß, die britische Flotte sei zu schwach, um sich im östlichen Mittelmeer behaupten zu können, falls Frankreich und Rußland sie gemeinsam angriffen. In diesem Fall sei es auch mit der britischen Oberhoheit in der Meerenge von Konstantinopel vorbei. Daher war Salisbury um so eifriger darauf bedacht, sich am Nildelta zu behaupten.

Es war Baring, der in dieser Situation jeder weiteren Debatte über einen Rückzug einen Riegel vorschob. 1887 war die Steuersumme, die er aus den armen Fellachen herausgepreßt hatte, hoch genug, um jenes ungeheure Defizit auszugleichen, das Großbritanniens Herrschaft gegenüber dem französischen Veto und deutschen Erpressungsversuchen so anfechtbar gemacht hatte. Andererseits hatte es so gut wie keine landwirtschaftlichen Reformen gegeben. Um eines effizienten Steuereinnahmesystems willen – das im Interesse der ausländischen Obligationsinhaber lag – war jedes Vertrauen zwischen Herrschern und Beherrschten zerstört worden. Die Paschas, die die Steuern eintrieben, benötigten den Schutz britischer Bajonette. Die Gruppe um den Khediven war ein gerissener Clan von Orientalen, Armeniern und Türken. Sie waren unfähig, gerecht zu regieren und besaßen bei den ägyptischen Fellachen keinerlei Rückhalt. Früher oder später würde ein neuer Arabi kommen und die Trommel des Nationalismus rühren. Und eine mißgünstige europäische Großmacht, Frankreich zum Beispiel, würde genüßlich die Turbulenzen für sich auszunutzen suchen.

Es gab jedoch noch einen weiteren Grund, der Salisbury von der Notwendigkeit überzeugte, Ägypten weiterhin unter Kontrolle zu halten. Im Jahr 1888 hatte sich die politische Landkarte Nordostafrikas grundlegend verändert. In den drei Jahren nach dem Untergang Gordons, der Einnahme Khartums und dem Tod des Mahdi hatte dessen Nachfolger, der Kalif, seine Macht gefestigt und seine Rivalen unter den Rechtgläubigen beseitigt. Jetzt war er endlich in der Lage, die schwarze Fahne des *dschihad* gegen die Ungläubigen zu erheben. Die Briten besaßen im Sudan nur noch eine einzige Garnisonsstadt: Suakin am Roten Meer. Diese sollte sein erstes Angriffsziel sein, Ägypten selbst das zweite. Eine riesige Armee aus Derwischen wurde zum Marsch auf Kairo ausgerüstet und sollte unterwegs die Garnison in Wadi Halfa am Nil einnehmen. Das dritte Ziel war das christliche Königreich von Abessinien, in dem Johannes regierte.

Selbst wenn Sultan Abdul Hamid den Mut gefunden hätte, Drummond Wolffs Abkommen zu unterzeichnen, hätte eine derartige Aggression von außen den britischen Rückzug aus Kairo unmöglich gemacht. Doch die Stärke des Kalifen stellte nicht einmal die schwerste Bedrohung für Ägypten dar. Seine Schwäche war weitaus gefährlicher. Ein Machtverlust des Khedifen würde sogleich Frankreich oder Italien auf den Plan rufen, die beide östlich von Khartum am Roten Meer Gebiete erworben hatten: die Franzosen Obock, die Italiener Massaua. Darüber hinaus war Baring überzeugt, es sei fatal, einer anderen europäischen Macht die Kontrolle über das obere Nilbecken zu überlassen. Der Grund für diese Einschätzung mag aus heutiger Sicht bizarr erscheinen; doch in den 80er Jahren des 19. Jahrhunderts glaubten auch nüchtern denkende Politiker, wenn eine andere europäische Macht die Herrschaft am Oberen Nil übernähme, könne sie den Nil an Ägypten vorbei umleiten und so die Wirtschaft des Landes ruinieren.

Bis zum Sommer 1888 hatten Salisbury und das Außenministerium völlig neue strategische Ziele entwickelt: Es gab zwei gänzlich verschiedenartige Bedingungen für den Erhalt der britischen Vorherrschaft im östlichen Mittelmeer, am Suezkanal und an den Seewegen in den Osten. Zum einen mußte Baring und der britischen Armee, die sich in Kairo eingenistet hatte, freie Hand gelassen werden. Zum anderen mußte Großbritannien die Hand in Richtung Äquator ausstrecken und die Territorien am Weißen Nil bis zu dessen Quelle am Viktoria-See erobern.

Und als ob dies nicht schon ehrgeizig genug gewesen wäre, hielt Salisbury einen weiteren strategischen Schachzug für notwendig: Auch von Süden her sollte ein Vorstoß in Richtung Äquator erfolgen. Die Vorherrschaft am Kap war (wie die Kontrolle über den Suezkanal) für den freien Verkehr auf den Schiffahrtsstraßen in den Osten äußerst wichtig. Doch die Macht des britischen Empire in Südafrika war ständig bedroht. Eine Gefahr stellte nicht nur die unversöhnliche Feindschaft der Buren im Transvaal und im Oranje-Freistaat dar, sondern auch die zweifelhafte Loyalität der Briten in Natal und am Kap. Im Jahr 1888 drängten Kolonisten vom Kap – angeführt von einem umtriebigen jungen Diamantmagnaten namens Cecil Rhodes – die britische Regierung, ihnen die Erlaubnis zu geben, den Machtbereich der Kapkolonie weiter nach Norden auszudehnen und so den Oranje-Freistaat und den Transvaal von zwei Seiten her einzukreisen.

Rhodes konnte zwei überzeugende Argumente vorbringen: Erstens besaß er die finanzielle Unterstützung der Rothschilds und war daher nicht auf die britischen Steuerzahler angewiesen. Alles, was er verlangte, war ein königlicher Schutzbrief für eine neue Handelsgesellschaft namens *British South Africa Company*, die »Sambesi« verwalten würde, ein riesiges Eldorado (wie Rhodes hoffte) zwischen Zentralafrika und dem Transvaal. Zweitens war sein Plan eine sinnvolle Ergänzung zu dem Vorhaben William Mackinnons, der ebenfalls um einen Schutzbrief für Britisch-Ostafrika nachsuchte. Auf diese Weise würde der Einflußbereich der Briten in Ostafrika, einschließlich Uganda und Äquatoria, bis zum Njassa-See und nach Süden ausgedehnt – ein Gebiet, das durch einen Korridor hinter Deutsch-Südwestafrika verbunden wäre.

Kurzum, die Kap-Kairo-Idee war bei weitem nicht nur ein Hirngespinst des jungen Harry Johnston. Im Jahr 1888 fand sie Salisburys Unterstützung, der darin eine Möglichkeit sah, Großbritanniens vitalen strategischen Interessen am Kanal und am Kap gleichermaßen Genüge zu tun.

Dieser Vorstoß aus drei Richtungen (nilaufwärts von Kairo aus, von Ostafrika aus quer hinüber zum Nil und vom Kap aus an den Seen entlang) würde sicher die europäischen Großmächte auf den Plan rufen. Doch die Haupthindernisse, die Salisbury fürchtete, waren nicht diplomatischer Art. Das Protektorat in Ägypten war zwar eine reine Farce, das Defizit des Landes jedoch eine bittere Tatsache. Eine Rückeroberung des Sudan kam nicht eher in Frage, als die ägyptischen Steuerzahler diese zusätzliche Belastung verkraften konnten.

Es war ein Paradox – vielleicht das größte Paradox des britischen Imperialismus –, daß die britischen Steuerzahler nicht bereit waren, die Expansion des Empire zu finanzieren. Also überließ die jeweilige Regierung einer Handvoll reichen Amateuren das Geschäft, denen sie jedoch kein übermäßiges Vertrauen entgegenbrachte.

In den Augen Lord Salisburys gab es kein besseres Argument für Rhodes als dessen Geld. Mackinnon kannte er schon lange, und er begegnete ihm mit unverhohlenem Mißtrauen. Dennoch empfahl er der Königin, den königlichen Schutzbrief zu unterschreiben, der der neuen *British East Africa Company* politische Verantwortung übertrug und Handelsrechte verlieh. Am 3. September 1888 betrat der fünfundsechzigjährige schottische Reeder Mackinnon sein riesiges, unerforschtes Reich.

Fünfzig Jahre lang hatten den schottischen Presbyterianer Mackinnon Gottes Güte und Gnade begleitet: von dem Krämerladen in einem Dorf auf der Insel Mull bis zur Gemischtwarenhandlung am Ganges, von der Handelsfirma in Kalkutta bis zur Kontrolle über eine der großen Schiffahrtslinien der Welt.

Mackinnons Interesse an Afrika nahm seinen Anfang im Jahr 1878, als Kirk ihn ermutigte, Livingstones Werk fortzusetzen und die gesamte Küste Ostafrikas zu erschließen. Mackinnon hatte beim Sultan Barghash von Sansibar um die Erlaubnis nachgesucht, dort eine Handelskolonie zu gründen. Er hatte auch die britische Regierung um Zustimmung gebeten, doch Salisbury, zu jener Zeit Disraelis Sekretär im Außenministerium, verlor bald das Vertrauen zu ihm und riet Barghash insgeheim, seine Einwilligung zu verweigern.

Im Jahr 1886 hatte sich Mackinnon finanziell an der Expedition zur Befreiung Emin Paschas beteiligt. Er hatte 10 000 Pfund investiert – ein erster Schritt, um der neuen britischen »Einflußsphäre« in Ostafrika die Segnungen der drei berühmten »C« zu bringen. Stanley war als erster Verwaltungsbeamter vorgesehen. Auf dem Weg zur Küste sollte er Verträge mit den Machthabern westlich des Viktoria-Sees unterzeichnen. Unmittelbar nach Stanleys Rückkehr sollte die neue britische Handelsgesellschaft ihr Hauptquartier in Mombasa aufschlagen und von dort aus mit der Exploitation der Gebiete um die Großen Seen beginnen.

Als Stanley jedoch ausblieb und die halbverhungerten Männer seiner Nachhut ihn für tot erklärten, dürfte Mackinnon sicher nahe daran gewesen sein, die Flinte ins Korn zu werfen. Dann aber verfolgte er seine Pläne doch weiter. Am 24. Mai 1887 räumte Sultan Barghash Mackinnons *East Africa Association* (einer Gruppe von Geschäftsleuten und Menschenrechtlern, die drei Jahre zuvor gegründet worden war) vertraglich das Recht ein, die Häfen der Ostküste nördlich der Trennlinie für einen Zeitraum von fünfzig Jahren zu kontrollieren. Im Gegenzug sollte ihm eine jährliche Pachtgebühr auf der Grundlage der Zolleinkünfte – zuzüglich fünfzig Prozent – ausbezahlt werden. Anfang 1888 gründete Mackinnon urplötzlich die *Imperial British East Africa Company*, die die Konzession übernahm.

Die Emissionen, 200 000 von insgesamt einer Million Pfund, waren innerhalb von zwei Monaten verkauft. Kein Wunder, kamen doch die Käufer aus den Reihen der britischen Menschenrechtler.

Die treibende Kraft hinter Mackinnons waghalsigen Plänen war Sir John Kirk. Drei Jahre war es her, daß Gladstone es dem »skrupellosen Abenteurer«[5] Carl Peters ermöglicht hatte, das Lebenswerk des britischen Konsuls in Sansibar zu vernichten. Kirk hatte die Einflußsphäre Großbritanniens auf ganz Ostafrika ausdehnen wollen, wie es sich David Livingstone vorgestellt hatte. Im Juli 1887 hatte er seinen Abschied genommen. Er war 57 Jahre alt und trotz seines zwanzigjährigen Aufenthalts in dem schwülen Klima Sansibars noch kerngesund. Und wenngleich er heilfroh war, nach Hause zurückzukommen, und ihm die Beschwichtigungspolitik der Briten gegenüber den Deutschen schlaflose Nächte bereitete, blieb er sich selbst – und Livingstones Plan – treu. In Mackinnon sah er die einzige Hoffnung zu retten, was noch zu retten war.

Am wichtigsten – noch wichtiger als der Schutzbrief – war die Frage des Vorgehens: Sollte man vorsichtig von Mombasa aus operieren oder alles auf eine Karte setzen und in Uganda und Äquatoria Gebiete zu gewinnen suchen, bevor die Deutschen zugreifen konnten?

Wenn Kirk Salisbury vertraut hätte, hätte er zur Vorsicht gemahnt. Wirtschaftlich gesehen war es Unsinn, mehrere hunderttausend Pfund für Uganda – oder, noch schlimmer, für Äquatoria – zu verschleudern, bevor man einen einträglichen Ausgangspunkt und eine solide Grundlage an der Küste geschaffen hatte. Doch Kirk war von der Vorstellung besessen, Salisbury plane einen neuen Verrat an britischen Interessen in Ostafrika. Als er im Außenministerium von seinen alten Kollegen Genaueres erfahren wollte, bekam er zu hören, daß sie über Salisburys Pläne auch nicht besser informiert waren als er.

Unglücklicherweise gab es in Ostafrika noch Chancen für die Deutschen, Gebiete für sich zu beanspruchen – trotz des Abkommens aus dem Jahr 1886, das britische und deutsche Interessensphären voneinander abgrenzte. Erstens endete die nordwestlich verlaufende Grenzlinie an der nordöstlichen Seite des Viktoria-Sees – Uganda und Äquatoria gehörten also weder dem einen noch dem anderen Einflußgebiet an. Zweitens wurde das »Sultanat« Witu (ein unfruchtbarer Küstenstreifen zwischen den Flüssen Tana und Juba) in dem Abkommen zum deutschen Schutzgebiet erklärt. Witu war zwar nur ein von Sandbänken blockierter Hafen, doch sein Besitz sicherte den Deutschen die Option auf ein Hinterland im Rücken der britischen Interessensphäre. Dies war der Alptraum, der Kirk nicht mehr losließ: daß die Deutschen das britische Einflußgebiet »in die Zange« nehmen konnten. Ohne Zugang zu den Reichtümern des »neuen Indien« mit seinen Rekordernten um den Viktoria-See und am Nil drohte Mombasa noch ärmer zu werden als Witu.

Im Sommer 1888 kam die befürchtete Nachricht. Die *Deutsche Gesellschaft für Kolonisation* hatte Carl Peters beauftragt, eine neue Expedition außerhalb der deutschen Interessensphäre zu leiten. Nach außen hin stellte sich dies nur als eine weitere Expedition zur Befreiung Emin Paschas dar, doch daran glaubte niemand ernsthaft. Peters gab auch inoffiziell zu, daß sein Ziel die Gründung einer neuen Kolonie war, und er, falls möglich, mit Emins Hilfe Äquatoria dem neuen Kolonialreich des Kaisers in Afrika einverleiben wollte. Würde Salisbury einschreiten? Makkinnon schrieb einen Brief ans britische Außenministerium, wurde aber mit Beschwichtigungen abgespeist. Das deutsche Außenministerium hatte Salisbury ja versichert, daß Peters keinerlei offizielle Unterstützung erhalten habe. Für Kirk und Mackinnon war dies jedoch durchaus nicht beruhigend. Und Harry Johnston wälzte die ganze Verantwortung auf den armen Mackinnon ab: »Wenn Sie zulassen, daß die Deutschen als erste bis zu Emin Pascha vordringen, werde ich Ihnen das nie verzeihen«.[6]

Dennoch erhielt Kirk im August 1888 auch beruhigende Nachrichten. Gerüchte besagten, Salisbury habe dem königlichen Schutzbrief – wenn auch widerwillig – zugestimmt. Und so streckte die *Imperial British East Africa Company* (IBEAC), ohne auch nur die Unterschrift der Königin abzuwarten, ihre Hand nach dem riesigen Reich in Afrika aus, das sie auf dem Papier bereits besaß.

George Mackenzie, ein Spezialist im Orienthandel, Direktor der *British India Steam Navigation Company* und Mackinnons rechte Hand, wurde nach Mombasa geschickt, um die Karawanen auf den Weg zu bringen. Im September 1888 richtete er das Hauptquartier der Gesellschaft in der Nähe eines arabischen Forts ein und gründete sein »Reich«, das er mit einer Straße und einer Reihe von Telegraphenstationen ausstattete.

Anfang Oktober hatte er eine große Karawane ausgerüstet, die landaufwärts unterwegs war. Angeführt wurde sie von dem britischen Artillerieoffizier Swayne, dessen Leidenschaft für die Elefantenjagd schließlich dazu führte, daß er von seinem Posten enthoben und durch Frederick Jackson ersetzt wurde. Jackson sollte von den Massai sicheres Geleit durch deren Gebiet erkaufen. Dies jedoch setzte bei den Massai einen Sinn für ihren eigenen Vorteil voraus, den bislang kein Entdecker hatte feststellen können. Anschließend sollte Jackson bis zum Nil vordringen und sich mit Emin in Wadelai treffen. Doch in jenen achtzehn Monaten, seit Stanley im Regenwald des Kongo spurlos verschwunden war, hatte man keine Nachricht mehr von Emin erhalten. Jackson hatte allerdings nicht den Auftrag, ihm Waffen zu liefern; er sollte Emins großen Reichtum an Elfenbein exploitieren, indem er einen Karawanenweg als Verbindungsstrecke zwischen Wadelai und Mombasa eröffnete.

Ende 1888 geriet das rosarote Bild von Emins Provinz allmählich ins Wanken. Stanley, vom Fieber geschwächt, teilte von seinem Standort westlich des Viktoria-Sees aus mit, daß unter Emins Männern eine

Rebellion ausgebrochen war. Die Truppen des Mahdi hatten die Provinz Emins angegriffen, und Stanley würde wahrscheinlich mit den Überlebenden an die Ostküste zurückkehren. Dies jedenfalls war Kirks Vermutung. Was geschah aber mit der tropischen Schatzkammer an den Seen? Wenn die Handelsgesellschaft an Kirks ursprünglichem Plan festgehalten hätte und nur langsam von Mombasa aus vorgerückt wäre, dann hätten die 200 000 Pfund noch eine Zeitlang gereicht. Nunmehr aber sah Kirk nur eine Gefahr: allzu große Vorsicht. Deshalb sollte Jackson in Richtung Viktoria-See weiter vorstoßen – trotz massiver Proteste von seiten einiger nüchtern denkender Mitglieder der Handelsgesellschaft, die vor dem Bankrott warnten. Aber Lord Salisbury war nicht zu trauen: Er würde zulassen, daß Carl Peters Uganda in Besitz nahm, wenn Jackson nicht vorher dort eintraf.

Unterdessen hatten die Deutschen unter Carl Peters südlich des Flusses Umba mit ihrem Vorstoß begonnen – mit einer Rücksichtslosigkeit, die die Mackinnons Company bald in neue Gefahr brachte. Im September 1888 hatten Suahelis und Araber an der Küste – ehemalige Sklavenhändler, die jetzt Gummi- und Elfenbeinhändler geworden waren – gegen das deutsche Protektorat aufbegehrt. Nun bestand die Gefahr, daß die Araber gemeinsam einen Aufstand organisierten und die Europäer beiderseits des Flusses Umba in den Indischen Ozean jagten.

* * *

Der Anführer dieses ersten Aufstands gegen den deutschen Imperialismus in Afrika war ein Hitzkopf aus Suaheli namens Abushiri ibn Salim al-Harthi, der Besitzer einer Zuckerrohrplantage. Ein Jahrhundert lang hatten die Intrigen und Machenschaften seines Clans, der al-Harthi, dem Sultan von Sansibar zu schaffen gemacht. Im September 1888 nun organisierte Abushiri in Pangani den Widerstand gegen die Feinde des Sultans.

Der unmittelbare Anlaß für den Aufstand war die Arroganz Emil von Zalewskis, eines jungen deutschen Handelsbevollmächtigten, der in Suaheli unter dem Namen »Nyundo« (»der Hammer«)[7] bekannt war. Pangani lag nur fünfzig Kilometer von Sansibar entfernt und war nach Bagamojo der größte Hafen an der Küste. Es war eine rasch expandierende arabische Stadt mit engen Gassen und weißgestrichenen Steinhäusern, die von einem Minarettstummel überragt wurde. Weitläufige Zukkerrohr- und Tabakplantagen erstreckten sich entlang eines perlweißen Sandstrands. Eines Tages Anfang August 1888 segelte Zalewski in den Hafen ein. Mit Höflichkeiten verschwendete er keine Zeit. Er erklärte dem Wali, der wichtigsten Persönlichkeit der Stadt, daß er hiermit die Verwaltung übernehme. Der Wali sollte sich viermal am Tag bei ihm melden, um seine Anweisungen zu erhalten.

Die *Deutsch-Ostafrikanische Gesellschaft*, gegründet von Carl Peters, besaß weitaus weniger als die Gesellschaft Mackinnons. Was sie benötigte, war Geld, nicht Feinde. Im Mai 1887 hatte Carl Peters Hauptmann Laver zum Beauftragten in Daressalam ernannt, dem neuerbauten Hafen innerhalb der deutschen Interessensphäre. Er war mit nur sieben deutschen Begleitern und einer Leibwache von zwölf Arabern aufgebrochen, die der Sultan gestellt hatte. Zunächst hatte Laver versucht, mit freundlichen Worten und kleinen Geschenken das Vertrauen der Araber zu gewinnen und ein Bündnis mit ihnen zu schließen. Er hinterließ in dem moslemischen Staat zwei christliche Missionsstationen: eine lutherische und eine benediktinische. Im April 1888 erklärte sich der Sultan bereit, die gesamte Verwaltung des südlichen Küstenstreifens der deutschen Handelsgesellschaft zu übergeben. Im Gegenzug hatten die Deutschen ihm einen prozentualen Anteil zu zahlen und in seinem Namen und unter seiner Flagge zu agieren. Der Wali des Sultans, Suleiman ibn Nasr, mußte entlang der Küste diese neuen Vereinbarungen verkünden.

Doch die Deutschen betrugen sich nicht wie Statthalter, sondern wie Eroberer. Sie brachten die Bevölkerung von Tanga gegen sich auf, indem sie während des Ramadan die Moschee mit ihren Hunden betraten. In Bagamojo, Daressalam und Kilwa hißte die Gesellschaft ihre eigene Flagge – was eine Beleidigung des Sultans bedeutete. Die wohlhabenderen Suaheli, an die laxe und korrupte Verwaltung des Sultans gewöhnt, wurden aufgefordert, unverzüglich neue Steuern zu zahlen: Kopfsteuer, Begräbnissteuer und Erbschaftssteuer. Doch was das Schlimmste war, jeder mußte seine Besitztümer registrieren lassen; Zuwiderhandlungen wurden mit der Beschlagnahmung des Vermögens bestraft.

Die heidnischen Stämme im Landesinnern erkannten, daß sie bald nicht mehr genug Macht hätten, um die *honga* zu erheben, den Zoll, den die Elfenbeinkarawanen zu entrichten hatten. Ein Häuptling aus Usambara schickte 6000 bewaffnete Männer nach Pangani, die erklärten, sie würden eher »bis zum letzten Mann kämpfen«, als sich von den Deutschen versklaven zu lassen.

Obwohl sich die Welle des Widerstands entlang der Küste ausbreitete, sah Emil von Zalewski noch immer keinen Anlaß, einen Kompromiß zu schließen. Er drohte, die Küste zu beschießen und den Sultan »in Ketten nach Deutschland« zu schicken.[8] Als der Wali von Pangani ihm daraufhin die Zusammenarbeit aufkündigte, beorderte Zalewski ein in der Nähe vor Anker liegendes deutsches Kriegsschiff herbei. Hundert Marinesoldaten gingen an Land, verhafteten den Statthalter des Sultans und überfielen den Harem des Wali, der die Flucht ergriff. Am folgenden Tag sägten die deutschen Marinesoldaten den Fahnenmast mit der Flagge des Sultans ab, segelten zurück nach Sansibar und ließen Zalewski mit einer kleinen Garnison zurück.

Was daraufhin eintrat, war nur die Ruhe vor dem Sturm. Denn die Bevölkerung erwartete vom Sultan, daß er Rache nehmen würde. Zalewski forderte den Sultan auf, Truppen zu entsenden, um seine Autorität zu behaupten. Als die Soldaten aber eintrafen, weigerten sie sich, die Honoratioren der Stadt, welche sich Zalewskis Anordnungen widersetzten, zu verhaften. Anfang September 1888 schwang sich Abushiri zum Führer der militanten Fraktion der Honoratioren auf, ließ Schützengräben anlegen und die Gebäude in der Nähe des Hafens befestigen. Unterdessen trafen in der Stadt aufgebrachte Stammesangehörige ein, die den Tod der Deutschen forderten. Da nun auch die konservativen Honoratioren um ihr Leben bangten, sperrten sie Zalewski und seine Männer in der deutschen Handelsniederlassung ein und ließen das Gebäude bewachen.

Der deutsche Konsul wußte keinen anderen Ausweg, als den Sultan um Hilfe zu bitten. Er sollte General Lloyd Matthews schicken, einen expatriierten Briten, der die Armee des Sultans befehligte. Matthews gelang es zwar, Zalewski und die Garnison zu befreien, doch seinen Vermittlungsversuchen war sonst kein Erfolg beschieden. Flüchtlinge, die aus dem Norden in die Stadt strömten, berichteten, Deutsche hätten die Stadt Tanga bombardiert, die im Grenzbereich zu der britischen Interessensphäre lag. In der Nacht des 21. Septembers rief Abushiri zum Widerstand gegen den Sultan auf. Er verfolgte den Plan, in allen Küstenstädten Aufstände gegen die Deutschen zu organisieren.

Mittlerweile war die Widerstandsbewegung gegen die Deutschen, die aus unterschiedlichsten Gruppierungen bestand, auf 20 000 mit modernen Gewehren sowie mit Schwertern, Speeren, Pfeil und Bogen bewaffnete Männer angewachsen. Sie hatten nur eines gemeinsam: der Haß auf die Deutschen.

An der gesamten Küste wurden die Deutschen wie Ratten gejagt. Einige wurden erschossen, andere begingen Selbstmord, doch den meisten gelang die Flucht. Ende September waren von den einstigen Stellungen der Deutschen nur noch die Küstenorte Daressalam und Bagamojo übriggeblieben, die sich allein durch den Schutz deutscher Kriegsschiffe halten konnten. Doch nicht nur die meisten Europäer glaubten sich in Gefahr – vor allem die isolierten Gruppen von Missionaren –, sondern auch die Tausende britischer Inder, die im Landesinnern Handel trieben. Beiden Gruppen gegenüber verhielten sich Abushiri und seine Leute mit bemerkenswerter Zurückhaltung. Der Rebellenführer machte deutlich, daß seine Angriffe lediglich gegen die deutschen Invasoren gerichtet waren. Allerdings gingen seine Vorräte an Nahrung und Munition bald zur Neige. Im November 1888, zwei Monate nach der Vertreibung der Deutschen, verlor Abushiris Revolte an Stoßkraft.

Es war nahezu unmöglich, jene 10 000 Afrikaner unter Kontrolle zu halten, die in erbeuteten Uniformen in den Städten umherstreiften, in die Luft schossen und »Tod allen Europäern« skandierten. Ebenso schwierig war es, die Kluft zu überwinden zwischen den konservativen Händlern suahelischer Herkunft, die um die Wiederherstellung der Autorität des Sultans bemüht waren, und Leuten wie Abushiri, die den Sultan des Verrats bezichtigten. Also beschloß Abushiri, mit einer Kerntruppe von 2000 Mann, meist Araber oder Suaheli, nach Süden zu marschieren und dort eine neue Front zu eröffnen. Anfang Dezember hatte er Bagamojo erreicht und begann mit dem Bau von Schützengräben, um die Deutschen vom Hafen abzuschneiden, wo noch immer deutsche Kriegsschiffe vor Anker lagen.

Daressalam, der einzige Außenposten, den die Deutschen jetzt noch hielten, wurde von tausend Mann unter dem Suaheli Suleiman ibn-Sef belagert. Seine politischen Motive bleiben unklar; offenbar war er einfach empört darüber, daß die Deutschen die Sklaven seiner Zuckerrohrplantage zur Arbeit in den Missionsstationen abkommandiert hatten. Und dafür nahm er im Januar 1889 blutige Rache: Seine Soldaten zerstörten die Missionsstation, töteten drei Missionare und nahmen vier weitere gefangen. Doch der Stützpunkt der deutschen Handelsgesellschaft war uneinnehmbar. Abushiri konnte in Bagamojo ebensowenig gegen die überlegene Schlagkraft und die Disziplin der Deutschen ausrichten. Im April 1889 vereinbarte er mit dem deutschen Admiral einen Waffenstillstand. Im Mai begann er einen erneuten Angriff auf das deutsche Hauptquartier in Bagamojo. Zwar hatte ihm ein Dichter und Astrologe namens Hemedi ibn Abdullah prophezeit, die Ungläubigen planten einen Gegenangriff, der mit einer Niederlage für die Gläubigen enden würde. Doch Abushiri glaubte ihm nicht: Was konnte schon eine Armee von fünfzig Deutschen gegen 10 000 Mann ausrichten!

* * *

Doch der Astrologe behielt recht. Im Mai 1889 griff Bismarck in das Geschehen ein; und verständigte sich mit Lord Salisbury auf eine gemeinsame Seeblockade vor der Küste, um die Einführung von Waffen und Munition zu verhindern. Nach außen hin schien es, als wolle man den arabischen Sklavenhandel unterbinden, in Wirklichkeit aber zielte die Aktion auf Abushiri. Bismarck hatte Major von Wissmann beauftragt, eine schlagkräftige Schutztruppe sowie ein afrikanisches Söldnerheer aufzustellen und mit den Rebellen kurzen Prozeß zu machen. Zur Ausrüstung von Wissmanns Expedition hatte der Reichstag zwei Millionen Mark bewilligt. Der Schutzbrief der *Deutsch-Ostafrikanischen Gesellschaft* wurde widerrufen, da ihre Selbstherrlichkeit die Rebellion provoziert hatte und ihre Mittel, den Aufstand niederzuschlagen, sich als unzureichend erwiesen. Wenn Deutsch-Ostafrika erst einmal durch Wissmann »befriedet« war, sollte das Gebiet als Kolonie direkt vom Reich verwaltet werden.

Bismarck teilte Salisburys Abscheu gegenüber Peters' fahnenschwenkendem, marodierendem Nationalismus. Die Seeblockade sollte denn auch für Peters gelten, dem man untersagte, seinen Fuß auf deutsches Territorium in Afrika zu setzen. Dies war Bestandteil der Vereinbarung mit Salisbury. Peters dachte jedoch gar nicht daran, sich dieser Anweisung zu beugen und blieb auf diese Weise für Bismarck eine nützliche Geheimwaffe, wenn es später einmal darum ging, mit Salisbury am Verhandlungstisch die endgültige Aufteilung Ostafrikas zu vereinbaren.

Mit seinen 74 Jahren war Bismarck körperlich und geistig noch erstaunlich leistungsfähig. Bei den Wahlen im Februar 1887 war er dem konservativen Block – der Zentrumspartei und den Nationalliberalen –

noch behilflich gewesen, der liberalen Opposition eine vernichtende Niederlage beizubringen. Der Kanzler hatte das Schreckgespenst eines Krieges mit Frankreich an die Wand gemalt, woraufhin die Konservativen auf einer Woge patriotischer Gefühle emporgetragen wurden. Am 9. März 1888 starb Kaiser Wilhelm I., und sein Sohn, Friedrich III., der unheilbar an Kehlkopfkrebs erkrankt war, regierte nur neunundneunzig Tage. Am 15. Juni 1888 folgte ihm der neunundzwanzigjährige Wilhelm II. auf dem Thron nach. Der neue Kaiser war für sein sprunghaftes Temperament, seine Dreistigkeit und seine maßlose Selbstüberschätzung berüchtigt.

Diese Mängel in Wilhelms Charakter hatte der Kanzler bewußt verstärkt, um den Sohn gegen seine Eltern einzunehmen. Herbert von Bismarck war der Zechbruder Wilhelms und fühlte sich als sein engster Vertrauter und Ratgeber. Der Kanzler selbst aber schenkte dem ungestümen jungen Kaiser nicht mehr Beachtung als seinem neunzigjährigen Großvater. Es reichte aus, wenn Herbert ihn gängelte, meinte der Kanzler. Und so verließ er Berlin kurz nach Wilhelms Thronbesteigung und zog sich bis Januar 1889 auf seinen Landsitz zurück.

Versuche des Kaisers, sich in die Politik einzumischen, ignorierte Bismarck. Seine Majestät hatte noch viel von dem großen Bismarck zu lernen; denn gegenwärtig waren seine Ansichten mehr als unreif. Der neue Kaiser mochte unstet sein, aber es gab *ein* Ziel, das er unentwegt vor Augen hatte: Er sehnte den Augenblick herbei, da er den beiden Bismarcks den Laufpaß geben konnte.

Vater und Sohn jedoch ahnten nichts von diesen Plänen. Unbeirrt setzte der Reichskanzler seine Außenpolitik fort, durch die er seit den sechziger Jahren Deutschlands europäische Vormachtstellung in Europa gesichert hatte – indem er Zwietracht unter Deutschlands Feinde säte.

Am 11. Januar 1889 schrieb Bismarck an Graf Hatzfeld, den deutschen Botschafter in London, einen Brief, in dem er Salisbury einen atemberaubenden Handel vorschlug: ein Verteidigungsbündnis gegen Frankreich. Zugleich erklärte er vor dem Reichstag mit großem Nachdruck, die Freundschaft mit England sei für Deutschland wertvoller als ganz Ostafrika. Salisbury jedoch biß nicht an. Denn die britischen Interessen in Ägypten machten die deutsche Unterstützung und nicht bloß ein formales Bündnis erforderlich. Also bot Bismarck ihm ein Tauschgeschäft an: deutsches Gebiet in Afrika im Austausch für britisches Gebiet in Europa.

Sein Interesse galt nämlich der Insel Helgoland – auf den ersten Blick eine seltsam anmutende Wahl: ein paar Quadratkilometer nackten Sandstein mit ein paar hundert armen Fischern, sechzig Kilometer westlich von Cuxhaven in der Nordsee gelegen. Den Engländern, die die Insel den Dänen im Jahr 1807 weggenommen hatten, bedeutete sie nicht viel. Doch für Deutschland und insbesondere für die deutsche Marine konnte diese Besitzung »von unschätzbarem Wert«[9] sein, wie es Herbert von Bismarck formulierte.

Bei Ausbruch eines Krieges zwischen Deutschland und Frankreich konnten die Franzosen die Insel als Kohlenstation nutzen, die den Zugang zu drei großen Meeresbuchten abriegelte, darunter die Elbmündung und den Zugang nach Hamburg sowie den neugeschaffenen Nord-Ostsee-Kanal, der nach Kiel führte. Wenn aber Helgoland in deutscher Hand war, so konnte die Insel zu einer wichtigen Marinebasis ausgebaut werden, vergleichbar den britischen Basen auf Malta, Gibraltar und am Kap. Alle Behörden in Berlin stimmten diesem Plan zu: Bismarck und der neue Kaiser, das deutsche Außenministerium und die deutsche Admiralität. Nun bestand lediglich die Gefahr, daß Lord Salisbury Wind davon bekam, welch große Bedeutung Helgoland für die Deutschen hatte, und das Tauschgeschäft ablehnte. Deshalb erhielt Herbert für seine Verhandlungen in London 1889 die besondere Anweisung, kein außergewöhnliches Interesse[10] zu zeigen, wenn der britische Kolonialminister Joseph Chamberlain den Tausch Helgolands gegen Südwestafrika vorschlug, das später der Kapkolonie angegliedert wurde.

Im Juni 1889 traf Graf Hatzfeld mit Salisbury zusammen und pokerte genauso hoch, wie es ihm Bismarck aufgetragen hatte. Er könne wirklich nicht sagen, ob Helgoland jemals für Deutschland von Nutzen sein werde. Für Englands Beziehungen zu Deutschland würde es jedoch einen nicht wiedergutzumachenden Schaden bedeuten, wenn französische Kriegsschiffe während eines deutsch-französischen Kriegs dort verkehren würden. Salisbury zeigte Verständnis, erklärte allerdings, er könne ebenfalls nicht einsehen, welcher »echte Vorteil« Deutschland mit der Übernahme Helgolands erwachse. Andererseits, so vertraute er Hatzfeld »augenzwinkernd« an (dies berichtete Hatzfeld vertraulich nach Berlin), habe er »keine große Lust«,[11] der Kapkolonie bei der Annexion Südwestafrikas behilflich zu sein. Die Kolonie sei mehr oder weniger unabhängig, und niemand würde es Großbritannien danken, wenn es zugunsten der Kolonie Opfer brächte.

Im Sommer 1889 entschloß sich Bismarck, die Dinge in bezug auf Helgoland noch ein bißchen reifen zu lassen. Die Nachrichten, die inzwischen aus Ostafrika eintrafen, waren verwirrend. Zwar hatte der neue Reichshochkommissar Major von Wissmann im Mai Erfolge gegen Abushiri vermelden können, doch der Rebellenführer war noch immer nicht ergriffen worden. Gleichzeitig hatte Carl Peters trotz der Versuche von britischer und deutscher Seite, seine Ankunft in Ostafrika zu verhindern, die Blockade durchbrochen und trug nun die schwarz-weiß-rote deutsche Flagge nach Westen in Richtung Uganda und Äquatoria.

* * *

Bismarcks hohe Erwartungen in Carl Peters waren also nicht unbegründet gewesen. Peters landete im Juni 1889 auf Sansibar, wo Mackinnon seine Waffen und Munition an die britische Marine übergeben hatte. Deren Kommandant, Admiral Fremantle, erklärte unumwunden: »C'est la guerre«.[12] Doch der deutsche Konsul und das deutsche Außenministerium verweigerten Peters ihre Unterstützung. 1884 erhielt er ein Telegramm aus Berlin, in dem ihm untersagt wurde, auf dem Festland weitere Gebiete zu besetzen. Peters mietete ein kleines Dampfboot, das unter britischer Fahne fuhr, und beschlagnahmte gewaltsam ein paar Schiffe von den Arabern, die ihn zunächst für einen Engländer hielten. Dann ging er mit seinen Männern an einem einsamen Strand bei Lamu an Land. Ehe Admiral Fremantle noch recht begriffen hatte, was geschah, war Peters bereits Richtung Tana-Fluß aufgebrochen.

Zur Durchführung dieser Aktion hatte Peters allerdings seine ursprünglichen Ansprüche beträchtlich zurückschrauben müssen. Noch in Berlin hatte er eine Expedition mit hundert somalischen Soldaten geplant, die mit modernen Gewehren bewaffnet waren, dazu sechshundert Träger, die die üblichen Handelswaren trugen, außerdem zusätzliche Gewehre und Vorräte für Emin. Doch als er an der Küste eintraf, verfügte er nur über sechzig Träger und siebenundzwanzig Soldaten. Er besaß keinerlei Handelswaren, keinen einzigen Ballen mit amerikanischem Tuch, keine Kisten mit britischem Draht, keine Flaschen mit deutschem Schnaps – nichts, womit er sich sicheres Geleit durch das Steppenland der kriegerischen Massai hätte erkaufen können.

Also mußte er kämpfen. Peters war ein typischer Akademiker und sah auch dementsprechend aus: schmächtig, mit Schlapphut und einer dunklen, glänzenden Brille. Doch von allen Konquistadoren, die Afrika während des Wettlaufs ausplünderten, war er wohl der brutalste. Offen schwärmte er von dem »Rausch«,[13] der ihn ergriff, wenn er Afrikaner tötete. Am 6. Oktober 1889 fiel er ohne Vorwarnung in den Kral eines Galla-Stammes ein, mit dem er kurz zuvor feierlich einen Friedens- und Freundschaftsvertrag unterzeichnet hatte. Er tötete einen Sultan und sechs seiner Gefolgsleute. Im November stieß er, eine Spur der Verwüstung und des Mordens hinter sich lassend, ins Wadsagga-Gebiet vor. Mit seinem Vorgehen hatte er sich bewußt von der Diplomatie früherer weißer Reisender abgekehrt.

Im Dezember hatte er sich bereits durch das obere Tana-Tal vorgekämpft und war nun an den kühlen, grünen Hängen der Kikuyu angelangt: einem kleinen Paradies, das dem siebenzackigen Schneegipfel des Mount Kenia überragt wurde. Fünfzehn Stammesangehörige der Kikuyu, die vor kurzem als Boten angeheuert worden waren, versuchten »schnöde«[14] mit ihrem vorab erhaltenen Lohn zu flüchten. Peters befahl, sie zur Warnung an die anderen zu erschießen.

Am 20. Dezember 1889 durchbrach die Expedition die Mauer des Urwalddickichts, das die Kikuyu vor den Zehntausenden von Massai-Kriegern schützte. Selbst gut ausgerüstete Expeditionen hatten entweder das Stammesgebiet der Massai umgehen oder sich demütigenden Forderungen unterwerfen müssen. Er hingegen war entschlossen, die Massai zu besiegen. Das einzige, was »auf diese wilden Söhne der Steppe einen Eindruck macht, ist eine Salve aus einem Repetiergewehr«,[15] tönte er. Unter dem Vorwand, die Massai hätten sich geweigert, ihm einen Führer zu überlassen, überfiel er in der Dämmerung ihr Lager in Elbejet, tötete sieben Verteidiger und raubte 2000 Stück Vieh. Bei ihrem Gegenangriff mit Pfeil und Bogen und Speeren verloren die Massai dreiunddreißig weitere Männer, während sieben von Peters' Männern ums Leben kamen. In den folgenden Tagen wurde Peters kleine Truppe von einer heulenden Gruppe Massai gejagt. Doch seine Gewehre machten ihn unbesiegbar. Anfang Januar stieg Peters herunter zum Baringa-See, Ende Januar war er bereits in Kavirondo, und im Februar durchquerte er Busoga, das Tor zu Buganda, wo Bischof Hannington seine Tollkühnheit (wie es Peters formulierte) fünf Jahre zuvor mit dem Leben bezahlt hatte.

Dann erreichte ihn eine Nachricht, die er zunächst gar nicht fassen konnte: Ein Jahr zuvor, im Jahr 1888, noch vor seiner Ankunft am Strand bei Lamu, hatte Emin Äquatoria bereits verlassen und sich mit Peters' Rivalen Stanley an die Küste zurückgezogen. Die beiden Expeditionen hatten einander um sechs Monate und mehrere hundert Kilometer verfehlt. Diese Nachricht wurde durch einen Brief bestätigt, den Stanley am 4. September 1888 während seines Aufenthalts bei dem schottischen Missionar Mackay in Makolo an der südlichen Küste des Viktoria-Sees geschrieben hatte. Stanleys Brief war eigentlich an Jackson, den Pionier und Vertreter der IBEAC, gerichtet. Doch Peters, der ohne zu zögern Afrikaner niederschoß, verspürte auch beim Öffnen eines fremden Briefes keinerlei Skrupel.

Als Peters Stanleys Brief las, weinte er wie ein Kind. Alle seine Mühen waren vergeblich gewesen! Er fühlte sich verlassen (wie er es ausdrückte), »verschmäht« vom eigenen Vaterland, das Emin in Stanleys Arme hatte laufen lassen. Doch schon am folgenden Morgen war er wieder ganz der alte. Das Spiel war noch nicht ganz verloren.

Aus unterschiedlichen Quellen erfuhr Peters, daß König Mwanga im vergangenen Sommer vergeblich um Stanleys Hilfe bei der Wiedergewinnung des Throns von Buganda ersucht hatte. Stanley hatte seine Streitkräfte für zu schwach gehalten, als daß sie sich gegen die Araber, die Mwanga vertrieben hatten, hätten durchsetzen können. Nun wandte sich Mwanga um Hilfe an Jackson. Dieser fühlte sich ebenfalls nicht stark genug, um den Bürgerkrieg in Buganda zu beenden. Ein paar Wochen bevor Peters in Kavirondo einmarschiert war, hatte Jackson die Stadt verlassen, um Elefanten zu jagen. Gleichzeitig hatte Mwandas Schicksal eine Wende zum Besseren hin genommen. Mit Hilfe der Katholiken und der Protestanten hatte er seine Herrschaft am See behaupten können. Anschließend machte er der IBEAC ein großzügiges politisches Angebot: Wenn Jackson ihm wieder auf den Thron verhalf, würde er sich mit der Errichtung eines britischen Protektorats einverstanden erklären.

Also wappnete sich Peters, um diesen Preis zu gewinnen. Mit nur sechzig Mann wollte er dorthin vordringen, wohin Stanley sich mit seinen tausend Mann nicht gewagt hatte. Er würde König Mwanga befreien und in Buganda ein deutsches Schutzgeleit errichten.

* * *

Anfang 1890 begann Lord Salisbury, ohne Carl Peters' Pläne zu kennen, vertrauliche Verhandlungen mit Deutschland. Salisbury verließ sich auf Bismarcks Klugheit und seine Zusicherung vom Juni 1889, Uganda und Äquatoria lägen jenseits der deutschen Interessensphäre.

Im Vorjahr hatten sich günstige Entwicklungen für die Errichtung der neuen Trasse vom Kap bis nach Kairo angebahnt. Im April 1889 hatten Cecil Rhodes und andere südafrikanische Diamantmagnaten formell einen königlichen Schutzbrief für »Sambesi« beantragt – und zwar für das Syndikat, aus dem später die *British South Africa Company* und schließlich die *Chartered Company* hervorgehen sollte. Verglichen mit den Mitteln, die Rhodes zur Verfügung standen, wirkte Mackinnon wie ein Dorfkrämer. Die Vermögenswerte, über die er und seine Freunde verfügten, wurden auf 13 Millionen Pfund geschätzt. Auf politischer Ebene besaßen sie großen Einfluß in Stadt, Gesellschaft und Parlament. Salisbury war bereit, sich dieses Vermögens zu bedienen.

Sein Schatzkanzler Goschen, ein ehemaliger Liberaler, war ein Gegner der kolonialen Expansionspolitik. Das Schatzamt – und die britischen Steuerzahler – waren entschlossen, die Millionen, die für die Ausdehnung der britischen Oberhoheit auf weitere Gebiete Südafrikas benötigt wurden, einzusparen. Zwar hielt man Rhodes für einen Schieber und Freibeuter, dem nicht zu trauen war. Vor allem glaubte man nicht, daß er die Rechte der Afrikaner respektieren würde. Doch ohne Rhodes' Intervention würde man diese strategisch wichtige Region den Buren, Deutschen oder Portugiesen überlassen, die den Afrikanern gegenüber ebenfalls nicht besonders freundlich gesinnt waren. So sollten in jedem Fall Sicherheitsgarantien für die Eingeborenen in den Schutzbrief eingebaut werden, den die Königin schließlich am 29. Oktober 1889 unterschrieb.

Nachdem Rhodes sich mit einer großzügigen Geste zu einer riesigen Kolonie in Südafrika verholfen hatte, verpflichtete er sich, das kleine Njassaland in Zentralafrika in Besitz zu nehmen. Dies war Livingstones altes Jagdrevier an der Westseite des Njassa-Sees. Im Jahr 1888 hatten dort die schottischen Missionare und bibelfeste schottische Geschäftsleute der *African Lakes Company* eine notdürftig ausgestattete Niederlassung gegründet, die dann allerdings von zwei Seiten in Bedrängnis geriet: durch die arabischen Sklavenhändler der Ostküste und durch portugiesische Pioniere aus Moçambique.

Im Januar 1889 hatte Salisbury Harry Johnston zum Konsul Ihrer

Majestät in Moçambique ernannt und ihm einen gefährlichen Auftrag erteilt. Johnston sollte das umstrittene Gebiet nördlich des Sambesi erkunden und die dort ansässigen Häuptlinge mit großzügigen Geschenken zur Unterzeichnung von Blankoverträgen überreden. Wenn es zu Verhandlungen mit den Portugiesen kam, konnten sich die schottischen Missionare auf den britischen Schutz berufen, der ihnen durch die einzelnen Verträge zugesichert wurde. Johnston nahm den Auftrag begeistert an. »Wie gewöhnlich« machte lediglich der Schatzkanzler Schwierigkeiten. Goschen lehnte die Bewilligung zusätzlicher Mittel ab – insbesondere die großzügigen Geschenke für Häuptlinge.

Es war Cecil Rhodes, der den Weg aus der Sackgasse wies. Er traf sich mit Johnston im Mai 1889, kurz bevor dieser England verlassen sollte, und überreichte ihm einen Scheck über 2000 Pfund für die Auslagen, die die Vertragsunterzeichnungen mit sich brachten. Johnston informierte Lord Salisbury, der Rhodes' Angebot guthieß, vorausgesetzt, dieser würde Njassaland nicht der *Charter Company* übergeben. Jetzt war Johnston sich seines Erfolgs gewiß. Jahre später bezeichnete er diesen Augenblick als den Wendepunkt seines Lebens, obwohl Njassaland erst 1891 zum britischen Protektorat erklärt wurde.

Im März 1890 wurde Salisburys Bestrebungen, zu einer generellen Einigung mit Bismarck zu gelangen, ein empfindlicher Schlag versetzt. Nach dreißig Jahren wurde Bismarck von dem jungen Kaiser entlassen. Der Riese, der das Deutsche Reich geschaffen hatte, mußte ein demütigendes Rücktrittsgesuch unterzeichnen und sich nach Varzin zurückziehen. Leo von Caprivi, Bismarcks Nachfolger, versicherte England zwar der deutschen Freundschaft, doch Salisbury mißtraute dem jungen neuen Kaiser. Wie würde er sich gegenüber den militanten Kolonialvereinen in Deutschland verhalten? Im Sommer des Vorjahres war Bismarck in der konservativen Presse als zu nachgiebig gegenüber den Briten kritisiert worden. Ohne Bismarck konnte der Kaiser alles auf die koloniale Karte setzen.

Am 30. April 1890 fuhr Percy Anderson zur Fortsetzung der Verhandlungen nach Berlin. Nach wie vor war Uganda (und auch Äquatoria) der große »Stolperstein«.[16] Im November 1886 war Salisbury zur britischen Anerkennung der deutschen Schutzherrschaft über das verarmte Sultanat Witu und das Ödland zwischen den Flüssen Tana und Juba bereit. Dem deutschen Anspruch auf das riesige Hinterland im Westen dieser Region stimmte er jedoch nicht zu – zu Mackinnons großer Erleichterung. Falls die Deutschen nämlich diesen Anspruch durchsetzen konnten, würden sie Uganda und Äquatoria von Norden und Süden her in die Zange nehmen, was fatale Folgen für die *Imperial British East Africa Company* und deren »Rechte« in diesen Gebieten haben würde. Im Mai 1890 rückte das Außenministerium in Berlin von Bismarcks Versprechen ab, laut dem Uganda und Äquatoria außerhalb der deutschen Interessensphäre lagen. Zugleich trafen zwei Berichte aus Ostafrika ein, die Mackinnons schlimmste Erwartungen noch übertrafen.

Der erste betraf Emin, der seinen britischen Befreiern die kalte Schulter gezeigt hatte und in die Dienste der deutschen Kolonialverwaltung unter dem Kommandanten Wissmann getreten war. Nun ging das Gerücht um, er habe Bagamojo am 26. April verlassen und sich in seine alte Provinz Äquatoria begeben (ein Gerücht, das sich als richtig erwies, denn Wissmann hatte ihn dazu gedrängt, die deutsche Einflußsphäre wo irgend möglich auszudehnen).

Der zweite Bericht betraf Carl Peters. Im Mai 1890 setzte sich in London die Erkenntnis durch, die deutsche Expedition zur Befreiung Emin Paschas sei weitaus erfolgreicher gewesen als die britische. Peters schien das Spiel gewonnen zu haben.

Er hatte ein Abkommen mit Mwanga unterzeichnet, das Deutschland ein Protektorat über Uganda zusicherte. Dabei waren ihm die französischen katholischen Missionare behilflich gewesen, die Mwanga ebenfalls auf den Thron zurückholen wollten. Mackinnons Gesandter Jackson war zu spät gekommen. Würde der Kaiser nun das von Peters geschaffene Protektorat offiziell anerkennen? Der deutsche Außenminister warnte Salisbury Ende Mai, daß es dazu kommen würde, wenn bei den Verhandlungen kein Ergebnis erzielt würde.

Eine Pressekampagne, in der sich auch Mackinnon und die schottischen Missionare zu Wort meldeten und ihrer Bestürzung über den Plan der Deutschen, sich Njassaland einzuverleiben, Ausdruck verliehen, kam Salisbury überaus gelegen. Seit geraumer Zeit vertrat er die Ansicht, die britische Öffentlichkeit müsse sich endlich den Realitäten stellen. Wenn die Bevölkerung sich ein neues großes Stück vom afrikanischen Kuchen abschneiden wollte, dann mußte sie auch dafür bezahlen. In diesem konkreten Fall handelte es sich lediglich um eine gut fünf

Quadratkilometer große Nordseeinsel aus unfruchtbarem roten Sandstein.

Am 13. Mai 1890 traf Salisbury Graf Hatzfeld im britischen Außenministerium. Er bot ihm Helgoland an – nicht mehr und nicht weniger. Im Gegenzug sollte sich die deutsche Regierung bereit erklären, »alle seine weiteren Wünsche«[17] zu akzeptieren. Dazu gehörten: die Errichtung eines britischen Protektorats über Sansibar; die Abtretung des deutschen Protektorats Witu und aller Gebiete nördlich des Tana; der Zugang von Uganda zum Tanganjika-See; und der Löwenanteil an Njassaland, dem Gebiet westlich des Njassa-Sees.

Der Kaiser stimmte dem ohne Murren zu. Am 29. Mai erhielt Hatzfeld aus Berlin die Nachricht, Helgoland sei von höchster Wichtigkeit.[18] Ohne diese Insel war der strategische Nutzen des Nord-Ostsee-Kanals fraglich. Doch Hatzfeld konnte nicht widerstehen, noch ein oder zwei Zugeständnisse aus Salisbury herauszukitzeln. London erklärte sich einverstanden mit einer neuen Festlegung der Grenze zwischen den britischen und deutschen Interessensphären; sie sollte nun bis zum Kongo parallel zum ersten südlichen Breitengrad verlaufen. Dies bedeutete jedoch eine Unterbrechung der »roten Trasse« zwischen dem Tanganjika-See und Uganda. Allerdings schloß Salisbury ein Abkommen mit König Leopold, demzufolge Mackinnons Gesellschaft einen Korridor hinter der deutschen Einflußsphäre erhalten sollte.

Im Juli 1890 sah es für Salisbury so aus, als würden sich die Dinge für alle Beteiligten zum besten fügen. Der Kaiser hatte nicht, wie befürchtet, die koloniale Karte, sondern die Helgoland-Karte ausgespielt – ein Entschluß, der ihn in Deutschland zum Helden und seine Flottenpläne populär machte. Mackinnon und die schottischen Missionare waren zufrieden, ebenso die Liberalen, die ihnen im Parlament Rückendeckung gegeben hatten. Königin Viktoria dagegen gewährte Salisbury eine *mauvais quart d'heure*. Sie brummte, es sei »immer schlecht, etwas aufzugeben, was man bereits besitzt«.[19] Doch er wies sie auf die drei neuerworbenen Schutzgebiete hin: Sansibar, Uganda, Äquatoria – eine Fläche von mindestens 170 000 Quadratkilometern, für die man ganze fünf Quadratkilometer geopfert habe!

Einen Monat später unternahm Salisbury einen ersten Schritt, um die Beziehungen zwischen Großbritannien und Frankreich zu verbessern, die sich seit der britischen Besetzung Ägyptens vor acht Jahren zunehmend verschlechtert hatten. Am 5. August unterzeichnete er ein Abkommen, das den Franzosen eine »Einflußsphäre« auf beinahe einem Viertel des Kontinents zusicherte – darunter mehrere Millionen Quadratkilometer Sahara, – »freundliches Land«, wie Salisbury im Oberhaus auf die Frage hin bemerkte, weshalb er sich so großzügig gezeigt hatte.

KAPITEL 20

Eine unbotmäßige Armee

Paris und der Westsudan
12. August 1890 – November 1893

»Die großen Nationen Europas werden von einer übermächtigen
Woge erfaßt, die sie zur Eroberung neuer Territorien treibt. Es ist wie
ein gewaltiger Hindernislauf ins Unbekannte . . . ganze Kontinente
werden annektiert . . . besonders aber jener riesige schwarze Kontinent
voller wilder Geheimnisse und unbestimmter Hoffnungen . . .«

Jules Ferry, 1890

Als Charles de Freycinet, der blasse, schmächtige Politiker mit dem
Spitznamen »Weiße Maus«, Lord Salisburys *bon mot* über das
»freundliche Land« in der Sahara las, war er nicht gerade erfreut. Im März
1890 hatte er schweren Herzens mit dem Kriegsministerium und dem
Amt des *Président du Conseil* zum vierten Male Regierungsaufgaben
übernommen. Wenn ihn Lord Salisburys seltsamer Humor auch irritiert
haben mochte, so protestierte er doch nicht. Nur William Waddington,
Freycinets Botschafter in London, klopfte Salisbury ein wenig auf die
Finger: »Zweifelsohne ist die Sahara kein Garten Eden, [aber] vielleicht
haben Sie es uns absichtlich überlassen, dies herauszufinden.«[1]

Von Bedeutung hingegen war für Freycinet, daß das am 5. August
1890 von Waddington und Salisbury unterzeichnete britisch-französische Abkommen in Frankreich im großen und ganzen begrüßt wurde.
Und die Opposition, die früher behauptet hatte, die Franzosen wollten
sich zuviel vom Kuchen abschneiden, warf ihm nun vor, er habe den
Engländern zuviel gegeben.

In den vergangenen fünf Jahren war das Pendel im Land trotz der politischen Wirren zugunsten des Kolonialismus ausgeschlagen. Ein Anflug
kolonialen Fiebers, eine Torschlußpanik, hatte die Öffentlichkeit erfaßt
und wurde noch angeheizt durch die zahlreichen Presseberichte über den
Wettlauf zwischen den anderen Großmächten.

Mit großer Entrüstung hatte man in Paris auf die Unterzeichnung des britisch-deutschen Abkommens im Juli 1890 reagiert. Hatte Salisbury die formelle Übereinkunft zwischen Großbritannien und Frankreich von 1862 vergessen, durch welche die Unabhängigkeit Sansibars garantiert werden sollte? Doch der britisch-französische Vertrag, der einen Monat später abgeschlossen wurde, war mehr als ein Ausgleich für diese Taktlosigkeit Londons. Er gab Frankreich freie Hand in Madagaskar. Außerdem räumte er zwei schwerwiegende Hindernisse für Freycinets diplomatische Ziele aus dem Weg: zum einen die Drohung, die Briten würden den französischen Vorstoß in die Sahara und die Schaffung einer Verbindung zwischen sämtlichen verstreuten Besitzungen in Afrika verhindern; zum anderen die Gefahr, daß Auseinandersetzungen in Afrika zu einem Bruch – oder gar Krieg – zwischen Frankreich und seinem Nachbarn in Europa führen würden.

Freycinets Spitzname »Weiße Maus« war eine Übertreibung, denn die Farbe, die ihn besser charakterisiert hätte, war Grau. Er stand für die Tugenden, die man allgemein Staatsdienern und Schulmeistern zuschrieb: Fleiß, verstandesmäßiges Vorgehen und Vorsicht. Doch in seinem Inneren spielte sich der romantische Konflikt eines potentiellen Aussteigers ab, denn er hegte eine geheime Leidenschaft für die Technik. Es war das Zeitalter Jules Vernes, in dem der Technokrat als Nationalheld galt, die Orientphantasien der Europäer dank der Dampfmaschine Wirklichkeit wurden und die Eisenbahn weit auseinanderliegene Küsten miteinander verband. 1879 hatte Freycinet den Geist von Aladins Wunderlampe beschworen und die Transsahara-Kommission gegründet, die die Möglichkeiten erkunden sollte, mittels einer Eisenbahnlinie die Schätze des Sudan durch die sengende Hitze der Sahara bis zum Mittelmeer zu transportieren. Damals sträubte sich der Geist, das Projekt zu verwirklichen. Nun jedoch, im Jahre 1890, da die öffentliche Meinung erneut zum Kolonialismus neigte, erweckte Freycinet die Kommission wieder zum Leben. Nachdem England Frankreich diplomatisch freie Hand gegeben hatte, war der Traum vielleicht doch noch realisierbar.

Vielleicht würde die Transsahara-Eisenbahn letztlich ein Traum bleiben, doch der große Plan eines französischen Afrika erschien Freycinet durchaus umsetzbar – vorausgesetzt, man ging dabei entsprechend vorsichtig vor. Die Demütigungen, die Frankreich in Europa hatte hinnehmen müssen, durch ein großes Reich in Übersee wettzumachen und

Frankreich dort neue Märkte zu erschließen – das waren zwei Ziele, die jeder französische Kolonialist unterstützte. Worin sich Freycinet und sein konservativer Außenminister André Ribot allerdings von vielen ihrer Landsleute unterschieden, war das ängstliche Bemühen, einen Bruch mit den anderen Großmächten zu vermeiden. Bisher hatte Großbritannien mit seinem nach Westen gerichteten Vorstoß am Niger den französischen Expansionsgelüsten im Wege gestanden. Nun aber hatte Salisbury mit der Gebietsvereinbarung Frankreich eine »Einflußsphäre« zugestanden, die fast ein Viertel des Kontinents umfaßte – den Großteil des nordwestlichen Gebietes zwischen dem Mittelmeer und dem Golf von Guinea. Die Briten hingegen sollten nur drei einzelne Standorte in Westafrika behalten – Gambia, Sierra Leone und die Goldküste – und die wichtige Handelskolonie Nigeria. Marokko würde zweifellos bald seinen Kampf um die Wahrung der Unabhängigkeit aufgeben, und dann würde die Sahara alle acht französischen Gebiete miteinander verbinden: Marokko, Algerien und Tunesien, Senegal, Guinea, Gabun, Niger und Französisch-Kongo. Damit besäße Frankreich gebietsmäßig den Löwenanteil des Kontinents, also mehr noch als Großbritannien.

Im offiziellen Bericht des Quai d'Orsay hieß es:

Ohne große Anstrengungen, ohne jegliches wirkliche Opfer, ohne Ausgaben für Forschungsexpeditionen ... ohne einen einzigen Vertrag ... haben wir die Zusicherung von Großbritannien erhalten – von der einzigen Macht, deren Konkurrenz wir zu fürchten haben – ... daß Algerien und Senegal in naher Zukunft einen zusammenhängenden Besitz bilden werden ... Zusätzlich zum Senegal haben wir 2500 Kilometer des Niger bekommen, der somit zum größten Teil ein französischer Fluß ist ... Am heutigen Tage kann die Regierung der Nation verkünden, daß dieses riesige afrikanische Reich kein Traum mehr ist, kein fernes Ideal ... sondern Realität.[2]

Was Frankreich durch das Abkommen wirklich gewann, war die Möglichkeit, das neue Reich in einem selbst bestimmten Zeitraum einzunehmen, angepaßt an die wirtschaftlichen Notwendigkeiten und ohne den Druck durch die Engländer. Kurz gesagt, ein großer Brocken Afrikas wurde auf diese Weise aus dem Wettlauf herausgenommen.

Doch der Imperialismus hält sich nicht an kartesianische Regeln.

Obwohl Freycinet mit Salisbury ein gutes Verhandlungsergebnis erzielt hatte, konnte er sich gegenüber einem Verfechter der kolonialen Expansion nicht behaupten: nämlich gegenüber Eugène Etienne, dem Gauner aus Algerien.

Als Unterstaatssekretär der Kolonialabteilung seit 1887 (abgesehen von einer kurzen Unterbrechung) hatte Eugène Etienne stets versucht, sich der Kontrolle durch den Quai d'Orsay und das Marineministerium zu entziehen. So unterstand seine Abteilung in der Rue Royale inzwischen dem Handelsministerium, während seine Beziehungen zum Quai d'Orsay gespannt blieben. Dies hing zum Teil mit seiner Persönlichkeit zusammen. Etienne war ein flammender Kolonialist, ein algerischer *colon*, der Sohn eines französischen Offiziers, der an den ersten Eroberungszügen teilgenommen hatte. Für den konservativen Außenminister Ribot empfand er nur Verachtung; zweifellos hielt er ihn für einen noch größeren Spielverderber als Freycinet. Der alte Ribot war nicht der Mann, der die neue afrikanische Beute in Besitz nehmen würde. Diese Rolle reklamierte Etienne eher für sich selbst.

Im Februar 1890 hatte er als Vertreter der Koloniallobby zum erstenmal zugeschlagen, indem er dem aggressiven Oberst Louis Archinard von der französischen Garnison im Westsudan den Befehl erteilte, Segu, die Hauptstadt der Tukulor, einzunehmen. Dieser Schritt bedeutete nicht nur einen Bruch des Friedensvertrags mit Ahmadu, dem Sultan der Tukulor, sondern widersprach auch der Politik der Regierung – insbesondere der des Quai d'Orsay. Das Außenministerium hatte nämlich ein paar Jahre zuvor beschlossen, jeglichen Vormarsch am oberen Niger zurückzustellen. Warum waren Ribot und seine Mitarbeiter nicht konsultiert worden? Etiennes Antwort war eine bewußte Provokation: Er habe es nicht nötig, eine Erklärung abzugeben, das Kabinett sei informiert worden. Natürlich stieß die Einnahme Segus in der Presse auf breite Zustimmung, und Freycinet unternahm keinen Versuch, Etienne in die Schranken zu weisen.

Am 10. Mai erläuterte Etienne seine politischen Vorstellungen zu Afrika vor der Abgeordnetenkammer:

Wenn man von der Grenze Tunesiens durch den Tschad-See bis zum Kongo das Lot fällt, sieht man, daß der größere Teil der Gebiete

416

zwischen dieser Linie und dem Meer . . . bereits französisch ist, beziehungsweise dazu bestimmt, in die Einflußsphäre Frankreichs zu fallen. Wir haben dort ein riesiges Territorium, das wir kolonisieren und fruchtbar machen können . . .[3]

Dieser Gedanke war so außergewöhnlich, daß einige Abgeordnete der Rechten in Gelächter ausbrachen.

Doch Etienne erklärte weiter, Frankreich habe nun die Gelegenheit, den Tschad-See zum Zentrum eines ausgedehnten neuen Reiches zu machen. Er selbst hatte bereits heimlich Pläne entworfen, den Tschad-See von allen Seiten her zu erobern und ihn dem Zugriff von Goldies Niger-Gesellschaft zu entziehen – ganz gleich, ob das Außenministerium seine Zustimmung gab oder nicht. Zu diesem Zweck hatte er mit Hilfe der entschlossensten Kolonialisten, allen voran »Harry Alis« (Henri-Hippolyte Percher), vollendete Tatsachen geschaffen. Alis und seine Freunde hatten eine Handelsgesellschaft gegründet, das *Syndicat français du Haute-Benito* mit ihrem Ableger, der *Compagnie française de l'Afrique centrale*. Außerdem hatten sie bereits eine private Expedition unter der Führung von Paul Crampel in den Tschad geschickt, der von Französisch-Kongo aus aufgebrochen war. Nun schlugen sie zwei weitere Vorstöße in den Tschad vor: einen von Westen her, das heißt vom oberen Niger, unter der Führung von Kommandant Monteil; und einen weiteren von Süden, also vom unteren (d. h. britischen) Niger aus, unter der Führung Leutnant Mizons. Den Briten sollte erklärt werden, daß Mizon ein Forscher sei, der rein wissenschaftliche und geschäftliche Interessen vertrete. Tatsache aber war, daß Mizon – wie Crampel und Monteil – einen ausschließlich politischen Auftrag hatte: mit den Eingeborenen Verträge abzuschließen, um Ribot zum Handeln zu zwingen, wenn Frankreich das nächste Mal mit England und Deutschland Grenzen aushandeln würde. Etienne wurde von der Gesellschaft aufgefordert, dieses Vorgehen insgeheim zu unterstützen (unter anderem mit einer Summe von 50 000 Francs). Falls die ganze Sache auffliegen sollte, konnte er sich immer noch offiziell davon distanzieren.

Etienne tat ihnen diesen Gefallen nur zu gern. Er sorgte dafür, daß das Kabinett zu beiden Missionen seinen Segen erteilte. Wie das Außenministerium erhielt es aber nicht mehr Informationen über die wahren Hintergründe der Reise Mizons als die Beamten von Goldies Niger-Gesellschaft. Und parallel zu diesen geheimen Abmachungen bedrängte er das

Außenministerium weiterhin mit seiner Forderung, die französischen Kolonien auf das gesamte Gebiet der Küste von Senegal bis zum Delta des Niger auszudehnen. Mit dem englisch-französischen Abkommen vom 5. August 1890 waren nun die Voraussetzungen dafür geschaffen, daß Frankreich seine drei Stützpunkte mit dem oberen Niger und dem Zentralsudan verbinden konnte. (Und natürlich wurden damit ganz nebenbei die britischen Besitzungen Gambia, Sierra Leone und die Goldküste vom Hinterland abgeschnitten.)

Bisher hatte der Senegal als Tor zum Niger gegolten, doch das Gelbfieber und die Kosten für eine Senegal-Niger-Eisenbahn sprachen dagegen. Außerdem gaben Kapitän Louis-Gustave Bingers jüngste Forschungen im Landesinneren der Elfenbeinküste Anlaß zu der Vermutung, daß der Schlüssel zur wirtschaftlichen Erschließung des Niger im offenen Buschland östlich von Samoris Reich lag. Daher begrüßte Etienne 1889 den britischen Vorschlag, die Elfenbeinküste, Französisch-Guinea und die Sklavenküste gegen Gambia einzutauschen, damit die Franzosen eine Verbindung zwischen beiden Teilen Senegals herstellen konnten. Er schickte Jean Bayol zu Verhandlungen mit den Briten, um die Grenzen der Elfenbeinküste festzulegen. Außerdem hatte er bereits darauf bestanden, daß die anderen Großmächte offiziell über die Verträge informiert wurden, die Binger im Landesinneren abgeschlossen hatte.

So waren also alle Bedingungen geschaffen, jenes Füllhorn tropischer Güter auszuschöpfen, das am oberen Niger auf seine Erschließung wartete. Doch war die Zeit bereits reif für die Übergabe an die Händler? Mußte man nicht weiterhin jedes Jahr militärische Einheiten hinschicken? Gab es nicht zu viele kostspielige militärische Stützpunkte? War es notwendig, die Senegal-Niger-Eisenbahn weiter auszubauen, oder war es nicht günstiger, eine neue Trasse von Süden her anzulegen? Und eine ganz entscheidende Frage: War die Basis in Bamako ausreichend, oder mußte man das Tukulor-Reich zerschlagen und dann nach Timbuktu vorstoßen, um an die Reichtümer des Sudan zu gelangen?

Die Antwort der ministeriellen Kommission, die Etienne zur Klärung all dieser Fragen eingesetzt hatte, war ernüchternd: Um den Sudan erschließen zu können, »muß die Zeit der militärischen Eroberung als beendet betrachtet werden«.[4] Die europäischen Truppen müßten reduziert werden, zahlreiche Militärstützpunkte könnten aufgelöst oder in Lebensmittellager umgewandelt werden; der Bau der kostenfressenden

Eisenbahnlinie müsse sofort eingestellt und statt dessen eine Schmalspurbahn angelegt werden. Gegenüber der bekanntermaßen eigensinnigen Marineinfanterie im Sudan machte die Kommission lediglich zwei Zugeständnisse. Erstens sollte ein zusätzliches Bataillon von *tirailleurs* rekrutiert werden. Und zweitens sollte der befehlshabende Offizier seine Entscheidungen ohne Konsultation des zivilen Gouverneurs von Senegal treffen, also per Gesetz die Funktion erhalten, die er in der Praxis bereits ausübte: unabhängiger Militärgouverneur des Sudan. Diese Vorschläge waren um so erstaunlicher, als Oberst Joseph Gallieni, der ehrgeizige Kommandeur im Sudan in der Zeit von 1887 bis 1888, den Bericht der Kommission mitunterzeichnet hatte.

Jene zwei Jahre hatten Gallieni allerdings vollkommen verändert. Als junger Offizier hatte er nach militärischem Erfolg gestrebt, und als Maßstab galt ihm dabei ausschließlich die Menge des eroberten Landes und der abgeschlachteten Afrikaner. Nun aber war sein Ziel, Kampfhandlungen zu vermeiden und den Handel zu fördern. »Ein Feldzug wie der meines Vorgängers [Desbordes] wäre absolut verhängnisvoll für den Sudan«, meinte er gegenüber Etienne.[5]

Gegenüber den beiden rivalisierenden Herrschern im Osten und Süden – Ahmadu, dem Sultan der Tukulor, und Samori, dem Kriegsherrn der Malinke – wahrte Gallieni Zurückhaltung. War er doch in seinem Innersten überzeugt, sie seien dem Untergang geweiht, und ihr Reich werde früher oder später ohnehin in die Hände der Franzosen fallen. Allerdings hinderten die Verträge mit den beiden ihn nicht daran, diesen Prozeß mit allen ihm zur Verfügung stehenden Mitteln zu beschleunigen. Mit Hilfe von Geheimagenten stachelte er die Bambara zur Revolte gegen ihre Oberherren, also die Tukulor, an; und Tieba, der König von Sikasso, erhielt von ihm Waffen für den Kampf gegen Samori – ein Geschenk, das so wirksam war, daß Samoris Armee sich niemals wieder völlig von der Belagerung ihrer Hauptstadt erholte.

Doch nun, im Februar 1890, hatte Etienne Gallienis Nachfolger Archinard die Erlaubnis erteilt, Ahmadus Hauptstadt Segu zu erobern. (Archinard hatte fälschlicherweise behauptet, Ahmadu drohe den Frieden zu brechen.) Möglicherweise war Etiennes riskante Entscheidung auch ein Produkt der Fehde mit dem Quai d'Orsay, da sie ihm die Gelegenheit bot, Ribot zu provozieren. Doch er sollte den Tag noch verwünschen, an dem er Archinard freie Hand gegeben hatte.

Archinard, ein Protégé Gallienis, war ein Mann mit eisernem Willen und einem lebhaften, aber begrenzten Vorstellungsvermögen. Er verachtete die Zivilisten und ihr Gerede von der zivilisatorischen Mission. Für ihn zählten nur die militärischen Erfolge der französischen Armee und sein berufliches Fortkommen.

Daß er Paris mit der Behauptung hinters Licht geführt hatte, Ahmadu plane einen Angriff, verursachte ihm keinerlei Gewissensbisse – genausowenig wie die Tatsache, daß er Ahmadu täuschte, indem er als Friedensstifter auftrat. Im Januar 1890 schrieb er dem Sultan, es sei sein Wunsch, den Frieden zu wahren. Sechs Monate zuvor hatte er jedoch bereits einen jungen Leutnant namens Jean-Baptiste Marchand mit dem Auftrag entsandt, Segu auszukundschaften, ohne daß die Tukulor Verdacht schöpften. Ahmadu selbst war zu diesem Zeitpunkt abwesend. Er befand sich in Nioro und hatte bis zu seiner Rückkehr seinen Sohn Madani zum Statthalter in Segu ernannt. Also fuhr Marchand auf dem Kanonenboot *Mage* 250 Kilometer den Niger hinunter und machte sich wie ein Tourist vom Deck aus Notizen über Segu.

Im November berichtete Marchand, Segu sei »*très fort*«.[6] Die unheimlich dicken ovalen Mauern des *tata*, welche sich über drei Kilometer erstreckten, bestünden aus Lehm und würden, einmal niedergerissen, für die Verteidiger einen neuen Schutzwall bilden. Innerhalb der Mauern befinde sich ein Netz von Schanzen, und das Hauptquartier Madanis bilde ein Bollwerk. Kurz gesagt, Segu sei eine harte Nuß.

Archinard teilte diese Ansicht nicht, und er sollte recht behalten.

Am 6. April 1890 um halb fünf Uhr morgens erwartete Archinard ungeduldig die Einbäume der Bambara unter Führung Mari-Diaras, die sich mit ihm verbündet hatten. Auf der anderen Seite des Niger erblickte die französische Einheit zum erstenmal die Stadt, die ruhig im rötlichen Licht der Morgendämmerung dalag. Der mächtige *tata* aus Lehm und die fünf großen Tore überragten das südliche Ufer wie eine Fata Morgana. Das schmutziggelbe Wasser des Niger füllte den tiefen, einen Kilometer breiten Graben, der sich durch die sandige Ebene wand.

Archinard ging davon aus, daß sie den Fluß unmöglich durchwaten konnten. So mußte er warten, bis seine bunt zusammengewürfelte Streitmacht – 103 französische Offiziere und Soldaten, 4 Eingeborenenoffiziere sowie 635 senegalesische *tirailleurs* und Spahi, unterstützt von 3000 wilden Hilfssoldaten der Bambara und ihren noch wilderen Beglei-

420

terinnen – in Einbäumen zu einem Platz unterhalb der Stadt übergesetzt wurden. Ihnen folgten die Kanonen. Schließlich erteilte der Kommandant den Befehl, das Feuer zu eröffnen, und sie schossen mehrere Hundert Granaten auf die Stadtmauer. Auf die Belagerer wurde kein einziger Schuß abgefeuert.

Gegen halb eins erfuhr Archinard von Bewohnern der benachbarten Dörfer, daß die Tukulor geflohen seien, und er konnte durch das Haupttor in die Stadt einmarschieren. Doch abgesehen von den im Harem zurückgelassenen Frauen des Sultans und einem zerbeulten Kasten mit alten Münzen und Juwelen fanden sie nur wenig Beute. Dies war nicht der berühmte Schatz von Segu, der angeblich über 20 Millionen Francs wert war. Ahmadu hatte anscheinend den größten Teil mitgenommen (oder ausgegeben) und nur 250 000 Francs in Segu zurückgelassen.

Doch Archinard war nie besonders an Geld interessiert gewesen. Sein Ziel war die Zerschlagung des islamischen Reiches der Tukulor und die Bekehrung der heidnischen Bambara zu treuen Untertanen Frankreichs. Wie sich aber herausstellte, war die erste Aufgabe leichter als die zweite.

Madani war geflohen.

Archinard ernannte einen neuen Fama (König) für Segu: Mari-Diara, den Sohn des letzten Bambara-Herrschers. Am 11. April schickte er eine Einheit und die Frauen des Sultans nebst zahllosen Flüchtlingen aus den Reihen der Tukulor nach Bamako. Er selbst marschierte mit einer kleinen Truppe und den Gewehren nach Kaarta, um die Festung Oussébougou anzugreifen. Am 27. April nahm er die Stadt ein, allerdings erst nach einem überraschend harten Kampf, bei dem drei Europäer und dreizehn Senegalesen umkamen – abgesehen von den Verlusten unter den verbündeten Bambara.

Ende Mai versuchte Ahmadu, die strategisch wichtige Eisenbahnlinie, die die Flüsse Senegal und Niger miteinander verbinden sollte, zu unterbrechen, im Juni griff er Kal und Kayes an. Alle drei Angriffe wurden zurückgeschlagen, und Archinard sah sich in seiner Ansicht bestärkt: Ahmadu konnte man einfach nicht trauen. Endlich hatten die Franzosen einen Vorwand, in Kaarta einzumarschieren und Koniakary zu erobern.

Sobald die Regenfälle den Senegal wieder schiffbar machten, kehrte Archinard zurück und griff Ahmadu in dem im Norden Kaartas am Rande der Sahara gelegenen Nioro an. Madani war mittlerweile zu seinem Vater gestoßen. Wie Archinard erfuhr, hatte sein Gegner 10 000 Krieger um sich geschart. Archinards Männer aber waren – obwohl nur 1700 an der Zahl, davon weniger als 200 Europäer – gut ausgebildete Spahi und *tirailleurs* und außerdem mit Mehrladegewehren ausgestattet. Nach einem kurzen Gefecht vor der Stadt verließen Ahmadu und ein auserwählter Kreis von Gefolgsleuten am 1. Januar 1891 Nioro und flohen ostwärts durch die Wüste nach Massina, der letzten Bastion des Tukulor-Reiches. Dreitausend seiner besten Soldaten waren getötet oder gefangengenommen worden. Archinard hingegen hatte nur fünf Gefallene und dreiundfünfzig Verwundete zu beklagen.

Doch nun gab es Schwierigkeiten mit den Bambara. Mari-Diara, der Nachfahre der Bambara-Könige von Segu, hatte sich das Vertrauen Archinards verscherzt, da er ihn eine halbe Stunde vor dem Überfall auf Segu hatte warten lassen. Und zwei Monate nach seiner Ernennung zum Fama, im Juni 1890, hieß es, Mari-Diara habe ein Komplott geschmiedet; er wolle die *tirailleurs* betrunken machen und nach Nango fliehen. Sofort wurden er und seine Ratgeber ins Jenseits befördert, und seinen Platz nahm ein Rivale namens Bodian ein.

Im Februar des folgenden Jahres erhoben sich die Bambara in Baninko südlich von Segu, und für einen Moment sah die Lage für die Franzosen eher unerfreulich aus. Wie sich herausstellte, hatten die drei Brüder Mari-Diaras die Revolte angezettelt, die sich bald auch bis Segu ausbreitete. Bodian befand sich mit den Franzosen auf einem Feldzug. Aber Archinard überredete 2000 Krieger der Tukulor, die sich unterworfen hatten, gegen ihren alten Feind zu kämpfen. Mit diesen hochmotivierten Verbündeten zog er zu dem Lehmdorf Diéna, dem Zentrum des Aufstandes. Doch die Bambara leisteten erbitterten Widerstand. Die Tukulor, die die Ehre hatten, als erste vorzurücken, wurden zurückgetrieben. Und auch die Trikolore, die die Senegalesen trugen, verschwand bald im Tumult der Mann-gegen-Mann-Kämpfe. Die Franzosen mußten Straße um Straße erobern, bis die Bambara, verfolgt von einer Horde Spahi, über die Ebene flohen.

Archinards Sieg hatte einen hohen Preis: Sechzehn europäische Offiziere und dreiundneunzig Eingeborene waren verwundet, elf Eingeborene gefallen, ganz zu schweigen von den zahlreichen Verlusten unter den Verbündeten. Doch Archinard blieb zuversichtlich. »Wir sind überall Herren der Lage«, schrieb er zwei Tage nach dem Sturm auf Diéna, und diejenigen, die uns angreifen wollten, fragen sich nun, wie sie sich verteidigen sollen.[7]

Nun, da die Tukulor in Marsch gesetzt und die Bambara in ihre Schranken verwiesen worden waren, hielt Archinard den Zeitpunkt für gekommen, sich Samori zuzuwenden, dem gefährlichsten Gegner im Westsudan und dem größten Hindernis für seinen Vormarsch – abgesehen von den Schwachköpfen in der Pariser Rue Royale.

Zunächst war Eugène Etienne erfreut über den Erfolg von Gallienis Schützling. Doch der Aufstand der Bambara verwirrte ihn, sollten doch die Franzosen eigentlich als Befreier begrüßt werden. Warum bekämpften die Bambara sie mit derartig wilder Entschlossenheit? Man müsse, so ließ er Archinard wissen, der Öffentlichkeit glaubhaft versichern, daß der Sudan nicht in einem endlos andauernden Krieg versinken würde.

Etienne war noch mehr beunruhigt, als er erfuhr, daß Samori, der *imam*, in Sierra Leone heimlich Kontakt mit den Briten aufgenommen und moderne Magazingewehre von ihnen gekauft hatte. Archinard zog daraus den Schluß, daß man so bald wie möglich einen Feldzug gegen ihn führen und ihn unschädlich machen müsse. Außerdem behauptete er, Samori sei ein Herz und eine Seele mit Ahmadu und habe den Aufstand der Bambara geschürt (was allerdings ein wenig unlogisch war). Doch Etienne wandte sich gegen einen Bruch mit Samori. Im Gegenteil, er gab Archinard strikte Anweisungen, ihn *nicht* anzugreifen, und betraute Kapitän Péroz mit der Aufgabe, so bald wie möglich einen neuen Vertrag auszuhandeln.

Die nächste Nachricht, die Etienne vom oberen Niger erreichte, dürfte ihn wohl endgültig in Rage versetzt haben. Archinard hatte sich über die Instruktionen aus Paris hinweggesetzt und Samoris Hauptquartier Kankan südlich des Flusses eingenommen. Die Rüge, die Etienne Archinard erteilte – »eine völlige Mißachtung der Anweisungen«[8] – ließ jenen gleichgültig. Wie sollte Etienne dieses durchgehende Pferd zügeln?

Die unangenehme Wahrheit nämlich war, daß ein einmal begonnener Krieg gegen Samori auch zu Ende geführt werden mußte. Die neue französische Garnison in Kankan konnte nicht abgezogen werden, wollten die Franzosen im Sudan nicht ihr Gesicht verlieren. Jedenfalls war dies die Ansicht von de Lamothe, dem Gouverneur des Senegal, so sehr er auch Archinards »Mißachtung der Anweisungen« verurteilte. Zudem stand es nicht einmal in Etiennes Macht, Archinard den Laufpaß zu geben. Als dieser mit Schwarzwasserfieber heimkehrte, wurde er als Held des Sudan gefeiert und zum Oberst ernannt, vermutlich auf Empfehlung seines streitsüchtigen Chefs Desbordes, der inzwischen General war. So konnte Etienne nur noch hoffen, daß es ihm gelingen würde, Archinards Nachfolger und Freund Gustave Humbert im Zaume zu halten.

Aber auch dies erwies sich als vergebliche Hoffnung. Kommandant Humbert setzte sich mit einer Dreistigkeit über Anordnungen aus Paris hinweg, die selbst Archinard, wie dieser später bekannte, um die Karriere seines Freundes »zittern« ließ. Die Kosten für den Erhalt der französischen Herrschaft im Sudan übertrafen die Schätzungen um mehr als eine Million Francs. Der politische Preis war allerdings noch höher: Etienne sah sich zu der Zusage gezwungen, keine weiteren Expeditionen ohne die Zustimmung des Parlaments zu genehmigen. Doch es war vollkommen gleichgültig, welche Versprechen Etienne abgab. Der Befehlshaber vor Ort war Humbert.

Das Schlimmste aber war, daß Humbert in seinem Kampf gegen Samori kaum Erfolge vorweisen konnte. Archinard hatte die Schwierigkeiten unterschätzt, die der Krieg, den er angezettelt hatte, mit sich brachte. Humberts Vormarsch blieb in den bewaldeten Tälern südlich von Kankan stecken, ein Rückschlag, der dem französischen Prestige schweren Schaden zufügte. Segu erhob sich erneut.

Humbert, der zum Rückzug in den vom Gelbfieber heimgesuchten Senegal gezwungen war, warf dem Gouverneur und Etienne vor, sie hätten ihn fallenlassen. Der Hauptschuldige an der Misere aber sei Archinard: Warum um alles in der Welt hatte er versäumt, nach dem Sieg über Ahmadu seine Eroberungen abzusichern? Doch es gab noch einen weiteren Grund, warum es Humbert nicht gelang, Samori zu besiegen: Er kämpfte gegen ein Genie.

Das Land südlich von Kankan mit seinen arkadischen Tälern und den schroffen Gebirgszügen bietet die idealen Voraussetzungen für einen Guerillakrieg. Von seinen bewaldeten Schlupfwinkeln aus setzte Samori den *tirailleurs* derart zu, daß selbst Humbert sich über die militärische Leistung seines Feindes mit Worten äußerte, die dieser sicherlich gern gehört hätte: »Samoris Truppen kämpfen genauso wie Europäer ... vielleicht mit weniger Disziplin, dafür aber mit größerer Entschlossenheit.«[9] Samori hatte begriffen, daß sowohl beim Angriff als auch bei der Verteidigung Zusammenstöße in größerem Umfang zu viele Verluste mit sich brachten, da die Franzosen mit Artillerie und Mehrladegewehren ausgerüstet waren.

Seit Mitte der achtziger Jahre hatte Samori unter stillschweigender Duldung der Briten von Waffenhändlern in Freetown Repetiergewehre für seine Krieger gekauft. Er bezahlte mit Gold und Elfenbein, das er auf Mauleseln über die Berge zu ihnen schickte. Aber er bezahlte auch, indirekt, mit Sklaven: mit Rebellen oder Kriegsgefangenen, die er bei den Stämmen der östlichen Ebenen gegen Pferde eintauschte. Sein Bedarf an modernen Gewehren war schier unerschöpflich, obwohl seine Dorfschmiede inzwischen wirksame Nachahmungen der Repetiergewehre herstellen konnten. Auch gelang es ihm nicht, seine Männer so zu schulen, daß sie die Waffen wie Europäer handhaben konnten. Dieses Handicap und das Fehlen einer Artillerie sowie die Dezimierung seiner Truppen zwangen Samori dazu, sich auf einen Guerillakrieg zu konzentrieren.

Vor der verheerenden Belagerung von Sikasso im Jahre 1887 und der anschließenden Welle von Aufständen zählte Samoris Armee mindestens 30 000 Mann. Durch die Unterzeichnung des Vertrages mit den Franzosen im Jahre 1886 hatte Samori zunächst allem Anschein nach einen diplomatischen Sieg errungen. Tatsächlich aber hatte, wie bereits erwähnt, Gallieni heimlich einen Rivalen Samoris, den Fama von Sikasso, mit Waffen ausgestattet. Während der achtzehnmonatigen Belagerung seiner Stadt hatte Samori seine besten Generäle und die Elite seiner Armee eingebüßt, und in großen Teilen seines Reiches herrschte Anarchie. Doch unerschrocken eroberte Samori seine Provinzen zurück und öffnete erneut die strategisch wichtige Route nach Freetown. 1890 hatte er sich wieder erholt, kaufte britische Gewehre und rüstete sich zum Entscheidungskampf mit den Franzosen.

Samori machte sich keine Illusionen über den Vertrag mit Gallieni. Er verschaffte ihm lediglich eine Atempause, denn die Franzosen hegten sicher nicht die Absicht, die Schätze des Sudan mit irgendeinem rivalisierenden Herrscher zu teilen, mochte er nun weiß oder schwarz sein.

Als Archinard Anfang April 1891 den Vertrag brach und Kankan eroberte, zog Samori sich zurück, formierte seine Truppen neu und lieferte Humbert, der sich mit einer Einheit durch das Milo-Tal schleppte, eine Reihe von Gefechten. Taktisch legte er eine Beweglichkeit an den Tag, mit der kein europäischer Befehlshaber mithalten konnte. Zunächst entstand eine Pattsituation; die französische Einheit saß am Fuße der Berge fest. Als Humbert die Vorräte ausgingen, wandte Samori die Taktik der verbrannten Erde an, und die Franzosen waren zum Rückzug gezwungen. Trotzdem wußte Samori, daß er den Krieg verloren hatte.

Humbert hatte in hastig errichteten Forts bei Bisanduga und Kérwané kleine Garnisonen zurückgelassen. Es hätte Monate gedauert, bevor Hilfe bei ihnen eingetroffen wäre. Doch Samori besaß keine Artillerie und sah sich deshalb außerstande, selbst diese äußerst schwachen Garnisonen zu schlagen.

Im Februar 1892 traf Samori eine waghalsige, vielleicht sogar leichtsinnige Entscheidung. Er wollte sein gesamtes Reich den Franzosen überlassen – die grünen Schlupfwinkel von Konya, das Herzstück seines Handelsimperiums, und die sandigen Ebenen südlich des Niger – und unter den heidnischen Bewohnern im Norden der Elfenbeinküste mit seinen Leuten ein neues Reich aufbauen, das kein Rivale für sich beanspruchen würde.

* * *

Als Humbert nach Paris zurückkehrte, wollten die Beamten im Ministerium, die mit seinen Wutanfällen überhaupt nicht zurande kamen, ihn seines Postens entheben und durch Gallieni ersetzen. Gallieni griff mittlerweile Archinard in aller Öffentlichkeit an, und dieser revanchierte sich mit dem Vorwurf, sein alter Freund sei ein »Schurke«.[10] Doch die Generäle Brière und Desbordes, beide Erzexpansionisten, stellten sich auf Archinards Seite. Er wurde zum Nachfolger Humberts ernannt, so daß er Gelegenheit bekam, dessen Anschuldigungen zu widerlegen.

Somit war der Untersekretär der Kolonialabteilung ein weiteres Mal an das durchgehende Pferd gebunden, obwohl er vor dem Parlament das Versprechen abgegeben hatte, keinen weiteren Vormarsch mehr auf eigene Faust zu genehmigen.

Im Sommer 1892, als Archinard in den Sudan zurückkehrte, war Freycinets Regierung abgelöst und Etienne aus der Rue Royale verjagt worden. Jamais, sein Nachfolger, ernannte Archinard zum Militärgouverneur des Sudan und verbot ihm und seinen Kommandanten, weitere militärische Operationen durchzuführen. Doch Archinard erteilte Kommandant Combes den Befehl, einen Teil von Samoris Armee bis über die Grenze nach Sierra Leone – also auf britisches Territorium – zu verfolgen, womit er fast eine politische Krise ausgelöst hätte. Im März führte er selbst eine neue Einheit 400 Kilometer nigerabwärts. Obwohl er seinen Schritt damit begründete, Ahmadu habe seinen Bruder Muniru als Sultan von Massina abgesetzt, empfand Paris auch diese Aktion als einen Schlag ins Gesicht. Archinard eroberte die Städte Massinas unterhalb von Segu – Jenne, Mopti und Badiagara – und setzte Aquibou, ebenfalls ein Bruder Ahmadus, als Sultan ein. Ahmadu selbst floh flußabwärts Richtung Timbuktu.

Als der triumphierende Oberkommandeur im Sommer 1893 nach Paris zurückkehrte, hatte Jamais sein Amt abgegeben. Der neue Unterstaatssekretär im Pavillon de Flore (dem neuen Sitz der Kolonialabteilung) hieß Théophile Delcassé, ein aufgehender Stern unter den jungen Kolonialisten und ständiger Kritiker der Feldzüge Archinards. Im Parlament konnte er mit der Unterstützung der neugegründeten *Groupe Coloniale de la Chambre* rechnen, zu der auch Etienne gehörte. Sie alle vertraten die Überzeugung, das Ziel des Imperialismus sei der Handel und nicht die Eroberung, und hatten überhaupt nichts für Archinards Methoden und deren Hintergründe übrig. Die Kredite, die das Parlament für den Sudan bewilligte, sprachen für sich: 3 890 000 Francs im Jahre 1891; 5 200 000 im Jahre 1892; und für 1893 waren 8 000 000 Francs angezielt. Was hatte das Militär mit seinen unnötigen Eroberungskriegen überhaupt erreicht? Der Handel stagnierte, und hinsichtlich der Erschließung der großen Ost-West-Handelsroute in den Tschad waren keine Fortschritte erzielt worden. Die militärische Eroberung stand in Widerspruch zur eigentlichen kolonialen Expansion, bei der ein Fortschritt nur durch Diplomatie und Handelsabkommen erreicht wurde und nicht durch den Einsatz moderner Waffen.

Das Schlimmste aber war nach Ansicht der Menschenrechtler, daß Archinard die afrikanischen Regierungsmethoden durchaus billigte und die zivilisatorische Mission zur Farce machte. Er setzte Könige wie Aquibou ein, die sich, genauso wie ihre Vorgänger, durch Sklavenhandel und Beutezüge bereicherten. Und er selbst unternahm nichts, um der Jagd auf Sklaven ein Ende zu setzen. *Le Siècle,* die wichtigste kolonialistische Zeitung, warf ihm vor, er habe den Sudan in »einen Sklavenmarkt«[11] verwandelt. Innerhalb der Befestigungsmauern der neuen französischen Stützpunkte florierte der Sklavenhandel nicht weniger als innerhalb der Mauern von Ahmadus und Samoris Städten. Er zahlte sich besser aus als jedes andere Geschäft, und Archinard gab seinen Segen dazu, indem er die üblichen zehn Prozent Steuern verlangte.

Der Abscheu, den viele Abgeordnete für das Militär empfanden, ermutigte Delcassé zu einem Schlag gegen Archinard. Im November 1893 entließ er ihn ohne Vorwarnung und ernannte einen Zivilgouverneur für den Sudan. »Die Ära der Eroberung ist endgültig abgeschlossen«,[12] verkündete er. Doch innerhalb weniger Wochen war die Marineinfanterie erneut auf dem Vormarsch – diesmal nach Timbuktu, das noch im selben Jahr eingenommen wurde. Doch davon später. Zunächst müssen wir drei Jahre zurückgehen, zum 27. Juni 1890, als die Pioniereinheit Cecil Rhodes den Motlousi-Fluß überquerte und sich anschickte, das riesige neue Reich in Besitz zu nehmen, dem Rhodes seinen Namen geben sollte.

KAPITEL 21

Ein neuer »Rand«?

Mashonaland und Matabeleland (Rhodesien), die Kapkolonie,
der Transvaal und England
27. Juni 1890 – Dezember 1892 und die Zeit davor

»Ich bin der Pläne für Afrika, die in Berlin gemacht werden, müde;
ohne Besetzung, ohne Entwicklung ... der Kernpunkt der Südafrika-
Frage liegt in der Ausdehnung der Kapkolonie bis zum Sambesi.«

Cecil Rhodes in der Abgeordnetenkammer der Kapkolonie, 1888

Gerade fünfzig Jahre waren vergangen, seit die *voortrekkers*, die burischen Pioniere des großen Trecks, den Staub der Kapkolonie von ihren Füßen geschüttelt hatten. In mit Zeltleinwand bespannten Planwagen hatten sie mit ihrem Vieh, den Schafen und ihren afrikanischen Dienern den Oranjefluß und den Vaal überquert, um in den »leeren« Steppen des Nordens ein neues Reich zu errichten. Am 27. Juni 1890 nun war die Zeit für einen großen Treck im britischen Stil gekommen – aus der Kapkolonie heraus, durch die burischen Republiken und Matabeleland nach Mashonaland. Hier wollte Cecil Rhodes seine Pioniere einsetzen, um in dem noch »leeren« Landstrich zwischen dem Limpopo und dem Sambesi, 450 Kilometer nördlich des Transvaal, sein eigenes Königreich »Rhodesien« zu schaffen.

Die beiden Trecks zu vergleichen, mag unsinnig erscheinen, denn sie unterschieden sich wie Biltongue (Trockenfleisch) und Roastbeaf. Die Unannehmlichkeiten freilich waren für jeden südafrikanischen Treck in der Trockenzeit die gleichen: Der allgegenwärtige Staub hüllte alles ein, angefangen von dem afrikanischen *voorloper* auf dem ersten Wagen bis zu den Männern am Ende des Zuges; und dazu kam der andauernde Lärm der ungefederten Wagenräder, die über Bodenfurchen ratterten und in den steinigen Flußbetten blockierten. Die Buren hatten die Grenze als Flüchtlinge ohne Fahne überquert und den britischen Behörden keine Chance gegeben, sie aufzuhalten. Rhodes' Pioniere hingegen trugen zwei

Union Jacks, einen für die Kapregierung, den anderen für das Empire. Ihre Mission war durch einen königlichen Schutzbrief für Rhodes' Handelsgesellschaft abgesegnet, und London hatte per Kabel seinen Segen zu dem Unternehmen gegeben.

Die Buren hatten sich wie einzelne Vogelschwärme auf den Weg gemacht, wobei jede Familie und jeder Clan einem anderen Führer unterstand. Unter Rhodes' Pionieren befand sich keine einzige Frau. Es handelte sich um eine Invasionstruppe mit militärischer Disziplin, die von Rhodes' Handelsgesellschaft bezahlt wurde.

So sollte es jedenfalls theoretisch sein. Aber Rhodes selbst befand sich nicht bei der Truppe. Eine politische Krise am Kap – aus der er als Ministerpräsident hervorgehen sollte – hatte ihn gezwungen, in Kimberley zurückzubleiben, während sich die Basis seiner finanziellen und politischen Macht 300 Kilometer weiter südlich befand.

Vom militärischen Standpunkt gesehen war die Truppe am Motloutsi ein bunt zusammengewürfelter Haufen. Die 200 neuen Rekruten waren mit dem Zug nach Kimberley gekommen und dann zu dem staubigen Lager am äußersten Rand des Protektorats Betschuanaland geritten. Es handelte sich um junge Möchtegern-Farmer und -Goldsucher mit neuen Gewehren. Sie wurden begleitet von 500 Mann der neugeschaffenen Polizei der Handelsgesellschaft (der Britischen Südafrikagesellschaft); hinzu kamen 350 Ngwato-Arbeiter mit 117 Ochsengespannen und Hunderte von anderen Afrikanern für die Hilfsdienste.

Die Pioniere sollten eine Art Elite bilden. Frank Johnson, ein junger Abenteurer vom Kap, hatte von Rhodes den Auftrag erhalten, die 200 Männer vom Kap ebenso sorgfältig auszuwählen wie Noah die Tiere für die Arche. Die politische Lage am Kap erforderte, daß sich unter den Pionieren neben Briten auch Afrikaander befanden. In der Praxis waren dies dann nicht nur Bauern, sondern auch Ärzte, Ingenieure, Kricketspieler, Pfarrer, Metzger, Bäcker, arbeitslose Bergarbeiter, desertierte Soldaten und sogar ein Jesuitenpater. Ein solches Sammelsurium war weder für die Besiedelung noch als Streitmacht geeignet.

Eine ähnlich bizarre Wahl traf Rhodes bei den Anführern. Um eine Truppe sicher durch feindliches, unerforschtes Land zu bringen, bedarf es außergewöhnlicher Führungsqualitäten und einer klaren Hierarchie. Rhodes jedoch sorgte dafür, daß es zu viele Führer mit sich überschneidenden Aufgaben gab und jede Menge Verwirrung entstand.

Der Vorstoß der Pioniere nach Mashonaland
Juni–September 1890

Karte 10

→ Route der Pioniere Rhodes
- - -◆ Route der Missionare und Händler zum Kraal des Königs in Bulawayo
==== Weg nach Mashonaland über Bulawayo

| 0 | Meilen | 200 |
| 0 | Kilometer | 300 |

BAROTSELAND

Zumbo

Tete

Sambesi-Fluß

Hanyani-Fluß

Mazoe-Fluß

Umfuli-Fluß

Mount Hampden

Salisbury

Victoria-Fälle

Tod der
Shangani-Patrouille
im Jahre 1893 X

Hartley Hill

MASHONALAND

Umniati-Fluß

Fort Charter

Shangani-Fluß

Gwelo-Fluß

Bemzesi-Fluß

Wald

IMATABELELAND

Shiloh

Thabas
Induna

Gwelo

Iron Mine Hill

Hügel

Bulawayo

Matapo-

Belingwe

Fort Victoria
Providential Pass
∴ Große Zimbabwe-
Ruinen

Sabi-Fluß

MONZAMBIQUE

Nach Beira, 250 Kilometer

PROTEKTORAT
BETSCHUANALAND

TATI

Mangwe

Lundi-Fluß

Nuanetsi-Fluß

Tati   Shashi-Fluß

Motloutsi

Umzingwani-Fluß

Tuli

Elebi

Palapye

Limpopo- oder Krokodilsfluß

Burentrek

ZOUTPANSBERG

Shoshong

Nach Mafeking u.
Kimberley

REPUBLIK TRANSVAAL

431

Wie sahen die Ziele der 200 Pioniere aus, die am 27. Juni durch den Motloutsi wateten und sich dann in den Staubwolken verloren, die sie aufwirbelten? Für manche war es bereits genug, Teil des Abenteuers zu sein, das Südafrikas führender britischer Kolonialherr, Cecil Rhodes, organisiert hatte. Andere lockten zweifellos die 12 000 Quadratkilometer großen Farmen, die jeder Pionier im Austausch dafür erhalten sollte, daß sie den Weg zum Mount Hampden erschlossen. (Die damals dort lebenden Shona, die Lobengula und die Ndebele als ihre Vasallen beanspruchten, wurden mit keinem Wort erwähnt.)

Die größte Anziehungskraft übte offensichtlich das Gold aus: Fünfzehn Claims sollten gratis an jeden Pionier vergeben werden. In Mashonaland gab es Goldminen aus der Zeit der Monomatapa-Könige, der afrikanischen Herrscher, die mit den portugiesischen Siedlern an den Küsten von Moçambique im sechzehnten und siebzehnten Jahrhundert Goldhandel betrieben hatten. Dieses geheimnisvolle afrikanische Königreich war aus unbekannten Gründen untergegangen. Von Monomatapa war nichts übriggeblieben außer einigen großartigen Ruinen, den sogenannten Zimbabwes, und dem goldhaltigen Quarz der verlassenen Goldminen. Im Jahre 1867 entdeckte der deutsche Schulmeister Carl Mauch diese Quarzschichten und berichtete von ihrem sensationellen Goldgehalt. Auf dieses Gold also wollte sich die Handelsgesellschaft die neue Kolonie in Sambesien (die bald darauf in Rhodesien umbenannt werden sollte) stützen – nach dem Beispiel des Transvaal, wo die wirtschaftlichen und politischen Kräfte sich seit der Entdeckung des Rand im Jahre 1886 gewandelt hatten. Es war diese einfache Vorstellung von einem neuen, größeren Rand, so blendend, schöpferisch und zerstörerisch wie die afrikanische Sonne, die Rhodes' umständlichen Manövern der letzten vier Jahre zugrunde lag.

1886, als die ersten Stücke goldhaltigen Konglomerats in einer Kutsche vom Rand nach Kimberley gebracht wurden, befand sich Rhodes auf dem Höhepunkt seiner wirtschaftlichen Macht. Als Geschäftsführer und einer der größten Aktionäre von De Beers, einer der vier wichtigsten Diamantengesellschaften in Kimberley, hatte er soeben der Welt sein phantastisch anmutendes Vorhaben verkündet: Er wollte für De Beers – und sich selbst – die gesamte Diamantenindustrie monopolisieren.

Cecil Rhodes hatte sich 1871 in Kimberley niedergelassen – im ersten

Jahr des großen Diamantrausches, der die Agrargemeinden des Kap in die Welt der Industriefinanzen und der Realpolitik treiben sollte. Damals war Rhodes ein schüchterner, ernster, zart wirkender, blonder Junge von achtzehn Jahren, der dritte Sohn eines unbekannten, aber vermögenden Vikars aus Hertfordshire. Er sollte sich in Südafrika unter der Obhut seines älteren Bruders Herbert in Ruhe von einer Krankheit erholen. Es stellte sich jedoch heraus, daß Herbert einen Diamanten-Claim auf dem Colesberg Kopje, dem kahlen Hügel, der als reichste Mine der Welt berühmt wurde, abgesteckt hatte; aber Herbert hatte kein Talent zum Geschäftsmann. Cecil war es, der trotz seiner schlechten Gesundheit, die wohl auf einen angeborenen Herzfehler zurückzuführen war, schon bald die Mine in Kimberley leitete, wo die Bergleute mindestens ebenso zäh und unzivilisiert waren wie in Amerikas Westen.

Wie schaffte es Cecil, diese Männer zu kontrollieren, da er doch so naiv und verletzlich wirkte? Oft saß er stundenlang einfach nur da und blickte träumerisch in den tiefen Schacht einer Mine. Wenn er in Stimmung war, bewies er ein großes rhetorisches Talent, eine Begabung, die ihm im geschäftlichen und politischen Leben sehr zugute kam. Sein Charisma hatte er jedoch vor allem dem Stolz auf seine »großen Ideen«[1] und seiner Gewißheit zu verdanken, er sei zu Höherem geboren und müsse großen Idealen dienen. Er mochte noch so extravagant oder widersprüchlich wirken – indem er sich etwa einmal für die Buren einsetzte und dann wieder die ganze Welt der angelsächsischen Rasse unterwerfen wollte –, jedenfalls sehnten sich die Weißen in Südafrika nach einer starken Führung, und viele Menschen begannen Rhodes als den Mann zu betrachten, der ihr Schicksal in die Hand nehmen würde.

Die Quelle, die Rhodes' jungenhafte Träume von der Macht speiste, war ein mit Unterbrechungen acht Jahre andauerndes Studium am Oriel College in Oxford, das er im Wechsel zu seinen geschäftlichen Unternehmungen in Kimberley absolvierte. An seine Geschäftspartner in Kimberley, die während seiner Abwesenheit die Minen leiteten, sandte er Briefe mit einer ungereimten Mischung aus ernsthaften Ratschlägen und witzigen Beschreibungen der »tollen Geplänkel«[2] mit seinen Universitätslehrern.

Zweifellos war Rhodes mehr daran interessiert, seine Kommilitonen durch gutes Polospiel und andere Freizeitaktivitäten zu beeindrucken als seine Lehrer durch gute Arbeit. Aber keiner seiner Biographen hat wirklich eine Erklärung dafür gefunden, warum er dieses Doppelleben zu brauchen schien – warum ein Mann, für den in Südafrika anscheinend jede Minute Millionen wert war, in Oxford ganze Monate verschwendete. Es genügt wohl der Hinweis, daß Rhodes in gewisser Weise niemals erwachsen wurde. Das Oxford der siebziger Jahre des letzten Jahrhunderts drückte ihm seinen Stempel auf und bestärkte ihn in seiner etwas wirren Schicksalsgläubigkeit. Er wollte der neue Midas sein. Seine Macht sollte die Welt verändern. Was genau aber bezweckte er damit?

Erst als Rhodes im Jahre 1877 sein Testament machte, wurde den wenigen Menschen, die ihn näher kannten, die Lächerlichkeit seiner großen Ideen klar. Er vermachte sein Vermögen Sidney Shippard, dem Staatsanwalt der Diamantfelder, und Lord Carnarvon, dem Kolonialminister. Beide gehörten einem »Geheimbund« von Fanatikern an, der nach dem Modell der Jesuiten gestaltet war. Das eigentliche Ziel dieses Geheimbundes war die »Ausdehnung der britischen Herrschaft auf die ganze Welt, die Vervollkommnung eines Systems der Emigration aus England ... insbesondere die Inbesitznahme des gesamten afrikanischen Kontinents, des Heiligen Landes, des Euphrat-Tales, der zypriotischen Inseln und Kretas, ganz Südamerikas ... Die Rückgewinnung der Vereinigten Staaten als integralen Bestandteil des britischen Empire ... und schließlich die Gründung einer so großen Macht, daß Kriege unmöglich werden, und die besten Interessen der Menschheit vorangetrieben werden können.«[3]

Rhodes' Ruf als Politiker kam zugute, daß diese imperialistischen Phantastereien erst nach seinem Tode bekannt wurden. Das politische Ansehen, das er in Südafrika genoß, basierte darauf, daß er sich als nüchterner Kolonialist gab, als Mann, der dem Zusammenschluß der Afrikaander mit den Engländern den Weg bereiten konnte, indem er sich der »Großmama«,[4] wie er die englische Regierung nannte, widersetzte. Denn in seinen politischen Reden während der achtziger Jahre des letzten Jahrhunderts bewies Rhodes, daß er für die politischen Realitäten am Kap eine ebenso gute Nase hatte wie für die Diamanten in Kimberley, von denen alles abhing.

Das Leben in der Kapkolonie wurde von zwei unleugbaren Fakten bestimmt. Zum ersten waren die Weißen in der Mehrheit Afrikaander, die auch in den achtziger Jahren britischer Herrschaft keinerlei gefühlsmäßige Bindung an die britische Flagge entwickelt hatten. Sie erkannten jedoch an, daß die Briten sie erfolgreich vor anderen räuberischen Mächten schützten. Zum zweiten war da die englischstämmige Minderheit, bei der jene gefühlsmäßige Bindung mit einem starken kolonialen Nationalismus gekoppelt war, der auf die im Jahre 1872 zugesicherte Selbstregierung zurückging. Sie teilten das Streben der Afrikaander nach Unabhängigkeit ebenso wie deren Ärger über Interventionen von seiten der Downing Street – insbesondere, wenn die britische Regierung Versuche unternahm, die Rechte der Eingeborenen zu schützen. Es war also Rhodes' langfristiges Ziel, die beiden weißen Gemeinschaften auf Kosten der »Großmama« – und der Afrikaner – zu einen.

Und Rhodes ging noch weiter. Bereits in den späten achtziger Jahren gab es zwei Anzeichen für einen möglichen Zusammenschluß der selbstregierten Staaten von Südafrika: zum einen die Notwendigkeit einer gemeinsamen Eingeborenenpolitik (man brauchte schwarze Arbeitskräfte und eine weiße Oberhoheit), zum anderen die Notwendigkeit einer gemeinsamen Eisenbahn- und Zollpolitik (man mußte verhindern, daß das Kap von lukrativen Märkten des Transvaal abgeschlossen wurde). Rhodes versprach den Wählern, daß das Kap der tonangebende Staat in diesem neuen Dominion sein und daß dieses Dominion selbstverständlich unter britischer Flagge stehen würde. Wie aber konnte die Führungsrolle des Kap wiederhergestellt werden, da doch die Goldfunde im Rand das Gleichgewicht der Kräfte zugunsten des Transvaal zu verschieben schienen? Genau in diesem Moment bot Rhodes seinen sogenannten »Schlüssel« an – das Eldorado nördlich des Limpopo.

Kurz nachdem er als Abgeordneter für Barkly West bei Kimberley in das Kapparlament eingezogen war, hatte er zum ersten Mal die Aufmerksamkeit des Kap auf den Norden gelenkt. Er betonte, als erstes müsse Betschuanaland für das Kap gesichert werden. Dies war der Korridor, der sich nördlich der Diamantfelder des Kap an den westlichen Grenzen des Freistaats und des Transvaal entlangzog. Die Missionare Moffat und Livingstone hatten Betschuanaland auf ihrem Weg nordwärts nach Zentralafrika durchquert; die Kontrolle über die von ihnen geschaffene Missionarsstraße in der Wildnis war unentbehrlich, wenn die Kapprovinz ihr Gebiet zu gegebener Zeit bis in die reichen, kühlen Hochebenen von Matabeleland, Mashonaland und darüber hinaus ausdehnen wollte.

Zu Rhodes' Ärger war der Premierminister der Kapregierung, Thomas Scanlen, nicht an dieser Expansion interessiert. Betschuanaland bestand zum größten Teil aus Wüste und war in seinen Augen samt der untereinander zerstrittenen Häuptlinge, die dort herrschten, durchaus entbehrlich. Er würde den Transvaal nicht daran hindern, dieses Gebiet zu besetzen. Außerdem war die Staatskasse leer; das Kap konnte sich eine Ausdehnung seiner Grenzen gar nicht leisten. Schon machten sich Siedler aus dem Transvaal auf den Weg nach Betschuanaland. Zu gegebener Zeit würden ihre inoffiziellen »Republiken« – Goshen und Stellaland – dem Transvaal angegliedert werden. In seiner Verzweiflung wandte sich Rhodes an London.

Nur mit großen Bedenken hatte er sich dazu durchgerungen, »Großmama« einzuschalten. Einerseits konnte ein solcher Zug die Kap-Afrikaander verärgern, die mit der Expansionspolitik des Transvaal sympathisierten. Andererseits würde die Missionarslobby gegen die Landnahme der burischen Siedler protestieren. Rhodes hatte keinerlei Interesse daran, afrikanisches Land vor dem Raub durch Europäer – mochten es nun Buren oder Briten sein – zu schützen. Aber er bestand darauf, daß die neuen Siedler den Union Jack des Kap anerkennen sollten. »Großmama« – in Gestalt von Gladstones gelassenem Kolonialminister Lord Derby – erwies sich als taub gegenüber Rhodes' Vorschlägen. Die Liberalen leckten noch immer die Wunden, die ihnen die Niederlage bei Majuba geschlagen hatte, und schraken vor jeglicher Art von Expansion zurück.

Das Jahr 1884 brachte jedoch die große Wende in der Kolonialpolitik der Regierung Gladstone. Rhodes hatte bereits den britischen Hochkommissar am Kap, Sir Hercules Robinson, in die Defensive gebracht. Seit Majuba und dem Scheitern von Carnarvons Föderationsplänen war die britische Vorherrschaft in Südafrika von der Oberhoheit am Kap abhängig gewesen. Jetzt gefährdeten die expansionistischen Ziele des Transvaal diese Oberhoheit. Die Mandarine im Kolonialministerium begannen Rhodes' Argumente ernstzunehmen, zumal sie von Robinson unterstützt wurden. London erklärte sich bereit, dem Kap bei der Sicherung von Betschuanaland zu helfen, selbst wenn es sich als schwierig erweisen sollte, diese Region dem Transvaal vor der Nase wegzuschnappen, ohne die Kap-Afrikaander vor den Kopf zu stoßen.

Glücklicherweise waren Kruger und die anderen Emissäre des Transvaal zu Kompromissen bereit, als sie im Februar 1884 London besuchten. Sie waren gekommen, um die Pretoria-Konvention neu zu verhandeln, die nach Majuba den Frieden besiegelt hatte. Die neue Londoner Konvention garantierte Kruger praktisch vollkommene Unabhängigkeit in innenpolitischen Angelegenheiten. Im Gegenzug überredete Derby Kruger dazu, eine Westgrenze zu akzeptieren, die Betschuanaland nicht mit einschloß. Um die Menschenrechtler zu beruhigen, entsandte London den bekannten Missionar John Mackenzie, um mit den Mißständen in den inoffiziellen Republiken aufzuräumen, bevor Betschuanaland dem Kap übergeben wurde.

Im August 1884 rief man Mackenzie zurück, weil er den Afrikanern zu wohlgesonnen war. Sein Nachfolger wurde Rhodes, den sein Freund, der Hochkommissar, in dieses Amt einsetzte. Er versuchte die burischen Siedler in Stellaland mit dem Versprechen zu ködern, daß er die Besitztitel für das Land, das sie den Eingeborenen abgenommen hatten, bestätigen würde. Aber selbst mit diesem Angebot konnte er die sturen Buren von Goshen nicht für sich gewinnen. Es stellte sich heraus, daß Kruger hinter ihnen stand; er hatte mit Rhodes ein doppeltes Spiel getrieben, indem er einen vorläufigen Befehl zum Anschluß von Goshen an den Transvaal gegeben hatte.

Wenn dies keine tiefgreifende Veränderung auf der strategischen Landkarte bedeutet hätte, so hätte Gladstone Krugers Schachzug mit ziemlicher Sicherheit hingenommen. Aber im August 1884 hatte Bismarck seinen überraschenden Vorstoß nach Angra Pequena unternommen. Jetzt besaßen Rhodes' Argumente eine unwiderstehliche Überzeugungskraft, denn im Nordwesten grenzte das Kap nun an eine neue deutsche Kolonie. Wenn man dem Transvaal gestattete, sich Betschuanaland einzuverleiben, so konnte er sich mit Deutschland verbünden, wodurch die britische Vormachtstellung ins Wanken geriete. Daher ging Gladstones Kabinett das Wagnis ein, sich Krugers Ansinnen zu widersetzen.

Sir Charles Warren wurde mit einer Streitmacht entsandt, um Ordnung zu schaffen. Warrens Intervention kostete die Regierung des Empire 1,5 Millionen Pfund, und die Buren des Transvaal erwiesen sich dabei noch als das geringste Problem. Warren versuchte die Afrikaner vor ihren räuberischen weißen Nachbarn zu retten, aber Rhodes hatte nicht die Absicht, »Großmama« – und der von Warren unterstützten Missionarslobby – die direkte Kontrolle über Betschuanaland zu überlassen. Es sollte zum Kap gehören, und die burischen Siedler mußten ihr Land behalten dürfen – vorausgesetzt, daß sie die britische Herrschaft anerkannten. Er war kein Parteigänger der Buren, sondern lediglich Realist. Der einzige Weg, die Expansion der burischen Republiken in Schranken zu halten, war, sie »in die Kapkolonie mit einzuschließen«[5] – mit anderen Worten, in den Kap-Imperialismus.

Gladstones Liberale waren entsetzt bei dem Gedanken an eine riesige neue Kolonie, die vom Meer abgeschnitten und zu arm war, um sich selbst zu tragen. 1885 wurde ein Kompromiß geschlossen. Das nördliche Betschuanaland, über das Khama, der König der Ngwato, herrschte, wurde mit Khamas Einverständnis zum Protektorat erklärt und damit sowohl vor dem Zugriff des Transvaal als auch vor dem Kap gerettet. Das südliche Betschuanaland einschließlich der inoffiziellen Republiken wurde Kronkolonie und sollte zu gegebener Zeit in die Kapkolonie integriert werden. (Den Preis dafür mußten die unglücklichen Nachfahren bezahlen, die Tswana aus Bophutatswana, dem südafrikanischen »homeland« – im Unterschied zu den Tswana aus dem unabhängigen Botswana.)

Letztendlich hieß der Sieger Rhodes. Immerhin hatte er die erste Hürde auf dem Weg zur Errichtung eines Imperiums im Norden genommen. Ohne selbst dafür bezahlen zu müssen, hatte er seinen »Suezkanal« zwischen dem Transvaal und der Kalahariwüste bekommen und sich den Weg nach Norden offengehalten. Aber wer sollte nun den wesentlich teureren zweiten Schritt finanzieren, den Vorstoß in jenes geheimnisvolle Eldorado in Mashonaland?

1886 schließlich war ihm das Schicksal wohlgesonnen, und unter Rhodes' Händen verwandelte sich plötzlich wie bei König Midas alles in Gold – oder Diamanten.

Die Jahre 1886 bis 1890 waren die bemerkenswertesten in Rhodes' ohnehin schon so bemerkenswertem Leben. Es war, als sei ihm die magische Kraft verliehen worden, vier Karrieren gleichzeitig zu verfolgen, und das allein in diesen vier Jahren. In Kimberley war er der Initiator der Fusion der Diamantminen, in Johannesburg der Wortführer der Goldmagnaten. In der Kapkolonie war er der erlauchte Premierminister, dem sowohl die Afrikaander als auch die Briten vertrauten. Jenseits des Limpopo sollte er zu einem neuen Prototyp des Kolonialimperialisten werden, der alle Rivalen – Buren, Deutsche und Portugiesen – ins Abseits verwies, als er nach Mashonaland und in den Norden vordrang.

Natürlich war Rhodes' persönlicher Zauber, dem so viele seiner Zeitgenossen unterlagen und den wir uns heute nicht recht erklären können, von der weitgehend unsichtbaren Unterstützung seiner Helfer abhängig.

438

Der mit Abstand wichtigste von ihnen war Alfred Beit, Sohn eines Hamburger Geschäftsmannes und ein genialer Diamantenexperte. Ohne Beits Talent in finanziellen Angelegenheiten wären Rhodes' große Reden Schaumschlägerei geblieben.

Der zweite im Bunde war Charles Rudd, der wie Rhodes in der Steppe Gesundheit gesucht und ein Vermögen gefunden hatte. Er hatte sich um Rhodes' Geschäfte gekümmert, während dieser sich in Oxford amüsierte. Rudd blieb immer auf dem Boden der Tatsachen, ganz gleich, ob es darum ging, eine Mine zu leiten oder mit rivalisierenden Diamantenclaims in Kimberley aufzuräumen.

Rhodes' dritter Partner war Jan Hofmeyr, damals der führende Politiker der Afrikaander. Zunächst hatte er sich von Rhodes' Auftreten im Kapparlament abgestoßen gefühlt und ihn des Chauvinismus verdächtigt. Dann merkte Hofmeyr plötzlich – genau wie Beit –, daß sie einen Traum teilten, den sie mit vereinten Kräften realisieren konnten. Auch Hofmeyr träumte davon, Südafrika zu einer einzigen Nation zu verschmelzen. Er sah keinen Grund, warum die Afrikaander nicht dem britischen Weltreich angehören sollten, vorausgesetzt, sie erhielten ein Dominion, das in innenpolitischen Angelegenheiten unabhängig handeln konnte, wie die Franzosen in Kanada. Hofmeyr wußte, daß noch Jahre vergehen würden, bis die Buren im Transvaal und im Oranje-Freistaat eine Föderation oder Union akzeptieren würden; für die Übergangszeit, so meinte er, war Rhodes ein idealer politischer Verbündeter, ein Mann ohne gefährliche liberale Ideen. Hofmeyr trat für die altmodischen Zölle ein, um die Landwirtschaft am Kap zu unterstützen, und verfocht eine neue »harte Linie« in der Eingeborenenpolitik: Die wachsende Anzahl afrikanischer Wähler sollte eingedämmt werden, um die weiße Vorherrschaft zu sichern. Mit Rhodes' Unterstützung erreichte er 1887 sein Ziel, indem er die Eigentumsbestimmungen für Afrikaner, die Gemeindeland besaßen, veränderte. Auf diese Weise wurde einem Viertel der schwarzen und farbigen Wählerschaft das Wahlrecht entzogen.

1886, als Rhodes sein zweites erstaunliches Vermögen erwarb – seinen Anteil am Goldrausch im Transvaal –, war Beit nicht sein Partner. Im Wettlauf um Witwatersrand, wo die Schornsteine der Bergwerke in den Himmel wuchsen, fiel sein Anteil jedoch kleiner aus als der der vier anderen Rand-Magnaten – Alfred Beit, Julius Wernher, Barney Barnato und J. B. Robinson.

Im Jahre 1888 konnte Rhodes schließlich mit Hilfe Alfred Beits, seines Rivalen im Rand, den langersehnten Schlag gegen Barney Barnato führen. Barnatos *Central Mining Company* besaß die Kontrolle über die ergiebigste Diamantmine von allen und widersetzte sich der Fusion der Minen. Mit Hilfe der Firma Rothschild und anderer europäischer Bankhäuser gelang es Rhodes und Beit, Barnato erst zu überlisten und ihn dann aufzukaufen. Ihre neue Handelsgesellschaft, die De Beers Consolidated, besaß schon bald das Monopol in der südafrikanischen Diamantenindustrie, die 90 Prozent der jährlich weltweit verkauften Diamanten bereitstellte. Die neue Gesellschaft bot Rhodes auch eine einmalige Gelegenheit für den Aufbau seines Empires, denn der ungewöhnliche Treuhandvertrag ließ zu, daß die Gewinne für den Kauf von Land verwendet werden konnten.

Im Jahre 1888 hatten Rhodes und seine Geschäftspartner so viel an Gold und Diamanten verdient, daß schon fast alle Hindernisse für ihren Vorstoß nach Mashonaland aus dem Weg geräumt waren. Die Erfahrungen in Betschuanaland hatten ihn gelehrt, nicht allzuviel von den Regierungen in London und Kapstadt zu erwarten. Die britische Regierung, ganz gleich ob nun die Torys oder die Liberalen an der Macht waren, zeigte sich zu empfänglich für die blutenden Herzen der Missionarslobby. Und die Kapregierung, ganz gleich ob sie von den Briten oder von den Afrikaandern gestellt wurde, war zu knausrig. Für Rhodes und seine Partner war es also das beste, in eigener Regie zu handeln. Sie hatten vor, im wesentlichen den Weg zu beschreiten, den Goldie in Westafrika und Mackinnon in Ostafrika eingeschlagen hatten. Sie würden eine britische Handelsgesellschaft gründen, die durch einen königlichen Schutzbrief ermächtigt wurde, das Gebiet im Namen der Königin zu erobern, zu regieren und zu erschließen. Bevor sie aber bei der Königin in London einen Schutzbrief beantragten, mußten sie Lobengula, dem König der Ndebele, eine Konzession abringen. Dieser beanspruchte nämlich die Oberhoheit über das benachbarte Mashonaland, das von den Ndebele erobert worden war, als sein Vater Mzilikazi das Volk auf der Flucht vor den Speeren der Shaka Zulu und den Gewehren der *voortrekkers* nach Norden geführt hatte.

Lobengula war Analphabet, aber hochintelligent. Jahrelang hatte er sich der Konzessionsjäger, unter denen sich auch Buren befanden, kaum erwehren können. Er wußte, daß sein Königreich, das mit einem besseren

Boden und Klima gesegnet war als alle anderen südafrikanischen Staaten, das nächste Ziel europäischer Expansionspolitik sein würde. Bislang war es nur durch seine Entlegenheit vor einer Invasion bewahrt worden. Im Jahre 1888 reichten die Telegraphenlinien und Eisenbahnen jedoch bereits bis nach Kimberley und Johannesburg. Lobengula verfügte über eine der stärksten Armeen von allen afrikanischen Königreichen: etwa 15 000 Ndebele- und Shonakrieger, die in *impis* zusammengeschlossen waren wie die Zulu und die gleiche eiserne Disziplin besaßen. Auch ihre Waffe war der *assegai*, der kurze Speer, den die Rotröcke der Königin bei Isandlwana zu spüren bekommen hatten. Aber Lobengula gab sich nicht der Illusion hin, sein Königreich mit Waffengewalt verteidigen zu können, obwohl einige seiner *indunas* (Häuptlinge) und die meisten der tapferen jungen Männer nur darauf warteten, ihre Speere in europäischem Blut zu waschen.

Lobengula hatte begriffen, daß die Lektion, die den Zulu in der Schlacht von Ulundi im Jahre 1879 erteilt worden war, für alle afrikanischen Stämme galt. Keine afrikanische Armee, mochte sie noch so tapfer und diszipliniert sein, konnte den mit modernen Gewehren, Maschinengewehren und Artillerie bewaffneten Europäern auf längere Zeit standhalten. Wo waren Cetshwayo und seine schlagkräften *impis* jetzt? Das beste Mittel zur Verteidigung seines Volkes war die Diplomatie: Entweder konnte er versuchen, eine Gruppe Europäer gegen die andere auszuspielen, oder aber er nahm sich ein Beispiel an seinem Feind und Rivalen Khama, dem König der Ngwato, der sein Land 1885 unter britischen Schutz gestellt hatte. Wie sollte er vorgehen?

In seinem Kral fehlte es nicht an guten Ratschlägen von Europäern, einer bunten Gruppe von Händlern, Jägern und Goldsuchern. Sie waren untereinander zerstritten, und Lobengula vertraute vernünftigerweise keinem von ihnen. Auch seine *indunas* waren sich keineswegs einig. Lobengula selbst gab engeren Beziehungen mit der britischen Regierung bis hin zur Errichtung eines formellen Protektorats den Vorzug. Bislang existierte nur der sogenannte Moffat-Vertrag, der auf Rhodes' Anraten hin im Februar 1888 von John Moffat, dem Gesandten der britischen Regierung, geschlossen worden war, um den Ansturm der Buren abzuwehren. In diesem Vertrag sicherte Lobengula zu, er werde sein Land niemandem überlassen, ohne zuvor den britischen Hochkommissar von diesem Vorhaben in Kenntnis gesetzt und seine Einwilligung erhalten zu haben.[6] So lagen also die Dinge im September 1888, als Rhodes' Delegation, angeführt von Charles Rudd, in Lobengulas Hauptstadt Bulawayo eintraf.

Als Volk von Bauern, die im wesentlichen von Viehzucht und Viehdiebstahl lebten, hatten die Ndebele sich wie die Zulu (und anders als die Shona von Zimbabwe) nie mit Architektur befaßt. Lobengulas Hauptstadt war ein großes Oval von Lehmhütten inmitten einer mit Gras und Mimosenbäumen bewachsenen Ebene. Innerhalb dieses Ovals wurde der Besucher in einen zweiten Kreis geführt, die königliche Einfriedung. Hier residierte der König in einem umgebauten Planwagen. Sein Thron war eine Kiste, in der sich einmal Büchsen mit Kondensmilch befunden hatten.

Es war keine Kunst, sich hinter dem Rücken des Königs über ihn lustig zu machen, ihn wie Rhodes' Männer als »alten Wilden« oder als »gewieften Kunden«[7] zu verspotten. Aber niemand verspottete Lobengula, wenn er vor ihm stand: Er war fast zwei Meter groß und wog mindestens 120 Kilo. An seinem Hof herrschte eine strenge Etikette. Besucher jeder Nationalität mußten sich dem König auf allen vieren nähern und dann auf dem staubigen Boden sitzen bleiben.

So ist es nicht verwunderlich, daß Rudd und seine Begleiter nichts sehnlicher wünschten, als die Konzession einzustecken und sich davonzumachen. Rudd hatte einen Trumpf in der Hinterhand: Sir Sidney Shippard, den britischen Beauftragten für Betschuanaland, der gerade zu Besuch war. Wie Sir Hercules Robinson, sein Chef am Kap, unterstützte Sir Sidney Rhodes' persönliche Variante des Imperialismus (eine Haltung, die sich in beiden Fällen bezahlt machen sollte, nachdem die Männer aus dem Kolonialdienst ausgeschieden waren – in Form von ansehnlichen Aktienpaketen und Führungsposten in Rhodes' Handelsgesellschaften).

Es war kein Zufall, daß Shippards Besuch genau zu diesem Zeitpunkt stattfand. Insgeheim würde er Rudd bei seinem Vorgehen beraten, während er andererseits Lobengula vor Augen führte, daß Rhodes den Segen der Regierung in London habe, und eine Konzession der beste Ausweg aus seiner mißlichen Lage war. Auf diese Weise könnte er sich die Buren wie auch andere Konzessionsjäger vom Leibe halten.

Anfangs hatte Lobengula viele Bedenken. Wahrscheinlich wußte er, daß sein Verwandter, der Swazi-Herrscher König Mbandzeni, durch unbedacht an Europäer vergebene Konzessionen den größten Teil seines Landes verloren hatte. Rudd erbat offiziell nur ein Monopol auf die

Bergbaurechte, aber offensichtlich wollte er auch Land, um es zu bewirt-schaften und zu erschließen. Lobengula weigerte sich, ein Zugeständnis dieser Art zu machen. Durch Shippard und einen Missionar namens C. D. Helm wurden seine Bedenken jedoch ausgeräumt. Die schriftliche Kon-zession an Rudd enthielt »die vollkommene und exklusive Übertragung der Rechte über alle Metalle und Mineralien meines Königreichs, meiner Fürstentümer und Dominions; außerdem die Ermächtigung, all das zu tun, was sie (die Konzessionäre) für notwendig erachten, um dieselben zugänglich zu machen und auszubeuten«. Da dieser Text schwer ver-ständlich schien, bestand der Missionar Helm darauf, daß Rudd und seine Begleiter eine mündliche Erklärung über den Charakter des Ab-kommens abgaben. Diese mündliche Erklärung enthielt nun ein Verspre-chen, das für Lobengula schließlich den Ausschlag gab, Rudd und seinen Freunden zu vertrauen. Nach Helm sah dieses Versprechen folgenderma-ßen aus:

... man würde nicht mehr als zehn Weiße in sein Land bringen, würde nicht in der Nähe von Städten Bergbau treiben, und die Weißen würden sich an die Gesetze seines Landes halten und sich verhalten, als seien sie seine Untertanen.[7]

Armer, unschuldiger Lobengula! Wenn er verlangt hätte, daß dieses Versprechen schriftlich festgehalten oder in den Text der Konzession mit eingeflossen wäre, so hätte die Geschichte seines Landes eine andere Wendung nehmen können. Aber er vertraute Helm.

Und Helm wiederum vertraute Rudd – offensichtlich war er noch naiver als Lobengula. Jedenfalls wurde man sich dank Helms und Ship-pards Hilfe endlich handelseinig. Der Preis für das Bergbaumonopol war unter den gegebenen Umständen nicht allzu hoch: 100 Pfund im Monat, 1000 Martini-Henry-Gewehre, 100 000 Schuß Munition und ein Kano-nenboot auf dem Sambesi. Am Mittag des 30. Oktober wurde die Konzession von beiden Seiten unterzeichnet.

Wenige Stunden später brach Charles Rudd zu einem wilden Ritt nach Kimberley auf, bei dem er beinahe das kostbare Dokument verloren hätte und verdurstet wäre – so eilig hatte er es, zu Rhodes zu gelangen, bevor der König merkte, daß man ihn betrogen hatte.

* * *

In den folgenden acht Monaten, vom Herbst 1888 bis zum Sommer 1889, konzentrierte sich Rhodes ganz darauf, seine Rivalen aufzukaufen oder auszuzahlen. Zu dieser Zeit wußte man in London noch wenig über Rhodes, aber was man wußte, sprach nicht gerade für ihn. Edward Fairfield, ein Mitarbeiter des Kolonialministeriums, war überdies der Ansicht, man könne ihn »nicht ernst nehmen«.

Im Frühjahr 1889 kehrte Rhodes nach England zurück, fest entschlossen, sich seinen königlichen Schutzbrief zu ergattern. Auf Anraten des Kolonialministeriums hatte er sich zu einer Einigung mit seinen Rivalen Gifford, Cawston und ihren Partnern bereiterklärt. Doch diese Konkurrenten hatten seinen Plänen bereits erheblichen Schaden zugefügt. Da ihr Agent, Leutnant Maund, zu spät an Lobengulas Hof eingetroffen war, um die Konzession selbst einzustreichen, hatte er dem »alten Wilden« reinen Wein eingeschenkt und ihm eröffnet, Rudd habe ihn betrogen. Daraufhin sandte der König den Leutnant mit zwei ehrwürdigen *indunas* nach London, um bei der Königin Protest einzulegen. Die Neuigkeit von der bevorstehenden Ankunft der Abordnung verstärkte die Opposition gegen die sogenannte Rudd-Konzession. Nicht nur die Missionarslobby protestierte, auch britische Geschäftsleute wiesen den Gedanken an ein Monopol der Kapkolonie in einem Gebiet, das sie gern dem Freihandel geöffnet hätten, zurück. Im Kolonialministerium herrschte Verwirrung. Edward Fairfield lehnte einen königlichen Schutzbrief für Mashonaland und Matabeleland rundweg ab.

Nach der Ankunft von Leutnant Maund und der Abordnung Lobengulas entschied der Kolonialminister Lord Knutsford, er könne Rhodes' Anspruch nicht unterstützen, da dieser von Lobengula nicht anerkannt wurde. Am 27. März übergab er den beiden *indunas* einen Brief, der seiner Ansicht nach in korrekter Ndebele-Sprache geschrieben war: »Ein König gibt einem Fremden einen Ochsen, nicht seine ganze Viehherde, denn sonst würde ja für die anderen Fremden nichts mehr zu essen übrig bleiben.«[8] Wenig später traf Rhodes ein zweiter, ebenso unerwarteter Schlag. Sir Hercules Robinson, der Hochkommissar in Kapstadt, der an Rhodes' hochfliegende Pläne (und an seinen Geldbeutel) glaubte, hatte angeblich in einer öffentlichen Rede »die stümperhafte Einmischung . . . schlecht informierter Leute in London« angeprangert, »durch die so mancher Kolonialist vom Imperialisten zum Republikaner bekehrt würde«.[9] Robinsons unverblümte Offenheit löste in Westminster einen

Sturm der Entrüstung aus und kostete ihn seinen Posten als Hochkommissar.

Diese Rückschläge beunruhigten Rhodes jedoch nicht allzu sehr. Er glaubte, daß jeder Mensch seinen Preis hatte und daß er es sich durchaus leisten konnte, diesen zu bezahlen. Gifford und Cawston kaufte er, indem er ihnen große Aktienanteile an der neugegründeten *Central Search Company* überließ. Anderen Rivalen gegenüber, die geschworen hatten, den Betrug gegen Lobengula offenzulegen, zeigte er sich ähnlich großzügig. Und Hercules Robinson wurde mit mehreren tausend Aktien der *Central Search* belohnt.

Im Herbst 1889 vollzog das Kolonialministerium eine Kehrtwendung und unterstützte Rhodes. Jetzt, da er mächtige Unterstützer hatte, die in der Geschäftswelt ebenso einflußreich waren wie bei Hofe, stellten die Marotten dieses Mannes nicht länger ein Hindernis bei der Bewilligung eines königlichen Schutzbriefes dar. Die neugeschaffene *British South Africa Company* kam unter Dach und Fach, als zwei namhafte Adlige, ein Tory und ein Liberaler, einwilligten, den Vorsitz zu übernehmen. Als dritte Säule des Establishments sollte Albert Grey dem Vorstand angehören, ein Vertreter des Südafrikakomitees, der John Mackenzie unterstützte und sich für die Rechte der Afrikaner einsetzte. Als am 29. Oktober 1889 der königliche Schutzbrief gewährt wurde, verstummte der Spott über Rhodes und seine Partner. Im Gegenteil, man war von seinen Idealen plötzlich ebenso beeindruckt wie von der großen zivilisatorischen Mission König Leopolds im Kongo. Und die überzeugten Kolonialisten berauschten sich an der Vorstellung eines britischen Reiches in Afrika, das womöglich vom Kap bis nach Kairo reichen würde. Der neue königliche Schutzbrief setzte der Ausdehnung der Handelsgesellschaft in nördliche Richtung keine Grenzen.

Es muß daran erinnert werden, daß sich ein Streifen Landes nördlich des Sambesi, entlang des Njassa-Sees, im Besitz einer anderen britischen Gesellschaft befand: der *African Lakes Company*, die von schottischen Menschenrechtlern gegründet worden war, um die »3 Cs« in das Herz Afrikas zu tragen. Aber 1889 war Livingstones Traum ausgeträumt. Die kleine Gruppe von Händlern und Missionaren befand sich in einer verzweifelten Lage; sie waren dem Bankrott nahe und sahen sich im Süden von den Portugiesen, im Osten von arabischen Sklavenhändlern eingeschlossen. Mit Zustimmung von Lord Salisbury und dem Außenministerium wandte sich die *Lakes Company* nun hilfesuchend an die Handelsgesellschaft. Rhodes zeigte sich äußerst entgegenkommend. Man einigte sich darauf, daß seine Handelsgesellschaft für die Seenregion eine Pacht von 9000 Pfund im Jahr zahlen und die Kampagne gegen den Sklaven- und Alkoholhandel unterstützen würde.

Gleichzeitig machten Rhodes und seine Partner kein Hehl daraus, daß sie ihrem Reich auch das große Gebiet zwischen dem Sambesi und dem Kongo – also Barotseland – mitsamt den angrenzenden Gebieten im Osten einverleiben wollten. Die Wahl des Zeitpunkts hätte nicht besser ausfallen können. Lewanika, der Häuptling der Lozi, hatte um Hilfe gegen seine Feinde, die Ndebele, nachgesucht. Wenn die Briten nicht eingriffen, würden mit Sicherheit die Portugiesen dieses noch nicht »verteilte« Gebiet zwischen Moçambique und Angola in Besitz nehmen. Das Außenministerium gab bereitwillig seine Zustimmung. Im Sommer 1889, als Rhodes Harry Johnstons Idee der »roten Trasse«[10] vom Kap bis nach Kairo aufgriff – das Reich der Handelsgesellschaft sollte mit Makkinnons Reich in Uganda und am oberen Nil verbunden werden –, schien die Verwirklichung dieses Traums zum Greifen nahe. Und natürlich erklärte Rhodes sich bereit, den Reichtum Kimberleys und des Rand in seinen Kreuzzug für die »rote Trasse« zu investieren.

* * *

In Lobengulas großem Kral in Bulawayo rief die Erwähnung von Rhodes und seinen Partnern in diesem Sommer nur Argwohn hervor. Der Widerstand gegen die Rudd-Konzession wuchs, denn der König hatte sein Land für nicht mehr als ein paar hundert Pfund verkauft. Aber als Leutnant Maund mit den beiden *indunas* aus London zurückkehrte, hatten er und seine Arbeitgeber bereits die Seiten gewechselt. Nun war die Rudd-Konzession kein Schwindel mehr, sondern die Legitimation für den Schutzbrief der Königin. Unglücklicherweise wurde jedoch in dem Brief, den Maund und seine Begleiter Lobengula aus London mitbrachten, eine andere Ansicht vertreten: »Ein König gibt einem Fremden einen Ochsen, nicht seine ganze Viehherde.«

Am 6. August wurde dem König diese Warnung übersetzt. Zunächst fühlte er sich bestätigt und geschmeichelt, und am 10. August diktierte er eine Antwort, die seine vollkommene Zustimmung ausdrückte: »Die Weißen belästigen mich dauernd wegen des Goldes. Wenn die Königin hört, daß ich das ganze Land hergegeben habe, so ist das nicht wahr.«[12] (Dieser Brief wurde von Rhodes' Bewunderer Sir Sidney Shippard mehrere Wochen lang zurückgehalten, so daß er in London erst eintraf, als der Schutzbrief bereits bewilligt war.) Ein zweiter warnender Brief von der *Aborigines Protection Society* in London wies Lobengula an, den Konzessionsjägern gegenüber »vorsichtig zu sein und hart zu bleiben«.

Ende August standen im Kral des Königs die Zeichen auf Sturm. Mshete, der eine seiner beiden Gesandten, hatte seine Rückkehr mit großen Mengen afrikanischen Biers gefeiert. Er behauptete, Königin Viktoria habe ihm geraten, Lobengula solle keinem weißen Mann erlauben, nach Gold zu graben. Daraufhin brach der Sturm los. Die meisten der *indunas* und praktisch alle Krieger sprachen sich jetzt vehement gegen die Konzessionen an Fremde aus. Um sich aus der Affäre zu ziehen, beschloß Lobengula, seinen wichtigsten *induna* Lotshe, der Gefallen an F. R. Thompson, einem Sethuana sprechenden Unterhändler aus Rudds Delegation, gefunden hatte und die Rudd-Konzession befürwortete, zum Sündenbock zu stempeln. Als sich Thompson am 10. September auf den Weg zurück nach Bulawayo machte, vernahm er die schrecklichen Neuigkeiten: Lotshe und sein ganzer Clan, etwa 300 Menschen, waren auf Befehl des Königs getötet worden. Jemand fügte bedeutungsvoll hinzu: »Das Töten von gestern ist noch nicht vorüber«.[11]

Schon seit Monaten hatte Thompson das Gefühl gehabt, auf einem Pulverfaß zu sitzen. Jetzt hatte er genug. Er schwang sich auf ein Pferd und ritt wie der Teufel Richtung Betschuanaland. Man fand ihn halb verdurstet nördlich von Shoshong. Er hatte das entscheidende Dokument – die von Lobengula unterzeichnete Konzession – in einem Melonenfeld vergraben. Rhodes mußte all seine Überzeugungskraft aufbieten, um den armen Kerl zu überreden, nach Bulawayo zurückzukehren und sich zu verhalten, als sei nichts geschehen. So kehrte Thompson also im Oktober zurück, begleitet von Dr. Jameson, Rhodes' engstem Vertrauten. Ihre Aufgabe war es, den weißen Pöbel durch Bestechungsgelder auf ihre Seite zu bringen und dem König Vertrauen einzuflößen. Das Dokument wurde wieder ausgegraben. Anschließend brachten Thompson und Jameson dem weißen Pöbel seine Lektion bei: Was ihre Feinde über die Konzession sagten, seien alles Lügen; sie wollten nichts weiter als nach Gold graben, und zwar nur zehn Mann auf einmal. Niemand wolle ihm Land wegnehmen. Bald begann ein Chor von weißem Gesindel, Thompsons Worte nachzubeten.

Lobengula wußte nicht, daß die Königin, die ihn doch davor gewarnt hatte, sein Land herzugeben, durch ihren Schutzbrief genau dies getan hatte. Allerdings war er nicht so dumm, sich durch die Sirenengesänge des weißen Pöbels einlullen zu lassen. »Tomoson (sic) hat eure Stimmen geölt«, stellte er fest. »Alle Weißen sind Lügner, Tomoson, Sie haben am wenigsten gelogen.«[12]

Erst im November 1889 brachte Moffat den Mut auf, dem König mitzuteilen, daß die Queen einen Monat zuvor den Schutzbrief ausgestellt hatte. Es folgte ein zweiter Brief des Kolonialministers Ihrer Majestät, den eine Sonderdelegation von fünf Offizieren und Soldaten der königlichen Leibwache nach Bulawayo brachten. Lobengula war zwar beeindruckt von ihren roten Röcken und den glänzenden Brustpanzern, nicht aber von dem Brief. Er sagte ihnen, daß »die Briefe der Königin von Rhodes diktiert worden sind [und] daß sie, die Königin, ihm nie wieder einen solchen Brief schreiben soll.«[13] Moffat wagte nicht, einzugestehen, daß er jetzt der offizielle Vertreter in Bulawayo war, ernannt von der Königin, aber bezahlt von der Handelsgesellschaft.

Je näher die Ankunft des Trecks rückte, desto mehr verstärkte Dr. Jameson seine Bemühungen, das Vertrauen Lobengulas zu gewinnen. Der König litt an Gicht, und Jameson beschaffte ihm Morphium. Obwohl sein Argwohn nicht geschwunden war, erteilte Lobengula als Gegenleistung widerwillig die Erlaubnis für den Bau einer neuen Straße in den Osten von Bulawayo. Um seine Ablehnung des Schutzbriefes zu bekräftigen, weigerte er sich immer noch, die Verteilung der 1000 Martini-Gewehre anzuordnen, die Monate zuvor in Planwagen herbeigeschafft worden waren. Im April 1896 traf Selous, der berühmte Jäger, der Rhodes als Pfadfinder diente, in Bulawayo ein.

Lobengula wußte keinen Ausweg mehr. Die kleine Truppe Jamesons, der mit Morphium zurückgekehrt war, konnte er leicht vernichten. Aber er kannte Cetshwayos Schicksal. Die Europäer waren unbesiegbar. Seine Taktik konnte nur darin bestehen, Zeit zu gewinnen. Die jungen Krieger brannten darauf, gegen die Weißen zu kämpfen. Er erklärte ihnen, sie würden bald Gelegenheit dazu erhalten, dann wies er sie an, nach Hause zu gehen und auf seine Befehle zu warten.

Im Vergleich zu anderen kolonialistischen Expeditionen stellte der Zug des Trecks nicht gerade ein aufregendes Abenteuer dar, was die Siedler jedoch keineswegs bedauerten. Ihnen mußte es wie ein Wunder erscheinen, daß alles so glatt gegangen war.

Rhodes hatte von Anfang an erkannt, daß es auf Schnelligkeit ankam. Alles andere mußte zurückstehen – sogar der gesunde Menschenverstand und die Diplomatie. Die Handelsgesellschaft mußte unverzüglich in Mashonaland Fuß fassen, bevor ihnen die Buren oder die Portugiesen zuvorkamen. Ursprünglich hatte Rhodes vorgehabt, die Maske an Ort und Stelle fallen zu lassen und Lobengula kaltblütig anzugreifen. Erstaunlicherweise stimmten seine Berater mit ihm überein: Jameson, Moffat und sogar Helm, der Missionar. Im Dezember 1889 wurde ein Geheimvertrag mit dem jungen Frank Johnson unterzeichnet. Für 150 000 Pfund und 500 000 Quadratkilometer Land verpflichtete sich dieser, eine Armee von 500 Kolonialisten zusammenzuziehen, die Ndebele zu besiegen und Lobengula tot oder lebendig auszuliefern. Vielleicht war es ein Glück für alle, daß einer der Verschwörer in betrunkenem Zustand den Plan ausplauderte und die Nachricht dem neuen Hochkommissar Sir Henry Loch vorzeitig zu Ohren kam. Bei einer Unterredung schob Rhodes die Verantwortung auf Johnson und log sich erfolgreich aus der Affäre.

Anfang Juli 1890 errichtete die Truppe ein Fort bei Tuli, und dann begann der Vorstoß. Von den Ngwato-Arbeitern ließ man zwei Schneisen für die Wagen durch den Busch schlagen. Die Soldaten, die auf dieser Doppelspur ritten und marschierten, schwitzten in der Wintersonne. Jede Nacht legten sie den Pferden Fußfesseln an und bildeten mit den Wagen ein *laager*. Außerhalb des Lagers brachten sie zur Warnung an die Ndebele Dynamitladungen zur Explosion. Lobengula schickte allerdings nur Patrouillen, die den Treck beobachteten und nicht weiter eingriffen. Am 1. August erreichten sie Lundi, das südlich der Bergkette liegt, welche den Busch von der Hochebene des Mashonalands trennt. Selous erklomm durch den Busch die Kuppe und sah mit Erleichterung vor sich das offene *veld*. Er hatte den Paß gefunden, der später *Providential Pass* genannt werden würde.

Je weiter die Männer nach Mashonaland vordrangen, desto geringer wurde ihre Furcht vor Angriffen. Am 12. September erreichten sie ihr endgültiges Ziel in der Nähe des Mount Hampden, welches nach dem Premierminister Fort Salisbury genannt wurde. Am folgenden Tag hielten sie eine Parade in voller Uniform ab, und auf dem höchsten Baum im Umkreis wurde der Union Jack angebracht. Dann proklamierte man feierlich die Annexion von Mashonaland durch das Britische Empire – ein Akt der Großmannssucht, der jeder gesetzlichen Grundlage entbehrte. Nach drei Hochrufen auf die Königin wurden die Männer entlassen, und innerhalb weniger Tage hatte sich die Truppe aufgelöst. Frank Johnson erhielt die ihm zustehenden 87 000 Pfund, und die Pioniere zerstreuten sich, um ihre Claims für Goldminen und Farmen abzustecken.

Da Lobengula einen kühlen Kopf und sein Volk unter Kontrolle behielt, war die Eroberung ein Spaziergang. Mit einem Handstreich hatten Rhodes' Freibeuter die Grenzen der Kapkolonie und des Empire 450 Kilometer näher an den Äquator vorgeschoben. Natürlich war dieser Erfolg nicht nur von der Zurückhaltung eines einzigen afrikanischen Königs abhängig gewesen. Er war möglich geworden, weil zwei alte Rivalen Hand in Hand gearbeitet hatten: Von der Kolonie kamen Geld und Initiative, vom Empire Fingerspitzengefühl und Diplomatie. Ohne Hilfe von »Großmama« wären die Pioniere wahrscheinlich in die Flucht geschlagen worden. Und ohne die Pioniere hätte »Großmama« tatenlos zusehen müssen, wie Kruger Lobengula das Land abnahm.

Nun war es an der Handelsgesellschaft, ihre Versprechen gegenüber den Leuten, auf die es ankam, einzulösen: den Investoren, die Rhodes' Gesellschaft eine Million Pfund zur Verfügung gestellt hatten, der britischen Regierung und den verschiedenen anderen Gruppierungen, die das Unternehmen unterstützt hatten, von Afrikaandern bis hin zu britischen Missionaren.

Wo aber war dieser zweite Rand, von dem alles abhing? Als die erste Trockenzeit in dem neuen Territorium zu Ende ging, war die Handelsgesellschaft der Antwort auf diese Frage noch kein Stück nähergekommen, und unangenehme Befürchtungen begannen sich unter den etwa 1000 weißen Einwanderern breitzumachen: Hatte man vielleicht nicht nur Lobengula, sondern auch sie betrogen?

Als hätte Lobengula sie heraufbeschworen, wollten die Sommerregen in diesem Jahr 1890 nicht mehr aufhören, und schon bald hatten sich die staubigen Wagenspuren in Schlammflüsse verwandelt. An Weihnachten waren die Pioniere im Land eingeschlossen. Sie lebten wie die Eingeborenen in Hütten aus Lehm und Gras. Bis zum Ende der Regenfälle konnten keine neuen Vorräte herbeigeschafft werden – weder Äxte noch Schaufeln, kein Salz, kein Zucker, keine Kerzen. Stiefel vermoderten. Die

Malaria breitete sich mit rasender Geschwindigkeit aus. Es gab kaum medizinische Versorgung und kein Krankenhaus. Als die zweite Trockenzeit begann, schöpften die Männer wieder Hoffnung. Die ersten Frauen trafen ein – Nonnen für ein Hospital und Prostituierte. Aber es war immer noch kein Gold gefunden worden, das den fünfzehn Claims, die jedes Mitglied der Truppe als Bezahlung erhalten hatte, überhaupt erst einen Wert verliehen hätte.

Im August 1891 erschien erstmals ein Direktor der Handelsgesellschaft: Alfred Beit, der schrulligste und reichste der Diamanten- und Goldmagnaten. Man benötigte keinen besonderen Scharfsinn, um zu erkennen, daß die Handelsgesellschaft auf den Bankrott zusteuerte. Später im Jahr machte sich auch Rhodes von Beira aus auf den steinigen Weg. Die Hälfte der Million, die von den Aktionären aufgebracht worden war, war bereits ausgegeben. Zu allem Überfluß wurde im Dezember 1891 bekannt, daß die Rudd-Konzession gar nicht der Handelsgesellschaft gehörte, sondern der *Central Search*, die immer noch von Rhodes und seinen engsten Mitarbeitern kontrolliert wurde. Jetzt war die verarmte Handelsgesellschaft gezwungen, der *Central Search* die Rudd-Konzession abzukaufen.

Immer noch aber wußten die Zeitungen von dem märchenhaften Reichtum Mashonalands zu berichten – besonders jene, deren Herausgeber von Rhodes bezahlt wurden.

Sein Zugeständnis an die verschreckten Aktionäre war eine rücksichtslose Sparpolitik im Polizeiwesen. Bis Weihnachten 1892 hatte er die Zahl der Polizisten in Rhodesien von 650 auf 150 reduziert – was die Pioniere aufbrachte. Rhodes behauptete, die Ndebele würden als Krieger überschätzt, und die Shona begrüßten angeblich die weißen Einwanderer als ein Schutzschild gegen die Überfälle der Ndebele.

Beide Behauptungen, das sollte sich binnen kürzester Zeit herausstellen, waren gleichermaßen töricht. Aber Europa beschäftigte sich zu diesem Zeitpunkt vor allem mit der Frage, wie lange der großsprecherische Rhodes noch durchhalten konnte, bevor er zugeben mußte, daß die Regierung seiner Kolonie vor dem Bankrott stand.

KAPITEL 22

Das höhnische Lächeln Msiris

Brüssel und Katanga
19. April 1890 – Oktober 1892

»Ich bin hier der Herr, und solange ich lebe, wird das Königreich
Garanganja [Katanga] keinen anderen Herrn haben außer mir.«

Msiri zu den britischen Missionaren in Bunkeya, 1890

E s war am Samstag, dem 19. April 1890, zwei Monate bevor Rhodes'
Pioniere sich plantschend ihren Weg durch den Motloutsi-Fluß bahn-
ten. Der schwere Duft tropischer Orchideen hing in der bewegungslosen
Luft der riesigen Gewächshäuser im Park von Schloß Laeken.

An jenem Samstag bereitete die Lektüre der *Times* dem König der
Belgier keine Freude. Stanleys jüngste Expedition nach Zentralafrika
hatte mit einer Farce geendet. Emin hätte als zweiter Gordon eine letzte
Bastion der Zivilisation gegen den Mahdi verteidigen sollen; und Stan-
ley hätte Emin überreden sollen, für den Kongostaat zu arbeiten, um
Leopold den Weg zum Nil zu ebnen! Aber kaum hatte ihn Stanley im
Dezember 1889 in Sicherheit gebracht, da fiel Emin auf den Kopf und
beschloß für die Deutschen zu arbeiten! Damit war eine völlig neue
Situation entstanden. Doch obwohl es Stanley nicht gelungen war,
Emin für seine Pläne zu gewinnen, konnte sich der König immer noch
Emins Anhänger in Äquatoria dienstbar machen, und dafür brauchte er
Stanley nach wie vor.

Als Stanley an diesem Samstag mit einem Sonderzug im Brüsseler
Gare du Midi eintraf, wurde er von einer Ehrengarde willkommen
geheißen; und es stand auch schon die königliche Kutsche bereit, die ihn
geradewegs zum königlichen Schloß brachte, vorbei an den jubelnden
Menschen, die die Straßen säumten. Er wurde in den rot-goldenen
Prachtgemächern untergebracht, die sonst für Könige und Kaiser reser-
viert waren. Sein Dienstherr würde ihn begrüßen, sobald er von Schloß
Laeken eingetroffen war.

Stanley war bereits brieflich vorgewarnt worden, daß der König ihn mit einem »wichtigen Unternehmen«[1] zu betrauen gedachte, und er fragte sich, was er davon halten sollte. Er war immer noch wie benommen nach all den Strapazen der letzten drei Jahre: der Katastrophe mit der Nachhutkolonne, den drei grauenhaften Gewaltmärschen durch den Regenwald, dem Aufstand von Emins Leuten.

Jetzt in Brüssel wunderte er sich maßlos über die Menschenmengen, die ihn feierten. Bei seinem letzten Aufenthalt dort im Jahre 1887 hatte man die afrikanischen Pläne des Königs noch für reichlich verrückt gehalten. Doch heute kannte die Begeisterung keine Grenzen. Zu Ehren des Forschers wurden prachtvolle Empfänge veranstaltet. Wie auf einem Nadelkissen prangten die Orden auf seiner Brust: Gold- und Silbermedaillen von Brüssel und Antwerpen, der Leopoldorden, das neu geschaffene Große Kreuz des Kongo und so weiter. Der König sonnte sich in Stanleys Ruhm, und Stanley war überwältigt. Deshalb hegte er auch keinen Groll mehr gegen Leopold, der vor seiner Abreise so übel mit ihm umgesprungen war.

Die Gespräche der beiden drehten sich zunächst um den erstaunlichen Umschwung der öffentlichen Meinung über Zentralafrika. Leopold meinte, dies sei Stanley zu verdanken, der mit seinen großen Entdeckungen in der Presse viel Aufsehen erregt hatte. Dies hatte auch zum Aufschwung des belgischen Unternehmens beigetragen, das den Bau der Eisenbahn zum Stanley Pool betrieb. Es waren bereits viele Aktien gezeichnet, und Leopolds Traum sollte bald Wirklichkeit werden. In der Zwischenzeit brauchte der König im Hinblick auf drei heikle Fragen Stanleys Rat: Es ging ihm zum einen darum, dem arabischen Sklavenhandel an den Stanley-Fällen Einhalt zu gebieten; zum zweiten wollte er die Grenze zum Gebiet von Mackinnons *Imperial British East Africa Company* ostwärts bis zum Albert-See vorschieben; und drittens beabsichtigte er, seinen Machtbereich nach Nordosten auszuweiten, indem er an der Grenze zum französischen Territorium eine Niederlassung gründete.

Stanley war bereit, ihn bei den Verhandlungen mit Mackinnon zu unterstützen. Was den Vorstoß zur französischen Grenze betraf, so warnte er Leopold vor den Kosten, die ein Versuch, neue Gebiete zu erobern, mit sich bringen würde. Ein ergebnisloser Vorstoß nach Nordosten konnte an die 80 000 Pfund kosten. Und für den Eisenbahnbau wurde jeder Pfennig gebraucht. Von höchster Dringlichkeit war es auch,

453

die Zusammenarbeit mit den arabischen Sklavenhändlern im Herzen des Ostkongo zu beenden. Dazu war Stanley gerne bereit, denn er hatte es Tippu Tip nicht verziehen, daß dieser es versäumt hatte, die Nachhutkolonne mit Trägern zu versorgen. Die Macht dieser »Piraten« und ihres Staats im Staate war nur durch einen Feldzug mit 2000 Mann zu brechen. Stanley empfahl für diesen Zweck die Kannibalen des Manyema-Gebiets als hervorragende Kämpfer. Doch worin bestand jenes »wichtige Unternehmen«, für das der König Stanley nach Brüssel geholt hatte?

»Tja, ich habe mir die Idee lange durch den Kopf gehen lassen«, meinte der König, »und ich habe diese Mission als *bonne-bouche* für *Sie* aufbewahrt, weil es nur einen *Stanley* gibt – den *Großen Forscher* – den *Gründer des Kongostaats*. Nun, was halten Sie davon, Khartum einzunehmen? Das ist Ihre nächste Mission.«[2]

Am 26. April 1890 wurde Stanley bei seiner Ankunft in London abermals von jubelnden Menschenmengen begrüßt. Er war immer noch ganz benommen von Leopolds abenteuerlichem Vorschlag, die Truppen des Mahdi mit Hilfe von 20 000 kongolesischen Kannibalen zu vernichten. Kein Wunder, daß man den König ursprünglich als Verrückten abgeschrieben hatte. Erstens würde man mindestens vier Jahre brauchen, um eine disziplinierte Armee von kongolesischen Wilden zu schaffen, und in der Zwischenzeit würden die meisten ihrer europäischen Offiziere am tropischen Fieber sterben. Zweitens war zu bedenken, wie die Briten und Franzosen auf Leopolds Plan, den Sudan zu erobern, reagieren würden! Stanley lief es kalt den Rücken herunter, wenn er an die drohenden diplomatischen Verwicklungen dachte. Doch schon bald beschäftigten ihn andere, erfreulichere Zukunftspläne, und Leopolds Hirngespinste waren vergessen.

Das Glück lächelte Stanley so strahlend wie die afrikanische Mittagssonne. Winkende Menschen säumten die Straßen, als er vom Charing-Cross-Bahnhof nach Piccadilly fuhr: er, der berühmteste Forscher seiner Zeit! Zweimal war er mit dem goldenen Orden der Royal Geographical Society ausgezeichnet worden (von den Leuten, die ihn einst einen Hochstapler genannt hatten). Königin Viktoria hatte ihn empfangen. Und drei Wochen nach seiner Ankunft war er mit der Frau verlobt, die ihn vor Jahren abgewiesen hatte: mit der schönen Malerin Dolly Tennant. Durch die Ehe fand Stanleys Odyssee ein glückliches Ende, auch wenn die Rachegöttinnen immer noch in nächster Nähe lauerten. Im Herbst 1890 entbrannte in der Weltpresse eine Debatte um das Schicksal der Nachhutkolonne, und diese Kontroverse sollte Stanley bis zu seinem Tode im Jahre 1904 verfolgen.

Unterdessen ließ sich Leopold durch Stanleys praktische Einwände keineswegs von seinem Traum abbringen, den Nil zu erobern. Er hatte stets das Unmögliche versucht, und es auf diese Weise tatsächlich geschafft, den Löwenanteil Zentralafrikas den Großmächten vor der Nase wegzuschnappen. Im Laufe der Zeit reiften Pläne für Expeditionen zum Nil, die zwar noch weitreichender, aber nicht ganz so phantastisch waren wie die Idee, Kannibalen nach Khartum zu entsenden. Doch er mußte Stanley recht geben: die Finanzierung des Kongo-Freistaats in seinen existierenden Grenzen hatte höchste Priorität; an zweiter Stelle stand die Beendigung der Zusammenarbeit mit den arabischen Sklavenhändlern, durch die der zivilisatorische Anspruch ad absurdum geführt wurde. Diese beiden Probleme waren eng miteinander verknüpft, und der Schlüssel zur Lösung für beide, das war Leopold klar, war die Konferenz gegen den Sklavenhandel, die im Frühjahr 1890 in Brüssel stattfinden sollte.

Zwei Jahre zuvor, im Juli 1888, hatte der exzentrische Kirchenfürst Kardinal Lavigerie von der Kanzel der Kirche Saint Sulpice in Paris zum internationalen Kreuzzug gegen den Sklavenhandel aufgerufen. Seine Predigt fand in ganz Europa Widerhall. In London war er bei der Anti-Slavery Society zu Gast, wo er der Verdienste Livingstones gedachte. Er bat um Spenden, die es ermöglichen sollten, fünfhundert Freiwillige – einen neuen Ritterorden – zur Bekämpfung des Übels zu entsenden. In Belgien erinnerte er seine Zuhörer an das Gleichnis vom Weizen und vom Unkraut, wobei er Leopold als guten Sämann und den Islam als bösen Feind hinstellte. Die Belgier, denen der Kongo gleichgültig war, sah er als schlafende Knechte.

Leopold fand Lavigeries Ideen utopisch, und sein Lob brachte ihn in Verlegenheit. Es war zwar angenehm, als guter Sämann dargestellt zu werden, doch der König befürchtete, daß ein Kreuzzug der Großmächte an den Tag bringen würde, wie es unter Leopolds Herrschaft im Kongo wirklich aussah. Alarmierend wirkte auf ihn auch die Nachricht, daß der Kardinal bereits viel Geld gesammelt hatte. Leopold beschloß, die Mittel zu »absorbieren«, indem er dem Kardinal vorschlug, ein Dampfschiff für den Tanganjika-See zu finanzieren, um »den Kardinal nicht der Versuchung auszusetzen, das Geld anderweitig zu verwenden«.[3] Wie üblich zielte der König nicht darauf ab, eine Bedrohung abzuwehren, sondern sie zu seinem Vorteil umzulenken.

Leopolds Chance kam im folgenden Jahr, im November 1889, nachdem Lord Salisbury vorgeschlagen hatte, in Brüssel eine Konferenz gegen den Sklavenhandel einzuberufen. Seit geraumer Zeit bemühte man sich im Außenministerium, massiver gegen die Sklavenhändler vorzugehen. Bismarck, damals noch im Amt, unterstützte Salisburys Vorschlag. Seit dem Abushiri-Aufstand in Ostafrika hatte der Reichskanzler begriffen, daß der Reichstag am ehesten bereit sein würde, einen Kolonialkrieg zu finanzieren, wenn man ihn als Krieg gegen den Sklavenhandel deklarierte.

Inzwischen waren in Frankreich, Belgien, Holland, Italien und Spanien Komitees gegen den Sklavenhandel entstanden. Obwohl unpassenderweise die Türkei teilnahm, wo die Sklaverei (nicht aber der Sklavenhandel) erlaubt war, wurde die Brüsseler Konferenz, die Leopold im November 1889 eröffnete, weltweit begrüßt. Die *Times* sprach von einem Meilenstein in der internationalen Zusammenarbeit.

Der König selbst verfolgte das Ziel, mit Hilfe der Konferenz den Kongo zu retten und den eigenen Bankrott noch einmal abzuwenden. In den vergangenen Jahren hatte der Kongo-Freistaat Leopolds gewaltiges Vermögen beinahe aufgezehrt. Für eine Privatperson, mochte es auch der reichste Mann Europas sein, war es ein allzu verwegenes Unterfangen, die Entwicklung eines ganzen Staates zu finanzieren – denn schließlich galt es, Straßen und Brücken, Häfen, Eisenbahnen und Städte zu bauen und dazu noch für Recht und Ordnung zu sorgen. Zwölf Jahre nachdem der König Stanley beauftragt hatte, den Kongo zu erschließen, verloren Leopolds Bankiers allmählich die Geduld. Der Kongostaat wies ein jährliches Defizit von rund drei Millionen Francs auf. Die gesamten Einnahmen des Staates entsprachen dem Gewinn einer kleinen Fabrik in Europa; sie lagen bei 300 000 Francs pro Jahr, die durch den fünfzehnprozentigen Zoll auf den Export von Elfenbein, Gummi, Palmöl und dergleichen erzielt wurden. Schon um dieses gewaltige Defizit zu finanzieren – ganz zu schweigen von den immensen Aufwendungen für neue Eroberungen – mußte Leopold sehr viel Geld aufbringen, und zwar entweder in Form von Steuern oder als Darlehen. Neue Steuern hieß neue Importzölle. Doch die Berliner Konferenz hatte ihm ein Hindernis in den Weg gelegt, denn für das gesamte »konventionelle« Kongobecken war der

Freihandel festgeschrieben worden. Dies war die bekannteste Klausel der Kongo-Akte des Jahres 1885. Dadurch wurde zwar Leopolds Recht, seine eigenen Exporte zu besteuern, nicht beeinträchtigt, doch Europa konnte ungehindert Industriegüter in den Kongo verkaufen, ohne daß Leopold Zölle darauf erheben durfte.

1889 war die *Compagnie du Chemin de Fer* mit Hilfe eines 10-Millionen-Francs-Kredits der belgischen Regierung gegründet worden. Doch die Fertigstellung der Eisenbahn war erst für das Jahr 1894 geplant (tatsächlich wurde der Bau erst 1898 vollendet). In der Zwischenzeit wuchs der Schuldenberg des Kongo-Freistaats und damit des Königs – eine Entwicklung, die der Hof und Leopolds Familie mit Sorge beobachteten.

Die Konferenz zur Abschaffung der Sklaverei zog sich nun schon über sechs Monate hin. Sie hatte zutage gebracht, daß die britische Marine nicht in der Lage war, die Sklavenschiffe vor den Buchten und Hafeneinfahrten des Roten Meeres aufzuhalten. Das Problem mußte also an der Wurzel angepackt werden. Und das bedeutete, wie Sir John Kirk, der ehemalige Konsul von Sansibar, es formulierte, nicht nur einen großen Kreuzzug, sondern die Einrichtung einer »guten Regierung«.

Am 10. Mai, zwei Wochen nach Stanleys Ankunft in Brüssel, griff Leopold mit einem aufsehenerregenden Angebot in das Geschehen ein. Durch den belgischen Außenminister ließ der König erklären, der Kongo-Freistaat werde sich mit allen Kräften hinter den edlen Kreuzzug gegen die Sklaverei stellen. Allerdings fehlten dem Kongo die dazu erforderlichen Mittel. Deshalb sollte die Freihandelsklausel in der Berliner Kongo-Akte durch die fünfzehn Unterzeichnerstaaten revidiert werden, um es dem König zu ermöglichen, seinen Kreuzzug gegen die Sklavenhändler mit einem zehnprozentigen Zoll auf alle ausländischen Waren zu finanzieren.

Die Delegierten aus den Vereinigten Staaten und den Niederlanden waren wie vor den Kopf gestoßen. Das »konventionelle« Kongobecken erstreckte sich von der Westküste Afrikas bis nach Sansibar. Es handelte sich also um ein riesiges Gebiet, in dem die Händler ihrer Länder von nun an Zölle zu entrichten hätten, und Leopold hätte auf diese Weise das Monopol für den Kongohandel in der Tasche. Sie wandten ein, die Freihandelsklausel sei der zentrale Punkt der Kongo-Akte. Der Leiter der amerikanischen Delegation, General Sanford, fühlte sich von Leopold hinters Licht geführt; schließlich hatte er die amerikanische Regierung überredet, 1884 als erste Macht den Kongostaat anzuerkennen und die Kongo-Akte zu unterzeichnen (obwohl die USA den Vertrag nie ratifiziert hatten). Sanford betonte nun, daß die Anerkennung von der Zusicherung des Freihandels abhängig gewesen sei.

Doch der Widerstand der Amerikaner und Niederländer bewirkte nur, daß die Unterstützung für Leopolds Engagement im Interesse der Menschlichkeit weiter wuchs. Mit seinen hochgesteckten Zielen und seinen geringen Mitteln gewann er die Herzen der Delegierten.

Am 2. Juli kam in Brüssel eine neue Kongo-Akte auf den Verhandlungstisch. Sie umfaßte einhundert Artikel, die zum Großteil entweder in den Ausschüssen verwässert worden waren oder sich später in der Praxis als unwirksam erweisen sollten. Alle außer den Niederländern waren bereit, das Abkommen zu unterzeichnen. Wesentlich bedeutsamer war eine gesonderte Erklärung, die den entscheidenden zehnprozentigen Zoll auf Importe vorsah. Diese Erklärung unterzeichneten alle Staaten außer den USA und den Niederlanden. Doch Leopold konnte sie bald zwingen, Farbe zu bekennen; beide Länder unterwarfen sich dem Einfuhrzoll.

Leopolds diplomatischer Erfolg zog wenige Tage später einen nicht weniger dramatischen Erfolg im belgischen Parlament nach sich. Ein Jahr zuvor hatte der König dem Ministerpräsidenten Beernaert das geheime Angebot unterbreitet, Belgien könne zur gegebenen Zeit den Kongostaat übernehmen. Er werde ihn in seinem Testament nur allzu gerne seinem Lande überlassen. Als Gegenleistung forderte er die lächerliche Summe von 25 Millionen Francs als zinsloses Darlehen, um die Entwicklung des Landes zu finanzieren. Im August 1889 schien das noch ein Griff nach den Sternen. Doch im Juli 1890 wirkte der Vorschlag plötzlich realistisch. Der Kreuzzug des Kardinals, Stanleys Ruhm, der Triumph des Königs bei der Konferenz zur Abschaffung der Sklaverei – alles sprach dafür.

Im Parlament wurde die Vorlage praktisch widerspruchslos gebilligt. Für den Augenblick waren die Geldsorgen des Königs behoben. Doch er hatte sich lediglich eine Atempause verschafft. Der Eisenbahnbau würde noch Jahre dauern.

In der Zwischenzeit brauchte der Kongo jeden Franc, der sich aus dem Elfenbein- und dem Gummihandel sowie anderen einträglichen Geschäften herauspressen ließ.

Fast jeder Spieler, der vor dem Bankrott steht und dem Freunde aus der Patsche helfen, würde sich verpflichtet fühlen, die nächsten Schritte mit Bedacht zu planen. Dieser Gedanke kam Leopold nicht in den Sinn. Wenige Wochen nachdem er die Zusage für den Kredit über 25 Millionen Francs erhalten hatte, beschloß er, eine ganze Reihe neuer Expeditionen zu entsenden, um das Gebiet des Kongostaats zu vergrößern. Die erste sollte die entlegene Hochebene von Katanga im Südosten erforschen – ein Territorium, auf das Leopold Anspruch erhob. Seit den Tagen Livingstones war viel vom legendären Reichtum Katangas die Rede. Eine Monatsreise westlich von Kazembe, so hatte man Livingstone erzählt, lagen die großen Bergwerke, wo die Menschen das Metall zu Barren von gediegenem Kupfer schmolzen, die so schwer waren, daß ein Mann sie gerade noch hochheben konnte. Cameron berichtete, er habe Männer und Frauen mit Kupferkreuzen gesehen, die in Katanga Geldwert hatten. Außerdem hatte er gehört, daß sich aus dem Kupfer, das die Portugiesen in Benguela feinten, Gold gewinnen ließ. Gold stand bei den Afrikanern nicht hoch im Kurs, da sie das »rote Kupfer« höher schätzten als das »weiße«.[4]

1883 waren zwei unerschrockene Forscher, die Deutschen Paul Reichard und Richard Böhm, über Angola in dieses geheimnisvolle Land vorgedrungen. Ihnen war es nicht sonderlich einladend erschienen. Tatsächlich wurden von dort Kupfer, Elfenbein, Salz und Sklaven ausgeführt, und im Gegenzug fanden europäische Gewehre und Schießpulver reißenden Absatz. Doch die importierten Gewehre befanden sich – wie die für den Export bestimmten Sklaven und alles andere in Katanga – in der eisernen Hand eines afrikanischen Kriegsherrn namens Msiri. Msiri hatte die Angewohnheit, seine europäischen Gäste mit einer reichen Sammlung menschlicher Schädel zu beeindrucken, die auf Bäumen neben seiner Hütte »wie Hüte am Haken« hingen. Die deutschen Forscher zogen es vor, sich nicht länger in Katanga aufzuhalten. Ihnen folgten unerschrockene britische Missionare, die Plymouth Brethren, denen es gelang, in Bunkeya, Msiris barbarischer Hauptstadt, Fuß zu fassen. Natürlich sahen sie es als ihre Aufgabe, Seelen zu retten, und es lag ihnen fern, sich in die Politik einzumischen.

Aus zwei Gründen beschloß Leopold 1890, Msiris Reich im Handstreich zu erobern. Zum ersten wollte er die Goldvorkommen ausbeuten, die er dort vermutete. Goldfunde würden die Spötter zum Schweigen bringen und die Zahlungsfähigkeit des Kongo wiederherstellen. Der zweite Grund war, daß er dem von Cecil Rhodes und der *Chartered Company* geplanten Vorstoß zuvorkommen wollte.

Aus der *Times* wußte Leopold, daß Frederick Arnot, der erste aus Katanga heimgekehrte britische Missionar, die Aufmerksamkeit der Philanthropen auf das Land gelenkt hatte. Hier gab es Seelen zu retten, behauptete er. Und rein zufällig gab es dort auch immense Kupfervorkommen, weshalb sich nicht nur Philanthropen angesprochen fühlten. 1889 beauftragte Rhodes Joseph Thomson, den Erforscher von Massailand, die Grenzen der *Chartered Company* nach Norden bis einschließlich Katanga zu verschieben. Ungeachtet der theoretischen Ansprüche Leopolds, die in der Kongo-Akte festgeschrieben waren, kam die *Times* 1889 zu dem Schluß, Katanga sei gegenwärtig ein Niemandsland in Zentralafrika, das für die Übernahme durch Cecil Rhodes' neue *Chartered Company* reif sei. Leopold sandte daraufhin eine Protestnote an das britische Außenministerium, wurde jedoch mit einem höflichen, aber nichtssagenden Antwortschreiben Andersons abgespeist.

Im August 1890 entschied Leopold, daß es höchste Zeit sei, die blaue Flagge des Freistaats über Katanga zu hissen, wenn er seine Ansprüche gegen Rhodes noch durchsetzen wollte. Zu diesem Zweck stellte er nicht weniger als vier Expeditionen auf die Beine. Während die erste von einem Vertreter des Kongostaats geleitet wurde, wurden die übrigen von Agenten der neuen Handelsgesellschaften angeführt, welche der König im Kongo gegründet hatte, um die Finanzierung der Entwicklung zu erleichtern. Mit der Leitung einer dieser drei Expeditionen wurde Stanleys Exleutnant William Grant Stairs betraut, der soeben von dem Unternehmen zur Rettung Emins zurückgekehrt war; und er war es, der den Vorstoß mit einer Aggressivität vorantrieb, die seines langjährigen Chefs würdig war. Doch der Wettlauf nach Katanga lenkte Leopold keineswegs von seiner fixen Idee ab, auch das Wettrennen zum Nil zu gewinnen.

Stanley war nach seiner Ankunft in London den Weisungen des Königs gefolgt und versuchte, mit Mackinnon neue Grenzen zwischen dem Kongostaat und der *Imperial British East Africa Company* auszuhandeln.

Damals bestand die Nordostgrenze des Kongo aus zwei geraden Linien, dem 4. Breitenkreis und dem 13. Längenkreis, und damit war das Land vom Flußlauf des Nil abgeschnitten. Stanley schlug den Briten nun

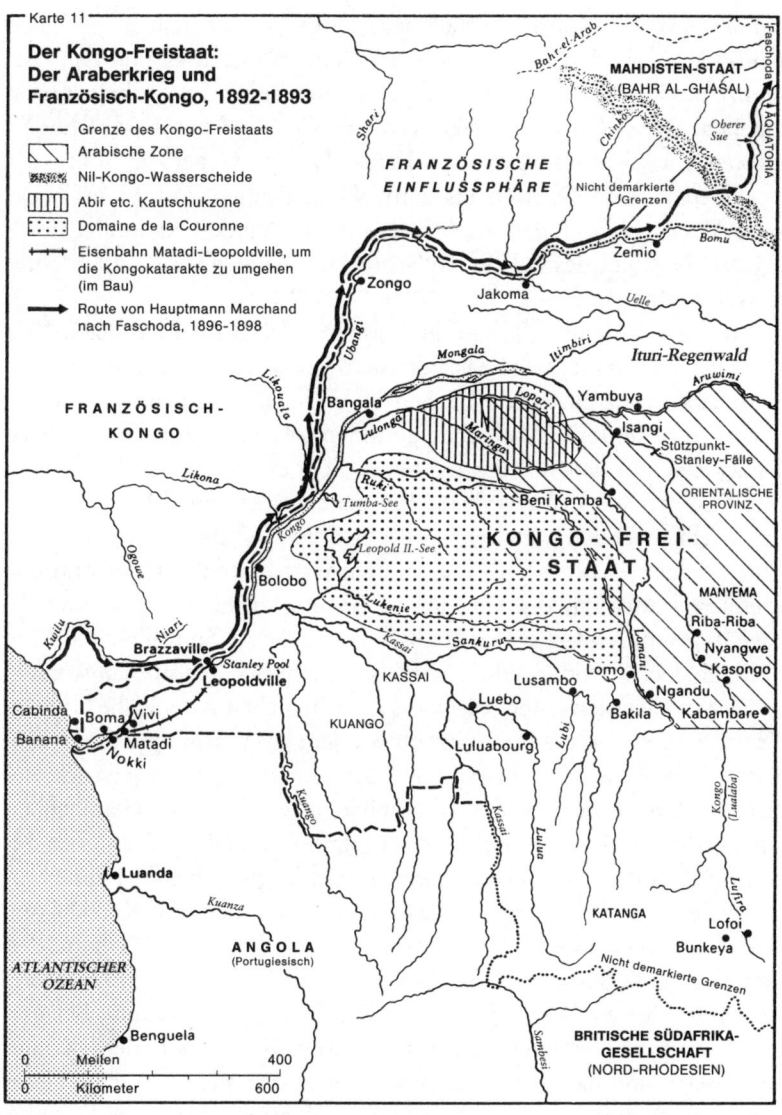

Karte 11

Der Kongo-Freistaat:
Der Araberkrieg und
Französisch-Kongo, 1892-1893

– – – Grenze des Kongo-Freistaats

Arabische Zone

Nil-Kongo-Wasserscheide

Abir etc. Kautschukzone

Domaine de la Couronne

Eisenbahn Matadi-Leopoldville, um
die Kongokatarakte zu umgehen
(im Bau)

Route von Hauptmann Marchand
nach Faschoda, 1896-1898

MAHDISTEN-STAAT
(BAHR AL-GHASAL)

Bahr-el-Arab

Shari

Chinko

Oberer
Sue

FRANZÖSISCHE
EINFLUSSPHÄRE

Nicht demarkierte
Grenzen

Bomu

Zemio

Uelle

Zongo

Jakoma

Ubangi

Likouala

Mongala

Itimbiri

Ituri-Regenwald

Bangala

Lopori

Yambuya

Aruwimi

FRANZÖSISCH-
KONGO

Lulonga

Maringa

Isangi

Stützpunkt-
Stanley-Fälle

Likona

Ruki

Beni Kamba

ORIENTALISCHE
PROVINZ

Tumba-See

KONGO-FREI-
STAAT

Oguwe

Kongo

Leopold II.-See

Bolobo

MANYEMA

Lukenie

Riba-Riba

Kwilu

Kassai

Sankuru

Lomani

Nyangwe

Brazzaville

Niari

Stanley Pool

Leopoldville

KASSAI

Lusambo

Lomo

Ngandu

Kasongo

Cabinda

Boma Vivi

Luebo

Bakila

Kabambare

Banana

Matadi

Nokki

KUANGO

Luluabourg

Lubi

Lulua

Kwango

Kwango

Kassai

Kongo
(Lualaba)

Lufira

Luanda

Kuanza

KATANGA

Lofoi

Bunkeya

ANGOLA
(Portugiesisch)

Nicht demarkierte Grenzen

ATLANTISCHER
OZEAN

Benguela

Sambesi

BRITISCHE SÜDAFRIKA-
GESELLSCHAFT
(NORD-RHODESIEN)

| 0 | Meilen | 400 |
| 0 | Kilometer | 600 |

ein verlockendes Tauschgeschäft vor: Leopold sei bereit, ihnen einen Korridor zu überlassen, der zwischen Deutsch-Ostafrika und der Ostgrenze des Kongos verlief, und zwar vom Tanganjika-See bis hinauf nach Uganda. Dieser Korridor stellte das fehlende Glied von Cecil Rhodes' »Roter Trasse« vom Kap nach Kairo dar. Im Gegenzug sollte der Kongostaat seine Grenzen bis zum Nil ausdehnen dürfen, und zwar vom Albert-See bis hinauf nach Lado, das dreihundert Kilometer nördlich am Westufer des Nils in Äquatoria lag, wo inzwischen die Mahdisten herrschten.

Am 18. Mai legte Mackinnon Salisbury diesen merkwürdigen Plan vor. Drei Tage später teilte Salisbury dem König mit, das Außenministerium habe »keine Einwände«[5] gegen die Vereinbarungen, die Seine Majestät mit Mackinnons Gesellschaft getroffen habe. Zufällig aber hatten die Deutschen, mit denen Salisbury gerade über die Beilegung der lästigen Streitigkeiten in Afrika verhandelte, gegen einen britischen Korridor etwas einzuwenden, ganz gleich ob er durch ihr eigenes Gebiet oder durch Belgisch-Kongo verlief. Daraufhin versicherte ihnen der britische Premierminister, daß der Mackinnon-»Vertrag« nicht allzu ernst zu nehmen sei; eine einfache Gesellschaft könne keine Souveränitätsrechte abtreten. Der Korridor würde niemals in Anspruch genommen werden.

Leopold ließ sich durch Salisburys Ansicht nicht aus der Ruhe bringen. Er war es gewohnt, unterschätzt zu werden; ja, er ermutigte dies sogar, indem er seine schwache Position als armer Philanthrop unterstrich, der von der Gnade der Großmächte abhängig war. In aller Heimlichkeit organisierte er im Sommer 1890 eine große Expedition, die über das Stromgebiet des Kongo hinaus weiter vordringen sollte. Ihr Führer war der siebenunddreißigjährige Kongoveteran Hauptmann van Kerckhoven. Am 3. Oktober 1890 brach Kerckhoven nach Boma auf. Er hatte den Auftrag, mit 500 Soldaten und 14 Offizieren des Freistaats in Äquatoria einzumarschieren. Dort sollte er den Aufständischen aus Emins belagerten Garnisonen erklären, die Briten hätten die Region dem Kongo überlassen, und die Männer in seine Dienste nehmen. Mit Hilfe dieser unsicheren Rekruten wollte Leopold die Mahdisten schlagen und schließlich doch noch die Hand nach dem Nil ausstrecken.

Während die rivalisierenden Expeditionen, zwei von der *Chartered Company* und vier vom Kongo-Freistaat, Richtung Katanga unterwegs waren, fragten sich die dortigen Missionare, wie sie ihr Neutralitätsversprechen halten sollten.

Im November 1890 waren bereits fünf Jahre vergangen, seit Fred Arnot in einer bescheidenen Holzhütte in Bunkeya, Msiris Hauptstadt, die Garenganze Evangelical Mission gegründet hatte. Arnot war ein Schotte, der bewußt in die Fußstapfen Livingstones trat. Ihm und den tapferen Brüdern, die ihm folgten, ging es natürlich nur darum, den armen, irregeleiteten Seelen in diesem Winkel des dunklen Kontinents zu helfen. Doch seltsamerweise war es ihnen in den fünf Jahren nicht gelungen, auch nur eine einzige Seele zu bekehren. Dennoch schien Bunkeya der ideale Ort, um das Wort Gottes zu verbreiten. Diese trockene, sandige Hochebene, wo Akazien wuchsen, Zebras weideten und Löwen auf die Jagd gingen, wies ein für Zentralafrika erfreulich gesundes Klima auf. Das flache Rückgrat des Kontinents, seine unsichtbare Wasserscheide, war nicht weit; hier vereinigten sich während der Regenzeit die Oberläufe von Kongo und Sambesi. Bunkeya war außerdem ein florierendes Handelszentrum: Afrikaner aus Tanganjika erwarben Eisen für Hacken; Araber aus Uganda kauften Kupfer und Salz; Mischlinge von der Westküste versorgten Msiri mit Gewehren und Schießpulver, die gegen Sklaven und Elfenbein eingetauscht wurden.

Msiri, den Bruder Arnot in London einmal diplomatisch als »echten Gentleman«[6] bezeichnet hatte, wirkte von seinem Äußeren her wie ein ehrwürdiger Häuptling: Er trug einen weißen Bart, war einen Meter achtzig groß und wog an die neunzig Kilo. Doch Arnot war schockiert über seine Grausamkeit gegenüber seinen Untertanen, denen aus den trivialsten Gründen eine Hand, ein Fuß oder ein Ohr abgehackt wurde – und gegenüber seinen Nachbarn, die er jagte und als Sklaven verkaufte. Andererseits war Msiri den Missionaren freundlich gesonnen. Er hörte ihnen höflich zu, selbst wenn sie ihn für seine Ungerechtigkeit tadelten, und er sorgte in jeder Hinsicht für ihr Wohlergehen. Kurz, er beherrschte die Rolle des freundlichen Gastgebers genausogut wie die des grausamen Tyrannen.

1888 hatte Arnot die lange, gefährliche Reise zur Westküste angetreten, um sich in England zu erholen, und Mitte November 1890 mußten seine Nachfolger in Bunkeya feststellen, daß sich die Beziehungen zu Msiri verschlechterten.

Auf dem Höhepunkt seiner Macht hatte dieser kriegerische und geschäftstüchtige Häuptling ein Gebiet von der Größe Großbritanniens beherrscht; sein Einflußbereich erstreckte sich vom Lualaba-Fluß ostwärts bis zum Luapula und zurück entlang der Kongo-Sambesi-Wasserscheide. Nun ging dem alten Mann das Schießpulver aus, und seine Untertanen, insbesondere der Stamm der Basanga, wurden rebellisch. Die Neutralität der Missionare wollte er in dieser Situation nicht mehr dulden. Warum waren sie überhaupt gekommen, wenn sie sich weigerten, ihm Schießpulver zu besorgen? Und die neuen englischen und schottischen Brüder zeigten ihrerseits weniger Bereitschaft, den Anblick der weißen Schädel vor Msiris Palast zu tolerieren.

Den klarsten Standpunkt vertrat in dieser Hinsicht Dan Crawford, ein neunzehnjähriger Schotte mit blauen Augen und braunem Bart. Über seine Berufung zum Missionar war er sich mit sechzehn Jahren klar geworden, und bald hatte er von den Lippen Fred Arnots den Ruf vernommen, das Wort Gottes zu den Stämmen jenseits des Lualaba zu tragen.

Als Crawford zum ersten Mal die verblichenen Schädel auf Msiris Palisade erblickte, sandte er ein Stoßgebet für Msiris Seele zum Himmel. Die günstigen Eigenschaften des Häuptlings, auf die Arnot so gerne hinwies, seine Großzügigkeit und seine gute Laune, waren in Crawfords Augen nur Verstellung. Crawford glaubte, daß sein Regime kurz vor dem Zusammenbruch stand. »Ich staune nur, wie das Königreich von Mushidi [Msiri] – das nichts anderes ist als ein ungeheuerliches Sklavenhaltersystem – so lange Zeit Bestand haben konnte.«[7]

Im selben Monat, im November 1890, traf die von Cecil Rhodes entsandte Expedition in Bunkeya an. Sie wurde von Alfred Sharpe geleitet, einem Großwildjäger, den Harry Johnston als Vizekonsul für Njassaland angeworben hatte; anschließend hatte man ihn mit Geschenken im Wert von hundert Pfund zu Msiri geschickt. Unglücklicherweise hatte er sich überreden lassen, den Großteil seiner Karawane jenseits des Luapula zurückzulassen, und so langte er mit einer kläglichen Eskorte und ziemlich dürftigen Geschenken an. Schlimmer noch, eine Prophezeiung besagte, der Mann, der Gold »essen« und Msiris Reich zerstören wollte, käme von Osten her. Sharpe *kam* von Osten her. Mit viel Mühe überredeten die Missionare Msiri, die Prophezeiung außer acht zu lassen und Sharpe eine Audienz zu gewähren. Er wurde mit frostiger Höflichkeit empfangen. Was hatte er außer ein paar Ballen Baumwollstoff noch zu bieten? Konnte sich seine Königin nicht mehr leisten? Und wo waren die Fässer mit Schießpulver, das Msiri so dringend benötigte, um seine Feinde zu vernichten?

Einer der älteren Missionare, ein gewisser Swan, fungierte als Dolmetscher und Vermittler zwischen Sharpe und dem Häuptling. Dieser Swan, der Arnots Bewunderung für die Großzügigkeit Msiris teilte, fühlte sich jedoch berufen, die Pläne von Rhodes und Johnston zu vereiteln. Sharpe schlug vor, man solle Msiri ganz einfach sagen, daß ihm die Briten freundlich gesinnt seien, und ihn bitten, sein Zeichen unter einen Vertrag zu setzen, durch welches sein Gebiet zum britischen Protektorat erklärt wurde. Swan bestand darauf, den Vertrag in voller Länge für Msiri zu übersetzen – und dieser bekam einen Wutanfall und weigerte sich zu unterschreiben. Msiri meinte, Arnot habe ihm geraten, »sich mit niemanden einzulassen, der von ihm verlangte, Papiere zu unterschreiben, denn das hieße, sein Land wegzugeben«. Also kehrte Sharpe unverrichteter Dinge zu Harry Johnston zurück und brummte, daß »diese Missionare viel Schaden anrichten, wenn sie sich berufen fühlen, eingeborene Häuptlinge zu beraten.«[8]

Fünf Monate später, also im April 1891, traf die erste von Leopolds Expeditionen in Bunkeya ein. Sie wurde von Paul le Marinel geführt, einem Kommandeur des Kongo-Freistaats aus Lusambo am Sankuru. Es war eine gut ausgerüstete 300-Mann-Expedition; viele der Soldaten waren Rekruten aus Britisch-Westafrika. Sie waren mit Hinterladern bewaffnet, und die Träger führten ballenweise teuren Samt und viele Fässer Schießpulver mit sich. Nachdem der Samt überreicht worden war, erklärte Msiri le Marinel, daß er »die Weißen sehr schätzte«.[9] Er gestattete den Belgiern, zwei Tagesreisen von Bunkeya am Fluß Lofoi einen kleinen Posten für den Freistaat zu errichten.

Msiris afrikanische Feinde, die rebellischen Basanga, fühlten sich jedoch durch die Ankunft der europäischen Soldaten ermutigt. Ihre Angriffe wurden immer kühner, und bald bedrohten sie Msiris Herrschaft in seiner eigenen Hauptstadt. Mitten in der Nacht wurden Hütten in Brand gesteckt, Dörfer wurden angegriffen, die die Hauptstadt mit Nahrungsmitteln versorgten, und Männer überfallen, die auf den Hirsefeldern arbeiteten. Bald flohen die Menschen in Scharen aus der Hauptstadt. Msiri, ausgerüstet mit dem Schießpulver der Belgier, ging zum Gegenangriff auf die Palisadendörfer der Basanga über. Doch es war unübersehbar, daß Msiris Macht schwand. Die Missionare waren nach wie vor entschlossen, ihre Neutralität zu wahren, und zogen sich in den Stützpunkt des Freistaats am Lofoi zurück.

Während sich die Krise verschärfte und die gesamte Region von einer Hungersnot bedroht war, traf die zweite belgische Expedition, 300 Soldaten mit Trägern, unter der Führung von Alexandre Delcommune in Bunkeya ein. Vier Tage nach ihrer Ankunft gewährte Msiri Delcommune eine Audienz, die auf dem Palasthof mit den Totenschädeln stattfand. Dort befanden sich sechs Häuser im portugiesischen Stil, die Msiri hatte bauen lassen und in denen er abwechselnd schlief, um einem Attentat zu entgehen. Die belgischen Offiziere wurden mit einheimischem Bier bewirtet, das gefiltert hervorragend schmeckte; außerdem wurde ein erotischer Tanz vorgeführt, an dem zur Belustigung der Gäste auch Msiri teilnahm. Dann gaben die belgischen Offiziere und ihre schwarzen Soldaten eine eindrucksvolle Exerzierübung mit Hornsignalen und Gewehrsalven zum Besten. Als Delcommune seine Mission erläuterte, verfinsterte sich jedoch das Gesicht des alten Mannes, er wirkte »mehr wie ein Schimpanse als wie ein Mensch«, meinte Delcommune.

Vergeblich betonten die Belgier die Vorteile der Schutzherrschaft des Freistaats. Die unverblümte Antwort des alten Mannes lautete: »Ich bin hier der Herr, und solange ich lebe, wird das Königreich Garanganja [Katanga] keinen anderen Herrn haben außer mir.«

Msiri wurde noch zorniger, als er hörte, daß Delcommune nach Süden in das Gebiet der Basanga-Rebellen weitermarschieren wollte. Die Krise zwang den Häuptling, seine Politik gegenüber den Briten zu revidieren oder zumindest die Briten gegen die Belgier auszuspielen. Er ließ Dan Crawford rufen und diktierte ihm einen Brief an Alfred Sharpe. Er habe ihn übereilt fortgeschickt; ob er nicht zurückkommen und über das Papier verhandeln wolle, das eine Freundschaft zwischen beiden Ländern vorschlug?

Inzwischen war die dritte, am besten ausgerüstete Expedition der Belgier – 336 Mann unter Führung von Hauptmann Grant Stairs und finanziert von der Katanga-Gesellschaft – von Bagamoyo aus aufgebrochen. Stairs brannte darauf, als erster die blaue Flagge des Kongostaates über Bunkeya zu hissen und Rhodes Einhalt zu gebieten.

Die Teilnehmer waren Kosmopoliten. Stairs, ein blonder, zerbrechlich wirkender britischer Offizier kanadischer Herkunft, war inzwischen siebenundzwanzig; auf der Rettungsexpedition für Emin war er Stanleys

Liebling gewesen. Ihn begleiteten zwei britische Freiwillige: Joseph Moloney, ein Londoner Arzt und Lebemann, und ein Soldat namens Robinson. Trotz endlosem Zank mit ihren belgischen und französischen Kollegen – dem Freistaat-Offizier Hauptmann Bodson und dem Großwildjäger Marquis de Bonchamps – waren die britischen Expeditionsteilnehmer genauso darauf erpicht, das Rennen gegen Rhodes zu gewinnen, wie die anderen. Abenteuerlust, Sportsgeist und Ruhmessucht waren, Dr. Monoley zufolge, die Motive. Stairs riskierte sein Leben, um in Afrika Lorbeeren zu gewinnen. Dr. Moloney stellte schockiert fest, daß Stairs' linker Lungenflügel beschädigt und er immer noch durch Malaria körperlich geschwächt war.

Trotz der zusammenklappbaren Stahlboote, die von den Trägern streckenweise auf dem Kopf befördert wurden, kam die Expedition auf dem Marsch nach Westen rasch voran; im Durchschnitt legten die Männer zwölf bis fünfzehn Kilometer pro Tag zurück, was für die damalige Zeit ein Rekord war.

Sie reisten auf der Hauptkarawanenstraße nach Tabora weiter, und im Oktober 1891 hatten sie das Ostufer des Tanganjika-Sees erreicht. Den See überquerten sie in gemieteten Dhaus, von denen einige so stark leckten, daß sie beinahe untergingen. Als sie den Lualaba erreichten, fing Stairs einen Brief ab, den Msiri vor Wochen abgesandt hatte und der die Einladung an Alfred Sharpe enthielt. Stairs hatte keinerlei Skrupel, Sharpes Post zu lesen. Er beantwortete Msiris Schreiben umgehend, grüßte ihn mit »Salem« und teilte ihm mit, er sei eigens über das Meer gereist, um Msiri einen Besuch abzustatten; den Brief unterzeichnete er mit »Stairs, der Engländer«.[10] Der Brief wurde durch Massoudi, einen hilfsbereiten Häuptling, weitergeleitet; als Eskorte erhielt er vier Soldaten aus Sansibar und einige Träger mit prächtigen Stoffen für den Häuptling.

Am 19. November überquerte die Expedition mit Hilfe der mitgebrachten Stahlboote und einer Flotte von Einbaumkanus den Lualaba. Inzwischen legten sie zwanzig Kilometer pro Tag zurück – eine erstaunliche Geschwindigkeit für eine große Karawane. Auf dem Weg nach Bunkeya machten sie unheilvolle Beobachtungen. Die Hirse auf den Feldern war verbrannt, die meisten Dörfer lagen verlassen da. Fleisch war überhaupt nicht zu bekommen, und Getreide nur zu Wucherpreisen. Je weiter sie nach Westen vordrangen, um so schlimmer waren die Auswirkungen des Krieges, doch der Hunger trieb die Männer voran.

Schließlich stießen sie auf Massoudi und seine Eskorte, die von Bunkeya zurückkehrten. Er brachte zwei Botschaften mit. Bei der ersten, die auf einem Fetzen Papier niedergeschrieben worden war, handelte es sich um die offizielle Antwort auf Stairs' Schreiben, die Msiri Dan Crawford diktiert hatte. Der Häuptling teilte mit, er sei überglücklich über die Ankunft der Weißen und wolle sie wie Brüder willkommen heißen. Die zweite Nachricht war ein langer, düsterer Brief des Missionars, der »die Tyrannei des Königs und den durch sie herbeigeführten Zusammenbruch in aller Ausführlichkeit« schilderte. »Nun gut«, bemerkte daraufhin Stairs mit der üblichen Entschlossenheit. »Ich werde Mr. Msiris Spielchen bald ein Ende setzen.«[11]

Crawford, der Pazifist, war voller Sorge. Er fürchtete um Msiris Seele, wenn es zu einer gewaltsamen Konfrontation kommen sollte. Msiris Stimmung schwankte zwischen Leutseligkeit und blinder Wut. Stairs hatte seinen Brief mit »der Engländer« unterzeichnet. Dadurch wurde Msiris Herz »weiß« für die Neuankömmlinge, wie er Crawford freudig erzählte. Seinen Gefolgsleuten rief er zu: »Sie sind Engländer, sie sind Engländer, hört ihr, Söhne des Staubs? ... Und wir wissen, daß die Engländer ehrliche Leute sind.«[12]

Tagelang hielt Msiri bombastische Reden vor den ihm verbliebenen Getreuen; er prahlte mit den großen Siegen, die er erringen, den großartigen Heldentaten, die er vollbringen würde, sobald er das Schießpulver hatte – denn die Engländer würden ihm selbstverständlich Schießpulver mitbringen.

Eines Tages brachten die Missionare neue Geschenke, unter anderem eine Spieldose und 140 Meter Stoff. Msiris Gesicht wurde so »wild und böse«, als wäre er der Teufel höchstpersönlich. Warum brachten sie ihm kein Schießpulver? Crawford fürchtete um sein Leben, doch solche Stürme legten sich rasch wieder. Der Häuptling schickte ihm dann eine Entschuldigung und bat seinen »Freund«, ihn wieder zu besuchen.

Am 14. Dezember sah Crawford endlich die 300 Mann starke Karawane, wie sie mit Trommelwirbeln und wehenden Fahnen über die verbrannten Felder zur Hauptstadt zogen. Crawford sollte den Engländern den Lagerplatz zeigen; anschließend durfte er zum neuen Missionsposten in Lufira zurückkehren, da Stairs einen eigenen Dolmetscher mitgebracht hatte.

Stairs war froh, daß er die Missionare los war. Falls es zu Kampfhandlungen kam, war es besser, wenn sie sich nicht mehr in Msiris Nähe befanden.

Bei der ersten Unterredung mit Stairs versuchte Msiri, seinen Gast gegen den in Lafoi stationierten belgischen Offizier, Leutnant Legat, auszuspielen. Stairs tat, als sei auch er der Meinung, daß Legat verschwinden müsse. Außerdem bot er Msiri an, ihn mit Schießpulver für den Kampf gegen die Basanga-Rebellen auszurüsten – sofern Msiri bereit wäre, die Flagge von Bula Matari – Stanley – zu hissen. Msiri bot ihm dagegen an, er könne die englische Flagge hissen, von der belgischen wolle er nichts wissen. Nun mußte Stairs Farbe bekennen. Er ging zum Gegenangriff über und erklärte dem Häuptling, daß seine »ungeheuerlichen Grausamkeiten« nicht mehr geduldet werden könnten. Doch Msiri ließ sich nicht erweichen, mit der blauen Flagge vorlieb zu nehmen, und Stairs mußte mit leeren Händen abziehen.

Zwei Tage später versuchte Stairs erneut, den alten Mann einzuschüchtern. Vier Stunden lang feilschten und stritten die beiden. Msiri bot Stairs an, Blutsbrüderschaft mit ihm zu schließen und die Flagge am folgenden Tag zu hissen. Doch Stairs beharrte darauf, daß die Flagge sofort gehißt werden müsse. Schließlich holte er sich einen Pfosten aus dem Palisadenzaun am Palast und bestieg einen Hügel über der Stadt. Da er wußte, daß Msiri ihn nicht aufhalten konnte, befestigte er die blaue Fahne persönlich an dem Pfosten. Msiri unternahm nichts dagegen, gab aber auch nicht zu erkennen, daß er diesen Schritt billigte. Enttäuscht zogen sich die Offiziere auf den Lagerplatz zurück. In der Nacht rechneten sie mit einem Angriff durch Msiris Krieger, doch nichts geschah. Am nächsten Morgen sandte Stairs viermal hintereinander eine Botschaft an Msiri, er sei nun bereit, Blutsbrüderschaft mit ihm zu schließen. Jedesmal kam die Antwort: der König schläft.

Tatsächlich schlief der König in keinem seiner sechs Häuser in Bunkeya. Er war nach Munema geflohen, dem Dorf seiner Mischlingsfrau Maria. Munema lag eine halbe Stunde von der Hauptstadt entfernt. Stairs beschloß, der »schlechten Komödie« ein Ende zu setzen und Msiri gefangenzunehmen, selbst wenn dies Krieg bedeutete. Schließlich gehörte Katanga den internationalen Vereinbarungen zufolge bereits zum Freistaat. Also entsandte er 115 mit Hinterladern bewaffnete Sansibarer, die unter Führung von Hauptmann Bodson Msiri in Ketten legen sollten.

Anschließend griffen Stairs und Moloney zum Feldstecher und beobachteten Msiris Dorf.

Was auf dem staubigen Platz vor Msiris Hütte tatsächlich geschah, wird sich niemals genau klären lassen. Fest steht nur, daß der Versuch, den König auf diese Weise festzunehmen, tollkühn war. Bodson ließ sich mit einem Dutzend Sansiberern, zu denen ein gewisser Hamadi zählte, von einem Führer zu Msiri bringen, während Bonchamps und die übrigen außer Sichtweite jenseits des *boma* blieben, der die labyrinthisch angeordneten Hütten umgab. Hamadi zufolge standen sie 300 feindlichen Kriegern gegenüber, die zum Großteil mit Gewehren bewaffnet waren. Bodson erklärte Msiri, er solle mit ihm zu dem »großen weißen Häuptling im Lager kommen«, dann werde ihm nichts geschehen. Msiri erwiderte nichts, sondern knirschte nur wutentbrannt mit den Zähnen. Dann ergriff er sein Schwert, das ihm Stairs vor drei Tagen geschenkt hatte, und stürzte sich auf Bodson. Bodson feuerte mit seinem Revolver zweimal auf den König. Darauf brach in dem Dorf die Hölle los.

Um die Mittagszeit hörte Moloney die Schüsse und sah durch seinen Feldstecher, daß das Dorf von Soldaten wimmelte. Msiri »zeigte also seine Zähne«.[14] Doch auf die Szene, die sich ihm bot, als er atemlos den Dorfplatz erreichte, war Moloney nicht vorbereitet. Vor der Hütte lag Msiri auf dem Rücken, tot. Bodson hatte einen Schuß in den Magen erhalten und lag in den letzten Zügen. Hamadi und ein weiterer Askari stöhnten vor Schmerz, sie hatten Schußwunden am Knöchel und am Oberschenkel. Die siegreichen Sansibarer waren außer Rand und Band und jagten hinter Hühnern, Ziegen und Frauen her. Moloney ging mit einem großen Stock auf sie los. Dann holte er Träger, die die drei Verwundeten zurück nach Bunkeya brachten. Acht Leute wurden allein benötigt, um die Leiche Msiris zu tragen, auf dessen Gesicht Moloney ein »höhnisches Lächeln« bemerkte.[15]

Bodson starb am selben Abend um acht Uhr. Er flüsterte Moloney zu: »Doktor, es macht mir nichts aus, zu sterben, jetzt, da ich Msiri umgebracht habe.« Zu Stairs sagte er: »Gott sei Dank ist mein Tod nicht vergebens. Ich habe Afrika von einem seiner abscheulichsten Tyrannen befreit.«[16]

Zunächst schienen die Afrikaner diesen Standpunkt zu teilen. Niemand brachte den Mut auf, den alten Mann zu rächen. Im Gegenteil, die meisten seiner Gefolgsleute freuten sich offenbar, ihn los zu sein, und feierten seinen Tod eine ganze Nacht lang bei Trommelmusik und Bier.

Stairs teilte Msiris Königreich auf: Das Land rund um Bunkeya ging an Makanda, den Adoptivsohn des Königs; Makandas Onkel erhielten zwei Dörfer; der Rest wurde den Basanga zurückgegeben. Um der neuen »Ordnung« Geltung zu verschaffen und die durch die blaue Flagge symbolisierte Oberhoheit des Freistaats auf Dauer durchzusetzen, errichtete Stairs mitten in der Hauptstadt ein großes, sechseckiges Fort; das Material dafür stammte hauptsächlich aus Msiris Palast. Dort feierte Stairs 1891 Weihnachten mit einem Plumpudding, den er eigens für diesen Anlaß aufbewahrt hatte.

Doch im Laufe der Wochen dürfte sich Moloney immer wieder an das höhnische Lächeln Msiris erinnert haben. Die Hungersnot verschärfte sich, und ihr fielen nicht nur Einheimische, sondern auch 73 Sansibarer aus Stairs Kolonne zum Opfer. 90 weitere verschwanden bei der Suche nach Nahrung auf Nimmerwiedersehen in der Wildnis. Außerdem waren alle Europäer mit Ausnahme Moloneys schwer erkrankt. Glücklicherweise traf Ende Januar schließlich die vierte von Leopold entsandte Expedition ein – 300 kräftige Männer unter Führung von Hauptmann Bia. Stairs ließ sich überreden, Hauptmann Bia das Kommando über das Fort zu übergeben, und machte sich mit den Überlebenden seiner Kolonne auf den Rückweg zur Küste. Als er am 4. Februar aufbrach, war er so krank, daß man ihn in einer Hängematte tragen mußte. Was um ihn herum vorging, nahm er kaum noch wahr.

* * *

Erst Ende Juli 1892 erhielt Leopold in Brüssel Nachricht vom Schicksal der Expedition, die Stairs geleitet hatte. Stairs war unweit der Küste dem Fieber erlegen. Auch Bia war mittlerweile tot – allerdings hatte er zuvor Südkatanga nach wertvollen Bodenschätzen durchforscht. Die ersten Berichte waren enttäuschend. Gold gab es hier offenbar gar nicht. Kupfer war zwar in enormen Mengen vorhanden, doch im Jahre 1891 war dieses Metall auf dem Weltmarkt nicht viel wert. Vermutlich würde es sich nicht lohnen, eine Eisenbahn zu bauen, nur um Kupfer von Katanga im Herzen Afrikas bis an die Küste zu transportieren.

Leopold nahm die Neuigkeiten aus Katanga mit gewohnter Gelassenheit auf. Wichtiger als sein verlorenes Vermögen war ihm, daß er den Wettlauf nach Katanga gewonnen hatte – und Cecil Rhodes der Verlierer war. In der Zwischenzeit hatte er sich – Gold hin oder her – eine neue

Kriegslist zur Ausbeutung des Kongo ausgedacht, die seinen Beratern große Bauchschmerzen bereiteten.

Unter der Flagge des Freihandels hatte sich Leopold 1885 in Berlin den Kongo gesichert. Und noch 1890 schrieb er den Freihandel – plus zehn Prozent Importzoll – auf seine Fahne. Dies bedeutete, daß es Händlern aller Nationen freistand, im Kongo in fairen Wettbewerb zu treten. In die dort tätigen internationalen Handelsgesellschaften konnte Leopold im großen Stil investieren. Im September 1891 revidierte der König plötzlich seine Politik. Er hatte ein Geheimdekret erlassen, in dem er die Verwaltung in den beiden entlegenen Regionen, Aruwimini und Uelle, anwies, alles Elfenbein, dessen sie habhaft werden konnten, in den Besitz des Staates zu bringen. Schlag auf Schlag folgten Verordnungen, die den Eingeborenen die Jagd auf Elefanten und das Ernten von wildem Kautschuk verboten, sofern sie ihre Erträge nicht an den Staat verkauften. Als diese Vorgänge bekannt wurden, bestand bald kein Zweifel mehr darüber, daß der Freistaat ein Staatsmonopol aufbaute. In Verbindung mit dem Dekret folgte eine neue Interpretation der Eigentumsverhältnisse im Kongo. Alles Land sollte dem Staat gehören mit Ausnahme der Flächen, die bereits von Eingeborenen bewohnt und bebaut wurden. Und die Preise für die beiden wertvollsten Erzeugnisse – Elfenbein und Kautschuk – sollten vom einzigen Abnehmer festgelegt werden.

Es war, als hätte Leopold die blaue Flagge eingeholt und statt dessen die schwarze mit dem Totenschädel gehißt. Vor allem im Norden des Landes protestierten die belgischen Firmen, deren Gründung er unterstützt hatte, gegen die neue Politik. Der Generalgouverneur Camille Jansen legte sein Amt nieder. Man munkelte, das gesamte Kabinett Beernaert werde zurücktreten. Emile Banning verfaßte ein Memorandum, in dem er seiner moralischen Entrüstung unverhohlen Ausdruck verlieh:

Diese Doktrin darf nicht durchgesetzt werden, weder gegen die angestammten Rechte der eingeborenen Bevölkerung, die dadurch praktisch enteignet werden würde, noch gegen die Rechte der Großmächte, wie sie in der Kongo-Akte niedergelegt sind.[17]

Der König schlug diese Mahnungen in den Wind. Er befand, M. Bannings Memorandum sei »interessant, abgesehen von seinen falschen

Schlußfolgerungen«. Dreißig Jahre lang hatte ihm der erfahrene Banning mit unersetzlichen Ratschlägen in allen Kolonialangelegenheiten geholfen. Nun ließ Leopold seinen Berater öffentlich fallen und machte sich hinter seinem Rücken über sein Stottern lustig.

Doch die Handelsgesellschaften ließen sich nicht so leicht mundtot machen. Im Oktober 1892 mußte der König einen Kompromiß anbieten. Der Kongo sollte in drei Zonen aufgeteilt werden: die *domaine privè* nördlich des Äquators, die ausschließlich der Staat nutzen durfte; die mittlere Zone, die den Händlern offenstand; und der Süden und Osten, einschließlich der arabisch kontrollierten Gebiete, in denen die Assimilierung noch nicht abgeschlossen war. Der Kompromiß schien zu funktionieren – oder beschwichtigte zumindest Beernaerts Regierung. Tatsächlich handelte es sich jedoch um ein Täuschungsmanöver. Der Staat sicherte sich den Großteil der Regionen, in denen es Elfenbein und Kautschuk gab. Teile der »offenen« Zonen wurden an konzessionsnehmende Firmen vergeben, und hinter mehreren dieser Gesellschaften verbarg sich niemand anders als der König. Diese Gesellschaften sollten Leopold in den nächsten zehn Jahren Ruhm und Reichtum bringen, doch die Methoden, derer er sich bediente, würden seinen Ruf ruinieren.

Aber im Oktober 1892 konnte das noch niemand ahnen. In diesem und im folgenden Jahr verbuchte der Kongo nach wie vor gigantische Verluste.

Schließlich erfuhr man in Brüssel, daß van Kerckhoven tot war und seine Expedition zum Nil ein katastrophaler Fehlschlag zu werden drohte. Wie Stanley vorhergesagt hatte, reichten Leopolds Mittel für dieses Projekt bei weitem nicht aus.

Schlimmer noch, trotz Leopolds ausdrücklichem Befehl, mit den Arabern Frieden zu halten, wurde von einem Araberaufstand berichtet. Am oberen Kongo hatten ein Händler namens Hodister und seine Kollegen durch provokatives Verhalten den Zorn der Bevölkerung erregt. Im Mai waren sie offenbar von dem dort ansässigen Araberführer Nserera ermordet worden. Nun drohte ein regelrechter Krieg zwischen dem Freistaat und den Arabern, wobei beide Seiten von Kannibalenstämmen unterstützt wurden.

KAPITEL 23

Zuerst das Kreuz, dann die Flagge

Uganda, Paris und London
25. Dezember 1891 – November 1892

»Die Engländer sind gekommen . . . sie haben ein Fort gebaut, sie
nehmen mir mein Land, aber sie haben mir überhaupt nichts
dafür gegeben.«

König Mwanga nach der Ankunft Lugards in Buganda 1890

An Weihnachten 1891, während Stairs mit englischem Plumpudding
und Champagner in Bunkeya den Untergang Msiris feierte, versuchte
sich knapp 1500 Kilometer weiter nördlich ein britischer Offizier
mit schmutziger Khaki-Jacke, Tropenhelm und kaputten Stiefeln zu seinem
Hauptquartier in Kampala durchzuschlagen, das auf einem Hügel gegenüber der bugandischen Hauptstadt Mengo lag. Es war Hauptmann Frederick Lugard von der *Imperial British East Africa Company* in Buganda.

Von allen politisch unabhängigen Imperialisten, die sich an dem Wettlauf um Afrika beteiligten, sollte sich Lugard als der zäheste und letztlich
erfolgreichste erweisen. Kein anderer Prokonsul vermochte es besser als
er, der europäischen Herrschaft in Afrika ein moralisches Gepräge zu
verleihen. Bezeichnenderweise waren seine Eltern beide Missionare gewesen, und er selbst verehrte Livingstone.

Nach einer Enttäuschung in der Liebe hatte der junge Mann jegliches
Gottvertrauen verloren. Also schiffte er sich als Deckpassagier auf einem
Dampfer in Richtung Ostafrika ein, in der Hoffnung, dort für eine edle
Sache sterben zu können. Beim britischen Konsul von Sansibar verpflichtete er sich für ein waghalsiges Unternehmen: Um die englischen Missionare der *African Lakes Company* zu retten, die in Njassa-Land von den
dortigen arabischen Sklavenhändlern bedrängt wurden, suchte man dringend einen tollkühnen Abenteurer. Bei einem todesmutigen Angriff auf
die Araber bei Karonga wurde Lugard schwer verwundet und mußte

nach England zurückkehren. Doch fortan trat er entschlossen für die Sache des britischen Imperialismus in Afrika ein, denn hier sah er die einzige Möglichkeit zur Bekämpfung des ostafrikanischen Sklavenhandels. Als daher die britische Regierung Mackinnons *Imperial British East Africa Company* einen königlichen Schutzbrief ausstellte, war es Lugard, der mit der Erschließung Ugandas betraut wurde.

Nun, am Weihnachtstag des Jahres 1891, wehte die zerschlissene Flagge der Ostafrika-Gesellschaft an der Spitze seiner riesigen Karawane aus Sudanesen, Suahelis und Baganda. Etwa hundert der Männer waren mit modernen Gewehren bewaffnet; außerdem führten sie auch das Maxim-Maschinengewehr mit sich, das schon Stanley auf der Expedition zur Rettung Emin Paschas quer durch Afrika geschleppt hatte. Als der Trupp knapp vor den grünen Hügeln der Hauptstadt angelangt war, bekam Lugard den lange erwarteten Postsack aus England ausgehändigt.

Ein ganzes Jahr lang hatte er keinen Kontakt mit Mackinnon, seinem Auftraggeber, gehabt. Zudem waren dessen Anweisungen von Anfang an auffallend vage gewesen: Lugard sollte dreihundert Mann zusammenstellen, mit ihnen 1300 Kilometer durch die Wildnis zur Hauptstadt von Buganda marschieren und den Kabaka mit einer Machtdemonstration seiner kleinen Truppe einschüchtern.

Dieser Kabaka war Mackays Gegenspieler Mwanga, der unberechenbare Herrscher, der 1885/1886 durch die grausame Ermordung Bischof Hanningtons und das Massaker an seinen eigenen christlichen Untertanen in ganz Europa Entsetzen hervorgerufen hatte. Lugard sollte ihn nun dazu bringen, ein Abkommen zu unterzeichnen, welches die schwierige Stellung der Ostafrika-Gesellschaft in Uganda vertraglich regelte. (Lord Salisbury hatte durch das britisch-deutsche Abkommen vom Juli 1890 eine »britische Einflußsphäre« in Uganda geschaffen, aber niemand hatte Mwanga, den Herrscher des Landes, davon in Kenntnis gesetzt.) Doch die Machtdemonstration sollte auch den beiden politischen Parteien im Land gelten, die von rivalisierenden europäischen Missionaren geschaffen worden waren, nämlich den Protestanten und Katholiken. Seit sie mit vereinten Kräften die Moslems vertrieben hatten, bekämpften sie sich gegenseitig bis aufs Messer. Lugard war angewiesen worden, sich »absolut unparteiisch« zu verhalten und lediglich zu versuchen, »die Kontrolle über alle Angelegenheiten der Weißen« zu erlangen[1] – was immer das bedeuten mochte. Klar war nur eines: Es war seine Aufgabe, mit jedweden Mitteln in Buganda und seinen Vasallenstaaten im übrigen Uganda ein britisches Protektorat zu errichten.

Als Lugard nun den Postsack öffnete, traf ihn fast der Schlag. Der Ostafrika-Gesellschaft war das Geld ausgegangen; es hieß, er solle Uganda aufgeben und »so rasch wie möglich«[2] zur Küste zurückkehren. Seit seiner Ankunft in Buganda vor einem Jahr hatte Lugard fest mit einer fortdauernden Präsenz der Briten in diesem Lande gerechnet. Nur aus diesem Grunde war es überhaupt sinnvoll, den Baganda zu zeigen, wer von nun an das Sagen hatte. Am 18. Dezember 1890 traf er in Mengo ein. Trotz gegenteiliger Anordnungen König Mwangas schlug er sein Quartier in Kampala, auf einem dem Palast gegenüberliegenden Hügel, auf. Am nächsten Tag begab er sich, die höfische Etikette mißachtend, unangemeldet und mit einer Pyjamajacke bekleidet zu seiner ersten »Audienz« bei König Mwanga. Vor dem versammelten Hof verlas Lugard seine mitgebrachte Rede. Danach schüttelte er dem König die Hand, und bevor er die Versammlung verließ, eröffnete er Mwanga und seinen Häuptlingen, er habe einen »Freundschaftsvertrag«[3] mitgebracht, den sie doch bitte unterschreiben sollten.

Ein paar Tage ließ Lugard den jungen Mwanga zappeln. Dann, am 26. Dezember, kehrte er zum Palast zurück und drohte, das Maxim-Gewehr zum Einsatz zu bringen, falls der Kabaka die Unterschrift verweigere. Mwanga machte daraufhin sein Zeichen unter das Dokument, und nun malten auch sein protestantischer Katikiro, der Premierminister, und der katholische Zweite Minister sowie andere bedeutende Häuptlinge ihre Kreuze darunter.

Der Thron des größten und reichsten Königreiches in Zentralafrika wankte schon seit einigen Jahren. Eine traditionell heidnische und eine moslemische Partei, zu denen später auch noch eine (britisch-)protestantische und eine (französisch-)katholische hinzukamen, lieferten sich wiederholt erbitterte Auseinandersetzungen, die zu bürgerkriegsartigen Zuständen führten. 1886 hatte Mwanga die Partei der Moslems ergriffen. Ihnen zuliebe ließ er damals Bischof Hannington ermorden und die katholischen und protestantischen Pagen seines Hofes bei lebendigem Leibe verbrennen. Zwei Jahre später schlug er sich jedoch wieder auf die Seite der *Wa-Bangi*, der Traditionalisten. Man beschloß, alle Führer der »neuen« Religionen auf einer Insel im Viktoria-See auszusetzen und dort Hungers sterben zu lassen. Letztendlich führte dieses Komplott jedoch zu Mwangas Absetzung und einer kurzzeitigen Allianz der moslemischen und christlichen Fraktionen. Dann rissen die Moslems die Macht an sich und verjagten die Missionare. Mwanga, an dessen Stelle nun sein Bruder den Thron bestieg, floh an das Südufer des Sees. Von hier aus eroberte er 1889 mit Booten und Waffen, die er von Charlie Stokes (einem ehemaligen Missionar, der nun mit Waffen handelte) geliefert bekam, seinen Thron zurück – nachdem die Christen in einem entsetzlichen Gemetzel die Moslems vertrieben hatten. Und nur wenig später, am 25. Februar 1890, betrat Carl Peters in vornehmer höfischer Kleidung den Palast in Mengo und überredete Mwanga, einen Vertrag mit der Deutschen Ostafrika-Gesellschaft zu unterzeichnen.

Mit dem Abschluß des neuen Vertrages, den Lugard im Dezember 1890 erzwang, war Mwangas letzter verzweifelter Versuch gescheitert, die Deutschen gegen die Engländer auszuspielen. Denn dieses Abkommen forderte dem König wesentlich mehr Zugeständnisse ab als Peters' Freundschaftsvertrag. Lugard entzog ihm die Kontrolle über alle bedeutenden äußeren und inneren Angelegenheiten seines Reiches. Bezeichnenderweise waren in einigen Klauseln die Ergebnisse der Konferenz gegen die Sklaverei eingeflossen, die fünf Monate zuvor in Brüssel zu Ende gegangen war. Demnach war die Versklavung von Menschen und der Handel mit Sklaven untersagt; der Waffenhandel sollte von der Gesellschaft als Vertreterin der »Schutz«-Macht kontrolliert werden, ausländische Händler und Missionare sollten sich ohne Einschränkungen im Lande niederlassen dürfen. Ferner mußte der Kabaka freien Handel sowie Gewissensfreiheit garantieren, und er wurde sowohl der Kontrolle sämtlicher Einkünfte seines Landes als auch der Befehlsgewalt über seine Armee beraubt.

»Die Engländer sind gekommen«, klagte Mwanga, »sie haben ein Fort gebaut, sie nehmen mir mein Land, aber sie haben mir überhaupt nichts dafür gegeben.«[4] Die britischen und französischen Missionare waren von dem Abscheu, den der König für die Engländer empfand, tief betroffen. »Was für eine Demütigung für den stolzen Mwanga«, schrieb einer ihrer Biographen, »alle seine Untertanen und die Völker seiner Vasallenstaaten einer einfachen Handelsgesellschaft zu unterstellen!«[5]

In den ersten Tagen war Lugard hocherfreut darüber, daß er mit Mwanga so leichtes Spiel gehabt hatte. Doch nach einigen Wochen wurde ihm allmählich bewußt, wie prekär seine Situation war. Von den 300 Männern seiner Karawane traute er bestenfalls einem Drittel den

Umgang mit einem Gewehr zu. Es war ein wilder Haufen eingeborener Krieger – Sudanesen, Suahelis und Baganda. Stanleys zerbeultes Maxim-Gewehr feuerte höchstens ein paar Sekunden, dann traten jedesmal technische Probleme auf. Die Lebensmittel gingen rapide zur Neige, und zu kaufen gab es nichts. Das Schlimmste aber war, daß er niemandem wirklich trauen konnte.

Am feindseligsten verhielten sich die Katholiken, die *Wa-Fransa*, an deren Spitze nun der verwirrte König selbst stand und die sich von den Missionaren, den Weißen Vätern, beraten ließen. Lugard hätte sie gerne dazu überredet, mit ihm gemeinsame Sache zu machen, doch sie waren gute Patrioten und Imperialisten, genau wie er selbst. Sie glaubten immer noch, daß Frankreich den Briten Buganda abnehmen könne. Lugard war schließlich nur der Vertreter einer englischen Firma, die, so munkelte man, kurz vor dem Bankrott stand. Ursprünglich waren sich die beiden Fraktionen darüber einig gewesen, daß sie die wichtigen Staatsämter – und die damit verbundenen beträchtlichen Einkommen – unter sich aufteilen würden, doch Anfang 1891 erlebten die *Wa-Fransa* einen starken Zulauf, da Mwanga zu ihnen gestoßen war. Sie hatten es jetzt nicht mehr nötig, sich mit einer Teilung der wichtigen Ämter zufriedenzugeben. Und was sollte im Falle eines Krieges mit den strategisch wichtigen Sese-Inseln geschehen, die nicht nur überreich an Eßbarem waren, sondern Mwanga auch noch als Stützpunkt seiner großen Kanuflotte dienten? Sollte man auch sie aufteilen? Die französischen Priester setzten alles daran, um das zu verhindern.

Nach dem Scheitern des Versuchs, die Franzosen für sich zu gewinnen, erlag Lugard nicht der Versuchung, nun seine eigenen Landsleute bevorzugt zu behandeln. Er hielt sich vielmehr streng an die Anweisung seines Auftraggebers, gegenüber beiden Fraktionen Distanz zu wahren. Außerdem glaubte er, nur so einen Bürgerkrieg verhindern zu können. Doch die Folge dieser Zurückhaltung war, daß ihm die Engländer zunehmend mißtrauten. Bis Ende Januar 1891 spitzte sich die Situation so sehr zu, daß die an Zahl und Waffen den Franzosen unterlegenen *Wa-Ingleza* einen Rückzug nach Busoga ins Auge faßten und es den Moslems überlassen wollten, mit den Franzosen fertig zu werden.

Gerade in diesem gefährlichen Augenblick schickten Lugards Auftraggeber 75 Sudanesen und hundert Suahelis mit einem zweiten Maxim-Gewehr, die von einem kampferprobten Haudegen, dem britischen

Hauptmann W. H. Williams, befehligt wurden. Diese Verstärkung veränderte Lugards Position entscheidend. Doch wie sich herausstellte, kam die unmittelbarste Bedrohung von Charlie Stokes, jenem unberechenbaren Waffenhändler, der auf der von den Deutschen kontrollierten Südseite des Sees ein Dampfboot liegen hatte.

Stokes traf am 5. Februar 1891 in Mengo ein und beteuerte sogleich voller Erregung, er habe keinerlei Waffen verschoben. Lugard beruhigte ihn zunächst, unterrichtete ihn dann über die Bestimmungen der Brüsseler Konferenz und versuchte, Stokes die Zusage abzuringen, daß er weder Gewehre noch Munition an irgendeine der Parteien in Buganda verkaufen würde. Zu seiner Überraschung eröffnete ihm Stokes, daß er lieber mit den Briten zusammenarbeiten würde als mit den Deutschen im Süden; und er bat Lugard sogar, ihm zu gestatten, seinen gesamten Pulvervorrat in Kampala einzulagern – er müsse ihn sonst vielleicht noch an Mwanga verkaufen. Dem stimmte Lugard natürlich hocherfreut zu.

Im Lauf der nächsten beiden Monate baute Lugard seine Stellung in Kampala zu einem regelrechten Fort aus und ließ ein unterirdisches Magazin für Stokes' Pulverfässer anlegen. Die Moral seiner Truppe wurde mit eiserner Hand aufrechterhalten, und Prügel gehörten zur Tagesordnung. Häufig kam es auch zu Schlägereien zwischen den verfeindeten Parteien. Am 19. Februar ließ ihm der König mitteilen, ein Krieg stünde unmittelbar bevor. Tatsächlich bildeten die *Wa-Fransa* auf dem Königshügel Kampfformationen. Lugard ließ sofort seine Sudanesen aufmarschieren und drohte, mit dem Maxim-Gewehr das Feuer zu eröffnen. Das wirkte; doch derlei hysterische Szenen wiederholten sich in den folgenden Tagen.». . . jeder Tag«, so schrieb er, »bringt neue Entwicklungen, die zum Krieg führen müssen; jeden Tag können wir das Schlimmste abwenden – aber wie lange noch?«[6]

Ende März 1891 traf ein zweiter Verstärkungstrupp in Kampala ein. Die Männer waren zwar nur spärlich bewaffnet, doch sie hatten nützliche Handelswaren und endlich auch Lugards Geschenke für den König mitgebracht. Vor allem aber waren die beiden Gesandten mit ihnen zurückgekommen, der Katholik und der Protestant, die zur Küste geschickt worden waren, um festzustellen, ob Uganda wirklich in der britischen »Sphäre« lag. Die *Wa-Fransa* nahmen den Bericht der Gesandten mit Gleichmut auf, wie Lugard erleichtert feststellte, und die Geschenke erfreuten Mwanga so sehr, daß dieser sich nun sogar mit dem neuen Protektorat abfinden wollte.

Der Kabaka, hieß es, habe seinen Haß gegen den »Kapelli«, den Hauptmann, überwunden; er sei überzeugt, dieser trete für den Erhalt seines Reiches und für seine Ehre ein und wolle ihn nicht vertreiben.

Und nun ergab sich auch noch eine wunderbare Gelegenheit, neben dem König auch noch die Franzosen und Briten versöhnlich zu stimmen. Die besiegten Moslems waren von König Kabarega aus Bunyoro, einem alten Feind Mwangas, aufgenommen worden, dessen Reich an Buganda angrenzte. Lugard willigte ein, an einer Strafexpedition gegen die Bunyoro teilzunehmen, obwohl mit dieser Entscheidung ein großes Risiko verbunden war: Er mußte einen jungen Offizier mit dem Kommando in Kampala betrauen, in unbekanntes Territorium vorstoßen und in einem Krieg zwischen zwei afrikanischen Kontrahenten Partei ergreifen. Noch wagemutiger, ja geradezu leichtfertig war es, diese Expedition anschließend Hunderte von Meilen bis zum Ruwenzori zu führen und durch die Vasallenstaaten Ankole und Toro bis nach Kavalli zu marschieren, dem ehemaligen Hauptquartier Emins am oberen Nil.

Diesen erstaunlichen Plan faßte Lugard im Frühjahr 1891. Sein Ziel war zunächst, Emins ehemalige Truppen zum Dienst in Uganda heranzuziehen – jene Männer der sudanesischen Garnison, die 1888 nicht mit Stanley und Emin das Land verlassen wollten oder konnten und die Emin Gerüchten zufolge nun für die Deutschen zu rekrutieren versuchte.

Am 7. Mai 1891 leistete Lugard den Christen in der Schlacht gegen die Moslems in Bunyoro mit dem erwähnten Maxim-Gewehr Schützenhilfe; der Feind floh und ließ etwa dreihundert Gefallene zurück. Dann brach er mit einem Teil seiner Leute – den Rest schickte er zurück nach Mengo – in Richtung Westen nach Ankole auf, wo er mit den ansässigen Stammesfürsten erfolgreiche Verhandlungen über die Errichtung eines Protektorats seiner Gesellschaft führte. Inzwischen verbreitete sich das Gerücht, Emin sei ihm zuvorgekommen und marschiere mit einem Teil seiner ehemaligen Truppen von Kavalli zurück in deutsches Gebiet. Woraufhin Lugard in Gewaltmärschen bis zur jenseitigen Flanke des schneebedeckten Ruwenzori-Massivs vordrang.

Am 7. September war er endlich in Äquatoria angelangt und hatte Kavalli erreicht. Dort bot sich ihm ein bewegender Anblick: Er traf auf zwei Regimenter sudanesischer Soldaten, etwa 600 Männer unter Waffen – die letzten Überlebenden von Emins Garnison, die ihrem

Oberherrn, dem ägyptischen Khediven, nach wie vor treu ergeben waren. Lugard schätzte sich glücklich,»solch hervorragende Männer in den Dienst der Gesellschaft stellen zu können«.[7] Doch schon bald nach Beginn des Rückmarsches in Richtung Osten zeigte sich deutlich, daß die Truppe seit Jahren keine soldatische Disziplin mehr gekannt hatte. Seine Befehle, Plünderungen, Verwüstungen und Frauenraub zu unterlassen, wurden mißachtet. Vor allem wuchs das enorme Gefolge von Trägern, Ehefrauen, Konkubinen und Kindern, die alle zwangsweise mitgeführt wurden, ständig weiter an, bis die ganze Karawane mehr als 8000 Personen umfaßte. Lugard blieb nichts anderes übrig, als entlang der Grenze des Bunyoro-Reiches eine ganze Reihe von Forts zu bauen und in jedem eine Anzahl Soldaten mitsamt Anhang zurückzulassen. Mit nur mehr hundert Sudanesen und seiner ursprünglichen Truppe traf er an Weihnachten des Jahres 1891 dann vor Kampala ein, wo ihn die niederschmetternde Nachricht erreichte, er solle Uganda aufgeben und sich zur Küste zurückziehen.

In einem privaten Brief an Lugard vom 10. August 1891 erläuterte George Mackenzie, der Hauptgeschäftsführer der Ostafrika-Gesellschaft, seine Order. Die Situation der Gesellschaft habe sich »so vollständig verändert«, daß keine andere Möglichkeit bestünde, als drastische Sparmaßnahmen zu ergreifen und sich aus Uganda zurückzuziehen. Lugard müsse »so schnell wie möglich« zurück zur Küste, wobei er selbst abwägen solle, wie er dabei »den allgemeinen Interessen des Landes und im besonderen der *Church Missionary Society*« am wenigsten Schaden zufüge.[8] Das Außenministerium habe sich im übrigen mit diesem Vorgehen einverstanden erklärt.

Diese Maßnahmen hatten einen ganz einfachen Grund: Die Gesellschaft steuerte auf den Bankrott zu. Allein in Uganda gab sie jährlich 40 000 Pfund aus, ohne einen Penny Gewinn zu machen, und weitere Kredite der öffentlichen Hand waren wegen der allgemein schlechten Wirtschaftslage nicht bewilligt worden. Die Hoffnungen der Gesellschaft hatten sich auf den Bau einer teuren Bahnlinie von Mombasa bis zum Viktoria-See gestützt, welche Uganda für den Handel erschließen sollte. Ihre Direktoren hatten sich darauf verlassen, daß die Regierung Salisbury eine Kostengarantie für die Bahn übernehmen würde. Doch der imperialismusfeindliche Flügel der Liberalen hatte diesen Plan im Juli 1891 im

Parlament derartig niedergemacht, daß Salisbury keine finanziellen Garantien für den Bau der Bahnlinie mehr geben konnte. Dies war der Grund für die Entscheidung der Gesellschaft, Uganda aufzugeben. Zumindest sollte jedoch ein Gutachten über die Bahnlinie erstellt werden. Außerdem riet Mackenzie Lugard, er solle verhindern, daß die Deutschen in Uganda Fuß faßten, Mwanga zu einem unbefristeten Vertrag überreden und ihm darlegen, daß es sich lediglich um einen zeitweiligen Rückzug handle.

Lugard hielt Mackenzies Befehl für widersinnig und – angesichts der absehbaren Folgen – für nicht durchführbar. Nach langen Überlegungen entschied er schließlich, dieser Order nicht Folge zu leisten und mit allen Mitteln zu versuchen, Englands Präsenz in Uganda zu bewahren.

Doch noch ehe Lugard seine Vorsätze wahrmachen konnte, traf mit einer neuen Versorgungskarawane ein Telegramm aus London ein, das ihm noch einmal eine Gnadenfrist setzte. Die CMS und andere humanitäre Verbände hatten im Herbst 1891 genug Geld auftreiben können, um den Rückzug der Gesellschaft aus Uganda um ein Jahr – bis Ende 1892 – zu verschieben. Lugard war überglücklich; doch bedeutete dies natürlich noch lange nicht die Lösung aller Probleme. Die wütende Rivalität zwischen den *Wa-Ingleza* und den *Wa-Fransa*, geschürt von den verfeindeten Missionsstationen, war keineswegs beigelegt, sondern im Gegenteil noch erbitterter geworden, und Mwanga schien unberechenbarer als je zuvor.

Bei Lugards Rückkehr nach Kampala wehte eine riesige Flagge König Mwangas, neben der der *Union Jack* wie ein kleiner Wimpel wirkte, über der Hauptstadt. Er betrachtete dies als Provokation, wenngleich der Kabaka behauptete, er sei sich »völlig einig«[9] mit den Briten. Diese Situation konnte nicht hingenommen werden, befand Lugard. Das Land stand, wie durch einen Vertrag besiegelt, unter britischer Schutzherrschaft, doch Mwanga beharrte auf seiner eigenen Flagge! Und zwischen den beiden verfeindeten Fraktionen der *Wa-Fransa* und *Wa-Ingleza* kam es täglich zu neuen Übergriffen. Es war an der Zeit, all dem ein Ende zu setzen; der König und die *Wa-Fransa* sollten »sich zu England bekennen, die neue Flagge einholen und allgemeine Religionsfreiheit gewähren«.[10] Doch für freundliche Worte war es bereits zu spät.

Am 22. Januar 1892, einem Freitag, sollte eigentlich gefeiert werden, denn es war Lugards 34. Geburtstag. Doch schon am Morgen erschienen einige aufgeregte Häuptlinge der *Ingleza*-Partei in Kampala: Einer der *Fransa*-Unterhäuptlinge hatte mutwillig einen *Ingleza* getötet. Lugard ging sofort zum König, um eine Erklärung zu fordern. Doch er mußte wie ein Bettler eine halbe Stunde lang draußen in der Hitze warten, und als er endlich vorgelassen wurde, fand er die *Fransa*-Häuptlinge in bester Laune um den König versammelt. Offenbar waren sie soeben zu einer Einigung mit Mwanga gelangt.

Lugard gab Mwanga ohne Umschweife zu verstehen, daß der Mörder erschossen werden müsse; nur so sei ein Bürgerkrieg zu verhindern. Der König bat ihn darauf höflich, zuerst den *Fransa*-Unterhäuptling anzuhören. Darauf wollte Lugard sich jedoch nicht einlassen; er ließ Mwanga einfach stehen und ging. Wie er später von seinem Dolmetscher erfuhr, war der König der Ansicht, der Mord sei aus Notwehr geschehen, eine Behauptung, die Lugard natürlich wütend zurückwies.

Vielleicht hätte Lugard eine Einigung mit Mwanga erreichen können, denn die Aussicht auf einen Krieg hatte den König stets geschreckt. Die *Wa-Fransa* dagegen brannten offenbar auf eine bewaffnete Auseinandersetzung, und die katholischen Fratres bestärkten sie noch in dieser Haltung, wie Lugard erfuhr. Sie predigten ihrer Herde, die Briten seien nur Händler, die man »mit bloßen Stockhieben«[11] vertreiben könne. Ihr Führer, der französische Bischof Jean-Joseph Hirth, war zur selben Zeit nach Buganda gekommen wie Lugard und hatte von Anfang an einen harten Kurs gegen »die Ketzer« vertreten.

In einem Brief vom 23. Januar bat Lugard den Bischof dringend, die *Fransa* zu beschwichtigen. Dieser erklärte daraufhin, er begrüße Mwangas Entscheidung, den Fransa-Unterhäuptling auf freien Fuß zu setzen, ermahnte Lugard, die »ungerechten Ansprüche«[12] der Protestanten nicht weiter zu unterstützen und wies darauf hin, daß diese Auseinandersetzung in Europa genauestens verfolgt würde.

Jetzt hing alles davon ab, ob Mwanga klein beigeben würde. Lugard ließ ihm in unmißverständlichen Worten mitteilen, daß der Mörder ausgeliefert werden müsse – entweder Gerechtigkeit oder Krieg, er habe die Wahl. Doch der König, den früher bei dem Wort »Krieg« Entsetzen ergriffen hatte, schien nunmehr ein ganz neues Selbstvertrauen gewonnen zu haben. »Nun gut«, antwortete er, »ich habe meine Entscheidung getroffen und werde sie nicht ändern. Wenn der Hauptmann Krieg will, so ist das seine Sache ... Die Protestanten werden alle sterben. Wenn es

Krieg gibt, werden wir Kampala einnehmen, und nicht nur das – alle Europäer werden umkommen.«[13]

Als Lugard diese Antwort des Königs übermittelt wurde, war er überzeugt, daß ein Angriff der *Fransa* unmittelbar bevorstand; und in der Tat waren ihre Trommeln bereits zu hören. Schon am Abend zuvor hatte er mit der Verteilung von Waffen und Munition an die *Ingleza* begonnen. Doch trotz der vierzig Vorderlader aus Stokes' Beständen waren sie dem Gegner weit unterlegen. Viele der besten Leute waren weg, um gegen Moslems und heidnische *Wa-Bangi* zu kämpfen. Lugard selbst hatte nur seine eigene Truppe von hundert Soldaten und etwa zweihundert Sudanesen, die moderne Feuerwaffen und die beiden beschädigten Maxim-Gewehre besaßen. Ihm war klar, daß er eine Belagerung Kampalas niemals würde durchhalten können. Außer den Trägern gab es noch an die tausend Frauen und Kinder, deren Wohl und Wehe von der Garnison abhing. Es war unmöglich, alle diese Menschen im Fort unterzubringen.

Kampala lag auf dem kleinsten der vier grünen Hügel vor der Hauptstadt. Auf der Anhöhe südlich davon befand sich Mengo, die eigentliche Königsstadt, über der die riesige rote Flagge Mwangas wehte. Im Südwesten lag Rubaga, wo die französischen Missionare soeben eine Kathedrale fertiggestellt hatten, und im Westen lag Namirembe, wo ihre britischen Rivalen gerade eine protestantische Kirche errichteten.

Am Sonntag, dem 24. Januar, war Lugard früh auf den Beinen und beobachtete, wie sich die *Fransa* vor Rubaga und Mengo sammelten. Dann erschien ein Bote vom Palast und überbrachte Mwangas Bitte, der Hauptmann möge dem Krieg Einhalt gebieten. Nicht, solange er den Mörder nicht ausliefere und die *Fransa* sich nicht entschuldigten, lautete dessen unnachgiebige Antwort.

Lugard schickte den *Ingleza* die restlichen Gewehre aus Stokes' Beständen. Den Missionaren – Protestanten wie Katholiken – hatte er bereits Schutz angeboten. Nun hallten erste vereinzelte Gewehrschüsse durch das Tal. Lugard sah, wie die *Ingleza* etwa eine halbe Meile von den *Fransa* Aufstellung nahmen; eine Linie, die sich von Kampala bis nach Namirembe hinzog. Er glaubte, Mwanga würde vielleicht doch noch nachgeben. Doch schließlich war seine Geduld erschöpft. Wenn es zum Krieg kam, sagte er sich, dann hatte er keine andere Wahl, als auf der Seite der *Ingleza* einzugreifen.

Es wurde immer noch verhandelt, als die Gewehrsalven zunahmen. Dann übertönte ein neues, furchterregendes Geräusch Schüsse, Trommeln und Kriegsgeschrei – das dunkle, immer wieder unterbrochene Knattern des Maxim-Gewehrs. Die Schlacht von Mengo – Lugards teuerster Sieg – hatte begonnen.

* * *

Erst Ende Mai erreichte ein detaillierter Bericht des Kampfgeschehens Europa, und zwar in Form eines Briefes von Bischof Hirth an seinen Vorgesetzten in Algier. Das Schreiben war vom 10. Februar datiert und nach Paris an den französischen Außenminister Ribot weitergeleitet worden, der am 25. Mai beim britischen Botschafter in Paris wegen der darin geschilderten Vorgänge heftigen Protest einlegte. Eine Woche später veröffentlichte eine katholische Londoner Zeitung Hirths grauenvollen Bericht:

Ein schreckliches Drama ereignete sich kürzlich in Uganda. Die dort schon seit langem verfolgten Katholiken wurden schmählich verraten und zusammen mit ihrem König, dem Bischof und 17 Missionaren vertrieben. Dies ist das Werk der Protestanten, die von der englischen [Ostafrika-]Gesellschaft unterstützt werden. An die Stelle des schönen katholischen Reiches König Mwangas ist nun wieder die Herrschaft des islamischen Halbmonds getreten, den die Engländer selbst ins Land rufen mußten, weil sie keinen anderen König finden konnten, der das von ihnen eroberte Land verwalten will. Dies ist einer der beschämendsten Akte in der Zivilisierung des Dunklen Kontinents.[14]

Im folgenden wurde Lugard die Schuld an der Schlacht von Mengo zugeschoben. Der Sieg der Protestanten, hieß es, sei ohne Hilfe der sudanesischen moslemischen Truppen und des Maxim-Gewehrs nicht möglich gewesen. Hirth und seine Missionare seien gerade noch mit dem Leben davongekommen, ihr Werk und ihre Habe aber seien vernichtet. Lugards verwerflichste Tat aber habe sich erst eine Woche nach der Schlacht, am 30. Januar, ereignet: Mwanga und seine katholischen Anhänger hätten sich auf eine nur wenige hundert Meter vom Festland entfernte Insel geflüchtet. Dort habe Lugard sie unter Beschuß genommen; viele Frauen und Kinder seien im Kugelhagel seiner Soldaten

485

umgekommen oder bei dem Versuch, sich an die fliehenden Boote zu klammern, Opfer der Fluten geworden.

Wie ein Lauffeuer verbreitete sich diese schreckliche Geschichte in ganz Frankreich und Deutschland und verlieh einer undurchsichtigen Stammesfehde den Charakter eines internationalen Zwischenfalls. Die französische Regierung drängte auf offizielle Nachforschungen wegen Mißhandlung französischer Staatsangehöriger. Am selben Tag, als der britische Botschafter zu Ribot zitiert wurde, erhielt Lord Salisbury einen unangenehmen Besuch von M. Waddington, dem französischen Botschafter in London, der die Verluste der französischen Mission detailliert aufzählte: eine Kathedrale, sechzig Kapellen, zwölf Schulen, und 50 000 Katholiken, die angeblich als Sklaven verkauft worden seien. Salisbury ließ sich davon allerdings nicht beeindrucken. Noch immer hatte er keine Nachricht von Lugard oder den britischen Missionaren erhalten. Die französische und die deutsche Regierung drängten auf eine rasche Aufklärung der Vorfälle. Die britische Öffentlichkeit jedoch, vor allem auch die Presse und natürlich Lord Salisbury, hielten Lugards Ehre desto höher, je mehr sie auf dem Kontinent mit Füßen getreten wurde. Allerdings hatten Nachwahlen der englischen Regierung die Mehrheit entzogen, und am 28. Juli 1892 wurde das Parlament von 1886 aufgelöst. In seinen letzten Wochen im Amt traf Salisbury noch zwei Maßnahmen zu Uganda. Er bekundete offiziell sein Einverständnis mit dem Plan von Mackinnons *Imperial British East Africa Company*, sich bis zum Jahresende aus Uganda zurückzuziehen. Nach der Debatte um die Bahnlinie im letzten Sommer hatte er den Eindruck gewonnen, seine Partei sei zu schwach, das Land zu sehr gespalten und die Ostafrika-Gesellschaft selbst zu unfähig, als daß es sinnvoll sein konnte, Mackinnon zum Weitermachen zu ermutigen.

Salisburys zweiter Schritt war eine Reaktion auf die harte Kritik aus Frankreich und Deutschland. Am 24. Juni gab die Regierung – obwohl sie von Lugard nach wie vor nichts gehört hatte – bekannt, sie wolle einen »objektiven Bericht« über die Vorfälle in Uganda in Auftrag geben. Mit dieser Aufgabe betraute man den jungen britischen Hauptmann James MacDonald, der Mombasa bereits verlassen hatte, um die Vermessungsarbeiten für die Bahnlinie zu leiten.

* * *

Am 15. August 1892 trat der nunmehr zweiundachtzigjährige desi-
gnierte Premierminister Gladstone seine Reise zur Königin an, um ihr
zum vierten (und vermutlich letzten) Mal seinen Antrittsbesuch abzustatten. Wie er später grimmig gegenüber Algy West bemerkte, erinnerte
diese Audienz an eine Begegnung »zwischen Marie Antoinette und ihrem
Henker«.[15] Die Königin äußerte sich kaum schmeichelhafter über Gladstone, »diesen gefährlichen alten Fanatiker«.[16] Um so erleichterter war sie
darüber, daß Lord Rosebery sich bereit erklärt hatte, in dieser »frevelhaf-
ten Regierung« mitzuwirken. Denn wenn dieser wortkarge Eigenbrötler
sich zur Außenpolitik äußerte, glaubte man eher einen imperialistischen
Tory wie Lord Salisbury vor sich zu haben als einen Liberalen. Doch in
Gladstones sonst so streitsüchtiger Partei war man sich darüber einig,
daß Roseberys Mitarbeit für das Überleben der Regierung unabdingbar
sei. Ohne ihn würde sie das Vertrauen der Öffentlichkeit nie gewinnen
können.

Nach den Wahlen im Juli bat ihn Gladstone, das Amt des Außenministers zu übernehmen. Rosebery willigte schließlich ein, doch nur unter
der Bedingung, daß er Salisburys Kurs weiter verfolgen könne. Ein
Konflikt zwischen ihm und den Imperialismusgegnern schien demnach
unvermeidlich. »Ohne Sie wäre die Regierung einfach lächerlich gewesen; mit Ihnen ist sie nur unmöglich«,[17] bemerkte einer seiner politischen
Gegner süffisant.

Uganda wurde gleich zum Thema einer ganzen Reihe von Auseinandersetzungen. Denn im August erneuerte Frankreich seine Angriffe gegen Lugard und das britische Außenministerium.

Lugard konnte später überzeugend darlegen, daß er an keinerlei Massakern beteiligt gewesen war. Das eine der beiden Maxim-Gewehre hatte
immer wieder ausgesetzt, während das andere völlig funktionsunfähig
gewesen war. Schwerer tat er sich mit dem Vorwurf, er sei für den
Ausbruch des Bürgerkrieges verantwortlich. Zu seiner Verteidigung führte
er an, er habe sich der protestantischen Seite angeschlossen, um seine
Position in Kampala halten zu können.

Rosebery beauftragte nun Sir Percy Anderson, einen »unvoreingenom-
menen« Bericht über die Ereignisse in Uganda zu erstellen, der sich nicht
nur mit Lugard und seinem Maxim-Gewehr befassen sollte. Wie vorauszusehen war, wies Anderson darin vor allem auf die strategische Bedrohung der britischen Position in Uganda durch Frankreich hin. Nach dem

Stand der Dinge werde sich die britische Ostafrika-Gesellschaft zum 31. Dezember 1892 aus Uganda zurückziehen. Die Frage sei, ob man diese Entscheidung aufrechterhalten sollte. Wenn die Gesellschaft Uganda verließe, würden die Franzosen sofort nachstoßen und sich an den Quellen des Nil festsetzen – somit bestünde die Möglichkeit, daß sie Großbritanniens Stellung in Ägypten unmittelbar bedrohten.

Rosebery beschloß, dieses Memorandum zu seinem eigenen Manifest zu machen, und erweiterte es um drei kriegerische Seiten aus seiner Feder, bevor er es an seine Kollegen weiterreichte. Seinen Vorstellungen zufolge sollte die Regierung Mackinnon aus Uganda abziehen lassen, das Land anschließend selbst annektieren, die Bahnlinie bauen und dann bis zum Sudan vordringen. Auf diese Art und Weise ließe sich auch eine zu erwartende Ausdehnung Frankreichs vom Kongo her abwehren.

Nicht ohne Grund fügte er dem provokativen Schreiben auch noch Kopien der letzten Telegramme von Sir Gerald Portal, dem britischen Generalkonsul in Sansibar, bei. Dieser hatte nämlich soeben die Ursache für Lugards Schweigen herausgefunden: Der Hauptmann befand sich auf der Heimreise. Zuvor hatte er den Generalkonsul über die prekären Machtverhältnisse in Uganda informiert. In den Telegrammen nahm Portal kein Blatt vor den Mund: Ein Abzug der Briten »wird *unvermeidlich* zu einem Massaker an Christen führen, wie es dieses Jahrhundert noch nicht erlebt hat«.[18]

Das Kabinett war entsetzt über den Bericht. Der neue Schatzkanzler Harcourt bezeichnete Andersons Text als »ausgesprochen chauvinistisch«, und der Gedanke, Uganda zu halten, erschien ihm geradezu »absurd«:

Cui bono? Dem *Handel?* Es gibt dort keinen Verkehr. Der *Religion?* Katholiken und Protestanten ... haben nichts Besseres zu tun, als sich gegenseitig die Kehle durchzuschneiden ... Der *Sklaverei?* Es gibt keinen Anhaltspunkt dafür, daß in dieser Region ein derartiges Problem herrscht ...
Ich sehe nur endlose Kosten, Schwierigkeiten und Katastrophen voraus, wenn wir uns bei diesem Geschäft in eine Verantwortung *hineintreiben* lassen, welcher Art diese auch immer sein mag.«[19]

Gladstone äußerte sein Entsetzen darüber, daß Rosebery dem »Hurrapatriotismus«[20] des Außenministeriums erlegen sei.

Bis Ende September konnten Gladstone und Rosebery ihre Differenzen nicht beilegen. Die Gründe für Gladstones unnachgiebige und verbitterte Haltung in diesem Streit lagen sehr lange zurück. Zehn Jahre zuvor hatten ihm die Whigs in der Auseinandersetzung um Ägypten eine demütigende Niederlage beigebracht. So war es kein Wunder, daß er die imperialistische und konservative Linie des Außenministeriums – nämlich Uganda zu halten, um Ägypten zu retten – nicht gutheißen wollte. Wie Harcourt befürwortete auch er einen Rückzug aus Ägypten, und beide strebten eine entsprechende Einigung mit Frankreich an. Sie wollten die demütigende Abhängigkeit von Deutschland beenden und lieber der französischen Demokratie vertrauen.

Als das Kabinett am Nachmittag des nächsten Tages wieder zusammenkam, schlug Gladstone eine Kompromißlösung vor, die Harcourt und ein Mitarbeiter Roseberys unabhängig voneinander erarbeitet hatten: Man solle der Ostafrika-Gesellschaft finanziell unter die Arme greifen, ihr damit drei Monate Aufschub gewähren, um Uganda zu verlassen, und so Zeit gewinnen. Portal teilte aus Mombasa mit, die Gesellschaft sei mit diesem Vorgehen einverstanden. Rosebery teilte der Königin vertraulich mit, er sei überzeugt, daß diese »Verzögerung meiner Politik sehr entgegenkommt«.[21]

Wie die meisten der jüngeren Imperialisten wußte auch Rosebery seine Beziehungen zur Presse gut zu nutzen. Zweifelsohne ließ er den entsprechenden Stellen ebenso vertraulich wie der Königin mitteilen, daß die Öffentlichkeit seine Politik gutheißen würde, wenn sie nur die Bedeutung dieser Angelegenheit erkannte. Bei seinem Freund George Buckle, dem Herausgeber der *Times*, stieß er jedenfalls auf uneingeschränkte Zustimmung, und auch andere namhafte Blätter sagten ihre Unterstützung zu. Roseberys wichtigstes Sprachrohr bei seiner Kampagne sollte jedoch Lugard selbst sein, der sich auf dem Weg nach London befand.

Er traf am 3. Oktober ein und stürzte sich sofort in den Werbefeldzug zur »Rettung« Ugandas. Als erstes schrieb er einen ausführlichen und beredten Brief an die *Times*. Großbritannien, so hieß es darin, sei auf neue Märkte in den Tropen angewiesen. Weshalb sollte man die Reichtümer Ugandas – Kaffee, Weizen, Baumwolle und Kautschuk – ausschlagen? Ferner brauche England, um sich in Ägypten zu behaupten, die Kontrolle über Uganda und die Nilquellen. Was würde geschehen, wenn diese in die Hände der Franzosen oder Deutschen fielen? Weiterhin stehe auch

Großbritanniens Ehre auf dem Spiel. Er, Lugard, habe die Ostafrika-Gesellschaft verpflichtet, den Schutz der Eingeborenen zu gewährleisten – und die Gesellschaft sei verpflichtet, im Namen Englands zu handeln. Ebensowenig könne man die Missionare einfach ihrem Schicksal überlassen, und schließlich dürfe auch Uganda nicht den Wirren eines Bürgerkriegs anheimfallen, den nur islamische Sklavenhändler gewinnen könnten. (Seinen eigenen Krieg gegen die französischen Missionare überging er dezent. Er bemerkte lediglich, diese hätten dieselben Leiden zu erdulden wie ihre britischen Kollegen.)

In derselben Woche wandte sich die Mehrzahl der prominenten Afrika-Experten über die Presse an die Öffentlichkeit. »Rettet Uganda!« forderten Stanley, Jephson, Livingstones Gefährte Horace Waller und Lord Grey. Doch es war Lugard, nach dem man überall verlangte, und er entpuppte sich als ein durchaus salonfähiger Held – ganz anders als Stanley.

Rosebery lenkte vom Außenministerium aus nicht nur seine »Rettet Uganda!«-Kampagne, sondern regte auch zwei weitere Interessenten zu ähnlichen Maßnahmen an: Mackinnons *Imperial British East Africa Company*, die sich die Hilfe der einflußreichen Handelskammern zunutze machte, und die *Church Missionary Society*, die mit anderen humanitären Gruppen zusammenarbeitete. Im November begab sich Lugard auf eine Reise durch die großen Manufakturstädte Manchester, Birmingham, Glasgow, Newcastle und Liverpool, wo er wie in London, Edinburgh, Cambridge und Norwich vor vollen Häusern sprach. Über alle diese Aktivitäten wurde ausführlich und gewöhnlich voller Begeisterung in der Presse berichtet.

Allerdings stammte keine einzige der 174 Petitionen, die im November das Außenministerium überschwemmten, von den Liberalen oder Radikalen; auch die Handelskammern zeigten sich nicht sonderlich beeindruckt von den wirtschaftlichen Möglichkeiten in Uganda. Tatsächlich war Roseberys Initiative in erster Linie von der Bewegung gegen die Sklaverei und anderen humanitären Gruppen aufgegriffen worden. Daher war es für Harcourt ein leichtes, sie als »von den Chauvinisten künstlich aufgeblasen«[22] zurückzuweisen.

Vor diesem Hintergrund konnte Rosebery nur eines tun, um seine skeptischen Kollegen im Kabinett zu überzeugen: Er drohte mit seinem Rücktritt. Zweimal, am 7. und am 11. November, stellte er Gladstone vor die Wahl, entweder der »Rettung« Ugandas zuzustimmen oder auf seine weitere Mitarbeit im Kabinett zu verzichten – wohl wissend, daß dies das Aus für die Regierung bedeutete. Am Ende des Monats gaben seine Kollegen nach. Rosebery war am Ziel.

Die Uganda-Krise endete am 23. November mit einem vorgeblichen Kompromiß. Das Kabinett beschloß, daß ein Bevollmächtigter des Empire vor Ort feststellen solle, was mit Uganda zu geschehen habe. Das klang zunächst sehr unverbindlich. Doch es war Salisburys Protégé Sir George Portal, der für diese Aufgabe ausgewählt wurde, ein Mann, der als glühender Imperialist bekannt war und Uganda unter allen Umständen halten wollte. Überdies ließ Rosebery ihm ohne Wissen des Kabinetts Anweisungen zukommen und ihm mitteilen, der Bericht, den er zu erstellen habe, sei eine reine Formsache; in Wirklichkeit solle er das Land von der Ostafrika-Gesellschaft übernehmen und für die Krone verwalten. Das sei es,»was die öffentliche Meinung hier erwartet und befürwortet«.[23]

Indem Gladstone vor Rosebery kapitulierte, streckte er auch vor dem Außenministerium die Waffen – genauer gesagt, vor Sir Percy Andersons entschlossener Strategie, die darauf abzielte, daß die Nilquellen unter allen Umständen in der Hand der Briten blieben.

Doch während in Uganda die Flagge der Ostafrika-Gesellschaft durch den *Union Jack* ersetzt wurde, und Großbritannien das Land offiziell zum Protektorat erklärte, erstand im Westen der Region eine neue Bedrohung für die Herrschaft der Europäer: Nach Jahren eines unsicheren Friedens hatten arabische Sklavenhändler über den Lomami-Fluß gesetzt, entschlossen, König Leopold aus dem Kongo zu vertreiben.

491

KAPITEL 24

Der Elfenbeinkrieg

Kongo und Brüssel
August 1892 – Sommer 1894

».. . eine große Karte Afrikas, die in allen Farben des Regenbogens
schimmert. Ein beträchtlicher Anteil war rot – und es war immer gut,
das zu sehen, denn man wußte, dort wurde wirklich etwas geleistet;
daneben verdammt viel Blau, ein wenig Grün, vereinzelte Flecken von
Orange und an der Ostküste ein purpurroter Farbtupfer, der anzeigt,
wo die [Deutschen] . . . ihr famoses Lagerbier trinken. Ich jedoch wollte
in keines dieser Gebiete gehen. Ich wollte dahin, wo die Karte
gelb ist. Genau ins Zentrum. Und dort war auch der Fluß – faszinierend
– bedrohlich – wie eine Schlange.«

Marlow läßt sich vom Kongo-Freistaat anwerben
(*Das Herz der Finsternis* von Joseph Conrad, 1902)

Im August 1892 erfuhr König Leopold, daß Arthur Hodister und
andere Handelsvertreter an einem Ort namens Riba-Riba am Lualaba-
Fluß getötet worden waren. Außerdem berichtete die Presse von einem
Aufstand der Araber in Manyema, der arabisch beherrschten Region
zwischen den Stanley-Fällen und dem Tanganjika-See, der Grenze zu
Deutsch-Ostafrika. Leopold setzte sich unverzüglich mit Edmond van
Eetvelde, dem Generalsekretär des Kongo in Brüssel, in Verbindung.
Dieser beruhigte den König mit der Mitteilung, sein Vertreter vor Ort
habe »wie üblich«[1] übertrieben. Von einem Großteil der arabischen Füh-
rer ginge keine Gefahr aus, denn sie seien Gefolgsleute von Tippu Tip,
und dieser wollte Frieden halten. Wenn Hodister tatsächlich umgekommen sei (was keineswegs der Fall sein mußte, denn schließlich beruhte die
Meldung lediglich auf der Aussage eines Sklaven), dann habe er seinen
Tod selbst verschuldet, meinte Van Eetvelde.

In jenen Tagen war Elfenbein nicht nur Leopolds wichtigste Einnah-
mequelle am oberen Kongo, sondern auch seine Leidenschaft. Zum

Unmut der Regierung des Kongostaats hatte Hodister seine Auftraggeber – die neugegründete *Compagnie de Katanga* – überredet, bei der Jagd
nach Elfenbein in neue Gebiete vorzustoßen. Er vertrat die Ansicht, man
könne den Arabern trauen und auch Manyema erschließen. Nicht durch
Eroberung, sondern durch den Handel sollte das Gebiet zivilisiert und
dann auf friedliche Weise in den Freistaat eingegliedert werden. In Leopolds Augen war Hodister damit zum Rivalen seiner Kolonialregierung
geworden. Der König wollte die geschäftlichen Möglichkeiten in Manyema selbst erkunden, wenn die Zeit dafür reif war. Im Augenblick
mußte er jedoch immer noch darauf achten, das Einvernehmen mit den
Arabern nicht zu gefährden, und durfte auf keinen Fall Soldaten in das
Gebiet jenseits des Lomami entsenden.

Zu Beginn des Jahres 1892 war Hodister mit einer vorzüglich ausgerüsteten Handelskarawane aufgebrochen. Sie drangen auf dem Lomami
300 Kilometer nach Westen vor, und ab Beni Kamba, wo der Fluß wegen
der Stromschnellen nicht mehr schiffbar war, setzten sie ihre Reise zu
Pferde fort. Bald stießen sie an die Grenze des großen Regenwalds. Das
südlich davon gelegene Land war praktisch noch unerforscht, und mit
dem hohen Gras, den Dornbüschen und den vereinzelten Baumgruppen
bot es den idealen Lebensraum für Elefanten. Doch von diesem Gebiet
bis nach Nyangwe erstreckte sich das prosperierende Reich von Tippu
Tips Rivalen Mohara.

Eines ließ allerdings befürchten, daß es mit den Arabern am Lualaba zu
einer Kraftprobe kommen würde: Im Februar 1891 war Hauptmann
Guillaume van Kerckhoven von Leopoldville aus aufgebrochen, um in
das Niemandsland nördlich des Aruwimini vorzudringen, das noch eine
größere Ausbeute an Elfenbein verhieß. Van Kerckhoven war der siebenunddreißigjährige belgische Offizier, dem Leopold den Auftrag erteilt
hatte, sich durch den nordöstlichen Teil des riesigen Ituri-Regenwalds zu
kämpfen, ein Unterfangen, das in den Jahren 1887 und 1888 beinahe
Stanley zum Verhängnis geworden wäre. Anschließend sollte er die Wasserscheide zwischen Kongo und Nil überqueren und die blaue Flagge des
Freistaats bis nach Äquatoria tragen. Zu jenem Zeitpunkt – im August
1892 – ging man davon aus, daß die Briten Uganda aufgeben würden.
Und so war Leopold entschlossener denn je, Emins Stützpunkt Wadelai
in Besitz zu nehmen, die sudanesischen Überlebenden aus Emins Garnison unter Vertrag zu nehmen und dann den Nil entlang bis nach Khartum

493

vorzudringen. (Ursprünglich war diese Mission Stanley angeboten worden, der den Plan jedoch wirklichkeitsfremd fand.)

Zunächst schien es, als sollte van Kerckhoven die Skeptiker eines besseren belehren. Leopold hatte ihm vierzehn weiße Offiziere und Unteroffiziere sowie 600 afrikanische Soldaten mit Gewehren zur Verfügung gestellt. Somit war er weitaus besser ausgerüstet als Stairs bei der Unterwerfung Msiris oder Stanley bei seiner Expedition zur Rettung Emins. Offiziell wurde behauptet, diese Truppe sollte in einem Feldzug gegen arabische Sklavenhändler eingesetzt werden. In Wirklichkeit war van Kerckhovens Auftrag weniger ehrenvoll: Er sollte alles Elfenbein in seinen Besitz bringen, dessen er habhaft werden konnte. Nördlich des Aruwimini brauchte er sich nicht einmal mehr die Mühe zu machen, dafür zu zahlen. Dort gab es keine Geschäftsinteressen, auf die man Rücksicht nehmen mußte, und deshalb sollte er den Arabern das Elfenbein notfalls auch mit Gewalt abnehmen.

Und so drang van Kerckhoven auf der Suche nach Elfenbein durch den Regenwald am Uelele in das dahinterliegende Elefantenland vor. Am 24. Oktober 1891 erbeutete er bei einem Zusammenstoß mit arabischen Händlern allein 800 Fangzähne. Die Araber, die ihn ein paar Tage später aufzuhalten versuchten, mußten für ihren Wagemut teuer bezahlen: Nach Aussage eines belgischen Missionars verloren sie in der Schlacht 1800 Männer.

In Europa vergoß niemand eine Träne über den Tod arabischer Sklavenhändler, die den modernen Waffen nichts entgegenzusetzen hatten (obwohl die meisten der Männer, die von van Kerckhoven und seinen Leuten niedergemäht wurden, höchstwahrscheinlich selbst Sklaven waren). Weitaus schwerwiegender war die Reaktion des Pariser Außenministeriums und der französischen Presse, denn das Regenwaldgebiet, das van Kerckhoven durchquert hatte, wurde von Frankreich beansprucht. (Die Nordostgrenze des Kongostaats war noch nicht eindeutig festgelegt.) Im Herbst 1892 zeigten sich außerdem die Engländer irritiert, als sie erfuhren, Kerckhoven habe die Kongo-Nil-Wasserscheide überschritten und befinde sich nun aller Wahrscheinlichkeit nach in Äquatoria. Doch zu diesem Zeitpunkt war er bereits tot – unweit des Nil wurde er versehentlich von seinem Gewehrträger erschossen. Mit dem diplomatischen Aufruhr, den seine Expedition ausgelöst hatte, sollte man sich in Europa allerdings auch noch in den folgenden zwei Jahren auseinandersetzen. Doch zunächst einmal reagierten die erbitterten Araber aus Manyema.

Nicholas Tobback, dem Vertreter des Freistaats an den Stanley-Fällen, standen zu seiner Verteidigung lediglich fünfzig Mann zur Verfügung. Seine besorgten Berichte wurden jedoch in Brüssel nicht ernstgenommen, sondern als Übertreibung abgetan. Mittlerweile hatte sich herausgestellt, daß van Kerckhoven das Elfenbein nicht nur umherziehenden Arabern oder den Männern Moharas abgenommen hatte. Der Großteil des weißen Goldes stammte vielmehr aus dem Besitz von Tippu Tips eigenem Clan. Verständlicherweise zeigte man sich hier entrüstet über diese Behandlung durch einen Staat, mit dem man immer loyal zusammengearbeitet hatte. Tippu Tips Sohn Sefu forderte Entschädigung. Dieser Meinung schloß sich auch Tippu Tips Neffe Raschid an, der das Amt des Gouverneurs an den Stanley-Fällen übernommen hatte, als Tippu Tip sich nach Sansibar zurückzog. Und ihr Rivale Mohara erklärte, ihm sei Elfenbein im Wert von eineinhalb Millionen Francs gestohlen worden.

Die ohnehin schon brisante Situation wurde noch dadurch verschärft, daß sich zwei Abgesandte des Freistaats – Leutnant Lippens und Feldwebel de Bruyne – an Sefus Hof in Kasango befanden. Wenn die Araber sich zum Aufstand entschlossen, würden Lippens und de Bruyne zu den ersten Opfern gehören.

Dennoch versicherte man Leopold, es bestünde keinerlei Gefahr, und im September war der Konflikt nach Ansicht Brüssels beigelegt. Man wollte Tippu Tip eine hohe Geldsumme bieten, falls er Sansibar verlassen und zu seinem Volk zurückkehren würde. Dadurch sollte verhindert werden, daß seine Anhänger mit Mohara gemeinsame Sache machten.

Ansonsten verfolgte Leopold im Herbst des Jahres 1892 die gleiche Politik wie vor der Affäre Hodister. In absehbarer Zeit würde er mit aller Härte gegen die Araber vorgehen. Doch zunächst einmal brauchte er alle verfügbaren Kräfte, um die Grenzen seines Kolonialreichs auszuweiten, den Franzosen am oberen Nil zuvorzukommen und sich Katanga einzuverleiben, bevor es an Cecil Rhodes fiel. Und so wiederholte die Regierung des Kongostaats noch einmal ihre eindringliche Warnung an die Garnisonschefs westlich von Manyema: ihre Truppen dürften auf keinen Fall den Lomami überqueren. Denn zu diesem Zeitpunkt war der Staat noch nicht in der Lage, einen Krieg gegen die Araber zu gewinnen.

In Lusambo erreichte diese Anweisung den Garnisonskommandeur Francis Dhanis, dem die schwierige Aufgabe oblag, das weite Gebiet zwischen Kasai und Katanga zu regieren – gestützt auf wenige hundert schwarze Soldaten. Das kleine, im Jahre 1890 errichtete Fort, war ein Symbol für Leopolds damals gefaßten Entschluß, die Araber an einem weiteren Vordringen in das Gebiet westlich des Lomami zu hindern. Von dem mehr als tausend Kilometer im Westen gelegenen Leopoldville aus sollte Lusambo über die Flüsse Sankuru, Kasai und Kongo per Schiff versorgt werden. Doch Leopolds Verwaltung war so überfordert, daß oft monatelang kein Dampfschiff eintraf. Eine Telegraphenverbindung gab es nicht. Und so war ein tatkräftiger junger Kommandeur wie Dhanis im wesentlichen auf sich selbst gestellt, wenn es darum ging, die einheimischen Truppen zu Preßpatrouillen auszuschicken, Nahrungsmittel zu requirieren und Sklaven zu kaufen, um sie zu Soldaten auszubilden. Aber Dhanis sagte diese Unabhängigkeit zu.

Um so mehr erschreckten ihn die Nachrichten, die er am 8. Oktober erhielt. Durch die erste erfuhr er von der Ermordung Hodisters und seiner Begleiter. Die zweite Nachricht enthielt den Befehl, auf keinen Fall den Lomami zu überqueren, sondern sich nach Süden zu wenden und das Gebiet bei Katanga zu erforschen.

Wenige Jahre später wurde Dhanis von seinen Zeitgenossen als Nationalheld gefeiert. Doch zu diesem Zeitpunkt unterschied er sich in keiner Weise von all den anderen jungen belgischen Offizieren, die sich als Freiwillige für den Dienst im Kongo zur Verfügung gestellt hatten. Dhanis, der als Sohn eines belgischen Konsuls in London zur Welt gekommen war, hatte bislang die Diplomatie dem Waffenklang vorgezogen. Allein durch Verhandlungen war es ihm gelungen, die gesamte Provinz Kwango – ein Gebiet, das achtmal so groß war wie Belgien – in den Kongostaat einzugliedern. Doch als er von Hodisters Tod erfuhr, verlor er die Geduld. »Anstatt auf den Feind zu warten und uns von ihm überwältigen zu lassen, sollten wir in die Offensive gehen.«[2]

Am 9. Mai war es in Riba-Riba zu einer Auseinandersetzung zwischen Moharas Gefolgsmann Nserara und Hodisters Agenten Noblesse gekommen. Denn trotz Moharas Verbot war Noblesse entschlossen, in Riba-Riba einen Handelsposten zu gründen. Noblesse traf Anstalten, die Flagge des Freistaats zu hissen und drohte Nserara, daß er bei Bedarf Tausende von Soldaten herbeirufen könnte. Nserara gab zur Antwort, daß man den Weißen in diesem Falle töten würde. Am nächsten Tag griff man Noblesse auf und prügelte ihn vor Nseraras Hütte langsam zu Tode. Leutnant Michiels, der Vertreter der Regierung, der Noblesse unterstützt hatte, erlitt das gleiche grausame Schicksal.

Währenddessen ritt Hodister mit drei Begleitern nichtsahnend durch den Busch zwischen dem Lomami und dem Luabala. Am 15. Mai stießen sie auf eine Gruppe feindlich gesinnter Araber. Vergeblich versuchte Hodister, sie durch Verhandlungen zu beschwichtigen. Er und seine Begleiter wurden erschossen und erstochen, ihre Köpfe an Moharas Vertreter in Riba-Riba gesandt und ihre Körper verspeist.

Nachdem Dhanis von diesen grauenvollen Ereignissen erfahren hatte, reifte in ihm der Entschluß, die Morde zu rächen. Aber wie sollte er vorgehen? Selbst wenn das Oberkommando in Boma seinen Befehl zum Stillhalten rückgängig machen sollte, würde es Monate dauern, bis Verstärkung eintraf. Doch nun machte es sich bezahlt, daß er bereits ein Bündnis mit drei mächtigen Häuptlingen aus dem Gebiet westlich des Lomami geschmiedet hatte: dem kühnen jungen Kriegsherrn der Batetela, Gongo Lutete, und dessen beiden früheren Vasallen und Rivalen Lupungu und Mpania Mutombo. Gongo herrschte über ein Reich am Lomami, dessen Zentrum die befestigte Stadt Ngandu mit ihren 10 000 bis 15 000 Einwohnern war. Wie die meisten der Stämme in diesem Gebiet waren die Batetela unverbesserliche Kannibalen. Nach Aussage von Dhanis Stabsarzt Hauptmann Hinde bestand das Pflaster auf dem Weg zu den sechs schmalen Stadttoren aus mindestens 2000 blankpolierten Menschenschädeln.

Gongo selbst war ein hochgewachsener, athletischer Mann und erfüllte sein Häuptlingsamt mit großer Würde. Auf dem Schlachtfeld kehrte er jedoch andere Eigenschaften hervor: Er stieß seine Befehle heraus wie die Kugeln aus einem Maxim-Gewehr und trieb seine Krieger gelegentlich zu stundenlangen Gewaltmärschen an.

Gongo war als Sklave bei Arabern aufgewachsen und dann zu Tippu Tip gekommen. Beeindruckt von seinen Taten in der Schlacht, schenkte Tippu Tip ihm die Freiheit. Nachdem er mehrere Jahre lang im Dienste Tippu Tips und seines Sohnes Sefu Sklaven und Elfenbein erbeutet hatte, entschloß er sich, auf eigene Rechnung weiterzumachen. Im April 1892 verlor er eine Schlacht gegen Dhanis und willigte im September ein, sich mit seinem Heer der Armee des Freistaats anzuschließen.

Mit seinen 10 000 wilden Verbündeten – von der die eine Hälfte mit Speeren und die andere mit Vorderladern bewaffnet war – fühlte Dhanis sich stark genug, um es mit den Arabern aufzunehmen.

Für Lippens und de Bruyne, die beiden Belgier, die in Sefus Hauptquartier Kasongo in einem Seitental des Lualaba festgehalten wurden, war der weitere Verlauf der Ereignisse zu einer Frage auf Leben und Tod geworden.

Die pulsierende arabische Stadt Kasongo lag 165 Kilometer östlich des Lomami und annähernd 350 Kilometer südöstlich von Lusambo. Ein Bote brauchte mehr als einen Monat, um zu Kommandeur Dhanis zu gelangen. Am 6. Oktober verfaßte Lippens einen eindringlichen Hilferuf.

Schon vor Hodisters Ermordung war seine Position alles andere als einfach gewesen. Zwar hatte man ihm ein kühles arabisches Haus mit Flachdach und zahlreiche Sklaven zugewiesen, und er konnte seine Tage damit verbringen, in weißen arabischen Gewändern auf der Veranda zu liegen und sich bedienen zu lassen. Doch er litt nicht nur an Heimweh, sondern auch an Lungenentzündung, Gelbsucht und Ruhr. Als de Bruyne zu ihm stieß, war er sehr erfreut. Denn auch wenn ihn die Araber mit ausgesuchter Höflichkeit behandelten, ließen sie ihn doch nie vergessen, daß er eine Geisel war.

Als die Nachricht von van Kerckhovens Raubzügen und der anschließenden Ermordung Hodisters eintraf, änderte sich die Atmosphäre in Kasongo dramatisch. Jetzt machten sich Sefu und die Araber nicht mehr die Mühe, ihren blanken Haß auf alle Weißen, einschließlich der Gesandten des Kongostaats, zu verbergen. Lippens' Haus wurde niedergebrannt, seine Habseligkeiten wurden gestohlen, seine Diener ermordet. Ihn selbst hielt man unter Arrest, so daß er keine Möglichkeit mehr hatte, mit de Bruyne zu sprechen. Sie wurden »wie Sklaven« behandelt, erklärte Lippens, und seine Furcht vor Sefu wuchs ins Unermeßliche. Dieser Mann kam ihm vor wie ein »wahrer Tiger«,[3] der jeden Augenblick sein Opfer in Stücke reißen konnte. Unverhohlen erklärte er seinen Gefangenen, sie würden als Geiseln für Dhanis' Wohlverhalten garantieren. Sefu selbst ermutigte Lippens zu seinem Hilferuf und diktierte ihm ein Ultimatum für Dhanis.

In dem Brief an Dhanis wurde deutlich, daß es Mohara bisher noch nicht gelungen war, Sefu auf seine Seite zu ziehen. Dies war nach wie vor

Moharas Ziel, und alle Araber in Kasongo unterstützten ihn darin. Doch Sefu fühlte sich durch den Vertrag mit dem Freistaat gebunden, den sein Vater Tippu Tip abgeschlossen hatte, um seine Besitztümer in Sansibar zu sichern. Mittlerweile gewann Mohara jedoch immer mehr an Boden. Mit 12 000 gut ausgerüsteten, erfahrenen Soldaten war seine Armee schlagkräftiger als die Sefus. Dies war der Stand der Dinge, als Gongo Lutete sich der Armee des Freistaats anschloß. Durch diesen Schritt gerieten die beiden Gefangenen in Kasongo in Lebensgefahr, denn Gongo, Tippu Tips ehemaliger Sklave, war noch immer Sefus Vasall. Da Dhanis Gongo zur Rebellion veranlaßt hatte, verlor Sefu seine Skrupel, die ihn bisher von einem Vertragsbruch abgehalten hatten – denn nun hatte Dhanis den Vertrag gebrochen.

In seinem Brief vom 6. Oktober erteilte Lippens Dhanis einen Rat, wie er den Zusammenschluß von Sefus und Moharas Armeen – die ein praktisch unbesiegbares Heer von 15 000 mit Gewehren ausgerüsteten Soldaten bilden würden – verhindern könne: Gongo mußte an Sefu ausgeliefert werden. Auf Sefus Befehl sollte de Bruyne den Brief persönlich mit einer Eskorte an den hundertfünfzig Kilometer entfernten Lomami bringen.

Es ist denkbar, daß Dhanis sich auf Verhandlungen eingelassen hätte, wenn er Lippens' Hilferuf noch im Oktober erhalten hätte. Doch so dauerte es viele Wochen, bis der Brief ihn erreichte. Vielleicht hätte sich aber auch nichts geändert, denn de Bruyne sandte zwei eigene Schreiben an Dhanis, in denen er vor Sefus Heer warnte, das sich auf dem Marsch zum Lomami befand. In seinem zweiten Brief, den Dhanis am 11. November erhielt, bat ihn Bruyne darum, den befehlshabenden Offizier seiner Vorhut zum Lomami zu entsenden, um mit Sefu zu verhandeln.

Unser Leben liegt in Ihren Händen, und unsere Sicherheit hängt von den Ereignissen ab, die nun folgen werden. Erstens werden sie uns mitleidslos hinrichten, wenn Sie sich weiterhin weigern, nach Ikere [am Ostufer des Lomami] zu kommen. Zweitens werden sie den Lomami überqueren, angreifen und Ihr schwaches Expeditionsheer vernichten. Drittens werden sie ins Lager eindringen und sich dann nach Süden wenden, was für den Staat ein schreckliches Unheil bedeuten würde.[4]

Dhanis hätte den Lomami innerhalb von drei Tagen, also am 15. November, erreichen und mit de Bruyne, vor allem aber mit Sefu, sprechen können. Doch er hatte nicht die Absicht, mit irgend jemandem zu verhandeln. Erst machte er Rast bei Kolomini und setzte dann seinen Vormarsch zum Lomami in aller Ruhe fort.

Warum zeigte sich Dhanis, der Patriot, gegenüber dem Schicksal seiner beiden Landsleute so gleichgültig? Die Gründe liegen auf der Hand. Dhanis war mit den arabischen Sitten bisher nicht vertraut und konnte nicht einsehen, daß es ein Fehler war, Sefus Vasallen Gongo Lutete zum Seitenwechsel zu überreden. Auf keinen Fall wollte er sich erpressen lassen und Gongo ausliefern. Lippens und de Bruyne waren Soldaten und sollten die harte Moral ihres Standes eigentlich kennen. Wie er diese selbst verstand, wird aus dem Bericht eines seiner Soldaten deutlich: »Er sagte uns . . . falls der Feldzug scheitern würde, habe er nicht die Absicht, lebend zurückzukehren, und wenn einem von uns das Mißgeschick widerfahren sollte, vom Feind gefangengenommen zu werden, würde er uns als tot betrachten und nicht das Leben eines einzigen Mannes aufs Spiel setzen, um uns zu retten.«[5]

Am 20. November hatte Dhanis schließlich den Lomami erreicht. Die fünftägige Rast bei Kolomini hatte genügt, den Entwicklungen eine eigene Dynamik zu verleihen.

Da Dhanis keine Anstalten machte, mit Sefu zu verhandeln, setzte dieser seine Truppen in Marsch.

Wie weit die Araber ihre Offensive tatsächlich treiben wollten, wird wohl nie bekannt werden. Dhanis' Offiziere gingen jedenfalls damals davon aus, Sefu habe die Absicht, auf das Gebiet des Freistaats vorzudringen und das über 1000 Kilometer entfernte Leopoldville einzunehmen. Doch dafür gibt es keinerlei Beweise. Ein planvoller, koordinierter Großangriff lag außerhalb von Sefus Möglichkeiten. Von seinen 10 000 Soldaten waren nur die wenigsten mit modernen Gewehren ausgestattet. Er verfügte weder über Artillerie noch über Dampfboote; seine Leute, zumeist Kannibalen und Sklaven oder Gefolgsleute von Stammeshäuptlingen, waren militärisch nicht geschult und vor allem undiszipliniert. Zwar zeigten sie beim Angriff große Tapferkeit, doch sobald sie in Bedrängnis gerieten, liefen sie Hals über Kopf davon. Am schwersten wog jedoch, daß Sefu versäumt hatte, sich mit anderen arabischen Führern zusammenzuschließen, obwohl diese teilweise seinem eigenen Clan angehörten und Tippu Tip zu Loyalität verpflichtet waren. Sein nächster Nachbar war allerdings sein Rivale Mohara, zu dem er noch immer vornehme Distanz wahrte.

So kam es, daß Sefus Vorstoß über den Lomami am Abend des 19. November erstaunlich zögernd vonstatten ging. Es dauerte zwei Tage, bis die mehreren tausend Männer in ihren Kanus den Fluß überquert und an seinem Westufer ein Fort errichtet hatten. Doch am 22. November zog ein Sturm herauf, der ihre primitiven Bambushütten umriß, so daß das Pulver für die Vorderlader dem Regen ausgesetzt war. Sefu ließ sich wieder auf das Ostufer übersetzen, um das Ende des Unwetters abzuwarten.

Leutnant Michaux, der energische junge Offizier, der von Dhanis den Auftrag erhalten hatte, das Flußufer zu überwachen, stieß nach einem zwölfstündigen Gewaltmarsch zu der von Gongo Lutete angeführten Vorhut. Gemeinsam wollten sie den weiteren Vormarsch der Araber verhindern.

Am Morgen nach dem Sturm eröffnete ihm Gongo, sie könnten die Araber nicht angreifen, weil die Vorderlader naß geworden seien. Da hatte Michaux einen Geistesblitz: Sefu mußte zwangsläufig vor dem gleichen Problem stehen, wohingegen ein Teil seiner eigenen Soldaten mit modernen Gewehren ausgerüstet war, denen der Regen nichts anhaben konnte. Und so gab er unverzüglich den Befehl zum Angriff auf das Fort.

Die überraschten Araber versuchten erst gar nicht, sich zu verteidigen. Wie Michaux später in seinem Tagebuch festhielt, schien es, als »wollte das Schicksal die Araber für all ihre früheren Verbrechen bestrafen«.[6] Zwei Unteroffiziere hieben ein Loch in den schwächlichen Palisadenzaun des Forts, und die Soldaten drängten sich durch die Lücke. Der äußere Festungsring war bereits verlassen. »Zum Lomami«, rief Michaux. Allein mit seinen fünfzehn mit modernen Gewehren bewaffneten Soldaten gelang es ihm (vorausgesetzt, man schenkt Michaux' Erzählung Glauben), mehrere tausend verängstigte Feinde in den Lomami zu treiben, dessen Strömung sie unweigerlich zu den nahegelegenen Stromschnellen fortriß. Die restlichen 150 Soldaten aus Michaux Einheit feuerten in die Menge der Flüchtenden. Es war »großartig und dämonisch«,[7] schrieb Michaux später.

Am nächsten Tag traf Dhanis mit seinem Hauptheer am Ort des Geschehens ein. Auf dem Schlachtfeld fanden sich 600 gefallene Gegner, doch man vermutete, daß 2000 bis 3000 im Fluß ertrunken oder umgekommen waren. In ihrer Panik hatten die Feinde dreißig Gewehre, 2000 Vorderlader und einen großen Vorrat Schwarzpulver zurückgelassen.

Sefu konnte zwar entkommen, doch seine Macht war gebrochen, sein Sohn gefallen und viele seiner erfahrenen Häuptlinge erschossen oder ertrunken. Vor allem aber hatte Sefu durch seinen Vorstoß Dhanis den nötigen Vorwand geliefert, den dieser für seine Offensive brauchte. Dhanis hatte nämlich keineswegs die Absicht, in Boma die Erlaubnis für einen weiteren Vormarsch einzuholen und dann monatelang auf eine Antwort zu warten. Am 26. November schickte er eine Vorhut in Kanus über den Lomami.

Damit hatte Dhanis seinen Rubicon überschritten, und es gab eigentlich nichts mehr, was seinen Marsch auf Rom – also auf Moharas Hauptstadt Nyangwe am Lualaba – aufhalten konnte. Michaux hatte bewiesen, daß Repetiergewehre in den Händen von disziplinierten westafrikanischen Soldaten unter der Führung von Europäern einen unschätzbaren militärischen Vorteil bedeuteten. Zwar war Dhanis bewußt, daß dieser Feldzug kein Spaziergang werden würde, doch seit der grausamen Ermordung Hodisters wurde er von einer Rachsucht und einem geradezu religiösen Eifer getrieben. »Unsere Feinde sind unversöhnlich, grausam, verräterisch, sie foltern ihre Gefangenen . . .«[8]

Nachdem die Nachricht vom Massaker am Lomami in Kasongo eingetroffen war, gab es für Lippens und de Bruyne keine Hoffnung mehr. Dhanis erfuhr von ihrem Schicksal erst Monate später. Flüchtende Araber hatten Anfang Dezember fälschlicherweise gemeldet, Sefu sei getötet worden – sie hatten ihn mit einem Häuptling gleichen Namens verwechselt. Daraufhin marschierten zwölf Männer zu Lippens' Haus und erstachen ihn auf der Veranda. De Bruyne saß am Schreibtisch, als seine Henker eintrafen. Sein Körper wurde in Stücke gehackt. Hände und Füße beider Männer schickte man zu Mohara nach Nyangwe. Als Sefu nach Kasongo zurückkehrte, zeigte er sich über den Mord an den beiden Weißen entsetzt und ordnete an, die Überreste der verstümmelten Leichen vor Lippens' Haus zu bestatten.

So starben die beiden Europäer, die ihr Leben dem Kampf für den Frieden gewidmet hatten. In Kinena, das ungefähr 450 Kilometer nordöstlich von Nyangwe im Regenwald lag, war dem Aufstand wenige Wochen zuvor ein dritter Europäer zum Opfer gefallen: Emin Pascha.

Nachdem er im Dezember 1889 widerstrebend mit Stanley nach Bagamoyo zurückgekehrt war und sich beim Sturz vom Balkon unglücklich am Kopf verletzt hatte, nahm Emin nur zu gern das Angebot der Deutschen an, die Seiten zu wechseln. Im April 1890 brach er an der Spitze einer großen deutschen Expedition dorthin auf, woher er gekommen war. Er hatte die Absicht, Uganda und eventuell auch noch Äquatoria für die Deutschen zu erobern. Doch ihre Reise blieb ergebnislos. Das britisch-deutsche Abkommen vom Juli 1890 machte alle Versuche, ein deutsches Kolonialreich zu schaffen, zunichte. Auch Carl Peters' Vertrag mit König Mwanga war plötzlich ungültig. Nach einem zermürbenden Jahr beschloß Emin, eine eigene Expedition zu organisieren und seine alten sudanesischen Soldaten wieder anzuwerben, die am Albert-See zurückgeblieben waren. Doch auch dabei war ihm kein Erfolg beschieden: Die Sudanesen unter der Führung von Selim Bey erklärten ihm, sie würden weiterhin dem Khediven die Treue halten. Daher war es Lugard und nicht Emin, in dessen Dienste sie traten. Zu allem Überfluß wurde Emins Karawane von einer Pockenepidemie dezimiert, und er war gezwungen, die Überlebenden an den Viktoria-See zurückzuschicken.

Nach diesem Fehlschlag tat sich Emin Pascha mit arabischen Elfenbeinjägern zusammen, fest entschlossen, in das westliche »Hinterland von Kamerun« vorzudringen – ein geheimnisvolles Ziel auf der anderen Seite Afrikas, jenseits des großen Regenwalds. Selbst für einen jungen, gesunden Mann mit einer ausreichenden Anzahl von Soldaten zu seinem Schutz wäre dies ein außergewöhnlich gefährliches Unternehmen gewesen. Emin jedoch zählte zweiundfünfzig Jahre, seine Gesundheit war angeschlagen, und er war zu siebzig Prozent blind. Und die Araber, denen er vertraute, waren jene Männer, die von den Belgiern bis an den Rand des Krieges getrieben worden waren.

Zwei Jahre später, kurz bevor die Belgier ihn wegen Mordes hinrichteten, erzählte ein Araber namens Ismaeli einem amerikanischen Offizier von Emins letzten Minuten.

Umgeben von Vögeln und Insekten, die er im Urwald gesammelt hatte, saß Emin Pascha auf seiner Veranda und schrieb. Er war guter

Laune. Vor kurzem hatte er von Kibongo, dem mächtigen Häuptling am Luabala, einen Brief erhalten, in dem ihm die Weiterreise gestattet wurde. Sein Gastgeber, ein anderer Häuptling, schlug Emin Pascha vor, er solle seine Männer zum Maniokernten und Bananenpflücken auf die nahegelegenen Pflanzungen schicken. Ihre Waffen könnten sie auf der Veranda zurücklassen.

Nachdem Emins Soldaten aufgebrochen waren, unterhielt sich der Häuptling noch eine Weile mit dem Weißen. Dann gab er das Zeichen. Ismaeli und ein anderer Mann fesselten Emin die Hände.

Vor dem Tod schien Emin keine Furcht zu verspüren, doch er zitterte, als er von seiner kleinen Tochter sprach, die mit ihrer Mutter, einer Sudanesin, die Karawane begleitete. Auf ein Zeichen des Häuptlings hin warf man Emin Pascha auf den Rücken, und mit einer raschen Bewegung schnitt ihm ein Araber die Kehle durch. Innerhalb weniger Sekunden war Emin Pascha tot.

Sein nackter, enthaupteter Leichnam wurde kurze Zeit später einfach in den Busch geworfen, doch den sorgfältig verpackten Kopf schickte man Kibongo am Lualaba. Dieser Häuptling erhielt außerdem Emins Kisten und Truhen und die bis zum letzten Tag sorgfältig geführten Tagebücher. Emins Männer wurden in die Sklaverei geführt, doch seine zweijährige Tochter übergab man Kibongos Obhut.

Dhanis' Heer war durch die Sklaven Sefus, die man gefangengenommen hatte, so angewachsen, daß es in zwei Kolonnen aufgeteilt werden mußte. Diese rückten mittlerweile auf Moharas Hauptstadt Nyangwe vor.

Angesichts der europäischen Repetiergewehre mit großer Schußweite und der zahlenmäßigen Überlegenheit des gegnerischen Heeres durch das Bündnis zwischen Gongo Lutete und Dhanis wäre Mohara eigentlich nur eine Wahl geblieben: Er hätte sich mit anderen Araberclans zusammenschließen und dann eine Zermürbungstaktik verfolgen müssen. Doch obwohl er für seine militärischen Heldentaten berühmt war, gehörte Mohara weder zu den hervorragenden Strategen noch zu den großartigen Taktikern. Ihm fehlten sowohl das Feuer der Kämpfer des *dschihad*, das den Mahdi beseelte, wie auch die genialen Führungsqualitäten Samoris. Die Araber an der Ostküste waren auf ihren Gewürznelkenplantagen bequem geworden und suchten ihr Heil lieber im Handel als im Krieg. Wenn überhaupt, dann kämpften sie gegen schutzlose Eingeborene, um sie zu versklaven.

Am 9. Januar kam Mohara bei einem Scharmützel ums Leben, das kaum den Namen Schlacht verdient. Nun war der Weg nach Nyangwe frei. Vierzehn Tage später erreichte Dhanis' siegreiches Invasionsheer – 400 Gefreite unter dem Kommando von sechs weißen Offizieren sowie 10 000 Kannibalen Gongos und erbeutete Sklaven – das schlammige Ufer des Lualaba gegenüber der Hauptstadt.

Noch wurde ihr Vormarsch von dem fast einen Kilometer breiten, reißenden Strom aufgehalten. Doch schließlich konnte Dhanis die Fährleute dazu überreden, sie überzusetzen. Am 4. März wurde das gesamte Heer in hundert Kanus auf das andere Ufer gerudert, und die saubere Stadt mit den weißgetünchten Häusern ergab sich, ohne daß ein Schuß fiel.

Doch fünf Tage später, nachdem Sefu um einen Waffenstillstand nachgesucht hatte und die meisten von Moharas Männern ihre Waffen übergeben hatten, kam es urplötzlich und ohne erkennbaren Grund zu einem unkontrollierten Ausbruch von Gewalt. Michaux äußerte später die Vermutung, Gongos Kannibalen seien die Anstifter gewesen. Es kam zu einem Massaker, das nach Aussage eines Belgiers der Bartholomäusnacht in nichts nachstand. Innerhalb weniger Stunden wurden Tausende von Arabern und ihrer Gefolgsleute erschossen. Doch auch Dhanis' Armee erlitt schwere Verluste, da Gongos Soldaten oft versehentlich auf die eigenen Leute zielten. Am nächsten Tag befahl Dhanis, die Stadt niederzubrennen und die Leichen in den Lualaba zu werfen. Doch weit und breit gab es keine Leichen. Die afrikanischen Verbündeten hatten sie samt und sonders verzehrt und lediglich die Köpfe verschmäht.

Natürlich erwähnte Dhanis in seinem offiziellen Bericht über die Erfolge seines Feldzugs gegen arabische Sklavenhändler den peinlichen Speisezettel seiner Verbündeten mit keinem Wort. Seine eigenen Offiziere hatten zunächst ihren Augen nicht trauen wollen. »Günstigerweise aßen Gongos Männer sie [in nur wenigen Stunden] auf«, schrieb einer von ihnen in einem Brief nach Hause. »Es ist schrecklich, aber auch äußerst praktisch und hygienisch . . . In Europa wäre ich von dieser Vorstellung entsetzt. Aber hier kommt es mir ganz natürlich vor. Zeigt diesen Brief niemandem, der seinen Mund nicht halten kann.«[9]

Michaux meinte: ». . . wir müssen im Augenblick einfach so tun, als würden wir es nicht sehen.«[10]

Gongo Lutete war es, den die Angewohnheiten seiner Soldaten am meisten anwiderte. Seine Leute machten keinen Unterschied zwischen ihren eigenen Toten – oder Verwundeten – und denen des Gegners. Bei dem Anblick der Kannibalen, die zu Tausenden menschliche Arme oder andere Körperteile über dem Feuer rösteten, zog der von Arabern erzogene Häuptling sich angeekelt zurück.

Bis jetzt hatte Dhanis bewußt im Widerspruch zu dem Befehl der Regierung in Boma gehandelt. Mitte März 1893 erfuhr er jedoch, daß sein direkter Vorgesetzter Fivé sein Vorgehen guthieß, und Anfang April erhielt er Munition und Verstärkung. Nun fühlte Dhanis sich stark genug, um einen Angriff auf Sefus zwei Tagesmärsche entfernte Hauptstadt Kasongo zu wagen. Es war eine prächtige Metropole mit nahezu 50 000 Einwohnern, Wachtürmen und Befestigungsanlagen, die inmitten von Granatapfel- und Orangenhainen und Reis- und Zuckerrohrfeldern lag. Am 22. April fielen Dhanis' Männer in dieses Paradies ein, ohne daß Sefu einen ernsthaften Versuch unternommen hätte, es zu verteidigen.

In Nyangwe hatten die Unterlegenen wenigstens noch die Möglichkeit gehabt, ihren Besitz in Sicherheit zu bringen. In Kasongo erfolgte der Angriff jedoch so unerwartet, daß die Sieger unverhofft in den Besitz ungeahnter Schätze kamen. Dr. Hinde bemerkte später:

... selbst die gemeinen Soldaten schliefen auf einem Lager aus Seide und Satin, in geschnitzten Betten mit Seidenvorhängen und Moskitonetzen.

... Wir fanden hier viele europäische Luxusgüter, von denen wir schon fast vergessen hatten, wie sie aussahen: Es gab Kerzen, Zucker, Streichhölzer, Becher aus Silber oder Glas und Karaffen im Überfluß. Außerdem brachten wir ungefähr fünfundzwanzig Tonnen Elfenbein in unseren Besitz sowie zehn bis elf Tonnen Pulver, Millionen von Zündkapseln, Geschosse für jede Art von Gewehren und Pistolen, die je hergestellt wurden, einige Granaten und eine deutsche Flagge, die die Araber in Deutsch-Ostafrika erbeutet hatten.[11]

Nach diesem stürmisch verlaufenen Feldzug brauchte Dhanis erst einmal Zeit, um seine Position zu festigen. Tausende von Sklaven waren plötzlich ohne Besitzer, und Dhanis schickte sie zur Arbeit in die Obsthaine und

Maisfelder, so daß sie in kürzester Zeit die gesamte Armee versorgten. Die Regierung in Boma war mittlerweile bereit, sich in das *Fait accompli* zu fügen, und schickte Verstärkung.

In dieser Situation begingen sie ein Unrecht, das sich verhängnisvoll auswirken sollte. Gongo Lutete, ohne dessen menschenfressende Krieger der belgische Kommandeur nie den Sieg hätte erringen können, hatte Dhanis während des gesamten Feldzugs treu gedient. Nun aber witterten seine Rivalen Morgenluft. Man warf ihm vor, Dhanis' Ermordung geplant zu haben, und stellte ihn vor ein Feldgericht. Drei junge Offiziere unter dem Vorsitz von Leutnant Scheerlinck verurteilten ihn zum Tode durch Erschießen.

Als Dhanis davon erfuhr, wußte er sogleich, daß dieser Vorwurf erlogen war. Doch er befand sich in Nyangwe, eine Sechs-Tage-Reise von Ngandu entfernt. Zwar entsandte er unverzüglich Dr. Hinde, um Gongo zu retten, doch dieser traf zwei Tage zu spät ein.

Um der Exekution zu entgehen, hatte sich der stolze Häuptling in seiner Zelle erhängen wollen. Man hatte Gongo noch lebend gefunden und losgeknüpft, doch dann war er vom Erschießungskommando hingerichtet worden.

Innerhalb kürzester Zeit verbreiteten die Trommeln die traurige Nachricht von Dorf zu Dorf. Gongo, der große Häuptling, war von seinen weißen Verbündeten ermordet worden! Das ganze Land wurde von Unruhe ergriffen wie von einem bösen Fieber.

Nach einigen Wochen beruhigte sich die Lage wieder. Schwieriger gestaltete sich der Umgang mit den zornigen Batetela, Dhanis' mutigen Helfern. Viele begingen Fahnenflucht und brachten dadurch die Armee in der Endphase des Krieges in eine schwierige Situation. Andere blieben zwar loyal, doch vergessen oder vergeben konnten sie nie, was die Weißen ihrem Häuptling angetan hatten.

Diese angestauten Gefühle sollten schließlich im großen Aufstand der Batetela von 1897 zum Ausbruch kommen – einer blutigen Rebellion, die Dhanis beinahe das Leben kostete und König Leopold in einem Augenblick die Hände band, als er den Nil bereits in seinem Besitz wähnte.

* * *

Im April 1894 kehrte Dhanis im Triumph nach Brüssel zurück. Zum Dank für seinen brillanten Akt des Ungehorsams verlieh ihm König

Leopold den Titel eines Barons. Die mächtigen arabischen Führer waren getötet, gefangen oder aus dem Land vertrieben. Was blieb, waren die Aufräumarbeiten: Man mußte Hunderte von Tonnen Elfenbein und Zehntausende von Sklaven in den Besitz des Staates überführen sowie die Mörder von Hodister, Emin, Lippens und de Bruyne hinrichten.

Durch die Eroberung der arabischen Gebiete ließ sich Leopold jedoch nicht von seinem eigentlichen strategischen Ziel ablenken: der Eroberung des Nil. Im März 1894 unterbreitete ihm Lord Rosebery, welcher zur Befriedigung der Königin Gladstones Nachfolger im Amt des Premierministers geworden war, ein erstaunliches Angebot, das ihm einen Zugang zum südlichen Sudan verschaffen konnte.

Es läßt sich nur schwer erklären, warum dieses Angebot ausgerechnet von dem Imperialisten Lord Rosebery kam, der immer wieder die strategische Bedeutung des oberen Nil für Großbritannien hervorgehoben hatte. Doch bis zu diesem Zeitpunkt unterschätzte Rosebery Leopold als Rivalen ebenso wie seine beiden Mentoren Sir Percy Anderson und Lord Salisbury.

Noch in seiner Zeit als Außenminister hatte Rosebery erklärt, nur indem man Uganda zur britischen Kolonie erklärte, könne man verhindern, daß die Franzosen zum Nil vordrängen. Zu seinen ersten Amtshandlungen als Premierminister gehörte der Antrag ans Parlament, Uganda zum Protektorat zu erklären. Zwar wurde der Vorschlag von seinen liberalen Parteifreunden abgelehnt, doch er fand die Unterstützung von Lord Salisbury und den Torys. Wie sonst sollten die Franzosen daran gehindert werden, eine Expedition von Ubangi aus in den südlichen Sudan zu schicken? Zunächst hatte Rosebery vorgehabt, den Franzosen mit Hilfe der Deutschen in Kamerun den Weg zu versperren: Er wollte die Deutschen ermutigen, ihre Grenze weiter in Richtung auf die Nilwasserscheide vorzuschieben. Doch im Februar 1894 überließen die Deutschen den Franzosen ein entscheidendes Stück Land. Und so wandte sich Rosebery in seiner Verzweiflung an Leopold, der ebenfalls die Hand nach dem Nil ausstreckte. Wäre Seine Majestät daran interessiert, einen Großteil von Ägyptens südlichen sudanischen Provinzen, nämlich Äquatoria und den Bahr al-Ghazal, zu pachten?

Natürlich würde er die ägyptische – also die britische – Oberhoheit anerkennen müssen. Doch durch diesen Schritt konnte er ohne große Probleme an den Nil vorstoßen, und dem Vordringen der Franzosen

wurde ein Riegel vorgeschoben. Im Gegenzug sollte Leopold den Engländern einen Korridor westlich von Deutsch-Ostafrika verpachten, der
Uganda mit dem Tanganjika-See verband. Dies war das fehlende Stück in
der »roten« Trasse vom Kap bis nach Kairo, von der Cecil Rhodes
träumte.

Ohne Zögern nahm Leopold das Angebot an und akzeptierte bereitwillig alle Bedingungen. In Wahrheit jedoch entbehrten seine Ansprüche auf
den Nil einer realistischen Grundlage. Nach van Kerckhovens Tod hatten
seine Männer zwar ihren Weg fortgesetzt, doch die Expedition war zu
schwach, als daß sie sich noch lange gegen die Mahdisten hätte behaupten können. Die Überlebenden zogen sich geschlagen in den Kongo zurück. Leopold hatte das britische Außenministerium bewußt getäuscht,
indem er falsche Berichte über den Erfolg der Expedition in der belgischen Presse verbreiten ließ.

Doch dann trieb Leopold das Spiel zu weit. Am 12. April 1894 unterzeichnete er einen Geheimvertrag mit den Briten. Vier Tage später
verhandelte er mit den Franzosen über die Festlegung der langumstritte-
nen Nordostgrenze des Kongostaates am Ubangi. Die Franzosen verbanden mit ihrem Angebot die Forderung nach einem Zugang zum Nil über
den Bahr al-Ghazal. Leopold versuchte, seinen Vertrag mit den Engländern geheimzuhalten, doch die Wahrheit sickerte durch. Erbost brach
Gabriel Hanotaux, der Leiter der französischen Delegation, die Verhandlungen ab und drohte, in Frankreich eine Pressekampagne zu lancieren,
die Leopold den Thron kosten würde.

Zunächst wurde diese Drohung des Diplomaten nicht weiter ernstgenommen. Doch im Mai stürzte die französische Regierung, und zu Leopolds Pech hieß der Außenminister des neuen Kabinetts Gabriel Hanotaux. Dieser setzte nun Leopold gnadenlos unter Druck und machte das
britisch-kongolesische Abkommen bekannt, dessen Einzelheiten am
12. Mai veröffentlicht wurden. Die Franzosen verlangten jetzt den gesamten Bahr al-Ghazal und waren lediglich bereit, Leopold auf Lebens-
zeit den Nießbrauch für einen Teil von Äquatoria, nämlich die Enklave
Lado, zu überlassen.

Hilfesuchend wandte sich Leopold an Rosebery, aber dieser hörte ausnahmsweise auf seine Kabinettskollegen. Niemand wollte wegen Leopold einen Krieg mit den Franzosen riskieren. Wesentlich ratsamer war

es, den ständigen Streitigkeiten mit Frankreich ein Ende zu setzen. Um die britische Position in Ägypten abzusichern, wollte Rosebery auch weiterhin den Nil vom Mittelmeer bis zum Viktoria-See kontrollieren. Dies war das Rückgrat des britischen Kolonialreichs in Afrika. Und so zwang man den belgischen König, alle seine Territorien am Nil außer der Enklave Lado aufzugeben.

Am politischen Himmel Europas war ein neuer Stern aufgegangen: Gabriel Hanotaux, der es sich zum Ziel gesetzt hatte, den plötzlichen Appetit auf Kolonien, den der unverschämte britisch-kongolesische Vertrag in Frankreich geweckt hatte, in sichere Bahnen zu lenken.

KAPITEL 25

Der Wettlauf zum Niger

Paris, London und Westafrika
5. September 1894 – Januar 1897

»[Wir] bedauern es jetzt *außerordentlich*, besonders, daß die
Angestellten *getötet* und ihre Geschlechtsteile *verspeist* worden sind.«

König Koko und die Häuptlinge der Brass an den Prinzen von Wales, 1895

Am 5. September 1894 empfing Gabriel Hanotaux den britischen
Geschäftsträger Constantine Phipps in seinen prächtigen Räumen
im ersten Stock des Quai d'Orsay. Er hatte sich zum Ziel gesetzt, Ordnung in den *course de clocher* zu bringen – wie der Wettlauf um Afrika
jetzt bei den Franzosen genannt wurde. Zunächst war man allgemein
erstaunt gewesen, als Dupuy bei seiner Kabinettsumbildung im Mai des
Jahres Hanotaux den Posten des Außenministers gab. Der einundvierzig-
jährige Wissenschaftler hatte dreizehn Jahre lang in den Hinterzimmern
des Quai d'Orsay als Archivar und Historiker gearbeitet. Erst Gambetta
war durch einen Artikel in *Le Temps* auf den Mann mit dem Spitznamen
»Professor«[1] aufmerksam geworden und hatte ihn ins Außenministerium
geholt. Innerhalb kürzester Zeit war er zum Leiter der Konsular- und
Handelsabteilung aufgestiegen.

Wie Dupuy und seine Kabinettskollegen war Hanotaux gemäßigter
Republikaner und Pragmatiker. Allerdings teilte er auch Gambettas und
Ferrys Begeisterung für den Kolonialismus. Sein Auftreten als Diplomat
war von Bestimmtheit, aber auch von Vorsicht geprägt, was in der
augenblicklichen angespannten Lage durchaus angebracht war. Freycinets rußlandfreundliche Politik hatte nicht gerade zu einer Verbesserung
der französisch-britischen Beziehung beigetragen. Im Gegenteil, seitdem
Großbritannien Ägypten besetzt hatte, versuchte Rußland, einen Keil
zwischen England und Frankreich zu treiben. Auch Hanotaux war ein
Verfechter des französisch-russischen Einverständnisses, doch er trat

auch für eine »freundschaftliche Einigung«[2] mit den Briten ein, um so ein Gegengewicht zu dem Dreibund (Deutschland, Italien und Österreich) zu schaffen. Für dieses Ziel mußte man jedoch möglicherweise in Afrika Opfer bringen. Aber waren die Eiferer aus der Kolonialpartei im Parlament und der neue hitzköpfige Kolonialminister Théophile Delcassé auch vernünftig genug, diese Notwendigkeit einzusehen?

Es gab zwei heikle Fragen in Afrika, bei denen dringend eine »freundschaftliche Einigung« erzielt werden mußte. Da war zunächst die Aufteilung Westafrikas; die nördlichen Grenzen der drei isolierten britischen Territorien – Sierra Leone, die Goldküste und das Gebiet der Niger Company – am Lauf des Niger und im westlichen Sudan mußten festgelegt werden. Und zweitens galt es zu entscheiden, wem die riesigen Wüstengebiete am oberen Nil und im westlichen Sudan zugesprochen würden, die im Augenblick noch von den Anhängern des Mahdi besetzt waren.

Bereits im britisch-französischen Abkommen vom 5. August 1890 waren von den Außenministern Salisbury und Waddington »Einflußsphären« festgelegt und die Sahara sowie das im Süden angrenzende Gebiet einschließlich des oberen Niger bis nach Say den Franzosen zugesprochen worden. Doch abgesehen davon war das arme Gambia die einzige britische Kolonie in Westafrika, über deren Grenzen man sich geeinigt hatte.

Im Jahre 1894 war man sich offensichtlich bewußt, welcher Zündstoff darin lag, daß man es bisher versäumt hatte, die Nordgrenzen von Sierra Leone, der Goldküste und dem Nigergebiet festzulegen. Jederzeit konnte es zu einem Zusammenstoß der rivalisierenden Parteien kommen: zwischen britischen Soldaten, die am unteren und mittleren Niger in nördliche Richtung vordrangen, und den französischen Soldaten, die nach Süden und Osten auf das Meer zustrebten. Das britische Außenministerium behauptete, durch das Abkommen von 1890 sei die Nordgrenze Nigerias im wesentlichen eindeutig festgelegt. Man bezog sich dabei auf einen Passus, laut dem die französischen Besitzungen an einer imaginären Linie zwischen Say, Barruwa und dem Tschad-See endeten und lediglich die Gebiete umfaßten, die »von Rechts wegen zum Königtum Sokoto gehören«[3]. Kurz bevor Hanotaux im Februar 1894 Außenminister wurde, behauptete der Quai d'Orsay allerdings, die südliche Grenze der französischen Regionen sei keineswegs identisch mit der Nordgrenze von Nigeria, vielmehr beziehe sich das Abkommen lediglich auf die Besitzungen Frankreichs am Mittelmeer. Das Gebiet südlich der Linie sei noch immer

Niemandsland und stünde französischen Entdeckern offen, vorausgesetzt, sie träfen als erste dort ein.

Ob Hanotaux sich dieser Auffassung anschloß, ist nicht bekannt. Möglicherweise hatte er jedoch ein gewisses Verständnis für die Reaktion des britischen Außenministeriums, das diese Behauptung als »lächerlich«[4] abtat. Ganz gewiß aber war er mit der provokativen Politik des Kolonialministeriums in der Rue Royale unter Etienne und seinen Nachfolgern nicht einverstanden. Dort diskutierte man nämlich den verwegenen Plan, eine Expedition nach Faschoda am oberen Nil durchzuführen und so den Briten die Stirn zu bieten. Die Durchführung dieses Plans, so fürchtete Hanotaux, konnte Großbritannien und Frankreich an den Rand eines Krieges treiben.

Der erste Kolonialminister Frankreichs hieß Théophile Delcassé. Er hatte das neugegründete Ressort im Januar 1893 übernommen. Bereits im April 1893 hatte er insgeheim beschlossen, den Forscher Parfait-Louis Monteil nach Faschoda zu entsenden.

Welche Gründe bewogen Delcassé zu seiner Entscheidung? Allem Anschein nach war er von einem Vortrag des französischen Hydrologen Victor Prompt inspiriert worden, der vorschlug, im Sumpfgebiet von Faschoda am oberen Nil knapp 800 Kilometer südlich von Khartum einen riesigen Damm zu errichten. Mit diesem Damm würde man die Kontrolle über den Nil und somit Ägypten in der Hand haben – man konnte das Land überfluten oder ihm das Wasser verweigern. Erstaunlicherweise waren auch intelligente Staatsmänner der Ansicht, daß dank von Milliarden Tonnen Wasser »die ägyptische Frage wieder offen«[5] sei, wie Delcassé sich händereibend ausdrückte.

Monteil sträubte sich zunächst, diesen ehrenvollen Auftrag anzunehmen, und zögerte seinen Aufbruch bis zum 16. Juli 1894 hinaus.

Zu diesem Zeitpunkt hatte sich die politische Situation durch Leopolds provozierenden Vertrag mit den Briten dramatisch geändert. Wieder einmal richtete sich die Aufmerksamkeit der französischen Öffentlichkeit auf den oberen Nil, und aus diffusen Grenzstreitigkeiten machte man nun eine Frage der nationalen Ehre. Kontrolle über den oberen Nil bedeutete Kontrolle über Ägypten. Offensichtlich würden die Engländer niemals ihr Versprechen halten und aus Ägypten abziehen. Hanotaux versuchte, die aufgebrachten Gemüter zu beschwichtigen, indem er Monteils Mission als einen gegen die Briten gerichteten Schritt hinstellte. Doch eigentlich lag ihm nichts ferner als das. Er hatte Monteil unterstützt, als dieser seinen Aufbruch hinauszögerte, und nun untersagte er dem Forscher sogar ausdrücklich, nach Faschoda zu ziehen, ja sogar, den Kongo zu verlassen: ». . . nicht einmal ein einziger Soldat«[6] dürfte das Niltal betreten. Als Delcassé jedoch Monteil nach Leopolds geplatztem britisch-kongolesischen Abkommen nach Frankreich zurückrief, war Hanotaux allerdings auch nicht einverstanden. Zwar war es Torheit, die Briten zu reizen, doch wenn man Monteil als Trumpfkarte im Kongo belassen hätte, hätte dies den bevorstehenden Verhandlungen mit den Briten den richtigen Schwung verliehen.

Am 5. September 1894 begannen also die Verhandlungen zwischen Hanotaux und dem britischen Geschäftsträger. Zunächst bat Phipps die Franzosen um zwei wesentliche Zugeständnisse. Sie sollten die britischen Ansprüche auf den oberen Nil bis hin zur Kongo-Wasserscheide anerkennen, wobei der Sudan trotz der Besetzung durch die Briten – zumindest auf dem Papier – ein Teil des ägyptischen Reiches bleiben würde. Mit anderen Worten, solange die Engländer in Ägypten blieben, wollten sie auch den Sudan. Außerdem sollten die Franzosen die britische Auslegung des Abkommens von 1890 anerkennen. Die Linie zwischen Say und Barruwa sollte die definitive Nordgrenze für das Gebiet der Niger Company bleiben.

Als Gegenleistung bot Phipps den Franzosen »Entschädigung« in Westafrika an. Die Briten seien bereit, einen guten Teil von Borgu abzugeben, so daß Dahomey einen breiten Korridor aus dem Hinterland des Niger erhalten würde. Außerdem könne eine »günstige Korrektur«[7] der Grenze von Sierra Leone ins Auge gefaßt werden. Abgesehen davon sollten die französischen Missionare 10 000 Pfund als Ausgleich für die Schäden bekommen, die ihnen durch Lugards Maxim-Gewehr und die Wa-Ingleza während des Bürgerkriegs in Uganda zugefügt worden waren.

Was den Niger betraf, war Hanotaux bereit, mit sich reden zu lassen. Was jedoch den Nil betraf, würden ein paar Krumen nicht genügen, um Delcassé und seinen gierigen Kolonialisten den Rachen zu stopfen. So schlug er vor, daß der obere Nil ausschließlich ägyptisches Hoheitsgebiet bleiben solle, von dem sich sowohl Briten als auch Franzosen fernhalten würden, bis die Ägypter die Mahdisten vertrieben und das Land wieder unter ihre Kontrolle gebracht hatten. Somit würde Uganda die Grenze der britischen und der Kongo die Grenze der französischen Sphäre bilden, und der obere Nil bliebe auch weiterhin Niemandsland.

Der naive Phipps zeigte sich von diesem Vorschlag angetan und stellte ihn in seinem Bericht nach London als »Richtlinie«[8] für das künftige Abkommen dar. Percy Anderson jedoch hatte das Geschehen mit Adleraugen verfolgt, und wie ein Adler stieß er jetzt auch zu. Phipps hatte sich über den Tisch ziehen lassen. Das Angebot der Franzosen, sich vom oberen Nil fernzuhalten, beruhe auf einem Bluff, denn sie hätten gar keine Truppen, um die Mahdisten zu vertreiben und den Sudan zu besetzen. Und für dieses scheinbar großzügige Entgegenkommen sollte Großbritannien halb Borgu und den Sudan aufgeben?

Wäre Salisbury noch Premierminister gewesen, hätte er Anderson möglicherweise in seine Schranken verwiesen und Hanotaux die Hand gereicht. Denn in bezug auf das Nigergebiet wäre eine Einigung möglich gewesen, vorausgesetzt, man klammerte den Nil bei den Verhandlungen aus. Es war ein Fehler, die offenen Fragen zu diesen beiden Strömen – deren Wasser ohnehin schon schmutzig und reißend genug war – miteinander zu vermischen. Der Mittellauf des Niger hatte bisher weder heftigere Begehrlichkeiten geweckt noch war er zu einem Symbol nationaler Ehre geworden. Auf einer rein geschäftlichen Ebene konnte man mit Goldies Niger Company Grenzkorrekturen vereinbaren und den Franzosen einen Teil der britischen Territorien im Westen von Borgu gegen Gebiete im Norden von Sokoto überlassen. Was den oberen Nil betraf, waren den Verhandlungspartnern hingegen im Augenblick die Hände gebunden – jedenfalls solange die Wogen so hoch schlugen.

Die französische Öffentlichkeit reagierte in der Ägypten-Frage mit der Eifersucht eines sitzengelassenen Liebhabers, und Wiedergutmachung war zu einer Frage der Ehre geworden. Doch auch für die Briten stand in Ägypten das nationale Ansehen auf dem Spiel. Und dabei ging es um mehr als nur die dreifache strategische Bedeutung des Landes – indem man den Sudan schützte, schützte man Ägypten und damit wiederum den Suezkanal, also den Seeweg nach Indien und in den Fernen Osten. Seit dem Tod Gordons war die Diskussion um den Nil von Stolz und Leidenschaft geprägt. Die britischen Soldaten fieberten nach einer Gelegenheit, den Franzosen zu zeigen, wer der Herr im Lande war. Zur Strafe für sein Versagen bei den Gesprächen wurde der arme Phipps als Gesandter nach Brasilien abgeschoben.

Mit dem Abbruch der Verhandlungen in Paris trat der Wettlauf in eine neue und gefährliche Phase. Die ersten Auswirkungen zeigten sich am mittleren Niger, und in diesem Augenblick trat ein Veteran des Kriegs in Afrika – und der Auseinandersetzungen mit den Franzosen – wieder auf den Plan: Hauptmann Frederic Lugard.

Ende Juli 1894 war Lugard plötzlich aus London verschwunden und tauchte am 28. August in Akassa, dem wichtigsten Hafen der Niger Company in den Mangrovensümpfen des Nigerdeltas, wieder auf. Sir George Goldie – der von Anfang an daran gezweifelt hatte, daß das Außenministerium mit den Franzosen zu einer Einigung gelangen würde – hatte ihm einen Geheimauftrag erteilt: Zum einen sollte er Verträge mit Borgu, dem gefährlichen Buschland im Nordwesten des Territoriums der Gesellschaft, abschließen; zum anderen sollte er die Grenzen der Niger Company über den Tschad-See hinaus bis zum Nil vorschieben.

Natürlich war sich Goldie darüber im klaren, daß die Wahl Lugards bei den Franzosen Argwohn erregen würde. Schließlich waren erst zwei Jahre vergangen, seitdem er mit seinem Maxim-Gewehr unter den Weißen Vätern und ihren Anhängern in Uganda Angst und Schrecken verbreitet hatte. Doch dieses Risiko nahm Goldie in Kauf. Ebensowenig störte es ihn, daß Lugard einen Ruf als Vertreter der kolonialen Expansion zu verteidigen hatte.

Allerdings legte Goldie großen Wert darauf, daß seine Operation geheim blieb, Lugard mußte sich sogar verpflichten, daß er nach seinem Ausscheiden aus den Diensten der Handelsgesellschaft fünf Jahre lang ohne Genehmigung kein Wort über seine Geschäfte am Niger verlauten lassen würde. Berichten zufolge hatten die Franzosen eine Expedition unter der Leitung von Hauptmann Henri Decoeur von Dahomey aus entsandt. Und so machte man sich auf einen echten *course de clocher* gefaßt, auf einen richtigen Wettlauf in den unerforschten Busch von Borgu: Lugard gegen Decoeur, die französische Regierung gegen die Niger Company.

In den Jahren 1892 und 1893 hatte Lugard einen doppelten Sieg auskosten können: Er hatte in England seine Ehre wiederhergestellt und verhindert, daß das Empire Uganda aufgab. Im Jahre 1894 war dieser Sieg jedoch schal geworden. Nach dem Zusammenbruch der Britischen Ostafrika-Gesellschaft hatte Lugard gehofft, man werde ihn als Gouverneur in das Protektorat zurückschicken, das er in Uganda geschaffen hatte.

Doch sowohl Rosebury als auch Percy Anderson lehnten sein Ansinnen ab. Mit der Ernennung Lugards zum ersten Gouverneur von Uganda hätte man die Franzosen nur unnötig provoziert. Gegen Goldies Plan, Lugard im Wettlauf gegen die Franzosen am Niger antreten zu lassen, hatten sie allerdings nichts einzuwenden. Dies war Goldies Privatsache, zu der das Außenministerium einfach jede Stellungnahme verweigern würde.

Am 30. August ließ Lugard die Anker des Dampfschiffs *Nube* lichten und brach in Richtung Borgu auf. Bis zu diesem Zeitpunkt hatte er noch nicht, wie eigentlich verabredet, das verschlüsselte Telegramm von Goldie erhalten, das den Befehl enthielt, bis zum Tschad-See und zum Nil vorzustoßen. Allerdings wunderte ihn dies nicht, denn ganz zu Recht ging er davon aus, daß er erst in Aktion treten sollte, wenn die Verhandlungen mit Frankreich endgültig gescheitert waren. Sein Ziel war demnach Nikki, die Hauptstadt des westlichen Borgu und die Metropole der Region an der Westgrenze der Handelskolonie, unweit von Dahomey. Lugard sollte mit dem Herrscher dieses Gebiets sowie mit den Häuptlingen in dem unerforschten Territorium westlich von Bussa einen Vertrag abschließen und auf diese Weise Hauptmann Decoeur zuvorkommen.

Lugard, der bislang nur die wenig imposanten Flüsse im östlichen Afrika gekannt hatte, war beeindruckt von der Breite und Tiefe des Niger. Trotz des strömenden Regens bot der undurchdringliche Urwald mit seinen verschiedenen Grünschattierungen und einzelnen blühenden Bäumen einen überwältigenden Anblick. Die Niger Company hatte bereits begonnen, Mahagoni-Bäume zu schlagen und zu exportieren. Allem Anschein nach war das wirtschaftliche Potential, das diese Region barg, weitaus größer als das Ostafrikas.

Weniger beeindruckt war er hingegen von den Verwaltern der Royal Niger Company. Bis jetzt hatten sie noch nichts für die Eingeborenen getan. Ganz im Gegenteil: indem sie ihre afrikanischen Konkurrenten, die Brass, aus dem Geschäft verdrängten, verurteilten sie sie zu einem Leben in Hunger und Elend.

Es wurde deutlich, daß die Niger Company die Regionen, die ihr durch den königlichen Schutzbrief zugesprochen worden waren, eigentlich nur dem Anschein nach regierte. Die meisten Stützpunkte der Handelsgesellschaft befanden sich an den Ufern des Flusses, und die eingeborenen Haussa, die sie bewachten, verdienten kaum den Namen Soldat. Als

Lugard in Dschebba, dem nördlichen Hauptquartier der Gesellschaft, die Männer für seine Expedition rekrutierte, mußte er feststellen, daß die Haussa kaum wußten, wie man ein modernes Gewehr abfeuert. Zum Glück deutete alles darauf hin, daß er auf ihre Dienste nicht angewiesen sein würde.

Während man noch immer mit der Zusammenstellung der 320 Mann starken Karawane beschäftigt war, brach Lugard mit einer kleinen Truppe in das etwa hundertfünfzig Kilometer entfernte Bussa auf. Seine Geduld wurde hier durch die diplomatische Etikette auf eine harte Probe gestellt. Der selbsternannte »König« ließ ihn eine halbe Stunde lang in der Sonne stehen, und Lugard wurde gezwungen, einen albernen Mantel für die Empfangszeremonie umzulegen.

Trotz tagelanger Verhandlungen erbrachte der Besuch letztlich nicht mehr als die Zusage von Geleitschreiben (im Tausch gegen Gewehre, Schießpulver und Salz). Da das Gebiet des Königs der Bussa nur einen kleinen Teil der Föderation Borgu umfaßte, hatte der bereits existierende Vertrag zwischen der Niger Company und den Bussa keine Gültigkeit für das gesamte Territorium. Als Lugard eilig nach Dschebba zurückkehrte, fragte er sich, ob er derartige Demütigungen, wie sie die Arbeit im Auftrag der Handelsgesellschaft offensichtlich mit sich brachte, auf die Dauer ertragen konnte. Es war nicht sein Stil, einem primitiven Häuptling die Füße zu küssen. Er war gewohnt, »zu regieren und zu bestimmen«. Ein Mann, der »feilschen, streiten und schachern«[9] konnte, würde seine Aufgabe wohl besser erfüllen.

Erst am 27. September brach Lugard mit seiner Karawane nach Nikki auf. Die Regenzeit war noch nicht vorüber, und Nacht für Nacht mußten seine Männer auf dem feuchten Boden schlafen. Doch obwohl die Expedition davon abgesehen mit zahlreichen Schwierigkeiten zu kämpfen hatte – die beiden Europäer, die Lugard unterstützen sollten, erkrankten an Malaria, und die Träger der Nupe, Haussa und Yoruba, gerieten in Streit darüber, wer die schlechtgepackten Lasten tragen mußte – erreichten sie am 11. Oktober Kishi, die letzte Stadt der Yoruba vor der Grenze nach Borgu. Ab hier, so warnte man Lugard, müsse er mit dem Angriff marodierender Borgu rechnen. Doch zu seinem Erstaunen bereitete ihm der Herrscher von Kiama, einer der einflußreichsten »Könige« der Borgu, einen herzlichen Empfang.

Nur zu gern unterzeichnete er die Vertragspapiere und unterstellte

Kiama dem Schutz des britischen Empire. Lugard schenkte dem König roten und gelben Plüsch sowie einen Gutschein für Salz, den er in Dschebba eintauschen konnte. Der König stattete Lugard mit einem Empfehlungsschreiben für seinen Bruder, den König in Nikki, aus, warnte Lugard jedoch vor seinen afrikanischen Landsleuten in Borgu. Sie seien äußerst hinterhältig; daher dürfe er sie auf keinen Fall in sein Lager bitten oder ihnen allein oder unbewaffnet gegenübertreten.

Mit dem Vertrag von Kiama in der Tasche, zog Lugard bei wolkenbruchartigem Regen durch hüfthohes grünes Gras weiter nach Nikki. Er hatte den Eindruck, durch einen einzigen Malariasumpf zu marschieren. Am 30. Oktober stieß die Expedition auf einen Abgesandten des Königs von Nikki, der den Weißen die Weiterreise untersagte. Die Medizinmänner hätten dem König vorausgesagt, er müsse sterben, wenn die Weißen nach Nikki kämen. Lugard entgegnete kaltblütig, Nikki sei nicht die einzige Stadt Afrikas, und wenn er innerhalb von zwei Tagen keine Einladung vom König erhielte, werde er seine Richtung ändern. Der König selbst hätte dann das Nachsehen. Dieser Bluff verfehlte seine Wirkung nicht, und am 5. November schlug Lugard vor den Stadtmauern von Nikki sein Lager auf.

Am folgenden Tag traf er mit dem Berater des Königs, dem *liman (imam)* zusammen, der die Verhandlungen führen sollte, weil der König sich davor fürchtete, dem Weißen von Angesicht zu Angesicht gegenüberzutreten. Am 20. November unterzeichnete der *imam* das vorgedruckte Vertragspapier des britischen Außenministeriums, in das der Name des Königs eingetragen wurde. Zwar erhielt die Handelsgesellschaft damit nicht die volle Oberhoheit, wohl aber die Kontrolle über die Ausländer, die sich in Nikki aufhielten, sowie über sämtliche auswärtige Angelegenheiten des Königtums. (Lugards spätere Behauptung, der Vertrag beziehe sich auf das gesamte Gebiet von Borgu, war allerdings eine Übertreibung.) Die Niger Company erklärte sich im Gegenzug bereit, das Land dem Handel zu erschließen und Nikki »soweit wie möglich« vor seinen Feinden schützen. Der König und sein *imam* erhielten »Geschenke«[10] im Wert von elf Pfund.

Als Lugard am 21. Januar 1895 in Akassa eintraf, telegraphierte er an Goldie, Decoeur und die Franzosen hätten den Wettlauf verloren. »Der Vertrag von Nikki bezieht sich auf ganz Borgu . . .«[11]. Goldies Antwort, die zwei Tage später eintraf, enthielt einige Fragen. »Wenn Lugard in

Akassa, wo ist Expedition? Vertrag, welches Datum? Franzosen behaupten, ihrer ist vom 26. November.«[12] Lugard versicherte ihm daraufhin, sein Vertrag sei vom 10. November. Damit war die Hürde genommen – und Lugard war »außerordentlich erfreut«[13], wie er seinem Tagebuch anvertraute. Doch am nächsten Tag wurde Akassa von den Brass niedergebrannt. Und weit entfernt, ihre Niederlage einzugestehen, stießen die Franzosen über Nikki hinaus zum Niger selbst vor.

* * *

Der Aufstand der Brass überschattete zeitweise selbst den Vormarsch der Franzosen. Die Mitarbeiter der Niger Company in London jedenfalls gerieten ins Schwitzen. »Wir haben Akassa immer für ebenso sicher gehalten wie Piccadilly«[14], erklärte Goldie dem Außenministerium. (Ähnlich überrascht war Lugard, der sein Leben wohl nur der Tatsache verdankte, daß er wegen des brütenden Klimas in Akassa drei Tage zuvor in die Berge gefahren war.)

Der Aufstand wurde von dem König der Brass persönlich angeführt – von Koko, einem abgefallenen Christen, der den europäischen Anzug wieder mit dem Lendentuch und das Weihwasser mit den Affenschädeln eines westafrikanischen *ju-ju* vertauscht hatte. Am 29. Januar 1895 verließ er mit seinen 1 000 kreidebemalten und mit Enfield-Gewehren bewaffneten Kriegern im Morgengrauen Nembe, die Hauptstadt der Brass. Unbeobachtet glitten sie in ihren Kanus durch die Mangrovensümpfe bis in den Hafen von Akassa. Vier Weiße und der örtliche Polizeihauptmann konnten nur mit Hilfe des Zufalls entkommen.

Die Brass tobten ihre Rachegelüste in den Werften und Metallwerkstätten der Handelsgesellschaft aus und massakrierten die Eingeborenen, die in ihrem Dienst standen. Ungefähr fünfundsiebzig kamen in ihren Hütten ums Leben, andere wurden gefangengenommen. Später mußte der ohnmächtige britische Vizekonsul in Akassa mitansehen, wie ein Großteil dieser Gefangenen gekocht und verzehrt wurde.

Fünfundzwanzig Gefangene wurden verschont, und über ihr Schicksal erhob sich ein erbitterter Disput unter den getauften Brass. Schließlich konnten sich die Christen durchsetzen, und die Gefangenen wurden an das britische Konsulat übergeben. Dagegen waren sich die Brass darüber einig, daß das Konsulat unbehelligt bleiben müsse. Sie wollten die Niger Company treffen und nicht die Königin. »Die Handelsgesellschaft ist kein

Vertreter der Königin«, schrieben König Koko und seine Häuptlinge an den Vizekonsul. »Bevor wir Brass den Hungertod sterben, gehen wir lieber zu ihnen und sterben durch ihre *Scherter* [sic].«[15]

Sterben durch ihre *Scherter?* Welche Ereignisse waren diesem Akt der Verzweiflung vorangegangen?

Goldie, der in London saß, vertrat die Ansicht, daß hinter der Revolte nichts weiter steckte als Lust an der Plünderei. Und deshalb müßte an den Brass in Nembe ein Exempel statuiert werden. Die Marine Ihrer Majestät solle Nembe »dem Erdboden gleichmachen«[16]. Bei den Liberalen im Parlament fand diese Forderung jedoch kein Gehör und insgeheim wurde gemunkelt, die Handelsgesellschaft habe die Rebellion durch die Art ihres Vorgehens selbst verursacht. Als die Vorwürfe nicht verstummen wollten, schickte Außenminister Kimberley Sir John Kirk, den Afrikaexperten im Ruhestand, zu Nachforschungen nach Nigeria. In der Zwischenzeit unternahm die Königliche Marine eine halbherzige Strafexpedition, in deren Verlauf fünf Soldaten getötet wurden.

Es wurde August, bis Kirk mit einem ausführlichen Bericht über den Aufstand zurückkehrte. Das Schicksal der Brass war in London derweilen in der liberalen Presse, bei den liberalen Abgeordneten und unter den Menschenrechtlern ausführlich diskutiert worden. König Koko und seine Häuptlinge hatten den Prinzen von Wales in einem Schreiben für ihren Anschlag auf die Handelsgesellschaft um Verzeihung gebeten. Sie »bedauern es jetzt außerordentlich, besonders daß die Angestellten getötet und ihre Geschlechtsteile verspeist worden sind.« In Zukunft, so versicherten sie dem Thronfolger, »unterwerfen wir uns ausschließlich der Gnade der guten alten Königin, denn wir wissen, sie ist eine äußerst weichherzige und mitleidige alte Mutter.«[17]

Die Vorwürfe gegen die Niger Company waren nicht zu widerlegen. Bevor sich die Gesellschaft in Akassa niedergelassen hatte, hatte das Land der Brass als das Venedig des Nigerdeltas gegolten, ihre Kanuflotten waren überall zu finden gewesen und ihre Händler wurden von den Kaufleuten aus Liverpool wie Fürsten hofiert. Doch ungeachtet des königlichen Schutzbriefs hatte die Niger-Gesellschaft jede Konkurrenz, ganz gleich ob europäisch oder afrikanisch, zerschlagen. Zunächst hatten sich die Kaufleute aus Liverpool mit den Brass verständigt und ihnen versichert, die Königin werde sich ihrer Beschwerden annehmen. Doch 1893 kaufte Goldie die Händler aus Liverpool aus und war somit in der

Lage, die Brass vom Reichtum des Nigergebiets abzuschneiden. So blieb ihnen nur noch der Schmuggel, den die Gesellschaft mit gewaltsamen Mitteln unterdrückte. Gegen Ende des Jahres 1894 war der Handel der Brass praktisch zum Erliegen gekommen. Sie litten Hunger, und als eine Pockenepedemie das Volk heimsuchte, behaupteten die Fetischpriester, dieser Zustand könne nur durch ein Menschenopfer beendet werden. Die Vergewaltigung einer Stammesangehörigen durch einen Angestellten der Handelsgesellschaft brachte das Faß dann zum Überlaufen.

Kirk vermied in seinem Bericht jede Schuldzuweisung. Allerdings betonte er, daß das gegenwärtige System nicht mehr tragbar sei und das Monopol der Niger Company gebrochen werden müsse. Aber konnte man dies erreichen, ohne auch die Handelsgesellschaft als solche zu zerschlagen? Kirk hielt es für möglich. Doch bevor Kirk aus Akassa zurückgekehrt war, hatte die zerstrittene liberale Regierung unter Lord Rosebury das Handtuch geworfen, und Lord Salisbury hatte im Juni 1895 zum drittenmal das Amt des Premierministers angetreten. Um Goldie nicht zu verärgern – Salisbury brauchte ihn noch, um die Franzosen aus dem Land fernzuhalten –, wies man Kirks Bericht zurück und überantwortete die Brass dem Hungertod.

Gleichzeitig mit den Meldungen über den Aufstand der Brass trafen im Januar 1895 aufsehenerregende Berichte über den Vormarsch der Franzosen zum Niger in London ein. Es stellte sich heraus, daß der französische Kolonialminister Delcassé gleich vier Expeditionen entsandt hatte, die sich in das von der Niger Company beanspruchte Gebiet vorarbeiten sollten: drei auf dem Landweg, ausgehend von der jüngst eroberten Kolonie Dahomey, und eine auf dem Fluß selbst.

Im Gegensatz zu Lugards Karawane handelte es sich dabei um offizielle militärische Expeditionen, hinter denen die Regierung eines mächtigen Landes stand. Ihre Führer hatten nicht nur die Aufgabe (wie Rosebury es ausdrückte), zukünftige »Ansprüche anzumelden«[18], indem sie einen unbedeutenden afrikanischen Herrscher dazu überredeten, sein Kreuz unter einen vorgefertigten Vertrag zu setzen. Vielmehr verfügten sie über genügend Soldaten, um Forts zu bauen und das Land, das sie beanspruchten, auch tatsächlich zu besetzen. Und damit stellten sie eine große Gefahr für Goldie dar. Die in der Kongo-Akte von Berlin festgelegte Bestimmung der »vollzogenen Besetzung« bezog sich, anders als allgemein angenommen, lediglich auf die Küstenkolonien. Dennoch war eine bereits erfolgte Besetzung zweifellos auch in jedem anderen Fall ein weitaus eindrucksvolleres Argument am Verhandlungstisch als ein Anspruch, der nur auf dem Papier bestand. Und damit würden die französischen Händler das bekommen, was sie am nötigsten brauchten – einen Zugang zum unteren Niger, der von den Stromschnellen bei Bussa ab schiffbar war.

Mit den entsprechenden Anweisungen war Decoeur am 16. November in Nikki eingezogen – fünf Tage nachdem Lugard die Stadt verlassen hatte. Decoeur war ein Zauderer, doch er verfügte nicht nur über hundert zähe *tirailleurs* aus dem Senegal, sondern auch über eine riesige Ausrüstung. Im Angesicht der Flintenläufe von Decoeurs Männern legte der König von Nikki seine abergläubische Angst vor den Weißen rasch ab und unterzeichnete am 26. Oktober persönlich einen Vertrag, in dem den Franzosen das exklusive Recht zugesichert wurde, ein Protektorat zu errichten.

Victor Ballot, der tatkräftige Gouverneur von Dahomey, der die zweite Expedition anführte, gab sich nicht damit zufrieden, lediglich Decoeurs Spuren zu folgen und sich die Zurückweisung von Lugards Vertrag durch den König von Nikki offiziell bestätigen zu lassen. (Dieser behauptete nun, der *liman* habe einen Betrug begangen, weil er die Geschenke der Engländer in die eigene Tasche stecken wollte). Ballot stieß in östliche Richtung zum Niger vor, errichtete eine Reihe militärisch abgesicherter Stützpunkte und begann zu erkunden, wie weit der Fluß schiffbar war. Ende Februar 1895 erreichte die dritte Expedition unter Führung von Hauptmann Georges Toutée den Fluß Nupe und baute dort das »Fort d'Arenberg«, benannt nach dem Vorsitzenden der französischen Kolonialpartei. Um Goldie zu provozieren, ließ er seine Garnison am Fort zurück, weithin sichtbar durch die wehende Trikolore. Dann löste er Ballot bei seiner Aufgabe ab, den Niger bis zu den Stromschnellen von Bussa zu erforschen, militärische Posten zu errichten und mit Goldies Handelspartnern Verträge abzuschließen.

Bereits im Dezember 1894 hatten die Franzosen ein Kanonenboot der Kriegsmarine, die *Ardent*, an den Niger geschickt, um die Engländer herauszufordern. Doch der Kapitän setzte das Schiff nur wenige hundert Kilometer vom Meer entfernt auf eine Sandbank. Standhaft weigerte er sich jedoch, den von der Niger Company erhobenen Anspruch auf die

Kontrolle über die Schiffahrt auf dem Fluß anzuerkennen. Für ihn war der Niger ein internationales Gewässer, so frei wie der Ärmel- oder sogenannte »englische« Kanal.

Die kleine Schutztruppe der Niger Company konnte die Franzosen nicht vertreiben, weil ihr im Delta noch immer der Aufstand der Brass zu schaffen machte. Im britischen Unterhaus führte die Nachricht von dem französischen Kriegsschiff im Nigerdelta zu einem Aufschrei. Dennoch gelang es Rosebury nicht, von seinen zerstrittenen Kollegen die Zustimmung zu einem Gegenschlag zu erhalten, und so blieben ihm nur Drohungen. Er wies den Unterstaatssekretär für auswärtige Angelegenheiten, Sir Edward Grey, an, in der Unterhausdebatte am 28. März 1895 Entschlossenheit zu zeigen. Auf die Regierung prasselten die Vorwürfe der Torys nieder. Wenn die Franzosen schon nicht die Absicht hatten, sich am Niger an die diplomatischen Regeln zu halten, was hinderte sie dann noch, eine Expedition an den oberen Nil zu schicken und Faschoda zu besetzen, um Großbritannien zu Konzessionen zu zwingen?

Sir Greys Entgegnung war mit Rosebury nicht abgesprochen, doch sie sollte in Europa noch lange als fernes Donnergrollen nachklingen. Er habe keinen Grund zu der Annahme, daß die Franzosen derartige Pläne hegten, denn falls »die Franzosen eine Expedition« mit geheimen Instruktionen direkt von der anderen Seite Afrikas in ein Gebiet entsenden würden, »auf das wir bekanntermaßen seit so langer Zeit Anspruch erheben«, wäre dies »ein unfreundlicher Akt [diese Worte wurden von Grey besonders betont] und würde in England auch als solcher angesehen werden.«[19]

Greys *fameuse manifestation* verursachte in Paris ebenso großen Aufruhr wie die Nachrichten aus dem Nigerdelta in London, nur daß ihr eine andere strategische Bedeutung beigemessen wurde. In der französischen Hauptstadt hieß es nun, England drohe mit Krieg, um seinen Anspruch auf das gesamte Nigergebiet zu untermauern – obwohl Grey seine Äußerung keineswegs so hatte verstanden wissen wollen. Courcel, der französische Botschafter in London, hielt dies für einen weitaus unfreundlicheren Akt als die Entsendung einer »Truppe von Forschern« nach Faschoda. Courcels Vorgesetzter Hanotaux jedoch war nun mehr denn je bestrebt, zu einer Annäherung mit den Briten zu kommen. Abgesehen vom Niger und vom Nil konnte man die britischen und französischen Interessen in Afrika leicht miteinander in Einklang bringen, solange die Probleme nicht im Mittelpunkt des öffentlichen Interesses standen.

Das Ende der Regierung Rosebury im Juni 1895 und die triumphale Rückkehr Lord Salisburys auf den Posten des Premierministers gab Hanotaux die Gelegenheit zu einem erneuten Vorstoß in Sachen Frieden. Im britischen Außenministerium lief er damit offene Türen ein. Nur zu gern wollte man Greys Donnerschlag herunterspielen, und man erklärte sich zu einem separaten Abkommen über den Niger bereit. Zwar weigerte sich Hanotaux, von den Ansprüchen seines Landes auf Borgu zurückzutreten – er hielt sich an Decoeurs und Ballots Darstellung, Lugards Vertrag von Nikki sei ein Betrug –, doch zumindest entsandte er keine neuen Expeditionen. Und als der Wasserpegel des Niger im August anstieg, zog er das Kanonenboot *Ardent* ab. Im Gegenzug zeigten die Briten Samori die kalte Schulter, als er Waffen zum Kampf gegen die Franzosen kaufen wollte.

Leider blieb Hanotaux nicht viel Zeit für eine Annäherung an die Briten. Im November 1895 wurde Léon Bourgeois zum neuen Staatspräsidenten Frankreichs gewählt, und Hanotaux zog es vor, zurückzutreten, um sich nicht in ständigen Auseinandersetzungen mit den Linken zu verzetteln. Der neue Außenminister, ein Chemiker namens Marcellin Berthelot, war den Engländern gegenüber freundlicher gesonnen, aber unbeleckt von politischer Erfahrung. Er erwies sich als Wachs in den Händen der begeisterten Imperialisten des Kolonialministeriums und ließ sich von ihnen bewegen, eine neue Expedition unter der Führung des einunddreißigjährigen Jean-Baptiste Marchand zu entsenden. Die offizielle Version von Marchands Auftrag klang eigentlich nicht sonderlich dramatisch: Mit 200 Männern sollte er den Bahr al-Ghazal durchqueren, um auf diese Weise Frankreich das Recht zur Teilnahme an einer (wann auch immer stattfindenden) Konferenz über das Niltal zu sichern.

Marchands eigene Darstellung seines Auftrags hörte sich hingegen weitaus aufregender an. Die Expedition sollte mit den Mahdisten, die jeden Europäer, der ihnen über den Weg lief, versklavten oder töteten, ein Abkommen treffen. Mit Rücksicht auf den Khediven von Ägypten sollten die Männer keine Verträge abschließen und nur für den Fall, daß sie auf eine andere Expedition stießen, die Trikolore hissen. Abgesehen davon galt es, jeden Konflikt zu vermeiden und jede andere Expedition mit

»äußerster Höflichkeit und Korrektheit«[20] zu begrüßen. Am 30. November setzte Berthelot seine Unterschrift unter den Auftrag.

Berthelot wußte jedoch nicht, daß die Mitarbeiter des Quai d'Orsay und des Pavillon de Flore Marchand geheime Anweisungen erteilt hatten, die ganz dem »Plan« entsprachen, den Grey in seiner *fameuse manifestation* erwähnt hatte. Marchand sollte überall dort, wohin er gelangte, die Trikolore hissen. Er sollte Faschoda besetzen. Aber gewiß hätten sich diese Staatsbeamten nie träumen lassen, daß Marchand mit seinen 200 Mann Frankreich und England innerhalb der nächsten drei Jahre an den Rand eines Krieges treiben würde.

* * *

Seit seiner Rückkehr in die Downing Street war es Salisburys wichtigstes Ziel, eine Entspannung in den Beziehungen zu Frankreich herbeizuführen. Natürlich wußte er nichts von Marchands abenteuerlichem Auftrag. Er betrachtete die Verhandlungen über Ägypten im Augenblick als eingefroren, da die französische Öffentlichkeit zu aufgewühlt und daher keinen vernünftigen Argumenten zugänglich sei. Es war klüger, im Sudan keine schlafenden Hunde zu wecken, denn sowohl in England als auch in Frankreich barg das Thema Ägypten reichlich Zündstoff. Also sollte man die Wüste lieber so lange wie möglich in den Händen des gemeinsamen Feindes, der Mahdisten, belassen. In Westafrika hingegen hoffte er auf Fortschritte, indem er von Goldies Anspruch auf ganz Bornu abrückte. Im Gegensatz zu Rosebury zeigte er sich also bereit, die beiden Komplexe – den Nil und den Niger – getrennt zu behandeln.

Im Herbst des Jahres 1895 zeichnete sich in Ostafrika allerdings eine neue Gefahr ab, die einer Annäherung an Frankreich im Wege stehen konnte. Sie erwuchs aus der Bereitschaft Großbritanniens, Italien gegen den gemeinsamen Feind, die Mahdisten, und gegen Frankreichs Verbündeten Äthiopien beizustehen.

Seit vielen Jahren hatte England sich bemüht, Italien, das schwächste Mitglied von Bismarcks Dreibund, zur Vernunft zu bringen. Lord Salisbury hatte Francesco Crispis Versuche, in Ostafrika eine Kolonie zu gründen, von Anfang an als Fehler betrachtet. 1885 gab Ägypten Massana auf, den malariaverseuchten Außenposten am Roten Meer. Für die Italiener wurde er zum Friedhof, und kurz darauf sah es ganz so aus, als würden die Überlebenden von Kaiser Johannes ins Meer getrieben.

Dieses Schicksal blieb ihnen nur deshalb erspart, weil Johannes in der Schlacht von Gallabat von den Mahdisten getötet wurde.

1889 schloß Crispi mit dem König von Schoa, Menelik II., den Vertrag von Wichale und erkannte ihn als Nachfolger von Johannes als König der Könige an. Nach Auslegung der Italiener gab dieser Vertrag ihnen auch das Recht, Äthiopien als ihr Schutzgebiet zu betrachten. Großbritannien erkannte das Protektorat an – oder zumindest eine italienische »Sphäre«. Crispi schuf daraus die ärmliche Kolonie Eritrea: einen gleichermaßen günstigen Ausgangspunkt für Vorstöße auf die grünen Hochebenen und in die Wüste am Roten Meer. Dieser Stützpunkt war jedoch von Anfang an gefährdet, denn die Mahdisten sammelten ihre Truppen hinter Kassala. Doch Menelik wies den Anspruch Italiens zurück und bestand – mit Unterstützung der Franzosen und der Russen, die ihm eine beträchtliche Anzahl moderner Gewehre und Artilleriewaffen lieferten – auf der Unabhängigkeit seines Landes. Zu diesem Zeitpunkt gab es lediglich zwei große afrikanische Nationen, die im Zuge des Wettlaufs noch nicht von den Europäern unterjocht worden waren: Äthiopien und der Sudan. Und genau diese beiden Länder drohten jetzt der neuen italienischen Kolonie den Atem abzuschnüren.

1895 entschloß sich Crispi zu einer Kraftprobe mit Menelik, mußte jedoch bald die ersten Niederlagen hinnehmen. Daher bat er Salisbury, den Italienern den Hafen Zeila zu überlassen, um den Nachschub an Waffen aus dem benachbarten Französisch-Somalia zu unterbinden. Der liberale Außenminister Lord Kimberley hatte ein derartiges Ansinnen bereits einmal abgelehnt. Salisbury hingegen erklärte sich zu diesem Schritt bereit. Berthelot protestierte und warnte das britische Außenministerium, dieser Schritt bedeute das Ende der Verhandlungen um den Niger. Schließlich gab Salisbury den Italienern zu verstehen, sie müßten sich allein mit den Franzosen arrangieren. Und dabei sollte es bleiben.

Bald darauf wandte sich Crispi erneut an Salisbury und ersuchte um britische Unterstützung beim Kampf gegen die Derwische. 1896 bestand die Gefahr, daß Kassala, das die Italiener 1894 eingenommen hatten, von den Feinden zurückerobert werden würde. Die Briten sollten den Feind ablenken, indem sie entweder Truppen nach Suakin am Roten Meer schickten oder eine Einheit 300 Kilometer den Nil aufwärts nach Dongola marschieren ließen. Während die beiden Möglichkeiten unter den

Generälen noch heiß diskutiert wurden, entschloß sich Salisbury, vorerst gar nichts zu tun.

Ein Vormarsch nilaufwärts nach Dongola war ein folgenschwerer Schritt – die erste Etappe auf dem Weg zur Rückeroberung des Sudan, der Befreiung Khartums, der Rache für Gordon und der Sicherung des riesigen Beckens am Weißen Nil. Salisbury hatte diesen Plan bereits seit den achtziger Jahren erwogen. Doch er wollte von der entgegengesetzten Seite her vorgehen – flußabwärts und nicht flußaufwärts. Dann konnte man die 1400 Kilometer lange Eisenbahnlinie von Mombasa bis zum Viktoria-See bauen, die zwar gewaltige Kosten verursachen, aber endlich den Vorstoß britischer Soldaten aus Uganda ermöglichen würde.

Die Nachrichten, die zu Beginn des März 1896 eintrafen, veranlaßten Salisbury jedoch, sofort zu handeln. Die Italiener waren in Äthiopien geschlagen worden, und es bestand die Gefahr, daß sie aus dem Land getrieben wurden. Es galt, die Überlebenden vor den Derwischen zu retten. Mit einem Vorstoß nach Dongola würde man »zwei Fliegen mit einer Klappe schlagen« – die Italiener retten und »Ägypten einen Schritt weiter nilaufwärts Fuß fassen«[21] lassen.

Die Wut, die die Meldung des britischen Vormarschs in Paris erzeugte, spielte jenen in die Hände, die schon immer zu den überzeugten Kolonialisten im Außen- und Kolonialministerium gezählt hatten. Berthelot mußte zurücktreten, und die Verhandlungen um den Niger wurden abgebrochen. Wichtiger war jedoch, daß Léon Bourgeois, Berthelots Nachfolger, Marchand bei seiner geheimen Expedition zu den Sümpfen am Weißen Nil zu größter Eile antrieb.

Damit hatte der Wettlauf nach Faschoda begonnen.

Doch welche verworrenen Ereignisse im Land am Blauen Nil hatten das Startsignal abgegeben?

KAPITEL 26

Der Anteil eines Löwen

Eritrea, Italien und Äthiopien
26. September 1895 – Januar 1897

»Ich werde nicht unbeteiligt zusehen, wenn die fremden Großmächte
auf den Gedanken kommen, Afrika aufzuteilen, denn Äthiopien ist seit
mehr als vierzehn Jahrhunderten eine Insel der Christenheit inmitten
des heidnischen Meeres ...«

Kaiser Menelik an die europäischen Großmächte, 10. April 1891

A m 26. September 1895 war ein Dampfer aus Aden mit dem Gouverneur von Eritrea an Bord in Massaua gelandet. General Oreste
Baratieri brannte darauf, endlich dem Feind zu Leibe zu rücken.

Massaua war die Hauptstadt Eritreas, der einzigen Kolonie Italiens in
Übersee. Diese »Metropole« bestand jedoch lediglich aus ein paar Holzhütten, weißgetünchten Baracken, einem türkischen Fort, einem Gouver-
neurspalast, einer Moschee, die von zwei Minaretten gekrönt wurde, und
einem langen Fahnenmasten mit der schwarz-rot gestreiften italienischen
Flagge. Das Interessante an Massaua war der Hafen, der von zwei
rosafarbenen, durch einen Damm untereinander und mit dem Festland
verbundenen Koralleninseln gebildet wurde. Er war tief und sicher, einer
der besten im Roten Meer. Von hier aus ratterten die Züge über einen
Damm zum Festland, doch die Eisenbahnlinie endete bereits nach acht
Kilometern. Um die Stadt herum gab es lediglich schöne, mit Perlmutt
übersäte Strände und die Wüste.

General Baratieri legte die besagten acht Kilometer mit dem Zug
zurück, bestieg dann seinen Maulesel und ritt über die Sandpiste in das
250 Kilometer weiter südlich gelegene Adigrat, um dort zu seiner
Armee zu stoßen. In der Ferne erblickte man durch den Schleier der
flimmernden Hitze das 2400 Meter hohe kühle, grüne Hochland von
Äthiopien.

529

Die Piste auf dem steilen Abhang war bereits 28 Jahre zuvor, im Jahre 1867, von 5000 britischen und indischen Rotröcken mitsamt Artillerie und einem Trupp indischer Elefanten ausgetreten worden: General Napiers Expedition, die den äthiopischen Kaiser Theodore gefügig machen sollte. Napier marschierte 550 Kilometer bis nach Magdala, um den britischen Konsul und einige Missionare zu retten, die von dem manisch-depressiven Monarchen auf einem Berg als Geiseln festgehalten wurden. Die Expedition kostete den britischen (und indischen) Steuerzahler fast neun Millionen Pfund. Doch Disraelis Regierung hatte keinerlei Interesse an einer neuen afrikanischen Kolonie, und Theodore entleibte sich schließlich mit einem Revolver, den ihm Königin Viktoria gesandt hatte. Napier aber marschierte zur Küste zurück und überließ es den einheimischen Kriegsherren – König Menelik von Schoa und Ras (Statthalter) Kassa von Tigre –, den Wettlauf um den kaiserlichen Thron anzutreten.

Einem Romantiker wie Baratieri mußte Napiers Rückzieher geradezu hirnverbrannt erscheinen, hatte der Schotte doch einem wahren Paradies den Rücken gekehrt. Oben auf dem Hochland wirkte die Luft wie auf leeren Magen getrunkener Champagner. Den größten Teil des Jahres über herrschte ein mediterraner Frühling, und der schokoladenbraune Boden war fruchtbar wie der Garten Eden. Im Juli und August öffnete der Himmel seine Schleusen, und dann war das jadefarbene Gras mit wilden Bergblumen übersät. Ein würziger, intensiver Waldgeruch breitete sich aus, und das Rauschen der Bergbäche war wie Musik. Niemand hatte bisher Schätzungen angestellt, wieviel Weizen und Oliven in dieser fruchtbaren Wildnis gedeihen konnten. Zehn Jahre waren vergangen, seit die Italiener in Süderitrea, am nördlichen Rand des äthiopischen Plateaus, einen Stützpunkt aus dem Boden gestampft hatten, doch in diesem Zeitraum waren sie mit dringlicheren Problemen beschäftigt gewesen.

Im Februar 1885, zwei Wochen bevor die Briten von Gordons Tod erfuhren, hatte ein britischer Hauptmann die ägyptische Flagge in Massaua eingeholt und die dortige Garnison abgezogen. Abgesehen vom Export von Perlmutt gab es in Massaua nur wenig Handel, und der Hafen mußte jährlich mit 20 000 Pfund subventioniert werden. Gladstone, dem im Sudan das Wasser bis zum Hals stand, war entschlossen, sämtliche Überreste von Ismaels verheerendem und verlustreichem afrikanischen Großreich abzustoßen. Doch er mußte verhindern, daß Frankreich, der Erzrivale der Briten am Roten Meer und am Nil, Massaua in Besitz nahm.

Daher hatte er in einem Geheimabkommen den Italienern den Hafen überlassen. Italien verfügte nicht über die Mittel für größere koloniale Abenteuer; man konnte also davon ausgehen, daß es sich weitgehend zurückhalten würde. Der äthiopische Kaiser Johannes war über dieses Abkommen nicht gerade erbaut.

Als Ras Kassa von Tigre und wichtigster Verbündeter der Briten gegen Theodore hatte er Napiers überschüssige Waffen, Munition und Lagerbestände im Wert von einer halben Million Pfund erhalten. So war es nicht überraschend, daß er den Wettlauf um die Nachfolge Theodores gewann und 1872 in Axum zum Kaiser gekrönt wurde. Johannes verfolgte zwei Ziele: Das christliche Reich, das in den vergangenen zwei Jahrhunderten von Bürgerkriegen zerrissen worden war, zu einen und seine Grenzen bis zur Wüste jenseits der östlichen Plateaugrenze auszudehnen, die über 300 Jahre zuvor in die Hände der feindlichen Muslime geraten war. Entscheidend für beide Ziele war der Besitz Massauas. Es war der nächste Hafen am Roten Meer, und ohne diesen konnte Johannes keine moderne Armee gegen seine Rivalen aufbauen. Doch Massaua, das Tor Tigres zu Europa, befand sich in der Hand des Khediven Ismael Pascha, seinem Feind, der den Import von Waffen verboten hatte.

Im November 1875 und März 1876 verteidigte Johannes das Hochland von Tigre erfolgreich gegen Feldzüge Ismael Paschas, obwohl seine Krieger mit veralteten Waffen kämpften. 1884 unterzeichnete er den Vertrag von Adowa mit Ismael Paschas Nachfolgern – den Briten. Er erklärte sich bereit, sie gegen ihren gemeinsamen Feind, den Mahdi, zu unterstützen, indem er den ägyptischen Garnisonen, die an der sudanesischen Grenze von der Außenwelt abgeschnitten waren, sicheres Geleit gab. Außerdem stimmte er zu, in seinem gesamten Reich den Sklavenhandel zu verbieten. Als Gegenleistung versprachen ihm die Briten Bogos, die Ebene nördlich von Tigre, und sicherten ihm »britischen Schutz«[1] für den gesamten Transithandel durch Massaua zu – moderne Waffen eingeschlossen. Allerdings wurde in dem Vertrag mit keinem Wort erwähnt, wer die Kontrolle über die Hafenstadt erhielt, und Johannes betrachtete es als selbstverständlich, daß die Perle des Roten Meeres, die die Türken Äthiopien im sechzehnten Jahrhundert geraubt hatten, wieder an sein Reich zurückfiel.

Als schließlich die Italiener dem Kaiser die Stadt vor der Nase wegschnappten und auf das Hochland vorrückten, bereitete ihnen Johannes den gleichen Empfang wie einst den Ägyptern. Im Januar 1887 überfielen seine Truppen 500 Italiener in Dogali aus dem Hinterhalt: nur etwa 100 überlebten. Doch bald sahen sich seine Streitkräfte, die immer noch mit Vorderladern, Schwertern und Speeren kämpften, von drei Seiten bedrängt. Im Nordwesten fiel eine Armee von Derwischen, die der Kalif gesandt hatte, im Hochland ein, schlug den König von Gojjam, einen von Johannes' Vasallen, und eroberte die heilige Stadt Gondar. In Massaua hatten die Italiener einen Brückenkopf errichtet, den sie vom Meer aus mit Nachschub versorgen konnten; und das fruchtbare südliche Hochland schließlich wurde von König Menelik von Schoa, einem widerspenstigen Vasallen, beherrscht, der Johannes den Thron streitig machte und sich von den Italienern hofieren und mit Waffen versorgen ließ.

Gegen welchen Gegner sollte Johannes sich zuerst wenden? Mit einer Streitmacht von 100 000 Kriegern, die zum Teil aus den loyalen Provinzen Begemdir und Tigre, zum Teil aber auch aus den weniger zuverlässigen Wollo stammten, zog er hinunter in die Wüste, um die Ungläubigen zu bekämpfen. In der Schlacht von Gallabat (Metema) wurde er am 9. März 1889 – in einem Augenblick, da der Sieg unmittelbar bevorstand – getötet und sein abgeschlagenes Haupt dem Kalifen präsentiert. König Menelik von Schoa betrauerte ihn nicht lange; bereits wenige Wochen später krönte er sich selbst zum Kaiser.

Das am südlichen Rand des Hochlands gelegene Schoa-Lager machte Menelik zu seiner Hauptstadt; sie erhielt den romantischen Namen Addis Abeba (Neue Blume). Das fast tausend Kilometer entfernte Tigre hingegen war Feindesland und wurde von Mangascha, dem Sohn Johannes', beherrscht, der mit gutem Grund die Erbschaft seines Vaters für sich beanspruchte. Doch Menelik hatte keine Bedenken, die Provinz Tigre mit den Italienern zu teilen.

In dem Vertrag von Wichale, den er am 2. Mai 1889 unterzeichnete, erklärte sich der neue Kaiser einverstanden, Italien ein kleines Stück des christlichen Hochlands (mit Asmara als der südlichen Grenze) sowie die moslemisch besiedelte Ebene von Bogos im Norden abzutreten. Im Gegenzug sollten die Italiener seinen Bedarf an modernen Waffen stillen. Neben den 5000 Gewehren, die bereits in Addis Abeba eingetroffen waren – wobei man allerdings sorgfältig darauf geachtet hatte, daß die Munition nicht dazu paßte –, sollte noch eine weitere Lieferung folgen, für die die italienische Regierung Menelik einen Kredit von zwei Millionen Lire gewährt hatte. In der Überzeugung, daß Menelik somit abhängig von ihnen war, stießen die Italiener bald nach Süden bis zum Fluß Mareb vor – achtzig Kilometer jenseits von Asmara und der Grenzlinie, auf die man sich im Vertrag von Wichale geeinigt hatte. Menelik protestierte. Die Italiener aber teilten den europäischen Großmächten mit, daß gemäß den Statuten des Berliner Vertrages die Italiener mit Fug und Recht das gesamte äthiopische Reich zu einem italienischen Protektorat erklären konnten.

1893 versuchten die Italiener, Menelik mit zwei Millionen Patronen zu besänftigen, die mit dem erwähnten Kredit bezahlt wurden. Menelik nahm die Patronen an, erklärte jedoch den Vertrag von Wichale für null und nichtig. Doch das italienische Protektorat wurde von fast allen Großmächten anerkannt – mit Ausnahme der Türkei, die sich durch die Art und Weise, wie sich Italien Massaua unter den Nagel gerissen hatte, gedemütigt fühlte, und der zwei aufsässigen Neulinge in der Region: Rußland und Frankreich.

Wie leicht hätte sich General Baratieris Aufgabe gestaltet, wenn Rußland und Frankreich in dieser Angelegenheit auf Italiens Seite gestanden hätten! Tatsache jedoch war, daß Meneliks Beziehungen zu diesen beiden Ländern sich in dem Maße verbesserten, in dem sich sein Verhältnis zu Italien abkühlte. Da Rußland und Frankreich ihm über Französisch-Somaliland Waffen lieferten, war weder eine Blockade Äthiopiens möglich noch konnte man Menelik als willfährigen Bündnispartner gewinnen. Und da sein Reich von allen Seiten bedroht wurde, war es Italiens Hauptinteresse, in Tigre – der Provinz, die von Meneliks wichtigstem Rivalen Ras Mangascha, Johannes' siebenundzwanzigjährigem Sohn, beherrscht wurde – einen Pufferstaat zu errichten.

Die Strategie des italienischen Ministerpräsidenten Crispi bestand theoretisch darin, Mangascha gegen Menelik zu unterstützen. Doch es gab wenig, was er ihm hätte bieten können, da die Überreste des bereits mit den Italienern geteilten Tigre durch Krieg und Hunger verwüstet waren. Im Juni 1894 gab Mangascha die Hoffnung auf Hilfe von seiten der Italiener auf, unterdrückte seinen Stolz und ritt gen Süden nach Schoa, um Frieden mit Menelik zu schließen. Andere Fürsten folgten seinem Beispiel, doch Baratieri zuckte bloß mit den Achseln – möglich, daß Äthiopien letztlich unter dem König der Könige geeint wurde, doch es konnte wohl kaum hoffen, einer modernen Armee standzuhalten.

Die erste Kraftprobe erfolgte Ende 1894. Bahta Hagos, ein Verbündeter Italiens in Eritrea, hatte sich mit Mangascha und Menelik zusammengetan und erklärt, er werde die Provinz von der Fremdherrschaft befreien. Baratieri tötete ihn und schlug die Revolte nieder. Dann verfolgte er Mangascha über die Grenze nach Zentraltigre. Obwohl die Schlacht unentschieden ausging, verlief die Invasion erfolgreich und wurde in Eritrea als Triumph gefeiert. Mangascha zog sich mit seiner großen, aber schlecht ausgerüsteten Armee zurück und überließ Baratieri Adigrat, Adowa, Makalle und einen großen Teil der Provinz. Im Juli 1895 fuhr Baratieri nach Italien, um das Kabinett davon zu überzeugen, daß er Geld für Verstärkung brauche. Das Parlament empfing ihn mit Ovationen und hieß ihn als Italiens größten Soldaten willkommen. Der Präsident bezeichnete ihn als wahren Schüler Garibaldis.

Noch ermutigender war für Baratieri allerdings, daß Crispis Kabinett trotz der Finanzkrise die Hilfsmittel für Eritrea bereitwillig von neun auf 13 Millionen Lire erhöhte. Die italienische Öffentlichkeit mochte durch Baratieris Eroberungen auf dem Plateau Feuer gefangen haben, jedenfalls war die Rede davon, Siedler in das bergige Paradies zu schicken, sobald die Kämpfe vorüber waren. Und Baratieri versprach, er werde Menelik in einem Käfig nach Italien bringen.

Dies war die Lage, als Baratieri am 26. September 1895 in Massaua landete. Anfang Oktober standen ihm jedoch nur 9000 Männer zur Verteidigung der südlichen Grenze Eritreas zur Verfügung. Abgesehen von den Offizieren und einem weißen Bataillon von *Chasseurs* (Kavallerie), handelte es sich dabei ausschließlich um Askari, eritreische Eingeborene, die allerdings tapfere und disziplinierte Kämpfer waren, ausgerüstet mit den neuesten Mehrladegewehren und moderner Artillerie.

Zunächst glaubte Baratieri, er sei nicht stark genug, um Tigre gegen eine Invasion aus dem Süden zu halten. Er ging nämlich davon aus, daß Menelik in der Lage war, Mangascha bei einem Gegenangriff zu unterstützen. Doch Mangascha hatte am 9. Oktober nach einem Zusammenstoß mit Baratieris Vorhut panikartig die Flucht ergriffen, so daß Baratieri in das südliche Tigre vorstoßen konnte. Er plante auch bereits, drei strategische Stützpunkte zu errichten: in Makalle und in Adigrat und Adowa, den beiden Orten, von denen aus man die beiden Straßen nach Norden unter Kontrolle hatte.

Doch zu diesem Zeitpunkt glaubte Baratieri noch eher an die Schwäche des Feindes als an die eigene Stärke. Politisch konnte Menelik niemandem vertrauen: weder dem moslemischen Sultan von Aussa in der östlichen Wüste noch den Derwischen im Westen, noch den großen *rases* (Statthaltern) im eigenen Land. Außerdem hatte er mit Transport- und Nachschubproblemen zu kämpfen. Menelik mußte seine Armee fast tausend Kilometer durch die Schluchten des Hochlands führen und sie in dem ohnehin schon von Krieg und Hunger gezeichneten Tigre mit Verpflegung versorgen. Nach Baratieris Ansicht konnte er nicht mehr als 30 000 Männer an der Grenze von Tigre aufbieten, und die Frage war, ob es überhaupt zu einem Krieg kommen würde. Das Sultanat in Aussa stand unmittelbar vor einer Revolte. Aus der kaiserlichen Armee waren viele Soldaten desertiert, und von Menelik selbst hieß es, er sei vom Blitz erschlagen worden.

Doch in Wirklichkeit sollte das, was Italien im Schatten jener phantastisch geformten Berggipfel bei Adowa erwartete, die blutigste Niederlage werden, die eine Kolonialmacht jemals in Afrika erlebt hatte.

Am 17. September 1895, neun Tage bevor Baratieri in Massaua landete, ertönten in der Palastanlage von Addis Abeba die Kriegstrommeln. Das Volk wurde zusammengerufen, um die Worte von *Jan Hoi*, Seiner Majestät Menelik II., dem König der Könige, zu hören.

In Addis Abeba, der »Neuen Blume«, gab es keine Straßen und lediglich eine Handvoll Steingebäude. Die Hauptstadt, die einst aus den Lagerplätzen der *rases* hervorgegangen war, bestand aus 10 000 Lehmhütten, die sich am südlichen Rand von Schoa in einem grünen, mit blühenden Mimosenbäumen übersäten und von rostroten Bächen durchzogenen Tal ausbreiteten. Das Herz der Stadt war ein großer Bazar, auf dem es von Händlern in weißen Mänteln und Eseln nur so wimmelte. Außer fünf strohgedeckten Kirchen, die daran erinnerten, daß Äthiopien seit dem vierten Jahrhundert christlich war, gab es keinerlei öffentliche Gebäude. Erwähnenswert waren allerdings noch der *Adderach*, eine riesige Bankett-halle, und eine Gruppe von indischen Pavillons, die ein Schweizer Ingenieur entworfen hatte. Sie bildeten Meneliks Palast im Zentrum des kaiserlichen Bezirks und wurden von zwei räudigen Löwen in Käfigen bewacht, Symbolen des biblischen Löwen Juda, mit dem sich der Kaiser identifizierte.

Doch was den europäischen Besucher in der Stadt am meisten in Erstaunen versetzte, war Menelik selbst. Er ritt barfuß auf einem Maulesel mit einem scharlachroten Satteltuch, wobei ein Diener die Zügel führte und ein Junge nebenher lief, der einen goldenen Schirm über Seine Majestät hielt. Wenn Menelik sprach, strahlte sein Gesicht Klugheit und gute Laune aus. Und wenn ein europäischer Besucher ihm von irgendeiner erstaunlichen Erfindung wie dem elektrischen Licht erzählte, konnte er seine Neugier kaum zügeln. Sein besonderes Interesse galt modernen Feuerwaffen, doch den Thron verdankte er seinem politischen Geschick, und es hieß allgemein, für Kriege habe er nichts übrig.

Doch nun war der Kaiser offenbar endlich entschlossen zu kämpfen. Die Jahre der politischen Winkelzüge waren vorbei, und das Volk würde nun auf seinen alten Glauben und seine neuen europäischen Waffen vertrauen. Die Italiener würden ins Meer getrieben werden wie alle anderen Eindringlinge bisher auch – wie die Ägypter unter Ismael Pascha zwanzig Jahre zuvor und die Somalis Mohammed Gragns im sechzehnten Jahrhundert. Sie alle waren »Ungläubige«.

Die Boten galoppierten über die staubigen Karawanenpisten, und die Kriegstrommeln ertönten in jedem Dorf. In der Hauptstadt bereiteten die Palastdiener den *Adderach* für die 2000 Krieger vor, die hier bei dem bevorstehenden Fest ungesäuertes Brot und rohes Fleisch zu sich nehmen würden. Auf diesem Fest sollte die Loyalität der Heere aller Provinzen bekräftigt werden, wobei die Armee des Ras Makonnen von besonderer Bedeutung war. Ras Makonnen, ein Vetter des Kaisers, war Statthalter der reichen Provinz Harar, die Schoa mit den Routen zur Wüste und zu den Häfen am Roten Meer südlich von Massaua verband. Über diese Lebensader nach Harar waren sämtliche Gewehre und die Munition gekommen, die Menelik von den französischen Waffenhändlern in Dschibuti und den britischen Händlern in Zeila gekauft hatte.

Eine Woche später traf Ras Makonnen mit seiner Armee in der Metropole ein, die sich bald in eine Zeltstadt verwandelte. Abgesehen von den modernen Waffen sah Meneliks Armee eher mittelalterlich aus: Die Anführer trugen scharlachrote und goldene Brokatgewänder und Kopfbedeckungen aus Löwenmähnen, und die Gefolgsleute schleppten Schwerter, Schilde aus Büffelhaut und Brotkörbe, während unter einem gestreiften Baldachin die Priester mit Prozessionskreuzen durch die Stadt zogen. Alle – *rases*, Priester, gemeine Soldaten – gingen barfuß. Die schwere Arbeit wurde von Frauen und Sklaven erledigt. Und die Dichter hatten bereits Lieder auf Meneliks Sieg geschrieben: »Du, die Urstadt Rom: Menelik, Retter der Welt, ein jeder aus Deinem Geschlecht wird Deinen Namen tragen.«[2]

Am 11. Oktober setzte sich das etwa 50 000 Mann starke Heer aus Schoa mit Menelik und Kaiserin Taitu in der Mitte in Bewegung. Da zahlreiche Flüsse und Bäche überquert werden mußten, erreichte der Troß erst nach achtzehn Tagen das 160 Kilometer nördlich gelegene Woro Illu. Hier wartete der Kaiser auf die Heere der übrigen Provinzen. Am Ende verließ eine 70 000 Mann starke Armee Woro Illu. Meneliks Hauptsorge galt nicht etwa deren Loyalität, sondern den Schwierigkeiten bei ihrer Versorgung mit Fleisch und Getreide, denn der Weg nach Tigre würde durch eine Region steiniger Schluchten führen, die von Dürre und Viehkrankheiten gezeichnet und vom Krieg erschöpft war.

Menelik schickte nun Ras Makonnen an die Spitze des Heeres, um sich mit Ras Mangascha zu vereinen. Makonnen sollte Verhandlungen mit Baratieri aufnehmen, allerdings nur, um Zeit zu gewinnen. Denn Menelik war entschlossen zu kämpfen, obwohl er keineswegs die Absicht hatte, die Italiener ganz zu verjagen; er wollte sie lediglich nach Eritrea zurückdrängen. Und er war sich sicher, daß ihm dies gelingen würde, wenn nur Gott in seiner Güte ihm Nahrung für die Armee gab.

Baratieri hatte bis Anfang Dezember nicht so recht an die Möglichkeit einer militärischen Auseinandersetzung mit Menelik geglaubt. Doch dann mußte er feststellen, daß er Meneliks Streitkräfte weit unterschätzt hatte. Schon die Vorhut *allein* zählte etwa 30 000 Soldaten und hatte bereits seine Vorposten in Tigre ausgeschaltet. Sie rieb zunächst Major Tosellis 2000 eritreische Askari auf, die auf dem Berg Amba Alagi in der Falle saßen; dann belagerte sie die Garnison im Fort von Makalle. Baratieri konnte nichts mehr für diese Unglücklichen tun und mußte sich nach Adigrat zurückziehen, während eilig Verstärkung aus Italien nach Massaua geschickt wurde.

Ende Januar 1896 schien für Baratieri keine Gefahr mehr zu bestehen. Nach 45 Tagen brach Menelik die Belagerung der Garnison von Makalle ab und zeigte sich verhandlungsbereit. Baratieris erste Verstärkungstruppen waren zu diesem Zeitpunkt bereits eingetroffen, und selbst die Niederlage bei Amba Alagi hatte ihr Gutes: Crispis Kabinett war so entsetzt, daß es weitere 20 Millionen Lire zugesagt hatte, um ein koloniales Desaster zu vermeiden.

Friedensverhandlungen jedoch wären zu diesem Zeitpunkt verfrüht gewesen. Die italienische Regierung bestand nach wie vor auf einem

Protektorat, und politisch gesehen brauchte sie einen Sieg dringender als den Frieden. Ein Angriff erschien Baratieri allerdings ausgesprochen gefährlich, da Meneliks Armee seinen Truppen zahlenmäßig um das Sechsfache überlegen war. Die Italiener hatten in dem felsigen Gebiet südlich von Adigrat eine starke Verteidigungslinie errichtet, doch leider war Menelik zu klug, um sie anzugreifen. Statt dessen hatte er Baratieri umgangen und Adowa im strategisch wichtigen Tal westlich von Adigrat eingenommen. Und auch als Baratieri eine zweite Verteidigungslinie bei Sauria, auf der halben Strecke nach Adowa, anlegte, ergriff Menelik nicht die Offensive.

Baratieri verfügte zwar über 20 000 Mann und sechsundfünfzig Kanonen, und seine Nachschublinie war lediglich 170 Kilometer lang. (Meneliks zwei Nachschublinien zogen sich dagegen über 800 Kilometer hin, wobei die östliche auch noch durch feindliches Gebiet, nämlich durch Wollo, führte.) Doch der Italiener hatte viel zu wenige Kamele, Maulesel und Esel. Ende Februar zeichnete sich ab, daß die 20 000 Mann in Sauria nur noch über Verpflegung für zehn Tage verfügten. Nach dem 2. März würde Baratieri unweigerlich den Rückzug antreten müssen – es sei denn, es fand vorher eine Schlacht statt.

Baratieri wußte, was er zu tun hatte: Er mußte nur geduldig abwarten. Innerhalb weniger Tage würden Meneliks Schoa-Krieger Tigre kahlgefressen haben und zum Rückzug gezwungen sein. Er selbst mußte lediglich nach Eritrea zurückmarschieren und Menelik seinem Schicksal überlassen.

Doch Baratieris Chef sah die Sache anders. Crispi wollte Menelik auf dem Schlachtfeld gedemütigt sehen. Dies verlangte die Ehre – und die italienische Wählerschaft –, denn es war die einzige Möglichkeit, die Niederlage von Amba Alagi wettzumachen. Eine Niederlage würde Menelik zur Besinnung bringen und den Weg frei machen für ein Protektorat. »Wir sind zu jedem Opfer bereit, um die Ehre der Armee und den Ruf der Monarchie zu retten«, schrieb er in einem später berühmt gewordenen Telegramm an Baratieri.[3]

Das Opfer, von dem Crispi sprach, war Baratieri selbst. Noch am selben Tag beschloß das Kabinett in einer geheimen Sitzung, ihn seines Kommandos zu entbinden. Sein Nachfolger General Baldissera brach sofort nach Massaua auf, um unverzüglich mit dem Angriff zu beginnen. Als Baratieri sich mit seinen vier Brigadekommandeuren beriet und sie

vor die Wahl stellte, entweder weiterzumarschieren oder sich zurückzuziehen, plädierten alle für den Vormarsch. Die italienische Regierung
würde lieber 2000 oder 3000 Mann opfern, als die Ehre der Armee aufs
Spiel zu setzen, argumentierten sie. Am 29. Februar beschloß Baratieri,
nach Adowa vorzurücken. Die Brigaden sollten im Schutz der Dunkelheit
und auf verschiedenen Marschrouten jenseits der herrlichen Gipfelketten
westlich von Sauria vorrücken. Bei Tagesanbruch würden sie dann bereits
eine Verteidigungslinie aufgebaut haben, so daß Menelik sich möglicherweise zu einem Angriff genötigt sah, der ihm angesichts der starken
Artilleriebatterien hohe Verluste einbringen würde. Sollte er sich dagegen
ruhig verhalten, würde er das Gesicht verlieren. Eine dritte Möglichkeit
war, daß seine halbverhungerte Armee beim Anblick der Italiener in Panik
geriet und die Flucht ergriff – und damit hätte Baratieri Adowa eingenommen, ohne auch nur einen einzigen Schuß abzufeuern.

Doch es gab noch eine vierte Möglichkeit, die Baratieri allerdings nicht
in Betracht zog. Ein Vorstoß bei Nacht über schmale Pfade und durch
unbekanntes, felsiges Gebiet, das von Mimosensträuchern und Felsbrok-
ken übersät und von Schluchten durchzogen ist, ist immer ein gefährliches Unterfangen. So verloren auch tatsächlich zwei Brigaden die Orien-
tierung. Am Morgen des 1. März befanden sie sich jeweils auf einem ganz
anderen Bergrücken und fielen dem Feind in die Hände.

Am Morgen desselben Tages gegen 5.30 Uhr, galoppierte ein Reiter auf
Meneliks rotes Zelt zu und begehrte Seine Majestät zu sprechen. Die
ferangi, die Fremden, so lautete seine Botschaft, befänden sich unterhalb
der Kirche von Abba Garima. Sie rückten in großer Zahl vor, um das
Lager anzugreifen.

Es war der Tag, an dem die Zelte abgebrochen werden sollten, da die
Lage verzweifelt war. Die Nahrungsmittel waren praktisch aufgebraucht,
und auf den Wegen zwischen den Zelten lagen überall die Kadaver der
Pferde und Maulesel, die an Krankheit oder Hunger gestorben waren.
Menelik mußte sich zurückziehen – es sei denn, die Italiener griffen an.
Doch niemand hielt das für wahrscheinlich. »Erst wenn der Feind mich in
meinem Lager angreift und ich die Gewehrschüsse höre und ihn mit
eigenen Augen sehe, erst dann werde ich meine Armee in die Schlacht
schicken«[4], hatte der Kaiser einst verkündet.
Als Menelik nun das dumpfe Geräusch der Kanonen hörte und den

Rauch der Gewehre sah, gab er seinen Dienern den Befehl, alles für die Schlacht vorzubereiten. Dann ritt er, wie ein gemeiner Soldat mit einem weißen *shamma* (Mantel) bekleidet, zur Kirche bei Abba Garima. Der *Liq-Mekonas*, ein hoher Beamter bei Hofe, zog dagegen mit dem scharlachroten Brokatmantel des Kaisers in die Schlacht – eine List, die seit altersher angewendet wurde, um den Kaiser zu schützen. Neben Menelik stand der Erzbischof Abuna Matthew in Seidenkleidern, die er gewöhnlich beim Gottesdienst zu tragen pflegte. Auch einige Priester aus der Kathedrale von Axum waren anwesend, die eigentlich gekommen waren, um sich über die Requirierung von Nahrungsmitteln zu beklagen, nun aber ein Banner mit dem Bildnis Marias, Unserer Lieben Frau, entrollten. Neben ihnen standen die Hofdamen und die Kaiserin Taitu. Sie trug einen schwarzen Schirm, das Symbol der Trauer, und kniete auf dem nackten Boden zum Gebet nieder, auf dem Rücken einen großen Stein zum Zeichen der Unterwerfung unter den Willen Gottes.

Mit wilden Schlachtrufen stürmten die barfüßigen Äthiopier über die felsigen Hügel, schwangen ihre Speere und feuerten ziellos aus ihren Gewehren, während General Albertones Askari, ebenfalls barfüßig, mit gezielten Salven antworteten.

Zunächst machten die Äthiopier wenig Eindruck auf die disziplinierten Askari. Zwei Batterien italienischer Geschütze rissen von Zeit zu Zeit die Linie der Angreifer auf. Die Kugeln durchschlugen die Schilde aus Büffelhaut und prasselten schauerartig gegen die Felsen. Doch Meneliks Krieger waren nicht aufzuhalten; todesmutig rannten sie auf die feindlichen Kanonen zu. Albertones Eingeborenenbrigade war bald erheblich dezimiert. Die Askari wußten, was sie erwartete, wenn sie dem Feind in die Hände fielen, und viele kämpften heldenhaft. Andere wiederum verloren den Mut und flüchteten durch das Tal nach Osten.

Der kritische Augenblick, der den Ausgang nahezu jeder Schlacht bestimmt, trat etwa um 9 Uhr ein. Zu diesem Zeitpunkt hatte Albertones Brigade bereits drei Stunden lang in die Reihen der barfüßigen Krieger gefeuert, und trotz der Entfernung konnte es Menelik nicht entgehen, daß seine Männer schreckliche Verluste erlitten hatten. Drei Armeen hatten alles Erdenkliche unternommen, die Italiener aus der Stellung zu werfen. Die Herrscher, die sie befehligten, hatten einst Meneliks Macht ernsthaft bedroht – Ras Makonnen von Harar, Tekla Haimanot von Gojjam und Ras Michael von Wollo –, und ohne Zweifel war Menelik stolz darauf, daß sie nun einen derart kämpferischen Einsatz zeigten. Seine Schoa-Armee hielt er noch als Reserve zurück.

Es war nun die Kaiserin Taitu, die die Initiative ergriff und voranschritt: »Mut!« rief sie. »Der Sieg ist unser! In den Kampf!«[5] Ihre eigene Leibgarde eröffnete nun das Feuer auf den Feind. Diese ein wenig opernhafte Einleitung überzeugte Menelik offensichtlich, und er schickte seine 25 000 Schoa los. Albertones Brigade tauchte im Rauch ihrer Gewehrsalven unter wie ein Schiff in einer Flutwelle.

Seit die Morgendämmerung hereingebrochen war, traktierte Baratieri seine Kommandeure, da die Brigaden auf der rechten Seite zu spät ihre Stellung einnahmen. Ein wenig überrascht war er, daß Albertone auf der Linken nicht mehr zu sehen war. Um 6.15 Uhr schickte er dann zwei Botschafter los, um dessen Position auszumachen. Seiner Schätzung nach konnte er nur ein paar hundert Meter von der ihm am Nachmittag zuvor zugewiesenen Stellung entfernt sein. Eine halbe Stunde später beschloß er, daß Kommandeur Dabormida mit seiner Brigade den vorderen Ausläufer des Belah-Berges besetzen, dort seine Geschütze zur Deckung aufstellen und so bald wie möglich Verbindung zu Albertones Brigade aufnehmen sollte.

Doch um 8.30 Uhr dämmerte Baratieri allmählich, was passiert war. Er bestieg den Eschascho-Berg und mußte feststellen, daß Albertone über sechs Kilometer von der vereinbarten Position entfernt war und sich auf der Hügelkette bei Adowa befand.

Doch ein Sieg war immer noch möglich. Baratieri war, was die Zahl der Gewehre und die Disziplin seiner Soldaten betraf, haushoch überlegen. Wenn er die Verteidigungslinie neu formiert hätte, hätte er Meneliks ungestüme Armee zurückwerfen und eine Niederlage abwenden können.

Aber er schwankte, nachdem er den ersten geschlagenen Askari aus Albertones Brigade gesehen hatte, der sich durch das Tal zurückkämpfte. Zudem erhielt er eine Meldung von Albertone, derzufolge der Feind zahlenmäßig sehr gut dastand und Verstärkung bekommen würde. Wenn er Albertone zurückbeordern wollte, bevor dieser der Übermacht erlag, dann mußte er es jetzt tun. Aber Baratieri hoffte immer noch, Dabormida werde die Situation retten. Dieser allerdings unternahm nichts, um Albertones Brigade zu erreichen. Aus nie geklärten Gründen schwenkte er weit nach rechts ab und direkt auf das feindliche Lager in Mariam Schavita zu.

541

Er hätte sich genausogut in ein Nest von Riesenameisen setzen können. Dieser Schnitzer zusammen mit Albertones Versagen sollte die Niederlage zu einem Desaster und das Desaster zu einer Katastrophe machen.

Doch von alledem wußte Baratieri nichts. Er verlegte die Brigade des Kommandeurs Arimondi in die Mitte der Verteidigungslinie und beschloß, sich erst nach der Schlacht mit den Feiglingen zu beschäftigen, die aus Albertones Brigade durch das Tal geflüchtet waren.

Gegen 10.30 Uhr allerdings brach die Wirklichkeit über ihn herein wie ein Alptraum. Tausende von schreienden Schoa überschwemmten den Belah-Berg. Baratieri versuchte noch, sie mit Hilfe zweier Kompanien von *Bersaglieri* – Eliteschützen – zurückzutreiben. Doch das Opfer war vergeblich. Die Schoa konnten ihre Stellung halten und begannen, Arimondis Brigade einzukesseln. Ein eritreisches Bataillon auf der linken Flanke der Italiener floh in wilder Panik. Gegen Mittag befahl Baratieri den Hornisten, zum Rückzug der mittleren Brigade zu blasen.

Doch auch ein geordneter Rückzug bedarf einsatzfähiger Offiziere und einer tapferen Nachhut. Beides war nicht gegeben, so daß der Rückzug in eine wilde Flucht ausartete.

Dabormida aber wartete immer noch in dem engen Tal, das er an jenem Morgen erobert hatte, auf Befehle. Mit einem Heliographen hätte seine Einheit zweifellos rechtzeitig zurückgerufen werden können, um die Brigade in der Mitte der Verteidigungslinie zu unterstützen. Doch Dabormida wußte ebensowenig um seine prekäre Lage wie der Rest der Armee: er war umzingelt.

Gegen 14 Uhr machte er eine Bestandsaufnahme. Seit vier Stunden hatten seine Männer unter hohen Verlusten gekämpft, um das Tal von Mariam Schavita zu erobern. Und nun wimmelte es auf den umliegenden Hügeln von Schoa-Kriegern. Trotz Durst und Erschöpfung war seine Brigade noch vollkommen kampffähig. Wo aber blieben die Kameraden? »Die Lage ist ernst, sehr, sehr ernst«, murmelte er immer wieder, während er ungeduldig und verzweifelt wartete. »Keine Nachricht, kein Befehl, keine Verstärkung – nichts.« Das Hauptquartier »scheint sich aufgelöst zu haben.«[6] Gegen 15 Uhr beschloß er, sich nach Norden zurückzuziehen.

Im Gegensatz zu der erbärmlichen wilden Flucht der mittleren Brigaden war Dabormidas Rückzug vorbildlich. Alle Bataillone hielten sich an die Befehle, obwohl die Verluste hoch waren und die Schoa mit Todesverachtung kämpften und sogar mit Schwertern und Speeren auf die Verwundeten einhieben. Die Nachhut wurde geopfert, wobei die Artilleristen ihre Kanonen bis zuletzt verteidigten und tapfer starben. Es ist nicht bekannt, wie Dabormida ums Leben kam. Anscheinend wurde er verwundet, schleppte sich aber noch bis zu einem Dorf namens Adi Schum Wahena, wo er von einer alten Frau gesehen wurde. Monate später fand man seine Leiche im Staub unter den Tausenden von Toten, die auf dem langen und beschwerlichen Rückzug jeden Felsen und jeden Stein verteidigt hatten.

* * *

Selten hat ein Telegramm eine größere Sensation hervorgerufen als jenes, das die italienische Regierung am 4. März 1896 in Rom veröffentlichte. Baratieri, der erfolgreichste General des Landes, schien halb wahnsinnig zu sein und berichtete, seine Soldaten seien »wie die Verrückten« vom Schlachtfeld geflohen und hätten ihre Gewehre fortgeworfen, »um der Entmannung zu entgehen«.[7]

Doch die Zahlen, die Baratieri in seinem Bericht anführte, sprachen eine unmißverständliche Sprache: von ursprünglich 10 596 Italienern waren 4133 tot oder vermißt, etwa 2000 waren in Gefangenschaft geraten und eine noch größere Anzahl verwundet. Hinzu kamen 4000 gefallene oder gefangene Askari von insgesamt 7100. Baratieri wurde zum Sündenbock gestempelt und in Asmara, der Hauptstadt Eritreas, vor Gericht gestellt. Schließlich wurde er zwar freigesprochen, doch der Richter befand, er sei als Befehlshaber »vollkommen unfähig«.[8]

Ein ähnliches Verdikt verhängte kurz darauf das italienische Volk über Crispis Regierung. In den meisten Städten des Landes kam es zu Protesten, und der Regierungschef verlor innerhalb von zwei Wochen nach dem Bekanntwerden des Desasters sein Amt. Dem neuen Ministerpräsidenten Marquis di Rudini gewährte das Parlament eine bedeutend höhere Summe für die Wiederherstellung des Friedens als Crispi für seinen verheerenden Krieg – allerdings unter dem Vorbehalt, daß es keine weiteren kolonialen Abenteuer mehr geben dürfe.

General Baldissera, der im Februar an Stelle Baratieris zum Gouverneur von Eritrea ernannt worden war, landete am 5. März in Massaua. Er konnte nur noch die an der südlichen Grenze der Provinz versprengten

Überreste der Armee einsammeln – demoralisierte, erschöpfte, halbnackte und verwundete Soldaten. Die meisten von ihnen hatten einen zweiten Alptraum erlebt, als sie durch Tigre marschierten und die Bauern ihnen nirgendwo Quartier gaben. Baldissera formierte nun zunächst vier Bataillone zur Verteidigung Eritreas. Die zweite Aufgabe war, die kleine, von der Außenwelt abgeschnittene Garnison in Adigrat sowie die Garnison in Kassala zu entsetzen, die von 5000 Derwischen belagert wurde. Schließlich, und hiervon hing alles andere ab, mußte er mit Menelik über einen Friedensschluß und die Freilassung der 4000 Kriegsgefangenen verhandeln.

Aber Menelik schien zunächst gar keinen Frieden zu wollen. Am 12. März hieß es, die Schoa würden den Fluß überqueren und das südliche Grenzland der Kolonie besetzen, und als Baldissera einen Gesandten mit der Parlamentärflagge zu Menelik schickte, wurde dieser gefangengenommen. Doch knapp drei Wochen nach seiner Ankunft in Eritrea konnte Baldissera aufatmen. Plötzlich begab sich die ganze Armee – Schoa, Gojjami, Harari, alle bis auf die Soldaten aus Tigre – mitsamt den italienischen Gefangenen auf den Rückweg nach Schoa. Warum nutzte Menelik seine Chance nicht, die Italiener ins Meer zu treiben?

Es gab eine ganz einfache Erklärung dafür: Der Preis für den Sieg war sehr hoch und schmerzhaft gewesen. Die Kaiserin soll am Abend der Schlacht über die toten Äthiopier geweint haben und »ihr Gesicht, das sonst so strahlend war«, wurde »von Tränen verdunkelt«.[9] Die Verluste – 7000 Tote und 10 000 Verwundete – waren weitaus höher als bei der Schlacht von Gallabat, in der Johannes von den Derwischen getötet worden war.

Von daher war es wohl nicht verwunderlich, daß man Menelik von einem Vormarsch nach Serae (in Eritrea) abriet. Nicht nur, daß die Flüsse ausgetrocknet und keine Nahrungsmittel aufzutreiben waren; die Soldaten waren schlicht und einfach auch des Kämpfens müde. Bald würde der Regen kommen, und es war Zeit, nach Hause zurückzukehren und zu pflügen und zu säen.

Das Haupttheer mit dem Kaiser und der Kaiserin brauchte zwei Monate für den Rückmarsch nach Addis Abeba. Selbst für die Schoa war es eine Nervenprobe, da man den Bauern Getreide und Vieh mit Gewalt entreißen mußte und die Muslime in Wollo die Armee bedrängten. Maultiere und Esel wurden zu einer kostbareren Habe als Gold. Bei der

Ankunft in der Hauptstadt und der anschließenden Siegesparade, bei der Menelik mit Salutschüssen aus den in Adowa erbeuteten Feldgeschützen gefeiert wurde, war denn auch das vorherrschende Gefühl Erleichterung. Während für die 1900 italienischen Gefangenen, die zum Teil schwer verwundet waren, der Rückmarsch besonders qualvoll war, wandelte sich das diplomatische Klima zum Besseren. Menelik war nun entschlossen, seinen Sieg zur Zementierung eines dauerhaften Friedens zu nutzen.

Am 23. August 1896 erfuhr der italienische Gesandte Conte Nerazzi, daß Menelik lediglich zwei Vorbedingungen stellte: die Auflösung des Vertrages von Wichale und die Anerkennung der uneingeschränkten Unabhängigkeit Äthiopiens. Erstaunlicherweise bat er nur um die Wiederherstellung des Status quo, und di Rudinis Regierung beeilte sich, einzuwilligen. Zwei Monate später wurde in Addis Abeba ein Friedensvertrag unterzeichnet, der den Fluß Mareb als eritreische Grenze festlegte. Ihm folgte eine Übereinkunft über die Rückkehr der 1705 überlebenden italienischen Gefangenen in ihre Heimat gegen eine Abfindung von zehn Millionen Lire. Etwa 200 Italiener waren auf dem schrecklichen Marsch gestorben. Auch 200 Askari, denen man nach der Schlacht von Adowa in einem gräßlichen Ritual die rechte Hand und den linken Fuß abgehackt hatte, waren ihren Wunden erlegen.

Bald nahmen Italien und Äthiopien wieder normale Handelsbeziehungen auf. (Lediglich in der italienischen Armee hinterließ die Schlacht bei Adowa für die nächsten vierzig Jahre eine tiefe Wunde der Demütigung). Menelik trat dann mit den anderen Großmächten in Verhandlungen, um seinen diplomatischen Sieg zu festigen, und überredete sowohl die Franzosen, die ihm die Waffen geliefert hatten, als auch die Engländer, die seine Feinde moralisch unterstützt hatten, zu einem schlauen Handel. Die Franzosen überließen ihm einen großen Teil Französisch-Somalilands als Gegenleistung für sein Versprechen, ihren Plan zur Eroberung des oberen Nil zu unterstützen. Von den Briten erhielt er einen Großteil Britisch-Somalilands und das Recht auf zollfreie Importe durch Zeila. Im Gegenzug sicherte er ihnen Hilfe gegen die Mahdisten zu, wobei er diesen jedoch zur selben Zeit im Sudan einen Handelspakt zusagte. (Natürlich widersprachen sich diese Vereinbarungen gegenseitig, aber Menelik wollte sich seine endgültigen Optionen offenhalten und abwarten, welche der Großmächte den Wettlauf um den oberen Nil gewinnen würde.) Im folgenden Jahr – 1897 – sandte Menelik seine Schoa-Armeen zu einem neuen Eroberungsfeldzug gegen die Kaffa im Südwesten und die Galla im südlichen Grenzgebiet. Bald war sein Reich doppelt so groß wie das seines Vorgängers, als dieser sich auf dem Höhepunkt seiner Macht befunden hatte. Menelik verfolgte eine imperialistische Expansionspolitik, sozusagen *Realpolitik* im afrikanischen Stil, die gewinnbringender war als sämtliche europäischen Feldzüge in Afrika. Mit dem in Kaffa und im Süden erbeuteten Gold war Menelik in der Lage, seine Armee neu auszurüsten, seinen veralteten Staat zu modernisieren und auf diese Weise die Vorherrschaft der Schoa bis weit ins zwanzigste Jahrhundert hinein zu festigen.

KAPITEL 27

Rhodes, Räuber und Rebellen

Birmingham, Rhodesien und der Transvaal
August 1895 – 1897

»Ihr habt gesagt, ich sei es, der euch tötet: Aber hier kommen nun
eure Herren . . . Ihr werdet jetzt Wagen ziehen und schieben müssen;
unter meiner Herrschaft mußtet ihr nie etwas Derartiges tun.«

König Lobengulas letzte Rede zu seinem Volk, 1896

Im August 1895 saß Joseph Chamberlain, der Staatsmann, der früher
Schraubenhersteller gewesen war, im Garten seines Landsitzes Highbury. Er sah immer aus wie der Emporkömmling aus den Karikaturen des
Punch: Im rechten Auge trug er ein stählernes Monokel, und im Knopf-
loch prangte eine selbstgezüchtete Orchidee. Neben seinem Gartenstuhl
jedoch lag eine Regierungs-Depeschenkassette mit der Beschriftung
»CO« – Kolonialministerium.

Zwei Monate waren vergangen, seit die von Gladstones Nachfolger
Lord Roseberry geführte liberale Regierung mit Pauken und Trompeten
untergegangen ist. Nun kam wieder der sardonische Lord Salisbury ans
Ruder. Doch diesmal strebten die Torys eine Koalition mit den Liberalen
Unionisten an und boten Chamberlain jedes erdenkliche Amt an: das
Finanzministerium, das Außenministerium und das Innenministerium
standen ihm offen. Er wählte das Kolonialressort.

In Westminster rätselte man, warum sich Chamberlain ausgerechnet
für ein derart unspektakuläres Betätigungsfeld entschieden haben mochte.
Salisbury hatte schon früher die Vermutung geäußert, Chamberlain sei
lediglich ein »theoretischer Imperialist«[1]. Es war keine Kunst, in allgemeinen Appellen die Einheit des Empire zu beschwören. Wesentlich schwieriger war es jedoch, ein bettelarmes Ministerium zu leiten, das für
Stümperei bekannt war, weil es sich in einer Zwickmühle befand: aufgerieben zwischen der globalen Diplomatie des Außenministeriums und
der engstirnigen Sparpolitik des Finanzministeriums.

Hinzu kam, daß die Bevölkerung nicht gerade vor Begeisterung für eine Ausdehnung des Empires sprühte. Diese Tatsache ist schwer erklärbar, war doch in anderen Ländern eine gegenläufige Entwicklung zu beobachten. 1884 hatte das Kolonialfieber auch auf Deutschland übergegriffen, und Bismarck hatte diese Stimmung nicht zuletzt aus wahltaktischen Gründen noch geschürt. Mittlerweile gab es vier deutsche Kolonien in Afrika. Brazzas Entdeckungen im Kongo hatten das Interesse der französischen Öffentlichkeit geweckt, was wiederum der französischen Kolonialarmee gelegen kam. In Großbritannien jedoch, das sowohl wirtschaftlich als auch strategisch in Afrika am meisten zu verlieren hatte, zeigte sich die Öffentlichkeit bis in die neunziger Jahre hinein gleichgültig. Abgesehen von dem strategischen Wettlauf zum Nil blieb es Einzelpersonen überlassen, in Afrika aktiv zu werden: Männern wie Cecil Rhodes und George Goldie, Lugard und Mackinnon oder Harry Johnston. Seit Beginn des Wettlaufs waren dem britischen Empire in Afrika zwei Millionen Quadratkilometer hinzugefügt worden. Mackinnons Ostafrika, Lugards Uganda, Goldies Nigergebiete, Rhodes' Matabeleland und Mashonaland, Johnstons Njassaland und das de facto von Baring verwaltete Ägypten.

Der Wettlauf war jedoch noch keineswegs entschieden. Die Endphase, in der es um den Nil, den Niger und die südafrikanische Steppe ging, hatte gerade erst begonnen. Und eben das war der Grund, weshalb Chamberlain das Kolonialministerium gewählt hatte. Der Unionist hatte den Ehrgeiz, die Bevölkerung für den Imperialismus zu gewinnen und die Einheit des Empire voranzutreiben.

Der englische Begriff »imperialism« war 1895 ein dehnbarer Begriff mit zwei grundverschiedenen Bedeutungen. Sprach ein Kolonialminister von »Einheit« oder »Föderation des Empire«[2], so bezog er sich damit nicht auf die Kronkolonien und das »schwarze und braune Empire«, sondern auf Kanada und die übrigen weißen, selbstverwalteten Kolonien: Neuseeland, Australien, Natal und die Kapkolonie. Diese Länder sollten bald dem Beispiel Kanadas folgen und sich »dominions« nennen. Chamberlain hatte vor, diese mehr oder weniger unabhängigen Nationen zu einem engeren Zusammenschluß mit dem Mutterland zu bewegen, der sich für beide Seiten vorteilhaft auf Handel und Verteidigung auswirken würde.

Chamberlain träumte davon, alle weißen Völker des Empire zu vereinen und eine einzige Föderation zu schaffen. Der erste Schritt waren separate Föderationsverträge mit Australien und Südafrika nach dem kanadischen Modell. In Australien war es nur noch eine Frage der Zeit, bis Canberra zur Hauptstadt der neuen Föderation gekürt werden würde. In Südafrika sah man sich wegen der Rassenfrage größeren Schwierigkeiten gegenüber. Zum einen hatte man es dort gleichzeitig mit dem »weißen« und dem »schwarzbraunen« Empire zu tun. Zum anderen waren zwei der Staaten, der Transvaal und der Oranje-Freistaat, burische Republiken und gehörten somit nicht zum britischen Empire. Frere und Carnarvon waren bei dem Versuch, den Transvaal zu annektieren und in eine Föderation einzugliedern, kläglich gescheitert. Es wäre also unklug gewesen, in dieser Hinsicht allzu schnell wieder aktiv zu werden.

Am 29. Dezember 1895 jedoch drang Dr. Jameson, der Verwalter Rhodesiens, von britischem Territorium aus mit einer Truppe von 500 Rhodesiern in den Transvaal ein. Als Chamberlain in Highbury einen Tag später durch ein geheimes Telegramm aus dem Kolonialministerium von dem Angriff erfuhr, ballte er die Fäuste und sagte: »Falls das gelingt, bin ich erledigt.«[3] Dann telegrafierte er zurück: »Laßt nichts unversucht, um das Unheil abzuwenden«.[4] Noch in der Nacht nahm er den Zug nach London. Am folgenden Tag verurteilte er den Überfall aufs Schärfste. Doch Jameson war nicht mehr aufzuhalten – bis schließlich drei Tage später seine übel zugerichtete Truppe in Doornkop bei Johannesburg die weiße Flagge hißte.

Am 3. Januar 1896 sandte Kaiser Wilhelm II. aus Berlin ein Telegramm an Kruger, in dem er ihn zu seinem Sieg über die britischen Invasoren beglückwünschte. Gemäß dem Abkommen von London beanspruchte Großbritannien die Vorherrschaft über den Transvaal; infolgedessen ging nach dem Telegramm des Kaisers ein Aufschrei durch die britische Presse.

In den folgenden Monaten kämpfte Chamberlain um sein politisches Überleben. Es stellte sich heraus, daß Cecil Rhodes einen wenig ausgereiften Plan verfolgte, der die Föderation Südafrikas mittels eines Handstreichs herbeiführen wollte – nämlich der gewaltsamen Machtübernahme im Transvaal. Unter den Mitverschwörern befanden sich zwei der reichsten Goldmagnaten, Alfred Beit und Julius Wernher. Sie hatten einen Aufstand der britischen *uitlanders* in Johannesburg finanziert, als Präsident Kruger den britischen Immigranten das Wahlrecht verweigert hatte, weil sie den Buren zahlenmäßig überlegen waren. Der Aufstand endete in einem Fiasko.

Im Verlauf des Jahres behauptete Rhodes, auch Chamberlain sei an dem Unternehmen beteiligt gewesen. Ob der Kolonialminister in die Pläne der Verschwörer eingeweiht war, wissen wir bis heute nicht; sicher ist nur, daß in den Jahren vor dem Überfall zwischen Cecil Rhodes, dem kolonialen Piraten, und der Regierung eine unbequeme Partnerschaft bestanden hatte.

* * *

Fünf Jahre lang hatte sich Cecil Rhodes in Südafrika, den unabhängigen Koloß mit den drei Köpfen, engagiert. Er war Premierminister und Diamantenmagnat der Kapkolonie. Er war einer der großen Goldmagnaten der Burenrepublik Transvaal. Er war der Mann, der die Königin überredet hatte, ihm einen königlichen Schutzbrief auszustellen, und er hatte eine neue britische Kolonie gegründet, die nördlich des Transvaal lag und seinen eigenen Namen trug.

Rhodes, das Kolonialministerium und die Mehrzahl der britischen Politiker jeder Couleur hatten ein gemeinsames Ziel: diese drei Staaten und ganz Südafrika in einem Bund unter britischer Flagge zusammenzuschließen. Wie aber sollte man dieses Ziel unter den gegebenen Umständen erreichen? Die Kapkolonie reagierte äußerst kühl, der Transvaal feindselig, und Rhodesien war so gut wie bankrott.

Ein Großteil der einen Million Pfund aus den Aktien der Handelsgesellschaft war bereits in den schrecklichen Monaten nach der Invasion in Mashonaland verbraucht worden. Gewiß bestand eine geringe Chance, durch die Landwirtschaft oder durch die Goldminen einen Aufschwung zu erreichen; doch die Voraussetzung war der Bau einer Eisenbahn. Rhodes erkannte als erster, welche Gefahren dies heraufbeschwor. Sein eigenes Vermögen von etwa zwei Millionen Pfund hatte er bereits in der Kapkolonie und im Transvaal verpfändet; mit dem wesentlich größeren Vermögen seiner Verbündeten Alfred Beit und Julius Wernher verhielt es sich ebenso. Also mußten die Mittel für die Erschließung Rhodesiens auf dem Londoner Geldmarkt geliehen werden – oder sie mußten von Downing Street kommen –, was wiederum unwillkommene Verpflichtungen nach sich ziehen würde. Wenn Rhodes das Kapital für sein privates Empire nicht aufbringen konnte, würde der Schutzbrief für null und nichtig erklärt, und Downing Street müßte intervenieren, um Kruger und die Buren aus Transvaal an einer Übernahme des neuen

Staates zu hindern. Damit wäre für die private Handelskolonie Rhodesien das Todesurteil gesprochen, und eine neue Kronkolonie wäre geboren. Im Juli 1893 hatte Dr. Jameson, der neue Ministerpräsident der Kolonie, Rhodes den Vorschlag unterbreitet, einen regulären Krieg gegen König Lobengula von Matabeleland zu führen und sein Reich der Kolonie einzuverleiben. Wie kam Jameson nur auf die Idee, ein solch abenteuerliches Hasardspiel in Erwägung zu ziehen?

Schon aus finanziellen Gründen hatte man bislang Sorge getragen, daß der Frieden mit Lobengula erhalten blieb. Dies entsprach auch Lobengulas Intentionen, obgleich es durchaus nicht einfach für ihn war, die Angriffslust seiner Krieger zu zügeln, seitdem Rhodes im Jahre 1890 die Rudd-Konzession erhalten und Mashonaland besetzt hatte. Mittlerweile waren sechzig Jahre vergangen, seit die Ndebele zum letzten Mal ihre Speere im Blut weißer Feinde gewaschen hatten. Die Jüngeren unter den Ndebele-Kriegern waren davon überzeugt, daß sie die weißen Eindringlinge »zum Frühstück verspeisen konnten«. Lobengula wußte es besser. Er hatte mitverfolgt, wie Cetshwayo und seine Zulus geschlagen und erniedrigt worden waren, und er hatte sein Bestes getan, um sich mit den Eindringlingen zu arrangieren.

Aus Rhodes' Sicht hätte man mit dem behelfsmäßigen Friedenszustand recht gut leben können. König Lobengula erklärte zwar die Rudd-Konzession für Mashonaland für null und nichtig, da Rhodes seine Einwilligung nur durch Täuschungsmanöver erhalten habe. Andererseits war der König bereit, sich von Rhodes für die Besetzung von Mashonaland eine monatliche Summe bezahlen zu lassen. Außerdem versuchte er, Zusammenstöße zwischen den Siedlern in Mashonaland und seinen eigenen Kriegern zu verhindern, die auf Raubzügen in diesem Gebiet Sklaven und Vieh erbeuteten. Er beschwichtigte seine Krieger, indem er ihnen anderen blutigen Zeitvertreib gewährte, zum Beispiel einen Überfall auf Lewanikas Gebiet nördlich des Sambesi, wo sie ungehindert wüteten; und er ließ sogar zu, daß sie Mhlaba, einen seiner treuesten und vernünftigsten Berater, töteten, weil er für den Frieden eingetreten war.

Im Juli 1893 jedoch beging Lobengula einen verhängnisvollen Fehler. Angehörige des Stammes der Shona hatten in der Nähe der Grenze Vieh gestohlen. Darauf entsandte er eine große Schar von Kriegern, um die Räuber, die in der Umgebung von Fort Victoria lebten, zu bestrafen. Theoretisch hatte Lobengula noch immer das Recht, seine Untergebenen sowohl in Mashonaland als auch in Matabeleland zu bestrafen. Aber es war höchst unbesonnen, eine Strafexpedition über die Grenze in das von Weißen besetzte Gebiet zu schicken. Zu allem Überfluß mißachteten die Männer den Befehl ihres Königs, den Besitz der Weißen zu verschonen.

Das Ergebnis war eines der altbekannten Massaker vor den Toren von Fort Victoria. Die Ndebele töteten 400 unglückliche Shona-Stammesangehörige, ermordeten in den Häusern der Weißen Bedienstete und nahmen Frauen und Kinder als Sklaven. Im Zuge des Überfalls wurde auch eine geringe Zahl von Pferden und Vieh aus dem Besitz der Weißen gestohlen.

Die Siedler reagierten schockiert und aufgebracht auf diesen Zwischenfall. Und Jameson begriff sogleich, welche Möglichkeiten sich auftaten. Bereits Tage nach dem »Victoria-Zwischenfall« hatte er seinen Eroberungskrieg gegen die Ndebele bis ins kleinste Detail geplant.

Zunächst zeigte sich Rhodes erschüttert über Jamesons Unverfrorenheit. Wie konnte man ein so riskantes Spiel wagen, da man doch kurz vor dem Bankrott stand? Jameson ging allen Ernstes davon aus, daß 1000 Mann genügen würden, um Lobengulas Krieger zu besiegen. Hatte er Isandlwana vergessen? Nein, aber seiner Ansicht nach hatte die britische Armee den Fehler begangen, als sie gegen die Zulus Infantrie einsetzte. Die Buren wußten es besser: Man brauchte berittene Truppen, die sich nachts in einer Wagenburg verschanzen konnten. Und man mußte Bulsawayo von drei Seiten zugleich angreifen: von Salisbury, Victoria und Tuli aus. Rhodes brauchte lediglich das Geld aufzutreiben.

Schließlich willigte Rhodes in den Plan ein. Vielleicht glaubte er ja auch, daß nur ein solches Vabanque-Spiel sie aus der katastrophalen Finanzlage in Mashonaland erlösen konnte. So verkaufte er die Aktien seiner eigenen privaten Handelsgesellschaft in Höhe von 50 000 Pfund, um Jamesons Krieg zu bezahlen. Der teuerste Posten waren die 1000 Pferde, die man im Transvaal kaufen mußte. Die Rekruten aus dem Transvaal und die weißen Freiwilligen aus Mashonaland wollte man mit Land und Vieh bezahlen, welches man dem Feind entreißen würde. Die liberalen englischen Zeitungen reagierten mit entgeisterten Kommentaren. Aber in Südafrika war man noch nie zimperlich gewesen, wenn es darum ging, die »Kaffern« zu bekämpfen. Aus der Sicht der Siedler war Matabeleland ohnehin gestohlenes Eigentum: Schließlich war es den Shona von den Ndebele abgenommen worden!

Nachdem Rhodes seine Zustimmung zu Jamesons Krieg gegeben hatte, galt es im Sommer 1893, die Regierungen in London und in Kapstadt davon zu überzeugen, daß es keine andere Wahl gab und der Krieg unvermeidlich war. Zu seinem Glück wußte der Hochkommissar der Kapkolonie, Sir Henry Loch, nicht, wie er Rhodes bremsen sollte und entschloß sich deshalb, ihn zu unterstützen. Loch hatte von dem Kolonialminister, der damals noch Lord Ripon hieß, die Anweisung erhalten, »jegliche Aggression«[5] seitens der Handelsgesellschaft zu verhindern und Rhodes darauf hinzuweisen, daß ein Versuch, die Regierung des Empire in einen Krieg gegen Lobengula zu verstricken, für seinen Schutzbrief verhängnisvolle Folgen haben würde. Loch jedoch hoffte, selbst Nutzen aus der Invasion zu ziehen: Falls es zu einer Invasion kommen sollte, würden die Truppen der Kapkolonie als erste in Bulawayo eintreffen.

Loch ging sogar so weit, der Regierung in London falsche Informationen zu übermitteln, laut denen Lobengulas Männer während des Zwischenfalles bei Victoria mutwillig auf Weiße geschossen haben sollten. Das Gegenteil war der Fall. Als Jameson Victoria erreichte, hatte er die Ndebele mit Waffengewalt zurückgedrängt und mehr als zehn von ihnen wurden von Jamesons Männern erschossen, ohne das Feuer erwidert zu haben.

Vor allem aber ließ Loch sich einreden, daß Lobengula bereits mobilgemacht habe, um weißes Territorium zu erobern. In Wirklichkeit wurde die Armee der Ndebele zu diesem Zeitpunkt durch eine Pockenepidemie heimgesucht, weshalb es dem König leichter fiel, seine jungen Krieger im Interesse des Friedens von weiteren Beutezügen jenseits der Grenze abzuhalten. Außerdem entsandte er Mshete, einen erfahrenen Emissär, um der Queen in London einen Brief zu überbringen. Aber Loch nahm ihm den Brief ab und berichtete der britischen Regierung, Verhandlungen wären sinnlos, da Lobengula auf seinem Recht beharre, die Shona zu bekriegen.

Mittlerweile hatte Loch beschlossen, sich mit einer eigenen Truppe, nämlich 225 Grenzpolizisten aus Betschuanaland und fast 2000 eingeborenen Betschuana, an der Invasion zu beteiligen. Diese entwickelte sich nun zu einem Wettlauf rivalisierender Armeen. Dem Sieger würde das Recht zufallen, den Ndebele Bedingungen zu stellen.

Jamesons Vabanque-Spiel ging auf. Seine Truppe war kaum 700 Mann stark (die etwa 300 eingeborenen »Boys« nicht mitgerechnet), aber schwer bewaffnet: Sie verfügte über zwei Kanonen und eine Anzahl Maschinen-gewehre sowie fünf Maxim-Gewehre. Mitte Oktober 1893 überquerte das kleine Heer den Umniati-Fluß, der die Grenze zwischen Mashona-land und Matabeleland bildete. Bald vereinigten sie sich mit den Truppen aus Victoria. Niemand stellte sich ihnen in den Weg, als sie durch den trockenen Busch galoppierten – dank der Pockenepidemie und Loben-gulas vergeblicher Friedensbemühungen. Erst am 25. Oktober kam es zu Kampfhandlungen.

Rund 6000 Krieger griffen in der Nacht die am Fluß Shangani lagern-den Truppen an. Doch sie wurden zurückgeschlagen, wobei ein weißes Truppenmitglied und ein Farbiger aus der Kapkolonie getötet und sechs Weiße verletzt wurden. Die Verluste der Ndebele hingegen gingen in die Hunderte. Auch an die fünfzig Shona-Flüchtlinge wurden im Verlauf des Kampfes getötet.

Eine Woche später, als die Truppen nur noch dreißig Kilometer von Bulawayo entfernt waren, unternahmen die Ndebele einen zweiten An-griff, der ebenso mühelos abgewiesen wurde. Auf Jamesons Seite waren vier Männer gefallen und sieben verwundet worden, wohingegen die Ndebele fast 1000 Tote zu beklagen hatten. Am 4. November erreichten die Truppen Bulawayo. Lobengula und die Bevölkerung hatten die Stadt niedergebrannt und waren geflohen.

Jameson machte einen vergeblichen Versuch, den König gefangenzu-nehmen; der König seinerseits bemühte sich vergeblich, seine Verfolger zu bestechen, indem er ihnen eine Tasche mit 1000 Goldmünzen schickte, der er folgenden Zettel beilegte: »Nehmt dies und geht zurück. Ich bin besiegt.«[6] Zwei Weiße steckten das Gold ein und vernichteten den Zettel. Am 3. Dezember stieß die Vorhut der Verfolger auf die Wagen, die Lobengula einige Stunden zuvor am Ufer des Flusses Shangani hatte zurücklassen müssen. Am nächsten Tag beschloß der Anführer dieser vierzig Mann starken Truppe, den geschwächten Feind anzugreifen und den König gefangenzunehmen. Sie wurden jedoch eingekesselt und von den Ndebele getötet.

Lobengula ritt unter dem Schutz der überlebenden Krieger seiner *impis* weiter nordwärts. Die letzte bittere Rede des Königs an sein Volk ist überliefert: »Ihr habt gesagt, ich sei es, der euch tötet: Aber hier kommen nun eure Herren ... Ihr werdet Wagen ziehen und schieben müssen; unter meiner Herrschaft mußtet ihr nie etwas Derartiges tun ... Freut euch, denn eure zukünftigen Herrscher sind da . . . die Weißen kommen. Ich wollte nicht gegen sie kämpfen.«[7] Immerhin blieb Lobengula das Schicksal Cetshwayos erspart. Er starb wie ein König: Als er erfuhr, daß seine letzten *impis* sich ergeben hatten, nahm er mit seinem engsten Berater Gift. Seine Diener begruben ihn in sitzender Position, in das Fell eines schwarzen Ochsen gehüllt. Sein Berater ruht zu seinen Füßen.

Rhodes war sehr zufrieden. Zu einem bescheidenen Preis – etwa 50 weiße Menschenleben und 50 000 Pfund – hatte Jameson einen gefährlichen Nachbarn vernichtet, die Größe Rhodesiens verdoppelt und die Handelsgesellschaft möglicherweise vor dem Bankrott bewahrt. Außerdem hatte er das Empire geschlagen. Die Truppen des Hochkommissars trafen nämlich mit zehn Tagen Verspätung in Bulawayo ein. Im Januar 1894 verließ Rhodes Salisbury, um im Triumph nach Kapstadt zurückzukehren.

Rhodes hatte in der Presse von Kapstadt einigen Einfluß, und es war ihm gelungen, die meisten Korrespondenten der Londoner Zeitungen zu bestechen. Nun erreichte ihn aus England die Meldung, die Invasion werde im großen und ganzen gebilligt. Die offizielle Darstellung der Vorfälle in Victoria hatte bei den meisten Leuten die Überzeugung geweckt, daß ein Krieg unvermeidlich gewesen war. Die englische Missionarslobby zeigt sich erfreut über die Aussicht weiterer Bekehrungen. Nur die Presse der Radikalen – insbesondere Henry Labouchères *Truth* – durchschaute Rhodes' Camouflage. Labouchère nannte den Krieg ein Verbrechen und warf Rhodes (mit gutem Grund) vor, Jamesons Vabanque-Spiel mitgespielt zu haben, um Mashonaland vor dem Bankrott zu retten.

Zwei Jahre später – im März 1896 – sollte Rhodesien Schauplatz des ersten afrikanischen Unabhängigkeitskrieges werden, und sogar Rhodes selbst mußte erkennen, daß er eine Reihe verhängnisvoller Fehler gemacht hatte. In der Euphorie, die der Besetzung von Bulawayo folgte, achteten jedoch weder Jameson noch Rhodes, noch einer ihrer Verbündeten auf die Gefühle der afrikanischen Bevölkerung. Sie empfanden lediglich Genugtuung darüber, daß der königliche Schutzbrief jetzt für das ganze Land Gültigkeit hatte – in der Praxis wie auf dem Papier. Vom rechtlichen Standpunkt aus betrachtet, war der Anspruch auf Mashonaland allerdings ziemlich fragwürdig: Zunächst hatte Rudd eine Bergbaukonzession erhalten (die der König später widerrufen hatte), dann Edward Lippert eine Landkonzession (die der britische Kronrat Jahre später für ungültig erklärte). Im Gegensatz dazu war der Anspruch auf Matabeleland nach den europäischen Vorstellungen rechtmäßig, da das Gebiet durch Eroberung in den Besitz der Gesellschaft gelangt war. Da Lobengula nominell Alleinherrscher des Landes gewesen war, konnte alles, was das Land an Werten zu bieten hatte – Land, Vieh und andere Besitztümer – praktisch als Beute behandelt werden.

Das erste, womit sich die neue Regierung im Jahre 1894 befaßte, war daher die Aufteilung dieser Beute zwischen den weißen Freiwilligen und der Gesellschaft. Nach dem Abkommen von Victoria standen jedem Freiwilligen 240 000 Ar des besetzten Landes zu. Rhodes machte sich nicht die Mühe, das Land nach durchdachten Gesichtspunkten zu vergeben; so versuchte ein jeder, die »Filetstücke« zu ergattern. Zwölf Monate später waren bereits 26 000 Quadratkilometer des reichen roten Bodens – praktisch das ganze Gebiet im Umkreis von etwa 150 Kilometern um Bulawayo – als europäisches Farmland abgesteckt. Als die geflohenen Ndebele zurückkehrten, fanden sie sich enteignet oder als Pächter weißer Siedler. Man hatte ihnen das Land genommen und die meisten der Dörfer niedergebrannt – gestützt auf die Begründung, daß es sich rechtlich gesehen um den Besitz des besiegten Königs handle. In Wahrheit hatte sich jedoch nur ein kleiner Teil des Gebietes unter Lobengulas direkter Kontrolle befunden.

Auch was das Vieh betraf, waren die Rechtsverhältnisse unklar. Unter dem König hatte kaum eine Einzelperson mehr als 100 Stück Vieh besitzen dürfen, wollte sie nicht Gefahr laufen, der Hexerei verdächtigt zu werden. Andererseits hatte der König seinen Untertanen große Herden zur Nutznießung überlassen. Diese Tiere gehörten nur formell dem König. Jetzt wurde ein Großteil dieser riesigen Herden beschlagnahmt: von der Gesellschaft selbst oder von den weißen Freiwilligen, denen man das Vieh als Kriegsbeute überließ, sofern sie die Hälfte davon der Gesellschaft übergaben. Die von den Ndebele unterjochten Shona oder die Amaholi brachten ebenfalls Vieh in ihren Besitz und trieben es nach Mashonaland. Tausende von Tieren fielen weißen Viehdieben aus dem Transvaal in die Hände. Als eine offizielle Kommission, die das Vieh zählen sollte, im Herbst 1895 ihren Bericht ablieferte, beschloß man, alles konfiszierte Vieh als ehemaliges Eigentum des Königs zu betrachten.

Land und Vieh hatten bei den Ndebele die Hauptquellen von Reichtum und Ansehen dargestellt. Als die Handelsgesellschaft ihnen diese beiden Fundamente nahm, verloren die Ndebele ihren inneren Halt. Die dritte Säule war der Stolz des Stammesangehörigen, der Kriegerkaste und somit der schwarzen Aristokratie anzugehören. Auch diese wurde von der Gesellschaft zertreten, welche es eilig hatte, Speere in Pflugscharen zu verwandeln. Man zwang die Ndebele, für die Weißen zu arbeiten.

Es gab viel zu tun. In den sechs Monaten nach der Invasion hatte man eine neue weiße Hauptstadt Bulawayo aus dem Boden gestampft – fünf Kilometer von den rauchgeschwärzten Ruinen entfernt, die einmal Lobengulas Kraal gewesen waren. Mit ihren roten Backsteinhäusern und den breiten Alleen wirkte sie wie eine koloniale Parodie auf englische Vorstädte.

Die meisten Einwohner der neuen Stadt betrachteten nicht Südafrika, sondern Großbritannien als ihre Heimat. Der wichtigste Grundsatz der weißen afrikanischen Gesellschaft – ob es sich nun um Briten oder um Buren handelte – war, daß die niedrigen Arbeiten von den Schwarzen verrichtet wurden. In den neuen Städten war die Nachfrage nach billigen afrikanischen Arbeitskräften ebenso groß wie auf den neuen Farmen und in den Bergwerken. Aber ein Monatslohn von zehn Shilling wirkte auf Lobengulas Männer nicht gerade motivierend. Sie waren Aristokraten und nicht daran gewöhnt, mit den Händen zu arbeiten. Dies hatten in der Vergangenheit ihre eigenen Sklaven, die Amaholi, oder die Kalanga und Shona für sie besorgt. Also schickte die Gesellschaft eingeborene Polizisten, um die jungen Männer zur Arbeit zu zwingen.

Alle anderen Mißstände waren für die Ndebele leichter zu ertragen als die Zwangsarbeit. Daß die Sieger den Besiegten Land und Vieh nahmen, entsprach einer Tradition, die auch den Ndebele geläufig war. Von einem Untergebenen der Weißen zur Arbeit geprügelt zu werden war jedoch für ein Herrschervolk wie die Ndebele unerträglich. Und selbst jene, die in Mashonaland durch den Sieg der Weißen von ihren schwarzen Unterdrückern befreit worden waren, sahen keinen Grund zur Dankbarkeit. Es mag paradox erscheinen, aber durch die Invasion hatte sich die Lage der Shona noch verschlechtert.

Die Polizei der Gesellschaft beschlagnahmte einen Großteil des Viehs der Shona. Gleichzeitig betrachtete die Gesellschaft die Shona als ihre Untertanen, wie es zuvor Lobengula getan hatte. Das Kolonialministerium ermächtigte die Gesellschaft, auf jede Hütte in Mashonaland eine Steuer von zehn Shilling im Jahr zu verlangen.

Die Hüttensteuer war für die Kolonialregierungen in Ländern wie Natal und Zululand ein beliebtes Mittel, um zwei Fliegen mit einer Klappe zu schlagen. Von ihr profitierte die Staatskasse wie auch der Arbeitsmarkt, weil die Eingeborenen nun Geld benötigten, um die Steuer zu entrichten. In Mashonaland wurde die Steuer jedoch auf besonders rüde Weise eingetrieben. Am Anfang war diese Praxis sogar illegal, denn man begann damit bereits Monate bevor das Kolonialministerium im September 1894 seinen Segen dazu erteilte. Die Steuereintreiber waren keine Fachleute und benahmen sich wie Wegelagerer. Aber auch als schließlich ein Stab von weißen Beamten die Aufgabe erhielt, mit Hilfe der schwarzen Polizei die Steuern einzutreiben, änderte sich nichts an diesen Praktiken. Und auch wenn die Steuereintreiber »menschlich« vorgegangen wären, hätten die Shona mit ihrer langen Leidensgeschichte die Hüttensteuer als Bestrafung empfunden. Ihnen blieb nun lediglich die Wahl zwischen dem Verlust ihrer Behausungen und der Zwangsarbeit. Dabei hatten sie nichts begangen, was diese Strafe gerechtfertigt hätte, von der ihre ehemaligen Unterdrücker, die Ndebele, bisher verschont geblieben waren.

Land, Vieh, Zwangsarbeit, Hüttensteuer: die neuen Siedler in Matabeleland und Mashonaland merkten nicht, daß sich immer mehr Zündstoff ansammelte. Falls den Weißen daran gelegen war, eine Konfrontation heraufzubeschwören, so hätten sie, wie ein moderner Historiker es ausdrückte, »nicht zweckmäßiger vorgehen können«[8]. Doch es fehlte noch die Zündschnur. Dafür sorgten drei apokalyptische Katastrophen, die die Ndebele und die Shona gleichermaßen heimsuchten.

Die erste Katastrophe war die Heuschreckenplage. 1890, im Jahr des Trecks, waren die Heuschrecken zum ersten Mal aufgetaucht. Jedes Jahr kehrten sie zurück, bis die Schwärme im Jahre 1895 schließlich die Sonne verdunkelten. Die zweite Katastrophe war die Dürreperiode, die Anfang 1894 einsetzte. Die dritte und schrecklichste Katastrophe war die Rinderpest. Diese bösartige Seuche, die sich wahrscheinlich Anfang 1896 über den Sambesi hinweg in den Norden von Matabeleland ausbreitete, war den Eingeborenen bislang unbekannt gewesen. Innerhalb von zwei Jahren fielen der Rinderpest südlich des Sambesi 2,5 Millionen Tiere zum Opfer – der Großteil des Viehs in Südafrika.

Für abergläubische Afrikaner war es kein Zufall, daß die Fahne des weißen Mannes Heuschrecken, Dürre und die geheimnisvolle Viehseuche mit sich brachte. Dies war die Zündschnur für die Explosion. Das Zündholz jedoch war der abenteuerliche Einfall von Dr. Jameson in den Transvaal. Die Truppe des Verwalters von Rhodesien bestand zum größten Teil aus rhodesischen Polizisten. Am 2. Januar 1896 hißten die Eindringlinge bei Doornkop die weiße Fahne. Daraufhin wurden sie in das Gefängnis von Pretoria gebracht.

Zufällig war die Stadt Salisbury ausgerechnet in diesen kritischen Tagen wegen eines Ausfalls der Telegraphenleitung von der Welt abgeschnitten. Erst als die Telegraphenlinie am 3. Januar repariert worden war, erfuhr man in Rhodesien von den Ereignissen.

Die Erregung über die Nachrichten war so groß, daß man ganz vergaß, daß Rhodes fast die gesamte Polizei bei dem Überfall eingesetzt und somit seine weißen Landsleute ohne Schutz zurückgelassen hatte. Ganze vierundachtzig Polizisten waren in Rhodesien zurückgeblieben, was den Ndebele nicht entgangen war. Jameson, der sie unterworfen hatte, war geschlagen und gefangengenommen worden; Rhodes, der weiße Führer, wurde von allen Seiten angegriffen, und Matabeleland schien nur auf die Rückeroberung durch seine früheren Herren zu warten.

Mitte März 1896 breitete sich die Rinderpest so rasch in Richtung Bulawayo aus, daß die Regierung den Ausbruch einer Hungersnot befürchtete – bald würde es keine Zugochsen mehr für den Korntransport geben. Einer der offiziellen Inspektoren, die Gegenmaßnahmen ergreifen sollten, war Frederick Selous, der berühmte Jäger. Dieser ritt am Montag, dem 23. März, zu Dawsons Handelsstation an der Furt des Umzingwani, die sich vierzig Kilometer südöstlich von Bulawayo befand. Dort erfuhr er, daß zwei eingeborene Polizisten in der Nacht des 20. März von Ndebele in eine Falle gelockt und erschossen worden waren.

Selous war nicht weiter beunruhigt. Zwanzig Jahre lang hatte er in der Wildnis gejagt; die Ndebele waren ihm ebenso vertraut wie die Europäer. Sein Instinkt sagte ihm, daß die Ndebele sich mit der Herrschaft von Rhodes' Handelsgesellschaft abgefunden hatten, obgleich er wußte, daß einer der Götter, ein »Mlimo«, dessen Stimme aus einer Höhle in den Matopo-Hügeln ertönte, eine Katastrophe für den weißen Mann vorausgesagt hatte. Es war ihm auch nicht entgangen, daß einer von Lobengulas alten *indunas,* ein »freundlich gesinnter Wilder«[9] namens Umlugulu, sich brennend für Jamesons Schicksal interessierte; er fragte Selous mehrmals über den Überfall und seine Folgen aus. Aber wen kümmerte es schon, was ein Mlimo sagte oder was Umlugulu dachte? Was zählte, war, daß ein Großteil des Volkes trotz der Land- und Viehverluste absoluten Gehorsam zeigte. Diesen Eindruck hatten auch andere Kenner des Landes gewonnen, darunter der erfahrene Missionar Charles Helm, der sieben Jahre zuvor Lobengula überredet hatte, Rudd die schicksalhafte Konzession zu gewähren.

Als Selous am nächsten Tag, dem 24. März, nach Essexvale zurückkam, bemerkte er nichts Ungewöhnliches. Einige befreundete Ndebele aus einem Dorf, das früher ein Militärkraal gewesen war, kamen zu ihm, um sich Äxte auszuleihen – offenbar wollten sie ihre Viehzäune verstärken. Seine junge Frau, eine Engländerin, die erst seit kurzem in Afrika lebte, brachte ihnen die Werkzeuge; dann unterhielt man sich über die Ermordung der zwei Polizisten. Die Frau bat Selous, den Ndebele zu erklären, daß das eine Dummheit gewesen war, da die Weißen die Mörder bestrafen würden. Die Dorfbewohner lachten. »Wie können die Weißen sie bestrafen? Wo ist denn die weiße Polizei? Hier im Land jedenfalls nicht.«

Später am Tag erfuhren Selous und seine Frau von einem weiteren beunruhigenden Vorfall: Auf der anderen Seite der Malungwani-Berge war einem eingeborenen Regierungskommissar von einem seiner eigenen Leute die Kehle durchgeschnitten worden. Selous blieb in dieser Nacht wach und hielt Gewehr und Patronengürtel griffbereit.

Am Morgen schien alles ruhig, bis einer seiner Eingeborenen berichtete, daß eine Gruppe von Ndebele zwanzig oder dreißig Tiere aus dem Besitz der Gesellschaft aus einem nahegelegenen Kraal entführt und gedroht hatten, jeden zu töten, der sie daran zu hindern versuchte. Die Männer waren mit Gewehren oder *assegais* bewaffnet und trugen Rinderschwänze an Armen und Nacken, ein Zeichen, daß sie sich auf dem Kriegspfad befanden. Bei einem zweiten Raubzug wurde eine größere Anzahl Vieh entwendet. Aber noch immer begriff Selous nicht, welche Gefahr heraufzog.

Vor Einbruch der Dunkelheit ritt er mit seiner Frau nach Bulawayo, um sie dort in Sicherheit zu bringen, denn er wollte später mit einer Schar bewaffneter Männer das gestohlene Vieh zurückholen. Doch in der

Hauptstadt herrschte ein heilloses Durcheinander. Offenbar war dies der Beginn eines Aufstands. Und tatsächlich wurden in dieser Woche im ganzen Land nahezu 200 Europäer und mindestens ebenso viele schwarze Bedienstete mit Speeren, Messern und Äxten umgebracht. Am 30. März waren in den Außenbezirken von Matabeleland kein weißer Mann, keine Frau und kein Kind mehr am Leben.

Die Überlebenden, etwa 2000 Europäer und mehrere tausend Schwarze, die ihnen ergeben waren, verschanzten sich in mit Sandsäcken geschützten *laagers* in den vier wichtigsten Städten – Bulawayo, Gwelo, Bellinwe und Mangwe. Allerdings hatten es die Ndebele versäumt, die Telegraphenleitungen zu unterbrechen, und so konnten die Weißen in absehbarer Zeit auf Hilfe von außen hoffen. Mit Bestürzung erfuhr Selous, daß Frauen und Kinder von ihren Hausangestellten in Stücke gehackt worden waren – Grausamkeiten, die eigentlich als »Frevel« galten.[10]

Noch heute, ein Jahrhundert später, diskutieren die Historiker über die Hintergründe dieser großen Revolte, des ersten Unabhängigkeitskrieges in einer der neuen Kolonien, die während des Wettlaufs entstanden waren. Wir wissen nicht, in welchem Maße der Orakelkult des »Mlimo« (oder der Shonakult des »Mwari«) zum Ausbruch der Erhebung beigetragen hat. Fest steht jedoch, daß Lobengulas *indunas,* den Stützen des alten Systems, eine entscheidende Rolle zufiel. Ihr Ziel war lapidar und grausam: Sie wollten die Herrschaft der Handelsgesellschaft abschütteln, indem sie alle Weißen massakrierten – Männer, Frauen und Kinder.

Einige Tage lang schien ihr Erfolg zum Greifen nahe. Ihre militärische Organisation war intakt und sie besaßen immer noch die 2000 Martini-Henry-Gewehre, die sie seit Jamesons Invasion versteckt gehalten hatten. Aber moderne Gewehre allein reichten für einen Sieg nicht aus, dem Feldzug mußte auch eine Strategie zugrunde liegen. Offensichtlich war der Aufstand für die Nacht des 29. März geplant gewesen, die Vollmondnacht der Zeremonie des »Großen Tanzes«. Aus unerklärlichen Gründen war er jedoch eine Woche eher losgebrochen. Für die Aufständischen wirkte sich neben der mangelnden Strategie vor allem die Tatsache verheerend aus, daß sie allzusehr auf die Kraft Mlimos oder Mwaris vertrauten, die die Kugeln der Weißen in Wasser verwandeln sollten.

Außerdem hatten die Ndebele nicht versucht, den Aufstand mit dem Nachbarstamm der Shona zu koordinieren – wahrscheinlich aufgrund der langjährigen Feindschaft zwischen den beiden Völkern. Weiterhin versäumten sie es, Bulawayo, das schutzlose Zentrum der weißen Macht, anzugreifen. Auch wurden keinerlei Anstrengungen unternommen, den Kutschen und Wagen auf der Straße von Betschuanaland und dem Kap aufzulauern und den Weißen den Nachschub abzuschneiden.

Alle die genannten Gründe führten dazu, daß den über das ganze Land verstreuten Kriegern der Ndebele bereits am Ende der ersten Woche des Aufstands die Initiative entglitt. Im Laufe des Monats April wurden die 600 bewaffneten weißen Freiwilligen in Bulawayo immer zuversichtlicher, obgleich die Ndebele ihnen zahlenmäßig haushoch überlegen waren. Die Weißen kämpften zu Pferde und waren dadurch weit beweglicher als ihre Gegner. Außerdem konnten sie besser zielen und hatten Munition im Überfluß. Im April hatten sie einige kleinere strategische Erfolge zu verzeichnen und konnten die Ndebele zeitweise bis in den Busch jenseits des Flusses Umguza zurückwerfen. Der Kampf wurde auf beiden Seiten gnadenlos geführt. Die Freiwilligen verloren etwa zwanzig Männer, fünfzig wurden verwundet. Kein Weißer, der von den Ndebele gefangengenommen wurde, überlebte. Die Freiwilligen ihrerseits fieberten danach, die Morde an Frauen und Kindern zu rächen. Wenn die Ndebele in die Flucht geschlagen wurden, schoß man die Fliehenden zu Hunderten nieder. Die wenigen Gefangenen wurden nach kurzem Verhör hingerichtet.

Ende April begann das Vertrauen der Rebellen in Mlimo zu schwinden. Jetzt waren sie weitgehend in der Defensive. Am 11. Mai fühlten sich die Freiwilligen stark genug, um mit einer 300 Mann starken Truppe einen Vorstoß nach Osten zu wagen. Dort vereinigten sie sich mit 600 Rhodesiern, unter denen sich auch Cecil Rhodes befand. Das gesamte Heer zog Ende Mai im Triumph in Bulawayo ein.

Mitte Juni wurde Rhodesien jedoch von einer neuen Katastrophe heimgesucht. Ermutigt von den anfänglichen Erfolgen ihrer ehemaligen Herren erhoben sich die unterdrückten Shona. Wieder kam der Aufstand für die Weißen ohne jegliche Vorwarnung, und in entlegenen Gebieten von Mashonaland wurden über 100 Männer, Frauen und Kinder getötet. Geistheiler hatten dafür Sorge tragen wollen, daß die weißen Kugeln die Krieger der Shona nicht verwunden würden. Im Gegensatz zu den Ndebele und den Zulu hatte es jedoch bei den Shona keine zentralistisch aufgebaute Monarchie mit einer Kriegerkaste gegeben. Sie waren in zahlreiche kleine Klans aufgespalten, die sich untereinander bekriegten. So verlor der Aufstand rasch an Stoßkraft. Aus England trafen weitere Offiziere des Empire ein, begleitet von einer Truppe britischer Berufssoldaten und Infanterie.

* * *

Inzwischen veröffentlichte die Presse in London immer neue Geschichten über Chamberlains angebliches Einverständnis mit dem Überfall auf den Transvaal. Schließlich wurde ein parteienübergreifender Untersuchungsausschuß eingerichtet, dem auch der Kolonialminister angehören und Rechenschaft ablegen sollte. Im Vergleich zu dem Überfall auf den Transvaal nahm der Aufstand in Rhodesien in der Presse wenig Raum ein.

Die wichtigsten Fragen lauteten: Hatte Chamberlain – wie Rhodes' und Jamesons Anhänger behaupten – mit Rhodes eine geheime Absprache getroffen? Mußte Chamberlain nun zurücktreten – was den Sturz der Regierung nach sich ziehen würde? Oder würde er sich gegen die Verleumder wenden, den Schutzbrief für Rhodes annullieren, die Handelskolonie Rhodesien abschaffen und eine neue Kolonie des Empire namens »Sambesien« errichten?

Die Tätigkeit des Untersuchungsausschusses nahm mehrere Monate des Jahres 1897 in Anspruch. Nach wie vor waren die liberalen Abgeordneten überzeugt, daß sie Chamberlain Glauben schenken konnten, wenn er die Hand aufs Herz legte und schwor, er habe von Rhodes' Plänen nicht das geringste gewußt.

Aber 1896, also in dem Jahr nach dem Überfall, hatte er mit Rhodes ein Abkommen getroffen, bei dem er Rhodes zusicherte, ihn zu decken und den Schutzbrief nicht zu annullieren, sondern lediglich Rhodes' Rücktritt als Hauptgeschäftsführer zu fordern. Rhodes versprach im Gegenzug, Chamberlain zu decken, indem er der Untersuchungskommission die »unauffindbaren Telegramme« vorenthielt. Es handelte sich dabei um sieben von Rhodes' Agenten nach Südafrika geschickte Kabel, in denen die Rolle Chamberlains und des Kolonialministeriums bei der Planung des abenteuerlichen Unternehmens dokumentiert ist.

Nur eines dieser Telegramme ist in vollem Wortlaut veröffentlicht worden, doch der Inhalt der übrigen wurde ebenfalls bekannt und durch mündliche Aussagen aus dem Kolonialministerium ergänzt. Dabei stellte sich heraus, daß Chamberlain eingewilligt hatte, das Protektorat Beschuanaland als Ausgangsbasis für die an dem Überfall beteiligten Männer zur Verfügung zu stellen; »inoffiziell« wußte er also, welche Ziele Jameson verfolgte. In dem Telegramm vom 13. August 1895 heißt es: »Chamberlain wird alles tun, um Sie zu unterstützen . . . vorausgesetzt, er weiß offiziell nichts von Ihrem Plan.«[11] Außerdem hatte er eine Verschiebung des Unternehmens »um zwei Wochen« gefordert, um Unterstützungsmaßnahmen treffen zu können – was aus dem Telegramm vom 7. November 1895 hervorgeht.[12]

Dies waren die Beweisstücke, die Rhodes zurückhielt, um Chamberlain nicht in Mißkredit zu bringen. Dieser hielt eine öffentliche Lobrede, in der er Rhodes' Ehrgefühl pries. Im privaten Kreis bemerkte er jedoch, er werde von Rhodes und seinen Anhängern »erpreßt«. Der Staatsmann des Imperiums war dem kolonialen Piraten auf den Leim gegangen. Die Verwirklichung von Chamberlains kühnem Plan einer südafrikanischen Föderation unter britischer Flagge mußte warten. Präsident Kruger und die Buren konnten mit den *uitlanders* umspringen, wie es ihnen beliebte, denn jetzt war ihm auch die Unterstützung der Kap-Afrikaander sicher, die über Rhodes' Versuch, eine »Mußheirat« zu erzwingen, entsetzt waren. In Rhodesien allerdings war Rhodes' Einfluß ungebrochen, obwohl er als Vorstandsmitglied der Handelsgesellschaft zurückgetreten war. Seine Gesellschaft würde die schwarzen Untertanen weiterhin kaum besser behandeln als Lasttiere.

Dank seiner Absprache mit Rhodes und der Naivität seiner liberalen Ex-Kollegen hatte Chamberlain vor der Untersuchungskommission seine Haut retten können. Den Wettlauf um das *Veld* hatte er jedoch verloren, wenigstens für den Augenblick. Und so wandte er sich dem Wettlauf um Niger und Nil zu.

KAPITEL 28

Hanotaux bekennt Farbe

London, Paris und Westafrika
1. Januar 1896 – 14. Juni 1898

»Wir sollten – selbst um den Preis eines Krieges – das Hinterland der
Goldküste, von Lagos und der Nigergebiete behalten ... Ich denke,
wir sollten uns von Drohungen nicht einschüchtern lassen.«

Joseph Chamberlain, der britische Kolonialminister,
im September/Dezember 1897

L ord Salisbury, der das Amt des Premierministers und des Außenministers innehatte, hatte zu viele eigene Probleme, um sich allzusehr um
die Sorgen seines Kolonialministers zu kümmern.

Noch in den Weihnachtsferien des Jahres 1896 erreichte ihn die Nachricht von Jamesons Überfall, gefolgt von Kaiser Wilhelms II. aufsehener-
regendem Telegramm, in dem er Präsident Kruger zu seinem Sieg über
die englischen Eindringlinge gratulierte. Durch dieses Telegramm wurde
der Überfall zu einer Affäre von internationaler Relevanz. Die britische
Presse reagierte mit einem wütenden Aufschrei, dem prompt ein Hilferuf
der Königin aus Schloß Balmoral folgte. Wie konnte Wilhelm es wagen,
sich in die Angelegenheiten des Transvaal einzumischen, eines Gebietes,
das *Ihrer* Oberhoheit unterstand? Die Königin brauchte dringend den Rat
ihres Premierministers, denn es ging um die Frage, wie sie mit diesem
»unerhörten« Affront ihres Enkelsohns, des deutschen Kaisers, umgehen
sollte.

In einem empörten Schreiben hatte sie ihm bereits erklärt, welch
»schmerzlichen Eindruck« sein Telegramm an Kruger in England hinterlassen hatte. Wilhelm antwortete seiner »lieben Großmama«, er habe
lediglich im Interesse des »Friedens« gehandelt – und natürlich auch im
Interesse der deutschen Finanziers im Transvaal. Die Königin hielt diese
Erklärung für »unbefriedigend und unlogisch«[1], doch Salisbury meinte
beschwichtigend, der Kaiser habe seinen Fehler inzwischen wohl eingese-
hen. Um weitere Unannehmlichkeiten zu vermeiden, solle Ihre Majestät

»all seine Erklärungen annehmen, ohne ihren Wahrheitsgehalt allzu angestrengt zu hinterfragen«[2].

Weitaus schwieriger gestaltete es sich, die Sorgen der Königin in einem anderen Punkt zu beschwichtigen, denn dieser Punkt betraf den Kern seiner Außenpolitik. Wie reagierte man am besten auf die gefährlichen Veränderungen, die sich in den neunziger Jahren abzeichneten? In den Augen der Königin waren »die Dinge nicht mehr so wie früher«[3]. Mit der Einführung eines weltumspannenden Telegraphennetzes, von Zeitungen mit Massenauflagen und des allgemeinen Wahlrechts schien das Zeitalter des Gentleman zu Ende zu gehen. Politiker aller Staaten griffen die Vorwürfe der Presse gegen die britische Expansionspolitik bereitwillig auf. War es vielleicht an der Zeit, die traditionelle britische Politik der Isolation – der »splendid isolation«[4] wie Chamberlain sie in Anlehnung an einen kanadischen Politiker in einer Rede vom 21. Januar genannt hatte – aufzugeben und sich zu einem Bündnis zu entschließen?

Salisbury wies darauf hin, daß der deutsche Kaiser mit seinem provokativen Telegramm an Kruger genau diese Absicht verfolgt habe. Seit Monaten versuche Wilhelm, »England einzuschüchtern, damit es sich dem Dreibund anschließt«. Dieser Schritt würde jedoch ein militärisches Engagement nach sich ziehen, das Ihre Majestät sicher nicht gutheißen konnte, »denn das englische Volk wäre niemals bereit, für eine Sache in den Krieg zu ziehen, die für England nicht von vitalem Interesse ist«. Natürlich barg die Isolation Gefahren in sich, und sie »splendid«, also »glorreich«, zu nennen, war unsinnig. Aber war es nicht weitaus gefährlicher, sich in Kriege verwickeln zu lassen, »die uns nichts angehen«[5]?

Salisbury verfolgte die gleiche Politik wie schon die Außenminister seiner Kinderzeit: das Gleichgewicht in Europa zu erhalten, ohne sich in den Würgegriff einer anderen Großmacht zu begeben. Dies bedeutete allerdings gegen Ende des 19. Jahrhunderts, daß der Außenminister alle Mühe hatte, selbst das Gleichgewicht zu behalten, denn er mußte in einem wahren Eiertanz einmal dieser und dann wieder jener Großmacht seine Gunst bezeugen. Niemand beherrschte die Schritte dieses komplizierten Tanzes besser als Salisbury, und er war entschlossen, seine Politik auch nach dem ungehobelten Eingreifen des deutschen Kaisers nicht zu ändern. Vielmehr wollte er Wilhelm eine Lektion erteilen, indem er eine Annäherung gegenüber den Franzosen vortäuschte. Also ließ er gegenüber den Deutschen durchblicken, die

Briten planten, sich aus Ägypten zurückzuziehen, und steuerten eine *entente cordiale* mit Frankreich an.

Im Grunde lag Salisbury nichts ferner als das. Solange England darauf bestand, seine Position in Ägypten zu halten, war an ein »herzliches Einverständnis« mit Frankreich nicht zu denken. Unter den britischen Politikern aller Fraktionen herrschte Einigkeit, daß man in Ägypten bleiben und zu gegebener Zeit sogar den Sudan zurückerobern müsse. Daß dieser Schritt eventuell zu einem Krieg mit Frankreich führen würde, nun, das mußte man eben in Kauf nehmen.

Glücklicherweise gab es im Augenblick keine dringlichen Gründe, im Sudan aktiv zu werden, obwohl der britische Geheimdienst von französischen Expeditionen berichtete, die sich von zwei Seiten dem Oberlauf des Nil näherten – von Französisch-Somalia am Roten Meer und von Französisch-Kongo am Atlantik –, um zwischen den beiden afrikanischen Kolonialreichen der Franzosen eine Verbindung herzustellen. Da diese Expeditionen jedoch schon seit Monaten verschollen waren, vermutete man, sie seien den Mahdisten in die Hände gefallen – jener kriegerischen Sekte, die den Briten seit langem ungewollt in die Hände spielte, indem sie jeden Vorstoß der Franzosen in ihr Gebiet verhinderte. Wenn in einigen Jahren die Uganda-Bahnlinie fertiggestellt sein würde, konnten die Briten von Uganda aus nach Faschoda einmarschieren. Bis dahin hieß es abzuwarten. Und wenn die Briten mit den Franzosen schon keine *entente cordiale*, also einen Beistandspakt abschließen konnten, warum dann nicht wenigstens eine *detente*, ein Stillhalteabkommen?

Und so erwiderte Salisbury der beunruhigten Königin im Januar 1896, England werde in seiner – möglicherweise gefährlichen – Isolation verbleiben. Allerdings hatte das Kabinett den Wunsch geäußert, »zum gegenwärtigen Zeitpunkt mit Frankreich so viele Fragen wie möglich zu klären«[6]. Dazu gehörte vor allem der Austausch großer Landstriche in Westafrika, ein Punkt, in dem man seit dem britisch-französischen Abkommen aus dem Jahre 1890 keinen Schritt vorangekommen war. Im Januar 1896 wurden die bilateralen Verhandlungen über Westafrika wiederaufgenommen, und Salisbury hoffte, die ermüdenden Streitigkeiten endlich beilegen zu können. Dies würde ihm allerdings nur gelingen, wenn er die Einwände seines Kolonialministers Joseph Chamberlain aus dem Weg räumen konnte.

Im Umgang mit Chamberlain wurde die Geduld des Premierministers oft aufs äußerste strapaziert. Das aggressive, um nicht zu sagen chauvinistische Auftreten des Kolonialministers reizte den Patrizier Salisbury, der seine Ambitionen hinter einer zynisch-unbeteiligten Maske zu verbergen gelernt hatte, bis aufs Blut. Doch beide Männer hatten auch grundlegende inhaltliche Differenzen. Salisbury wäre bereit gewesen, ganze Regionen in Lagos, an der Goldküste oder sogar in Goldies Nigergebiet aufzugeben, wenn Großbritannien im Gegenzug am Nil freie Hand hätte. Doch Chamberlain, ein ehemaliger Kaufmann, vertrat den entgegengesetzten Standpunkt und damit die Interessen der westafrikanischen Lobby. Seit Jahren schon bat die kleine Gemeinde von britischen Beamten und Händlern aus den malariaverseuchten Sumpfgebieten in Lagos und an der Goldküste um staatliche Zuschüsse und Darlehen. In Chamberlains Augen hatte die Lösung ihrer drängenden Probleme Vorrang.

Seit mit Beginn der siebziger Jahre der Weltmarktpreis für Palmöl kontinuierlich gefallen war, konzentrierten sich alle Anstrengungen zur Gesundung des Haushalts der betroffenen Kolonien auf neue wichtige Exportgüter wie Baumwolle, Kaffee und Indigo, nach denen auf dem europäischen Markt große Nachfrage herrschte. Der Anbau dieser Produkte steckte allerdings noch in den Kinderschuhen, und um ihn voranzutreiben, waren andere Mittel vonnöten als steinzeitliche Kanus und Dschungelpfade. Hier brauchte man die für das industrielle Zeitalter typische Infrastruktur, wie Häfen, Straßen und Eisenbahnlinien. Außerdem mußten die Afrikaner entsprechend geschult werden, damit diese Einrichtungen auch genutzt werden konnten. Am wichtigsten war jedoch die Sicherung des Handels im Hinterland, der zum augenblicklichen Zeitpunkt von zwei Gefahren bedroht wurde: von der Lähmung, die die Stammeskriege hervorriefen, und von der Beeinträchtigung durch die französischen Landräuber aus den benachbarten Kolonien. So lautete die Botschaft des Hilferufs, den die Händler aus den Kronkolonien an die Regierung des Mutterlandes richteten, und Chamberlain machte sich zu ihrem Fürsprecher.

Im November 1895 warnte er seine Kabinettskollegen, der private Handel sei nicht geeignet, Großbritanniens riesige »unterentwickelte Besitztümer« zu erschließen. Hier sei der Staat gefordert, der mit Geld und Truppen den Weg bereiten müsse. Ohne den Premierminister zu konsultieren, ordnete er anschließend eine Strafexpedition zu den Ashanti im Hinterland nördlich der Goldküste an.

Daß Chamberlains Position zwei Wochen vor Beginn der britisch-französischen Verhandlungen über Westafrika durch Jamesons Überfall erschüttert wurde, wirkte sich auf die Einigkeit des Kabinetts eher günstig aus; schließlich konnte der Kolonialminister kaum für die westafrikanische Lobby eintreten, wenn er um sein politisches Überleben kämpfen mußte. Statt dessen fanden die britisch-französischen Verhandlungen plötzlich ein jähes Ende.

Am 1. März hatte Kaiser Menelik die Truppen des italienischen Generals bei Adowa vernichtend geschlagen. Zehn Tage später hatte Salisbury beschlossen, die Italiener zu unterstützen und die Grenzen Ägyptens ein Stück weiter nilaufwärts auszudehnen.[8]

Hier sah Salisbury eine diplomatische Chance, wie sie sich ihm so schnell nicht wieder bieten würde, um die Rückeroberung des Sudan einzuleiten. Die Italiener baten ihn um Beistand für ihre eingeschlossene Garnison in Kassala und waren entrüstet, daß die Deutschen ihnen nicht zu Hilfe eilten. Um den Dreibund zu retten, dessen schwächstes Mitglied Italien war, mußte der deutsche Kaiser nun alle Hebel in Bewegung setzen. Am späten Abend des 8. März erschien er höchstpersönlich in der britischen Botschaft in Berlin und erklärte, die alleinige Schuld an diesen Ereignissen trügen die Franzosen, weil sie Menelik Gewehre geliefert hatten. Frankreich und Rußland hätten einen Plan ausgeheckt, wie sie England sein Weltreich abjagen konnten. Aus diesem Grunde müßte Großbritannien den Italienern bei Kassala helfen.

Darauf erklärte Salisbury sich zu einem militärischen Vorstoß bereit, der die Italiener entlasten würde. Er wollte den Sirdar der ägyptischen Armee, Sir Herbert Kitchener, anweisen, auf dem Nil über die ägyptische Grenze hinaus nach Wadi Halfa vorzudringen. Dazu bräuchte er das Unterhaus nicht einmal um Geld zu bitten, da allein der ägyptische Steuerzahler für diese Aktion aufkommen würde.

Trotz der Bedenken zahlreicher Kabinettsmitglieder – unter ihnen Chamberlain, der seinen Premierminister ausnahmsweise einmal für zu ungeduldig hielt – erhielt Kitchener den Befehl, mit seiner Armee auf dem Nil 300 Kilometer flußaufwärts in den Sudan bis nach Dongola vorzudringen.

Als sich im Mai 1896 die Nachricht vom Vorstoß der Engländer in den Sudan verbreitete, wurden die Niger-Verhandlungen abrupt abgebrochen. Damit war der kurze Traum von einer *detente* ausgeträumt.

* * *

Gabriel Hanotaux, der Diplomat und Gelehrte, kehrte bei einem Regierungswechsel im April 1896 zu seiner dritten Amtsperiode in das Außenministerium am Quai d'Orsay zurück. Wenn er doch nur die Garantie gehabt hätte, seine Politik mit einer gewissen Kontinuität weiterführen zu können! Doch in der Dritten Republik, die gerade von dem Wiederaufflammen der Dreyfus-Affäre erschüttert wurde, schien niemand unersetzlich zu sein, und am wenigsten ein Staatsdiener wie Hanotaux, der keine mächtigen Hintermänner aufzuweisen hatte. Zudem wurde seine Politik ständig von den Hitzköpfen aus dem Kolonialministerium unterlaufen.

Dies galt beispielsweise für Hauptmann Marchands Expedition. Je genauer sich Hanotaux Marchands geheime Instruktionen ansah, die er im Februar vom Kolonialministerium erhalten hatte, desto weniger gefielen sie ihm. Also entschloß er sich, den neuen Kolonialminister André Lebon in die Schranken zu verweisen und die Instruktionen für Marchand zu widerrufen. In seinen neuen Anweisungen vom Juni 1896 wurde weder der Name Faschoda erwähnt noch wurde Marchand angehalten, Gebietsansprüche anzumelden. Statt dessen wurde er ermahnt, sich »strikt« an die geltende politische Linie zu halten[9] – was immer das auch heißen mochte.

Vielleicht hoffte Hanotaux, Marchand würde es nicht gelingen, die vielen hundert Kilometer unerforschten Buschlands zwischen Kongo und Nil zu bewältigen. Um Vorräte zu sparen – und um die Derwische nicht zu provozieren –, hatte Marchand für die Expedition lediglich 200 Männer rekrutiert, zumeist senegalesische Soldaten und Ruderer. Ein derartig bescheidenes Unternehmen konnte wohl kaum den Unwillen der Engländer erregen – vorausgesetzt, Marchand hielt sich an die Instruktionen. Hanotaux' einziges Ziel war es, im Bahr al-Ghazal französische Präsenz anzumelden.

Im wesentlichen stützte sich Hanotaux auf die Hoffnung, England durch Bündnisse mit anderen Großmächten zu Zugeständnissen zwingen zu können, und seine Triumphkarte in diesem Spiel sollte eigentlich die franko-russische Allianz bilden. Doch trotz der hohen Erwartungen, die von Lobanow, Rußlands anglophoben Außenminister, geweckt wurden, endeten die Verhandlungen in St. Petersburg ohne konkrete Ergebnisse. Hanotaux konnte mit Hilfe der Russen einzig die Bewilligung des Darlehens von einer halben Million Pfund verhindern, mit dem die ägyptische Caisse Kitcheners Vormarsch nach Dongola finanzieren sollte. (Und so mußte schließlich doch der britische Steuerzahler für diese militärische Expedition aufkommen.) Hanotaux konnte Lobanow jedoch nicht davon überzeugen, daß am Roten Meer gemeinsames Handeln geboten sei, und Deutschland wies alle Angebote zur Zusammenarbeit mit den Russen zurück.

Im Oktober 1896 besuchte der Zar Paris. Die Russen erklärten sich einverstanden, daß beide Länder »sehr ernsthafte Anstrengungen unternehmen werden, um Menelik beizustehen«[10]. In der Praxis erwiesen sich diese Anstrengungen allerdings als alles andere als ernsthaft. Dafür mußte Hanotaux zu seinem Entsetzen feststellen, daß Kolonialminister André Lebon die russische Unterstützung ausnutzte, um Marchands Expedition erneut einen gefährlichen Charakter zu verleihen. Hanotaux hatte den Kolonialgouverneur von Französisch-Somalia, Léonce Lagarde, lediglich angewiesen, mit Meneliks wichtigstem Berater Ras Makonnen von Harar über Grenzprobleme zu verhandeln. Später wurde jedoch bekannt, daß der Kolonialminister ganz andere Instruktionen erteilt hatte: Lagarde sollte zwei französische Expeditionen vom Roten Meer an den Weißen Nil schicken, deren wichtigste Aufgabe darin bestand, rechtzeitig genug in Faschoda einzutreffen, um sich mit Marchand vereinigen zu können. Außerdem sollte Lagarde Menelik überreden, seine Armee zum Ostufer des Weißen Nil vorzuziehen und das Westufer von nun an als Grenze der neuen französischen »Besitzungen« zu betrachten. Lagarde kam diesen Anweisungen nur zu gern nach. Er unterzeichnete ein Abkommen mit Menelik, in dem ein Teil des ägyptischen Sudan veräußert wurde, ohne die Genehmigung von Hanotaux oder dem Kabinett eingeholt zu haben. Der äthiopische Kaiser versprach, den beiden französischen Expeditionen jegliche Unterstützung zuteil werden zu lassen. Frankreich erklärte sich offiziell damit einverstanden, daß das äthiopische Reich seine Grenzen mehrere hundert Kilometer nach Westen vorgeschoben hatte – eben bis an das Ufer des Weißen Nil.

Im März 1897 wurde dieser Plan schließlich dem französischen Kabinett vorgelegt. Hanotaux beugte sich resigniert dem Mehrheitsvotum des Kabinetts, das dieses Vorgehen guthieß. Die drei französischen Expeditionen unter der Frühung von Marchand, Clochette und Bonvalot sollten also in Faschoda zusammentreffen – flankiert von Kaiser Meneliks unbesiegbarer Armee.

Hanotaux hatte mit André Lebon dieselben Probleme wie Salisbury mit Chamberlain. Dies war nicht weiter verwunderlich, denn beide Kolonialminister gehörten der neuen, aggressiven Schule des Imperialismus an, die sich in der letzten fiebrigen Phase des Wettlaufs in den Vordergrund gedrängt hatte. Nationales Ansehen erwuchs für sie einzig aus dem Umfang eines Kolonialreiches. Das Hissen der Nationalflagge war zum Selbstzweck geworden und stand in keinem Verhältnis zum wirtschaftlichen Nutzen oder der strategischen Bedeutung des besetzten Landes. Der alten Schule der Staatsmänner erschien diese Haltung als irrationaler Rückfall in den Feudalismus, also in Zeiten, in denen man sich einzig durch Landbesitz Ansehen verschaffen konnte und die Eigentümer großer Ländereien auch die mächtigsten Männer Europas waren. Dennoch ergab diese Einstellung gegen Ende des letzten Jahrhunderts einen Sinn. Die neue breite Wählerschaft feierte nämlich jede neu besetzte Kolonie und fragte nicht weiter nach, ob damit auch wirtschaftliche oder strategische Vorteile verbunden waren.

Lebon war überzeugt, daß Westafrika sowohl Prestige als auch Profit bringen konnte. Wie sein Vorbild Gambetta verfügte auch der neue Kolonialminister über dunkle Verbindungen zu den Geschäftsleuten in Übersee – so sollte er beispielsweise bald Direktor der Eisenbahn von Dahomey werden. Doch sein politisches Anliegen war die Expansion, ungeachtet der Kosten oder der möglichen Profite, und sein Hauptaugenmerk galt dem Oberlauf des Nil. Die Besetzung Faschodas würde Frankreich die Möglichkeit verschaffen, den gesamten Bahr al-Ghazal einzunehmen und einen Keil zwischen Ägypten und Uganda zu treiben. Damit wäre Cecil Rhodes' arroganter Traum von der »roten Trasse« zwischen dem Kap und Kairo ausgeträumt. Gleichzeitig hätte Französisch-Kongo einen Zugang zum Roten Meer, und das französische Kolonialreich würde sich in west-östlicher Richtung über den gesamten Kontinent von einer Küste zur anderen erstrecken.

Was das Nigergebiet und die angrenzenden westlichen Regionen betraf, waren noch drei Fragen offen. Erstens: Wer würde das Hinterland der Goldküste und der Elfenbeinküste, jene weiten, nahezu unerforschten bergigen Landstriche zwischen dem Atlantik und der Halbwüste am Oberlauf des Niger an sich reißen? Zweitens: Würden die Franzosen von Dahomey nach Osten vordringen und Borgu besetzen, den westlichen

Teil von Nigeria, der zwar von Goldie und seiner Niger Company beansprucht wurde, im britisch-französischen Abkommen jedoch nicht enthalten war? Und drittens: Waren die Franzosen überhaupt bereit, das britisch-französische Abkommen zu respektieren, oder würden sie von Norden aus nach Süden vordringen und die Say-Barruwa-Linie überschreiten, die eigentlich Sokoto und Goldies Nordgrenze vor eben diesen Angriffen schützen sollte?

Der Wettlauf zum Niger sollte zur berühmtesten Episode der Aufteilung Afrikas werden. Lebon führte den französischen Angriff auf Goldies Reich von Westen, Nordwesten und Norden aus, und als wirksame Waffe bei der Eroberung erwies sich die »vollzogene Besetzung«. Die Franzosen konnten rasch den Nachweis erbringen, daß Goldies Behauptung, er habe sein gesamtes Gebiet unter Kontrolle, nicht der Wirklichkeit entsprach. So fuhr der französische Offizier Leutnant Hourst mit einem Boot auf dem Niger von der Wüste Timbuktus bis zu den Stromschnellen von Bussa und dann weiter bis nach Leaba, ohne auch nur den geringsten Hinweis auf britische Präsenz zu finden.

* * *

Joseph Chamberlain war bereit, Lebons Herausforderung anzunehmen. Wenn die Franzosen die vollzogene Besetzung als Mittel der Politik einsetzen wollten, würden die Briten gleiches mit gleichem vergelten.

Im südlichen Teil des Hinterlands der Goldküste waren die Engländer mit ihrer Strafexpedition zu den Ashanti in der Trockenzeit 1895/96 bereits einem Vorstoß der Franzosen zuvorgekommen. Die britische Truppe zog im Triumph in die Hauptstadt Kumasi ein, ohne auch nur einen einzigen Schuß abgefeuert zu haben. Zu ihrer Befriedigung fanden sie einige Schädel und andere Zeugnisse für Menschenopfer vor – hatten sie doch offiziell die Aufgabe, das blutdürstige Regiment von König Prempeh zu beenden. Ihre wichtigsten Ziele waren jedoch nicht humanitärer Natur: Indem die britische Oberherrschaft über die Ashanti unter Beweis gestellt wurde, vereitelte man einen Vorstoß der Franzosen. König Prempeh und seine wichtigsten Häuptlinge wurden nach Sierra Leone verbannt; sein Volk wurde gezwungen 50 000 Unzen Gold zu zahlen. Die Briten ließen einen britischen Gesandten in einem neuerrichteten Fort zurück. Wenngleich die militärische Präsenz eher nominellen Charakter besaß und die Ashanti nicht gezwungen worden waren, ihr

573

Machtsymbol, den goldenen Schemel, herauszugeben, so hatte Chamberlain doch den Franzosen die Stirn geboten und sich die Basis für eine weitere Expansion verschafft.

Am Niger waren derart eindeutige imperialistische Interventionen wie an der Goldküste jedoch unmöglich. Die britische Regierung hatte alle ihre Rechte an Goldies Niger Company abgetreten, und die Auseinandersetzungen, die sich in der Folgezeit zwischen Chamberlain und Goldie entwickelten, waren bald schon heftiger als jene zwischen Chamberlain und den Franzosen.

Die Wurzel des Problems lag in dem verbrieften Recht der Handelsgesellschaft, als Regierung zu fungieren und das riesige Gebiet im Interesse Großbritanniens zu verwalten. Dabei handelte es sich um eine nicht genau definierte »Sphäre«, die sich bis zu Hunderte von Kilometern von der Handelsgrenze am Flußlauf ins Inland erstreckte. Noch immer aber war die Niger Company eine reine Handelsgesellschaft und finanziell nicht in der Lage, Kriege zu führen oder neue Gebiete in Besitz zu nehmen. Dies war gerade bei der bereits erwähnten Expedition Lugards deutlich geworden, der, gemessen an seinen Möglichkeiten, wahre Wunder vollbracht hatte, und doch nicht verhindern konnte, daß die Franzosen Borgu besetzten, nachdem er die Region verlassen hatte.

Wenn Goldie damals die Möglichkeit gehabt hätte, alle Kräfte in Borgu zusammenzuziehen, hätte er den Vorstoß der Franzosen vielleicht noch verhindern können. Doch er mußte an zu vielen Fronten zugleich kämpfen – sowohl im Herzen der Einflußsphäre seiner Handelsgesellschaft als auch an deren Außenposten. Französische *tirailleurs* wurden an der Grenze von Sokoto gesichtet, während sein Handelsdepot in Akassa im Nigerdelta von den Brass niedergebrannt wurde. Und am Mittellauf des Niger wurde seine Herrschaft von zwei islamischen Kriegerstämmen bedroht: von den Nupe und ihren Nachbarn, den Ilorin.

Diese Situation kam Carter, dem britischen Gouverneur von Lagos, sehr gelegen. Da ihm die Ilorin schon lange ein Dorn im Augen gewesen waren, hatte er beim Kolonialministerium bereits mehrfach um die Erlaubnis ersucht, ihr Gebiet für Lagos annektieren zu dürfen. Jetzt wandte er sich mit einem Angebot an Chamberlain: Wenn Goldie nicht stark genug sei, mit den Ilorin fertigzuwerden, würde er diese Aufgabe übernehmen. Daraufhin stellte Chamberlain Goldie vor ein entsprechendes Ultimatum: Wenn er nicht »unverzüglich«[11] bei den Ilorin aufräumen würde, müßte Carter dies tun – um Goldie anschließend die Rechnung zu präsentieren.

Goldie wäre nicht Goldie gewesen, wenn er sich von Chamberlain hätte in die Enge treiben lassen. Er zögerte seine Intervention bis zum Herbst 1896 hinaus, also bis zu dem Zeitpunkt, als der Wasserspiegel des Niger wieder angestiegen war und die Raddampfer der Gesellschaft auch den Mittellauf des Flusses mit seinen Sandbänken befahren konnten. Außerdem verfolgte er einen weitaus intelligenteren Plan als der Gouverneur von Lagos: Er wollte zuerst die Nupe und anschließend die Ilorin angreifen.

Mit Erlaubnis ihrer Regimentschefs schlossen sich einige abenteuerlustige britische Gefreite der Armee der Handelsgesellschaft an. Dennoch ging man davon aus, daß die Streitkräfte der Nupe, ausgerüstet mit Musketen, Schwertern und Speeren, ihr im Verhältnis zehn zu eins überlegen sein würden. Wie früher schon Lugard setzte Goldie jedoch auf die taktische Überlegenheit, die ihm sein Maxim-Gewehr verschaffen würde, und auf den Vormarsch im Schutz eines Quadrats.

Seine Einschätzung erwies sich als richtig. Nach dem Sieg über die Nupe war er zwar immer noch zu schwach, um das Gebiet direkt der Verwaltung der Handelsgesellschaft zu unterstellen, doch er behalf sich mit einer Art von indirekter Herrschaft, die später für ganz Nordnigeria beispielhaft werden sollte. Der von ihm eingesetzte Emir sollte Nupe regieren, sich jedoch »an die Anweisungen halten . . . die die Beauftragten der Handelsgesellschaft ihm von Zeit zu Zeit erteilen würden«[12].

Drei Wochen später, am 16. Februar 1897, legten Goldies Truppen die Hauptstadt der Ilorin in Schutt und Asche. Nach seinem Sieg war Goldie jedoch bereit, den Emir wiedereinzusetzen, nachdem dieser einen Vertrag unterzeichnet hatte, welcher die gleichen Bedingungen enthielt wie Goldies Vertrag mit den Nupe. Außerdem mußte der Sklavenhandel abgeschafft und die Grenze zu Lagos anerkannt werden. Ansonsten ließ Goldie alles beim alten, und auch die Sklaverei als Grundpfeiler der inneren Sozialstruktur des Stammes blieb unangetastet.

Nördlich von Nupe und Ilorin hatten die Ereignisse für Goldie allerdings eine dramatische Wendung zum schlechteren genommen. Dies lag vor allem an seinen neuesten Erfolgen, denn Goldies Feldzüge hatten Hanotaux alarmiert. Salisbury beruhigte seinen französischen Amtskollegen jedoch mit der Versicherung, Goldie habe sein Wort gegeben, daß

575

er mit seinem Heer nicht weiter den Niger flußaufwärts vordringen werde. Dies kam den Franzosen sehr gelegen. Sie besetzten nun den Ort Bussa nördlich des Gebiets der Ilorin, einen strategisch bedeutsamen Punkt für den Vorstoß zum mittleren Niger. Im März 1897 traf Goldie in seinem nördlichsten Außenposten »Fort Goldie« ein – und zwar ohne Truppen, wie er dem Außenminister widerstrebend versprochen hatte. Ihm war bereits zu Ohren gekommen, eine fremde Expedition habe eine ausländische Flagge gehißt und dem König von Bussa angedroht, sein Haus niederzubrennen, wenn er sich nicht ergeben würde. Nun erwartete ihn ein Brief, in dem ihm mitgeteilt wurde, ein gewisser Leutnant Bretonnet habe die Stadt Bussa »im Namen der französischen Republik« in Besitz genommen.[13] Ohne seine Truppen war Goldie machtlos. Er konnte die Franzosen lediglich darauf aufmerksam machen, daß Bussa im Einflußbereich der Handelsgesellschaft liege und die Angelegenheit von der britischen und der französischen Regierung geklärt werden müsse.

* * *

Die Nachricht, daß die Franzosen in Bussa die Trikolore gehißt hatten, traf im April 1897 in London ein. Mit einem Schlag geriet ein bislang unbekannter Ort am Ufer des Niger in den Brennpunkt der internationalen Politik. Durch die Besetzung von Bussa, der Stadt direkt unterhalb der Stromschnellen, gewannen die Franzosen unmittelbaren Zugang zum mittleren und unteren Niger. Über Goldies rechtmäßigen Anspruch bestand keinerlei Zweifel, denn er war eindeutig in seinem königlichen Schutzbrief festgehalten. Doch die Franzosen hatten vollendete Tatsachen geschaffen. Bussa war zum Testfall für eine neue Regel des Wettlaufs geworden – für die vollzogene oder effektive Besetzung.

Salisbury versuchte, die Verhandlungen über den Niger wieder aufzunehmen. Im März stattete er Hanotaux einen geheimen Besuch ab, in dessen Verlauf er vorschlug, die Lösung dieser »geringfügigen Streitereien«[14] einem internationalen Schiedsgericht zu überlassen. Dieser Vorschlag wurde abgelehnt. Im April, Mai und Juni meldete das britische Außenministerium höfliche Proteste an und äußerte die Vermutung, Leutnant Bretonnet habe seine Befugnisse überschritten. Doch Hanotaux, der inzwischen die Expansionspolitik von Mélines Kabinett befürwortete, wich keinen Fußbreit zurück.

Salisburys Aufgabe wäre sicher einfacher gewesen, hätte es sich bei

Westafrika um den einzigen Streitpunkt zwischen den beiden Nationen gehandelt. Doch auch die Frage, wer sich am Oberlauf des Nil durchsetzen würde, war noch immer ungelöst – und hier zeichnete sich auch immer drohender die Gefahr eines Zusammenstoßes ab.

Und so wurde die Beilegung des verfahrenen Streits um den Niger immer unumgänglicher. Im Oktober 1897 erklärten sich die Franzosen zu neuerlichen ernsthaften Verhandlungen bereit. Salisbury war entschlossen, sich großzügig zu zeigen, denn für strategische Sicherheit am Nil war er gern bereit, größere (unwirtliche) Gebiete der Niger Company aufzugeben. So bot er Hanotaux einen 200 Kilometer breiten Korridor an, der Dahomey mit einem Stützpunkt am Niger unterhalb von Bussa verbinden würde. Doch einer blockierte hartnäckig alle Fortschritte in der Nigerfrage – Chamberlain.

Er wollte die Goldküste und Nigeria nicht dem »Würgegriff« der Franzosen ausliefern und erklärte Salisbury im Dezember 1897, man dürfe »den Drohungen keinen Schrittbreit nachgeben«[15]. Gegenüber einem Unterstaatssekretär namens Selborne bemerkte er, Salisbury sei mittlerweile »bereit, alles wegzugeben, ohne eine Gegenleistung zu erhalten«[16]. Wenn er, Chamberlain, sich mit seinen Vorstellungen nicht durchsetzen könne, würde er zurücktreten, und ohne ihn, den neuen Helden des Imperialismus, werde auch die Regierung ins Wanken geraten.

Zu Beginn des Jahres 1898 erfuhr Salisbury, daß Major James MacDonalds Vormarsch nach Faschoda von Süden aus durch unerwartete Schwierigkeiten aufgehalten worden war. Seine sudanesischen Soldaten – Emins launische Kämpfer, die einst unter Lugard in Uganda gedient hatten – hatten gemeutert und ihre britischen Offiziere umgebracht. Somit mußte Salisbury alle Hoffnungen fahren lassen, daß MacDonald noch in diesem Jahr in Faschoda eintreffen würde.

Der britische Vormarsch ins 900 Kilometer südlich von Khartum gelegene Faschoda mußte nun doch von Norden, also von Ägypten aus erfolgen. Aber waren Kitcheners ägyptische Soldaten auch wirklich Manns genug, Khartum zu besetzen, die Derwische zu besiegen und Gordon zu rächen? Kitchener, der dies bezweifelte, forderte von London Verstärkung in Form einiger Brigaden britischer Soldaten, und widerstrebend beschloß das Kabinett im Januar 1898, Kitcheners Ersuchen Folge zu leisten. Natürlich war dieser Schritt nicht dazu angetan, die Franzosen zu beruhigen, und Sir Edward Monson, der britische Botschafter in Frankreich, warnte das Kabinett, in der augenblicklichen, durch die Dreyfus-Affäre aufgeheizten Stimmung könnten die Franzosen einen Krieg mit England vom Zaun brechen, um von den innenpolitischen Problemen abzulenken.

Nach Chamberlains Ansicht war dies Unsinn, denn in seinen Augen blufften die Franzosen sowohl am Niger als auch am Nil. Sie hatten Monson, Lord Salisbury und die meisten Mitglieder des britischen Kabinetts zum Narren gehalten. Er würde sie dazu zwingen, Farbe zu bekennen, indem er sie mit ihren eigenen Waffen schlug: mit der vollzogenen Besetzung.

Dabei erwies sich der widerspenstige Sir George Goldie als größeres Problem als seine hasenfüßigen Kabinettskollegen. Goldie war entsetzt von der Entscheidung des Kolonialministers, die Niger Company aufzukaufen. Dieser Entschluß war eine Reaktion auf die Klagen, die über die Praxis der Handelsgesellschaft laut geworden waren! In Lagos warf man Goldie vor, er vernachlässige die Regierungsaufgaben, und die Liverpooler Kaufleute sowie die hungernden Brass beschuldigten ihn, ein unrechtmäßiges Monopol errichtet zu haben. Die Abwicklung dieser Transaktion kostete allerdings Zeit, und von Goldie als Kopf der Niger Company und patriotischem Imperialisten wurde in der Zwischenzeit erwartet, daß er das Kolonialministerium bei seinen Bemühungen unterstützte, den französischen Expansionsbestrebungen einen Riegel vorzuschieben.

Bei einem Gespräch mit Chamberlain im Mai 1897 zeigte Goldie sich jedoch uneinsichtig: Er habe gehört, daß die Regierung seinen Schutzbrief widerrufen wolle, also solle sie auch sehen, wie sie allein mit den Franzosen fertigwurde. Chamberlain wandte sich daraufhin an den Gouverneur von Lagos: Um den Vormarsch der Franzosen aus Dahomey aufzuhalten, solle er sich bereit halten, demnächst die Grenze zu überschreiten und einen Teil des Gebiets der Handelsgesellschaft in Borgu zu besetzen. Die Marine werde ihm zu diesem Zweck zwei Kanonenboote schicken, und die Niger Company würde, wie er hoffte, den Transport auf dem Fluß übernehmen.

Dazu war Goldie jedoch nicht bereit. Im Juli 1897 verlangte er von Chamberlain als Bedingung für seine Unterstützung eine klare Entscheidung über die Zukunft seiner Handelsgesellschaft. Falls der Schutzbrief widerrufen werden solle, müsse dies bald geschehen und mit einer angemessenen Abfindung verbunden sein. Zudem warf er der Regierung vor, ihm keine ausreichende Unterstützung gegen die Franzosen gewährt zu haben.

Chamberlain (der, wie man weiß, in seinen liberalen Tagen Gladstones Kabinett angehörte, das nach der Niederlage von Majuba den Buren den Transvaal zurückgegeben hatte) war über diese Vorwürfe zutiefst entrüstet.

Im Februar 1898 hatte er Schatzkanzler Hicks Beach endlich dazu überredet, der Niger Company eine angemessene Abfindung zu zahlen. Jetzt erst erklärte Goldie sich mürrisch bereit, die 3000 Soldaten des Empire zu unterstützen, die im Auftrag Chamberlains die Franzosen mit ihren eigenen Waffen schlagen sollten. Ihr Befehlshaber war nicht, wie ursprünglich erwartet, der Gouverneur von Lagos, sondern der Nigeriaveteran Major Fred Lugard. Natürlich war diese Entscheidung ein Affront gegen die Franzosen, doch Chamberlain wollte ihnen zeigen, daß er es ernst meinte. Im Februar brach Lugard zum Niger auf – mit der Anweisung, den Franzosen das Leben in Borgu so schwer wie nur möglich zu machen.

* * *

Lugard hatte Chamberlains Auftrag nur schweren Herzens angenommen. Am 23. Oktober 1897 schrieb er in sein Tagebuch:»Vor mir liegt eine Aufgabe, die mich schreckt und anwidert.«[17] Er selbst befürwortete politische Zugeständnisse der Briten und begriff nicht, warum man den Franzosen nicht ein großes, bisher noch unerforschtes Gebiet nördlich des Niger überlassen sollte, das Königreich Sokoto. Doch Chamberlain beharrte auf seiner Strategie, die Lugard »Schachbrettpolitik«[18] nannte. Er sollte nämlich heimlich in Borgu eindringen und in einem Nachbarort jedes Dorfes und jeder Stadt, über denen die Trikolore wehte, den Union Jack hissen, um so den britischen Ansprüchen Ausdruck zu verleihen. Durch diese Vorgehensweise würde die vollzogene Besetzung *ad absurdum* geführt – und das ohne Krieg. Aber würde der Plan auch gelingen? Über diese Frage hatte Lugard von November 1897 bis März 1898 mit Chamberlain debattiert. Angesichts der Tatsache, daß beide Nationen von eingeborenen Truppen unterstützt wurden, genügte ein Funken, ein versehentlich ausgelöster Schuß, um ganz Borgu in Brand zu setzen. Doch Chamberlain ließ sich nicht umstimmen.

Am 6. April 1898 begann Lugard seine Fahrt auf dem breiten, aber nicht sonderlich tiefen Kanal des unteren Niger. Sein heftiges Zahnweh und die Entdeckung, daß sie den Whisky vergessen hatten, trugen nicht gerade zur Verbesserung seiner Laune bei. Zudem machte ihm die Frage zu schaffen, wie er ohne Unterstützung in einem praktisch unerforschten Teil Afrikas die benötigten 2000 Soldaten rekrutieren sollte.

Ganz anders sein Freund und Stellvertreter Leutnant James Willcocks: Er war zum erstenmal in Afrika und genoß jede Minute ihrer Reise. Der Leutnant sollte die Truppen im Gelände führen, während Lugard zurückbleiben und versuchen würde, in ihrem neuen Basislager in Dschebba Ordnung zu schaffen.

Mit einer langen Kolonne von Trägern und 300 neu rekrutierten Haussa-Soldaten verließ Willcocks Ende April Dschebba. Zunächst durchquerte er einen praktisch unbewohnten Teil von Borgu, doch nach zwei Tagen stieß er auf die ersten Anzeichen französischer Präsenz: über Kiama, der Hauptstadt der Region, wehte unübersehbar eine Trikolore. Trotzig hißte Willcocks den Union Jack im drei Kilometer entfernten Dörfchen Kanikoko. Die Reaktion der Franzosen ließ nicht lange auf sich warten: Am 5. Mai tauchte ein französischer Unteroffizier in Begleitung von zwölf Senegalesen auf, die eine Trikolore bei sich trugen. Die beiden Europäer salutierten.

Der »König« von Kiama war einer jener gastfreundlichen Häuptlinge, die Lugard vier Jahre zuvor zu einem Vertrag mit der Niger Company überredet hatte. Dieser beschwerte sich jetzt, er habe mit dem »großen weißen Mann« Freundschaft geschlossen. Der Weiße sei in sein Land gekommen, habe ihm Versprechungen gemacht und sei dann weitergereist, ohne wieder etwas von sich hören zu lassen. Im gleichen Jahr hätten die Franzosen seine Stadt besetzt, und er habe ihre Oberherrschaft anerkennen müssen.

Der französische Unteroffizier unterbrach den Häuptling und wandte sich an Willcocks: »Sie haben unsere Flagge beleidigt . . . Die Geschichte von Borgu zeigt, daß England sich über sämtliche Verträge hinweggesetzt hat.« Willcocks erwiderte: »Die Geschichte von Borgu muß erst noch geschrieben werden«[19]. Daraufhin zog der Franzose mit ernster Miene eine in französisch abgefaßte zweibändige Geschichte des Staates aus der Tasche. Mit einemmal verzogen die beiden Offiziere das Gesicht, und die Spannung löste sich in einem befreienden Lachen. Beide Männer hatten die Absurdität ihrer Auseinandersetzung erkannt. Sie gaben sich die Hand und stießen auf ihre Fahnen an.

Dennoch wurde diese gefährliche Farce in den nächsten Wochen fortgesetzt. Willcocks hißte den Union Jack immer dort, wo er die Proteste der Franzosen erwarten durfte: in Kishi, Bode, Okuta, Gbasora, Termaanji, Borgasi und wieder bei Kiama. Auch die Reaktion der Franzosen verlief nach dem immer gleichen Muster; ihre Emissäre trafen unverzüglich ein, um zu protestieren. Einmal drohten sie sogar, ihre Bajonette einzusetzen, und ein andermal wurde Willcocks von einer Horde Afrikaner verfolgt, die ihn anspuckten und ihm Flüche nachriefen. Nicht selten jedoch endete die Konfrontation mit befreiendem Gelächter und Händeschütteln. Am 17. Mai zeichnete sich allerdings eine Krise ab, die nach Willcocks Überzeugung zu einem Krieg in Westafrika führen mußte.

Eine Woche zuvor hatte er den Union Jack in Betikuta gehißt, einem Dorf, das drei Kilometer von Kiama entfernt lag. Noch in der gleichen Nacht war ein französischer Soldat in den Ort geschlichen und hatte die Trikolore 400 Meter neben der britischen Flagge aufgepflanzt. Darauf erklärte Willcocks dem französischen Kommandeur, falls sie ihr Staatssymbol nicht innerhalb von achtundvierzig Stunden entfernten, würde er den Union Jack 400 Meter vor dem Stadttor von Kiama hissen. Dieser Schritt, so entgegnete der Franzose, würde Krieg bedeuten.

Auf beiden Seiten breitete sich unerträgliche Spannung aus. Sowohl die afrikanischen Soldaten als auch die europäischen Offiziere, Willcocks eingeschlossen, konnten es jetzt kaum noch erwarten, diesem unmilitärischen Schauspiel ein Ende zu bereiten und »die Waffen sprechen zu lassen«[20]. Allerdings gewährten die beiden Befehlshaber einander eine Frist von einer Woche, in der sie ihre Vorgesetzten konsultieren wollten. Willcocks eilte zu Lugard nach Dschebba. Lugard billigte zwar die Vorgehensweise seines Freundes, doch im Gegensatz zu diesem war ihm noch immer daran gelegen, einen Krieg zu vermeiden.

Am 30. Mai marschierte eine bewaffnete Truppe der Briten zum Haupttor von Kiama und pflanzte dort den Union Jack auf. Willcocks hatte sich in seinem Lager hinter Palisaden und Schützengräben verschanzt und das Maxim-Gewehr aufgebaut. Während er seine Reservetruppen abschritt, wartete er mit angehaltenem Atem auf den ersten Schuß. Doch nichts dergleichen geschah.

Der Kommandeur der Franzosen hatte es vorgezogen, den Union Jack nicht zur Kenntnis zu nehmen. Und seine vernünftige Entscheidung fand eine nachträgliche Bestätigung durch ein Telegramm des Gouverneurs von Dahomey, das er sogleich dem erstaunten Willcocks zeigte. Die Niger-Verhandlungen in Paris standen kurz vor ihrem Abschluß, und die Franzosen waren bereit, Borgu an England zurückzugeben.

* * *

Chamberlains riskantes Spiel hatte sich ausgezahlt. Unter Einsatz seiner politischen Karriere hatte er alle anderen an die Wand gespielt – den Premierminister, das Kabinett, Lugard und Goldie. Die französischen Waffen hätten genausogut aus Pappmaché angefertigt sein können und die Trikolore Teil einer Bühnenausstattung. Im Krieg der Flaggen hatten die Franzosen den Befehl gehabt, nicht als erste zu schießen. Und so hatte Chamberlain sie gezwungen, Farbe zu bekennen.

Am 14. Juni 1898, zwei Wochen nach dem Zwischenfall in Kiama, unterzeichnete Hanotaux in Paris das Niger-Abkommen. Zweifellos war er erleichtert. Für ihn hatte Borgu nie eine besondere Bedeutung gehabt, und die Bedingungen des neuen Abkommens waren ein wohlverdienter Dämpfer für Lebon und die Kolonialpartei. Die Grenzen von Goldies Handelskolonie – welche demnächst von der britischen Regierung übernommen werden sollte – waren endlich gesichert. Die britische »Sphäre« begann im Nordosten bei Ilo oberhalb der Stromschnellen und umfaßte Bussa und den größten Teil von Borgu. Auch das noch immer unerforschte Königreich Sokoto im Norden war endgültig den Briten zugesprochen worden. Alles, was die Franzosen in dem acht Jahre dauernden Gerangel seit dem britisch-französischen Abkommen hinzugewonnen hatten, war ein kleines Dreieck an der Ostgrenze von Dahomey, welches sich hundertfünfzig Kilometer von Say den Niger flußabwärts erstreckte und in das westliche Borgu bis nach Nikki hineinreichte. Widerstrebend hatte Chamberlain den französischen Händlern Zugang zum schiffbaren Abschnitt des Niger unterhalb von Bussa gewährt, ohne ihnen jedoch einen Korridor einzuräumen.

Salisbury teilte Hanotaux' Erleichterung, zumal sich am Horizont bereits die nächste Krise abzeichnete, die in den kommenden Monaten eine gefährliche Entwicklung nehmen sollte.

Im Juni äußerte der britische Geheimdienst die Vermutung, Marchand stünde kurz vor Faschoda oder habe die Region bereits besetzt. Eigentlich hatte man vorgesehen, daß Kitchener bis September die Derwische schlagen und Khartum erobern sollte. Anschließend sollte er die Franzosen zum Rückzug zwingen. Salisbury wußte jedoch nicht, ob die Franzosen am Nil ebenso blufften wie am Niger. Nur eines war klar: In dieser Angelegenheit brauchte Chamberlain das Kabinett nicht an die Wand zu spielen. Um den Sudan – und damit Ägypten – im britischen Machtbereich zu halten, würde man durchaus einen Krieg mit den Franzosen in Kauf nehmen.

Selbst wenn Marchand mit der Trikolore in den Sümpfen des großen Sudd steckengeblieben war, gab es noch immer die anderen beiden französischen Expeditionen, die sich, unterstützt von Kaiser Menelik, auf dem Weg nach Faschoda befanden. Und der andere unkalkulierbare Risikofaktor war König Leopold, der schon früher gedroht hatte, den Engländern und Franzosen im südlichen Sudan zuvorzukommen. Wo waren seine Männer?

KAPITEL 29

Der Wettlauf in das Herz
des Niemandslandes

Brüssel, Kongo, Französisch-Westafrika,
der Sudan und Äthiopien
5. Mai 1897 – 1. September 1898

»... der Beweggrund liegt darin, das Land an seine wahre Größe zu
gemahnen, an seine Mission für die Welt, die vor nahezu
20 Jahrhunderten ihren Anfang nahm, die Mission, der wir alle
verpflichtet sind ... [fortzusetzen], damit unsere Nation
sich nicht der Feigheit bezichtigen lassen muß.«

Hauptmann Marchand auf seiner Mission nach Faschoda, 1898

Am 5. Mai 1897, mehr als ein Jahr vor der Unterzeichnung des
britisch-französischen Westafrika-Abkommens, schienen Leopolds
kühnste Träume – die Exploitation der Reichtümer des Kongo und der
Vorstoß zum Nil – plötzlich in Erfüllung zu gehen.

In dieser Woche wollte er die Industrieausstellung in Brüssel eröffnen
und ein weiteres Mal die Rolle spielen, die ihm so sehr lag: der gütige König, der für sein Volk wie ein Vater sorgte und sein Privatvermögen für die
großen philantropischen Ziele in der Wildnis Afrikas geopfert hatte. Und
zum Mißfallen all der »Unkenrufer« – angefangen von van Eetvelde, seinem
Berater, bis hin zu den europäischen Staatsmännern wie Lord Salisbury und
Gabriel Hanotaux – begannen sich seine Unternehmungen auszuzahlen.

Erstaunlicherweise war in der letzten Zeit aus dem Kongo Geld nach
Belgien geflossen, und im Gegensatz zu den anderen Kolonien, die im
Zuge des Wettlaufs gegründet worden waren, war der Kongostaat nicht
mehr von Subventionen aus Europa abhängig. Leopolds Vorhersage aus
dem Jahre 1876, die sich auf Camerons Reisebeschreibungen stützte,
hatte sich bewahrheitet. Der Kongo mit seiner unbändigen tropischen
Vegetation war eine Schatzkammer, und mittlerweile war der wild wach-

sende Kautschuk ein weitaus bedeutenderer Exportartikel geworden als das Elfenbein. Denn auf dem Weltmarkt war die Nachfrage nach Kautschuk dramatisch gestiegen, seit Dunlop im Jahre 1888 luftgefüllte Reifen für Fahrräder entwickelt hatte. Selbstverständlich mußte ein Teil des Profits für »zivilisatorische« Maßnahmen in Afrika aufgewendet werden, doch die verbleibenden Überschüsse sollten nach dem Willen des Königs seiner Hauptstadt Brüssel zugute kommen. Er schlug vor, in Tervuren ein prächtiges Schloß zu bauen, das das Kongo-Museum beherbergen und mit der Hauptstadt durch eine Prachtstraße verbunden werden sollte, die den Vergleich zu Versailles nicht zu scheuen brauchte.

Der Goldregen aus dem Kongo setzte in einem Augenblick ein, als der König gerade aufgeben wollte. Zu Beginn des Jahres 1895 waren sowohl Leopolds Optimismus als auch seine Mittel erschöpft. Aus diesem Grunde hatte er der belgischen Regierung angeboten, seine Rechte als »souveräner Monarch« des Kongostaats an sie abzutreten. Allerdings erwartete er eine Entschädigung für die 12 Millionen Franc aus seinem Privatvermögen, die er angeblich seit 1880 in die Kolonie investiert hatte.

Die belgische Regierung war prinzipiell bereit, dem König aus seiner mißlichen Lage zu helfen, und Leopold regte im Januar 1895 einen »Abtretungsvertrag« zwischen dem Kongostaat und Belgien an. Zwar war es Premierminister Jules de Burlet gelungen, sein Kabinett von der Notwendigkeit dieses Schritts zu überzeugen, aber ob auch das Parlament einer derartig fragwürdigen Kapitalanlage zustimmen würde, war noch keineswegs sicher. Die Sozialisten waren nämlich nicht bereit, das Geld des Steuerzahlers für zweifelhafte Abenteuer in den Kolonien zu verwenden, wenn es viel besser für soziale Maßnahmen im Heimatland eingesetzt werden konnte. Und die Rechten befürchteten Konflikte mit dem Ausland.

Doch bevor im März 1895 im Parlament die Probe aufs Exempel gemacht werden konnte, wurden Leopold die neuesten Verkaufszahlen für Kautschuk vorgelegt. Die ersten Erfolge zeichneten sich ab, und so zog er zur Erleichterung von Burlets Kabinett sein Angebot, den Kongo abzutreten, zurück. Statt dessen ließ er sich von der Regierung mit einer neuen Anleihe von 6,5 Millionen Franc unter die Arme greifen.

Nun, da er wieder flüssig war, konnte Leopold Baron Dhanis zu einer Expedition entsenden, um einen erneuten Vorstoß zum Nil zu wagen. Dhanis sollte den Sudan besetzen und ihn in den Kongostaat, der sich ohnehin schon über halb Afrika erstreckte, eingliedern. Damit wollte

Leopold Frankreich und Großbritannien zuvorkommen, die bereits beide um dieses Gebiet konkurrierten. Allerdings mußte der belgische König in diesem Fall mit Vergeltungsmaßnahmen der beiden Großmächte rechnen. Ohnehin hing die Existenz des Kongostaats – und letztendlich auch die Belgiens – nur vom guten Willen seiner mächtigen Nachbarn ab. Und so gab es für Leopold nur eine einzige Möglichkeit: Er mußte Frankreich und Großbritannien mit einer diplomatischen List hinters Licht führen.

Er versicherte Hanotaux, alle Berichte über Dhanis' Expedition seien maßlos übertrieben. Belgien habe lediglich die Absicht, die Enklave Lado in Besitz zu nehmen, die ihm von den Briten verpachtet worden war und die den Kongo mit dem schiffbaren Teil des Nil verbinden sollte. Zu diesem kleinen Korridor gehörte die Stadt Rejaf, ein strategisch wichtiger Außenposten unterhalb der Stromschnellen von Lado und Endstation für die aus Richtung Khartum eintreffenden Dampfschiffe. Natürlich war dieser Abschnitt des Nil seit 1888, als Emin mit seiner sudanesischen Garnison Äquatoria verlassen hatte und nach Süden geflohen war, in der Hand der Mahdisten. Dhanis, so erklärte Leopold Hanotaux und der internationalen Presse, habe lediglich den bescheidenen Auftrag, die Derwische aus der Enklave Lado zu vertreiben und in Rejaf einen Stützpunkt zu errichten.

Insgeheim verfolgte Leopold jedoch ganz andere Pläne: Dhanis, der Held aus den arabischen Kriegen, sollte erst nach Faschoda und von dort aus bis nach Khartum vordringen. Leopold wollte nämlich endlich seinen vierzig Jahre alten Traum verwirklichen und als moderner Pharao über Ägypten herrschen. Denn dieser Wunsch trieb ihn um, seit er einst auf seiner Hochzeitsreise durch die Ruinen von Luxor geschlendert war!

Im Jahre 1896 verließ Dhanis mit seiner Expedition – einer Handvoll belgischer Offiziere und einem Heer von 3000 Batetela und anderen Eingeborenenkriegern, größtenteils Kannibalen – Stanleyville und tauchte im Regenwald nordöstlich der Stadt unter. Um einer vorzeitigen Entdekkung durch die Franzosen zu entgehen, wollte Dhanis in extremen Gewaltmärschen über die unwegsamste aller Routen zum Nil vordringen – durch den Ituri-Regenwald, jener Strecke, die Stanleys Nachhut zum Verhängnis geworden war. Gleichzeitig sollte Chaltin, Leopolds Kommandeur am oberen Uelele, mit 700 Soldaten über die bekannte westliche Route auf das von den Mahdisten besetzte Rejaf zumarschieren.

Obwohl Leopold ein routinierter Spieler war, dessen Einsatz gewöhnlich aus geborgtem Geld und fremden Menschenleben bestand, hatte er mit diesem Vorhaben allzu hoch gepokert. Zwar hatte Stanley ihn zuvor gewarnt, daß die Mahdisten sich möglicherweise gegen seine gut bewaffnete, aber undisziplinierte Armee behaupten konnten, doch auf das Unheil, das über Dhanis' Expedition hereinbrach, war auch Leopold nicht vorbereitet gewesen.

Am 5. Mai erfuhr der König, daß die Batetela aus Dhanis' Vorhut im Februar in Ndirfi gemeutert und ihre belgischen Offiziere getötet hatten. Wie sich herausstellte, waren sie der Gewaltmärsche und des ständigen Hungers überdrüssig gewesen. Doch sicherlich hatten einige von ihnen auch noch eine persönliche Rechnung zu begleichen, nachdem ihr Führer Gongo Lutete im Jahre 1893 einem Justizmord zum Opfer gefallen war.

Doch es sollte noch schlimmer kommen. Ende Mai erhielt Leopold die Nachricht, daß die Meuterei auch auf den Haupttrupp übergegriffen hatte. Die meisten belgischen Offiziere, unter ihnen Dhanis' Bruder, waren erschlagen oder erschossen worden. Dhanis verbarg sich im Urwald und floh dann zurück nach Stanleyville. Seine meuternde Armee zog durch die Lande und brachte jeden um, der sich ihnen in den Weg stellte. Stanleyville selbst blieb zwar verschont, doch die Provinzverwaltung brach wie ein Kartenhaus zusammen, und zeitweise fürchtete man in den zahlreichen kleinen europäischen Siedlungen, die Meuterei würde den ganzen Kongostaat erfassen.

Für Leopold aber zählte lediglich, daß Chaltin im Februar mit seiner kleinen Truppe die Mahdisten vertrieben und ohne größere Schwierigkeiten die Enklave Lado besetzt hatte. So verschanzten sich die Truppen des Kongostaats im Frühjahr 1897 am Nil und errichteten bei Rejaf ein neues Fort. Aus dem Wettlauf um Faschoda war Leopold allerdings – wenn auch unfreiwillig – ausgeschieden. Jetzt waren es die Franzosen, die von Westen und von Osten her in Führung gingen.

* * *

Gewöhnlich setzt in der grünen Hochebene Äthiopiens die Regenzeit im Juni ein. Dann verwandeln sich die Maultierpfade in Bergbäche, und der gelbe Schlamm macht das Reisen unmöglich. Doch allen Widrigkeiten zum Trotz kämpfte sich vom 17. Mai bis zum 28. Juni 1897 eine kleine französische Expedition unter der Führung des Marquis de Bonchamps nach Westen, in Richtung auf den Nil vor.

Ein gutes Stück vor ihm drang weiter westlich eine zweite, von Hauptmann Clochette geführte Expedition durch die regennasse Berglandschaft vor. Beide Gruppen sollten, unterstützt von einer gewaltigen äthiopischen Armee, bis zum Nil vordringen und sich bei Faschoda mit Hauptmann Marchand vereinigen. Bonchamps' Trupp war allerdings erst in letzter Minute zusammengestellt worden und daher stark im Nachteil. Während Clochette 100 000 Francs für die Ausrüstung mit Lebensmitteln und Vorräten zur Verfügung gestanden hatten, mußte Bonchamps mit 55 000 Francs auskommen – wahrlich geringe Mittel, wenn man bedachte, daß die Expedition sie vom Roten Meer bis zum Weißen Nil und zurück führen sollte. Doch Paris verließ sich auf Meneliks Versprechen, er würde der Expedition unter die Arme greifen, denn man hatte soeben ein Abkommen unterzeichnet, in welchem dem äthiopischen Kaiser das Ostufer des Weißen Nil zugesprochen wurde. Offensichtlich war Menelik erpicht darauf, durch einen Vorstoß seine Westflanke vor den Expansionsgelüsten der Briten zu schützen.

Léonce Lagarde, der Gouverneur von Französisch-Somalia, der zugleich als Botschafter Frankreichs in Addis Abeba fungierte, hatte die Anweisung erhalten, Menelik an sein Versprechen zu erinnern. Doch je weiter Bonchamps vordrang, desto mehr drängte sich ihm der Eindruck auf, daß Lagarde aus unbekannten persönlichen Gründen der zweiten Expedition Steine in den Weg legte.

Wegen eines heftigen Streits mit Lagarde hatte schon Bonvalot, der ursprünglich als Führer der zweiten Expedition vorgesehen war, das Handtuch geworfen und war nach Paris zurückgekehrt. Bonvalot hatte schmerzlich erfahren müssen, daß er an Meneliks Hof in Addis Abeba ohne Lagardes Unterstützung nichts erreichen konnte. Bonchamps war jedoch aus härterem Holz geschnitzt. Er überredete Menelik, ihm Führer zur Verfügung zu stellen und ihn mit einem Geleitschreiben an den Gouverneur von Gore auszustatten. Diese Stadt liegt am oberen Baro, der, bekannt unter seinem sudanesischen Namen Sobat, südlich von Faschoda in den Weißen Nil mündet. Ungeachtet aller Warnungen brach Bonchamps zu Beginn der Regenzeit mit drei französischen Kompanien und 100 Äthiopiern aus Addis Abeba auf.

In den Monaten Mai und Juni versuchten Bonchamps und seine Leute auf ihrem Weg nach Gore vergeblich, zu Clochette aufzuschließen. Während ihres zweiundvierzigtägigen Marschs gab es keine Möglichkeit, die

Kleider zu trocknen, und außerdem reichten die Packesel nicht aus. Um Geld zu sparen, hatte Bonvalot in Somalia Kamele gekauft, doch die Tiere kamen mit den schlammigen Pfaden nicht zurecht und starben an der Kälte, die zu dieser Zeit in den Bergen herrschte. Als die Äthiopier gezwungen waren, die insgesamt sechs Tonnen Vorräte selbst zu tragen, brach eine Meuterei aus. Hinzu kam, daß sieben Jahre zuvor eine Armee Kaiser Meneliks in die einst blühende, dicht besiedelte Hochebene, das damalige Land der Galla, eingefallen war. Die Eroberer hatten alle Anwesen systematisch niedergebrannt und die Einwohner getötet oder in die Sklaverei geführt. Später wollte Menelik die fruchtbaren Täler der Galla an seine siegreichen Schoa-Soldaten verteilen.

Als die Expedition nach einem zweiundvierzigtägigen Marsch erschöpft in Gore eintraf, fand Bonchamps seine schlimmsten Befürchtungen bestätigt. Wie sich herausstellte, hatte Menelik die Führer angewiesen, die Expedition auf endlosen Umwegen über Berg und Tal zu leiten – und nicht über die einfache Route, der Clochette gefolgt war. Dieser Befehl konnte nur auf einer Anweisung Lagardes beruhen. Wegen seines Mitstreiters Clochette hingegen brauchte Bonchamps sich keine Sorgen mehr zu machen: Er erlag einer Leberverletzung, die er sich einige Monate zuvor durch den Tritt eines Pferdes zugezogen hatte. Währenddessen legte Bonchamps dem örtlichen Gouverneur Dejazmatch (Kommandeur) Téssama nichtsahnend Meneliks Geleitschreiben vor – mit dem Ergebnis, daß seiner Expedition umgehend der Weitermarsch untersagt wurde.

Ein erfahrenerer Reisender als Bonchamps hätte gemerkt, daß die Schlußsätze von Meneliks Geleitschreiben einen seltsamen Widerspruch beinhalteten. Nachdem der Kaiser seinen Gouverneur angewiesen hatte, Bonchamps bis zur Grenze seines Reiches zu begleiten, forderte er ihn auf, »so rasch wie möglich zu ihm zu reisen, um über diese Angelegenheit zu sprechen«[1]. Gehorsam brach der Dejazmatch nach Addis Abeba auf, nicht ohne zuvor Bonchamps' wenige Packtiere beschlagnahmt zu haben. Drei Wochen später wurde dem Hauptmann durch einen kaiserlichen Boten mitgeteilt, sie dürfen gehen, »wohin sie wollen«. Achtzig Kilometer weiter westlich, in der Nähe von Siba, kam es zur nächsten Zwangspause. Hier stellten sich der Expedition 2000 äthiopische Krieger in den Weg, die drohend ihre Speere und Gewehre schwangen. Der Grenzübertritt wurde ihnen von einem Stammeshäuptling verwehrt, der behauptete, er handele «im Namen Seiner kaiserlichen Majestät»[2].

Bonchamps sah keinen anderen Ausweg, als zwei seiner Begleiter, Michel und Bartholin, die schrecklichen 400 Kilometer zurück in die Hauptstadt zu schicken. Dort erwartete sie jedoch eine gute Nachricht: Seine Majestät gewährte ihnen eine Audienz. Als Michel dem Kaiser erklärte, sie seien von 2000 aufgebrachten Kriegern aufgehalten worden, herrschte einen Moment lang peinliches Schweigen. Dann erwiderte der Kaiser: »Die Leute, die Sie aufgehalten haben, sind Dummköpfe. Sie haben die Dinge gänzlich mißverstanden. Ich werde das alles in Ordnung bringen . . . und neue Anweisungen geben.«[3]

Michel fühlte sich in seinen schlimmsten Vermutungen bestätigt. Lagarde, der französische Botschafter, hatte sie auflaufen lassen. Kein Wunder, daß der Kaiser irritiert darüber war, daß sich zwei offizielle Expeditionen eines Landes durch lächerliche Intrigen gegenseitig behinderten.

Später berichtete Michel dem Kaiser, daß das dringend benötigte zerlegbare Boot aus Frankreich noch immer nicht eingetroffen sei, daß sie zu wenige – vor allem verläßliche – Träger hätten, daß ihre Nahrungsvorräte zur Neige gingen und ihre finanziellen Mittel erschöpft seien.

Zu seinem Entsetzen mußte er erfahren, daß das Boot, auf das die Expedition nun bereits seit acht Monaten wartete, vor drei Monaten aus Paris abgeschickt worden war und sich jetzt in Dschibuti befand. Demnach würden noch einmal drei Monate vergehen, bevor es bei ihnen eintraf.

So wandten sich Michel und Bartholin mit einem letzten verzweifelten Appell an Botschafter Lagarde, der ihnen eröffnete, das Kolonialministerium habe ihm mittlerweile die Verantwortung für die Expedition übertragen. Daraufhin beschrieben sie ihm ihre Situation und baten Lagarde, ihnen Lebensmittel und das Boot zu schicken und zwanzig Männer aus seiner Eskorte sudanesischer Soldaten zu überlassen. Doch das einzige, was sie erhielten, waren zwei Kamele.

Anfang November trafen Michel und Bartholin wieder bei Bonchamps in Gore ein. Zumindest waren sie jetzt im Besitz eines echten Geleitschreibens, in dem ihnen der Kaiser persönlich garantierte, daß ihnen auf dem Weg zum Weißen Nil jede Hilfe zuteil werden sollte. Menelik hatte die Franzosen angewiesen, »im gesamten Land bis zum Ufer des Weißen Nil die äthiopische Flagge zu hissen und die Bewohner zu unterwerfen«[4]. Doch ohne ein Boot, ohne Geld und ohne disziplinierte Soldaten würde es an ein Wunder grenzen, wenn es ihnen gelingen sollte, Meneliks Auftrag zu erfüllen und Faschoda lebend zu erreichen.

Im Dezember stapfte Bonchamps Truppe durch die Sümpfe des östlichen Sudan. Immer wieder wurden sie von Elefanten angegriffen, die aus dem hohen Schilf hervorbrachen.

In seinem letzten Brief hatte Menelik angeordnet, daß Männer vom Stamm der Galla zum Schutz der Expedition herangezogen werden sollten. Viele dieser zwangsrekrutierten Krieger desertierten. Manche von ihnen wurden gefaßt und mit Lederpeitschen geschlagen. Viele starben an Fieber oder verhungerten. Zu allem Überfluß hatte Lagarde sie angewiesen, die südliche Route zu wählen, anstatt dem einfacheren Weg zu folgen, einer Karawanenstraße, die durch Dörfer führte. Diese Route endete schließlich in einem lediglich von Elefanten und Krokodilen bevölkerten Moorgebiet. Am 30. Dezember entschlossen sie sich zur Umkehr. Zwei Franzosen litten unter schweren Malariaanfällen, und alle Beteiligten waren halbverhungert. Und noch immer trennten sie 150 Kilometer von ihrem Ziel.

Als Menelik in Addis Abeba Wochen später vom Scheitern der Expedition erfuhr, nahm er die Nachricht gelassen auf. In ihrer Naivität hatten Bonchamps und Michel die Schuld für all die »Mißverständnisse« Lagarde in die Schuhe geschoben. Der Kaiser jedoch war bereit gewesen, Bonchamps jegliche Unterstützung zu gewähren – außer jener, die er wirklich benötigte, um seine Expedition erfolgreich zu beenden.

In der Kunst der Diplomatie konnte es Menelik mit seinen europäischen Rivalen durchaus aufnehmen. Als einziger afrikanischer Herrscher verfügte er über die Fähigkeiten, um den Wettlauf zu seinem eigenen Vorteil auszunutzen. Vor einigen Jahren hatte er den Franzosen zusätzliche Waffenlieferungen abgepreßt. Ohne die kostbaren europäischen Gewehre, die er trotz des europäischen Waffenembargos aus Dschibuti durch die Wüste in sein Land hatte schmuggeln lassen, hätte er den Italienern 1896 bei Adowa niemals eine derart vernichtende Niederlage zufügen können. Auch später waren die Franzosen seine wichtigsten Waffenlieferanten. Bereitwillig erteilte er einer französisch-äthiopischen Gesellschaft die Konzession zum Bau einer Eisenbahnlinie von der Küste bis in die 450 Kilometer entfernte Hauptstadt. Hinter seinem Entschluß, ein Vordringen der Franzosen nach Faschoda zu verhindern und einem Waffenbündnis mit ihnen auszuweichen, standen gewichtige diplomatische Beweggründe.

Es galt, den westlichen Teil seines Reiches vor einem britischen Übergriff zu schützen. Die besten Verbündeten, die ihm dabei helfen konnten, waren keineswegs die eifersüchtigen Rivalen der Engländer, die Franzosen, sondern ihre glühendsten Feinde, die Mahdisten. Seit geraumer Zeit führte Menelik mit dem Kalifen geheime Verhandlungen, und es war ein Triumph seiner weitsichtigen Diplomatie, daß es ihm gelungen war, diesen fanatischen islamischen Herrscher, den Führer eines Volkes, auf seine Seite zu ziehen, das seit Jahrhunderten als Erzfeind der Äthiopier galt. Zudem hatte er seine Intrige vor den Großmächten geheimhalten können. Im Sommer 1896, als Kitchener mit seinem Vormarsch den Nil flußabwärts begann, hatte der äthiopische Kaiser dem Kalifen seine Unterstützung angeboten – und zwar gegen die Europäer im allgemeinen und gegen die Engländer im besonderen. Sein engster Berater Ras Mangasha erläuterte dem Kalifen Meneliks Absichten folgendermaßen: »Eure Feinde sind unsere Feinde, und unsere Feinde sind Eure Feinde, und wir sollten zusammenhalten als feste Verbündete.«[5] Zunächst hatte der Kalif argwöhnisch auf dieses Angebot reagiert. Doch als die Monate vergingen und Kitchener die *Ansar* besiegte, blieb dem Nachfolger des Mahdi keine andere Wahl, als Meneliks Angebot anzunehmen.

Zu Beginn des Jahres 1898 schickte Menelik Emissäre nach Khartum, wo ihnen ein herzlicher Empfang bereitet wurde. Sie hatten die Aufgabe, dem Kalifen Honig um den Mund zu schmieren (Seiner Majestät »teuerster, ehrwürdiger, guter Freund!«)[6] und Sand in die Augen zu streuen. Menelik wollte den östlichen Sudan unbedingt in sein eigenes Reich eingliedern, und er glaubte, daß dies am leichtesten zu bewerkstelligen war, wenn der Kalif in eine Auseinandersetzung mit den Engländern verstrickt wurde. Vorerst wollte er noch den guten Nachbarn mimen.

Mit Hilfe dieser Taktik gelang es Menelik, eine Verbindung zwischen seinem Reich und dem Weißen Nil herzustellen. Nachdem er dem Kalifen zuvor versichert hatte, ihm sei lediglich daran gelegen, einen Vorstoß von Fremden zu verhindern, sandte er zu Beginn des Jahres 1898 Dejazmatch Tessama mit einer 10 000 Mann starken Armee zum Weißen Nil. An dem Vorstoß nahmen auch der russische Abenteurer Hauptmann Artamanow und zwei Männer aus Bonchamps Expedition – Maurice Potter und Faivre – als Beobachter teil.

Die Soldaten zogen durch das besetzte Land der Galla und »requirierten« überall Getreide und Fleisch. Jenseits der Grenze gestaltete sich ihr

Marsch jedoch zusehends schwieriger: Hier war das Land nur noch ein einziger Malariasumpf, in dem es von Elefanten, Krokodilen und Nilpferden wimmelte. Viele Äthiopier kamen ums Leben. Eine kleine Vorhut, die am Nordufer des Sobat vorrückte, erreichte am 26. Juli den Nil. Die beiden Franzosen wollten auf einer Insel in der Mündung die Trikolore hissen, doch sie wußten nicht, wie sie den Fluß, in dem sich die Krokodile tummelten, überwinden sollten. Faivre konnte nicht schwimmen, und Potter litt unter einem Malariaanfall. Schließlich stürzte sich ein mutiger junger Yambo mit der Trikolore in die Fluten, und Hauptmann Artamanow folgte ihm mit dem Ruf:»Damit später niemand sagen kann, nur ein Neger hätte es gewagt, die Trikolore zu hissen!«[7]

* * *

Der letzte Abschnitt von Marchands Expedition begann am 4. Juni 1898, als er mit seiner kleinen Flotte von dem 500 Kilometer westlich gelegenen Fort Desaix, einer neuerrichteten Lehmfestung im Land der Dinka, zu der Reise auf dem sandigen Sueh aufbrach. Seine kleine Truppe bestand aus fünfundsiebzig schwarzen *tirailleurs* aus dem westlichen Sudan (eine kleinere Gruppe *tirailleurs* war schon als Vorhut unterwegs), einer Schar Ruderer vom Stamm der Yakoma und fünf französischen Offizieren und Unteroffizieren. Sie alle drängten sich nun in vier Stahlboote und eine Handvoll Einbäume. Außerdem türmten sich in den Booten Stoffballen und Pakete mit roten oder weißen Perlen für den Tauschhandel, mehrere Kilo Chinin, Zelte für die Offiziere, Moskitonetze, Säcke mit Mehl und getrocknetem Elefantenfleisch sowie unzählige Schachteln Munition für die Mousquiton-92.

Seit sechs Monaten hatte Marchand ungeduldig auf diesen Augenblick gewartet. Sie hatten die Reise bei Fort Desaix unterbrechen müssen, weil der Sueh nicht mehr genügend Wasser führte. Auch nach Einsetzen der Regenzeit war der Wasserspiegel erst um einen Meter gestiegen, und immer wieder knirschten unter dem Schiffsrumpf verborgene Sandbänke. Doch der Wind blies in die richtige Richtung, und als sich die grauen Segel blähten, schlugen sich die Yakoma-Ruderer, die zum ersten Mal Segelboote sahen, lachend auf die Schenkel und riefen immer wieder: »Rudern nicht gut, segeln sehr gut!«[8]

Marchands Gesicht war grau und eingefallen. Zunächst hatte es den Anschein gehabt, als könne ihn nichts erschüttern, wie man es von einem

Schützling Archinards erwarten durfte. Doch die langen Monate des Wartens hatten an seinen Kräften gezehrt. Er sah sich als Held einer heroischen Mission, Bannerträger Frankreichs und Erbe der jahrhundertealten Tradition des französischen Partriotismus.

Daß seine beiden Rivalen – die Belgier unter Dhanis und die Briten unter MacDonald –, welche sich Faschoda vom Süden her näherten, wegen einer Meuterei der eingeborenen Soldaten zum Rückzug gezwungen worden waren, störte Marchand keineswegs. Große Sorgen bereiteten ihm Kitchener und die Derwische.

Marchand hatte zwei Jahre gebraucht, um zum Sueh zu gelangen. Und jetzt bestand die Gefahr, daß Kitchener, der, wie Marchand sehr wohl wußte, mit einem riesigen britisch-ägyptischen Heer vom Norden nach Faschoda vordrang, ihm ein oder zwei Wochen zuvorkam! Vielleicht hatte der Brite ja bereits Khartum eingenommen. Zwar lag diese Stadt 1100 Kilometer nördlich von Faschoda, doch mit dem Raddampfer konnte die Strecke auf dem Nil in vierzehn Tagen bewältigt werden. Aber vielleicht war Kitchener ja auch von den Derwischen zurückgeschlagen worden. Andererseits, wie sollte sich Marchand mit einer einzigen Kompanie schwarzer Schützen gegen eine ganze Armee von Fanatikern behaupten? Marchand war eigentlich davon ausgegangen, daß ihm die Derwische gegen den gemeinsamen Feind, die Briten, zu Hilfe eilen würden, und hatte deshalb absichtlich die Anzahl seiner Soldaten so gering gehalten. Da er inzwischen nicht mehr sicher war, ob die Derwische die dargebotene Hand auch ergreifen würden, hatte er Paris um Verstärkung gebeten. Außerdem hoffte er auf Unterstützung durch Clochettes Expedition und die ihn begleitenden Soldaten aus Meneliks Armee. Doch mittlerweile hatte er von der französisch-äthiopischen Mission schon lange nichts mehr gehört und fühlte sich allmählich von Paris im Stich gelassen.

Da Marchand mittlerweile ungeduldig seinem Ziel entgegenfieberte, hatte er sein größtes Schiff, die *Faidherbe*, zurückgelassen, weil sie einen zu starken Tiefgang für das flache Wasser des Sueh hatte. Gegen alle Widerstände hatte er die fünfundzwanzig Meter lange Barkasse (ein ehemaliges Postschiff, das auf dem oberen Ubangi verkehrte) zerlegen und über die Kongo-Nil-Wasserscheide schleppen lassen. 200 Kagari – Sklaven, die Marchand von einem Sultan überlassen worden waren – hatten mehrere Monate für diese Aufgabe benötigt. Mittlerweile war die *Faid-*

594

herbe wieder zusammengebaut und wartete darauf, daß der Wasserstand es ihr erlaubte, der Expedition zu folgen.

Die ersten 150 Kilometer kamen sie mühelos voran. Am 12. Juni erreichten sie die Stelle, wo der Sueh in den Sudd mündet, jenes weite, mit Papyros und Schilf bewachsene Sumpfgebiet, das das Tor zum Bahr al-Ghazal bildet. Nach Aussage eines Kundschaftertrupps war er mehr als fünfzig Kilometer lang, und es würde acht Tage dauern, um ihn zu durchqueren. Tatsächlich brauchten sie dreizehn Tage, die sie damit verbrachten, einen Tunnel durch die Schilfgewächse zu hacken. Dreizehn Nächte lang waren sie an ihre Boote gefesselt, willkommene Opfer für die Moskitoschwärme. Am 26. Juni hatten sie endlich den Sumpf hinter sich und erreichten den Bahr al-Ghazal, den westlichen Zufluß zum oberen Nil, wo sie sich wieder mit ihrer kleinen Vorhut vereinigten. Nach weiteren neun Tagen gelangten sie zur Mündung des Bahr al-Djebel, dem eigentlichen Nil, der in diesem Abschnitt bereits den arabischen Namen Bahr al-Abiad – der Weiße Nil – trägt.

Von hier an gestaltete sich ihre Fahrt wieder leichter, so daß sie bereits drei Tage später die Mündung des Sobat erreichten, wo eigentlich Clochette und die französisch-äthiopische Expedition auf sie warten sollte. Ein günstiger Wind brachte sie auch die folgenden beiden Tage rasch voran. Beim Klang von Trommeln, der aus den Dörfern der Shillouk am Ufer drang, glitt die kleine Flotte am 10. Juli 1898 um eine Flußbiegung. Vor ihnen lagen eine Gruppe von Maisfeldern und ein ägyptisches Fort.

Dies war das Niemandsland. Es mußte Faschoda sein, jene Region, die nur aus Schilf, Wasser und Himmel bestand. Ja, die kleine Insel von Maisfeldern war Faschoda. Das Fort lag noch immer in Trümmern – weit und breit war nichts zu sehen, was auf die Gegenwart Kitcheners und seine Armee hinwies.

Also hatten sie Faschoda doch als erste erreicht! Am Abend stießen sie mit Champagner auf ihren Sieg an, während die *tirailleurs* und die Ruderer hastig die Befestigungsmauern des Forts ausbesserten.

Zwei Tage später nahm Marchand zum Ergötzen einer Schar halbnackter Shillouk Faschoda offiziell im Namen der französischen Republik in Besitz. Seine Offiziere und er trugen ihre Degen, als gingen sie zu einer Parade in Dakar, und die *tirailleurs* in ihren schwarz-gelben Uniformen standen Spalier. Faschoda sollte die Hauptstadt des neuen französischen Protektorats im Bahr al-Ghazal werden.

Aber wo war Kitchener mit seiner Armee? Und wo waren Marchands Freunde und Verbündete – Meneliks Armee und die französische Expedition, die von Äthiopien aufgebrochen war? Vor allem aber, wo waren ihre vermeintlichen Verbündeten, die Derwische? Von den Shillouk erhielten sie widersprüchliche Auskünfte. Die Engländer, hieß es, seien von den Derwischen 300 Kilometer nördlich von Omdurman zurückgeschlagen worden. Anderen Aussagen zufolge näherten sie sich nach einem großen Sieg rasch Faschoda. Klar war also nur, daß Kitchener sich noch nördlich von Omdurman aufhielt. Über Clochette hieß es, er sei nicht mehr weit. Dann kam ein Kurier der Dinka vom Sobat zurück und berichtete, der weiße »Bruder« habe sich wieder nach Osten gewandt. Zwei Wochen später wurde Marchand mitgeteilt, eine große Expedition unter weißem Kommando habe in der Mündung des Sobat die Trikolore gehißt.

Was sollte Marchand von all diesen Berichten halten? Am meisten beunruhigten ihn die Meldungen über die Derwische. Der *Mek* (Häuptling) der Shillouk, der den Franzosen eine kampflose Besetzung Faschodas ermöglicht hatte, war von den Derwischen in sein Amt eingesetzt worden. Und einer seiner Berater enthüllte Marchand nun, die Derwische würden demnächst zurückkehren und die Franzosen »wie Staub«[9] in alle Winde zerstreuen. Marchand versuchte dem *Mek* zu erklären, die Derwische seien die Feinde der Engländer und nicht die der Franzosen. Doch die Shillouk verließen ihre Hütten und flohen in die Sümpfe. Am 25. August wurde im Morgengrauen Alarm geblasen. Zwei Dampfboote – offensichtlich Schiffe aus Gordons kleiner Flotte – waren in der Ferne aufgetaucht und zogen eine ganze Anzahl großer Ruderboote voller Soldaten mit weißen Turbanen im Schlepptau hinter sich her.

Die Franzosen waren gerade dabei, die Trikolore aufzuziehen, als von den Schiffskanonen Dampfwolken aufstiegen. Das bedeutete Krieg, und, wie es schien, würde es ein ausgesprochen ungleicher Kampf sein: Marchand und seinen neunundneunzig *tirailleurs* standen 1200 bis 15 000 Derwische gegenüber, die mit Gewehren und Kanonen ausgerüstet waren. Doch Marchands Männer waren gut ausgebildet, mit den neuesten Magazingewehren bewaffnet und konnten sich in den Schutz von Gräben und Schilf zurückziehen. Die Gewehre der Derwische hingegen waren veraltet, ihre Patronen gruben sich in den Boden, ohne zu explodieren. Als dann auch noch eines der Dampfschiffe kollabierte, konnten sich die Ruderboote der Derwische nicht mehr fortbewegen. Der Angriff endete in einem Fiasko. Am Nachmittag zogen sich die Mahdisten zurück. Wie die Franzosen später erfuhren, waren nahezu die Hälfte ihrer Soldaten gefallen oder verwundet.

Der Sieg über die Flotte der Derwische (tatsächlich handelte es sich um die Dampfschiffe, die sie Gordon abgenommen hatten, die *Saphea* und die *Tewfikieh*) festigte Marchands Position. Die Ankunft der *Faidherbe*, die vier Tage später in Faschoda eintraf, tat ein übriges. Sie wurde von den Franzosen mit Hochrufen und Tränen in den Augen empfangen. Auch der *Mek* war beeindruckt und erklärte sich bereit, einen Vertrag zu unterzeichnen, der Frankreich das Recht gab, über all seine Besitztümer ein Protektorat zu errichten. Und Marchand versicherte dem *Mek*, von seiten der Derwische habe er nun nichts mehr zu befürchten. Dann überreichte er ihm die üblichen Geschenke, mit deren Hilfe sich Europäer ihre »Rechte« in Afrika zu erkaufen pflegten – ausgediente Gewehre, drei Kavalleriesäbel, ein paar Stoffballen und Perlenschnüre.

Doch die Mahdisten würden gewiß zurückkehren, und es war unwahrscheinlich, daß sich Marchands kleine Truppe trotz der Unterstützung, die mit der *Faidherbe* eingetroffen war, lange gegen ihre große Armee würde halten können. Nur eines konnte die Franzosen in Faschoda vor einem Desaster bewahren: ein Sieg Kitcheners über den Kalifen bei Omdurman.

Am 1. September wurden die steinernen Innenmauern von Omdurman, der 1000 Kilometer nördlich von Faschoda gelegenen Hauptstadt des Kalifen, von schweren Einschlägen erschüttert. Das Grab des Mahdi, der heiligste Ort der Stadt und des gesamten Sudan, veschwand hinter einer gelben Wolke. Als der Staub sich verzogen hatte, sah man, daß die über dreißig Meter hohe weiße Kuppel an mehreren Stellen aufgerissen war.

Doch die Soldaten des Kalifen Abdallahi, die vor den niedrigen Stadtmauern lagen, ließen sich von den Schüssen auf das Grab des Mahdi nicht entmutigen. Es waren wohl an die 50 000 weißgekleidete *Ansar*, die sich da in der Ebene mit wehenden Bannern und blitzenden Schwertern versammelt hatten.

Eine Woche zuvor hatte der Kalif den Entschluß gefaßt, die Briten das letzte Stück ihres Weges ungehindert weiterziehen zu lassen. Er vertraute auf eine alte Prophezeihung, laut der die Ungläubigen bereits bei Katari vernichtet werden sollten. Doch eigentlich hatte er auch gar keine andere Wahl. Seine Generäle hatten sich als eigensinnig und unfähig erwiesen. Außerdem konnte er hier im Norden nicht genügend Lebensmittel für seine Soldaten requirieren. Alle Versuche, den Vormarsch der Engländer aufzuhalten – bei Firket, Dongola, Berber und beim Atbara – waren gescheitert, als sei es der Wille Allahs, daß die Ungläubigen bis nach Omdurman gelangen würden.

Die Revolution der Mahdisten hatte sich in den dreizehn Jahren, seit der Kalif die Macht in seinen Händen hielt, beträchtlich verändert. Weder führte er seine Soldaten mit einem Gebet auf den Lippen in die Schlacht, noch nahm er des Feiertags vor der Moschee eine Parade ab. Er entsprach kaum dem traditionellen Bild vom Führer einer Volksrevolution, sondern lebte zurückgezogen hinter den mächtigen Steinmauern im Herzen von Omdurman wie ein orientalischer Monarch. Und in den Augen seiner europäischen Gefangenen war er der Inbegriff von Grausamkeit und religiösem Fanatismus.

In diesen dreizehn Jahren seiner Herrschaft hatte er sich die Schwäche seiner Gegner zunutze gemacht und einen unabhängigen islamischen Staat geschaffen, den er jetzt als sein persönliches Königreich regierte. Er hätte seine Unabhängigkeit durchaus bewahren können, wäre er nicht zu stolz – und vielleicht auch zu furchtsam – gewesen, um sich Verbündete zu suchen.

Menelik, der sich als Verbündeter geradezu anbot, hatte bewiesen, daß ein afrikanischer Herrscher, der um sein Überleben kämpfte, nicht davor zurückschrecken durfte, die europäischen Großmächte gegeneinander auszuspielen. Doch da man Menelik nicht trauen konnte, scheute der Kalif vor einem Bündnis mit ihm zurück. Welche Möglichkeiten blieben ihm also noch, außer sich die Rivalitäten unter den Europäern zunutze zu machen? Sollte er der Gnade Allahs vertrauen und seinen Kopf in den Sand stecken?

Der Schlüssel zu politischer Unabhängigkeit waren die modernen Schnellfeuergewehre mit großer Zielweite. Menelik hatte die Rivalität unter vier europäischen Großmächten – Frankreich, Italien, Großbritannien und Rußland – ausgenutzt, um sich 100 000 moderne europäische Gewehre zu beschaffen. Bezahlt hatte er mit Gold, das er seinen unglücklichen Nachbarn an der Südgrenze, den Kaffa und Galla, abgepreßt hatte. Doch auch die Mahdisten waren noch nie wählerisch gewesen, wenn es darum ging, ihre Schatzkisten zu füllen. Und nun, da die Briten nach Süden vordrangen, wurde es für den Kalifen lebenswichtig, seine *Ansar* mit modernen Waffen auszustatten und sie im Umgang damit zu schulen. Menelik hatte behauptet, er wolle ihm gegen seine Feinde beistehen. Und auch die Franzosen erklärten sich bereit, ein Bündnis mit ihm zu schließen und ihn ebenso mit modernen Waffen zu versorgen wie Menelik, den sie heimlich für den Kampf gegen die Italiener aufgerüstet hatten.

Einen Augenblick lang hatte der Kalif dieser Versuchung kaum widerstehen können. Er hatte bereits erwogen, die kleine Trikolore zu hissen, die Botschafter Lagarde Meneliks Gesandten einmal als Talisman überreicht hatte: als Symbol für eine zukünftige französisch-sudanesische *entente*. Doch Jakob, der Bruder des Kalifen, hatte seinen Argwohn nicht überwinden können: Gegenüber den Eindringlingen aus Europa durften keinerlei Zugeständnisse gemacht werden!

Und so nahm nun, im September 1898, die Armee des Kalifen in der Ebene von Kagari Aufstellung. Sie verfügte über keine schlagkräftige Artillerie. Nur ein Fünftel der *Ansar* besaß ein Gewehr – zumeist ausgediente Remingtons, die sie Jahre zuvor von den Ägyptern erbeutet hatten. Die wichtigste Waffe der *Ansar* war ihr Todesmut. Allah war groß, und Abdullah Abdallahi war der Kalif des Mahdi. Allah würde ihren Schwertern und Speeren zum Sieg über die Gewehre der Ungläubigen verhelfen!

KAPITEL 30

Das Grab des Mahdi

Der Sudan, Paris und London
1. September 1898 – Mai 1899

»Wenn unsere Flagge erst einmal gehißt wird, holen wir sie so schnell
nicht wieder ein. Für mich und sicher für die meisten von uns
heißt das aber nicht nur, daß wir dem britischen Empire möglichst
viele Quadratkilometer hinzugefügt haben, sondern daß wir das Werk
vollenden, für das Gordon vor dreizehn Jahren gestorben ist, und
dieses Land von Grausamkeit und Tyrannei befreien.«

Kapitän Sir Henry Rawlinson beim Hissen der britischen Flagge in Khartum
am 4. September 1898

Am 1. September gegen 10 Uhr stieß ein junger Militärberichterstatter
an der Spitze von Kitcheners Armee auf den dreiundzwanzigjährigen Leutnant Winston Churchill. Dieser blickte gerade durch sein Fernglas. Was für ein Schauspiel, schrieb er später, es sei so spannend gewesen
wie bei einem Pferderennen. »Niemals wird sich mir wieder so ein
Anblick bieten . . . Ich war voller Ehrfurcht.«[1]

Nur sieben Kilometer entfernt, jenseits der sandigen Ebene, lag Omdurman, die Stadt des Kalifen, aus der das Grab des Mahdi mit seinem
weißen eiförmigen Dach herausragte. Auf der linken Seite wurde die
Stadt von den trüben Wassern des Flusses und der von Palmen gesäumten Insel Tuti begrenzt, bei der sich der Blaue und der Weiße Nil vereinigten. Jenseits davon ragte ein weißes Bauwerk hinter den Bäumen hervor –
die Ruine von Gordons Palast.

Doch Churchills Fernglas war nicht auf Omdurman gerichtet, sondern
auf die Armee des Kalifen, die ihm vor den Lehmmauern entgegenrückte.
Unter Hunderten von wehenden Fahnen bildeten an die 50 000 mit
Speeren, Schwertern und Gewehren bewaffnete Männer eine sechs Kilometer breite Front.

Hinter dem Berg Jebel Surgham in Churchills Rücken wirbelten, un-

600

sichtbar für die Mahdisten, die sechs Brigaden der britischen und ägyptischen Infanterie Kitcheners eine riesige Staubwolke auf. Doch es war vor allem das Anachronistische dieses Spektakels, das Churchill in Bann zog. Denn mit diesen beiden Armeen prallten zwei Welten aufeinander: auf der einen Seite Kitchener und die industrialisierte Welt mit ihren modernen Waffen, auf der anderen die mittelalterliche Welt des Kalifen mit Speeren, Banner und *Dschibah*.

Gegen 11 Uhr kam es zum ersten Blutvergießen. Eine Geschoßsalve aus der Frontlinie Kitcheners, einer Flottille von acht weißen Kanonenbooten, traf das Festungswerk aus Lehm, das sogleich in einer roten Staubwolke verschwand. Kurz darauf durchschlugen explosive Granaten die große innere Mauer und gingen auf das Grab des Mahdi nieder.

Währenddessen setzten die Derwische ihren Vormarsch durch die Wüste fort, und der Südwind trug die bedrohlichen Klänge ihrer Hörner und Trommeln und die Schreie der *Ansar* bereits zu den Engländern hinüber. Der Kommandeur der Kavallerie, Oberst Broadwood, gab den Befehl zum Rückzug aus der sandigen Ebene. Jemand mußte dem Sirdar mitteilen, daß der Feind vorrückte, also schnappte er sich den Nächstbesten – zufällig war es Winston Churchill – und befahl ihm, zurückzureiten und Kitchener eiligst Bericht zu erstatten.

Der Sirdar nahm die Nachricht mit der gewohnten Gelassenheit auf. »Etwas Besseres kann uns gar nicht passieren«, erklärte ein Offizier des Hauptquartiers. »Das hier ist ein gutes Schlachtfeld.« Dann lud der Generalstab Churchill zu einem kleinen Stehimbiß in der Wüste ein – es sei »wie ein schneller Happen vor dem großen Rennen«[2] gewesen, schrieb Churchill später.

Doch nichts geschah. Wie sich herausstellte, hatte die Armee des Kalifen mitten auf der Ebene haltgemacht. Kitchener wurde verständlicherweise ungeduldig. Hier handelte es sich schließlich nicht nur um den Höhepunkt eines zweieinhalbjährigen Kampfes um die Wiedereroberung des Sudan und dessen jahrelanger Vorbereitung. Für Kitchener hatte der Krieg bereits vor dreizehn Jahren begonnen, am 26. Januar 1885, als Großbritannien durch den Fall Khartums und den Tod Gordons gedemütigt worden war. Gordon zu rächen – dieser Wunsch war für Kitchener im Laufe der Jahre zu einer Obsession geworden. Und nun hoffte er, daß der Fall in ein paar Stunden erledigt sein würde. Entweder er errang einen Sieg, der endgültig war wie eine Hinrichtung, oder er erlebte eine Niederlage, die ihm Tod oder Demütigung bringen würde.

Aber Kitchener rechnete nicht mit einer Niederlage. Der Vormarsch auf Khartum war ein Kampf gegen die Wüste, ein Kampf, in dem es galt, mit der Hilfe einer Armee von Kamelen, Raddampfern und Zügen die Schlacht um die Versorgung und den Transport zu gewinnen. Diese technischen Fragen, die Wolseley dreizehn Jahre zuvor das Genick gebrochen hatten, waren für den in Woolwich zum Ingenieur ausgebildeten Sirdar keine unlösbaren Probleme mehr gewesen.

Kitchener hatte das Tempo vorgegeben und die britische Regierung zur Eile gedrängt, sich selbst jedoch nicht unter Druck setzen lassen, wenn Befürchtungen laut wurden, die Franzosen könnten Faschoda vor ihm erreichen. Lord Salisbury hatte ihm ein versiegeltes Paket mit Anweisungen geschickt, das er erst *nach* der Einnahme Khartums öffnen sollte. Es hatte von April bis September 1896 gedauert, bis er den zweiten und den dritten Katarakt hinter sich gebracht und die ersten 300 Kilometer bis Dongola bewältigt hatte. Dort blieb er sechs Monate, um sowohl in der Downing Street als auch auf den Eisenbahnbaustellen in Wadi Halfa den nächsten großen Schritt vorzubereiten. Im September 1897 passierte er den vierten Katarakt und erreichte Berber, nachdem er eine brandneue Waffe fertiggestellt hatte: die sudanesische Militäreisenbahnlinie. Diese verlief quer durch die nubische Wüste von Wadi Halfa nach Abu Hamed, eröffnete eine vollkommen neue Vormarschstrecke und ersetzte den achtzehntägigen qualvollen Weg mit Kamelen und Dampfbooten durch eine nur einen Tag und eine Nacht dauernde Reise in holpernden Viehwaggons.

Zwei Jahre lang hatte Kitchener erfolgreich gegen die Wüste angekämpft – trotz unberechenbarer Überschwemmungen, die die Schienen und Schwellen hinwegrissen, trotz Cholera- und Typhusepidemien – bis er im März 1898 durch den widerspenstigen Mahmud aufgehalten wurde. Mahmud, ein Verwandter des Kalifen, war zur Verteidigung Berbers geschickt worden, hatte sich aber am Atbara verschanzt. Dort hatte er einen großen *dem* errichtet, ein befestigtes Lager, das sich bis ans Ufer des Flusses erstreckte.

Kitchener verfügte über genauso viele Soldaten wie Mahmud, nur daß sie unvergleichlich besser ernährt und bewaffnet waren: vier britische, fünf ägyptische und sechs sudanesische Infanteriebataillone (einschließ-

lich der Kriegsgefangenen und Sklaven, die in die ägyptische Armee übernommen worden waren) – also insgesamt 14 000 Soldaten. Seine Armee
war mit vierundzwanzig Artilleriegeschützen und zwölf Maschinengewehren ausgerüstet.

Am 8. April 1898 erstürmten Kitcheners Truppen den großen *dem* –
ein Unternehmen, das in fünfzehn Minuten abgeschlossen war. Die Flügel des *dem* wurden zuerst von der Artillerie beschossen und dann von
den Bataillonen gestürmt – von Kamerunern in Kilts, die zu den Klängen
der Dudelsackpfeifen »Denkt an Gordon« schrien; von Ägyptern, die bei
Tel el-Kebir für Arabi gekämpft hatten; von ehemaligen Sklaven aus dem
Sudan, die wütend vorwärtsstürmten, weil sie eine eigene Rechnung zu
begleichen hatten. Gegenüber den Verwundeten wurde zunächst keinerlei Nachsicht geübt. Doch als Mahmud selbst in seinem blutüberströmten *Dschibah* unter einer eingestürzten Hütte gefunden wurde, sorgte ein
britischer Offizier dafür, daß er am Leben blieb. Die Mahdisten hatten
568 Tote zu beklagen (während es auf britischer Seite nur 26 Gefallene
und 99 Verwundete gab). Der große *dem* wurde dem Erdboden gleichgemacht. Die Ausläufer der Festung und das Flußbett waren von den
verstümmelten Körpern der Mahdisten übersät – es waren mindestens
dreitausend. Kitchener beschloß, kein Risiko einzugehen, und forderte in
London eine zusätzliche britische Brigade, ein Kavallerieregiment und
andere Verstärkung an. Trotz dieser zusätzlichen Ausgaben rechnete er
damit, daß die Kosten für die Besetzung des Sudan gering bleiben und
eine Million Pfund nicht überschreiten würden.

Ende August herrschte auf dem Nil Hochwasser, und so konnten Kitcheners Dampfer bis vor die Tore Omdurmans fahren. Mit 25 000 Soldaten und 54 Kanonen, unterstützt von Kanonenbooten, war seine Streitmacht den Mahdisten zwar zahlenmäßig unterlegen, doch sie verfügte
über weitaus modernere Waffen als der Gegner.

Kitchener war sicher ein technisches Genie, aber kein erfahrener Feldherr.
Am Abend des 1. September hatte er Omdurman mit Haubitzen beschos-
sen, das Grab des Mahdi zerstört und zehn Kilometer vor Omdurman ein
zeriba, einen Verteidigungswall, errichtet. Doch der Kalif hatte an jenem
Nachmittag seine Armee anhalten lassen. Hatte er erkannt, daß es keinen
Sinn hatte, in der Wüste bei Tageslicht zu kämpfen, zu einer Zeit also, da die
Briten mit ihren überlegenen Waffen im Vorteil waren?

Etwa eine halbe Stunde nach Sonnenaufgang am 2. September berichteten die Kavalleriepatrouillen, daß die Derwisch-Armee direkt auf das britische Lager vorrücke. Um 6.50 Uhr fingen die britischen Kanonen an, die anrückenden Soldaten zu beschießen – das Signal zum Einsatz der ägyptischen Batterien und der Kanonenboote auf der Ostseite des Flusses. Das Armageddon hatte begonnen.

Die erste Phase der Schlacht verlief so eindeutig zugunsten der Briten, daß man nur von einem einseitigen Abschlachten sprechen konnte. Zwei Divisionen der Armee des Kalifen (etwa 6000 Soldaten unter Osman Digna und 8000 unter Emir Osman Azrak) marschierten im Vertrauen auf Allah direkt auf das britische Lager zu. Ihre Speere schwingend sangen sie dabei wie die *muezzin* vom Minarett: »*La Illah illa'uah wa Mohammed rasul Allah*« (»Allah ist der einzige Gott und Mohammed sein Prophet«)[3]. Die Lücken in ihren Reihen, die durch die feindlichen Granaten entstanden, wurden rasch wieder aufgefüllt. Auch nachdem die britische Infanterie ihre Lee-Metfords abzufeuern begann, rückten die Derwische weiter vor. Dann kamen die Maxim-Gewehre zum Einsatz, und schließlich die Martini-Henrys der ägyptischen und sudanesischen Bataillone.

Die britischen Infanteristen feuerten Schulter an Schulter ihre Salven ab, die erste Reihe kniend, die hintere stehend – wie die Rotröcke in der Schlacht von Waterloo. Doch draußen in der offenen Wüste starben die Mahdisten einen Tod, der durch modernste Waffen verursacht wurde – mindestens 2000 an der Zahl. Weitere Tausende traten verwundet den Rückzug an. Nicht ein einziger von ihnen war lebend bis zur britischen Feuerlinie vorgestoßen, als die Stimme des Sirdar ertönte: »Feuer einstellen! Bitte! Feuer einstellen. Was für eine schreckliche Verschwendung von Munition!«[4]

Wenn Kitchener vor dem Lager Gräben hätte ziehen lassen, wenn seine Soldaten aus liegender Position geschossen hätten, hätte er möglicherweise diese erste Phase der Schlacht gewonnen, ohne einen einzigen Gefallenen verzeichnen zu müssen. Eine Dornenhecke machte den Soldaten das Hinknien unmöglich und bot andererseits keinen Schutz vor den Kugeln der Mahdisten. Doch die Briten hatten das Glück, daß nur wenige *Ansar* mit – veralteten – Gewehren ausgestattet waren. Dennoch gelang es ein paar Derwischen, sich bis auf etwa 300 Meter an den *zeriba* heranzuschleichen und eine beträchtliche Anzahl von britischen Infanteristen zu töten, bevor sie von den Schrapnels der Kanonen zerfetzt wurden. Die ägyptische und sudanesische Infanterie hingegen hatte auf die Schnelle Schutzgräben ausgehoben und verlor nicht einen einzigen Mann.

Um 8.30 Uhr schien sich die Schlacht dem Ende zuzuneigen; der Angriff auf das Lager war mühelos abgewehrt worden. Doch bis jetzt war nur etwa ein Viertel der riesigen Armee des Kalifen an den Kampfhandlungen beteiligt gewesen. Die Armee der Grünen Flagge, 20 000 Soldaten unter Emir Wad el Sheikh und Ali Wad Helu, hatte sich nach einem Gefecht mit der Kavallerie hinter den Karari-Hügeln etwa drei Kilometer nordwestlich des britischen Lagers verschanzt. Und niemand wußte, wo sich die Armee der Schwarzen Flagge, jene 17 000 vom Kalifen und seinem Bruder Jakob angeführten Soldaten, befand. Kitchener aber schien sich mit dieser Frage nicht weiter aufhalten zu wollen und gab den Lanzern den Befehl, die Ebene auszukundschaften – so als befinde man sich auf einem Truppenübungsplatz. Ihnen sollte die Armee von der linken Seite aus folgen.

Es war ein gewagtes Unterfangen, den Schutz der Kanonenboote und Schützengräben und des *zeriba* aufzugeben. Aber Kitcheners sprichwörtliches Glück blieb ihm treu.

Oberst Martin, der Kommandeur des 21. Lanzerregiments, das die Ebene erkunden sollte, wollte partout einen Kavallerieangriff durchführen. Das Regiment, das sich bisher noch nicht auf dem Schlachtfeld hatte bewähren können, bekam jetzt reichlich Gelegenheit dazu. Winston Churchill wurde Zeuge, wie 400 Reiter und 2000 Infanteristen aufeinanderprallten:

Das Bild, das sich mir bot, flackerte wie auf einer Kinoleinwand; an irgendein Geräusch kann ich mich übrigens nicht erinnern. Alles schien sich in absoluter Stille abzuspielen. Die Schreie des Feindes, die Rufe der Soldaten, das Feuer der zahllosen Schüsse, das Klirren der Schwerter und Speere – all das wurde von den Sinnen nicht wahrgenommen und vom Gehirn nicht registriert.[5]

Als dann endlich sein Gehirn die Tatsachen zu registrieren begann, mußte Churchill feststellen, daß der Krieg jetzt nicht mehr an einen Tag beim Pferderennen erinnerte, sondern »ein schmutziges, schäbiges Geschäft« war, »zu dem sich nur Verrückte hergeben konnten«. Plötzlich war die Ebene übersät mit blutüberströmten Körpern.

Um 11.30 Uhr führte der Sirdar unbehelligt ein Bataillon von Sudanesen mit der eroberten Schwarzen Flagge durch die engen Straßen von Omdurman. Draußen in der Ebene lagen 10 800 Leichen und mindestens 16 000 Verwundete, die nur noch auf ihre Freunde hoffen konnten oder versuchten, sich zum Nil hinunterzuschleppen.

Kitchener hatte den Befehl erteilt, jeden Derwisch, der noch bewaffnet war, zu erschießen. Bei Einbruch der Dunkelheit herrschte in der Stadt ein vollkommenes Durcheinander, ein Streuschuß, der beinahe auch Kitchener getroffen hätte, tötete Hubert Howard, den Korrespondenten der *Times*. Kitchener fand erst zwei Stunden nach Sonnenuntergang sein Zelt. Dann endlich konnte er bei Kerzenschein seine Depesche diktieren. Er hatte einen eindeutigen Sieg errungen, die Verluste waren gering: von 26 000 Männern waren nur 48 Offiziere und Soldaten getötet und 382 verwundet worden. Man hatte die Armee des Kalifen zerschlagen und dem britischen Empire – nominell damit auch Ägypten – ein riesiges Gebiet einverleibt. Doch es gab einen Wermutstropfen für Kitchener: Der Kalif war mit einem frischen Kamel und einigen Vertrauten in die Weiten von Kordofan entkommen.

Vier Tage nach der Schlacht ordnete Kitchener an, das Grab des Mahdi dem Erdboden gleichzumachen und seine Knochen in den Nil zu werfen. Es wurde behauptet, der Sirdar habe den Schädel für sich behalten wollen, um ihn als Tintenfaß zu benutzen. Doch die Königin sei darüber schockiert gewesen, weshalb der Schädel schließlich ohne Aufsehen in Wadi Halfa beigesetzt worden sei.

Am 4. September veranstaltete Kitchener eine weniger barbarische Zeremonie vor den Ruinen des Gordonschen Palastes und setzte damit den Schlußstrich unter die Rückeroberung Khartums. Feierlich wurden der Union Jack und die rote Flagge des Khediven auf den eingestürzten Mauern gehißt, während die Nationalhymnen beider Länder erklangen. Gordon war gerächt.

Inzwischen hatte die Mannschaft eines eroberten Mahdistenschiffes dem militärischen Geheimdienst der Briten mitgeteilt, unbekannte »Fremde« hätten sie in Faschoda angegriffen. Zu diesem Zeitpunkt hatte Kitchener jenes versiegelte Päckchen von Lord Salisbury bereits geöffnet und wußte, daß er mit einer kleinen Streitmacht den Weißen Nil hinauffahren und die Ansprüche etwaiger Konkurrenten zurückweisen sollte. Das gesamte obere Niltal gehörte nun zu Ägypten – und war somit britisch.

Sollten Franzosen oder Äthiopier irgendeinen Teil besetzt haben, mußten sie zum Abzug aufgefordert werden. So lautete der Befehl, obwohl Lord Salisbury Kitchener in einem vertraulichen Schreiben einschärfte, es dürfe »keine Leichen«[6] geben. Am 10. September 1898 verschwand die Flottille Richtung Süden im Hitzedunst. Ihr Ziel war Faschoda.

Nachdem Marchands Trupp aus zehn Franzosen und 140 Schwarzen die Mahdisten am 25. August zurückgeschlagen hatte, hoben die Soldaten auf der spärlich mit Palmen bewachsenen Insel im mehr als 1000 Kilometer südlich von Khartum gelegenen Faschoda Gräben aus und errichteten Lehmbefestigungen, um für alle Fälle gerüstet zu sein. Am 17. September verbreiteten Eingeborene eine alarmierende Nachricht: Eine riesige Derwisch-Armee – Tausende von Soldaten in fünf Kanonenbooten – nähere sich ihnen.

Am nächsten Morgen waren Marchands Leute überrascht, als zwei freundliche Schwarze auftauchten, die sauber gekleidet waren und den roten *tarboosh* und die khakifarbene Uniform der Armee des Sirdar trugen. Nachdem sie salutiert hatten, übergaben sie ein höfliches Schreiben ihres Oberbefehlshabers, das an den »Kommandeur der europäischen Expedition in Faschoda« gerichtet und in französischer Sprache abgefaßt war. Nach der Einnahme Khartums erhob der Sirdar nun auch Anspruch auf das restliche Reich des Khediven. Marchand setzte ein Antwortschreiben auf, in dem er diese Forderung zurückwies, Kitchener jedoch »im Namen Frankreichs«[7] willkommen hieß.

Die nur wenige Stunden später stattfindende Begegnung zwischen Marchand und Kitchener hatte etwas von einer »*opéra bouffe*«, wie Kitchener selbst bemerkte[8]. Es war der Höhepunkt des Wettlaufs zwischen Großbritannien und Frankreich, jener beiden Großmächte, die während der letzten zwanzig Jahre Afrika im wesentlichen unter sich aufgeteilt hatten. Und nun sah es ganz so aus, als ob sie wegen eines unbedeutenden Sumpfgebietes zu den Waffen greifen würden.

Gegen 10 Uhr fuhr Kitcheners Flottille mit wehenden Flaggen und 1500 Soldaten in den schmalen Kanal ein und ging 150 Meter vom Ufer entfernt vor Anker. Marchand und einer seiner Offiziere ließen sich in einem Rettungsboot mit einer riesigen Trikolore zu Kitcheners Flaggschiff, der *Dal*, rudern. Anhand von Zeugenaussagen läßt sich der frostige Dialog – genaue Aufzeichnungen sind nicht überliefert – in etwa so rekonstruieren:

Kitchener: »Ich bin angewiesen, im Namen der Hohen Pforte und Seiner Hoheit des Khediven Faschoda wieder in unseren Besitz zu bringen.«

Marchand: »Mein Befehl lautet, Faschoda und andere Gebiete am oberen Nil zu besetzen, die von Ägypten aufgegeben wurden und daher keinen rechtmäßigen Besitzer haben . . .«

Kitchener: »Darüber kann ich keine Aussagen machen, würde Ihnen aber nahelegen, die Übermacht meiner Streitkräfte in Betracht zu ziehen . . .«

Marchand: »Bevor wir nicht den Befehl erhalten, uns zurückzuziehen, werden wir unsere Flagge nicht einholen und unseren Posten nicht verlassen, auch wenn wir dabei sterben sollten . . .«

Kitchener: »Aber diese Situation könnte zu einem Krieg führen . . .«[9]

Marchand bestätigte, daß dies in der Tat der Fall sei. Dennoch schmolz nach diesem nicht gerade vielversprechenden Anfang das Eis ein wenig, und die beiden Männer waren sich einig, daß Paris und London über die momentane Lage in Kenntnis gesetzt werden mußten. Vorerst bestand Kitchener nicht darauf, daß Marchand die Trikolore einholte oder sich zurückzog, während Marchand wiederum nichts dagegen einzuwenden hatte, daß Kitchener die Flagge des Khediven – allerdings nicht den Union Jack – an einem Baum in der Nähe des Forts hißte. Und bald konnten die Soldaten auf den Kanonenbooten beobachten, wie Gläser und eine »goldfarbene Flüssigkeit« an Deck gebracht wurden, wo sich die beiden Männer gegenseitig auf die Schulter schlugen. Kitchener und Marchand tauschten Anekdoten über die Schlachten gegen die Derwische aus und stießen mit Whisky und Soda an.

Noch am gleichen Nachmittag revanchierte sich Marchand mit Champagner, Gemüse und Blumen. Und Kitchener ließ 600 schwarze Infanteriesoldaten neben dem Fort Stellung beziehen, während er selbst zu einem etwa 80 Kilometer weiter südlich gelegenen britischen Außenposten fuhr. Hier, in dem Sumpfgebiet, wo der Sobat in den Weißen Nil mündete, war Oberst Artamanow drei Monate zuvor tapfer in die Fluten des Nil eingetaucht und hatte vergeblich versucht, die Trikolore zu hissen.

Am nächsten Tag fuhr Kitchener zurück nach Omdurman und telegraphierte nach London, daß Marchands Position »ebenso unhaltbar wie lächerlich« sei.

König Mwanga (*oben*), Mtesas unberechenbarer Nachfolger. Emin Pascha (*unten*), der letzte heldenhafte Statthalter Gordons

Die energischen neuen Imperialisten der neunziger Jahre: Joe Chamberlain (*oben links*), Cecil Rhodes (*oben rechts*), Alfred Milner (*Mitte*), Fred Lugard (*unten links*). Lord Salisbury (*unten rechts*) versuchte, seinen eigenen Weg zu gehen

Der verwundete Befehlshaber der Derwisch-Armee Mahmud in seinem blutüberströmten *Dschibbah (Mitte)*, nachdem er von Kitcheners schwarzen Soldaten in der Schlacht von Atbara aus den Trümmern seiner Hütte gerettet worden ist

Würde es Krieg geben? Marachand rudert mit der Trikolore zu Kitchener hinüber, Faschoda, 19. September 1896

Präsident Kruger und seine Berater, 1899

Befreiung des Kongo: Die »Bulldogge« Morel und (*Medaillon*) der »Tiger« Roger Casement

Befriedung Deutsch-Südwestafrikas: Gouverneur Leutwein (Mitte) und sein hart durchgreifender Nachfolger (ganz außen rechts) General von Trotha, Windhoek, Juli 1904

Hendrik Witbooi, der achtzigjährige Anführer der Nama-Rebellen, wurde in einer Schlacht von Deutschen getötet

Der Preis für Kautschuk aus dem Kongo: abgehackte Hände

Eine Kopie dieses Telegramms landete am 26. September, zu einem Zeitpunkt, als die Dreyfus-Affäre ihrem Höhepunkt zustrebte, auf Théophile Delcassés Tisch am Quai d'Orsay und schlug wie eine Bombe ein.

Delcassé, der Gabriel Hanotaux im Außenministerium abgelöst hatte, nachdem Mélines Regierung im Juni wegen der Dreyfus-Affäre zurücktreten mußte, war ein radikaler Patriot und glühender Kolonialist, ein Schüler Gambettas und Ferrys. Er erhoffte sich nichts sehnlicher vom neuen Ministerpräsidenten Henri Brisson und seinen Kabinettskollegen, als daß man ihm freie Hand in der Außenpolitik gewähren würde. Dabei kam es ihm sehr entgegen, daß sich das Kabinett angesichts der Dreyfus-Affäre auf die Innenpolitik konzentrieren mußte. Dennoch waren bereits Ende September die Tage der Regierung Brisson gezählt – und damit vielleicht auch die der Dritten Republik.

Die Krise hatte sich verschärft, seitdem Zolas sensationeller Offener Brief »J'Accuse« an Präsident Félix Faure im Januar 1898 in Clemenceaus L'Aurore abgedruckt worden war. Zola wurde vor Gericht gestellt und verurteilt. Er floh nach England, Mélines Regierung trat zurück. Major Henry beging Selbstmord, nachdem er zugegeben hatte, in entscheidenden Punkten seiner Zeugenaussage gegen Hauptmann Dreyfus gelogen und so dazu beigetragen zu haben, daß dieser als Verräter und Spion für Deutschland verurteilt wurde. Alles deutete darauf hin, daß die Meineide von den höchsten Stellen gedeckt wurden. Die Nachricht verbreitete sich wie ein Lauffeuer, zunächst in der Armee selbst, dann aber auch bei deren antisemitischen Verbündeten in Kirche und Staat. Bald schien ganz Frankreich in zwei feindliche Lager gespalten zu sein. Banden von Judenhassern machten die Straßen unsicher. Am 13. September streikten 20 000 Bauarbeiter in Paris. Die Generäle ließen 60 000 Soldaten auf den Hauptplätzen der Metropole biwakieren. Man sprach bereits von der »Grande Peur«, als ob ein Militärputsch unmittelbar bevorstünde.

Anfänglich war auch Delcassé von Dreyfus' Schuld überzeugt gewesen. Als Kolonialminister in den Jahren 1894/95 hatte ihm auch die Teufelsinsel in Französisch-Guyana unterstanden, auf die Dreyfus nach seiner Verurteilung geschickt worden war. Doch 1898 teilte er die Zweifel der Radikalen und war bereit, der Wahrheit auf den Grund zu gehen, selbst wenn dies bedeutete, dunkle Machenschaften der Armee aufzudecken. Nach neuerlichen skandalösen Enthüllungen schien auch der größte Teil der Wählerschaft dies zu fordern. Am 27. September, einen

Tag, nachdem Delcassé jenes hochexplosive Telegramm über die Ereignisse in Faschoda erhalten hatte, sprachen sich Brisson und die Mehrheit des Kabinetts dafür aus, den Fall Dreyfus wieder aufzurollen.

Es war gewissermaßen poetische Gerechtigkeit, daß ausgerechnet Delcassé sich nun mit dem Konflikt um Faschoda herumschlagen mußte. Denn fünf Jahre zuvor hatte er als Kolonialminister selbst die Grundlagen für diese Krise geschaffen und war von der *Parti Colonial* für seine Politik der Konfrontation stürmisch gefeiert worden. Für ihn war die Expansion des französischen Reiches untrennbar mit einer Brüskierung Großbritanniens verbunden. Dies zeigte sich in einer Reihe von Auseinandersetzungen mit England – in Siam, Westafrika und am Nil. 1893/94 hatte er darauf bestanden, Monteils Mission vom Kongo bis zum Nil mitzufinanzieren, um England in Ägypten herauszufordern. Und eben diese Mission war es gewesen, die Marchand gegen den Willen von Hanotaux im Jahr darauf übernommen hatte.

Es gab vier entscheidende Faktoren, durch die sich die diplomatische Arena in den zweieinhalb Jahren seit Marchands Aufbruch verändert hatte. Nach der Rückeroberung Khartums hatte Wilhelm II. ein Glückwunschtelegramm an Königin Viktoria gerichtet – was den Beginn einer britisch-deutschen Annäherung zu signalisieren schien. Rußland war trotz seiner Feindseligkeit gegenüber England nicht bereit, für Frankreich einen Finger krumm zu machen. In Afrika hatte Menelik alle zum Narren gehalten. Das Schlimmste aber war, daß der obere Nil nach der Wiedereroberung Khartums durch die Briten mit einem Schlag nicht mehr nur ein Sumpf im Niemandsland war, sondern einer der strategisch wichtigsten Schiffahrtswege der Welt.

Merkwürdigerweise aber hatte Delcassé dieser Frage bisher wenig Aufmerksamkeit gewidmet. Einen Brief des neuen Kolonialministers Georges Trouillot zu diesem Thema hatte er zwei Monate lang unbeantwortet gelassen und dann – wie sein Vorgänger Hanotaux – der Hoffnung Ausdruck gegeben, Marchand würde aus den Sümpfen nicht mehr zurückkehren. Marchand war lediglich »ein Gesandter der Zivilisation«[10] – ein Forscher, der mit ein paar Gewehren ausgestattet war, versicherte Delcassé dem britischen Botschafter Sir Edward Monson. Außerdem behauptete der französische Außenminister, Marchand handle gar nicht im Auftrag der Regierung – ein lächerlicher Versuch, die Expedition herunterzuspielen.

Nun, da Marchand wieder »aufgetaucht« war, überlegte Delcassé, wie er ihn loswerden könne, ohne Frankreich einer allzu großen Demütigung auszusetzen. Monson bekräftigte gegenüber dem Außenminister die Entschlossenheit Lord Salisburys, keinen Fußbreit von seinen Forderungen abzurücken, und ließ Delcassé großzügig die Wahl zwischen dem Rückzug und einem »Bruch«[11] – und dies hieß möglicherweise Krieg.

Dabei hätte es sich jedoch um einen »Seekrieg« gehandelt, der rasch zu Ende gewesen wäre: Die Briten hätten die kleine französische Flotte innerhalb von zwei Wochen versenken können. So mußte Delcassé in seinem Tagebuch bekennen, daß Frankreich gar nicht die Möglichkeit hatte, zwischen Krieg und Frieden zu wählen.[12]

Anfang Oktober glaubte der französische Außenminister, einen Weg gefunden zu haben, wie die Regierung das Gesicht wahren konnte. Er beschloß, Baron de Courcel, der bis vor kurzem Botschafter in London gewesen war, noch einmal in einer Sondermission zu Lord Salisbury zu schicken. Er sollte den britischen Premierminister überreden, den Franzosen zumindest auf dem Papier einen Stützpunkt im Bahr al-Ghazal als Zugang zum schiffbaren Teil des Nil zu überlassen.

* * *

Bei seinem ersten Treffen mit Salisbury am 5. Oktober machte sich Baron de Courcel dessen eigenes wichtiges Argument – den aus der vollzogenen Besetzung abgeleiteten Rechtsanspruch –, zunutze, um es gegen seinen Gesprächspartner ins Feld zu führen. Wenn die Rechtmäßigkeit des britischen Anspruches auf Omdurman auf dem Sieg über die Mahdisten beruhe, so gelte dies genauso für die Ansprüche der Franzosen auf Faschoda. So sah sich Salisbury genötigt, ein *Teil*recht als Erbe des Khediven und ein *Teil*recht als Sieger über die Mahdisten für Großbritannien zu reklamieren. Doch derartige Spitzfindigkeiten waren eigentlich überflüssig, denn letztlich beruhte Salisburys Position auf *Macht*: »Sie haben die Truppen . . . wir haben bloß Argumente«[13], bemerkte Delcassé bitter. Marchands Lage war unhaltbar geworden. Frankreich hatte die ungeschriebenen Gesetze des Wettlaufs durchbrochen und mit einer geheimen Expedition versucht, sich ein Territorium anzueignen, das eigentlich Großbritannien und Ägypten »gehörte«. Dennoch sah Courcel zunächst noch einen Hoffnungsschimmer, denn Salisbury sicherte ihm zu, daß er sich mit seinen Kollegen über die Frage eines französischen

Stützpunkts im Bahr al-Ghazal beraten werde. Dann aber machte Courcel diese Hoffnung selbst zunichte, indem er unannehmbare Bedingungen stellte: Großbritannien sollte Frankreich das gesamte Gebiet zwischen dem Bahr al-Arab, dem Bahr al-Ghazal und dem Nil überlassen.

In dieser Situation beschloß Salisbury am 10. Oktober, die britische Öffentlichkeit zu informieren, und gab ein Blaubuch über die laufenden Verhandlungen heraus. Daraufhin wiesen Politiker aller Parteien die neuen Forderungen der Franzosen zurück und ermahnten die Regierung, nicht nachzugeben. Großbritannien müsse das Niltal, das heißt seine vitalen Interessen in Afrika, verteidigen – selbst wenn dadurch ein Krieg heraufbeschworen würde. Diese Position vertraten sowohl Lord Rosebery, der liberale Imperialist, als auch Sir William Harcourt, der liberale Gladstone-Anhänger, und selbst die gemäßigteren Zeitungen nahmen eine ungewöhnlich kompromißlose Haltung ein. Die *Daily Mail* rief sogar unverblümt nach Krieg. In der dritten Oktoberwoche wurden die britischen Flotten in Alarmbereitschaft versetzt. Lediglich der *Manchester Guardian* bewahrte einen kühlen Kopf und fragte, was die ganze Hysterie eigentlich solle. In dieser gefährlichen Stimmung berief Lord Salisbury für den 27. Oktober eine Kabinettssitzung ein.

Offensichtlich hatte der Premierminister Schwierigkeiten, sich gegen die Hitzköpfe im Kabinett durchzusetzen, die einen Präventivschlag forderten. Unterlagen in deutschen Archiven zufolge teilte Chamberlain einem deutschen Informanten Anfang November mit:

Ich fürchte, Lord Salisbury hat nicht die nötige Willensstärke, um diese notwendige Krise voranzutreiben und im rechten Augenblick loszuschlagen, wie Bismarck dies in Ems tat. Sie können aber davon ausgehen, daß alle meine Kollegen derselben Meinung sind wie ich, insbesondere darüber, daß Lord Salisburys Politik des »Friedens um jeden Preis« nicht mehr haltbar ist und England der ganzen Welt zeigen muß, daß es *in der Lage ist, zu handeln.*[14]

Doch der Premierminister ließ sich nicht von Chamberlain unter Druck setzen und vertrat gegenüber seinem gespaltenen Kabinett dieselbe Überzeugung wie die Königin: »Einem Krieg wegen eines so erbärmlichen und geringfügigen Gegenstandes könnte ich nur schweren Herzens zustimmen.«[15] Schließlich einigte sich das Kabinett, die Krise nicht auf die Spitze zu treiben. Die Franzosen sollten Gelegenheit erhalten, ohne ein Ultimatum ihre Flagge einzuholen. Danach konnte man vielleicht in Verhandlungen über die Grenzen eintreten. Das Kabinett weigerte sich jedoch, im vorhinein irgendwelche Versprechungen zu machen.

* * *

Inzwischen verschärfte sich in Paris die innenpolitische Krise. Am 25. Oktober kam es zu einem Aufstand der Dreyfus-Gegner, und Brisson mußte seinen Hut nehmen. Auch Delcassés Tage im Außenministerium schienen gezählt. Immer noch aber hoffte er verzweifelt, daß es ihm gelingen würde, Frankreich aus dem afrikanischen Sumpf zu ziehen.

Als er von den Aktivitäten der britischen Marine erfuhr, war er entsetzt. Nun, da die Briten bereits von Krieg sprachen, konnte wohl niemand mehr behaupten, daß sie nur blufften. Widerwillig gab er nach und akzeptierte Salisburys Bedingungen. Je eher Marchand Faschoda verließ, um so geringer die Demütigung. Delcassé suchte nach einer neuen Möglichkeit, um einen Gesichtsverlust zu vermeiden. Könnte man nicht als Grund für den Rückzug angeben, daß Marchand selbst Schwierigkeiten habe, in Faschoda die Stellung zu halten?

Doch Baratier, Marchands Nummer Zwei, der eiligst nach Paris beordert wurde, erklärte Delcassé am 27. Oktober, Marchands Position in Faschoda sei gefestigt und Kitcheners Telegramm entspreche nicht der Wahrheit. Der Dampfer *Faidherbe* habe den Franzosen Nachschub an Nahrung und Munition geliefert. Der gesundheitliche Zustand und die Moral der Männer seien hervorragend. M. le Ministre könne unbesorgt sein: Frankreich werde sich niemals zu einem schmachvollen Rückzug aus Faschoda genötigt sehen.

Baratier brauchte einige Zeit, um zu begreifen, daß seine Ziele nicht die des Ministers waren. Delcassé benötigte einen Gewährsmann für die Behauptung, daß man von Marchand nicht verlangen dürfe, auf seinem Posten zu bleiben. Statt dessen aber entpuppte sich Baratier als glühender Patriot, der erzürnt über diesen »Verrat« war.

Baratier versuchte nun, den Rückzugsplan zu sabotieren, und fand ein offenes Ohr bei Delcassés politischen Vertrauten, Eugène Etienne und den Führern der *Parti Colonial*. *La Dépeche Coloniale* forderte Krieg statt Unterwerfung. Daraufhin schickte Delcassé den Unruhestifter zurück in

613

den Sudan. Zur gleichen Zeit trat Félix Faure, Präsident seit 1895, als *deus ex machina* in Erscheinung.

Obgleich Faure ein führender Politiker der *Parti Colonial* war, sah er keinen Grund, der einen Krieg wegen Faschoda gerechtfertigt hätte – einen Krieg, den Frankreich zudem verlieren würde. Vielmehr betrachtete er es als seine Aufgabe, seine Nation, deren Regierung gestürzt war und die durch die Dreyfus-Affäre gespalten war, zu einen. Anders als Großbritannien hatte Frankreich in den Sümpfen Zentralafrikas keine vitalen Interessen zu verteidigen. Im Gegenteil, das Thema Faschoda spaltete das Land genau wie die Dreyfus-Affäre in zwei Lager. Die Linke verurteilte den Imperialismus und stellte sich hinter Dreyfus. Die Rechte huldigte dem Chauvinismus und unterstützte die Dreyfus-Gegner. Und die besonneneren Geschäftsleute zweifelten ohnehin daran, ob es am oberen Nil etwas zu holen gab. Auf jeden Patrioten, der die Armee verteidigte und gegen einen Rückzug aus Faschoda wetterte, kam ein anderer Patriot, der den ganzen Wirbel um Faschoda für unsinnig hielt.

So stellte sich Félix Faure hinter den realistisch denkenden Delcassé, und die Attacken der Kolonialisten verliefen im Sande. Am 2. November konnte Charles Dupuy eine neue Regierung bilden, die den Abzug aus Faschoda befürwortete. Man hatte Delcassé überreden können, seinen Stolz aufzugeben und auch im neuen Kabinett mitzuarbeiten. Am 4. November verkündete Lord Salisbury unter stürmischem Applaus in der Guildhall, daß die Franzosen aus Faschoda abziehen würden. Er hatte die entscheidende Runde gewonnen, ohne ein einziges Zugeständnis zu machen.

* * *

Während die Faschodakrise und der Abzug der Franzosen überall auf der Welt die Schlagzeilen beherrschten, nahm die Spannung in Faschoda selbst zu, da beide Seiten von der Telegraphenlinie abgeschnitten waren. Während die Garnisonen Geschenke austauschten – englische Marmelade gegen französischen Champagner –, ölten sie insgeheim ihre Gewehre und nahmen damit das feindliche Lager ins Visier.

Am 25. Oktober konnte Marchand, der immer noch keine Befehle erhalten hatte, die Spannung nicht länger ertragen und setzte sich auf einem Raddampfer Kitcheners ab. Bei der Garnison sank die Moral nicht nur wegen der brütenden Hitze, dem Fieber und der Moskitos, die das

Leben unerträglich machten, sondern vor allem wegen der Ungewißheit. Seit Wochen schon konnte man nichts tun, als die englischen Zeitungen zu lesen, die hämisch über die Dreyfus-Affäre berichteten.

Am 4. Dezember 1898, als die gespannte Atmosphäre zwischen den beiden Lagern ihren Höhepunkt erreichte und die Franzosen schon befürchteten, daß der englische Kommandeur das Feuer eröffnen würde, ging ein Raddampfer vor Anker. Die Note, die Hauptmann Germain überreicht wurde, enthielt eine Nachricht, die wie eine Bombe einschlug: »Kommandant Marchand wird heute abend an Bord der *Nasser* eintreffen und die Evakuierung der französischen Truppen fortsetzen.«[16]

Noch am gleichen Abend bestätigten Marchand und Baratier, der mit ihm zurückgekehrt war, diese Meldung. Sie müßten aus Faschoda abziehen und die Trikolore einholen – ein grausamer, unerwarteter Schlag. Zumindest reagierten die Briten ohne Häme. Der englische Kommandeur Jackson Bey gab ein Abschiedsbankett für seine Gegner und überreichte Marchand zum Andenken die Flagge der *Saphia*, dem Schiff der Mahdisten, das die Franzosen am 25. August in die Flucht geschlagen hatten. Marchand nahm die Flagge mit Tränen in den Augen entgegen, während Jacksons schwarze Soldaten die Marseillaise spielten.

Eine Woche später ertönte die französische Nationalhymne noch einmal, als die Franzosen auf der *Faidherbe* nach Sobat und Baro aufbrachen. Marchand hatte sich geweigert, den kürzeren Weg über den Nil einzuschlagen, der jetzt endgültig ein britischer Fluß war. Paris hatte ihm gestattet, über Äthiopien und Dschibouti zurückzukehren.

* * *

Noch war Lord Salisbury nicht bereit, den Franzosen eine Atempause zu gewähren. Laut Monson fürchteten sie, ihre Flotte würde jeden Moment von der britischen Marine angegriffen. Und Salisbury hütete sich, sie darüber aufzuklären, daß er gar nicht an eine militärische Auseinandersetzung dachte. Er wollte das ganze Spiel gewinnen, nicht nur einen entscheidenden Satz: Die Franzosen sollten nicht nur aus Faschoda, sondern aus dem gesamten Niltal abziehen und auch ihre dreißig neuen Posten aufgeben, die Marchand im Bahr al-Ghazal errichtet hatte.

Doch zunächst galt es, mit dem Khediven ein Arrangement zu treffen, um im Sudan klare Verhältnisse zu schaffen. Über einem Kondominion, das den gesamten Sudan umfaßte, sollten die ägyptische und die britische

Flagge wehen und damit die freundliche Illusion aufrechterhalten werden, daß es sich beim Khediven und der englischen Königin um gleichberechtigte Partner handelte. Natürlich war der Khedive, der sich sehr gefügig zeigte, kaum mehr als eine Marionette, und im Endeffekt kontrollierte Großbritannien nun das gesamte Gebiet vom Viktoria-See bis zum Mittelmeer.

Erst im März 1899 lockerte Lord Salisbury den Druck auf die Franzosen. Inzwischen hatte das Land einen gescheiterten Putschversuch von rechts erlebt, und Félix Faure war in den Armen einer Mätresse an Überanstrengung gestorben. Ein letztes Mal überwand Delcassé seinen Stolz. Er erklärte sich einverstanden, daß Frankreich seine Stützpunkte am Bahr al-Ghazal aufgab, und erkannte die Nil-Kongo-Wasserscheide als Grenze zwischen den beiden afrikanischen Kolonialreichen an. Am 21. März unterzeichnete er ein entsprechendes Abkommen, das die Westafrika-Konvention des vergangenen Jahres ergänzte. Als Marchand mit seiner Truppe im Mai 1899 nach Frankreich zurückkehrte, hieß ihn die Regierung zwar als Helden willkommen, schickte ihn dann aber sogleich unter polizeilicher Überwachung in Urlaub, um zu verhindern, daß er Informationen an die Politiker der Rechten weitergab. Je weniger über den Sumpf von Faschoda bekannt wurde, desto besser.

Demselben Sumpf aber verdankte Lord Salisbury den größten Triumph seiner langen politischen Laufbahn. Doch der Wettlauf war noch nicht vorüber. Noch immer war eine Handvoll afrikanischer Staaten unabhängig von den europäischen Großmächten. Und der bei weitem reichste und begehrteste von ihnen war die Burenrepublik Transvaal.

KAPITEL 31

Milners Krieg

London und Südafrika
8. September 1899 – 31. Mai 1902 und später

»Ich beschwor die – unvermeidliche – Krise herauf, bevor es zu spät
war ... Es ist kein sehr angenehmes und in den Augen vieler auch
kein sehr rühmliches Geschäft, maßgeblich zum Ausbruch eines
großen Krieges beizutragen.«

Sir Alfred Milner an Lord Roberts, 6. Juni 1900

Man schrieb den 8. September 1899, und unvermuteterweise erwiesen sich die Transvaalkrise und der englische Sommer als äußerst
hartnäckig. Vor Lord Salisburys prächtigem Büro im Foreign Office lagen
die Wiesen des St. James's Park braun und verdorrt da – man kam sich fast
vor wie in Afrika. Am frühen Nachmittag versammelte sich in den Amtsräumen das hastig einberufene Kabinett. Die Minister standen vor der
Entscheidung, ob man durch die Entsendung von Truppen nach Südafrika
und ein Ultimatum an Präsident Kruger einen Krieg riskieren wollte.

Chamberlain hatte im April 1899 die Aufmerksamkeit des Kabinetts
auf den Transvaal gelenkt. Der Kolonialminister verfolgte immer noch
den Plan seines Vorgängers Carnarvon, durch die Vereinigung der englischen Kolonien in Natal und am Kap mit den beiden Burenrepubliken ein
neues Dominion unter britischer Flagge zu schaffen.

Die Unabhängigkeit der reichen Burenrepublik bedrohte Großbritanniens Status als »wichtigste« Großmacht. Zwar war die Vorrangstellung
der Briten kein Grundsatz im internationalen Recht, doch die meisten
Engländer waren davon überzeugt, daß sie sich mit etwas gesundem
Menschenverstand begründen ließ – ja, daß sie für eine vernünftige
Regierung Südafrikas unabdingbar war.

Angesichts der explosiven Auswirkungen des Goldrausches schien es
um so dringender geboten, die britische Vorrangstellung zu bestätigen.
1899 war der Transvaal mit seinen Goldexporten im Wert von 24 Millio-

nen Pfund jährlich der reichste Staat Afrikas. Durch das Gold hatte er sich in eine moderne Militärmacht verwandelt, die mit den neuesten deutschen Gewehren und französischer Artillerie gerüstet war. Dennoch war Kruger in keiner Weise auf die Beschwerden der *uitlanders* eingegangen – der britischen Immigranten, die behaupteten, die Mehrheit der weißen Bevölkerung zu stellen. Doch gleiche Rechte – insbesondere das Wahlrecht – wurden ihnen vorenthalten. Im März 1899 appellierten sie schließlich an Königin Viktoria, sich ihrer Sache anzunehmen.

Im Mai erhielt der britische Hochkommissar, Sir Alfred Milner, den Auftrag, mit dem Präsidenten des Transvaal zu verhandeln. Die Gespräche fanden in Bloemfontein statt, der Hauptstadt des Oranje-Freistaats, der Schwesterrepublik des Transvaal. Das Kabinett billigte Milners Vorhaben, Kruger auf das Wahlrecht festzunageln. Auf die verständlichen Ängste der *burghers* wegen der Einwandererschwemme wollte Milner gar nicht erst eingehen. Höflich, aber unnachgiebig beharrte er auf der Forderung, daß alle *uitlanders* männlichen Geschlechts nach fünfjährigem Aufenthalt im Transvaal das Wahlrecht erhalten sollten. Als Kruger ablehnte, brach Milner die Verhandlungen ab. Während sich die Krise verschärfte, veröffentlichte Chamberlain Milners aggressive Depeschen an die Regierung (»Überwältigende Argumente sprechen für eine Intervention . . . Der Anblick tausender britischer Bürger, die wie Heloten gehalten werden.«).[1] Diese Methode schien nicht gerade geeignet, einen Gegner versöhnlich zu stimmen und einen seit hundert Jahren schwelenden Konflikt zu beenden. Doch Chamberlain hatte es darauf abgesehen, die Stimmung unter den Briten zu Hause und in Südafrika aufzuheizen, um Kruger weiter unter Druck setzen zu können. Und als dieser sich zu weitestgehenden Zugeständnissen bereitfand und das Wahlrecht für *uitlanders* einzuführen versprach (falls Großbritannien sich verpflichtete, nicht weiter zu intervenieren), verstärkte Chamberlain seinen Druck nur noch.

Den Höhepunkt dieser provokativen Politik bildete eine Rede des Kolonialministers am 28. August: »Kruger . . . läßt Reformen tröpfeln wie Wasser aus einem ausgedrückten Schwamm.«[2] Es ist kaum verwunderlich, daß der mit einem Schwamm verglichene Kruger sich von nun an ebenso halsstarrig zeigte wie Milner. Statt nach fünf Jahren wollte er den *uitlanders* das Wahlrecht nun erst nach siebenjährigem Aufenthalt gewähren und forderte zudem ein internationales Schiedsverfahren. Wieder stand man vor einem Patt. In dieser Situation veranlaßte Chamberlain die

618

Einberufung der Kabinettssitzung am 8. September. Er war entschlossen, Kruger noch weiter in die Enge zu treiben – durch Verstärkung für Natal und ein Ultimatum.

Seine Doppelstrategie untermauerte Chamberlain mit folgenden Argumenten. Wenn die Buren blufften – und Milner hatte ihm wiederholt versichert, daß sie blufften – würde die Entsendung der 10 000 britischen Soldaten nach Natal Kruger zwingen, Farbe zu bekennen, und ihn wieder an den Verhandlungstisch holen. Sollte Kruger hingegen so verrückt sein, Großbritannien zum Kampf herauszufordern, würden die Verstärkungstruppen Natal so lange vor einem Präventivschlag der Buren schützen, bis die britische Invasionsstreitmacht – ein Armeekorps von 47 000 Mann unter Führung von Sir Redvers Buller – eintraf.

Chamberlain persönlich war überzeugt, daß die Buren blufften – auf jeden Fall hielt er die burische Armee für einen Papiertiger. Allerdings räumte Chamberlain ein, daß die rechtliche Grundlage für das Ultimatum äußerst »wacklig«[3] sei, da das von den Liberalen ausgehandelte Londoner Abkommen mit Kruger so vage formuliert war. Die moralischen Argumente seien hingegen unanfechtbar, meinte er. Das Ultimatum würde folgende Forderungen umfassen: »gleiche Rechte« für die *uitlanders* (das hieß, daß sie bereits ein Jahr nach der Einwanderung das Wahlrecht erhalten sollten und die Briten voraussichtlich umgehend die politische Kontrolle über das Land erhalten würden); ein »New Deal« für die Goldmagnaten; eine Abrüstungsvereinbarung; ein neues Abkommen, das die britische Vorrangstellung festschreiben sollte; und zuletzt – die gerechte Behandlung der Afrikaner. Schließlich wollte man keinen »schändlichen Frieden« aushandeln, der ihnen gar nichts brachte.

Das Kabinett erklärte sich bereit, »auf den Knopf zu drücken« und 10 000 Soldaten als Verstärkung nach Natal zu entsenden. doch vor ihrer Ankunft, so warnten die Experten im Kriegsministerium, dürfe man Kruger nicht durch ein Ultimatum provozieren. Die Überfahrt dauerte schließlich einen Monat, und während dieser Zeit war Natal äußerst gefährdet.

Premierminister Salisbury teilte nicht den Optimismus seiner Kabinettskollegen, daß Kruger eher aufgeben als kämpfen würde. Er fürchtete, daß Großbritannien der schlimmste Konflikt seit dem Krimkrieg bevorstand. Lansdowne gegenüber hatte er eine Woche zuvor geäußert,

Großbritannien könne nun keinen Rückzieher machen – das hätte bedeutet, jeden Anspruch auf die Vorherrschaft in Südafrika aufzugeben und damit einen strategisch wichtigen Stützpunkt auf dem Weg nach Indien zu verlieren. Doch es sei grausam, für ein so negatives Ziel in den Krieg ziehen zu müssen.[4] Zu spät hatte Salisbury begriffen, wieviel Einfluß Chamberlain – und Milner – durch die Manipulation der öffentlichen Meinung gewonnen hatte.

Als Lord Wolseley, der Oberbefehlshaber der Horse Guards, von der Entscheidung des Kabinetts erfuhr, stieß er einen Seufzer der Erleichterung aus. Allerdings glaubte und hoffte er nicht, daß ein Krieg dadurch vermieden werden könne. Wie den meisten britischen Offizieren saß Wolseley die Schmach von Majuba und Gladstones »Frieden in der Niederlage« noch in den Knochen. Mit einem Krieg gegen die Buren ließ sich diese Scharte am leichtesten auswetzen. Zudem glaubte er, daß ein neuer Krieg die Chance für eine Armeereform bot, die er schon so lange anstrebte.

Falls es zum Krieg gegen die Buren kommen sollte, wie würde dieser Krieg aussehen? Voraussichtlich würde sich der Oranje-Freistaat mit dem Transvaal verbünden. Rein rechnerisch verfügten die Buren dann über eine Armee von 54 000 Mann. Ihnen standen, sobald die Verstärkung in Natal eintraf, 15 000 britische Berufssoldaten gegenüber. Dennoch waren die Buren nach Einschätzung von Wolseleys Nachrichtenabteilung kein ernstzunehmender militärischer Gegner. Die Buren mochten wissen, wie man gegen »Kaffern« kämpfte, doch den britischen Truppen waren sie gewiß nicht gewachsen.

Auch bei Sir Alfred Milner in Kapstadt löste die Nachricht von der Kabinettsentscheidung am 8. September Erleichterung aus.

In diesen konfliktreichen Monaten hatte der Hochkommissar am Kap so manches Mal befürchtet, Salisbury und das Kabinett könnten ihn fallen lassen. Diese Gefahr bestand nun nicht mehr. Nicht daß Milner gehofft hätte, die Entsendung von Truppen würde einen Krieg abwenden. Als Milner seinen Kolonialminister glauben machte, die Demonstration militärischer Stärke würde Kruger mürbe machen, war er nicht ganz ehrlich gewesen. Tatsächlich hatten alle britischen Goldmagnaten, auch Cecil Rhodes, die Regierung in London in dieser Einschätzung bestärkt.

Milner hingegen hielt die Buren sehr wohl für einen gefährlichen Gegner. Doch er beging nicht den Fehler, Chamberlain oder das Kriegsministerium darüber aufzuklären.

Milner rechnete mit einem Präventivschlag beider Burenrepubliken gegen die exponierten nördlichen Gebiete der britischen Kolonien. In der Kapkolonie würden sie Kimberley und Mafeking angreifen und in Natal in das Territorium nördlich des Tugela vorstoßen. Die Verstärkung hatte er nicht angefordert, um diese Schläge zu verhindern, sondern um sie zu seinem Vorteil zu nutzen. Milner war ein wesentlich radikalerer Imperialist als Chamberlain. Der Kolonialminister wollte Kruger in die Enge treiben und ihn an den Konferenztisch zwingen, wo er die britische Vorrangstellung anerkennen und der Schaffung eines anglo-burischen Dominion zustimmen sollte. Milner hingegen wollte reinen Tisch machen und Südafrika mit niemandem teilen. Wie er selbst zugab, verfolgte er das Ziel, »die – unvermeidliche – Krise« heraufzubeschwören, »bevor es zu spät war«.[5] Kurz gesagt, Chamberlain wollte den Frieden und Milner brauchte den Krieg.

Seine Feinde begingen leicht den Fehler, Milner zu unterschätzen. Er war ein Junggeselle von 46 Jahren, sah aber mit seinem langen, hageren Gesicht und seinen melancholischen, graubraunen Augen älter aus. Er wirkte wie eine Inkarnation der langweiligsten Tugenden des Beamtentums – harte Arbeit, Geduld, Loyalität gegenüber den Politikern, die das Sagen hatten. Dennoch gab es in seinem Charakter einen leidenschaftlichen Zug, den nur enge Freunde kannten. Er war als Sohn eines Mediziners in Deutschland aufgewachsen, wo er lernte, Bismarck und Friedrich II. von Preußen als Helden zu verehren. In seinem Innern war Milner ein romantischer Bohemien, ebenso ruhelos wie rücksichtslos.

Im Jahre 1897 hatte Chamberlain Milner nach Kapstadt geschickt, um nach Jamesons Überfall auf den Transvaal die Scherben zusammenzukehren. Als Kruger ein Jahr später zum vierten Mal zum Präsidenten des Transvaal gewählt wurde, warnte Milner vor den Folgen des Goldrausches im Transvaal. Südafrika stand Kopf: das neue politische Zentrum hieß Johannesburg und nicht Kapstadt. London mußte auf seiten der *uitlanders* intervenieren, andernfalls konnten die Buren ganz Südafrika zu einer Republik einigen, und Großbritannien würde Natal und das Kap verlieren. Damals sträubte sich Chamberlain noch gegen eine Intervention des Empire. So blieb Milner nichts anderes übrig, als selbst eine

»Krise herbeizuführen«, indem er den *uitlanders* »Dampf machte«[6]. Unterstützung erhielt er dabei von den beiden reichsten »gold bugs« des Siedlungsgebiets.

Die beiden »gold bugs« hießen Alfred Beit und Julius Wernher. Sie hatten Jamesons Überfall mitfinanziert – mit 200 000 Pfund hatte ihr Trust doppelt soviel beigesteuert wie Cecil Rhodes. Nach dem Debakel gingen sie auf Abstand zu Rhodes und hielten sich nun an die Kapregierung. Die Gesellschaft Wernher-Beit hatte ihren Sitz in der Londoner City. Beide Männer stammten – ebenso wie Milner – aus Deutschland und hatten in Großbritannien ihre Wahlheimat gefunden.

Im März 1899 bot Krugers Regierung allen Kapitalisten des Siedlungsgebiets ein »großartiges Geschäft« an. Nach Rücksprache mit Milner aber unternahm Wernher-Beits Agent, Percy Fitzpatrick, einen hastigen Rückzieher. Auch sonst ließen Wernher und Beit Milner in mancherlei Hinsicht diskrete Unterstützung zuteil werden – zum Beispiel indem sie Rhodes' Behauptung bekräftigten, daß Kruger nicht ernstzunehmen sei. Außerdem finanzierten sie eine Anti-Kruger-Pressekampagne in Johannesburg, die Milner organisierte.

Im September 1899 zeichnete sich akute Gefahr für die 17 Millionen Pfund ab, die Wernher-Beit im *rand* investiert hatten. Die seit Monaten andauernde Krise hatte unter den *uitlanders* Panik geschürt. Flüchtlinge strömten von den Goldminen nach Kapstadt. Die riesigen schwarzen Zechenräder kamen zum Stillstand, und der Himmel über den Schornsteinen färbte sich wieder blau. Also gaben die Finanziers Milner zu verstehen, daß sie »durchaus auf den Krieg vorbereitet« seien und forderten nachdrücklich, die Situation müsse »jetzt beendet werden«.[7]

* * *

Die Nachricht, daß 10 000 britische Soldaten nach Natal unterwegs waren, erreichte Präsident Kruger am nächsten Morgen, dem 9. September, in Pretoria und bestärkte seine schlimmsten Befürchtungen.

Wie Milner hielt nun auch Kruger den Krieg für unvermeidlich. Daß Chamberlain einen Kompromiß suchte, hatte Kruger nie ernsthaft geglaubt. Jamesons Überfall hatte sein Verhältnis zu dem britischen Kolonialminister vergiftet. Die Konferenz mit Milner in Bloemfontein war nach Ansicht des Präsidenten ein reines Täuschungsmanöver und ein Versuch, das Volk des Transvaal zu demütigen. Doch es stand nicht allein.

Mit den Buren des Oranje-Freistaats hatte der Transvaal ein Militär-bündnis geschlossen, und auch die Unterstützung der Afrikaander in der Kapkolonie war ihnen sicher.

»Nach menschlichem Ermessen«, sagte Krugers Protegé Jan Smuts, »ist der Krieg zwischen den Republiken und England gewiß.«[8] Es war Smuts, der nun einen Blitzkrieg gegen Natal vorschlug, bevor die ange-kündigten 10 000 britischen Soldaten eintrafen. Mit 40 000 Buren konnte man die britischen Garnisonen überrennen, direkt zum Meer vorstoßen und Durban erobern, bevor der erste Truppentransporter im Hafen anlegte. Dies würde einen Aufstand der Kap-Afrikaander einleiten, die eine »dritte Republik« ausrufen sollten. Doch Marthinus Steyn, der Präsi-dent des Oranje-Freistaats, hoffte im September noch auf Frieden und vereitelte Smuts Pläne für den Blitzkrieg.

Am 22. September berichtete eine englische Zeitung, daß die britische Regierung mit 47 000 Mann des Armeekorps eine Invasion im Transvaal plane. In schneller Folge machten beide Republiken mobil, der Transvaal am 28. September, der Oranje-Freistaat am 2. Oktober. Inzwischen war der erste Truppentransporter in Durban eingetroffen; ihm folgte ein endloser Zug von Schiffen, die Verstärkung brachten.

Daraufhin koordinierten die Regierungen der Republiken ihre Pläne zur Invasion in den beiden britischen Kolonien. Zwei burische Kolonnen sollten über das verwundbare Dreieck nördlich des Tugela in Natal eindringen. Andere Kolonnen würden die strategisch wichtigen Grenz-städte der Kapkolonie – Kimberley und Mafeking nördlich des Oranje – angreifen. Nach den Spielregeln der zivilisierten Kriegsführung mußten allerdings die beiden Republiken den Briten zunächst den Krieg erklären. Vermutlich war Smuts der Verfasser des kompromißlosen Ultimatums, das einer Kampfansage Davids gegen Goliath gleichkam. Es beschuldigte die Briten, das Abkommen von 1884 gebrochen zu haben, indem sie sich für die *uitlanders* einsetzten und Truppen an der Grenze zusammenzo-gen. Außerdem forderte er Zusicherungen der britischen Regierung in vier wichtigen Punkten. Großbritannien sollte sich in allen Streitfragen einem Schiedsverfahren fügen, alle Truppen von den Grenzen abziehen, die soeben gelandete Verstärkung zurückrufen und sich bereit erklären, keine weiteren Truppen zu entsenden. Sofern die Regierung Ihrer Maje-stät sich nicht innerhalb von achtundvierzig Stunden diesen Forderungen beugte, würde die Regierung des Transvaal »sich zu ihrem großen Bedauern gezwungen sehen, die Entscheidung als offizielle Kriegserklärung zu werten«.

300 Kilometer südlich von Pretoria, wo das Buschland während des Frühjahrsregens zu grünen begann, stand die Transvaal-Kolonne unter Führung des siebenundsechzigjährigen General Joubert bereit, um Natal anzugreifen, sobald das Ultimatum auslief. Vor 18 Jahren hatte Joubert General Colley und seine 400 Rotröcke bei Majuba vernichtend geschlagen. Würde er gegen General White, den Oberbefehlshaber der britischen Truppen, und seine 13 000 »Khakis« einen vergleichbaren Schlag führen können? Trotz der britischen Verstärkung waren die Buren mit 15 000 Transvaalern und 6000 Freistaatlern immer noch zahlenmäßig überlegen; außerdem war ihre strategische Position unvergleichlich besser. Natal, das gelobte Land, das die Briten den *voortrekkers* im Jahre 1842 abgejagt hatten, gehörte den burischen Angreifern, sie brauchten nur zuzugreifen.

Am Donnerstag, dem 12. Oktober, brachen die Buren in den frühen Morgenstunden ihr Lager ab und überschritten die Grenze – »der schicksalhafte Auftakt zu einem großen Drama«, schrieb Leo Amery, der abenteuerlustige Korrespondent der *Times*, der die Buren begleitete. Er sah »eine endlose Prozession schweigender, schemenhafter Gestalten, Reiter, Artillerie und Wagen, die auf einer gewundenen Straße durch die finstere, kalte Nacht zog; vor ihnen ragte der schwarze Bergrücken des Majuba in den helleren Himmel«.[9]

* * *

Das Ultimatum, das einer Kriegserklärung beider Republiken gleichkam, traf am Dienstag, dem 10. Oktober, in London ein.

In den Leitartikeln der Tageszeitungen herrschte als Reaktion der spöttische Ton vor. »Man weiß nicht recht, ob man lachen oder weinen soll«, verkündete der *Daily Telegraph*; und die *Times* bezeichnete das Ultimatum als »törichten Schritt« einer »unbedeutenden Republik«.[10]

In den labyrinthischen Gängen von Whitehall löste das Ultimatum hingegen Freude und Erleichterung aus. Kruger und Steyn hatten der Regierung die Mühe abgenommen, selbst ein Ultimatum zu verfassen. »Herzliche Glückwünsche«, schrieb Kriegsminister Lansdowne an Chamberlain. »Ich glaube nicht, daß Kruger Ihnen noch besser hätte in die Hände

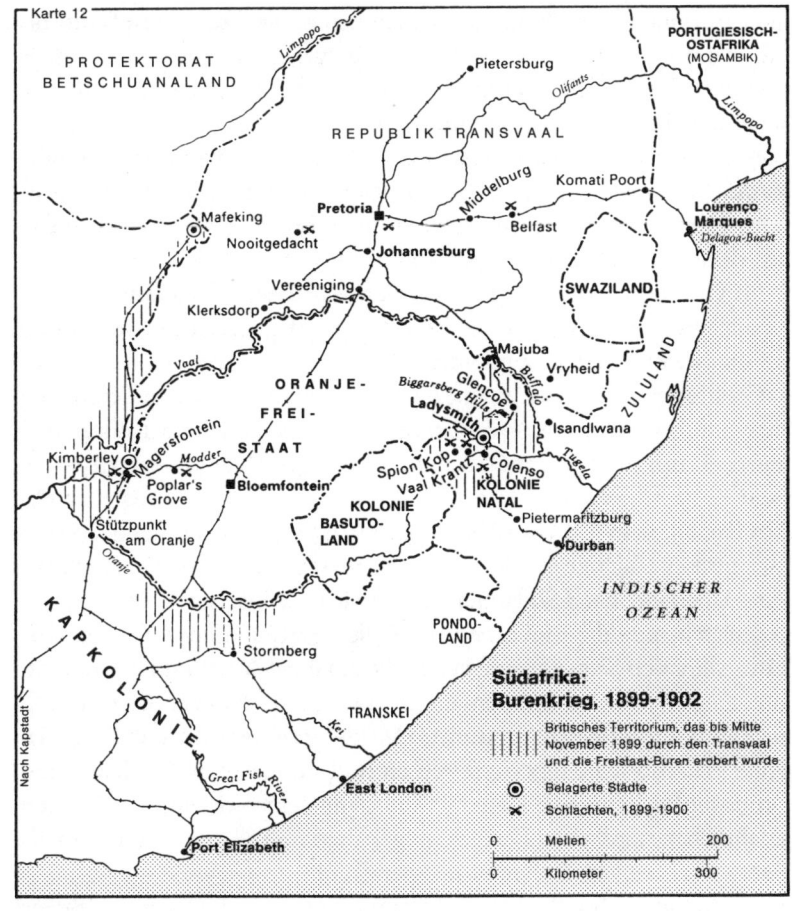

PROTEKTORAT
BETSCHUANALAND

Limpopo

•Pietersburg

PORTUGIESISCH-
OSTAFRIKA
(MOSAMBIK)

Olifants

REPUBLIK TRANSVAAL

Limpopo

Komati Poort

•Mafeking

Pretoria

Middelburg

•Nooitgedacht

•Belfast

Lourenço
Marques
Delagoa-Bucht

Johannesburg

•Vereeniging

Klerksdorp•

SWAZILAND

Vaal

Majuba

•Vryheid

ORANJE-
FREI-
STAAT

Biggarsberg Hills
Glencoe•
Ladysmith

Buffalo

•Isandlwana

ZULULAND

•Kimberley
Magersfontein

Modder

Poplar's
Grove

•Bloemfontein

Spion Kop
Vaal Krantz•
Colenso

KOLONIE
NATAL

Tugela

Stützpunkt
am Oranje

KOLONIE
BASUTO-
LAND

•Pietermaritzburg

•Durban

Oranje

INDISCHER
OZEAN

KAPKOLONIE

•Stormberg

PONDO-
LAND

Nach Kapstadt

TRANSKEI

Kei

Südafrika:
Burenkrieg, 1899-1902

Great Fish River

|||||| Britisches Territorium, das bis Mitte
November 1899 durch den Transvaal
und die Freistaat-Buren erobert wurde

East London

◉ Belagerte Städte

✕ Schlachten, 1899-1900

| 0 | Meilen | 200 |

•Port Elizabeth

| 0 | Kilometer | 300 |

spielen können . . .«[11] Und als Chamberlain in aller Frühe vom Boten des Kolonialministeriums geweckt wurde, rief er begeistert aus: »Sie haben es getan!«[12] Die Kriegserklärung schien ihnen beide Republiken auf dem Silbertablett zu liefern, denn durch den flachen Oranje-Freistaat war der Vormarsch nach Pretoria wesentlich einfacher als durch das gebirgige Natal. Auch die Bewilligung der 10 Millionen Pfund für Bullers Invasionstruppen war nun kein Problem mehr. Buller sollte schließlich eine Invasion *der Buren* zurückschlagen!

Im Gegensatz dazu zeigten sich der *Manchester Guardian* und viele Liberale bestürzt. Die britische Bevölkerung dagegen reagierte gelassen auf die Nachrichten aus Südafrika.

Großbritannien entsandte die größte Streitmacht seit dem Krimkrieg. Sie würde bis Weihnachten Pretoria erreichen. Buller würde die Buren mit seiner »Dampfwalze« fertigmachen. Soweit die Meinung der Experten.

Am Freitag, dem 13. Oktober, versammelte sich eine lärmende, patriotisch gesinnte Menge in Southampton, um General Sir Redvers Buller für seine Überfahrt nach Südafrika viel Glück zu wünschen.

Buller kannte die Buren besser als die meisten seiner Landsleute. Er hatte mit ihnen Seite an Seite gegen die Zulu gekämpft und bewunderte ihre kriegerischen Fähigkeiten. Im Juli und August hatte er das Kriegsministerium immer wieder gewarnt: »Meidet das Gebiet nördlich des Tugela.«[13] Lansdowne ignorierte diesen Rat. Entgegen allen militärischen Grundsätzen hatte sich General White mit seinen Streitkräften in dem gefährlichen nördlichen Dreieck aufgehalten und sie nun geteilt, ein Teil war in Dundee, der andere in Ladysmith.

Die Menge in Southampton stimmte nun, unter Leitung von Bullers Frau Lady Audrey »God Save the Queen« an. Manch einer rief: »Denkt an Majuba.«[14] Buller stand auf dem Navigationsdeck und winkte mit seinem Filzhut, während die *Dunottar Castle* in den Nebel hinausglitt. Er verkörperte den britischen Krieger schlechthin – braungebrannt, mit dichtem Schnurrbart und einem Kiefer wie eine Bulldogge.

* * *

Pretoria wirkte ausgestorben. Im Transvaal-Parlament, dem *raad*, hatte im August eine lautstarke Feier stattgefunden, und das Kriegsfieber hatte viele junge Buren ergriffen. Doch nun waren sie fort, irgendwo an einer der Fronten. Tagelang ratterten die Truppenzüge durch den Bahnhof, meist Richtung Süden nach Natal. Auch mehrere tausend Afrikaner hatte man zum Militärdienst gezwungen; sie sollten an der Front die Schützengräben ausheben und andere niedere Arbeiten verrichten. Im 60 Kilometer entfernten Johannesburg sah es noch trostloser aus. Nach dem großen Exodus der britischen und schwarzen *uitlanders* aus dem *rand* waren die Hälfte der Geschäfte geschlossen und mit Brettern vernagelt. Nur ein, zwei Eisenbergwerke waren noch in Betrieb. Der Staat hatte für die Dauer des Krieges einige Goldminen übernommen, um die Kriegskosten zu finanzieren, und setzte dort afrikanische Zwangsarbeiter ein.

Kruger arbeitete bis spät in die Nacht im Regierungsgebäude und zog sich dann in den *stoep* seines kleinen Hauses in der Church Street zurück, paffte seine Pfeife und wartete schweigend, so wie er in der Nacht von Jamesons Überfall gewartet hatte. Mit seinem schlichten Glauben verkörperte er den Trotz der Nation. Als General Joubert von der Grenze telegraphierte, daß in der Intendantur Chaos herrschte, empfahl ihm Kruger barsch, auf Gott zu vertrauen. Ähnliches sagte er in seiner Rede auf der letzten Sitzung des *raad*, bevor die Parlamentarier Pretoria verließen, um zu ihren Truppen zu eilen: »Der Herr wird euch auch jetzt schützen, und wenn euch Tausende von Kugeln um die Ohren fliegen.«

* * *

Acht Wochen nachdem das Parlament in London beinahe einstimmig die von der Regierung beantragten 10 Millionen Pfund für die Invasionstruppen bewilligt hatte, erlitt Großbritannien vor den Augen der Welt eine empfindliche Demütigung.

Bei all den widersprüchlichen Prognosen, die Wolseleys zerstrittene Generale abgegeben hatten, war ein Alptraum unberücksichtigt geblieben – daß die Buren bei ausgewogenem Kräfteverhältnis gegen die Briten kämpfen und siegen würden. In der dritten Dezemberwoche – die man in England bald nur noch die Schwarze Woche nannte – wurde dieser Alptraum wahr. Und die Wirklichkeit übertraf sogar die schlimmsten Träume.

Wie Buller vorhergesehen hatte, hatten die Buren das ebene Buschland der Kapkolonie bis 150 Kilometer südlich des Oranje überrannt und die zerklüftete Berglandschaft Natals bis zum Tugela und darüber hinaus erobert. Damit waren drei britische Garnisonen in den strategisch wichtigen Grenzstädten abgeschnitten: knapp 1000 Berufssoldaten in Mafeking und Kimberley sowie 12 000 Mann von Whites Fronttruppen in Natal. Mitte November waren die burischen Invasoren in die Defensive geraten. Sie hatten ihre Streitkräfte geteilt; einige Kommandos blieben zurück, um die strategisch wichtigen Städte zu belagern, während andere nach Süden zogen, um den Vormarsch der einzelnen britischen Kolonnen zu stoppen, die den abgeschnittenen Garnisonen zu Hilfe eilten. Mitte Dezember war Bullers Armeekorps gelandet, wurde in drei Verbände aufgeteilt und war nun unterwegs, um Kimberley und Ladysmith zu entsetzen. Zahlenmäßig waren Bullers Truppen den Buren zwei zu eins überlegen. In Südafrika befanden sich nun insgesamt 60 000 britische Berufssoldaten mit 150 Feldgeschützen. Natürlich erwartete man von Buller, daß er den hausbackenen Kommandos eine Lektion erteilen würde. Doch in der »Schwarzen Woche« waren es die Buren, die den Lehrmeister spielten.

Die Schlacht bei Magersfontein am 11. Dezember brachte die erste Überraschung, da sich hier ein Frontalangriff als sinnlos erwies. Selbst mit Unterstützung der Artillerie und einer Zwei-zu-eins-Überlegenheit gelang es den britischen Angreifern nicht, die Linie der verschanzten burischen Schützen zu durchbrechen. Generalleutnant Lord Methuen, ein Veteran verschiedener Afrikafeldzüge, dem Buller zwei Infanteriebrigaden des Armeekorps anvertraut hatte, wandte dieselbe Stier-vor-dem-Tor-Taktik an, die Wolseley bei Tel el-Kebir und Kitchener beim Atbara den Erfolg gebracht hatte. Eine halbe Stunde vor Tagesanbruch versuchte die Highland-Brigade, den Magersfontein-Kamm zu stürmen. Doch hier stießen sie nicht auf schlaftrunkene Fellachen wie bei Tel el-Kebir und auch nicht auf ein *zeriba* von mit Speeren und Elefantengewehren bewaffneten Derwischen, wie beim Atbara. Vielmehr gerieten sie in einen burischen Kugelhagel. Denn mit ihren neuen, rauchlosen Schnellfeuergewehren und in ihren getarnten Schützengräben blieben die Buren den ganzen Tag lang unsichtbar.

In der Schlacht von Stormberg am 10. Dezember, sofern man sie eine Schlacht nennen darf, bewiesen die Buren ihr Geschick für taktische Beweglichkeit und die Briten ihr Talent für taktische Fehler. Generalleutnant Sir William Gatacre, einer von Kitcheners tatkräftigsten Generalen im Sudanfeldzug, versuchte mit einer kleinen Infanterieeinheit den strategisch wichtigen Bahnknotenpunkt von Stormberg im Norden der Kapkolonie zurückzuerobern. Da ihm ein Führer den falschen Weg wies, verirrte sich der General in der Dunkelheit. Am nächsten Morgen machten die Buren mit seiner Truppe kurzen Prozeß; beinahe siebenhundert Mann wurden getötet oder gefangengenommen.

Die dritte Schlacht, die am 15. Dezember bei Colenso in Natal stattfand, versetzte Bullers Stolz einen schweren Schlag. Nach einer vorbereitenden Beschießung des unsichtbaren Feindes wollte er General Bothas Verteidigungslinie am Tugela durchbrechen, die sich jedoch als zu stark erwies. Daraufhin versuchte er den Angriff abzubrechen. Die Buren, die aus getarnten Schützengräben feuerten, verpaßten der Irischen Brigade General Harts und dem Artilleristen Oberst Longs eine Tracht Prügel – beide wurden durch Gewehrfeuer nahe am Fluß festgehalten.

Insgesamt verloren die Briten durch diese drei Mißerfolge und die ihnen vorausgegangenen Rückschläge in Natal 7000 Mann – Gefallene, Verwundete und Kriegsgefangene. Buller war es nicht gelungen, White und seine 12 000 Mann zu entsetzen. Andererseits gewannen die Buren kein Territorium dazu.

In London löste die Schwarze Woche im letzten Monat des sogenannten »Britischen Jahrhunderts« Entsetzen aus. Die Theater und Restaurants verwaisten. Es war keine Hysterie, sondern einfach nur ein Schock: Dies war ein richtiger Krieg. Dennoch sprach Königin Viktoria für viele ihrer Untertanen, als sie zu Arthur Balfour bemerkte: »Bitte verstehen Sie, daß in diesem Hause niemand deprimiert ist; die möglichen Aussichten für eine Niederlage interessieren uns nicht; sie existieren nicht.«[15]

Im Wettlauf um Afrika hatten die Engländer zwanzig Jahre lang kaum Verluste an Menschenleben und Kapital zu beklagen gehabt. Seit Isandlwana und Majuba hatten vor allem Afrikaner, ob als Sieger oder Besiegte, dafür bezahlt, daß sich die Briten in Afrika den Löwenanteil sicherten: Arabis Ägypter, die Sudanesen unter Gordon und dem Kalifen, Lobengulas Ndebele und die Shona, die Wa-Ingleza und die Wa-Fransa in Uganda, die Nupe und Ilorin in Nigeria. Nun hatte man die Elite der britischen Armee entsandt und 10 Millionen Pfund investiert, um 50 000 Farmer niederzuzwingen – und keinerlei Erfolge erzielt.

Was war zu tun, um die drei belagerten Garnisonen – und das Ansehen der Nation – zu retten? Angesichts der Demütigung sah sich die Regierung zu drei Maßnahmen gedrängt. Die erste bestand darin, ökonomische Bedenken in den Wind zu schlagen und weiter Verstärkung nach Südafrika zu schicken. Selbstverständlich begrüßte Wolseley diesen Schritt. Die 5. Division, hauptsächlich Reservisten, war bereits mobilisiert; eine 6. und 7. Division würden folgen. Kanada, Australien und Neuseeland würde man ersuchen, weitere Kontingente zu schicken. Die zweite Maßnahme hielt Wolseley für eine Sensation. Buller hatte in die Heimat telegraphiert und die Notwendigkeit betont, Freiwillige anzuwerben, die reiten und schießen konnten wie die Buren. Daraufhin beschloß die Regierung, eine neue »Imperial Yeomanry« – eine berittene Miliz – aufzustellen und nach Südafrika zu schicken – 10 000 Jäger und Schützen aus England und Irland. Die dritte Maßnahme schließlich entsetzte Wolseley. Buller sollte als Oberbefehlshaber abgelöst werden; man ließ ihm nur noch die Verantwortung für Natal. Doch anstatt ihn durch den siebenundsechzigjährigen Wolseley selbst zu ersetzen, hatte sich Lansdowne für dessen Rivalen, den achtundsechzigjährigen Lord Roberts, entschieden, der – ebenso wie White – mit Feldzügen in Afrika keinerlei Erfahrung hatte!

Diesen Einwand suchte die Regierung zu entkräften, indem sie den jüngsten Kriegshelden Großbritanniens zu Roberts' Stabschef ernannte: Lord Kitchener, den Sieger von Khartum und Rächer Gordons.

Noch bevor Roberts am Kap landen und das Kommando übernehmen konnte, unternahm Buller einen zweiten Versuch, sich den Weg durch Bothas Verteidigungslinie am Tulega freizukämpfen und White in Ladysmith zu entsetzen. Am 24. Januar gelang es Brigadegeneral Woodgate mit etwa 2000 Mann der soeben eingetroffenen 5. Division, einen Berg namens Spion Kop zu besetzen, von dem aus man die Westflanke der feindlichen Linien überblicken konnte – wie einst bei Majuba.

Wie Colley bei Majuba war Woodgate schlecht ausgerüstet, aber sehr zuversichtlich. Er hatte nicht dafür gesorgt, daß die Männer auf dem Gipfel des Spion Kop sicher verschanzt waren. Und er hatte keinerlei Artillerie hinaufschaffen lassen. Die Buren jedoch gingen mutig zum Gegenangriff über, und sie wurden dabei durch Artilleriefeuer aus höher gelegenen Positionen unterstützt. Schon bald erlitt Woodgate eine tödliche Kopfverletzung, und die Schlacht endete mit einem weiteren Debakel für die Briten.

Am 5. Februar versuchte Buller bei Vaal Krantz erneut, den »Schlüssel« für die Tugela-Linie zu finden, und wieder zerbrach der Schlüssel im

Schloß. Doch mit dem vierten Anlauf, der am 14. Februar begann, hatte er mehr Glück. Es stellte sich heraus, daß der »Schlüssel«, den Buller benötigte, weniger ein verwundbarer Punkt in der feindlichen Linie war als vielmehr eine Angriffsmethode, eine neuartige Infanterietaktik.

Die mit Findlingen übersäten Kämme zwischen dem Tugela und Ladysmith bildeten das ideale Gelände für die Verteidigung. Andererseits waren die Briten den Buren rein rechnerisch vier zu eins überlegen, bei der Artillerie stand es sogar zehn zu eins. Und Bullers Männer waren so verbissen wie er selbst. Die Lösung: Buller brach mit dem Regelkodex, der auf Ein-Tages-Schlachten zugeschnitten war, die wie ein Stück in drei Akten abliefen, wobei Artillerie, Infanterie und Kavallerie der Reihe nach festgelegte Rollen übernahmen. Er lehrte seine Männer, an der Frontlinie die Taktik der Buren anzuwenden – in kleinen Gruppen mit Deckung durch Gewehrfeuer von hinten vorwärtszustürmen; die taktische Unterstützung durch die Artillerie zu nutzen; und vor allem, sich den *Boden*, Erde und Felsen genauso zunutze zu machen, wie der Feind es tat. Es war ein mühsames Geschäft, den Feind in einer zehntägigen Schlacht aus den felsigen Bergkämmen herauszuprügeln, doch es funktionierte. Am 28. Februar marschierten Bullers braungebrannte Veteranen in Ladysmith ein und wurden von Whites leichenblassen, typhusgeplagten Männern begrüßt. Vier Monate lang hatte die Garnison in Zelten und Schutzräumen ausgeharrt und vor den aus Ferngeschützen abgefeuerten Granaten Deckung gesucht.

500 Kilometer weiter westlich, im hügeligen Buschland des Oranje-Freistaats, gestaltete sich Roberts' Feldzug nun doch noch als der erwartete »Spaziergang«. Am 11. Februar setzte er seine »Dampfwalze« in Marsch: 35 000 Mann (mit circa 5000 afrikanischen Fahrern) in fünf Divisionen, einschließlich des Großteils der berittenen Streitkräfte Südafrikas. Sein wichtigstes Ziel war, Kimberley zu entsetzen, wo Cecil Rhodes kurz vor der Kapitulation stand; anschließend wollte er Bloemfontein erobern. Dank seiner zahlenmäßigen Überlegenheit und weil er es mit einem Gelände zu tun hatte, das so flach war wie ein Billardtisch, war ihm der Erfolg gewiß. Er mußte nicht frontal auf Kimberley vorrücken wie Buller auf Ladysmith, sondern konnte die Stadt – und damit die Belagerer – einkreisen. Innerhalb von vier Tagen hatte Generalmajor French Kimberley fast ohne Blutvergießen entsetzt und wurde von Cecil Rhodes mit eisgekühltem Champagner empfangen.

Die burischen Truppen unter Cronje, die Kimberley belagert hatten, zogen sich nach Osten zurück und errichteten am Ufer des Flusses Modder ein Wagen-*laager* – als stünden ihnen mit Speeren bewaffnete »Kaffer« und nicht »Khakis« mit Fünfzehnpfündern gegenüber. Nach einem erfolglosen Infanterieangriff auf das *laager*, den Kitchener leitete und der hohe Verluste brachte, setzte Roberts die Fünfzehnpfünder ein. Am 27. Februar hißte Cronje die weiße Fahne und seine Männer marschierten ins Kriegsgefangenenlager am Kap. Vierzehn Tage später, am 13. März, nachdem Roberts den von panischem Schrecken erfaßten Feind bei Poplar's Grove hinweggefegt hatte (und dabei um ein Haar Präsident Steyn und Präsident Kruger gefangengenommen hätte, die der Front einen Besuch abstatteten), zog Roberts in Bloemfontein ein und zog einen kleinen seidenen Union Jack, den seine Frau bestickt hatte, auf der Fahnenstange am Haus von Präsident Steyn auf.

Nun schien alles in Butter. Buller hatte Ladysmith entsetzt und White gerettet. Roberts hatte Kimberley entsetzt und Rhodes gerettet. Dann eroberte Roberts die Hauptstadt des Freistaats und zwang nebenbei noch Cronje zur Kapitulation. Doch die Hauptstreitmacht des Feindes war noch nicht geschlagen – weder die Transvaaler noch die Freistaatler. Sein rascher Erfolg und die Panik des Feindes verleiteten Roberts zu einer verhängnisvollen Fehleinschätzung. Er lockerte seinen Griff und ließ die Buren, die ihre Gewehre ablieferten, unbehelligt nach Hause zurückkehren. Zwei Tage nach der Eroberung Bloemfonteins teilte er Königin Viktoria mit: »Es ist unwahrscheinlich, daß der Freistaat noch weitere Schwierigkeiten machen wird. Die Transvaaler werden vermutlich durchhalten ... doch ich bin sicher, daß es nicht mehr lange dauert, bis der Krieg ein zufriedenstellendes Ende findet ... Wir sind gezwungen, hier noch kurze Zeit zu verweilen.«[16] Tatsächlich verweilte Roberts noch zwei Monate in Bloemfontein, verhängte Amnestien und schlug sich mit Transport- und Versorgungsproblemen herum, für die er teilweise selbst verantwortlich war. Mittlerweile erholten sich die Burenführer, insbesondere Christiaan De Wet, der General des Freistaates, und ergriffen wieder die Initiative, indem sie Konvois abfingen, Eisenbahnstrecken unterbrachen und damit Roberts' Nachschubprobleme verschärften.

Am 3. Mai fühlte sich Roberts endlich stark genug, um seine »Dampfwalze« wieder in Gang zu setzen. Er koordinierte seinen Vormarsch mit Buller, dem er die knifflige Aufgabe überließ, mit zwei Divisionen die

Flanke der riesigen Burenarmee aufzurollen, die sich am Biggarsberg und im gebirgigen Norden Natals verschanzt hatte. Außerdem setzte er eine 1100 Mann starke fliegende Kolonne unter Führung von Oberst Bryan Mahon in Marsch, um Mafeking, den gefährdeten Außenposten der Kapkolonie am Rande der Kalahari, zu entsetzen, was ihnen am 17. Mai gelang. Am 14. Mai gelang es Buller, Botha am Biggarsberg auszumanövrieren. Im Freistaat wüteten unterdessen Roberts' fünf Divisionen unter ihren Feinden und überschritten am 27. Mai den Vaal, ohne auf Widerstand zu stoßen.

Am folgenden Tag wurde in Bloemfontein die Annexion des Oranje-Freistaats in aller Form verkündet. Am 31. Mai eroberte Roberts Johannesburg und den *rand* – die 200 Goldminen waren noch alle intakt. Am 5. Juni hißte er den seidenen, von seiner Frau bestickten Union Jack auf einer Fahnenstange in Pretoria. Wieder versetzte sein rasanter Vormarsch die Buren in Panik, und wieder machte sich Roberts ein völlig falsches Bild von der Lage.

Im August vereinigten sich schließlich Roberts' fünf Divisionen mit Bullers drei Divisionen aus Natal. Gemeinsam bereiteten sie den Buren bei Bergendal am 27. August eine vernichtende Niederlage. Aus dem Rückzug der Buren wurde eine wilde Flucht. Kruger floh in die portugiesische Kolonie Mosambik und gelangte an Bord der *Gelderland*, einem niederländischen Kreuzschiff, nach Europa. Buller kehrte im Triumph nach Southampton zurück. Roberts überließ Kitchener das Regiment in Südafrika und zog ebenfalls Richtung Heimat, wo er den Rang eines Earl und 100 000 Pfund als Lohn für den Sieg erhielt.

Doch die Briten freuten sich zu früh. Der »reguläre« Krieg mochte vorüber sein. Doch ein neuer Krieg – ein Guerillakrieg – fing eben erst an.

* * *

In London konnten die Unionisten den vermeintlichen Sieg auf dem Schlachtfeld in einem politischen Sieg bei der »Khaki-Wahl« ummünzen. Trotz der groben Schnitzer zu Beginn des Krieges baute die Regierung ihre Mehrheit von 130 auf 134 Stimmen aus. Lord Salisbury aber fühlte sich zu alt, um seine beiden Ämter weiterzuführen, und überließ das Außenministerium ausgerechnet Lord Lansdowne, dem bisherigen Kriegsminister, der sich in dieser Funktion keine Lorbeeren verdient hatte. Außerdem gehörten der Regierung nun der älteste Sohn des

Premierministers sowie seine drei Neffen an. Glücklicherweise drohte ihnen von seiten der liberalen Opposition keine Gefahr, da sie mit parteiinternen Kämpfen alle Hände voll zu tun hatte.

Im Januar 1901 nahm der Guerillakrieg Dimensionen an, die die Siegesfreude Kitcheners und Salisburys Lügen straften.

Am 3. Dezember 1900 überfiel eine Burenkolonne unter Führung von Jan Smuts und General De La Rey, die im westlichen Transvaal gelegen hatte, 60 Kilometer westlich von Pretoria einen britischen Konvoi. Zehn Tage später hatte sie sich mit einer Truppe unter General Beyers vereinigt und stieß auf fettere Beute – ein Lager von 1200 britischen Soldaten unter dem Kommando von General Clements in einer Schlucht bei Nooitgedacht. Clements büßte seine gesamten Bestände ein und konnte sich nur mit Müh und Not einen Weg aus der Falle bahnen. Eine Woche später durchbrach eine Truppe unter General Kritzinger und Richter Herzog die Kordons Kitcheners, die den Oranje schützten, und fiel in die Kapkolonie ein, um einen Aufstand der Kap-Afrikaander zu provozieren. In der Zwischenzeit hatte Christiaan De Wet, der General des Freistaates, dessen Guerillaeinheit mittlerweile auch Präsident Steyn angehörte, mit einer Reihe glänzend organisierter Überfälle auf britische Versorgungslinien Lord Kitchener eine Demütigung nach der anderen bereitet. Im Februar überschritt auch De Wet den Oranje, und in Kitcheners Hauptquartier in Pretoria lebte man geraume Zeit in der Angst vor einem Aufstand der Afrikaander am Kap.

Um jedoch eine solche großangelegte Erhebung herbeizuführen, wäre eine koordinierte Strategie vonnöten gewesen, und das war den etwa hundert zersplitterten Kommandos aus beiden Republiken unmöglich. So verliefen schließlich beide »Invasionen« im Sande. Kritzinger tauchte unter, und De Wet wurde wieder über den Oranje getrieben. Kitchener gewann die Initiative zurück und nahm seine »Treibjagden« quer durch das Buschland wieder auf, um den Feind aufzuscheuchen. Wie aber konnte er sie dazu bringen, entweder zu kämpfen oder zu kapitulieren? Dieses Problem trieb Kitchener fast zur Verzweiflung. Anfangs hoffte er noch, er könnte die Guerillakämpfer durch großzügige Bedingungen dazu bewegen, die Waffen niederzulegen. In Middelburg bot er General Botha eine Zehn-Punkte-Vereinbarung an; doch die Gespräche verliefen ergebnislos.

Anschließend ging Kitchener zu jener Politik der kollektiven Bestrafung über, die Lord Roberts bereits im Herbst des Vorjahres angewandt hatte: Er ließ die Farmen von kämpfenden Buren niederbrennen und Vieh und Pferde forttreiben. Auf diese Weise gelang es, die Guerillakämpfer aus einem bestimmten Territorium zu vertreiben und sich die Loyalität der anderen Buren, deren Höfe (zumindest theoretisch) verschont blieben, zu sichern. Mit der Zeit gestaltete Kitchener die »Treibjagden« noch systematischer, indem er das Zusammenspiel der mobilen Kolonnen verbesserte. Dennoch blieb die »Jagdbeute«, wie er es nannte[17], äußerst gering – sie belief sich auf etwa 1000 Guerillakämpfer im Monat, während der britische Nachrichtendienst die Zahl der Feinde auf 20 000 schätzte. (Am Ende stellte sich heraus, daß es über 25 000 waren.) Bei diesem Tempo würde es noch Jahre dauern, bis der Krieg beendet war.

Wie einige von Kitcheners berühmten Methoden, »kurzen Prozeß zu machen«, war das Niederbrennen von Farmen eine Maßnahme, mit der oft das Gegenteil des Gewünschten erreicht und überdies die Regierung des Mutterlandes in eine peinliche Lage gebracht wurde. In der Praxis wurden auch die Höfe der burischen Kollaborateure zerstört – sei es aus Versehen oder als Vergeltungsmaßnahme. Also ließ sich Kitchener etwas Neues einfallen. Seine Soldaten sollten nicht nur den Viehbestand der Farmen mitnehmen, sondern auch noch die Familien selbst. Frauen und Kinder konzentrierte man in »Flüchtlingslagern«[18] entlang der Eisenbahnstrecke. In Wirklichkeit beherbergten diese Lager zwei Sorten von Zivilisten: echte »Flüchtlinge« – also burische Familien, welche die Briten unterstützten oder sich zumindest neutral verhielten – und Internierte, das heißt die Familien der Männer, die den Guerillakampf fortsetzten. Dieser Unterschied war sehr wesentlich, denn die Rationen der beiden Gruppen waren unterschiedlich bemessen: Die Flüchtlinge bekamen schon wenig genug, doch die Versorgung der Internierten war miserabel.

Aber Kitchener kümmerte sich nicht um das Leben – oder Sterben – von Zivilisten. Er war entschlossen, den Krieg zu beenden, koste es, was es wolle. Und im Sommer 1901 glaubte er das richtige Mittel gefunden zu haben.

Der Schwachpunkt seiner »Treibjagd«-Methode bestand darin, daß die Guerillakämpfer im Schutz der Nacht durch die Maschen des Netzes von Patrouillen schlüpfen konnten. Deshalb fing er an, die beiden ehemaligen Burenrepubliken in riesige Schachbrettfelder aufzuteilen, die durch Stacheldrahtzäune begrenzt waren und von Betonblockhäusern aus überwacht wurden. Außerdem setzte er 5000 mit Gewehren bewaffnete Afrikaner zur Überwachung der Blockhausfront ein. Die Buren erschossen für gewöhnlich die Afrikaner, die sie gefangennahmen. Also ließ Kitchener die Schwarzen bewaffnen, damit sie sich verteidigen konnten.

Die erste »Treibjagd« in Richtung Stacheldraht zeitigte Erfolge, und mit der Verfeinerung der Technik wuchs Kitcheners »Jagdbeute« stetig. Doch der Sieg auf dem Schlachtfeld genügt nicht immer. In London wurden Kitcheners drakonische Maßnahmen nicht mehr widerspruchslos hingenommen.

* * *

Es waren die »proburischen« liberalen Abgeordneten, die zuerst begriffen, welch schweren Fehler Kitchener beging, indem er Frauen und Kinder in den sogenannten »Flüchtlingslagern« zusammentrieb. Am 1. März zitierte Lloyd George einen Reuters-Bericht über die Verteilung von unterschiedlichen Rationen in den Lagern. Andere proburische Abgeordnete – wie etwa John Ellis und C. P. Scott – setzten den Angriff fort, indem sie den unheilvollen Begriff »Konzentrationslager«[19] einführten – in Anlehnung an die berüchtigten *reconcentrado*-Lager, die die Spanier für kubanische Guerilleros eingerichtet hatten. Wieviele Menschen lebten in diesen Lagern – schlimmer noch, wieviele waren dort bereits gestorben?

Zunächst versuchte der neue Kriegsminister Brodrick, die Fragen mit der Behauptung abzutun, die Buren hätten diese Lager freiwillig aufgesucht. Als Lloyd George dies als Unsinn entlarvte, erklärte Brodrick, die Lager seien aus humanitären Gründen errichtet worden. Sollte man etwa die Frauen und Kinder draußen im Busch dem Hungertod überlassen? Erst im April und im Mai legte Brodrick die ersten unvollständigen Statistiken über die Internierten vor: im Transvaal waren es 21 105, in der Oranjekolonie 19 680 und in Natal 2524. Man räumte ein, daß mehrere hundert Menschen bereits an Krankheiten gestorben waren, behauptete jedoch gleichzeitig, die Zahl der Toten nehme nun »rapide« ab.

Ende Mai begann man jedoch in London die Ausmaße der Tragödie zu begreifen, die sich in den Lagern abspielte. Emily Hobhouse, eine alleinstehende Frau von einundvierzig Jahren, hatte von Januar bis April im Auftrag britischer Sympathisanten die Lager in beiden ehemaligen Burenrepubliken bereist. Ihr Augenzeugenbericht erschütterte nicht nur die radikalen Liberalen, sondern auch den Parteiführer Campbell-Banner-

man. »Das unterschiedslose Niederbrennen von Farmen . . . die Deporta-
tionen . . . die Menschen, deren Heim verbrannt war und die zu Hunderten in Konvois hierher gebracht wurden . . . es fehlte an Kleidung . . . der
Hunger in den Lagern . . . die fiebernden Kinder, die . . . auf der Erde
lagen . . . die erschreckend hohe Sterblichkeit.«[20] Ein paar Tage später
erklärte Campbell-Bannerman bei einem Diner der Liberalen am 14. Juni:
»Man hört oft die Redensart ›Krieg ist Krieg‹. Doch wenn man näheres
erfahren will, heißt es, daß gar kein Krieg im Gange ist . . . (Lachen) Wann
ist ein Krieg kein Krieg? (Lachen) Wenn er mit barbarischen Methoden in
Südafrika stattfindet! (Schallendes Gelächter)«.[21]

Da Kitcheners Kolonnen ihre »Treibjagden« verschärften, schwoll die
Zahl der Internierten in den Lagern immer weiter an. Lebensbedrohende
Epidemien, die in Südafrika überall auftraten, wo Menschen auf engstem
Raum lebten – Typhus, Ruhr und (bei den Kindern) Masern – brachen
aus und griffen mit erschreckender Geschwindigkeit um sich. Doch wo
gab es Ärzte, Krankenschwestern, Sanitäter, Decken, Medikamente und
Nahrungsmittel für die Kranken? Es fehlte an allem, was für das Überleben im Busch benötigt wurde – gesundes Essen, sauberes Wasser, Schutz
gegen Sonne und Kälte.

Angesichts der Empörung im In- und Ausland entsandte die Regierung schließlich einen Untersuchungsausschuß unter Leitung von Dame
Millicent Fawcett, ihres Zeichens Feministin und Angehörige der liberalen Unionisten. Der Fawcett-Bericht bestätigte die düsteren Prognosen
von Emily Hobhouse. Inkompetenz und Versäumnisse auf allen Ebenen
hatten die Krise in eine Katastrophe verwandelt. Im Oktober lebten in
den Lagern bereits 111 619 Weiße und 43 780 Farbige. In diesem einen
Monat starben 3156 weiße und 698 schwarze Internierte; auf ein Jahr
umgerechnet lag im Oktober die Sterblichkeitsziffer für Weiße bei 34 Prozent. Für den Fawcett-Ausschuß stand außer Frage, daß die Mehrzahl der
Todesfälle zu vermeiden gewesen wäre. Zur Krise war es gekommen,
weil man die Grundregeln der Hygiene außer acht ließ, zur Katastrophe,
weil man versäumt hatte, sofort bei Ausbruch der Epidemien Ärzte und
Krankenschwestern aus England anzufordern.

Zu spät erkannte die Regierung, daß es ein furchtbarer Fehler gewesen
war, sich auf Kitchener zu verlassen. Nun übertrug sie Milner und den Zi-
vilbehörden die Verantwortung für die Lager. Im Februar war die Jahres-
sterblichkeitsziffer auf 6 Prozent gesunken, später lag sie mit 2 Prozent

niedriger als in Glasgow. Doch der Schaden war nicht wiedergutzuma-chen. So hatte Lloyd George, nachdem er den Bericht von Emily Hob-house hörte, vorhergesagt: »Wenn Kinder auf diese Weise behandelt wer-den und sterben, dann bringt das einfach die tiefsten Empfindungen im menschlichen Herzen gegen die britische Herrschaft in Südafrika auf . . . man wird nie vergessen, daß die britische Herrschaft auf diese Weise ihren Anfang nahm.«[22]

Mittlerweile machte Kitchener bei seinem Feldzug gegen die Guerilla-kämpfer mit seinem neuen Rezept – Stacheldraht, Blockhäuser und schwarze Truppen – deutliche Fortschritte. Im April 1902 waren alle wichtigen Führer des Widerstands, Botha, Smuts, De La Rey, De Wet und Präsident Steyn mit der Parlamentärsflagge aus dem *veld* gekommen. Die Friedensverhandlungen dauerten mit Unterbrechungen bis Ende Mai. Mit Ausnahme einer Klausel unterbreiteten die Briten den Buren-führern praktisch dasselbe Angebot, das sie Botha 1901 in Middelburg gemacht hatten. Großbritannien forderte keineswegs Reparationszah-lungen (wie Deutschland 1871 von Frankreich), sondern bot den Buren, die durch den Krieg Pferde und Vieh verloren hatten, sogar Entschädi-gung an und war bereit, ihnen Darlehen in Höhe von 3 Millionen Pfund für den Wiederaufbau zur Verfügung zu stellen. Die neuen Kolonien sollten wie das Kap und Natal eine Selbstverwaltung erhalten, sobald es die Umstände zuließen. Doch ein entscheidendes kleines Wort war seit Middelburg geändert worden. Es handelte sich dabei um ein Zuge-ständnis an die Entschlossenheit der Buren, den Afrikanern das Wahl-recht vorzuenthalten. Wann würden die »Kaffern« in der Transvaal- und Oranje-Kolonie dasselbe Wahlrecht erhalten wie die Afrikaner am Kap? Erst wenn die parlamentarische Regierung garantiert sei, hatte es in Middelburg geheißen; erst *nachdem* die parlamentarische Regierung garantiert sei, lautete die neue Formulierung. Und »nachdem« hieß nichts anderes als »nie«; das war auch der britischen Regierung klar. Dieses Zugeständnis sollte sich in den folgenden Jahren verhängnisvoll auswir-ken. Es wirkte wie ein Hohn auf Chamberlains Mahnung, man dürfe keinen »schändlichen Frieden aushandeln, der die Situation der farbigen Bevölkerung im Vergleich zu der Zeit vor dem Krieg unverändert läßt«[23].

Die Delegierten aus den Kommandos, die noch im *veld* waren, versam-melten sich im Mai in einem großen Zelt in Vereeniging, unweit des Vaal, um sich über die britischen Friedensbedingungen zu beraten. Die Buren waren (und sind noch heute) geschäftstüchtige Leute. Für das Angebot sprachen überwältigende Argumente. »Kämpft bis zum bitteren Ende«, sagte De La Rey. »Wollt ihr das? Aber ist das bittere Ende nicht bereits gekommen?« Botha erklärte, die Lage sei »hoffnungslos«[28]. Smuts, der eine neue »Invasion« in der Kapkolonie angeführt hatte, räumte ein, daß von den Afrikaandern am Kap nichts zu erwarten sei. In den ehemaligen Republiken wurden die Guerillaeinheiten von Kitchener an die Wand gedrückt – es fehlte an Pferden, Vieh und Munition. Dagegen hatte Kitchener in letzter Zeit Geheimbefehle an seine Kommandos erlassen, nach ihren »Treibjagden« *keine* Frauen und Kinder mehr in die Lager zu bringen. Daher herrschte bei den Burenfamilien im *veld* nun viel größere Not, als in den von Milner reformierten Lagern.

Außerdem war nun wieder die Rede von einer »schwarzen Gefahr«. In einigen Gebieten waren die Afrikaner dem Vernehmen nach »nicht mehr zu bändigen«, und ein Zulu-Impi hatte bei Holkrantz, unweit Vryheid, aus Rache für Viehdiebstähle der Buren 52 Weiße getötet. Schlimmer noch, Kitchener war es gelungen, Tausende von besiegten Buren für einen Wechsel auf die Seite der Briten zu gewinnen, darunter auch De Wets Bruder Piet. Der Kampf, der stets ein Bürgerkrieg zwischen Buren und Briten in Südafrika gewesen war, entwickelte sich zum Bürgerkrieg unter den Buren – ausgetragen zwischen den 21 000 Freischärlern, die »bis zum bitteren Ende« kämpfen wollten, und den 5000 »Überläufern« auf britischer Seite. Kurz gesagt, der Krieg würde bald in einer demütigenden Katastrophe enden. Deshalb mußte jetzt Frieden geschlossen werden.

Als am 31. Mai im großen Zelt von Vereeniging die Stimmen ausgezählt wurden, zeigte sich, daß die überwältigende Mehrheit für den Frieden gestimmt hatte. Am selben Abend wurde in Pretoria der Friedensvertrag unterzeichnet – von Kitchener und Milner für Großbritannien, von dem stellvertretenden Präsidenten Burger für den Transvaal und von De Wet für den Freistaat. Damit war ein Konflikt beigelegt worden, der Südafrika ein Jahrhundert lang erschüttert hatte. Kitchener war hocherfreut, besonders über seine Ernennung zum Viscount und die 50 000 Pfund, die er von der Regierung in Anerkennung seiner Leistung erhielt (und die er sofort in südafrikanischen Goldaktien anlegte).

Im Gegensatz dazu fühlte sich Milner, der sich gebrüstet hatte, den Krieg heraufbeschworen zu haben, um den Sieg geprellt. Im tiefsten

Inneren hatte er die Friedensverhandlungen abgelehnt, denn er befürwortete weiterhin die Anglisierung des ganzen Landes. Seiner Ansicht nach wäre es besser gewesen, die politischen Führer der Buren draußen auf dem *veld* verschmachten zu lassen, als sie mit der Aussicht auf baldige Selbstverwaltung wieder in den Schoß der Gemeinschaft aufzunehmen. Die Arithmetik der Demokratie – eine Mehrheit für Buren und Afrikaander in den vier Kolonien zusammengenommen – verhieß nichts Gutes für Milners große Pläne.

Alles hing von den Goldminen ab. Wenn es gelang, die Kosten der Goldförderung zu senken – insbesondere den Preis für Dynamit und Transport sowie die »lächerlich« hohen Löhne der afrikanischen Bergleute –, würden ein neuer Bergwerksboom und ein neuer Goldrausch einsetzen. Nur durch eine britische Einwanderungswelle war die Katastrophe noch abzuwenden. Denn nur dann würden die Briten in dem gefährlichen Augenblick die Mehrheit stellen, in dem alle vier Kolonien zu einem selbstverwalteten Dominion wie Kanada vereinigt wurden.

* * *

Die britische Öffentlichkeit nahm den Frieden von Vereeniging ziemlich emotionslos auf. Man war erleichtert, daß er endlich vorbei war, dieser demütigende Krieg, der 20 Millionen Pfund und 20 000 Briten das Leben gekostet hatte. Die Verluste der Buren wogen schwerer: 7000 Männer waren im Krieg gefallen und etwa 28 000 burische Frauen und Kinder in den Lagern gestorben. Außerdem waren über 14 000 Schwarze getötet worden.

Sechs Wochen nach der Unterzeichnung des Friedensvertrags legte Lord Salisbury endlich seine Amtsiegel in die großen, fetten Hände des neuen Königs Edward VII. Salisburys eleganter Neffe Arthur Balfour küßte sodann diese Hände als neuer Premierminister.

Sechzehn Jahre lang hatte Salisbury die Aufteilung des afrikanischen Kuchens gesteuert und dafür gesorgt, daß der Löwenanteil der neuen Kolonien und Schutzgebiete – fünfzehn von dreißig – an Großbritannien ging. Zwar war er vor allem darauf bedacht gewesen, dem Inselreich einen strategischen Vorteil zu verschaffen, doch die Briten hatten daneben noch das Glück, die gewinnträchtigsten Territorien Afrikas zu ergattern: die Goldminen des Transvaal, die reichen Märkte des Niger, den Tee und Kaffee aus Uganda, die ägyptische und sudanesische Baumwolle.

Das Ende des Wettlaufs um Afrika war in Sicht, doch ausgestanden war er noch nicht. Drei Fragen blieben noch offen.

Man rechnete damit, daß Frankreich sich Marokko, den widerspenstigen Nachbarstaat Algeriens, einverleiben würde, der inoffiziell bereits als französisches Protektorat galt. Italien plante, dem schwächlichen Griff des Sultans von Konstantinopel zwei Wüstenstreifen zu entreißen – Tripolitanien und Cyrenaika. Wie würden die Großmächte darauf reagieren?

Wesentlich wichtiger war die Frage, was mit dem Kongo geschehen sollte. Unter den afrikanischen Kolonien besaß dieses Gebiet – als Privatbesitz des vermeintlichen Philantropen, König Leopold – einen einzigartigen Status.

Die dritte Frage betraf die Reaktion der afrikanischen Bevölkerung. Die mächtigen Staaten des schwarzen Erdteils hatten sich der Fremdherrschaft widersetzt, und nun waren sie erobert. Die vielen tausend Häuptlinge, die den Großteil des Kontinents beherrschten, hatten kaum Widerstand geleistet. Das Empire auf dem Papier bedeutete ihnen wenig. Wie würden sie reagieren, wenn sie das Empire »vor Ort« erlebten?

Hatten sich Lord Salisbury oder die Politiker der anderen Großmächte um die Interessen der 110 Millionen schwarzen und braunen Untertanen, die sie gerade »dazugewonnen« hatten, überhaupt Gedanken gemacht? Die Europäer hatten sich stets bereitwillig der optimistischen Vermutung hingegeben, daß es den Afrikanern nun kaum übler ergehen könnte als unter ihren eigenen Herrschern. Als nun die Großmächte ihre dreißig neuen Kolonien und Schutzgebiete zu verwalten begannen, erwies sich das Gerede von »Handel, Christentum und Zivilisation« endgültig als hohle Phrase.

TEIL IV

Widerstand und Reform

IN THE RUBBER COILS

KAPITEL 32

Die abgehackten Hände

Brüssel, London, Paris und der Kongo
16. Mai 1902 – Februar 1904

»Wilde Tiere – die Leoparden – töteten etliche von uns, während wir
im Wald arbeiteten, andere fanden den Weg nicht mehr zurück
und starben oder verhungerten; und wir baten die Weißen inständig,
uns in Frieden zu lassen, weil wir keinen Kautschuk mehr
sammeln konnten, aber die Weißen und die Soldaten sagten: Geht. Ihr
seid selbst bloß Tiere. Ihr seid nur Nyama (Fleisch).«

Aussage eines Dorfbewohners im Kongostaat
auf Fragen von Konsul Casement, 1893

In den frühen Morgenstunden des 16. Mai 1902, zwei Wochen bevor
der Friedensvertrag zwischen Briten und Buren einen Krieg beendete,
der in den europäischen Zeitungen immer noch seinen Nachhall fand,
landete die *Times* in ihrer Blechbüchse wie immer mit einem dumpfen
Schlag im Garten des königlichen Schlosses Laeken bei Brüssel.

Zweifellos erregte die Seite elf an diesem Vormittag die besondere
Aufmerksamkeit König Leopolds, als er sich nach der morgendlichen
Rundfahrt auf seinem neuen großen Dreirad an die Zeitungslektüre
machte. Die *Times* widmete an diesem Tag eine halbe Spalte einer
Protestversammlung, die am Abend zuvor im Mansion House in London
stattgefunden hatte und bei der das »bittere Unrecht« angeprangert
wurde, das die Eingeborenen im Kongo erlitten. Zwei Resolutionen
wurden feierlich verabschiedet: ein Appell an die Großmächte, die die
Abkommen von Berlin und Brüssel unterzeichnet hatten, »gemeinsam
die notwendigen Reformen herbeizuführen«, sowie ein Appell an die
britische Regierung, hierzu die Initiative zu ergreifen.[1] Doch der Saal im
Mansion House war halb leer gewesen, und deshalb sah der König
keinen Grund zur Beunruhigung.

Die treibende Kraft hinter der Protestversammlung waren einige englische Menschenrechtler, die das Treiben des Königs schon seit Jahren kritisch beobachteten – Richard Fox Bourne, der Sekretär der traditionellen *Aborigines Protection Society*, die sich von jeher dem Kampf gegen die Sklaverei gewidmet hatte, und Sir Charles Dilke, ein Parlamentsabgeordneter der Radikalen. Sie zielten ganz offen darauf ab, die internationale öffentliche Meinung gegen Leopold aufzubringen; doch die beiden Verfechter der Menschenrechte waren nicht die richtigen Männer, um aus dem Protest eine Bewegung zu machen. Fox Bourne hatte sich durch sein Engagement für Afrika in ganz Europa Feinde geschaffen, und Dilke galt selbst bei ehemaligen Freunden als schwarzes Schaf, nachdem er siebzehn Jahre zuvor in den skandalösen Scheidungsfall der Mrs. Crawford verwickelt gewesen war.

Neu war allerdings die Tatsache, daß die Menschenfreunde neuerdings ein Bündnis mit Geschäftsleuten eingingen. John Holt, der Vizepräsident der Handelskammer von Liverpool, brachte wirtschaftliche Beschwerden gegen den Kongo-Freistaat vor, da Leopolds Beamte dort die Grundsätze des Freihandels, wie sie in der Kongoakte von Berlin festgelegt waren, mit Füßen traten.

Doch der König konnte es getrost seinen Diplomaten und dem Kreis seiner Bewunderer in Europa und Amerika überlassen, seinen glänzenden Ruf zu verteidigen. Denn sein Ansehen in aller Welt war bisher nur ein einziges Mal ernsthaft gefährdet gewesen. Die unglückselige Affäre um den britischen Händler Charlie Stokes hatte in den Jahren 1895/96 einiges Aufsehen erregt. Stokes hatte es nicht lassen können, Elfenbein aus dem Kongo an Deutsch-Ostafrika zu verkaufen und die Kongolesen dafür mit deutschen Gewehren zu versorgen. (Stokes war ein ehemaliger Missionar, der auch Lugard in Uganda mit Waffen beliefert hatte.) Im Januar 1895 wurde er gefaßt und anschließend durch den belgischen Hauptmann Lothaire zum Tode verurteilt und gehängt.

Die englische Presse griff die Geschichte auf, und die Regierung Salisbury protestierte wegen Mißachtung der juristischen Spielregeln. Hauptmann Lothaire mußte daraufhin selbst drei Prozesse über sich ergehen lassen, wurde jedoch mangels Beweisen freigesprochen und schließlich zum Direktor der größten Handelsgesellschaft im Kongo ernannt.

Um den guten Namen des Kongostaats zu erhalten, setzte Leopold 1896 eine sechsköpfige Kommission zum Schutz der Eingeborenen ein, die die Justizbehörden über sämtliche »Gewalttaten, denen Eingeborene zum Opfer fallen können«[2], auf dem laufenden halten sollte. Die Mitglieder waren samt und sonders Kirchenmänner von unanfechtbarer Redlichkeit: drei belgische katholische Priester, zwei britische Baptisten-Missionare und ein amerikanischer Baptist. Doch ihre Stationen lagen so weit voneinander entfernt, daß Besprechungen nicht möglich waren; und keiner von ihnen lebte in einem Bezirk, in dem Kautschuk gewonnen wurde und aus denen die Berichte über angebliche Greueltaten stammten. Doch in Europa wirkte die Einrichtung der Kommission Wunder. Wer konnte es nun wagen, Leopolds hehre Motive anzuzweifeln – oder leugnen, daß er sein Privatvermögen einsetzte, um in Afrika großangelegte humanitäre Ziele zu verwirklichen: die »Besserstellung« des schwarzen Mannes und die Schaffung eines »mustergültigen Staates«[3] im Kongo?

Obwohl die Stokes-Affäre einen üblen Nachgeschmack hinterließ, gelang es der Kommission zum Schutz der Eingeborenen, die sporadischen Berichte über Mißstände im Kongostaat zu entkräften. Nach einigen Jahren wurde der Protest der britischen Menschenrechtler daher nur noch belächelt. Und der König genoß die Verehrung, die ihm neuerdings in Belgien zuteil wurde.

Der Monarch kaufte im großen Stil Land auf und verwirklichte gigantische Bauvorhaben. In Brüssel schuf er Prachtstraßen und einen Triumphbogen à la Napoleon, in Tervuren eröffnete er ein Kongo-Museum, und für Ostende entwarf er öffentliche Parkanlagen. Um die Liebe und Dankbarkeit seines Volkes zu gewinnen, schenkte er (wenn auch rein symbolisch) den Belgiern all die prächtigen Monumente nebst seinen königlichen Besitzungen in Laeken und anderswo als *donation royale*.

Die Affäre, die der Fünfundsechzigjährige im Jahre 1900 mit der sechzehnjährigen Französin Blanche Delacroix begann, wurde jedoch vor der Öffentlichkeit streng geheim gehalten. Als die unglückliche Königin Marie-Henriette 1902 in Spa starb, feierte der Monarch seine neugewonnene Freiheit, indem er Blanche eine Villa beziehen ließ, die von Laeken aus zu Fuß zu erreichen war.

In den Armen der üppigen »Baronesse de Vaughan« – diesen Scheintitel hatte Blanche erhalten – fand der alte Mann ein spätes Glück. Vergessen waren die Einsamkeit seiner Kindheit und die langen Jahre einer unglücklichen Ehe. Was machte es da, daß sie ihn herumkommandierte und lächerlich machte? Wenn er gelegentlich protestierte, lachte sie nur und zündete sich eine Zigarre an. Leopold hatte endlich zu sich selbst gefunden.

Mit dem Liebesglück stellte sich auch der finanzielle Erfolg ein. Im Kongo verdiente der Monarch mit leichter Hand ein Vermögen. In der Öffentlichkeit hörte man vor allem von den Erfolgen belgischer Privatunternehmen und von der Menschenliebe des Königs. Doch der Kongostaat war an den Privatfirmen zu fünfzig Prozent beteiligt, und ein Teil der Gewinne flossen in die Taschen des Monarchen. Gleichzeitig wurden die Handelsstatistiken gefälscht, um den Eindruck zu erwecken, daß der Kongo, so wie andere erfolgreiche Kolonien, eine ausgewogene Handelsbilanz aufwies und Importe und Exporte, Einnahmen und Ausgaben sich die Waage hielten.

Die tatsächlichen Zahlen, soweit sie sich ermitteln lassen, ergeben ein völlig anderes Bild. Denn der Kongo war schließlich gar keine Kolonie, sondern Privateigentum im Besitz eines genialen Kapitalisten. Vor dem Kautschuk-Boom, den sich Leopold mit größter Geschicklichkeit zunutze machte, hatte der Kongo lediglich etwas Palmöl und Elfenbein exportiert. Doch bis 1902 war der Kautschukabsatz innerhalb von acht Jahren auf das Fünfzehnfache gestiegen, machte über achtzig Prozent der Exporte aus und brachte 41 Millionen belgische Franc ein. Der Kautschuk wuchs wild und ließ sich ohne großen Kostenaufwand ernten. So kam es, daß die Exporte doppelt so hoch waren wie die Importe und der Kongostaat insgeheim einen gewaltigen Einnahmenüberschuß anhäufte.

Leopold sah keinen Grund, diesen Gewinn im Kongo zu reinvestieren – so wie es in anderen Kolonien üblich war. Den belgischen Steuerzahlern war er (abgesehen von den zinsfreien Krediten) keine Rechenschaft schuldig. Und zu der Zeit, als alle mit Ausnahme Leopolds glaubten, der Kongostaat werde bankrott machen, hatte er schließlich sein eigenes Vermögen von 15 Millionen Francs im Kongo vertan.

Die Früchte dieser Investition, die um ein Mehrfaches höher ausfielen, wollte er nun ernten. Diese heimlichen Gewinne dienten dazu, seine Bauvorhaben und sein luxuriöses Leben in Belgien zu finanzieren – den Triumphbogen und die Prachtstraßen, die Parkanlagen und Paläste der *donation royale* ebenso wie seinen Privatsitz in Cap Ferrat an der französischen Riviera, wohin er sich mit Blanche zurückzog, sooft es seine Amtsgeschäfte zuließen.

Sieben Jahre zuvor, als der Kongostaat 1895 am Rande des Bankrotts stand, hätte Leopold beinahe aufgegeben und das Gebiet freiwillig der belgischen Regierung übertragen. Sechs Jahre später, im März 1901, hatte der belgische Staat jedoch die Möglichkeit, von seiner zehnjährigen Option auf den Kongo Gebrauch zu machen, die er für einen zinsfreien Kredit über 25 Millionen Franc erworben hatte. Doch nun zeigten Staat und Volk merkwürdigerweise kein Interesse mehr an der mittlerweile finanziell sanierten Kolonie, und die Chance blieb ungenutzt.

Der Monarch verfolgte die Doppelstrategie, heimlich Gewinne einzustreichen und vor seinen Bewunderern als Philanthrop zu glänzen. Dabei schenkte er den Berichten ausländischer Missionare über Zwangsarbeit und Mißstände in seinem Privatstaat zum Teil selbst Glauben. »Diese Greuel müssen abgestellt werden, oder ich werde mich aus dem Kongo zurückziehen«,[4] erklärte er gegenüber Liebrecht, einem hohen Beamten im Freistaat. Doch weder Liebrecht noch die anderen unternahmen etwas, denn sie wußten, daß die Gewissensbisse des Königs sich bald wieder legen würden.

Die Angriffe seiner englischen Kritiker im Jahre 1902 nahm er nicht ernst; von Spinnern wie Fox Bourne oder Perversen wie Dilke würde er sich die Freude an seinen Gewinnen nicht verderben lassen.

Der König ahnte nicht, daß ein ernsthafter, junger Mann namens Edmond Morel gerade im Begriff stand, die zögerlichen Forderungen der britischen Reformer in eine großangelegte Kampagne zu verwandeln.

* * *

Georges Edmond Pierre Achille Dene Morel de Ville wurde in einem schäbigen Pariser Vorort geboren; er war der Sohn eines begabten, aber unzuverlässigen französischen Beamten und einer zurückhaltenden, prüden, stolzen Engländerin, die von Quäkern abstammte. Sein Vater starb fast völlig mittellos, als Edmond vier Jahre alt war, und seine Mutter mußte sich ihren Lebensunterhalt in Paris als Musiklehrerin verdienen. Sie schickte ihren Sohn auf die Pubic School Bedford Modern nach England, wo er für einen erschwinglichen Preis eine solide Schulbildung erhielt. Mit fünfzehn verließ er die Schule als erklärter Nonkonformist. Er identifizierte sich mit England, aber mit dem England Bunyans und seiner Quäkervorfahren, den Leuten, die den Abolitionismus, die Bewegung zur Abschaffung der Sklaverei, begründet hatten.

1890, als er gerade siebzehn war, verschaffte ihm seine Mutter eine Anstellung bei der Schiffahrtsgesellschaft Elder Dempster in Liverpool, die von Leopolds Bewunderer Alfred Jones geleitet wurde. Liverpool war das Zentrum des Westafrikahandels mit all seinen unheilvollen Traditionen, und Morel geriet bald in den Bann des geheimnisumwitterten Hafens. »Wenn ich beobachtete, wie die Ladung eines Dampfers gelöscht wurde«, schrieb er später, »Palmöl, Säcke mit Nüssen, Fässer und Säcke voll Kautschuk, Elefantenstoßzähne, riesige Mahagonistämme und so weiter, lief es mir immer kalt den Rücken hinunter.«⁵ Um sein Gehalt aufzubessern, begann er das Blaubuch, die amtlichen Veröffentlichungen zur britischen Außenpolitik, zu studieren und schrieb als freier Journalist Artikel über Westafrika. Bereits mit Anfang Zwanzig war er ein Experte auf diesem Gebiet; seine Ansichten über den Imperialismus blieben jedoch zunächst konventionell. So bewunderte er Chamberlain, der tatkräftig den Bau der Eisenbahn ins Innere Westafrikas vorantrieb. Seine Helden waren Männer wie Goldie, Lugard und Rhodes, die Großbritanniens Rivalen überlisteten.

Den traditionellen Menschenrechtlern wie Dilke und Fox Bourne, die die Mißhandlung der Eingeborenen im Kongo anprangerten, trat er damals noch kritisch entgegen: Und selbst wenn diese Schreckensberichte wahr sein sollten: »Welche europäische Nation, die die schwere Verantwortung auf sich genommen hat, dem Schwarzen Kontinent die Segnungen und Verirrungen der Zivilisation zu bringen, kann in dieser Hinsicht für die Unfehlbarkeit ihrer Vertreter einstehen?«

Waren die Schreckensberichte wahr? Im Jahre 1899 galt Morel in Großbritannien zwar als *die* Autorität für Westafrika, konnte jedoch diese Frage immer noch nicht klar beantworten. Durch seine Tätigkeit für Elder Dempster in Brüssel und Antwerpen kam Morel häufig mit Beamten des Kongostaates in Kontakt; was ihre geschäftliche Ethik betraf, war er nicht gerade beeindruckt. Aber daß die fröhlichen Belgier an irgendwelchen Greueltaten beteiligt waren, schien schwer vorstellbar. Eines stand allerdings fest: Der Privatstaat Leopolds war kein philanthropisches Unternehmen.

Abgesehen von den Belgiern, die die Hinrichtung von Charlie Stokes beobachtet hatten, gab es nur eine Handvoll europäischer Zeugen, die über Mißstände im Kongo berichteten. Darunter waren auch so glaubwürdige Persönlichkeiten wie der schwedische Missionar Reverend Sjöblom, die amerikanischen Geistlichen J. B. Murphy und William Morrison und der englische Forscher Edward Glave. Sie alle behaupteten, daß im Kongo grauenerregende Übergriffe der Kolonialverwaltung an der Tagesordnung seien. Doch warum wurden ihre Aussagen nicht von anderen Missionaren bestätigt? Schließlich lebten im Kongogebiet an die 240 katholische und 220 protestantische Geistliche. Warum schwiegen sie? Und überdies waren die Berichte nun schon viele Jahre alt und nicht mehr aktuell.

Doch spätestens 1900 war Morel bereit, seine Ansichten zu revidieren. Auch er war Leopold auf den Leim gegangen.

Als er die trockenen Statistiken des Kongostaates durcharbeitete, machte er die verblüffende Entdeckung, daß der König seine Handelsbilanz fälschte. Morel verglich die offiziellen Zahlen mit den Unterlagen von Elder Dempster und dem Kautschukabsatz des Kongostaates und seiner Handelsgesellschaften auf dem Markt von Antwerpen. Die Exporterlöse mußten in Wahrheit wesentlich höher sein, als man zugab, während die Importe vergleichsweise gering waren. (Der sogenannte »Handel« umfaßte auch umfangreiche Waffenlieferungen an die Armee des Kongostaates und Tausende von Tonnen tropischer Produkte, hauptsächlich Kautschuk, erreichten Europa ohne jede Gegenleistung.) Offensichtlich bezahlte der Freistaat den Eingeborenen, die den Kautschuk im Dschungel ernteten, keinen Pfennig dafür. Sie mußten Zwangsarbeit leisten und wurden von den Staatsbeamten durch Waffengewalt und Prügel erpreßt. Und das hieß, daß die Menschenrechtler das Ausmaß der Mißstände sogar noch unterschätzt hatten. Die Greuel hatten *System* – und die Philanthropie des Königs war nichts anderes als »legalisierter Raub mit gewaltsamen Mitteln«. Aber wer würde das glauben?

Morel war zutiefst entsetzt über seine Entdeckungen. »Einen Mord zu entdecken«, schrieb er später, »ist sicher schlimm genug. Ich bin aber auf eine ganze Mörderbande gestoßen, und ein König ist mit von der Partie.«[6] Zunächst wandte er sich an seinen Arbeitgeber, Alfred Jones, der jedoch merkwürdig zugeknöpft reagierte. Die Vorstellung, der König dulde die systematische Mißhandlung der Eingeborenen, sei absurd, meinte Jones. Außerdem dürfe Morel nicht vergessen, daß der Kongo-Freistaat einer der besten Kunden von Elder Dempster sei und Jones zum Ehrenkonsul in Liverpool ernannt habe.

Morel hielt nun nichts mehr bei der Schiffahrtsgesellschaft. Er kündigte, bevor Jones ihn entließ, und beschloß, seinen Lebensunterhalt als freier Journalist und Westafrikaspezialist zu verdienen. In der Zeitschrift

Speaker veröffentlichte er eine Artikelserie zum »Kongo-Skandal« und erregte damit die Aufmerksamkeit von Dilke und Fox Bourne, deren Berater er bald wurde. Die Veranstaltung im Mansion House am 15. Mai 1902 war ihr erstes gemeinsames Projekt, mit dem sie an die Öffentlichkeit gingen.

Huldigt dem Mammon, lautete Morels schlichter Rat an Dilke und Fox Bourne. Beide hatten die Ideale Brüderlichkeit unter Menschen, die Ehre Großbritanniens und die moralische Verantwortung des Empire beschworen. Doch nur wenn dem britischen Handel ein Schaden erwuchs, ließ sich die imperialistisch gesonnene Öffentlichkeit aufschrekken und das Parlament zum Handeln bewegen. Man mußte an den wirtschaftlichen Eigennutz appellieren. Der Handel stand schließlich unter den drei C's Livingstones (Commerce, Christianity, Civilization) an erster Stelle. Und die Wirtschaft des Kongo war nun einmal der Dreh- und Angelpunkt der ganzen Angelegenheit. Mit einem Federstrich hatte Leopold den Afrikanern nicht nur ihr Land genommen, sondern ihnen auch das Recht abgesprochen, sich ihre Handelspartner selbst zu wählen. Das Recht auf Freihandel, wie es das Berliner Abkommen von 1885 garantierte, war in Leopolds Privatkolonie außer Kraft gesetzt, und an seine Stelle trat ein illegales Monopol für den Staat und seine Handelsgesellschaften. Den Schaden trugen nicht nur die afrikanischen Bauern, sondern auch die britischen Händler.

Dennoch reagierten die britischen Geschäftsleute vorerst zurückhaltend. Doch die Wende kam schließlich 1901 mit einem Urteil des französischen Kolonialgerichts in Libreville, das wie eine Bombe einschlug.

Libreville, die Hauptstadt Gabuns, war das Verwaltungszentrum von Französisch-Kongo; die Kolonie war entgegen den optimistischen Prognosen ihres Gründers Brazza immer noch malariaverseucht, rückständig und unerschlossen. Doch statt die notwendigen Infrastrukturen zu schaffen, beschloß man in Paris, nach Leopolds Vorbild eine gewinnträchtigere Politik zu betreiben. Wie der Kongostaat verteilte nun auch Französisch-Kongo Konzessionen an Privatfirmen und setzte mit Hilfe staatlicher Autorität (und Waffengewalt) ein Monopol durch. Die Abschaffung des Freihandels und die Bestätigung dieses Vorgehens durch die Richter in Libreville bedeutete auch für die britischen Geschäftsleute das Aus. Zumindest ein großer Händler, John Holt, schlug sich daraufhin auf die Seite Morels.

Obwohl die Protestveranstaltung im Mansion House schlecht besucht war, lieferte sie den Anstoß zur Aktivierung der britischen Presse. Von den imperialistisch orientierten Zeitungen wie der *Morning Post* bis zu den liberalen Blättern wie der *Daily News* und dem *Manchester Guardian*, die den Freihandel hochhielten, war man sich einig: Da Großbritannien für die Schaffung des Kongostaates mitverantwortlich war, mußte es jetzt die Initiative ergreifen und die Großmächte zu Reformen bewegen.

Weniger erfolgreich waren die Bemühungen John Holts, der das Außenministerium zu bewegen suchte, sich für die Durchsetzung der humanitären und handelsrechtlichen Bestimmungen der Kongo-Akte einzusetzen. Lord Lansdowne wollte einerseits der Isolation Großbritanniens in Europa nicht Vorschub leisten und andererseits weder Frankreich noch Deutschland einbeziehen. Und selbst wenn es gelang, die Großmächte wieder an einen Tisch zu bringen, würde dies die Frage der Aufteilung Afrikas erneut aufwerfen. Und diese sei »in unserem eigenen Interesse nicht wünschenswert«[7] erklärte Lansdowne.

So blieb nur die Aufklärung der britischen Öffentlichkeit, die Druck auf das Parlament ausüben konnte, um Lansdowne und das Außenministerium zum Handeln zu zwingen. Anfang 1903 veröffentlichte Morel sein Buch *Affairs of West Africa*, das auch ein Kapitel über die erpresserischen Methoden enthielt, mit denen der Kongo ausgebeutet wurde. Kurz danach folgten Fox Bournes *Civilisation in Congoland*, und unabhängig von den Reformern erschien ein Buch eines Augenzeugen – Hauptmann Guy Burrows *The Curse of Central Africa*, das mit düsteren Beispielen den Vorwurf bestätigte, daß für einige belgische Beamte Mord und Folter zur Tagesordnung gehörten.

Die Kampagne kam in Schwung: Die Presse rezensierte die sensationellen Bücher, die Reformer organisierten Veranstaltungen und beeinflußten Parlamentarier, die Anfragen im Unterhaus stellen sollten. Schließlich gelang es der *Aborigines Protection Society* im April 1903, die Baptist Union zu bewegen, in einem gemeinsamen Appell an die belgische Regierung die Untersuchung der Greueltaten zu fordern; und im Mai kehrte der amerikanische Presbyterianer-Missionar William Morrison, dessen Enthüllungen bereits viel Aufsehen erregt hatten, mit einem aktualisierten Bericht aus dem Kongo zurück.

Die Reaktion des Königs war vorhersehbar – und finanziell gut abgesichert. Gegen Guy Burrows wurde vor einem britischen Gericht eine

Verleumdungsklage eingereicht. Da er keine Zeugen aus dem Kongo aufbieten konnte, wurde er zu einer Strafe von 500 Pfund verurteilt und sein Buch sollte eingestampft werden – ein vernichtender Schlag für die Reformer. Gleichzeitig stärkte Leopold, der die Unterstützung der Baptist Union verloren hatte, seinen Einfluß auf die übrigen britischen Baptisten im Kongo, indem er ihre Steuerbelastung minderte. Eine Abordnung der Baptist Missionary Society wurde vom König nach Brüssel eingeladen; die Vertreter versicherten ihm ihre Dankbarkeit für all seine »umsichtigen Bemühungen, die Eingeborenen zu bilden und ihre Lebensverhältnisse zu bessern«. Bereits Ende März war es Leopold gelungen, die Affäre in einen Propaganda-Coup zu seinen Gunsten umzumünzen.

Außerdem wurden die alten Gerüchte um Sir Charles Dilke wiederbelebt, und ein belgischer Beamter reiste nach London, um zu erkunden, wieviel Morels Gesinnung wert war. Der unbeholfene Bestechungsversuch gab eher Anlaß zur Heiterkeit, doch die britische Öffentlichkeit begegnete den Enthüllungen über den wahren Charakter des Königs weiterhin mit Skepsis.

Dann, am 20. Mai 1903, fand in London eine Versammlung statt, bei der der amerikanische Missionar William Morrison die bitteren Einzelheiten der Greueltaten schilderte. Veranstalter war die *Aborigines Protection Society*, und es nahmen sechs Parlamentsabgeordnete teil. Zwei Wochen später debattierte das Unterhaus erstmals seit 1897 über die »unheilvollen Zustände« im Kongo. Zu Morels Erstaunen fanden die wichtigsten Argumente der Reformer die einhellige Zustimmung der Abgeordneten. Die Regierung verpflichtete sich nun, die übrigen Unterzeichner-Staaten der Kongo-Akte zu konsultieren, »damit Maßnahmen ergriffen werden können, um die in diesem Staat herrschenden unheilvollen Zustände zu beseitigen«.[8]

Lansdowne versuchte nun, Zeit zu gewinnen; mit Leopold wollte er sich nicht anlegen. Bevor die Regierung weitere Schritte zu unternehmen bereit war, sollte der britische Konsul im Kongostaat, Roger Casement, einen umfassenden Bericht vorlegen.

* * *

Lord Lansdowne, der 1900 Nachfolger Salisburys im Außenministerium geworden war, bewegten im Sommer 1903 ganz andere Fragen.

Der Außenminister plante eine Wiederannäherung an Frankreich – ja mehr noch, eine *entente cordiale*, ein herzliches Einvernehmen. Damit sollte ein für allemal ein Schlußstrich unter die gefährlichen Auseinandersetzungen um afrikanisches Territorium gezogen werden, die die Beziehungen beider Länder seit dem britischen Einmarsch in Ägypten im Jahre 1882 schwer belasteten. Außerdem gab es da die noch wichtigere Frage der strategischen Verteidigung. Die britische Admiralität forderte ein Bündnis mit einer anderen Seemacht. Frankreich, Rußland und Deutschland – in dieser Reihenfolge – waren den Briten in einem Rüstungswettlauf zur See auf den Fersen. Zunächst versuchte es England mit einer Annäherung an Deutschland. Doch im August 1901 hatte der Kaiser den Briten eine Abfuhr erteilt und die Hand zurückgewiesen, die sein Onkel Edward VII. ihm darbot. 1903 streckte der König erneut die Hand aus, diesmal nach Paris – in der Hoffnung, daß die Franzosen nach Faschoda nicht zu stolz wären, sie zu ergreifen.

Die Gelegenheit dazu bot sich Mitte Mai, eine Woche vor dem Triumph der Menschenrechtler in der Kongo-Debatte im Unterhaus. Edward VII. reiste zu einem Staatsbesuch nach Paris. In Frankreich hatte er sich immer zu Hause gefühlt; er setzte sein Geld gern auf französische Rennpferde, ließ sich große Diners munden und verlor sein Herz an französische Schauspielerinnen. Nach seinem dreitägigen Staatsbesuch lag ihm Paris zu Füßen. Statt Parolen wie »Vive Marchand!« und »Vive les Boers!« hörte man nun: »Vive Edouard! Notre Bon Edouard!«[9] Als im Juli der französische Präsident den Staatsbesuch erwiderte und nach London reiste, war es an der Zeit, daß Lansdowne und der französische Außenminister Delcassé zur Sache kamen. Ob Monsieur le Ministre vielleicht daran interessiert wäre, den Streit um Afrika beizulegen?

Die Verhandlungen im Außenministerium begannen am 9. Juli um 9:30 Uhr. Lansdowne begrüßte Delcassé, den Verlierer von Faschoda, in seinem prächtigen Büro mit Blick auf den St. James Park. Die beiden Männer wandten sich den kritischen Kolonialfragen zu und packten den Stier bei den Hörnern; die bei weitem wichtigsten Themen waren Marokko und Ägypten. Es herrschte eine freundliche Atmosphäre, und was noch verwunderlicher war, man kam rasch voran.

Neben Äthiopien, Liberia, Tripoli und Cyrenaika war Marokko der einzige afrikanische Staat, der während des Wettlaufs seine Unabhängigkeit bewahrt hatte. Doch der Thron von Abd-el-Haziz, dem fünfundzwanzigjährigen Sultan von Marokko, wankte. Geben Sie uns freie Hand in Marokko, verlangte Delcassé. Lansdowne war einverstanden, unter der Bedingung, daß Großbritannien in Ägypten unbehelligt blieb. Im Grunde war dies ein einfaches Tauschgeschäft.

Das Gerangel um das Kleingedruckte währte noch mehrere Monate. Die britische Öffentlichkeit lehnte den Tauschhandel ab, denn schließlich war Ägypten bereits britisches Protektorat, während die Franzosen Marokko erst in ihre Gewalt bringen mußten. Delcassé machte dagegen geltend, daß die Engländer an der Regierung Marokkos nicht offiziell beteiligt seien, während die Franzosen in Ägypten Partner in der Caisse seien und Napoleons Traum opfern müßten, der jedem Franzosen heilig sei. Also nahm man noch französische Fischereirechte vor der Küste Neufundlands und als Gegengewicht eine Grenzkorrektur in Nigeria in den Handel auf. Delcassé zögerte noch bis zum Frühjahr, doch dann erzwang ein grausamer Krieg nicht in Afrika, sondern im Fernen Osten eine Entscheidung.

Es war der Russisch-Japanische Krieg. Rußland war seit 1892 mit Frankreich verbündet, Japan seit 1901 mit Großbritannien. Zunächst sah es so aus, als müßten die Briten den theoretisch wesentlich schwächeren Japanern mit ihrer Flotte zu Hilfe eilen. Doch bei der Schlacht von Tsuschima am 27. Mai 1905 gelang den Japanern ohne Verbündete das Undenkbare: Die russische Flotte, die drittstärkste der Welt, wurde versenkt und die Mandschurei den Pranken des Bären entrissen.

Die Entente – einschließlich des stillschweigenden Einverständnisses, daß Frankreich in Marokko die Macht übernehmen dürfe – wurde am 8. April 1904 unterzeichnet. Damals sah man in ihr einen Triumph der Vernunft und eine der wenigen Erfolge der Regierung des neuen britischen Premiers Arthur Balfour, die durch den Rücktritt Chamberlains im Jahre 1903 geschwächt war. Nach zwei Jahren zog die Entente mit Frankreich eine weitere Entente mit Rußland nach sich. Lord Cromer (alias Baring) erhielt endlich freie Hand in Ägypten, und die *Caisse* wurde abgeschafft.

Doch dem britischen Außenminister war ein Aspekt des Tauschhandels mit Frankreich entgangen: Deutschland fühlte sich bedroht und eingekreist. Delcassé hatte das jedoch stets vorausgesehen; und diese Bedrohung war für die Franzosen sogar ein entscheidender Pluspunkt. Denn sie hatten als treue Jünger Gambettas stets die *revanche* und die heilige Pflicht, Elsaß-Lothringen zu befreien, im Sinn. Die Entente war ein unheilvoller Schritt in Richtung 1914.

Am 4. Juni 1903, ein Jahr, bevor die Entente unterzeichnet wurde, erreichten drei verschlüsselte Telegramme des Außenministeriums den britischen Konsul Roger Casement im Hafen Matadi am unteren Kongo. Die eine Botschaft, die er dechiffrieren konnte, ließ sein Herz schneller schlagen. In seinem Tagebuch hielt er fest, daß er die Anweisung erhalten hatte, so rasch wie möglich »ins Landesinnere zu reisen«, um die Mißstände im Kongo zu untersuchen. Das war seine Chance. Er war nun der Sonderermittler für Großbritannien – »der offizielle Rächer«[10], wie er in seinem Tagebuch vermerkte. Am nächsten Morgen trat er die Zugreise nach dem gut dreihundert Kilometer entfernten Leopoldville an.

Casement war achtunddreißig Jahre alt und sah aus wie ein spanischer Aristokrat. Er schrieb Gedichte, um dem Gefühl der Entfremdung Ausdruck zu verleihen, das ein Protestant aus Nordirland empfindet, der sich, früh verwaist, mit den unterdrückten Gälen solidarisiert. Wie Morel und andere hatte er in den achtziger Jahren für Elder Dempster gearbeitet, war im Kongo umhergereist und am Fieber erkrankt; 1884 arbeitete er für Stanley, dann engagierte er sich für die Baptisten und beförderte auf eigene Rechnung sogar Elfenbein an die Küste. Joseph Conrad verbrachte 1890, zehn Jahre bevor sein Roman *Das Herz der Finsternis* erschien, ein Jahr im Kongo und lernte Casement kennen. Conrad fand ihn »äußerst intelligent und sehr sympathisch«. »Er konnte einem Dinge erzählen!« schrieb Conrad über Casement. »Dinge, die ich am liebsten vergessen würde. Dinge, die ich mir nicht hätte träumen lassen.«[11]

Casement war ein Sklave widersprüchlicher Gefühle und Begierden. Er war ein glühender irischer Nationalist, der sich nach gesellschaftlicher Anerkennung in England sehnte; ein Eremit, den es nach exotischen Vergnügungen gelüstete, zum Beispiel (wie er seinem Tagebuch anvertraute) nach gutaussehenden Matrosen und muskulösen jungen Afrikanern; und nicht zuletzt war er ein sachlicher Ermittler, der Unrecht bestraft sehen wollte.

Im Jahre 1903 hatte er bereits elf Jahre Dienst in den Konsulaten stinkender, fieberverseuchter Hafenstädte hinter sich. Mit den Ermittlungen zu den »Mißständen im Kongo« bot sich ihm nun eine Aufgabe, durch die er seine ungezügelten Emotionen kanalisieren konnte.

Das Hauptmerkmal, das sich bereits am unteren Kongo zeigte, war die zunehmende Entvölkerung des Landes. Eine Ursache waren Seuchen, insbesondere die Schlafkrankheit. Doch die andere, Casement war sich dessen ganz sicher, bestand im System der Zwangsarbeit im Freistaat. Allerdings brauchte er dafür Beweise, die die Weltöffentlichkeit überzeugen würden. Vor allem mußte er die Unterstützung der Missionare gewinnen, die praktisch die einzigen unabhängigen Zeugen waren.

Die amerikanischen Baptisten besorgten ihm ein kleines Dampfboot, die *Henry Reed*, mit dem er auf eigene Faust die 250 Kilometer von Leopoldville flußaufwärts bis zum Rand des Regenwalds zurücklegte, wo das Kautschukgebiet begann.

In Bolobo, einer Missionsstation, die einst 40 000 Seelen zählte, fand Casement nur noch 1000 Einwohner vor. Berichten zufolge waren Truppen unterwegs, die die nahegelegenen Dörfer überfielen und die Einwohner bestraften, weil sie die »Nahrungsmittelsteuer« nicht entrichteten – mit anderen Worten, weil sie nicht die Zwangsarbeit leisteten, die den Staat ernährte. In Impoko stieß er auf Zeugen der Greueltaten. Ein Baptisten-Missionar namens Scrivener brachte ihn mit Basingilis zusammen, die sich dem Zugriff der Staatsbeamten entzogen hatten. Casement war entsetzt über die Erzählungen der Flüchtlinge. Als er fragte, warum sie ihre Heimat in der *Domaine de la Couronne*, einem Gebiet 160 Kilometer südlich, das der unmittelbaren Oberhoheit Leopolds unterstand, verlassen hatten, warum sie ihre Häuser und sämtlichen Besitz aufgegeben hatten, um bei einem Nachbarstamm wie Sklaven zu arbeiten, erwiderten die Männer und Frauen wie aus einem Munde: wegen der »Kautschuk-Steuer«, die von der Regierung erhoben werde.

»Wie setzt die Regierung die ›Steuer‹ durch?« wollte Casement wissen.

»In unserem Land mußte jedes Dorf zwanzig Körbe Kautschuk abliefern. Die Körbe waren groß; etwa so groß . . .« Der Sprecher brachte einen leeren Korb, der fast bis zum Griff von Casements Spazierstock reichte. »Diese Ladung mußten wir viermal im Monate liefern.«

»Wieviel hat man euch dafür bezahlt?«

Die gesamte Gruppe erwiderte: »Man hat uns nichts bezahlt. Wir haben nichts bekommen . . . Es hat zehn Tage gedauert, bis wir zwanzig Körbe voll Kautschuk gesammelt hatten – wir waren immer im Wald und haben Kautschukbäume gesucht; unsere Frauen konnten die Felder und Gärten nicht mehr bestellen. Wir waren am Verhungern. Wilde Tiere – die Leoparden – töteten etliche von uns, während wir im Wald arbeiteten, andere fanden den Weg nicht mehr zurück und starben oder verhungerten; und wir baten die Weißen inständig, uns in Frieden zu lassen, weil

658

wir keinen Kautschuk mehr sammeln konnten, aber die Weißen und die Soldaten sagten: Geht. Ihr seid selbst bloß Tiere. Ihr seid nur Nyama [Fleisch]. Wir haben es versucht, sind immer tiefer in den Wald vorgedrungen; und wenn wir es nicht geschafft hatten und zuwenig Kautschuk ablieferten, kamen die Soldaten in unsere Siedlungen und töteten uns. Viele von uns wurden erschossen, manchen haben sie die Ohren abgeschnitten, andere wurden mit Stricken am Hals und Körper gefesselt und weggeschleppt. Die Weißen in den Handelsniederlassungen wußten manchmal nicht, was die Soldaten uns antaten, aber es waren die Weißen, die die Soldaten geschickt hatten, um uns zu bestrafen, weil wir nicht genug Kautschuk ablieferten.«

Ein anderer Afrikaner setzte den Bericht fort:

»Wir sagten zu dem Weißen: ›Wir sind nicht mehr genug Leute, um das zu tun, war ihr von uns wollt. In unserem Land leben nicht mehr viele Menschen, und die Leute sterben schnell. Wir sterben an der Arbeit, zu der ihr uns zwingt, weil wir unsere Pflanzungen nicht mehr versorgen können und unser Zuhause zerstört wird.‹ Der Weiße schaute uns an und erwiderte: ›In Mputu [Europa] leben viele Weiße ... es muß einen Weg geben, damit auch im Land der Schwarzen viele leben.‹ «

Ein alter Mann, der in der Nähe lebte, erzählte Casement:

»Vor langer Zeit haben wir Elefanten gejagt; in unseren Wäldern lebten viele, und wir hatten genug Fleisch; aber Bula Matari [der Kongostaat] hat die Elefantenjäger getötet, weil sie keinen Kautschuk gesammelt haben, und so haben wir Hunger gelitten. Wir werden ausgeschickt, um Kautschuk zu sammeln, und wenn wir mit wenig Kautschuk wiederkommen, werden wir erschossen.«

»Wer hat auf euch geschossen?«

»Die Weißen haben ihre Soldaten geschickt, um uns zu erschießen.«

»Woher wißt ihr, daß es die Weißen waren, die die Soldaten geschickt haben? Vielleicht haben es die wilden Soldaten von sich aus getan?«

»Nein, nein, manchmal haben wir den Kautschuk in die Niederlassungen der Weißen gebracht, und wenn es nicht genug war, haben die Weißen einige von uns in Reihen, einen hinter den anderen, aufgestellt und durch all unsere Leiber hindurchgeschossen. Das haben sie manchmal mit eigener Hand getan, und manchmal haben es die Soldaten getan.«[12]

Die Berichte wurden später durch einen englischen Missionar bestätigt, der die Dörfer besucht hatte, in denen die Greueltaten stattgefunden hatten.

Casement setzte seine Reise flußaufwärts fort. In Lukokela traf er durch die Vermittlung des englischen Missionars Reverend J. Whitehead mit weiteren Basingili-Flüchtlingen zusammen. Sie berichteten von denselben qualvollen Erfahrungen.

Wo immer er auch an Land ging, hörte er von den Greueln des »Bula Matari«. Kinder waren in den Busch geflüchtet, während ihre Mütter und Schwestern von Soldaten niedergeschossen wurden; Hunderte von Familien waren niedergemetzelt worden oder in ihren Häusern lebendig verbrannt; zahlreiche Dörfer waren niedergebrannt und geplündert worden, die Männer wurden als Sklaven verschleppt, Frauen und Kinder totgeschlagen.

Besonders grauenerregend waren die Berichte über die abgeschlagenen Hände. Die Soldaten sammelten körbeweise Hände, die sie ihren Opfern tot oder lebendig abgehackt hatten, um zu beweisen, daß sie keine Munition verschwendeten.

Während die *Henry Reed* ins Innere der Kautschukregion vordrang, änderte sich der Ton von Casements offiziellem Bericht an das Außenministerium. Zu Anfang äußerte er sich zwar empört, aber sachlich:

Im Seengebiet war die Lage sehr übel . . . ganze Dörfer und Bezirke, die ich gut kannte und noch 1887 als blühende Gemeinden erlebt hatte, sind heute menschenleer; an anderen Orten lebt nur noch eine Handvoll kranker, zermürbter Geschöpfe, die über die Regierung sagen: ›Warum gehen die Weißen nicht endlich nach Hause; soll denn das ewig dauern?‹[13]

Doch im September erfüllte ihn der Gedanke an die Greuel nur noch mit Zorn. Am 6. September wurde er zu einem sechzehnjährigen Jungen gebracht, dessen rechte Hand abgehackt worden war – offensichtlich von einem Soldaten. Casement hatte genug gesehen. »Unter allen schändlichen, niederträchtigen Mitteln«, schrieb er ans Außenministerium, »mit deren Hilfe der Mensch den Menschen ausgebeutet hat . . . wagt es dieses schmutzige Geschäft [mit dem Kautschuk] auch noch, sich Handel zu nennen.«[14]

Casement machte sich unverzüglich auf den Heimweg nach England.

Am 30. November erreichte er Liverpool, und am 12. Dezember lag sein vierundachtzigseitiger Bericht den Beamten des Außenministeriums vor, die er nur noch als »Verein von Stumpfsinnigen« und »Quatschköpfen«[15] bezeichnen konnte.

* * *

Zu ihrer Überraschung fanden die Beamten im Außenministerium Casements Bericht sehr erhellend. Lansdowne gratulierte ihm, er habe Beweise geliefert, die »auf geradezu schmerzhafte Weise überzeugend«[16] wirkten. Doch andererseits versuchte Leopolds Lobby unter Führung von Alfred Jones bereits, die Veröffentlichung zu verhindern.

Im Februar 1904 hatten die Reformer allen Grund zur Zuversicht. Zumindest eine Sektion der britischen Baptisten unterstützte sie nun offen, und zwar die Congo Bolobo Mission. Gleichzeitig überredete Casement Morel, die Kampagne selbst zu leiten. Morel gründete daraufhin die Congo Reform Association, die durch Liverpooler Geschäftsleute wie John Holt finanziert wurde.

Im selben Monat beschloß Lansdowne, Casements Bericht ungeachtet der Proteste zu veröffentlichen – nachdem die meisten Eigennamen daraus entfernt worden waren. Casement geriet darüber sehr in Zorn; seiner Meinung nach würde seine Darstellung ohne die Namen der Zeugen nichts ausrichten. Dennoch sorgte der Bericht für eine Sensation. Seit Stanleys Tagen hatte der Kongo keine solchen Schlagzeilen mehr gemacht. Morel war überglücklich; und Casement wurde als Held des Tages gefeiert.

Doch zunächst schien sich Morels Abhängigkeit von Holt und den Liverpooler Geschäftsleuten verhängnisvoll auszuwirken, denn sie bot dem König und seinen erzürnten belgischen Untertanen eine gute Gelegenheit zum Gegenschlag.

Weder Frankreich noch Deutschland hatten das geringste Interesse, eine neue Kongo-Konferenz einzuberufen. Frankreich hatte gute ökonomische Gründe, mit der gegenwärtigen Regelung zufrieden zu sein; das Kautschukgeschäft der Handelsgesellschaften, die sich der Zwangsarbeit bedienten – das von Leopold übernommene System – zahlte sich allmählich auch in Französisch-Kongo aus. Die Deutschen führten Bismarcks Politik fort und stellten sich weiterhin hinter Leopold, um zu verhindern, daß er den Kongo Frankreich überließ.

Ohnehin hatte Deutschland eigene, dringendere Probleme in Afrika. Im Januar desselben Jahres, 1904, vernahm man Berichte von einem großen Herero-Aufstand in Südwestafrika, der die isolierten deutschen Garnisonen ins Meer zu treiben drohte.

KAPITEL 33

Der erste Krieg des Kaisers

Berlin und Deutsch-Südwestafrika
18. Januar 1904 und später

»Der Missionar sagt, daß wir Kinder Gottes sind wie unsere weißen
Brüder . . . aber seht uns doch an. Wie Hunde, Sklaven, schlechter als
die Paviane auf den Felsen . . ., behandelt ihr uns.«

Ein Herero zu einem deutschen Siedler

In jener zweiten Januarwoche 1904 trafen aus Windhoek, der Hauptstadt Deutsch-Südwestafrikas, täglich immer bedrohlichere Nachrichten in der Kolonialabteilung in Berlin ein und beunruhigten Dr. Oskar
Stübel und seine zehn Beamten, die die deutschen Kolonien vom Außenministerium in der Wilhelmstraße aus verwalteten.

Zuerst waren es nur Berichte über Viehdiebstahl und Aufsässigkeit
gegenüber den weißen Siedlern. Solche Vorfälle waren seit der Ankunft
der ersten deutschen Kolonisten in Deutsch-Südwestafrika vor zwanzig
Jahren zwar nichts Ungewöhnliches, doch diesmal hatte die Regierung
nichts riskieren wollen und Anfang Januar die Mobilmachung angeordnet. Alarmierender war die Nachricht aus der Stadt Okahandja vom
10. Januar, wo die dort ansässigen Herero den gesamten Pferdebestand
sowie Sättel und Zaumzeug aufgekauft hatten.

Der eigentliche Aufstand brach ohne Vorwarnung am 12. Januar los –
und zwar in den strategisch wichtigen deutschen Siedlungen entlang der
neuen Eisenbahnlinie: zwischen dem Hafen von Swakopmund und Windhoek. Vereinzelt gelegene Farmen wurden überfallen und dabei angeblich
auch Weiße getötet. Innerhalb weniger Tage wurden die Reservisten und
die regulären Truppen der wichtigsten deutschen Städte – Okahandja,
Omaruru und Windhoek – von den gut bewaffneten Herero angegriffen.

Es war nicht leicht, das Ausmaß der Bedrohung für die mehr als
5000 Deutschen dieser glücklosen Kolonie richtig einzuschätzen, die

hauptsächlich Felsen und Sand zu bieten hatte und den deutschen Steuerzahler jährlich neun Millionen Reichsmark kostete. Dr. Stübel konnte nur melden, daß die deutschen Garnisonen von Eingeborenen angegriffen worden waren[1]. Die Telegraphenverbindungen wurden schon am ersten Tag des Aufstands zerstört, und aus Windhoek trafen erst am 14. Januar wieder Nachrichten ein. Der Gouverneur, General Theodor von Leutwein, war von dem Aufstand überrascht worden. Nur eine einzige Kompanie hatte er in der Hauptstadt und in den umliegenden Bezirken zurückgelassen, mit zwei anderen Kompanieverbänden war er bereits im Herbst des Vorjahres in den Süden gezogen, um einen Aufstand des Nama- oder Hottentottenstamms der Bondelswarts niederzuschlagen. Vor Mitte Februar würde Leutwein nicht zurückkehren. Hilfe konnte also allein von jenen fünfundachtzig Marinesoldaten kommen, die sich an Bord der *Habicht* befanden, einem deutschen Kanonenboot, das entlang der südwestafrikanischen Küste patrouillierte.

Am 18. Januar waren sich die Beamten in der Wilhelmstraße darüber bewußt, daß eine Katastrophe bevorstand, die dem Ansehen Deutschlands schaden und Blut und Geld kosten würde. Deutschland mußte so rasch wie möglich Verstärkung schicken. Darin war sich Dr. Stübel mit Reichskanzler von Bülow und dem Kaiser einig. Es sollten fünfhundert freiwillige Marinesoldaten geschickt werden, die am 8. Februar in Swakopmund an Land gehen würden. In der Zwischenzeit mußten sich die Garnisonen mit den fünfundachtzig Marinesoldaten der *Habicht* begnügen. Der Reichstag stimmte zusätzlich der Bereitstellung von Finanzmitteln zu – 2,8 Millionen Reichsmark – ohne ein Zeichen des Widerspruchs von seiten August Bebels, dem Sprecher der Sozialdemokraten, der den Imperialismus in allen seinen Erscheinungsformen sonst stets verurteilte.

Doch niemand in Deutschland konnte sich erklären, weshalb diese einfachen Herero, die sich ein Jahrzehnt lang so gefügig gezeigt hatten, sich nun wie hungrige Wölfe gegen ihre Herren wandten.

Auch Theodor von Leutwein, der Gouverneur der Kolonie, konnte keine hinreichende Erklärung liefern, als er wenige Jahre nach dem Aufstand seine Erinnerungen niederschrieb. Er mußte zugeben, daß der Zeitpunkt des Angriffs der Herero – während seines Feldzuges im Süden – gut gewählt war. Seiner Meinung nach hatte es keinen Grund zum Aufstand gegeben – es sei denn die »unangebrachten Rassengegensätze«.[2] Und in

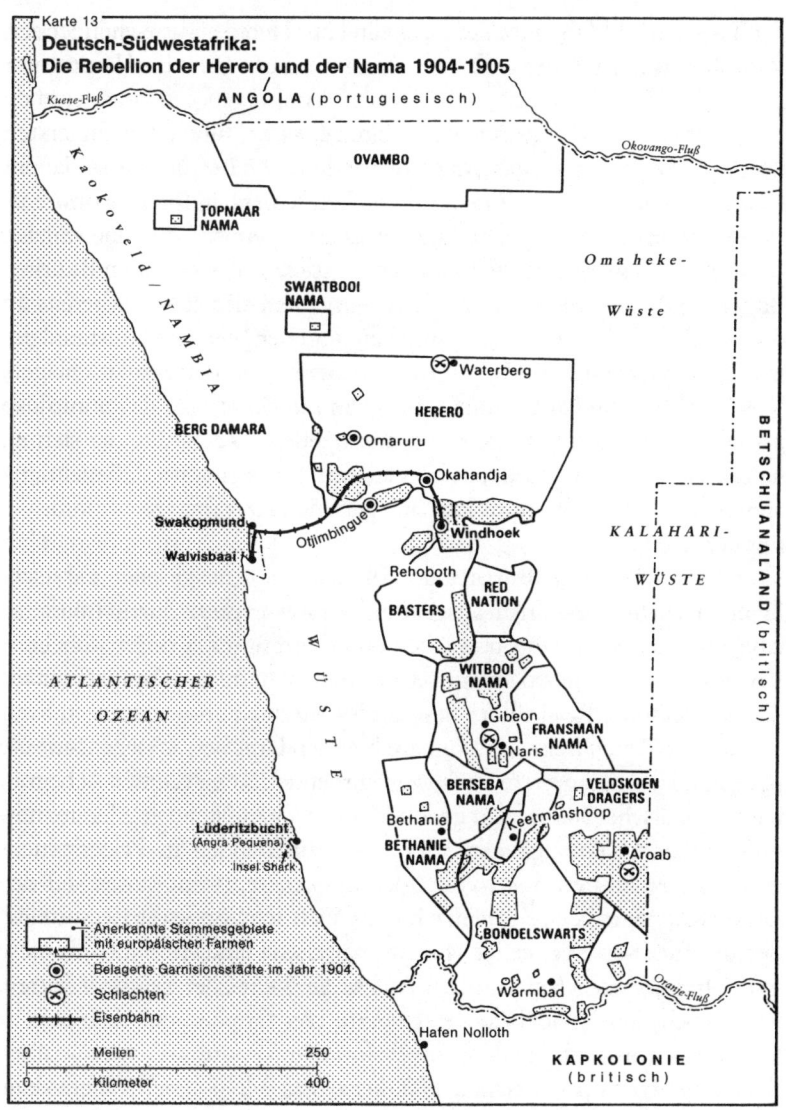

Karte 13

Deutsch-Südwestafrika:
Die Rebellion der Herero und der Nama 1904-1905

Kuene-Fluß

ANGOLA (portugiesisch)

Okovango-Fluß

OVAMBO

Kaokoveld / NAMBIA

☐ TOPNAAR NAMA

SWARTBOOI NAMA ☐

Omaheke-

Wüste

⊗● Waterberg

◇ HERERO

BERG DAMARA

◉ Omaruru

◇

Okahandja

Swakopmund

Otjimbingue ⊚

Windhoek

KALAHARI-

Walvisbaai

Rehoboth

WÜSTE

BASTERS

RED NATION

ATLANTISCHER

OZEAN

WÜSTE

WITBOOI NAMA

Gibeon

⊗● Naris

FRANSMAN NAMA

BERSEBA NAMA

VELDSKOEN DRAGERS

Lüderitzbucht
(Angra Pequena) ●

Bethanie

Keetmanshoop

Insel Shark

BETHANIE NAMA

● Aroab

⊗

BETSCHUANALAND (britisch)

BONDELSWARTS

☐▭ Anerkannte Stammesgebiete
mit europäischen Farmen

◉ Belagerte Garnisionsstädte im Jahr 1904

⊗ Schlachten

━┼┼┼ Eisenbahn

● Warmbad

Oranje-Fluß

0	Meilen	250
0	Kilometer	400

Hafen Nolloth

KAPKOLONIE
(britisch)

665

der Tat, Samuel Maherero, der Häuptling der Herero, war ein glühender Verfechter und ein Nutznießer der Zusammenarbeit mit den Deutschen gewesen.

Es war seltsam, daß gerade Leutwein, der sich rühmte, den Charakter der Afrikaner gut zu kennen, der eine romantische Bewunderung für die Kultur der Eisenzeit hegte und das Verhalten seiner Landsleute kritisch, ja zynisch beurteilte, von den Ereignissen derart überrascht worden war. Er stammte aus Freiburg im Breisgau, wirkte steif, professoral und trug eine Brille: ein Mann mit dogmatischen Ansichten, der sich in der Praxis dennoch flexibel zeigte. Zehn Jahre lang hatte er Meinungsverschiedenheiten zwischen seinen Vorgesetzten in Berlin und den Siedlern in den Kolonien zu vermeiden gesucht. In Berlin schreckte man davor zurück, noch mehr Geld für die Kolonie auszugeben. Die Siedler wiederum hatten es auf das Land der Afrikaner und auf schwarze Arbeitskräfte abgesehen und drängten zur Eile, auch um den Preis einer Konfrontation mit den Herero.

Im Jahre 1884 hatte Bismarck die koloniale Karte ausgespielt und seine Hand nach Südwestafrika ausgestreckt. Er war dazu durch Lüderitz, einen Bremer Kaufmann und Abenteurer, ermuntert worden, der eine Konzession für die unfruchtbare Küste erhalten hatte und darauf brannte, die unbekannten Reichtümer des Landesinnern zu erforschen.

Zu jener Zeit war das mit dünnem braunen Gras bewachsene Zentralplateau heiß umkämpft. In einem zermürbenden Krieg standen sich zwei halbnomadische Stämme gegenüber: die viehzüchtenden Herero des unfruchtbaren Zentralplateaus und die viehzüchtenden (und viehraubenden) Nama (»Hottentotten«) der noch trockeneren Steppen des Südens. Dieser Krieg um die Weideplätze für das Vieh erschöpfte die Ressourcen der afrikanischen Gegner, die von europäischen Händlern mit Gewehren und Munition beliefert wurden. Auf lange Sicht aber belastete dieser Krieg auch den Handel und erschwerte die Tätigkeit der rheinischen Missionsgesellschaft, die die Herero zum Christentum bekehren wollte.

Unterstützt von deutschen Händlern und Missionaren, überredete Lüderitz Bismarck, das politische Vakuum zu füllen und »die Ordnung wiederherzustellen«. Die Herero wurden von der Übernahme der Herrschaft durch den kaiserlichen Konsul Dr. Nachtigal offiziell informiert. In Vertragsformularen bot Nachtigal ihnen »Schutz«[3] an. Der alte Samuel Maherero, der Vater des späteren Häuptlings gleichen Namens, beeilte

sich, sein Kreuz unter den Vertrag zu setzen. Unter dieser neuen Flagge –
dem schwarzen Reichsadler – sollte dem zermürbenden Krieg mit den
Nama ein Ende gesetzt werden.

Doch in den 1880er Jahren konnte der deutsche Gouverneur Dr. Ernst
Göring (der Vater des Reichsmarschalls Hermann Göring) nur eine
Handvoll Soldaten bezahlen, die wenig ausrichteten. Andererseits kümmerten sich die Deutschen kaum um die Herero, ihnen war nur deren
Unterschrift unter den Verträgen wichtig. Den Herero wurde gestattet,
ihre modernen Gewehre zu behalten, die sie von deutschen Handelsgesellschaften gekauft hatten (eine davon war von deutschen Missionaren
gegründet worden). Sie führten auch weiterhin ein Nomadenleben und
setzten ihre Kämpfe um die Weideplätze fort – in der sicheren Gewißheit,
daß die Verträge ihnen ihre Rechte garantierten. Neben dem »Schutz«,
den die Deutschen dem Häuptling und dem Stamm zusicherten, verpflichteten sie sich auch, die Sitten und Gebräuche des Landes zu achten
und nichts zu tun, was in ihrem eigenen Land gegen die Gesetze verstieß.
Im Gegenzug hatten die Herero den Deutschen nominal die Oberhoheit
zugestanden – das Recht nämlich, die auswärtigen Angelegenheiten zu
regeln sowie das scheinbar belanglose Recht, unter der Aufsicht der
deutschen Behörden ungehindert Handel treiben zu können.

Im Jahr 1892 fand der Krieg zwischen den Herero und den Nama
schließlich ein Ende, und der Häuptling der Witbooi Nama, Hendrik
Witbooi, rief zur nationalen Einheit der Nama und Herero gegen die
deutsche Einmischung auf. Doch Samuel Maherero, obwohl lediglich der
vierte Sohn des alten Häuptlings der Herero, wollte die deutsche Intervention für sich ausnutzen und die Thronfolge für sich entscheiden.
Maherero war Christ und der Favorit der deutschen Missionare, und
folglich wurde er von dem neuen deutschen Gouverneur gegen seine
Rivalen unterstützt. Unterdessen hatte Leutweins Vorgänger, Hauptmann von François, das Lager Hendrik Witboois, des Häuptlings der
Nama, angegriffen. Witbooi hatte sich nämlich hartnäckig geweigert,
einen Vertrag zu unterschreiben. Im deutschen Artilleriefeuer starben an
die fünfzig Frauen und Kinder, doch Hendrik selbst gelang es zu fliehen.

Für den bei seiner Ankunft noch andauernden Guerillakrieg stand
Leutwein nur eine zweihundertfünfzig Mann starke Truppe zur Verfü-
gung, und so machte er den Witboois ein – wie er meinte, großzügiges –
Friedensangebot. Wie die Herero konnten auch sie ihre Waffen und ihre

Munition behalten und ihre traditionellen Rechte weiter wahrnehmen. Doch sie mußten sich verpflichten, mit den Behörden zusammenzuarbeiten sowie den Viehdiebstahl und die Stammesfehden einzustellen. Hendrik Witbooi, wie Samuel Maherero zum Christentum übergetreten, war bestrebt, die Friedensbedingungen einzuhalten. Jedoch war er auch klug genug, sich keine Illusionen über eine schnelle Lösung des Konflikts zwischen Europäern und Afrikanern zu machen. Die Deutschen brauchten Land für ihre Siedlungen, Vieh für den Export, sie wollten Gold und Diamanten abbauen – und sie brauchten Afrikaner als billige oder kostenlose Arbeitskräfte. Die Vorfahren der Witboois und der Herero waren Nomaden gewesen, hatten ihre Ahnen verehrt und von der Rinderzucht und dem Kampf gelebt. Dies war die Ordnung ihrer Welt, und sie waren bereit, ihr Leben zu opfern, um diese Ordnung zu bewahren.

Doch zunächst herrschte Frieden. Hendrik Witbooi schickte in treuer Ergebenheit ein Truppenkontingent, um die Deutschen gegen aufständische Stämme zu unterstützen. Samuel Maherero nutzte die deutsche Intervention geschickt für seine Zwecke und ließ zu, daß seine beiden größten Rivalen von deutschen Gewehrsalven getötet wurden.

Die zunehmende Verarmung und die daraus folgende militärische Schwächung aller drei Parteien – der Deutschen, der Herero und der Witboois – gab im folgenden Jahrzehnt Leutwein die Gelegenheit, seine Fähigkeiten als Friedensstifter unter Beweis zu stellen. Wie die anderen Kolonialmächte auch brauchten die Deutschen Frieden, um ihre Position zu stärken. Doch in den 1890er Jahren war die Kolonie hoffnungslos verarmt. Regelmäßig kam es zu Dürreperioden und Hungersnöten. Der Kaiser in Berlin spielte ernsthaft mit dem Gedanken, sie den Briten zu überlassen. Ein geheimes Memorandum aus dem Jahre 1891 verwahrte der Chef der Kolonialabteilung in einem versiegelten Umschlag. Darin hieß es, der Kaiser sei bereit, Südwestafrika, wenn nötig, aufzugeben, damit das Reich sich mit ganzer Kraft auf Ostafrika konzentrieren könne[4].

Der Traum von Diamanten und anderen Schätzen, der Lüderitz umgetrieben hatte, schien mit ihm an jenem Tag im Jahr 1886 versunken zu sein, als sein Boot im Oranje-Fluß kenterte. Auf den ausgedörrten Steppen weideten nur armselige Viehherden, doch die Herero weigerten sich, damit Handel zu treiben, da sie einen Teil ihrer Herde ihren Ahnen weihten.

Im Jahr 1897 erreichte eine Rinderpest, die sich von Zentralafrika aus seit Mitte der neunziger Jahre ausgebreitet hatte, Südwestafrika. Innerhalb eines Jahres waren die Herero verelendet und hungerten. Ihre Herden schrumpften. Von den 250 000 Stück Vieh, die sie einst besessen hatten, waren nur noch wenige Tiere übriggeblieben. In ihrer Verzweiflung begannen einzelne Herero, ihr Land an die deutschen Siedler zu verkaufen, um das Geld für die Viehimpfung bezahlen, neues Vieh oder einfach Lebensmittel kaufen zu können und so ihre Familien vor dem Hungertod zu bewahren. Als ein paar Jahre später die erste Statistik aufgestellt wurde, besaßen ein paar hundert deutsche Siedler 40 000 Stück Vieh, genausoviel wie der gesamte Stamm der Herero.

Auf die Rinderpest folgten biblische Plagen wie Malaria und Typhus (verursacht durch die Milchknappheit) und eine Invasion von Heuschrecken. In den betroffenen Dörfern mußte sich das Gefühl breitgemacht haben, daß der Jüngste Tag unmittelbar bevorstand. Die bereits Getauften fühlten sich von Gott verlassen. Die Heiden wiederum belagerten die Missionsstationen und bettelten um die Taufe und um ein Stück Brot.

Für Leutwein, die Siedler und die Missionare waren die Naturkatastrophen ein Geschenk des Himmels. Es gab keine Aufstände, wie es bei ähnlichen Katastrophen in Matabeleland und Mashonaland im Jahr 1896 der Fall gewesen war. Vielmehr ebneten die Seuchen der deutschen Kolonisation den Weg. Leutwein konnte befriedigt melden, daß sich die Herero mit gesundem Menschenverstand der neuen Lage anpaßten. Nunmehr akzeptierten sie die ihnen zugedachte Rolle als Arbeitskräfte auf Farmen oder im öffentlichen Bereich. Im Jahr 1902 wurde die neue Eisenbahnlinie von Swakopmund nach Windhoek mit großem Pomp eröffnet. Durch diese Eisenbahn und eine neue Telegraphenverbindung strömten immer mehr Einwanderer und damit auch deutsches Kapital ins Land. Viele Soldaten und Beamte wurden Kaufleute oder Farmer. Die Gesamtzahl der Europäer stieg von 2000 im Jahr 1896 auf 4700 im Jahr 1903.

Doch die Anzahl der Europäer in Deutsch-Südwestafrika war immer noch vergleichsweise gering. Jenseits der Grenze, in der britischen Kapkolonie zum Beispiel, lebten 700 000 Europäer. Den wenigen tausend Weißen in Deutsch-Südwestafrika standen etwa 200 000 Afrikaner gegenüber, einschließlich der kriegerischen Ovambo, die auch in Angola beheimatet waren, wohin sich jedoch kein Deutscher wagte.

Noch Anfang des Jahres 1904 war Leutwein vom Erfolg seiner Friedensaktivitäten überzeugt. Er hatte die Herero ohne Krieg unter Kontrolle gebracht. Während seiner zehnjährigen Amtszeit als Gouverneur hatte er die Forderung der Siedler nach militärischen Einsätzen zur Entwaffnung der Herero und zur Auflösung ihrer Stammesverbände immer wieder abgelehnt. Er wollte einen Krieg und damit auch finanzielle Verluste vermeiden – und er wollte nicht weitere Gelder aus Berlin anfordern. Nun aber hatte sich das Problem der Herero dank der Naturkatastrophen fast »von selbst« gelöst.

Leutwein hatte ihren Häuptling Maherero stets mit ausgesuchter Höflichkeit behandelt und ihn in dem Glauben gelassen, er sei immer noch der Herrscher und kein Untertan. Die übrigen Stammesangehörigen der Herero aber wurden von Leutweins Männern alles andere als höflich behandelt. Leutwein war der erste, der das, wie er es nannte, »barbarische«[5] Verhalten der Siedler mißbilligte – die harten Prügelstrafen, das hemmungslose Morden, das häufig unbestraft blieb, und die Vergewaltigungen von Herero-Frauen, die an der Tagesordnung waren. Im günstigsten Fall hatten die Herero, die für die Deutschen arbeiteten, ständige Demütigungen zu erdulden. Man nannte sie ganz ungeniert »Paviane«. In einer Petition an die Regierung schrieben die Siedler, es sei beinahe unmöglich, sie als menschliche Wesen zu bezeichnen.[6] Leutwein bedauerte dies zwar, fand sich aber doch damit ab. Nach Berlin berichtete er unverblümt, daß schließlich kein deutscher Siedler in Afrika seine Gesundheit aufs Spiel setzte, nur um den Einheimischen zu helfen. Die Deutschen waren, wie alle Kolonisatoren, gekommen, um sich zu bedienen – sie nahmen sich das Land und die Arbeitskräfte. Für sozialistische Abgeordnete wie Bebel war es reiner Selbstbetrug, im Reichstag von »humanitären Prinzipien« zu sprechen. »Kolonisation ist immer unmenschlich«, schrieb Leutwein unumwunden. Die »hochfliegenden Versprechungen«, die die Deutschen den Herero machten, damit sie die Blanko-Vertragsformulare unterschrieben, waren nichts als ein diplomatischer Trick, zu dem die Deutschen »aufgrund unserer derzeit schwachen strategischen Position«[7] gezwungen waren. Nunmehr aber war Deutschland Herr über das gesamte Territorium, mit Ausnahme von Ovamboland. Maherero, so glaubte Leutwein, würde es nicht wagen, zum Aufstand aufzurufen – denn damit würde er nur den blutrünstigen Siedlern in die Hände spielen, die nur auf einen solchen Anlaß warteten.

In einem Punkt hatte Leutwein allerdings recht. Samuel Maherero machte sich die Entscheidung zum Angriff nicht leicht. Er selbst hätte sich wahrscheinlich dagegen ausgesprochen. Doch die wachsende Verzweiflung seines Volkes angesichts der deutschen Provokationen in allen Bereichen und der Spott der jüngeren Stammesmitglieder ließen ihm keine andere Wahl. Maherero war nicht der Mann für einen Guerillakrieg, ihm fehlten der Wagemut und der Stoizismus des achtzigjährigen, kampferprobten Häuptlings der Witbooi Nama, Hendrik Witbooi. Maherero war als Christ von den rheinischen Missionaren erzogen worden; er bevorzugte die Anzüge der weißen Europäer und die Hüte der Rancher, und er genehmigte sich gerne einen Schnaps. Wie für alle Herero standen seine Rinderherden auch für ihn an erster Stelle, und er war ein geduldiger Verhandlungspartner – wenn er nüchtern war.

Sein Plan war fast schon naiv zu nennen. Während Leutweins Abwesenheit sollten die Stammesführer in einer konzentrierten Aktion die deutschen Siedlungen angreifen, und Hendrik Witbooi sollte dafür gewonnen werden, sich mit seinem Stamm in seinem Gebiet an dem Aufstand zu beteiligen.

Doch ein Bündnis zwischen Erbfeinden ist eine schwierige Sache. So schrieb Maherero die entscheidenden Briefe an Hendrik Witbooi erst unmittelbar vor dem Aufstand:

All unser Gehorsam und unsere Geduld mit den Deutschen nützt wenig, denn jeden Tag wird ohne Grund jemand erschossen. Deshalb appelliere ich an dich, meinen Bruder, bei dem Aufstand nicht abseits zu stehen, sondern deiner Stimme Gehör zu verschaffen, damit ganz Afrika die Waffen gegen die Deutschen erhebe. Wir wollen lieber im Kampf sterben als durch Mißhandlung, Haft oder anderes Unheil. Rufe alle Kapteins [Häuptlinge] auf, sich zu erheben und zu kämpfen.[8]

Der Häuptling des benachbarten Stammes der Rehoboth Nama, der die Briefe an Hendrik weiterleiten sollte, händigte sie den Deutschen aus. Doch auch wenn sie Hendrik erreicht hätten, hätte er wohl schwerlich zugestimmt. Getreu seinem Abkommen mit Leutwein schickte er ein Kontingent von hundert Nama, um an der Seite der Deutschen gegen seinen Erbfeind, die Herero, zu kämpfen.

Kaum vierzehn Tage lang, vom 12. Januar bis zum 23. Januar 1904, beherrschten Mahereros Krieger das Feld. Sie hatten beschlossen, der Kolonisierung ein Ende zu setzen und töteten daher jeden Deutschen in waffenfähigem Alter. Dagegen schonten sie das Leben der deutschen Missionare und der deutschen Frauen und Kinder sowie der Europäer anderer Nationalitäten, einschließlich der Engländer und der Buren. Die Angriffe auf abseits gelegene Farmen waren nicht schwierig. Häufig wurden die Siedler von ihren afrikanischen Bediensteten niedergestochen oder erschlagen. Einige wurden in einem makabren Ritual zu Tode gefoltert. Innerhalb weniger Tage wurden an die hundert deutsche Siedler getötet.

Weitaus mehr wären ums Leben gekommen, wenn die Reservisten nicht kurz vor dem Aufstand in die Garnisonsstädte gerufen worden wären. Die Herero, die im steinigen Buschland tapfer wie Löwen kämpften, verspürten kein Verlangen, die mit Wällen aus Sandsäcken umgebenen und von Artillerie und Maschinengewehren verteidigten Kasernen zu stürmen. Ihre vereinzelten Angriffe auf Garnisonsstädte – Okahandja, Omaruru, Otjimbingwe und Windhoek – blieben folgenlos. Eine Kompanie deutscher Soldaten unter dem Kommando von Hauptmann Franke, die aus dem Süden herbeigeeilt war, entsetzte die belagerten Festungen im Handumdrehen. Ende Januar hatten die Deutschen die Lage unter Kontrolle, und Mitte Februar kehrte Leutwein nach Swakopmund zurück, um mit Maherero zu verhandeln.

* * *

Die überzogene Reaktion der Politiker in dem achttausend Kilometer entfernten Berlin auf die Nachricht vom Aufstand war verständlich. Wenn es auch nur ein kleiner Krieg in einem beinahe unbekannten Winkel Afrikas war, so war es doch der erste Krieg unter der Herrschaft Kaiser Wilhelms II. und die erste Gelegenheit des nationalistischen Deutschlands, die Stärke seines Heeres zu demonstrieren – als zweitgrößte Streitmacht nach der zaristischen Armee war es an Schlagkraft allen anderen überlegen. Abgesehen von einer verspäteten (und blutigen) Teilnahme an der Niederschlagung des Boxeraufstands in China 1900–1901 hatten die deutschen Truppen seit einer Generation keinen »Kriegsruhm« mehr geerntet. Nun meldeten sich Tausende von Soldaten freiwillig an die Front, als ob das Vaterland von einer Weltmacht bedroht wäre.

Kaiser Wilhelm war sich mit den Kolonialisten in Berlin einig: Leutwein und die Kolonialexperten in der Wilhelmstraße hatten durch die Schwäche, die sie im Umgang mit den Herero gezeigt hatten, den Ausbruch des Aufstandes begünstigt. Der Kaiser entließ Dr. Stübel aus der Verantwortung und übergab den Oberbefehl dem Chef des Generalstabs, Graf von Schlieffen. Anstelle Leutweins ernannte er einen alten Haudegen zum Führer der Truppen (nicht zum Gouverneur): General Lothar von Trotha. Er sollte den Aufstand niederschlagen, ganz gleich mit welchen Mitteln, wie der Kaiser meinte[9]. Doch die Entscheidung für eine militärische Lösung machte aus einem kleinen Krieg eine große Katastrophe.

General von Trotha reiste erst im Mai aus Deutschland ab. In der Zwischenzeit hatte Leutwein sein Pulver verschossen. Am 13. April verpuffte sein Gegenangriff bei Oviumbo, seine kleine Truppe wurde von dreitausend Herero umzingelt und konnte sich nur durch einen demütigenden Rückzug retten. Also beschloß Leutwein, bis zum Eintreffen Trothas in die Defensive zu gehen.

Trotha sollte den Aufstand der Herero niederschlagen, die barbarischen Siedler in die Schranken verweisen und den Frieden wiederherstellen. Dies war Leutweins Plan. Ein Kompromiß würde nötig sein. Die größten Aktivposten der Kolonien waren die Herero und ihre Rinderherden. Diese zu zerstören, käme der Vernichtung der Arbeit der letzten zwanzig Jahre gleich und brächte die Kolonie an den Rand des Ruins. Eine rein militärische Lösung war also politisch und wirtschaftlich ein Wahnwitz. Der Gouverneur war bereit, mit Samuel Maherero zu verhandeln. Berlin bestand zwar auf der bedingungslosen Kapitulation, doch mit Ausnahme von Mördern sollte den Herero wenigstens das Leben geschenkt werden, wenn sie ihre Waffen niederlegten. Nach einer Entscheidungsschlacht, so Leutweins Vorstellung, sollten dann die Friedensbedingungen ausgehandelt werden.

General Lothar von Trotha landete am 11. Juni in Swakopmund und fegte die Vorschläge Leutweins mit einem Schlag vom Tisch. Beim »Boxeraufstand« hatte er sich als harter Mann bewährt. Und auch hier war er zu keinem Kompromiß bereit. Im August hatten sich die Herero strategisch in eine Sackgasse begeben: sie hatten sich auf das Plateau des Waterbergs zurückgezogen, einem steinigen Hochland westlich des Omaheke-Sandfelds, eines Ausläufers der Kalahari-Wüste. Trotha wollte

die Rebellen von allen Seiten her einschließen und umzingelte den Waterberg mit sechs Truppenverbänden.

Es schien jedoch ein Schlupfloch im Südosten zu geben, das den Weg
in das Omaheke-Sandfeld frei ließ. Wußte der General, daß die Herero so
in die offene Wüste getrieben wurden? Leutwein protestierte heftig,
ebenso einer seiner klügsten Kommandeure, Major von Estorff. Doch
Trotha lehnte jede Diskussion ab und beharrte auf seinem Plan.

Die Schlacht am Waterberg am 11. und 12. August brachte, wie
erwartet, keine Entscheidung. Die Herero entkamen, und Trotha verfolgte die fliehenden Feinde, um zu verhindern, daß sie nach Ovamboland
und in das fruchtbare Gebiet im Norden eindrangen. Am 20. August
hatte er sie hinter den östlichen Rand des Hochlands getrieben und gab
den Befehl, auch die letzte Wasserstelle abzuriegeln. Dann stellte er
deutsche Wachposten auf, um die Grenze des zweihundertfünfzig Kilometer langen Wüstengebiets dichtzumachen. Vor den Herero lag nun die
Omaheke, ein riesiges wasserloses Sandfeld, das Bechuanaland von Südwestafrika trennte. Die flüchtenden Herero, an die achttausend Männer,
dazu doppelt so viele Frauen und Kinder, hungernd und dürstend, waren
samt den ihnen verbliebenen Rindern und Pferden in eine tödliche Falle
gegangen.

* * *

Bereits Monate vorher war Trothas Plan zur Vernichtung der Herero in
Deutschland öffentlich debattiert worden. Damals war der Führer der
Sozialisten, August Bebel, seiner Rolle als Gewissen der Nation und
ständiger Widerpart der Regierung gerecht geworden. Doch im Januar
1904 waren sogar die Sozialisten durch die Aussicht auf eine totale
Niederlage der deutschen Imperialisten aufgeschreckt. Als Bülow einen
Plan zur Niederschlagung der Aufstände vorlegte, enthielt sich Bebels
Partei der Stimme. Zwei Monate später jedoch geißelten sie den »hunni-
schen« Charakter des deutschen Imperialismus.

Die Siedler hatten den Aufstand durch ihre grausame Behandlung der
Eingeborenen selbst heraufbeschworen. Jetzt herrschte die Lynchjustiz,
die Armee verübte unvorstellbare Greueltaten. Im März 1904 wies Bebel
im Reichstag darauf hin, daß die Armee offenbar keine Gefangenen
machte. Im Mai mußte Leutwein zugeben, daß »der Abgeordnete Bebel
diesmal in seiner Beurteilung recht hatte . . .«. Kein einziger Gefangener

war gemacht worden. »Doch nach alldem, was passiert ist, ist es nur natürlich, daß unsere Soldaten keine übertriebene Milde walten lassen.«[10] Damit gestand Leutwein ein, daß er die Kontrolle über seine Truppen verloren hatte.

Am 2. Oktober 1904 verlas Trotha eine Proklamation, zu der es (außer in der Zeit des Dritten Reiches) in der modernen europäischen Geschichte kaum Vergleichbares gibt:

Ich, der große General der deutschen Soldaten, sende diesen Brief an das Volk der Herero. Herero sind nicht mehr deutsche Untertanen. Sie haben gemordet, gestohlen, haben verwundeten Soldaten Ohren und Nasen und andere Körperteile abgeschnitten und wollen jetzt aus Feigheit nicht mehr kämpfen. Ich sage dem Volke ... das Volk der Herero muß das Land verlassen. Wenn das Volk dies nicht tut, so werde ich es mit dem großen Rohr dazu zwingen. Innerhalb der deutschen Grenze wird jeder Herero, mit oder ohne Gewehr, mit oder ohne Vieh, erschossen. Ich nehme keine Weiber und Kinder mehr auf, treibe sie zu ihrem Volke zurück oder lasse auf sie schießen.

Unterzeichnet: der große General des mächtigen Kaisers, von Trotha.[11]

Sie vertreiben – oder vernichten. Die Grausamkeit des Vernichtungsbefehls des »großen Generals« war für Leutwein keine Überraschung. Er mußte sich geschlagen zurückziehen, und Trotha trat seine Nachfolge auch als Gouverneur an. Ende Oktober begann jedoch der Chef des Generalstabs, Graf von Schlieffen, an seinem halsstarrigen Schützling zu zweifeln. Trotha behauptete, er habe eine Methode gefunden, das ganze Volk der Herero zu vernichten. »General von Trothas Absichten sind zwar lobenswert«, bemerkte Schlieffen, »doch er ist zu schwach, sie auszuführen. Er wird am westlichen Rand der Omaheke stehenbleiben müssen und die Herero nicht dazu bringen können, zu weichen ... Wir werden deshalb die Herero zur Kapitulation zwingen müssen. Dies wird jedoch kompliziert durch General von Trothas Befehl, jeden Herero zu erschießen.«[12]

Die Behauptung, der Vernichtungsbefehl kompliziere die Angelegenheit, war eine Verharmlosung der Tatsachen. Die Kolonialabteilung in Berlin und Kanzler von Bülow waren entsetzt über Trothas Befehl. Bülow bat den Kaiser um die Erlaubnis, ihn rückgängig machen zu dürfen, und führte vier Gründe dafür an: Erstens war der Befehl ein Verbrechen gegen die Menschlichkeit. Zweitens war er praktisch undurchführbar. Drittens schadete er der Wirtschaft, und viertens war er »unserer Stellung unter den zivilisierten Staaten der Welt«[13] nicht zuträglich.

Nach vier Tagen des Zögerns gab der Kaiser Bülow die Erlaubnis, auf Trotha einzuwirken und den Herero »Gnade zu erweisen«. Bülow bestand darauf, daß die Anweisungen an Trotha präziser formuliert werden sollten. Nach weiteren acht Tagen wurde Trotha offiziell mitgeteilt, er solle den Vernichtungsbefehl rückgängig machen und den Herero erklären, daß er ihre Kapitulation annehmen würde. Für die Mörder und Rädelsführer würde es allerdings keine Gnade geben.[14]

Trotha weigerte sich mehrere Tage lang, dem Befehl zu folgen. Doch die Notwendigkeit, Frieden zu schließen, war drängender geworden. Einen Tag, nachdem er seinen Vernichtungsbefehl vom Oktober erlassen hatte, hatten die Witbooi Nama doch noch auf Samuel Mahereros Aufruf reagiert. Im Süden der Kolonie gab es Aufstände, und Trothas Truppen waren dort in langwierige Gefechte mit den Guerillakämpfern der Nama verwickelt.

Hendriks Entscheidung für den Aufstand erscheint vom militärischen Standpunkt aus unbegreiflich. Für die Zehntausende von Herero, die in der Omaheke verdursteten, kam jede Hilfe zu spät. Eine Handvoll Nama konnte zudem wenig gegen die Übermacht der Deutschen ausrichten. Deutsche Truppentransporter brachten seit dem Frühjahr unentwegt Soldaten nach Swakopmund, und die Armee zählte inzwischen bereits zehntausend Mann. Hendrik hingegen verfügte lediglich über knapp neunhundert Krieger. Und auch mit der Unterstützung, die benachbarte Nama-Stämme – die Fransman Nama, die Red Nation und die Veldskoendragers – ihm zukommen ließen, waren es insgesamt nur tausendfünfhundert Mann, von denen kaum die Hälfte mit modernen Gewehren ausgerüstet war.

Aber Hendrik Witbooi hatte dennoch beschlossen, den Kriegspfad zu beschreiten. Seinen Stammeshäuptlingen gegenüber drückte er dies so aus: »Jetzt ist Schluß damit, gehorsam Gefolgschaft zu leisten, ich werde an den [deutschen] Hauptmann einen Brief schreiben und ihm mitteilen, daß ich die weiße Feder angelegt habe und daß die Zeit der Gefolgschaft vorbei ist . . . Der Erlöser selbst wird jetzt handeln und uns durch seine Gnade und sein Erbarmen befreien . . .«[15]

Einerseits hatte der Aufstand der Nama mystische Ursprünge. Hendrik Witbooi war achtzig Jahre alt und Christ, und sein Glaube nahm im Laufe der Zeit puritanische und fanatische Züge an. (So forderte er die Hinrichtung seiner Tochter, da sie ein uneheliches Kind zur Welt gebracht hatte.) Ein selbsternannter Prophet vom Kap, ein Griqua namens Stürmann, hatte außerdem verkündet, Gott werde kommen und Afrika vom weißen Mann befreien.

Andererseits entschlossen sich die Witbooi aus den gleichen Gründen zum Aufstand wie die Herero – trotz der unterschiedlichen Behandlung, die die beiden Völker durch die Deutschen erfuhren. Die Witbooi Nama waren stolz und unabhängig geblieben. Doch durch die furchtbaren Ereignisse jenes Jahres – den Aufstand der Herero und dessen blutige Niederschlagung –, von denen sie durch an der Seite der Deutschen kämpfende Nama-Truppen erfahren hatten, waren sie entsetzt. Und damit war ein wichtiges Bindeglied in Namaqualand gelöst: die persönliche Loyalität Hendriks gegenüber Deutschland. Leutwein, der Deutsche, dem er vertraute, ja den er liebte, war gedemütigt worden. Und Trotha macht kein Geheimnis aus seiner rassistischen Verachtung für die Afrikaner und aus seiner Absicht, die Nama zu demütigen. Trothas Sieg über die Herero ermunterte Hendrik geradezu zum Aufstand. Nur durch Krieg, so glaubte er, konnte er die Freiheit seines Volkes retten und es mit Gottes Hilfe vor dem schrecklichen Schicksal der Herero bewahren.

Hendrik Witbooi, der klügste Führer in jenem Teil Afrikas, hatte sich jedoch gründlich verschätzt.

Der von den Witbooi als Guerillakrieg geführte Aufstand vom 3. Oktober 1904 begann, ähnlich wie bei den Herero, mit einem blutrünstigen Massaker an unbewaffneten Zivilisten und Soldaten. In den ersten Tagen wurden vierzig Menschen getötet, und wie erwartet, schlossen sich Hendriks Kämpfern die verbündeten Nama an. Anfänglich befanden sich nur fünfhundert deutsche Soldaten in dem Bezirk, doch bald traf Verstärkung ein, und Trothas Truppen gewannen die Oberhand. Im Dezember wurde Hendriks Lager in Naris überfallen. Er mußte fliehen, um sein Leben zu retten. Im Januar 1905 wurde er aus dem Aruob-Tal in die Kalahari-Wüste getrieben, wo die deutsche Offensive buchstäblich im Sand verlief.

Kleinere Einheiten von Witbooi-Truppen griffen von dort aus die Nachschublieferungen der Deutschen an. Trothas Verluste stiegen, Hunderte von Soldaten starben an Typhus. Gleichzeitig wurde er von anderen Rebellenführern bedrängt: von Morenga, der früher als Wanderarbeiter in den Minen Südafrikas gearbeitet hatte, und Cornelius, einem Angehörigen der Bethanie-Nama, der im Krieg gegen die Herero auf der Seite der Deutschen gekämpft hatte. Im Juni 1905 änderte Trotha seine Taktik und schickte seinen eigenen Sohn, einen Leutnant, zu Verhandlungen in Cornelius' Lager. Während Leutnant von Trotha mit Cornelius sprach, beschoß plötzlich eine deutsche Patrouille das Lager. Daraufhin wurde der Leutnant von einem der Männer Cornelius' erschossen. Im August versuchte Trotha, die Taktik von Waterberg auch gegen die Witboois anzuwenden – ohne Erfolg. Im Herbst 1905 schien die Pattsituation unauflösbar. Etwa dreihundert mit Gewehren bewaffnete Nama-Krieger, hinter den kargen Hügeln und in der unzugänglichen Kalahari-Wüste verschanzt, hatten fünfzehntausend deutsche Soldaten gebunden. Schließlich verlor man in Berlin die Geduld. Trotha wurde zurückbeordert und durch zwei neue Männer, den Gouverneur Lindequist und den Militärkommandanten Dame, ersetzt.

Jedoch waren die Nama nun am Ende ihrer Kräfte, während frische deutsche Truppen eintrafen. Am 29. Oktober 1905 wurde Hendrik Witbooi bei einem Überfall auf einen deutschen Versorgungszug tödlich verwundet. Innerhalb weniger Wochen kapitulierten die übriggebliebenen Witboois unter der Führung von Hendriks Sohn Samuel. Man ließ ihnen das Leben, doch sie mußten sämtliche Pferde und Waffen abgeben und wurden in ein Lager nahe ihrer alten Hauptstadt Gibeon gebracht. Die Bethanie-Nama, angeführt von Cornelius, akzeptierten ähnliche Bedingungen. Im November 1905, als Trotha nach Deutschland zurückkehrte, konnte er für sich in Anspruch nehmen, doch noch den Krieg gewonnen zu haben – obwohl Morenga, der Rebell vom Kap, noch mit vierhundert Mann gegen Trothas Nachfolger kämpfte.

Wie sehr der Triumph Trothas einem totalen Sieg gleichkam, verdeutlicht die geringe Zahl der Überlebenden der Herero und Nama, die abgemagert und ausgezehrt in den Arbeitslagern eintrafen.

Trotha hatte zum Vernichtungsfeldzug aufgerufen. In Berlin hatte man zwar noch versucht, das Schlimmste zu verhindern, aber im großen und ganzen weiterhin die gleiche Linie verfolgt. Vor dem Krieg hatte es mindestens 80 000 Herero gegeben. Im August 1904 war über die Hälfte des Stammes in die Omaheke getrieben worden. Man wird nie genau erfahren, wieviele dort verhungert und verdurstet sind. Noch Monate später stießen deutsche Patrouillen auf Überlebende, die sich nach Westen durchzuschlagen versuchten: lebende Skelette, die gnadenlos erschossen wurden.

In einem populären Roman jener Zeit, *Peter Moors Fahrt nach Südwest*, der den Erfolg der deutschen Armee in Südwestafrika feiern sollte, beschrieb Gustav Frenssen die Erlebnisse eines Soldaten nach der Schlacht am Waterberg folgendermaßen:

> Je weiter wir in der brennenden Sonne zogen, desto jammervoller wurde der Weg. Wie tief hatte sich das stolze, wilde, höhnende Volk in seiner Todesangst erniedrigt. Wohin ich von meinem müden Pferd herab die Augen wandte, da lag haufenweise all ihr Gut: Ochsen und Pferde, Ziegen und Hunde, Decken und Felle. Und da lagen Verwundete und Greise, Weiber und Kinder. Ein Haufen kleiner Kinder lag hilflos verschmachtend neben Weibern, deren Brüste lang und schlaff herabhingen; andre lagen allein, die Augen und Nasen voll von Fliegen, noch lebend. Irgend jemand schickte unsere schwarzen Treiber; ich denke, die haben ihnen zum Tode verholfen. So wie alles da lag, all dies Leben, so wunderlich verstreut, Tier und Mensch, wie ihm die Knie gebrochen waren, hilflos, schwer, sich noch quälend, oder schon unbeweglich, sah es aus, als wenn es aus der Luft herabgestürzt wäre. Mittags machten wir an Wasserlöchern Halt, die bis an den Rand voll von Kadavern waren.[16]

Nur etwa fünftausend Menschen, einschließlich Samuel Maherero, gelang es, die Omaheke zu durchqueren und in Bechuanaland oder am Kap Zuflucht zu finden. Die Mehrheit starb im Sandfeld oder schleppte sich nach Westen, wo sie wie Jagdwild von Trothas Soldaten abgeschossen wurden. Viele Herero ergaben sich und wurden zur Zwangsarbeit in Lager geschickt – neuntausend im Sommer 1905. Doch weitaus mehr sind verhungert oder bei Überfällen auf Herero-Dörfer, die bis November 1905 andauerten, ums Leben gekommen. Nach Trothas Rückkehr nach Deutschland wurden weitere sechstausend bis auf die Knochen ausgezehrte Herero und zweitausend Nama gefangengenommen.

Im Jahr 1907 gaben die Deutschen bekannt, über die Hälfte der fünfzehntausend gefangenen Herero und der zweitausend gefangenen Nama seien in den Lagern gestorben. Am schlimmsten war die Situation auf Shark Island, einer stürmischen Felseninsel vor der Lüderitzbucht (Angra Pequena), wohin Hendrik Witboois tapfere Truppe und andere Gefangene der Nama im September 1906 geschickt wurden – unter Mißachtung der Kapitulationsbedingungen. Innerhalb von sechs Monaten starben 1032 von 1732 Menschen an Kälte und Krankheiten, darunter Cornelius, der Führer des Bethanie-Stammes. Nach einer Zählung von 1911 hatten nur die Hälfte der Nama (9800 gegenüber 20 000 ein Jahrzehnt zuvor) und nicht einmal ein Viertel der ursprünglichen Bevölkerung der Herero (15 000 von 80 000) den Krieg überlebt.

Als Trotha 1905 nach Deutschland zurückkam, zeichnete ihn der Kaiser für seine Verdienste um das Vaterland mit einem Orden aus.

Doch bereits vor dem Ende der Aufstände in Südwestafrika hatten die Deutschen eine Lektion gelernt. Sie mußten einsehen, daß man die Verwaltung der überseeischen Besitzungen des Reichs von Grund auf falsch angepackt hatte. Politische Reformen waren dringend angesagt. Dies bestätigte sich durch die plötzlich ausbrechenden Aufstände in Deutsch-Ostafrika im Juli 1905.

KAPITEL 34

»Maji-Maji!«

Deutsch-Ostafrika
Juli 1905 und später

»Hongo oder der Europäer, wer ist stärker?«
»Hongo!«

Losung während des Maji-Maji-Aufstands

Gegen Ende Juli des Jahres 1905 – die Regenfälle waren seit einigen Wochen vorüber und die verhaßten Baumwollpflanzen reiften rasch in der afrikanischen Sonne – führten eines Morgens zwei Dorfälteste eine Schar ihrer Männer den steinigen Weg zum Baumwollfeld hinauf. Sie kamen aus Nandete, einem verarmten Dorf der nordwestlich von Kilwa gelegenen Matumbi-Berge, und sie waren mit ihrer Geduld am Ende. Baumwolle war eine Kultur für den Export nach Europa, ein Symbol der erpresserischen Fremdherrschaft. Die Männer (oder ihre Frauen, wenn die Männer nicht auffindbar waren) wurden gezwungen, Woche für Woche stundenlang auf den Feldern der Regierung zu arbeiten, statt ihren eigenen Boden zu bestellen; man bezahlte den Arbeitstrupps lächerliche 35 Cents pro Tag, und als Bonus erhielten sie vom Regierungsvertreter, dem arabischen *akida*, 25 Peitschenhiebe, falls sie es einmal wagten, die Hacke beiseite zu legen und sich den Rücken zu strecken.

Die beiden Dorfältesten vollführten nun ein Ritual: Sie rissen drei Baumwollpflanzen aus und warfen sie zu Boden. Die Kriegstrommeln trugen die Nachricht zum nächsten Dorf jenseits der steilen, bewaldeten Berge: In Nandete hatten sie die Baumwolle ausgerissen. Das war nicht nur offener Widerstand – es war eine Kriegserklärung an die Deutschen.

Seit Monaten hatte sich ein Geistermedium in Ngarambe – einem Dorf im Norden, in dem viele Wege zusammenliefen – nach Kräften bemüht, das Volk gegen die Deutschen zu einen. Von einem unbekannten Einwanderer namens Kinjikitile Ngwale hatte plötzlich Hongo, ein

Schlangengeist, Besitz ergriffen; Hongo diente seinerseits dem großen Geist Bokero, der im wichtigsten Heiligtum der Region verehrt wurde. Kinjikitile hatte eine Geisterhütte errichtet, zu der nun Scharen von Menschen pilgerten. Sie bot Platz für hundert Neugierige und Gläubige, die mit ihren Ahnen sprechen wollten. Wie andere Geistermedien verteilte Kinjikitile Medizin zum Schutz der Menschen und ihrer Ernte. Doch Kinjikitile, oder Bokero, wie er sich inzwischen nannte, war ein Prophet mit einer revolutionären Botschaft: Tut euch zusammen und vertreibt die Deutschen.

Diese Botschaft verbreitete sich wie ein Lauffeuer. Alles, was man brauchte, war *maji* (»Wasser« auf Suaheli) mit etwas Rizinusöl und Hirsesamen. Diese »Kriegsmedizin«[1] war stark genug, um deutsche Gewehrkugeln in Wasser zu verwandeln. Die Führer der Clans strömten nach Ngarambe, um das magische Wasser und die Zaubersamen zu holen. Sie kamen nicht nur von den Matumbi, sondern auch von den Kichi im Norden und den Ngindo im Süden. Die Deutschen hörten zwar von dem Schlangenkult, doch für sie war Kinjikitile eben nicht mehr als ein harmloser »Zauberdoktor«. Bis zum Sommer 1905 hatte sich die Bewegung im Umkreis von gut 150 Kilometern nach Westen und Süden ausgebreitet. Allerdings besaßen die Aufständischen keine modernen Waffen, sondern nur Zündnadelgewehre, Speere und Pfeile. Auch fand man bei keinem dieser Völker – Matumbi, Kichi oder Ngindo – kriegserfahrene Männer unter der Führung eines großen Häuptlings. Es handelte sich vielmehr um arme, zerstreut lebende Clans, deren große Stärke eine traditionelle Abneigung gegen jegliche Autorität und der Haß gegen alle Eindringlinge war – seien es Ngoni-Krieger aus dem Süden, arabische Sklavenhändler oder Deutsche.

Kinjikitile zögerte noch wochenlang. Im Juli 1905 verloren die Ältesten von Nandete schließlich die Geduld. Sie stiegen den steinigen Weg zum Baumwollfeld hinauf und lieferten dem mächtigen Deutschen Reich eine offizielle Kampfansage, indem sie drei Baumwollpflanzen ausrissen.

In Daressalam, der Hauptstadt der deutschen Kolonialherren, hüllte man sich in undurchdringliches Schweigen. Die deutsche Armee war nicht informiert und verfügte lediglich über 588 Askari und 458 eingeborene Polizisten, um den gesamten Süden des deutschen Schutzgebietes zu kontrollieren. Die meisten dieser afrikanischen Söldner waren zudem in

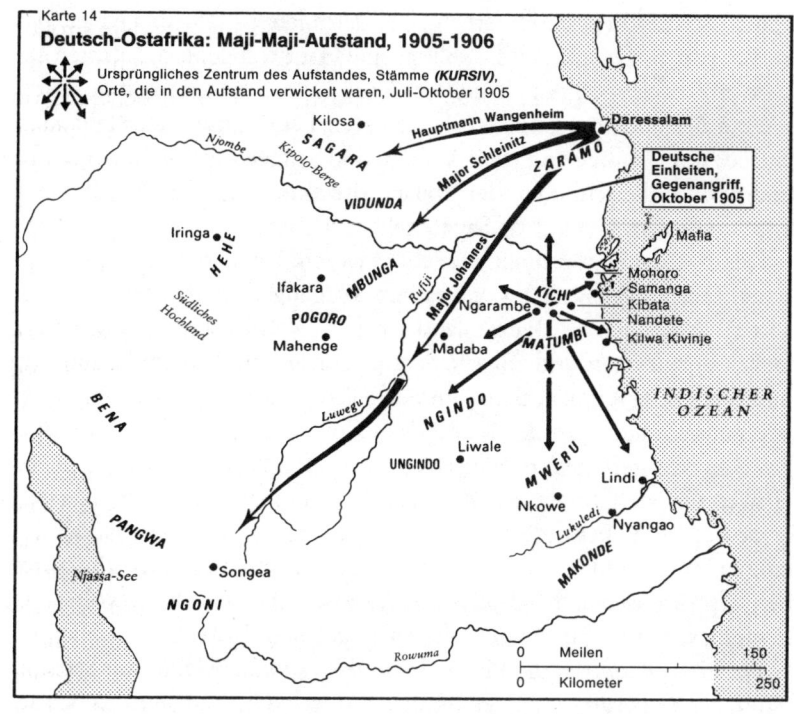

Karte 14

Deutsch-Ostafrika: Maji-Maji-Aufstand, 1905-1906

Ursprüngliches Zentrum des Aufstandes, Stämme *(KURSIV)*,
Orte, die in den Aufstand verwickelt waren, Juli-Oktober 1905

Kilosa

Hauptmann Wangenheim

Daressalam

SAGARA

Njombe

Kipolo-Berge

Major Schleinitz

ZARAMO

Deutsche
Einheiten,
Gegenangriff,
Oktober 1905

VIDUNDA

Iringa

HEHE

Mafia

Ifakara

MBUNGA

Rufiji

Major Johannes

KICHI

Mohoro
Samanga

Südliches
Hochland

POGORO

Ngarambe

Kibata
Nandete

Mahenge

Madaba

MATUMBI

Kilwa Kivinje

BENA

Luwegu

NGINDO

*INDISCHER
OZEAN*

UNGINDO

Liwale

MWERU

Lindi

PANGWA

Nkowe

Lukuledi

Nyangao

Njassa-See

Songea

MAKONDE

NGONI

Rowuma

| 0 | Meilen | | 150 |
| 0 | Kilometer | | 250 |

683

den Küstenstädten stationiert. Im Landesinneren – einem Gebiet, das größer war als Deutschland – sollten eine Handvoll deutscher Unteroffiziere mit etwa 200 Askari die Ordnung aufrechterhalten; ihre Stützpunkte bestanden nur aus strohgedeckten Lehmhütten. Der Südosten wurde zum Großteil noch von Arabern und Suaheli verwaltet, den *akidas* und *jumbes*, die schon vor der Abushiri-Revolte in den Jahren 1888 und 1889 in diesem Gebiet das Sagen gehabt hatten.

Deren Aufgabe war anfangs leicht gewesen: Sie mußten für die Deutschen Ordnung halten, so wie es ihre Vorgänger für den Sultan getan hatten. Später wollte Deutschland das in den Kolonien erwirtschaftete Defizit ausgleichen und zog die Schraube fester an. Die *akidas* mußten nun Steuern eintreiben, den kommerziellen Anbau von Exportkulturen wie Baumwolle organisieren und dazu Zwangsarbeiter rekrutieren. Angesichts der geringen Niederschläge und der hohen Quoten, die zu erfüllen waren, hätte diese Aufgabe auch die humansten und integersten Staatsbeamten überfordert, und die *akidas* und *jumbes* waren weder das eine noch das andere. Die Korruptheit der Beamten in Verbindung mit den erpresserischen Methoden der Deutschen hatte die Revolte erst heraufbeschworen, und nun flohen sie Hals über Kopf.

Der erste *akida*, der die Macht des *maji* zu spüren bekam, war Sefu bin Amri, der Regierungsvertreter in Kibata. Als sein Haus angegriffen wurde, floh er zur Küste und sandte den Deutschen eine Warnung, die jedoch ungehört verhallte. Am 31. Juli 1905 rückten Matumbi-Rebellen, die sich Hirsestengel um die Stirn gebunden hatten, nach Samanga an der Küste vor, wo sie weitere Baumwollpflanzen ausrissen und die Handelsniederlassung der Asiaten niederbrannten. Dem Gouverneur Adolf Graf von Götzen wurde nun endlich klar, daß er Truppen entsenden mußte, doch er nahm den Aufstand immer noch nicht allzu ernst. Schließlich war die Hirseernte gut ausgefallen, und es hieß, die Leute würden dem einheimischen, aus Hirse gebrannten Bier besonders zusprechen. Anfang August kam dann ein deutscher Offizier nach Matumbi, dem das »ungewöhnliche Verhalten«[2] der Eingeborenen sofort auffiel. Sie versteckten Frauen und Kinder und überfielen deutsche Patrouillen aus dem Hinterhalt. Kinjikitile selbst wurde gefangen genommen und in Mohoro wegen Landesverrats gehängt. Vor seinem Tod prahlte er noch damit, daß seine Boten mit der *maji*-Kriegsmedizin im ganzen Land unterwegs seien; sie würden sie nach Kilosa im Landesinneren bringen und nach Mahenga, dem wichtigsten Garnisonsposten der Deutschen im südlichen Hochland.

Das war kein leeres Gerede. Tag für Tag breitete sich der Aufstand weiter nach Westen und Süden aus. In Ungindo (dem Gebiet der Ngindo) gab es zwei Zentren des Aufstands: In Madaba im Norden wurde die Handelsniederlassung in Schutt und Asche gelegt, und in Liwale kam die ganze deutsche Garnison in den Flammen um, als ein Regen von Brandpfeilen auf das strohgedeckte *boma* niederging. Am 14. August stieß ein Trupp von Ngindo-Kriegern auf einige deutsche Missionare, die auf Safari waren. Ihr Führer war Bischof Spiss, der katholische Bischof von Daressalam. Er erklärte, sie seien friedliche Reisende, doch für die Ngindo waren sie einfach Deutsche. Der Bischof, zwei Benediktinermönche und zwei Barmherzige Schwestern fanden den Tod.

Die Nachrichten von der Ermordung der fünf Missionare und die rasche Ausweitung der Revolte erregte in der Hauptstadt Daressalam natürlich viel Aufsehen, obwohl die 180 europäischen Farmer im Lande kaum bedroht waren. Sie siedelten weiter nördlich, im kühleren Hochland rund um den Kilimandscharo, wo Kaffee, Sesam und Sisal gediehen. Doch die Europäer in der Hauptstadt befürchteten das Schlimmste. Jeden Abend exerzierten vor dem Bahnhof Freiwillige. Von der Hauptstadt aus konnte man im Süden brennende Dörfer sehen. Götzen telegraphierte nach Berlin und forderte »sofortige Verstärkung« an.[3] Die Regierung schickte daraufhin 150 Marineinfanteristen mit einigen Maschinengewehren sowie etwa 50 Marinesoldaten, die auf zwei kleinen Kreuzern im Ostchinesischen Meer und im Pazifik unterwegs waren. Aber würden 200 Marinesoldaten ausreichen, um den Flächenbrand zu ersticken, der den gesamten Süden der Kolonie zu erfassen drohte, von den Palmenstränden Kilwas bis zu den zerklüfteten Gebirgszügen rund um den Njassa-See?

Für die Rebellen schien sich im August die wunderbare Wahrheit von Kinjikitiles Prophezeiungen zu bestätigen. Offensichtlich kam aus den Gewehrläufen der Deutschen tatsächlich nur Wasser! Mit einem Schlag waren die Deutschen aus dem Land der Völker vertrieben, die den Schutz des *maji* genossen – die Matumbi, Ngindo und Kichi. Nördlich des Kichi-Gebiets, in der Ebene nahe der Hauptstadt, wurden die selbsternannten *hongos* aus Ngarambe von den Zaramo aus Kisangire willkommen geheißen. Ihr Häuptling Kibalisa war unlängst inhaftiert gewesen, weil er sich geweigert hatte, Baumwolle anzupflanzen. Nun verteilte er überall *maji* und heuerte professionelle Elefantenjäger und Banditen an.

150 Kilometer weiter südlich brachten die *hongos* den staatenlosen Mwera dieselbe Heilsbotschaft. Ihr Häuptling Selemani Mamba aus Nkowe nahm sie mit Begeisterung auf. »Dies ist kein Krieg«, erklärte er seinen Gefolgsleuten. »Wir werden nicht sterben. Wir werden nur töten.«[4] Ihm schloß sich ein weiterer Häuptling an, Gabriel Mbuu von Rupoto. Gemeinsam zogen sie zum deutschen Missionsposten in Nyangao. Dort angekommen, stellten sie fest, daß die Weißen bereits in den Busch geflohen waren. Sie zwangen die Missionsdiener, das Versteck der Flüchtlinge preiszugeben. Ein Ereignis gab Selemani Mamba allerdings ein Rätsel auf, als er auf einem erbeuteten Esel mit der Glocke der ausgeplünderten Kirche ins Gebirge zurückkehrte. Die Missionare waren nach Lindi entkommen, doch zuvor hatten sie die *hongos* niedergeschossen. Ihre Kugeln waren nicht in Wasser verwandelt worden. Warum hatte das *maji* versagt?

Mittlerweile hatten die *hongos* auch die Völker nordwestlich der Ngindo, die Pogoro und Mbunga, mit *maji*-Flaschen versorgt. Auch sie waren anfänglich begeistert und bedienten sich derselben revolutionären Lösung: »*Hongo* oder die Europäer, wer ist stärker?« – »*Hongo!*« Nur wenige weigerten sich, die Insignien, Hirsestengel und Rizinussamen, zu tragen. Und wer sich widersetzte (so wurde später behauptet,) bezahlte dies mit seinem Leben. Am 16. August stürmten die Mbunga-Clans den deutschen Außenposten bei Ifakara. In der Schlacht fielen alle 13 Askari, und anschließend wurde der verkohlte Kopf des deutschen Kommandeurs neben dem schwarzen Reichsadler auf dem Fahnenmast plaziert. Dann zogen die Mbunga südwärts nach Mahenge weiter, dem wichtigsten Garnisonsposten der Deutschen im südlichen Hochland.

Es war Pech für die rebellierenden Mbunga, daß die Ngindo und die Pogoro es versäumten, ihren Angriff mit ihnen zu koordinieren. Die Pogoro des Hochlands zweifelten an der Macht des *maji*. Einige von ihnen hatten in der Vergangenheit erfahren, was deutsche Mauser-Gewehre bewirkten. Wie hätte selbst die stärkste Medizin Geschosse in Wasser verwandeln können? Und auch unter den Mbunga gab es einige, die sich nicht zwingen ließen, die heilige Hirse zu tragen. Der Unterhäuptling Kalmoto floh nach Mahenge und warnte den deutschen Kommandanten Hassel vor den heranrückenden Rebellen.

Anfangs nahm Hauptmann Hassel die Nachricht nicht sonderlich ernst. Am nächsten Tag stolperte er jedoch in einen Hinterhalt der Mbunga und konnte sich nur mit Müh und Not den Weg freischießen. Nach dieser Erfahrung war er eher geneigt, Kalmoto Glauben zu schenken. In aller Eile befestigte er das *boma* in Mahenge und errichtete einen Holzturm, auf den er sich mit einem Maschinengewehr und einem Vorrat an Konserven und Wein zurückziehen konnte. Das *boma* bot nicht nur einigen Benediktinerpatres Schutz, sondern – und dies war ein Glücksfall für Hassel – auch mehreren hundert bewaffneten Stammesangehörigen aus Ubena, die den Deutschen die Treue hielten. (Ihr gerissener Häuptling Kiwanga erklärte, er sei gerne bereit, das *maji* zu nehmen, vorausgesetzt, daß die *hongos* ein Exekutionskommando überlebten. Das war nicht der Fall.)

Vor dem Angriff der Rebellen erteilte Hassel den Befehl, all jene, die als Feinde der Deutschen verdächtigt wurden, an Bäumen im Dorf aufzuhängen. Am 30. August marschierten kurz nach Morgengrauen mehrere Kolonnen der Pogoro und Ngindo direkt auf das *boma* zu. Die Männer, angeführt von einem *hongo*, der unbewaffnet war und einen Hirsestengel auf der Stirn trug, stießen laute Kriegsrufe aus. Ein Missionsarbeiter schildert das traurige Gemetzel, das nun folgte, als die Angreifer, beseelt vom Glauben an das *maji*, direkt vor die Mündungen der Maschinengewehre liefen:

Sie kamen, um uns allen den Garaus zu machen, also mußten wir uns verteidigen, und wir eröffneten das Feuer auf die Angreifer, sobald sie sich auf tausend Meter genähert hatten. Vor allem die beiden Maschinengewehre brachten Tod und Verderben über die heranrückenden Feinde. Obwohl zu beobachten war, daß sich ihre Reihen schnell lichteten, blieben die Überlebenden noch etwa eine Viertelstunde lang in Marschordnung und rückten mitten im Kugelhagel weiter vor. Doch dann gerieten die Reihen in Unordnung, und die Männer nahmen hinter den vielen kleinen Felsen Deckung . . . Dann gellte plötzlich ein Ruf durch das *boma*: »Neuer Feind auf der Gambira [Ost-]Seite!« Alle schauten in diese Richtung, und dort stiegen dicke Rauchwolken aus unseren drei Schulen auf, und eine zweite Kolonne von mindestens 1200 Mann rückte näher . . . Sobald sie in Reichweite [waren], wurden sie mit ohrenbetäubenden Gewehrsalven empfangen. Die ersten Angreifer gingen bereits drei Schritte hinter der Feuerlinie zu Boden . . .

Als keine Feinde mehr zu sehen waren, stieg der Garnisonskommandant vom Turm des *bomo* herunter . . . und schenkte Champagner aus.[6]

Es sollte einige Wochen dauern, bis Hassel wieder Grund zum Feiern hatte. Am nächsten Tag nämlich umzingelten die Mbungo das *boma* und begannen eine Belagerung. Hassel saß in der Falle. Etwa drei Wochen später, am 23. September, eröffnete Hauptmann Nigmann, der deutsche Kommandant von Iringa im Land der Hehe, plötzlich das Feuer auf das Lager der Mbunga. Hassel wurde entsetzt, und die afrikanischen Hilfstruppen nahmen blutrünstige Rache an den Mbunga.

Die Niederlage der Aufständischen bei Mahenge hatte entscheidende Bedeutung. Von nun an verlor die Bewegung an Stoßkraft. Doch die Deutschen hatten immer noch genügend Sorgen. Schon hatte das *maji* die Ngoni im Süden erreicht, das bestbewaffnete und bestorganisierte Volk der gesamten Region; ihre Häuptlinge entstammten der Aristokratie eines Kriegervolks, das durch das Mfecane der Zulu nach Norden vertrieben worden war. Einst waren sie der Schrecken aller Nachbarstämme gewesen, denn sie hatten von ihren Vettern, den Zulu, nicht nur deren puritanische Disziplin und das Regimentssystem übernommen, sondern auch den kurzen Nahkampfspeer. 1897 hatten die Ngoni den Aufstand der Hehe mit Wohlwollen verfolgt, ohne sich ihnen jedoch anzuschließen. Daß sie es mit ihren Speeren gegen deutsche Mauser-Gewehre nicht aufnehmen konnten, war ihnen damals schon bewußt.

Doch nun hatten sie die Geduld mit den Weißen verloren, die den Sklavenraub verboten und Steuern erhoben, durch die die Aristokraten in den Augen ihrer Untertanen gedemütigt wurden. Ende August erreichte das *maji* Songea, die Hauptstadt der Ngoni; überbracht wurde es von einem mysteriösen *hongo* namens Kinjala, der nur mit einem weißen Lendenschurz bekleidet war und behauptete, von einem ähnlichen Schlangengeist besessen zu sein wie Kinjikitile. Bis Mitte Oktober war das *maji* in der Region verbreitet, und 5000 Ngoni-Krieger waren bereit, ihre Speere im Blut der deutschen Garnison in Songea zu waschen.

Man konnte nicht erwarten, daß die kultivierten Aristokraten der Ngoni den naiven Glauben der Bauern von Pogoro teilen würden. Auf jeden Fall gaben die Ngoni dem *maji* nicht viel Zeit, um sich zu bewähren.

Im Morgengrauen des 21. Oktober griff Hauptmann Nigmann, aus Mahenge kommend, das Ngoni-Lager mit zwei Maschinengewehren an; daraufhin warf die gesamte Ngoni-Armee die *maji*-Flaschen fort und suchte das Weite, statt auf das Wasser zu vertrauen. »Das *maji* ist eine Lüge«,[7] hieß es nun. Die Trommeln verbreiteten die unheilvolle Botschaft ebenso rasch wie die ursprüngliche Heilsbotschaft.

1990, vierzig Jahre nach der Unabhängigkeit, wird der Name Kinjikitiles im modernen Tansania (dem ehemaligen Deutsch-Ostafrika) jedoch wieder in Ehren gehalten. Dies mag widersinnig scheinen. Er war kein Verfechter der nationalen Einigung, ja nicht einmal ein Revolutionär. Auch ein konkretes Programm konnte Kinjikitile nicht vorweisen. Er predigte nur den Widerstand – die Vertreibung der Deutschen und die Wiederherstellung der alten Ordnung, bei der die Macht traditionell in den Händen der Häuptlinge lag. Nur ein Krieg schien die Erpressungen durch die Araber und die Deutschen beenden zu können. Kinjikitile jedoch wird heute verehrt, weil er den zersplitterten Völkern von Tanganjika, von den bäuerlichen Clans der Matumbi bis zum stolzen Kriegerstamm der Ngoni, zum erstenmal einen Vorgeschmack von Einigkeit gab.

Doch damals, als sich das Jahr 1905 dem Ende zuneigte und die Rebellen versuchten, im Busch unterzutauchen, während die Deutschen näherrückten, damals war wieder jeder Clan, jeder Stamm auf sich gestellt.

Seit zweieinhalb Monaten wartete Graf Götzen darauf, endlich zum Gegenangriff übergehen zu können. Mitte Oktober hatte Berlin endlich Verstärkung geschickt. Zwar handelte es sich lediglich um 200 Marinesoldaten, doch angesichts der Herero- und Nama-Aufstände in Südwestafrika konnten mehr Kräfte nicht erübrigt werden.

Götzen plante einen Vorstoß mit drei Kolonnen, die von der Hauptstadt aus fächerartig ausschwärmen sollten. Hauptmann Wangenheim zog nach Westen, um die Sagara anzugreifen, und wandte sich dann südwärts, um die Pogoro und Mbunga zu schlagen. Major Schleinitz marschierte nach Südwesten, um die Rebellen in den Vidunda-Bergen zu vernichten. Major Johannes brach in Richtung Songea auf, um die Ngoni, Bena und Pangwa anzugreifen. Gleichzeitig setzten die jeweiligen Garnisonskommandeure den Zermürbungskrieg gegen die Rebellen in ihrem Gebiet fort und versuchten, sie ins offene Land hinauszutreiben.

Anders als General von Trotha schien Gouverneur von Götzen bereit, Milde walten zu lassen. Eine Amnestie für die große Masse der Rebellen, sofern sie ihre Waffen abgaben und ihre Führer und »Zauberdoktoren« auslieferten – dies war Götzens erster Grundsatz. Der zweite war weniger human: Die verstockteren Rebellen könne man, so glaubte er, nur durch die künstliche Schaffung einer Hungersnot aus ihren Verstecken treiben. Hauptmann Wangenheim war derselben Meinung: »Nur Hunger und Not können eine endgültige Unterwerfung herbeiführen. Militärische Aktionen allein wären nicht mehr als ein Tropfen im Ozean.«[8] Also kombinierte Götzen Milde mit Terror. Ob Stamm oder Clan, alle sollten sie bis zur Unterwerfung ausgehungert werden.

Die drei Kolonnen zogen mit Feuer und Schwert durch den Süden des Schutzgebietes. Niedergebrannte Dörfer und vernichtete Ernten markierten ihren Weg. Wo man das Getreide nicht abtransportieren (oder an loyale Stämme verteilen) konnte, wurde es verbrannt. Götzens »Hungerstrategie« erwies sich als wesentlich wirkungsvoller als Trothas Ausrottungsfeldzug. Major Johannes erreichte Songea am 29. November. Mitte Januar 1906 hatte er Mptua, den Häuptling der nördlichen Ngoni, gefangengenommen und gehängt. Chabruma, der Häuptling der südlichen Ngoni, floh nach Mosambik, wo er ermordet wurde. Etwas länger dauerte es, die Führer der Ngindo, Pogoro und Matumbi auszuheben. Schließlich wurden auch sie erschossen, gehängt oder von Kollaborateuren der Deutschen umgebracht. Bis zum Juni 1906 herrschte in allen *Maji-Maji*-Bezirken wieder Ruhe, aber es war die Ruhe eines Kirchhofs.

An der Hungersnot starben über zehnmal so viele Menschen, als jemals gegen die Deutschen zu den Waffen gegriffen hatten – ein afrikanischer Historiker schätzt ihre Zahl auf zweihundertfünfzig- bis dreihunderttausend.[9] Am größten war das Elend im Hochland, wo die Hungersnot am längsten währte. Wahrscheinlich starben während der Rebelllion und in der Folgezeit die Hälfte der Vidunda, über die Hälfte der Matumbi und drei Viertel der Pangwa. Nach der Hungersnot kehrten die Überlebenden in ein Land zurück, das fast nicht wiederzuerkennen war. Die Mais- und Baumwollfelder wurden allmählich von Miambo-Wäldern überwuchert, und diese Wälder boten bald Nashörnern, Büffeln und Elefanten Zuflucht. Später sollten die einst dichtbevölkerten Hügel von Ungindo zum größten Wildpark der Erde werden.

* * *

An der Niederschlagung der *Maji-Maji*-Rebellen waren nur 500 deutsche Soldaten beteiligt, und sie vergrößerte das Defizit in der Kolonialkasse um nur 2 Millionen Pfund. Im Vergleich zu den 17 000 Soldaten und den 20 Millionen, die erforderlich waren, um die Aufständischen in Südwestafrika zu vernichten, schien das wenig. Doch durch diese Erhebung wurde auch das Ausmaß des Machtmißbrauchs in diesem Gebiet bekannt. Zudem wurde die Grundsatzfrage aufgeworfen, wie die überseeischen Besitzungen Deutschlands überhaupt zu regieren waren; und die Opposition im Reichstag versäumte es nicht, diese Frage gründlich auszuschlachten.

Im Jahre 1906 kamen Bülows Versäumnisse in der Kolonialpolitik zutage. Sechs Jahre lang hatte er dem Kaiser als Kanzler gedient. Die Kolonialverwaltung hatte er mit unfähigen Leuten besetzt; dort waren reine Technokraten am Werk wie etwa Dr. Stübel. Plötzlich wurde nun eine ganze Reihe von Skandalen in den Kolonien bekannt. Manche waren neueren Datums, während man andere offenbar lange Zeit vertuscht hatte, doch diesmal konnten sie nicht so leicht wieder unter den Teppich gekehrt werden. Die vorliegenden Beweise belasteten die höchsten Beamten in allen vier afrikanischen Kolonien des Reiches, in Kamerun und Togo ebenso wie in Deutsch-Ostafrika und Deutsch-Südwestafrika.

In den schlimmsten Skandal war Jesco von Puttkamer verwickelt, der seit 1895 als Gouverneur die westafrikanische Kolonie Kamerun regierte, wo es lange Zeit immer wieder zu Unruhen gekommen war. Puttkamer war ein aristokratischer Lebemann, der sich vor allem durch die hohen Summen hervortat, die er regelmäßig borgte und beim Kartenspiel verlor. Die Regierung in Berlin war über seinen »Leichtsinn« und sein »Vagabundenleben«[10] im Bilde, doch von Puttkamers Vater hatte als preußischer Innenminister hohes Ansehen genossen, und sein Onkel hieß Bismarck. So schickte man den Jungen Jesco als Gouverneur nach Kamerun, um ihn vor Dummheiten zu bewahren. Voller Empörung über die Vertuschungsversuche seiner Vorgesetzten, ließ schließlich ein untergeordneter Beamter der Kolonialverwaltung die Katze aus dem Sack.

Im Jahre 1906 lagen drei gut dokumentierte Anschuldigungen gegen Puttkamer vor: Greueltaten gegen die Eingeborenen, Korruption und unsittliche Vergehen. Auspeitschungen, bei denen auch Menschen zu Tode geprügelt wurden, waren ebenso an der Tagesordnung wie der krasseste Machtmißbrauch durch deutsche Beamte. Zum Beispiel beschafften sich Regierungsrat von Brauchitsch und der oberste Richter Dr. Meyer unter Gewaltandrohung zwei bereits verlobte junge Mädchen als Konkubinen.

Andere deutsche Beamte schreckten auch vor Verstümmelung und Mord nicht zurück. Als dem Garnisonschef in Jaune, Leutnant Schennemann zu Ohren kam, daß seine schwarze Mätresse angeblich Affären mit drei ihrer Landsleute habe, befahl er seinem schwarzen Diener, die drei Männer zu kastrieren. Der Diener hatte den Befehl jedoch falsch verstanden; er machte sich mit einer Abordnung Soldaten auf den Weg und kastrierte die nächstbesten drei Männer, die ihm im nahegelegenen Dorf begegneten. Ein andermal wurde ein Leutnant Dominik auf eine Expedition geschickt, um einen Vertrag mit den Bahoro auszuhandeln. Statt dessen ließ er sämtliche Männer und Frauen des Dorfes erschießen, und die 54 überlebenden Kinder wurden in Körbe gesteckt und wie junge Katzen ertränkt.

Im Jahre 1902 reisten die drei obersten Häuptlinge Kameruns – King Akwa, Manga Bell und Ekwala Dido – nach Deutschland, um gegen »die maßlosen Mißhandlungen« durch Puttkamer zu protestieren. Man sagte ihnen, sie hätten nichts zu befürchten, und versprach ihnen Wiedergutmachung. Doch kaum waren sie nach Kamerun zurückgekehrt, ließ der Gouverneur King Akwa ins Gefängnis werfen. 1905 erging eine offizielle Petition der Häuptlinge und des Volkes an den Reichstag. Die Kolonialverwaltung forderte Puttkamer auf, zu den Vorwürfen Stellung zu nehmen. Die Folge war, daß alle dreißig Häuptlinge in Kamerun wegen »Beleidigung«[11] vor Gericht gestellt wurden und lange Haftstrafen erhielten; King Akwa wurde zu neun Jahren Gefängnis verurteilt. Doch nun hatte Puttkamer den Bogen überspannt.

Durch die Enthüllungen des Kolonialbeamten wurde bekannt, daß Puttkamer durch die Übernahme von Beteiligungen an Handelsfirmen in Kamerun sein Schäfchen ins Trockene gebracht hatte. Außerdem hatte er die Kaiserliche Marine beleidigt – was in den Augen der Beamten ein besonders verwerfliches Verbrechen darstellte –, indem er den Kapitän der *Habicht* aufforderte, seine Mätresse, die »Baronesse« zum Abendessen an Bord einzuladen; dabei handelte es sich um eine deutsche Prostituierte, der er zu einem falschen Titel im Paß verholfen hatte.

Infolge des empörten Aufschrei der Öffentlichkeit wurde King Akwa freigelassen und nach Deutschland gebracht, um die Petition zu erläutern.

Gegen Puttkamer wurde schließlich ein Disziplinarverfahren eingeleitet. Er erhielt eine Rüge sowie eine Geldstrafe in Höhe von 1000 Reichsmark für bestimmte Verstöße gegen Vorschriften; dazu zählte auch der falsche Paß für seine Mätresse. Doch weder er noch die übrigen Beamten wurden für die Schreckensherrschaft belangt, die sie über die Afrikaner ausgeübt hatten.

Der Skandal um Waldemar Horn, der seit 1902 Gouverneur von Togo war, machte deutlich, daß es im Nachbarstaat zu ähnlich grauenerregenden Vorfällen gekommen war. 1905 mußte sich Gouverneur Horn vor einem Kolonialgericht verantworten – dem obersten Gericht von Togo und Kamerun – und erhielt eine Geldstrafe von 900 Mark für die grauenhafte Mißhandlung eines afrikanischen Jungen, den man für schuldig befunden hatte, eine Geldkassette gestohlen zu haben. Horn hatte angeordnet, ihn mit 25 Peitschenhieben zu bestrafen und ihn anschließend 24 Stunden lang ohne Nahrung und Wasser an einen Pfosten gebunden stehen zu lassen, sofern er das Versteck der Kassette nicht preisgab. Der junge Mann hatte diese Tortur nicht überlebt. Später wurde Horn bei einem Disziplinarverfahren in Deutschland verurteilt und verlor ein Drittel seiner Pensionsansprüche. Der Gouverneur wurde möglicherweise von seinen Beamten zum Sündenbock gemacht, weil diese ihre eigenen Untaten vertuschen wollten – davon waren allerdings nicht nur Afrikaner betroffen, sondern auch die deutschen Missionare, die sich auf die Seite der Eingeborenen stellten.

Ein Bezirksamtmann namens Schmidt im 150 Kilometer nördlich der Hauptstadt gelegenen Atakpamé hatte die dreizehnjährige Afrikanerin Adgaro ausgepeitscht und vergewaltigt, nachdem er sie in seinen berüchtigten Harem gesperrt hatte, der als »Schmidts Rolle«[12] bekannt war. Die katholischen Missionare protestierten bei den zuständigen Behörden und erhielten den Bescheid, sie sollten ihre Beschwerde schriftlich einreichen. Am nächsten Morgen erschien in aller Frühe der Bezirksrichter mit neunzehn bewaffneten Soldaten, zerrte die Missionare aus ihren Betten und warf sie für drei Wochen ins Gefängnis. Während dieser Zeit »kümmerte« man sich um die afrikanischen Zeugen in dem Fall. Schließlich wurde Schmidt freigesprochen, da kein Zeuge gegen ihn auftrat, und der Missionar Schmitz erhielt 14 Tage Gefängnis wegen Falschaussage. (Als er Rechtsmittel einlegte, wurde er freigelassen.) Natürlich kam es zu einem Aufschrei der Empörung, als die Geschichte in Deutschland bekannt wurde; doch Schmidt wurde nicht zur Rechenschaft gezogen. Im Gegenteil, seine afrikanische Kupplerin »Jenusia« (Königin) erhielt sogar offiziell das Recht, Gerichtsgebühren zu erheben und kleinere Rechtssachen zu entscheiden.

In den dritten Kolonialskandal war Carl Peters verwickelt, der Begründer von Deutsch-Ostafrika, der einst Bismarck überredet hatte, seiner neugegründeten Deutschen Kolonialgesellschaft den ersten Schutzbrief für eine Kolonie auszustellen. Nach dem finanziellen Zusammenbruch seiner Gesellschaft war er jedoch gezwungen, den Schutzbrief an das Reich zurückzugeben. Peters soll angeblich Nietzsches »Übermenschen« nachgeeifert haben; fest steht, daß er ein besonders rücksichtsloser Imperialist war. Die üblichen apologetischen Hinweise auf die Bedeutung einer »festen Hand« und die bedauerliche Notwendigkeit »energischer Maßnahmen« waren seine Sache nicht. Vielmehr prahlte er vor seinen Lesern, daß ihn jedesmal ein großer »Jubel«[13] erfüllte, wenn er einen Afrikaner niederschoß, der es wagte, sich ihm entgegenzustellen, und rühmte sich der Verheerungen, die er im Tanatal angerichtet hatte, das bald darauf Britisch-Ostafrika einverleibt wurde. Die Afrikaner nannten ihn *Mkonowa-damu*, den »Mann mit den blutbefleckten Händen«.

1891 wurde Peters zum Reichskommissar in Deutsch-Ostafrika ernannt, doch seine Landsleute, auch alte Freunde wie Graf Pfeil, prangerten seine Unberechenbarkeit an. Daraufhin hagelte es öffentliche Proteste; August Bebel und die deutschen Sozialdemokraten verdammten Peters als »Ungeheuer« und als Symbol des aggressiven Imperialismus. 1897 wurde Peters in Potsdam vor einem Kolonialgericht gestellt und schwerer Verstöße gegen die »Vorschriften« in der Kilimandscharo-Region beschuldigt. Er hatte willkürlich seinen jungen afrikanischen Diener Mabruk hängen lassen – mit der Begründung, dieser habe Peters' Zigarren gestohlen (»um seine Autorität aufrechtzuerhalten«, hieß es offiziell). In Wahrheit wurde Mabruk beschuldigt, er habe ein Verhältnis mit Peters' Mätresse, einem jungen Mädchen namens Jagodja, gehabt. Das unglückliche Mädchen wurde geprügelt, bis ihr Rücken wie »Hackfleisch« aussah, und dann ebenfalls ohne Gerichtsurteil gehängt.

Man warf Peters außerdem vor, den Fall in seinem Bericht an die Behörden falsch dargestellt zu haben. Das Kolonialgericht befand ihn in allen Punkten für schuldig und entließ ihn ohne Pension aus dem Kolonialdienst. Doch sein Vergehen hieß »Disziplinlosigkeit«.[14] Ein strafrechtliches Verfahren wurde nie eingeleitet, obwohl er nachweisbar zwei Morde begangen hatte.

All das lag nun schon Jahre zurück und hätte längst vergessen sein können. Doch 1906, im Jahr der Kolonialskandale, rollten die Sozialdemokraten den Fall Carl Peters wieder auf.

Es stellte sich heraus, daß Peters einflußreiche Freunde hatte, unter anderem Dr. Otto Arendt, den Führer der Konservativen, der den Kaiser überredete, Peters teilweise zu rehabilitieren. Er durfte nun wieder den Titel Reichskommissar führen, wenn auch ohne die damit verbundene Pension zu beziehen. Zudem fanden die Sozialdemokraten heraus, daß Peters' Freunde den Staatsanwalt Dr. Hellwig, der gegen Peters ermittelt hatte, zum Rücktritt aus dem Kolonialdienst gezwungen hatten.[15]

Im Reichstag kam es zu denkwürdigen Szenen, als diese Kolonialskandale publik wurden. Im Dezember 1906 sah sich Bülows Regierung tagelang den Angriffen des Zentrums und der Sozialdemokraten unter Bebel ausgesetzt, die sich in dieser Frage zu einer ungewöhnlichen Allianz zusammengefunden hatten. Anfangs war der Kanzler darauf bedacht, seine Kritiker zu besänftigen, und sprach von Reformen. Doch dann ging er plötzlich zu jedermanns Erstaunen zum Gegenangriff über und löste am 13. Dezember den Reichstag auf. Als Vorwand diente die Weigerung der Abgeordneten, der Regierung die 29 220 000 Mark an Zusatzkosten zu bewilligen, welche erforderlich waren, um die Herero und Nama endgültig zu erledigen. Bülow machte sich diese Tatsache zunutze, um seinen Gegnern mangelnden Patriotismus vorzuwerfen.

Die Wahl, die nun folgte, hatte Ähnlichkeiten mit der britischen »Khaki-Wahl« im ersten Sommer des Burenkrieges; sie wurde schließlich unter dem Namen »Hottentotten-Wahl« bekannt. Bülow schlachtete die katastrophale Kolonialpolitik zu seinem eigenen Vorteil aus. Zwei Jahre lang – seit dem die Sozialisten aus den Wahlen von 1905 gestärkt hervorgegangen waren – hatte er im Reichstag quasi von der Hand in den Mund gelebt. Nun war er entschlossen, wieder einen Parteienblock aufzubauen, der zuverlässig hinter der Regierung stand, und die Macht seiner Peiniger zu brechen, die die beiden stärksten Parteien im Reichstag stellten: das katholische Zentrum und die Sozialdemokraten. Wenn sich dieses ungleiche Paar zusammentat, konnte es der Regierung in die Parade fahren.

Das Zentrum war die stärkste Partei im Reichstag, doch in Fragen der Kolonialpolitik oft gespalten. Nun versuchte die Partei gleichzeitig gegen die Kolonialskandale vorzugehen und innenpolitische Reformen herbeizuführen.

Mathias Erzberger, ein katholischer Schulmeister von dreißig Jahren, der den Proteststurm gegen Bülow entfachte, war eigentlich der Führer des imperialistischen Flügels im Zentrum. Seit 1903 hatte Erzberger immer wieder die Inkompetenz und den Zickzackkurs der Kolonialabteilung angeprangert, die die Reichstagsabgeordneten mit fadenscheinigen Statistiken und sieben Jahre alten Finanzberichten abspeiste.

Noch uneiniger als das Zentrum waren die Sozialdemokraten. Ein Flügel, zu dem auch Parteiführer Bebel zählte, setzte Imperialismus immer noch mit Ausbeutung gleich; für ihn waren nicht Reformen, sondern die Abschaffung der Kolonien die Lösung. Doch daneben gab es die »Revisionisten«, die behaupteten, der Kolonialismus böte deutschen Arbeitern gute Arbeitsplätze und sei letztlich doch mit dem Sozialismus zu vereinbaren.

Kein Wunder also, daß es Bülow bei der »Hottentotten-Wahl« von 1907 gelang, seinen in der Kolonialpolitik so gespaltenen Gegenspielern den Teppich unter den Füßen wegzuziehen. Die Sozialdemokraten verloren 38 ihrer 81 Sitze; das Zentrum konnte sich halten. Doch die »Rechten« – die konservative Deutsche Reichspartei, die Nationalliberalen und die Fortschrittspartei – errangen 216 Sitze. Damit hatte Bülow endlich eine solide Mehrheit hinter sich und konnte wie ein britischer Premier mit Unterstützung des Parlaments regieren. Im neuen Reichstag dominierte die Rechte; ihr gehörten nun Hardliner wie General von Liebert, der Exgouverneur von Ostafrika an, der aus seiner Bewunderung für Carl Peters keinen Hehl machte. Trotz der Demütigung durch die Aufstände der Herero, Nama und *Maji-Maji*-Rebellen und ungeachtet der Enthüllungen über die Greuel in Togo und Kamerun war Bülows Kolonialpolitik nun nachträglich bestätigt worden.

Dennoch hatte Bülow schon fünf Monate vor der Wahl den Reformern stillschweigend einige Zugeständnisse gemacht. Er fand einen neuen Herkules, der den Augiasstall der Kolonialabteilung ausmisten sollte – keinen verbissenen preußischen Bürokraten, sondern einen rundlichen, jungen Bankier namens Bernhard Dernburg. Der Sohn eines englandfreundlichen Journalisten jüdischer Herkunft war mit 41 Jahren Leiter der Darmstadt-Bank geworden und gehörte zu den Aufsteigern in der deutschen Gesellschaft.

In Bülows Wahlkampf zog Dernburg als Redner durch die Lande, verteilte Zigarren wie Süßigkeiten und gab den Deutschen den Glauben an ihr Reich in Übersee wieder. Wirtschaftsimperialismus hieß seine Devise. Das Kolonialreich in Übersee konnte auch mit zivilisierten Methoden regiert werden und trotzdem Gewinne abwerfen.

Die deutschen Kolonien in Afrika, so sagte er, seien heute noch die Aschenputtels des Reiches, doch bald würden sie die Juwelen in der Krone des Kaisers sein. Wo sonst sollte sich das Reich so billige und zuverlässige Rohstoffquellen erschließen, auf die man als zweitgrößte Schwerindustriemacht nach den USA nicht verzichten konnte?

Dernburg hatte einen ganzen Katalog von Reformen zu unterbreiten. Erstens war das schwerfällige Reichskolonialamt durch ein modernes Kolonialministerium unter der Leitung Dernburgs zu ersetzen. Zweitens mußte der Staat nach dem Vorbild der Briten in Indien professionelle Kolonialbeamte ausbilden und einstellen. Drittens mußte man das Wagnis eingehen, im großen Stil Steuergelder zu investieren. Die Schaffung einer soliden Grundlage für die Exportwirtschaft war unumgänglich – nur durch Rodungen im Dschungel für den Straßenbau, den Ausbau von Häfen und die Bereitstellung eines Schienennetzes für den Bahnverkehr konnte der Staat erfolgversprechenden Aktivitäten von Privatunternehmen den Weg bereiten.

Dernburgs Pläne hatten nur einen Fehler: Der Bankier kannte die deutschen Kolonien nicht.

Im Juli 1907 besuchte er schließlich Deutsch-Ostafrika, die größte der vier Kolonien, wo der reformfreudige neue Gouverneur Albrecht Freiherr von Rechenburg eine anstrengende, aber lehrreiche Rundreise für ihn arrangierte. Mit der neuen Eisenbahn der Briten reiste Dernburg nach Uganda, auf einem deutschen Dampfer befuhr er den Viktoria-See, und auf einem Esel legte er die 800 Kilometer von Mwanza bis zum Endbahnhof der Eisenbahn in Morogoro zurück. Als er im Oktober nach Deutschland heimkehrte, war er nicht nur schlanker, sondern auch klüger geworden. Er hatte zwei widersprüchliche Lektionen gelernt, die dem neuen Kolonialminister in den nun folgenden schwierigen Jahren einiges Kopfzerbrechen bereiten sollten.

Die erste Lektion betraf die Wirtschaft. Ostafrika hatte den Europäern wenig zu bieten. Es gab weder Gold noch Silber, ja nicht einmal Kupfer. In den meisten Gebieten war der Mutterboden dünn, es fiel wenig Regen, und Investitionen in die Landwirtschaft schienen nicht ratsam. In der Regel lieferte die afrikanische bäuerliche Landwirtschaft die besten – und sichersten – Erträge. Die zweite Lektion war politischer Natur. Angelockt durch einzelne fruchtbare Gebiete im Norden waren einige tausend Siedler ins Land geströmt. Damit war auch eine Siedlerlobby entstanden, die im Mutterland mit tatkräftiger politischer und emotionaler Unterstützung rechnen konnte.

In den vier »Schutzgebieten« konnte Kolonialminister Dernburg einige längst überfällige Reformen durchsetzen. Er tat sein Bestes, um den Mißständen ein Ende zu setzen, die die Afrikaner zur Verzweiflung getrieben und die drei Rebellionen heraufbeschworen hatten – die Zwangsarbeit, die Auspeitschungen, die Ausbeutung von Afrikanern, als wären sie Sklaven oder Tiere. Doch in den beiden Kolonien, wo die klimatischen Bedingungen die Besiedlung durch Europäer zuließ – in vom Krieg verheerten Südwestafrika und in Deutsch-Ostafrika – wurden seine Bemühungen regelmäßig von den Siedlern durchkreuzt. Als 1908 in Südwestafrika Diamanten gefunden wurden – allerdings ein wesentliches bescheideneres Vorkommen, als es sich Lüderitz erhofft hatte –, wuchs die Verbitterung der Siedler gegen Dernburg noch mehr. Der Kolonialminister wollte den unerwarteten Fund zum Nutzen der Weißen *und der Schwarzen*, einschließlich der überlebenden Herero und Nama, verwendet wissen. Die Siedler hingegen waren nicht bereit zu teilen. In Deutsch-Ostafrika entbrannte der Streit um die Wahl der besten Standorte für den Anbau von Exportkulturen wie Sisal, Kaffee und Tee. Würde der Anbau in den europäischen Pflanzungen des Nordens wirtschaftlicher sein, obwohl er den Bau einer weiteren Eisenbahn und den Einsatz afrikanischer Zwangsarbeiter erforderlich machen würde? Oder sollte der Anbau auf kleinen Pachtgütern afrikanischer Bauern entlang der vorhandenen Eisenbahnstrecke erfolgen, die bereits mit dem Steueraufkommen der Kolonie finanziert worden war? Die Antwort lag auf der Hand, doch gegen den Widerstand von Dernburg und Gouverneur Rechenburg gab Berlin schließlich dem Druck der Siedler nach. Nur in Togo, der kleinsten und ärmsten Kolonie, erwies sich der Kolonialismus als gerade noch rentabel.

Im Jahre 1910 erlag Dernburg dem Druck seiner rechtsgerichteten Feinde im Reichstag und trat zurück. Sein Nachfolger wurde Lindequist, der ehemalige Gouverneur von Südwestafrika, der fest auf der Seite der Siedler stand. Im Herzen Europas entstand ein neues Deutschland nach dem Sinn des Kaisers – noch isolierter, noch brutaler, noch rücksichtsloser. Nun wurde es wieder still um die deutschen Kolonien in Afrika, während die Großmächte scheinbar unaufhaltsam auf den Krieg zusteuerten.

Vier Jahre vor Dernburgs Rücktritt hatte die französische Regierung Savorgnan de Brazza nach Zentralafrika entsandt, um über die Situation in Französisch-Kongo zu berichten, die sich offenbar von den grauenerregenden Zuständen in Leopolds Kongostaat nicht wesentlich unterschied.

KAPITEL 35

Die Rückgewinnung
von Französisch-Kongo

Französisch-Kongo und Paris
29. April 1905 und später

Brazza »sah, daß die Konzessionsunternehmen, raubgierig und zynisch
wie sie waren, eine neue Form der Sklaverei zu schaffen
versuchten . . .«

Félicien Challaye, Le Congo Français, 1909

A m 29. April 1905 traf Pierre de Brazza in Libreville, der Hauptstadt
von Gabun ein, die das Tor zu Französisch-Kongo darstellte. Die
Afrikaner bereiteten ihm einen Empfang wie einem Helden.

Einige kannten Brazza schon seit über dreiunddreißig Jahren, aus der
Zeit, als er noch ein junger Fähnrich gewesen war. Eine Familie von
ehemaligen Sklaven kniete vor ihm nieder. Ihr Befreier war zurückgekehrt, der gegen die französischen Kaufleute und für das Volk Partei
ergriffen hatte.

Ein paar Tage später fuhr er auf einem Dampfboot, begleitet vom
Klang der Buschtrommeln, die in den Dörfern am Ufer geschlagen
wurden, den Fluß hinauf. In Njole legte ihm ein alter Mann zur Begrüßung die Hand feierlich auf den weißen Uniformrock. Brazza hatte nun
wieder eine Aufgabe, die seinem Leben Sinn gab. Es war höchste Zeit.
Ohne ihn hätte Frankreich den Kongo vermutlich verloren.

Obwohl er erst dreiundfünfzig war, wirkte Brazza wie ein alter
Mann. Er war fast völlig ergraut, und die wiederholten Anfälle von
Malaria und Ruhr hatten seine hochgewachsene, hagere Gestalt gebeugt. Von 1890 an hatte er acht Jahre lag als Commissaire-Général
von Französisch-Kongo gedient, der Kolonie, deren Besitz Frankreich
ihm verdankte. Ihr Gebiet erstreckte sich über 2200 Kilometer bis zum
Tschad-See und umfaßte vier weiträumige Territorien – Gabun,

Kongo, Ubangi und den Tschad –, die später in Französisch-Äquatorial-afrika umbenannt wurden. Dennoch hatte man Brazza 1898 schließlich den Laufpaß gegeben.

Der italienischstämmige Brazza war in der französischen Gesellschaft immer ein Außenseiter geblieben. Lieber vertrieb er sich die Zeit in einer fröhlichen Runde von Afrikanern, als sich mit mürrischen Siedlern abzu-geben. Als Leiter der Verwaltung war er nicht sehr erfolgreich; so traf man ihn beispielsweise nur selten in Brazzaville an, weil er sich lieber im Buschland aufhielt. Außerdem schuf er sich schon bald Feinde. Bischof Augouard, das Oberhaupt der französischen Missionare, verdächtigte ihn – durchaus zu Recht –, ein Freidenker und kein besonderer Freund der geistlichen Missionsarbeit zu sein. Die Offiziere der französischen Mari-neinfanterie, die vom Senegal in den Kongo verlegt worden war, fanden ihn zu weich. Er vertrat nämlich den Grundsatz der »friedlichen Erobe-rung«, ein Standpunkt, der bei ehrgeizigen Offizieren nicht gerade hoch im Kurs stand. Überdies lehnte er es ab, Zwangsarbeit – die immer auch mit Prügelstrafe verbunden war – zu dulden, besonders wenn es darum ging, mit der Peitsche halbverhungerte Dorfbewohner als Träger zu »gewinnen«. Diese Haltung trug ihm den Ruf eines wunderlichen Kauzes ein. Nach Marchands Demütigung in Faschoda im Jahre 1898 fanden die Offiziere der französischen Marineinfanterie in Brazza den geeigneten Sündenbock. Sie behaupteten, es sei Brazzas Schuld gewesen, daß Mar-chand sechs entscheidende Monate verloren habe – denn Brazza habe sich geweigert, 25 000 Träger zwangsverpflichten zu lassen, die die 750 Tonnen Nachschub vom Atlantik zum schiffbaren Teil des Kongo hätten transportieren können. Ähnliche Vorwürfe erhoben auch französi-sche – und belgische – Investoren.

Es war die Zeit des großen Kautschukbooms. Warum, fragten die Finanziers, beutete Frankreich den Kautschuk in Französisch-Kongo nicht ebenso erfolgreich aus wie König Leopold auf der anderen Seite des Kongo-Flusses? Leopold hatte nämlich sämtliche Kautschuk-Distrikte zum Staatsmonopol erklärt und ließ diese von konzessionsnehmenden Firmen erschließen.

Mit Hilfe einer von Leopolds Getreuen eingefädelten Kampagne in der französischen Presse wurde Brazza 1898 aus dem Amt gejagt und durch den gefügigeren Emile Gentil ersetzt. Als nächstes teilte man das riesige Dschungelgebiet in vierzig Areale auf, die von vierzig europäischen

Handelsgesellschaften nach allen Regeln der Kunst ausgebeutet werden sollten. Weil Straßen und Eisenbahnen fehlten, wurden Eingeborene als Träger herangezogen.

Erst 1905, also sieben Jahre später, leistete die französische Regierung gegenüber Brazza eine Art Wiedergutmachung, doch anders, als er es sich gewünscht haben mochte: Zwei französische Offiziere, Georges Toqué und Fernand Gaud, sollten in Brazzaville vor Gericht gestellt werden. Sie waren angeklagt, in einem entlegenen Konzessionsgebiet in Shari-Ubangi Afrikaner ermordet zu haben. In Paris hatte diese Nachricht einen Skandal ausgelöst. Handelte es sich um einen Einzelfall oder war dies die unvermeidliche Folge des neuen Konzessionssystems? Brazza, als Vorsitzender einer Untersuchungskommission, sollte die Antwort auf diese Fragen innerhalb von sechs Monaten in Paris vorlegen.

In der Hauptstadt sah der französische Kolonialminister Etienne Clémentel mit wenig Begeisterung Brazzas Rückkehr entgegen. Der Prozeß gegen Toqué und Gaud in Brazzaville würde schon genug Schaden anrichten; warum dann noch mehr Staub aufwirbeln und Brazza die Gelegenheit verschaffen, das Konzessionssystem anzugreifen, das er bekanntlich ablehnte? Die Regierung konnte sich erst nach Intervention des neuen Staatspräsidenten Emile Loubet dazu durchringen, Brazza mit der Untersuchung zu beauftragen. Da Brazza keinerlei politische Ambitionen hatte und als vehementer Verfechter der Rechte der Afrikaner galt, würde niemand der Regierung vorwerfen können, daß sie die Angelegenheit zu verschleiern suche. Doch den Ausschlag gab etwas anderes. Brazzas Gesundheit war so angegriffen, daß er wahrscheinlich nicht von der vorgegebenen Richtung würde abweichen können. Er würde nur das zu sehen bekommen, was der Gouverneur ihm zu zeigen gewillt war. Und die Regierung war auch nicht verpflichtet, Brazzas Bericht in der gleichen Weise zu veröffentlichen wie die britische Regierung im Jahr zuvor Casements Bericht.

Die Untersuchung von Casement hatte sich auf Belgisch-Kongo beschränkt. Doch indem er das dort herrschende System bloßstellte, klagte Casement indirekt auch Frankreich an, weil es sich der gleichen Methode bediente. E. D. Morel, der Vorsitzende der *Congo Reform Association*, hatte in seiner Schrift *The British Case in the French Congo* diesen Punkt bereits klar herausgestellt. In seinem Buch, das zwei Jahre zuvor erschienen war, zeigte Morel, daß britische Kaufleute mit Hilfe des von Belgisch-Kongo übernommenen Konzessionssystems aus Französisch-Kongo vertrieben worden waren. Zwangsarbeit und Mißhandlungen von Afrikanern waren die unvermeidliche Folge. Morel forderte, daß auch die Franzosen das Konzessionssystem abschaffen und den Freihandel zulassen sollten, das geheiligte Prinzip der Kongoakte.

Letzten Endes hatte die französische Regierung glücklicherweise weder von Casement noch von Morel etwas zu befürchten. 1905, ein Jahr nach Unterzeichnung der *entente*, herrschte zwischen Großbritannien und Frankreich, den beiden Großmächten mit den größten Kolonialreichen in Afrika, noch eitel Sonnenschein, und der britische Außenminister Lansdowne wollte wegen des Kongo nicht neue Auseinandersetzungen heraufbeschwören. Das gleiche galt für den deutschen Kaiser, der sich gerade mit Aufständen auseinandersetzen mußte, die in zwei seiner vier afrikanischen Kolonien ausgebrochen waren. Zwar betrachtete der Kaiser seit der Unterzeichnung der *entente* die französische Politik mit wachsendem Argwohn und bestand auf »Kompensation« für Frankreichs offenkundigen Plan, sich Marokko einzuverleiben. Aber der Kongo war nicht der richtige Ort, um Deutschlands Rivalen herauszufordern, denn in weitaus höherem Maße als Frankreich war König Leopold in die angeblichen Greueltaten verstrickt. Und wie schon zuvor Bismarck war auch dem Kaiser daran gelegen, daß Leopolds Kongostaat in Zentralafrika ein Gegengewicht zu England und Frankreich bildete.

Nichts durfte das Konzessionssystem in Gefahr bringen – so lautete eine der Grundprinzipien der französischen Politik. Schließlich begann dank der Konzessionsfirmen und des weltweiten Kautschukbooms eine der ärmsten und rückständigsten unter den neuen französischen Kolonien endlich Gewinn abzuwerfen. Paris ließ Gentil, dem Gouverneur von Französisch-Kongo, eine vertrauliche Nachricht zukommen: Monsieur de Brazza müsse natürlich jegliche Unterstützung gewährt werden; doch dies sei für Monsieur Gentil kein Grund zur Besorgnis. Brazzas Mission diene lediglich dazu, seinen »Fanatismus zu dämpfen, der sich offenbar mit der Zeit noch gesteigert hat, was ihn nicht vernünftiger werden ließ«.[1]

Falls Brazza wußte, woher der Wind wehte, war er zu stolz, dies gegenüber der Regierung zu erkennen zu geben. Aber er stellte Bedingungen. Bei einer frostigen Begegnung im März mit Clémentel verlangte er einen zuverlässigen Stab an Mitarbeitern. Daraufhin wies man ihn den angesehenen Inspekteur der Kolonien, Hoarau-Desruisseaux, und den jungen Zivilbeamten Félicien Challaye, der auch für *Le Temps* schrieb, zu. Mit von der Partie war ferner Brazzas junge, geistreiche Frau Thérèse, eine strenggläubige Katholikin.

Als Brazza im Mai 1905 in Gabun eintraf, entdeckte er zwar keine Greueltaten, aber vieles andere, was zu mißbilligen war. Der alte Mann, der ihn in Njole begrüßte, berichtete ihm, wie grob die Afrikaner von den örtlichen Konzessionsunternehmen behandelt wurden. Natürlich, sie wurden für den Kautschuk bezahlt, aber der Preis war erbärmlich niedrig und wurde in Form von Naturalien entrichtet – europäischer Handelsgüter, die die Afrikaner verachteten und nur mit Verlust eintauschen konnten. Die Steuern lagen hoch, und die Rechtssprechung war reine Willkür. Zwanzig Schläge mit der *chicotte* – einer Peitsche aus Nilpferdleder – galten als angemessene Methode der Züchtigung.

Als Brazza den Beschwerden über Ungerechtigkeiten genauer nachgehen wollte, stellten sich ihm unerklärliche Hindernisse in den Weg. Boote kamen zu spät an, Dokumente verschwanden, Telegraphenleitungen wurden unterbrochen. Sobald er in einem Dorf eintraf, waren keine Beweismittel mehr aufzufinden. Ein- oder zweimal aber schlugen die Vertuschungsversuche fehl. Die Behörden hatten Weisung gegeben, während Brazzas Aufenthalt sämtliche Kettensträflinge loszuschließen, doch aus irgendeinem Grund hatte diese Anordnung den Außenposten Sindara nicht erreicht. So erlebten Brazza und seine Begleiter, wie bei ihrer Ankunft stöhnende Kettensträflinge ihr Gepäck ausluden.

Nach deprimierenden vierzehn Tagen beschloß Brazza, direkt an den Kongo zu reisen, während Hoarau-Desruisseaux sich um die Angelegenheiten in Gabun kümmern sollte. Sieben Jahre nach dem Bau der Eisenbahnlinie nach Leopoldville benötigte Brazza lediglich einen Tag, um die 320 Kilometer lange Strecke vom Free State Port von Matadi zu bewältigen. Am 15. Mai 1905, gegen drei Uhr nachmittags, trat Brazza hinaus auf den Bahnsteig von Leopoldville.

Der Empfang war ziemlich frostig. Zur Begrüßung waren lediglich ein französischer Missionar – sein alter Feind Bischof Prosper Augouard – und zwei Franzosen erschienen.

Bei dem offiziellen Bankett am nächsten Tag traf er dann auch mit seinen Nachfolger Gentil zusammen. In seiner Tischrede bemerkte der

Gouverneur von Französisch-Kongo, angesichts von Brazzas »ziemlich plötzlicher Abreise« vor sieben Jahren müsse man seine jetzige Rückkehr wohl als eine Art von »Revanche« und »rechtmäßige Chance, sich Genugtuung zu verschaffen«, betrachten.

Anschließend ergriff Bischof Augouard die Gelegenheit, ein Loblied auf Gentil anzustimmen. Nachdem er sich zunächst über Brazzas Verdienste als Entdecker ausgelassen hatte, fuhr er fort: »Aber es war unserem jetzigen unermüdlichen Commissaire-Général vorbehalten, mit gewaltigen Schritten den Weg weiterzuverfolgen, den sein berühmter Vorgänger gebahnt hatte, und schließlich unserem Kongo den wirtschaftlichen Aufschwung zu verschaffen, auf den das Land so lange gewartet hatte.«[2]

Zwanzig Jahre zuvor hätte Brazza auf solch provokative Reden noch ganz anders reagiert. (Man denke nur daran, wie meisterhaft er in Paris Stanleys rücksichtslosen Angriff pariert hatte.) Aber nun war er zu alt und zu krank, um in Form eines konventionellen Lobes Gentil – oder den Bischof – abzukanzeln.

Es muß betont werden, daß Augouard kein gewöhnlicher Gegner war. Als »Bischof der Kannibalen« war er in seinen territorialen Gelüsten und in seiner nationalistischen Überheblichkeit genauso verbohrt wie Brazza auf seine Weise. Bereits seit 1878 widmete er sich zwei Missionen, weshalb an der Kathedrale von Brazzaville neben dem Kreuz die Trikolore prangte. Er hatte Gott nach Zentralafrika gebracht, und Zentralafrika nach Frankreich. Andere Männer wären von den damit verbundenen Anstrengungen oder von der Malaria außer Gefecht gesetzt worden. Dem mittlerweile dreiundfünfzigjährigen Augouard hingegen schien das Klima des Kongo so gut zu bekommen, daß er immer dicker wurde. Nicht weniger als siebzehn Mal hatte er zu Fuß die 380 Kilometer lange Strecke zwischen Vivi und Brazzaville zurückgelegt. Der Allmächtige aber schien seine schützende Hand über den Wanderer zu halten. Natürlich fühlte sich der Bischof in erster Linie seinem Gott und nicht dem Staat verpflichtet, vor allem auch, weil in Frankreich die Entfremdung zwischen Kirche und Staat immer mehr zunahm. Mitten im Dschungel hatte er sein eigenes Imperium mit Missionsschulen und Missionshospitälern geschaffen. Er, der reizbare, streitsüchtige Kirchenfürst, war bereit, sein kongolesisches Reich gegen die begehrlichen Ansprüche des Staates zu verteidigen.

Der Bischof hielt die Ideen Gentils für wesentlich zweckmäßiger als die Brazzas. Auch wenn Gentil anfangs »gewisse Fehler beging, muß man

705

doch anerkennen, daß er die Entwicklung im Kongo auf eine Weise vorangetrieben hat, wie dies bislang noch niemand anderem gelungen ist. Darüber hinaus ist Monsieur Gentil ein Feind des Freimaurertums und ein Gegner der Säkularisation. In beiderlei Hinsicht gilt es, ihn zu unterstützen.«[3]

Nachdem Brazza zu einer zweimonatigen Reise zum Shari und Ubangi weit in den Norden aufgebrochen war, führte der Bischof eine eifrige Privatkorrespondenz mit Paris, um zu verhindern, daß Gentil bloßgestellt wurde.

Die Reise zum Oberlauf des Shari, wo den Berichten nach die schlimmsten Greueltaten geschehen waren, bedeutete 2800 Kilometer Weg durch wildes Land per Boot, im Kanu und zu Pferd. Schon für einen gesunden jungen Mann wäre dies eine Tortur gewesen. Für Brazza kam es einem Selbstmord gleich.

Den ersten Teil der Strecke konnte man noch bequem in einem Doppeldecker-Boot, der *Dolizie,* zurücklegen, die mit solchem Luxus wie zum Beispiel einer Eiswürfelmaschine ausgestattet war. An manchen Stellen glich der Kongo eher einem See als einem Fluß. In Bolobo, am Flußufer des Kongostaats, traf Brazza den berühmten britischen Missionar und Forscher George Grenfell. Dieser hatte 1886 durch bloßen Zufall die Mündung des Ubangi entdeckt, des gewaltigen Nebenflusses des Kongo, der so lang ist wie die Donau. Der Ubangi diente nun den Franzosen als Hauptverkehrsweg in den Norden, denn er war über 1000 Kilometer hinweg schiffbar. Grenfell, der in Bolobo eine protestantische Missionsstation für 400 afrikanische Kinder leitete, wurde von Brazza zum Diner eingeladen. Wie Augouard erfreute sich Grenfell nach dreißig Jahren im Kongo noch immer bester Gesundheit. Brazza erkundigte sich nach der Lage der Eingeborenen in Bolobo. Die Antwort war erfreulich, wenngleich sie ihm auch zu denken gab: »Sie werden hier nicht schlecht behandelt. Es gibt hier nämlich keinen Kautschuk.«[4]

350 Kilometer östlich von Leopoldville steuerte die *Dolizie* Richtung Norden in den Ubangi hinein. Das Landschaftsbild änderte sich jetzt, und es waren auch weniger Dörfer am Flußufer zu sehen als zuvor. Grenfell hatte sie schon darauf hingewiesen, daß hier viele Eingeborene ihr Heim aufgegeben hätten und in den Dschungel geflüchtet seien. Denn hier war die Kautschukzone, die von französischen und belgischen Firmen beherrscht wurde.

Im Dorf Bétou warnte man sie vor den hier ansässigen Bondjos. Da sie sich gerade gegen ihre Herren erhoben hatten, sei es nicht ratsam, ihnen näherzukommen: »Wenn Sie hierherkommen, wird man Sie verspeisen.«[5] Doch Brazza und seine Begleiter bestanden darauf, unbewaffnet das Dorf zu betreten; an ihrer Spitze schritt Thérèse de Brazza mit einem schwarzen Kind auf dem Arm. Die Afrikaner verstanden diese Geste sehr wohl. So verbrachte die Reisegesellschaft einige glückliche Stunden damit, mit den Eingeborenenfrauen Salz gegen Andenken zu tauschen: Armringe aus Eisen, Armbänder aus Schlangenhaut, Halsketten aus Perlen, Nasenringe und Fetische jeder Art. Aber Bétou war eine Ausnahme. Im nahegelegenen Lobaye hatten sich die Bondjos gerade gegen die Tyrannei der Konzessionsunternehmen aufgelehnt, deren schwarze Händler ihre Frauen geraubt und sie gezwungen hatten, Kautschuk zu sammeln. Jetzt hatten die Bondjos 27 schwarze Händler getötet und verzehrt. Da die Kolonialbehörden senegalesische Truppen geschickt hatten, stand ein Dschungelkrieg bevor, für den die Bondjos allerdings gut gerüstet waren. Die Konzessionsfirmen hatten ihnen um des Profits willen nämlich Gewehre und Schießpulver verkauft.

In Bangui erfuhren sie von noch grausigeren Ereignissen. Man zeigte ihnen eine Hütte, in der im Jahr zuvor der örtliche Verwalter 68 Frauen und Kinder als Geiseln gefangengehalten hatte, um so die Männer zu zwingen, ihre Abgaben in Naturalien zu entrichten – also in Kautschuk. 47 dieser erbarmungswürdigen Gefangenen waren verhungert oder erstickt, bevor ein junger Arzt die Vorgänge entdeckte. Der Skandal ließ sich nicht mehr vertuschen, und die Klagen richteten sich auch gegen die vorgesetzten Behörden. Doch der verantwortliche französische Verwalter wurde »zur Strafe« lediglich nach Brazzaville versetzt – wo es sich gewiß angenehmer leben ließ als in Bangui.

Brazza und seine Begleiter brauchten bis Anfang Juli, um nach Fort Crampel zu gelangen; der Ritt über die sandige Wasserscheide zwischen dem Ubangi und dem Shari dauerte allein zehn Tage. Diese Grenzregion, die Brazza als fruchtbares Maisanbaugebiet gekannt hatte, war zu einer Wildnis verkommen. Abgesehen von einem einzigen Huhn gab es nichts Eßbares zu kaufen. Die meisten der Dorfbewohner waren geflohen, um nicht von den Agenten der Regierung entführt und in den Sklavendienst als Träger gepreßt zu werden. Brazza war wie vor den Kopf geschlagen, als er den Verfall dieses Landstriches und seiner Bewohner sah. Trotz seiner Erschöpfung plagte er sich Tag und Nacht damit ab, Afrikaner über das Konzessionssystem zu befragen. Der junge Beamte Challaye staunte sehr über die ungewöhnlichen Methoden seines Chefs. Schlagartig wurde ihm das Geheimnis von Brazzas Politik der friedlichen Eroberung klar. Es bestand darin, »diplomatischen Realismus« mit einem »halbmystischen Sendungsbewußtsein« zu verbinden. Brazza versuchte diese »Wilden« als Menschen zu verstehen, deren elementare Bedürfnisse darin bestanden, gesund zu bleiben, zu essen und ein Dach über dem Kopf zu haben und sich vor Feinden zu schützen. Aber Brazza war auch entschlossen, sie für seine eigenen hohen Ideale, für »Unparteilichkeit, Großherzigkeit und Achtung vor dem Mitmenschen« zu begeistern.[6]

Es war eine Ironie des Schicksals, daß gerade hier in Fort Crampel zwei Franzosen, Toqué und Gaud, so bestialisch gewütet hatten. Wie sehr Brazza diese Vorstellung quälte, beschrieb Challaye folgendermaßen:

Die ungeheure Traurigkeit verschlimmerte noch seine körperliche und geistige Erschöpfung. Monsieur de Brazza fühlte sich diesem Kongo leidenschaftlich verbunden, den er entdeckt und Frankreich übereignet, den er regiert und verwaltet hatte. Er litt darunter, das Land in einem solch desolaten Zustand wiederzufinden. Er sah, daß eine tyrannische und habgierige Verwaltung ein schlecht durchdachtes und schädliches Steuersystem eingerichtet hatte und es mit oftmals brutalen Mitteln durchsetzte, die den Eingeborenen Angst und Schrecken einjagten . . . Er sah, daß die Konzessionsunternehmen, raubgierig und zynisch wie sie waren, eine neue Form der Sklaverei zu schaffen versuchten . . . anstatt durch freien Handel die Loyalität der Afrikaner zu gewinnen. Er erfuhr von zahlreichen brutalen Übergriffen, bei denen Europäer wie die schlimmsten Barbaren gewütet hatten. Und er kannte sämtliche Einzelheiten der gräßlichen Geschichte des oberen Chari: Zwangsarbeit als Träger, Gefangenenlager, *razzias* und Massaker.[7]

Um Brazzas Gesundheit stand es schlecht. Die 500 Kilometer zu Pferd – tagsüber in klammen Uniformen und nachts in feuchten Hütten –, das ungesunde Essen und vor allem die deprimierende Feststellung, daß der Kongo zu einer Wildnis verkam, die von den Konzessionsfirmen ausgeplündert wurde, war zuviel für seinen Körper und für seinen Geist. In mancherlei Hinsicht erlebte Brazza den gleichen Schock, den Casement vor zwei Jahren erlitten hatte, als er seine Untersuchung in Belgisch-

Kongo durchgeführt hatte. Aber Casement war nicht der Staatsgründer gewesen. Er hatte nicht mit Perlen und Armreifen Verträge in die Wege geleitet und Häuptlinge überredet, seinem Wort zu vertrauen und den Schutz Europas zu akzeptieren.

Anfang August, als die *Dolizie* bereits wieder auf dem Rückweg von Ubangi flußabwärts fuhr, erkrankte Brazza an einer gefährlichen Form von Ruhr. Am 19. August traf das Schiff in Brazzaville ein, gerade rechtzeitig zu Beginn des langerwarteten Mordprozesses gegen Georges Toqué und Fernand Gaud. Doch Brazza war schon zu krank, um noch sein Zimmer verlassen zu können, und so wurde er von Challaye mit den grauenhaften Berichten aus dem Gerichtssaal versorgt.

Der Prozeß gegen Toqué und Gaud dauerte sechs Tage und rief in Brazzaville einen Sturm der Entrüstung hervor – gegen das Urteil, nicht gegen die nachgewiesenen Untaten.

Beide Männer waren des mehrfachen Mordes angeklagt. Das schrecklichste Verbrechen, dessen Gaud beschuldigt wurde, hatte sich vermutlich am 14. Juli 1903 zugetragen. Aus Anlaß des Nationalfeiertages soll Gaud befohlen haben, einen Gefangenen namens Papka mit einer Stange Dynamit zu zerfetzen. Außerdem wurde ihm vorgeworfen, einen weiteren Gefangenen gezwungen zu haben, Suppe zu essen, die aus Menschenfleisch gekocht war. Die schwerste Beschuldigung gegen den vierundzwanzigjährigen Toqué lautete, er habe befohlen, den Stammesführer Ndagara einen Wasserfall hinunterzustürzen, so daß er ertrinken mußte. Aber diese Morde waren keine Einzelfälle. Der Prozeß zeigte, daß den jungen französischen Verwaltungsbeamten das Leben eines Afrikaners nicht mehr wert war als das eines Hundes. Träger, Führer und Arbeiter zu rekrutieren oder Steuern einzutreiben – alles geschah mit Gewalt und nicht selten mit Mord. Massaker an Frauen und Kindern, die als Geiseln entführt worden waren, standen auf der Tagesordnung. Und es gehörte zum Ehrenkodex, alles, was geschehen war, abzuleugnen.

Um so mehr überraschte es, daß zwei Europäer, ein kleiner Beamter namens Chamarande und ein Arzt, bereit waren, gegen Toqué und Gaud vor Gericht auszusagen, selbst auf die Gefahr hin, damit ihre Karriere zu ruinieren. Denn die Aussagen von Europäern hatten Gewicht. Besonders Chamarandes Berichte beeindruckten die Richter. Kaum den Kinderschuhen entwachsen, war er als Untergebener von Toqué in eine Welt des

Schreckens geraten. Zuerst war er angesichts der Gewalt wie gelähmt gewesen. Doch er weigerte sich standhaft, sich an der Verschwörung des Schweigens zu beteiligen, die bislang sämtliche Greueltaten am oberen Shari wirksam vor Aufdeckung geschützt hatte.

Am Abend des sechsten Verhandlungstages verkündeten die Richter das Urteil. Die beiden Männer wurden bis auf jeweils einen Anklagepunkt freigesprochen: Toqué wurde für schuldig befunden, Ndagara ertränkt zu haben, und Gaud, daß er Papka mit Dynamit in Stücke reißen ließ. Die Strafe lautete auf jeweils fünf Jahre Gefängnis. »Fünf Jahre für den Tod von *sales nègres*«[8] (»dreckigen Negern«). Die hierzulande bislang beispiellose Härte des Urteils schockierte die Mehrheit des Publikums, das den Prozeß verfolgt hatte. Manche Leute weigerten sich, den Richtern die Hand zu schütteln.

Auch Challaye befriedigte das Urteil nicht. Er teilte die Ansicht einer kleinen Minderheit von Franzosen – die meisten davon Armeeoffiziere, die frisch aus dem Tschad gekommen waren –, welche die Rechte der Afrikaner achteten. Das Urteil würde der langen Liste ungesühnter Verbrechen und skandalöser Freisprüche endlich ein angemessenes Ende setzen. Es würde den Eingeborenen zeigen, daß französische Herrschaft die Herrschaft des Gesetzes war und nicht die Herrschaft von Folter und Massaker. Und es würde die Gewalttäter vor weiteren Greueltaten abschrecken. Was Challaye jedoch nach wie vor beunruhigte, ja beängstigte, war die Frage, wer für diese Verbrechen im Grunde wirklich verantwortlich war. Dienten Toqué und Gaud nur als Sündenböcke, hatten sie eigenmächtig gehandelt, oder waren auch sie nur Gefangene eines Systems, das solche Gewalttaten unvermeidlich hervorbrachte?

Je genauer sich Challaye mit dem Prozeß beschäftigte, umso unverständlicher erschien ihm die Verteidigungsstrategie der beiden Angeklagten. Sie hatten sich nicht auf das Argument zurückgezogen, daß sie durch das unmenschliche System gezwungen gewesen seien, am oberen Shari Träger zu beschaffen. Sie hatten weder die Gefangenenlager noch die Massenerschießungen und die Massaker an Frauen und Kindern »erfunden«. Toqué hatte – anders als Gaud – Challayes Sympathie geweckt, denn er schien ein freundlicher Mensch zu sein und war bei den Afrikanern erstaunlich beliebt. Er war erst zweiundzwanzig, als man ihn mit der Aufgabe betraute, das Transportsystem über die Wasserscheide zwischen dem Ubangi und dem Tschad zu sichern. Es gab kein Geld, um die Träger

710

zu bezahlen – was nicht heißen soll, daß die Eingeborenen gegen Lohn bereitwillig diese Plackerei auf sich genommen hätten. Und da er um jeden Preis seine Karriere vorantreiben wollte, griff er zu gewaltsamen Mitteln, um seinen Auftrag zu erfüllen.

Für das Verhalten von Toqué und Gaud vor Gericht gab es, wie Challaye meinte, nur einen Grund: Gentil hatte ihr Schweigen gekauft. Sie mußten vereinbart haben, den Gouverneur nicht bloßzustellen, und sollten als Gegenleistung wohl bloß der Form halber verurteilt werden. Hatten die Richter sich geweigert, dieses abgekartete Spiel mitzumachen? Challaye plagte die dunkle Ahnung – die sich zwei Jahre später als zutreffend erwies –, daß die beiden Verurteilten lange vor Ablauf von fünf Jahren wieder auf freiem Fuß sein würden.

Brazzas Bericht – eine vernichtende Abrechnung mit Gentil – nahm langsam Gestalt an. Nun mußte er so schnell wie möglich nach Paris zurückkehren und die Regierung davon überzeugen, daß Gentil abgesetzt und das Konzessionssystem aufgegeben werden mußte.

Am 29. August – die Trockenzeit ging eben zu Ende – nahm Brazza Abschied von der Stadt, der er seinen Namen gegeben hatte. Anfangs bewahrten die Ärzte an Bord der *Ville-de-Macéio*, die die Kommission zurück nach Frankreich brachte, diskretes Stillschweigen über den Gesundheitszustand ihres Chefs. Aber Tag für Tag wurde Brazza schwächer – und bereitete sich auf das Schlimmste vor. In Libreville übertrug er Hoarau-Desruisseaux, dem Generalinspekteur der Kolonien, die Verantwortung für die Gruppe. Die Ärzte entschieden, Brazza ins Hospital von Dakar zu bringen. Obgleich er bereits so schwach war, daß er kaum noch sprechen konnte, beschäftigte ihn die Sorge um den Kongo immer noch mehr als seine Krankheit. Besonders plagte ihn der Gedanke an Mongala, das berüchtigte Konzessionsunternehmen in Belgisch-Kongo. »Französisch-Kongo darf kein neues Mongala werden«[9], wiederholte er immer wieder.

In Dakar trugen vier Matrosen Brazza von Bord. Er lag im Sterben, sein Körper war steif und ausgezehrt, die Augen blickten starr und glasig, seine Knochen staken bleich über den eingesunkenen Wangen hervor. An der Krankentrage schüttelte Challaye ihm ein letztes Mal die Hand. Viele aus der Gruppe weinten. Der Name dieses Mannes symbolisierte eine neue, ritterliche Art von Eroberung, die einzige Form von Imperialismus – wie Challaye meinte –, die mit einem demokratischen Staat wie Frankreich in Einklang zu bringen war und der einzige Weg, wie man Afrika zivilisieren und befreien konnte.

Die Nachricht, daß Brazza am 14. September in Dakar gestorben war, bot der Regierung eine willkommene Gelegenheit. Als Wiedergutmachung dafür, daß man ihn jahrelang offiziell totgeschwiegen hatte, wurde nach Eintreffen seines Sarges ein Staatsbegräbnis beschlossen. Als die Einwohner von Paris zu einem triumphalen Abschied auf den Friedhof Père Lachaise strömten, spielten sich bewegende Szenen ab; sie erinnerten an die Verehrung, mit der Brazza als junger Entdecker gefeiert worden war. Am Grab hielt Clémentel, der Kolonialminister, eine Rede. »Brazza ist nicht tot ... seine Begeisterung lebt fort ... Und ist er auch nicht mehr der Anführer, so lebt er doch als ein Vorbild weiter ... das uns gebietet, niemals an den ewigen Werten der Gerechtigkeit und der Menschlichkeit zu zweifeln, die den Ruhm Frankreichs begründen.«[10]

Wie vorauszusehen war, wurde wenige Monate nach Brazza auch sein Bericht zu Grabe getragen. Ihm posthum zu gestatten, Gentil und sein System zu verdammen, würde zu viele Komplikationen nach sich ziehen, die französische Verwaltung im Kongo demoralisieren und Frankreichs Ansehen in Europa schaden. Und die Konzessionsunternehmen, die in diesem Fall um ihre Profite fürchten mußten, wären möglicherweise gegen die Regierung vorgegangen.

Keine dieser Überlegungen konnte Brazzas treuen Schüler Félicien Challaye davon abhalten, in *Le Temps* die Vertuschung aufzudecken. Er gab die wesentlichen Punkte von Brazzas verschwundenem Bericht wieder, nämlich daß nicht nur den Mordtaten einzelner, sondern dem Konzessionssystem selbst und der Korruption der Verwaltung Gentils Einhalt geboten werden mußte. Sämtliche Greueltaten, die im Prozeß gegen Toqué und Gaud zur Sprache gebracht worden waren – die Entführungen und Morde an Frauen und Kindern – würden so lange fortgesetzt werden, wie der Staat den Kongo der Willkür und Ausplünderung der Konzessionsunternehmen überließ.

In einer dreitägigen Debatte im Februar 1906 wehrte die Regierung diesen Angriff ab. Mit einer Mehrheit von 345 zu 167 der abgegebenen Stimmen beschloß das Parlament, Brazzas Bericht auch weiterhin unter Verschluß zu halten. Clémentel kündigte zum Schein eine Reform an – er versprach, die Konzessionsunternehmen unter strenge Aufsicht zu stellen. Aber es sollte noch viele Jahre dauern, bevor diese Firmen gezwungen wurden, die Herrschaft über das Land an den Staat abzutreten.

1925, neunzehn Jahre später, unternahm der berühmte Schriftsteller André Gide im Auftrag des Kolonialministers nichtsahnend eine Reise durch Französisch-Kongo. Zur allgemeinen Überraschung wurde sein Bericht vom Ministerium veröffentlicht. Denn in mancher Hinsicht war die Bilanz, die Gide zog, noch vernichtender als die von Brazza. Zwar verfügten die Konzessionsunternehmen jetzt über weit weniger Land, aber sie hatten sich nur von den unprofitablen Gebieten getrennt. Und dort, wo sie tätig waren, beuteten sie das Land nach wie vor mit den brutalsten Methoden aus. Gide schrieb: »Überraschend daran ist, daß diese Schreckensherrschaft, diese schamlose Ausbeutung weiterhin stattfindet, obwohl ihre Schädlichkeit längst erkannt ist und schon viele Male von den Gouverneuren der Kolonien beklagt wurde . . .«[11]

Die Reaktion auf diesen Bericht unterschied sich nicht sonderlich von jener auf ihren Vorgänger im Jahre 1905. Entgegen Brazzas Behauptung sei Französisch-Kongo eben kein Schatzhaus in den Tropen, hieß es. Es gab weder Gold noch Diamanten oder Kupfer, die europäische Investoren hätten ausbeuten können. Und wo waren die fruchtbare rote Erde und die kühle Bergluft, die man für den Anbau von Tee und Kaffee brauchte? Der Reichtum des Kongo lag im Dschungel – das bedeutete Elfenbein, Kautschuk und Mahagoni, ein Reichtum, der über Hunderte von Kilometern Sumpfland verstreut war. Um diese Früchte ernten zu können, waren Zehntausende von Millionen Francs für den Straßen- und Eisenbahnbau nötig, wobei über Jahrzehnte hinweg keinerlei Aussicht auf Gewinn bestand.

Es war also kein Wunder, daß die französische Regierung davor zurückschreckte, in den Kongo zu investieren, und ihn statt dessen lieber den Konzessionsunternehmen überließ. Bis 1906 hatten neun der ursprünglich vierzig Firmen Konkurs angemeldet und für einundzwanzig endete der Versuch, die Reichtümer des Kongo auszubeuten, mit einer negativen Bilanz. Die Eisenbahn zwischen der Atlantikküste und Brazzaville, der wichtigste Verkehrsweg, wurde erst 1934 fertiggestellt, neunundzwanzig Jahre nach Brazzas Tod. Bis dahin hatte sie den französischen Steuerzahler 231 Millionen Francs gekostet und Afrika einen beispiellosen Blutzoll abverlangt: 17 000 Zwangsarbeiter waren an Unterernährung und Krankheiten gestorben. Dies war jedoch nur ein kleiner Teil des Blutzolls, den die friedliche Eroberung forderte, auf die Brazza ein halbes Jahrhundert zuvor so große Hoffnungen gesetzt hatte.

Aber kehren wir jetzt in das Großbritannien des Jahres 1905 zurück, wo gerade ein mächtiger Kreuzzug für eine Reformierung des Kongo-Freistaates seinem Höhepunkt entgegensteuerte.

KAPITEL 36

Die Rückbesinnung auf Großbritanniens »alte Ideale«

Großbritannien, der Transvaal, Natal und Britisch-Ostafrika
Dezember 1905 und später

> »... das unablässige Blutvergießen in Westafrika ist abscheulich und
> beunruhigend. Zudem besteht die Gefahr, daß man in Unkenntnis der
> imperialen Terminologie das gesamte Unternehmen als
> Niedermetzelung von Eingeborenen und Raub ihres Landes
> mißversteht.«

Notiz *Winston Churchills* in seiner Funktion als Staatssekretär für die Kolonien,
23. Januar 1906

Anfang Dezember 1905 zeigte sich für das ungleiche Bündnis von Menschenrechtlern, die in Großbritannien die *Congo Reform Association* führten – den leidenschaftlichen jungen »Bulldog« Morel, den Kaufmann John Holt aus Liverpool, den in Ungnade gefallenen liberalen Abgeordneten Sir Charles Dilke und seinen inoffiziellen Berater, den »Tiger« Casement – endlich ein Silberstreifen am Horizont. Würde das nächste Jahr die Abschaffung der sogenannten »neuen afrikanischen Sklaverei«[1] bringen? Leopold hatte im Jahre 1904 seinen eigenen Untersuchungsausschuß in den Kongo geschickt, der von dem belgischen Richter Emile Janssens geleitet wurde. Von dieser Kommission hatten die britischen Reformpolitiker nichts anderes erwartet als einen »Persilschein« für den König. Die verhaltene und von keinerlei Augenzeugenberichten gestützte Kritik war schließlich am 7. November 1905 in Brüssel veröffentlicht worden. Casement hatte den Bericht als eine Menge »Halbwahrheiten« und »Unwahrheiten«[2] verurteilt.

Aber im Dezember wurde den Kongo-Reformern klar, daß sie sich gründlich getäuscht hatten. Die königliche Kommission hatte das königliche System aus genau dem gleichen Grund verurteilt wie sie selbst:

wegen der systematischen Mißachtung der Menschenrechte. Diese Tatsache wurde in der britischen Presse – und insgeheim auch im Außenministerium – als schwerer Schlag gegen Leopold gewertet; sie bestätigte zudem Casements Bericht und die Arbeit der Congo Reform Association.

Noch wichtiger war, daß Anfang Dezember die britische Presse berichtete, Balfour und die Torys seien am Ende. Denn einige Jahre lang hatten Lansdowne und sein Außenministerium für die Kongo-Reformer eine unüberwindliche Hürde dargestellt.

Am 4. Dezember 1905 trat Balfour zurück. Eine Woche später berichteten die Zeitungen, daß der neue liberale Premierminister Sir Henry Campbell-Bannerman heißen und Sir Edwad Grey das Außenministerium übernehmen würde.

In den ersten Wochen des neuen Jahres sollten allgemeine Wahlen stattfinden. Die entscheidende Frage dabei war, ob die Liberalen eine Mehrheit über alle anderen, die Iren eingeschlossen, erringen würden. Nach Ansicht von Morel und Casement würde jetzt die Entscheidung fallen, ob es endlich eine wirklich liberale Regierung geben würde, die stark genug war, die Fehler der vergangenen zwei Jahrzehnte zu korrigieren, in denen die Spaltung in der Irlandfrage und die Differenzen über den Wettlauf die Partei gelähmt hatten.

Morel wünschte sich einen »starken« Außenminister – einen, der das tat, was Morel ihm nahelegte. Im Juli 1905 hatte sich die Congo Reform Association unter dem Einfluß von Harry Johnston eine neue Taktik zu eigen gemacht – die sogenannte »belgische Lösung«. Demnach sollte der belgische Staat gezwungen werden, den Kongo vom König zu übernehmen. Im Falle einer Weigerung sollte die britische Regierung eine internationale Konferenz ins Leben rufen, um über die Zukunft des Kongo zu beraten.

Morel rechnete zuversichtlich mit Greys Kooperationsbereitschaft. Immerhin war er Urgroßneffe von Earl Grey, der sich 1807 für das Gesetz zur Abschaffung des Sklavenhandels eingesetzt hatte.

Der neue britische Außenminister zeichnete sich trotz seiner aristokratischen Gesinnung durch einen unabhängigen Geist und einen Sinn für Moral aus, der jenem Morels in nichts nachstand. Er sollte sich selbst und das Außenministerium in strenge Zucht nehmen. Er mußte die entente sichern und Frankreich helfen, den »napoleonischen« Ambitionen des deutschen Kaisers in Europa Widerstand entgegenzusetzen. Dabei durfte er allerdings

Großbritanniens Rolle als Fürsprecher der Schwachen und Unterdrückten in so rückständigen Gebieten wie dem Kongo nicht aufs Spiel setzen. Als Grey am 11. Dezember im Außenministerium eintraf, sprach man düster über einen Krieg in Europa, den der Interessenkonflikt über die Marokkofrage auslösen konnte. Die Beziehungen mit Deutschland waren mehr als frostig, seitdem Großbritannien die *entente* mit Frankreich unterzeichnet hatte. Im April war der Kaiser mit seiner Jacht in Tanger gelandet, weil sich England ohne Rücksprache mit Deutschland bereiterklärt hatte, den Franzosen in Marokko freie Hand zu lassen. Lansdowne hatte Frankreich diplomatische Unterstützung zugesichert. Außerdem hatte er den deutschen Botschafter gewarnt, daß keine britische Regierung tatenlos zusehen könne, wenn Deutschland wegen der *entente* Frankreich angriff. Greys erste Aufgabe war es, diese Krise zu entschärfen.

Anlaß zur Hoffnung gab die Tatsache, daß sowohl Deutschland als auch Frankreich ihre Teilnahme an einer internationalen Marokko-Konferenz zugesichert hatten, die Anfang 1906 in Algeciras stattfinden sollte. Inzwischen mußten die Liberalen alle Kräfte sammeln, um bei den allgemeinen Wahlen die absolute Mehrheit zu erringen. Dabei ging es weniger um den Wettlauf um Nordafrika, der den Frieden in Europa bedrohte, als um die von den Torys geforderten Zolltarifreformen und Wiedergutmachung für die Folgen des Wettlaufs im Süden.

Ironischerweise hatte das Empire – die Säure, die zwanzig Jahre lang die Liberale Partei zu zerstören gedroht hatte – sich jetzt als das Verderben der Konservativen erwiesen und dazu beigetragen, die Liberalen wieder zu einen. »Reform« der Zolltarife bedeutete nämlich die Vorherrschaft des Empire und den Verrat am freien Handel. Großbritannien und das Empire würden Vorzugszölle gegenüber dem Rest der Welt erheben. Der Freihandel war für alle Liberalen immer noch ein zentraler Glaubenssatz, für die »Limps« (Liberale Imperialisten) wie Grey und der neue Finanzminister Henry Asquith ebenso wie für den Gladstone-Anhänger Campbell-Bannerman, für Außenseiter innerhalb des Parlaments wie Dilke und für Außenseiter außerhalb des Parlaments wie Morel.

Jetzt, nachdem die Großmächte ganz Afrika – mit Ausnahme von Liberia, Äthiopien, Tripolis, der Cyrenaika und dem Kongo – unter sich aufgeteilt hatten, waren sich alle Liberalen darüber einig, daß die Taktik der Torys im Wettlauf die barbarische Vorgehensweise im Burenkrieg heraufbeschworen hatte. Campbell-Bannerman und Dilke waren sich einig darüber, daß die Torys Schande über das britische Empire gebracht hatten. Bryce, der neue Referent für Irland, äußerte Bedauern über den »chauvinistischen Wirbelsturm«, der die »alten Ideale«[3] verdunkelt hatte.

Asquith, Kriegsminister Haldane und die anderen »Limps« im Kabinett sahen den Wettlauf in einem etwas anderen Licht. Sie hegten jedoch die gleiche Abneigung gegen Milners heimliche Allianz mit den Goldmagnaten und den gleichen Abscheu vor Chamberlains provokatorischer Diplomatie in den Monaten vor dem Burenkrieg. Jetzt mußte auf lange Sicht der Imperialismus seine moralische Qualität wiedergewinnen. Die Liberalen wollten das Empire nicht abschaffen, doch sie wollten sich seiner auch nicht schämen müssen. Also waren Reformen die einzige Lösung. Campbell-Bannermans Worten zufolge mußten sie die Grundsätze von »Gerechtigkeit und Freiheit, nicht von Privileg und Monopol«[4] anwenden. Dieser humanitäre Eifer mußte auch über die Grenzen des Empire hinaus zur Anwendung kommen: in Leopolds Kongostaat, der offenen Wunde Afrikas. Gleichzeitig mußte jedoch verhindert werden, daß die Belgier in die Arme der Deutschen getrieben wurden.

Bei den Wahlen im Januar 1906 erhielt Campbell-Bannerman eine überwältigende Mehrheit. Chamberlains Kampagne für Zolltarifreformen hatte sich für die Konservativen und Unionisten noch verheerender ausgewirkt als die Kampagne gegen die Home Rule zwanzig Jahre früher für die Liberalen. Mit 377 eigenen Abgeordneten und 24 Verbündeten von der Labour Party machten sich nun die Liberalen im Unterhaus breit, während die Konservativen und die Unionisten nur 157 Sitze erringen konnten. Jetzt konnte niemand mehr die Liberalen daran hindern, die während des Wettlaufs begangenen Fehler wiedergutzumachen – wenn das denn überhaupt möglich war.

Als erstes setzten sich Campbell-Bannerman, Grey und das Kabinett zum Ziel, zu verhindern, daß ein Streit um Marokko ganz Europa in einen Krieg stürzte. Im Januar drohte Grey Metternich, dem deutschen Botschafter in London, daß er die Politik seines Vorgängers Lansdowne fortführen werde. Es gab kein Militärabkommen zur Unterstützung Frankreichs. Würde jedoch Deutschland wegen der *entente* in das Nachbarland einmarschieren, so sehe sich die britische Regierung nach Greys Meinung genötigt, ihre kleine Armee und ihre große Marine zur Unterstützung des neuen Freundes zu entsenden. Diese starken Worte brachten den Kaiser offenbar zur Vernunft. Bei der Konferenz im März in Algeciras sahen sich die deutschen Delegierten von den Engländern, Franzosen, Russen und Italienern in die Ecke gedrängt. Deutschland war nun bereit, einen Kompromiß einzugehen. Deutsche Kaufleute sollten in Marokko nach Belieben Handel treiben können, aber der Kaiser akzeptierte die Vormachtstellung Frankreichs in Nordwestafrika.

Anders als Lansdowne wollte Grey auch Leopold in seine Schranken verweisen. Er empfand das Regime im Kongostaat als »verbrecherisch« und verabscheute den Charakter des Mannes, der dafür verantwortlich war. Doch es war schwierig, Leopold anzugreifen, ohne den Stolz seines Volkes zu verletzen und Belgien in die Arme des deutschen Kaisers zu treiben. Ende März besuchte der belgische Kolonialexperte Professor Félicien Cattier Greys Außenministerium. Cattier hatte in Belgien gerade eine Bombe platzen lassen, indem er mit beschämenden Details den philanthropischen Anspruch Leopolds als leeres Gerede entlarvte. Der Kongo-Freistaat sei »keine Kolonialmacht; er ist ein geschäftliches Unternehmen, von dem der König-Souverän profitiert«. Nun schlug er vor, die britische Regierung solle Belgien selbst überreden, den Kongo zu annektieren.

Grey war beeindruckt von Cattiers Argumentation, zumal sie aus dem Munde eines Belgiers kam. Er kannte Leopolds demagogische Behauptung, John Bull (England) wolle sich, bestärkt von John Holt und anderen Geschäftspartnern Morels in Liverpool, ein Stück des östlichen Kongo aneignen. Diese Behauptung war lächerlich, nicht zuletzt deshalb, weil Frankreich für den Fall, daß Leopold den Kongo hergeben mußte, sein Vorkaufsrecht geltend machen würde. In den vergangenen Wochen war Grey selbst der »belgischen Lösung« – als dem einzig gangbaren diplomatischen Weg aus der Sackgasse – zugeneigt gewesen. Jetzt wartete er auf Leopolds Antwort auf den Bericht der Janssens-Kommission. Wie aber konnte er die Belgier dazu bringen, eine Kolonie zu übernehmen? Im Außenministerium zweifelte man daran, daß der belgische Staat sich zu diesem Schritt bereitfinden würde, zumal der Kongo ein finanzielles Verlustgeschäft darstellen würde, sobald die Mißstände beseitigt waren. Wenn sich dagegen nach den Reformen Gewinne erwirtschaften ließen, hätte der König keinen Grund, den Kongo aufzugeben.

Grey wischte diese Bedenken beiseite. Am 5. Juli erklärte er im Unterhaus zum ersten Mal, daß er der »belgischen Lösung« zuneigte: »Wir können nicht ewig warten«[5], fügte er hinzu. Morels Vorschlag, man solle an alle Großmächte appellieren, Leopold zur Herausgabe seines Staates zu zwingen, wurde jedoch nicht weiter verfolgt.

Morel und die Kongoreformer gaben sich damit nicht zufrieden. Sie beschlossen, sich mit aller Kraft für eine internationale Konferenz einzusetzen. Inzwischen wandten sich Greys Kabinettskollegen den peinlichen Mißständen in Britisch-Afrika zu. Außer Ägypten und dem Sudan wurde Britisch-Afrika nicht vom Außen-, sondern vom Kolonialministerium regiert beziehungsweise kontrolliert. Erste Priorität des Kolonialministeriums mußte es sein, dafür zu sorgen, daß Großbritannien sich nicht selbst der Ausbeutung und Grausamkeit schuldig machte, die man im Kongostaat anprangerte.

Mit anderen Worten, die Regierung mußte erst einmal vor ihrer eigenen Tür kehren und sicherstellen, daß Großbritannien kein Glashaus war; erst dann konnte man mit Steinen nach Leopold werfen.

Der neue Kolonialminister Victor Bruce, neunter Earl of Elgin, war ein liberaler Gladstone-Anhänger vom Scheitel bis zur Sohle. Elgin, ein Mann mit Grundsätzen, war schüchtern, sparsam, besonnen, still und allzu zurückhaltend. Nicht eine einzige dieser Eigenschaften traf auf seinen Staatssekretär, den einunddreißigjährigen Winston Churchill zu; dieser ehemalige Soldat, der früher einmal Kriegskorrespondent, Tory und Protektionist gewesen war, war der Archetyp des politischen Schurken, unzuverlässig und unverwüstlich. Das so ungleich wirkende Paar paßte jedoch nicht schlecht zusammen.

Anders als die meisten Großgrundbesitzer hatte der Kolonialminister keinerlei Abneigung gegen geschäftliche Angelegenheiten. Er war Vorstandsmitglied der Royal Bank of Scotland und der North British Railway Company, er hatte im Amt des Vizekönigs von Indien reüssiert und war gleichzeitig eine tragende Säule der schottischen Liberalen. Außerdem war er hellsichtig genug, anzuerkennen, daß Churchills Tugenden – Begeisterungsfähigkeit, Originalität und Anziehungskraft – seine eigenen ergänzten. Und auch wenn Churchill sich in der Öffentlichkeit gebärdete, als verwalte er die Kolonien, so war er insgeheim doch dankbar, daß Elgin seine politische Erziehung in die Hand nahm.

Wenn die Liberalen davon sprachen, die »alten Ideale« wiederherzustellen, so war das nicht bloß Wahlkampfrhetorik. Es bedeutete eine Umkehrung – oder wenigstens Umwandlung – der Politik der Torys in

Afrika. Ehrliche Händler hatten nichts zu befürchten. Skrupellose Geschäftemacher und Monopolisten würden in ihre Schranken gewiesen werden. Das Empire würde sich weniger einmischen, die Autonomie der Kolonialregierung sollte gestärkt werden – mit anderen Worten, es sollte politische Freiheit herrschen. Aber die Sache hatte einen Haken. Die Wiederherstellung der »alten Ideale« erforderte ein neues Gleichgewicht von »Gerechtigkeit und Freiheit« – Gerechtigkeit für die Afrikaner, Freiheit für die britischen Siedler. Waren diese beiden Ideale überhaupt miteinander vereinbar?

Die drängendsten Probleme betrafen die beiden Kronkolonien – den Transvaal und die Oranje-Kolonie –, die zwei Jahre zuvor in Südafrika errichtet worden waren. Wann würde das Kolonialministerium diese ehemaligen Burenrepubliken gefahrlos wieder in die Selbstregierung entlassen können? Eine noch drängendere Aufgabe war es, der »chinesischen Sklaverei« ein Ende zu setzen – der Ausbeutung chinesischer »Kulis«, die jetzt im Transvaal als unterbezahlte Arbeiter für die Goldminen im Rand »importiert« wurden.

Den größten Widerwillen lösten die menschenunwürdigen Umstände aus, unter denen die Kulis leben und arbeiten mußten. Drei Jahre lang wurden sie wie Gefangene gehalten; sie konnten keinen Kontakt zu ihren Familien aufnehmen; sie durften keine gelernte Arbeit annehmen, sich nicht mit der übrigen Bevölkerung vermischen und wurden hart bestraft, wenn sie zu fliehen versuchten.

Die Bergwerksbesitzer zahlten so niedrige Löhne, daß sie nicht genug afrikanische Arbeitskräfte für die Arbeit in den Minen gewinnen konnten; darum importierten sie billige Arbeitskräfte aus China und behandelten sie wie Sklaven. Was aber war von den südafrikanischen Bergwerksbesitzern, Milners heimlichen Verbündeten im Burenkrieg, schon anderes zu erwarten?

Wie konnten die Liberalen jetzt ihr Versäumnis wieder gutmachen, den Rand-Magnaten 1899 nicht Paroli geboten zu haben? Taktisch gesehen war es für die Liberalen durchaus sinnvoll, es den britischen (und burischen) Wählern des neuen Transvaal – die zu gegebener Zeit eine eigene Regierung wählen würden – zu überlassen, dem Mutterland aus der Verlegenheit zu helfen. Mittlerweile erklärte die Regierung, »Sklaverei« sei nicht das *mot juste*. (»Eine terminologische Ungenauigkeit«[6], wie Churchill meinte.) Fast unterwürfig trug Downing Street dem politischen

Einfluß der Rand-Magnaten Rechnung. Wie konnte die Regierung mit gesetzlichen Mitteln den Zustrom chinesischer Minenarbeiter beenden, deren Zahl inzwischen von 47 000 auf 63 000 angewachsen war? Vielleicht war es ein Glück für die Liberalen, daß die Torys bereits die Sonderlizenzen bewilligt hatten. Vielleicht konnte man ja den »Kulis«, die zurückkehren wollten, bevor ihre Verträge ausgelaufen waren, die Ausreise gestatten? Doch, so warnte man das Kolonialministerium, falls den Kulis Gelegenheit zur Flucht gegeben werde, würde möglicherweise ein Drittel von ihnen umgehend nach China zurückkehren, was für den Rand und Südafrika eine Katastrophe bedeuten würde. Elgin und Churchill machten wieder einen Rückzieher. Die Lager füllten sich weiter mit verwirrten Chinesen – und die Akten der Liberalen mit Berichten über deren ungesetzliche Behandlung durch die Minenarbeiter.

Am bekanntesten wurde ein Fall von Mißhandlungen, der sich bereits abgespielt hatte, bevor die Liberalen an die Macht kamen. Lord Milner, für die Torys Ritter in schimmernder Rüstung und für die Liberalen die *bête noire,* wurde sozusagen mit der Peitsche in der Hand erwischt. Milner hatte als Hochkommissar im Jahre 1904 die illegale Auspeitschung von chinesischen Kulis offiziell gebilligt. Dieser Umstand kam ein Jahr später ans Licht, und im Unterhaus wurde am 2. März 1906 gegen Milner ein Mißtrauensantrag gestellt. Churchill war einst stolz darauf gewesen, sich mit Milners Hilfe im Burenkrieg einen Namen gemacht zu haben. Jetzt, da sein Wohltäter am Ende war, trat er ihn ohne Zögern mit Füßen. Aber die Schwierigkeiten der Regierung blieben bestehen. Wie konnte Downing Street chinesische Arbeiter vor harten Disziplinierungsmaßnahmen in einer südafrikanischen Kolonie schützen, in der das Recht, Schwarze auszupeitschen, von den meisten weißen Arbeitgebern für selbstverständlich gehalten wurde?

Im August 1906 unternahm Elgin einen neuen Versuch, die Minenbesitzer in die Schranken zu verweisen. In der Zukunft sollten den Chinesen für kleinere Vergehen gegen die Bestimmungen nicht mehr die Löhne gekürzt werden, und sie sollten auch nicht mehr kollektiv bestraft oder unter Ausschluß der Öffentlichkeit von Mineninspektoren verurteilt werden. Trotzdem belastete das beklagenswerte Lagersystem weiterhin Lord Elgins Gewissen. Das Schlimmste war, daß die Weigerung der Minenbesitzer, die Chinesen in den Genuß eines Familienlebens (oder wenigstens eines Besuches bei den ortsansässigen Prostituierten) kommen zu lassen, zu so monströsen Praktiken geführt hatte, daß Lord Elgin davon zurückschreckte, sie im Oberhaus zu benennen. Churchill hingegen hatte keine Bedenken, das Unterhaus zu schockieren. Er war sogar so unbesonnen, das seismische Wort mit unverhohlenem Genuß auszusprechen: »Sodomie«[7]

Inzwischen einigte sich das Kabinett darauf, daß es nur einen gangbaren Weg aus der »chinesischen Sklaverei« gab. Man mußte, ohne Rücksicht auf die Risiken, dem Transvaal umgehend die Selbstverwaltung zugestehen. (Die Oranje-Kolonie, der ehemalige Oranje-Freistaat, würde warten müssen.) Dies bedeutete eine Veränderung der »Lyttelton-Verfassung«, die von den Torys im vergangenen Jahr zwar verabschiedet, aber nicht in Kraft gesetzt worden war. Im Gegensatz zu dieser Verfassung, die eine teilweise Selbstbestimmung vorsah, mußte in der neuen eine »verantwortliche« Selbstbestimmung nach dem Beispiel Kanadas oder Australiens festgelegt werden. In Campbell-Bannermans Augen war es lebenswichtig für den linken Flügel seiner Partei, sich vom Erbe der Vergangenheit unbelastet zu fühlen. Weiterhin hoffte man, daß die Buren die Wiederherstellung der Selbstregierung als Akt der Großzügigkeit, als liberales Zugeständnis an die Besiegten, verstehen würden.

Zugeständnisse oder bloße Geste? Aus praktischen Gründen konnte die neue Verfassung nicht vor Ende des Jahres 1906 in Kraft treten. Aber wie vor ihnen schon die Torys glaubten auch die Liberalen, man würde durch entsprechende Vorbereitungen dafür sorgen können, daß im neuen Parlament des Transvaal die Briten eine Mehrheit stellten.

* * *

Ende März 1906 nahm in der selbstregierten Kolonie Natal eine Krise ganz anderer Art ihren Anfang. Natal galt als »britischste« der vier südafrikanischen Kolonien und hatte sich außerdem 1897 Zululand einverleibt – achtzehn Jahre nach der Eroberung durch Lord Chelmsford.

Im Februar war es zu Auseinandersetzungen zwischen der Polizei und einer Gruppe von mit *assegais* bewaffneten Zulus gekommen, die sich weigerten, die neue Kopfsteuer zu bezahlen. Zwei weiße Polizisten waren dabei getötet worden. Die Regierung von Natal hatte rasch reagiert und am 9. Februar das Kriegsrecht ausgerufen. Zwei Zulus wurden standrechtlich erschossen.

Mitte März wurden weitere zwölf Zulus für das gleiche Verbrechen zum Tode verurteilt. Erst jetzt erfuhr das Kolonialministerium von der Angelegenheit und war entsetzt über die Härte der Bestrafung. Churchill schickte dem Gouverneur von Natal ein ungewöhnlich scharfes Telegramm, das mit dem Satz schloß: »Sie sollten von weiteren Hinrichtungen absehen, bis ich Gelegenheit gehabt habe, ihre übrigen Angaben zu überprüfen.«[8]

Die Minister in Natal fanden es empörend, daß Downing Street versuchte, sich in die Angelegenheiten einer selbstverwalteten Kolonie einzumischen. Ein Sturm der Entrüstung von seiten weißer Kolonisten (unter anderem auch Buren) ging auf die verblüfften Experten im Kolonialministerium nieder. Die Wellen erreichten sogar Australien und Neuseeland. Die Regierung Natals trat aus Protest geschlossen zurück. Diese Rücktritte wurden zwar wieder rückgängig gemacht, aber erst nachdem Elgin (nicht sehr überzeugend) erklärt hatte, er habe nicht versucht, das Recht Natals, seine schwarzen Untertanen zu bestrafen, in Frage zu stellen. Das Kolonialministerium wolle einfach nur auf dem laufenden gehalten werden.

Nach diesem Rückzieher mußte Elgin mehr oder weniger hilflos zusehen, wie die Regierung von Natal eine Reihe unkoordinierter Aufstände unter den Stiefelabsätzen einer Armee aus weißen Freiwilligen und schwarzen Söldnern zermalmen ließ. Immerhin konnte das Kolonialministerium insofern aufatmen, als keine zusätzlichen Truppen des Empire benötigt wurden. Die Erhebung, die von einem Zuluhäuptling namens Bambata angeführt wurde, war nur ein schwacher Nachhall der blutigen Revolten von Ndebele und Shona, welche zehn Jahre zuvor die Existenz von Cecil Rhodes junger Kolonie bedroht hatte. Nur ein halbes Dutzend weißer Männer – und keine Frauen oder Kinder – wurden bei den Aufständen getötet. Die Zulus hingegen lernten eine bittere Lektion über die Praktiken der Macht. Mindestens 3000 mitleiderregend schlechtbewaffnete Männer wurden von den Kolonialstreitkräften niedergeschossen. Bambata kam im Juni ums Leben. Sein Kopf wurde von einem Armeearzt abgeschlagen – zur Identifikation, wie es hieß.

Auch die Liberalen hatten eine Lektion gelernt; diese war jedoch eher beschämend als bitter. Der Anspruch, das Empire umgestalten zu wollen, erschien angesichts der Londoner Zeitungsberichte über die rachsüchtige Stimmung bei den Kolonialtruppen und ihren schwarzen Verbündeten als hohle Phrase. Gefangene wurden – offiziell und inoffiziell –

724

ausgepeitscht. Kraals wurden überall im Land niedergebrannt und geplündert. Whitehall mußte seine Ohnmacht eingestehen. Elgin nahm den Rückschlag gelassen hin, während Churchill sarkastische Protokolle für die Akten des Kolonialministeriums schrieb. Als der Gouverneur von Natal vorschlug, Großbritannien solle einen Orden für diese Kolonialhelden finanzieren, notierte Churchill:

> Es hat unter diesen aufopferungsvollen Männern während der langandauernden Kampfhandlungen fast ein Dutzend Tote gegeben, und mehr als vier oder sogar fünf sind den ehrenvollen Tod auf dem Schlachtfeld gestorben ... Eine Kupfermedaille mit Bambatas Kopf darauf und geprägt auf Kosten der Kolonie, erscheint mir als geeignete Erinnerung an ihre Opfer und ihre Triumphe.[9]

1907 wurde Elgins Aufmerksamkeit offiziell auf den Machtmißbrauch durch Europäer gelenkt und auf die Verzweiflung der Afrikaner in manchen Gegenden, die zu den Aufständen geführt hatte. Der Bericht der Natal Native Affairs Commission stellte eine in höflichen Worten gehaltene Anklage der Regierung von Natal dar, die den Bericht selbst in Auftrag gegeben hatte. Die Behörden, so hieß es, hätten vollkommen den Kontakt mit ihren afrikanischen Untertanen verloren. Vorsichtige Reformen wurden vorgeschlagen: So sollten zum Beispiel bessere Mittel und Wege gefunden werden, die Meinung afrikanischer Stämme einzuholen, und diesen Stämmen sollte versuchsweise eine eingeschränkte Selbstbestimmung zugestanden werden. Einige dieser Reformen wurden zwar durchgeführt, waren aber schon bald von den Ereignissen überholt. Noch im gleichen Jahr, 1907, beschloß nämlich die Regierung von Natal, mit Gewalt gegen denjenigen afrikanischen Führer vorzugehen, der mehr als jeder andere den Stolz und die Ziele der Zulus verkörperte: Dinizulu, den Sohn und Erben Cetshwayos.

Während der Unruhen hatte Dinizulu vernünftigerweise der Versuchung widerstanden, sein Ansehen in den Dienst des Aufstands zu stellen. Offiziell nur ein Häuptling, war er doch das lebende Symbol des fünfundzwanzig Jahre zuvor vernichteten Kriegerstaates. Ein Wort von ihm hätte weitreichende Konsequenzen haben können. Aber es kam kein Wort von ihm – jedenfalls nicht in der Öffentlichkeit. Die Regierung von Natal jedoch war entschlossen, keine weiteren Risiken mehr einzugehen.

Eine willkürliche Absetzung Dinizulus hätte zu einem Aufruhr geführt. 1907 fühlten sich die Minister von Natal stark genug, um ihn wegen Hochverrats in dreiundzwanzig Fällen festzunehmen.

Elgin und das Kolonialministerium beobachteten die Strafverfolgung Dinizulus mit großer Sorge. Die Beweisführung wies Formfehler auf; es herrschte Kriegsrecht, und die Zeugen beider Parteien hatten in Todesangst ausgesagt. Schließlich konnte das Kolonialministerium durchsetzen, daß Dinizulu ein öffentlicher Prozeß gemacht wurde. Sein Verteidiger William Schreiner, der große südafrikanische Anwalt und ehemalige Premierminister der Kapkolonie, wurde von Downing Street bezahlt. Der Fall erregte in der britischen Öffentlichkeit großes Aufsehen und war eine Blamage für die Liberalen. 1909 wurde Dinizulu für schuldig befunden, in drei Fällen Rebellen Unterschlupf gewährt zu haben. Er wurde zu vier Jahren Gefängnis verurteilt und im folgenden Jahr auf eine kleine Farm im Transvaal verbannt. Zu diesem Zeitpunkt hatten sowohl Elgin wie Churchill dem Kolonialministerium bereits den Rücken gekehrt. Die beiden Männer hatten aus den schmerzhaften Vorfällen in Natal die gleichen Konsequenzen gezogen.

Das Experiment der »verantwortlichen« Regierung in Natal war gescheitert. Die weiße herrschende Klasse war zu schwach und unsicher, als daß man ihr zwei Millionen afrikanischer Untertanen hätte anvertrauen können. Hieß das, wie Fox Bourne und andere Menschenrechtler argumentierten, daß das Kolonialministerium wieder die direkte Kontrolle über Zululand ausüben sollte? Die einzige Alternative war, Natal mit der Kapkolonie und den anderen südafrikanischen Staaten zu vereinigen, von denen eine humanere Eingeborenenpolitik zu erwarten war.

* * *

Während der ersten Monate des Jahres 1906 bemühten sich die Liberalen in anderen Gebieten, die man sich im Zuge des Wettlaufs einverleibt hatte – Protektoraten wie etwa Nord-Nigeria, Britisch-Ostafrika (Kenia) und Uganda – für Gerechtigkeit und Frieden zu sorgen.

In vielen Gegenden wirkte das Wort »Befriedung« wie ein hohler Euphemismus. »Gemetzel«[10] nannte es Churchill, als er einen der vertraulichen Berichte las. Daraufhin warf er Sir Frederick Lugard, dem Hochkommissar für das Protektorat Nord-Nigeria, den Fehdehandschuh hin. Wie konnte Lugard eine Politik der »Befriedung« rechtfertigen, die

726

den britischen Steuerzahler so viel Geld und die nigerianischen Stämme so viel Blut kostete?

Verständlicherweise reagierte Lugard auf diese Anwürfe nicht gerade freundlich.

Im Dezember 1899, während der »Schwarzen Woche« im Burenkrieg, war Lugard in Goldies riesiges, unerforschtes Reich – 480 000 Quadratkilometer und etwa 24 Millionen Einwohner – hinübergesegelt, nachdem Chamberlain Goldie gezwungen hatte, den »Einflußbereich« der *Niger Company* herauszugeben. Die Liberalen hatten gemurrt, weil die Staatskasse Goldie und seine Gesellschaft mit 850 000 Pfund abgefunden hatte. Lugard hatte einen Regierungszuschuß von 88 000 Pfund jährlich erhalten, und das Kolonialministerium hatte ihm bei der Verwendung dieser Mittel mehr oder weniger freie Hand gelassen. Damit mußte er aus dem Nichts einen neuen Staat aufbauen. Steuereinnahmen gab es hier in den weiten Ebenen des Nordens mit ihren Wäldern und Ölpalmen nicht. Mit den Regierungszuschüssen und Zöllen ließ sich nur eine behelfsmäßige Regierung finanzieren: im Jahre 1901 war es ein Stab von kaum hundert Zivilisten, unterstützt von nur 200 Offizieren und zwischen zwei- und dreitausend schwarzen Soldaten der von Chamberlain gegründeten WAFF.

Zu Goldies Zeiten hatte der größte Teil des »Einflußbereichs« im Norden nur auf dem Papier existiert. Die Gesellschaft hatte nicht über die Mittel verfügt, um mehr als ein Zehntel ihres Herrschaftsgebiets tatsächlich in Besitz zu nehmen. Sie kontrollierte nur einen schmalen Streifen heidnischen Territoriums entlang des Niger und des Benue, außerdem die halb bezwungenen moslemischen Staaten Bida und Ilorin. Lugard war entschlossen, diesem Zustand ein Ende zu setzen und sich zum Herrn über das ganze Protektorat zu machen; dies erschien ihm als einziger Weg, um das Land von der Sklaverei zu befreien und es für Eisenbahnen und legale Handelsformen zu öffnen. Dazu mußte die Unabhängigkeit der Fulani-Staaten gebrochen werden. Diese moslemischen Emirate im Norden waren zwar im Handel erfolgreich, ihre Bewohner waren in Lugards Augen jedoch auch korrupt und blutrünstig, da ihr Reichtum und ihre Macht sich auf Raubzüge in heidnischen Nachbarländern gründeten, bei denen sie Sklaven erbeuteten. Er wollte diese Staaten nicht zerstören, er wollte sie nur »befreien« und ihre Herrscher demütigen. Zu diesem Zwecke plante er, eine indirekte Herrschaft zu errichten, wie die Briten sie in den indischen Fürstentümern erstmals eingeführt hatten.

Lugard ließ also in die windigen Ebenen Nordnigerias und in die engen Korridore von Whitehall eine Reihe von Blitzen einschlagen. Als Chamberlain ihm im Jahre 1902 den Rücken zukehrte (er hielt Reden im Transvaal), entsandte Lugard eine 700 Mann starke Truppe zur Eroberung von Kano. Im Kolonialministerium löste sein Vorhaben Bestürzung aus. Lugards Feldgeschütze rissen Löcher in die aus Lehm gebauten Mauern der großen Stadt, schlitzten die mit Zinnen versehenen Türme auf und rissen die Zäune nieder, als handelte es sich um eine Spielzeugfestung. Die Verteidiger rannten um ihr Leben. Als nächstes marschierte seine Streitmacht in Sokoto ein, der Hauptstadt der Fulani-Föderation, die den Norden beherrschte. Da die Verteidiger nur mit Schwertern und Speeren bewaffnet waren, flohen die meisten von ihnen, und die Stadt wurde unbeschädigt übergeben.

Das Kolonialministerium mußte einräumen, daß Lugards Expansionspolitik mit geringstem Einsatz Erfolg gebracht hatte. Von seiner Truppe war nur ein Mann gefallen. Die Verluste auf der gegnerischen Seite – an die 1200 Männer in Kano – übersah man, da sich Lugard bei der Wahl neuer Emire als genauso geschickt erwies wie bei seinen Schlachtplänen. Innerhalb weniger Jahre hatte er fast alle großen Fulani-Emirate unterworfen. Lediglich die Munshi, die in einer sehr abgeschiedenen Region lebten, konnten ihm die Stirn bieten.

Dennoch stellten Lugards Maxim-Maschinengewehr und seine drastische Art, die Heiden zu erretten, in dem von Elgin und Churchill proklamierten Klima der Moral einen peinlichen Anachronismus dar. Anfang Januar 1906 informierte Lugard das Kolonialministerium kurz und bündig von seinem Vorhaben, einen »erbarmungslosen militärischen Feldzug«[11] gegen die Munshi zu führen, die den Posten der *Niger Company* in Abinsi am Fluß Benue niedergebrannt, eine Reihe von Haussa getötet und den Fluß für die internationale Schiffahrt gesperrt hatten. Darauf raffte sich Elgin zu einem Machtwort auf. Es sollte keine Strafexpedition geben – jedenfalls nicht ohne Zustimmung des Kolonialministeriums. Churchill ergänzte sarkastisch: »... Das unablässige Blutvergießen in Westafrika ist abscheulich und beunruhigend. Zudem besteht die Gefahr, daß man in Unkenntnis der imperialen Terminologie das gesamte Unternehmen als Niedermetzelung von Eingeborenen und Raub ihres Landes mißversteht.«[12] Kurz, die neue Regierung sei nicht bereit, eine weitere Expansion zu dulden. Lugard sollte nur so weit vordringen wie nötig, um das Eigentum der Gesellschaft zu schützen und den Benue für die Schiffahrt wieder zu öffnen.

Elgin war von Natur aus so friedliebend, wie Churchill kämpferisch war. Aber wenn sie annahmen, ein Telegramm aus dem Kolonialministerium würde Lugard zur Vernunft bringen, kannten sie ihren Mann schlecht. Seine 600 Soldaten standen Gewehr bei Fuß, und er wollte verflucht sein, wenn er sie zurückpfiff. Dies war eine einmalige Gelegenheit, diesen widerspenstigen Stamm ein für allemal zu besiegen. Wenn er sich dieser Herausforderung nicht stellte, bestand die Gefahr eines allgemeinen Aufstandes im Südosten. Aber während das Kolonialministerium noch zauderte, geschah etwas, das Lugard zwang, den Befehl zum Rückzug zu geben.

In dem fünfzehn Kilometer von Sokoto entfernten Ort Satiru brach unter der Führung Mallam Isas, der sich als Mahdi verehren ließ, ein Bauernaufstand gegen die britischen Ungläubigen los. Zwei politische Gesandte, ein weißer Offizier und ein Großteil der siebzig Mann zählenden schwarzen berittenen Infanterie wurden mit Hacken, Äxten und Speeren erschlagen oder erstochen. Im Umkreis von 250 Kilometern gab es keine weiteren britischen Truppen. Sechs Tage lang wartete Lugard auf ein Telegramm, das ihn darüber aufklärte, ob sein mühsam errichtetes Reich im Norden wie ein Kartenhaus zusammengefallen war. Aber der von den Briten eingesetzte Sultan von Sokoto hielt fest an seinem auf den Koran geschworenen Treueid. Mallam Isa war ein Emporkömmling und wurde in Sokoto als Verräter betrachtet. Die Fulani-Emire der Nachbarstaaten vertraten eine ähnliche Einstellung. Ende März 1906 sah sich Lugard in der Lage, eine 500 Mann starke Truppe in den Norden zu schicken, um an den Bewohnern von Satiru Vergeltung zu üben.

Lugard bestand auf »Vernichtung«[13]. Seine durch Truppen des Sultans von Sokoto verstärkte Armee schoß die Menge von mit Hacken und Äxten bewaffneten Bauern ab wie Jagdwild. Lugard schätzte später, daß seine Männer 2000 Menschen getötet hatten, ohne selbst Verluste zu erleiden. Gefangene wurden hingerichtet, man schlug ihnen die Köpfe ab und spießte sie auf Pfähle. Dann wurde das Dorf dem Erdboden gleichgemacht, und der Sultan sprach einen Fluch über jeden aus, der versuchen sollte, Satiru wiederaufzubauen oder seine Felder zu bestellen.

Als die Nachricht von der Strafexpedition London erreichte, reagierte das Kolonialministerium, wie zu erwarten gewesen war. Churchill protokollierte:

Wie läßt sich die Auslöschung einer nahezu unbewaffneten Menschenmenge ... mit der Hinrichtung von zwölf Kaffern in Natal nach einem Gerichtsverfahren vergleichen? ... Ich gestehe, daß ich unsere Position nicht verstehe. Mit welchen Argumenten können wir Druck auf die Regierung von Natal ausüben, wenn wir gleichzeitig unter unserer direkten Autorität Vorfälle dieser Art zulassen?[14]

Zum Glück für das Kolonialministerium wurde Nigeria im Parlament wenig Aufmerksamkeit zuteil, während Südafrika und die »chinesische Sklaverei« immer noch das Hauptthema der Debatten waren. Aber die Kluft zwischen dem Kolonialministerium und Lugard wurde immer tiefer. Im Mai interviewte Lugards Gattin Flora in Blenheim den Duke of Marlborough. Dort lernte sie dessen Cousin Winston Churchill kennen – »diesen aufgeblasenen jungen Subalternen«, wie Lugard ihn zu nennen pflegte. Flora war schockiert von seinen unausgegorenen Ideen. »Schafft die westafrikanische Streitmacht ab!« habe er gesagt. »Gebt den größten Teil von Nigeria auf – das Land ist viel zu groß für uns! Macht dem System der Strafexpeditionen ein Ende und seid zufrieden mit der friedlichen Verwaltung eines kleinen Teils des Ganzen.« Warnend berichtete sie ihrem Gatten, Churchill sei »hoffnungslos ignorant« und so »voll von Tatendrang, daß er kolossalen Schaden anrichten könnte«.[15] Churchill für seinen Teil bemerkte in seinem Protokoll für das Kolonialministerium, Lugard verstünde sich selbst als Zar und Nigeria als sein »heißblütiges Rußland«.[16]

So wie die Dinge lagen, kam Lugard nicht ohne die Liberalen aus, aber die Liberalen konnten sehr wohl ohne Lugard auskommen: Seine Kampfeslust, seine Expansionspolitik und seine Selbstherrlichkeit hatten zur Folge, daß er sich bei seinen Vorgesetzten immer unbeliebter machte. Außerdem hatte Lugard das Kolonialministerium vor den Kopf gestoßen, indem er um die Erlaubnis nachsuchte, Nordnigeria jedes Jahr sechs Monate lang von einem Büro in London aus zu verwalten. Durch diese bizarre Form einer Regierung *in absentio*, die er euphemistisch als »kontinuierliche Verwaltung« bezeichnete, wollte er seine Arbeit für das Empire und die Ehe mit Flora in Einklang bringen. Unglücklicherweise war nämlich Flora der Ansicht, daß es ihrer Gesundheit nicht zuträglich sei, wenn sie auch nur einen Teil des Jahres in Nigeria verbrachte.

Im Juli 1905 hatte er seinen Wunsch Lyttelton im Kolonialministerium anvertraut, und dieser hatte ihm seine Unterstützung zugesichert. Im März 1906 jedoch lehnte Elgin dieses Ansinnen rundweg ab. Daraufhin trat Lugard als Gouverneur zurück. Zur Abkühlung beließ ihn Elgin fast ein Jahr lang in England, dann erhielt er als Trostpflaster den Gouverneursposten in Hongkong. Hongkong war koloniales Altwasser und für einen ehrgeizigen Imperialisten eine Sackgasse. Aber Nigeria war damit nicht auf immer von Lugards Zugriff befreit, wie die Liberalen glauben mochten. Als einziger unter den Pionieren des Wettlaufs blieb sein Einfluß in Kolonialfragen bis weit in die dreißiger Jahre hinein bestimmend.

Im gleichen Sommer, 1907, brach Churchill zu einem Ausflug nach Britisch-Ostafrika, Uganda und in den Sudan auf. Mit Elgins Segen sollte er sich selbst um diese »großen Besitzungen« kümmern, die Großbritannien während des Wettlaufs »abgesteckt« hatte. Falls Elgin und der Stab des Kolonialministeriums sich darauf gefreut hatten, Churchill für vier Monate los zu sein, so hatten sie nicht mit den umfangreichen Memoranden gerechnet, die nun mit jeder Post beim Kolonialministerium eintrafen. Sie waren auch entsetzt darüber, daß der Staatssekretär aus einer harmlosen Großwildjagd eine »Dienstreise«[17] machte.

Churchill packte die Gelegenheit mit Vergnügen beim Schopf. Während er im Bad lag, diktierte er seinem unglücklichen Sekretär Eddie Marsh langatmige Berichte. Außerdem begeisterte er die Leser des *Strand Magazine* mit einer Reihe jungenhafter Artikel über seine Abenteuer.

Den anstrengenderen Teil seiner Reise durch Britisch-Ostafrika (das heutige Kenia) enthielt er den Lesern des *Strand Magazine* (und seines weitschweifigen Reisebuches »My African Journey«) jedoch vor. Mehrere tausend neue weiße Siedler probten den Aufstand gegen den Gouverneur des Schutzgebietes. Ihre Anführer – darunter einige ehemalige Eton-Studenten und Buren aus Südafrika – fuchtelten mit Gewehren und *jamboks* herum. Ewart Grogan, dem Präsidenten der *Colonists Association*, war sehr daran gelegen, zu beweisen, daß Kenia »das Land des weißen Mannes« war. Im März 1907, wenige Monate vor Churchills Ankunft, hatte Grogan drei Kikuyu-Bedienstete vor dem Gerichtsgebäude von Nairobi öffentlich ausgepeitscht. Sie hatten nämlich die »Unverschämtheit« besessen, eine Rikscha holprig zu fahren, und die »Frech-heit«, einigen weißen Damen zu widersprechen. Als der Gouverneur in London von dieser Ungeheuerlichkeit Bericht erstattete, wies Elgin ihn an, fest zu bleiben. Grogan müsse bestraft werden.

Im folgenden Jahr fielen die Siedler in Nairobi erneut über Gouverneur Sadler her und forderten seinen Kopf. Sie verlangten das Recht, die Einge-borenen zu Zwangsarbeit heranzuziehen. Das Kolonialministerium wi-dersetzte sich dieser Forderung und trug sich eine Zeitlang mit dem Gedanken, die widerspenstigen weißen Siedler zu repatriieren – ließ diese Pläne dann jedoch wieder fallen.

Mittlerweile befand sich Churchill bereits auf dem Weg nach Uganda, einem Land, das – so dachte er zufrieden – niemand den Schwarzen streitig machen konnte. Dank der Malaria und der Schlafkrankheit blieb Uganda von weißen Siedlern verschont. In Churchills Augen war Uganda eine »Perle«[18]. Hier glaubte er endlich ein Ergebnis des Wettlaufs gefun-den zu haben, das sich den Hoffnungen seiner Verfechter gewachsen zeigte. »Uneigennützige« britische Beamte, so Churchill, unterstützten die Entwicklung einer Exportwirtschaft. Churchill empfahl einen schnel-len Ausbau der Eisenbahn. Außerdem war er begeistert von dem Netz von Schulen und Hospitälern, das von britischen Missionaren aufgebaut und instandgehalten wurde. In Namirembe befand sich nun eine Schule für schwarze Schüler, die die englische Nationalhymne fehlerfrei intonier-ten!

Beseelt von einem neuen, glühenden Glauben an das britische Empire kehrte Churchill im Januar 1908 an Elgins Seite zurück. Seine theatrali-sche Tournee durch Afrika hatte keinerlei Auswirkungen auf die Politik des Kolonialministeriums. Zu diesem Zeitpunkt richteten sich alle Au-gen wieder auf den Kongo-Freistaat, da die Bemühungen, ihn Leopolds festem Griff zu entreißen, nun ihren Höhepunkt erreicht hatten.

KAPITEL 37

Der letzte Coup Leopolds

Brüssel, Washington, London und Südafrika
3. Juni 1906 und später

»Es ist schon ungewöhnlich, daß das Gewissen Europas, das vor
siebzig Jahren den Sklavenhandel aus humanitären Gründen
abgeschafft hat, heute den Kongo-Staat toleriert. Es ist, als sei die
moralische Uhr zurückgedreht worden . . .«

Joseph Conrad an Roger Casement, Dezember 1903

Im Jahre 1906 hatte der König sowohl innen- als auch außenpolitisch
eine Reihe von empfindlichen Niederlagen einstecken müssen.

Er war jetzt einundsiebzig Jahre alt und hatte in den letzten Jahren
fünfunddreißig Pfund zugenommen. Da sein linkes Bein schmerzte,
konnte er seine langen geruhsamen Spaziergänge durch die Gewächshäuser nicht mehr machen, ebenso mußte er darauf verzichten, wie
gewohnt auf seinem Dreirad durch den Park zu fahren. Den größten Teil
des Winters verbrachte er auf seinem herrlichen Sommersitz in Cap Ferrat
in Südfrankreich, wo seine Mätresse Blanche Delacroix gerade ihr erstes
Kind zur Welt gebracht hatte. Er hatte damit begonnen, Laeken mit
12,5 Millionen Francs aus der *Fondation de la Couronne* – dem Stiftungs-
fonds der *Domaine de la Couronne* im Kongo – in ein weiträumiges
barockes Schloß umbauen zu lassen. Es war bezeichnend für das Selbst-
verständnis des Königs, daß er sich nicht scheute, den Kongostaat ganz
ungeniert und offen für seine privaten Vorhaben auszubeuten.

Jeder andere Millionär hätte den Kongo schon längst abgestoßen –
gegen eine entsprechende Entschädigung natürlich. Leopold, der Millionär aus dem Hause Coburg aber war ein konstitutioneller Monarch
wider Willen, ein Relikt aus dem Zeitalter des Absolutismus, mit dem
Verstand eines Wall-Street-Bankiers und der Dickfelligkeit eines Rhino-
zeros. Vor Jahren hatte er seinem Finanzminister Frère-Orban einen Stein
des Parthenon überreicht und darauf eingravieren lassen: »Il faut à la

Belgique une colonie«.[1] Er hatte diese Kolonie gefunden, doch jetzt, da der belgische Staat seine Bereitschaft zeigte, sie zu übernehmen, wollte er nichts mehr davon wissen. In einem »königlichen Brief« vom 3. Juni 1906 schrieb er trotzig: »Meine Rechte auf den Kongo sind unteilbar; sie sind die Früchte meiner Arbeit und meiner Ausgaben . . . Es obliegt mir, diese meine Rechte vor der Welt kundzutun.«[2]

Nach fünfundzwanzig Jahren war die Maske endlich gefallen. Der Kongo gehörte dem König, und er war bereit, diesen Anspruch gegen die ganze Welt zu verteidigen.

Als Führer der konservativen Katholiken, die die regierende Partei stellten, wußte der glücklose Ministerpräsident Smet de Naeyer besser als jeder andere, wieviel Schaden des Königs eigene Untersuchungskommission unter der Leitung Emile Janssens' angerichtet hatte, die die Mißstände im Kongo untersuchte und einen – im Jahr 1905 erschienenen – Bericht darüber verfaßte. Denn nun wurde der König allmählich sogar für die glühendsten Monarchisten untragbar. Und bald konnte die Kampagne gegen die Herrschaft des Königs im Kongo nicht mehr nur als Verschwörung der hinterhältigen Engländer abgetan werden, die den Kongo für sich selbst beanspruchten – und auch nicht als Feldzug der protestantischen Missionare gegen die Katholiken oder als Strategie der Sozialisten, um die Regierung zu Fall zu bringen.

Der Janssens-Bericht hatte die Aussagen des britischen Konsuls Roger Casement in den Grundzügen bestätigt, aber auch die katholischen Missionare kritisiert, die den Greueln tatenlos zusahen. Nun führten die Leiter der katholischen Missionsstationen zu ihrer Rechtfertigung an, daß auch sie über abscheuliche Grausamkeiten berichtet hätten – wenn auch nur vertraulich gegenüber Staatsbeamten im Kongo.

Der Bericht von Professor Félicien Cattier schlug dann ungleich schärfere Töne an. Er enthüllte, daß der König eine Anleihe von 5,2 Millionen Pfund aufgenommen habe, um ein Defizit des Kongostaates von 1,08 Millionen zu bezahlen. Was aber war mit dem restlichen Geld geschehen? Hatte es der König in die eigene Tasche gesteckt? Allerdings, behauptete Cattier. Seine aufsehenerregende These lautete: 0,73 Millionen Pfund seien allein für Vermögensspekulationen in Brüssel und Ostende ausgegeben worden, ein nicht geringer Betrag sei verwendet worden, um die Gunst der Presse zu gewinnen, weitere Millionen seien für andere Zwecke vergeudet worden. Cattiers Bericht lieferte den oppositionellen Sozialisten unter der Führung von Emile Vandevelde neue Munition. Doch was Smet de Naeyers Regierung am meisten zu schaffen machte, war, daß Cattiers beredtes Plädoyer für eine Annexion – die »belgische Lösung« – von der Opposition begrüßt wurde: sowohl von Vandeveldes Sozialisten, die bisher jede Art der Kolonisation abgelehnt hatten; als auch von den Liberalen und von der Jungen Rechten unter der Führung des alternden Auguste Beernaert, dem einst wichtigsten Vertrauten des Königs in Sachen Kongo, der es jetzt wohl endgültig satt hatte, daß der König seine Ratschläge immer nur kategorisch ablehnte.

Trotz dieser gefährlichen neuen Koalition gegen die Regierungspartei gelang es Smet de Naeyer dennoch, bei den Wahlen im Mai 1906 das Schlimmste zu verhüten. Dabei konnte er noch immer auf ein entscheidendes Argument bauen: Belgien lag zwischen den beiden Großmächten Deutschland und Frankreich. Eine Annexion des Kongo konnte Belgiens Neutralität in Gefahr bringen und zu unabsehbaren außenpolitischen Verwicklungen führen. Doch im Juli trat auch Sir Edward Grey plötzlich für eine Annexion, also für die »belgische Lösung«, ein; und am 3. November, kurz bevor das belgische Parlament seine Debatte über den Kongo fortsetzte, berichtete die britische Tageszeitung *The Morning Post* über eine weitaus gefährlichere Bedrohung. Die Regierung der Vereinigten Staaten von Amerika schickte sich an, mit der britischen Regierung zusammenzuarbeiten, um den König zur Herausgabe des Kongo zu zwingen. Wie konnte das kleine Belgien nun ein Vorgehen der Großmächte gegen seinen König verhindern? Doch nur, indem es selbst zur Kolonialmacht wurde.

* * *

In der Tat hatte die Regierung Präsident Theodore Roosevelts beschlossen, sich entgegen bisherigen Gepflogenheiten diesmal in europäische Angelegenheiten einzumischen.

Zwei Jahre zuvor hatte Morel die amerikanische *Congo Reform Association* mitbegründet. In New York, Lake Mohawk und Boston berichtete er gebannt lauschenden Zuhörern von Leopolds Schreckensherrschaft – von niedergebrannten und zerstörten Dörfern, verstümmelten Menschenleibern und abgehackten Händen. Dagegen lobte er den Mut amerikanischer protestantischer Missionare wie William Morrison, der es gewagt hatte, die Greueltaten öffentlich anzuprangern, während die englischen Missionare (auch die belgischen katholischen Missionare) feige geschwiegen hatten. Auf dem Bostoner Friedenskongreß hatten Leopolds Parteigänger (unter ihnen Kardinal Gibbons, das Oberhaupt der Katholiken in den USA) dafür gesorgt, daß Morels Auftritt durch massive Störungen behindert wurde. Doch der hatte bereits die »Saat gesät, die hundertfältige Früchte bringen« sollte.

In Washington wurde er von Außenminister John Hay herzlich und von Präsident Roosevelt »außerordentlich freundlich«[3] empfangen (Tatsächlich aber teilte Roosevelt die Auffassung Hays, Morels Besuch sei eine »gutgemeinte Unverschämtheit«).[4]

Die Kampagne des Königs in den USA wurde sicherlich mit ebenso viel Engagement geführt wie die Morels, jedoch mit weitaus größeren finanziellen Mitteln. Einer der getreuesten Anhänger des Königs, Baron Moncheur, war belgischer Botschafter in Washington. Und wie üblich, bediente sich Leopold ungeniert des belgischen diplomatischen Apparats. Es gelang ihm außerdem, einen kalifornischen Anwalt namens Harry Kowalsky in den Kongreß einzuschleusen; dieser sollte für ihn die Werbetrommel rühren. Außerdem schickte Leopold eine Reihe von Mitarbeitern – unter anderem seinen Privatsekretär Carton de Wiart – in die USA, um die Politiker und die Presse besser beeinflussen zu können. Seine Abgesandten streuten das Gerücht aus, Morel habe seine Seele dem Mammon verkauft und sei ein »bezahlter Agent einer Vereinigung Liverpooler Kaufleute«[5], die den Kautschukhandel von Antwerpen nach Liverpool umleiten wollten.

An der Spitze der amerikanischen Sektion der *Congo Reform Association* standen jedoch geachtete amerikanische Missionare, von denen einige in allen Einzelheiten und aus eigener Anschauung von den Greueln im Kongo berichten konnten. Morels rechte Hand, Reverend John Harris, heizte auf einer Vortragsreise durch zweihundert amerikanische Städte die Stimmung an. Daraufhin trafen Petitionen aus dem ganzen Lande in Washington ein, Kirchenorganisationen appellierten an Senatoren und Kongreßabgeordnete, die protestantische Sache zu vertreten.

Zunächst jedoch gab es in der amerikanischen Öffentlichkeit ganz unterschiedliche Reaktionen auf dieses Verwirrspiel von Vorwürfen und Gegenvorwürfen. Bekannte Schriftsteller wie Mark Twain und Politiker wie Senator Henry Cabot Lodge stellten sich auf die Seite Leopolds. Im Februar 1906 veröffentlichte der neue amerikanische Außenminister

Elihu Root eine Verlautbarung, die die Hoffnungen der amerikanischen CRA zunächst einmal sinken ließ. Root bestritt, daß das Berliner Abkommen, auf das sich die CRA berief, eine rechtliche Grundlage für eine internationale Intervention darstellte. Die US-amerikanische Regierung jedenfalls hatte das Berliner Abkommen nicht unterzeichnet (wohl aber das spätere Brüsseler Abkommen). Noch schwerer wog, daß Root Verständnis für Leopolds Schwierigkeiten äußerte. Der Kongo sei fünfmal so groß und ebenso dicht besiedelt wie die Philippinen; hätte Amerika ein solches Land regieren wollen, dann hätte es ebenfalls Fehler gemacht und dafür berechtigte Kritik hinnehmen müssen. Roots Schreiben war Musik in Leopolds Ohren und erwies sich bei seinem Propagandafeldzug als äußerst nützlich.

Im November 1906 kündigte Leopold an, den Kongo für vier große internationale Gesellschaften öffnen zu wollen: für die *Union Minière*, die britische und belgische Interessen vertrat; für eine französisch-belgische Eisenbahn- und Bergbau-Gesellschaft; für eine Bergbau- und Holz-Gesellschaft, an der amerikanische Geschäftsleute und der Kongo-Freistaat beteiligt waren; und für eine amerikanisch-kongolesische Gesellschaft, die einer Gruppe amerikanischer Millionäre unter der Leitung von Thomas Ryan sowie den Guggenheims gehörte. Diese Großindustriellen waren keineswegs nur Strohmänner des Königs. Sie hatten vielmehr einflußreiche und mächtige Freunde in Washington. Und es war keineswegs ein Zufall, daß Thomas Ryans Anwalt Elihu Root gewesen war, bevor er das Außenministerium übernahm. Doch noch ehe die amerikanische CRA außer Gefecht gesetzt werden konnte, hatte sich die amerikanische Lobby des Königs schon selbst diskreditiert – und zwar bereits einen Monat später.

Der König hatte nämlich Harry Kowalsky den Laufpaß gegeben, da der Anwalt »nur ein übel beleumundeter Jude«[6] sei. Kowalsky rächte sich, indem er seine Geschichte und den persönlichen Briefwechsel des Königs an den *New York American* verkaufte. Der Skandal wurde am 9. Dezember publik. Nachdem bekannt geworden war, daß Agenten im Auftrag einer fremden Macht die Kongreßabgeordneten korrumpieren sollten und bereits ein Mitglied des Senatsausschusses für auswärtige Beziehungen bestochen worden war, wechselten viele bisherige Parteigänger des Königs die Fronten; darunter auch Mark Twain und Senator Lodge, der eine Resolution zur Unterstützung des Präsidenten einbrachte. Dieser gab schließlich am 11. Dezember erwartungsgemäß bekannt, daß die USA mit Großbritannien zusammenarbeiten werde, um auf eine Annexion des Freistaats Kongo durch Belgien zu drängen.

* * *

Vierzehn Tage zuvor hatte eine heftige Debatte über den Kongo die belgischen Parlamentarier aufgewühlt, und nun drohte der Regierung des Grafen Smet de Naeyer das Aus. Eine Plenardebatte anläßlich des provokativen »königlichen Briefes« vom 3. Juni hatte der Ministerpräsident nicht verhindern können. Dabei plädierte die Mehrheit der Abgeordneten für eine sofortige Annexion des Kongostaates. Der König aber wollte nur unter der Bedingung zustimmen, daß die Einkünfte aus der *Fondation de la Couronne* und der *Domaine Nationale* ihm allein zugesprochen würden. Mit anderen Worten: Er war zwar bereit, das Territorium abzugeben, nicht aber die Gewinne, die dort erzielt worden waren. Für die Mehrheit der Parlamentsabgeordneten war diese Forderung unannehmbar. Paul Hymans, der Führer der Liberalen, erklärte, Belgien werde sich niemals mit einer Oberhoheit begnügen, die auf solche Weise »beschnitten« sei.[7]

Daß Leopold sich auf einen Kompromiß einlassen würde, erwartete niemand, doch am 14. Dezember vollzog er eine überraschende Kehrtwendung. Er stellte nun keine Bedingungen mehr für die Annexion, sondern sprach lediglich unverbindliche »Empfehlungen«[8] aus. Die belgische Regierung konnte nun rasch reagieren, die Annexion vollziehen, ein neues Kolonialgesetz beschließen und so ein humanes Regierungssystem für Belgiens erste Kolonie einführen.

Die Nachricht von Präsident Roosevelts Intervention, die in Brüssel am 13. Dezember eintraf, hatte den König zu seinem letzten Schachzug veranlaßt. Er wollte zum Schein kapitulieren, in Wirklichkeit aber den Kongo nach allen Regeln der Kunst schröpfen. Anfang des neuen Jahres hatte er sein inneres Gleichgewicht wiedergefunden und schickte sich nun an, seiner eigenen Regierung Hindernisse in den Weg zu legen. In den USA war sein Botschafter Baron Moncheur im Senat so erfolgreich tätig gewesen, daß die Resolution von Senator Lodge gescheitert war. Ministerpräsident Smet de Naeyer büßte unterdessen die letzten Reste seiner Autorität ein. Denn der König verweigerte ihm die Informationen über die Finanzen, die er für die Ausarbeitung des neuen Kolonialgesetzes dringend benötigte. Dies war selbst für Smet de Naeyer zu viel. Im April 1907 trat er zurück und übergab die Amtsgeschäfte an Jules de Trooz, dessen Gesundheitszustand so labil war wie seine Mehrheit im Parlament.

* * *

Sir Edward Grey, der im Mai 1907 vor dem britischen Unterhaus sprach, konnte angesichts der Obstruktionspolitik des belgischen Königs nur die Frage aufwerfen, wie groß der Druck noch werden mußte, bis auch die Regierung von Jules de Trooz scheiterte. Doch es war nicht Greys Art, die Schwächen anderer auszunützen; er konnte es sich auch gar nicht leisten, die Belgien zugedachte Rolle in seinem eigenen großen Europa-Entwurf aus dem Auge zu verlieren. Ein neues internationales Abkommen, das im August zur Unterzeichnung stand, sollte Rußland, den Erzfeind Großbritanniens, verpflichten, dem Bündnis mit Frankreich mehr Gewicht zu verleihen. Falls es zu einem Krieg mit Deutschland kommen sollte, wäre Belgien als erstes Land betroffen und stünde an vorderster Front. Deshalb war Grey darauf bedacht, Stärke zu zeigen, ohne bedrohlich zu wirken. Doch wie sollte er zur gleichen Zeit Morel und die CRA zufriedenstellen?

Anfang Dezember 1907 brachte de Trooz das Faß zum Überlaufen: Er präsentierte den Abtretungsvertrag mit den von Leopold vorgeschlagenen Passagen, die eine weitschweifige Lobpreisung der Herrschaft Leopolds sowie einen eher beiläufigen Hinweis auf den Machtmißbrauch und die Mißstände im Kongo enthielten. Von Reformen war nicht die Rede. Klar war nur, daß die neue Regierung die finanziellen Verpflichtungen der alten übernehmen sowie die *Fondation de la Couronne* unterstützen mußte. Kurzum, Belgien sollte den Kongostaat aus den Händen Leopolds übernehmen – nur die Einkünfte nicht, die zu dessen Erhalt nötig waren.

Grey verhielt sich weiterhin abwartend. Die belgische Öffentlichkeit dagegen reagierte mit einem Aufschrei der Entrüstung. Selbstverständlich mußten die Einkünfte aus der *Fondation de la Couronne* im Kongo einbehalten werden! Gegen den Vertrag und gegen de Trooz machten nun Sozialisten, Liberale und Beernaerts Katholiken gemeinsame Front. De Troozs Parlamentsmehrheit war damit zerbröckelt. Er selbst erlitt, zermürbt von der Unnachgiebigkeit des Königs, einen Zusammenbruch und starb am 31. Dezember.

* * *

Unterdessen bombardierte die amerikanische CRA das Weiße Haus mit der Forderung nach einer Intervention der amerikanischen Regierung. Im Dezember 1907 traf der Bericht von Generalkonsul Smith, dem amerikanischen Gesandten im Kongostaat, im Außenministerium ein. Der Bericht, der ursprünglich als Teil der Verzögerungstaktik der amerikanischen Regierung hätte dienen sollen, enthielt einen entschiedenen Appell zur Intervention, der von Casement selbst hätte stammen können. Es gebe, so hieß es darin, »nicht den geringsten Zweifel«, daß die Regierung des Kongo in »offener Verletzung des Berliner Abkommens« gegen die Menschenrechte verstoßen hätte. Der Kongostaat sei gar kein richtiges Staatswesen, sondern »ein ungeheures Wirtschaftsimperium«.[9] Daraufhin blieb Außenminister Root nichts anderes übrig, als dem amerikanischen Botschafter in Belgien die Anweisung zu geben, der neuen belgischen Regierung die Annexion des Kongo nahezulegen. Doch die neue Regierung müsse sich gleichzeitig verpflichten, den Mißbräuchen, die sowohl das Brüsseler als auch das Berliner Abkommen *ad absurdum* führten, ein Ende zu setzen.

Zweifellos brachte die Anweisung von Außenminister Root den amerikanischen Botschafter in Brüssel in eine peinliche Situation. H. I. Wilson, ein Verehrer Leopolds aus Unwissenheit, fühlte sich, wie viele ausländische Botschafter, geschmeichelt, daß der große Mann ihm geneigt war. Wilson hatte nun die Aufgabe, der wackligen neuen belgischen Regierung Franz Schollaerts ernsthafte Konsequenzen anzudrohen, falls sie sich nicht an die Bedingungen Washingtons hielt. Wilson wurde dabei vom britischen Botschafter Arthur Hardinge unterstützt.

Am 23. Januar 1908 forderten die britische und die amerikanische Regierung gemeinsam, die Regierung Schollaert müsse das von ihren Vorgängern unterzeichnete Berliner und Brüsseler Abkommen anerkennen und »Handelsfreiheit, das Recht auf Missionierung und eine humane Behandlung der Eingeborenen gewährleisten«.[10]

In der Person Morels hatte der König einen Kontrahenten, der ebenso hartnäckig war wie er selbst, zugleich aber, im Gegensatz zu ihm, auf der Höhe der Zeit war. Mit Hilfe der CRA war es Morel gelungen, die internationale Öffentlichkeit für seinen Kampf gegen die »neue Form der Sklaverei« zu gewinnen. Belgien selbst war in zwei Lager gespalten. Zwei Großmächte wollten dem König ihren Willen aufzwingen, und niemand konnte sagen, welche Konsequenzen dies für Belgien, seine Monarchie und seine Verfassung nach sich ziehen würde.

Innerhalb einer Woche legte Schollaert überraschend einen erstaunlichen Plan vor, der seiner eigenen Regierung eine echte Überlebenschance bot. Demnach verzichtete der König auf die *Fondation de la Couronne*, den Schlüssel zu der Schatzkammer in den Tropen, die dem Kongo noch lange nach der Annexion durch Belgien unerschöpfliche Reichtümer entzogen hätte. Im Gegenzug machte Schollaert dem König einige Zugeständnisse: Belgien sollte einige Verpflichtungen der *Fondation* übernehmen, unter anderem Zahlungen an die Mitglieder der königlichen Familie; die Regierung verpflichtete sich, den König für die »Opfer«, die er brachte, zu entschädigen. Um Leopolds grandiosen Plan zur Verschönerung Brüssels und Ostendes endgültig in die Tat umzusetzen, sollten fünfundvierzig Millionen Francs aus dem Kongo für öffentliche Bauvorhaben zur Verfügung gestellt werden. Als Ausdruck der Dankbarkeit für die Großzügigkeit Seiner Majestät sollten überdies weitere fünfzig Millionen aus dem Kongo in fünfzehn jährlichen Raten an die Krone bezahlt werden.

Zu diesen bescheidenen Bedingungen – die die Afrikaner des Kongo allerdings fünfundneunzig Millionen Francs kosteten – willigte der König ein, den gesamten Kongo mit allem Drum und Dran an das kleine Belgien zu übergeben.

Mittlerweile hatte der König mit seinen unterwürfigen Bundesgenossen der letzten dreißig Jahre reihum gebrochen: Emile Banning, Lambermont, Thys, Beernaert. Nur in der Gesellschaft Blanche Delacroix' und seiner beiden blonden Söhne Lucien und Philippe gewann er etwas von seiner Vitalität und seinem teutonischen Humor wieder.

In Wahrheit hatte der König mit Schollaert weitaus härter verhandelt, als die Öffentlichkeit ahnte. Jene zusätzlichen fünfzig Millionen Francs waren ihm für seine angeblichen »Opfer« bezahlt worden. Er hatte immer behauptet, er habe von den etwa zwanzig Millionen Francs, die er während des drohenden Staatsbankrotts vor dem Kautschuk-Boom in den Kongo investiert hatte, persönlich nicht profitiert. Diese Behauptung war reine Erfindung – genauer gesagt: eine Lüge. Er war sechsfach entschädigt worden. Einen Teil seiner Beute aus dem Kongo – fünfundvierzig Millionen Francs – hatte er in einen geheimen Fond, die Niederfullbach-Stiftung, einfließen lassen, die ihren Sitz in Deutschland hatte – ein Trick, mit dem er seine rechtmäßigen Erben und die belgische Öffentlichkeit hinters Licht zu führen gedachte.

Im Februar 1908 schien es, als sei Leopold kein nennenswertes Hindernis mehr, anders als jenes unüberwindliche Granitgebirge, das den Zugang zum Kongo erschwert. Und obgleich das belgische Parlament ganz offensichtlich die Konsistenz des Kongo-Kautschuks besaß, konnte es die Angelegenheit nicht mehr endlos in die Länge ziehen. Nach monatelangen Debatten wurde das Gesetz zur Ratifizierung des Abtretungsvertrags sowie ein Zusatzgesetz, das die Kolonie unter die Oberhoheit des Parlaments stellte, beinahe ohne Abstriche vom Parlament verabschiedet.

Doch nun verlangte Leopold von seinen leidgeprüften Ministern ein letztes Zugeständnis. Es galt als sicher, daß Großbritannien und die USA die Annexion nicht anerkennen würden, falls Belgien darum ersuchen würde. Denn die beiden Großmächte bestanden auf Reformgarantien. Weshalb dann also überhaupt um die Anerkennung nachsuchen? Leopold mißtraute dem Abkommen mit Schollaerts Regierung, solange Großbritannien und die USA noch die Möglichkeit des Einspruchs hatten. Er würde die Weltmächte einfach vor vollendete Tatsachen stellen – Berliner Abkommen hin oder her.

Also informierte Belgien die Großmächte lediglich darüber, daß am 20. Oktober 1908 der *Moniteur Belge* ein Gesetz veröffentlicht hatte, das die Annexion im Namen des Königs der Belgier guthieß. Der Kongo des monarchischen Souveräns war tot. Lang lebe der Kongo des Königs der Belgier.

* * *

Mit diesem *fait accompli* hatte Grey wohl nicht gerechnet. Die Frage der Anerkennung oder Nichtanerkennung war ein Trumpf gewesen, doch der König hatte ihn gestochen. Grey war bestürzt über die Enthüllungen der Greuel im Kongo. Die jüngste Behauptung des Königs, eine Verwaltungsreform durchgeführt zu haben, hatte sich als Betrug erwiesen. Das Außenministerium hatte seine Kongo-Experten – drei Vizekonsuln und einen Konsul – befragt, die einhellig bestätigten, daß sich absolut nichts geändert hatte. Eine koloniale Verwaltung im eigentlichen Sinn gab es immer noch nicht, ebenso wenig wie Schulen, Krankenhäuser oder andere Einrichtungen zum Nutzen der Eingeborenen. Der Kongostaat war nichts als ein riesiges, auf Profit zielendes Unternehmen, das sich auf Zwangsarbeit gründete. Doch wie sollte man nun auf das *fait accompli* reagieren?

Leopolds eigene bestechliche Beamtenschaft und seine eigenen privaten Handelsgesellschaften beherrschten weiterhin den Kongo. Konnten
Großbritannien und die USA sicher sein, daß das belgische Parlament
jene im Januar geforderten radikalen Reformen (»Handelsfreiheit, Recht
auf Missionierung sowie humane Behandlung der Eingeborenen«) auch
wirklich durchführte? Morel und die CRA, das stand für Grey fest,
würden nicht bereit sein, dem neuen Kongo eine Schonfrist einzuräumen. Lediglich die Zusicherung von Reformen würde sie davon überzeugen, daß der Leopard sein Fell gewechselt hatte. Erst dann konnte Grey
Morel endlich abschütteln, den Nebenschauplatz Afrika verlassen und
sich wieder seiner eigentlichen Aufgabe, seinem großen europäischen
Friedensentwurf zuwenden.

Es gab nur eine Antwort auf dieses *fait accompli* und die Mißachtung
des Berliner Abkommens: Grey mußte sich an all jene Staaten wenden,
die das Berliner Abkommen unterzeichnet hatten. Doch es gelang dem
britischen Außenminister nicht, die Staaten auf einen gemeinsamen Kurs
im Kampf gegen das Böse einzuschwören. Frankreich, der Partner in der
entente, beeilte sich, Belgiens Schritt anzuerkennen, dafür wurden Grenzstreitigkeiten bereinigt und andere kleinere Unstimmigkeiten ausgeräumt. Deutschland, der Erzfeind, schwenkte auf dieselbe pragmatische
Linie ein.

Am Ende des Jahres 1908 verweigerten nur Großbritannien und die
USA Belgien strikt die Anerkennung. Doch auch Belgien blieb hart.
Schollaert, der befürchtete, eine Reform im Kongo würde Belgien zu
Hilfeleistungen verpflichten, weigerte sich, Reformgarantien auszuspre-
chen. Wiederum schien die Lage aussichtslos. Wie lange würde Morel
die erhitzten Gemüter seiner Mitstreiter in Schranken halten können?

Zunächst wurde Grey in seinem harten Kurs durch die Menschen-
rechtskämpfer bestätigt. Zwei Tage vor Weihnachten 1908 veröffentlichte die *Times* einen Brief Morels und anderer Persönlichkeiten (unter
ihnen Cromer und Balfour, neunzehn Bischöfe, fünfundsiebzig Abgeordnete und andere Würdenträger), der »tiefe Genugtuung«[11] über Greys
Politik zum Ausdruck brachte. Doch bald verlor Morel die Geduld. Im
Mai 1909 forderte er ein Ultimatum für die belgische Regierung. Dem
Außenministerium schlug er vor, Kautschuk, Elfenbein und andere Erzeugnisse des Kongo als Produkte der Sklaverei auf einer schwarzen Liste
zu brandmarken. Die britische Regierung sollte zu einem letzten Mittel

greifen, um die Belgier zur Vernunft zu bringen: Sie sollte die Nildurch-
fahrt kontrollieren und die belgischen Schiffsladungen mit für den Export
bestimmten Produkten des Kongo beschlagnahmen. Den Beamten des
Außenministeriums gab Morel zu verstehen, das ganze britische Volk
stünde hinter ihm, und wenn Grey nicht reagiere, würde er »alle Hindernisse über den Haufen werfen und einen Sturm der Entrüstung entfa-
chen, den die Welt noch nie gesehen hat«. Im Außenministerium tippte
man sich an die Stirn. »So ehrenwert Morels Absichten auch sein mögen,
er leidet wohl an Selbstüberschätzung«. Und Grey schrieb sarkastisch,
Morel sei bereit zum »weltweiten Krieg«.[12]

Über Greys Kopf und die stabile Mehrheit der Regierung hinweg
konnte Morel das britische Wählervolk nicht erreichen. Monate vergingen ohne das geringste Anzeichen eines Zugeständnisses von seiten
Belgiens, und die Aufmerksamkeit der Regierung wandte sich schließlich
einem anderen afrikanischen Problem zu – das sich noch heute, zweiund-
achtzig Jahre später, als die folgenschwerste und verhängnisvollste Hin-
terlassenschaft des Wettlaufs um Afrika erweist.

* * *

Fünf Jahre nach dem Ende des Burenkriegs, der die Briten zweihundert
Millionen Pfund und zwanzigtausend Menschenleben kostete, hatten die
Buren den Transvaal zurückerobert. Dazu hatte, wieder alle Erwartun-
gen, die Wiedereinführung der Selbstverwaltung geführt.

Im Jahre 1907 wurde Louis Botha zum ersten Premierminister der
autonomen Kolonie Transvaal gewählt. Am Ende des Krieges im Jahre
1902 war Botha einer der Wortführer der »bitter-enders« gewesen, die
ihren Namen nur widerwillig unter den Vertrag von Vereeniging gesetzt
hatten. Die britischen Liberalen hatten erwartet, daß ein englischsprachi-
ger Südafrikaner der neue Premierminister des Transvaal werden würde,
der Führer einer Zwei-Parteien-Koalition: der Partei Het Volk, die die
Buren vertrat, und der Nationalisten, die die Splittergruppe der Englisch-
sprachigen vertrat. Die Buren-Partei Het Volk gewann jedoch die absolute Mehrheit der Sitze: siebenunddreißig von sechsundsiebzig. Doch das
war nur der Anfang für Botha und seinen Vize Jan Smuts.

Im Oktober 1908 ermutigte die britische Regierung Delegierte aller
vier südafrikanischen Kolonien – der beiden ehemaligen Burenrepubliken
Transvaal und Oranje-Freistaat, der Kap-Kolonie und Natals –, einen Plan

für ein einziges neues südafrikanisches Herrschaftsgebiet auszuarbeiten. Im Frühjahr 1909 lag bereits ein Verfassungsentwurf vor, den Asquiths Regierung in London jetzt annehmen oder ablehnen mußte. Die Liberalen hatten sich bereits dem Prinzip eines »kreativen« Rückzugs verschrieben (welches heute als ein zentraler Gedanke des Commonwealth betrachtet wird), das im Fall der föderativen Staaten Kanada und Australien sowie der selbstverwalteten autonomen Kolonien Neuseeland und Südafrika praktiziert worden war. Doch war dieser Rückzug wirklich »kreativ« für das Land, oder bedeutete er nicht schlicht und einfach einen Verrat?

Die neue Verfassung war nicht für eine Föderation, sondern für eine südafrikanische *Union* konzipiert, in der die Buren des goldreichen Transvaal eindeutig dominierten. Und wie ein roter Faden zog sich durch diese neue Verfassung die Aufrechterhaltung der Rassenschranken in den ehemaligen Burenrepubliken. Ein »Eingeborener« konnte demnach in keiner der beiden Kammern des Parlaments einen Sitz haben. Ein Eingeborener durfte weder in der Provinz Transvaal noch in der Oranje-Kolonie wählen. In Natal würde es so gut wie keine afrikanischen und indischen Wähler geben. Und auch die traditionelle Freiheit der Kapkolonie – seine die Hautfarbe mißachtenden, rassenunabhängigen Bürgerrechte – gerieten nun in Gefahr. Kultur, nicht Rasse war schon immer das Kriterium für die Mündigkeit der Wähler gewesen. Und ein Siebtel aller Männer, die man als »wahlfähig« ansah, waren Afrikaner; eine gebildete afrikanische Mittelklasse war im Entstehen begriffen, die höflich, aber bestimmt eine Beteiligung an der Macht forderte. Mit Hilfe der neuen Verfassung konnte ihr Wahlrecht mit einer einfachen Zweidrittel-Mehrheit beider Kammern des Unions-Parlaments vom Tisch gewischt werden.

Der Vertragsentwurf sah des weiteren die Übernahme von drei schwarzen Hochkommissariatsgebieten – Betschuanaland, Basutoland und Swasiland – durch die Union vor.

Wie konnten Asquith und seine Regierung ihre liberalen Grundsätze mit einer solchen von Rassenvorurteilen diktierten Verfassung vereinbaren? Im Juli 1909 hatten sich alle drei Kolonialparlamente Südafrikas und die Mehrheit der Wähler in Natal für den Verfassungsentwurf ausgesprochen. Nun trafen zwei südafrikanische Delegationen in London ein, um ihre Anliegen vorzubringen.

Die erste war die Interessenvertretung von einer Millionen Weißer, die noch vor kurzem alles andere als einmütig gewesen waren. Delegationsleiter waren Botha und Smuts aus dem Transvaal sowie Hofmeyr, Merriman und Dr. Jameson aus der Kapkolonie. Sie hofften, daß die Regierung des Empire – die »Großmama« – ihren Segen zu der neuen Verfassung geben würde. Rückendeckung erhielten sie dabei von »Großmamas« Vertreter in Südafrika, dem Hochkommissar Lord Selborne.

Mitte Juli legten sie Lord Crewe, Elgins Nachfolger im Kolonialministerium, ihre entwaffnend simple Botschaft vor: Ein Jahrhundert furchtbarer Konflikte war nun zu Ende. Die Gegner aus der Zeit des Großen Trecks – und in den beiden Burenkriegen – hatten das Kriegsbeil begraben. Diese wunderbare Versöhnung bot die langersehnte Gelegenheit zum Zusammenschluß. Die Bedingungen dafür waren von der gesamten weißen Bevölkerung Südafrikas, einschließlich der Kapkolonie, festgelegt worden. (Als armer Verwandter hatte sich die Kapkolonie in der Frage der Rassentrennung den anderen drei Staaten gefügt.) Die britische Regierung sollte ihre Chance ergreifen, ein großes neues Dominion zu schaffen, das ein in Gold gefaßtes Juwel in der Krone des britischen Weltreiches darstellen würde.

Die zweite Delegation bestand aus Vertretern von mindestens neun Millionen schwarzer und hellhäutiger Afrikaner, der »eingeborenen« Mehrheit Südafrikas. Ihr Sprecher war ein Weißer: William Schreiner, der kämpferische Anwalt (und ehemalige Premierminister der Kapkolonie), der gerade Dinizulu, den Sohn Cetshwayos, bei dem Hochverratsprozeß in Natal verteidigt hatte. Schreiner, ein überzeugter Föderalist, war entsetzt über die Rassenschranken, den »Schandfleck der Verfassung«[13] der neuen Union. Bei einflußreichen Journalisten und Parlamentsmitgliedern fand Schreiner kein Gehör. Nur die Radikalen, deren Sprachrohr der *Manchester Guardian* war, und Labour-Abgeordnete wie Ramsay MacDonald, der sich im Krieg auf die Seite der Buren gestellt hatte, unterstützten sein Anliegen. Schreiner wies auf den paradoxen Sachverhalt hin, daß Morels Kampf für Menschenrechte im Kongo das Gewissen der ganzen Nation aufgewühlt hatte, obwohl der Kongo nur indirekt in den Verantwortungsbereich der Briten gehöre. Er warnte die liberalen Imperialisten vor der Union, die er als Verrat verurteilte. Doch er predigte tauben Ohren.

Mitte Juli wandte sich Schreiner an Lord Crewe und stellte ihm die schwarzen und braunen Delegierten vor. Der Kolonialminister versicherte ihn seiner Sympathie und versprach, daß Betschuanaland, Basutoland und Swaziland nicht einfach in einer von Weißen beherrschten Union aufgehen würden. Doch bezüglich der drängenden Fragen – dem Schutz der Bürgerrechte der Afrikaner am Kap und der Öffnung des Unionsparlaments für farbige Abgeordnete – machte ihm Crewe keine Hoffnungen. Asquiths Regierung hatte den von der verfassungsgebenden Versammlung vereinbarten Bedingungen zugestimmt, die die Liberalen als »großmütig« bezeichneten.

Die Versöhnung der beiden verfeindeten weißen Gruppen Südafrikas hatte einen hohen Preis, und die Schwarzen mußten ihn bezahlen. Milner hatte nicht übertrieben, als er zehn Jahre zuvor Asquith gegenüber ganz offen geäußert hatte: »Sie müssen nur den ›Nigger‹ opfern, dann haben Sie leichtes Spiel«.

Lord Crewes Südafrika-Gesetz wurde geschickt durch die Klippen des Parlaments gesteuert. Nur eine Handvoll Labour-Abgeordneter unternahmen überhaupt einen Versuch, es zum Scheitern zu bringen. Es gab lediglich eine Abstimmung zu einer Nachbesserung, die jedoch an einer Zweidrittel-Mehrheit scheiterte. Am 2. September 1909 gab auch der König seine Zustimmung zu dem Gesetz. Im darauffolgenden Jahr, am 31. Mai 1910, dem achten Jahrestag des Vertrags von Vereeniging, trat Louis Botha sein Amt als erster Premierminister der Union an. Als Führer einer, wie wir heute sagen würden, Commonwealth-Macht, hatte Botha ein Gebiet unter seiner Kontrolle, das dreimal so groß und viermal so dicht besiedelt war wie die Republiken, die Kruger und Steyn vor dem Burenkrieg regiert hatten.

* * *

Ob aus freien Stücken oder nicht, die Dekolonisation hatte bereits begonnen. Zwei Jahre später war der Wettlauf um Afrika beendet. Bis zum Jahr 1912 hatte Frankreich sich den größten Teil Marokkos einverleibt. Ein kleiner Rest blieb für Spanien übrig – Rio de Oro, ein spanisches Protektorat seit 1885, wurde Spanisch-Westafrika. Den Protest des Deutschen Reichs brachte Frankreich zum Schweigen, indem es ihm eine große Scheibe von Französisch-Kongo abschnitt. Gleichzeitig schnappte sich Italien Tripolis und die Cyrenaika, die nominell Teil des Osmanischen Reichs waren und die es sich erst nach einer kleinen kriegerischen

Auseinandersetzung mit der Türkei einverleiben konnte. Aus ihnen entstand schließlich die neue Kolonie Libyen.

Nur zwei afrikanische Staaten konnten sich ihre Unabhängigkeit erhalten: Äthiopien, das den Wettlauf nutzte, um die Größe seines Reiches zu verdoppeln; und das von Armut und politischer Mißwirtschaft heimgesuchte Liberia, in dem sich schwarze Siedler (ehemalige Sklaven) aus den USA niedergelassen hatten.

* * *

Kehren wir ins Afrika von 1909 zurück. Schreiner war mit seinem Kampf um politische Rechte für die schwarzen und braunen Afrikaner gescheitert. Doch Morel sah sich bei seiner Kampagne für die Menschenrechte im Kongo jetzt nur noch einem Hindernis gegenüber: König Leopold selbst, der aber immer noch die Macht besaß, alle Reformen zunichte zu machen.

Im Oktober gab das belgische Parlament endlich seine Reformpläne für den Kongo bekannt. Schritt für Schritt sollte der freie Handel eingeführt werden: bis zum Juli 1920 in der einen, in den darauffolgenden zwei Jahren in der anderen Hälfte des Landes. Demnach sollten die Eingeborenen ihren Kautschuk nun selbst kaufen und verkaufen können. Diese Reformen waren jedoch reine Augenwischerei. Der König kontrollierte das Land wie eh und je, und auch die Zwangsarbeit wurde beibehalten. Wie Morel treffend feststellte, »war zwar der Name geändert worden, doch die Firma war die alte geblieben und setzte das Spiel der Ausbeutung und Sklaverei fort«.[14]

In seiner Enttäuschung machte Morel Grey den Vorwurf, er habe den Kongo für die Zwecke der *entente* und für geheime militärische Abmachungen mißbraucht; Abmachungen, die, einem (später bestätigten) Gerücht zufolge, bereits mit Frankreich getroffen worden waren. Dieser Angriff gegen Grey hatte jedoch zur Folge, daß sich viele einflußreiche Verbündete Morels nun von ihm distanzierten, vor allem Imperialisten wie Lord Cromer. Und so zerbröckelte allmählich auch die Einheit der CRA.

Zwei Monate nach dem Beginn sogenannter Reformen erkannte Morel, daß er trotz allem seinen Kampf gewonnen hatte. Die Tage der »alten Firma« waren gezählt, und der letzte Coup des Königs war fehlgeschlagen.

* * *

748

Leopold lag im Sterben, doch die Ärzte wagten ihn nicht zu operieren. Der König bat um die Letzte Ölung, was ihm jedoch wegen seiner Liaison mit Blanche Delacroix verweigert wurde. Möglicherweise traute sein Beichtvater das Paar im letzten Augenblick, um die Sache »in Ordnung« zu bringen, und sicherlich blieb Blanche bis zum Ende bei ihm.

Am 14. Dezember 1909 wurde Leopold schließlich operiert, doch er überlebte den Eingriff nur um wenige Stunden.

Zwei Tage lang wurde er im Brüsseler Schloß aufgebahrt. Dann erhielt er ein Staatsbegräbnis. Alles andere, so hieß es, wäre als Affront gegen seine sieben Millionen Untertanen in Belgien empfunden worden, dem Land, das ihm so viel zu verdanken hatte. Nicht zuletzt die Verantwortung für sechzehn Millionen Afrikaner ...

Der Wettlauf beim Rückzug

Simbabwe, Afrika und Europa
18. April 1980, vorher und nachher

»Zwei oder drei Generationen lang können wir dem Neger zeigen, wer wir sind: dann wird man uns bitten zu gehen. Wir werden das Land jenen überlassen, denen es gehört, und sie werden das Gefühl haben, daß wir für sie bessere Geschäftspartner sind als andere Weiße.«

Lord Lugard

Bis zum letzten Augenblick schien es zu schön, um wahr zu sein: Rhodesien, Großbritanniens fünfzehnte und letzte afrikanische Kolonie, das letzte störrische Kind des Wettlaufs, das sich noch in der Obhut einer europäischen Großmacht befand, sollte friedlich in die Unabhängigkeit entlassen werden.

Doch am 18. April 1980 um Mitternacht fanden tatsächlich im Rufaro-Stadion in Salisbury die Unabhängigkeitsfeierlichkeiten statt. Die Musikkapelle einer rhodesischen Fernmeldetruppe spielte »God save the Queen«. Prinz Charles nahm den Abschiedssalut entgegen, so wie sein Vater, seine Mutter und andere Mitglieder seiner Familie den Abschiedssalut bei vierzehn früheren Unabhängigkeitsfeiern in Afrika entgegengenommen hatten.

Staatsoberhäupter bereits früher in die Unabhängigkeit entlassener Staaten waren anwesend, um das neue Mitglied im Kreise des Commonwealth willkommen zu heißen: Premierministerin Indira Ghandi (Indien, seit 1947 unabhängig); Präsident Shagari (Nigeria, 1960); Präsident Kenneth Kaunda (Sambia, 1964); Präsident Seretse Khama (Botswana, 1966) sowie ein Repräsentant des alten Commonwealth, Premierminister Malcolm Fraser (Australien, 1901). 35 000 Afrikaner klatschten Beifall, als der Union Jack eingeholt und die rot-schwarz-grün-goldene Flagge der neuen afrikanischen Nation Simbabwe gehißt wurde.

751

Nach neunzig Jahren war Rhodesien frei – oder besser gesagt, Rhodesien war tot. Jenes Land, das Cecil Rhodes und seine Leute dem König Lobengula entrissen hatten, existierte nicht mehr. Es lebe Simbabwe, das dreiundvierzigste Mitglied des britischen Commonwealth und die sechsundvierzigste europäische Kolonie in Afrika, die ihre Freiheit erlangte.

Als ein Scheinwerfer die neue Flagge bis an die Spitze der Fahnenstange in blaues Licht tauchte und Böllerschüsse aus einundzwanzig Gewehren die Luft erzittern ließen, wurde das Entzücken zum Freudentaumel (nebenbei sah ich, wie ein paar weiße Rhodesier in der Prominentenloge sich die Augen wischten; doch das lag nur daran, daß die Polizei versehentlich eine Ladung Tränengas in ihre Richtung abgegeben hatte). »*Pamberi, Genosse Mugabe!*« (»Vorwärts, Genosse Mugabe!«). Im Stadion drehten die ehemaligen Kontrahenten – paramilitärische rhodesische Polizisten in khakifarbenen Uniformen und Guerillakämpfer der Patriotischen Front – Ehrenrunden wie Sportler in der Arena. Es war eine seltsam harmlose Art, einen Schlußstrich unter einen siebenjährigen »Buschkrieg« zu ziehen, der Zehntausende von Menschenleben gefordert hatte.

Im Jahre 1966 hatten Ian Smith und die weiße Minderheit nach vergeblichen Versuchen, Rhodesien als Staat unter weißer Oberhoheit zu entkolonialisieren (nach dem Muster der vier südafrikanischen Kolonien im Jahr 1910), eine einseitige Unabhängigkeitserklärung abgegeben. London reagierte darauf mit einem halbherzigen Embargo. Doch der weiße Widerstand gegen Großbritannien führte bald zum schwarzen Widerstand gegen Salisbury. Ende der siebziger Jahre war eine politische Patt-Situation erreicht: Keiner der Kontrahenten – weder die weißen, von Südafrika unterstützten Rebellen noch die schwarzen Rebellen aus Angola und Sambia, die wiederum in zwei, von der Sowjetunion beziehungsweise China unterstützte Lager aufgeteilt waren – konnte die andere Seite zur Aufgabe zwingen.

Doch dann gab Südafrika auf. Sein Interesse, den Krieg weiter zu unterstützen, schwand, da es eine ideologische Bedrohung für das eigene Kernland fürchtete. Deshalb zwangen die Afrikaander Südafrikas ihre ehemaligen weißen Rivalen in Rhodesien, sich geschlagen zu geben. Ian Smith trat zurück – und Großbritannien drehte die Uhren zurück in die sechziger Jahre, das Jahrzehnt der Unabhängigkeit, schüttelte den Staub aus den Roben, die es als imperiale Macht getragen hatte, und ernannte Lord Soames zum Kolonialgouverneur Rhodesiens – allerdings nur bis

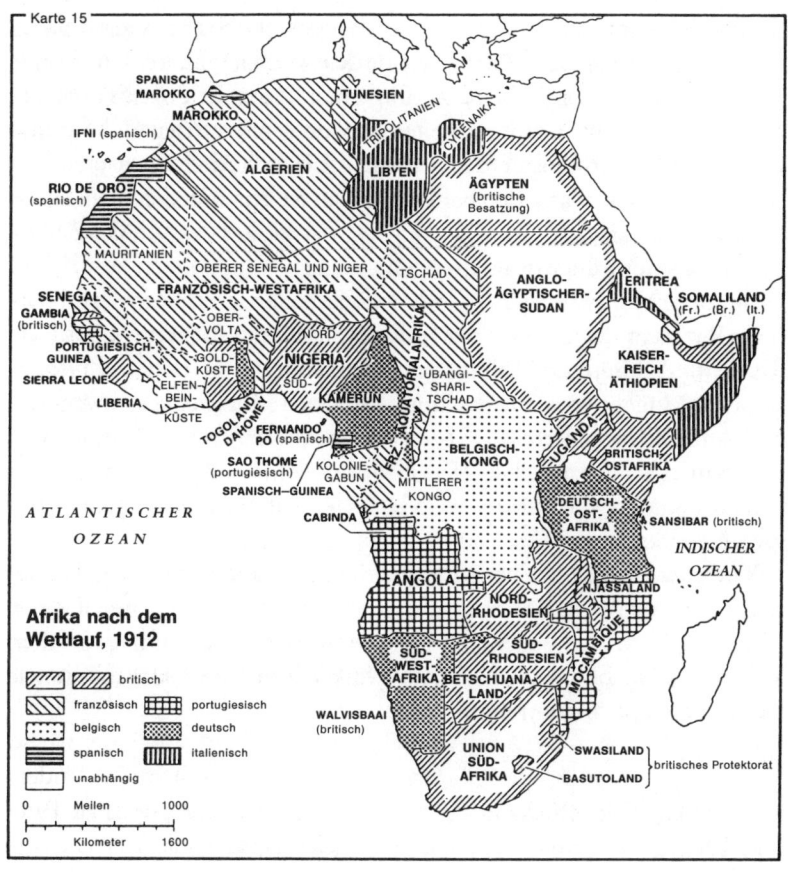

SPANISCH-
MAROKKO
MAROKKO
TUNESIEN
IFNI (spanisch)
ALGERIEN
LIBYEN
ÄGYPTEN
(britische
Besatzung)
RIO DE ORO
(spanisch)
TRIPOLITANIEN
CYRENAIKA
MAURITANIEN
OBERER SENEGAL UND NIGER
TSCHAD
ANGLO-
ÄGYPTISCHER-
SUDAN
ERITREA
SENEGAL
FRANZÖSISCH-WESTAFRIKA
SOMALILAND
(Fr.) (Br.) (It.)
GAMBIA
(britisch)
OBER-
VOLTA
PORTUGIESISCH-
GUINEA
GOLD-
KÜSTE
NORD-
NIGERIA
SIERRA LEONE
ELFEN-
BEIN-
KÜSTE
SÜD-
KAMERUN
KAISER-
REICH
ÄTHIOPIEN
UBANGI-
SHARI-
TSCHAD
LIBERIA
FRZ. ÄQUATORIALAFRIKA
TOGOLAND
DAHOMEY
FERNANDO
PO (spanisch)
SAO THOMÉ
(portugiesisch)
KOLONIE
GABUN
SPANISCH–GUINEA
MITTLERER
KONGO
BELGISCH-
KONGO
UGANDA
BRITISCH-
OSTAFRIKA
DEUTSCH-
OST-
AFRIKA
SANSIBAR (britisch)
CABINDA

ATLANTISCHER
OZEAN

INDISCHER
OZEAN

ANGOLA
NORD-
RHODESIEN
N.JASSALAND
MOÇAMBIQUE

**Afrika nach dem
Wettlauf, 1912**

SÜD-
RHODESIEN
SÜD-
WEST-
AFRIKA
BETSCHUANA-
LAND

britisch
französisch portugiesisch
belgisch deutsch
spanisch italienisch
unabhängig

WALVISBAAI
(britisch)

0 Meilen 1000
0 Kilometer 1600

UNION
SÜD-
AFRIKA
SWASILAND
BASUTOLAND
britisches Protektorat

753

zu den demokratischen Wahlen und der rechtskräftigen Anerkennung des neuen Simbabwe. Für die weiße Minderheit gab es kurzfristige Garantien, und die britische Regierung unter Margaret Thatcher machte keinen Hehl daraus, daß ihr als Sieger bei den ersten freien Wahlen und als neuer Premierminister der schwarze Bischof Abel Muzorewa am liebsten gewesen wäre, der bereit war, die Macht mit den Weißen zu teilen. Sein Rivale war Genosse Mugabe, der Führer des *ZANU-ZAPU*-Bündnisses der früher rivalisierenden Guerilla-Truppen.

Die neuen afrikanischen Wähler jedoch beherzigten Margaret Thatchers Rat nicht. Muzorewa, der Kollaboration mit Ian Smith verdächtig, wurde mit Schimpf und Schande aus dem Amt gejagt, und sein Gegenkandidat Mugabe kassierte die Stimmen. Doch Mugabe, keineswegs der von Rotchina gesteuerte Marxist, als der er verschrien war, vertrat einen pragmatischen afrikanischen Nationalismus. Am 18. April erklärte er der jungen Nation, »die Fehler der Vergangenheit müssen vergeben und vergessen werden«.

Simbabwe mit seiner neuen politischen Führung unter Mugabe, der sein staatsmännisches Format erst noch erreichen sollte, besaß einen bedeutenden Vorteil gegenüber den meisten seiner Vorgänger auf dem Weg in die Unabhängigkeit: Seine Politiker waren ebenso gebildet wie die, an deren Stelle sie traten.

* * *

Der Wettlauf beim Rückzug aus Afrika in den elf Jahren zwischen 1957 und 1968 ging auf die gleiche unrühmliche Weise vonstatten wie der Wettlauf um die Eroberung Afrikas ein halbes Jahrhundert zuvor. Frankreich, Belgien und sogar Großbritannien wurden erneut – wie zur Zeit Bismarcks – von Torschlußpanik ergriffen. Dennoch war die Situation nun eine völlig andere als in den achtziger Jahren des 19. Jahrhunderts. Zum einen spürten diese Länder, daß der Wettlauf um den Rückzug beendet sein mußte, bevor ihnen ein Ende aufgezwungen wurde. Zum anderen war Deutschland nicht mehr im Rennen; die schwarzweißrote Flagge des Kaiserreichs war in den vier deutschen Kolonien schon vierzig Jahre früher eingeholt worden.

Der Erste Weltkrieg hatte Großbritannien die Gelegenheit verschafft, jene bedauerlichen Zugeständnisse rückgängig zu machen, die Bismarck seinerzeit Gladstone – und später Salisbury – abgerungen hatte. In der

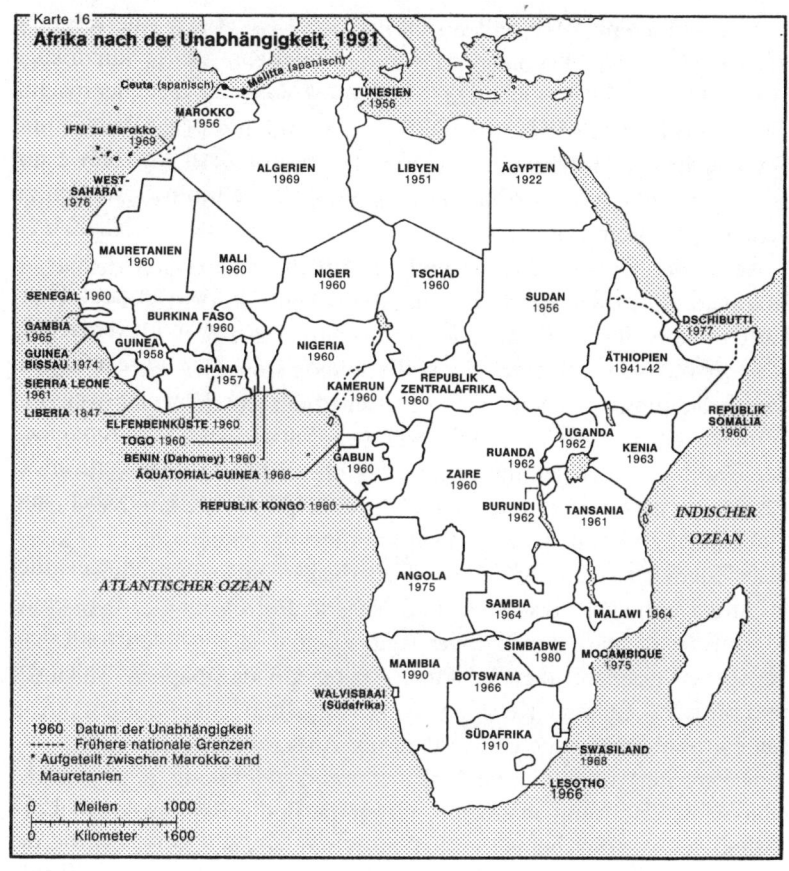

Karte 16

Afrika nach der Unabhängigkeit, 1991

Ceuta (spanisch)

Melitta (spanisch)

MAROKKO
1956

TUNESIEN
1956

IFNI zu Marokko
1969

WEST-
SAHARA*
1976

ALGERIEN
1969

LIBYEN
1951

ÄGYPTEN
1922

MAURETANIEN
1960

MALI
1960

NIGER
1960

TSCHAD
1960

SUDAN
1956

SENEGAL 1960

BURKINA FASO
1960

GAMBIA
1965

GUINEA
1958

NIGERIA
1960

DSCHIBUTTI
1977

GUINEA
BISSAU 1974

GHANA
1957

ÄTHIOPIEN
1941-42

SIERRA LEONE
1961

KAMERUN
1960

REPUBLIK
ZENTRALAFRIKA
1960

REPUBLIK
SOMALIA
1960

LIBERIA 1847

ELFENBEINKÜSTE 1960

TOGO 1960

UGANDA
1962

KENIA
1963

BENIN (Dahomey) 1960

GABUN
1960

RUANDA
1962

ÄQUATORIAL-GUINEA 1968

ZAIRE
1960

REPUBLIK KONGO 1960

BURUNDI
1962

TANSANIA
1961

INDISCHER
OZEAN

ATLANTISCHER OZEAN

ANGOLA
1975

SAMBIA
1964

MALAWI 1964

SIMBABWE
1980

MOÇAMBIQUE
1975

MAMIBIA
1990

BOTSWANA
1966

WALVISBAAI
(Südafrika)

SÜDAFRIKA
1910

SWASILAND
1968

1960 Datum der Unabhängigkeit
----- Frühere nationale Grenzen
* Aufgeteilt zwischen Marokko und
  Mauretanien

LESOTHO
1966

0   Meilen   1000
0   Kilometer   1600

Friedenskonferenz 1919 teilten sich die Sieger die Beute, einschließlich der vier deutschen Kolonien. Die Briten forderten und bekamen den Löwenanteil: Deutsch-Ostafrika (Tanganjika) wurde von Großbritannien direkt und Deutsch-Südwestafrika vom Dominion Südafrika verwaltet. Frankreich und Großbritannien teilten sich Togo und Kamerun. Belgien erhielt ein hübsches Trostpflaster: das hinter den Mondbergen verborgene Ruanda-Burundi.

Keine der Großmächte gelangte durch die ehemaligen deutschen Kolonien zu großen Reichtümern. Abgesehen von dem kleinen Togo hatten alle Kolonien beträchtlicher Zuschüsse aus Berlin bedurft. Der Besitzerwechsel machte geographisch dennoch Sinn. Die »Rote Trasse«, die Verbindung vom Kap bis nach Kairo quer durch Afrika, war nun Wirklichkeit geworden. Doch die große transafrikanische Eisenbahn, von der Rhodes immer geträumt hatte, konnte nicht verwirklicht werden. Afrika war zu arm, um sich mehr als eine holprige Piste von Nord nach Süd leisten zu können. Abgesehen vom Prestigegewinn kam der koloniale Zugewinn hauptsächlich den Sicherheitsinteressen Großbritanniens in Afrika entgegen. Bismarck hatte schadenfroh seine vier deutschen Kolonien wie Stachel in die vier weit auseinanderliegenden britischen Territorien gespießt: die Goldküste (später Ghana), Nigeria, Südafrika und Britisch-Ostafrika (Kenia). Nach vierzig Jahren hatte Großbritannien seine größte Niederlage im Wettlauf um Afrika wettgemacht.

Die größte Wohltat für die Afrikaner und die Hoffnung für all jene, die eine Selbstverwaltung anstrebten, waren die Besitzerwerbsurkunden der »Mandate«, wie die ehemaligen Kolonien nun hießen. Die Friedenskonferenz von 1919 führte – dank dem Idealismus des amerikanischen Präsidenten Woodrow Wilson – zur Gründung des Völkerbunds, der wiederum das Mandatssystem für jene Völker schuf, »die noch nicht fähig waren, in der modernen Welt auf eigenen Beinen zu stehen«. Wie es schien, sollten auch die ehemaligen Kolonien, wie andere kleine Völker, das Selbstbestimmungsrecht erhalten, sobald man sie als »reif« dafür erachtete.

Bis nach dem Zweiten Weltkrieg jedoch war das Mandatssystem blanker Hohn. Großbritannien, Frankreich und Belgien regierten die Mandatsgebiete so willkürlich wie ihre anderen Kolonien. Der Völkerbund übte keinerlei Kontrolle aus, es gab keinen Fortschritt in Richtung Selbstverwaltung, das Bildungsniveau wurde niedrig gehalten, es herrschte größte Armut. Die Mandatsgebiete verkauften, genau wie die Kolonien, ihren Kakao, ihren Kaffee, ihr Palmöl oder Sisal auf einem übersättigten Markt; sie waren Sklaven der Weltwirtschaft, die bald in eine tiefe Krise geriet (im Gegensatz dazu stieg der Preis des südafrikanischen Golds um das Achtfache).

Im Jahre 1935 versagte der Völkerbund kläglich beim Versuch, Mussolini an einer Invasion in Äthiopien zu hindern, dem (neben Libyen) letzten unabhängigen afrikanischen Staat, der selbst ein Mitglied des Völkerbundes war. Innerhalb eines Jahres hatte Mussolini den jungen Kaiser Haile Selassie ins Exil nach England getrieben und Äthiopien mit den früheren italienischen Kolonien Eritrea und Somaliland vereinigt. Dies geschah vierzig Jahre nachdem Menelik General Baratieri bei Adowa besiegt und die Italiener zurückgeschlagen hatte.

Doch Mussolinis Schwarzhemden hatten nur drei Jahre Zeit, um ihren Sieg auszukosten. Im Zweiten Weltkrieg stellte sich heraus, daß die Italiener keine Lust auf einen Kolonialkrieg in Afrika hatten, und Mussolinis Reich stürzte wie eine Sandburg zusammen. Äthiopien wurde auf diese Weise frei – eine neue Variante der Entkolonialisierung.

1942 holten britische, nigerianische und südafrikanische Truppen Haile Selassie auf den Thron des »Königs der Könige« zurück. Doch wie sollte nun Eritrea befreit werden, das Haile Selassie als Teil seines eigenen Reiches beanspruchte, der ihm von den Italienern 1885 gestohlen worden war? Und was sollte mit den anderen von Italien eroberten Kolonien Somaliland und Libyen geschehen? Sie mußten solange verwaltet werden, bis man sie für »reif« hielt, sich selbst zu regieren. Bedeutete dies eine Rückkehr zu dem zynischen Mandatssystem?

In den siebenundzwanzig Jahren seit dem Ende des Ersten Weltkriegs hatte sich die öffentliche Meinung zum Kolonialismus grundlegend geändert. Die Allianz von Kirche und Kapital, die den Wettlauf wesentlich mit zu verantworten hatte, war zerbrochen. Jetzt waren die Imperialisten in der Defensive. Sowohl die Männer Gottes als auch die Männer des Geldes mußten einsehen, daß das »formelle Empire« kontraproduktiv war. Kolonien kamen aus der Mode. Noch vor dem Beginn des Zweiten Weltkriegs hatte Großbritannien sich verpflichtet, Indien nach dem Beispiel der weißen Dominions die Unabhängigkeit zu gewähren. Dieses Versprechen wurde 1947 eingelöst, als vierhundert Millionen britische Untertanen – drei Viertel der Bevölkerung des Empire – mit einem Schlag frei wurden. Bald darauf erhielt auch Burma die Freiheit. Andere Großmächte folgten, zum Teil nach harten Rückzugsgefechten, dem britischen Beispiel: die Holländer in Indonesien und die Franzosen in Indochina.

Ehemalige asiatische Kolonien drängten in die Vollversammlung der Vereinten Nationen, der Nachfolgerin des gescheiterten Völkerbunds. Trotz beträchtlicher Differenzen untereinander waren sich die neuen Staaten einig in der vehementen Ablehnung des Kolonialismus. Doch auch die bis zu den Zähnen bewaffneten Supermächte Amerika und Rußland, die ironischerweise ursprünglich selbst Siedlerstaaten waren, konnten dem Kolonialismus nichts Positives mehr abgewinnen. Sie hatten sich über reiche, dünn besiedelte Gebiete der Erde ausgebreitet und die einheimische Bevölkerung besiegt und ausgebeutet. Dennoch gebärdeten sie sich auf der Bühne der Welt nun als Vorkämpfer des Antikolonialismus.

Ende der vierziger Jahre war es offensichtlich, daß die Stunde der Autonomie auch für Afrika nicht mehr weit war – das galt zumindest für die schwarzafrikanischen Kolonien, die Großbritannien und Frankreich direkt unterstanden. Aber wann würde es so weit sein? Die Großmächte hatten es nicht eilig, sich zurückzuziehen; auch waren ihre Untertanen, obgleich höchst unzufrieden, zu schwach, um die Großmächte unter Druck setzen zu können. Die UNO war entschlossen, Libyen, der ehemaligen italienischen Kolonie, im Jahre 1951 die Unabhängigkeit zu gewähren. Ansonsten traten jedoch weiterhin junge Absolventen von Oxford und Cambridge in den British Colonial Service, den kolonialen Verwaltungsdienst in Afrika, um sich eine berufliche Lebensstellung zu verschaffen.

Im Februar 1948 drehte sich der Wind – mehr als zehn Jahre, bevor Harold Macmillan diese Metapher berühmt machte – und blies nun stürmisch von Westen her. Es begann an der Goldküste, die wie die meisten Kolonien der am Wettlauf um Afrika beteiligten Länder als ein Sammelsurium uneinheitlicher Territorien zusammengeflickt worden war. In den Jahren nach 1900 hatte die Zukunft der Goldküste noch düster ausgesehen. Doch im Winter 1947 avancierte plötzlich Kakao zum neuen Gold. In jenem ersten harten Winter des Kalten Krieges wollte scheinbar die ganze Welt Schokolade essen. Und die geschickten afrikanischen Bauern der Kolonie lieferten ein Drittel des Weltverbrauchs an Kakao. Dann kam es im Februar 1948 zu Krawallen in Akkra. Der Kakao hatte neue Hoffnungen geweckt – insbesondere bei den Briten, die mitten in einer Währungskrise steckten, konnten aber die Afrikaner nicht zufriedenstellen.

Der größte Nutznießer der Krawalle, wenn auch nicht ihr Verursacher, war Kwame Nkrumah, der charismatische junge Generalsekretär der neuen nationalistischen Partei der Goldküste. Zwölf Jahre lang war er in Europa und den USA umhergereist und stand mit schwärmerischen Vertretern des linken Spektrums, darunter orthodoxen Kommunisten und Trotzkisten, auf gutem Fuß. Es hieß sogar, er sei ein Agent des Kreml, doch seine politische Philosophie war eher der populistische Nationalismus und der Pan-Afrikanismus. Seit 1945 hatte er die »vollständige und bedingungslose Unabhängigkeit« für die Goldküste gefordert. Die Antwort des Gouverneurs auf die Krawalle war jetzt ein Plan für die ersten allgemeinen Wahlen in dem besser entwickelten südlichen Teil der Kolonie und eine schrittweise Hinführung zur Selbstbestimmung.

Doch Nkrumah forderte den Gouverneur heraus, indem er einen illegalen Streik organisierte und landete daraufhin im Gefängnis. Dennoch gewann seine Partei die Wahlen mit einem erdrutschartigen Sieg; auf schnellstem Weg wurde er aus dem Gefängnis entlassen, um die neue Regierung bilden zu können. Er war der erste der vielen afrikanischen Abgeordneten, der sich zum PG, zum »prison graduate« oder »Gefängnisdiplomaten« stilisierte. (Die Initialen PG ließ er sich sogar in Gold auf eine weiße Mütze sticken, die er im Parlament stets trug.)

Sechs Jahre lang regierten Nkrumah und seine Partei die Goldküste gemeinsam mit dem britischen Gouverneur. Am 6. Mai 1957 holte Nkrumah den Union Jack ein und hißte die Flagge seines Landes, dem ersten schwarzen Dominion, das jetzt Ghana hieß. Dies sei der »Wendepunkt des Kontinents«, meinte er, was keineswegs übertrieben war. Schon Nkrumahs panafrikanischer populistischer Nationalismus hatte ein Trommelfeuer der Freiheit entfacht, das sich von Dorf zu Dorf und von Küste zu Küste fortpflanzte. Den größten Widerhall fand es in den Nachbarkolonien Nigeria, Sierra Leone und Gambia, jenen drei britischen Kolonien, die auf unterschiedliche Weise die Künstlichkeit des durch den Wettlauf geschaffenen Afrika symbolisierten.

Gambia war ein Paradebeispiel für jene Kolonialpolitik: Dünn wie ein Zahnstocher, ein Sumpfland-Streifen von zweihundertfünfzig Kilometern Länge und nur fünfundzwanzig Kilometern Breite entlang des Gambia-Flusses, war das Land auf beiden Seiten von der französischen

Kolonie Senegal eingeschlossen. Zweimal hatte die britische Kolonialverwaltung Gambia den Franzosen im Tausch gegen ein weiter südlich
gelegenes Territorium aufdrängen wollen – vergeblich. Konnte ein unab-
hängiges Gambia je auf eigenen Beinen stehen?

Zweifel gab es auch an der Lebensfähigkeit von Sierra Leone, das
zwischen Französisch-Guinea und Liberia lag und ähnlich wie die Goldküste aus einem Küstenstreifen und einem unerschlossenen Hinterland
bestand. Nigerias Problem war genau umgekehrt. War es nicht zu groß,
um überleben zu können? Der mächtige Appetit von Goldie und Lugard
hatte diesen afrikanischen Riesen hervorgebracht: ein Riese, mit einer
Bevölkerung von einunddreißig Millionen Menschen, die zweihundert
Sprachen sprachen – im Jahr 1953 ein Siebtel der Bevölkerung des
gesamten Kontinents! Würde es nach der Unabhängigkeit als Ganzes
bestehen bleiben können, oder würde es, wie Indien, in zwei Teile
zerfallen?

Die Briten glaubten, daß es Jahrzehnte dauern würde, die tropischen
Kolonien in Nationalstaaten zu verwandeln. Schließlich waren diese
willkürlich geschaffenen Blöcke aus Buschland und Wüste weder geographische noch politische Einheiten. Häufig waren die Gebiete sogar
absichtlich zerstückelt worden, um sie besser beherrschen zu können.
Außerdem schien es nicht genügend gut ausgebildete Afrikaner zu geben, die fähig waren, die Länder zu regieren. Wo waren die Zehntausende
von Hochschulabsolventen, die man im Verwaltungsdienst benötigt hätte:
Lehrer, Ingenieure, Geschäftsleute – ganz abgesehen von Politikern? Es
war selbstverständlich die Kolonialmacht, die das Tempo des Fortschritts
bestimmte. In Windeseile wurde ein Notprogramm der politischen Fort-
bildung aus dem Boden gestampft. Über Nacht wurden Verfassungen
ausgearbeitet, Parlamente eingerichtet (nach britischem Vorbild, bis hin
zur Perücke des Parlamentspräsidenten), Wahlen wurden abgehalten,
Premierminister über die Fallstricke der britischen Demokratie aufgeklärt.

Besonders verhängnisvoll war der Entwurf einer Bundesverfassung für
Nigeria. Als Prokonsul zwischen 1897 und 1919 hatte Lugard die Ab-
spaltung des Nordens betrieben und ein System indirekter Herrschaft
errichtet, in dem die islamischen Emire die gleiche Rolle spielten wie die
Fürsten in Indien. Der ursprünglich heidnische Süden dagegen verfügte
über den Löwenanteil an den natürlichen Ressourcen und entwickelte
sich rascher in Richtung Demokratie. Die neue Bundesverfassung – nur

ein verzweifelter Notbehelf – übervorteilte den Nordteil des Landes und verstärkte so die Unterschiede zwischen Nord und Süd.

Währenddessen spaltete ein arabischer Aufstand im Norden des Kontinents Frankreich in zwei Lager. Im Jahr 1954 begann, ausgehend von den gerade unabhängig gewordenen französischen Mandatsgebieten im Nahen Osten und den französischen Kolonien in Südostafrika, der Aufstand der nationalistisch gesinnten algerischen Mehrheit gegen die Franzosen. Vor dem Zweiten Weltkrieg war das Ziel der Nationalisten noch ein bescheidenes Reformprogramm gewesen. Theoretisch vertrat Frankreich das Ideal der Assimilation, und Algerien war 1848 zum französischen Territorium erklärt worden. Doch in dieser reichsten und bedeutendsten französischen Kolonie war die Diskriminierung der einheimischen Bevölkerung von Anfang an ein Problem gewesen. Ein weiterer Grund für das Scheitern der Assimilation war die große Anziehungskraft, die der Islam ausübte. Der Hauptgrund jedoch war die Macht der *colons*, jener einen Million Franzosen und anderen Europäer, die das politische Leben Algeriens bestimmten.

Sie machten nur knapp ein Neuntel der Bevölkerung aus, kontrollierten aber den größten Teil des Wein- und Olivenanbaus und fast den gesamten Bergbau sowie die Fabriken. Außerhalb der Städte konnten nur wenige Araber lesen und schreiben. Die Hälfte der Landbevölkerung wurde offiziell als »mittellos« eingestuft.

Zur Bekämpfung des Aufstands, der rasch um sich griff, entsandte Paris 400 000 Soldaten, darunter Veteranen der französischen Indochina-Armee, die sich in Afrika für die bei Dien Bien Phu erlittene Demütigung entschädigen wollten.

Doch in Marokko und Tunesien gab es, ausgelöst durch den arabischen Nationalismus, ebenfalls Aufstände. In Marokko lag die Führung der nationalen Bewegung in den Händen des konservativen Sultans Muhammed V. Dessen Onkel, Mulay Jusuf, hatte im Jahr 1912 die französische Schutzherrschaft anerkennen müssen. In Tunesien war die Familie des unglücklichen Bey ausgestorben, der 1881 gezwungen worden war, den Vertrag von Bardo zu unterzeichnen. Der Bannerträger des Nationalismus war nun Habib Bourguiba, ein wortgewandter Redner, der die Sache seines Landes vor die UN gebracht hatte.

1956, im Jahr der unseligen englisch-französischen Invasion in Ägypten, wurden Marokko und Tunesien in die Unabhängigkeit entlassen. Die französischen Regierungen in Paris stürzten nacheinander wie Karten-häuser zusammen. Doch das Blutbad in Algerien nahm kein Ende.

Charles de Gaulle, den rechte Kräfte wieder an die Macht gebracht hatten, versicherte mit zweideutiger Geste den algerischen *colons*, er kenne ihren Wunsch: »*Je vous ai compris!*« Doch er wollte Frankreich retten und nicht das französische Algerien oder Afrika – oder gar die Vierte Republik. Entschlossen, die bisherige Integrationspolitik aufzuge-ben, stürzte de Gaulle die Vierte Republik und schaffte Frankreich alle seine afrikanischen Kolonien vom Hals. Anfangs räumte er den zwölf Territorien von Französisch-Westafrika und Französisch-Äquatorialafrika noch die Wahl ein, für oder gegen eine Zugehörigkeit zu der *Commu-nauté*, einer Art französischem Commonwealth, zu stimmen.

Nur eine einzige Kolonie, Guinea, besaß die Taktlosigkeit, mit Nein zu stimmen. Doch im Jahr 1960 wurden alle zwölf Kolonien (sowie die beiden ehemaligen Mandatsgebiete Togo und Kamerun) ins kalte Wasser der Unabhängigkeit gestoßen.

De Gaulles Parforce-Kurs erreichte seinen Höhepunkt mit dem Ab-kommen von Evian im Jahre 1962, das den Algerienkrieg beendete. Die *colons* wurden nach Frankreich zurückgeschickt. Sechs Jahre später wurde dann De Gaulle selbst von den Wählern weggeschickt: auf sein Landgut in Colombey-les-Deux-Eglises.

1952 brach in Kenia der Mau-Mau-Aufstand los, ein undurchsichtiger Bürgerkrieg der Kikuyu, der sich gegen die britischen Siedler, die britische Verwaltung und die Afrikaner richtete, die mit ihr kollaborierten. Bis heute sind die Ursprünge und der Charakter des Mau-Mau-Geheim-bundes umstritten. Kämpfte er für die Unabhängigkeit der Kikuyu? Der Führer der Kikuyu hieß Jomo Kenyatta und war ein Freund Nkrumahs. War er in die Mau-Mau-Bewegung verwickelt? Oder hatte diese eher einen atavistischen als einen nationalistischen Charakter und zielte auf eine Rückkehr zu den blutigen Ritualen des heidnischen Afrika?

Auf jeden Fall brach sich in dem Aufstand die Unzufriedenheit der Kikuyu Bahn, jenes politisch bewußtesten Volkes in Kenia, das von den Briten auf allen Ebenen diskriminiert wurde. Der wichtigste Grund für die Rebellion war jedoch die Tatsache, daß sich die britischen Siedler das fruchtbarste Land, nämlich die kühlen, grünen »White Highlands« ent-lang der Eisenbahnlinie nach Uganda angeeignet hatten. Während des sechs Jahre andauernden Aufstandes wurden 20 000 Kikuyu ohne Gerichtsverhandlung in Gefängnissen festgehalten. Hunderte wurden hingerichtet und Tausende kurzerhand erschossen.

Im Jahre 1960 hatten bereits beide Nachbarn Kenias ihre Unabhängigkeit unter Dach und Fach. Uganda hatte einen Schutzengel gehabt: Die Fiebermücke hatte die weißen Siedler ferngehalten. Tanganjika wiederum, Bismarcks ehemalige Kolonie, wurde unter der Aufsicht der UNO in die Unabhängigkeit entlassen. Sollte Kenia eine Ausnahme bilden, nur, weil ein Prozent seiner Bevölkerung Weiße waren? Der seit 1960 amtierende konservative Kolonialminister Iain MacLeod entließ zum Entsetzen der weißen Siedler den undurchschaubaren Kenyatta aus dem Gefängnis. Drei Jahre später führte Kenyatta sein Volk in die Freiheit.

Südrhodesien, Cecil Rhodes' private Handelskolonie, war politisch immer eine Mißbildung gewesen: Nominell wurde das Land noch von London aus regiert; praktisch besaß es jedoch eine eigene Verwaltung und wurde seit dem Ende des Ersten Weltkriegs nach südafrikanischem Vorbild von Weißen beherrscht. Wie konnte das Land auf friedlichem Wege in einen gemischtrassigen Staat umgewandelt werden?

Im Jahre 1953 hatte London versucht, die Macht des weißen Rassismus in Südrhodesien durch die Umwandlung in eine Föderation mit Nordrhodesien und Njassaland zu schwächen, deren Siedler immer noch dem Kolonialministerium unterstanden. Doch die afrikanischen Nationalisten dieser Territorien hatten andere Vorstellungen: Nach Unruhen schwarzer Bergarbeiter am Copperbelt und gewalttätigen Demonstrationen in Njassaland brach die Föderation entzwei. London schnitt aus den Wrackteilen seine eigenen Kronkolonien heraus und schenkte ihnen die Unabhängigkeit. Aus Nordrhodesien wurde Sambia und aus Njassaland Malawi. In Rhodesien (das Präfix »Süd« war nun nicht mehr nötig), blieben politische Rechte für Afrikaner nur leere Versprechungen.

Im Kongo kam 1960 für die Belgier die Stunde der Wahrheit. Fünfzig Jahre zuvor hatten E. D. Morel und die *Congo Reform Association* Leopold gezwungen, den Kongo an den belgischen Staat abzugeben. Seitdem war das Land noch reicher geworden, als es der König vorhergesagt hatte. Weltweit benötigte man in den Fabriken Kupfer, das der Kongo im Überfluß hatte, ebenso Diamanten, Kobalt, Gold, Chrom und andere wichtige Bodenschätze. Der Kongo wurde ein Modellstaat im kapitalistischen Sinn: mit billigen und gefügigen Arbeitskräften und satten Profiten für die ausländischen, vor allem belgischen Gesellschaften.

Die Belgier betrachteten in der Tat ihre Kongo-Kolonie als Modell für andere Weltmächte. Afrikaner seien wie Kinder, so verkündeten sie selbstzufrieden. Man müsse fair, aber mit fester Hand regieren. Und mit dieser unbeirrbaren Fertigkeit widerstanden sie der Versuchung, mehr als einer Handvoll jener zwanzig Millionen Afrikaner eine Schulbildung zukommen zu lassen. Knapp 100 000 Belgier hatten sich die qualifizierten Berufe gesichert. Weder weiße Siedler noch Schwarze besaßen politische Rechte. Mit allen Mitteln versuchte man, die Afrikaner von gefährlichen Ideen aus Europa fernzuhalten. Die wenigen Kongolesen, die eine höhere Schulbildung genossen, durften nicht im Ausland studieren.

Doch im Jahr 1959 war es endlich soweit: Der neue Wind, der die Saat des afrikanischen Nationalismus sowie die Idee der Menschenrechte und der Freiheit der Völker mitbrachte, war nicht mehr aufzuhalten. Im Jahr 1959, nach Aufständen in Leopoldville, verloren die Belgier schließlich die Nerven. Die Aussicht auf Unruhen à la Algerien ängstigte sie. Sie setzten einen Termin für allgemeine Wahlen fest, auf die innerhalb von achtzehn Monaten die Unabhängigkeit folgen sollte.

Das Land war aber auf ein Parteisystem nicht vorbereitet. Aufgrund von ethnischen und religiösen Differenzen kam es zu blutigen Auseinandersetzungen. Als die Belgier sich im Juli 1960 hastig aus dem Kongo zurückzogen, stand das Land am Rande des Bürgerkriegs und der Anarchie. In Ruanda-Burundi zeigten die Ankündigungen der Belgier, sich aus dem Land zurückzuziehen, ähnlich verheerende Wirkung.

Die Briten hatten bis 1968 die letzten verarmten Bruchstücke ihres Kolonialreichs südlich des Sambesi in die Freiheit entlassen: Basutoland (Lesotho), Betschuanaland (Botswana) und Swaziland. Der Wettlauf um den Rückzug aus Afrika war zu Ende – außer für Portugal, die europäische Nation, die als erste in Afrika Fuß gefaßt hatte. Sowohl in Angola als auch in Moçambique und Guinea-Bissau stand den Portugiesen nun das Wasser bis zum Halse. Sie behaupteten, sie strebten mit ihrer Politik die Assimilation der Bevölkerung ihres Kolonialreichs an, die sie ohne Zweifel systematisch ausgebeutet hatten. Nach dem Zusammenbruch von Belgisch-Kongo grassierte auch in Angola das Fieber der Rebellion, und bald brachen in allen drei Kolonien erbitterte Guerillakriege aus.

Der Kalte Krieg komplizierte und verlängerte nur den Konflikt. Zuerst bot Amerika den Nationalisten in Angola seine Unterstützung an, machte aber einen Rückzieher, als Portugal drohte, aus der NATO auszutreten und den Stützpunkt auf den Azoren »mitzunehmen«. Daraufhin baten die angolischen Nationalisten Rußland und China um Waffen und Geld sowie Kuba um Experten auf verschiedenen Gebieten.

Portugal konnte, obwohl lange Zeit eine Pattsituation herrschte, dem Druck nicht standhalten, da die Ausgaben für die Kolonien die Hälfte der Staatseinkünfte verschlangen. Im Jahr 1974 fegte ein Staatsstreich des Militärs die portugiesische Diktatur hinweg, und ein Jahr später entließ eine neue Regierung alle afrikanischen Kolonien Portugals in die Unabhängigkeit. Letztlich hatten die portugiesischen Kolonien Portugal befreit. Doch nicht nur Portugal. Als die Kriege in Angola und Moçambique zu Ende waren, konnte der Buschkrieg zur Befreiung Rhodesiens beginnen. Womit wir wieder bei jenem 18. April des Jahres 1980 angelangt waren, dem Tag, an dem aus Rhodesien der unabhängige Staat Simbabwe wurde.

* * *

In den letzten zehn Jahren hat Simbabwe immer wieder die düstersten Prognosen Lügen gestraft. Trotz der inneren Spannungen zwischen den ZANU-ZAPU und der Shona-Ndebele-Koalition waren die Bindungen aus der Zeit des Buschkriegs von Dauer. Diszipliniert durch Not und Unglück im Gefängnis und im Exil, haben die Regierenden des neuen Staats gegenüber den Minderheiten, ob weiß oder schwarz, große Härte an den Tag gelegt.

Doch – was viel wichtiger ist – ihre Staatsführung hat dazu beigetragen, den toten Punkt im Kampf gegen die letzte Bastion der weißen Oberherrschaft zu überwinden: Südafrika. Natürlich vermochten die acht Millionen Afrikaner in Simbabwe ihren 24 Millionen Brüdern im Süden nicht aus eigener Kraft Hilfestellung zu leisten. Doch im Jahr 1988 erwärmte sich das politische Klima weltweit. Mit dem Ende des Kalten Kriegs und der Rivalität der Supermächte in Afrika regelten sich die Dinge fast wie von selbst.

Südafrika hatte auf Drängen der Vereinigten Staaten und der Sowjetunion Namibia, das ehemals deutsche *Mandatsgebiet Südwestafrika*, herausgeben müssen, das ihm vom Völkerbund zugesprochen worden war. Im März 1990 erlangte Namibia als siebenundvierzigste afrikanische Kolonie schließlich seine Unabhängigkeit.

Selbst in Südafrika gibt es einen erstaunlichen politischen Fortschritt.

Trotz einer blutigen Fehde zwischen der Zulu-Organisation Inkatha und dem Afrikanischen Nationalkongreß herrscht Euphorie unter den Schwarzen. Das dunkle Zeitalter der Apartheid geht dem Ende entgegen. Die Weißen reiben sich die Augen. Das Undenkbare ist zu einer dringenden Notwendigkeit geworden.

Die Nachrichten vom übrigen Kontinent sind leider nicht so positiv. Im Jahr 1963 wurde als Brücke zwischen den neuen afrikanischen Staaten die Organisation für Afrikanische Einheit gegründet. Deren Mitglieder trafen eine vernünftige Entscheidung: den Traum von der Einheit zu vergessen und die trennenden Grenzen, die der Wettlauf um Afrika geschaffen hat, zu respektieren. Zweifellos hat diese Entscheidung dazu beigetragen, den Frieden zwischen den afrikanischen Staaten zu bewahren und die Schwachen vor den Starken zu beschützen.

Dennoch herrschte in vielen Teilen des Kontinents weiterhin Chaos. Zwölf der siebenundvierzig neuen afrikanischen Staaten (darunter der Kongo, Nigeria, der Sudan und Äthiopien, also *alle* größeren Staaten außer Ägypten und Algerien) waren seit ihrer Unabhängigkeit von Bürgerkriegen heimgesucht worden. In den letzten dreißig Jahren gab es vierzig Militärputsche. In Uganda wurde ein Zehntel der Bevölkerung unter zwei aufeinander folgenden Terrorregimen ermordet.

Selbst gemäßigtere Regierungen haben das Ein-Parteien-System etabliert, Menschenrechte abgeschafft und die bürgerlichen Freiheiten unterdrückt. Viele Regierungen sind korrupt und unglaublich ineffizient. Armut ist weiterhin das gemeinsame Band allzu vieler afrikanischer Staaten, Reichtum das Verbindende allzu vieler afrikanischer Herrscher. Das Pro-Kopf-Einkommen in Zaire (Kongo) beträgt weniger als zweihundert Dollar im Jahr. Zaires autokratischer Präsident Mobuto jedoch ist angeblich der fünftreichste Mann der Welt. Er hat den Kongo sicherlich noch mehr ausgebeutet als König Leopold.

Für Afrika hat die Entkolonialisierung unterschiedliche Folgen gezeitigt. Doch den Interessen Europas kam sie sehr zugute. Missionare bieten den Bedürftigen weiterhin das Christentum und die Zivilisation als Allheilmittel an. Weiße Geschäftsleute machen weiterhin ihr Glück in Afrika. In den letzten dreißig Jahren haben sich Afrikas Importe aus nichtafrikanischen Staaten verzehnfacht. Lugard hatte recht behalten. Auch in der nachkolonialen Ära, so hatte er prophezeit, werde Großbritannien Nigerias bester Kunde bleiben. Seine prophetischen Worte treffen auf alle ehemaligen Kolonialmächte zu. Der Handel ging der Herrschaft voraus und überdauerte sie. Riesige europäische und nordamerikanische Gesellschaften beherrschen weiterhin die Wirtschaft der jungen afrikanischen Staaten. Der neue Begriff hierfür heißt Neokolonialismus, und dieser beinhaltet im Grunde nichts anderes als das Konzept des *informellen Empire*: des unsichtbaren Imperiums von Handel und Macht, das dem Wettlauf um Afrika vorausgegangen war.

Doch wie viele Afrikaner würden die Uhren gerne in die 80er Jahre des 19. Jahrhunderts zurückdrehen? Die Dampfer und Fluglinien der Welt bringen jetzt in einem Ausmaß materielle Güter in die siebenundvierzig neuen Staaten des Kontinents, das vor hundert Jahren noch unvorstellbar gewesen wäre. Die beste Ware jedoch, die Europa Afrika geliefert hat, ist die Sehnsucht nach Freiheit und Menschenwürde, den humanitären Idealen Livingstones – auch wenn sich Europa selbst selten genug diesen »Idealen« gemäß verhielt.

ANHANG

ANMERKUNGEN

Prolog
Motto: Livingstone, zit. in: Sir. R.
Coupland, *Kirk on the Zembesi*
(Oxford 1968), 185

1 Persönliche Aufzeichnungen Camerons in: NLS, mit Kopie des Briefes
von Livingstone an *The Times*, November 1870 (Acc. 7513, Mikrof.,
Abt. 19)
2 Livingstone, *Last Journals*, 25. April
1873, 508
3 Ibid., 7. April 1873, 501 f.
4 Ibid., 25. März und 27. April 1873,
498, 508
5 Ibid., 511–512
6 Aufzeichnungen Wallers über
Gespräche mit Chuma und Susi im
Jahre 1874 in England, RHL Afr.S.,
16/I
7 Livingstone, *Last Journals*, 517
8 Waller, loc. cit.
9 Ibid.
10 Livingstone, loc. cit., 517

Kapitel 1
Motto: Sir Bartle Frere an Lord North-
brook, 22. Februar 1883, FO,
84/1803

1 *The Times*, 11. Januar 1876
2 Der Herzog von Brabant an W.
Frère-Orban, 27. September 1860.
Archives Générales du Royaume
Brussels Frere Papers Nr. 356. Der
Briefbeschwerer befindet sich im
Museum Tervueren
3 Carlus an Baron Lambermont,
6. Mai 1863, Lambermont-Doku-
mente AMAE Brüssel

4 Zitat J. Stengers, *Conférence Géogra-
phie*, 313
5 Ibid.
6 Leopold an Lambermont, 22. August 1875, AMAE Lambermont V,
9. Roeykens, *Débuts*, 95 f.
7 Sir H. Rawlinson an Lady Rawlinson, 11. September 1876, Rawlin-
son-Dokumente, Royal Asiatic Society, London
8 Vandewoude, *Conférence*, 410
9 Sir H. Rawlinson an Lady Rawlinson, loc. cit., 12. September 1876
10 Vandewoude, *Conférence*, 313
11 Sir H. Rawlinson an Lady Rawlinson, loc. cit., 14. September 1876
12 Vandewoude, *Conférecne*
13 Leopold an Solvyns, zit. Roeykens,
Débuts

Kapitel 2
Motto: Stanley, *Dark Continent*, II,
152 f.

1 Tagebuch H. M. Stanleys, 12. September 1876, *Exploration Diaries*,
130
2 Stanley, *Autobiography*, 297 f. F.
Hird, *Stanley*, 129 f.
3 Stanley, *Autobiography*, 295
4 Ibid., 289
5 Stanley, 24. August 1875, *Exploration Diaries*, 99
6 Sir S. Baker an Oberst J. Grant,
16. November 1875, Persönliche
Aufzeichnungen von Grant NLS
17909, f28–29
7 Stanley, *Dark Continent*, II, 98
8 Ibid., II, 140

9 Ibid., II, 157
10 Ibid., II, 447 f.
11 Ibid., II, 462 f.
12 Leopold an Solvyns, 17. November 1877, APR Fonds Congo, 100/I

Kapitel 3
1 C. 1776
2 Sir B. Frere an Lord Carnarvon, 17. Apr. 1877; Martineau, *Frere*, II, 164
3 Martineau, II, 179
4 Sir A Hardinge, *Carnarvon*, II, 220
5 Carnarvon an Frere, 12. Dez. 1876, PRO, 30/6/4 Goodfellow, *Confederation*, 117
6 *Oxford History of South Africa*, II
7 C 1025 no. 27 enc. 2,5
8 Bischof Colenso an Chesson, 24. Feb. 1876; Colenso Papers, Killie Campbell Library; Durban, J. Guy, *Heretic*, 247
9 Rees, *Colenso's Letters from Natal*, 273; J. Guy, *Heretic*, 212
10 Martineau, loc. cit.
11 Sir T. Shepstone an Lord Carnarvon, 11. Dez. 1877; PRO, 30/6/23. J. Guy, *Heretic*, 255
12 Siehe Duminy und Ballard, *Anglo-Zulu War*
13 Oberst Durnford an seine Mutter, zitiert nach E. Durnford, *A Soldier's Life*, 183
14 Ibid.
15 Robertson an Macrorie, 23. Okt. 1877, Wigram Papers, SPG, zitiert nach N. Etherington in Duminy and Ballard (Hrsg.), *The Anglo-Zulu War*, 43

Kapitel 4
1 Lord Beaconsfield an Lady Bradford, 28. September 1878. Zetland, *Letters of Disraeli*, II, 189
2 Zit. Lord Blake, *Disraeli*, 669
3 Sir M. Hicks Beach an Lord Beaconsfield, 3. November 1878, Buckle, *Disraeli*, IV, (1910–1920) 421

4 Hird, 173
5 Ibid., 175–177. S. auch B. Emerson, *Leopold*, 285
6 Dr. J. Kirk an Lord Derby, 1. Mai 1878, FO, 84/1514. R. Hall, *Stanley*, 264
7 Clery an Alison, 28. April 1879, loc. cit.
8 *The Times*, 22. März 1879 zit. H. Colenso, etc., *Zulu War*, 408
9 E. Durnford, *A Soldier's Life*, 226
10 Ibid.
11 Clery an Harman, 17. Februar 1879, loc. cit.
12 E. Durnford, *A Soldier's Life*, 244
13 Norris-Newman, *Zululand*, 57
14 Clery an Alison, 18. März 1879, loc. cit. Clarke *Zululand*, 122
15 Beaconsfield an Lady Bradford, 12. Februar 1879

Kapitel 5
Motto: Gordon, 11. April 1876, *Central Africa*, 163
1 Konsul Vivian and Lord Salisbury, 20. Februar 1879, FO, 407/iii/157
2 Ibid.
3 Vivian an Salisbury, 20.–22. Februar 1879, loc. cit.
4 J. McCoan, *Egypt As It Is* (1878), 88–94
5 Gordons Tagebuch, 5. März 1879, Gordon, *Central Africa*, 339
6 Ibid., 25. April 1879, Gordon, *Central Africa*, 352 f.
7 Ibid., 31. August 1877, Gordon, *Central Africa*, 271
8 Ibid., 21. Juli 1879, Gordon, *Central Africa*, 397
9 Ibid., 14. Februar 1874, Gordon, *Central Africa*, 1
10 Ibid., 29. November 1876, Gordon, *Central Africa*, 200
11 Gordon, *Central Africa*, 373
12 Gessi an Gordon, Gordon, *Central Africa*, 380
13 Gordons Tagebuch, 27. Mai 1879, Gordon, *Central Africa*, 362

Kapitel 6
Motto: Wolseley an Hicks Beach,
    28. Oktober 1879, zit. J. Lehmann, 71
1 O. Lanyon an Sir George Colley,
  25. Oktober 1880, W. F. Butler, *Colley*, 265 f.
2 Sir George Wolseley, SA *Journal*,
  303, 112, 124. Maurice and Arthur,
  Life 122
3 Wolseley, *Journal*, 138, 139, 240,
  248, 254, 272–75
4 Ibid., 173
5 Ibid., 203
6 Lanyon an Colley, 25. Oktober
  1880, Butler, *Colley*, loc. zit.
7 E. J. P. Jorrissen, *Transvaalse Herinnerungen*, 60–9
8 S. J. P. Kruger *Memoirs*, 1, 164
9 Gladstone, *Speeches* (Hrsg: T. Bisset,
  L., 1916), 1, 63
10 Colley zit. *The Times*, 21. Dezember
  1880
11 Lord Kimberley an den Premierminister, 25. Dezember 1880, BL
  44225/265. D. Schreuder, *Gladstone*, 90
12 Königin Viktoria an den Premierminister, 26. Dezember 1880, QVL II
  Serie III, 167
13 E. Hamilton, 29. Dezember 1880,
  Diary, I, 94
14 Ibid. 6. Januar 1881, I, 97
15 Kimberley an Colley, 19. Februar
  1881, C2837 10
16 Colley an Kimberley, Kimberley an
  Colley, 19. Dezember 1880, op. cit. 13
17 I. Hamilton, Oktober 1881, zit. I.
  Hamilton, *Listening for the Drums*,
  140. Douglas an Sir G. White,
  5. April 1881, White Papers, zit.
  Lehmann, *First Boer War*, 239
18 S. Roos, *Journal of The Society for
  Army Historical Research*, XVII
  (1938), 9
19 I. Hamilton, *Drums*, 135
20 T. Carter, *History*, 276 f.
21 I. Hamilton, *Drums*, 136
22 *The Times*, 2. März 1881

Kapitel 7
Motto: siehe Anm. 8
1 Baron Courcel, *Souvenirs Inedites* in
  G. Hanotaux, *Histoire des Colonies*,
  IV, 650 f.
2 Waddington an d'Harcourt, 21. Juli
  1878, DDF, 1/2/3 330–2
3 Ganiage, *L'Expansion*, 76
4 Jauréguibery zit. C. W. Newbury und
  A. S. Kanya-Forstner, JAH, X, 2
  (1969), 268
5 Ibid.
6 Ganiages, *Origines*, (2. Aufl. 1968),
  512 f.
7 Roustan an Courcel, Februar 1881,
  zit. Ganiage, *L'Expansion*, 513 f.
8 Noailles an Saint-Hilaire, 26. Januar
  1881 DDF, 111, 330
9 Saint-Hilaire an Roustan, 7. April
  1881, zit. A. M. Broadley, *Last Punic
  War*, 216
10 Broadley, 235
11 Ibid., 237 (zweiter Satz leicht verändert)
12 Ibid., 242
13 Bey von Tunis an Lord Granville,
  25. April 1881, zit. Broadley 251 f.
14 Ibid., 312
15 Ibid., 313–19

Kapitel 8
Motto: Gladstone, *Nineteenth Century*,
    August 1877
1 E. Hamilton, 31. Dezember 1881,
  Diary, I, 207 f.
2 Gladstone, *Midlothian Speeches*,
  (Leicester 1971), 93
3 E. Hamilton, 3. Januar 1882, *Diary*,
  I, 209 f. W. Blunt, *Secret History of
  the English Occupation of Egypt* (L.
  1907), 556–558
4 Blunt, *Secret History*, 189
5 J. P. T. Bury, *Gambetta and the
  Making of the Third Republic*
  (1973)
6 Bright Kabinettsminister, 7. Juli
  1882, PRO, 30/29/143. Robinson,
  Gallagher, *Africa*, 110
7 Gladstone an Granville, 9. Juli 1882,

PRO, 30/29/126. Robinson, Gallagher, 111
8 Butler, *Autobiography*, 235
9 Ibid., 237
10 Wolseley an Lady Wolseley, 15. September 1882, loc. cit., WP, 11/19
11 Wolseley an Lady Wolseley, 21. September 1882, loc. cit., WP, 11/21i

Kapitel 9
Motto: siehe Anm. 5
1 R. Maran, *Brazza*, 181–2
2 Brazza an Jauréguibery, o. D. (1879), Brazza, *Conférence*, 414–15. R. Nwoye, *Public Image*, 65–6
3 R. West, 106, zitiert nach Brunschwig in *Cahiers d'Ètudes Africaines* (1966), 187
4 H. Brunschwig, *Makoko*, 22–3
5 Ibid., 47–8. R. West, 110
6 Maran, 170. R. West, 110
7 H. Stanley, *Congo*, I, 231–34
8 Leopold an Stanley, o. D., Maurice, *Unpublished Letters*
9 Stanley an Leopold, 6. Feb. 1880, *Unpublished Letters*, 34–5
10 Stanley an Strauch, o. D., Maurice, ibid., 34–5
11 Stanley, *Congo*, I, 292–3
12 Stanley, *Congo*, I, 339–42
13 Brazza an das französische Komitee, Apr. 1881, Brunschwig, *Makoko*, 183–4, 191. R. Nwoye, *Public Image*, 88–90
14 Brazza an Jauréguibery, Aug. 1882, Brunschwig, *Makoko*, 257–77. R. Nwoye, 100–1
15 Jauréguibery an Duclerc, 26. Sep. 1882, Brunschwig, *L'Avénement*, 152–3. R. Nwoye, 103
16 Stanley an Strauch, 11. Mai 1882, Maurice, *Unpublished Letters*
17 Stanley an Strauch, Sep. 1882, Maurice, ibid., 148. R. West, 120
18 Brazza, *Conférence*, 174. R. West, 120
19 Leopold an Lesseps, 18. Sep. 1882, zitiert nach Brunschwig, *L'Avénement*, 160. R. Nwoye, 104–5

20 Leopolds Memorandum für Solvyns, 8. Okt. 1882, zitiert J. Stengers in P. Gifford und W. Louis, *France and Britain*, 138–9
21 Leopold an Strauch, o. D. (1882), Maurice, *Unpublished Letters*, 151
22 Chambrun, 120
23 Maurice, *Unpublished Letters*, 150–53. *The Times*, 20./21. Okt. 1882
24 Ibid.
25 F. Hird, *Stanley*, 186
26 Ibid., 190

Kapitel 10
Motto: Oberstl. Borgnis-Desbordes 9. April 1881, Hargraves, *France and Westafrica*, 160
1 Oberstl. Desbordes, 7. Februar 1881, Méniaud, Pionniers, 1, 188
2 Ibid., 1, 190 f.
3 Soleillet, *Avenir de la France en Afrique* und Duponchel, *Le Chemin de Fer Trans-Saharien*, 218, beide zit. Kanya-Forstner, *Conquest*, 61
4 Bericht v. Rouvier, 10. Juni 1879, zit. Kanya-Forstner, *Conquest*, 63
5 Ferrys Rede, 3. Juli 1883, zit. Kanya-Forstner, 108

Kapitel 11
Motto: König Aqua u. a. an Königin Viktoria, 7. August 1879, PRO, 30/29/269 (FO, 4824, Nr. 1)
1 Lister Minute, FO, 84
2 Hewetts Bericht, 18. November 1882, PRO, 30/29/269 (FO, 4824, Nr. 40)
3 Andersons Aufzeichnungen, 11. Juni 1883, PRO, 30/29/269 (FO, 4824, Nr. 19)

Kapitel 12
Motto: siehe Anm. 21
1 Bismarck zit. A. J. P. Taylor, *Bismarck*, 221
2 Tagebuch Holstein, 5. Mai, 19. September 1884, Holstein-Dokumente, II, 138, 161

3 Tagebuch Holstein, 19. September 1884, loc. cit. 161
4 Ibid.
5 C 4265 Nr. 5. Aydelotte, *Colonial Policy*, 27 ff.
6 Bismarck zit. Turner in: Gifford und Lewis, *Britain and Germany*, 69, zit. E. W. Pavenstedt in: *Journal Modern History* (1934), 38
7 Bismarck zit. Turner loc. cit. Kusserow in: Deutsche Kolonialzeitung (1898), 299
8 Turner, loc. cit., 70 f. Schreuder, *Scramble*, 124 f.
9 Turner, loc. cit., 73. Fitzmaurice, *Life of Second Earl Granville* (L. 1905), II, 340
10 Turner, loc. cit., 75. Aydelotte, 60 f.
11 C 4190, 52–55
12 Ibid., 56 f. Schreuder, *Scramble*, 127
13 Gwynn & Tuckwell, *Dilke*
14 C 4265 Nr. 6, 8. Schreuder, *Scramble*, 123
15 Herbert Bismarck an Fürst Bismarck, 17. Juni 1884, G. P. IV, 69
16 Bülow, *Memoirs*, 556
17 Tagebuch Holstein, 30. August 1884, Holstein-Dokumente, II, 160
18 Gladstone an Granville, 5. September 1884, Ramm, *Political Correspondence*, II, 246
19 Gladstone an Granville, 19. September 1884, Ramm, *Political Correspondence*, II, 260
20 Derby an Granville, 28. Dezember 1884, PRO, 30/29/120
21 Gladstone, 1. September, *The Times*, 2. September 1884
22 Derby an Granville, 28. Dezember 1884, PRO, 30/29/120

Kapitel 13
Motto siehe Anm. 12
1 Tagebuch Gordon, 26. September 1884, in Gordon, *Journals*, 105
2 Ibd., Gordon, *Journals*, 106
3 Ibd., 1. November 1884, Gordon, *Journals*, 271

4 Gordon, 8. März 1884, zit. nach Allen, Gordon, 296
5 Gordon an Dufferin, 11. März 1884, s. Lyall, Life of Dufferin, 346–370, und Allen, 303
6 Gordon an seine Schwester, 11. März 1884, in Gordon, *Letters*, 381–382
7 S. Gordon, *Journals*, 254
8 Ibd., 24. Oktober 1884, in Gordon, *Journals*, 227
9 Ibd., 24. Oktober 1884, in Gordon, *Journals*, 228–229
10 Ibd., 12. Oktober 1884, in Gordon, *Journals*, 185
11 Ibd., 15. Oktober 1884, in Gordon, *Journals*, 198–199
12 Ibd., 22. Oktober 1884, und Anhang U, in Gordon, *Journals*, 220–221 und 522–530
13 Slatin, *Fire and Sword*, 185
14 Tagebuch Gordon, 20. Oktober 1884, in Gordon, *Journals*, 209
15 Wolseley, 20. September 1884, zit. nach Allen, 400 (Faksimile)
16 Tagebuch Gordon, 12. November 1884, in Gordon, *Journals*, 317–318
17 Ibd., 13. Oktober 1884, in Gordon, *Journals*, 191
18 Wolseley an seine Frau, 27. September 1884, in Wolseley, Letters, 121
19 Bericht von McNeill, Buller und Butler, zit. nach Colvile, Sudan Campaign, I, 39
20 Gordon an Wolseley, 4. November 1884, zit. nach Allen, 403
21 Gordon, 14. Dezember 1884, zit. nach Wolseley an seine Frau, 31. Dezember 1884, in Wolseley, Letters, 137 (Schreibweise »Kartoum« berichtigt)
22 Colvile, Sudan, I, 139 und Allen, 414–415
23 Wolseley an Wilson, in C. Wilson, Korti to Khartoum
24 Tagebuch Gordon, 14. Dezember 1884, in Gordon, *Journals*, 395

Kapitel 14
1 Courcel an Ferry, 19. Januar 1885, DDF 1. Reihe, 5, Nr. 528. W. Louis in: Gifford und Louis, *Britain and France*, 193, Fußnote
2 Lister Protokoll, 19. November 1884, FO, 84/1815. W. Louis, loc. cit., 193
3 Vgl. H. Johnston, *Life*, 147. Anstey, *Britain and the Congo*, 69
4 Bontinck, *Origines*, 139
5 Stengers, loc. cit., 155
6 Leopold an Strauch, 26. September 1883, Strauch-Dokumente, Musée de la Dynastie, Brüssel
7 Bontinck, *Origines*, 196
8 Stengers in: Gifford und Louis, *Britain and France*, 162
9 Bericht Courcels, 30. August 1884, zit. Stengers, loc. cit., 163
10 Malet an Granville, 19. November 1884, FO, 84/1815. Louis loc. cit., 202
11 Malet an Granville, 1. Dezember 1884, zit. Louis, loc. cit., 203
12 Bismarck, 26. Februar 1885, Parlamentsdokument, Afrika Nr. 4 (1885), 300
13 Bismarck, ibid., 303

Kapitel 15
Motto: siehe Anm. 12
1 Wolseley an Hartington, 21.10 Uhr, 4. Februar 1885, C 4280, Nr. 7. Colvile, *Sudan*, II, 57 f.
2 E. Hamilton Tagebuch, 5. Februar 1884, *Diary*, II, 789
3 Tagebuch der Königin, 5. Februar 1884, QVL, II, III, 597
4 Die Königin an Ponsonby, 5. Februar 1885, A. Ponsonby, *Henry Ponsonby*, 598
5 E. Hamilton Tagebuch, 7. Februar 1885, *Diary*, II, 790
6 *The World*, 11. Februar 1885
7 E. Hamilton Tagebuch, 15. Februar 1885, *Diary*, II, 796
8 Wolseley Tagebuch, 17. Februar 1885, Wolseley, *Journal*, 147

9 Wolseley Tagebuch, 24. Februar 1885, ibid., 153
10 Slatin, *Fire and Sword*, 206
11 Wolseley Tagebuch, 11. März 1885, *Journal*, 164
12 Wolseley Tagebuch, 14., 15. April 1885, ibid., 192 f.
13 Wolseley Tagebuch, 21., 24. April 1885, ibid., 196–198
14 Königin an Gladstone, 17. April 1885, ibid., 638 f.
15 Königin an Hartington, 17. Mai 1885, ibid.
16 Slatin, *Fire and Sword*, 231

Kapitel 16
Motto: siehe Anm. 8
1 Salisbury, 7. Juni 1885, Lady Gwendolen Cecil, *Salisbury*, III, 133
2 Kennedy, *Salisbury*, 153
3 FO an Kirk, 23./24. September 1884, FO, 84/1676. R. Oliver, *Johnston*, 72
4 Kirk an Mackinnon, 13. März 1884, Box 23, Mackinnon-Dokumente SOAS
5 Kirk an Salisbury, 9. Mai 1885, FO, 403/93/70 f.
6 Salisbury an Kirk, 28. Juni 1885, Coupland, 418
7 Kirk zit. Coupland
8 Gann und Duignan, *Rulers of German Africa*, 12
9 C. Peters, *Gründung von Deutsch-Ostafrika*, 86
10 Ibid., 87
11 Ibid., 113
12 Ibid., 115

Kapitel 17
Motto: siehe Anm. 3
1 Brief A. Mackays, 29. September 1885, *CMS Intelligencer*, Februar 1886. Ashe, *Two Kings*, 163 f.
2 Vgl. ebd.
3 Mackay, loc. cit.
4 J. Harrison, *Mackay*, 106
5 Ibid., 228
6 Ibid., 164 f.

7 Ibid., 187
8 Ashe, 178. Mackay, 10. Dezember 1885, *CMS Intelligencer*, Juni 1886, 484 ff.
9 Dawson, 333
10 Jones zit. Dawson, 352, 354
11 Dawson 389
12 Pater Lourdel zit. Dawson, 371
13 Mackay, ibid., 495
14 Mackay an Holmwood, 10. August 1887, FO, 84/1775. Smith, *Emin Pasha*, 42
15 Ibid.
16 Holmwood an Iddesleigh, 23. September 1886, FO, 84/1775. Smith, 41
17 Salisbury, 19. Oktober 1886, FO, 84/1775
18 Kirk an Mackinnon, 17. August 1886, Mackinnon-Dokumente, SOAS
19 Kirk an Mackinnon, 30. Oktober 1886, ibid., 94
20 *The Times*, 1. November, 15. Dezember 1886. Smith, 45 f.
21 *CMS Intelligencer*, 1886

Kapitel 18
Motto: Stanley, *Autobiography*, 353
1 Hird, *Stanley*, 222–3
2 Leopold an Stanley, o. D., Hird, 213
3 Hird, 214
4 Stanley an Dolly Tenant zitiert nach R. Hall, *Stanley*, 283–4
5 Hird, 222–3
6 Emerson, *Leopold*, 19
7 Smith, 181–5
8 Stanley, *Darkest Africa*, I, 386
9 Emin im *Berliner Tageblatt*, 2. Dez. 1891, Smith, 158
10 Jephson Tagebuch, 24. April, 26. Feb. 1888, *Diary*, 248, 229
11 Jephson Tagebuch, 26. Mai 1888, *Diary*, 255
12 Jephson Tagebuch, 22. Juni 1888, *Diary*, 263
13 Jephson, *Rebellion*, 145–6
14 Jephson Tagebuch, 6. Sep. 1888, *Diary*, 286
15 Jephson Tagebuch, 6. Sep., 7.–

8. Okt. 1888, *Diary*, 286, 295, 291
16 Jephson Tagebuch, 17. Okt. 1888, *Diary*, 295
17 Jephson an Stanley, 7. Nov. 1888, Stanley, *Story of Emin's Rescue*, 88
18 Stanley, *Darkest Africa*, I, 493–4
19 Stanley an Jephson, 30. Aug. 1888, Mrs. Jameson, *Diary*, 365–6
20 Parke, *Experiences*, 345
21 Stanley Fußnote, *Darkest Africa*, II, 129
22 Stanley an Jephson, 18. Jan. 1889, Jephson, *Diary*, 325–7. Vgl. Stanley, *Darkest Africa*, II, 127–8
23 Jephson Tagebuch, 20. Apr. 1889, *Diary*, 344
24 Jephson Tagebuch, 13. Juni 1889, *Diary*, 362

Kapitel 19
Motto: Salisbury, zitiert vom französischen Botschafter in London, 3. Okt. 1896, DDF, XII, Nr. 468.
1 H. Johnston: *The Story of My Life*, 221
2 *The Times*, 2. Aug. 1888
3 Salisbury an Scot, 4. Mai 1887. Lady G. Cecil, *Salisbury*, IV, 43
4 Salisbury an die Königin, 25. Aug. 1888, QVL, III, I, 438
5 Kirk an Mackinnon, 17. Aug. 1886, Mackinnons persönliche Aufzeichnungen, SOAS
6 Johnston an Mackinnon, 26. Nov. 1888, Mackinnons persönliche Aufzeichnungen, SOAS. Galbraith, *Makkinnon*, 120
7 Jackson zit. bei Rotberg, *Protest and Power*, 50
8 Ebd., 37–79
9 Dugdale, *German Diplomatic Documents*, II
10 *Große Politik*, IV, 946, 949. Robinson and Gallagher, 295. Sanderson, EHR, 78
11 Hatzfeld nach Berlin, *Große Politik*, IV

12 Peters, *New Light on Darkest Afrika*, 32
13 Ebd., 139–141
14 Ebd.
15 Ebd., 342
16 Dugdale, *German Diplomatic Documents*, II, 31
17 Marschall an Hatzfeld, 17. Mai 1890, Dugdale, *German Diplomatic Documents*, II, 33–34
18 Ebd., II, 37
19 Die Königin an Salisbury, 12. Juni 1890, QVL, III, I, 615

Kapitel 20
Motto: Jules Ferry zit. nach H. Brunschwig, *Myths*, 82–84
1 Waddington an Salisbury, 13. August 1890, Lady G. Cecil, *Salisbury*, IV, 324. Freycinet, *Souvenirs*, II, 452 f.
2 Quai d'Orsay, 13. August 1890, AEMD, Afrique, 129. Kanya-Forstner, *Conquest*, 162
3 Etienne, 10. Mai 1890, JODPC (Journal Officiel Débat Parl. Chambre) zit. Kanya-Forstner, *Conquest*, 164
4 Bericht, 22. Januar 1890, zit. Kanya-Forstner, *Conquest*, 172
5 Gallieni an Etienne, 16. Januar 1888, zit. Kanya-Forstner, *Conquest*, 144
6 Méniaud, *Pionniers*, I, 438–444
7 Méniaud, II, 107
8 Etienne an den Gouverneur des Senegal, 14. April 1891, zit. Kanya Forstner, *Conquest*, 185
9 Humbert an den Gouverneur des Senegal, 12. Januar 1892, zit. Kanya-Forstner, *Conquest*, 187
10 Archinard an Humbert, 8. März 1890, zit. Kanya-Forstner, *Conquest*, 199
11 *Le Siècle*, 20. Mai, 21. Juli 1891
12 Delcassé an den Präsidenten, 21. November 1893, zit. Kanya-Forstner, *Conquest*, 211

Kapitel 21
Motto: Rhodes am 23. Juli 1888, zitiert D. Schreuder, *Scramble, XI*
1 Colvin, *Life of Jameson*, I, 140

2 Rhodes an Beit, August 1895, E. Longford, *Jameson's Raid*
3 Flint, *Rhodes*, 52–54
4 Colvin, I, 50
5 Vindex, *Rhodes*, 62–64, 92–127
6 C 5524, S. 14. Keppel-Jones, *Rhodesia*, 44
7 L. Jameson an seinen Bruder, Apt 1890, Colvin, I, 129–130
8 Galbraith, *Crown and Charter*, 56–57
9 CO 879/30/372 S. 24 f. Blake, 50
10 Keppel-Jones, *Rhodesia*
11 Johnston an Rhodes, 8. Oktober 1893, Oliver, *Johnston*, 152–154
12 Lobengula zu Shippard, 10. August 1889, CO 879/30/372, S. 169 f.
13 Hole, *Rhodesia*, 114. Keppel-Jones, 141

Kapitel 22
Motto: A. Delcommune, *Vingt Annèe*, II, 274
1 Hird, *Stanley*, 272
2 Hird
3 Gifford und Louis, *Britain and Germany*, 87
4 Slade, 120
5 Sanderson
6 Slade, 127
7 Arnot, *Bihè*, 61
8 Slade, *English Speaking Missions*, 119
9 Cornet, *Katanga*, 149
10 Moloney, 148–9
11 Moloney, 116
12 Arnot, 122
13 Moloney, 186
14 Ibid.
15 Ibid., 193
16 Ibid., 193–4
17 Emerson, *Leopold*, 154

Kapitel 23
Motto: siehe Anm. 4
1 Perham, Lugard, I, 224
2 Mackenzie an Lugard, 10. August 1891. Lugards Tagebuch, 25. Dezember 1891, *Diary*, II, 469–475

3 Lugards Tagebuch, 18./19. Dezember 1891, *Diary*, II, 27–29
4 R. Walker, 1./2. Februar 1891. CMS-Dokumente zit. Perham, *Lugard*, I, 232
5 G. Leblond, *Le Père Auguste Achte* (Alger, 1912), 125. Perham, 233
6 Tagebuch Lugard, 26. Februar 1891, *Diary*, II, 101
7 Tagebuch Lugard, 17. September 1891, *Diary*, II, 332
8 Mackenzie an Lugard, 10. August 1891, *Diary*, II, 469 f.
9 Tagebuch Lugard, 27. Januar 1892, *Diary*, III, 25
10 Ibid., III, 26
11 Lugards Bericht in C 6817
12 Perham, 298
13 Tagebuch Lugard, 27. Januar, *Diary*, III, 31
14 *CMS Intelligencer*, Juli 1892, S. 514
15 Algernon West, *Tagebücher*, 51
16 Die Königin an Ponsonby, Ponsonby, *Autobiography*, 216
17 Rhodes James, *Rosebery*, 250
18 Portal an Rosebery, 14. September 1892, QVL, III, II, 163 f.
19 West, 60 f.
20 Rhodes James, *Rosebery*, 266
21 Ibid., 267
22 Harcourt an Gladstone, 3. Oktober 1892, BL 44202
23 Rosebery an Portal, I, 9. Dezember 1892. Portal-Dokumente, RHL.

Kapitel 24
Motto: J. Conrad, *Heart of Darkness*
1 Ceulemans, *La Question Arabe*, 330
2 Biographie Belge Coloniale, 1, 311–25
3 Cornet, 158–60
4 Ceulemans, 351
5 A. Hinde, *Fall of Congo Arabs*, 120 f.
6 Michaux, *Carnets de Campagne*, 176–8
7 Ibid., 179 f.
8 Dhanis, 27. Oktober 1892, Cornet, 166

9 Slade, *Leopold's Congo*, 115, zit. Léery Papiere, AMAA
10 Michaux, 184
11 Hinde, 184

Kapitel 25
Motto: siehe Anm. 17
1 A. Heggay, *The African Policies of Gabriel Hanotaux*
2 Sanderson, *Upper Nile*, 188
3 Hertslet, *Map of Africa by Treaty*, II, 229 (S. 738 f.)
4 Phipps an Anderson, 8. März 1894, FO, 27/3184. Sanderson, *Upper Nile*, 196
5 Sanderson, *Upper Nile*, 143
6 Fußnote von Hanotaux, 12. Juli 1894, DDF, X, 1277. Sanderson, *Upper Nile*, 188 f.
7 Sanderson, *Upper Nile*, 192–94
8 Phipps an Anderson, 6. Oktober 1894, FO, 27/3188. Sanderson, *Upper Nile*, 197
9 Lugard Tagebücher, 11., 17., 19. September 1894, Diary, IV, 102, 205 f., 107
10 Lugard Tagebücher, IV, 186
11 Lugard Tagebücher, 21. Januar 1894, Diary, IV, 288
12 Lugard Tagebücher, 23. Januar 1894, Diary, IV, 289
13 Lugard Tagebücher, 25. Januar 1894, Diary, IV, 290
14 Goldie an Hill, 1. Februar 1895, FO, 83/1374. Flint, *Goldie*, 204
15 König Koko an Macdonald 4. Februar 1895, FO, 2/83. Flint, *Goldie*, 201
16 Goldie an Kimberley 8. Februar 1895, FO 83/1374. Flint, *Goldie*, 204
17 Koko und die Häuptlinge der Brass an den Prinzen von Wales, 28. Juni 1895, FO, 83/1380. Flint, *Goldie*, 209
18 Rede von Rosebury
19 Grey, 28. März 1895, Hansard, 4. Serie, XXXII, 406
20 Marchand Aufz., 10. November 1895, DDF, XII, Nr. 192

21 Salisbury an Cromer, 13. März 1896, Zetland, *Cromer*, 223

Kapitel 26
Motto: Michel, *Vers Fachoda*, 14
1 C 4103. Guebre-Selassie, *Yohannes IV of Ethiopia* (Oxford 1975), 135–139
2 R. Pankhurst in: *Ethiopian Observer*, 1. Dezember 1957, 133 f.
3 Crispi an Baratieri, 25. Dezember 1896, italienische Grünbücher, XXIII (Nr. 260), zit. nach Marcus, 170
4 Guebre-Selassie, *Chronique* II, 436 f.
5 Ibid., II, 441
6 Berkeley, *Adowa*, 335
7 Baratieri, *Mémoires*
8 Berkeley, 367 f.
9 Guebre-Selassie, Prouty, *Taytu*, 157

Kapitel 27
Motto: siehe Anm. 7
1 Salisbury an Selborne, 30. Juni 1895, Box 5/31, Selborne Papers, Bodleian, Oxford
2 Garvin, *Chamberlain*, III, 177–95
3 Garvin, III, 89
4 C 7933 (Nr. 7), S. 4
5 Ripon-Notiz vom 26. August 1895, CO, 417/99/15804. Keppel-Jones, *Rhodesia*, 248
6 Glass, *Matabele War*, Kap. 20. Keppel-Jones, 279
7 zit. in Keppel-Jones, 285
8 Blake
9 Selous, *Sunshine and Storm*, 12
10 Ibid., 30
11 Garvin, III, 110. J. van der Poel, *Raid*, 30
12 Garvin, III, 111. J. van der Poel, 49

Kapitel 28
Motto: Chamberlain an Selborne, 29. September 1897, an Salisbury, 1. Dezember 1897, Garvin III, 211–13
1 Lee, *King Edward VII*, 1, 726. Queen's Journal, 10. Januar 1896, QVL, III, III, 17–18

2 Salisbury an die Königin, 14. Januar 1896, QVL, III, III, 20
3 Die Königin an Salisbury, 14. Januar 1896, QVL, III, III, 20
4 Chamberlain, 21. Januar 1896, zitiert in London (falsch) aus der Rede George Fosters vor dem kanadischen Unterhaus, *The Times*, 22. Januar 1896. G. Howard, *Splendid Isolation*, (1967), 14 f.
5 Salisbury an die Königin, 12. Januar 1896, QVL, III, III, 21
6 Salisbury an die Königin, 11. Januar 1896, zit. Hargraves in Cambridge Historical Journal (1953) 69–74
7 Chamberlain, 22. August 1895, Hansard, 4. Serie, XXX, VI, 641 f. Garvin, III, 19–21
8 Salisbury an Bigge, 2. September 1896, QVL, III, III, 72 f.
9 Liotards Anweisungen für Marchand, 23. Juni 1896, DDK, XII Nr. 411. Hanotaux, 108 f.
10 Interview mit Schischkin, 14. Oktober 1896, DDF, XII, Nr. 474. Sanderson, *Upper Nile*, 293
11 FO, 83/1444. Flint, *Goldie*, 239
12 Vertrag mit den Nupe, 5. Februar 1897, FO, 2/167, Nr. 238. Flint, *Goldie*, 254 f.
13 Bretonnet an Goldie, 23. Februar 1897, FO, 27/3368. Flint, *Goldie*, 257
14 Notiz 16. März 1897, DDF, XIII, Nr. 16
15 Chamberlain an Salisbury, 1. Dezember 1897, Garvin III, 213
16 Chamberlain an Selborne, 1. Dezember 1897, Garvin III, 213
17 Lugard Tagebücher, 23. Oktober 1897, Perham, *Lugard*, 1, 620
18 Lugard Tagebücher, 13. März 1898, Diary IV, 332
19 Willcocks, *From Kumasi*, 190–92
20 Willcocks, 198

Kapitel 29
Motto: Marchand an P. Bordarie, März 1898, Delbeque, *Marchand*, 113
1 Michel, *Vers Fachoda*, 137

2 Ibid., 162, 208
3 Ibid., 241
4 Menelik an Bonchamps, 12. Oktober 1897, Michel, 251
5 Menelik an den Kalifen, Dezember 1897, zit. Sanderson, *Upper Nile*, 297
6 Menelik an den Kalifen, Dezember 1897, ibid.
7 Michel, 455
8 Baratier, *Fachoda*
9 Emily, Tagebücher, 144

Kapitel 30
Motto: F. Maurice, *Rawlinson*, 42
1 Churchill an Hamilton, 16. September 1898, R. Churchill, *Churchill* (L. 1968), II, 416
2 W. Churchill, *River War*, II, 87
3 Sandes, 262
4 Ibid., 264
5 W. Churchill, *River War*, II, 142
6 Salisbury zit. nach: D. Bates, *Fashoda*, 140
7 Delbeque, *Marchand*, 136–139, zit. Baratier in *Correspondent*, 963
8 Kitcheners Bericht, 21. September 1898 in C 9055, 892–894
9 Marchand an Forain in *Figaro*, 20. November 1898
10 Monson an Salisbury, 8. September 1898, FO, 78/5050
11 Monson an Salisbury, 27./28. September 1898, BD, I, 167–171 (Nr. 196, 198)
12 Tagebuch Delcassés zit. in Maurois, *King Edward* (L 1933), 72
13 Tagebuch Delcassés zit. in Maurois, *King Edward* 88 (frz. Ausgabe)
14 Garvin, III, 232, Übers. von *Große Politik XIV*, Teil 2, 388
15 Königin Viktoria an Salisbury, 30. Oktober 1898, QVL, III, III, 305
16 Emily, 222

Kapitel 31
Motto: Milner an Roberts, 6. Juni 1900, zitiert nach T. Pakenham, *The Boer War*

1 A. Milner an Chamberlain, C 3945. Headlam, *Milners Papers*, I, 349–53, Chamberlain, 26. Aug. 1899
2 Garvin, III, 438–9
3 Chamberlain an Milner, 2. Sep. 1899, Garvin, III, 457
4 Salisbury an Lansdowne, 30. Aug. 1899, Newton, *Lansdowne*, 157
5 Milner an Roberts, 6. Juni 1900, Roberts Papers, 45, National Army Museum
6 Milner an Fiddes, 3. Jan. 1899, Milner Papers, Bodleian, Oxford, Box 45 (SA 37)
7 Gell an Milner, 2. Juni (1899), Gell Papers Hopton Hall, Derbyshire, 532. Siehe Pakenham, *Boer War*, 89, n. 31
8 Smuts Papers, I, 323
9 Amery, *Times History of the War*, II, 142
10 *The Times, Daily Telegraph*, 10. Okt. 1899
11 Lansdowne an Chamberlain, 10. Okt. 1899, Chamberlain Papers, Birmingham University JD/5/5
12 Garvin, III, 471–2
13 Buller an Sir A. Bigge, 4. Jan. 1900, Bigge Papers (Privatsammlung)
14 Siehe Anm. 15. Hinweis von Charles Monteith
15 Cecil, *Salisbury*, IV, 191
16 Roberts an die Königin, 15. März 1900, Roberts Papers War Office Library, Home and Overseas Corr., I, 84
17 Pakenham, *Boer War*, 493, 537
18 Ibid., 493/4
19 Hansard, 1. März 1901, XC
20 J. Wilson, CB (1973), 348
21 *The Times*, 15. Juni 1900. J. Wilson, 349
22 Hansard, 17. Juni 1901, XCV, 573–83
23 Headlam, *Milner Papers*, II, 350–1
24 De Wet, *Three Years War*, 426, 486–90. Pakenham, *Boer War*, 565–9

Kapitel 32
Motto: siehe Anm. 13
1 *The Times*, 16. Mai 1902
2 Slade, *English Speaking Missions*, 247-9
3 P. Van Zylen, *L'Echiquier Congolais* etc. (Brüssel 1959)
4 Leopold an Liebrechts, 17., 31. Jan. 1899, Van Eetvelde Papers, Archives Génénerales du Royaume, Brüssel
5 Cline, *Morel*, 9, und K. D. Nwarahs Einf. zu Morels *Affairs of West Africa* (2. Aufl. 1968), ix-x
6 Louis und Stengers, *Congo Reform*, 42
7 Lansdowne an Dilke, 13. März 1902, Dilke Papers, BL, 43917
8 Hansard 4th series, CXXII, 20. Mai 1903
9 F. Ponsonby, *Three Reigns*, 170. Rolo, *Entente*, 165-6
10 Casement-Notiz in der National Library of Irland 5459, zitiert nach Reid, *The Lives of Roger Casement*, (L. 1976), 8
11 Conrad zitiert nach Reid, *Casement*, 14
12 Casement report, Cd 1933, 60-2
13 Casement report, Cd 1933
14 Casement an Lansdowne, Sep. 1903, FO 10
15 Reid, 51
16 Casement, *Diary*, 183

Kapitel 33
Motto: H. Bley, Deutsch-Südwestafrika
1 Bülow im Reichstag, 18. Jan. 1904, *The Times*, 19. Jan. 1904
2 Leutwein, *Elf Jahre*, 30. Bley, *South-West Africa*, 73-145
3 Drechsler, *Let us die fighting*, 27
4 Ebd., 52
5 Ebd., 168, Fußnote 13
6 Petition an die Kolonialabteilung, 21. Juli 1900, zit. bei Bley, 97
7 Leutwein, 4. Juli 1896 und Nov. 1898, zit. bei Bley, 97
8 Maherero an Witbooi, 11. Jan. 1904, abgedruckt bei Drechsler, Kap. 3, Fußnote 52 und 53

9 Drechsler
10 Ebd. 151
11 Bley, 163-164 nach Rust, *Krieg und Frieden* (Berlin 1905), 385
12 Schlieffen an Bülow, 23. Nov. 1904, zit. bei Drechsler, 163
13 Bülow an Wilhelm II., 24. Nov. 1904, ebd., 164
14 Generalstab an Trotha, 12. Dez. 1904, ebd., 164-165
15 Bridgman, *The Revolt of the Hereros* (Berkeley 1968), 134-135
16 G. Frenssen: Peter Moor (1906), 163

Kapitel 34
Motto: siehe Anm. 5
1 Götzen, *Aufstand*, 45-70. Iliffe, *Tanganyika*, 170
2 Götzen, 54-6
3 Götzen, 26. Aug. 1905, zitiert nach Iliffe, *Tanganyika*, 176. Götzen, *Aufstand*, 64-5
4 P. M. Libaba zitiert nach Iliffe, *Tanganyika*, 174
5 Gwassa und Iliffe, *Maji-Maji*
6 Missionstagebuch von Kwiro, 31. Aug. 1905; Kwiro archives, zitiert nach Gwassa und Iliffe, *Maji-Maji*
7 Kombo Ngalipa, zitiert nach Iliffe, *Tanganyika*, 178
8 Wangenheim an Götzen, 22. Okt. 1905, Götzen, 149
9 Gwassa, *Outbreak*, 389
10 Lewin über die Verwaltung der deutschen Kolonien, RCW library (case A, 67)
11 Ibid., 84
12 Ibid.
13 Peters, *New Light on Darkest Africa*, 139-41
14 Lewin, loc. cit.
15 Lewin, Appendix I, S. 11-12

Kapitel 35
Motto: siehe Anm. 7
1 Paris *Chef de Concessions* an Gentil, 25. März 1905, zit. J. Autin, *Brazza*, 242

2 West, *Brazza*, 315 f.
3 Witte, *Augouard*, 358
4 Challaye, *Congo Français*
5 Ibid.
6 Ibid., 95–97
7 Ibid., 146 f.
8 Ibid., 139
9 Ibid.
10 Chavannes, *Congo Français*, 384–91
11 A. Gide in *Revue de Paris*, 15. Oktober 1927, zit. V. Thompson & R. Adloff, *The Emerging States of Equatorial Africa* (Stanford 1960), 17 f.

Kapitel 36
Motto: siehe Anm. 12
1 Überschrift in *West Africa Mail*, 25. Mai 1904
2 Casement an Morel, 18. November 1905, zit. Louis und Stengers, *Congo Reform*, 187
3 Bryce zu Smith, 12. April 1901, H. A. L. Fisher, *James Bryce*, (L. 1927), I, 317
4 C-B, *Speeches*, 188, zit. Hyam, *Elgin*, 50
5 *Hansard*, 4. Serie, CLX 5. Juli 1906
6 Churchill, *Hansard*, CLIV 21. März 1906, zit. A. M. Gollin, *Proconsul in Politics*, (1964), 70–72
7 s. Hyam, 88
8 Churchill zit. Hyam, 240 f.
9 Churchill zit. Marks, *Rebellion*, 244
10 Churchill zit. Hyam, 215
11 Lugard, 3. Januar 1906, Cd 3620
12 Churchill, Notiz vom 23. Januar 1906, CO 446/52/2224, Hyam, 208
13 Lugard an seine Frau, 9. März 1906, zit. Perham, *Lugard II*, 260
14 Churchill, Notiz vom 14. März

1906, CO 446/53, zit. Perham, *Lugard II*, 271
15 Flora Lugard an ihren Mann, 6. Mai 1906, zit. Perham, *Lugard II*, 276 f. '
16 Churchill, CO, 446
17 Elgin zit. Hyam, 349
18 Churchill, *My African Journey*, 61

Kapitel 37
Motto: Conrad an Casement, 21. Dez. 1903, Aufzeichnungen von Casement, NLI
1 Leopold, 3. Juni 1906, zit. A. Stenmans, *La reprise du Congo par la Belgique* (Brüssel 1949), S. 333
2 Herzog von Brabant an Frère-Orban, 27. Sept. 1860, APR, Aufzeichnungen von Frère-Orban, Nr. 356
3 Morel an Holt (vgl. Okt. 1904), Box 18/2, RHL
4 T. Roosevelt, Briefe
5 Morel an Holt (vgl. Okt. 1904), Box 18/2
6 Moncheur an Favereau, 11. Dez. 1906, zit. bei Cookey, Congo, 176
7 P. Hymans laut The Times, 29. Nov. 1906
8 Smet de Naeyer zit. bei Cookey, Congo, 179
9 Smiths Bericht, Dez. 1907, FO, 367/115 (Kopie)
10 Hardinge an Grey, 23. Jan. 1908, FO, 367/115
11 The Times, 23. Dez. 1908
12 Greys Notiz, 21. Mai 1909, FO, 376/165
13 E. Walker, Schreiner, 316–317
14 Milner an Asquith, 18. Nov. 1897, Aufzeichnungen von Asquith, Dep. 9 (Privatsammlung)

CHRONOLOGIE

Ägypten, Sudan und Nordafrika

Vor 1870

1798 Napoleon erobert Ägypten, doch nach dem Sieg der Briten bei Alexandria (1801) ziehen die Franzosen ihre Truppen ab

1805–1848 Mohammed Ali Herr über Ägypten

1820–1822 Auf der Suche nach Gold und Sklaven erobern Mohammed Alis Truppen den Sudan

1823 Gründung Khartums

1830 Frankreich erobert Algier

1848–1854 Abbas I. Khedive von Ägypten

1854–1863 Said Khedive von Ägypten

1854 Said bewilligt Ferdinand de Lesseps die Konzession zum Bau des Suezkanals

1863–1879 Ismael Khedive in Ägypten

1869 Eröffnung des Suezkanals

1870–1879

1871–1873 Baker dehnt die Macht Ägyptens in Äquatoria aus und verhandelt mit König Mtesa von Buganda

1874–1876 Gordon wird Bakers Nachfolger als

Gouverneur Äquatorias; er dehnt das ägyptische Imperium bis auf 100 Kilometer zum Viktoria-See hin aus

1876–1878 Ägypten ist bankrott. »Duale Kontrolle« Großbritanniens und Frankreichs zur Überwachung der Staatsfinanzen

1878–1879 Gordons Krieg gegen Sklavenhändler als Generalgouverneur des Sudan

1879 (18. Februar) Nubar Pascha und Rivers Wilson werden in Kairo überfallen. Ismael entläßt Nubar Pascha

(April) Ismael entläßt Rivers Wilson: *Coup* gegen die Großmächte

(25. Juni) Auf Wunsch der Großmächte setzt der Sultan den Khediven Ismael ab. Tewfik wird dessen Nachfolger

1880–1882

1881 (April) Eine französische Armee unter General Bréart fällt von Algerien aus in Tunesien ein

(12. Mai) Vertrag von Bardo: Frankreich erklärt

das Reich des Bey von Tunis zum Protektorat

(19. Juni) Muhammed Ahmad erklärt sich im Sudan zum Mahdi

(9. September) Putsch der Nationalisten in Ägypten, angeführt von Arabi Pascha

1881 (Juni–Juli) Aufstände in Südtunesien

1882 (Januar) Arabi Pascha wird ägyptischer Kriegsminister. Gemeinsame britisch-französische Note an den Khediven

(10.–12. Juni) Bei Aufständen in Alexandria kommen fünfzig Europäer ums Leben

(11. Juli) Eine britische Flotte beschießt Alexandria

(13., 15. September) Wolseleys Armee schlägt Arabi bei Tel el-Kebir und besetzt Kairo

1883–1884

1883 (5. November) Der Mahdi vernichtet die 10 000 Mann starke ägyptische Armee von Hicks Pascha in der Schlacht von El Obeid (Shaykan) und nimmt Kordofan ein

1884 (18. Februar) Mit dem Befehl, die Garnison zu evakuieren, erreicht Gordon Khartum
(12. März) Beginn der Belagerung
(September) Wolseley startet von Kairo mit einer Expedition zur Rettung Gordons und der Garnison in Khartum

1885–1886
1885 (17. Januar) Schlacht von Abu Klea
(26. Januar) Der Mahdi nimmt Khartum ein und metzelt Gordon und die Garnison nieder
(22. Juni) Tod des Mahdi; der Kalif übernimmt dessen Führungsrolle Spanien beansprucht Gebiete in Rio de Oro

1887–1889
1887 Fruchtloses Abkommen mit der Türkei, aufgrund dessen Großbritannien einem Abzug aus Ägypten bedingt zustimmt
1889 (Mai) Stanley und Emin verlassen Äquatoria

1890–1892
1893–1895
1894 Italien erobert Kassala von den Mahdisten

1896–1898
1896 (21. September) Kitchener beginnt die Rück-

eroberung des Sudan mit einer britisch-ägyptischen Armee durch Einnahme Dongolas
1897 (8. August) Kitchener stößt nach Abu Hamed vor
1898 (8. April) Kitchener vernichtet Mahmud und die Mahdisten in der Schlacht von Atbara
(10. Juli) Marchand erreicht Faschoda, unterzeichnet einen Vertrag mit dem Dinka-Häuptling und hißt die Trikolore
(2. September) Kitchener vernichtet die Armee des Kalifen in der Schlacht von Omdurman und erobert Khartum zurück
(19. September) Kitchener fährt mit Kanonenbooten nilabwärts, um Marchand in Faschoda zu stellen

1899–1902
1899 (Januar) Die Regierungen Großbritanniens und Ägyptens erklären den Sudan zum Dominion
(24. November) Wingate tötet den Kalifen beim letzten Widerstandsversuch der Mahdisten in Kordofan
1902 Menelik willigt in britisch-ägyptischen Vertrag ein und gibt seinen Anspruch auf den oberen Nil auf

1902–1903 Dem Sultan von Marokko gelingt es nicht, den wachsenden Unruhen Einhalt zu gebieten

1903–1906
1905 (31. Mai) Kaiser Wilhelm II. fühlt sich durch die *Entente* angegriffen, landet in Tanger und beschwört dadurch die erste Marokko-Krise herauf
1906 (Januar–April) Deutschland nimmt an der Konferenz von Algeciras teil; Ende der Marokko-Krise

1907–1912
1911 (2. Mai) Die Franzosen in Fez. Italiener marschieren in Tripolis ein
(1. Juli) Das deutsche Kanonenboot »Panther« vor Agadir führt zur zweiten Marokko-Krise
(4. November) Französisch-deutsches Abkommen: Deutschland läßt Frankreich freie Hand in Marokko und erhält dafür einen Teil Französisch-Kongos
1912 (30. März) Frankreich erklärt Marokko zum Protektorat, Spanisch-Sahara kommt zu Spanien.
Die Italiener marschieren in die Cyrenaika ein. Beginn des Senussi-Krieges (bis 1931)

Westafrika

Vor 1870

1787 Britische Siedler, unter anderem befreite Sklaven, gründen eine Kolonie in Sierra Leone
1816 Gambia nach Rückzug Frankreichs wieder von Großbritannien besetzt 1860 Al Haj Umar überläßt Frankreich den Senegal
1861 Anerkennung Liberias, das für befreite Sklaven gegründet worden war durch die USA
1861 Die Briten besetzen Lagos
1862 Al Haj Umar erobert Segu 1863 Frankreich erklärt Porto Novo an der Küste Dahomeys zum Protektorat
1864 Al Haj Umar wird bei der Belagerung Hamdallahis getötet, sein Nachfolger wird Sultan Ahmadu
1866 Frankreich erwirbt Militärposten an der Guineaküste
1868 Französische Protektoratsverträge an der Elfenbeinküste

1870-1879

1874 Großbritannien erklärt die 1868 von den Niederlanden abgetretene Goldküste zum britischen Protektorat
1874 Die Briten bezwingen die Ashanti. Wolseley marschiert in Kumasi ein (4. Februar)
1879 George Goldie gründet die *United Africa Company* (später *National Africa Company*)

1880-1882

1880 Gallieni handelt mit Ahmadu, dem Herrscher der Tukolor, den Vertrag von Nango aus (nicht ratifiziert)
1880 Die »Könige« von Kamerun bitten um den Schutz Großbritanniens

1883-1884

1883 (7. Februar) Borgnis-Desbordes errichtet ein Fort in Bamako; Frankreich faßt damit Fuß am Oberen Niger (April) Die Franzosen schlagen einen Angriff von Fabou, dem Bruder des Malinka-Kriegsherrn Samori, auf ihr Fort in Bamako zurück
1883 Frankreich unterzeichnet einen Vertrag mit König Tofa, durch den das an Dahomey angrenzende Protektorat in Porto Novo wiederhergestellt wird
Mattei versucht erfolglos, mit den Häuptlingen der Brass für Frankreich einen Vertrag auszuhandeln, richtet aber am Nupe-Fluß eine Ölmühle ein, nachdem er dem Emir bei der Niederschlagung einer Revolte Beistand geleistet hat
1884 (Juni) Hewett startet seine Reise zu den Ölflüssen, um dort Verträge abzuschließen
1884 Nachtigal hißt im Auftrag Bismarcks die deutsche Flagge über Togo (5. Juli) und Kamerun (14. Juli)

1885-1886

1886 Nach Angriffen auf Schiffe der *Royal Niger Company* führen britische Kanonenboote eine Strafexpedition gegen die Dörfer der Brass am Niger durch

1887-1889

1887 Die Briten deportieren König Dschadscha von Opobo, weil er das Monopol der *Royal Niger Company* herausforderte
1889 (10. Januar) Frankreich erklärt die Elfenbeinküste zum Protektorat

1890-1892

1890-1891 Archinard erobert Segu und andere Städte der Tukolor. Aufstand der Bambara
1890 (5. August) Britisch-französisches Abkommen zu Westafrika, demzufolge Frankreich das Gebiet vom Mittelmeer bis zur Bucht von Guinea zugesprochen wird, während Großbritanniens Nordgrenze von Nigeria abgesichert wird. Archinard greift Samoris Hauptquartier in Kan-Kan an
1891-1892 Humbert vertreibt Samori nach Osten
1892 (September) Die Franzosen besiegen König Behanzin von Dahomey und (Dezember) erweitern ihr Protektorat

1893-1895

1893 (10. März) Guinea und die Elfenbeinküste

786

werden offiziell zu französischen Kolonien
(Dezember) Die Franzosen besiegen die Tuareg und erobern Timbuktu
1893–1894 Dritter Ashanti-Krieg
1894 (Oktober–November) Lugard schließt mit den Grenzhäuptlingen Verträge ab. Decoeur erhebt Gegenansprüche
1895 (1. Januar) Die *Niger Company* beansprucht ein Protektorat über Nikki und Bussa
1895 (29. Januar) Die Brassmänner greifen die Station der *Niger Company* in Akassa an, töten und essen Gefangene
(Februar) Die britische Marine unterdrückt einen Aufstand der Brassmänner

1896–1898
1896 (18. Januar) Vierter Ashanti-Krieg. Die Briten nehmen Kumasi ein und errichten ein Protektorat

1898 (April–Mai) Lugard und WAFF fechten die französischen Ansprüche an der Westgrenze Nigerias an. Gewaltakte zwischen Briten und Franzosen drohen
(14. Juni) Salisbury handelt mit Frankreich ein Abkommen zu Westafrika aus und beendet damit die Niger-Krise
(29. September) Die Franzosen nehmen Samori gefangen und schicken ihn in die Verbannung nach Gabun

1899–1902
1899 (21. März) Durch ein Abkommen mit Großbritannien wird Frankreich der Zutritt zum Bahr al-Ghazal und Dafur verwehrt, doch behalten die Franzosen westlich davon freie Hand
(9. August) Chamberlain verhandelt den Aufkauf von Goldies *Niger Company* und die Errichtung eines britischen

Protektorats an deren Stelle
1900 (März–September) Niederschlagung eines Ashanti-Aufstands und Befreiung der belagerten britischen Garnison
(Mai) Die Franzosen besetzen Oasen im Süden Marokkos, die bis dahin dem Sultan unterstanden
1901 Die Briten annektieren das Gebiet der Ashanti bis zur Goldküste

1903–1906
1903 Durch die Eroberung von Kano (3. Februar) und Sokoto (15. März) macht Lugard die Briten zu Herren Nordnigerias
1906 Lugard unterdrückt gewaltsam die Satiru-Rebellion in Sokoto

1907–1912
1910 Bahnlinie nach Kano fertiggestellt

Zentralafrika

Vor 1870
1853–1856 Livingstones zweite Expedition; Durchquerung Afrikas und Entdeckung der Viktoria-Fälle

1870–1879
1871 Livingstone entdeckt den Lualaba und glaubt, er würde der Quelle des Weißen Nil entspringen

1871 (10. November) Stanley trifft Livingstone in Ujiji und versorgt ihn mit Nachschub
1873 (1. Mai) Livingstone stirbt in Chitambos Dorf in Ilala
1875 (6. November) Cameron erreicht nach Durchquerung Afrikas die Angola-Küste
1875 Stanley erforscht Bu-

ganda und schickt einen Hilferuf für die britischen Missionare
1875–1878 Brazza erforscht die Flüsse Ogowe und Alima
1877 (17. Oktober) Stanley trifft in Boma ein, nachdem er Afrika durchquert und den Verlauf des Kongo entdeckt hat

1879 (4. August) Stanley beginnt mit der Erschließung des Kongo für Leopold

1880–1882
1880 (10. September) Brazza schließt einen Vertrag mit König Makoko und gründet Brazzaville
(21. November) Brazza trifft am Kongo auf Stanley
1881–1882 Stanley schließt mit Häuptlingen im Kongo Verträge ab und gründet gegenüber von Brazzaville Leopoldville
1882 (April) Stanley läßt am oberen Kongo die *En Avant* vom Stapel
1882–1883 Stanley und Brazza kehren mit neuen Expeditionen zum Kongo zurück

1883–1884
1885–1886
1886 (August) Arabische Sklavenhändler greifen eine Garnison des Unabhängigen Kongostaats bei den Stanley-Fällen an

1887–1889
1887 (Februar) Mit Unterstützung Leopolds und Mackinnons bricht Stanley von Sansibar zum Kongo auf, um Emin Pascha zu »retten«
1888 (29. April) Stanley trifft Emin Pascha am Albert-See

1890–1892
1891–1892 Harry Johnston wird als erster Regierungskommissar nach Njassa-Land geschickt

und vernichtet die Sklavenhändler
Der Kongostaat schickt vier Expeditionen nach Katanga, darunter auch die von Stairs, welche bei Bukeya Msiri ermordet. Van Kerckhoven greift die Elfenbeinhändler an
. 1892 (Mai) Hodister und fünf weitere Vertreter des Unabhängigen Kongostaats werden ermordet
1892 (23. November) Dhanis' Streitmacht schlägt Sefus Angriff zurück und vertreibt Tausende von Sefus Leuten jenseits des Lomani-Flusses

1893–1895
1893 (4. März) Dhanis erobert Nyangwe, metzelt die Araber nieder und legt die Stadt in Schutt und Asche
1893 (22. April) Eroberung von Kasongo
1894 (12. April) Ein geheimer Kongo-Vertrag soll Leopold den Zugang zum Bahr al-Ghazal zusichern und den Briten einen Landkorridor vom Kap bis nach Kairo verschaffen. Doch nach Protesten Frankreichs und Deutschlands verliert Großbritannien den Nord-Süd-Korridor wieder, und Leopold darf nur bis zur Enklave Lado vorstoßen

1896–1898
1897 (Februar) Eine Einheit des Unabhängigen Kongostaats unter Chal-

tin erobert den Stützpunkt Lado am Oberen Nil
›(Februar) Dhanis' Armee meutert bei Ndirfi und macht damit Leopolds Hoffnungen auf den Südsudan zunichte
Marchands Einheit schleppt die Teile der *Faidherbe* über die Nil-Kongo-Wasserscheide

1899–1902
1899 Frankreich bewilligt internationalen Kautschuk-Unternehmen Konzessionen im Französisch-Kongo

1903–1906
1903 (Juni) Das britische Unterhaus debattiert über die Greueltaten im Kongo; die Regierung sagt Rücksprache mit den Unterzeichnern der Berliner Kongo-Akte zu, um die »Mißstände zu beseitigen«. Konsul Casement wird beauftragt, im Kongo zu ermitteln
1904 (Februar) Casements Untersuchungsbericht deckt Greueltaten der Behörden des Unabhängigen Kongostaats auf
1905 (November) Janssens' Bericht bestätigt Morels Behauptung, daß die Ausbeutung systematisch betrieben wird
1905 (29. April) Brazza trifft in Brazzaville ein, um Berichten über Greueltaten von Beamten im Französisch-Kongo nachzugehen
1905 (August) Die französischen Beamten Toqué und Gaud werden we-

788

gen Greueltaten zu fünf
Jahren Haft verurteilt
1906 (Mai) Leopold gibt
seine Ansprüche auf

Bahr al-Ghazal schließ-
lich auf
1906 (14. September)
Brazza stirbt in Dakar

1907 (Februar) Sein Bericht
wird vertuscht

Ostafrika

Vor 1870
1858–1859 Burton und
Speke entdecken den
Tanganjika-See. Speke
entdeckt den Viktoria-
See
1858–1861 Livingstones
dritte Expedition: Ent-
deckung des Njassa-Sees
1860–1863 Speke und
Grant erforschen den
Viktoria-See und erken-
nen ihn als die Haupt-
quelle des Weißen Nil
1864 Baker entdeckt den
Albert-See
1866 Die Türkei übereig-
net Suakin und Massaua
an Ägypten
1867–1868 Britische Ex-
pedition unter Napier
zur Rettung der Geiseln,
die der äthiopische Kai-
ser Theodore gefangen-
hält
1868 (11.–13. April) Na-
pier erobert Magdala.
Theodore begeht Selbst-
mord
1870–1879
1870 Eine italienische
Handelsgesellschaft
nimmt Assab am Roten
Meer in Besitz
1872 Ras Kassa von Tigre
wird als Johannes IV.
von Äthiopien zum Kai-
ser gekrönt
1873 Bartle Frere und der
Konsul von Sansibar, Sir
John Kirk, überreden

den Sultan, den Sklaven-
handel aufzugeben
1875 (16. November) Jo-
hannes schlägt die
Ägypter in der Schlacht
von Gundet
1876 (7. März) Johannes
erringt einen entschei-
denden Sieg in der
Schlacht von Gura
1877–1878 Britische Mis-
sionare errichten Statio-
nen nördlich und südlich
des Viktoria-Sees
1880–1882
1881 Die Franzosen beset-
zen Obock in Somali-
land (erworben 1862)
1882 Die italienische
Regierung übernimmt
Assab
1883–1884
1884 (November und De-
zember) Carl Peters
schließt die ersten Ver-
träge mit Häuptlingen
auf dem Sansibar gegen-
überliegenden Festland
ab
(Dezember) Tod König
Mtesas, des Kabaka von
Buganda. Nachfolger
wird sein Sohn, der un-
berechenbare Mwanga
1885–1886
1885 (Februar) Die Ägyp-
ter ziehen aus Massaua
ab, Italien rückt nach.
(7. August) Deutsche
Kriegsschiffe vor Sansi-

bar zwingen den Sultan
zur Aufgabe von Gebie-
ten auf dem Festland
(November) Die Kommis-
sion zur Festlegung der
Grenze zwischen der
deutschen und der briti-
schen Interessensphäre
nimmt ihre Arbeit auf
(November) Bischof Han-
nington wird auf Anord-
nung Mwangas an der
Grenze Bugandas er-
mordet. Die Briten be-
setzen Berbera und Zeila
1886 (Juni) Katholische
und protestantische
Konvertiten sterben in
Buganda den Märtyrer-
tod
1886 Junker trifft mit
einem Hilferuf Emin Pa-
schas bei Mackay ein
(November) Britisch-deut-
sches Abkommen über
die jeweiligen »Einfluß-
sphären«
1887–1889
1887 Die Mahdisten grei-
fen Kaiser Johannes an
und brennen Gondar
nieder. Johannes' Rivale,
König Menelik von
Schoa, setzt den Sultan
von Harar ab und dehnt
sein Reich weiter in das
Galla-Land hinein aus
1888–1889 Abushiri-Re-
bellion in Deutsch-Ost-
afrika. Die Franzosen
verlegen ihren Posten

am Roten Meer von Obock nach Dschibouti. Die *Imperial British East Africa Company* (IBEA Co.) pachtet vom Sultan von Sansibar einen Küstenstreifen und errichtet Stationen auf dem Festland
1889 (12. März) Die Mahdisten töten Kaiser Johannes in der Schlacht von Metema (Gallabat). Mit Unterstützung Italiens ernennt Menelik sich selbst zum Kaiser
(2. Mai) Menelik schließt mit den Italienern den Vertrag von Wichale ab
(6. September) Kabaka Mwanga wird in den Wirren des Bürgerkriegs abgesetzt
(Dezember) Stanley und Emin erreichen die Küste bei Bagamoyo
(Oktober–Dezember) Carl Peters umgeht die Küstenblockade, schlägt die Massai und erreicht Uganda (Februar 1890)
1890–1892
1890 (Frühjahr) Carl Peters erreicht Uganda und schließt einen Vertrag mit Kabaka Mwanga
(Dezember) Lugard, der von der IBEA Co. nach Uganda geschickt wurde, zwingt Mwanga zur Anerkennung eines neuen Vertrags
1891 Lugard marschiert nach Äquatoria und rekrutiert Sudanesen, die Emin Pascha dort zurückgelassen hat
1891 Großbritannien erkennt Äthiopien als italienisches Protektorat an, Menelik weist jedoch die italienischen Ansprüche zurück
1891–1893 Wahehe-Revolte in Deutsch-Ostafrika
1891 (25. Dezember) Lugard erhält die Nachricht, daß die IBEA Co. Uganda aufgeben will
1892 (24. Januar) Unter Einsatz des Maxim-Gewehrs hilft Lugard den pro-britischen Protestanten, die pro-französischen Katholiken im bugandischen Bürgerkrieg zu besiegen. Mwanga flieht
1892 (Dezember) Das britische Kabinett beauftragt Portal, vor Ort einen Bericht über Uganda zu erstellen
1893–1895
1893 (10. März) Die IBEA Co. übernimmt keine weitere Verantwortung für Uganda
Portal schlägt vor, das Land als britischen Besitz zu behalten
1894 (18. Juni) Rosebery erklärt Uganda offiziell zum britischen Protektorat
1895 (25. März) Italien beginnt von Eritrea aus mit der Invasion in Äthiopien
(Juli) Mit dem Zusammenbruch der IBEA Co. schafft Rosebery ein britisches Protektorat in Ostafrika. Bei Amba Alagi schlägt Menelik Baratieris Vorhut zurück
(8. Dezember)

1896–1898
1896 (1. März) In der Schlacht von Adowa schlägt Menelik Baratieris Invasionstruppen vernichtend und macht 4000 Gefangene
(26. Oktober) Vertrag zwischen Italien und Äthiopien. Menelik zwingt Italien, im Austausch gegen die Gefangenen die Unabhängigkeit Äthiopiens anzuerkennen, erklärt sich jedoch damit einverstanden, daß Italien Eritrea behält
1897 (20. März) Vertrag zwischen Frankreich und Äthiopien. Delcassé hofft, Äthiopien als Basis für einen Vorstoß zum Nil nutzen zu können, doch zwei französische Expeditionen scheitern beim Versuch, Faschoda über Äthiopien zu erreichen
(14. Mai) Vertrag zwischen Großbritannien und Äthiopien; England gibt einen Teil von Somaliland ab, ohne eine Gegenleistung zu erhalten
(Juli–August) Mwanga versucht, seinen Thron zurückzugewinnen, muß jedoch fliehen
(September) Eine Meuterei der sudanesischen Truppen in Uganda lähmt MacDonalds Streitmacht
1899–1902
1899 (Juni) Mwanga und Kabarega werden gefangengenommen und auf die Seychellen verbannt

(ab September) Britisch-
und Italienisch-Somali-
land werden von einem
selbsternannten Mahdi
(»Mad Mullah«) überfal-
len
1901 (Dezember) Der erste
Zug der Uganda-Bahnli-
nie kommt aus Mom-
basa am Viktoria-See an.
Damit beginnt die wirt-
schaftliche Entwicklung
des Landes
1902 (Februar) Die fran-
zösische Regierung be-
schließt, die Bahnli-
nie Dschibouti–Addis
Abeba zu subventionie-
ren

1902 Nach der Bewilli-
gung eines Gebiets von
1300 Quadratkilome-
tern im Hochland bei
Nairobi beginnt die An-
siedlung von Europäern
in großem Stil
1903–1906
1905 (Juli) Der Maji-Maji-
Aufstand beginnt mit
Angriffen in Matumbi
und breitet sich auf iso-
lierte deutsche Garniso-
nen in Ungindo, Kichi
und den größten Teil
Deutsch-Ostafrikas süd-
lich von Daressalam
aus.
Bischof Spiss, zwei Priester

und zwei Nonnen wer-
den ermordet
(30. August) Die Deut-
schen schlagen einen
Angriff auf Mahenge zu-
rück. Die Aufstände sind
nicht koordiniert. Gou-
verneur Götzen unter-
drückt den Aufstand, in-
dem er die Rebellen
aushungert
1907–1912
1907–1908 Churchills
Reise nach Ostafrika.
Kaiser Menelik wird
durch einen Schlaganfall
gelähmt
1908 Eröffnung der Bahn-
linie nach Blantyre

Südafrika

Vor 1870
1795–1803 Die Briten er-
obern die Kapkolonie
von der Holländischen
Ostindienkompanie und
besetzen sie
1806 Beginn der zwei-
ten britischen Beset-
zung
1814 Der Vertrag von Paris
bestätigt die britische
Herrschaft
1820 Britische Siedler
landen am Kap
1820–1834 Der Mfecane
macht das Königreich
der Zulu zur führenden
einheimischen Macht in
Südafrika
1835 Beginn des Großen
Trecks über die Flüsse
Oranje und Vaal
1838 Dingane und die
Zulus töten Piet Retief

und die *voortrekkers* in
Natal
1838 (16. Dezember) Die
Buren schlagen Dingane
in der Schlacht am
Blood River
1842 Die Briten nehmen
Natal ein (1845 annek-
tiert)
1849–1850 Livingstones
erste Expedition und
Entdeckung des Ngami-
Sees
1852 Die *Sand River Con-
vention* bestätigt die
Unabhängigkeit des
Transvaal
1854 Die *Bloemfontein
Convention* bestätigt die
Unabhängigkeit des
Oranje-Freistaats
1867 Bei Hopetown in der
Kapkolonie werden Dia-
manten entdeckt

1868 Auf Ersuchen König
Moshweshwes annek-
tiert Großbritannien Ba-
sutoland

1870–1879
1870 Lobengula wird
Nachfolger von Mzi-
likazi als König der
Ndebele
1870 Diamantensucher
dringen in Griqualand
West ein
1871 Gründung von
Kimberley
1871 (17. Oktober) Trotz
Protesten des Oranje-
Freistaats schließt Groß-
britannien Griqualand
West der Kapkolonie
an
1872 Großbritannien gibt
der Kapkolonie eine ei-
gene Regierung

1873–1875 Langalibalele-
Affäre und -Prozeß
1875 Der Transvaal geht
wegen des Pedi-Krieges
bankrott
1877–1880 Frere Hoch-
kommissar in Kapstadt
1877 (12. März) Großbri-
tannien schließt Wal-
fischbai der Kapkolonie
an
1877 (12. April) Trotz Protesten der Buren annek-
tiert Shepstone den
Transvaal für Großbri-
tannien
1877–1878 Grenzkrieg
mit Gcalekas und
Ngqikas
1878 (11. Dezember) Frere
stellt Cetshwayo und den
Zulus ein Ultimatum
1879 (12. Januar) Aus-
bruch des Zulu-Krieges
(22. Januar) Die Briten
werden von den Zulus
bei Isandlwana geschla-
gen, überleben aber
den Angriff auf Rorkes
Drift
(4. Juli) Die Briten schlagen
die Zulus in der Ent-
scheidungsschlacht bei
Ulundi
(28. August) Cetshwayo
gefangengenommen
1879 (28. November) Wol-
seley schlägt die Pedi
und nimmt Sekhukhene
gefangen
1880–1882
1880 (8.–15. Dezember)
Buren aus dem Trans-
vaal unter Führung Kru-
gers treffen sich in
Paardekraal und be-
schließen, die Flagge der
Republik Transvaal zu
hissen und ihre Unab-

hängigkeit wiederherzu-
stellen
(20. Dezember) Buren
überfallen das 94. Regi-
ment bei Bronkhorst
Spruit. Die britischen
Garnisonen im Trans-
vaal werden belagert
1881 Bureninvasion in Na-
tal. Sie schlagen Colleys
Entlastungstruppe bei
Laing's Nek (28. Januar),
Ingogo (7. Februar) und
Majuba (27. Februar) zu-
rück. Colley wird getö-
tet. Danach Waffenstill-
stand und Friedensver-
handlungen
(3. August) *Pretoria Convention.* Großbritannien
stellt die Unabhängigkeit
des Transvaal unter britischer »Oberhoheit« wie-
der her
1883–1884
1883 (16. April) Nach Auflösung des Triumvirats
erste Wahl Krugers zum
Präsidenten des Transvaal
1884 (7. August) Angra
Pequena wird von
Deutschland zum
Schutzgebiet erklärt.
(Februar) Vertreibung
Cetshwayos aus Zulu-
land, im
(Mai) wird sein Sohn Dinizulu zum König gekrönt
1884 (28. August) Das Ab-
kommen von London
beendet die britische
Oberhoheit, die die Un-
abhängigkeit des Trans-
vaal eingeschränkt hatte
(Dezember) Um einen Vor-
stoß des Transvaal zum
Meer zu blockieren, an-
nektiert Großbritannien
St. Lucia Bay

1886 (September) Der
Goldrausch im Trans-
vaal beginnt. Gründung
Johannesburgs

1887–1889
1887 Die Briten annektie-
ren Zululand (1897 zu
Natal)
1888 Portugal verweigert
einen Transport von
Waffen, die von briti-
schen Missionaren zum
Kampf gegen Sklaven-
jäger am Njassa-See
gebraucht werden. Por-
tugiesen dringen ins
Landesinnere ein.
Rhodes und Beit be-
schließen Fusion der
Diamantenminen bei
Kimberley und gründen
De Beers Consolidated
(Oktober) Rhodes erhält
Rudd Concession von
Lobengula, die ihm die
alleinigen Schürfrechte
in Mashonaland und
Matabeleland einräumt
(29. Oktober) Salisbury
stellt Rhodes' *BSA
Company* einen königli-
chen Schutzbrief aus

1890–1892
1890 (17.Juli) Rhodes wird
Ministerpräsident am Kap
(Juli–September) Rhodes'
Pioniere marschieren in
Mashonaland ein und
gründen Fort Salisbury
(13. September)
1891 Die britische Regie-
rung ist damit einver-
standen, daß die *BSA
Co.* ihr Operationsge-
biet bis nach Barotse-
land (später Nord-
Rhodesien) erweitert.
Das fast bankrotte Por-

tugal akzeptiert für Moçambique die Grenze, die Großbritannien diktiert
1892 (September) In Johannesburg und Pretoria (Dezember) kommt der erste Zug vom Kap an

1893–1895
1893 (22. April) Kruger wird zum dritten Mal Präsident des Transvaal
(12. Mai) Natal erhält eine eigene Regierung
(Oktober) Nach dem Überfall der Ndebele auf Fort Victoria marschiert Dr. Jameson nach Matabeleland, besiegt Lobengulas Impis und erobert Bulawayo (4. November)
1894 (Januar) Lobengula stirbt in seinem Versteck
(September) Um Natal mit dem Kap verbinden zu können, annektiert Großbritannien Pondoland
1895 (Juni) Um den Transvaal vom Meer abzuriegeln, annektiert Großbritannien Tongoland
(Juli) Kruger beendet die Isolation des Transvaal durch die Eröffnung der Bahnlinie von Pretoria und Johannesburg nach Delagoa Bay in Moçambique

1896–1898
1896 (2. Januar) Jameson und 500 rhodesische Polizisten ergeben sich Buren des Transvaal in Doornkop
(6. Januar) Rhodes muß wegen seiner Verwicklungen in Jamesons

Überfall das Amt des Ministerpräsidenten der Kapkolonie abgeben
(24. März) Aufstand in Matabeleland nach dem Rückzug der rhodesischen Polizei
(Juni) Shona-Aufstand
(Oktober) Rhodes hilft beim Aushandeln der Kapitulation mit den Ndebele-Häuptlingen (*indunas*)
1897 (August) Sir Alfred Milner wird Hochkommissar
1898 (Februar) Kruger wird zum vierten Mal zum Präsidenten des Transvaal gewählt

1899–1902
1899 (24. März) Transvaal Uitlanders richten eine Petition an Königin Viktoria, in der sie um die Behebung politischer und ökonomischer Mißstände ersuchen
(31.Mai–5. Juni) Erfolglose Verhandlungen Milners und Krugers in Bloemfontein
(11. Oktober) Kriegsausbruch nach Ablauf von Krugers Ultimatum
(14.–16. Oktober) Die Buren belagern Kekewich und Rhodes in Kimberley und Baden-Powell in Mafeking
(30. Oktober) »Trauermontag«. Nicholson's Nek und die Schlacht von Ladysmith
(2. November) Beginn der Belagerung von Ladysmith
1899 (23. November) Die Buren stellen ihren Vor-

stoß nach Süden ein, als die Briten versuchen, Truppen zur Entlastung von Kimberley und Ladysmith einzusetzen
(10.–15. Dezember) *Black Week*. Gatacres Unglück bei Stormberg. Methuens Abwehr bei Magersfontein, Bullers erste Niederlage: Colenso
1900 (24. Januar) Bullers zweite Niederlage: Spion Kop
(11. Februar) Roberts startet den großen Flankenmarsch
(15. Februar) French kommt Kimberley zu Hilfe
(27. Februar) Kapitulation Cronjes bei Paardeberg
(14.–27. Februar) Buller kommt endlich Ladysmith zu Hilfe
(13. März) Roberts nimmt Bloemfontein ein
(17. Mai) Mahon und Plumer kommen Mafeking zu Hilfe
(28. Mai) Roberts annektiert den Oranje-Freistaat
(31. Mai) Roberts erobert Johannesburg und
(5. Juni) Pretoria
(27. August) Die Armeen von Roberts und Buller vereinigen sich und erringen den entscheidenden Sieg bei Bergendal
(19. Oktober) Kruger reist nach Europa
(25. Oktober) Annexion des Transvaal in Pretoria proklamiert
(29. November) Kitchener wird Roberts' Nachfolger; die Buren beginnen einen Guerilla-Krieg

1901 (10.–28. Februar) De Wet marschiert in der Kapkolonie ein
(3. September) Smuts marschiert in der Kapkolonie ein
(26. September) Botha greift Forts in Natal an
1902 (Februar–November) Erfolgreiche Vorstöße gegen die burischen Guerillakämpfer in der *Orange River Colony* und im Transvaal
(6. Mai) Die Zulus greifen die Buren in Holkrantz an
(31. Mai) Letztes Treffen in Vereeniging. Friedensvertrag in Pretoria unterzeichnet

1903–1906
1904 (12. Januar) In Deutsch-Südwestafrika beginnt der Herero-Aufstand mit Angriffen auf die bedeutenden Garnisonen
1904 Trotha erteilt den »Ausrottungsbefehl« und

verurteilt damit 20 000 Hereros – Männer, Frauen und Kinder – zum Tode im Omaheke Sandveld
(3. Oktober) Ausbruch der Nama-Rebellion
1905 (Oktober) Hendrik Witbooi stirbt. Ende der Nama-Rebellion
1905–1906 Ehemalige burische Guerilla-Kämpfer setzen sich für die Wiederherstellung der Autonomie des Transvaal und des Oranje-Freistaats ein
1906 (10. Februar) Über Zululand wird das Kriegsrecht verhängt. Rücksichtslose Unterdrückung eines Aufstands der Zulu, der durch Erhebung einer Kopfsteuer ausgelöst wurde
1906 (Dezember) Campbell-Bannerman und die Liberalen gestehen dem

Transvaal »großmütig« eine eigene Regierung zu

1907–1912
1907 Campbell-Bannerman gewährt der *Orange River Colony* die Selbstverwaltung
1908–1909 (12. Oktober–Februar) Verfassunggebende Versammlung zuerst in Durban, dann in Kapstadt
1909 (September) Das britische Parlament verabschiedet das Südafrika-Gesetz [S. A. Act] trotz der Proteste Schreiners und anderer Verfechter politischer Rechte für Afrika
1910 (31. Mai) Südafrikanische Union
(15. September) Buren und Afrikaander gewinnen die Mehrheit in der ersten allgemeinen Wahl der Union. Botha wird der erste Ministerpräsident

Europa und der Rest der Welt

Vor 1870
1807 Im gesamten britischen Empire wird der Sklavenhandel abgeschafft
1834 Im gesamten britischen Empire wird die Sklaverei abgeschafft
1848 In allen französischen Kolonien wird die Sklaverei abgeschafft
1865 Thronbesteigung von Leopold II., König der Belgier

1867 Großbritannien verleiht Kanada Dominion-Status
1868 (29. Februar–2. Dezember) Disraelis erste Amtszeit als Premierminister
1868–1874 Gladstones erste Amtszeit als Premierminister
1870–1879
1874 (18. April) Livingstone wird in *Westminster Abbey* beigesetzt

1874–1880 Disraelis zweite Amtszeit
1875 (November) Disraeli kauft für Großbritannien die 44 Prozent Anteile des Khediven Ismael am Suezkanal
1876 Erfolglose Südafrika-Konferenz in London
1876 (12.–14. September) Geographische Konferenz in Brüssel unter Schirmherrschaft Leopolds II.

794

1876–1877 Leopold gründet die Internationale Afrikanische Gesellschaft
1878 (13. Juni–13. Juli) Berliner Kongreß. Bismarck bietet Frankreich die tunesische »Birne« an
1878–1879 Leopold gründet das *Comité d'Etudes du Haut Congo* und stellt Stanley für fünf Jahre in seinen Dienst
1879 Jules Grévy wird französischer Präsident (bis 1887)
1879 (November) In den *Midlothian Speeches* verurteilt Gladstone öffentlich den Imperialismus

1880–1882
1880 (April) Ende von Disraelis zweiter und letzter Amtszeit. Beginn von Gladstones zweiter Amtszeit (bis 1885)
(23. September) Beginn von Jules Ferrys erster Amtszeit
1881 Das Tunesien-Debakel führt zum Sturz Jules Ferrys (5. November), sein Nachfolger wird Gambetta (bis Januar 1882)
1882 (Januar) Beginn von Freycinets Amtszeit
1882 (6. Mai) Morde in Phoenix Park, Dublin
1882 (20. Mai) Dreibund (Deutschland, Österreich, Italien)
1882 Das Ägypten-Debakel führt zum Sturz Freycinets
1882 Gladstones Regierung ignoriert den Ap-

pell der »Könige« von Kamerun
1882 (2. Juni) Brazza wird bei der Rückkehr nach Paris wie ein Held empfangen
(19. Oktober) Er trifft Stanley im Continental Hotel, Paris
(November) Die französische Nationalversammlung ratifiziert den Makoko-Vertrag
1883 (21. Februar) Beginn von Ferrys zweiter Amtszeit (bis 21. März 1885)
1884 (26. Februar) Ein Vertrag zwischen Großbritannien und Portugal versperrt die Kongomündung für Leopold und Frankreich. Nach internationalen Protesten wird er wieder aufgehoben
1884 (22. April) Die USA erkennen Leopolds Kongostaat offiziell an. In einem Vertrag mit Leopold sichert sich Frankreich vertraglich ein Vorkaufsrecht
(Juli–August) Erfolglose Konferenz in London wegen der Finanzlage Ägyptens. Jules Ferry und Bismarck torpedieren weiterhin die britischen Pläne
1884 (Mai) Gladstones Kabinett entsendet Konsul Hewett zum Abschluß von Verträgen mit westafrikanischen Häuptlingen
(Juni–Juli) Britisches Protektorat am Niger und den Ölflüssen
(15. November) Berliner Konferenz über West-

afrika und den Kongo. Mit Bismarcks Hilfe erhält Leopold die Anerkennung seiner Ansprüche auf den Kongo

1885–1886
1885 (17. Februar) Bismarck erklärt einen Teil Ostafrikas zum deutschen Schutzgebiet (Protektorat), das von Carl Peters' neugegründeter Handelsgesellschaft verwaltet werden soll
(26. Februar) Abschluß der Berliner Konferenz mit der Kongo-Akte, die von den Großmächten und der Internationalen Kongogesellschaft unterzeichnet wird
(31. März) Großbritannien erklärt Betschuanaland zum Protektorat
(April) Leopold wird zum Souverän des Unabhängigen Kongostaats proklamiert
(Juni) Wegen des erfolglosen Versuchs, Gordon zu retten, tritt die Regierung Gladstone zurück. Beginn von Salisburys erster Amtszeit
1886 (Januar) Durch eine Wahlliste der *Home Rulers* erhält Gladstone wieder die Regierungsverantwortung
(10. Juli) Goldie erhält einen Schutzbrief für seine *Royal Niger Company*
(Juli) Wegen der Uneinigkeit der Liberalen in der *Home Rule*-Frage tritt Gladstone zurück. Salisburys zweite Amtszeit (bis August 1892)

1887–1889
1887 Sadi-Carnot wird Grévys Nachfolger als französischer Präsident (bis 1894)
(26. Mai) Salisbury gibt Mackinnons *Imperial British East Africa Company* (IBEA Co.) einen königlichen Schutzbrief
1888 Papst Leo XIII. beauftragt Kardinal Lavigerie, zum Kreuzzug gegen die Sklaverei aufzurufen
(15. Juni) Thronbesteigung Kaiser Wilhelms II.
1889 Großbritannien erklärt das Gebiet am Shire-Fluß zum Protektorat (1891 ganz Njassa-Land)

1890–1892
1890 (18. März) Kaiser Wilhelm II. entläßt Bismarck. Nachfolger wird Caprivi (24. Mai)
Mackinnons »Vertrag« mit Leopold verschafft der IBEA Co. einen Landkorridor vom Kap bis nach Kairo
(1. Juli) Im Sansibar-Vertrag tauscht Deutschland Helgoland gegen Sansibar, Uganda und Witu ein
(2. Juli) Die Brüssel-Akte. Abschluß der Konferenz gegen den Sklavenhandel
(3. Juli) Leopold erklärt, daß er den Unabhängigen Kongostaat an Belgien übergibt, das ihm dafür ein zinsloses Darlehen von 1 Million Pfund (25 Mio. belgische Francs) gewährt

1892 Gladstones Wahlsieg über Salisbury; er tritt am (18. August) seine vierte und letzte Amtszeit an
1892 (28. September) Rosebery überredet das britische Kabinett, den Abzug aus Uganda zu verschieben
1892 (Oktober) Lugard kehrt nach England zurück und propagiert öffentlichkeitswirksam die Einbehaltung Ugandas

1893–1895
1894 (3. März) Nachdem das britische Oberhaus das zweite *Home Rule*-Gesetz blockiert hat, tritt Gladstone zurück. Rosebery wird Premierminister
(24. Juni) Frankreichs Präsident Sadi-Carnot wird ermordet. Nachfolger wird Casimir-Perier
(Oktober) Hohenlohe-Schillingsfürst wird Caprivis Nachfolger als Reichskanzler
(Dezember) Dreyfus wird verurteilt und auf die Teufelsinsel verbannt
1895 (21. Juni) Das Scheitern von Roseberys Kabinett führt zur dritten und letzten Amtszeit Salisburys. Chamberlain wird Kolonialminister
1895 Nach Casimir-Perier wird Félix Faure französischer Präsident (bis 1899)
(29. Dezember) Dr. Jameson organisiert seinen Überfall von Stützpunkten am Kap und in Betschuanaland aus

1896–1898
1896 (3. Januar) Telegramm des Kaisers an Kruger, in dem er ihm zum Sieg über Jameson gratuliert
(12. März) Die Regierung Salisbury beschließt, die durch die italienische Niederlage bei Adowa entstandene Chance zur Rückeroberung des Sudan zu ergreifen
(Mai) Abbruch der britisch-französischen Verhandlungen über den Niger
(Juni) Marchands Expedition verläßt Frankreich mit dem Auftrag, bis über die Nil-Kongo-Wasserscheide hinaus vorzudringen
1897 Nach einer Anfrage wegen Jamesons Überfall werden London wichtige Telegramme vorenthalten, woraufhin Joseph Chamberlain vom Verdacht eines betrügerischen Einverständnisses mit Rhodes und Beit freigesprochen wird
1898 (August) Oberst Henry gesteht die Fälschung von Dokumenten in der Dreyfus-Affäre; die zweite Dreyfus-Krise spaltet Frankreich
(18. September–3. November) Akute Phase der Faschoda-Krise. Brissons Regierung in Paris scheitert und wird durch die Regierung Dupuy ersetzt. Da die französische Regierung keinen Seekrieg mit Großbri-

tannien riskieren kann, steckt sie zurück und befiehlt Marchand, aus Faschoda abzuziehen

1899–1902
1899 (16. Februar) Tod Präsident Faures. Nachfolger wird Loubet (bis 1906)
(Oktober) Reichskanzler Hohenlohe-Schillingsfürst legt sein Amt nieder. Nachfolger wird von Bülow
1900 (August–September) Salisbury gewinnt die »Khaki-Wahl«. Der Krieg spaltet die Liberalen und festigt die unionistische Mehrheit
1901 Belgien beschließt, den Kongo nicht von Leopold zu übernehmen.
(22. Januar) Königin Viktoria stirbt. Eduard VII. folgt ihr auf dem Thron
1902 (15. Mai) Protestversammlung im *Mansion House*, dem Amtssitz des *Lord Mayor* von London, gegen die »Kongogreuel«
1902 (Juli) Balfour löst Salisbury als Premierminister ab

1903–1906
1904 (8. April) Die *Entente Cordiale* zwischen Frankreich und Großbritannien beendet 20 Jahre verbitterter Rivalität; Großbritannien erhält freie Hand in Ägypten, Frankreich in Marokko
1906 Dernburg wird Kolonialminister
(Dezember) Bülow löst den Reichstag auf. Die »Hottentotten-Wahl« schwächt die Sozialdemokraten
(5. Dezember) Die Regierung Balfour tritt zurück. Campbell-Bannerman siegt mit überwältigender Mehrheit für die Liberalen mit dem Slogan »Keine chinesischen Sklaven für Südafrika«
1906 (3. Juni) Leopolds »Königlicher Brief«, mit dem er sich dagegen verwahrt, daß die Großmächte ihm den Kongo wegnehmen. Armand Fallières wird Nachfolger von Präsident Loubet
(11. Dezember) Der amerikanische Präsident Roosevelt gibt bekannt, daß

die USA den Briten helfen wollen, Belgien zur Übernahme des Kongo zu überreden

1907–1912
1907 (April) Leopolds Obstruktionspolitik führt zum Sturz der Regierung Smet de Naeyer; de Trooz wird neuer Regierungschef
(Dezember) Internationale Entrüstung wegen zu milder Bedingungen für Leopold bei der Transferierung des Kongo an Belgien. Tod von de Trooz; Schollaert wird sein Nachfolger
1908 (8. April) Asquith wird Campbell-Bannermans Nachfolger als britischer Premierminister
1908 (20. Oktober) Belgiens Annexion des Kongo wird offiziell bekanntgegeben
1909 Belgien veröffentlicht einen Reformplan für den Kongo
1909 (14. Juli) Bülow legt sein Amt als deutscher Reichskanzler nieder
1909 (14. Dezember) Tod Leopolds II.

AUSWAHLBIBLIOGRAPHIE

Allen, B. M., *Gordon and the Sudan*, 1931

Amery, L. S. (Hg.), *The Times History of the War in South Africa* (7 Bde.), 1900–1909

Anstey, R., *Britain and the Congo in the Nineteenth Century*, Oxford 1962

Ashe, Robert, *Two Kings of Uganda*, 1889

Autin, Jean, *Pierre Savorgnan de Brazza*, Paris 1985

Aydelotte, W. O., *Bismarck and British Colonial Policy* etc., Philadelphia, 1937

Baratier, A. E. A., *Souvenirs de la Mission Marchand*: (Bd. 3) *Fashoda*, Paris 1899

Baratieri, Oreste, *Mémoires d'Afrique* (1892–1896), Paris 1899

Bates, Darrell, *The Fashoda Incident 1898: Encounter on the Nile*, Oxford 1984

Berkeley, George, *The Campaign of Adowa and the Rise of Menelik*, 1902

Bley, Helmut, *South-West Africa under German Rule 1894–1914*, 1971

Bontinck, *Aux origines de L'Etat Independant du Congo* etc., Louvain 1966

Brazza, Pierre Savorgnan de, *Conférences et Lettres*, Paris, 1887

Bridgman, J. M., *The Revolt of the Hereros* Berkeley 1981

Broadley, A. M., *The Last Punic War. Tunis. Past and Present*, etc. (2 Bde.), 1882

Bülow, Fürst von, *Memoirs of Prince von Bülow* (4 Bde.), 1931–1932

Butler, Sir W. F., *The Campaign of the Cataracts*, etc., 1887

ders., *The Life of Sir George Pomeroy-Colley*, etc., 1899

Carter, T., *A Narrative of The Boer War*, 1883

Cecil, Lady Gwendolen, *Life of Robert, Marquis of Salisbury* (4 Bde.), 1921–1932

Ceullemans, P., *La Question Arabe et Le Congo, 1883–1893*, Brüssel 1959

Challaye, Félicien, *Le Congo Francais*, Paris 1909

Chavannes, Ch. de, *Les origines de l'AEF: le Congo Francais. Ma collaboration avec Brazza, 1886–1894. Nos Relations jusqu'à sa mort, 1905*, Paris 1937

Churchill, W. S., *The River War* (2 Bde.), 1899

ders., *London to Ladysmith via Pretoria*, 1900

ders., *My African Journey*, 1908

Clarke, S., *Invasion of Zululand 1879 Anglo-Zulu War Experiences of Arthur Harness*, etc., Johannesburg, 1979

ders., *Zululand at War. The Conduct of the Anglo-Zulu War*, Johannesburg, 1984

Cline, Catherine, *E. D. Morel. 1873–1924: The Strategies of Protest*, Belfast 1980
Colenso, F. E., und Dunford, E., *History of the Zulu War and its Origin*, 1880
Colvile, Sir H. E., *History of the Sudan Campaign* (3 Bde.), War Office, 1889
Colvin, Ian, *The Life of Jameson* (2 Bde.), 1922
Conrad, Joseph, *Heart of Darkness*, 1902
Cookey, S. J. S., *Britain and the Congo Question, 1885–1913*, London, 1968
ders., *King Ja Ja of the Niger Delta*, Nok, 1974
Cornet, R. J., *Katanga: le Katanga avant les Belges* (3. Aufl.), Brüssel 1946
ders., *La bataille du rail: la construction du chemin de fer de Matadi au Stanley Pool*, Brüssel, 1947; (4. Aufl.), 1958
ders., *Maniema: la lutte contre les Arabes esclavagistes au Congo*, Brüssel 1952
Coupland, Sir R., *Livingstone's Last Journey*, 1945
ders., *The Exploitation of East Africa 1856–1890: The Slave Trade and the Scramble*, 1939 (2. Aufl.), 1968
Dawson, E. C., *James Hannington . . . First Bishop of East Equatorial Africa*, etc., 1887
De Wet, Christiaan, *Three Years War*, 1902
Delbeque, J., *Vie de Général Marchand*, Paris, 1936
Delcommune, A., *Vingt Années de Vie Africaine* (2 Bde.) Brüssel, 1922
Drechsler, H., *Let us die fighting: the Struggle of the Herero and Nama against German Imperialism, 1884–1915*, 1980
Dugdale, E. (Hg.), *German Diplomatic Documents, 1871–1914* (4 Bde.), 1928–1931
Duminy, A. und Ballard, C., *The Anglo-Zulu War: New Perspectives*, Pietermaritzburg, 1981
Durnford, E., *A Soldier's Life and Work in South Africa 1872 to 1879: A Memoir of the late Colonel A. W. Durnford*, 1882
Emerson, B., *Leopold II of the Belgians: King of Colonialism*, 1979
Emily, Dr. J. M., *Mission Marchand. Journal de Route du Dr. Emily*, Paris, 1913
Flint, J. E., *Sir George Goldie and the Making of Nigeria*, London, 1960
ders., *Cecil Rhodes*, 1976
Galbraith, J. S., *Mackinnon and East Africa, 1878–1895*, etc., Cambridge, 1972
ders., *Crown and Charter: The Early Years of the British South Africa Company*, Berkeley, 1974
Ganiage, J., *L'expansion coloniale de la France, 1871–1914*, Paris, 1968
ders., *Les origines du protectorat français en Tunisie* (1861–1881) (2. Aufl.), Tunis, 1968
Gann, L. H. und Duignan, P., *The Rulers of German Africa, 1884–1914*, Stanford, 1977
Gardiner, A. G., *The Life of Sir William Harcourt* (2 Bde.), 1923

Garvin, J. L. und Amery, Julian: *The Life of Joseph Chamberlain* (6 Bde.), 1932–1969

Gifford, P. und Louis, W. R. (Hg.), *Britain and Germany in Africa. Imperial Rivalry and Colonial Rule*, Yale, 1967

dies., *France and Britain in Africa: Imperial Rivalry and Colonial Rule*, Yale, 1971

Glass, S., *The Matabele War*, 1968

Gordon, C. G., *Colonel Gordon in Central Africa 1874–1879*, from original letters and documents (Hg. G. B. Hill), 1881

ders., *Letters of General C. G. Gordon to His Sister, M. A. Gordon*, 1988

ders., *The Journals of Major-General C. G. Gordon CB at Khartoum*, (Hg. A. Egmont Hake), 1885

Götzen, A. von, *Deutsch Ostafrika im Aufstand 1905–1906*, Berlin, 1909

Große Politik der Europäischen Kabinette, etc., 1871–1914 (40 Bde.), Berlin, 1922–1927

Guebre-Selassie, *Chronique du Règne de Menelik II*, etc. (Hg. M. de Coppet), Paris, 1930–1931

Guy, J., *The Heretic, A Study of the Life of John William Colenso 1814–1883*, Johannesburg, 1983

Gwassa, G. C. K. und Iliffe, J. (Hg.), *Records of the Maji-Maji Rising*, Daressalam, 1968

Gwynn, S. und Tuckwell, G., *The Life of the Rt. Hon. Sir Charles Dilke, Bart, MP* (2 Bde.), 1917

Hall, Richard, *Stanley: An Adventurer Explored*, 1974

Hamilton, Sir Edward, (Hg. D. W. R. Bahlman), *The Diary of Sir Edward Walter Hamilton* (2 Bde.), Oxford, 1972

Hamilton, Sir Ian, *Listening for the Drums*, 1970

Hanotaux, G., *Histoire des colonies françaises et de l'expansion de la France*, etc., (6 Bde.), Paris, 1929–1933

Hardinge, Sir A. H., *The Life of Henry Howard Molyneaux Herbert, Fourth Earl of Carnavon (1831–1890)* (3 Bde.), 1925

Hargreaves, J. (Hg.), *France and West Africa: An Anthology of Historical Documents*, 1969

Harrison, J., *A. M. Mackay* etc., by his sister, 1896

Headlam, Cecil (Hg.), *The Milner Papers: South Africa 1897–1899*, 1931

Heggay, Alfred, *The African Policies of Gabriel Hanotaux 1894–1898*, University of Georgia, 1972

Hertslet, Sir E., *The Map of Africa by Treaty* (3. Aufl., 3 Bde.), 1909

Hicks Beach, Lady Victoria, *Life of Sir Michael Hicks Beach*, etc., (2 Bde.), 1932

Hinde, Sidney, *The Fall of the Congo Arabs*, 1897

Hird, Frank, *H. M. Stanley: The Authorised Life*, 1935

Hole, H. M., *The Making of Rhodesia*, 1926

Holstein, F. von (Hg. N. Rich und M. Fischer), *The Holstein Papers*, Bd. 2 (*Diaries*), Cambridge, 1957

Howard, G., *Splendid Isolation*, 1967

Hyam, Ronald, *Elgin and Churchill at the Colonial Office 1905–1908: the Watershed of the Empire-Commonwealth*, 1968

Iliffe, J., *Tanganyika under German Rule 1905–1912*, Cambridge, 1969

ders., *A Modern History of Tanganyika*, Cambridge, 1979

James, Robert Rhodes, *Rosebery*, etc., 1963

Jameson, Mrs. J. S., *The Story of the Rear Column*, 1890

Jephson, A. J. (Hg. Middleton, D. und Jephson, M.), *The Diary of A. J. Mounteney Jephson*, etc., Cambridge, 1969

ders., *Emin Pasha and the Rebellion at the Equator*, 1890; Nachdruck New York, 1969

Johnston, Sir H., *The Story of my Life*, 1923

Jones, Roger, *The Rescue of Emin Pasha*, 1972

Jorissen, E. J., *Transvaalse Herinneringen 1876–1896*, Amsterdam, 1897

Kanya-Forstner, A. S., *The Conquest of the Western Sudan*, etc., Cambridge 1969

Kennedy, A. L., *Salisbury 1830–1903: Portrait of a Statesman*, 1953

Keppel-Jones, A. M., *Rhodes and Rhodesia* etc., Montreal, 1983

Kruger, S. J. P., *The Memoirs of Paul Kruger*, etc., 1902

Lehmann, J. H., *All Sir Garnet: A Life of Field Marshal Lord Wolseley*, 1964

ders., *The First Boer War*, 1972

Leutwein, Theodor, *Elf Jahre Gouverneur in Deutsch Südwestafrika*, Berlin, 1906

Longford, Elizabeth, *Jameson's Raid* (1. Aufl., 1960), 1980

Louis, W. R. und Stengers, J., *E. D. Morel's History of the Congo Reform Movement*, Oxford, 1968

Lugard, Lord, *The Rise of our East African Empire*, etc., (2 Bde.), 1893

Maran, R., *Brazza et la Fondation de l'A.E.F.*, Paris, 1941

Marcus, H. G., *The Life and Times of Menelik II, Ethiopia 1844–1913*, Oxford, 1975

Marks, S., *Reluctant Rebellion: An Assessment of the 1906–1908 Disturbances in Natal*, Oxford, 1970

Martineau, J., *The Life and Correspondence of Sir Bartle Frere* (2 Bde.), 1895

Maurice, Albert (Hg.), *Unpublished Letters* (of Stanley), 1957

Maurice, Sir F., *The Life of General Lord Rawlinson of Trent*, etc., 1928

Maurice, Sir F. und Arthur, Sir G., *The Life of Lord Wolseley*, 1924

Méniaud, J., *Les pionniers du soudan: avant, avec et après Archinard* (2 Bde.), Paris, 1931

Michel, C., *Mission de Bonchamps: vers Fashoda à la rencontre de la mission Marchand*, Paris, 1900

Moloney, J. A., *With Captain Stairs to Katanga*, 1893

Morel, E. D., *The Affairs of West Africa* (2. Aufl.), 1968

Morris, D. R., *The Washing of the Spears: A History of the Rise of the Zulu Nation under Shaka and Its Fall in the Zulu War of 1879*, New York, 1965

Neufeld, C., *A Prisoner of the Khaleefa*, etc., 1899

Newton, Lord, *Lord Lansdowne: A Biography*, 1929

Norris Newman, C. L., *In Zululand with the British throughout the War of 1879*, 1880

Nwoye, Rosaline, *The Public Image of Pierre Savorgnan de Brazza and the Establishment of French Imperialism in the Congo, 1875–1885*, Aberdeen University, 1981

Oliver, R., *Sir Henry Johnston and the Scramble for Africa*, 1957

Pakenham, Thomas, *The Boer War*, 1979

Parke, T. H., *My Personal Experiences*, etc., 1891

Perham, M., *Lugard, I: The Years of Adventure 1886–1898; II: The Years of Authority 1898–1945*, 1956, 1960

Peters, Carl, *New Light on Darkest Africa: Being a narrative of the German Emin Pasha expedition*, 1891

ders., *Die Gründung von Deutsch Ostafrika*, etc., Berlin, 1906

Ponsonby, F. (Hg. C. Welsh), *Recollections of Three Reigns*, 1951

Prouty, Chris, *Empress Taytu and Menelik II*, etc., 1986

Ramm, A. (Hg.), *The Political Correspondence of Mr Gladstone and Lord Granville, 1876–1886* (2 Bde.), Oxford, 1962

Ranger, T. O., *Revolt in Southern Rhodesia 1896–1897*, 1967

Repington, Charles à Court, *Vestigia*, 1919

Robinson, R. und Gallagher, J. unter Mitarbeit von Denny, A., *Africa and the Victorians: The official mind of Imperialism*, London, 1961 (2. Aufl., 1981)

Roeykens, A., *Les Débuts de l'oeuvre africaine de Léopold II*, Brüssel, 1955

Rolo, P. J. V., *Entente Cordiale* etc., 1969

Rotberg, Robert (Hg.) und Mazrui, Ali, *Protest and Power in Black Africa*, New York, 1970

Sanderson, G. M., *England, Europe and the Upper Nile, 1882–1899*, Edinburgh, 1965

Schreuder, D. M., *Gladstone and Kruger: Liberal Government and Colonial ›Home Rule‹, 1880–1885*, 1969

ders., *The Scramble for Southern Africa, 1877–1895*, etc., Cambridge, 1980

Seloús, F. C., *Sunshine and Storm in Rhodesia*, 1896

Slade, Ruth, *English Speaking Missions in the Congo Independent State 1878–1908*, Brüssel, 1959

Slatin, Sir R., *Fire and Sword in the Sudan: A Personal Narrative of Fighting and Serving the Dervishes 1879–1895* (1. Aufl. 1896), Neuaufl., 1907

Smith, Iain R., *The Emin Pasha Relief Expedition*, (1886–1890), Oxford, 1972

Stanley, H. M., *How I found Livingstone*, 1872

ders., *Through the Dark Continent*, etc., (2 Bde.), 1878

ders., *The Congo and the Founding of its Free State*, etc., (2 Bde.), 1885

ders., *In Darkest Africa*, etc., (2 Bde.), New York, 1891

ders., *The Story of Emin's Rescue*, New York (o. Datum)

ders., *The Exploration Diaries of H. M. Stanley* (Hg. R. Stanley and A. Neame), 1971

Stanley, Dorothy Lady (Hg.), *The Autobiography of Sir Henry Morton Stanley*, 1909

Stengers, J. (Hg.), *Textes inédits d'Emile Banning*, Brüssel 1955

ders., *Combien le Congo a-t-il coûté à la Belgique?* Brüssel, 1957

Taylor, A. J. P., *Bismarck: The Man and the Statesman* (1. Aufl. 1955), 1961

Van Zuylen, Baron P., *L'Echiquier Congolais ou le Secret du Roi*, Brüssel, 1959

›Vindex‹, *Cecil Rhodes: His Political Life and Speeches*, 1900

Walker, E. A., *W. P. Schreiner: A South-African*, 1937

West, Algernon, *Private Diaries of Sir Algernon West* (Hg. H. G. Hutchinson), 1922

West, R., *Brazza of the Congo: European Exploration and Exploitation in French Equatorial Africa*, 1972

Willcocks, J., *From Kabul to Kumasi*, 1904

Wilson, Sir C., *From Korti to Khartoum: A Journal of the Desert March*, etc., 1885

Witte, Jehan de, *Monseigneur Augouard*, Paris, 1924

Wolseley, Lord, *The Letters of Lord and Lady Wolseley 1870–1911* (Hg. Sir G. Arthur), 1922

ders., *In Relief of Gordon. Lord Wolseley's Campaign Journal of the Khartoum Relief Expedition 1884–1885* (Hg. A. Preston), 1967

Zetland, Marquess of, *Lord Cromer*, etc., 1932

ders., *The Letters of Disraeli to Lady Bradford and Lady Chesterfield* (2 Bde.), 1929

QUELLEN

Abkürzungen

APR   Archives du Palais Royal, Brussels – Archive des königlichen Palastes, Brüssel
BD   British Documents on the origins of the War, 1898–1918 – britische Dokumente zur Entstehung des Krieges, 1898–1918
BL   British Library, Additional Manuscripts, London – British Library, Zusätzliche Manuskripte, London
C, Cd Paper printed by command of Parliament – auf Antrag des britischen Parlaments veröffentlicht
CO   Colonial Office papers in Public Record Office – Dokumente des Kolonialministeriums im öffentlichen Archiv, London
DDF   Documents Diplomatiques Français
FO   Foreign Office papers in Public Record Office – Dokumente des Außenministeriums im öffentlichen Archiv, London
PRO   Public Record Office, London – öffentliches Archiv, London
QVL   Queen Victoria's Letters – Briefe Königin Victorias
RHL   Rhodes House Library, Oxford
SOAS   School of Oriental and African Studies, London
JAH   Journal of African History
SPG   Society for the Propagation of the Gospel – Gesellschaft zur Verbreitung des Evangeliums
NLI   National Library of Ireland – Irische Nationalbibliothek
NLS   National Library of Scotland – Schottische Nationalbibliothek

Unveröffentlichte Quellen

Im Vereinigten Königreich
Amtliche Dokumente in:
FO series (esp. FO 84) – des Außenministeriums
(vor allem FO 84)
CO series – des Kolonialministeriums

Persönliche Aufzeichnungen von:
Carnarvon, PRO
Chamberlain, Birmingham University
Dilke, BL
Gladstone, BL
Granville, BL
Grant, NLS
Mackinnon, SOAS
Milner, Bodleian, Oxford
Morel, London School of Economics and Political Science
Rawlinson, Royal Asiatic Society, London
Salisbury, Hatfield, Herts
Stanley BL (Mikrofilm)
Waller, RHL
Wolseley, Hove Public Library, Sussex

805

PERSONENREGISTER

MacDonald, James (Major)   486, 577, 594
MacDonald, Ramsay   746
MacDonnell, Kevin   19
MacIntosh, David   242
Mackay, Alexander   349–361, 363 f., 407
Mackenzie, George   397, 481 f.
Mackenzie, John (Missionar)   437, 445
Mackinnon, Sir William   295, 299 f., 306,
   332, 345, 363, 366–369, 372, 376 f.,
   386, 393 ff., 397 ff., 405, 410, 440, 453,
   460, 462, 475, 486, 488, 490, 548
MacLeod, Iain   763
Macmillan, Harold   758
Madani, Statthalter in Segu   420 f.
Mage, Eugène (Leutnant)   209
Maggs, Bryan   18
Mahdi (Muhammad Ahmad)   17, 177,
   261, 265 f., 268 f., 271, 273–279, 282 f.,
   286, 311, 313, 315 ff., 319–323, 359 f.,
   364, 373, 375, 392, 504, 512, 531, 597,
   599
Maherero, Häuptling Samuel   665, 666 ff.,
   670–674, 676, 679
Mahmud Bey Sami   161
Mahmud, Mahdist   602 f.
Mahon, Bryan (Oberst)   633
Makoko, König der Teke   181, 186 f.,
   200, 235
Makonnen, Ras von Harar   536, 540
Malamine (Feldwebel)   187, 190, 196
Malet, Sir Edward   159, 163, 292, 301,
   303
Mallam Isas, Bauernführer   729
Mandara, König   331
Mangasha, Ras von Tigre   532 ff., 592
Mansa Musa, König von Mali   39
Marchand, Jean-Baptiste (Leutnant)   420,
   525 f., 570 f., 582, 584, 588, 593–596,
   607, 610 f., 613 ff., 701
Marche, Alfred   61
Mari-Diaras, König von Segu   420 ff.
Marie Antoinette, Königin   487
Marie-Henriette, Königin von Belgien
   647
Marinel, Paul le   465
Marsh, Eddie   731
Martin, R. (Oberst)   605
Massoudi, Häuptling   467
Mattei, Antoine (Oberst)   240

Matthew, Abuna (Bischof)   540
Matthews, Lloyd (General)   337, 343, 400
Maund (Leutnant)   444, 446
Maurice, J. F. (Major)   172
Mbandzeni, König der Swazi   442
Méline, Jules   576, 609
Menelik II., Kaiser von Äthiopien   17,
   328, 527, 529 f., 532–541, 544 ff., 569,
   571, 583, 589–592, 594, 596, 598 f.,
   610
Merriman, John X.   257, 746
Methuen, Lord Paul (Generalleutnant)
   628
Metternich, Graf Paul Wolff von   718
Michael, Ras von Wollo   540
Michaux   502, 505
Michel, Charles (Leutnant)   590 f.
Michiels (Leutnant)   497
Midas, König   434, 438
Milner, Sir Alfred   617–622, 637, 639 f.,
   721 f., 747
Mizon, Louis Alexandre (Leutnant)   193,
   417
Mobuto, Präsident von Zaire   766
Moffat, John   441, 449
Moffat, Robert   28, 435
Mohammed es-Sadok, Bey von Tunis
   145, 149, 151 ff.
Mohara   493, 495 f., 498, 502, 504 f.
Moloney, Joseph   467, 469 ff.
Molteno, John   80
Moncheur, Baron   736, 738
Monson, Sir Edward   577 f., 610 f., 615
Montaignac, Marquis de (Admiral)   182,
   184, 193
Monteil, Parfait-Louis   417, 513, 610
Morel, Edmond   649, 651–654, 657, 661,
   702 f., 717, 719 f., 735 f., 740, 743 f.,
   746, 748, 763
Mori-Ule Sise   220 f.
Morrison, William   650, 653 f., 735
Mpande, Zulu-Häuptling   83
Mptua, Ngoni-Häuptling   690
Msiri, Häuptling   459, 463–471, 474
Mtesa, König von Buganda   54, 112,
   350 f., 353
Mugabe, Präsident von Simbabwe   752,
   754
Muhammad Ali Pascha   104–106, 271 f.

812

813

SACH- UND ORTSREGISTER

816

817

818

819

820

822

823

826

831